China's Industrial Development
Report 2020

2020

中国工业发展报告

——面向“十四五”的中国工业

中国社会科学院工业经济研究所

经济管理出版社
ECONOMY & MANAGEMENT PUBLISHING HOUSE

图书在版编目（CIP）数据

中国工业发展报告．2020/中国社会科学院工业经济研究所．—北京：经济管理出版社，2020.11
ISBN 978－7－5096－7626－4

Ⅰ．①中…　Ⅱ．①中…　Ⅲ．①工业发展—研究报告—中国—2020　Ⅳ．①F424

中国版本图书馆 CIP 数据核字(2020)第 233113 号

责任编辑：勇　生　胡　茜　等
责任印制：黄章平
责任校对：董杉珊　王淑卿　陈　颖

出版发行：经济管理出版社
（北京市海淀区北蜂窝 8 号中雅大厦 A 座 11 层　100038）
网　　址：www. E－mp. com. cn
电　　话：（010）51915602
印　　刷：唐山昊达印刷有限公司
经　　销：新华书店
开　　本：880mm×1230mm/16
印　　张：53
字　　数：1496 千字
版　　次：2020 年 12 月第 1 版　　2020 年 12 月第 1 次印刷
书　　号：ISBN 978－7－5096－7626－4
定　　价：198.00 元

主　　编：史　丹

副主编：李雪松　张其仔

编审组：史　丹　李雪松　张其仔　吕　铁　郭朝先　刘　勇　杨丹辉
朱　彤　李晓华　肖红军　余　菁　贺　俊　张金昌　王燕梅
刘建丽　李　钢　邓　洲　江飞涛　李鹏飞　白　玫　叶振宇
刘戒骄　周民良　杨世伟

撰稿人（按姓氏笔画排序）：
丁　毅　于　畅　王　欣　王　钦　王燕梅　王　蕾　王　涛
王秀丽　王海兵　王德华　方晓霞　邓　洲　史　丹　石碧华
叶振宇　白　玫　冯　明　朱　彤　吕　铁　刘　勇　刘　楷
刘戒骄　刘湘丽　刘建丽　刘佳骏　江飞涛　江　鸿　孙承平
孙天阳　孙亚红　许　明　许　可　闫　梅　李雪松　李晓华
李鹏飞　李　钢　李　伟　李先军　李　鹏　李　景　李载驰
李双双　张其仔　张金昌　张艳芳　张航燕　张任之　张彬斌
肖红军　杨丹辉　杨世伟　杨晓琰　邵婧婷　陈晓东　陈素梅
汪红驹　陆　旸　周民良　周维富　周　麟　胡文龙　胡叶琳
赵剑波　贺　俊　郭朝先　娄　峰　袁惊柱　秦　宇　梁泳梅
渠慎宁　曹建海　葛　健　崔志新　黄娅娜　唐华茂　彭绍仲
覃　毅　潘　艺

资料组：王　磊　陈凤娟

序

2020年是“十三五”规划收官之年，也是实现全面建成小康社会目标的重要一年。2020年我国经历了全球百年未有之大变局带来的各种冲击和考验，其中包括新冠肺炎疫情大流行、以美国为首的逆全球化行为和单边贸易保护对我国经济发展带来的负面影响，以及东升西降全球政治经济格局的变化。尽管困难重重，挑战前所未有，但在以习近平总书记为核心的党中央坚强领导下，我国率先控制了新冠肺炎疫情的蔓延，疫情防控和经济发展取得双胜利，2020年经济增长很快实现了由负转正，除能源消费强度指标外，“十三五”规划各项目标顺利完成。“十三五”规划目标的顺利实现，也意味着我国消灭了绝对贫困，实现了全面建成小康社会的第一个百年目标。《中国工业发展报告（2020）》分四篇，共六十六章，立足于2020年我国经济发展的内外环境，分别从不同方面、不同层次总结概括了2020年中国工业、区域与企业发展现状，着重新形势、新趋势、新特点、新问题对“十四五”进行了展望。本部分概括了报告的主要观点，以作为序。

一、产业发展新趋势

近年来，以新一代信息技术、新材料、新能源、生命科学等领域的科技爆发为主要特点的新一轮科技革命和产业变革正在全球兴起。制造业的发展将呈现绿色化、智能化、服务化和定制化的趋势。制造业全球产业格局也在发生巨大变化。2005年以来，全球制造业增加值和出口格局呈现中等收入国家、东亚和太平洋国家快速崛起的特征，劳动密集型产业的全球格局继续发生显著改变，制造大国和强国在战略性新兴产业和未来产业的竞争加剧，逆全球化抬头和新冠肺炎疫情导致制造业全球化趋势有所停滞，全球供应链布局从“成本优先”转向“战略优先”。数字技术有可能弥补制造大国和强国的成本劣势并，造成低收入国家的“过早去工业化”，发达国家逐步剥离在华供应链的部分环节，并将其分散配置到更易掌控的本土或周边国家（如土耳其、墨西哥、越南等），本地化、区域化与供应链的多元化将会加强。近10年来，我国制造业固定资产投资中外商投资所占比重呈下降趋势。截至2018年底，外商直接投资新设企业中，有85.8%的企业投向了第三产业。受人均收入增长和全球价值链重构等因素影响，我国制造业在GDP中的占比逐步下降，制造业内部发展出现分化，计算机通信和其他电子设备制造业、汽车制造业成为我国制造业中占比最高的两个行业。

与往年不同，本报告除了对传统的工业行业发展状况与前景进行总结和展望外，增加了对机器人产业、集成电路产业、区块链产业、氢能产业等新兴产业的分析。这些行业代表着未来产业的发展，是拉动经济增长的主要力量。在国家的战略引领和政策推动下，我国机器人产业迅猛发展，长三角、珠三角是机器人产业主要集聚地。2019年，我国机器人市场规模占世界市场份额的近三成。其中，工业机器人仍占据2/3的市场份额，服务机器人约占1/4，特种机器人的市场份额不到10%。我国已连续多年成为世界最大的工业机器人应用市场。人力成本上升叠加机器人成本下降，“机器换人”的经济性也逐渐凸显，将为工业机器人产业发展提供长期驱动力。

集成电路产业作为战略性、基础性和先导性产业，已成为全球竞争的重要角力场，在国际产业竞争乃至国家竞争中的战略地位愈发凸显。尽管面临美国“技术脱钩”的压力，但在巨大市场需求以及支持集成电路产业发展大好政策的背景下，我国集成电路产业总体规模快速增长，全球竞争力有序提升，在产业链部分领域实现了突破。我国集成电路产业市场规模大，但在关键领域和环节的自我保障能力较弱，尤其在制造环节以及支撑半导体发展的设备和材料领域“短板”突出。“十四五”时期我国集成电路产业发展的外部环境依然严峻，在中美贸易摩擦趋于常态化的基本假设下，集成电路产业全球化的分工模式将面临巨大挑战，安全将成为产业链和供应链布局的重要考量因素，集成电路大国更广泛的全球布局和“回流”成为未来一段时期的重要选择。“十四五”时期应发挥新型举国体制优势，支持集成电路产业快速发展和有效追赶，进一步补足“短板”，加大基础研究支持力度，进一步发挥市场力量强化技术尤其是底层技术的自主可控，进一步深化供应链参与度，提升在全球产业链和价值链中的地位，同时要改变集成电路产业在我国“遍地开花”的状态。

区块链是一种去中心化的、由各节点参与的分布式数据库系统，它使用了一串由密码学方法相关联产生的数据块，每一个数据块中都包含了过去一段时间内的所有交易信息，用于验证其信息的有效性并产生下一个区块。目前，全球主要国家都在加快布局区块链技术发展，区块链技术应用已延伸到数字金融、物联网、智能制造、供应链管理、数字资产交易等多个领域，形成了较大的产业发展规模。美国是全球区块链第一大市场，产值占全球总产值比重达近40%，欧盟与中国分列第二、第三位。区块链尽管目前产业成熟度较低，但却具有足以颠覆时代的力量。区块链不仅可以影响金融、科技及实体经济领域，还有望重塑商业模式与信息沟通媒介，推动人类从信息互联网时代步入价值互联网时代。截至2019年底，中国是拥有区块链专利数量最多的国家，所占比重达到63%，稳居世界第一位。从行业分布来看，我国企业区块链专利申请的主要领域包括数字货币、支付清算、身份认证、智能契约、加密安全等。由于我国实体经济环境中的信用成本较高，社会信用环境较差，区块链技术恰恰很好地提供了一个“低信用成本”平台，这对于降低我国经济社会整体信用成本、促进信用经济发展具有十分重大的意义。

中国是世界第一产氢大国，99%来自化石能源制氢，其中以煤炭制氢为主，无论是中国还是世界上其他国家，目前制氢基本以“灰氢”为主。截至2019年8月初，全国约21个地方出台了氢能产业发展规划，其中，有13个地方规划明确了加氢站建设数量和氢燃料电池汽车规模的阶段性目标，全国氢能产业初步形成了珠三角、长三角、京津冀三大产业集群，并辐射周边地区。与发达国家相比，我国在燃料电池技术发展、氢能产业装备制造等方面相对落后。氢能是一种高效、清洁、灵活且应用场景广泛的能源载体，氢能产业发展对推动我国实现2030年碳排放达峰和2060年碳中和目标意义重大。“十四五”时期要尽快制定氢能及氢能产业发展的国家战略，确立氢能在我国未来能源体系中的功能和作用。

二、稳定制造业发展的新举措

未来15年，我国经济规模将显著增加，经济结构也将发生明显变化。但制造业在现代经济中仍发挥着特殊的“枢纽性”作用。保住制造业基本盘、促进制造业转型升级、加快建设制造强国、避免制造业在经济中占比下降过快和“过早去工业化”，将成为我国经济发展过程中需要紧紧把握的一个基本原则。我国制造业具有综合成本低、产业链配套强、数字经济领先、超大经济规模等有利条件。“十四五”时期，制造业增速虽然仍会低于服务业，但在国民经济中具有三个不可替代的作用：国际贸易与投资的关键支撑产业作用不可替代、新技术与新模式创新的重要载体不可替代、带动落后地区经济发展的作用不可替代。

中国制造业的发展方向要由规模扩张转向增强创新技术应用，产业升级指向现代产业体系构建，结构调整重点在产业融合发展，发展空间优化由国内转向全球价值链构建。要以新科技驱动的战略性新兴产业、应用数字技术的智能制造产业、促进生态文明建设的绿色制造产业、高效带动就业的劳动密集型产业、满足美好生活需要的新型消费品产业为我国制造业的重点领域。通过实施产业基础能力建设工程、产业生态系统提升工程、“卡脖子”技术补短板工程、自主品牌创建工程、人力资源素质提升工程、数字驱动价值链培育工程、优化制造业全球布局工程七大工程培育和提升我国制造业竞争新优势。

工业投资对保持制造业在GDP中的占比具有重要作用，“十四五”时期，工业投资的基本思路与重点任务是把做实做强实体经济作为主攻方向，坚持调结构、促转型的投资导向，积极扩大先进制造业和战略性新兴产业投资，加大技术改造投入牵引带动传统产业转型升级，加大企业创新研发投入和关键核心技术攻坚力度，围绕国内国际双循环，努力提高产业链供应链稳定性和现代化水平。在政策取向上，应以深化改革为根本动力，通过优化投资环境、改善要素供给、强化金融支持、提升技术支撑，充分激发工业投资特别是民间投资的活力与潜力，引导投资更多投向重点领域和薄弱环节，用增量撬动存量，以高质量、高效率的投资推动高质量、高效益的工业发展。新冠肺炎疫情流行对我国对外投资产生较大影响，海外合作园区作为承载投资国与东道主国家经济空间拓展的作用将会进一步凸显，我国企业在进一步推进境外产业园区发展时，应明确产业园区发展定位和主导产业，建设集群式产业园区，逐步形成优势互补的海外产业链体系；拓宽园区建设运营融资渠道，完善双边和多边投资保护机制，降低海外合作园区投资运营国际化风险。“十四五”时期，我国要以扩大内需为战略支撑点，着力打通工业品的生产、分配、流通、消费各个环节，逐步形成以国内大循环为主体、国内国际双循环相互促进的新发展格局，构建完整的内需体系，促进数字经济与实体经济融合发展，实现工业品消费升级。

产业融合作为一种新的经济现象，正在成为创造价值的新业态。以信息技术和知识经济为特征的第三次技术革命使信息成为经济发展的新动能，并正在从根本上改变生产方式和消费方式。融合的过程既是创新的过程，也是新的价值创造的过程，为此，要将制造业和服务业当作一个整体来推进，促进制造业核心竞争力提升和服务业大发展有机衔接。制造业与服务业双向融合，出现战略协同、跨界融合、业态和模式创新，新产业、新业态、新模式向平台经济方向发展，传统产业的边界日益模糊，最终形成“制造—服务”及“服务—制造”平台，产业组织形式演变成以平台企业为主导的产业生态系统。其中，工业互联网是一个突出代表，成为深化先进制造业和现代服务业融合的重要工具和平台。经过“十三五”时期的建设，我国工业互联网在产业存量、顶层设计和应用方面都取得了显著进展，但仍面临着核心技术短缺、标准不统一等突出问题。在“十四五”时期及未来的工业互联网建设过程中，近期我国需要完成中小企业的信息化补课，提高制造业整体的信息化水平；中期需要构建全面的工业互联网平台发展格局，满足多样性需求；远期则要全面提高智能化水平。同时，必须始终推进网络和安全系统的建设和完善。

智能制造是新科技与先进制造融合的主要载体之一。智能制造成为各国制造业竞争的战略制高点，我国也把智能制造作为加快制造强国建设、构建现代化经济体系的重要抓手。在新一代人工智能这一通用目的技术以及智能制造这一产业变革的主要载体等方面，我国不但与发达国家处在同一起跑线上，而且自身优势还很突出，我国必须利用好巨大市场空间所创造出的“中国机会”，带动我国制造业从大到强。

数字基础设施是用于支持数字经济运作的软硬件工程设施，尽管在少数领域，国内数字技术企业的技术、产品和系统已进入全球领先行列，但必须要清醒地认识到，我国数字技术创新能力整体上还不够强，在部分领域对国外的依赖程度还很高。我国数字基础设施建设虽然取得了积极进展，但整体上看，其运行及应用的产业生态建设还处在起步阶段。数字基础设施具有技术前沿复杂、研制周期长、参与主体多、投资金额大等特点，单纯依靠政府或企业都无法形成良好的产业生态，因此，需要政府、企业、研究机构、中介组织协同共进。

习近平总书记在联合国大会提出我国2030年和2060年温室气体达峰和碳中和的目标，“十三五”

时期我国工业节能减排取得了显著成绩，但是未来仍然面临许多挑战和问题，我国工业总体上尚未摆脱高投入、高消耗、高排放的发展方式。“十四五”时期要积极推进绿色制造共性关键技术研发；重视绿色低碳技术的基础研发，开展前沿性创新研究；强化企业在绿色技术研发方面的主体责任，加快绿色低碳技术的推广应用；重视低碳技术转化商品及其商品化的规模效益，推动制造业向数字化、网络化、智能化转型，提高能源效率，通过平台实现绿色制造资源共享，加强绿色工艺技术的应用咨询和服务工作，支持企业开发绿色产品，推进资源高效循环利用。

“十四五”时期，中国需要进一步强化竞争政策的基础地位，推动产业政策与竞争政策的协同，完善公平竞争审查机制，并根据数字经济与平台经济的特点与发展趋势调整和发展反垄断政策。继续探索社会主义市场经济条件下政府作用的边界和方式，深化简政放权，维护市场竞争秩序，总结应对新冠肺炎疫情经验，加快建设电子政府。

三、区域发展与产业布局

“十三五”时期，京津冀协同发展取得一定进展，但区域经济总量在全国占比有所下降。“十四五”时期要进一步推动京津冀产业协同发展，完善京津冀区域产业创新生态系统，构建跨区域利益共享机制、创新体制机制提升区域要素配置效率，持续强化区域产业配套能力。要通过强化京津冀一体化带动北方地区加快发展，避免南北经济发展水平差距进一步拉大。

“十三五”时期，长三角地区产业结构与分工格局出现明显变化，上海市金融中心功能提升，江苏省、安徽省工业地位增强，浙江省信息产业快速发展，长三角产业结构整体更趋均衡。从长三角产业分工格局看，高技术密集型制造业的集聚程度趋于下降，低技术密集型制造业的集聚程度有所提升。“十四五”时期要进一步明确长三角产业发展的主攻方向与重点任务是：以长三角规划协同带动产业协同发展和产业分工格局优化；坚决破除地区间利益藩篱和政策壁垒，加快产业整合集中，进一步提升区域产业能级；加大对后发地区的产业扶持力度，更好发挥区域新增长极的产业支撑作用。

长江经济带，作为承东启西、接南济北的重大国家战略发展区域，也是中国经济高质量发展与国土空间开发保护的战略支撑轴线，将起到中流砥柱作用。长江经济带的发展要按照习近平总书记提出的“共抓大保护，不搞大开发”的要求，坚持生态优先、绿色发展，以产业转移协作为契机，降低产业同质化，有效推动产业经济与国土空间集约节约高效发展；处理好大保护与有序开发的关系，以一体化的思路和举措打破行政壁垒、提高政策协同，让要素在更大范围畅通流动，发挥各地区比较优势，实现更合理分工，凝聚更强大的发展合力。

粤港澳大湾区正处于从工业经济向服务经济、创新经济转型的过程中，工业规模和活力持续提升、新兴产业集聚优势明显，但工业发展在结构转型升级、区域空间布局、与服务业协同合作等方面仍显现出一些突出问题。粤港澳大湾区要从世界加工厂转为具有全球竞争优势的先进制造业中心，成为工业国内大循环的中心节点、国内国际双循环的战略链接点。根据五大战略定位，主动联合“泛珠三角”共同融入“丝绸之路经济带”，对接亚欧板块新兴市场，依托基础设施建设与跨区域合作，拓展“泛珠三角”内陆腹地，提升区域一体化水平。

黄河流域的工业结构明显偏重，主要以重化工业为主，对资源的依赖性较强；近年来黄河流域大多数省区工业增长较快，但工业实力的区域差距较大。黄河流域经济发展要坚持生态优先、绿色发展，以水而定、量水而行，因地制宜、分类施策，上下游、干支流、左右岸统筹谋划，共同抓好大保护，协同推进大治理，着力加强生态保护治理、保障黄河长治久安、促进全流域高质量发展、改善人民群众生活、保护传承弘扬黄河文化，让黄河成为造福人民的幸福河。

近年来，西部地区工业增速相对较快，但个别省区工业出现严重滑坡。东北地区工业经济大范围衰退、工业转型升级缓慢、重点行业优势减弱。在看到西部和东北地区整体落后的同时，也要看到区域优势，扬长避短，创造有利于西部和东北地区工业发展的政策环境，毫不动摇地推动改革开放，积极实施创新驱动发展战略，实施积极的投资促进政策，采取有力措施深化大中型企业体制机制改革，创造有利于产业发展的生态环境。设立南北合作园区，实施东北振兴的专项“人才计划”。

四、企业发展与创新

国有经济是我国国民经济的支柱，在国民经济中起主导作用。近年来，国有资产的行业分布与产业结构一样，逐步向第三产业转移。地域分布主要集中在东部地区。垄断行业的国有企业整体表现出低效性，影响了国有企业整体效益的改善。国有经济在实际发展中依然存在“不优不强”、“脱实向虚”、功能未能充分有效发挥、区域布局不均衡等问题。“十四五”时期，必须进一步明确国有经济调整的目标和方向，要在改革中切实提高国有经济调整的系统性和协同性，要深化推进垄断行业改革，充分发挥国有资本投资运营公司作用，并完善国有经济退出机制，进而更好推动国有经济布局优化和结构调整。

民营企业成为第一大外贸主体，对外投资较快增长，已占据半壁江山。但受国际贸易保护主义的影响，部分企业生存困难，营商环境欠佳，融资难融资贵，加之企业自身素质和能力不足等问题，民营企业部分经济指标表现欠佳，企业固定投资积极性下降。“十四五”时期，我国应从进一步优化营商环境、完善基础性制度和服务体系、完善金融服务供给、提升企业创新发展能力、完善“走出去”政策体系、提高企业素质等方面促进民营企业和中小企业高质量发展。

“十四五”时期，全球政治经济面临巨大的不确定性。跨国公司在华发展，既面临不小的挑战，也面临新机遇。一方面，我国要素成本的持续攀升、美国对华的“脱钩”预期、全球新冠肺炎疫情防控长期化、各国民族主义情绪蔓延，会给跨国公司在华投资意愿带来更多的不确定性影响；另一方面，我国也有疫情后经济贸易恢复增长势头相对强劲、营商环境持续改进、双循环政策力度加大等经济体制机制优势，仍有较大可能为跨国公司提供富有吸引力的未来市场增长机会。可以预见，在“十四五”时期，那些能够适应国际市场环境变化，特别是能够抓住我国市场变革中新机遇的跨国企业，将有更大可能收获增长红利。跨国公司全球布局调整，是各国规制竞争综合作用的结果。在各国的规制竞争之中，我国应该努力克服重重阻力，坚定地为跨国公司提供更加开放与更加公平的市场环境，使跨国公司的先进技术等生产要素资源和良好的企业社会责任管理经验，能够更充分地服务于我国经济社会可持续发展的需要，进而为全球性的和平与繁荣做出应有的贡献。

平台型企业是新型的企业组织形式。“十三五”时期，我国平台型企业持续发展，走在世界前列。平台型企业面向交通出行、共享住宿、知识技能、生活服务、共享医疗、共享办公、生产能力共享等多个方面。企业用工和价值创造连年提升，成为我国经济最活跃的新动能。快速发展所带来的是在相关法律法规、平台型企业治理、平台型企业社会责任管理等各方面的问题逐渐暴露。传统法律法规的不适应性、传统政府监管治理体系的不适应性、平台型企业社会责任缺失与异化问题、平台型企业创新的可持续性挑战等，成为影响平台型企业可持续发展的现实难题。展望“十四五”，应从宏观制度供给、中观社会生态与微观企业治理三大层面入手，推进平台型企业合规化标准化制度体系建设、构建支撑平台企业发展的社会生态圈，并在微观层面逐步向共益型平台组织转型，最终基于合规合法的正式制度体系、合理合效的社会认知与社会期望、合情合意的组织范式推动平台型企业与社会环境的共生融合发展。

“十三五”时期，中国企业创新投入和产出快速增长，创新型企业集群式发展、创新链上中下游融合发展的趋势越来越清晰。与此同时，中国企业创新发展仍然面临着基础研究与原始创新能力不足、产学研用一体化有待加强、知识产权保护发展滞后、创新要素配置导向存在偏差等障碍。“十四五”时期，要持续促进企业创新，政府有必要多方发力，推动产业政策从结构性政策向创新导向政策转变，制定有利于企业创新的竞争政策，改进产业创新体系与服务体系。创新驱动与知识产权制度的有效运行密不可分，知识产权对创新成果的保护可以激励创新，持续提供创新的原动力。知识产权已成为当今生产力的核心要素。数字化是“十四五”时期我国经济与科技发展的重要特征，数字经济、区块链与人工智能等先进技术都对“十四五”时期企业知识产权管理带来了新的要求与挑战。

随着经济全球化、区域一体化进程不断加快，知识产权管理与保护的国际化发展趋势更加凸显，知识产权在保护创新成果、扩大产品和服务的市场份额、提升区域竞争力方面的作用和地位日益突出。“十四五”时期，数字时代经济的高质量发展与日益增多的国际交流合作，都给企业知识产权管理带来了复杂和专业的新要求。“十三五”以来，国家以及各部门出台了大量政策促进企业知识产权管理，应当组织力量对“十三五”时期出台的政策进行后续跟踪、效果评估，将现有政策进行系统梳理，根据实际情况继续实施或适当调整，同时根据现有政策执行情况，系统性出台“十四五”时期的新政策，发挥政策的最大效用。要着力解决制约我国工业创新发展和高质量发展的基础研究和共性技术供给不足的问题，把创新摆在国家发展全局的核心位置。

史　丹

2020 年 12 月

目　录

综　合　篇

产 业 篇

区　域　篇

企 业 篇

专　栏

表目录

图目录

总论 “十四五”时期中国制造业发展战略研究

提　要

中国制造业将在“十四五”时期进入一个新趋势、新需求、新挑战共同作用的转折发展期。“绿色化、智能化、服务化和定制化”将对全球制造业格局和竞争优势产生重大影响。国际上贸易保护主义抬头，引起全球价值链回缩，一方面，影响中国在已有全球产业分工基础上形成的竞争优势；另一方面，也使中国前沿技术供给受到影响。随着新兴工业化国家的工业化进程推进，在劳动密集型产业和生产制造低端环节与中国形成竞争态势。2020 年中国步入小康社会后，市场需求变化对制造业的发展方向将产生重大影响，消费需求扩张、技术投资增长、新型消费品兴起、新兴外需市场基本形成等变化为我国制造业发展创造了条件。

在变化的环境中明确新目标、找准新定位、培育新优势、制定新举措是“十四五”时期制造业发展战略的核心问题。按照传统工业化理论和工业化水平判别方法，会得出中国工业化水平进入中后期阶段的结论。这一结论会导致制造业发展地位下降具有其必然性和合理性的认识，误导政策制定，加速产业结构早熟，同时也使制造业发展失去方向。按照新工业化理论，中国与发达国家在新一轮工业化某些方面都处于起步阶段，其差距小于传统工业化水平，中国制造业应顺应新一轮工业革命的趋势，发挥市场规模在新一轮工业革命中的作用，在产业融合、数字化、智能化、绿色化等方面加紧抢跑，力争占领新兴制造业的产业链高端。

中国制造业发展目前具有综合成本低、产业链配套、创新力增强、数字经济领先、超大经济规模等有利条件。“十四五”期间，制造业增速虽然仍然会低于服务业，但在国民经济中具有三个不可替代作用，即国际贸易与投资的关键支撑产业作用不可替代、新技术与新模式创新的重要载体不可替代、带动落后地区经济发展的作用不可替代。

中国制造业的发展方向要由规模扩张转向增强创新技术应用，产业升级指向现代产业体系构建，结构调整重点在于产业融合发展，发展空间优化由国内转向全球价值链构建。要以新科技驱动的战略性新兴产业、应用数字技术的智能制造产业、促进生态文明建设的绿色制造产业、高效带动就业的劳动密集型产业、满足美好生活需要的新型消费品产业为我国制造业的重点领域。通过实施产业基础能力建设工程、产业生态系统提升工程、“卡脖子”技术补短板工程、自主品牌创建工程、人力资源素质提升工程、数字驱动价值链培育工程、优化制造业全球布局工程七大工程培育和提升我国制造业竞争新优势。

*　　　　*　　　　*

“十四五”时期是我国全面建成小康社会后迈向“社会主义现代化强国”的关键起步期、“两个一百年”奋斗目标的历史交汇期，同时也是新一轮科技革命加大发力期、国际环境不确定性进一步凸显期。中国制造业因此将进入一个新趋势、新需求、新挑战共同作用的转折发展阶段。在变化的环境中明确新目标、找准新定位、培育新优势、制定新举措，是“十四五”时期制造业发展战略的核心问题。

一、我国制造业基本发展现状与存在的主要问题

1. 增速下降趋稳，行业发展分化

受国内外市场环境变化的影响，我国制造业增速自“十二五”时期开始逐步放缓，对国民经济增长的贡献份额落后于服务业后，增速继续下降并低于国民经济各部门的平均增速。按名义价格计算，制造业增加值在“十一五”时期年均复合增长率为16.7%，“十二五”时期下降到9.2%，“十三五”头三年进一步下降到5.5%。2018年，制造业增加值增长6.2%。随着增速减缓，制造业占国民经济的比重不断下降，制造业增加值占国内生产总值的比重在“十一五”时期下降了0.4个百分点，在“十二五”时期下降了4个百分点（见图0-1）。但“十三五”时期以来，行业发展分化较为明显，食品工业、纺织服装、橡胶塑料等行业增速下滑最为明显，装备制造和电子信息行业比重则在同期上升（见图0-2）。“十三五”头两年，电子信息制造业主营业务收入比重提高了1.2个百分点，提高幅度最大。2019年，在制造业整体增速下滑的情况下，规模以上高技术制造业和战略性新兴产业增加值分别比2018年增长8.8%和8.4%，增速分别比规模以上制造业快2.8个和2.4个百分点。高技术含量产业和新兴产业加速发展，制造业企业运行状况明显改善，创新驱动发展能力增强，制造业增速下降的趋势明显放缓。2019年规模以上制造业增加值增速为6.0%，“十三五”头三年只下降了0.1个百分点，2019年，制造业增加值占国内生产总值的比重为27.2%。

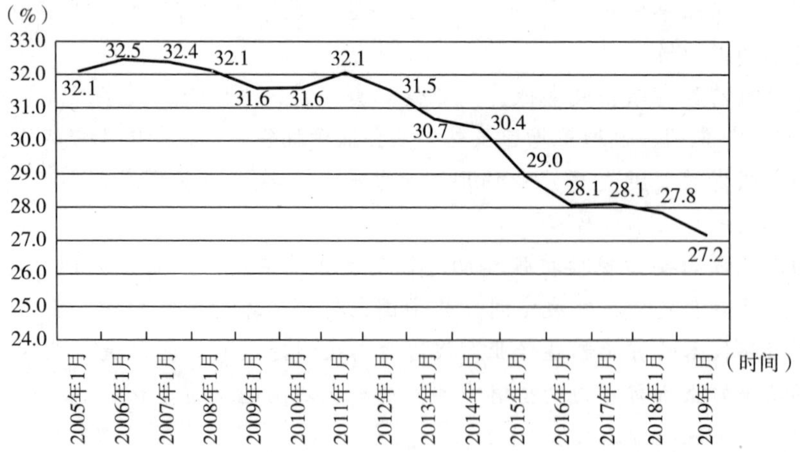

图0-1 制造业增加值占国内生产总值比重变化

资料来源：国家统计局。

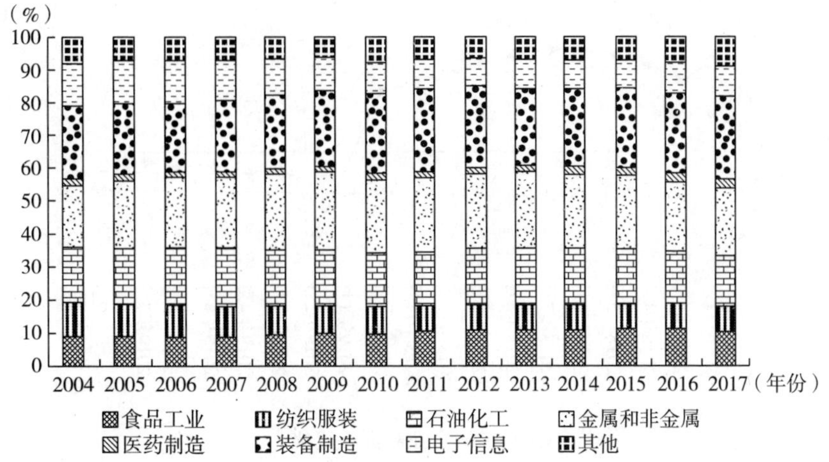

图0－2 规模以上制造业产出占比变化（按主营业务收入计算）

资料来源：根据国家统计局数据计算。

2. 发展新动能逐步形成，需求疲软影响行业效益

近年来，在优化资源配置、促进转型升级、加强创新驱动、淘汰落后产能等政策激励下，制造业创新驱动成果斐然。规模以上工业企业R&D活动的比重从2015年的19.2%提高到2018年的28.0%，R&D经费支出占主营业务收入的比重从2015年的0.9%提高到2018年的1.3%。2017年高技术产业主营业务收入达到15.9万亿元，占全部规模以上制造业的比重从2015年的14.8%提高到16.7%。随着供给侧结构性改革不断深化，钢铁、煤炭、石化、建材等传统行业的过剩产能减量调整不断推进，在战略性新兴产业加快发展的同时，顺应结构升级和消费需求的新产品不断涌现，经济效益与环境效益明显改善。2017年，制造业能源消费总量24.5万吨标准煤，万元增加值能耗1.0吨标准煤，比2015年下降了16.7%；占全部能源消费的54.7%，比2015年下降2.3个百分点。

受市场供需关系影响，部分行业产能过剩，工业生产者出厂价格指数持续走低（见图0－3），库存增加，尤其是处于工业生产流程下游的制造业，购进价格指数高于出厂价格指数，企业利润率跳水式下降（见图0－4）。

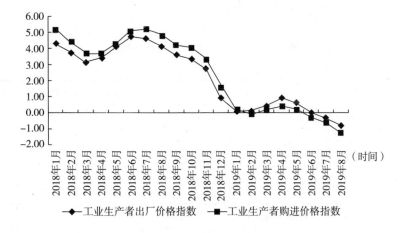

图0－3 两种价格指数变化

资料来源：国家统计局。

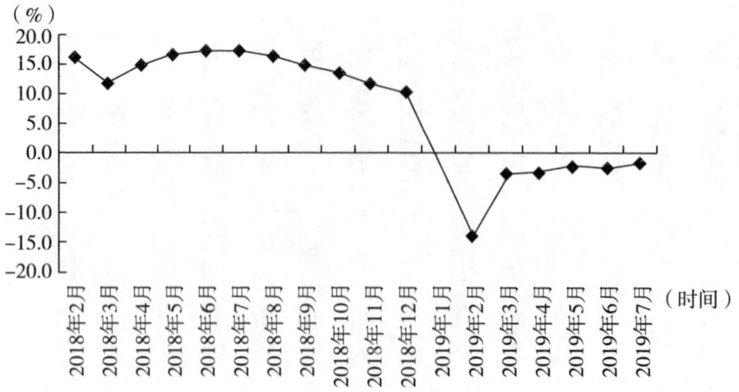

图 0-4 企业利润率变化

资料来源：国家统计局。

3. 工业生产体系完备，规模优势突出

中国已建成全球唯一的拥有 41 个大类、207 个中类、666 个小类的工业生产体系，中国的工业产品和投资分别遍布 230 多个国家和 190 个国家，为国内外消费者提供品种多样、花色齐全的工业产品，在全球产业链中占有重要地位。2010 年以来，美国采取多种手段促进制造业回流，其制造业增速略回升至 1.0%，但中国同期保持了 7.5% 的增速。至 2018 年，中国制造业增加值占全世界的份额达到 28% 以上，是美国的 1.7 倍、日本的 3.9 倍、德国的 4.8 倍。

2013 年我国超过美国跃升为世界第一货物贸易大国，工业制成品进出口的增长发挥了决定性作用。据世界银行测算，2010 年我国制造业增加值超过美国，成为制造业世界第一大国。另据联合国工业发展组织（UNIDO）的数据，在 2017 年世界制造业增加值中，工业化国家占 55.3%，新兴工业化国家占 16.3%，中国达到 24.8%。与 2005 年相比，中国在全球制造业增加值中的占比提高 13.2 个百分点，比重翻了一番有余（见表 0-1）。近年来，我国进出口规模进一步扩张，进出口总额从 2010 年的 29740.0 亿美元上升至 2018 年的 46224.1 亿美元，国际贸易地位不断提高。其中，出口总额从 2010 年的 15777.5 亿美元上升至 2018 年的 24866.8 亿美元（见表 0-2）。2018 年工业制成品出口额为 23516.9 亿美元，占到全部货物出口总额的 94.6%，实现顺差 9177.0 亿美元，是创造对外经济贸易顺差最重要的产业部门。

表 0-1 全球制造业增加值分布趋势

单位：%

	2005 年	2010 年	2015 年	2017 年	2005~2010 年年均增速	2010~2017 年年均增速
工业化国家	69.6	61.8	56.8	55.3	-0.3	1.3
新兴工业化国家	16.0	16.6	16.5	16.3	3.5	2.7
其他发展中国家	2.3	2.5	2.7	2.8	4.5	5.2
最不发达国家	0.5	0.6	0.7	0.8	9.1	6.7
中国	11.6	18.5	23.3	24.8	13.1	7.5
美国	20.2	17.3	15.6	15.1	-0.4	1.1

资料来源：根据联合国工业发展组织数据库计算。

表 0－2 近年来中国货物贸易情况

单位：亿美元

	2010 年	2012 年	2014 年	2016 年	2018 年
进出口总额	29740.0	36418.6	43015.3	36855.6	46224.1
出口总额	15777.5	18983.8	23422.9	20976.3	24866.8
进口总额	13962.5	17434.8	19592.4	15879.3	21357.3
进出口差额	1815.0	1549.0	3830.5	5097.0	3509.5

资料来源：国家统计局。

4. 产业分工处于全球价值链中低端，国际贸易摩擦趋增

从规模上看，我国作为全球第一制造业大国的地位日益稳固。工业生产体系的完善和竞争力的提升，带动中国制造业在全球价值链地位的攀升。但总体上看，我国制造业规模优势明显，在品牌、设计、营销等方面没有优势，缺乏核心技术，存在数千项“卡脖子”技术，在全球价值链中处于中低端地位。本部分以亚洲开发银行多区域投入产出表（ADB－MRIO）为基础，运用 Wang 等（2017）提出的全球价值链生产长度测算法，对世界制造业增加值前十的国家的 14 个制造业大类行业的全球价值链位置指数进行测算的结果显示：中国除食品、饮料与烟草制品业，木材加工业，橡胶与塑料制品业，焦炭、石油精炼与核燃料加工业四个行业的全球价值链位置指数在制造业前十的国家中排进了前三位之外，其余十个行业的全球价值链位置指数都比较靠后。特别是，化学原料及制品业、汽车与运输装备制造业这两个行业在十个国家中排名最低；计算机与电子光学设备制造业、纸类与印刷业这两个行业的排名仅高于印度；非金属矿物制品业仅高于印度尼西亚；其余五个行业，中国制造业的全球价值链位置指数排名居中。相对而言，在中国排名靠前的四个行业中，只有焦炭、石油精炼与核燃料加工业的技术含量较高、产业链较长。在中国排名靠后的五个产业中，化学原料及制品业、汽车与运输装备制造业、计算机与电子光学设备制造业这三个行业的技术含量较高、产业链较长。因此，整体上判断，中国制造业的全球价值链位置指数相对较低，在全球价值链中依然处于中低端。

大规模的出口尤其是中低端产品的大规模出口，使我国制造业成为国际贸易摩擦的重点领域。根据有关数据，针对中国的贸易摩擦连年增长，从钢铁、轮胎、鞋、玩具、铝制品等初级产品到机电、汽车、医药、通信等高技术产品，大有从单一产品延伸到整个相关行业之势。尤其是高技术产业近年来成为我国国际贸易摩擦最集中的领域，除发达国家对我国发起贸易诉讼、打贸易战外，发展中国家与我国的贸易争端案件也在增长。1980～1989 年，我国被投诉反倾销 64 起，占世界反倾销案总数 1388 起的 4.6%；1990～1999 年，我国被投诉反倾销 306 起，占世界反倾销案总数 2321 起的 13.2%；2000～2009 年，我国被投诉反倾销 586 起，占世界反倾销案总数 2225 起的 26.3%；2010～2018 年，我国被投诉反倾销 572 起，反倾销案件数量有所下降，但反补贴的案件数量却在增长，贸易摩擦案例总数逐步增长（见图 0－5 和图 0－6）。

5. 就业投资较为稳定，市场环境不容乐观

制造业是推动我国经济稳步转型最重要的支柱产业，在各个方面发挥重要作用。从增加值看，2018 年我国制造业增加值达到 26.5 万亿元，是“十二五”末的 1.3 倍、“十一五”末的 2.0 倍。从就业看，截至 2018 年底，制造业城镇非私营单位就业人数 4178.3 万人，占全部城镇非私营单位就业总人口的 24.2%。从投资看，虽然近年来制造业投资增速有所下降，但 2018 年制造业固定资产投资增长仍然高于全国总计 3.6 个百分点。2017 年制造业固定资产投资完成 19.4 万亿元，占全部城镇固定资产投资完成额的 30.7%。从纳

税情况看，2018 年制造业纳税 5.5 万亿元，占全部税收总额的 32.2%。从外商投资看，2018 年制造业实际利用外资 411.7 亿美元，占实际利用外资总额的 30.5%。从对外投资看，截至 2018 年，制造业对外投资存量 1823.1 亿美元，占全部对外投资存量的 9.2%，比 2015 年提高了 2 个百分点。

尽管我国制造业对经济社会发展有较大贡献，但发展环境需要改善。与发达国家相比，制造业发展环境的差距较为明显，根据布鲁金斯学会发布的 2018 年全球主要制造业国家综合发展环境评估结果，英国、瑞士、美国位居前三，我国以 61 分的得分仅居世界第 13 位（见图 0－7）。

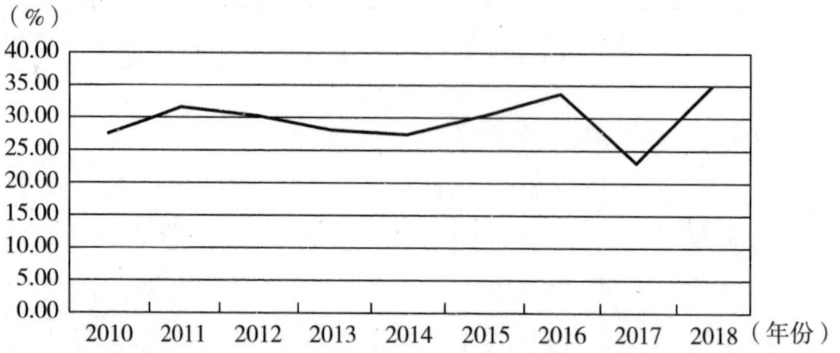

图 0－5　2010～2018 年中国贸易摩擦案在全球中的占比

资料来源：作者整理。

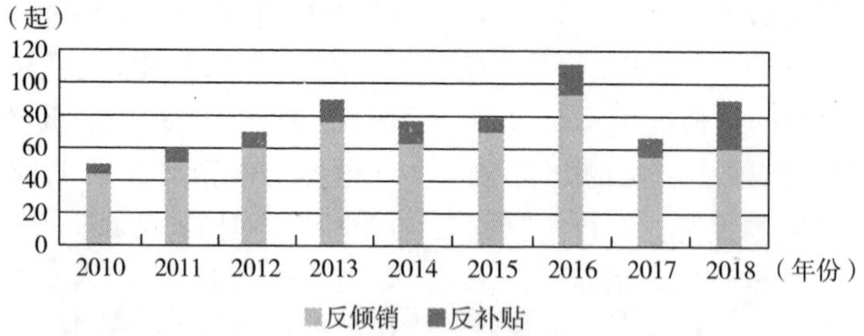

图 0－6　2010～2018 年中国被诉反补贴反倾销案件数量

资料来源：作者整理。

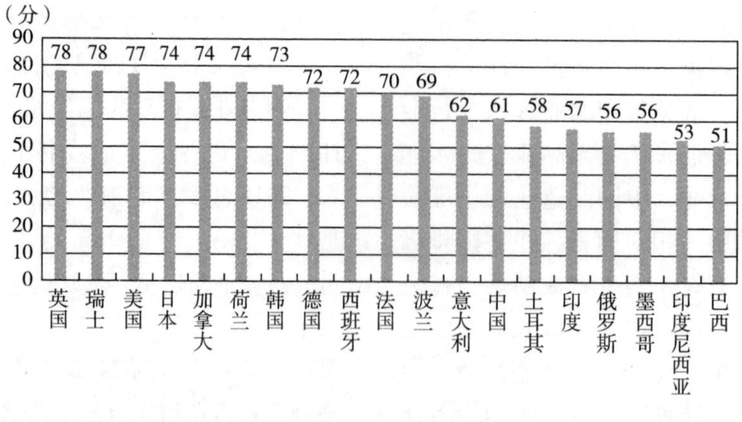

图 0－7　2018 年制造业综合环境国家排名

资料来源：布鲁金斯学会：《全球制造业积分卡：美国与 18 国比较研究》，2018 年 7 月。

二、全球制造业发展的新趋势、新挑战与中国制造业的新需求

1. 制造业“新四化”趋势及其对竞争优势的影响

近年来，以新一代信息技术、新材料、新能源、生命科学等领域的科技爆发为主要特点的新一轮科技革命和产业变革正在全球兴起。制造业的发展将呈现绿色化、智能化、服务化和定制化的趋势。

（1）绿色化。制造业发展的绿色化是指制造业向能源和资源节约、环境友好和低温室气体排放方向的转变。绿色化的趋势一方面源于技术创新引发的生产方式、商业模式等的变革，不仅局限于高耗能、高污染、资源型行业能源转化效率和资源利用效率的提高，在各个制造业部门、制造业产业链的全流程和全生命周期的每个环节都将普遍采用更加绿色的生产设备、生产工艺和发展方式。另一方面，世界各国对制造业的原材料、生产工艺、最终产品、环境影响、回收循环等提出更高的环境标准，绿色发展越来越成为共识。绿色化的趋势一方面促进节能环保产业成为主导产业，另一方面制造业的环境成本会有所增加。对于那些缺乏绿色制造技术的企业来说，环境成本的增长可能会抵消已有成本优势。

（2）智能化。新一代信息技术的发展使制造业向数据驱动、实时在线、智能主导的智能化方向发展，在人工智能技术的赋能下，生产设备和产品将具有自感知、自学习、自决策、自执行、自适应的能力。制造业的智能化将会重构制造业的生产方式、价值流程，使制造业提高研发与生产效率、加强市场反应、改善用户服务。智能化还将使制造业结构发生根本性的变化，形成一批以软件和数字传输、集成分析的战略性新兴产业，同时一些传统产业因数字赋能而焕发生机。制造业的竞争优势因此向人力资本和知识密集方向转变。例如，食品制造业、印刷和记录媒介复制业、家具制造业及纺织服装、鞋、帽制造业等“劳动密集型”行业，在高度自动化生产范式下正演变为对劳动力依赖度较低的“资本密集型”行业。

（3）服务化。信息网络技术为制造企业在生产分工的基础上向客户端延伸创造了条件。制造业呈现由以产品为中心向以客户为中心、由加工组装为主向以产品服务包集成、由一次性交易产品向长期提供服务、由以产品为价值来源向以“产品＋服务”的组合为价值来源的方向转变，基于产品的集成化、定制化服务日益成为制造企业竞争力的重要来源。

（4）定制化。标准化、批量化是传统工业化提高效率的主要途径，新一轮工业革命使企业同时具备低成本、大规模和极端个性化的定制化制造这两个条件。向特定客户精确提供高度定制化的产品使制造企业扩展个性化的市场需求，能够获得更多订单和提高效益。个性化定制市场是在传统的排浪式消费需求之后制造业扩展市场规模、形成竞争新优势的金矿。

2. 国际环境新挑战对我国传统竞争优势的冲击

国际环境新挑战主要源于一些发达国家实施单边主义和贸易保护主义对全球产业分工格局的破坏，以及中国制造走向世界舞台中央所面对的竞争对手的变化。

（1）全球产业价值链回缩。在新一轮工业革命推动下，主要发达国家工业互联网、人工智能、云计算、大数据等技术的应用普及促使本土劳动生产率提高，发展中国家的劳动力成本优势不断被削弱。国际金融危机发生后，为了解决产业空心化和就业问题，发达国家制造业产业链转向本国，加之世界主要发达经济体推出的保护主义措施不断增加，严重威胁全球经济一体化，降低了发展中国家借助融入全球产业链推进工业化进程的机会，对于制造业体系比较完备的中国来说，则有失去向产业链高端攀升的梯子的风险，同时影响我国在已有全球产业分工基础上形成的竞争优势。

（2）前沿技术供给受限。随着中国制造业的

发展和发达国家政策的调整，中国与发达国家的关系由产业上下游分工的协作关系逐步转变为同产业链的竞争关系。发达国家由技术供给示范转向技术封锁、打压，美国发动贸易战的根本目的是封堵中国前沿技术的发展。虽然2020年1月中美两国正式签署第一阶段经贸协议，“贸易热战”有所缓和，但是中美在关键行业的“科技冷战”却不会因此而止步。美国政府在“第二阶段贸易战”以及未来竞争中将以进出口控制、投资限制等非关税壁垒为特征，祭出多种措施限制中国获得美国技术，针对某些特定部门进行特殊出口限制，并审查中国公司投资美国及其技术获取渠道。因此，对于中国而言，需要推动供应链的多元化、增强对价值链关键环节的掌控、打好产业链现代化攻坚战，从而降低“卡脖子”的风险。

（3）新兴工业化国家追赶。中国制造业的转型升级，增加了与发达国家在高端制造领域的竞争。此外，由于劳动成本和环境成本的不断攀升，中国制造业在劳动密集型产业和低端生产环节的竞争优势受到来自新兴工业化国家的挑战。中国幅员辽阔，生产力发展水平不平衡，一些地区发展工业，加快经济发展的需求非常迫切。新兴工业化国家与我国在劳动密集型产业的竞争，使我国欠发达地区的经济发展受到一定的影响，在一定程度上降低了制造业的发展速度。但由于制造业发展需要产业配套体系，因此，无论是来自发达国家还是来自发展中国家的竞争，都不会对我国制造业发展产生根本的影响。影响我国制造业发展的根本因素是经济发展水平提升而带来的内在动力。

3. 小康社会和“一带一路”倡议带来的新需求

中国将在“十四五”时期全面建成小康社会，人民生活水平进一步提高。同时，共建“一带一路”倡议得到广泛响应，国内外市场环境的变化将使“十四五”时期中国制造业发展的需求侧呈现出一系列新特征，对制造业的发展方向产生重大影响。

（1）消费需求扩张。经济成长阶段的跃升通常会伴随着需求结构的变迁。从发达国家需求结构的演进历程看，不同国家需求结构特征的变化路径与经济发展水平高度相关，呈现出显著的趋同性。“十四五”时期，在就业和通货膨胀不出现重大负面冲击的条件下，我国居民消费需求总额将稳步增长，占社会总需求的比重将不断提高，消费需求在推动经济增长方面的作用变得更加重要。中国消费规模有望在近几年内超过美国，成为世界第一大消费市场。国内市场需求规模的持续扩张，将会形成显著的本土市场优势，这是“十四五”时期中国制造业高质量发展的重要依托。

（2）技术投资需求增强。国际经验表明，在经济增速放缓的背景下，投资需求结构会有很大的变化。以日本为例，1973年之后日本的投资需求出现了重大的结构性变化，即总投资增速逐渐放缓，但对先进技术设备的投资则高速增长。产业机器人在日本制造业的渗透率从1974年的0.083台/千人提升至1979年的0.822台/千人，5年提高了近9倍，年均增长速度达58%，在同期，日本总资本形成的年均增速仅为7.5%。中国制造业在先进技术设备投资方面存在巨额欠账，在人口红利消失和“智能+”时代到来的双重影响下，机器人等数字化、智能化装备和系统将会成为驱动投资结构升级的主要力量。

（3）新型耐用消费品兴起。如表0－3所示，对比中国2018年的全国居民人均消费支出结构与1973～1979年日本居民消费的构成可以发现，两国在食物支出占比、服饰支出占比、家庭用品支出占比、医疗保健支出占比上差别不大，但中国居民的居住支出占比与样本期内日本最高的年份相比还要高出37%。如果房地产价格以及由此引致的房租价格能够保持基本稳定，那么“十四五”时期，中国居民消费结构还有较大调整空间。价值相对较低但能提高生活品质的新型耐用品是推动居民消费增长的重要依托。“十四五”时期，中国居民消费需求增长的主要推动力可能是近年来才出现的、目前普及率相对较低的“新型家电”（如洗碗机等），以及与电子信息新兴技术相关的新型消费电子产品（如VR设备、智能家电等）。

表 0-3 日本居民消费的构成（1973~1979 年）及其与中国（2018 年）的比较

单位：%

	日本							中国
	1973 年	1974 年	1975 年	1976 年	1977 年	1978 年	1979 年	2018 年
食物	27.6	28.3	28.4	28.1	27.5	26.2	24.8	28.4
服饰	8.8	8.4	8.1	8.2	7.7	7.5	7.5	6.5
房租、水、能源	16.1	15.5	15.6	16.1	16.7	17.1	17.1	23.4
家庭用品	7.9	7.6	6.3	6.4	6.1	5.8	6.2	6.2
医疗保健	7.8	8.4	9.0	9.0	9.2	9.6	9.8	8.5
交通与通信	8.6	9.1	9.6	9.6	10.0	10.0	10.2	13.5
文娱教育活动	9.2	9.0	8.8	9.0	8.9	8.9	8.8	11.2
其他	14.1	13.9	14.2	13.6	14.0	14.8	15.7	2.4

资料来源：日本总务省统计局，中国国家统计局。

（4）新兴外需市场基本形成。共建“一带一路”而形成的外需结构优化效应将成为推动中国制造业产业升级的重要因素。参与共建“一带一路”的亚洲国家、欧洲国家、非洲国家依然是中国外部需求增长的三大来源地，其中亚洲国家是最重要的增长点，而非洲国家的角色越来越重要。运用时变随机前沿贸易引力模型就 2010~2018 年中国对 136 个已签订共建“一带一路”合作文件的国家的工业制成品出口数据进行实证分析得到的结果显示：从出口产品类型来看，2013~2018 年，中国对已经签订共建“一带一路”合作文件的 136 个国家出口的四大类工业制成品中，资源型制成品、低技术制成品、中等技术制成品、高技术制成品的出口贸易效率提升幅度分别为 8%、5%、17%、11%（见表 0-4）。换言之，“一带一路”倡议提出以来，在出口贸易效率提升方面受益最大的是以汽车、化学品、机械装备等为代表的中等技术制成品，其次是以电子信息产品、电力设备、医药品等为代表的高技术制成品，木材等资源型制成品、纺织服装等低技术制成品的受益程度相对较低。“十四五”期间，若这四类制成品的出口效率提高幅度与 2013~2018 年相同，那么，按 2018 年各类工业制成品出口额保守估算，仅出口贸易效率提升这一项，中国对参与共建“一带一路”的 136 个国家的中等技术制成品出口额就会增长 250 亿美元，高技术制成品出口额增长 162 亿美元，低技术制成品出口额增长 99 亿美元，资源型制成品出口额增长 24 亿美元。参与共建“一带一路”国家对中等技术制成品的需求将显著改善中国的外需结构，并且随着参与共建“一带一路”国家收入水平的提高，对高技术制成品的需求将会对中国相应产业发展形成强劲拉动力，而资源型制成品和低技术制成品由于出口贸易效率提升而形成的新增需求相对较少。

表 0-4 中国对参与共建“一带一路”的 136 个国家的出口贸易效率

	2010 年	2011 年	2012 年	2013 年	2014 年	2015 年	2016 年	2017 年	2018 年
非洲（44 国）	0.35	0.35	0.34	0.36	0.37	0.39	0.42	0.45	0.48
亚洲（37 国）	0.78	0.77	0.81	0.80	0.83	0.85	0.85	0.86	0.86
欧洲（27 国）	0.62	0.61	0.60	0.62	0.64	0.65	0.65	0.67	0.68
大洋洲（9 国）	0.55	0.53	0.53	0.54	0.56	0.57	0.57	0.59	0.59

续表

	2010年	2011年	2012年	2013年	2014年	2015年	2016年	2017年	2018年
南美洲（8国）	0.58	0.54	0.57	0.57	0.58	0.57	0.60	0.61	0.63
北美洲（11国）	0.49	0.52	0.51	0.51	0.53	0.55	0.58	0.59	0.58
资源型制成品	0.62	0.61	0.61	0.62	0.64	0.65	0.63	0.65	0.67
低技术制成品	0.76	0.77	0.76	0.75	0.76	0.77	0.78	0.77	0.79
中等技术制成品	0.57	0.56	0.56	0.58	0.59	0.61	0.63	0.65	0.68
高技术制成品	0.46	0.46	0.46	0.47	0.46	0.48	0.51	0.50	0.52

资料来源：作者测算。

三、“十四五”时期制造业的发展定位与重点领域

1. 制造业在国民经济中的定位

“十二五”期间，我国制造业发展速度开始减缓，在国民经济中的地位由第一大产业部门退位于服务业之后。近年来，受到美国增加关税、实施贸易保护的冲击，发展速度进一步下降。从国际经验来看，制造业占比下降是经济发展进入高收入阶段的一个特征，例如，美国在1968年之前，制造业比重一直在25%以上，而此时人均GDP达到2.3万美元（2010年不变价格）；日本在人均GDP 18700美元（2010年不变价格）时出现制造业持续下降的拐点。与美国、日本两国相比，我国制造业占比存在下降过早过快的问题，虽然制造业的占比接近发达国家，但经济发展尚处在高收入国家门槛之外①，我们称这种产业结构的变化为产业结构早熟。陷入“中等收入陷阱”的国家，如巴西、阿根廷等都存在产业结构早熟现象。这些国家制造业比重的高速下降和经济的停滞不前几乎是同步的。此外，从发达国家深受国际金融危机冲击的教训来看，制造业不仅是从中等收入国家迈向高收入国家的一个关键踏板，也是维持国家经济实力的重要保障。“十四五”期间，我国制造业虽然对经济增长的贡献仍会低于服务业，但对国民经济发展的作用主要表现为五个不可替代：

（1）建设社会主义现代化强国的基础作用不可替代。工业是最主要的物质生产部门，为居民生活、各行业的经济活动提供其他任何行业都无法替代的物质产品。没有现代化工业，经济活动缺乏运行的物质基础，就会在全球国际竞争中处于受制于人、被动挨打的地位，就不能满足人民追求美好生活对物质产品的需要，就不能有力应对自然灾害、传染病疫情等重大突发事件，就不能维护国家安全、保证人民安居乐业。从发达国家深受国际金融危机冲击的教训来看，工业不仅是从中等收入国家迈向高收入国家的一个关键踏板，也是维持国家经济实力的重要保障。我国工业比重从2006年最高点的42.0%下降到2018年的32.8%，服务业比重达到53.3%，但工业仍然将在国民经济发展、全面建成小康社会与建设现代化强国中发挥基础性支撑作用。

（2）跨越“中等收入陷阱”和“高收入之墙”的支撑作用不可替代。从全球经济发展的历史可以看到，一些国家在人均GDP仅为4000~5000国际元、尚远离高收入国家门槛时陷入停滞，还有一些国家在人均GDP达到10000国际元

① 根据世界银行2020财年的标准，按照世界银行的Atlas方法，2018年人均GNI（Gross National Income）超过12376美元为高收入国家。2018年中国人均GDP为9771美元（现价），人均GNI（Atlas方法）为9460美元（现价）；2019年人均GDP达到10276美元，刚刚突破了1万美元的大关，但仍未迈过高收入国家的门槛。

左右的发展阶段后难以进一步增长，被经济学家分别称为“中等收入陷阱”与“高收入之墙”。“中等收入陷阱”与“高收入之墙”的成因是当初级生产要素的优势丧失后，知识、技术等高级生产要素没有成为产业竞争优势与经济增长的源泉，本质上是“技术停滞陷阱”。工业是研发投入最多、技术创新最活跃、辐射带动力最强的产业部门，对于打破“技术停滞陷阱”将发挥其他行业不可替代的推动作用。从产业结构来看，如果制造业占比下降过早过快，就会出现“产业结构早熟”问题，巴西、阿根廷等陷入“中等收入陷阱”的国家的经济停滞几乎与制造业比重的过快下降是同步的。

（3）提升中国产业分工地位的主导作用不可替代。制造业是中国对外贸易的主力军，虽然我国服务出口快速增长，但2018年工业制成品出口规模仍然是服务业的约10倍，工业制成品贸易顺差高达9177.0亿美元，而服务业贸易却存在2582.0亿美元的逆差。制造业也是利用外资和对外投资的主要领域，2018年，我国制造业实际利用外资411.7亿美元，占实际利用外资总额的30.5%；截至2018年，我国制造业对外投资存量1823.1亿美元，占全部对外直接投资存量的比重从2010年的5.6%提高到9.5%。2019年，中国（包括港澳台）有129家企业进入世界500强行列，有1/4企业的主业是制造业，且从行业来看，中国大型企业中制造业的国际化程度更高。

（4）推动技术创新与技术扩散的载体作用不可替代。创新活动的人才、资金、硬件设施很多都依赖工业，同时工业还搭建了创新活动的物理系统，提供创新成果产业化、商业化应用的验证场所，是技术创新的“母体”。即便是制造业比重很低的美国，也有约70%的创新活动直接依托于制造业或间接受制造业的资助。

（5）带动落后地区经济发展的龙头作用不可替代。工业因其产业链长、带动性广、吸纳就业和技术扩散作用强等特点，是启动经济快速发展的重要产业部门。结合本地条件选择发展适合本地需求的工业、制造业是我国许多地区摆脱落后、加快经济发展的成功经验。例如，东北地区兴因制造业兴而兴、衰因制造业衰而衰。当前我国人均GDP水平刚超过1万美元，一些地区刚刚脱贫，经济发展任务十分艰巨，迫切需要依靠发展工业带动经济的起飞。

2. 培育我国制造业竞争新优势的有利条件

国内资源禀赋、产业基础和发展阶段以及国际技术、经济、政治环境的转变，要求中国制造业塑造新的竞争优势。尽管中国制造业受到来自发达国家和新兴发展中国家的两头挤压，但中国制造业仍具有发展潜力和再现竞争新优势的有利条件。

（1）综合成本低。受经济发展水平提高、人口红利消退、生活成本提高等因素的推动，中国工资水平呈持续快速上涨之势，且土地、能源等生产要素价格较高，对中国制造业传统的低价格优势造成一定影响。但制造业的成本和价格优势不是仅取决于工资水平，而是劳动力素质、装备水平、基础设施、产业配套条件等多种因素共同作用的结果。与发展中国家相比，虽然它们的工资水平明显低于中国，即使综合考虑工资水平与劳动生产率的单位劳动成本也具有优势，但落后的基础设施与产业配套制约了它们低成本制造优势的发挥。与发达国家相比，中国的工资水平仍然具有明显优势，而且中国的成本优势不仅体现在全球价值链低端的加工制造环节，随着国民教育水平的提高，越来越多的高素质劳动力进入国民经济领域，中国的劳动力红利已从数量红利转变为质量红利或“工程师红利”，使中国制造业在研发设计、产品服务等方面都具备较低的成本，从而形成中国制造业在全生命周期相对发达国家的成本优势。

（2）产业链配套。中国拥有全球最齐全的产业门类，细化的产业分工形成完善的产业配套和快速的供应链响应能力。虽然中国制造业整体上处于全球价值链低附加值的加工组装环节，许多高技术含量的中间产品依赖进口，但是这种情况正在发生改变，越来越多的中间产品已经可以在中国本土生产，全球价值链呈现变短的趋势。随着中国制造业创新能力的不断提升，产业配套能力还将进一步增强。相比之下，发展中国家上游资本和技术密集型产业配套能力薄弱，而发达国家则是加工制造能力缺失，制约了创新和新技术的工程化和规模化生产。

（3）创新力增强。经过改革开放以来四十年的发展，中国制造业的创新能力有了显著提高并仍在持续增强，推动了钢铁、水泥、纺织等原材料工业以及服装、电子装配等产业产能的扩张，并使这些产业或产业链环节的技术水平进入世界一流之列；解决了许多先进材料、核心零部件、重大装备从无到有的问题，并使这些领域的技术水平不断提高，甚至进入世界第一集团；在战略性新兴产业与前沿技术领域实现重大技术突破，有力地支撑了我国战略性新兴产业的发展。

（4）数字经济领先。信息技术正在推动制造业向数字化、网络化、智能化、服务化、绿色化的方向发展，在帮助制造业改善供给质量、提高生产效率、快速响应市场、拓展增值空间等方面发挥重要作用。未来的制造业必将是数字技术与工业技术、先进制造业与现代服务业深度融合的产业，也将成为未来制造强国的典型特征。中国数字经济规模居于世界第二位，拥有一批世界级数字经济企业，人工智能等前沿数字技术处于世界前列。通过机器人、人工智能等数字技术的采用，不但能够减少用工数量和成本，在一定程度上抵消成本上涨的压力，而且能够使制造业的柔性化程度显著提高，可以根据市场变化和用户需求提供产品，并依托产品开发高附加值的增值服务。

（5）超大经济规模。中国是世界上人口最多、经济体量最大的国家之一，具有经济超大规模性，超大规模人口、国土空间、经济体量和统一市场四大因素又叠加耦合形成规模经济效应超大、范围经济效应超大、空间集聚效应超大、创新学习效应超大、发展外溢效应超大五大特征。中国国内市场规模大、成长性好，居民与产业、消费品与投资品市场规模的持续扩大和升级为技术更先进、质量更高、性能更强的产品提出更多的需求，这就为制造业向中高端攀升提供了巨大的国内市场支撑。

3. 发挥有利条件、促进制造业发展的重点领域

“十四五”时期中国制造业的发展需要适应国内外需求的变化，抓住新一轮工业革命带来的新技术、新产品、新模式、新业态不断涌现的机会，既要推动传统产业转型升级，又要培育壮大战略性新兴产业。具体包括：

（1）新科技驱动的战略性新兴产业。在传统产业中，各个国家/地区和企业之间的竞争地位相对固化，后来者需要花费巨大的时间和代价才能实现对领先者的追赶。但是在新兴产业领域，发达国家与发展中国家处于相似的起跑线，都没有现成的技术发展方向可供模仿，因此每一次科技革命和产业变革都成为后发国家实现赶超的历史契机。当前正在兴起的新一轮科技革命和产业变革也是我国制造业实现换道超车的机遇。“按照主动跟进、精心选择、有所为有所不为的方针，明确我国科技创新主攻方向和突破口。对看准的方向，要超前规划布局、加大投入力度，着力攻克一批关键核心技术，加速赶超甚至引领步伐。”① 加快推动先进技术、前沿技术的工程化转化和规模化生产，在新兴产业领域形成一批我国制造业不可替代的“撒手锏”产品，破解西方发达国家对我国“卡脖子”的制约。

（2）应用数字技术的智能制造产业。应用数字技术的智能制造产业是新一轮工业革命的核心内容。在我国制造业低成本优势逐步减弱的背景下，必须着力提高产品品质和生产管理效率，重塑竞争优势，而应用数字技术的智能制造产业正是提升制造业竞争力的重要途径。目前，就国内实际情况而言，汽车、家电等行业自动化和信息化程度已经较高，其他3C、食品饮料、化工等行业正在加快自动化和信息化进程。虽然在政府层面的政策制定、企业层面的转型升级、研究层面的技术突破都将智能制造作为重点支持的方向，但我国智能制造在实际应用上还处于起步阶段。智能制造时代迟迟未到，其中一个重要的原因就是缺乏专业化的智能制造解决方案提供商。尽管制造企业对通过智能制造破解发展瓶颈有迫切需求，但专业化的智能制造解决方案提供商缺失已成为制约我国智能制造产业和市场发展的主要障碍。顺应数字经济发展趋势，解决好智能制造业数字化转型进程中的难点问题，已成为切实推动制造业高质量发展的当务之急。

（3）促进生态文明建设的绿色制造产业。绿

① 参见习近平总书记在中央财经领导小组第七次会议上的讲话。

色制造是指在保证产品的功能、质量、成本前提下，综合考虑环境影响和资源效率的现代制造模式。长期以来，中国经济增长和工业化发展主要依靠资源型增长路线，以“高投入、高消耗、高污染、低质量、低效益、低产出”和“先污染，后治理”为特征的增长模式主导着工业发展。目前，中国正处于工业化中期和消费结构升级的重要阶段。一方面，作为中国经济的产业主体，工业有着广阔的市场空间；另一方面，重化工业有较强的扩张动力，工业领域资源浪费、环境恶化、结构失衡等问题仍十分突出，制约着中国工业的可持续发展。近年来，发达国家倡导“低碳发展”的理念，着力推动绿色经济和“绿色新政”。面对国际环境和国内形势的变化，加快转变中国工业发展方式，实现绿色制造，塑造可持续的竞争力具有重大战略意义。这不仅有利于维护节能减排和产业结构调整的自主性，而且由于工业节能减排潜力大、技术和市场条件相对较好，能够产生更显著的效果和广泛影响，并催生新的产业部门。

（4）高效带动就业的劳动密集型产业。当前，国际经济形势复杂多变，国内一些长期积累的深层次矛盾逐步显现，经济发展新常态和供给侧结构性改革对促进就业提出了新的要求。坚持发展高效带动就业的劳动密集型产业，全面提升劳动者的就业创业能力，实现比较充分和高质量的就业，是实现全面小康、推动经济高质量发展的内在要求。一方面，应加快发展国际竞争优势明显、民生刚性需求较大的轻工业、3C 加工组装等劳动密集型制造业；另一方面，应推动市场需求有限、竞争力较弱的困难行业转型升级，稳定现有用工需求。通过化解淘汰过剩产能和落后产能、减轻国有企业的社会负担、落实减税降费政策等综合措施，进一步推动劳动密集型行业的供给侧结构性改革。同时，加快新一代信息技术与制造业的深度融合，提高产品科技含量与附加值，推动传统制造业由生产型向生产服务型转变，以此延伸产业链条，增加就业岗位。通过这些方向同步推进产业结构调整和劳动者技能转换，在转型发展中不断增强吸纳就业的能力。

（5）满足美好生活需要的新型消费品产业。国内居民消费升级已为制造业乃至整个国民经济的结构调整与转型创造了有利条件，是我国内需最大潜力之所在。充分挖掘内需，发展满足美好生活需要的新型消费品产业，不仅有利于减轻国民经济对出口、投资的依赖，为保增长贡献力量，也有利于适应新一轮工业革命背景下的科技创新浪潮，为我国在新一轮科技竞争中占据主动位置提供了良好条件。可围绕消费需求旺盛、与群众日常生活息息相关的新型消费品领域，重点发展适应消费升级的下一代移动通信终端、超高清视频终端、可穿戴设备、智能家居、消费级无人机等新型信息产品，以及虚拟现实、增强现实、智能服务机器人、无人驾驶等前沿信息消费产品。对这些新型消费品领域，支持企业深度挖掘用户需求，在产品开发、外观设计、包装方案、市场营销等方面加强创新，积极开展个性化定制与柔性化生产，丰富和细化消费品种类，推动中国制造向中国创造转变。

四、培育竞争新优势的战略举措

“十四五”时期我国制造业要向培育竞争新优势迈出坚实的一步，需要制定强有力的措施，我们建议实施如下七大工程：

1. *产业基础能力建设工程*

一是突出重点领域，集中优势资源，重点发展集成电路、高端传感器、减速器等智能制造装备所必需的高性能、高可靠性、智能化的核心技术零部件（元器件），重点提高特种金属功能材料、高端技术结构材料、先进高分子材料、新型无机非金属材料、信息功能材料等关键基础材料的性能和质量稳定性与自给保障能力，重点研发推广应用数字化、网络化、智能化、绿色化等新型先进基础工艺，着力解决制约产业链升级的关键瓶颈。

二是坚持创新驱动，加强基础领域研发创新和产业化。优化整合创新资源，引导企业和科研院所、高等院校、下游用户联合建立研发机构、产业技术联盟等技术创新组织，进一步加大基础研究和共性技术研究投入，加强基础领域产业共性技术、高端技术、前瞻性技术的研究攻关，着力解决影响核心基础零部件（元器件）产品性能和稳定性的关键共性技术，着力提升数字化设计、先进成型与加工等关键制造工艺的技术水平，增强源头技术供给，突破产业链升级的技术瓶颈制约。

三是强化产业链协作，推动主导企业及配套企业和下游用户企业的协同发展，提高产业链水平升级的整体合力。以重点基础产品、工艺的关键技术研发、产品设计、专用材料开发、先进工艺开发应用、公共试验平台建设、批量生产、示范推广的“一条龙”应用计划为抓手，促进整机（系统）和基础技术互动发展，协同研制计量标准，建立上中下游互融共生、分工合作、利益共享的一体化组织新模式，推进产业链协作，整合形成产业链上中下游良性互动达到升级机制，提升整个产业链的高端化、智能化、绿色化水平。

2. 产业生态系统提升工程

一是进一步完善竞争性市场环境，以国际一流的营商环境吸引更多国外创新要素、创新企业加入中国制造业创新发展中来。不断强化竞争性政策的基础地位，大力推动制造业产业政策从选择性、差别化向功能型、普惠性转型，持续完善竞争性市场环境。大力完善与先进制造业相关的服务环节的准入管理制度，在集成电路等产业领域推动与服务环节有关的负面清单管理制度，以服务创新带动产品和工艺创新。以知识产权保护为重点，进一步优化营商环境，为知识产权密集型制造业高质量发展创造良好条件。统筹推进知识产权运营综合服务平台建设，为中小型创新型制造企业提供专利分析和风险防御服务，从而促进国内企业构建基于专利知识产权的综合竞争优势。

二是完善促进产业创新的体制机制，进一步引导并支持建设世界领先水平的产学研联合体，为国内高端制造产业的产品和工艺创新提供坚实的知识基础和前沿的产业共性技术。促进国内企业在新兴产业领域的技术合作，对于处于摸索阶段、具有较大技术差距的技术，加快联合攻关，对于已经具备技术基础的领域，把握机遇，加快推进工程化和产业化。

三是优化提升产业技术基础公共服务平台，完善促进产业链升级的产业技术基础体系。要充分利用现有的骨干企业、科研院所、高校、用户和第三方机构，进一步提升产业技术基础公共服务平台、试验检测类公共服务平台、产业大数据公共平台的服务水平，强化产业共性技术供给、关键技术研发与转化，提升试验验证、检验检测认证、知识产权、标准等技术基础支撑能力。

3. “卡脖子”技术补短板工程

一是做好核心技术的战略布局。围绕国家战略需求和制造业发展趋势，研判“十四五”时期高端制造业技术水平，分析与国外先进水平的差距，研究可能形成的技术突破，确定高端制造业“卡脖子”技术需要重点发展的领域、亟待突破的关键技术、优先发展的技术，确立技术发展路径，提升高端制造业工程技术能力和水平。同时，加强与“产业基础能力建设工程”的协同，为其高端制造业“卡脖子”技术的攻克提供战略支撑。

二是加大专项支持力度。高端制造领域的“卡脖子”技术由于其产品和工艺的复杂性，技术研发周期长，成本风险高，需要从国家层面加大科研攻关力度，制定重大专项研发计划，设立专项攻关基金，针对共性问题开展攻关研究，加强基础研究、应用研究、成果转化的有机衔接，加快“卡脖子”核心技术的研发进程，防范化解高端制造业工程科技领域重大风险。在总结“核心电子器件、高端通用芯片及基础软件产品专项”和“极大规模集成电路制造装备及成套工艺专项”实施经验的基础上，瞄准未来产业竞争制高点，统筹产学研各方力量，在突破高端制造业关键环节的“卡脖子”技术的同时，努力在部分重要领域实现技术领先，通过提高极限环境下的自生能力和竞争环境中的领先优势，来获得平等参与全球制造业分工体系的机会。

三是推动建立实质性的产业联盟。高端制造

业“卡脖子”技术涉及信息、机械、电子、化学、材料等学科，仅靠少数几家企业和单位难以攻克，需要政府部门牵头，建立以龙头企业为核心，科研院所、高等院校和配套企业协同共进的科研生产体系。加大不同学科领域机构之间的交流合作，推动产学研合作，加快研发进程，降低研发风险。

4. 自主品牌创建工程

一是统筹多方资源，塑造自主品牌形象。要站在战略高度，研究建立国家层面的机构和机制，整合各级政府、行业、企业、社会团体等多方力量，统筹资源，形成国家品牌推广和提升体系，加大中国质量品牌的海外推介力度，努力消除海外消费者对“中国制造”的刻板印象，建立起“高质、绿色、安全”的全新自主品牌形象，实现国家形象、自主品牌形象和中国制造产品形象的互相促进。

二是健全协同有效的自主品牌提升机制。持续健全质量品牌发展的市场机制，着重解决市场中质量信息不对称的问题，发挥消费群体“用脚投票”的效应，引导生产要素围绕高效率产业和优质自主品牌聚集。建立完善质量品牌公共服务平台，加强质量品牌服务社会中介组织建设，推动质量品牌服务市场化、平台化运行，为企业提供专业化的自主品牌提升服务。

三是优化自主品牌发展环境。健全质量监督检查机制，建立自主品牌保护的监管与公开机制，全面落实法律法规对品牌保护的要求。进一步完善品牌保护法律法规，落实法律法规对品牌保护的要求，依法打击知识产权侵权、假冒伪劣和不正当竞争等行为。加快完善国家品牌价值评价机制，牵头制定品牌价值国际标准，着力提升中国产品的安全、环保、卫生等方面的标准水平，鼓励自主品牌企业在产品质量与安全性方面采用国际标准和更高的行业标准。

5. 人力资源素质提升工程

充分考虑人才培养周期和产业技术创新的不确定性等因素，既要立足当前，以“新工科”建设为抓手，满足高端制造对高素质人才的迫切需求；又要着眼长远，加强数学、物理等基础学科的投入，为提升中国制造业的原始创新能力奠定基础。

一是通过改革科学和工程技术专业人才培养体制，用好人才培养的存量资源。在“新工科”建设中，统筹多方资源，发挥政府部门在创新人才培养中的“资金、资源、信息”保障功能；大力推动高端制造企业与国内一流大学积极探索产教融合新机制、校企联合培养新载体，努力实现高校理论教学与企业工程培训的有效衔接，提高工程技术人才培养质量。建议设立“中国制造业产业技能提升资金”，对一流大学和企业合作培养工程师和产业技术工人给予资金扶持，进一步促进大学针对智能化现代工厂中的班组长或车间负责人的工作要求来设置相应专业，通过培养高技能产业人才，来填补我国“低端职业教育”不能满足“高端制造”发展要求的空白。

二是全面提升自然科学与工程科学类专业的中外合作办学水平，以高质量的科技教育增量资源带动存量资源，在国内形成全球制造业知识创新网络的核心节点。紧紧围绕集成电路等战略性产业发展急需的自然科学与工程科学类专业，加大与境外高水平大学和科研机构合作办学的力度。

三是在重视精英型研发人才培育和引进的同时，高度关注工程师、高技能工人和一般产业工人通用技能提升，构建由企业、技术学校、研究型大学和改革服务机构共同组成的终身学习体系。在深入贯彻落实国家引进高层次科技人才的一系列优惠政策的基础上，通过优化创业环境，形成海外高层次管理和技术人才回流的市场机制。在加强工程师和高技能产业工人培训的同时，借助职业技术学校的发展不断提升广大产业公认的技能水平。通过实施政府资助的培训项目，针对机床操作、通用工业机器人操作等重点工艺设备进行有重点的培训，提升我国制造业的整体劳动生产率。

6. 数字驱动价值链培育工程

一是在重点制造业产业集群建设“智能+”试点示范项目，促进与“智能+”相关的共性技术知识有效扩散。为改变制造业企业对“智能+”的认识不充分的状况，建议在制造业产业集群发展水平较高的地区，建设一批“智能+”试点示范项目，激励身处制造业的企业家超越机器换人的层次，稳步向基于智能制造的全要素、全流程、多领域智能协同运营转型，以“数据资源红利”对冲人工成本上涨，构建基于工业大数据的竞争新优势。

二是适度调整“两化”融合工作的重点，为制造业迈向“智能+”时代奠定扎实基础。由于制造业企业间的信息化水平存在明显差距，信息化水平较高的企业目前已将其重点放在智能化改造升级上，信息化水平较低的企业目前还缺乏实施智能化改造的基础和能力。因此，建议把“两化”融合工作的重点，从“促优”调整为“扶弱”，加大对产品市场前景好、生产技术较为先进，但信息化建设相对落后的企业的扶持力度，引导它们在研究开发、生产管控、运营管理、保障服务、市场开拓等环节逐步实现信息化，以便为后续向“智能+”转型打好基础。

三是夯实基础，增强制造业“智能+”转型的支撑服务能力。一方面，要加强制造业智能制造人才培训，培养一批兼具制造业行业知识和智能制造技术的复合型人才，以及擅长智能化装备与系统操作的高素质职业人才，为发展面向制造业“智能+”转型的系统集成设计、转移孵化、专业技术咨询等现代生产性服务业提供人力资源保障。另一方面，要夯实数字化基础设施，节约企业全面数字化转型的成本。针对企业实时数据云化过程中的数据迁移带宽约束这一突出问题，加快数字化基础设施建设，将云计算、大数据技术结合起来制定科学发展规划，确定云计算数据中心地理位置，并建立完善的跨区域信息共享机制。引导运营商以合理的价格为传统制造业企业提供有线无线融为一体的低延时泛在网络服务，满足其大数据实时运营管理需求。加快建设制造业分行业国家智能制造数据中心，为产业大数据开发利用服务提供基础支撑。

四是完善网络安全屏障，为制造业企业全面数字化转型护航。在数字化转型的浪潮中，单纯依靠企业的力量，很难应对越来越多样化和未知的安全威胁。为此，政府需要统筹规划，借鉴构建“数字政府”安全屏障的思路，“数字产业”的网络安全屏障建设必须要从被动的威胁应对和标准合规的规划模式，转向面向能力的体系化同步建设模式。一方面，要把关口前移，与企业数字化转型同步规划与建设综合防御能力体系；另一方面，要把不同产业全面数字化转型后面临的威胁情报检测与响应、安全狩猎、报警分析、事件响应与处置等防御体系，作为重要的行业共性技术，以政府购买服务的方式来提供。

7. 优化制造业全球布局工程

一是持续推进在“一带一路”沿线国家的制造业投资布局。全面推进与东盟、南亚、中亚、西亚及中东欧17国的投资合作，推进新亚欧大陆桥、中蒙俄、中国—中亚—西亚、中国—中南半岛、中巴和孟中印缅六大国际经济合作走廊建设。加强与“一带一路”沿线国家的经贸谈判，与更多“一带一路”沿线国家签署双边和多边投资协定，为中国制造业企业向沿线国家投资创造有利外部环境。通过推进沿线国家基础设施互联互通、能源开发合作、产能合作和装备合作等推动制造业“走出去”，通过建设国际大通道中的通路、通信、通航和通商等“主干道”加快轨道交通、信息通信、能源电力等产业投资步伐。加快在沿线国家建设经贸合作园区和制造基地的步伐，逐步形成面向“一带一路”、辐射全球的对外经贸合作园区网络。

二是努力深化对发达国家的制造业投资布局。积极推进中美、中欧双边投资协定（BIT）谈判，尽早建立起双向对等开放、互利共赢的投资机制，为中国制造业企业赴欧美投资并购创造良好环境。通过对欧美国家直接投资使中国制造业企业有效嵌入工业强国的当地生产网络，发挥地区生产网络的前后向联系及分工协作功能。同时，通过对外直接投资使中国制造业企业能够在当地创新网络中直接对接中小企业、高技术服务企业和研究型大学等掌握高端制造业创新资源的各类主体，从而在充分利用不同国家或地区的要素差异和分工优势的基础上，促进中国制造业在全球价值链中的地位攀升。

三是提高制造业对外投资的专业服务能力。建立综合性和一站式服务平台，有效整合分散在各部门、各行业的资源，为制造业企业对外投资便利地提供行业指导、信息服务、融资服务、投资促进、人才培训、风险防范等全流程服务。培育一批具有国际竞争力的设计咨询、资产评估、信用评级、法律服务、投资银行等机构，增强国内金融、信息、法律、财务、技术等专业服务机构的国际化、专业化服务能力。

参考文献

［1］Akira Tani, “International Comparisons of Industrial Robot Penetration”, *Technological Forecasting and Social Change*, Vol. 35, No. 2, 1989, pp. 191－210.

［2］Wang Z., Wei S. J., Xu X. D., Zhu K. F., “Characterizing Global Value Chains: Production Length and Upstreamness”, NBER Working Paper, No. 23261, 2017.

［3］国务院发展研究中心课题组:《充分发挥“超大规模性”优势　推动我国经济实现从“超大”到“超强”的转变》,《管理世界》2020 年第 1 期。

［4］中国发展研究基金会“博智宏观论坛”中长期发展课题组:《2035:中国经济增长的潜力、结构与路径》,《管理世界》2018 年第 8 期。

综合篇

第一章　中国经济社会发展中长期展望

"十三五"时期，我国经济社会发展取得巨大成就。"十四五"时期是我国全面建成小康社会、实现第一个百年奋斗目标之后，乘势而上开启全面建设社会主义现代化国家新征程、向第二个百年奋斗目标进军的第一个五年，对"十四五"乃至今后更长一段时期国家发展主要目标与指标进行研究具有重大意义。本章首先对"十三五"规划实施情况进行总体评估，总结"十三五"规划实施的主要经验；其次对中国经济增长潜力及结构变化进行情景预测；最后提出"十四五"时期国家经济社会发展的主要目标及指标设定建议。

一、"十三五"规划实施情况的总体评估

1. "十三五"时期我国经济社会发展取得巨大成就

"十三五"时期，面对错综复杂的国际政治经济环境和艰巨繁重的国内改革发展任务，中国经济进入新常态，通过实施供给侧改革、打赢"三大攻坚战"、推进经济高质量发展，经济社会发展取得了显著成绩。

（1）脱贫攻坚成就举世瞩目。"十三五"时期，中国经济持续稳定发展，人均 GDP 超过 1 万美元，脱贫攻坚成就举世瞩目。贫困群众人均收入年均增幅远超全国居民平均水平，贫困地区基本生产生活条件明显改善，经济社会发展明显加快，贫困地区的出行、用电、饮水、上学、就医、通信等长期存续的老大难问题明显改善，并呈现出新的发展局面。城乡居民收入稳步增长，增收渠道持续拓展，收入分配格局持续改善。就业创业体系进一步完善，医疗、养老、住房等保障力度持续加大，经济发展成果惠及全体人民。人民生活水平再上新台阶，人均住房面积、百户均车辆拥有量持续增加，多元化消费需求不断满足，各项社会事业蓬勃发展。

（2）"四新经济"蓬勃发展。"十三五"时期，中国传统产业转型升级步伐加快，新兴产业快速发展，四新经济（新技术、新业态、新产业、新商业模式）蓬勃发展，增速持续快于 GDP 增速。新动能快速集聚，经济活力得到有效释放，新动能持续发展壮大，成为支撑中国经济迈向高质量发展的重要力量，新旧动能转换明显加快。以网络经济为代表的数字经济建设持续发力，成为发展壮大新动能的主要力量。受益于线上线下服务融合的活跃，各类互联网应用加快向四、五线城市和农村用户渗透，使移动互联网接入流量消费保持较快增长。

（3）营商环境明显改善。"十三五"时期，中国坚持市场化法治化国际化原则，大力深化"放、管、服"改革，着力优化营商环境，不断推动简政放权向纵深发展，大力缩减市场准入负面清单，整治各类变相审批。深化了"证照分离"改革，企业注册开办时间明显降低。推进了工程建设审批制度改革，协同推进"放、管、服"改革和更大规模减税降费，形成优化营商环境合力。健全了制度化监管规则，规范行政执法，对所有市场主体一视同仁，促进公平竞争、优胜劣汰。推进了"双随机、一公开"监管和信用监管、重点监管等结合，推行"互联网 + 监管"，健全与新兴产业相适应的包容审慎监管方

式，对疫苗、药品、特种设备、危险化学品等实行全覆盖严监管。推进了社会信用体系建设和承诺制。优化了政府服务，打造全国政务服务“一张网”，在更大范围内实现“一网通办”、异地可办。水、气、暖等公用事业大力推行 APP（应用程序）办事、移动支付等。着眼民生需要，发挥社区和社会力量作用，推进老旧小区改造，发展家政、养老、托幼和“互联网+教育、医疗”等服务，提高居民生活质量，拓展内需市场。

（4）对外开放水平显著提高。“十三五”时期，沿边开发开放试验区建设工作稳步推进，对外开放区域布局更趋完善。开放型经济新体制综合试点试验初步完成，开放型经济运行管理新模式探索成效初显。进口消费品税率大幅调降，两届中国国际进口博览会成功举办，进出口结构更加平衡。海关汇总征税制度优化升级，国际贸易“单一窗口”建设稳步推进，贸易便利化显著推进。另外，国家出台了《中华人民共和国外商投资法》，配套的《中华人民共和国外商投资法实施条例》跟随落地，外商投资准入前国民待遇加负面清单管理制度全面施行。自由贸易区大幅度增设，海南自由贸易港设立，新时代中国高水平对外开放新平台网络初步形成。金融业开放加速，市场准入、国民待遇、商业存在、资本项目开放等方面的一系列新举措陆续出台。两届“一带一路”国际合作高峰论坛成功举办，多元合作机制形成。

（5）环境污染治理成效明显。“十三五”时期，持续推进蓝天、碧水、净土保卫战，地级及以上城市空气质量平均优良天数大幅增加，地表水水质明显改善，土壤污染防治不断加强，应对气候变化和低碳转型进展显著，绿水青山就是金山银山的理念成为全社会共识。共抓长江大保护破浪前行，黄河流域生态保护和高质量发展上升为国家战略，区域协同的绿色发展新优势逐步彰显。环境监测体系更趋健全，数据更加客观真实，环境标准和技术政策体系日趋完善，预警响应体系更趋成熟。成立中央环境保护督查委员会，大力开展环境保护督察并常态化，坚守环保红线、生态底线、自然资源利用上限，严明生态环境保护政治责任，人与自然和谐共生的制度体系更加健全，生态文明建设“四梁八柱”稳固构建。

（6）各方面风险管控有力。“十三五”时期，我国有效防范和妥善应对了一系列国内外重大风险挑战。在国外贸易保护主义抬头的情况下，保持战略定力，更加强调坚持和扩大对外开放，更加强调坚持以“我”为主，练好内功，做大做强国内市场，有序化解了财政金融领域的突出风险。结构性去杠杆取得成效，总体杠杆率过快攀升的势头得到一定程度遏制。地方政府存量隐性债务风险得到有序化解。宏观审慎政策框架得到建立和落实。“影子银行”业务、互联网 P2P、虚拟数字货币 ICO 等领域的突出风险得到稳妥处置。有效防范和妥善应对了各类社会风险。安全生产形势总体良好，反腐败工作成效得到巩固和强化，扫黑除恶专项斗争有力推进，涉众型风险事件应对及时得当，社会正义感和人民群众的安全感明显增强。有力地应对了新冠肺炎疫情风险。打赢了疫情防控人民战争、总体战、阻击战，捍卫人民群众生命安全，并为国际社会提供了宝贵经验。

2016~2019 年，《中华人民共和国国民经济和社会发展第十三个五年规划纲要》（以下简称《“十三五”规划纲要》）主要指标完成进展情况见表 1-1。

表 1-1 《“十三五”规划纲要》主要指标完成进展情况

指标	预期目标				进展情况				
	2015 年	2020 年	年均增速［累计］	属性	2016 年	2017 年	2018 年	2019 年	进度评估
经济发展									
（1）国内生产总值（GDP）（万亿元）	68.9	>92.7	>6.5%	预期性	74.4（6.7%）	82.7（6.9%）	90.0（6.6%）	99.1（6.1%）	达到预期

续表

指标		预期目标				进展情况				
		2015 年	2020 年	年均增速［累计］	属性	2016 年	2017 年	2018 年	2019 年	进度评估
（2）全员劳动生产率（万元/人）		8.9	>12	>6.6%	预期性	9.48（6.4%）	10.12（6.7%）	10.73（6.6%）	11.5（6.2%）	达到预期
（3）城镇化率	常住人口城镇化率（%）	56.1	60	[3.9]	预期性	57.35	58.52	59.58	60.6	提前完成
	户籍人口城镇化率（%）	39.9	45	[5.1]		41.2	42.35	43.37	44.38	达到预期
（4）服务业增加值比重（%）		50.2	56	[5.8]	预期性	51.6	51.6	52.2	53.9	进展滞后
创新驱动										
（5）研究与试验发展经费投入强度（%）		2.06	2.5	[0.43]	预期性	2.11	2.13	2.18	2.23	进展滞后
（6）每万人口发明专利拥有量（件）		6.3	12	[5.7]	预期性	8.0	9.8	11.5	13.3	提前完成
（7）科技进步贡献率（%）		55.3	60	[4.7]	预期性	56.2	57.5	58.5	59.5	达到预期
（8）互联网普及率	固定宽带家庭普及率（%）	40	70	[30]	预期性	61.4	74.4	86.1	91	提前完成
	移动宽带用户普及率（%）	57	85	[20]		71.2	81.4	93.6	96	提前完成
民生福祉										
（9）居民人均可支配收入增长（%）		—	—	>6.5	预期性	6.3	7.3	6.5	8.9	达到预期
（10）劳动年龄人口平均受教育年限（年）		10.23	10.8	[0.57]	约束性	10.35	10.5	—	10.7	达到预期
（11）城镇新增就业人口（万人）		—	—	[>5000]	预期性	1314	1351	1361	1352	达到预期
（12）农村贫困人口脱贫（万人）		—	—	[5575]	约束性	1240	1289	1386	1109	达到预期
（13）基本养老保险参保率（%）		82	90	[8]	预期性	—	87	—	—	达到预期
（14）城镇棚户区住房改造（万套）		—	—	[2000]	约束性	606	609	626	316①	达到预期
（15）人均预期寿命		76.34	—	[1]	预期性	76.5	76.7	77.0	77.3	达到预期
资源环境										
（16）耕地保有量（亿亩）		18.65	18.65	[0]	约束性	>18.65	>18.65	>18.65	>18.65	达到预期
（17）新增建设用地规模（万亩）		—	—	[<3256]	约束性	809	801.6			未达预期
（18）万元 GDP 用水量下降（%）		—	—	[23]	约束性	7.3	[13.2]	[18.9]	5.7	提前完成
（19）单位 GDP 能耗量下降（%）		—	—	[15]	约束性	5	[8.5]	[11.6]	2.6	达到预期
（20）非化石能源占一次性能源消费比重（%）		12	15	[3]	约束性	13.3	13.8	14.3	15.3	提前完成
（21）单位 GDP 二氧化碳排放量降低（%）		—	—	[18]	约束性	6.6	[11.4]	[15.4]	[18.2]	提前完成
（22）森林发展	森林覆盖率（%）	21.66	23.04	[1.38]	约束性	22.3	22.74	22.96	22.96	达到预期
	蓄积量（亿立方米）	151	165	[14]	约束性	163.7	170	175.6	175.6	提前完成
（23）空气质量	地级及以上城市空气质量优良天数比例（%）	76.7	>80	—	约束性	78.8	78	79.3	82	提前完成
	细颗粒物（PM2.5）未达标地级及以上城市浓度下降（%）	—	—	[18]	约束性	8.8	[15.8]	10.4	2.4	达到预期
（24）地表水质量	达到或好于Ⅲ类水体比例（%）	66	>70	—	约束性	67.8	67.9	71	74.9	提前完成
	劣Ⅴ类水体比例（%）	9.7	<5	—	约束性	8.6	8.3	6.7	3.4	提前完成

① 注：城镇棚户区住房改造 2019 年为开工数。2016 年至 2019 年底，全国棚改开工 2157 万套，到 2020 年底累计开工数超过 2300 万套，超额完成任务。

续表

指标		预期目标				进展情况				
		2015 年	2020 年	年均增速［累计］	属性	2016 年	2017 年	2018 年	2019 年	进度评估
（25）主要污染物排放总量减少（%）	化学需氧量	—	—	［10］	约束性	2.6	［5.6］	3.1	3.2	提前完成
	氨氮	—	—	［10］	约束性	2.9	［6.4］	2.7	3.3	提前完成
	二氧化硫	—	—	［15］	约束性	5.6	［13.2］	6.7	4.4	提前完成
	氮氧化物	—	—	［15］	约束性	4	［8.7］	4.9	3.5	提前完成

2. “十三五”规划实施的主要经验

“十三五”规划取得了显著的成绩，根本原因在于坚持党中央集中统一领导，加强战略谋划，增强战略定力，坚持以人民为中心的发展思想，坚持稳中求进的工作总基调，坚持新发展理念，坚持推动高质量发展，坚持以供给侧结构性改革为主线，坚持底线思维，充分发挥中央和地方的两个积极性。

（1）更加重视新发展理念引领，作用更持久。党的十八届五中全会通过的“十三五”规划建议，首次提出了“创新、协调、绿色、开放、共享”的五大发展理念，新发展理念为经济转型提供了理论基础，深入人心，作用更持久。理念是行动的先导，新时代抓发展，必须坚定不移贯彻创新、协调、绿色、开放、共享的新发展理念，推动高质量发展；必须适应中国发展进入新阶段、社会主要矛盾发生变化的必然要求，牢牢把握新发展理念推动发展，把注意力集中到解决各种不平衡不充分的问题上。新发展理念有助于我们从系统论出发优化经济治理方式，加强全局观念，在多重目标中寻求动态平衡。“十三五”时期，更加重视国家创新体系建设，加快关键核心技术自主创新，强化战略科技力量，破除“卡脖子”技术封锁。深入实施并拓展区域协调发展战略，包括京津冀协同发展、长江经济带发展、粤港澳大湾区建设、长三角一体化发展、黄河流域生态保护和高质量发展等。推进高水平对外开放，提高现代化经济体系的国际竞争力。加快推动绿色发展，促进经济发展长期可持续。完善初次分配和再分配体系，强化对脱贫攻坚工作的政策支持，让全体人民共享发展成果。

（2）更加重视全面深化改革，大力推动经济高质量发展。坚持把供给侧结构性改革主线贯穿于宏观调控全过程，不断破除发展面临的体制机制障碍。深化经济体制改革，构建高质量发展的制度基础。坚持社会主义市场经济改革方向，使市场在资源配置中起决定性作用、更好地发挥政府作用。坚持两个“毫不动摇”，公有制经济和非公有制经济共同发展，都使中国经济社会发展的基础进一步夯实。加快建设高标准市场体系。完善产权制度和要素市场化配置，健全支持民营经济发展的法治环境，完善中小微企业发展的政策体系。加快金融体制改革，完善资本市场基础制度，提高上市公司质量，健全退出机制，稳步推进创业板和新三板改革。坚持巩固、增强、提升、畅通的方针，以创新驱动和改革开放为两个轮子，全面提高经济整体竞争力，加快现代化经济体系建设。落实减税降费政策，降低企业用电、用气、物流等成本，有序推进“僵尸企业”处置。大力培育发展新动能，加快推进数字经济、人工智能、区块链技术发展；抓住新技术、新业态、新模式、新产业发展的历史机遇，改造传统制造业，推进高端制造业与现代服务业融合发展。健全体制机制，打造一批有国际竞争力的先进制造业集群，提升产业基础能力和产业链现代化水平。

（3）更加重视更高水平开放，全面激发内生动力和市场活力。以开放发展理念作为指导，通过更高水平开放促进改革、创新、合作，促进互利多赢；全面激发内生动力和市场活力，实现经济更平衡、更充分、更具包容性的发展。以主动开放推动改革深化，通过主动对外开放倒逼趟过国内改革深水区，与国际接轨的法律和标准体系加快完善，法治、开放、公平、稳定、透明的竞争环境加速营造，市场准入、外资管理、外贸体制、汇率市场化等方面改革显著推进。以双向开放促进创新发展，通过扩大对外合作，引进中国经济转型发展所需的技术和人才，推进合作创新；通过鼓励企业走出去，更准确掌握国际市场需求和更深入参与国际竞争，强化企业创新意识意愿与能力，提升新技术新产品的新商业模式创新。以公平开放激发市场活力，通过放宽市场准入，构建公平市场竞争环境，提升国内外竞争水平，优化资源配置，激发市场内生动力，增添市场活力。以全面开放促进区域平衡发展，通过推动形成陆海内外联动、东西双向互济的开放格局，加速资源东西向流动，助推中西部地区产业结构调整与升级，缩小国内东西部发展差距，克服区域发展不平衡的矛盾。以共赢和包容开放拓展国际合作，探索建立开放型经济新体制，共建人类命运共同体，以互利共赢的开放战略赢得国际合作主动权，为经济发展拓展新的国际空间。

（4）更加重视保持战略定力，宏观调控有效性显著提高。“十三五”期间，中国经济进入新常态，宏观调控思路有重大转变，即转为主要稳定经济增速、主要防控通货紧缩、主要防范资产泡沫破裂、主要促进转型升级、主要激发市场活力。中国宏观经济的稳定性增强，GDP 增长率的波动幅度有所收窄。这得益于战略定力的保持和宏观调控政策有效性的显著提高，得益于科学稳健把握宏观政策逆周期调节的力度。在财政政策方面，积极的财政政策大力提质增效，更加注重结构调整，坚决压缩一般性支出，做好重点领域保障，支持基层保工资、保运转、保基本民生；提高小微企业和个体工商户增值税免征额；通过研发费用抵扣、新购进固定资产加速折旧等政策鼓励企业加大研发投入和固定资产投资。在货币政策方面，人民银行多次采用了抵押补充贷款、中期借贷便利、常备借贷便利等结构性货币政策工具，引导资金流向中小微企业、“三农”等特定部门；运用宏观审慎评估指标，鼓励优化信贷结构。同时加快推动金融供给侧结构性改革，疏通货币政策传导机制，增加制造业中长期融资，更好地缓解民营和中小微企业融资难、融资贵问题。此外，财政政策、货币政策同消费、投资、就业、产业、区域等政策形成合力，引导资金投向供需共同受益、具有乘数效应的先进制造、民生建设、基础设施短板等领域，促进产业和消费“双升级”。

（5）更加重视发挥规模经济效应，努力建设强大国内市场。当前，中国人均 GDP 超过 1 万美元，总体经济规模位居世界第二，随着人均收入继续提高，市场需求潜力会进一步扩大。深挖消费潜力，促进消费升级，满足人民群众的最终需求。提升各类产品质量，让老百姓吃得放心、穿得称心、用得舒心，倡导优质优价，促进境外高端消费回流。加大高品质服务供给，加快“中国服务”品牌的培育和标准建设。挖掘投资需求潜力，发挥投资关键作用，促进产业升级（谢伏瞻等，2020）。完善法制，加强产权和知识产权保护，优化营商环境，增强民企投资信心。落实外商投资法和负面清单管理，推动高水平对外开放，让港澳台企业和外资企业在中国放心投资。加大制造业技术改造和设备更新。用好技改专项资金，重点支持制造业企业信息化、数字化、智能化、绿色化改造升级，重大技改升级工程进一步向民营企业倾斜，强化中央财政支持。加快 5G 商用步伐，加强人工智能、工业互联网、物联网等新型基础设施建设。加大城际交通、冷链物流、市政基础设施等投资力度，加大城镇污水垃圾处理设施建设力度。稳步推进老旧小区改造，加快完善水电气路光纤及电梯等配套设施和养老托幼等生活服务设施。加快人口净流入多的大中城市租赁住房和商品住房建设。补齐农村基础设施和公共服务设施建设短板，加强自然灾害防治能力建设。

（6）更加重视贯彻以人民为中心的发展思想，发展协调性持续增强。不断拓宽城乡居民增收渠道，通过激发重点群体增收活力，促进农业农村和户籍制度等重点领域改革，稳定工资性收入预期，完善个人所得税制，切实保障居民可支配收入合理提高。坚持就业优先战略，首次将就业政策置于宏观政策层面，注重解决结构性就业矛盾。大规模开展职业技能培训，采取有效激励，鼓励创业带动就业。坚持教育优先发展，财政性教育经费支出占国内生产总值比重连续几年超过 4%，推动城乡义务教育一体化发展，高度重视农村义务教育并着力提高乡村教师待遇，推动义务教育教师工资待遇政策落实，加快改善贫困地区义务教育薄弱学校办学条件，加强乡村小规模学校和乡镇寄宿制学校建设。建立企业职工基本养老保险基金中央调剂制度，提高退休人员的基本养老金，深化医疗、医保、医药联动改革，稳步推进分级诊疗体系建设，大力实施健康中国战略。兜住基本生活底线，确保养老金按时足额发放，加快推进养老保险全国统筹。发挥市场供给灵活性优势，深化医疗养老等民生服务领域市场化改革和对内对外开放，增强多层次多样化供给能力，更好地实现社会效益和经济效益相统一。

（7）更加重视补短板和强弱项，三大攻坚战成效显著。始终以“精准”为指引，以开发式扶贫为主轴，实行从识别到退出的全过程精准管理，形成大扶贫格局，注重将扶志和扶智融入扶贫过程中，不断强化贫困群体的内生发展动力。在扶贫工作方式和机制上，充分发挥社会主义国家的制度优势和大国的资源统筹优势，坚持中央统筹、省负总责、市县抓落实的工作机制，注重动员全社会的扶贫力量，深入实施东、西部扶贫协作，行业部门扶贫联动，扶贫资源总投入持续加大，不断蓄积扶贫攻坚新动能。针对深度贫困地区等重点贫困地区，采取超常规措施，重点攻克、各个击破，始终以实现全面精准脱贫为目标。良好生态环境是最普惠的民生福祉，党中央、国务院坚持把解决突出生态环境问题作为民生优先领域，持续推进生态文明体制改革，不断完善政府为主导、企业为主体、社会广泛参与的环境治理体系。实施环境保护督察并常态化，坚持全民共治、源头防治，全面开展蓝天、碧水、净土保卫战，促进形成绿色生产生活方式，不断推进美丽中国建设。积极参与全球环境治理，落实减排承诺。坚持底线思维，更加重视风险防范，综合施策，防范化解重点领域风险。防范金融市场异常波动和共振，引导金融业回归服务实体经济之本源。稳妥处理地方政府债务风险，切实加强政府投资项目管理。坚持目标导向，对突出风险点各个击破，进行有针对性的处置。坚持预防为主，注重防范风险的长效机制建设。注重把握好风险处置的节奏，以可控的方式处置风险。防止风险处置力度过猛、冲击宏观经济稳定，避免在处置风险的过程中触发风险扩散传染，进而引发更大的风险。

尽管“十三五”规划实施取得了显著成绩，但也应该看到，当前经济社会发展仍面临不少困难和挑战。一是关键核心技术“卡脖子”问题凸显，新旧动能转换任务艰巨。二是传统制造业企业外迁加快，产业发展面临两端挤压。三是全球疫情大流行损害了供应链，产业链供应链安全问题更加突出。四是社会发展短板明显，社会治理体系尚不完善。五是要素市场化配置改革滞后，资源配置效率和全要素生产率有待提高。这些困难和挑战在“十四五”时期应予以重点关注，并需加快推动解决。

二、中国经济增长潜力及结构变化预测

1. 增长潜力预测的主要机制

对未来经济增长潜力的预测通常基于一定的方法（Lucas，2009；张军等，2016；白重恩和张琼，2017），在文献中多采用趋势外推法或回归到平均值的方法。Eichengreen 等（2011）通过多国面板数据的方法，对各国人均收入水平和经济增长率之间的关系进行识别，最终发现大约在一个特定的人均 GDP 水平上，高速增长必然结束，而中国正处于这样一个阶段。相似的分析方法从本质上讲都是试图通过统计现象得出一个一般规律，然而却忽视了一个国家特有的要素禀赋变化（例如，人口结构变化导致的长期要素供给潜力的变动），从而不能从供给侧要素变化入手分析未来的增长潜力。

本报告从供给侧角度，基于人口结构的变化预测未来潜在增长速度。这种方法本身就已经抛开了需求侧的因素，仅仅考虑一个国家的要素禀赋变化——劳动力、资本存量、人力资本和全要

素生产率，而这四个要素都或多或少与人口因素相关。因此，根据人口预测数据，我们可以估算出各供给侧生产要素的未来变化趋势，以及相应的经济增长潜力。虽然短期的实际经济增长率可能高于或低于潜在增长率，但是从长期看，经济增长率与其潜在的经济增长率将趋于一致。基于这种方法估算的潜在增长率可以帮助我们制定更为合理的经济增长目标及相关发展目标，而人口结构变化与各生产要素供给之间的长期变化关系如下所示：

第一，潜在就业规模可以视为劳动年龄人口、劳动参与率和自然失业率的一个函数（陆旸和蔡昉，2013）。劳动年龄人口、劳动参与率和自然失业率的变化会直接影响潜在就业规模。劳动年龄人口数量与当期的出生率无关，但是却影响着15年后的劳动力供给。劳动参与率在年龄上的分布是倒U形的，随着人口老龄化，劳动参与率也会下降。2015年我国男性劳动参与率为73.9%，相比2010年的78.0%降低了4个百分点。女性劳动参与率的降幅更为明显，由2010年的63.6%下降至2015年的56%，降低了7.6个百分点。我们根据2015年分年龄和性别的劳动参与率和失业率数据以及未来人口预测数据可以计算得出潜在就业变化。从理论上讲，中国老龄化趋势的加剧会自然导致劳动力供给逐年减少。根据我们的测算，从2022年开始中国的潜在就业规模将不足7亿人。当然潜在就业规模并不会急速下降，直到2046年中国的潜在就业规模才会低于6亿人。这一数字在2025年为6.9亿人，在2035年为6.4亿人。

第二，资本存量取决于前期的资本存量和当期的新增投资，而投资和储蓄直接相关。根据生命周期理论，人在一生中储蓄规模是变化的。一般来说，不满15岁的少年既没有工作也没有储蓄，随着他们进入劳动年龄阶段，工作所取得的收入并不会全部用于消费，储蓄会逐渐增加，特别是当进入40岁以上年龄段时，储蓄将达到高峰，而当进入退休阶段，储蓄又开始减少。因此，老龄化对储蓄的直接影响是负面的，同时也影响了投资和资本存量的积累。当然一个社会其他制度因素也会影响储蓄，但显然年龄是最重要的因素。我们通过建立资本形成率和人口抚养比之间的关系，可以预测未来每年的新增资本及资本存量，投资回报率数据来自白重恩和张琼（2014）。

第三，人力资本是人口红利理论常常被忽视的因素。当一个国家人口转型开始时，低生育率常常伴随着“小家庭”。与生育更多的子女相比，父母会在这些更少的子女身上投资，自然人力资本会快速增加。“人口红利”的出现时常伴随着一个国家人力资本的快速积累。按照中国目前的人力资本发展趋势，到2030年中国平均受教育年限能够达到日本2010年的水平。佩恩表提供了各国人力资本指标，其原始数据来自Barro和Lee（2013）的估计结果。Barro和Lee（2013）分别对世界各国15岁以上的分年龄组（每5年）的人口平均受教育年限进行了估计，并给出了每个年龄组的平均受教育年限。在这一数据基础上，我们可以预测出中国到2050年的平均受教育年限。

第四，与上述三个影响机制相比，全要素生产率与人口因素的关系并不明显，其主要取决于制度因素和技术进步。不过随着中国与世界发达国家之间的人均收入水平差距和技术差距不断缩小，全要素生产率增长率也将逐渐降低。同时，农村人口向城市流动过程中带来的资源配置效率改进和全要素生产率提升也逐渐减弱。这两个因素的共同作用使全要素生产率递减速度超出了之前的预期，近些年仍然没有改善。

2. 未来30年中国潜在增速预测

不断降低的总生育率和人口老龄化趋势都将对供给侧生产要素产生直接的负向影响，最终会导致潜在增长率放缓。基于中国社会科学院人口与劳动经济研究所王广州2019年所做的人口预测数据和2015年人口小普查数据，本报告估算了未来中国潜在就业规模和潜在增长率的变化趋势（见表1－2和表1－3）。

表1－2 “十四五”时期中国潜在经济增长率预测

年份	2021	2022	2023	2024	2025
潜在增长率（%）	5.87	5.62	5.46	5.37	5.25
潜在就业（亿人）	7.02	6.99	6.96	6.93	6.90

资料来源：笔者计算，以下各表同。

表 1－3　2026～2035 年中国潜在增长率预测

年份	2026	2027	2028	2029	2030	2031	2032	2033	2034	2035
潜在增速（%）	5.17	4.97	4.82	4.77	4.65	4.57	4.45	4.32	4.28	4.21

可以看出，“十四五”时期我国经济潜在增长率将从 2021 年的 5.8% 下降到 2025 年的 5.2%。从 2027 年开始，中国的潜在增速会降低到 5% 以下，2035 年的潜在增速为 4.2%。

3. 未来 15 年中国经济增长情景预测

基于结构式模型，本报告在情景预测中考虑了产能利用率和不能增加有效生产能力的治理环境污染投资对实际利用的资本存量的影响。根据发展经济学的规律，当经济体进入严重产能过剩、劳动力市场出现转折后，资本产出弹性一般会出现缓慢下降的趋势，而劳动产出弹性会出现缓慢上升的趋势。根据有关文献，在对 2021～2035 年做预测时，我们把生产函数中的资本弹性系数和劳动力弹性系数当作变系数处理，使资本弹性系数取值从 2021 年的 0.55 逐渐缓慢下降到 2035 年的 0.4，使劳动力弹性系数取值从 2021 年的 0.45 逐渐缓慢上升到 2035 年的 0.6。运用上述经济增长机制和中国宏观经济年度预测模型，表 1－4 给出了 2021～2035 年中国经济增长的情景预测。可以看出，尽管增长率将呈现逐渐下降的趋势，但整体上中国经济仍然能够保持平稳、较快的发展态势。

表 1－4　2021～2035 年中国经济增速情景预测

单位：%

年份	基准情景	增长较慢情景
2021	5.8	5.6
2022	5.6	5.3
2023	5.4	5.1
2024	5.3	4.9
2025	5.2	4.8
“十四五”平均	5.5	5.1
2026	5.1	4.6
2027	4.9	4.4
2028	4.8	4.2
2029	4.7	4.1
2030	4.6	4.0

续表

年份	基准情景	增长较慢情景
“十五五”平均	4.8	4.3
2031	4.5	3.9
2032	4.4	3.7
2033	4.3	3.6
2034	4.3	3.5
2035	4.2	3.5
“十六五”平均	4.3	3.6

在基准情景下，2021～2025 年、2026～2030 年和 2031～2035 年三个时期 GDP 年均增长率分别为 5.5%、4.8% 和 4.3%。在增长较慢情景中，2021～2025 年、2026～2030 年和 2031～2035 年三个时期的 GDP 年均增长率分别为 5.1%、4.3% 和 3.6%。结合 1960～2013 年 215 个国家和地区的 GDP 年增长率数据判断，中国未来 15 年经济增长的这两种情景处于中高速或中低速增长区间，即便是增长较慢情景也不“低”。

4. 未来 15 年中国产业结构变化预测

未来 15 年，不仅经济规模显著增加，而且经济结构也将发生明显变化，这是由于三次产业增加值的增长速度不同，经长期积累从量变到质变的结果。未来 2021～2035 年三次产业结构变化趋势如表 1－5 所示。

表 1－5　2021～3035 年中国产业结构变化预测

单位：%

年份	GDP 增速	第一产业增加值占比	第二产业增加值占比	第三产业增加值占比
2021	5.83	6.91	38.24	54.85
2022	5.58	6.76	37.57	55.67
2023	5.42	6.60	37.02	56.38
2024	5.33	6.46	36.55	56.99
2025	5.21	6.31	36.09	57.60
2026	5.13	6.17	35.51	58.32
2027	4.94	6.02	35.09	58.89

续表

年份	GDP 增速	第一产业增加值占比	第二产业增加值占比	第三产业增加值占比
2028	4.78	5.86	34.71	59.43
2029	4.74	5.72	34.30	59.98
2030	4.62	5.58	33.87	60.55
2031	4.53	5.42	33.42	61.16
2032	4.42	5.26	32.97	61.77
2033	4.29	5.11	32.53	62.36
2034	4.25	4.95	32.14	62.91
2035	4.18	4.82	31.69	63.49

从产业结构看，三次产业在GDP中的比重呈现平稳变化的发展趋势，其中，第一产业和第二产业比重逐年下降，而第三产业比重则逐年上升。未来15年，第一产业增加值占GDP比重将下降超过2个百分点，第二产业增加值占GDP的比重将下降约6.6个百分点。第三产业继续保持其在国民经济中的最大份额，2030年第三产业比重将超过60%。2035年三次产业增加值在国民经济中的比重分别为4.8%、31.7%和63.5%。

2020～2035年制造业增加值占GDP比重及常住人口城镇化率预测结果见表1－6。到2035年，制造业增加值占GDP比重将逐步下降到23.05%，相比2019年的水平下降约4个百分点。制造业在现代经济中发挥着特殊的“枢纽性”作用，很多服务业经济活动是依托于制造业而存在的，农业生产效率的提升和农副产品的品质提升也高度依赖于制造业发展。未来一段时期，在美国及欧洲一些国家号召“制造业回归本土”的外部压力下，保住制造业基本盘、促进制造业转型升级、加快建设制造强国、避免制造业在经济中占比下降过快和“过早去工业化”，将成为我国经济发展过程中需要紧紧把握的一个基本原则。到2035年，我国常住人口城镇化率将上升到72.6%，相比2019年的水平上升约12个百分点。换言之，未来15年里我国将基本实现由城镇化中期向城镇化中后期的过渡。

表1－6　2020～2035年制造业增加值占比及城镇化率预测

单位：%

年份	制造业增加值占GDP比重	常住人口城镇化率
2020	27.21	61.50
2021	27.05	62.42
2022	26.82	63.31
2023	26.61	64.18
2024	26.42	65.02
2025	26.16	65.85
2026	25.87	66.66
2027	25.55	67.44
2028	25.23	68.20
2029	24.91	68.93
2030	24.60	69.64
2031	24.29	70.31
2032	23.98	70.95
2033	23.69	71.55
2034	23.38	72.10
2035	23.05	72.62

三、“十四五”时期国家经济社会发展主要目标及指标设定建议

1. “十四五”时期经济社会发展的指导思想

“十四五”时期是我国全面建成小康社会、实现第一个百年奋斗目标之后，乘势而上开启全面建设社会主义现代化国家新征程、向第二个百年奋斗目标进军的第一个五年。当前和今后一个时期，我国发展仍然处于战略机遇期，但机遇和挑战都有新的发展变化。当今世界正经历百年未有之大变局，和平与发展仍然是时代主题，同时国际环境日趋复杂，不稳定性、不确定性明显增强。我国已进入高质量发展阶段，且发展具有多方面优势和条件，同时发展不平衡不充分问题仍然突出。

推动“十四五”时期我国经济社会发展，必须高举中国特色社会主义伟大旗帜，深入贯彻党的十九大和十九届二中、三中、四中、五中全会精神，坚持以马克思列宁主义、毛泽东思想、邓小平理论、“三个代表”重要思想、科学发展观、习近平新时代中国特色社会主义思想为指导，全面贯彻党的基本理论、基本路线、基本方略，统筹推进经济建设、政治建设、文化建设、社会建设、生态文明建设的总体布局，协调推进全面建设社会主义现代化国家、全面深化改革、全面依法治国、全面从严治党的战略布局，坚定不移贯彻创新、协调、绿色、开放、共享的新发展理念，坚持稳中求进的工作总基调，以推动高质量发展为主题，以深化供给侧结构性改革为主线，以改革创新为根本动力，以满足人民日益增长的美好生活需要为根本目的，统筹发展和安全，加快建设现代化经济体系，加快构建以国内大循环为主体、国内国际双循环相互促进的新发展格局，推进国家治理体系和治理能力现代化，实现经济行稳致远、社会安定和谐，为全面建设社会主义现代化国家开好局、起好步。

推动“十四五”时期的经济社会发展，必须坚持党的全面领导，坚持和完善党领导经济社会发展的体制机制，坚持和完善中国特色社会主义制度，不断提高贯彻新发展理念、构建新发展格局能力和水平，为实现高质量发展提供根本保证。坚持以人民为中心，坚持新发展理念，坚持深化改革开放，坚持系统观念。

2. “十四五”时期经济社会发展的主要目标

（1）经济发展取得新成效。在质量效益明显提升的基础上实现经济持续健康发展，增长潜力充分发挥，国内市场更加强大，经济结构更加优化，创新能力显著提升，产业基础高级化、产业链现代化水平明显提高，农业基础更加稳固，城乡区域发展协调性明显增强，现代化经济体系建设取得重大进展。

（2）改革开放迈出新步伐。社会主义市场经济体制更加完善，高标准市场体系基本建成，市场主体更加充满活力，产权制度改革和要素市场化配置改革取得重大进展，公平竞争制度更加健全，更高水平开放型经济新体制基本形成。

（3）社会文明程度得到新提高。社会主义核心价值观深入人心，人民思想道德素质、科学文化素质和身心健康素质明显提高，公共文化服务体系和文化产业体系更加健全，人民精神文化生活日益丰富，中华文化影响力进一步提升，中华民族凝聚力进一步增强。

（4）生态文明建设实现新进步。国土空间开发保护格局得到优化，生产生活方式绿色转型成效显著，能源资源配置更加合理、利用效率大幅提高，主要污染物排放总量持续减少，生态环境持续改善，生态安全屏障更加牢固，城乡人居环境明显改善。

（5）民生福祉达到新水平。实现更加充分更高质量就业，居民收入增长和经济增长基本同步，分配结构明显改善，基本公共服务均等化水平明显提高，全民受教育程度不断提升，多层次社会保障体系更加健全，卫生健康体系更加完善，脱贫攻坚成果巩固拓展，乡村振兴战略全面推进。

（6）国家治理效能得到新提升。社会主义民主法治更加健全，社会公平正义进一步彰显，国家行政体系更加完善，政府作用更好发挥，行政效率和公信力显著提升，社会治理特别是基层治理水平明显提高，防范化解重大风险体制机制不断健全，突发公共事件应急能力显著增强，自然灾害防御水平明显提升，发展安全保障更加有力，国防和军队现代化迈出重大步伐。

3. “十四五”时期经济社会发展主要指标选择及设定建议

基于“十四五”时期经济社会发展需遵循的基本原则和主要目标，本报告在《“十二五”规划纲要》和《“十三五”规划纲要》的基础上进行调整和完善，得到“十四五”时期国家经济社会发展的主要指标体系：一是删去不符合新时代高质量发展需要或提升空间已经不大的指标；二是新增反映新时代高质量发展需要、有助于化解人民日益增长的美好生活需要和不平衡不充分发展之间矛盾等方面的指标；三是根据经济发展情况变化和统计技术改进等因素，对一些指标选择进行调整优化。

考虑到上述六个方面的主要目标中有些为定性目标，不必单独设立定量指标，因此“十四五”时期国家经济社会发展主要指标体系大体上仍可延续“十二五”和“十三五”规划的框架；

在此基础上，根据经济社会发展新形势和新趋势进行一定的删减、补充和调整。调整后总体上包括经济发展、创新驱动、民生福祉、绿色发展四大类。指标分为预期性与约束性两种。

基于主要目标和中国经济未来增长潜力预测，参考国家中长期相关专项规划，既考虑到我国“十四五”时期潜在增长率水平，又考虑到新冠肺炎疫情和外部环境变化的不确定影响，本报告对“十四五”时期主要指标的选择及其目标设定给出了具体建议，结果列在表 1－7 中。

表 1－7 “十四五”时期主要指标选择及设定建议

指标		2015 年	“十三五”预期目标		“十四五”预期目标		属性
			2020 年	年均增速（%）①	2025 年	年均增速（%）	
1. 经济发展							
（1）国内生产总值（GDP）（万亿元）		68.9	>92.7	>6.5	>130.2②	5.0	预期性
（2）全员劳动生产率（万元/人）		8.9	>12.0	>6.6	>16.9③	5.1	预期性
（3）城镇化率	常住人口城镇化率（%）	56.1	60.0	[3.9]	65.5	[4.0]	预期性
	户籍人口城镇化率（%）	39.9	45.0	[5.1]	50.0	[5.0]	预期性
（4）制造业增加值比重（%）		29.5	—	—	>25.0	—	约束性
2. 创新驱动							
（1）研发投入	研究与试验发展经费投入强度（%）	2.06	2.5	[0.4]	2.4	[0.2]	预期性
	基础研究经费占研发经费比例（%）	5.1			9.0	[4]	预期性
（2）每万人口发明专利拥有量（件）		6.3	12.0	[5.7]	23.0	[8]	预期性
（3）科技进步贡献率（%）		55.3	60.0	[4.7]	65.0	[5]	预期性
3. 民生福祉							
（1）居民人均可支配收入增长（%）		—	—	>6.5	—	5.0	预期性
（2）城镇调查失业率（%）		—	—	—		5.5	预期性
（3）劳动年龄人口平均受教育年限（年）		10.2	10.8	[0.6]	11.3	[0.5]	约束性
（4）每千人口执业（助理）医师人数（人）		—	—	—	2.8④	[0.2]	预期性
（5）每千名老年人口拥有养老床位数（张）		—	—	—	45.0	[15.0]	预期性
（6）人均预期寿命		76.3	—	[1.0]	78.6	[1.0]⑤	预期性
4. 绿色发展							
（1）耕地保有量（亿亩）		18.7	18.7	[0]	18.5⑥	[－0.2]	约束性
（2）万元 GDP 用水量下降幅度（%）		—	—	[23.0]	—	[23.0]⑦	约束性
（3）单位 GDP 能耗下降幅度（%）		—	—	[15.0]	—	[15.0]	约束性
（4）单位 GDP 二氧化碳排放量下降幅度（%）		—	—	[18.0]	—	[18.0]	约束性
（5）非化石能源占一次能源消费比重（%）		12.0	15.0	[3.0]	18.0	[3.0]	约束性
（6）全国森林覆盖率（%）		21.7	23.0	[1.4]	24.4⑧	[1.4]	约束性
（7）重点城市细颗粒物（PM2.5）浓度下降幅度（%）		—	—	[18.0]	—	[12.0]⑨	约束性
（8）地表水达到或好于Ⅲ类水体比例（%）		66.0	>70.0	—	>80.0	—	约束性

注：①［］中为预期 5 年累计数。②为 2019 年价格计价的 GDP。③为 2019 年价格计价的 GDP。④每千人口执业（助理）医师人数，中长期 2030 年预计不低于 3.0 人。⑤《健康中国行动（2019—2030 年）》预期 2022 年达到 77.7 岁，2030 年达到 79 岁。结合全国实际情况，以及部分城市（如北京、南京等地已超过 82 岁）的情况，可能会好于《健康中国行动（2019—2030 年）》的预期。⑥《全国国土规划纲要（2016—2030 年）》预期 2030 年耕地保有量不低于 18.25 亿亩。⑦2018 年度《中国水资源公报》显示，万元国内生产总值（当年价）用水量 66.8 立方米，按可比价计算，万元国内生产总值用水量比 2017 年下降 6.6%。根据《全国水资源综合规划》，到 2030 年万元国内生产总值用水量比 2020 年降低 40% 左右。“十三五”规划万元 GDP 水耗 5 年降低 23%，随着水资源综合利用力度加大，建议“十四五”时期继续以此为目标。⑧《联合国森林战略规划（2017—2030 年）》建议森林面积提高 3%。⑨“重点城市”指“十三五”期末空气中细颗粒物浓度未达标城市。

专栏1－1

习近平总书记在经济社会领域专家座谈会上的讲话摘编（2020年8月24日）

“十四五”时期是我国全面建成小康社会、实现第一个百年奋斗目标之后，乘势而上开启全面建设社会主义现代化国家新征程、向第二个百年奋斗目标进军的第一个五年，我国将进入新发展阶段。凡事预则立，不预则废。我们要着眼长远、把握大势，开门问策、集思广益，研究新情况、作出新规划。

第一，以辩证思维看待新发展阶段的新机遇新挑战。党的十九大以来，我多次讲，当今世界正经历百年未有之大变局。当前，新冠肺炎疫情全球大流行使这个大变局加速变化，保护主义、单边主义上升，世界经济低迷，全球产业链供应链因非经济因素而面临冲击，国际经济、科技、文化、安全、政治等格局都在发生深刻调整，世界进入动荡变革期。今后一个时期，我们将面对更多逆风逆水的外部环境，必须做好应对一系列新的风险挑战的准备。

国内发展环境也经历着深刻变化。我国已进入高质量发展阶段，社会主要矛盾已经转化为人民日益增长的美好生活需要和不平衡不充分的发展之间的矛盾，人均国内生产总值达到1万美元，城镇化率超过60%，中等收入群体超过4亿人，人民对美好生活的要求不断提高。我国制度优势显著，治理效能提升，经济长期向好，物质基础雄厚，人力资源丰厚，市场空间广阔，发展韧性强大，社会大局稳定，继续发展具有多方面优势和条件。同时，我国发展不平衡不充分问题仍然突出，创新能力不适应高质量发展要求，农业基础还不稳固，城乡区域发展和收入分配差距较大，生态环保任重道远，民生保障存在短板，社会治理还有弱项。

总之，进入新发展阶段，国内外环境的深刻变化既带来一系列新机遇，也带来一系列新挑战，是危机并存、危中有机、危可转机。我们要辩证认识和把握国内外大势，统筹中华民族伟大复兴战略全局和世界百年未有之大变局，深刻认识我国社会主要矛盾发展变化带来的新特征新要求，深刻认识错综复杂的国际环境带来的新矛盾新挑战，增强机遇意识和风险意识，准确识变、科学应变、主动求变，勇于开顶风船，善于转危为机，努力实现更高质量、更有效率、更加公平、更可持续、更为安全的发展。

第二，以畅通国民经济循环为主构建新发展格局。今年以来，我多次讲，要推动形成以国内大循环为主体、国内国际双循环相互促进的新发展格局。这个新发展格局是根据我国发展阶段、环境、条件变化提出来的，是重塑我国国际合作和竞争新优势的战略抉择。近年来，随着外部环境和我国发展所具有的要素禀赋的变化，市场和资源两头在外的国际大循环动能明显减弱，而我国内需潜力不断释放，国内大循环活力日益强劲，客观上有着此消彼长的态势。对这个客观现象，理论界进行了很多讨论，可以继续深化研究，并提出真知灼见。

自2008年国际金融危机以来，我国经济已经在向以国内大循环为主体转变，经常项目顺差同国内生产总值的比率由2007年的9.9%降至现在的不到1%，国内需求对经济增长的贡献率有7个年份超过100%。未来一个时期，国内市场主导国民经济循环特征会更加明显，经济增长的内需潜力会不断释放。我们要坚持供给侧结构性改革这个战略方向，扭住扩大内需这个战略基点，使生产、分配、流通、消费更多依托国内市场，提升供给体系对国内需求的适配性，形成需求牵引供给、供给创造需求的更高水平动态平衡。

当然，新发展格局绝不是封闭的国内循环，而是开放的国内国际双循环。我国在世界经济中的地位将持续上升，同世界经济的联系会更加紧密，为其他国家提供的市场机会将更加广阔，成为吸引国际商品和要素资源的巨大引力场。

第三，以科技创新催生新发展动能。实现高质量发展，必须实现依靠创新驱动的内涵型增长。我们更要大力提升自主创新能力，尽快突破关键核心技术。这是关系我国发展全局的重大问题，也是形成以国内大循环为主体的关键。

我们要充分发挥我国社会主义制度能够集中力量办大事的显著优势，打好关键核心技术攻坚战。要依托我国超大规模市场和完备产业体系，创造有利于新技术快速大规模应用和迭代升级的独特优势，加速科技成果向现实生产力转化，提升产业链水平，维护产业链安全。要发挥企业在技术创新中的主体作用，使企业成为创新要素集成、科技成果转化的生力军，打造科技、教育、产业、金融紧密融合的创新体系。基础研究是创新的源头活水，我们要加大投入，鼓励长期坚持和大胆探索，为建设科技强国夯实基础。要大力培养和引进国际一流人才和科研团队，加大科研单位改革力度，最大限度调动科研人员的积极性，提高科技产出效率。要坚持开放创新，加强国际科技交流合作。

第四，以深化改革激发新发展活力。改革是解放和发展社会生产力的关键，是推动国家发展的根本动力。我国改革已进行40多年，取得举世公认的伟大成就。社会是不断发展的，调节社会关系和社会活动的体制机制随之不断完善，才能不断适应解放和发展社会生产力的要求。

随着我国迈入新发展阶段，改革也面临新的任务，必须拿出更大的勇气、更多的举措破除深层次体制机制障碍，坚持和完善中国特色社会主义制度，推进国家治理体系和治理能力现代化。我们要守正创新、开拓创新，大胆探索自己未来发展之路。要坚持和完善社会主义基本经济制度，使市场在资源配置中起决定性作用，更好发挥政府作用，营造长期稳定可预期的制度环境。要加强产权和知识产权保护，建设高标准市场体系，完善公平竞争制度，激发市场主体发展活力，使一切有利于社会生产力发展的力量源泉充分涌流。

第五，以高水平对外开放打造国际合作和竞争新优势。当前，国际社会对经济全球化前景有不少担忧。我们认为，国际经济联通和交往仍是世界经济发展的客观要求。我国经济持续快速发展的一个重要动力就是对外开放。对外开放是基本国策，我们要全面提高对外开放水平，建设更高水平开放型经济新体制，形成国际合作和竞争新优势。要积极参与全球经济治理体系改革，推动完善更加公平合理的国际经济治理体系。

当前，在推进对外开放中要注意两点：一是凡是愿意同我们合作的国家、地区和企业，包括美国的州、地方和企业，我们都要积极开展合作，形成全方位、多层次、多元化的开放合作格局。二是越开放越要重视安全，越要统筹好发展和安全，着力增强自身竞争能力、开放监管能力、风险防控能力，练就金刚不坏之身。

第六，以共建共治共享拓展社会发展新局面。事实证明，发展起来以后的问题不比不发展时少。我国社会结构正在发生深刻变化，互联网深刻改变人类交往方式，社会观念、社会心理、社会行为发生深刻变化。“十四五”时期如何适应社会结构、社会关系、社会行为方式、社会心理等深刻变化，实现更加充分、更高质量的就业，健全全覆盖、可持续的社保体系，强化公共卫生和疾控体系，促进人口长期均衡发展，加强社会治理，化解社会矛盾，维护社会稳定，都需要认真研究并作出工作部署。

一个现代化的社会，应该既充满活力又拥有良好秩序，呈现出活力和秩序有机统一。要完善共建共治共享的社会治理制度，实现政府治理同社会调节、居民自治良性互动，建设人人有责、人人尽责、人人享有的社会治理共同体。要加强和创新基层社会治理，使每个社会细胞都健康活跃，将矛盾纠纷化解在基层，将和谐稳定创建在基层。要更加注重维护社会公平正义，促进人的全面发展和社会全面进步。

参考文献

[1] 白重恩、张琼:《中国经济增长潜力预测:兼顾跨国生产率收敛与中国劳动力特征的供给侧分析》,《经济学报》2017 年第 4 期。

[2] 郭迎锋、张永军:《我国 2035 年基本实现社会主义现代化指标体系构建及评估》,《全球化》2019 年第 10 期。

[3] 国务院发展研究中心课题组:《充分发挥“超大规模性”优势 推动我国经济实现从“超大”到“超强”的转变》,《管理世界》2020 年第 1 期。

[4] 国务院发展研究中心课题组:《未来 15 年国际经济格局变化和中国战略选择》,《管理世界》2018 年第 12 期。

[5] 李培林、蔡昉:《2020 走向全面小康社会:“十三五”规划研究报告》,社会科学文献出版社 2015 年版。

[6] 李雪松、娄峰、张友国:《“十三五”及 2030 年发展目标与战略研究》,社会科学文献出版社 2016 年版。

[7] 李雪松、张涛、娄峰、张延群:《中国宏观经济模型及经济政策评价》,中国社会科学出版社 2016 年版。

[8] 陆旸、蔡昉:《从人口红利到改革红利:基于中国潜在增长率的模拟》,《世界经济》2016 年第 1 期。

[9] 陆旸、蔡昉:《人口结构变化对潜在增长率的影响:中国和日本的比较》,《世界经济》2014 年第 1 期。

[10] 陆旸、蔡昉:《调整人口政策对中国长期潜在增长率的影响》,《劳动经济研究》2013 年第 1 期。

[11] 谢伏瞻、蔡昉、李雪松:《2020 年中国经济形势分析与预测(经济蓝皮书)》,社会科学文献出版社 2020 年版。

[12] 张军、徐力恒、刘芳:《鉴往知来:推测中国经济增长潜力与结构演变》,《世界经济》2016 年第 1 期。

[13] 中国经济增长前沿课题组:《中国经济转型的结构性特征、风险与效率提升路径》,《经济研究》2013 年第 10 期。

[14] Barro R., J. Lee, “A New Data Set of Educational Attainment in the World, 1950 ~ 2010”, *Journal of Development Economics*, No. 104, 2013, pp. 184 – 198.

[15] Eichengreen B., D. Park, K. Shin, “When Fast Growing Economies Slow Down: International Evidence and Implications for China”, NBER Working Paper, 2011.

[16] Lucas R. E., “Trade and the Diffusion of the Industrial Revolution”, *American Economic Journal: Macroeconomics*, Vol. 1, No. 1, 2009, pp. 1 – 25.

第二章　工业结构调整

提　　要

"十三五"时期，我国工业结构持续调整优化，高技术含量、高附加值水平产业比重不断提高，国际分工地位进一步巩固和提升。但同时，产能过剩、高技术产业低水平发展、信息化与工业融合深度不足、"两端积压"等新旧问题突出，工业结构调整优化压力日益增大。"十四五"时期，我国进入基本实现工业化后的发展新阶段、数字化智能化的深入发展、工业高质量发展要求提高、我国更加深入参与大国竞争，以及2020年新型冠状病毒暴发和全球蔓延都会对工业结构的变化产生深远影响。在保持工业经济规模继续增大的基础上，要素结构和需求结构的变动将成为"十四五"时期工业结构变迁的直接动因，创新能力的提升是结构优化的根本动力，全面深化改革是结构调整的制度保障，而全方位对外开放将能创造有利的外部环境。"十四五"时期也是我国跨越中等收入陷阱的关键时期，在基本实现工业化后保持工业发展动力，工业结构调整的重点也必须有所变化，形成高质量发展动力、构建现代产业体系、促进产业融合和加强全球产能布局能力是"十四五"时期面向工业强国的结构调整重点。

*　　　　*　　　　*

随着我国工业化进程总体上从初期阶段发展到工业化后期阶段，工业占GDP的比重呈现下降趋势，已经不足1/3。与此同时，工业结构出现持续改善的势头，"十四五"时期，我国将迈上全面由"工业大国"向"工业强国"转型的新征程。

一、"十三五"时期工业结构变动情况

1. 装备制造业比重持续提高

"十三五"时期，制造业在工业三大行业门类中增长最快，制造业行业结构显著优化升级，且"十三五"时期制造业行业结构的变动幅度远超"十二五"时期。在制造业的31个两位数行业中，2012~2019年计算机通信和其他电子设备制造业、汽车制造业是占比上升最快的两个行业，占比分别大幅提高3.44个百分点和2.3个百分点，也成为制造业中占比最高的两个行业（见表2-1）。2012年以来汽车、手机、集成电路等产品产量都大幅增长，尤其是集成电路产量年均增速高达两位数。农副食品加工业、纺织业、化

学原料和化学制品制造业、黑色金属冶炼和压延加工业四个行业占比下降较大，降幅均在1个百分点以上。2019年制造业中营业收入占比最高的五个行业依次为计算机、通信和其他电子设备制造业，汽车制造业，黑色金属冶炼和压延加工业，化学原料和化学制品制造业，电气机械和器材制造业，合计占比为42.5%，前五位行业的集中度呈现不断上升的势头。

表2－1 规模以上制造业主营业务收入行业结构变化

单位：%

	"十二五"变化	2016年	2017年	2018年	2019年	"十三五"前四年变化	2012～2019年变化
农副食品加工业	0.87	6.57	5.87	5.13	5.01	－1.58	－1.46
食品制造业	0.37	2.29	2.17	2.01	2.04	－0.17	0.07
酒、饮料和精制茶制造业	0.24	1.77	1.68	1.67	1.64	－0.11	－0.04
烟草制品业	0.01	0.83	0.87	1.12	1.19	0.25	0.25
纺织业	－0.61	3.9	3.54	2.99	2.58	－1.45	－1.42
纺织服装、服饰业	0.26	2.27	2.05	1.87	1.72	－0.52	－0.43
皮革、毛皮、羽毛及其制品和制鞋业	0.20	1.45	1.38	1.30	1.25	－0.23	－0.15
木材加工和木、竹、藤、棕、草制品业	0.22	1.41	1.27	0.99	0.91	－0.49	－0.37
家具制造业	0.08	0.84	0.86	0.76	0.76	－0.03	0.06
造纸和纸制品业	－0.28	1.4	1.46	1.50	1.43	0.03	－0.12
印刷和记录媒介复制业	0.18	0.77	0.77	0.69	0.71	－0.04	0.15
文教、工美、体育和娱乐用品制造业	1.10	1.62	1.56	1.44	1.37	－0.23	0.09
石油加工、炼焦和核燃料加工业	－1.34	3.3	3.96	5.15	5.18	1.69	0.29
化学原料和化学制品制造业	0.59	8.33	8.03	7.74	7.05	－1.37	－1.36
医药制造业	0.71	2.69	2.66	2.61	2.56	－0.03	0.41
化学纤维制造业	－0.10	0.74	0.78	0.90	0.92	0.19	0.08
橡胶和塑料制品业	－0.08	3.1	2.99	2.67	2.72	－0.40	－0.28
非金属矿物制品业	0.77	5.92	5.81	5.26	5.77	－0.16	0.31
黑色金属冶炼和压延加工业	－2.64	5.92	6.33	7.22	7.58	1.23	－1.30
有色金属冶炼和压延加工业	0.36	5.1	5.31	5.61	6.03	0.86	0.91
金属制品业	0.51	3.81	3.53	3.69	3.68	－0.07	0.07
通用设备制造业	－0.93	4.6	4.47	4.11	4.10	－0.64	－0.62
专用设备制造业	0.09	3.57	3.51	3.21	3.16	－0.45	－0.40
汽车制造业	0.21	7.76	8.3	8.95	8.66	1.50	2.30
铁路、船舶、航空航天和其他运输设备制造业	－0.22	1.84	1.66	1.27	1.21	－0.71	－0.74
电气机械和器材制造业	0.02	7.03	7.03	6.94	7.01	0.04	0.24
计算机、通信和其他电子设备制造业	0.13	9.51	10.42	11.56	12.18	2.95	3.44
仪器仪表制造业	－0.16	0.91	0.98	0.88	0.78	－0.10	－0.05
其他制造业	－0.66	0.27	0.26	0.18	0.18	－0.10	－0.08
废弃资源综合利用业	－0.01	0.39	0.38	0.44	0.49	0.11	0.13
金属制品、机械和设备修理业	0.10	0.11	0.11	0.12	0.14	0.04	0.03

注：①2010年、2011年的行业分类根据《国民经济行业分类》（GB/T 4574－2011）做了重新调整，以保持前后具有可比性；②2018年、2019年的行业结构基于规模以上制造业企业的营业收入计算；③2019年数据为当年月度数据的累计值。

资料来源：《中国统计年鉴》（2011～2019年）、国家统计局。

从制造业产品类别的结构变化看（见表2－2），一般加工业、化工类行业和金属、非金属加工业占比均呈下降趋势，尤其是一般加工业占比下降3.32个百分点。只有机电行业占比呈上升趋势，2012年以来占比大幅提高4.2个百分点。以装备制造为主的机电行业占比上升①，顺应了我国进入工业化后期阶段的客观需求。2015年《中国制造2025》出台，正式提出制造强国战略“三步走”规划，对装备制造业给予高度重视。高端装备制造是国之重器，也是目前制约我国从制造大国转向制造强国的最大瓶颈，随着未来我国在高端装备制造业领域的赶超，机电行业占比仍将继续提高。

表2－2　2010～2019年规模以上制造业主营业务收入产品类别结构变化

单位：%

	“十二五”变化	2016年	2017年	2018年	2019年	“十三五”前四年变化	2012～2019年变化
一般加工业	1.97	25.78	24.12	22.10	21.28	－4.56	－3.32
化工类行业	－0.22	18.16	18.42	19.06	18.43	0.08	－0.86
金属、非金属加工业	－1.00	20.75	20.98	21.78	23.05	1.85	－0.02
机电行业	－0.75	35.33	36.48	37.06	37.24	2.63	4.20

注：一般加工业包括从农副食品加工业（13）到文教、工美、体育和娱乐用品制造业（24），以及其他制造业（41）、废弃资源综合利用业（42）等14个行业；化工类产业包括从石油加工、炼焦和核燃料加工业（25）到橡胶和塑料制品业（29）等5个行业；金属、非金属加工业包括从非金属矿物制品业（30）到金属制品业（33）等4个行业，机电产业包括从通用设备制造业（34）到仪器仪表制造业（40），以及金属制品、机械和设备修理业（43）等8个行业。

资料来源：《中国统计年鉴》（2011～2019年）、国家统计局。

2. 资本深化趋势显著

从劳均固定资产原价②这一指标看，我国制造业呈现出不断资本深化的趋势，2016年制造业劳均固定资产原价较2012年大幅上升61.3%，这也符合我国要素禀赋结构的变化。2011年前后我国劳动年龄人口的数量和比重均达到历史峰值，但“十二五”时期劳动密集型行业占比却呈现缓慢上升的态势。这主要是由于2012年前后我国资源型行业产能严重过剩，结构调整和去产能加速推进，黑色金属冶炼和压延加工业、石油加工炼焦和核燃料加工业等重资产行业占比大幅下降；同时，资本密集度相对较低的计算机通信和其他电子设备制造业等装备制造行业快速发展，导致劳动密集型行业占比出现回升趋势。“十三五”前四年资本密集型行业占比则快速上升，在此期间占比上升幅度最大的前五位行业，有四个属于资本密集型行业，带动了资本密集型行业占比提高4.32个百分点（见表2－3）。不过，随着我国高技术制造业的发展，以金属加工业、化工化学业为主体的资本密集型行业预计将出现萎缩③。

3. 高技术化快速推进

“十三五”以来，我国制造业R&D经费投入强度保持逐年攀升的态势，规模以上工业企业中有R&D活动的企业占比翻了一番，制造业企业自主创新活动日趋活跃。2013年后中央加强对战略性新兴产业的扶持力度，《中国制造2025》落地，以新一代信息技术、高端装备制造、新能源

① 装备制造业是在机电行业（剔除其中少量的轻工业部分）的基础上增加金属制品业（不包括搪瓷和不锈钢及类似日用金属制品制造业）。

② 为了避免个别年份数据的异常波动，使用2012～2016年的数据进行加权平均计算，并采用两分法把该比值大于全部制造业平均水平的石油加工、炼焦和核燃料加工业等10个行业界定为资本密集型行业，小于全部工业平均水平的农副食品加工业等21个行业界定为劳动密集型行业。

③ 当然，资本密集型行业和劳动密集型行业的划分并非一成不变，随着智能制造等技术在制造业中推广，部分原本被划入劳动密集型行业的制造业也将成为资本密集型行业，如近年来汽车制造业、医药制造业、酒饮料和精制茶制造业等行业的劳均固定资产原价正在快速提高，汽车制造业的劳均固定资产原价在2014年首次超过制造业平均水平，被划分为资本密集型行业。

汽车为代表的战略性新兴产业实现跨越式发展，新技术、新产业、新业态、新模式大量涌现，制造业和服务业深度融合趋势加速，这些结构性变化拉动“十三五”时期中、高技术密集型行业占比快速上升（见表2-4）。

表2-3 2010~2019年规模以上制造业主营业务收入要素结构变化

单位:%

	“十二五”变化	2016年	2017年	2018年	2019年	“十三五”前四年变化	2012~2019年变化
劳动密集型行业	2.43	60.33	58.77	56.10	55.71	-4.32	-1.48
资本密集型行业	-2.43	39.69	41.23	43.90	44.29	4.32	1.48

资料来源：《中国统计年鉴》（2011~2019年）、国家统计局。

表2-4 2010~2019年规模以上制造业主营业务收入技术结构变化

单位:%

	“十二五”变化	2016年	2017年	2018年	2019年	“十三五”前四年变化	2012~2019年变化
高技术密集型行业	0.56	18.52	19.23	19.54	19.89	1.66	2.66
中技术密集型行业	-0.70	20.24	20.69	21.03	20.83	1.13	2.03
低技术密集型行业	0.14	61.26	60.08	59.43	59.28	-2.79	-4.69
高技术制造业	1.82	14.68	15.63	16.86	—	2.76	4.16

注：高技术制造业是指国民经济行业中R&D投入强度（即R&D经费支出占主营业务收入的比重）相对较高的制造业行业，《高技术产业（制造业）分类（2013）》将其分为医药制造、航空航天器及设备制造、电子及通信设备制造、计算机及办公设备制造、医疗仪器设备及仪器仪表制造、信息化学品制造六大类。

资料来源：《中国统计年鉴》（2011~2019年）、《中国科技统计年鉴》（2011~2019年）、国家统计局。

4. 新型冠状病毒肺炎疫情对不同工业行业的影响

2020年1~2月，受新型冠状病毒肺炎疫情暴发和在全球流行的影响，我国工业经济遭受前所未有的冲击，各项指标跌破历史最低。虽然从3月开始，随着复工开始工业经济逐步恢复运转，但这一冲击远未结束，不仅会在1~2年内成为影响我国工业发展和结构变化的重要因素，对“十四五”时期工业结构的变化也会产生深远影响。

在疫情冲击最严重的1~2月，疫情对不同行业的影响机制和冲击程度有显著差异，这主要取决于各行业的供应链特征、产业链特征、要素结构特征和需求特征。从供应链特征看，供应链体系复杂且地域分散的行业面临的供应链断链风险更大，组织协调生产的成本更高，容易受到疫情冲击，尤其是供应链高度依赖湖北省的行业首当其冲。从产业链特征看，产业链条长的行业易受冲击，且处于产业链下游的最终产品生产所受冲击程度大于处于产业链中上游的原材料、零部件生产。从要素结构特征看，劳动力密集度高、对物流体系依赖程度大的行业，生产条件和运输条件容易受到疫情冲击，自动化程度高的行业则容易率先复工。从需求特征看，抗疫所需的穿戴用品、消毒用品、医疗器械等防疫应急物资需求激增，国产替代加速，相关行业直接受益；民生保障类产品、生活必需品、基础原材料及部分高技术产品①的需求所受冲击较弱，相关行业受冲击相对较小；耐用消费品、资本品需求被动延迟，相关行业受冲击最大。

分三大门类看，由于采矿业和电力、热力、燃气及水生产和供应业的生产条件和市场需求受疫情影响较小，各项指标降幅不大；制造业增加值、营业收入和利润总额等指标降幅远超其他两

① 1~2月高技术制造业投资下降16.5%，低于制造业投资的降幅（31.5%）。半导体分立器件、集成电路等部分高技术产品产量实现较大幅度增长。

大门类（见表 2-5）。分大类行业看，疫情对各行业生产、销售和利润的影响程度基本保持一致。约有 1/2 的行业受到重度冲击，1~2 月行业增加值和营业收入同比下降 20% 以上，主要包括汽车、家具、纺织、服装、机械设备、电气设备、金属制品、文体用品、橡胶塑料、建材、造纸、印刷、非金属矿采选等相关行业。其中汽车制造业是受疫情冲击最大的行业①，1~2 月增加

表 2-5　2020 年 1~2 月工业三大门类运行情况

单位:%

行业门类	工业增加值同比增长	营业收入同比增长	利润总额同比增长	亏损企业数量同比增长	企业亏损总额同比增长	亏损企业占比
工业总计	-13.5	-17.7	-38.3	32.0	24.3	36.4
采矿业	-6.5	-10.5	-21.1	22.7	28.0	35.7
制造业	-15.7	-19.1	-42.7	33.2	24.6	36.4
电力、热力、燃气及水生产和供应业	-7.1	-7.6	-23.2	11.6	20.0	36.3

资料来源：国家统计局。

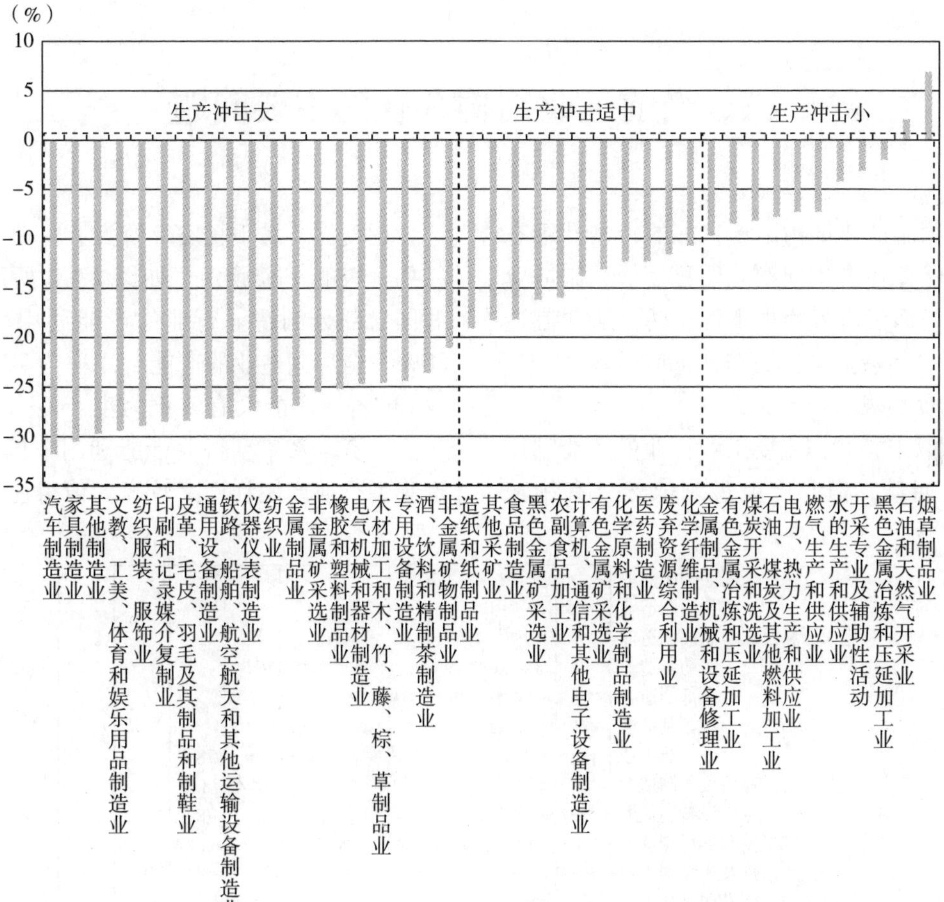

图 2-1　1~2 月规模以上各工业行业增加值同比增速

资料来源：国家统计局。

① 根据中汽协的统计数据，2 月全国乘用车产量和销量的降幅均在 80% 以上，出现断崖式下跌。第一季度汽车制造业产能利用率仅为 56.9%。

值和营业收入降幅均在30%以上，主要源于其供应链的复杂性和需求的高弹性，且湖北省是全国最重要的汽车零部件供应基地。约有1/4的行业受到中度冲击，1～2月行业增加值和营业收入同比下降10%～20%，主要包括食品、饮料、电子信息制造、化学原料、金属矿采选、煤炭采选等相关行业。食品、饮料等生活必需品行业的营业收入降幅小于增加值降幅，且出厂价格大涨拉低了疫情对利润总额的冲击。计算机、通信和其他电子设备制造业的产销降幅不大，但由于供应链成本攀升导致利润大幅下滑。约有1/4的行业受到轻度冲击，1～2月行业增加值和营业收入同比下降10%以内或实现正增长，主要包括医药、燃料化工、钢铁、有色、非金属矿采选、公用事业、烟草等相关行业。石油和天然气开采业、烟草制品业是仅有的两个增加值和营业收入实现正增长的行业，二者的利润总额也大幅增长。钢铁、有色等流程型行业增加值降幅较小，主要产品产量实现正增长。

3月各行业生产状况全面好转，41个大类行业中有16个行业增加值实现同比增长。不同行业产出恢复速度差别较大，主要取决于供应链和市场需求的恢复情况。以医药制造和计算机、通信和其他电子设备制造为代表的高技术制造业成为最大亮点，需求回暖带动复工后产出快速恢复，当月增加值同比大幅增长8.9%。汽车制造因面临多重困境而恢复缓慢，3月增加值依然同比大幅下降22.4%；钢铁、有色、采矿、公用事业等行业继续保持稳健运行。

二、当前工业结构存在的主要问题

尽管我国制造业结构出现良好的转型升级态势，但是依然存在突出问题和明显短板，制造业大而不强的局面没有发生根本性扭转，从“制造大国”转向“制造强国”之路任重道远。

1. 产能过剩现象依然突出

2016年以来，我国主要工业行业的产能利用率有了明显回升，但是产能过剩依然具有领域广、程度深、易于复发等特点，这是阻碍制造业结构升级的一个顽疾。如图2－2所示，2019年我国大部分制造业行业的产能利用率在70%～80%，全部制造业的产能利用率为77.1%，约有1/4的潜在产能没有转化为生产能力。从行业分布看，资本密集型行业产能利用率偏低，而技术密集型行业产能利用率较高。值得注意的是，不

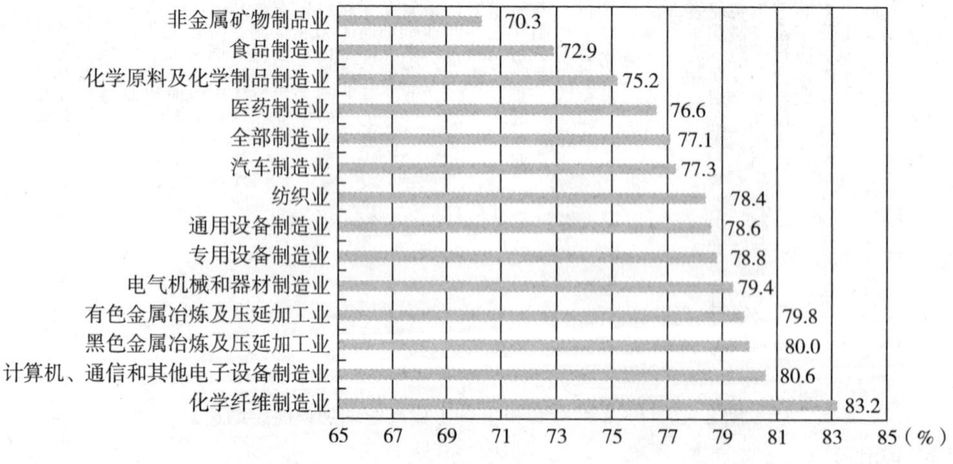

图2－2 2019年我国主要制造业行业产能利用率情况

资料来源：国家统计局网站。

仅传统行业出现产能过剩，一些新兴行业（如光伏、风电、机器人、LED 显示等）也因大量资本短时间进入价值链低端环节出现了产能过剩，即所谓“先进产能”而非“落后产能”的过剩(郭朝先，2019)。地方政府不恰当的市场干预行为，在产业选择时不考察经济规律，不结合自身特点和优劣势，盲目选择高增长行业的短期行为是造成产能过剩的重要原因之一，打破地区竞争下的体制扭曲才能从根本上缓解产能过剩问题(江飞涛等，2012)。在地方治理机制取得根本性突破之前，产能过剩问题仍将反复出现，去产能将是持久攻坚战。

2. 高技术产业徘徊于低水平发展

我国大力扶持战略性新兴产业发展已经取得明显成效，高端装备制造、生物医药等高技术密集型行业规模增长迅速。但是我国制造业长期存在“高端产业低端化”的结构性矛盾，高技术产业徘徊于低水平发展，主要表现为以下三个方面：

从价值链环节看，制造业企业主要投资高技术行业的附加值较低的下游环节，对需要投入大量资金研发的中上游环节投资不足。例如，在工业机器人产业链上，上游的核心零部件约占总成本的 72%，中游的机械臂本体约占总成本的 22%，而下游的系统集成仅占总成本的 6%，属于附加值最低的模块，但国内多数机器人企业集中在产业链下游，并承担二次开发、定制部件、售后服务等工作。

从要素匹配看，高技术行业的资本深化程度不足。对照行业资本深化程度和研发强度，可以发现当前我国高技术密集型行业普遍属于轻资产行业，技术密集程度甚至与资本深化程度负相关。这表明，高技术行业仍然呈现劳动密集的倾向，在生产制造环节过度依赖劳动投入。

从供需结构看，高端产品的供需矛盾依然存在。随着我国的产业追赶，这种矛盾有所缓解，我国部分消费行业（如手机、家电等消费品）已经接近世界领先水平，国产替代率大大提高。但是高端产能不能满足国内需求升级的矛盾依然存在，大量高端产品依赖进口，本国生产的高端产品匮乏或市场竞争力不足。进出口贸易仍然表现出“大出大进”的现象，但进口商品与出口商品的单价有巨大差距。比如，2018 年我国进口汽车 113 万辆，出口汽车 115 万辆，进出口数量大致相当，但进口汽车的单价是出口汽车的 3.48 倍。同样，进口集成电路单价是出口的 1.91 倍；进口医药品单价是出口的 11.52 倍；即便是在产量上占有绝对优势的钢铁行业，我国进口钢铁单价也是出口的 1.43 倍。

3. 信息技术与工业融合深度不足

虽然我国“互联网 +”和中国制造 2025 战略初见成效，新一代信息技术对工业结构升级的积极效应日益显现，但是新一代信息技术与制造业融合深度不足，融合模式尚不成熟，没有充分发挥新一代信息技术的颠覆性作用，具体存在以下四个方面的制约。一是信息技术与工业融合标准制定滞后。发达国家“两化融合”的起点很高，德国和美国分别制定了“工业 4.0”和“工业互联网”的融合标准，加快新一代信息技术的示范应用，推动对外技术和标准输出，抢占全球标准的主导权。由于我国行业和地区间发展层次差距过大，客观上增加了我国制定统一融合标准体系的难度，在全球标准竞争中已经落于下风。工业产生海量数据，但机械设备种类繁多、应用场景复杂，不同环境有不同的工业协议，且数据格式差异较大，不统一标准就难以兼容，也难以转化为有用的资源。目前我国具体标准的研制和推广工作刚刚启动，市场接受度还不高。二是跨学科高端人才储备严重稀缺。多数工业企业对人工智能、大数据、云计算、物联网等新技术在工业应用领域开发能力较弱，而信息技术企业对工业生产流程和工艺又了解不多。先进制造技术人才与软件系统集成人才相割裂，即往往存在懂制造技术的不懂软件控制，而懂软件控制的不懂制造技术，对两者融合有深刻理解的复合型高端人才比较稀缺。三是新一代信息技术基础设施有待完善。新一代信息技术与工业深度融合需要建立能够承载海量信息传输和存储的高质量网络基础设施，目前国内工业企业网络基础设施与深度融合的需求仍然存在巨大差距。深度融合意味着全产业链实现数字化管理，需要高度安全的网络环境，以确保知识产权和商业机密的信息安全。工业数据的安全要求远高于消费数据，工业数据在采集、存储和应用过程中一旦泄露，会给企业和用户带来严重的安全隐患。四是核心关键技术相对薄弱。目前关键工业软件、底层操作系统、嵌入式芯片、开发工具等技术领域基本被少数发达国家垄断，我国能够生产的工业传感器与控制产品大多集中在低端市场，控制系统、平台数据采集开发工具等领域的专利多为外围应用类，缺少核心专利，严重限制了制造业信息化方案的推广。

4. “两端挤压”使制造业结构升级压力陡增

改革开放初期，我国凭借比发达国家更低的要素成本，以及比其他发展中国家更完善的制造业配套体系、更优的发展环境参与国际制造业分工，但这种情况正在发生改变。从自身来看：2010 年前后我国的刘易斯拐点来临（蔡昉，2007），人口红利趋于衰竭，劳动力、土地、资源、能源要素成本不断推高，环境保护力度不断增强，以前支撑制造业经济高速发展的政策措施效果减弱，有的传统政策甚至适得其反，粗放式的制造业发展方式难以为继。从外部环境看：一方面，金融危机以后，发达国家开始反思“制造业空心化”产生的问题，纷纷推进了“再制造业化”战略，促进以制造业为重点的实体经济部门发展，推动制造业向本土回流。在新科技革命和产业变革中，智能制造技术能大幅替代低成本劳动力，依赖低劳动成本优势的国家和企业的竞争力将被削弱，发达国家高劳动力成本劣势被减弱。为了保护本土制造业和限制中国高技术产业发展，贸易保护主义抬头，美国挑起针对中国的贸易摩擦，我国需要重新审视和调整与发达国家制造业分工和贸易关系。另一方面，新兴经济体快速崛起，制造业基础设施明显改善，经济制度不断改善，以明显低于中国的劳动力成本和更优的财税政策吸引国外投资，服装、电子装配等产业已经率先呈现了向东南亚国家转移的趋势。受国内外发展环境和条件变化，我国制造业在全球价值链中处于“两端挤压”的窘境，相对发达国家尚未形成质量效益优势，相对新兴国家也不再具有劳动成本优势，制造业结构升级迫切而艰难，未来的结构升级之路具有不确定性。

三、“十四五”时期工业结构调整新趋势

从“十三五”时期开始，我国工业发展的传统动能大大减弱，工业产业在增速趋缓的同时结构升级压力增大。“十四五”时期，我国工业发展的各种环境和条件将继续发生深刻变化，工业结构调整转型趋势也将基于这些变化。

1. 要素结构和需求结构变化成为工业结构变迁的直接动因

要素供给结构和市场需求结构是决定工业结构的基础性因素。从静态看，要素供给结构和市场需求结构决定了均衡条件下各类产品的生产数量和价格，进而决定当前的工业产品结构；从动态看，要素供给结构随着资本和技术积累的深化而不断升级，市场需求结构随着居民收入水平的提高而不断升级，两者共同带动了工业结构的转型升级。如果工业结构因为外部干预严重偏离了要素供给结构和市场需求结构，将会出现一系列严重问题，例如要素价格的严重偏离和产能过剩等。“十四五”时期，我国工业结构的调整，高附加值、高技术密集型行业比重的提高是要素结构和市场需求结构深刻变化的结果。

一方面，传统要素优势减弱回报率降低，新兴要素开始价值转换。在自然资源和环境要素趋紧的情况下，我国“人口红利”也在“十三五”时期达到顶峰，“十四五”时期必然呈衰减趋势，劳动力成本上升将给劳动密集度较高的行业带来沉重的转型压力。同时，我国长期高积累、低消费的发展模式使资本快速深化，资本已经不再稀缺，资本投资回报率将进一步大幅下跌。虽然传统要素优势加速消失，但新的要素优势正在形成，这将构成“十四五”时期我国工业经济发展新的要素基础。例如，凭借完善的基础教育和全球最大规模的高等教育，我国已经拥有全球最大规模的高技术人才队伍，形成创新驱动工业发展的坚实基础。同时，在

数字化转型浪潮中，数据成为一种全新的生产要素并参与价值分配，而我国是全球数据创造规模最大、信息化基础设施最完善的国家，在数据应用相关技术研发、产业化发展方面已经形成中美两国领先的国际分工态势，数据要素的应用必然将在“十四五”时期的我国工业发展和转型中发挥重要作用。

另一方面，需求结构变化进入存量调整和增量升级阶段。我国社会主要矛盾已经转化为人民日益增长的美好生活需要和不平衡不充分的发展之间的矛盾，居民收入和消费能力大增，基本消费需求得到较好的满足，需求数量增长遇到瓶颈，汽车、手机等产品的需求量开始下滑，市场进入存量替代阶段，市场竞争极为激烈。同时，对产品和服务质量的要求提高，在部分发达城市消费结构出现与发达国家趋同的现象，高端化、个性化、定制化的需求越来越大，高档日用品、医疗保健产品和休闲娱乐产品在消费支出中的比重增加，消费结构升级为工业结构升级提供了强大动力。

2. 自主创新能力增强是工业结构变迁的根本动力

到“十三五”时期末，我国各项指标已经达到基本实现工业化的水平，进入工业化后期发展阶段，要素供给和市场需求发生深刻变化，动力转换和结构升级成为工业突破发展瓶颈的唯一出路，自主创新的重要性凸显，前期的技术积累为工业的高质量发展奠定了基础，“十四五”时期工业结构变迁是工业化后期阶段创新驱动的必然结果。

我国整体技术创新能力已经明显缩短与发达国家的差距，并在若干技术领域达到前沿水平，技术引进已不能再形成工业结构优化升级的持续动力。从2006年开始，“自主创新”“创新型国家”“创新驱动发展”“供给侧结构性改革”“中国制造2025”“互联网+”“高质量发展”等发展思路和战略目标先后被提出，“十三五”时期，工业领域自主创新的技术积累成果逐渐显现。以制造业企业科技活动支出为例，R&D经费内部支出主要反映企业在自主创新方面的投入，而引进国外技术经费支出、引进技术消化吸收经费支出、购买国内技术经费支出主要反映企业在引进模仿方面的投入，2011年自主创新方面的投入首次超过引进模仿方面的投入，此后快速拉开差距，表明我国工业技术创新的主要模式和基本思路已经发生根本性变化。“十四五”时期，技术创新的高投入和自主性将成为工业结构优化升级的根本动力，并且，以智能化、数字化、信息化技术的发展为基础，新一代信息技术与工业由浅层融合向深层融合升级，工业智能化时代将成为现实。

3. 全面深化改革是工业结构变迁的制度保障

延续“十三五”时期强化全面深化改革的思想和政策，“十四五”时期中央和地方将在财税、金融、国有企业、地方治理等领域推动重大改革部署，继续深化供给侧结构性改革，建设现代化经济体系，而一系列改革举措对工业结构变迁的影响主要体现在以下三个方面。

一是民营工业企业营商环境进一步改善，民营制造业更为活跃。中央深化“放、管、服”等改革措施在“十三五”时期逐渐完善并取得初步成效，2018年习近平总书记在民营企业座谈会上提出要在减轻赋税、拓宽融资渠道、营造公平环境、完善政策执行、优化政商关系、保护企业家人身财产安全六个方面保障民营企业健康发展。各种政策措施的效果将在“十四五”时期逐渐显现，中小型民营工业企业发展环境得到改善。二是国企改革深化，混合所有制企业将越来越普遍。积极发展混合所有制被中央作为深化国有企业改革的“突破口”，且在进一步完善国有企业现代企业制度和内部治理机制的过程中，多种所有制在股权关系、人事任用和管理模式上互相融合，混合所有制向更深层次发展。三是产业政策转向竞争政策，政府和市场的关系更加合理化。“十三五”时期以来我国越来越多地引入了功能性产业政策，同时越来越关注产业创新政策和竞争政策，推出“负面清单”等改革措施，减少对市场的不当干预，推动产业政策与竞争政策的互补与协同。“十四五”时期，产业政策将更加聚焦和准确，政府将努力构建公平的竞争和发展环境。

4. 全方位对外开放为工业结构变迁创造有利的外部环境

“十三五”时期以来，我国积极推进全方位

对外开放，大幅降低“引进来”的门槛，同时为企业“走出去”提供更多支持，为工业结构升级创造了有利的外部环境。“十四五”时期，我国对外开放从“引进来”向“走出去”倾斜的趋势更加显著，中国工业利用全球要素和市场实现规模增长和发展质量提升的能力将进一步增强。

在“引进来”方面，“十四五”时期会进一步放宽工业外资市场准入，鼓励外资企业在华设立全球研发中心、运营中心，构建更加公平的市场环境，提高外资引入的质量，通过外资企业与本土企业的充分竞争推动制造业结构升级。在“走出去”方面，资本“走出去”的步伐大大加快，工业企业开始在全球范围内配置资源，积极利用全球资源和全球要素推动本国工业结构升级，“一带一路”倡议带动的国际产能合作为我国工业企业“走出去”并提高在全球价值链分工中的地位创造了新的机遇，不仅在全球范围持续释放我国工业产能优势，也在一定程度上缓解了贸易保护主义抬头导致的国际投资准入形势恶化。值得关注的是，与之前的工业对外开放战略比较，“十四五”时期的“一带一路”倡议和国际产能合作突出中西部的地位，增强经济欠发达地区对外开放程度，这有助于推动我国国内工业经济布局的进一步优化。“十四五”时期，《关于进一步引导和规范境外投资方向的指导意见》《民营企业境外投资经营行为规范》《关于引导对外投融资基金健康发展的意见》等政策性文件将产生具体效果，民营工业企业“走出去”步伐明显加快，成为工业对外开放新的增长动力。

四、面向制造强国的结构调整重点

从历史发展规律上看，在人均 GDP 从 8000 美元向 12000 美元迈进的过程中，保持工业经济的合理比重是一个国家或地区跨越“中等收入陷阱”的重要保障（见专栏 2 - 1）。“十四五”时期是我国跨越中等收入陷阱的关键时期，要在基本实现工业化后保持工业发展动力，工业结构调整的重点也必须有所调整。

1. 总量扩张转向质量提升

“十四五”时期，我国工业总量扩张的发展阶段基本结束。一方面，作为全球工业规模最大国家，总量扩张的空间不大。另一方面，随着我国工业大规模对外投资，开展国际产能合作，工业产能将部分转出，这会进一步减速国内工业增长。“十四五”时期，工业的发展要依靠新增长点的培育，更重要的是存量的调整和质量提升。从结构调整的角度看，工业发展质量提升具体包括过程质量提升和结果质量提升。

过程质量提升是指工业运行优化要素投入结构，降低对环境社会的不良影响。在资源和能源投入方面，降低一次能源消耗的比重，采用更环保的生产装备和工艺，减少污染物的排放；在资本和技术投入方面，不断提高工业研发投入强度，重点推进数字化、智能化改造，实现创新驱动工业的发展；在劳动力投入方面，加强职业培训和终身学习，实现工业劳动生产率的明显提升和工业人力资源的明显提升。

结果质量提升是指先进制造业比重明显提升。从不同产品间的结构看，要重点发展抢占新工业革命新产业制高点的产品，包括新一代数字信息产品、高端装备产品、生物医药产品、新材料产品、节能环保产品等；重点发展满足人民生活幸福水平提高的高质量消费产品，包括健康食品、智能家居等。从同一产品结构看，要重点发展尚存在“卡脖子”风险的关键核心短板，例如电子信息中的关键材料、芯片、下一代显示等环节；装备产业中的核心伺服电机、刀片等。

2. 结构优化转向现代产业体系构建

各个国家和地区资源要素禀赋不同、产业规模不同、发展阶段不同，就如同没有一个所谓“最优”产业结构一样，现代产业体系也必须符合一个国家或地区的实际情况。“十四五”时期，根据我国工业面临的情况，现代产业体系的构建有两个重要的方向。

从整个国民经济的层面看，中国现代产业体系中制造业必须是重要的主导产业，制造业必须保持一定的规模。如果以现价人均 GDP 作为衡量标准，在相同发展阶段，美国第二产业比重约 30%、日本约 39%、德国约 42%、韩国约 43%。我国目前制造业的比重与日本、德国、韩国同等发展水平时比较偏低，在中国经济由大变强的过程中，制造业必须保持一个较高的比重，不能下降太快。“十四五”时期，现代产业体系的构建必须首先鼓励制造业的发展，调整制造业存量、挖掘增量，将制造业的比重保持在 27% 左右。

从工业内部看，行业结构将趋于稳定，但产业间的关联性要得到进一步的增强。虽然我国已经拥有全球规模最大、覆盖面最全的制造业供应链体系，但供应链的效率并不在全球领先，无论是上游零部件制造企业还是后端的整机制造企业，单个企业能够参与的供应链的数量是比较有限的，供应链比较脆弱，当一个环节出现问题可能会破坏整个产业的安全性。同时，供应链不同企业间的融合不足，大多数企业只是按照订单进行生产，并没有参与到供应链上其他企业的技术研发和工艺改进中，制约了整个产业的技术进步，在面对新技术、新市场时，供应链也难以在短期内进行调整和适应。因此，“十四五”时期，在工业内部结构基本保持不变的情况下，结构调整的重点应当是加强不同行业、不同企业间形成更加紧密的联系。

3. 产业间比重调整转向产业深度融合

传统的产业政策和规划的目标是调整优化产业间的比重关系，但所谓“高技术产业”“新兴产业”或者“数字经济”本身难以划定边界，目标的制定和实现模糊不清。在新工业背景下，“十四五”时期的工业结构调整应当更加注重工业与其他产业的融合发展，而不是一些特定工业部门产值比重的提高。

推进工业与数字经济的深度融合。电子信息制造等制造业部门本身就是数字经济的重要组成部分，为数字经济的发展提供物质基础，中国本身就是电子信息制造大国，电子信息制造业是重要支柱产业。“十四五”时期，电子信息制造业发展的重点是实现经济效益的提升，一方面通过降低劳动密集程度应对劳动力成本上涨压力，另一方面通过技术改造生产技术含量更高、附加值更高的产品。工业与数字技术、业态的融合发展是数字经济未来发展的重要方向。在过去的 10 余年，信息革命的主战场是商业等服务业。工业相对于商业服务业更加专业，不同工业部门，甚至同一产业不同环节、不同企业间的技术路线、技术特征存在巨大差异，这是工业与数字经济的深度融合的主要障碍。到目前为止，信息技术对工业的改造主要还是办公自动化和流程再造。“十四五”时期，要积极推动数字技术在工业的应用场景创新、试点，将工业和互联网产业竞争优势进行融合，大力发展智能制造、工业物联网系统、工业大数据，成为全球领先的“智能 + 工业”应用国。

推进制造业与服务业深度融合。促进制造业与服务业深度融合既是适应发展环境新变化的必然举措，也是推动产业实现高质量发展的主动变革，对于积极应对当前制造业发展面临的挑战，促进服务业转型发展与优化升级，以及提高我国制造业和服务业的国际分工地位，都具有重要意义。“十四五”时期，要将先进制造业和现代服务业变成制造业与服务业深度融合创新实践的触发点，需重点支持高端装备制造、电子信息制造、新能源汽车、生物医药等先进制造业与软件和信息服务业、金融业、科技研发和科技服务业等现代服务业间的深度融合。

4. 国内区域间布局转向全球布局

工业化和工业发展在区域上的不平衡是我国的特殊国情，即产业从东部沿海地区向中西部地区的转移是改革开放以后我国区域经济变动的基本特征。长期以来，我国产业布局结构的优化主要也是在国境范围内促进工业等产业部门从东部地区向中西部地区转移。近些年，中西部地区以劳动力为代表的要素价格与东部发达地区的差距不断缩小，中西部地区招商引资形势日益严峻，巨大的政策“透支”招商使得部分中西部城市在产业发展的同时并没有实现财政收入的增加和民生的改善，还浪费了珍贵的土地和资本资源。中国工业的发展已经到了必须“走出去”实现全球布局的阶段，“十四五”时期，工业区域结构调整的重点除了继续优化各个产业部门在国内不同发展水平区域间布局，更要通过国际产能合作、对外直接投资加强中国工业企业对全球要素资源、市场需求和产能布局的掌控力。

“一带一路”倡议是“十四五”时期我国工业全球布局最重要的平台。要推动“一带一路”沿线国家基础设施的联通，包括交通设施的联通、管道的联通、信息化的联通，为工业国际产能合作的人员、物料、产品和信息的流通奠定基础。要加强产业链的跨境协调，对外直接投资、工厂的迁移要同步推进供应链的转移。要与东道国共同开拓本地市场，特别是能够加速工业化进程的设施装备市场和能够加速提升人民群众生活水平的消费品市场。要注重中国品牌、中国标准、中国模式的走出去，提高中国工业的国际影响力。

建设“人类命运共同体”是我国工业全球布局必须遵循的原则和追求的目标。工业的对外直接投资和国际产能合作要注重对当地经济发展、人民生活水平提升的有效带动，要依托工业的发展完善当地基础设施，建设本地供应链体系、培育产业工人队伍，带动工业产品消费的增长。要与东道国共同开发新的市场，并逐步构架由中国参与的、区别于发达国家过去仅利用当地廉价劳动资源的、最大程度实现双边或多边共赢国际工业分工新的框架。

专栏 2－1

典型国家制造业占国民经济比重变化比较

在工业化的中后期，工业和制造业占国民经济比重的下降是工业化的客观规律，但一个国家在由低收入国家向高收入国家的迈进中，工业和制造业比重下降趋势出现过早、下降速度过快不利于经济保持快速增长，甚至出现发展停滞或负增长，这是造成“中等收入陷阱”的重要原因之一。第二次世界大战结束后，日本、韩国、以色列等国家成功跨越中等收入进入高收入国家行列，而陷入中等收入陷阱的代表是南美的阿根廷和巴西，东南亚一些国家在高速增长一段时期后也陷入长期的发展停滞。

如果我们将人均 GDP 从 8000 美元到 15000 美元作为一个比较宽泛的“中等收入”概念，并与当时该国制造业占国民经济比重进行比较，可以发现：日本在跨越这一阶段时制造业的比重接近 30%、韩国在跨越这一阶段时制造业的比重一度超过 35%，这两个国家是亚洲地区跨越中等收入国家的代表。以色列在跨越这一阶段时制造业比重较低，但在 1989 年时也超过 20%。与上述三个国家比较，巴西在人均 GDP 超过 5000 美元后（1998 年），不但没有实现继续增长反而出现连续 5 年的负增长，而在这一阶段制造业占 GDP 的比重也出现下降；阿根廷也有类似的情况，制造业比重下降与人均 GDP 出现负增长在时间上有一定的重叠。东南亚地区在 20 世纪 90 年代有一次发展高潮，出现了亚洲“四小龙”之一的新加坡和“四小虎”（泰国、马来西亚、菲律宾、印度尼西亚）。在高增长阶段，泰国和马来西亚制造业比重都达到或接近 30% 的水平，而菲律宾制造业比重约为 20%、印度尼西亚制造业比重约为 15%。从这四个国家现状看，制造业比重相对较高的泰国和马来西亚明显发展水平更高（2018 年，泰国、马来西亚、菲律宾、印度尼西亚人均 GDP 分别为 7274 美元、11373 美元、3103 美元和 3894 美元）。

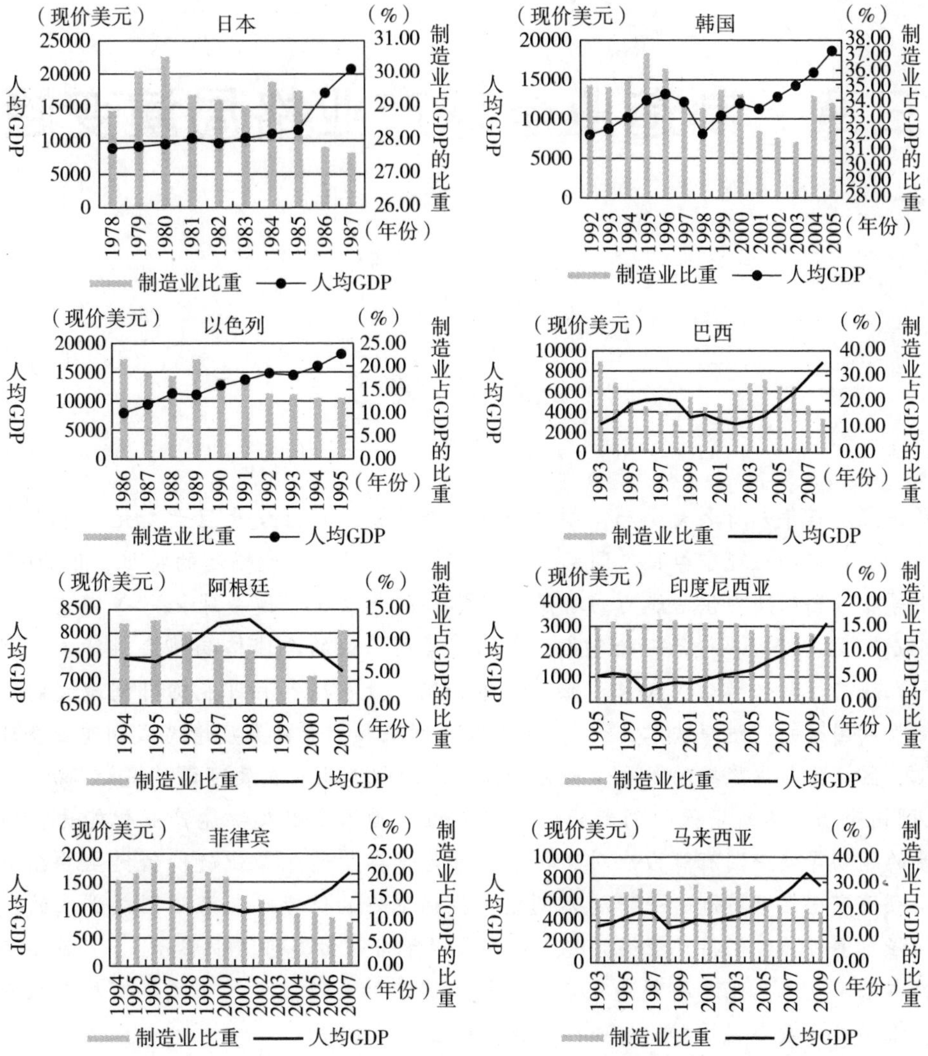

附图 2-1　日本、韩国、以色列、巴西、阿根廷、印度尼西亚、菲律宾、马来西亚制造业占 GDP 的比重

资料来源：笔者根据世界银行和联合国工业发展组织数据整理计算。

参考文献

［1］蔡昉：《中国劳动力市场发育与就业变化》，《经济研究》2007 年第 7 期。

［2］郭熙保、文礼朋：《从技术模仿到自主创新——后发国家的技术成长之路》，《南京大学学报（哲学·人文科学·社会科学版）》2008 年第 1 期。

［3］郭朝先：《当前中国工业发展问题与未来高质量发展对策》，《北京工业大学学报（社会科学版）》2019 年第 2 期。

［4］郭克莎：《中国工业化的进程、问题与出路》，《中国社会科学》2000 年第 3 期。

［5］黄群慧：《改革开放 40 年中国的产业发展与工业化进程》，《中国工业经济》2018 年第 9 期。

［6］江飞涛、耿强、吕大国、李晓萍：《地区竞争、体制扭曲与产能过剩的形成机理》，《中国工业经济》2012 年第 6 期。

［7］金碚、吕铁、邓洲：《中国工业结构转型升级：进展、问题与趋势》，《中国工业经济》2011 年第 2 期。

［8］刘艳红、郭朝先：《改革开放四十年工业发展的“中国经验”》，《经济与管理》2018 年第 3 期。

［9］盛来运、郑鑫、周平、李拓：《我国经济发展南北差距扩大的原因分析》，《管理世界》2018 年第 9 期。

［10］吴福象、段巍：《国际产能合作与重塑中国经济地理》，《中国社会科学》2017 年第 2 期。

第三章　制造业全球产业格局演变趋势

提　要

当今世界正经历百年未有之大变局，制造业全球产业格局也在发生巨大变化。2005 年以来，全球制造业增加值和出口格局呈现中等收入国家、东亚和太平洋国家快速崛起的特征，但 2015 年后的变化趋缓。由于中等收入国家国内供给能力的增强、市场的扩大以及“逆全球化”等因素的影响，全球价值链呈现“缩短”的趋势。在今后一个时期，劳动密集型产业的全球格局将会继续发生显著改变，制造大国和强国在战略性新兴产业和未来产业的竞争加剧，数字技术有可能弥补制造大国和强国的成本劣势并造成低收入国家的“过早去工业化”，逆全球化抬头和新冠肺炎疫情造成制造业全球化趋势有所停滞，本地化、区域化与供应链的多元化将会加强。中国制造业的发展可谓“危”“机”并存、“危中有机”，超大国内市场、不断增强的创新能力、完善的产业体系以及快速产业化能力、蓬勃的数字经济、经济发展的韧劲等使中国有能力应对新挑战，作为世界制造业产业链价值链主要组成部分的地位不会改变，而且还有望在世界制造业格局大调整中找到更好的位置。未来中国制造业的发展需要坚持扩大开放、加强自主可控、保持产业链完整，既要着眼于当下面临的“卡脖子”、产业链安全等紧迫问题，也要对抢占未来全球产业发展制高点未雨绸缪，继续加大研发投入、及早布局未来产业、加快商签自贸协定、推动产业数字化转型、加强产业链的韧性。

*　　　　　*　　　　　*

当今世界正经历百年未有之大变局。新一轮科技革命和产业变革催生新技术、新产业、新业态、新模式，保护主义、单边主义和“逆全球化”抬头，世界各国比较优势持续改变等因素，推动制造业全球产业格局发生了显著的变化。科技革命和产业变革深入推进、经济全球化遭遇逆流以及新冠肺炎疫情的冲击，还将进一步改变制造业全球产业格局。中国制造业的发展既面临着日趋复杂多变的外部环境带来的挑战，但同时中国在产业基础、创新能力、人力资源、市场规模等方面的优势也给中国制造业向高质量发展迈进、向全球价值链高端攀升、增强在全球产业中的话语权奠定了基础，新工业革命为中国制造业在战略性新兴产业、未来产业领域的并跑、领跑提供了历史机遇。

一、近年来世界制造业格局的演变

2005年以来，全球制造业增加值和出口格局呈现中等收入国家、东亚和太平洋国家快速崛起的特征，但2015年以来的变化趋缓。由于中等收入国家国内供给能力的增强、市场的扩大以及"逆全球化"等因素的影响，全球价值链呈现"缩短"的趋势。

1. 世界制造业区域分布变化

进入21世纪以来，全球制造业最显著的变化是新兴市场国家的崛起和发达国家的相对衰落。从表3－1可以看到，2005年，不同收入水平国家制造业增加值占世界的比重分别为：高收入国家占74.5%，中等收入国家占25.3%，其中中等偏上收入国家占20.8%，中等偏下收入国家占4.4%，低收入国家的工业化水平极低，制造业增加值仅占全球的0.2%。此后的10余年间，高收入国家制造业增加值占世界的比重下降到2018年的53.8%，而中等收入国家提高到2019年的46.7%，其中尤以中等偏上收入国家的变化为大，提升了近20个百分点。低收入国家、最不发达国家制造业增加值比重分别提高0.2个百分点和0.8个百分点。但2015年之后，无论是发达国家比重的下降还是中等收入国家比重的提高都大幅度放缓。

表3－1　不同收入分组国家的制造业增加值占比

单位：%

年份	2005	2008	2010	2015	2016	2017	2018	2019
高收入	74.5	65.8	61.4	54.9	55.6	54.4	53.8	
中等收入	25.3	34.0	38.3	44.8	44.1	45.3	45.7	46.7
中等偏上收入	20.8	28.6	32.4	38.5	37.7	38.9	39.5	40.2
中等偏下收入	4.4	5.4	5.9	6.2	6.4	6.4	6.2	6.6
低收入	0.2	0.2	0.3	0.4	0.4	0.4	0.4	0.4
最不发达国家	0.4	0.5	0.7	0.9	0.9	1.0	1.0	

资料来源：根据World Bank数据库计算。

从制造业的地域分布来看，呈现出由北美、欧盟、东亚和太平洋三足鼎立到东亚和太平洋明显占优的变化趋势。2005年，北美、欧盟、东亚和太平洋制造业增加值占世界比重分别为23.8%、24.3%和31.5%，到2017年北美比重下降到17.8%，欧盟比重下降到2019年的16.8%，而东亚和太平洋比重提高到45.6%。在东亚和太平洋地区，高收入国家以外的国家的提高明显，从占全球的12.2%提高到32.4%。在世界其他地区中，南亚占比从2.1%提高到2019年的3.7%；中东和北非占比基本保持在3.1%水平，而拉美和加勒比虽然在2008～2010年有明显提高，但2019年比2005年降低0.6个百分点，撒哈拉以南非洲提高0.2个百分点。

2. 世界制成品出口份额变化

制造业在不同收入水平和不同区域的分布状况变化反映了各国制造业竞争优势的变化，而这一点又在各区域和国家的全球出口份额上表现出来。

从不同收入分组国家来看，2005～2018年，高收入国家制成品出口占比从77.1%下降到68.0%，中等收入国家制成品出口占比从23.31%提高到31.5%，其中中等偏上收入国家占比从19.6%提高到26.9%，中等偏下收入国家占比从3.6%提高到4.4%。但2015～2018年，各收入分组国家制成品出口比重基本保持了稳定。从不同地区国家分组来看，2018年世界制成品出口国主要集中在欧洲和中亚、东亚和太平洋地区，分别占全球制成品出口额的42.0%和39.7%；其次为北美，占9.0%，拉美和加勒比占4.1%；中东和北非、南亚、撒哈拉以南非洲占比较低。2018年东亚和太平洋地区制成品出口份额相比2005年提高7.4个百分点，但与2015年相比变化不大。欧洲和中亚地区2018年制成品出口份额比2005年下降5个百分点，但相比2015年提高1个百分点；北美地区2018年的份额比2005年下降3个百分点，比2015年下降1.4个百分点；南亚地区2018年份额比2005年提高0.8个百分点，但比2015年略有下降。

表3-2　不同地区分组国家的制造业增加值占比

单位:%

年份	2005	2008	2010	2015	2016	2017	2018	2019
东亚和太平洋	31.5	33.8	39.1	43.5	44.0	44.4	45.1	45.6
东亚和太平洋（不包括高收入国家）	12.2	17.9	22.1	30.1	29.8	30.5	31.7	32.4
欧盟	24.3	24.3	19.9	17.0	17.5	17.3	17.4	16.8
拉美和加勒比	5.9	6.8	7.2	6.2	6.0	6.1	5.4	5.3
拉美和加勒比（不包括高收入国家）	5.2	6.1	6.4	5.4	5.2	5.4	4.7	4.7
中东和北非	3.1	3.5	3.6	3.2	3.2	3.1	3.2	—
北美	23.8	19.3	18.5	18.6	18.3	17.8	—	—
南亚	2.1	2.5	3.2	3.4	3.6	3.8	3.6	3.7
撒哈拉以南非洲	1.2	1.2	1.3	1.3	1.2	1.2	1.3	1.4

资料来源：根据World Bank数据库计算。

表3-3　不同收入分组国家的制成品出口占比

单位:%

年份	2005	2008	2010	2015	2016	2017	2018
高收入	77.1	73.1	72.2	68.0	69.7	69.2	68.0
中等收入	23.3	26.8	27.7	31.6	30.0	30.3	31.5
中等偏上收入	19.6	23.0	24.0	27.2	25.9	26.2	26.9
中等偏下收入	3.6	3.7	3.7	4.3	4.1	4.1	4.4
低收入	0.1	0.1	—	—	—	—	—

资料来源：根据World Bank数据库计算。

表3-4　不同地区分组国家的制成品出口占比

单位:%

年份	2005	2008	2010	2015	2016	2017	2018
东亚和太平洋	32.4	32.8	37.5	39.7	39.6	40.6	39.7
欧洲和中亚	47.0	46.1	42.8	41.0	42.3	41.9	42.0
拉美和加勒比	4.2	4.0	4.1	4.4	4.4	4.3	4.1
中东和北非	1.4	1.8	2.0	1.9	1.9	1.9	2.1
北美	11.9	10.8	10.1	10.3	10.3	9.5	9.0
南亚	1.3	1.4	1.8	2.1	2.2	2.2	2.1
撒哈拉以南非洲	—	0.9	0.8	0.0	0.6	0.6	0.6

资料来源：根据World Bank数据库计算。

从不同类型产品出口的地区分布变化来看，东亚和太平洋地区、欧洲和中亚是制成品（包括资本品、消费品和中间品）最主要的出口地区，其次为北美，而原材料出口的地区分布相对比较平均，最高的欧洲和中亚占比在30%以上，东亚和太平洋、拉美和加勒比、北美均在10%以上。2015～2018年，东亚和太平洋地区的资本品、消费品、中间品和原材料出口占世界比重均有所下降，而欧洲和中亚地区上述四类产品占世界比重均有明显提高。拉美和加勒比地区、北美地区、撒哈拉以南非洲地区原材料出口占比分别提高1.3个百分点、2个百分点和2.7个百分点。

3. 世界制造业价值链分工格局变化

近年来，世界制造业价值链呈现“缩短”的趋势。根据麦肯锡全球研究院的研究，几乎所有商品生产价值链中的贸易强度（即总出口与总产出的比率）都有所下降，全球跨境贸易占全球产出的比例已从2007年的28.1%降至2017年的22.5%，而且在那些最复杂和交易量最大的价值链中，贸易强度的下降尤为明显。从表3－6可以看到，计算机、运输设备、汽车、机械设备、电气设备、化学、纺织和服装、家具等产业在2000～2007年的贸易强度均有不同程度的提高，而2007～2017年则普遍出现了下降，创新型复杂产品的下降幅度相对更为明显。

表3－5　不同地区分组国家不同类别产品出口占比

单位：%

产品	资本品		消费品		中间品		原材料	
年份	2015	2018	2015	2018	2015	2018	2015	2018
东亚和太平洋	46.8	46.0	31.6	29.8	29.9	28.7	16.4	16.3
欧洲和中亚	34.8	36.3	45.7	49.4	43.8	45.9	30.8	34.0
拉美和加勒比	4.5	4.5	4.1	3.9	5.7	5.1	13.9	15.2
中东和北非	1.1	1.4	4.9	3.6	4.1	4.0	18.8	9.8
北美	11.7	10.7	9.8	9.8	12.2	11.5	13.7	15.7
南亚	0.8	0.8	3.3	2.8	2.9	2.9	1.5	1.4
撒哈拉以南非洲	0.3	0.3	0.6	0.8	1.6	1.8	4.8	7.5

注：世界出口总额由七大区域加总。

资料来源：根据WITS数据库（https：//wits.worldbank.org）计算。

表3－6　代表性商品的贸易强度变化

	全球创新型商品						劳动密集型商品	
	计算机	运输设备	汽车	机械设备	电气设备	化学	纺织和服装	家具和其他制造业
2000～2007年	13	11	8.9	7.3	6.2	7.8	8.2	7.3
2007～2017年	－12.4	－6.2	－7.9	－8.9	－8.3	－5.5	－10.3	－0.8

资料来源：McKinsey Global Institute（2019）。

全球价值链的缩短是多重因素共同作用的结果。一是发展中国家特别是中国国内创新能力的提高，国内配套能力增强，许多中间投入品实现了国内生产而无须到国际市场上进行采购。根据WITS数据库的数据，从2005年到2018年，中国出口商品中资本品的比重从42.2%提高到45.9%，而进口商品中资本品的比重从48.5%下降到40.1%，中间产品比重从24.7%下降到20.3%，表现出中国资本品与中间产品自给能力的增强。二是随着经济增长和收入水平的提高，发展中国家本土市场规模持续扩大，更多本国制造的商品就地销售而不是出口到国外。麦肯锡全球研究院的数据显示，由于本国消费者的购买增加，印度出口服装占最终产量的比例从2002年的

35%下降到2017年的17%。三是机器人、人工智能以及工业互联网、智能制造等技术的不断成熟，“机器换人”更加普遍，产业的资本密集度、知识密集度不断提高，原本容易实现全球劳动力成本套利的产业链布局在一国内部也变得有利可图。美国等国家在国际金融危机之后推动的制造业回流也对全球价值链缩短产生一定影响。此外，生产靠近市场带来的供应链响应速度的提高、美国发起的一系列贸易摩擦、购买本国货的“溢价”、价值链本地化对供应链韧性的改善等因素也在全球价值链缩短中发挥了作用。

近年来，中国在全球价值链中的分工地位明显提高。中国制造业的全球价值链前向参与度与后向参与度在2010年之后均呈下降趋势，低技术和中高技术制造业呈现从下游向上游转变的趋势。但总体上，中国对高技术产品进口的依赖程度仍然较高。用半导体及相关产业、航空航天产业、光学影像和医疗器械产业、机械设备及其零部件、机动车零部件和发动机等典型产品代表创新型密集型行业，2018年中国创新密集型行业进口和出口比例分别为26.0%和15.9%，其中进口供给率最高的美国、德国、法国创新密集型行业对中国的影响比例分别为92.3%、45.8%、47.2%。

表3-7 中国进出口商品结构变化

年份		2005	2008	2010	2015	2016	2017	2018
出口	资本品	42.2	44.2	46.9	44.3	44.2	45.2	45.9
	消费品	38.4	34.8	35.4	37.8	37.5	36.4	35.5
	中间产品	16.1	18.7	15.6	16.3	16.3	16.3	16.7
	原材料	3.1	2.1	2.0	1.7	1.8	1.8	1.7
进口	资本品	48.5	42.6	41.8	42.1	42.6	40.6	40.1
	消费品	8.8	10.4	10.0	12.2	12.7	13.0	13.2
	中间产品	24.7	20.4	20.9	23.6	22.5	21.5	20.3
	原材料	17.6	26.3	26.0	21.7	21.4	24.1	25.0

资料来源：WITS数据库（https：//wits.worldbank.org）。

二、未来全球制造业演变趋势及其对我国的影响

当前世界进入了动荡变革期，国际经济、科技、文化、安全、政治等格局都在发生深刻调整。在制造业发展方面，新一轮科技革命和产业变革、保护主义和单边主义上升等影响因素仍将继续发挥作用，新冠肺炎疫情的影响逐步显现，未来全球制造业格局将会发生深刻改变并对中国的制造业产生重大影响。

1. 各国要素禀赋变化推动“雁阵模式”继续发展

（1）“雁阵模式”在发展中国家间继续发展。处于劳动密集型产业和产业链的劳动密集型环节的公司，会优先选择将主要生产能力配置在综合生产成本最低的地区，其中最关键的是劳动力成本的高低。劳动密集型加工制造过程的聚集能够充分利用一国的劳动力资源、带动该国经济的快速增长，但同时也会由于抬高工资水平，使各国间的要素供给比较优势发生改变甚至逆转。日本经济学家赤松要在1930年研究东亚国家工业化的时候提出了著名的“雁阵模式”（Flying Geese Model）。雁阵模式指出，劳动密集型产业呈现从工业化国家向欠工业化国家和最不发达国家梯次转移的特点。工业化发达国家的发展水平最高，

是产业国际转移的主要推动力，随着该国工资等生产要素成本的上涨，将会逐渐丧失在劳动密集型产业的优势，从而推动劳动密集型产业向更低成本的发展中国家转移。在雁阵模式下，工业化发达国家（如日本）构成产业梯次转移格局的“头雁”，其他发展中国家成为处于“雁尾”的雁阵跟随者。在劳动密集型产业带动下的发展中国家随着经济发展、工资水平提高，低成本劳动力优势将会逐渐削弱，推动劳动密集型产业向更低成本的发展中国家转移，这是在现有技术水平下劳动密集型产业在全球转移、分布的一般趋势。

（2）中国劳动密集型产业加快向国外转移。在改革开放以来特别是2001年正式加入世界贸易组织以来，通过抓住国际产业分工变革和产业转移的趋势，中国充分利用数量庞大且工资低廉的劳动力承接国际产业转移，成为世界最重要的劳动密集型产业和环节的生产和出口基地。但是经济的发展必然带来工资及其他要素成本的上涨，导致中国的制造业成本优势削弱，形成产业向更低成本发展中国家进一步转移的推动力。2000年，中国城镇单位就业人员工资水平为9333元，2008年增加到28898元，2018年进一步上升为82461元，年增速几乎都在10%以上。根据国际劳工组织的数据，2017年中国从业人员平均月收入为847美元，相当于柬埔寨、印度尼西亚、斯里兰卡、坦桑尼亚等发展中国家的4倍以上。即使考虑到在工人素质、基础设施、产业配套、生产效率方面的优势，中国的劳动密集型产业综合成本已经渐失优势，“市场和资源两头在外的国际大循环动能明显减弱”。来自WTO的数据显示，中国纺织品出口额占世界的比重已从2015年最高点的37.3%下降到2017年的36.6%；而同期南亚东南亚国家联盟（ASEAN）的份额从5.6%提高到6.0%；中国服装出口额占世界的比重从2013年最高点的39.2%下降到2017年的33.6%，而南亚东南亚国家联盟的份额从9.3%提高到12.2%。

表3-8　2007~2017年中国和东盟劳动密集型产品出口占世界比重的变化

单位:%

年份		2007	2008	2009	2010	2011	2012	2013	2014	2015	2016	2017
电子数据处理和办公设备	东盟（ASEAN）	16.4	16.4	15.9	15.8	13.8	13.3	13.1	13.5	14.6	14.3	13.7
	中国	30.4	32.3	34.0	37.7	39.3	40.6	40.7	37.1	35.8	34.1	33.9
纺织	东盟（ASEAN）	4.6	4.5	5.0	5.4	5.3	5.2	5.3	5.4	5.6	5.8	6.0
	中国	23.4	26.0	28.2	30.4	32.0	33.8	35.3	35.8	37.3	36.6	36.6
服装	东盟（ASEAN）	8.1	8.3	8.4	8.9	9.0	9.3	9.3	9.6	10.5	11.0	12.2
	中国	33.1	33.0	33.7	36.6	36.7	38.4	39.2	38.7	38.3	35.5	33.6

资料来源：https：//data.wto.org/。

2019年中国人均GDP突破10000美元，即将进入高收入国家行列，有4亿人进入中等收入阶层。随着中国经济继续保持中高速增长、居民收入水平持续提高，劳动力的成本优势将会继续削弱，如果“机器换人”的效率和劳动密集型产业的资本密集度不出现显著提高，中国劳动密集型产业及价值链的劳动密集型环节将持续向低成本发展中国家转移。但是另外也要看到，居民收入水平的提高意味着内需进一步扩大，对美好生活需求的实现将会推动对更高质量、更高性能产品和服务需求的增长，将会成为中国制造业升级的动力，国内大循环的作用不断增强，加大对国际产业资本的吸引力，推动中国国内资本、技术和知识密集型制造业的规模、发展水平持续提高。

2. 新工业革命深入推进加剧未来产业全球竞争

（1）主要国家在高科技和未来产业领域的竞争加剧。在奥巴马政府时期，美国就提出“重振制造业”战略，通过发布一系列法律、战略和政策推动制造业回流。特朗普当选美国总统后，进一步提出“美国优先”战略，从美国的经济利益出发，退出一系列国际组织，重新谈判地区贸易协定，对贸易伙伴频繁施压和制造贸易摩擦。其中，中国成为美国打压、遏制的主要对象。当前世界正经历百年未有之大变局，而其中最关键的变量就是世界上主要国家之间的力量对比。从历史上看，苏联和日本都曾挑战过美国的世界经济霸主地位，而且对美国的赶超都止于经济规模略超美国2/3之时。中国GDP相对于美国的比例已从40年前的约1/15提高到2018年的65.4%，面对世界第一的位置被挑战，美国对华态度与政策发生大角度的改变。

以美国为代表的发达国家对中国进一步发展的打压遏制呈现出以下三个方面的特点：一是涉及领域越来越广，从早期的光伏扩大到通信设备、智能终端，近年来又扩大到数字产业、人工智能等领域。二是遏制手段日益多元化，从早期的军用和军民两用技术的出口限制、反补贴反倾销、绿色贸易壁垒等扩大到投资并购限制、高科技中间产品出口限制、市场准入限制、高等教育和科技交流的限制等全方位的遏制。三是遏制借口越来越多，从早期的违反WTO等多边规则的倾销和补贴扩大到对知识产权保护的指责，进而又扩大到数据隐私、国家安全等方面。而且美国还拉拢其盟友特别是“五眼联盟”国家一起对中国的技术、市场等方面进行遏制。高科技产业和新兴产业、未来产业是美国遏制打压的主要领域，其主要原因在于，一方面随着中国产业的持续升级，与美国在全球价值链高端环节的重合度不断加大，从维护现实利益出发美国对中国的高科技产业进行打压遏制，以维护其在高科技产业的地位和利益；另一方面战略性新兴产业和未来产业代表着产业的发展方向，拥有巨大的发展潜力，直接关系到未来的经济增长和在全球产业分工体系中的话语权。如果抓住新一轮科技革命和产业变革的机遇，就能实现在战略性新兴产业和未来产业的突破，那么后发国家将会进一步缩小与发达国家的差距——从发达国家的角度来看，则是其产业地位受到挑战、发展机会减少；反之，今后后发国家将花费更大的代价来进行在高科技领域的追赶。

（2）美国在高科技领域的遏制对中国“危中有机”。当前世界产业链价值链高度片段化，世界各国产业已经形成“你中有我，我中有你”的高度依赖关系，而中国已经成为全球产业链供应链中的关键一环，超大的国内市场对于跨国公司也形成巨大的吸引力。因此，美国推动下的中美之间的“脱钩”不可能完全实现，特别是市场的“脱钩”必然会受到国际社会和美国国内力量的阻碍，但遏制中国技术的进步符合发达国家利益，中美之间的科技交流与联系将会弱化。中美之间的“脱钩”趋势对中国产业的影响利弊共存。不利的影响在于，从短期看，由于一些核心零部件、工业软件被断供，一些产业链可能发生“断链”。例如，华为被列入美国商务部实体清单，不仅美国企业被限制未经批准向华为出口，而且采用美国技术超过25%甚至10%的台积电、中芯国际等美国本土以外的公司也被限制为华为旗下的海思麒麟芯片代工，华为手机很可能面临无芯片可用的局面。从好的方面说，在全球产业链价值链分工格局下，一个国家产业发展所需要原材料、零部件、生产设备、工业软件等中间投入默认可以从全球市场采购获得，由于许多发达国家生产的中间投入品技术水平更高、性能更稳定、使用寿命更长，因此虽然价格更高，但是由于对生产的影响巨大，许多下游生产企业更愿意选择进口产品，对国内从无到有取得突破的新产品不愿用、不敢用，这就使国内新产品失去在产业化过程中不断迭代升级的机会，由于生产规模小，在生产成本上也不具竞争力。随着一些高技术产品被“卡脖子”或“卡脖子”的风险加大，逼迫下游用户在国内寻找供应来源，主动与产业链上游伙伴一起解决“卡脖子”产品的国产替代，这就为中国高技术新产品提供了在应用中持续改进、完善的市场空间。同时，“脱钩”意味着以世界贸易组织为代表的国际贸易多边规则被破坏，至少在被“卡脖子”的产业领域，无须继续遵守世界贸易组织补贴与反补贴等相关规则，可以实施更积极的产业政策，发挥我国集中力量办大事的体制优势，政府在研发、生产环节的技术创新和市场采购方面提供更大力度的支持，加快国内技术的成熟完善。

从长期来看，中国整体上在基础科学研究、产业技术创新、高端人才吸引力等方面仍存在较大差距。作为处于追赶阶段的后发国家，来自先发国家的技术转移和扩散是加快缩小差距的重要推动力。科技“脱钩”会严重影响中国获得国际前沿技术和优秀人才，加大科技创新的难度。此外，从极端情况看，如果因为科技“脱钩”在战略性新兴产业、未来产业领域形成两套独立的技术标准体系，会严重影响规模经济的发挥，推高研发、制造的成本，对包括中美两国在内的世界各国的福利都会带来损失。

3. 新“数字鸿沟”造成低收入国家过早“去工业化”

（1）数字技术的成熟与广泛应用可能形成新“数字鸿沟”。在工业化以来的很长一段时期内，无论是机器换人还是机器人换人，更多的是以机器替代肮脏（Dirty）、危险（Dangerous）、困难（Difficult）和沉闷（Dull）的“4D”工作以及人类所不胜任的工作（如大量计算）。但是近年来“大数据＋机器学习”的人工智能技术不仅取代了人类不胜任、不愿从事的蓝领工作，而且对需要长期知识积累的白领工作形成替代威胁。对于从低收入水平开始起飞的发展中国家来说，它们要素禀赋的一般特点是资本短缺、劳动力相对丰富且成本低廉。自18世纪工业革命以来，包括英国在内的所有工业化成功的国家都是依靠纺织业开启它们的工业化历程。即使到今天，纺织业（包括服装）依然被看作是劳动密集型产业。从劳动密集型的棉纺织业起步符合发展中国家的比较优势，廉价的劳动力资源可以让它的纺织品在世界范围具有竞争力，从而实现工业化进一步前进的资本积累。按照这一逻辑，如果包括人工智能和机器人在内的新一代信息技术出现突破性进展，带来纺织服装、电子装配等传统意义上的劳动密集型产业的全生命周期成本大幅度下降，这意味着劳动密集型产业转变为资本和知识密集型产业。那么，处于工业化起飞前夜的发展中国家的劳动力成本优势将不再有效，它们寄希望进行原始资本积累的具有比较优势的劳动密集型产业不复存在，因而有可能被锁定在“前工业化”阶段或者实现工业化的难度大幅度增加。这些低收入国家可能因数字技术的突破性进展而失去工业化的机会，过早的“去工业化”、新的“数字鸿沟”将会出现。

（2）中国制造业将会受益于数字经济发展。作为工资水平处于发达国家与低成本发展中国家之间的国家，新一代信息技术的成熟及其与制造业的深度融合对中国带来的正面影响可能更大。由于机器人、人工智能技术主要是一次性投入成本，而且能够不停歇地工作，相对于一线工人生产效率、精度更高。如果机器换人的成本不是过高，那么相对于低成本发展中国家来说，中国制造业“机器换人”在一定程度上能够抵消工资水平的过快上涨，在更长时期保持中国制造业的综合成本优势。国内许多企业的实践案例表明，在一些产业的某些工序，以“机器换人”可以带来明显的成本节约。相对于发达国家来说，中国本身就具有技术工人、工程师的规模与工资优势，而且中国的机器人产业快速发展，人工智能行业的应用技术发展水平与美国共处全球第一梯队，因此，“机器换人”虽然也能够缩小发达国家相对于低成本发展中国家在工资水平上的劣势，但很难改变与中国之间的劳动力成本差距。而且新一代信息技术与制造业的深度融合还能够加快制造业的服务化转型、提高制造业的柔性，使制造企业能够更好地适应其用户特别是消费者个性化需求的发展趋势，基于产品开发更多的增值服务。从这个意义上来说，新一代信息技术的发展及其与制造业的深度融合带给中国制造业的主要是积极效应。

4. 新冠肺炎疫情推动全球供应链布局加快调整

（1）新冠肺炎疫情推动供应链多元化、本地化和区域化。2020年以来，新冠肺炎疫情在全球暴发，至今也未完全被控制。由于病毒指数型传播的特征，造成新冠肺炎疫情传播速度快、持续时间长、感染人数多，因此对全球经济活动造成的冲击也呈指数型暴发。在疫苗研制成功前，最主要的疫情防控措施是社交隔离，做好个人防护的同时减少社交接触，一些疫情严重的地区一度还采取封城等措施。停工造成暴发疫情国家的制造业产能严重不足，停飞、停航、入境管制、暂停进口、关税上调等措施造成了跨境物流通道的中断，国际贸易受到严重影响。

新冠肺炎疫情对供应链产生两方面显著影响：一是新冠肺炎疫情造成对口罩、防护服、呼吸机、酒精等防护用品、消杀用品需求的爆发式增长，世界许多国家出现医疗、防疫物资供应严重短缺的局面。在疫情严重的意大利、西班牙、德国、美国等国家，由于劳动密集型产业和加工组装环节的离岸外包，产业门类和产业链不完全，许多医疗物资国内缺乏生产能力，严重依赖进口。面对疫情暴发后全球对口罩需求的暴涨，许多国家难以筹措到疫情防控所需的物资，甚至发生截留其他国家医疗物资的情况。二是由于疫情防控导致的开工不足、运输班次减少甚至停止造成全球许多重要的产业供应链中断，由于缺少上游原材料、零部件等中间投入品而使下游产业的生产受到严重影响。新冠肺炎疫情造成世界经济的严重衰退，国际货币基金组织2020年6月发布的《世界经济展望》报告预测，2020年全球经济增速将下降4.9%，全球贸易额（商品和服务）下降11.9%，2020年将迎来2008年国际金融危机以来最严重的经济衰退。

在新冠肺炎疫情暴发前，全球产业分工遵循的是效率优先的逻辑。在考虑运输、通信等交易成本的前提下，全球产业链价值链片段化，每个环节被配置到拥有最符合其投入要素禀赋的地区，从而实现最终产品交付成本最小化，进而形成发达国家从事研发设计和品牌营销、发展中国家从事加工组装的全球价值链分工格局。在通常情况下，高度全球分工的价值链偶尔也会遇到因自然灾害、贸易冲突等造成的供应链局部问题，但总体上来说，全球价值链供应链能够保持顺畅运转。但是新冠肺炎疫情波及面大、持续时间长，对供应链的影响也更加严重和长期，供应链安全的重要性凸显。全球分布的产业链供应链由于要经过多个国家的一系列工厂的诸多运输环节，因此在面对疫情冲击时，由于空间距离长、环节多而形成的脆弱性问题就暴露出来。许多国家政府和跨国公司开始反思供应链过于集中带来的风险，考虑推动供应链上的企业回归本土和供应来源的多元化。例如，日本政府在2020年4月宣布提供2000多亿日元补贴，帮助在海外的日本企业将生产线转移回日本本土和中国以外的其他国家。

供应链的效率与安全在各产业间具有不同的重要程度。新冠肺炎疫情的影响表明，本地化生产和供给直接决定了应急物资的供应速度，从而影响对突发事件的应对效率。应急物资供应得越快、越充裕，突发事件的直接和间接影响就能越小，从而减少生命和财产损失。因此，在面对重大突发事件时，应急物资本地化生产的成本增加相对于效率损失显得微不足道。新冠肺炎疫情将会推动世界主要国家将关系人民生命安全、产业安全、国家安全的应急物资生产进行本地化和多元化布局。

（2）各国应对重大疫情冲击的供应链布局调整对中国影响有限。中国是世界最大的工业国和众多产业链的主要基地，因此发达国家和跨国公司所推动的供应链回归就带有从中国撤离的意思，有些国家直接提出了“中国+1”战略，在中国之外培育新的供应链来源。这就意味着，新冠肺炎疫情将与中美贸易摩擦叠加，推动原来布局于中国的供应链外迁到其他国家，中国具有优势地位的产业可能因此被削弱。

虽然供应链的多元化、本土化是发达国家和跨国公司应对新冠肺炎疫情的对策，但其可实施性要受到诸多因素的影响。第一，疫情作为外部冲击的影响有多大，根本上取决于类似突发事件的频率、持续时间及其造成的损害。但从长期看，如果突发事件等不确定性因素造成的损害与加强供应链安全的收益有限，那么供应链的多元化和本土化也将是有限的，甚至是短期的、局部的。一些劳动密集型产业向发达国家回归或转移到一些虽有成本优势但因生产率低、产业配套不完善而综合成本仍旧偏高的国家，会带来整体生产成本的上涨。更重要的是，中国在疫情防控中表现出应对突发事件的卓越能力，凸显了中国产业链的韧性，相比于供应链回归到疫情未能有效控制的国家，继续在中国投资甚至进一步推动中国供应链的完整性反倒是更优的选择。2020年秋冬季世界许多国家疫情出现反弹，而中国取得抗击疫情斗争重大战略成果、生产全面恢复，因而出现大量制造业海外订单向中国转移的现象。第二，中国完善的基础设施、齐全的产业体系、完善的产业配套是短期内很难在其他地区复制的。经过改革开放40多年来的发展，中国形成了世界最齐全的产业门类、最完整的产业链条和最完善的产业配套体系。制造业供应链实际上是一个非常复杂的网络体系，在一级供应商之下有更多的二级供应商，二级供应商之下还有三级、四级供应商，有的多达几十级供应商，这些供应商之间又形成非常复杂的投入—产出关系。因此完整的供应链体系的建设是一个漫长的过程，同时许多国家也不具备构建完整产业体系的国土空间、人口规模和产业容量。例如，在苹果公司2019年的200家核心供应商中，中国有41家，位列第二；在全球807家工厂中，383家在中国，位列第一，而作为目前跨国公司重点转移目的地的越南和印度分别只有18家和8家工厂。对于发达国家来说，长期的离岸外包使其缺乏高级技术工人和合格的工人，人才的培养也是一个漫长的过程。此外，新冠肺炎疫情对世界经济的冲击也使得各国政府和跨国公司缺乏产业链转移的资金。因此，新冠肺炎疫情虽然会在一定程度上推动在华供应链向外转移，但程度将会非常有限，而且我国“经济潜力足、韧性大、活力强、回旋空间大、政策工具多的基本特点”以及超大且仍持续扩张、水平不断提升的市场空间，对国际直接投资具有巨大的吸引力。事实上，2020年前5个月，外资在华并购总额达到90亿美元，这是十年来外资在华并购数量和金额第一次超过中国企业出海并购。也就是说，凭借完整的产业体系、庞大的国内市场、经济的强大韧性，中国仍将继续成为全球供应链的主要组成部分。

三、“十四五”时期中国制造业的调整方向与政策建议

总体上看，由于制造业发展的要素、技术、国际政治、国内政策等方面环境的变化以及新冠肺炎疫情等突发事件的影响，劳动密集型产业的全球格局将会继续发生显著改变，制造大国和强国在战略性新兴产业和未来产业的竞争加剧，数字技术有可能弥补制造大国和强国的成本劣势并造成低收入国家的“过早去工业化”，逆全球化抬头和新冠肺炎疫情造成制造业全球化趋势有所停滞，本地化、区域化与供应链的多元化将会加强，中国制造业发展面临着巨大的挑战。但另外也要看到，超大国内市场、不断增强的创新能力、完善的产业体系以及快速产业化能力、蓬勃的数字经济、经济发展的韧劲等也使中国有能力应对新挑战，并在世界制造业格局大调整中找到更有利的位置。

1. 中国制造业在全球产业体系中的发展方向

面对百年未有之大变局，推动制造业的高质量发展既要有战略定力，又要适时做出应对。

（1）坚持扩大开放。虽然全球化出现逆流，但是要看到，全球化的趋势不可逆转。从世界范围来看，美国政府在频繁“退群”和四处挑起贸易摩擦的同时，也在推动美欧之间的“三零”贸易协定的签署，越南等国也在积极加入美欧日主导的自由贸易协定。如果不积极参与和推动全球化，我们就会被排挤到世界市场之外。从产业链价值链的内在特点来看，在几十年的产业内和产品内分工发展后，许多产业链已经是高度全球化的，没有国家在所有产业链和价值链的所有环节都具有优势，只有整合全球资源才能生产出最具国际竞争力的产品，关起门来搞产业只能是削弱自己的竞争力。正如习近平总书记所说，“在经济全球化深入发展的条件下，我们不可能关起门来搞建设，而是要善于统筹国内国际两个大局，利用好国际国内两个市场、两种资源”。

（2）加强自主可控。发挥比较优势、参与全球分工是产业全球化的经济逻辑，但是近几年的贸易战特别是美国的霸权主义让我们认识到，全球产业分工体系中并不仅有经济规律在发挥作用，各国的政策选择会使经济规律失效、全球化受到严重阻碍。在这种情况下，我国必须要增强对产业链关键环节的自主可控，在外国“断供”时，不至于因为找不到国际替代来源且国内无法生产而使我国产业链“断链”、产业生产陷入停顿。但同时也要看到，由于资源的有限性和创新的不确定性，一个国家无法在所有领域做到世界最佳，因此自主可控是在全球化大背景下增强产业链的安全性。增强自主可控有两种路径：一是补齐少数关键环节的短板，至少做到自主可用，当“断供”发生时，虽然国产技术和产品不是最优的，但能够保障供应链不中断，产业生产能持

续。二是锻造少数关键环节的长板，在少数关键技术和产品上做到世界最优，并成为世界最主要的供应商，还可以进一步强化与其他国家“你中有我、我中有你”的相互依赖关系，形成一种动态“威慑平衡”。

（3）保持产业链完整。产业链的完整性是一个相对的概念，由于现代制造业高度复杂的特点，没有任何一个国家能够在所有产业保持产业链的完整性，即完全不依赖其他国家的零部件、原材料、生产设备、科研仪器、工业软件等实现国内生产。20 世纪 80 年代以来，发达国家由于长期离岸外包，大量劳动密集型产业以及产业链、价值链的劳动密集型环节被转移到更低成本的发展中国家，因此出现了一定程度的“产业空心化”。而中国从劳动密集型产业起步开始工业化，经过改革开放以来 40 多年的“压缩型工业化”，在保持劳动密集型产业综合成本优势的同时，不断向产业链、价值链的高端环节攀升，产业配套体系不断完善，因此中国的产业链相对比较完整。但是生产成本的持续上涨、跨国公司“中国 +1”战略、美国加征关税等因素，使中国经济已经出现“脱实向虚”问题，劳动密集型产业不断向国外转移。应该吸取发达国家“产业空心化”的教训，尽可能延长劳动密集型产业的国际竞争力，至少要保持在劳动密集型产业的生产、创新、升级能力和适度的产能，在保障国内产业链安全的同时也加强对全球产业链价值链的控制力。

2. 推动中国制造业提高全球产业链价值链地位的政策建议

中国制造业的发展既要着眼于当下面临的“卡脖子”、产业链安全等紧迫问题，也要对抢占未来全球产业发展制高点未雨绸缪。

（1）继续加大研发投入。我国在制造业技术水平上的差距很大程度上源于工业化时间短、科技积累不足。因此无论是增强工业基础能力、破解“卡脖子”问题还是锻造技术和产业“长板”都需要进一步加大研发投入。除了要继续加大各级政府对科技创新的资金支持外，也要通过破除制约科技创新的体制机制障碍、研发费用加计扣除、个税抵扣、加强知识产权保护等举措，鼓励企业、社会组织和个人加大对科技创新的投入，特别是鼓励企业加大对基础研究的投入。

（2）及早布局未来产业。未来产业是由前瞻技术的成熟和产业转化所形成的产业，代表着未来的产业发展方向，也是未来经济发展的“新动能”。未来产业由于各国起跑线接近、不确定性高，因此是后发国家实现赶超的重要机遇。应加强对前瞻技术和未来产业发展方向的战略性研究，制定发展蓝图，加大国家对前瞻技术的研发投入，通过政府采购等方式培育早期市场，引导企业开展前瞻技术的工程化、产业化工作。

（3）加快商签自贸协定。充分发挥我国庞大的市场、完善的产业配套、强大的制造能力对跨国资本的吸引力，不断深化国内体制机制改革、与国际贸易规则接轨，推动由商品和要素流动型开放向规则等制度型开放转变。积极推进同欧盟、日本、韩国以及其他主要贸易伙伴之间商签更高标准的自贸协定和区域贸易协定；进一步深化与东亚和东南亚等在地理上邻近的国家的产业链合作，通过降低关税壁垒、提高通关效率、促进资本流动，在东亚、东南亚地区建立起具有活力和国际竞争力的区域产业链；加强与“一带一路”沿线国家开展产能合作，完善中国制造业的全球产业链布局。

（4）推动产业数字化转型。推动以数字技术为核心的新型基础建设，一方面加快前沿数字技术的成熟，另一方面为我国产业升级发展打好数字化基础。发挥我国在数字技术和数字经济产业的优势，鼓励数字科技企业与制造企业之间的合作，制定智能制造技术规范、统一数据格式标准、推动数据开放、发展工业互联网等制造业数字化平台。支持制造企业的数字化改造，鼓励制造企业采用具有经济效益的新型数字化系统，增强提供远程维护、个性化定制、增值服务等服务型制造提供能力。

（5）加强产业链的韧性。支持企业对“零库存”生产模式进行调整，在综合权衡供应链安全和效率的情况下适当增加库存规模，可以考虑建立海外仓以强化国外下游企业的供应链安全，抑制供应链外迁倾向。国家对应急物资、战略物资的企业库存给予一定补贴。鼓励劳动密集型企业采取“离岸而不外包”模式，即随着国内劳动力成本上涨，我国制造企业主动到低成本发展中国家进行投资，而不是直接将劳动密集型业务剥离、外包，同时在国内保留“母工厂”和一定的产能，负责新　　产品的工程化以及工业的改进优化。

专栏 3 - 1

新冠肺炎疫情对中国制造业产业链变迁的影响

全球产业链变迁对我国制造业的挑战：第一，中美贸易战已使部分跨国公司将产能转出。瑞银调查显示，贸易战已使得1/3的出口型制造企业将部分产能转出中国，还有1/3已经制定了转移计划；深圳市过去3年共外迁了192家企业，其中40%是电子信息类企业；全球最大的鞋类代工企业宝成集团正在将大陆产能转移到越南和印度尼西亚。第二，产业链加速变迁将加大制造业升级的外部风险。我国制造业当前正处于从劳动密集型转向技术密集型的关键时期，传统产业升级和新产业培育的任务十分艰巨，各国产业分工高度精细化使得全球产业链联动效应极强，产业链加速变迁将增加我国产业升级的外部风险。一是压缩了我国制造业升级的时间窗口，增加了转型的紧迫性；二是产业链变迁如果速度过快，可能会带来一系列的经济和社会问题，加大转型期风险防控难度。

全球产业链变迁中我国制造业的优势：一是规模较大。中国制造业总产值约占全球的1/3，是美国的两倍以上，更是全球制造业的枢纽，向世界各国出口大量的中间品和产成品。二是产业齐全。按联合国产业分类39个工业大类、191个中类和525个小类算，中国是唯一拥有所有门类的国家，具有全产业链优势。三是市场广阔。疫情不改变中国经济长期向好的趋势，中国的制造业拥有强大的内需支撑。四是创新力强。虽然我国在高新产业和高端技术领域与全球一流水平相比还有差距，但在部分行业已经开展了大量技术创新，并达到世界先进水平，例如高铁、通信、卫星、锂电池、无人机等。五是环境稳定。与东南亚地区相比，我国政治秩序良好、政策稳定性强，产业配套设施齐全，基础设施完善度高，中国的金融市场在此次疫情中也正在发挥全球“稳定器”的作用。

新冠肺炎疫情对中国制造业变迁的影响：疫情对我国产业链变迁的影响呈现“由下而上”“由近及远”的特征，即越靠近下游的行业受疫情冲击越大，已发生产业迁移的行业受冲击大于尚未出现迁移的行业。为研判疫情对我国制造业中劳动密集型行业和技术密集型行业可能带来的产业链迁出影响，选取纺织服装和汽车制造两个行业进行详细分析。纺织服装行业是典型的劳动密集型行业，产业链全球转移早已开始。我国是全球最大的纺织服装生产国，近年来受劳动力成本上升、环保政策趋严及中美贸易战的影响，已开始加速向东南亚地区转移，但行业中的高新材料、品牌设计等高技术、高附加值的环节仍留在国内，产业链重构将提升行业集中度并催生本土品牌，部分企业将自建品牌及新型销售渠道，部分企业将选择品牌收购以满足市场个性化需求。纺织服装行业产业链较短，产业转移的成本低、灵活性大，此次疫情可能会增加纺织服装产业迁出我国的风险。汽车产业是国民经济战略性、支柱性产业，也是支撑贸易高质量发展的重点产业之一。2019年，我国汽车行业产销分别完成2572.1万辆和2576.9万辆，其中96%为国内销售，产销量继续蝉联全球第一。此次疫情对我国汽车制造业的影响基本可控。虽然，疫情导致全球汽车产业链存在断裂风险，但2020年国家出台了《智能汽车创新发展战略》等支持汽车产业发展的有关政策，有助于吸引更多的国际汽车企业来华投资设厂，扩大产能，从而巩固我国在全球汽车产业链的地位。

资料来源：殷红、郭可为、张静文：《新冠疫情对中国制造业产业链变迁的影响》，《银行家》2020年第4期。

参考文献

[1] McKinsey Global Institute, "Globalization in Transition: The Future of Trade and Value Chains", https://www.mckinsey.com/featured-insights/innovation-and-growth/globalization-in-transition-the-future-of-trade-and-value-chains, 2019-01-16.

[2] 李鹏飞、游子安:《全球价值链下中国制造业的分布特征与演变趋势》,《郑州大学学报(哲学社会科学版)》2020年第4期。

[3] 张其仔、许明:《中国参与全球价值链与创新链、产业链的协同升级》,《改革》2020年第6期。

[4]《习近平在经济社会领域专家座谈会上的讲话》,《人民日报》,2020年8月24日。

[5] Kojima, Kiyoshi, "The 'flying geese model' of Asian economic development: Origin, theoretical extensions, and regional policy implications", *Journal of Asian Economics*, No. 11, 2000, pp. 375-401.

[6] 张宇燕:《理解百年未有之大变局》,《国际经济评论》2019年第5期。

[7] 张宇燕:《跨越"大国赶超陷阱"》,《世界经济与政治》2018年第1期。

[8] 文一:《伟大的中国工业革命:"发展政治经济学"一般原理批判纲要》,清华大学出版社2016年版。

[9] 何波:《新冠肺炎疫情对我国在全球产业链地位的影响及应对》,《国际贸易》2020年第6期。

[10] 习近平:《在基层代表座谈会上的讲话》,《人民日报》,2020年9月20日。

[11] 经纬创投:《中美脱钩声浪下,外资在华并购不减反增的背后逻辑》,https://finance.sina.cn/2020-08-19/detail-iivhvpwy1866772.d.html?vt=4&node_id=76749,2020年8月19日。

[12] 习近平:《不断开拓当代中国马克思主义政治经济学新境界》,《求是》2020年第16期。

第四章　工业经济韧性分析

提　要

一个经济体的韧性可以从其抗风险能力、恢复能力、结构调整能力和转型升级能力等维度加以评估。从一个较长的时期来看，我国工业增长总体上没有出现持续的剧烈波动，在受到巨大外部冲击时，虽然会出现深度调整，但调整持续的时间较短。我国工业经济韧性强集中体现为工业的抗风险能力强、恢复能力强。这一态势的形成得益于我国产业类型丰富、市场主体数量庞大与类型多样、经济体制上的优势。尽管我国工业经济韧性强，但仍存在结构性短板，具体表现为，产业链发展不平衡，加工贸易抗风险能力弱，创新链韧性不足制约结构调整与转型升级能力的提升等方面。工业经济韧性存在结构性短板，使我国在美国技术管制冲击下面临较大的安全风险。“十四五”期间，我国巩固提升工业经济韧性的总体方向是加快形成新发展格局，关键举措是提升自主创新能力，提升工业的创新和再定位能力。

*　　　　　　*　　　　　　*

2014 年 11 月，习近平总书记在亚太经合组织工商领导人峰会开幕式致辞中提出，中国经济长期向好的基本面没有变，经济韧性好、潜力足、回旋余地大的基本特征没有变。2014 年 12 月 5 日，习近平总书记主持召开中央政治局会议，分析研究 2015 年经济工作，会议强调，我国进入经济发展新常态，经济韧性好、潜力足、回旋空间大。2014 年的中央经济工作会议指出，认识新常态，适应新常态，引领新常态，是当前和今后一个时期内我国经济发展的大逻辑。要精心谋划用好我国经济的巨大韧性、潜力和回旋余地。韧性强是中国经济的基本特征，也是中国的优势之一。工业作为国民经济重要组成部分，其韧性较强，对整体经济韧性强起到了支撑作用。“十四五”期间，进一步加强工业经济韧性能力建设，对中国经济行稳致远意义重大。

一、工业经济韧性强的表现及原因

工业经济韧性的强弱，是指工业经济防范和化解外部冲击能力的高低，工业经济韧性强表现为抗风险能力强、恢复能力强、结构调整余地大、转型升级能力强。从这四个维度考察我国的工业经济的强韧性，集中表现为以下两个方面。

（1）抗风险能力强。

其具体表现为，我国的工业增长总体表现稳定，增长率波动有限。自改革开放以来，我国的工业增长可以分为两个阶段，一是高速增长阶段，二是高质量发展阶段。图4－1和图4－2分别刻画的是自2007年以来工业的季度增长率和年增长率，从中可以发现，我国工业的季度增长率和年增长率并没有呈现持续剧烈波动的态势。自2010年以来，我国的工业增长率虽然开始向下调整，从过去的两位数增长，调整至个位数，但即便是这种调整，也相当稳健，是主动式、适应新发展阶段的稳步调整，调整的步伐相当稳健。

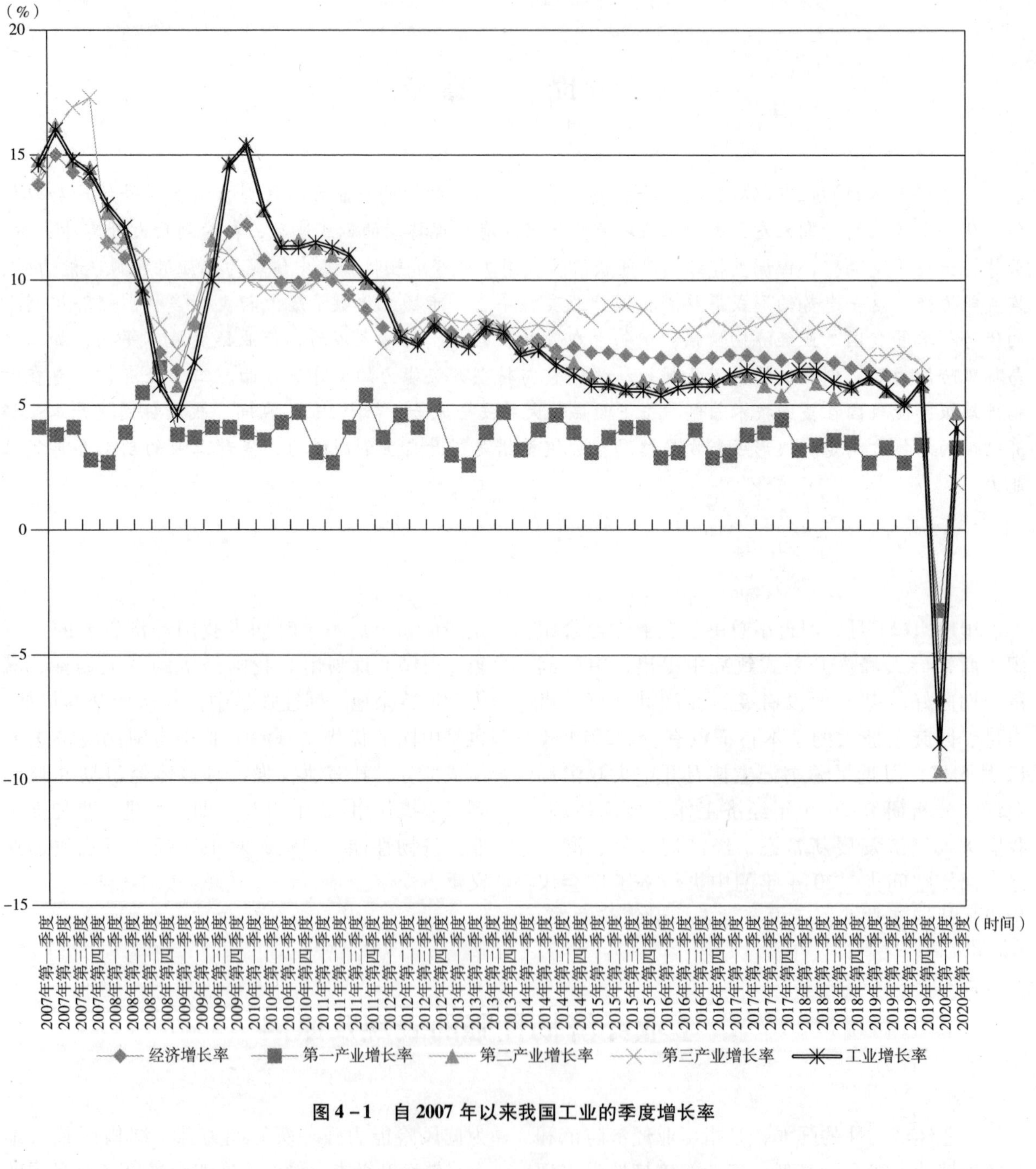

图4－1 自2007年以来我国工业的季度增长率

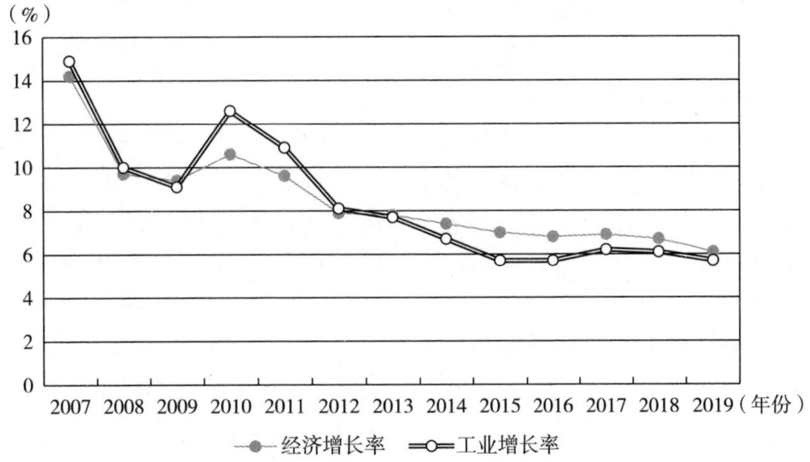

图 4－2　自 2007 年以来的工业年增长率

（2）在受到巨大的不确性冲击后，能较快地实现恢复性增长，恢复能力强。

2007 年以来，我国工业受到的巨大不确定性冲击有两次，第一次是 2008 年爆发的国际金融危机，第二次是 2020 年发生的疫情冲击。2008 年，国际金融危机在全世界迅速蔓延深化，对我国经济形成严重冲击，2008 年 11 月，先行指数降到 97.4 点，较上年同期降低 15.9 个百分点；制造业采购经理指数降到 38.8 点，同比降低 16.6 点，随着中央一揽子反危机的措施快速和有力地出台，经济迅速企稳回暖，实现了 V 形反转。先行指数在 2009 年 4 月超过 100 点，PMI 指数在 3 月超过 50 点，到 2009 年 12 月，PMI 指数达到 56.6 点，同比上升 15.4 点，甚至比 2007 年 12 月的 55.3 点还高 1.3 点。2008 年第四季度工业增长率下降至 7.1%，2007 年同期的工业增长率接近 14%，2009 年第一季度的工业增长率更是降至 6.4%，但从 2009 年第二季度开始，工业增长逐步回升，到第四季度时，达到了 11.9%。2020 年我国受到疫情冲击，工业在第一季度出现负增长，进入到第二季度，工业增长开始恢复。2020 年前三季度，全国规模以上工业增加值同比增长 1.2%，上半年为下降 1.3%。其中，第三季度同比增长 5.8%，比第二季度加快 1.4 个百分点。2020 年 9 月，规模以上工业增加值同比增长 6.9%，增速比 2020 年 8 月加快 1.3 个百分点，连续 6 个月增长；环比增长 1.18%。前三季度，分经济类型来看，国有控股企业增加值同比增长 0.9%；股份制企业增长 1.5%，外商及港澳台商投资企业增长 0.3%；私营企业增长 2.1%。分行业来看，2020 年 9 月，41 个大类行业中有 35 个行业增加值保持同比增长。农副食品加工业增长 2.7%，纺织业增长 5.6%，化学原料和化学制品制造业增长 7.5%，非金属矿物制品业增长 9.0%，黑色金属冶炼和压延加工业增长 9.0%，有色金属冶炼和压延加工业增长 3.5%，通用设备制造业增长 12.5%，专用设备制造业增长 8.0%，汽车制造业增长 16.4%，铁路、船舶、航空航天和其他运输设备制造业增长 3.9%，电气机械和器材制造业增长 15.9%，计算机、通信和其他电子设备制造业增长 8.0%，电力、热力生产和供应业增长 4.2%。

从工业增长的稳定性、工业经济从冲击中的恢复能力来看，我国工业经济表现出了较强的韧性。为什么我国的工业经济的韧性强？其原因包括以下几方面：

（1）工业门类齐全，产业多样性突出。

工业门类越多，产业多样性越突出，其防范和化解风险的能力就会越强。我国的产业门类较多：从要素密集度、技术含量来说，我国既有劳动密集型行业，也有资本和技术密集型行业；从目的地市场来说，既有对国外市场依赖较大的行业，也有对国内市场依赖较大的行业；从与国外的差距来说，既有领先型行业、追赶型行业，还有转型类行业等。从对行业的影响考虑，经济的外部冲击可分为两大类，第一类为对全行业都会造成直接影响的冲击，第二类为只对部分行业造成直接影响的冲击。对于第一类冲击，虽然每一类产业都会受到直接影响，但由于不同的产业化解风险的能力不一样，受冲击后有的产业会恢复较快，因而一般情况下有利于工业经济总体较快的恢复。对于第二类冲击，由于不同行业，受到的影响不一样，产业的多样性降低了所有产业受到冲击的概率，因而有较大概率能保证部分产业所受直接影响较少，工业总体上所受影响相对较少。2008 年爆发的国际金融危机对中国的出口造成了较大冲击，但对不同的行业的影响不同：一是对劳动密集型产品和质量竞争力较高产品影响较少，2009 年我国的家具、服装、塑料制品、鞋类等与 2008 年同期相比都有所下降，但都低于出口总额的下降幅度；二是机械和运输设备是我国质量竞争力较高的产品，出口下降幅度也是比较少的。

（2）市场主体类型丰富，数量众多。

我国有几万个市场主体。这几万个市场主体，既有超大型、大型企业，也有中小微企业，既有国有企业，也有民营企业、外商投资企业（见表 4－2）。超大型、大型企业抗风险能力强，中小微企业调整适应快，国有企业在抗风险上能起到龙头作用，民营企业、外商投资企业对风险有较敏锐的识别能力，风险规避意识强。不同类型的企业因为其资源、能力、治理机制等差别会形成不同的防范和化解风险的决策和机制，有助于克服同频共振造成的风险放大。

表 4－1 2009 年中国主要出口商品的增长率

商品名称	2009 年同比（%）		2010 年同比（%）		商品名称	2009 年同比（%）		2010 年同比（%）	
	数量	金额	数量	金额		数量	金额	数量	金额
*机电产品	—	-13.4	—	30.9	钢材	-58.5	-64.9	73.0	65.3
*高新技术产品	—	-9.3	—	30.7	液晶显示板	-5.1	-14.1	16.9	37.7
服装及衣着附件	—	-11.0	—	20.9	二极管及类似半导体器件	-8.6	-8.8	27.5	111.2
纺织纱线、织物及制品	—	-8.4	—	28.4	汽车零件	—	-20.9	—	44.1
电话机	1.7	0.1	26.9	17.8	箱包及类似容器	—	-9.2	—	40.8
鞋类	—	-5.7	—	27.1	录、放像机	9.0	3.3	—	—
船舶	-18.4	41.7	15.8	44.5	电视机（包括整套散件）	8.3	1.7	20.8	38.0
家具及其零件	—	-6.0	—	30.3	通断保护电路装置及零件	—	-12.2	—	41.5
集成电路	16.8	-4.2	46.9	25.5	电视、收音机及无线电通信设备的零附件	-16.2	-22.0	—	—

注：“机电产品”和“高新技术产品”包括本表中已列名的有关商品。

资料来源：中国海关总署。

表 4－2 工业企业单位数

单位：个

指标 \ 年份	2007	2008	2009	2010	2015	2016	2017	2018	2019
工业企业单位数	336768	426113	434364	452872	383148	378599	372729	378440	372822
大型工业企业单位数	2910	3188	3254	3742	9633	9631	9240	9103	—
中型工业企业单位数	33596	37204	38036	42906	54070	52681	49614	49778	—
小型工业企业单位数	300262	385721	393074	406224	319445	316287	313875	319559	—
内资工业企业单位数	269312	348266	358988	378827	330390	329045	325271	330704	—

续表

指标＼年份	2007	2008	2009	2010	2015	2016	2017	2018	2019
国有工业企业单位数	10074	9682	9105	8726	3234	2459	1946	1836	—
集体工业企业单位数	13032	11737	10285	9166	2637	2092	1669	1675	—
股份合作工业企业单位数	5880	5612	5011	4481	1136	946	776	772	—
联营工业企业单位数	999	833	735	704	147	110	93	96	—
国有联营工业企业单位数	169	152	131	130	18	10	8	9	—
集体联营工业企业单位数	299	277	239	222	57	49	41	40	—
国有与集体联营工业企业单位数	262	206	169	175	29	22	16	18	—
私营工业企业单位数	177080	245850	256031	273259	216506	214309	215138	220628	—
港、澳、台商投资工业企业单位数	31949	35578	34365	34069	24488	23429	22724	22829	—
外商投资工业企业单位数	35507	42269	41011	39976	28270	26125	24734	24907	—
中外合资经营工业企业单位数	14485	16130	15472	15036	9958	9037	8315	8366	—
中外合作经营工业企业单位数	1537	1448	1322	1237	630	540	488	491	—

注：1998～2006年，规模以上工业是指全部国有及年主营业务收入达到500万元及以上的非国有工业法人企业；从2007年开始，按照国家统计局的规定，规模以上工业的统计范围为年主营业务收入达到500万元及以上的工业法人企业；2011年，经国务院批准，纳入规模以上工业统计范围的工业企业起点标准从年主营业务收入500万元提高到2000万元。

资料来源：国家统计局。

3. 经济体制优势明显

我国的体制一方面在资源配置上能充分发挥市场的决定性作用，另一方面又能更好地发挥政府作用。这个体制对于抵抗重大的风险冲击有着明显的优势。市场有优势也有劣势，其中一个劣势，就是如果没有政府的介入，在受到不可预见的巨大风险冲击时，恢复的时间较长、速度较慢。2008年国际金融危机爆发后，我国启动了大规模投资计划和“十大产业振兴规划”，当时的投资规划和振兴规划虽然带来了一些后续问题，但对于抵抗金融危机对经济带来的巨大冲击是起到了作用的，促成了中国经济的V形复苏。2020年全球疫情大暴发，我国工业能较快得到复苏，我国经济体制在应对重大风险冲击上的优势更是得到了充分体现：一方面，我国快速动员全社会力量参与到疫情防控当中，很快地控制了疫情，另一方面，我国快速推出“六稳”“六保”政策，有效地防止了大规模破产潮的发生。如果不能快速地去控制疫情，我国的经济就不能尽快恢复常态，同样，如果在疫情冲击下，大量企业破产了，即便控制了疫情，短期内要实现快速恢复也是不可能的。

二、巩固提升工业经济韧性面临的挑战

1. 产业链发展不平衡，创新密集型产业对欧美依赖性较大，影响工业结构调整速度

在劳动密集型产业、资源密集型产业、创新密集型行业中，我国最易受到外部冲击的是创新密集型产业，这类行业无论是从供给还是从需求上看，对国外市场都具有高度依赖性。分行业来看，化工从美国、韩国和日本进口，机械和设备从韩国、日本和德国进口，汽车从美国、日本、德国进口，运输设备从美国、日本、德国进口，电力机械从韩国进口，比例均超过10%，依赖性

较大，半导体及相关产业、航空航天产业、光学影像和医疗产业、机械设备及其零部件、机动车零部件和发动机，行业的总进口和出口比例分别为26.0%和15.9%，这表明在代表性创新密集型行业中中国处于进口较大的基本格局。其中，半导体及相关产业从韩国进口，航空航天产业从美国、法国和德国进口，光学影像和医疗机械从美国、日本和德国进口，机械设备及其零部件从美国、韩国、日本和德国进口，机动车零部件和发动机从美国、日本和德国进口，比例均超过10%，依赖性较大。以进口供给率最高的美国、德国、法国来看，航空航天产业、光学影像和医疗机械、机动车零部件和发动机影响比例分别为92.3%、45.8%、47.2%，短期内转换为进口替代和国内自给难度较大。以对我国参与全球价值链影响最大的美国和西欧国家计算，机械和设备、计算机和电子、汽车出口需求占比分别为33.0%、24.5%和32.1%，出口需求下降的风险较大，化工、运输设备的出口需求影响居中，电力机械的出口需求影响相对较小。从代表性创新密集型行业来看，在五大类行业中美国均为最大进口国，其中，航空航天产业、光学影像和医疗机械、机械设备及其零部件、机动车零部件和发动机美国进口比例均超过两成。

2. *加工贸易抗风险能力弱*

根据国家海关总署统计，2019年我国一般贸易进出口总额18.61万亿元，加工贸易进出口7.95万亿元，一般贸易占比约为59.0%，加工贸易占比约25.2%，加工贸易仍然在我国的对外贸易中有着重要地位，但从这次疫情下的表现看，我国加工贸易总体抗风险能力不强。其原因除加工贸易本身具有两头在外的特征外，还有加工贸易集中度高、加工贸易企业抗风险能力弱等。2019年的对外贸易中，河南的加工贸易占比超过60%，江苏、广东的加工贸易占比超过30%，江西、湖南超过20%。湖北武汉的对外贸易中，加工贸易占比近20%，深圳超过30%。国际调研机构IDC调查显示，智能手机产量大约1/4的出口制造由河南完成，其中富士康的加工制造贡献达到60%。加工贸易企业以中小企业为主，占比超过70%，加工贸易企业外部融资约束普遍偏紧，以中小企业为主普遍缺乏固定资产等较好的担保物，主要通过贸易订单、应收账款等进行信贷融资，短时间抽贷容易造成企业资金链和生产链的断裂。

3. *创新链韧性不足，严重制约工业转型升级*

我国的工业发展正处于新旧动能转换期，产业的转型升级需要创新链加以支撑，创新链是支撑工业更新和再定位的关键，然而我国部分创新链对外依赖性强，而且多元化程度不高。清华大学的数据显示，2013~2017年中国发表人工智能论文数量排名第一，美国排名第二，其中，美国开展国际合作最多的是中国，双方合作论文高达四千多篇。2017年至2020年6月，从中国学者在*Nature*上的合作发文来看，在人工智能领域，中国学者独立发文数占比为16.67%，但与美国学者合作发文数占比却高达33.33%；在电子信息领域，中国学者独立发文数占比与和美国学者合作发文数占比相当；在能源领域，中国学者独立发文数占比为25%，与美国学者合作发文数占比高达62.5%；在生物医药领域，中国学者独立发文数占比为20.22%，与美国学者合作发文数占比高达65.07%。对美依赖的上述特征同样体现在*Science*发文上。以生物医药领域为例，中国学者独立发文数占中国学者总发文数的比重为29.94%，但与美国学者合作发文数占比高达53.67%。

为了遏制中国的发展和创新能力提升，美国实施了一系列技术管制。核心技术或重要软件禁止中国使用。外汇管理局数据显示，2018年中国知识产权进口358亿美元，出口56亿美元，贸易逆差302亿美元，其中，对美知识产权进口约占1/4。为限制中美之间正常的人才交流往来，美国宣布暂停中国某些非移民学生和研究人员入境，并指责中国政府利用学生获取美国敏感技术和知识产权。教育部数据显示，2018年赴美留学人数超过36万人，占比接近六成。由于我国创新链对美依赖较大，美国的技术管制会给我国以创新链支撑工业的能力更新、再定位带来巨大冲击。

三、补强工业经济韧性短板的政策措施

为了进一步巩固提升工业经济韧性，有效抵御工业发展可能面临的风险和挑战，“十四五”时期，我国应进一步在解决工业经济韧性的结构性短板上下功夫，总体方向是要加快形成以国内大循环为主体、国内国际两个循环相互促进的新格局，关键是要提升自主创新能力，提升创新链对产业链的支撑能力。

经济循环包括生产、分配、流通和消费等环节，生产和消费互为经济循环的起终点。形成国内大循环为主体，就是提升供给体系对国内需求的适配性，形成需求牵引供给、供给创造需求的更高水平动态平衡。无论是在提升供给体系对国内需求的适配性上，还是在形成需求牵引供给、供给创造需求的更高水平的动态平衡上，自主创新都需要发挥重大作用。

1. 提升供给体系对国内需求的适配性，必须通过提升自主创新能力解决关键技术被“卡脖子”的问题

国内大循环虽然不是要搞封闭，但实现关键技术供给的自主、安全、可控，是必要前提和重要内容。通过改革开放、创新，我国的科技能力与素质已经有了很大的提高，科技创新活动已经形成了部分领域处于追赶、部分领域处于并跑、少数领域处于领先的新格局，但仍有不少关键技术对国外的依赖比较大，严重制约了我国产业链的现代化能力，制约了我国主动生产满足人民日益增长、变化的新需求的能力。如果这些关键技术不通过提升自主创新能力加以突破，我国就很难建立自主、可控、安全的产业链、创新链，就会产生供给对需求的适配性依赖于国外市场的情况，国内大循环随时会面临因为各种非经济的因素被打断的危险，如果被打断了，则很长时间难以恢复，国内大循环为主体自然也就无从谈起。国内大循环为主体、国内国际双循环相互促进的新发展格局下的国内大循环，应是一个自主、可控、安全的国内大循环，具有韧性、能防范和化解各种外部风险的国内大循环。

2. 提升自主创新能力能为更高水平推动需求牵引供给奠定基础

形成国内大循环为主体，基础是国内市场，扩大国内市场需求是战略基点。我国具有超大规模的市场需求，有提升自主创新能力的优势，反过来说，提升自主创新能力能进一步推动市场需求规模的扩大。国内大循环为主体要有可持续性，必须是一个不断扩大的国内循环，而不是一个不断萎缩的大循环。我国目前市场规模相对较大，内生需求的潜力还不少，做好了这篇“文章”，国内大循环为主体当前就有了需求的基础，但国内大循环要不断扩大，还需在挖掘现有需求潜力的基础上，不断扩大支撑市场规模扩展的收入基础，提高居民的可支配收入水平。这个问题的一部分可通过推进合理的收入分配机制建设加以解决，但在推进合理的收入分配机制建设的同时，更需通过提高劳动生产率的方法来加以解决。劳动生产率提高了，投入产出效率提升了，可分配的“蛋糕”做大了，提高居民可支配收入水平就有了坚实的基础。各国发展的经验已经表明，要持续地提高劳动生产率，除了依靠推进创新驱动的内涵型经济增长外，不可能再有第二种选择。在一段时期内，一个国家实现创新驱动的内涵型经济增长，可以通过引进技术的方式实现，即便是引进技术，也是一个复杂的创新过程，而不能仅通过简单的复制就能成功。况且，任何一个国家都不可能通过技术引进的方式来长期支撑其实现创新驱动的内涵型经济增长，一个国家越发达，离国际前沿技术越近，靠引进技术的方式实现维持内涵型经济增长的可能性就会越少，对通过自主创新的方式实现内涵型经济增长的需求就越大。我国虽仍为发展中国家，有不少技术领域离国际前沿还有一段距离，像我国这么大的一个发展中大国，人均 GDP 超 1 万美元，要继续依靠大量引进国外技术支撑稳定的经济增长和居民可支配收入的提升是难以行得通的。在新一轮技术革命蓬勃兴起、国际技术和创新竞争日

趋激烈、美国实施技术管制的新形势下，我国通过提升自主创新能力实现内涵型经济增长更是成为了十分紧迫的任务。

3. *提升自主创新能力能为更高水平推动供给创造需求提供动力，提升我国在国际循环中的位势*

供需关系并非是单向关系，而是循环互动关系，需求可以牵引供给，供给也可以创造需求。企业通过科技创新生产新的产品，可以引致新需求的产生，激发国内需求潜力。在新技术革命这一大背景下，通过科技创新推动供给创造需求的这一作用更为明显。新一轮技术革命推动新产品、新业态、新市场不断涌现，极大地扩展了消费者的选择空间，发展空间和潜力巨大。对于传统的产品和市场，发达国家具有先发性优势，发展中国家的消费具有模仿性、追随性，但对于新技术革命催生的新产品、新业态、新市场，发达国家并没有在传统产品、传统业态和传统市场上那样建立引领性优势。全球的市场竞争正在经历一场“百年未有”的大变局，在这个大变局下，我国须通过科技创新确立在新型市场中的引领优势，并通过在新型市场中的引领优势的建立，引导新技术加强对传统产品和服务的改造，从而在传统产品和传统市场上创造新优势。这一优势一旦在国内创立出来，就可以转化形成国际市场竞争的新优势。

提升自主创新能力，并非轻而易举，其核心是要形成一种科学有效的创新体系。“十三五”时期，我国就此做了大量工作，取得了不错的成效。但“十四五”时期我国的创新体系建设上仍需在创新激励机制、创新要素流通机制、创新链与产业链协同升级机制上进行改革创新。

（1）完善以增强知识价值为导向的分配机制，为创新提供激励。创新的核心要素是知识。要推动科技创新，须建立一种与以增强知识为导向相适应的分配机制。随着低成本要素优势逐渐减弱，我国经济发展动力需要从依靠要素投入驱动向依靠创新驱动转变。但不少发展中国家在向创新驱动的转变过程中，面临着创新生产率悖论，即一个国家的技术水平离国际前沿面越远，其创新回报率越高，而离国际技术前沿面越近，其创新回报率越低。我国的技术水平、科技能力虽然仍不能位居世界前列，但与改革开放前相比，我国的科技水平与国际最先进的水平差距已大幅缩小，通过跟随式创新所能获得的回报率正在下降。为此，更需要通过推动以增强知识价值为导向的分配机制的建立以提高自主创新能力，克服跟随式创新回报率下降的挑战。

（2）发挥各层次创新体系的作用，形成畅通各层次创新要素的流通机制。在充分发挥新型举国体制实现关键技术突破的同时，巩固完善多层次创新体系。鼓励国家自主创新示范区深化区域创新体系体制机制创新，因地制宜推进区域创新体系建设，探索区域协同创新发展新模式。在发挥各地主动性、创造性的同时，加强区域创新体系建设的前瞻性、顶层性设计，使各层次、各地区的创新体系通过规划引导，真正做到优势互补、形成合力。鼓励地方和企业探索高水平融通全球创新资源的模式和方法，形成全方位、多层次、多主体的安全、开放型科技创新合作新格局。建立创新要素供给统一的市场，打破区域分割、部门分割等各类壁垒，逐步破除制约科技创新的人才、技术、资金等创新要素流动的体制机制障碍。要高度重视数字资源作为新型创新要素的作用，构建数据隐私保护制度及统一的数据使用规范，推进数据充分流通。充分发挥新型创新主体和新型科研机构的作用。

（3）完善产业链与创新链协同升级机制，畅通产业链与创新链循环。产业链和创新链各自有其自行的运行规律，既不能将其完全等同，也不能将其完全割裂。提升自主创新能力，发挥其在国内大循环中的作用，就必须形成产业链和创新链双向互嵌、协同升级的体系，为自主创新不断创造内生动力。要朝着培育一批世界级产业集群的方向，支持各地利用支柱产业优势，形成自主、可控的产业链，为创新成果转化和产业化提供承接平台、应用场景。加大对前沿性基础科学领域的战略部署，包括设立国家实验室、建设一批大科学中心等，破除高校科研院所承建的国家重点实验室等国家级基础科学创新平台的隶属关系，扩大这类国家级创新平台自主权，取消这类平台的行政级别，提高其产业化应用能力。进一步完善市场导向的创新成果转化扶持政策，打造科技、教育、产业、金融紧密融合的创新体系，鼓励大学、科研机构与企业对接，发挥企业在科研成果转化中的主体作用。加大对基础研究的投入力度，为产业发展提供源源不断的知识和科技成果供给。

专栏4-1

我国区域创新体系建设存在的主要问题

（1）区域不平衡问题依然突出，南北创新能力差距日益扩大。“十三五”时期我国区域创新格局面临明显分化形势。就南北而言，南方、北方的区域创新能力分化呈现加剧趋势：南方、北方发明专利申请量之比由2015年的66∶34持续增至2018年的72∶28；R&D人员数量之比由2015年的64∶36持续增至2018年的70∶30；设有研发机构的规模以上工业企业数量之比则由2015年的83∶17持续增至2018年的89∶11。

（2）城市群协同创新的体制机制尚不够完善，功能没有得到有效发挥。据统计，2016~2018年，哈长、中原、长江中游、成渝等多个城市群的内部发明专利合作授权量占其合作授权总量不足10%，中原城市群甚至仅有2.28%的合作专利源于城市群内部合作。协同创新园区、区域创新走廊等涉及多地共建的区域协同创新平台较少，且缺乏成熟的发展模式。

（3）创新要素流动不充分，创新要素配置存在扭曲，原始创新能力不足。各地建立了一套基于不同标准、不同产业需求和政策环境的创新体系，这些体系各自为政，彼此之间协调存在体制机制障碍，难以发挥优势互补、协同共享的作用。

（4）部分区域创新平台发展水平不高，人才流失、主导方向不明确等问题比较突出，区域创新要素不完备、功能欠缺的现象普遍存在。据测算，2018年与2015年相比，全国169家国家级高新区中，40家高新区年末从业人数出现下滑，37家高新区的营业收入出现下滑，特别是东北地区的16家国家高新区中，12家高新区年末从业人数和10家高新区营业收入出现下滑，部分高新区降幅甚至超过50%。我国还有相当多的一批区域创新平台定位不清晰，难以有效发挥应有作用。

资料来源：中国社会科学院工业经济研究所课题组：《“十四五”时期我国区域创新体系建设的重点任务和政策措施》，《经济管理》2020年第8期。

参考文献

［1］殷为华：《长三角城市群工业韧性综合评价及其空间演化研究》，《学术论坛》2019年第5期。

［2］苏杭：《经济韧性问题研究进展》，《经济学动态》2015年第8期。

［3］裴长洪、刘斌：《中国经济应对当前全球两大挑战的韧性、潜力与长期趋势》，《经济纵横》2020年第5期。

［4］张平、张自然、袁富华：《高质量增长与增强经济韧性的国际比较和体制安排》，《社会科学战线》2019年第8期。

［5］张其仔：《中国工业的国际竞争力》，《中国工业发展报告（2010）》，经济管理出版社2010年版。

［6］张其仔、许明：《中国参与全球价值链与创新链、产业链的协同升级》，《改革》2020年第6期。

［7］中国社会科学院工业经济研究所课题组：《“十四五”时期我国区域创新体系建设的重点任务和政策思路》，《经济管理》2020年第8期。

第五章　构建完备而高效的制造业创新体系

提　要

随着我国制造业创新水平不断逼近国际技术前沿，基础研究和共性技术供给不足成为了制约我国制造业创新发展和高质量发展的主要“瓶颈”，推动基础研究向制造业高效转移转化和完善共性技术研发体系是弥补我国制造业创新体系短板的核心。在保证大学基础研究功能不被损害的前提下消除制约科技成果转移转化的体制性障碍，促进学术专利市场的发展，推动共性技术研发机构建立符合共性技术要求的治理体系和组织管理体制，在共性技术部署方面导入规划的技术预见流程和方法，是“十四五”时期完善我国制造业创新体系、推动我国制造业高质量发展的重要内容。

*　　　　*　　　　*

“十三五”时期，我国制造业创新体系建设在推动科技成果转移转化、形成共性技术供给机制、推动新型研发机构发展等方面迈出了重要步伐。然而，当前我国制造业创新体系基础研究和共性技术供给效率低下的问题仍然十分突出。按照党的十四届五中全会“必须把创新摆在国家发展全局的核心位置”的精神，在保证大学基础研究功能不被损害的前提下消除制约科技成果转移转化的体制性障碍，推动共性技术研发机构建立符合共性技术要求的治理体系和组织管理体制，是“十四五”时期完善我国制造业创新体系、推动我国制造业高质量发展的主要内容。

一、“十三五”我国制造业创新体系建设进展

随着我国制造业创新能力不断逼近国际技术前沿，基础研究和共性技术供给不足成为了制约我国制造业创新发展和高质量发展的主要“瓶颈”。从总体上看，“十三五”我国制造业创新体系建设的基本思路是，围绕推动基础研究向制造业转移转化和完善共性技术研发体系两条路径来弥补我国制造业创新体系的短板，提升我国制造业的原始创新能力和竞争前技术供给能力。

1. 科技成果转移转化渠道更加多元和畅通

自2015年《促进科技成果转化法》修订以来，国家陆续又出台了《实施〈促进科技成果转化法〉若干规定》《促进科技成果转移转化行动方案》等一系列政策鼓励和支持科技成果转移转化，不断优化相关制度环境，对科研人员的激励涵盖了税收优惠、股权激励等多方面。科技成果转移转化的权力大幅向科研机构下放，国家设立

的研究开发机构、高等院校对其持有的科技成果，可以自主决定转让、许可或者作价投资，除涉及国家秘密、国家安全外，都不需审批或者备案；加大对科研机构和科研人员科技成果转移转化的激励，国家设立的研究开发机构、高等院校转化科技成果所获得的收入全部留归单位，纳入单位预算，不上缴国库，对于职务科技成果完成人以技术转让或者许可方式转化职务科技成果的，允许从技术转让或者许可所取得的净收中提取不低于50%的比例用于奖励，以科技成果作价投资实施转化的，允许从作价投资取得的股份或者出资比例中提取不低于50%的比例用于奖励，这些奖励性措施规定对于提升科研开发机构、高等院校的科技成果转化起到了重要的推动作用。除此之外，财政部、科技部等相关部门还鼓励地方开拓创新，探索符合科技成果国有资产特点的管理模式，充分发挥国有资产在科技成果转移转化中的支撑作用，支持地方促进科技成果转移转化。

2. 制造业创新中心成为共性技术研发和供给的重要载体

2016年，工业和信息化部印发《关于完善制造业创新体系，推进制造业创新中心建设的指导意见》，提出到2025年要形成40家左右国家制造业创新中心，长期以来，我国技术创新成果以大学、科研院所和企业的独立突破为主，“技术孤岛”现象严重。建设国家制造业创新中心旨在解决当前创新资源分散问题，通过整合企业、高校、科研院所等创新资源，形成产学研紧密协同、深度融合的创新体系，弥补我国制造业创新体系的结构性短板。我国的国家制造业创新中心的定位是以重点领域关键共性技术研发为核心定位，解决从技术突破到产业化之间的“死亡之谷”问题。我国自承担行业共性技术研发的科研院所转企改制后，行业关键共性技术的供给体系呈现结构性缺陷，制造业创新中心承担关键共性技术的供给，弥补了这一缺失环节，有利于科技成果向产业转移扩散。国家制造业创新中心主要采用“公司+联盟”的形式建设，除了组建运营公司，还强调发挥好产业创新联盟的作用，把创新链、产业链上各环节各方面的创新资源和主体有机整合。通过“公司+联盟”的组织模式，创新中心确定了“小核心、大协作”的运行特征。依托公司股东单位以资本为纽带，整合资源，形成合力；创新联盟成为创新中心辐射带动行业发展的主要支撑力量（杨柯巍等，2019）。截止到2020年6月，我国已论证通过和启动建设16家国家制造业创新中心，制造业创新中心建设工程2020年建设15家的阶段目标已经完成。从领域分布来看，已建成的创新中心聚焦于基础材料、核心器件、关键工艺、重大装备以及软件5个领域。国家制造业创新中心面向我国制造业创新发展的重大需求，充分汇聚行业创新力量，对五大关键领域的产业技术创新发挥重大影响，包括基础材料、核心器件、关键工艺、重大装备以及软件5个领域。其中，核心器件领域布局最多，共有6家，其次为重大装备领域，布局有4家，而软件领域目前布局最少，只有国家智能网联汽车创新中心1家。

表5-1　我国16家制造业创新中心建设情况

启动建设年份	名称	运营单位
2016	国家动力电池创新中心	国联汽车动力电池研究院有限公司
2017	国家增材制造创新中心	西安增材制造国家研究院有限公司
2018	国家印刷及柔性显示创新中心	广东聚华印刷显示技术有限公司
2018	国家信息光电子创新中心	武汉光谷信息光电子创新中心有限公司
2018	国家机器人创新中心	沈阳智能机器人国家研究院有限公司
2018	国家智能传感器创新中心	上海芯物科技有限公司
2018	国家集成电路创新中心	上海集成电路制造创新中心有限公司
2018	国家数字化设计与制造创新中心	武汉数字化设计与制造创新中心有限公司
2018	国家轻量化材料成形技术及装备创新中心	北京机科国创轻量化科学研究院有限公司

续表

启动建设年份	名称	运营单位
2019	国家先进轨通交通装备创新中心	株洲国创轨道科技有限公司
2019	国家农机装备创新中心	洛阳智能农业装备研究院有限公司
2019	国家智能网联汽车创新中心	国汽（北京）智能网联汽车研究院有限公司
2019	国家先进功能纤维创新中心	江苏新视界先进功能纤维创新中心有限公司
2020	国家稀土功能材料创新中心	国瑞科创稀土功能材料有限公司
2020	国家集成电路特色工艺及封装测试创新中心	华进半导体封装先导技术研发中心有限公司
2020	国家高性能医疗器械创新中心	深圳高性能医疗器械国家研究院有限公司

资料来源：《2019—2020 年制造业创新中心白皮书》，赛迪智库，https：//www. sohu. com/a/394511218_ 120056153。

同时，国家还鼓励各地自身制造业发展需要因地制宜建设省级制造业创新中心，对于聚焦事关制造业发展全局的重点领域的省级制造业创新中心，经制造业创新中心建设工程专家组审核通过后，也可升级为国家制造业创新中心。省级制造业创新中心建设的功能是汇聚区域创新资源，探索多种产学研协同组建模式，其牵头组建单位多为具有业界影响力的企业，以资本为纽带，联合具有较强研发能力的高校、具有行业领先地位的科研院所或能够整合区域服务的产业园区平台共同组建。从实践来看，各地的省级制造业创新中心积极探索多元化投资、多样化和市场化运作的模式。

3. 基于新的组织和治理模式的新型研发机构不断涌现

新型研发机构是指聚焦科技创新需求，主要从事科学研究、技术创新和研发服务，投资主体多元化、管理制度现代化、运行机制市场化、用人机制灵活的独立法人机构，可依法注册为科技类民办非企业单位（社会服务机构）、事业单位和企业。为鼓励新型研发机构规范发展，2019年，科技部制定了《关于促进新型研发机构发展的指导意见》。相对于制造业创新中心明确定位于共性技术的研发和供给，新型技术研发机构的功能更加多样化，包括了基础研究、应用基础研究，产业共性关键技术研发、科技成果转移转化，以及研发服务等，新型研发机构的定位更加侧重于灵活的组织和管理模式，为我国制造业提供多样化的基础研究、共性技术和应用技术支撑。从实践来看，各地的新型研发机构主要采用市场化用人机制、薪酬制度，充分发挥市场机制在配置创新资源中的决定性作用，自主面向社会公开招聘人员，对标市场化薪酬合理确定职工工资水平，建立与创新能力和创新绩效相匹配的收入分配机制；新型研发机构多以项目合作等方式在新型研发机构兼职开展技术研发和服务的高校、科研机构人员按照双方签订的合同进行管理。新型研发机构综合运用股权出售、股权奖励、股票期权、项目收益分红、岗位分红等方式，激励科技人员开展科技成果转化。

在国家鼓励新型研发机构发展的政策推动下，“十三五”期间我国涌现出了一大批基于新型组织和治理模式的新型研发机构。例如，深圳华大基因研究院以“产学研”一体化的模式引领基因组学的发展，华大基因的发展经历了“民营科研—并入中科院体系—回归民营科研—事业单位”四个阶段，并最终确立了事业单位加内部企业化方式运行的模式；北京协同创新研究院是公私参投基金探索成果转化模式。北京协同创新研究院由北大、清华、中科院北京分院等 13 家单位以及中国商用飞机有限责任公司等 100 家行业龙头及高科技领军企业共同组建。它在性质上属于民办非企业，建立了理事会决策制度，采取独特的“协同创新中心—基金二元耦合”运营架构；中科院深圳先进技术研究院则是传统院所体制下实行现代企业管理制度的模式。中科院深圳先进技术研究院定位为新型国际一流的工业研究院，由中科院、深圳市政府和香港中文大学在深圳共同出资建立。深圳先进院性质上属于事业单位，隶属中科院，但在管理和运行机制上，采取了不同于传统事业单位的理事会制度。理事会代表中科院、深圳市政府和香港中文大学三方出资人的利益，日常管理工作由三方代表组成的院领导班子负责，理事会议每年讨论先进院发展方向、业务规划等重大事宜（涂平等，2019）。

二、当前我国制造业创新体系存在的问题

1. 过度商业化不利于大学对制造业的基础研究支撑

近年来，在构建以企业为主体的创新体系、让科学研究更好地服务于产业发展需求的思路指导下，国家先后出台了一系列旨在鼓励大学科技成果转化的文件，从各个方面激发高校和科研人员将学术研究成果专利化、产业化的积极性。然而，大学的功能首先是通过教育提升人力资本和通过基础研究推进知识前沿，其次才是通过科技成果转化直接服务于企业应用技术的发展。需要特别强调的是，今天我国的科技成果转化是在大学的学术治理和评价机制还没有规范化的制度背景下推进的，这一点与 20 世纪 80 年代初期以美国《拜杜法案》颁布为标志的西方科技成果转化浪潮兴起时的制度条件完全不同——当时相当数量的研究型大学的校董会和教授自身对学术专利等方面的制度改革持谨慎甚至批评的态度，从而促使政府和学校在推进科技成果转化的同时，也特别注意配套性制度建设的跟进，以将科技成果转化政策对大学学术研究功能的损害控制在最小范围内。在政府、学术界和大学几乎一边倒地呼吁大学更多地投入应用研究、通过科技成果专利化和产业化直接服务企业需求的时候，对我国科技成果转化政策的合理性和科学性进行认真的反思和分析，显得尤为必要。

事实上，由于我国科技成果转化政策设计的不尽合理和政策实施过程中的走样，科技成果转化政策对大学科研人员形成的“过度商业化激励”已经初露端倪。对教授专利授权许可收入和商业性活动缺乏必要约束，对大学的基础研究能力形成损害，长期看不利于大学基础研究对制造业高质量发展的支撑。据统计，美国研究型大学中教授个人获得专利许可收入的平均比例是 33% 左右，且教授获得的专利许可收入中又有很大部分用于实验室和教授所在院系的建设，而不能作为教授个人收入；日本国立大学所获专利收入的 50% 上缴国库、50% 划归大学所有，且大学留存的专利收入主要列入大学的研究预算收入，而不是科研人员个人的收入。目前我国科技成果转化政策规定，高等学校、科研院所对科技成果转化中科技人员的奖励应不低于净收入的 50%，在研究开发和科技成果转化中作出主要贡献的人员获得奖励的份额不低于奖励总额的 50%；由于政策只设置了下限而没有设置上限，地方政府和高校在本来已经较高的分配比例上继续层层加码，一些大学规定的科研人员在专利许可收入中的分配比例甚至高达 70%。过高专利收入分配比例的直接后果是出现高校过度专利化的倾向（贺俊，2016）。

在科技成果转化政策设计中忽视对高校基础研究功能的影响，还表现在高校对科研人员的非研究性、非教学性活动严重缺乏约束。国外的研究型大学几乎都会对教授在商业组织中的任职和提供商业服务的时间做出明确的规定，如 MIT 和斯坦福对教授提供商业性服务的时间规定为每周不能超过一个工作日，高校禁止教授和学生在对其提供研发经费的企业内持股，教授的学生不能在教授创办的企业中工作，教授不能担任企业的 CEO，等等。这些限制的目的就是要确保教授将主要的时间和精力投入基础研究和教学，而不是商业性的活动。反观国内，由于缺乏对教授商业性活动的明确规定或者有规定而流于形式，教授将主要精力投入创办和管理企业、学生为教授创办的企业打工，甚至教授与企业进行利益输送等现象较为普遍地存在，已经对大学的基础研究功能和人才培养功能产生了不良影响。据统计，目前美国大学专利占其全部专利的比重约为 2.0%，而我国高校发明专利占全部有效发明专利的比重则高达 20% 左右，即便是实用新型专利，高校的比重都达到了 4.3%。

随着我国技术水平不断逼近全球技术前沿，原始创新在技术赶超和产业赶超中的战略地位的日益提升，基础研究对创新驱动的支撑作用将愈来愈重要。现有的研究表明，大学对企业技术创新产生促进作用最主要的机制是企业研发人员阅读大学公开发表的学术成果，其次是企业与大学教授非正式的、日常的交流，最后才是提供咨询服务、专利许可和合作研发等正式的、直接的科技成果转化活动。学术知识产权许可收入制度可能损害学术研究氛围，扭曲研究人员的研究议程，美国一些最大、最具技术张力的公司甚至担心工业产业界对学术研究的大量经费支持会扰乱、扭曲和破坏大学的教育和基础研究使命，长期来看会阻碍企业利用大学高质量的、面向未来的基础科学研究成果提升竞争力（Nelson，2004）。也就是说，形成高质量的学术研究成果，才是大学促进企业技术创新的最重要的方式，尽管这样的促进作用是间接的。因此，如果以促进科技成果转化之名不恰当地给大学施加商业化的激励，进而破坏大学的基础研究功能，从长远看不利于我国制造业高质量发展。

2. 共性技术研发机构的治理效率和技术预见能力低下

自20世纪90年代末中国公共科研院所改制以后，共性技术供给水平下降成为了制约中国制造业高水平创新发展的症结所在。这种结构性的缺陷及其负效应在一定程度上被多年的高速经济增长和应用性技术进步所掩盖。然而，随着中国制造业各部门的技术发展水平日益接近国际前沿，全球技术竞争焦点转向前瞻性、指向性的新兴技术，产业共性技术供给与应用不足的负面效应会被快速放大。

一方面，共性技术研发机构的治理效率低下。“十三五”期间，我国各级政府直接推动建设了一批制造业创新中心（如国家动力电池创新中心）和产业技术研究院（如上海产业技术研究院、江苏省产业技术研究院、广东省工业技术研究院），试图以德国弗朗霍夫学会、美国SEMATECH等成功的共性技术研发机构或研发联盟为标杆，打造中国共性技术供给的新生力量。这些新设机构在短时间内已经取得了不少成就，如广东省工业技术研究院已经与德国弗劳恩霍夫协会下属多个研究所开展了科技合作项目，但从治理机制与运营机制来看，仍然以政府或国有企业为绝对主导，距离国外成熟的多方投资、社会参与治理的PPP模式还有较大差距，不利于企业主体探索形成可持续的竞合机制。例如，国家动力电池创新中心于2016年成立时，虽然引入了政府基金和社会资金以分散股权、避免体制僵化，但中央企业北京有色金属研究总院仍是关键的最大股东，而同为股东的宁德时代和北汽集团的相关负责人在创新中心成立之初甚至在访谈中对创新中心所知不多。

另一方面，共性技术预见的科学性有待提高。中国的国家级别技术预见工作直到21世纪才开始起步。在国家层次上，科技部自2002年起每五年组织一次技术预见，主要服务于历次国家五年科技规划编制。中国科学院2003年启动了“中国未来20年技术预见研究”，此后五年完成了多个产业领域的技术预见研究。在地区层次上，自2001年以来，北京、上海、广东、湖北、天津、山东等省市也先后开展了技术预见工作。这些技术预见工作普遍遵循了技术预见的常见流程，有不少还采用了线上专家库、网络调查等信息化手段，在多轮、多方面征求专家意见后再集成分析，为科技规划和科技政策提供了重要支撑。然而，与发达国家相比，当前中国的共性技术预见在实施上仍然存在一项共同缺陷，即专家评价标准体系过于简化，造成了大量原本可供参考信息的丢失。以中国工程院和国家自然科学基金委员会共同组织的“2035技术预见项目”为例，该项目面向各界专家的网络调查问卷包含了技术预见所需的技术吸引力、技术可行性、时间线分析等关键要素，但与澳大利亚、英国（大量借鉴了澳大利亚的评价思路）等国的类似调查相比，不仅问题过少，而且过于笼统。例如，中国工程院的问卷只要求专家对技术应用对经济发展的重要性直接评分，而澳大利亚CSIRO则要求专家指明技术应用在市场规模、市场增长、生产率提升等方面的作用。相比之下，中国的评价指标只能提取专家对某个要素的量化评分，无法反映评分背后的具体思路与判断依据，而后者恰恰是技术预见方法能够比技术预测方法更好应对长期变化的根本原因。中国各级政府以及组织开展共性技术预见工作的各类机构，应当加快细化技术评价标准体系的步伐，使量化分析和高层讨论能够在充分保留专家多样化视角与思路的前提下进行，在技术变革速度加快的大背景下提高共性技术识别的准确性和系统性（江鸿、石云鸣，2019）。

三、“十四五”时期我国制造业创新体系调整的思路和政策

将构建高效、完备的制造业创新体系与新型基础设施建设的系列部署进行协同推进，强化研究型大学、重大科技基础设施、科教基础设施对制造业创新发展的支撑作用，强化产业技术创新基础设施对制造业共性技术、前沿技术的供给能力。

1. 规范引导科技成果向制造业高效转移转化

首先，要搭建完善的制度化、法制化框架，在此基础上再有序推进有利于促进科技成果转化的具体措施和政策。在制度建设没有跟进而单纯通过政策措施促进科技成果转化有可能破坏国家创新体系的建设，从而导致更高的成本。这些制度建设的内容主要包括：①大学和科研院所自身学术评价机制和科研成果评价机制的完善，形成了大量高质量的、具有市场需求的科技成果。②推进社会公益类科研机构分类改革，明确不同科研院所在国家创新体系中的定位，在此基础上进行分类促进：如果定位于针对产业中短期需求的共性技术，如制造业创新中心，则应当鼓励创业等转化方式；如果定位于面向国民经济长期需求的前沿技术，则应当鼓励合作研发等转化方式，等等。③切实保护知识产权，在对高校和科研院所充分授权的前提下，有效的知识产权保护是促进高校院所与企业有效匹配、形成科技成果转出方和受让方对知识产权归属、作价等有效定价的根本保障。

其次，消除制约科技成果高效转移转化的体制性障碍。根据中共中央、国务院印发的《关于构建更加完善的要素市场化配置体制机制的意见》，激活产权激励，开展赋予科研人员职务科技成果所有权或长期使用权试点，并行推进职务成果“三权”改革和所有权改革试点。要承认职务科技成果等国有无形资产的特殊属性，重点解决现行国资体制下科技成果转化难的问题，坚决打破高校院所“专利权等国有无形资产越严格管理越实质流失”的怪圈。一是坚决落实关于科技成果转化中的免责条款，并适时上升到法律层面；二是推广国有股回购政策，给予科研团队在适当溢价的基础上拥有向有关单位回购国有股的优先权；三是试点科技成果所有权改革，规范实施职务科技成果所有权确权；四是研究建立针对国有无形资产的专门管理制度，尤其是与国有无形资产对价的国有股的管理办法，消除制度“瓶颈”。

再次，鼓励发展内部和市场化的科技成果转移转化机构。建设兼具独立性专业性的内部技术转移转化专门机构。在高校院所内部建立技术转移办公室等专门机构，强化专业分工并完善转移机制，激活大院大所的科技成果转化。一是优先支持部分重点高校设立校内技术转移转化专业机构，确保机构实体独立运作；二是将技术转移转化人才纳入有关人才计划目录，建立覆盖技术、金融、财务、法律等方向的专业人才队伍，提高机构的专业化水平；三是规范管理机制，明确合理的收益分配政策，建立可持续的发展与运营机制，加大对科技服务业的扶持力度并制定专门优惠政策，要继续加大对科技服务业的扶持力度。

最后，优化科技成果转移转化税收政策。自2016年国家《促进科技成果转化法》颁布以来，个人所得税优惠政策对保障科研人员的收益、激励科研人员参与成果转化起到了积极作用。然而，在当前政策的实施过程中，也暴露出一些问题，亟须改进和完善。对于个人而言，技术转让的税负远大于技术入股的税负，导致科研人员更倾向于选择技术入股的方式。技术转让和技术入股是高校、科研院所科技成果转化的两种主要模式。对于技术转让，科研人员获得的现金奖励按

《个人所得税法》规定的“工资、薪金所得”科目计税，与科研人员的当月正常工薪所得合并实行3% ~45%的7级超额累进税率；对于技术入股，科研人员获得股权奖励，按《关于促进科技成果转化有关个人所得税问题的通知》规定，于股权转让时按20%税率计征个人所得税。相比而言，技术入股模式下的税率（20%）远低于技术转让模式下的税率（最高45%）。两种转让模式下的税负差异可能会导致科研人员倾向于选择技术入股模式以规避高税率。消除技术转让和技术入股之间的税负差异。发达国家比较强调税收的“中立化”，一般并不依据技术转让或入股制定差异化的税制，以尽量避免税收对技术转移参与各方的路径选择产生影响。我国政策设计的初衷并不是以税率高低来左右成果转化方式的选择，因此，建议尽可能缩小不同转化方式下税收政策的差异，消除政策差异引起的导向性偏差。

2. 着力提升共性技术研发机构治理和创新能力

充分利用当前企业具有强烈的共性技术需求以及国家与企业具备较充裕的资金投入能力的有利条件，抓住全球高素质研发人才快速流动的有利机遇，前瞻性地推进共性关键技术研发和产业共性技术服务，是一项既利当前又益长远的重大举措。当前，中国多数行业仍处于增长进程中，加之新一轮科技革命赋予的赶超机会，推进共性技术供给改革的空间较大，政策手段也可以更加灵活。借鉴发达国家发展共性技术的成熟经验，系统解决共性技术发展全链条上识别、研发与应用等关键环节的关键问题，通过帕累托改进（至少是部分利益相关者受益）或卡尔多改进（构建补偿机制）等可以减少改革阻力的方式主动推进共性技术供给机制改革，是推动共性技术持续快速发展的基础。

为了推动我国共性技术研发机构产学研各方特别是企业主体突破“联而不盟”的情况，自发形成能够良好平衡企业竞合关系的共性技术合作研发机制，各类新兴的中国共性技术研发组织应当借鉴并落实国外组织的成功经验，在资源、治理、管理等方面实现全面改进。首先，应依托海外高层次人才而不是依托既有的科研院所全新设立中国工业技术研究院，作为中国共性技术供给的重要机构，同时为各省市建设多样化的工业技术研究院和制造业创新中心树立国内范本。其次，根据国际成熟共性技术研究机构的普遍规则，中国工业技术研究院和各层次产业技术研究院应采取“公私合作”的PPP模式，运营经费大约1/3来自国家财政，1/3来自政府的竞争性采购，1/3来自市场，从资金来源上平衡短期（竞争）导向和长期（合作）导向。再次，应由技术专家、政府官员、企业家代表和学者共同组成专业委员会作为最高决策机构，研究院最高管理者（主席）采取全球公开招聘的方式，通过专业委员会和管理社会化减少政府的行政干预，同时又保证研究院的高效运营和专业管理；研究院每年向社会发布翔实的年度运营报告，用于披露研究院的财务收支和业务活动，形成社会监督的机制。同时，对企业参与意愿更强的产业共性技术研究机构，应学习美国SEMATECH和制造创新研究院的做法，预先设置政府退出机制，激发企业等研发主体寻求长期合作机制的主动性，促使研发组织机制向可持续的市场化竞合机制转变。最后，研究院研究人员收入宜以具有竞争力的固定报酬为主，项目收入仅作为研究人员的报酬补充，避免研究内容和项目设置过度商业化；研究院机构设置按照产业发展需求而不是学科体系设置，研究人员考评应以社会贡献而不是学术成果为主，以此保证研究成果的应用服务功能。国家可以考虑设立配套的引导资金，引导研究院为中小企业、前沿技术和落后地区等具有较强社会外部性的领域投入。

应在制造业创新中心等新设的共性技术研发联盟与研发平台中设立规范的会员制度，明确会员等级与知识产权权益之间的关联，注意降低中小企业最低进入门槛，并为其提供知识产权分级授权和知识产权援助服务。围绕重点行业转型升级和先进制造领域，形成一批制造业创新中心（工业技术研究基地）。在政府的引导下，大型央企和民企通过新建的制造业创新中心联系起来，发挥联盟优势和平台协作优势，在重大装备、重大生产工艺上获得了一些突破性进展。但是，中小企业在新建制造业创新中心中的参与度始终很低。然而，共性技术应用的最大受益者应当是成千上万的中小型制造企业，共性技术的大规模商业化开发与推广离不开为大型企业配套的中小企业。

此外，应着力完善我国共性技术的技术预见过程，细化过程中使用的技术评价标准体系，推动各层次特别是国家层次的共性技术预见工作系统化、标准化。

专栏 5 –1

我国制造业创新中心定位

根据《关于完善制造业创新体系，推进制造业创新中心建设的指导意见》，我国制造业创新中心定位主要包括以下八大功能：

（1）开展产业前沿及共性关键技术研发。面向战略必争的重点领域，开展前沿技术研发及转化扩散，突破产业链关键技术屏障，支撑产业发展。面向优势产业发展需求，开展共性关键技术和跨行业融合性技术研发，突破产业发展的共性技术供给瓶颈，带动产业转型升级。

（2）建立产学研协同创新机制。整合各类创新资源，依托现有或新组建的产业技术创新联盟，发挥行业骨干企业主导作用、中小企业协同配套作用、高校科研院所技术支撑基础作用、行业中介组织的保障服务作用，形成联合开发、优势互补、成果共享、风险共担的产学研协同创新机制。

（3）加强知识产权保护运用。建立完善的知识产权管理制度，在制造业创新中心成员间形成知识产权协同创造、联合运营和收益共享。加强关键核心技术和基础共性技术知识产权战略储备，形成战略前瞻布局。加强知识保护，支撑和保障制造业创新发展。

（4）促进科技成果商业化应用。建立以市场化机制为核心的成果转移扩散机制，通过孵化企业、种子项目融资等方式，推动科技成果首次商业化应用和产业化。探索采取股权、期权激励和奖励等多种方式，鼓励科技人员积极转化科技成果。

（5）强化标准引领和保障作用。围绕重点领域组建标准推进联盟，研制对提升产业竞争力具有重要影响的关键技术标准，促进标准与技术和产业发展的紧密结合。积极参加各类国际标准化活动，提升我国相关产业的国际竞争力。

（6）服务“大众创业，万众创新”。建立众创空间、新型孵化器等各种形式的平台载体。推动互联网企业构建制造业“双创”服务体系，培育“互联网＋”制造新模式。加强与各类投资基金合作，为企业“双创”提供持续支持。

（7）打造多层次人才队伍。集聚培养高水平领军人才与创新团队。建立和完善人才培训服务体系，加强专业技术人才和高技能人才队伍建设，把创新精神与企业家精神、工匠精神有机结合起来，为我国制造业发展提供多层次创新人才。

（8）鼓励开展国际合作。加强国际科技创新信息的跟踪、收集、分析。与全球创新要素深度融合，通过建立联合研发中心或实验基地等，开展联合研发。

资料来源：工信部科技司政策解读，http：//cache. baiducontent. com。

参考文献

［1］贺俊：《科技成果转化之利焉能损大学之本?》，《财经》2016 年第 12 期。

［2］江鸿、石云鸣：《共性技术创新的关键障碍及其应对——基于创新链的分析框架》，《经济与管理研究》2019 年第 6 期。

［3］涂平、杨博文、王涵：《京深两地新型科研机构创新发展的经验与启示》，《科技和产业》2019 年第 2 期。

［4］杨柯巍、何颖、王凡：《对三大类新型国家级创新中心的比较与思考》，《科技中国》2019 年第 4 期。

［5］Nelson R. R. , "The Market Economy and the Scientific Commons", *Research Policy*, Vol. 33, 2004, pp. 455 - 471.

［6］《国家动力电池创新中心在疑虑中前行》，http://libattery.ofweek.com/2016 - 08/ART - 36001 - 8440 - 30021192_ 2.html，2016 - 08 - 08。

第六章　推动更高水平的对外开放

提　要

"十三五"时期，中国外经贸发展总体质量提升，进出口结构不断优化，"一带一路"合作深入推进，制度型开放成效显著，全球治理能力持续增强。在多种外部因素叠加的影响下，党中央做出当今世界处于百年未有之大变局的战略判断更加清晰，中国对外开放既要解决深层次的矛盾和问题，更要面对全球化受阻和国际格局重构的挑战需要担负起开启新一轮全球化进程的大国担当。在复杂多变的国际形势下，"十四五"时期，应实行更加主动的开放策略，着力拓展对外开放的深度和广度，开拓开放发展新领域，打造对外开放新门户，搭建开放合作新平台，开创互利共赢新格局，构建全球治理新体系，建立安全预警新机制，加快构建国内国外双循环相互促进的新发展格局，从而以更大的开放力度、更高的开放质量、更强的开放包容、更好的开放安全，形成更高水平开放型经济新体制，促进现代化强国建设行稳致远。

*　　*　　*

"十三五"时期，随着中国经济迈向高质量发展，对外开放进入新阶段，由商品和要素的流动型开放转向制度型开放，在扩大开放领域、创新开放模式、优化营商环境、完善全球治理等方面取得了积极进展，对外开放的总体质量得以明显提升。多种外部因素的叠加对全球贸易和国际投资造成巨大冲击，世界经济遭遇严重衰退，给"十四五"时期推动更高水平对外开放带来诸多不确定性。在世界百年未有之大变局下，重振全球贸易、重塑分工体系、重建国际规则，中国将面临严峻的挑战。

一、"十三五"时期对外开放的主要进展

1. 进出口增速出现波动，外贸发展整体质量提升

进入21世纪，随着国内综合要素成本攀升，我国参与国际分工的传统比较优势有所弱化，加之受发达国家"制造业回流"和成本更低的发展中国家的"双向挤压"，与加入世界贸易组织初期的快速扩张势头相比，中国出口增长放缓，但同时中国巨大市场优势逐步显现，深度嵌入全球价值链、国内消费升级释放新需求、连续举办中国进口博览会等有利因素和有效措施共同拉动进

出口规模扩大，但相较“十五”时期和“十一五”时期，“十三五”时期外贸增速有较大幅度的回落，且对比同期GDP相对平稳的增长态势，外贸增速波动加大，这反映出开放部门受国际环境变化的影响和冲击更大（见图6－1）。

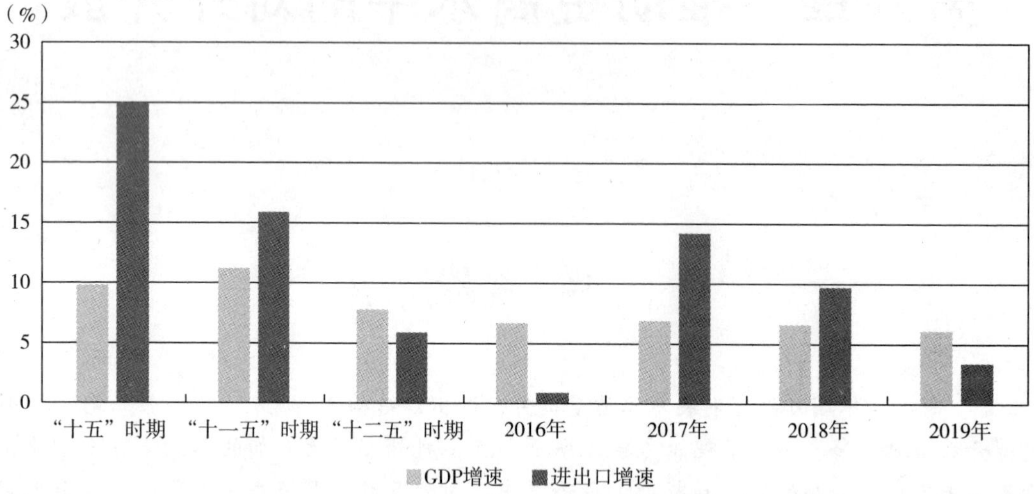

图6－1 中国经济与外贸增速的变化

资料来源：2019年的数据来自统计公报，其他数据根据历年《中国统计年鉴》计算。

进出口增速震荡下行的同时，中国货物进出口结构有序调整，外贸发展质量总体向好。从商品结构的变化情况来看，“十三五”时期，我国机电产品继续保持进出口第一大类产品的地位，高新技术出口占比稳中有升，而且相比进出口总额增速较大的波动幅度，机电产品和高技术产品进出口增速更为平稳，整体上表现出较强的市场风险抵御能力。值得注意的是，“十三五”时期我国机电产品和高技术产品进口占比呈现出下降态势，这在一定程度上反映出中国在资本和技术密集型领域不断增强的自我配套能力（见表6－1）。

表6－1 中国进出口商品结构的变化

单位:%

年份	增速		机电产品				高技术产品			
	出口	进口	出口		进口		出口		进口	
			占比	增速	占比	增速	占比	增速	占比	增速
2015	－1.8	－13.2	57.6	1.1	48.0	－4.5	28.8	0.4	32.6	0.6
2016	－1.9	0.6	57.7	－1.9	47.2	1.9	28.9	－2.1	33.0	1.8
2017	10.8	18.7	58.4	12.1	46.4	13.3	29.4	13.3	31.7	13.3
2018	7.1	12.9	58.8	7.9	45.2	10.3	30.1	9.3	31.5	12.2
2019	5.0	1.6	58.4	4.4	43.7	－1.8	29.3	2.1	30.7	－0.8

资料来源：国家统计局网站。

从进出口主体结构来看，2015年，民营企业出口占比首次超过外商投资企业，成为出口第一大主体。2019年，民营企业出口占比进一步达到51.9%，进出口占比则升至43.3%，首次成为中国对外贸易第一大主体。同时，通过实施贸易多元化战略，“中国制造”不断开拓新的海外市场。“十三五”时期美日欧等传统贸易伙伴在我国国际市场中所占的份额有所下降，欧盟、日本、美国在中国进出口额中的占比分别由 2015 年的 14.3%、14.1% 和 7.0% 降至 2019 年的 12.8%、11.8% 和 6.9%。2019 年，东盟超过美国跃升为中国第二大贸易伙伴，“一带一路”沿线国家在我国进出口市场结构中的地位也持续上升。其中，对“一带一路”沿线国家出口占比由 2016 年的 25.7% 升至 2019 年的 29.4%，且“十三五”时期对“一带一路”沿线国家进出口增速一直高于同期进出口总额的增速（见表 6－2）。

表 6－2　2016～2019 年对“一带一路”沿线国家进出口增速

单位:%

增速＼年份	2016	2017	2018	2019
进出口总额	-0.9	14.2	9.7	3.5
出口	-1.9	10.8	7.1	5.0
进口	0.6	18.7	12.9	1.6
对“一带一路”进出口额	0.5	17.8	13.3	10.8
出口	0.5	12.1	7.9	13.2
进口	0.4	26.8	20.9	7.9

资料来源：相关年份统计公报。

2. 营商环境不断完善，利用外资再上新台阶

近年来，随着国内综合要素成本上升，我国吸收外商直接投资的传统区位优势弱化，加之受中美经贸摩擦影响，跨国公司多元布局、分散供应链风险的战略导向增强。面对保护主义盛行、各国引资竞争加剧的不利形势，各级政府和有关部门多措并举稳外资，吸收外资逆势增长。2019 年，中国实际利用外资按人民币计和以美元计同比分别增长 5.8% 和 2.4%，全年新设外资企业 4.1 万家。截至 2019 年，我国累计设立外资企业突破 100 万家，这对于利用外资乃至中国整个对外开放进程都具有重大标志性意义。保持规模扩大的同时，利用外资质量不断提升，集中表现为：一是大项目加快落地。2019 年，全国落实 1 亿美元以上的外资项目 834 个，同比增长 15.8%。其中，上海特斯拉工厂从开工建设到量产用时不到 1 年，再现令世界瞩目的“中国速度”。二是外商投资产业结构明显改善。2019 年，高技术产业利用外资增长 25.6%，大幅超过实际利用外资增速，占比升至 28.3%。三是营商环境逐步优化。世界银行的数据显示，2019 年中国营商环境的综合得分由 2016 年的 63.1 分上升到 2020 年的 77.9 分，在一定程度上扭转了前些年营商环境转差的局面（见图 6－2）。此外，自贸试验区对外资的吸引力和集聚力增强，利用外资国别更趋多元化，这些积极进展成为中国凭借制度型开放吸引高水平 FDI 的新成果。

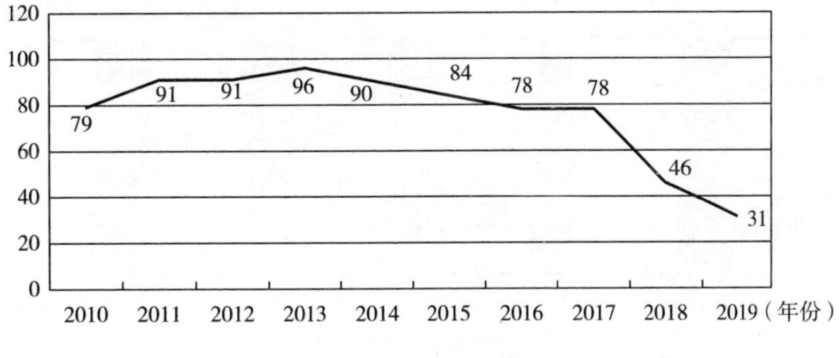

图 6－2　2010～2019 年中国营商环境全球排名的变化

资料来源：世界银行测算，https：//xw. qq. com/cmsid/20191024A0BJV200。

需要强调的是，“十三五”时期，开放导向转变为外商投资企业在中国实现“二次发展”提供了战略机遇。为进一步扩大对外开放、积极促进外商投资、保护外商投资合法权益、规范外商

投资管理、推动形成全面开放新格局，2020 年 1 月 1 日起，《中华人民共和国外商投资法》（以下简称《外商投资法》）和《外商投资法实施条例》正式实施。为缓解多种外部因素对外商投资企业的冲击，各级政府和主管部门掀起以落实《外商投资法》、实行负面清单管理、推动“放、管、服”为重点的新一轮优化营商环境热潮。自 2020 年 1 月中下旬以来，疫情对“稳外资”的影响显现。疫情中我国与不少贸易伙伴之间人员往来中断，货物运输受阻，部分投资者观望心态加重，原本已有意向的增资项目暂时停摆。针对吸收外资工作普遍遭遇的困难，各地创新招商引资工作思路，采取委托招商、以商招商等新方式，将与外商的“面对面”交流转为网上洽谈、视频招标、在线签约等“屏对屏”沟通，力保利用外资工作“不掉线”。同时，加大服务保障力度，调动各种资源，帮助外商投资企业解决用工短缺、原材料供给不畅、出口交货期紧、防护物资不足等实际困难，保障重点外资企业复工复产。目前，这一系列举措已见成效。2020 年上半年，实际利用外资 679.3 亿美元，同比虽下降 4%，但第二季度数据由负转正，实现 5.1% 的增长，增速比第一季度快速回升 17.9 个百分点。另据中国欧盟商会 2020 年 6 月 10 日发布报告可知，65% 的企业将中国作为最重要或前三大投资目的地，48% 的企业对在华收入增长持乐观态度，均较上年上升 3 个百分点，充分彰显出中国长期作为 FDI 最大发展中流入国的发展韧性和长期吸引力。

3. 陆海统筹协同推进，对外经贸平衡发展

“十三五”时期，为更好地推动形成陆海统筹的新格局，对外开放更加注重对接国家区域发展重大战略，协同推进“一带一路”建设、京津冀协同发展、长江经济带发展、东北振兴、长三角区域一体化发展、海洋强国等国家战略，中央鼓励地方为发展对外经贸关系开展差异化探索，全国范围内更高水平的开放型经济新体制建设提速增效。其中，河南、湖北、安徽、江西等中部省份凭借丰富的劳动力、较为便利的交通物流条件以及持续提升的基础设施水平，在吸引外商投资企业梯度转移过程中的区位优势不断提升，带动对外开放格局的“中部崛起”势头强劲。以郑州市为例，郑州市把握国家中心城市建设、黄河流域生态保护与高质量发展、“一带一路”深化等关键机遇，以中欧班列、“空中丝绸之路”开通为契机，引入富士康等出口巨头落户，带动河南省自贸区郑州片区外贸外资上规模、提质量、成集聚，进出口增速连续居中部六城市第一位，“一带一路”桥头堡的地位日益突出。总体来看，“十三五”时期，对外贸易发展的区域布局更趋合理。2019 年，中西部地区出口额占当年进出口总额的比重升至 18.3%，相比 2016 年 15.1% 的水平有了较为明显的提升（见图 6－3）。

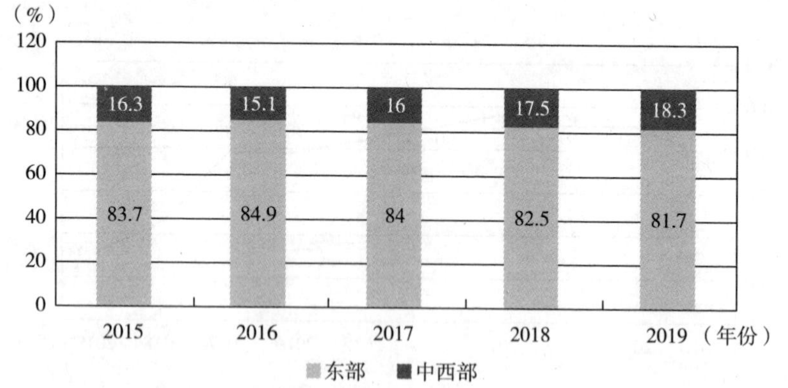

图 6－3 2015～2019 年中国货物出口地区结构

资料来源：根据商务部发布的年度进出口简讯整理计算。

4. 创新驱动增强，外贸新业态快速成长

“十三五”时期，以跨境电子商务、外贸综合服务体、市场采购为代表的外贸新兴业态发展集中发力，市场潜力快速释放。来自商务部的数

据显示，2016 年，新业态进出口额达 6.5 万亿元，在进出口贸易总额中所占比重将近 30%。其中，试点区域跨境电商进出口额 1637 亿元，增长一倍以上；市场采购贸易方式出口 2039 亿元，增速为 16%。2019 年，通过海关跨境电子商务管理平台零售进出口商品总额达 1862.1 亿元，同比增幅高达 38.3%，市场采购进出口也实现 19.7% 的增长。同年 12 月，国务院批准石家庄、太原等 24 个城市设立跨境电商综合试验区，截至 2019 年，跨境电商试验区总数达到 59 个。经过十余年的快速发展，跨境电子商务的业务模式不断成熟，市场环境日益规范，交易规模急剧扩张，商品结构优化升级，社交平台与跨境电子商务加快融合，形成了短视频电商等新模式，成为外贸创新发展的新亮点、转型升级的新动能、创业创新的新平台和服务“一带一路”建设的新载体。为进一步规范跨境电商平台的经营活动，“十三五”时期主管部门持续加大对跨境电子商务领域的监管和违规行为的惩处力度，严查跨境电商中盗用公民个人信息、拆分货物、刷单进口走私等行为，并与贸易伙伴国签署跨境电商备忘录。截至 2018 年，我国与境外国家和地区签署双边电子商务合作谅解备忘录达 17 项，覆盖五大洲。随着首届世界海关跨境电商大会在中国成功举办，我国在相关领域国际规则制定、深化国际交流合作、参与全球治理等方面扮演着越来越重要的角色。业态创新助力“稳外贸”，带动我国贸易方式进一步转型优化，表现为一般贸易进出口占比提升的同时，统计在“其他”项下的、以新业态为主的外贸进出口额占比逐步提高。2015 年，“其他”贸易方式出口和进口分别占比为 11.5% 和 18.5%，2019 年“其他”贸易方式出口和进口占比进一步升至 13.0% 和 19.4%，其中进口占比已非常接近当年加工贸易进口占比（见表 6－3）。

表 6－3　2015～2019 年中国贸易方式结构变化

单位：%

贸易方式	2015 年		2016 年		2017 年		2018 年		2019 年	
	出口	进口	出口	进口	出口	进口	出口	进口	出口	进口
一般贸易	53.4	54.9	53.9	56.6	54.3	58.8	56.3	59.6	57.8	60.5
加工贸易	35.1	36.6	34.1	34.2	33.5	23.4	32.1	22.1	29.2	20.1
其他	11.5	8.5	12	9.8	12.2	17.7	11.6	19.4	13	19.4

资料来源：国家统计局网站。

5. 制度型开放行稳致远，全球治理能力显著提升

党的十九届四中全会确立了制度型开放的新导向，指出制度型开放的重点包括但不局限于规则、规制、管理和标准等领域，我国对外开放的着力点开始由从边境措施向边境内措施延伸，即从关税减让、外资优惠等边境措施向市场准入、许可制度、产业政策、环境保护、知识产权、公平竞争、维护自由贸易秩序和更主动参与国际经贸规则制定和全球治理体系建设等边境后的开放制度体系拓展。应该看到，改革开放 40 多年，得益于通过关税减让和各种优惠措施促进商品和资本自由流动，更好地利用国内国外两个市场、两种资源，中国充分发挥比较优势，分享了全球化红利。面对更加复杂的国内外形势和环境，我国需要从数量型开放加快向质量型开放升级。制度型开放的核心在于实现国内法律规章与国际通行惯例和规则体系有效衔接，既为优化国内经商环境、对冲外部风险找到靶位，更要为对外经济贸易持续稳定发展提供制度保证。其中，实行《中华人民共和国外商投资法》（以下简称《外商投资法》）是推动制度型开放的重要步骤，也是新时代中国扩大开放的集中体现。《外商投资法》不仅进一步明确了负面清单管理模式，而且在法律上保障了外商投资企业平等参与中国市场竞争的主体地位，从而大大提高了外资政策的透明度，突出了坚持中国特色与国际规则相衔接以及坚持内外资一致的立法原则。《外商投资法》及

《外商投资法实施条例》的颁布具有里程碑式的意义，标志着中国法治化水平通过更加主动的制度型开放举措，促进国家治理体系和治理能力现代化，从而使中国开放制度体系更加市场化、法治化、规范化、国际化，更具前瞻性和引领性。

二、新冠肺炎疫情叠加中美经贸摩擦的影响

1. 世界经济面临衰退

（1）全球经济下行。近年来，由于新一轮科技革命和产业变革对经济增长的影响及其“创造效应”尚未充分显现，世界经济处在深度调整中，结构性矛盾加剧，长期增长乏力，这既是全球经济增长动力不足的结果，也反映出世界范围内发展新动能未能释放到位，而中美经济“脱钩”与新冠肺炎疫情的暴发令全球经济低迷的局面雪上加霜，其复杂影响已远超预期，导致世界经济陷入自“大萧条”以来最严重的衰退。2020年6月，国际货币基金组织发布的最新一期《世界经济展望报告》进一步下调2020年和2021年的增长预期，预计2020年全球经济将萎缩4.9%，比两个月前预期的收缩幅度下调1.9个百分点。就世界第一大经济体和第二大经济体的情况来看，2020年和2021年，美国经济增长速度预计分别为-8%和4.5%，中国经济预计则将实现1%和8.2%的增速，全球经济复苏步伐比预期的更加缓慢。

（2）服务业衰退加剧新型危机。新冠肺炎疫情重创全球旅游、航空、影视、文娱、院线、教培、餐饮等服务业，企业生存压力不断向家庭和个人传导。由于疫情总体上对服务业的冲击较大、持续时间更长，世界范围内或将首次大规模出现所谓“服务业衰退”的新型经济危机。2020年4月，疫情传播高峰期的欧元区，其服务业PMI初值一度降到11.7的低值，而当月印度服务业PMI初值更是下滑为5.4，史上首次跌至个位数的水平，创出世界最低纪录，同比降幅高达88.4%。对于重大公共卫生事件引发的经济衰退，传统宏观经济政策很难引导并形成可控的市场预期，常规的财政和货币工具均有可能失灵，这也成为中美两大经济体面临的共同挑战。但以中美经贸关系的现状，两国联手应对新型危机的机制遭到破坏，途径几乎被切断，这将使世界经济特别是服务业的复苏难上加难。

（3）贸易和投资领域所受冲击更为严重。外向型经济体在此次前所未有的全球性危机中承压更大。WTO预计2020年上半年国际贸易急跌18.5%，而联合国贸发会则宣称全球投资将收缩40%。为应对危机，全球团结合作尤为重要，以此为契机改善多边贸易体制更需要合力。然而，在2020年全球贸易投资骤降的情况下，中美经贸摩擦造成的地缘政治紧张局势将进一步危及脆弱的全球经济关联，各国共同团结抗疫、应对衰退的前景更加暗淡，国际贸易和跨国投资复苏的进程充满不确定性。

2. 全球化演进遭遇严峻挑战

当前，新一轮科技革命和产业变革正处在实现重大突破的历史关口，而中美大国竞争的格局对全球化的影响正在快速释放，新冠肺炎疫情更是按下了全球化的“暂停键”。

（1）新冠肺炎疫情成为全球价值链阶段性收缩的“加速器”。在疫情冲击下，全球化暂时“停摆”，供应链断点频现，基于GVC的全球一体化生产网络暴露出其固有的脆弱性。由于疫情期间世界各国普遍遭遇医疗用品和生活物资短缺的困扰，面对供应链安全形势恶化的局面，发达国家着手恢复国内产能，收缩其在全球价值链的参与度（见图6-4）。疫情引发的供应链中断等短期风险直接推高了跨国企业的运营成本，而中美经贸摩擦导致技术封锁、规则脱钩等更大的隐患则使国际投资的风险偏好进一步弱化，通过调整供应链布局对冲风险、提高供应体系的弹性成为跨国公司的重要应对策略。

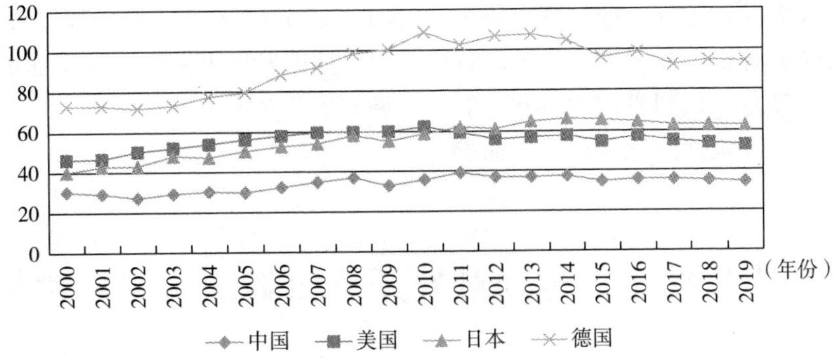

图6－4　2000～2019年主要工业品出口国GVC参与度的变化

资料来源：根据世界银行、美国经济分析局、美联储的数据计算。

（2）全球供应链布局从“成本优先”转向“战略优先”。在上一轮资本主导的经济全球化中，在生产成本级差的驱动下，全球供应链日益分散化。愈演愈烈的中美经贸摩擦导致这种分工方式的风险加速积累，关税制裁以及关键零部件供应不确定性使得中美两国企业的风险成本增大，而新冠肺炎疫情则进一步凸显出“黑天鹅”事件冲击下保持供应链稳定的紧迫性。现阶段，新冠疫情的复杂影响尚未完全显现，对中国供应依赖程度较高的美国企业，中间产品库存下降，缺少替代渠道。因此，新冠疫情强化了跨国公司的“压力测试”意识，使其“成本优先”布局导向逐步让位于“战略优先”。在疫情等外部风险加大的情况下，投资集中度提高显然不利于跨国公司维护供应链稳定。发达国家逐步剥离在华供应链的部分环节，并将其分散配置到更易掌控的本土或周边国家（如土耳其、墨西哥、越南等），这成为后疫情时期全球供应链调整的必然趋势。

（3）“反全球化”势力增强。新冠肺炎疫情期间，各种仇视全球化的观点和情绪通过互联网和社交软件在更大范围传播，并形成了一定的“广场效应”，但当下全球化遭遇的波折却有更复杂的背景。从欧洲到北美，部分发达国家的政客将全球化作为靶子，把经济失衡、失业、难民等政治、经济、外交问题皆归因于全球化，疫情中更是将反全球化作为屏蔽国内矛盾的手段和转移公众视线的障眼法。不可否认，在新工业革命初期，保守主义和孤立主义在一定程度上为发达国家打牢新兴领域的国际竞争优势赢得了战略时机，并为刺激制造业回流营造必要的舆论氛围，但这势必伤及贸易投资自由化的重要成果，全球化时代建立起的多元化经济关联和多边规则面临严峻挑战。

3. 国际贸易规则亟待重塑

新科技革命和工业革命呼唤国际贸易规则的变革。然而，面对日益复杂多变的国际形势，各成员方利益分化致使WTO一些在旧议题推进困难，新议题难以凝聚共识，损害了WTO的效率及其权威性。近年来，美国阻挠WTO上诉机构改革，指摘WTO相关条款中维护发展中国家利益的特殊条款。实际上，美国惯于以国内法取代WTO的争端解决机制，近期更是频繁以国家安全为名对中国境内企业经营活动实施“长臂管辖”，并打着WTO改革的旗号肆意加入偏向性条款，屡屡违背WTO“限制和取消一切妨碍和阻止国际贸易开展与进行的所有障碍”的基本原则，不符合公正、平等处理贸易争端原则，降低了WTO的透明度和可预见性。同时，美国联合其政治盟友，试图建立起孤立中国的新规则“朋友圈”。2018年10月达成的《美墨加贸易协定》通过了关于非市场化国家的“毒丸条款”，意在阻止成员国与非市场化国家达成自由贸易协定。美方凭借其政治经济外交影响力签订符合自身经济利益的区域贸易协定，与无差别原则及对发展中国家的优惠待遇相抵触，以区域贸易协定孤立善意第三国，并将实施新贸易规则的目标对象锁定中国。除了意欲撇开WTO另起炉灶，美国相继退出联合国教科文组织、联合国气候变化谈判、世界卫生组织等多边机制。美国“退群”的根本原因在于自认为从现行全球治理体系中获得的收益相对下降，而美国这些行为导致全球治理难度加大，增加了国际格局走向和全球制度合作的不确定性。这种规则主导势力和谈判机制的变化，有可能成为全球议题和多边谈判的风向标，进而影响未来应对新冠肺炎疫情、数字经济、气候变化、低碳发展等人类共同面临重大问题的国际协调方式及效果。

三、“十四五”时期对外开放面临的机遇和挑战

1. 全球供应链对中国有较大依赖

（1）中国产业配套能力增强。随着资本快速积累和科技实力的提升，中国作为世界第一制造大国和货物贸易国参与全球价值链分工的方式不再局限于承接国际产业转移，而是凭借不断增强的国内配套能力、更加完善的产业体系和日益活跃的创新活动向全球价值链更高端环节攀升。进入21世纪，中国参与全球价值链的收敛态势不仅表现为净出口对GDP的贡献明显下降，2007年净出口对GDP的贡献度达到7.52%的高位，2019年已降至2.94%，而且出口对经济增长的拉动作用减弱，也反映在贸易方式结构和主体结构的变化上。进入21世纪的前十年，中国重化工业化进程提速，工业内部结构不断完善，带动了原材料和零部件的进口替代，越来越多的进口料件转而在国内采购。1999年，加工贸易出口在我国出口总额中占比接近6成（56.9%），2019年这一比值低至29.4%。随着外部不利因素的增多，中国供应链整合更具内生性，促使更多产品在中国制造中国销售。伴随这一过程，中国在全球价值链上的角色转换将进一步拉低全球贸易强度，在一定程度上制约全球价值链在空间上的延展，也为形成更加完善的国内大循环打下了基础。

（2）跨国公司对中国供应链有较高的依赖度。现行国际分工格局和全球一体化生产体系是过去三十余年全球化进程的必然结果，尽管随着新工业革命蓬勃兴起，全球价值链扩张速度有所放缓，但在微观层面，受制于成本、质量、稳定性、产业生态等因素，跨国公司重建供应链依然面临种种障碍，不可能一蹴而就。寻找新的供应商需要投入大量时间成本，与新供应商之间的合作需要较长磨合期，这将直接影响企业生产效率和产出规模。即便外资企业出于分散风险的考虑转移一部分产能，但很难与中国供应体系完全切割。近年来，麦肯锡等多个国际机构的研究都得出类似的判断：总体来看，中国经济外部依存程度有所下降，而世界经济对中国的依赖度却在上升（见表6－4）。由于国内产业细分领域已形成强大的产能和高效的国内分工体系，越来越多的外资企业对中国本土供应体系的依赖程度明显提高。

表6－4 不同行业全球价值链对中国的依赖程度

价值链类型	行业	贸易强度	中国占全球出口总额的比重（%）		中国占全球进口总额的比重（%）	
			2003～2007年	2013～2017年	2003～2007年	2013～2017年
高度整合	计算机、电子和光化学	高	15	28	12	16
	电气设备	中	16	27	7	9
	其他机械	中	7	17	8	9
高度依存于中国出口	纺织、服装和皮革	较高	26	40	5	5
	家具、安防	高	17	26	2	4
	其他非金属矿产	低	11	22	5	8
	橡胶、塑料	较低	10	22	5	7
	其他金属制品	中	8	13	8	8

续表

价值链类型	行业	贸易强度	中国占全球出口总额的比重（%）		中国占全球进口总额的比重（%）	
			2003～2007 年	2013～2017 年	2003～2007 年	2013～2017 年
高度依存于中国进口	采掘	较高	1	1	7	21
	化工	中	4	9	2	12
	纸和纸制品	较低	3	9	6	12
GVC 对中国依存度低	其他运输设备	高	3	6	3	5
	制药	中	2	4	1	3
	机动车及拖车	中	1	3	2	7
	焦炭、成品油	较低	2	4	4	6
自产自销	食品、饮料、烟草	低	3	4	3	6
	金属制品	低	14	23	2	3
	木材及木制品	低	11	23	2	3
	印刷和媒体	低	8	18	2	4
	农业、林业和渔业	低	5	5	7	19

资料来源：麦肯锡：《中国与世界——理念变化中的经济联系》，2019 年 7 月。

2. 中美科技竞争不断升级

近一百多年来，美国一直是全球科技创新最活跃的国家，也是科技成果转化效率最高的国家之一。智能芯片、高端传感器等美国领先的关键零部件和核心技术不仅是人工智能等新一代通用技术的主要硬件设备和新兴产业价值链上附加值最高的环节，而且是中国科技领域和制造业最突出的短板之一。同时，完善的军民融合机制是美国科技实力的“撒手锏”。可以预见，未来 20～30 年，美国科技地位显然会受到更多挑战，但却难以全面超越。

（1）新科技革命蕴含“弯道超车”的重大机遇。美国科技综合实力长期保持世界第一的同时，在一些应用性较强的新兴领域，中国对美国开始形成竞争甚至赶超之势。据美国国家科学与工程统计中心统计，虽然 2000 年后美国每年在科技研发领域的投入增速保持在 4% 以上，2017 年已达 5480 亿美元，位居全球第一，但这期间全球研发投入增长的 32% 来自中国，结果导致中美在全球科技研发投入占比出现此消彼长的格局。目前，美国的强项集中在基础研发领域和商业化环节，而中国的优势主要表现为改进材料或设备的实验研发，这既是双方科技研发路径最显著的区别，也决定了两国未来的创新收益及国际地位。应该说，在人工智能、5G 等新兴领域，中国与美国之间的技术差距并不明显，有些细分方向甚至略有超前。如在人工智能领域，中国的国内专利申请数量快速增长，2018 年达到 94539 件，5 年内增长约 10 倍，已超过美国位居全球第一。在电商和社交平台的海量数据支撑下，中国在图像识别和语言识别等人工智能的应用层领域已走在世界前列，但基础层的算法、高端传感器、智能芯片等领域与美国的差距还比较大。同时，全球数字转型已显云奔潮涌之势。得益于国内生产消费等环节快速积累的海量数据资源、产业部门和公共服务领域不断成熟和丰富的应用场景、大规模数据要素的成本优势以及相对宽松的监管政策环境，中国正在快速成长为数字经济大国，技术研发应用、商业模式创新、核心价值实现等方面居世界领先地位，已经具备建设数字强国的基础条件。应对疫情催生大量应用场景，加快大数据、云计算、人工智能、产业互联网等新兴技术进入“实战”状态，进一步显示出中国作为全球数字技术领导者的地位和作用，极大增强了今后在相关领域与美国全面竞争的信心和能力。

（2）中美脱钩凸显中国核心技术和关键零部件短板。总体而言，应对新一轮科技革命和工业革命，大国各有优势。客观地看，我国科技发展的整体水平有了很大提高，开始具备与发达国家同步竞争的能力，但随着我国科技水平与世界先进水平的差距逐步缩小，可供借鉴的现成经验及能够模仿或赶超的目标越来越少。在尖端技术、重大装备和核心零部件等领域，凭借承接国际产业转移“轻松”摘下跨国公司技术转让的“低垂果实”的技术进步路径越走越窄。中美科技脱钩进一步暴露出我国产业基础能力薄弱，特别是在核心技术和关键零部件领域有诸多短板和弱项，仍存在受制于人的尖锐矛盾和突出问题。

（3）“盯住和追赶”战略不足以应对中美科技竞争。面对中美产业和科技竞争全面升级的局势，国内应对之策在所谓“卡脖子”的技术、设备、零部件和原材料上集中发力。从科技创新的一般规律出发，作为经济增长的根本源泉和持久动力，内生性创新需要长期的能力积累和良好的制度环境。采取追赶战略的隐患在于，关键创新往往具有颠覆性。颠覆性创新一方面带来“无中生有”的市场机遇，另一方面在完成对旧技术和产品破坏的同时，也将放大决策失败的破坏力。对于不掌握创新主动权、不具备领导力的追赶者而言，一旦特定领域技术路线发生革命性变化，势必会产生大量沉没成本，造成严重的资源浪费。从以往我国在技术、设备、产品引进消化吸收过程中已有过多次深刻教训。因此，“盯住和追赶”的结果并不必然带来超越，静态地梳理受限技术设备，并据以判断自身的短板，设定赶超目标和投入计划，不足以应对大国竞争，更不宜作为新型举国体制推进的主导方式。

3. *完善全球治理体系是中国大国崛起的历史使命*

改革开放40多年，中国缔造了后起大国工业化的增长奇迹，中国经济发展模式赢得了国际社会的广泛关注和普遍认可。尽管不少产业仍处在全球价值链的中低附加值环节，但随着经济总量扩张和制造业体系不断完善，中国正由全球化的接受者向全球化的推动者转化。不可否认，中国是全球化的受益国之一，但全球化固有的局限性以及自身体制机制中的深层次矛盾也制约这中国发展质量进一步提升。进入21世纪后，中国经济发展从高速增长期转为中高速平稳增长期，速度数量型增长转向创新驱动型发展。中国经济具有强大的韧性，产业体系充满弹性和活力。同时，在世界百年未有之大变局下，中美全面脱钩进一步放大了中国经济下行压力和系统性风险，强化了推动形成双循环新发展格局的现实紧迫性。

应该看到，当今中国已然内生于世界经济体系之中，中国推出的改革开放重大举措都将产生深远影响和多样化的外溢效应，这就要求我们以更加宽阔的视野，积极探索经济发展和对外开放新模式，促进中国经济与世界经济深度融合，引领中国经济驶入绿色、智慧、高质量、可持续的发展道路，为推动人类文明发展转型做出符合历史和时代要求的贡献。

四、建设更高水平开放型经济新体制

尽管遭遇了种种障碍和挫折，但从长远来看，全球化是世界经济和国际秩序的大方向和主基调。面对世界百年未有之大变局下的战略机遇、压力和挑战，中央提出加快构建以国内大循环为主体、国内国际双循环相互促进的新发展格局，这是我国积极应对当前外部环境严峻变化和推进国内经济高质量发展的一项重大举措。“十四五”是双循环新发展格局形成的关键时期，要按照党的十九届五中全会的部署，坚定不移地实行更加积极主动的开放战略，以高水平的国际循环助推高质量的国内大循环，推动建设更高水平开放型经济新体制。

1. *开拓开放发展新领域*

不断完善负面清单管理，大力推进金融保险、电信互联网、文化旅游、交通运输、商贸物流、专业服务、高端制造等领域对外开放。全面评估新基建的市场准入条件，逐步对外国投资者开放数据中心、人工智能、工业互联网、城市轨道交通等新型基础设施建设和项目运营，引导各类资本以多种形式参与新基建投资；瞄准疫情催生的市场需求热点，加大电子商务、网络服务、无人配送、无人驾驶、智慧物流等数字经济下“无接触”行业的引资引智力度，更好地支撑实体部门智能化转型和国内消费升级；针对现行国家储备体系的短板和弱项，广泛借鉴国际经验和模式，鼓励跨国公司投资中国的专业应急保障物资、数字化医疗设备、高端服务机器人等相关领域，强化多渠道的技术、产能和人才储备。加快《国务院关于积极有效利用外资推动经济高质量发展若干措施的通知》相关政策落地，全面提升各级政府的服务意识和治理能力，营造“安商稳商”的有利氛围。着力塑造开放型产能新布局，逐步增强中国对全球供应体系的掌控能力。充分调动地方政府开展对外经贸合作的积极性，推动我国粤港澳、闽台、西南省区与东盟，我国新疆与中亚国家的互动合作，鼓励沿边省区与周边国家和地方发展边境贸易和投资合作。

2. 打造对外开放新门户

按照党的十九大部署，总结前期开放经验，提炼成功模式，加大制度创新力度，赋予自贸区更大的体制改革和先行先试自主权。对现行负面清单做好“减法”，提高自由贸易试验区建设质量。鼓励自贸试验区立足区位条件，挖掘自身优势，开展差别化规划建设，避免同质竞争。加快落实《海南自由贸易港建设总体方案》，充分借鉴国际成功经验，合理规划，广纳智慧，将海南建成中国特色的自由贸易港和对外开放的重要门户，使之成为中国扩大进口带动消费升级的新窗口，尽快形成中国开放的新示范新带动，打造全球贸易投资便利化的新标杆。

3. 搭建开放合作新平台

以办好上海进口国际博览会为契机，为世界各国提供商品和服务交易的机会，更好地承载国家形象展示、全球性重大问题探讨等多重功能，打造新型国际合作的综合性公共平台；高度警惕中美科技脱钩压力下“闭门造车”搞科研的苗头及其危害，积极拓展科技合作领域，鼓励企业和高校科研机构整合创新资源，加大高端科创人才引进力度，与国外顶级研发团队联合开展研发攻关，加紧突破重点领域的核心技术和关键原材料零部件，冲破美国的“技术封锁”；加强与世界创新强国、有关国际组织在知识产权保护领域的国际协调，多渠道宣传中国知识产权保护的积极进展和成果；顺应全球价值链调整新趋势，调整FTA策略，加强国内各部门协同，做出更加灵活的谈判安排，以RCEP为突破口，不断夯实亚太区域价值链的制度基础，引领亚洲供应体系的再造和优化。加紧推动中欧投资协定谈判进程，探索与欧盟、日本等发达国家签订高水平自贸区，深化与欧盟、日本、非洲等国家的宽领域、多层次合作；分步骤、有条件、有重点地在国内开放和双边FTA谈判中采取更加开放出价要价的策略，倒逼产业政策、市场规范和国有企业改革。

4. 开拓合作共赢新局面

深度挖掘、不断凝聚共识，以更加开放负责任的态度参与应对气候变化、保护生物多样性、核安全、重大公共安全事件防控等领域的国际协调，推进能源转型、生态环保、绿色发展、减灾扶贫、应急管理等方面的开放合作，搭建互利合作网络。科学评估对美国退出国际规则领域的影响及形成的领导力空挡，主动寻求可持续发展、数字贸易等相关议题的新突破口，同时警惕欧盟等国家将中美脱钩中的“选边”作为气候谈判的砝码。以我国优势产业来支持“一带一路”沿线国家的经济发展，带动当地工业化进程，为产能合作长期化、机制化创造有利条件，使“一带一路”倡议真正惠及沿线国家民众。推动绿色“一带一路”建设，促进中国生态文明和绿色发展成果经验的国际共享，为发展中国家提供生态环境保护的中国样板。

5. 构建全球治理新体系

针对美国破坏WTO发展中国家差别化待遇原则的举动，明确立场，积极作为，充分调动国内外的智力资源，适时推出推动WTO改革的战略战术和实施方案，下好“先手棋”，对于竞争性较强的领域，做出更为灵活的安排，切实维护多边体制的地位，避免WTO陷入“碎片化”的困局。主动倡导推进环境保护、投资自由化、政府采购、知识产权保护、跨境电子商务、服务贸易等议题谈判，共同主导数字时代贸易规则的创新和变革。客观看待全球化演进趋势及其对大国竞争的影响，审慎决策中国在新一轮全球化进程中的角色和定位，坚持共商共建共享的全球治理观，主动承担与自身能力和地位相适应的国际责任和义务，创造性、高质量地提供全球治理公共产品，推动形成更加开放、包容、协调的全球治理机制和规则体系。

6. 建立安全预警新机制

一要提升产业能级，增强中国供应链的自主性。高水平推动5G、数据中心等新型基础设施建设，充分发挥我国数字平台连接供需双方的优势，借助人工智能、大数据等新兴技术实现从消费互联网向工业互联网升级，降低供应链前端对美国等风险较大国家和地区的依赖。促进服务型制造业发展，推动国内制造企业向上下游两端延伸，全面提升产业基础能力，降低国内产业的可替代性，确保“打赢产业基础高级化产业链现代化攻坚战”。二要着力形成供应链安全评估与风险预警长效机制，对因外交事件、技术封锁、金融危机、重大突发事件等因素引发的供应链安全问题进行战略决策和部署，评估中美脱钩风险及对我国供应链冲击的溢出效应和传导效应，并对供应链整体以及重点行业、重点地区进行压力测试，全面检验供应链体系的稳健性。在此基础上，加强供应链安全信息与市场主体之间的反馈沟通，强化产业链协同，保障企业能第一时间预防供应链安全风险。三要协同推进“六保”“六稳”，危中寻机，鼓励中国企业走出去，积极主导形成以我为主的供应链体系。一方面，对于高端技术制造和研发创新供应链环节，以直接投资的方式进入美欧国家的周边地区或其FTA缔约国，通过占领领先市场，深度嵌入发达国家主导的全球创新网络，不断增进高科技领域的利益关联；另一方面，对于传统劳动密集型制造和低技能低复杂度的加工组装供应链环节，通过有针对性地对土耳其、墨西哥、越南等国家进行绿地和股权投资，塑造中国主导的海外供应链体系，分享替代国成长带来的收益。

专栏6-1

将海南自由贸易港打造为引领新时代对外开放的鲜明旗帜和重要门户

2020年6月1日，《海南自由贸易港建设总体方案》（以下简称《总体方案》）正式公布。海南发展走上快车道，我国新时代全面深化改革开放迈出坚实一步。

海南是我国最大的经济特区，具有实施全面深化改革和试验最高水平开放政策的独特优势。在海南建设自由贸易港，是党中央着眼于国内国际两个大局、为推动中国特色社会主义创新发展做出的一个重大战略决策，是我国新时代改革开放进程中的一件大事。在庆祝海南建省办经济特区30周年大会上，习近平总书记郑重宣布，党中央决定支持海南全岛建设自由贸易试验区，支持海南逐步探索、稳步推进中国特色自由贸易港建设，分步骤、分阶段建立自由贸易港政策和制度体系。《总体方案》的制定和公布实施，是对习近平总书记重要讲话精神和党中央决策部署的深入贯彻落实，对于海南抓住新的重大历史机遇深化改革开放，对于我国扩大对外开放、积极推动经济全球化，具有重大而深远的意义。

当今世界正在经历新一轮大发展大变革大调整，疫情冲击下，保护主义、单边主义抬头，经济全球化遭遇更大的逆风和回头浪。当前全球疫情和世界经济形势仍然严峻复杂，我国发展面临的挑战前所未有。在海南建设自由贸易港，是推进高水平开放，建立开放型经济新体制的根本要求；是深化市场化改革，打造法治化、国际化、便利化营商环境的迫切需要；是贯彻新发展理念，推动高质量发展，建设现代化经济体系的战略选择；是支持经济全球化，构建人类命运共同体的实际行动。

致力于将海南自由贸易港打造成为引领我国新时代对外开放的鲜明旗帜和重要开放门户，《总体方案》借鉴国际经验、体现中国特色、符合海南定位、突出改革创新、坚持底线思维，明确了到2025年、2035年、本世纪中叶的发展目标。为建立与高水平自由贸易港相适应的政策制度体系，《总体方案》从贸易自由便利、投资自由便利、跨境资金流动自由便利、人员进出自由便利、运输来往自由便利、数据安全有序流动等11个方面，共推出39项具体改革举措和制度安排，同时分步骤分阶段安排了2025年前、2035年前的重点任务，对组织实施提出了明确要求。

按照《总体方案》的安排扎实推进，一个具有较强国际影响力的高水平自由贸易港，必将闪耀在中国的南海之滨。

资料来源：《打造引领新时代对外开放的鲜明旗帜和重要门户》，《人民日报》，2020年6月2日第4版。

参考文献

［1］习近平：《开放合作　命运与共——在第二届中国国际进口博览会开幕式上的主旨演讲》，新华网，http：//www. xinhuanet. com/world/2019 - 11/05/c _ 1125194405. htm。

［2］《中国共产党第十九届中央委员会第五次全体会议公报》，2020年10月29日。钟山：《奋力推进新时代更高水平对外开放》，《求是》2019年第22期。

［3］张其仔、许明：《中国参与全球价值链与创新链、产业链的协同升级》，《改革》2020年第6期。

［4］贺俊：《从效率到安全：疫情冲击下的全球供应链调整及应对》，《学习与探索》2020年第4期。

［5］邱毅、郑晶玮：《对我国发展中国家地位的思考与建议》，《国际贸易》2020年第1期。

［6］赵晋平：《实现更高水平开放的行动指南——〈海南自由贸易港建设总体方案〉简析》，《中国发展观察》2020年第11期。

［7］麦肯锡：《中国与世界——理念变化中的经济联系》，2019年7月。

第七章　进一步强化竞争政策的基础性地位

提　要

进入“十三五”后，中国经济进入新常态，迫切需要通过市场公平竞争来激励创新，促使企业不断提高效率、提升产品质量与开发新的产品，探索未来前沿技术、产业发展的方向与新的经济增长点，进而推动经济向“高质量发展”模式的转变。因此，中国在“十三五”时期确立了竞争政策的基础性地位，并建立起公平竞争审查制度，积极开展各项政策的公平竞争审查与清理工作；反垄断部门进一步细化反垄断相关法律法规，增强了相关制度的针对性和可操作性。但也存在以下几个方面的问题，一是部分产业政策仍存在限制或扭曲竞争的情形，与竞争政策冲突；二是行政性垄断仍然存在；三是公平竞争审查制度仍不完善。同时，数字经济与平台经济的发展、国际贸易规则变化对中国的竞争政策与产业政策带来挑战。“十四五”时期，中国需进一步强化竞争政策的基础地位，推动产业政策与竞争政策的协同，完善公平竞争审查机制，并根据数字经济与平台经济的特点与发展趋势调整和发展反垄断政策。

*　　　　*　　　　*

自改革开放以来，由于市场发育程度低以及政策惯性等缘故，在很长一段时间内中国实施政府主导的选择型产业政策。在推动经济发展与产业结构演进方面，产业政策居于主导、核心地位，而竞争政策往往处于次要、从属的地位。在发展初期，政府主导型的选择性产业政策在推动市场化改革和促进经济、产业发展方面发挥着重要作用（江飞涛、李晓萍，2018）。随着中国经济的快速发展，选择性产业政策限制竞争、扭曲竞争所带来的不良政策效应日趋显著。尤其是“十三五”前后，中国进入新的发展阶段，优化配置效率、提升经济发展的质量和效率、激励创新成为中国经济发展的重要方面。在这种情形下，转向以竞争政策为基础、产业政策服从竞争政策，成为中国进入发展新阶段以后的必然要求。因而，在“十三五”时期，中国政府大大强化了竞争政策，并明确提出要确立与强化竞争政策的基础性地位。

一、“十三五”时期我国加快树立竞争政策的基础性地位

“十三五”时期，中国政府高度重视竞争政策的应用，明确了竞争政策的基础性地位，并相

继出台《关于在市场体系建设中建立公平竞争审查制度的意见》(国发〔2016〕34号)、《公平竞争审查制度实施细则(暂行)》等政策,力图确立和强化竞争政策的基础性地位。

1. "十三五"时期中国产业高质量发展要求强化竞争政策的作用

中国经过三十余年高速发展,进入中等偏高收入国家行列,并建立了门类齐全的现代工业体系。"十三五"前后,中国经济进入新常态,全要素生产率增长率下滑、资本回报率下降、创新能力不足问题凸显,中国迫切需要从高速增长模式向高质量发展模式转型。与此同时,随着中国整体技术水平向技术前沿逼近,在先进技术与新产业发展领域已经没有可供借鉴的成熟经验。这时,中国迫切需要通过市场公平竞争来激励创新,迫使企业不断提高效率、提升产品质量与开发新的产品,推动生产要素向具有更高效率的产业、企业流动(不断提升配置效率),探索未来前沿技术、产业发展的方向与新的经济增长点。

在"十三五"初期,中国仍以选择性产业政策为主,存在限制竞争、扭曲竞争与扭曲资源配置等问题,进而导致产能过剩,优胜劣汰机制受阻,高质量创新不足,降低了整个经济体系的活力。在经济新常态与新工业革命的大背景下,政策部门很难"正确"选择"应当"大力支持的产业与技术路线,选择性产业政策已经失去了作用的基本前提。这就迫切需要推动产业政策的转型,从以选择性产业政策为主导转向以竞争政策为基础,实施竞争友好型的功能性产业政策。

2. 确立了竞争政策的基础性地位

竞争是市场体制的灵魂,市场机制的主要功能是通过竞争过程来实现的,即市场机制知识发现与传播、发现价格、有效配置资源、激励创新的功能都是通过竞争过程来实现的。党的十八届三中全会《关于全面深化改革若干重大问题的决定》也指出,"经济体制改革是全面深化改革的重点,核心问题是处理好政府和市场的关系,使市场在资源配置中起决定性作用和更好发挥政府作用",同时指出"建设统一开放、竞争有序的市场体系,是使市场在资源配置中起决定性作用的基础",高度强调市场机制的重要性以及竞争在市场机制中的基础性作用。竞争政策的目的正是构建统一开放、竞争有序的市场体系,让市场机制能更好地在资源配置中起决定性作用(吴敬琏,2016)。在产业政策相对强势、产业政策限制与扭曲竞争的情形下,中国迫切需要以竞争政策为基础,并用竞争政策规范与协调产业政策及相关经济政策。

2015年10月,《中共中央 国务院关于推进价格机制改革的若干意见》(中发〔2015〕28号)中明确提出"竞争政策的基础性地位"与"实施公平竞争审查制度",文件中指出"加强市场价格监管和反垄断执法,逐步确立竞争政策的基础性地位",并进一步指出要"清理和废除妨碍全国统一市场和公平竞争的各种规定和做法,严禁和惩处各类违法实行优惠政策行为,建立公平、开放、透明的市场价格监管规则,大力推进市场价格监管和反垄断执法,反对垄断和不正当竞争。加快建立竞争政策与产业、投资等政策的协调机制,实施公平竞争审查制度,促进统一开放、竞争有序的市场体系建设"。

2016年,国务院发布《国务院关于在市场体系建设中建立公平竞争审查制度的意见》。2017年,国家发展改革委、财政部、商务部、国家工商行政管理总局、国务院法制办五部门联合制定发布了《公平竞争审查制度实施细则(暂行)》。公平竞争审查制度的建立和实施,逐渐确立了竞争政策的基础性地位。2018年12月,中央经济工作会议进一步指出要"强化竞争政策的基础性地位,创造公平竞争的制度环境"。2019年10月,党的十九届四中全会明确提出,强化竞争政策基础地位,落实公平竞争审查制度。

3. 基本建立公平竞争审查制度

党的十八届三中全会《关于全面深化改革若干重大问题的决定》,确立了"市场在资源配置中起决定作用和更好发挥政府作用"的原则。但现实经济工作中,一些部门或地方政府仍习惯采用行政性、干预性或计划性手段,造成了较大数量的政策限制竞争、扭曲竞争、排除竞争,妨碍了市场机制充分发挥作用(李青,2018)。因此,"十三五"前后,规范政府相关行为,防止出台排除、限制竞争的政策措施,逐步清理废除妨碍全国统一市场和公平竞争的规定和做法,成为现阶段深化经济体制改革的一项重要工作(吴汉洪、刘雅甜，2018）。

2015年3月，中共中央与国务院联合发布《中共中央 国务院关于深化体制机制改革加快实施创新驱动发展战略的若干意见》，其中明确提出"探索实施公平竞争审查制度"。2015年5月，国务院批转国家发展改革委《关于2015年深化经济体制改革重点工作的意见》，将"促进产业政策和竞争政策有效协调，建立和规范产业政策的公平性、竞争性审查机制"作为深化体制改革的重点工作。2015年6月，国务院印发《关于大力推进大众创业万众创新若干政策措施的意见》，明确"加快出台公平竞争审查制度，建立统一透明、有序规范的市场环境"。2015年10月，《中共中央 国务院关于推进价格机制改革的若干意见》发布，亦明确要求"实施公平竞争审查制度，促进统一开放、竞争有序的市场体系建设"。2015年6月，国家发展改革委和国务院法制办开始着手起草公平竞争审查制度（李青，2018）。2016年4月18日，中共中央全面深化改革领导小组召开第二十三次会议，会议审议并批准了《关于在市场体系建设中建立公平竞争审查制度的意见》。

2016年6月14日，国务院正式发布《国务院关于在市场体系建设中建立公平竞争审查制度的意见》（以下简称《意见》）。《意见》详细阐述了建立公平竞争审查制度的重要性、迫切性以及总体要求与基本原则，并明确了以政策制定机关为审查对象，以自我审查为主要审查方式，并从市场准入与退出、商品和要素自由流动、影响生产经营成本与影响生产经营四个方面制定了18项审查标准。《意见》还明确规定了例外情形、推动公平竞争审查制度有序实施的工作安排以及保障措施。《意见》出台后，相关部门积极推进公平竞争审查制度建设及公平竞争审查工作，主要工作如下：第一，2017年1月24日，国务院办公厅发布了《国务院办公厅关于同意建立公平竞争审查工作部际联席会议制度的函》，建立了由28个相关部委参与的公平竞争审查工作部际联席会议制度，并于2017年5月10日召开了第一次全体会议。第二，相继制定实施细则与实施办法，推进公平竞争审查工作。2017年，《推进落实公平竞争审查制度2017年工作重点》《2017－2018年清理现行排除限制竞争政策的工作方案》《公平竞争审查制度实施细则（暂行）》等政策文件相继发布。2019年12月26日，《市场监管总局等四部门关于开展妨碍统一市场和公平竞争的政策措施清理工作的通知》发布。从具体实施情况来看，增量政策以自我审查为主，而存量政策的清理工作则遵循"谁制定，谁清理"的原则。

表7－1 确立竞争政策基础性地位的重要政策文件

政策出台时间	政策名称
2015年10月	《中共中央 国务院关于推进价格机制改革的若干意见》
2016年6月	《国务院关于在市场体系建设中建立公平竞争审查制度的意见》
2017年1月	《国务院办公厅关于同意建立公平竞争审查工作部际联席会议制度的函》
2017年7月	国家发展改革委、财政部、商务部、国家工商行政管理总局四部门发布《推进落实公平竞争审查制度2017年工作重点》
2017年10月	国家发展改革委、财政部、商务部、国家工商行政管理总局、国家法制办五部门发布《公平竞争审查制度实施细则（暂行）》
2017年12月	国家发展改革委、财政部、商务部三部门发布印发《2017－2018年清理现行排除限制竞争政策措施的工作方案》
2019年12月	《市场监管总局等四部门关于开展妨碍统一市场和公平竞争的政策措施清理工作的通知》

资料来源：笔者整理。

4. 反垄断工作取得积极进展

进入“十三五”以来，反垄断执法部门继续制定出台相应配套法规，将反垄断制度进一步细化和明确化，增强了相关制度的针对性和可操作性（吴汉洪、刘雅甜，2018）。2018 年，根据国务院机构改革方案，组建国家市场监督管理总局。国家发展和改革委员会的价格监督检查与反垄断执法职责、商务部的经营者集中反垄断执法的职责、国务院反垄断委员会办公室的职责整合并入国家市场监督管理总局。由此，反垄断执法职能由以往三家统一归属于国家市场监督管理总局，此举为解决统一执法问题创造了制度性条件，也有利于提高反垄断执法的专业性与权威性。

与此同时，反垄断执法部门加大了执法力度，对限制、排除竞争，损害消费者权益，阻碍市场经济健康发展的违法竞争案件的查处力度显著提升，使一些影响广、危害大的违法限制、排除竞争行为受到了相应惩处，取得了很不错的经济效果和社会效果（陈兵，2018）。随着数字经济与数字技术的快速发展，各类平台企业的出现，新经济领域反垄断问题更为复杂，中国的反垄断部门正在加强这一领域的实践与研究。

二、“十四五”时期中国竞争政策面临的问题与挑战

“十三五”时期，中国在竞争政策制定实施、建设与维护公平竞争的市场环境方面取得了长足的进展，但是仍存在一些较为突出的问题有待“十四五”时期解决。“十四五”时期，经济高质量发展、数字经济与平台企业的发展、国际贸易规则可能发生的改变，都将对中国的竞争政策提出新的要求和挑战。党的十九届五中全会明确提出，“十四五”时期“公平竞争制度更加健全”。

1. 现阶段中国竞争政策实践中存在的主要问题

部分产业政策仍存在限制或扭曲竞争的情形，与竞争政策存在冲突。中国的产业政策仍具有选择性、特惠性的特征，对特定产业、产业内特定技术、产品、工艺、特定企业、特定区域（园区）内企业的选择和扶持，将各项政策资源导入特定企业或者特定（园区）区域的企业，这会对公平竞争带来不利影响。一些地方政府仍在制定实施有利于本地企业的产业政策或保护本地企业，也会造成不公平竞争。地方政府往往采用土地价格优惠、税收返还、补贴、提供廉价能源等手段支持本地企业发展，在本地企业遭遇危机时提供财政补贴或者减免税额、干预金融体系继续提供信贷支持，这些行为阻碍市场的公平竞争。地方政府在政府采购、公共工程招标过程中制定有利于本地企业的标准、向本地企业倾斜，要求本地国有企业采购本地企业产品，节能产品或者新能源产品补贴仅针对本地企业生产的产品，这些政策也有悖于公平竞争原则。此外，在部分行业实施严格的投资核准（审批）与市场准入政策有排除与限制竞争之嫌；在部分行业以支持大企业发展、推动市场集中的产业组织政策存在限制竞争的问题。

中国的行政性垄断依然存在。自改革开放以来，大部分竞争性行业的行政性垄断已逐渐放松，不同所有制企业在竞争中优胜劣汰、平等发展。而在涉及国计民生的基础型工业、部分服务业仍存在行政性垄断问题。这些行业的行政垄断主要是通过相应行业中的准入与投资行政审批来维系的。尤其是在石油、电信、汽车及公用事业等行业中保留了强有力的市场准入壁垒。在行政性垄断的保护下，垄断性行业往往呈现产品价格高、质量低的市场绩效，在一定程度上损害了消费者福利和市场运行效率，同时还会造成政府机构内部人力物力的浪费（陈林，2019）。

部分产业政策限制竞争与扭曲竞争的措施以及行政垄断，带来了一些不良的政策效应，不利于经济的高质量发展。一是选择性、特惠型的产业政策在破坏公平竞争的同时，会带来寻租与腐败行为，并降低经济体系的整体活力。二是部分行业干预限制竞争的产业政策使得优胜劣汰机制

难以有效发挥作用，导致中国制造业跨企业配置效率低下，部分企业在倾向性保护下缺乏提升效率的竞争压力。三是目录指导政策会破坏采用不同技术路线、生产不同产品的企业间对于生产要素的公平竞争，导致资源的错配。四是行政性垄断行业的效率提升缓慢，且有进一步恶化的趋势，给下游行业的发展、整个国民经济效率的提升与健康发展带来较为严重的不利影响。

公平竞争审查制度仍不完善。在现阶段，中国的公平竞争审查仍以政策制定机关自我审查为主，这在一定程度上影响了审查的中立性和专业性，自我审查机构往往存在公平审查能力不足的情况，机构人员缺乏竞争政策与反垄断相关领域的经济与法律知识，在自我审查时，难以过滤出相关违法性要素，缺乏识别和判断能力（陈林，2019）。同时还导致各审查主体对于竞争政策的理解、适用方面存在分歧导致审查标准不一致的问题。

2. 数字经济与平台经济的发展给反垄断政策带来新的挑战

前两次全球工业革命中随着新技术的出现都会引发生产范式和产业组织的变革：第一次工业革命以蒸汽技术、棉纺织业和资本主义机器大工厂制度的确立为标志；第二次工业革命以电气技术和产业组织纵向一体化（垄断组织）出现为标志。20 世纪 70 年代末 80 年代初，人类社会进入第三次工业革命时代，信息通信技术在工业领域大规模应用，全球价值链上的大型生产企业和品牌企业成长为“旗舰企业”，这些“旗舰企业”主导的大规模定制化生产成为主要生产方式，产业组织开始呈现网络化转变趋势。进入信息时代，产业组织由纵向一体化向网络化转变，技术创新以大企业主导的系统性和集成性创新为主，企业的内在效率性和创新效率较高，平台经济作为一种新的产业组织形态开始普及。以微软、苹果、亚马逊、谷歌、脸书、腾讯、阿里巴巴为代表的平台型先锋企业，开始通过在行业内兼并重组整合资源以获得垄断地位，成为平台旗舰企业。随着近年来数字技术、互联网经济的迅速发展，在激烈的技术竞争和平台垄断共同作用下，市场格局逐渐由电气时代的寡头垄断向信息时代的竞争性垄断结构转变。这些平台先锋企业为维持竞争优势需要持续推动创新，同时也会面临滥用市场势力打压竞争对手的诱惑，对此政府监管部门需高度警惕。在数字技术支撑下，平台作为一种新型组织形式，呈现新的创新组织特征和市场竞争格局，并对政府监管提出新的挑战。

第一，平台经济的特殊性容易导致“一家独大”的垄断市场格局。数字平台突破协同生产的地域限制，大幅降低交易成本，这种基于互联网与大数据进行资源整合和能力集成与管理的“平台领导”将呈现更高的垄断性特征。由于具有网络外部性和低复制成本特征，数字经济领域更容易出现“赢者通吃”现象，出现“一超多强”的格局，市场集中度高。OECD 研究认为数字经济会导致更强的复杂性：在“赢者通吃”的环境下，平台型先锋企业一旦掌握所需技能和商务模式，就可以在全球范围内长期主导市场，而其他企业将被先锋企业在“赢者通吃”后制造的“高层次消费”需求效应封锁在市场之外。政府监管部门需对这些平台先锋企业可能凭借高垄断地位打压潜在竞争对手的行为高度警惕。

第二，平台企业的无竞争行为与反竞争行为认定更加复杂。数字平台主导企业面临更为激烈的潜在竞争，必须为维持竞争优势不断加大技术创新领域的投资。在数字经济发展过程中开始出现一些更加隐蔽的反竞争行为，例如，利用既有市场力量传导至新市场以扩张垄断地位、过度采集用户信息、交易数据以实现“用户锁定”和“完全价格歧视”等。数字平台经济的新特点增加了反垄断分析的复杂性，传统经济中建立的竞争政策无法直接应用于数字经济，反垄断执法在平台经济案例的市场界定、市场支配地位认定环节面临挑战。

第三，平台垄断下用户隐私保障对竞争监管的有效性和灵活性提出挑战。在大数据技术发展驱动下，数据成为重要的商业资源和价值来源，如何有效并灵活地防范平台企业受商业利益驱使，出现“大数据杀熟”行为，进而导致用户数据泄露及算法滥用等问题，也成为当前政府监管所需考虑的新议题。

3. 国际贸易规则变化对中国竞争政策与产业政策带来的挑战

美国、欧盟、日本等发达经济体正致力于推

动 WTO 的改革。欧盟主张通过增强透明度和约束国有企业特殊规则，制定实现公平竞争的规则。美国则长期质疑中国产业政策在 WTO 规则上的合法性，认为 WTO 协定无法纠正中国的产业补贴问题，并联合欧盟、日本推动新规则建立。

2017 年 12 月 12 日，美国、欧盟、日本举行第一次三方会谈，同意在确保全球公平的竞争环境方面强化义务承担，其联合声明表达了三方对“严重过剩产能，扭曲市场的大额补贴所导致的不公平竞争条件、国有企业、强制技术转让、本地化要求和偏好”等方面问题的关注，并在“WTO 和其他论坛增强三方协作，以求消除第三方国家的这些及其他不公平扭曲市场和贸易保护主义行为”。2018 年 5 月，美国、欧盟、日本三方在第三份声明中专门列举了认定企业或行业是否为市场导向应该考虑的因素。三方同意制订新的国际经贸规则，特别是特殊的国有企业规则和特殊的补贴规则。2020 年 1 月，三方在第七份声明中就产业补贴发布了非常详细的原则立场，扩大了禁止性补贴的范围，提出举证责任的倒置，增加反向通报的惩罚性后果，进一步明确了补贴金额的计算准则以及公共机构的范围（国有企业问题）。美国、欧盟、日本认为国有企业从政府层面获得额外的利益。中国则主张通过加强成员履行通报义务解决滥用反补贴规则的活动，以及国有企业和其他各类企业在从事商业竞争时都应该是平等竞争的市场主体。

在强制性技术转让方面，美国、欧盟、日本第七次三方声明指出“当一个国家强迫技术转让时，它剥夺了其他国家从基于公平、自愿和市场导向的技术与创新交流中受益的机会，与基于市场原则的国际贸易体系不一致”，并提出“有必要与其他 WTO 成员就解决强制技术转让问题的必要性以及承诺采取有效手段停止有害的强制技术转让政策和做法达成共识。有效手段包括出口管制、出于国家安全目的的投资审查、各国的其他执法手段和新规则的制定”。

以《美墨加协定》《全面且先进的跨太平洋伙伴关系协定》（CPTPP）为代表的新一代国际贸易投资协定中，会涉及竞争政策与产业政策规范（中国社会科学院工业经济研究所课题组，2019），会对中国的产业政策与竞争政策提出挑战。在新一代国际贸易投资协定中，关于产业政策的规则强调非商业支持，其关于国有企业的章节体现了这一规则对产业政策特别是国有企业贸易和投资机会的严格限制，并且在数字贸易章节中限制政府监管的能力。CPTPP 要求缔约方国内政策更多地关注竞争政策、知识产权保护、劳工政策、国有企业、中小企业政策等（白洁、苏庆义，2019）。

三、“十四五”时期完善我国竞争政策的建议

“十四五”时期，中国面临新的内外部发展形势与新的挑战，需进一步健全公平竞争制度，加快确立竞争政策的基础地位，推动产业政策与竞争政策的协同，完善公平竞争审查机制，并根据数字经济与平台经济的特点与发展趋势调整、完善和发展反垄断政策。

1. 以竞争政策为基础加快推动产业政策的转型

产业政策与竞争政策存在冲突是现阶段中国竞争政策实施中存在的最为突出的问题。中国需切实树立竞争政策的基础性地位，以竞争政策约束产业政策，并加快推动选择性产业政策向功能性产业政策的转型。

基于传统选择性产业政策的认识，产业政策与竞争政策之间是相互冲突、此消彼长的关系。基于功能性产业政策与竞争重要性的认识，则认为功能性产业政策与竞争政策之间是相容、互补与协同的关系。产业政策与竞争政策有同样的目标，即推动结构调整与提升产业竞争力，维护市场竞争不应被视为产业政策的障碍。竞争是“创

新、竞争力和增长的最重要的驱动力”，竞争是“持续的结构适应过程”，“重要的市场过程，奖励企业提供更低的价格、更好的质量，新产品和更多的选择”。竞争是一个演变过程，选择最有效率的公司，“竞争导致引入改进的产品和流程，淘汰无效率的公司，并将生产资源从撤退企业重新分配给新进入者或更有效的竞争对手。竞争将有效率的企业与低效率公司分开，并将投入和财务资源重新分配给最有效率的活动”（李晓萍、罗俊，2017）。维护公平竞争秩序的竞争政策应作为促进经济增长、生产率与竞争力提升的主要手段。但这不意味着产业政策就应退出市场。产业政策在加快产业结构调整和促进竞争力提升方面同样具有重要作用。

在为产业与企业发展以及创新创造良好的环境方面，政府与产业政策可以发挥重要作用，产业政策的重点应转到创造良好竞争秩序与统一、开放的内部市场，完善支持研发与创新的制度环境与公共服务体系，通过培训和教育提升劳动者技能等方面来实现。从20世纪以来美国产业政策的传统与发展来看，美国的产业政策始终坚持遵循竞争政策的基本原则，产业政策基本不干预市场竞争，产业政策的重点同样也是放在激励创新、为创新研发提供良好的环境以及教育等方面。

中国应加快向“竞争友好”的功能性产业政策转型。这种功能性的产业政策并不与竞争政策冲突，而是在遵循竞争政策的框架内进行。一方面，功能性的产业政策要以竞争政策及市场竞争为基础，并为更好地维护竞争创造条件，即便是在战略性领域或新兴产业中采取的产业政策，也主要通过功能性的政策工具来实现，例如加强该领域科技公共服务体系建设，对于这些领域相关基础科学、通用技术、底层技术研究开发与扩散进行支持，加强该领域人才的培养，即便是促进创新与研发活动的补贴，也主要是以普惠的形式发放，主要针对竞争前的技术研发环节。另一方面，功能性产业政策主要针对市场与竞争机制存在不足的公共领域，补充市场机制的不足。

仍需强调的是，随着我国产业结构的高度完备和自主创新能力的提升，在产业政策与竞争政策互补与协同的关系中，竞争政策居于基础性地位，产业政策要服从于竞争政策，遵循公平竞争的基本原则。在推动两者的互补与协同时，应尽可能减少竞争政策的例外领域，如果将“市场失灵”泛化进而将例外领域拓展得太宽，则会削弱整个竞争政策有效性，并为政策部门保留大量干预与限制竞争的政策。

2. 完善公平竞争审查机制

强化公平竞争审查机构的权威性、独立性和专业性。利用《反垄断法》的修订，进一步明确公平竞争审查制度的法律地位和监管主体，加大对反垄断执法机构的法律授权，并将法律法规纳入公平竞争审查。逐步建立竞争主管部门深度参与的第三方评估制度，形成客观、公正的外部审查机制与程序。当前，应由竞争政策执法及研究部门深度参与各政策制定机关的自我审查，对各方审查主体在审查口径上给予政策指导，并组织建立对审查结果复查的公平竞争审查机制（向立力、俞四海，2017）。建立与竞争政策基础性地位相匹配的竞争政策实施主体专业人员配置和财政资金投入机制，尤其是要加强公平竞争审查机构的人员配备和资金支持，确保竞争政策基础性地位的实现能够得到有力的人员和资金保障。全面提升我国竞争政策制定和实施主体的专业素养和业务能力，完善竞争政策实施主体引人、用人、培养人的激励机制和终身学习体系建设，不断提升各级执法人员的业务素质（中国社会科学院工业经济研究所课题组，2020）。对于行政性垄断，应尽快列出关于豁免审查的判别标准及竞争审查的“豁免行业”，以此为今后的行业监管及行政法律法规提供执法基础。

完善公平竞争审查制度，以竞争政策约束产业政策，还需要推动产业政策制定程序与组织机制的再造与公平竞争审查制度的前置。总体思路如下：

第一，设立经济政策委员会和产业政策委员会，产业政策的制定与决策权归由政策委员会，相应行政部门则主要负责产业政策的执行，这样能避免行政部门在政策制定决策过程中出于部门利益而制定干预、限制与扭曲竞争的产业政策。

第二，建立审议会制度，为产业政策所涉及各相关利益群体参与到政策过程中提供了制度性渠道，有利于各相关利益群体反映自身利益诉求；为政策制定者与各方政策参与者及相关利益群体进行信息交流提供了一个重要平台，有利于产业政策相关信息的充分披露与交流，有利于发挥各方面专家专业知识的作用，更有利于解决政策制定中的信息问题。公开、透明的审议过程，有利于各相关利益方及公众监督政策制定者的行为，防止政策制定者制定扭曲与限制竞争、导致不公平竞争的不当政策，同时也防止特定利益集团俘获政策制定者（政策部门制定倾向于特定利益集团违背公平竞争原则的产业政策）。

第三，将公平竞争审查嵌入到产业政策制定的程序与机制中，有利于让产业政策遵循公平竞争的基本原则，有利于产业政策与竞争政策的互补与协同，有利于产业政策制定者与竞争政策当局更为深入地交换意见及沟通。

第四，在制定产业政策采取公平竞争审查例外条款时，政策制定者与各方政策参与者及相关利益群体进行更为充分的讨论，也有利于竞争政策部门更为准确地判断政策可能带来的社会福利损失与收益。

第五，政策的中期评估与后期评估。对于重要政策的实施情况与政策效果，应进行中期评估与后期评估，经济政策委员会及产业政策委员会亦可委托独立第三方进行中期评估或后期评估；对于评估中发现的问题应及时纠正与调整。对于涉及公平竞争审查例外条款的政策，还应对政策的收益和成本进行更为详细的评估。

3. 根据数字经济的发展新态势调整完善竞争政策

根据数字经济与平台经济发展的态势调整完善竞争政策，应该从以下三个方面做好权衡：一是平衡反垄断监管与企业创新之间的关系。数字经济发展并没有改变竞争政策的主要目标，反垄断监管的主要目标仍然是维护市场的有序竞争，以保护创新。平台型先锋企业虽然市场集中度高，但是因为数字时代新技术、新模式的快速迭代和高投资水平，使得成功的平台企业获得的市场力量短暂而脆弱，双边市场下规模经济和网络效应创造的进入壁垒并没有传统市场中那么持久而稳固，在位的先锋平台领导企业需要持续通过创新来维持地位，否则，新一轮创新浪潮下又会催生一批新的主导企业。考虑到数字经济行业的颠覆性创新和动态特征，我国政府在进行反垄断执法时，应当审慎克制，平衡好监管与创新之间的关系，坚持以保护技术创新为主要政策目标。二是平衡数字经济发展、隐私权与消费者权益之间的关系。随着数字经济迅速发展，数据资源已经逐渐成为各大平台企业争夺的核心资产。平台企业在数据的使用过程中，涉及引发数据产权的归属、数据隐私侵权、数据拒绝分享、数据驱动型经营者集中以及数据滥用等问题。而消费者在享受各大平台带来便利的同时，也对其所支付的“代价”（如牺牲个人隐私）往往不知情。我国政府在推动数据共享与开放的过程中，应该明确监管的基本原则，平衡好数字经济发展、消费者权益与隐私保护之间的关系，既保障消费者个人的隐私与自由，又能满足平台企业运营中合理的数据使用需求。三是采取积极、审慎的适应性监管。平台企业往往属于新兴产业，要想保持这些企业的创新性，就应坚持包容审慎原则，采取适度监管。当前我国在平台经济中采取的选择性执法问题突出，事前监管不仅疲于应对，而且效果有限，事后监管则采取“一刀切”做法，管得过严过死。为提高监管效率，我国应该鼓励企业、行业协会、消费者各界参与监管，追踪关注先锋企业的行为变化并及时反映新兴产业中的漏洞问题，一旦发现存在安全隐患和市场不规范行为，应尽早提出预案，由政府采取积极的适应性措施监管。

具体而言，可以从以下三个方面着手。一是加强对数字经济中出现的新模式、新业态进行研究，鼓励社会各界协同治理。数字经济通常以平台为商业模式，数字市场呈现出高复杂度、动态性强的特征，颠覆性创新能够基于数字平台的规模效应和网络效应而发展迅速，先锋企业引领的技术和商业模式组织创新不断涌现。政府对企业行为的监管思路应该从“先规范后创新”转向“鼓励创新，事后规范”，允许创新资源进入市场，为新模式和新业态的出现留有一个“观察期”，鼓励社会各界协同治理，加强对数字经济前沿问题的理论与实践研究，挖掘、关注并反馈一些潜在危害大的反竞争行为，使监管部门能够及时对症下药。二是规范平台经济产业生态健康发展，营造自由公平的市场竞争环境。政府应该在深刻理解数字经济市场特征与平台经济业态特点的基础上，改革和优化传统监管架构，完善平台分类监管体系，对不同类型或功能的平台进行差别化对待，精准施策。为避免对市场自然竞争机制的干预，政府应在保障平台相关主体创新利益的基础上，完善公开、统一、透明的准入规范，营造自由公平的市场竞争环境，以鼓励更多先锋企业通过创新参与到动态竞争激烈的数字市场中来。三是明晰数字经济中的权责问题，完善法律法规体系。在数字时代，数据成为重要的商业资源，政府应该加强顶层设计，尝试从法律层面明晰数字经济中市场主体之间的权责关系，加快推进《消费者权益保护法》《专利法》《价格法》《电子商务法》与《网络安全法》等相关法律法规的完善。在保障平台企业合法经营权利的同时，注重对消费者个人隐私权益的保护，政府可以成立独立的网络信息监管机构，对涉嫌侵犯、搜集、复制、利用与公开消费者隐私的行为及时采取阻断措施，维护网络信息安全，保护公民隐私权益。

专栏7-1

公平竞争审查工作部际联席会议召开第一次全体会议

为贯彻落实《国务院关于在市场体系建设中建立公平竞争审查制度的意见》（国发〔2016〕34号），进一步推动公平竞争审查制度有效实施，5月5日下午，公平竞争审查工作部际联席会议召开第一次全体会议。会议通报了公平竞争审查工作进展情况，审议了实施细则等相关文件，研究部署了下一步重点任务。联席会议召集人、国家发展改革委主任何立峰同志主持会议并讲话，28个成员单位负责同志出席会议。

会议指出，公平竞争审查制度出台以来，各部门、各地区认真贯彻落实党中央、国务院决策部署，大力推进公平竞争审查制度的有效实施。目前，制度总体落实情况良好。从部门层面看，各部门均已明确自我审查机制，开展审查工作。从地方层面看，30个省已印发具体实施意见，部署开展审查工作。

会议强调，公平竞争审查制度是党中央、国务院深化经济体制改革的重要举措，对处理好政府和市场关系、深入推进供给侧结构性改革、持续深化“放、管、服”改革具有重要意义。各部门、各地区要自觉从全局高度全面深刻理解建立公平竞争审查制度的重要意义，进一步强化责任担当，把思想和行动统一到党中央、国务院决策部署上来，统一到国发34号文件明确的制度要求上来；要大力发扬创新精神，结合部门、地区实际情况，不断探索推进制度落实的有效路径和方法。

会议原则审议通过了《公平竞争审查制度实施细则（暂行）》《2017－2018年清理现行排除限制竞争政策的工作方案》《推进落实公平竞争审查制度2017年工作重点》三个文件。会议还对下一阶段重点任务做出部署：一是严格审查增量政策，要进一步健全审查机制、落实审查责任，防止政府部门出台排除、限制竞争的政策措施。二是有序清理存量政策，按照稳妥有序、分类处置、不溯及既往的原则，对现行排除限制竞争的政策措施进行清理。2017～2018年重点清理地方保护、地区封锁和指定交易等问题。三是持续加强政策宣传解读，为制度落实营造良好的舆论氛围。四是进一步强化反垄断执法，与公平竞争审查形成合力，共同规范行政行为，维护公平竞争的市场秩序。五是充分发挥联席会议制度作用，统筹协调公平竞争审查制度平稳有效实施。

会议要求，要更加紧密地团结在以习近平同志为核心的党中央周围，不断强化“四个意识”，以高度负责的态度，以钉钉子和踏石留印、抓铁有痕的精神，把各项工作抓实抓细，推进公平竞争审查制度全面实施、落地生根，以扎扎实实的工作成效迎接党的十九大胜利召开。

资料来源：中国政府网，http：//www. gov. cn/xinwen/2017 －05/10/content_ 5192719. htm。

参考文献

［1］江飞涛、李晓萍：《改革开放四十年中国产业政策演进与发展——兼论中国产业政策体系的转型》，《管理世界》2018 年第 10 期。

［2］吴敬琏：《我国的产业政策：不是存废，而是转型》，《中国流通经济》2017 年第 11 期。

［3］吴汉洪、刘雅甜：《中国反垄断领域的成就和挑战——纪念中国〈反垄断法〉实施十周年》2018 年第 5 期。

［4］李青：《中国竞争政策的回顾与展望》，《竞争政策研究》2018 年第 2 期。

［5］陈林：《公平竞争审查、反垄断法与行政性垄断》，《学术研究》2019 年第 1 期。

［6］白洁、苏庆义：《CPTPP 的规则、影响及中国对策：基于和 TPP 对比的分析》，《国际经济评论》2019 年第 1 期。

［7］李晓萍、罗俊：《欧盟产业政策的发展与启示》，《学习与探索》2017 年第 10 期。

［8］向立力、俞四海：《公平竞争审查制度的理论梳理与完善建议》，《中国价格监管与反垄断》2017 年第 3 期。

［9］中国社会科学院工业经济研究所课题组：《推动制造业高质量发展中产业政策与竞争政策关系研究》，中国社会科学院工业经济研究所研究报告，2019 年。

［10］中国社会科学院工业经济研究所课题组：《结构政策特别是产业政策相关问题研究》，中国社会科学院工业经济研究所研究报告，2020 年。

第八章 “放、管、服”改革的成效、问题与展望

提　要

使政府机构更有效和更高效地工作是中华人民共和国成立以来我们一直探索的问题。自改革开放以来，随着社会主义市场经济体制的建立和完善，我们对政府与市场关系的认识不断深化，政府职能向创造良好发展环境、提供优质公共服务和维护社会公平正义转变，但政府职能转变还不到位，重经济职能轻公共服务职能、重管理职能轻治理职能、重权力职能轻服务职能等弊端依然存在。随着改革开放向纵深发展，这些问题越来越突出。自党的十八大以来，我国全面深化了“放、管、服”改革，运用“整体政府”思维推动政府职能转变。通过行政审批制度改革和商事制度改革等举措，提高政府效率和提供优质公共服务，民众办事便利度不断提高，营商环境不断优化，建设人民满意的好政府不断取得进展。未来需要继续探索社会主义市场经济条件下政府作用边界和方式，深化简政放权，维护市场竞争秩序，总结应对疫情经验加快建设电子政府。

*　　*　　*

使政府机构更有效和更高效地工作是新中国成立以来我们一直探索的问题。自党的十八大和党的十九大以来，我国经济体制改革进入全面深化期，社会主义市场经济建设也进入新阶段，处理好政府与市场关系成为改革的主要问题之一。如何使市场在资源配置中起决定性作用？如何更好发挥政府作用？能否在政府与市场关系方面构建一套系统完备、科学规范、运行有效的制度体系？这就需要处理好政府与市场的关系，且关键在政府（汪同三，2016）。不仅需要政府通过自身的改革使市场对资源配置起决定性作用，而且需要政府发挥作用以确保市场决定资源配置（洪银兴，2014）。凡属市场能解决的，政府要简政放权、松绑支持，不要干预，要放宽市场准入，深化国有企业、金融、财税等领域改革，促进生产要素有序合理流动（王一鸣，2017）；凡属市场不能有效解决的，政府应当主动补位，该管的要坚决管理好。由此，更好地发挥政府作用意味着要建设“好政府”，要提高政府效率和提供优质公共服务。为此，党中央、国务院做出“放、管、服”改革的重大决策部署。

一、“放、管、服”改革背景与依据

“放、管、服”改革是我国社会主义市场深入发展的必然结果。我国作为后发工业化国家，采取了政府主导的经济发展模式。在计划经济时代，政府掌管着经济和社会的方方面面，通过直接的行政方式对各类资源进行调控。在改革开放初期，市场逐渐放开，形成了政府主导市场为辅的发展模式。党的十四大确立了建立社会主义市场经济体制的目标，但是政府主导的发展模式并未得到根本改变。随着社会主义市场经济体制的建立和完善，这种模式越来越不合时宜。市场力量的崛起和信息技术的塑造，导致我国社会的复杂性、分散性、不确定性前所未有地相互叠加，传统的政府管控模式显得捉襟见肘，急切需要国家治理结构的变革（丁照攀、靳永翥，2018）。政府经济职能的强化导致政府其他职能的弱化，社会管理与公共服务职能薄弱；对数量的追求导致了对质量的忽略，粗放式的经济发展大行其道；对经济的深度干预导致了寻租空间的扩大，扭曲了市场机制；权力的无节制使用导致政府公信力的下降。正如习近平总书记所说，“政府职能转变还不到位，政府对微观经济运行干预过多过细，宏观经济调节还不完善，市场监管问题较多，社会管理亟待加强，公共服务比较薄弱，这些问题的存在与全面建成小康社会的新要求是不相符合的”（习近平，2018）。

党的十八届三中全会明确了市场在资源配置中起决定性作用，决心转变政府主导的发展模式，于是“放、管、服”改革应运而生。2014 年政府工作报告提出“进一步简政放权”，到 2015 年扩展为“加大简政放权、放管结合改革力度”，再到 2016 年强调“推动简政放权、放管结合、优化服务改革向纵深发展”，逐步形成了“放、管、服”三管齐下的改革思路。“放、管、服”是指简政放权、放管结合、优化服务，建设人民满意的服务性政府。“放”即简政放权，降低准入门槛；“管”即创新监管，促进公平竞争；“服”即高效服务，营造便利环境。“放、管、服”改革，是政府自身的一场深刻革命，是构建现代化的政府治理体系的重要抓手（张安定，2016）。“放、管、服”改革是一个有机的整体（沈荣华，2017），是一整套职责体系，是“放权”“调控”“服务”的三位一体（孙天承，2017），需要并举方有成效。“放、管、服”改革促进了政府职能的转变，重塑了政府的角色定位：“放”的核心是重新界定政府的角色，理清政府的权力边界，目的在于激发市场活力和社会创造力；“管”的核心是政府管理转型问题，从管控到治理，目的是建设现代政府；“服”的核心是建立现代化治理体系，推进治理能力现代化，目的是建设人民满意的服务型政府。

“放、管、服”改革契合了“整体政府”理论。“整体政府”理论由英国布莱尔政府提出，早期称之为“协同政府”（Joined - Up Government），主要为了解决公共事务管理中存在的问题，如结构性权力下放、权力分散和单一目标组织等（Christensen and Lagreid，2007）。“整体政府”理论从整体思维出发，运用协调和整合战略，解决政府部门在行政管理中存在的碎片化问题。“整体政府”理论的核心在于合作的跨界性，包括纵向部门、横向部门、组织内外的协同（周志忍、蒋敏娟，2010；孙迎春，2014）。整体政府建设注重以整合、协同方式获得更高政府活动效率（吴德星，2018），根本目的在于提供优质的公共服务（曾维和，2008）。“整体政府”方式所展现的是一种通过横向和纵向协调的思想与行动以实现预期利益的政府治理模式，具有传统政府体制不可比拟的优势。澳大利亚、加拿大、美国等西方国家也越来越多地应用整体政府方式，以跨部门协同的方式应对经济社会发展过程出现的诸多复杂性问题。我国的“放、管、服”改革同样应用了整体政府方式，通过放松管制，减少审批、简化流程和强化监督等方式提升政府依法处理综合复杂问题的行政监管能力，力求最大限度给市场松绑（包国宪、张蕊，2018）。

“整体政府”理论与我国的全面深化改革方向相一致。党的十九大报告中提出全面深化改革要着力增强改革系统性、整体性、协同性，党的十九届四中全会明确提出以推进国家机构职能优化协同高效为着力点，优化行政决策、行政执行、行政组织、行政监督体制。健全部门协调配合机制，防止政出多门、政策效应相互抵消，这是运行协调战略，解决政府部门管理碎片化的问题。进一步整合行政执法队伍，继续探索实行跨领域跨部门综合执法，这是通过跨界合作，以整合方式提高政府效率。“放、管、服”改革作为全面深化改革的一部分，秉持了整体性和协同性的理念，既有部门间的整合，如市场监督管理局整合了工商局、质监局、食药监局，改变了市场监管政出多门的情况，提高了市场监管效率；也有跨部门的协同，如商事制度改革中的多码合一，涉及诸多部门，非协同不能简便之，为企业注册登记提供了极大便利，有效激发了市场活力。

“放、管、服”改革以“整体政府”的方式，通过行政审批制度改革有效降低了制度性交易成本，提高了政府效率。2013～2017年，在中央层面，行政审批事项削减44%，非行政许可审批彻底终结，企业投资项目减少90%，行政审批中介服务事项压减74%，职业资格许可和认定大幅减少。全面改革工商登记、注册资本等商事制度，企业开办时间缩短1/3以上。通过推行制度性监管创造了公平竞争的环境，也优化了营商环境。创新和加强事中事后监管，实行“双随机、一公开”，随机抽取检查人员和检查对象、及时公开查处结果，提高了监管效能和公正性。通过推行“互联网+政务服务”，实施“一站式”服务等举措，群众办事更加便利。2018年又取消一批行政许可事项，“证照分离”改革在全国推开，企业开办时间大幅压缩，工业生产许可证种类压减1/3以上。“双随机、一公开”监管全面实施。深化“互联网+政务服务”，各地探索推广一批有特色的改革举措，企业和群众办事便利度不断提高。2019年，“放、管、服”改革向纵深推进，取消25项行政许可，取消和下放64个行政审批项目和18个子项，市场准入负面清单同比减少20项，深化“证照分离”改革，企业注册开办时间减到5个工作日以内。健全制度化监管规则和标准、创新和完善监管方式，构建协同监管格局。打造全国政务服务“一张网”，在更大范围内实现“一网通办”、异地可办。

二、“放、管、服”改革内容

政府效率是衡量政府治理能力的尺度，也与制度性交易成本密切相关。制度性交易成本是指因政府的各种制度工具所带来的成本。这些成本企业靠自身努力无法降低，只能依靠政府深化改革，调整制度。制度性交易成本在一定程度上决定了政府治理能力与政府效率，制度性交易成本低则政府治理能力强，政府效率高，反之则政府治理能力弱，政府效率低。在“放、管、服”改革前，我国长期存在制度性交易成本高导致政府效率低下的现象，这既与政府科层制分工本身存在碎片化有关，又与政府通过审批干预微观事务有关。政府职能碎片化意味着管理分割，不可避免地抬高了制度性交易成本从而降低了政府效率。自党的十八大以来，我国“放、管、服”改革涵盖简政放权、监管与行政执法、政府服务三个类别，如表8-1所示。以改革前的商事制度为例，企业注册登记需要工商营业执照、组织机构代码证、税务登记证、社会保险登记证、统计登记证等，而这些证件由不同的部门负责，且互不隶属。工商部门负责工商营业执照，国家质检总局负责组织机构代码的管理工作，税务部门负责税务登记证，社会保险登记证由劳动监察部门负责，统计登记证由统计部门负责。企业注册登记需要一一办理这些证件，与不同的部门都要打交道，不仅时间较长，而且流程复杂，这打击了企业注册的积极性。“放、管、服”改革则有效降低了制度性交易成本，提高了政府效率，主要表现在行政审批制度改革和商事制度改革两个领域。

表8－1 党的十八大以来的“放、管、服”改革

主要类别	重点领域	党的十八大期间	党的十九大以来	
		2013～2017年	2018～2019年	2020年及以后
简政放权	市场准入负面清单管理	实行全国统一的市场准入负面清单制度：外商投资由审批制转向负面清单管理；放宽服务业、制造业、采矿业外资准入；法律法规未明确禁入的行业和领域，允许各类市场主体平等进入；放宽非公有制经济市场准入，向外资开放的行业和领域，向民间资本开放	全面实行市场准入负面清单制度；大幅压缩外资准入负面清单，扩大金融、汽车等行业开放，允许更多领域实行外资独资经营	大幅缩减外资准入负面清单，出台跨境服务贸易负面清单
	行政审批	建立行政审批权力清单制度，向社会公开；全面公布地方政府权力和责任清单；对行政事业性收费、政府定价或指导价经营服务性收费、政府性基金、国家职业资格，实行目录清单管理；取消和下放行政审批事项，修订投资项目核准目录，大幅缩减核准范围；大幅削减行政审批事项，彻底终结非行政许可审批；国务院部门行政审批事项削减44%，非行政许可审批彻底终结，行政审批中介服务事项压减74%，职业资格许可和认定大幅减少		赋予省级政府建设用地更大自主权；赋予自贸试验区更大改革开放自主权
	商事制度	改革工商登记制度，先证后照改为先照后证，企业年检制度改为年报公示制度；全面实施“三证合一、一照一码”；启动“多证合一”“证照分离”改革试点；简化外商投资企业设立程序	工业生产许可证种类压减一半以上，中央层面再取消下放50项以上行政许可；整治各类变相审批；“证照分离”改革在全国推开，对所有涉企经营许可事项实行“证照分离”改革，克服“准入不准营”的现象	照后减证，各类证能减尽减、能合则合
	微观管理和具体审批	中央政府定价项目缩减80%，地方政府定价项目缩减50%以上		放宽小微企业、个体工商户登记经营场所限制
	工程建设项目审批制度	深化投资审批制度改革，取消和减少前置性审批，充分落实企业投资自主权；中央政府层面核准的企业投资项目减少90%	在全国推开工程建设项目审批制度改革，企业投资项目试点承诺制改革，大幅缩短全流程审批时间	
监管与行政执法	监管改革	事前审批向事中事后监管转变；实行“双随机、一公开”；改革完善食品药品监管，强化风险全程管控	2019年：全面实施“双随机、一公开”监管	以公正监管维护公平竞争，持续打造市场化、法治化、国际化营商环境；对疫苗、药品、特种设备、危险化学品等实行全覆盖严监管

续表

主要类别	重点领域	党的十八大期间	党的十九大以来	
		2013~2017年	2018~2019年	2020年及以后
监管与行政执法	"互联网+监管"			
	包容审慎监管		2018年：实行包容审慎监管	
	行政执法	开展国务院大督查和专项督查，对积极作为、成效突出的给予表彰和政策激励，对不作为的严肃问责	优化环保、消防、税务、市场监管等执法方式	
政府服务	打造全国政务服务"一张网"	加快国务院部门和地方政府信息系统互联互通，形成全国统一政务服务平台；推行"互联网+政务服务"，实施一站式服务	深化"互联网+政务服务"，在更大范围内实现"一网通办"、异地办	推动更多服务事项一网通办，做到企业开办全程网上办理
	营商环境	推广一站式审批、一个窗口办事	加强与国际通行经贸规则对接，建设国际一流营商环境	

资料来源：笔者根据2013~2017年《国务院政府工作报告》整理。

1. 行政审批制度改革

我国现行的行政审批制度发端于计划经济体制。计划体制下投资主体和生产经营主体是单一的，投资主体是国家，生产经营企业为全民所有制企业。政府配置资源的基本手段是计划与审批。当经济体制从计划经济走向市场经济后，这种审批管理体制也随之进入市场。在审批的事项方面，现行的审批主要有三大类型：一是资源配置类审批。由政府所有、垄断或控制的自然资源、公共资源以及经营资源基本上都以审批的方式配置。二是投资与市场准入类审批。迄今为止，项目投资仍实行审批管理，很多经济活动领域都存在市场准入方面的审批。三是一般经济管理类审批，如城市建设规划、工商管理、道路交通管理、标准化管理、金融与外汇管理等方面的审批。由于大量审批集中在市场有效活动的空间和领域，随着市场经济不断发展，过去那种以消灭市场、竞争和自由为目的的审批管理制度与新的经济体制不可避免地发生激烈碰撞，并日渐成为新体制建设的制度障碍（王克稳，2014）。自党的十八大以来，中央要求加快行政审批制度改革，行政审批制度改革也成为转变政府职能的突破口（王澜明，2014）。行政审批制度改革大大降低了制度性交易成本，提高了政府效率，主要体现在整合行政审批机构、精简行政审批事项和简化审批流程方面。

整合行政审批机构。有的地区把部门内部的行政审批职能进行整合，集中到一个机构，直接负责行政审批事项。这就是所谓的行政审批局模式，这种模式不仅摆脱了传统政务服务中心地位较低、协调乏力的现实困境，也有效地解决了审批权行使名义上集中的问题，克服了审批环节多、流程简化有限等弊病，逐步实现行政审批权的内在统一。河北省石家庄市2017年2月成立行政审批局，将市发改、教育、民政等26个部门132项行政审批事项划入市行政审批局，由该局直接实施，启用行政审批专用章。江西省南昌市2017年12月成立行政审批局，把过去分散在市发改委、工信委、教育局等33个部门的188项行政许可权及相关联的审批事项统一划转至市行政审批局，实现了"一枚印章管审批"。山东省烟台市2018年底组建了行政审批局，将市发展改革委、教育局、司法局、人力资源和社会保障局等24个部门的108项行政许可事项（含目前已查明的24项关联事项）划转至行政审批服务局统一实施。行政审批局的创立，实现了行政审批集中办理，使审批过程更加标准透明、高效便利，切实提高了行政审批效率。

精简行政审批事项。根据2017年12月发布的《中国人权法治化保障的新进展》白皮书可知，自党的十八大以来，中央层面累计取消行政审批事项618项，中央指定地方实施行政许可事项目录清单取消269项，行政审批中介服务清单取消320项，职业资格许可和认定事项削减比例达70%以上，核准的投资项目数量累计减少90%。各省也积极精简行政审批事项，以辽宁省为例，2016～2019年，辽宁省取消调整行政审批等事项1682项，其中行政审批事项比2011年减少了52%；各市政府取消调整行政职权11013项，针对没有法律法规规章依据的权力，全部取消。省直49个部门拟保留职权1928项，减少2355项，精简比例达55%。通过精简审批事项，政府与市场边界进一步厘清。同时实施权力清单、责任清单制度，将政府职能、法律依据、职责权限等内容向社会公开，目前，中央及各级地方政府均已公布权力清单。政府职能法定化明确政府的权力范围，减少了自由裁量权，也减少了对微观事务的干预，提高了政府效能。

简化行政审批流程。对行政审批流程进行简化，有利于缩短行政审批时间，提高政府办事效率。天津市实行现场审批、网上审批、联合审批、高效审批，平均承诺时限减少到6.6天，实际平均审批时限为4.6天，“五证合一”“一证一码一账一票”实现一天办结，最大限度提高了行政审批办理效率。陕西省住建厅通过“不见面审批”、“容缺受理”、规范陈述程序三项措施，进一步简化了行政审批工作流程、优化提升服务效能。上海市浦东新区实行“一业一证”改革，政府通过优化审批流程和集中审批程序，将一个行业经营涉及的多项行政许可事项，整合为一张载明相关行政许可信息的行业综合许可证。“一业一证”改革提高了政府效率，以前在浦东新区开一家便利店要办5个证，现在只要一张综合许可证，以前承诺办理时间要95个工作日，现在只要5个工作日。黑龙江省对住建领域实行告知承诺制审批，使企业资质和人员执业资格申报更加迅捷，审批事项、流程、时限将得到进一步压减，从原来的15个工作日缩短为2个工作日审批完成。

2. 商事制度改革

商事制度是政府管理经济的一项基础制度，是市场主体产生、存续、退出市场以及从事市场经济活动的基础。我国的商事登记制度始于计划经济体制，计划色彩严重，阻碍了市场经济的顺畅运行。党的十八届二中全会决定改革工商登记制度，放宽工商登记条件，加强对市场主体、市场活动监督管理。2013年10月25日，国务院审议通过了《注册资本登记制度改革方案》，确立了商事制度改革总体设计。党的十八届三中全会决定对商事登记制度进行改革，要求推进工商注册制度便利化，改革市场监管体系，实行统一的市场监管。2013年12月28日，十二届全国人大六次会议审议修改了《公司法》，明确将公司注册资本实缴登记制改为认缴登记制，取消公司注册资本最低限额制度，降低了企业进入的资金门槛，为推进商事制度改革提供了法治保障。2014年2月，国务院印发《注册资本登记制度改革方案》，并决定修改《公司登记管理条例》《企业法人登记管理条例》等8部行政法规、废止2部行政法规，确保改革依法推进。2014年3月，商事制度改革在全国范围内启动，正式拉开了改革的序幕。从2014年至2017年底，已将全部226项工商登记前置审批事项中的87%先后分四批后置或取消。平均每天新增市场主体4万多户，其中日均新登记企业1.37万户，2017年增长更快，日均新登记企业达1.66万户，2019年日均净增企业数量1万户以上。开办企业数量日益增多显示了政府效率的不断提升。

推进工商注册便利化。《注册资本登记制度改革方案》规定，实行注册资本认缴登记制，放宽注册资本登记条件，公司实收资本不再作为工商登记事项。改革年度检验验照制度，将企业年度检验制度改为企业年度报告公示制度。简化住所（经营场所）登记手续，申请人提交场所合法使用证明即可予以登记。推行电子营业执照和全程电子化登记管理。从2014年3月至今，国家工商总局先后出台了注册资本改革、企业住所改革、企业名称改革、全程电子化和电子营业执照改革、市场主体退出改革、企业开办全程网上办等，有效降低了创业创新的制度性成本。并严格审批事项管理，实行行政审批事项目录管理。自2014年1月以来，已将全部226项工商登记前置审批事项中的87%先后分四批改为后置或取消。审批事项后置降低了企业进入的制度性门槛，不再因烦琐的审批程序和冗长的审批过程，阻碍企业的方便进入。

逐步推进证照合一改革。从2015年10月1日起，在全国范围内推进“三证合一”登记制度改革。“三证合一”登记制度是指将企业登记时依次申请，分别由工商行政管理部门核发工商营业执照、质量技术监督部门核发组织机构代码证、税务部门核发税务登记证，改为一次申请、由工商行政管理部门核发一个营业执照的登记制度。2016年6月30日，决定在全面实施“三证合一”登记制度改革的基础上，再整合社会保险登记证和统计登记证，实现“五证合一、一照一码”改革，进一步为企业开办和成长提供便利化服务，降低创业准入的制度性成本。2016年12月1日，实施个体工商户营业执照和税务登记证的“两证整合”。2017年5月5日，决定全国范围内实施“多证合一”改革。在全面实施“五证合一、一照一码”登记制度改革和“两证整合”的基础上，将涉及企业（包括个体工商户、农民专业合作社）登记、备案等有关事项和各类证照进一步整合到营业执照上，实现“多证合一、一照一码”。

推动证照分离改革。自2018年11月10日起，决定在全国范围内对第一批106项涉企行政审批事项分别按照直接取消审批、审批改为备案、实行告知承诺、优化准入服务四种方式实施“证照分离”改革。建立长效机制，同步探索推进中央事权与地方事权的涉企行政审批事项改革，做到成熟一批复制推广一批，逐步减少涉企行政审批事项，在全国有序推开“证照分离”改革，对所有涉及市场准入的行政审批事项按照“证照分离”改革模式进行分类管理，实现全覆盖，为企业进入市场提供便利。2019年12月1日起，在全国自贸试验区开展“证照分离”改革全覆盖试点，推动523项中央层面设定的涉企经营许可事项的照后减证和简化审批。

三、“放、管、服”改革效果与问题

党的十九届四中全会提出：“必须坚持一切行政机关为人民服务、对人民负责、受人民监督，创新行政方式，提高行政效能，建设人民满意的服务型政府。”自“放、管、服”改革以来，各地产生了诸如“一站式服务”“最多跑一次”“不见面审批”等制度或实践，民众便利化程度不断提升。“放、管、服”改革也有力激发和释放了市场主体活力，2019年10月24日，世界银行发布《2020年营商环境报告》，中国的全球营商环境排名又跃升15位，升至全球第31位。“放、管、服”改革也使市场准入和监管更加公平便利。

1. 民众便利化程度不断提升

人民群众到政府机构办事的体验，能够直观反映服务型政府建设的成效。自“放、管、服”改革以来，政府部门不断推出便民举措，政务服务水平得到了很大提升，群众办事渠道也日趋丰富，方便很多。但是，一些部门的服务程序仍然存在办事难、材料杂、跑腿多等问题，群众意见很大。为了解决百姓办事难题，2016年政府工作报告提出要大力推行“互联网+政务服务”，让居民和企业少跑腿、好办事、不添堵；2018年6月，国办印发《进一步深化“互联网+政务服务”推进政务服务“一网、一门、一次”改革实施方案》，明确要进一步推进“互联网+政务服务”，充分运用信息化手段解决企业和群众反映强烈的办事难、办事慢、办事繁的问题，让企业和群众到政府办事像“网购”一样方便。政府网站、政务微博、政务微信、政务App等各类“互联网+政务”平台，为简化办事流程、提高办事效率提供了便捷手段。政务大厅“一站式”服务、“最多跑一次”改革、“不见面审批”改革、“一趟不用跑”改革也在许多地方推行。通过跨部门的信息共享与合作，形成了多部门合作共治和协同治理，推动公共服务流程再造，实现多渠道、多层次、跨部门、无缝隙、全方位的职能整合，为人民群众提供了更多便利。

“最多跑一次”改革于2016年底由浙江首次提出，是通过“一窗受理、集成服务、一次办结”的服务模式创新，让企业和群众到政府办事实现“最多跑一次”的行政目标。浙江全力打造“前台综合受理、后台分类审批、综合窗口出件”的政务服务新模式，稳步推进“无差别全科受理”。推进便民服务中心乡镇（街道）全覆盖，在村（社区）打造“代办点+自助服务终端+村干部集中服务”便民服务模式，推进政务服务“就近能办、同城通办、异地可办”。浙江构建统一架构、覆盖全省的浙江政务服务网，省级前100高频事项已实现系统对接和数据共享，积极推进民生事项“一证通办”。针对企业投资项目审批部门多、环节多、周期长的问题，推进企业投资便利化改革；针对市场准入领域“办照容易办证难”“准入不准营”的问题，推进市场准入便利化改革；针对群众日常生活中最渴望解决、最难办的事情，推进民生服务便利化改革，推进“一件事情”全流程“最多跑一次”。浙江注重以制度形式巩固推广改革成果，把制度化作为基础工作和长效机制，研究起草《浙江省保障“最多跑一次”改革规定》地方性法规，公布实施《政务办事“最多跑一次”工作规范》《一窗受理、集成服务》《行政服务大厅现场管理工作规范》等地方标准，初步形成了具有浙江特色的标准体系。

2. 营商环境持续优化

优化营商环境也是“放、管、服”改革目的之一。营商环境是指企业等市场主体在市场经济活动中所涉及的体制机制性因素和条件，具体指市场主体在准入、生产经营、退出等过程中涉及的政务环境、市场环境、法治环境、人文环境等有关外部因素和条件的总和。近年来，以营商环境建设为核心的竞争日益加剧。凡是营商环境好的地方，都呈现出投资者纷至沓来、地方生产总值不断提高、就业水平不断改善的特点，可以说，营商环境就是生产力（李军鹏，2018）。世界银行开发了国际营商环境指标用以衡量各国企业营商环境，它主要由开办企业、申请建筑施工许可证、获得电力、登记财产、获得信贷、保护中小投资者、纳税、跨国贸易、执行合同、办理破产等指标组成，客观真实地反映了企业从申请、开办、营业、扩大、运营、贸易、破产等全过程中的政务环境。由是，营商环境涉及多个部门，需要从整体入手、协同合作才能有效改善。

中国的营商环境不仅整体排名大幅度进步，各项指标也有显著改善。根据《2015年营商环境报告》和《2020年营商环境报告》的对比，中国总体排名从第90位升至第31位，具体到各项指标，除获得信贷排名略有下降外，开办企业从第128位升至第27位，办理施工许可证从第179位升至第33位，获得电力从第124位升至第12位，登记财产从第37位升至第28位，保护中小投资者从第132位升至第28位，纳税从第120位升至第105位，跨国贸易从第98位升至第56位，执行合同从第35位升至第5位，办理破产从第53位升至第51位。中国少数城市的营商环境更是改善巨大。以北京为例，在世行评价的10个一级指标中，北京在开办企业、获得电力、登记财产、保护中小投资者、执行合同5个指标跨入全球前30名，个别指标进入前10；获得电力的成本和手续、办理建筑许可指标中的建筑质量控制、执行合同的司法程序质量等6项子指标均达到或超过全球前沿水平。

3. 市场准入和监管更加公平便利

全面推行市场准入负面清单制度。2014年7月，国务院发布《关于促进市场公平竞争维护市场正常秩序的若干意见》提出制定市场准入负面清单。市场准入负面清单以外的行业、领域、业务等，各类市场主体皆可依法平等进入。在这个文件中提出七个方面的工作任务，首要任务就是放宽市场准入。即凡是市场主体基于自愿的投资经营和民商事行为，只要不属于法律法规禁止进入的领域，不损害第三方利益、社会公共利益和国家安全，政府不得限制进入。改革市场准入制度、大力减少行政审批事项、禁止变相审批、打破地区封锁和行业垄断、完善市场退出机制。2018年12月25日发布《市场准入负面清单（2018年版）》。这标志我国全面实施市场准入负面清单制度，负面清单以外的行业、领域、业务等，各类市场主体皆可依法平等进入。这一重大制度创新，有利于发挥市场在资源配置中的决定性作用，真正实现“非禁即入”；有利于激发市场主体活力，对各类市场主体一视同仁，实现规则平等、权利平等、机会平等。

创新监管方式，市场环境更加公平。在对监管方式创新之路的上下求索中，以“双随机、一公开”监管为基本手段、以重点监管为补充、以信用监管为基础的新型监管机制逐步健全。“双随机、一公开”监管，实现“进一次门，查多项事”，大大地减轻了企业负担，提高了监管效能。同时，对食品、药品、特种设备等重点领域的监管继续保持“严防死守”的态势。实施信用监管，实行守信联合激励和失信联合惩戒机制，则让市场主体“一处违法、处处受限”，增强了对市场主体的威慑力。2018 年，我国各级市场监管部门共抽查企业 160.1 万户次，国家市场监管总局牵头或参与开展部门联合双随机抽查 13.6 万户次。对产品质量、婴幼儿配方乳粉、医疗器械等公众关注度高的领域，各级市场监管部门强化抽查检查，有效处置了一批不合格产品。信用监管机制进一步完善，国家企业信用信息公示系统已归集公示涉企信息超过 6 亿条，每天访问量达 4300 多万人次。截至 2018 年 11 月底，全国经营异常名录实有市场主体 552.4 万户，严重违法失信企业名单实有 49.7 万户，累计限制老赖任职 30.8 万人次。增强市场主体信用意识和自我约束力，对违法者“利剑高悬”；减少对市场主体正常生产经营活动的干预，对守法者“无事不扰”——监管方式的创新提升了事中事后监管效能，让市场环境更加公平有序。

虽然经过多年改革，但目前各种市场准入限制、审批许可、不合理的管理措施还是较多，影响企业投资兴业和群众创业创新；市场监管不公、检查任性、执法不力等问题依然突出，一些领域竞争不公平、市场秩序混乱，假冒伪劣、坑蒙拐骗等问题仍然存在；公共服务也有不少短板，一些政府和部门服务意识不强、办事效率不高，工作拖沓敷衍、推诿扯皮，企业和群众意见较多。从改革开放新要求看，现有“放、管、服”改革在优化营商环境、坚持市场化法治化国际化原则上尚有较大差距。市场化方面，仍有许多不合理体制机制障碍束缚市场活力和社会创造力。法治化方面，缺乏公开透明、公平公正、保护各类所有制企业合法权益的一致性的制度化措施。国际化方面，在扩大开放、加强与国际通行经贸规则对接上仍有空间。政府管理和服务距离“简约”之道还有很长的路要走。

四、“放、管、服”改革建议与展望

“整体政府”理论是当前政府改革参照的主流理论之一，在英国、澳大利亚等国的实践中取得了良好的效果，这也与我国转变政府职能、建设人民满意的好政府相一致。“放、管、服”改革正是契合了“整体政府”理论，从整体性入手转变政府职能，政府效率得到提升，更多优质的公共服务得到提供。目前，由于新冠疫情的影响，给我国经济社会发展造成了诸多困难。2020 年第一季度经济同比下滑 6.8%，企业停工停产，城镇失业率大幅度上升，3 月全国城镇调查失业率为 5.9%。在常态化疫情防控下，更需要深化“放、管、服”改革，通过不同地区、不同部门、不同层级的整合和协同合作，切实转变政府职能，激发市场活力，促进全面复工复产、复市复业。正如 2020 年政府工作报告所要求的，“要调整措施、简化手续，推动更多服务事项一网通办，做到企业开办全程网上办理。放宽小微企业、个体工商户登记经营场所限制，便利各类创业者注册经营、及时享受扶持政策。支持大中小企业融通发展。完善社会信用体系。以公正监管维护公平竞争，持续打造市场化、法治化、国际化营商环境”。

一是要深化简政放权。严格行政审批中介服务目录管理，全部取消不必要的行政审批事项和中介服务事项。推进地方政府综合授权改革，激发地方政府积极性，提高整体改革效应。压减工程建设等领域企业资质资格类别、等级，深化资质审批方式，对相关企业资质实行告知承诺管理。精简优化工业产品生产、流通等领域需办理的行政许可、认证、检验检测等管理措施。深化商事制度改革，探索开办企业全程无纸化登记，营业执照办理“零见面”。拓展电子营业执照在税务、人力资源社会保障、公积金等高频重点领域的应用。持续完善市场准入制度，进一步降低市场准入门槛，进一步简化审批程序，减少产品进入许可数量，降低企业进入的时间；所有涉企行政审批事项均进行“证照分离”改革，实现持营业执照即可经营，真正地实现市场可自由进出。

二是要维护市场竞争秩序。加快将公平竞争审查制度落实到政府各项行为中，清理市场准入、资质标准、产业补贴等方面妨碍统一市场和公平竞争的规定和做法。组织开展工程项目招投标营商环境专项整治。加快构建权责明确、公平公正、公开透明、简约高效的事中事后监管体系。向市场主体全面公开市场监管规则和标准，以监管规则和标准的确定性保障市场监管的公正性。深入实施“双随机、一公开”监管，推进市场监管全覆盖、全统一。推动“双随机、一公开”监管、重点监管与信用监管等监管方式进一步融合，将随机抽查的比例频次、被抽查概率与抽查对象的信用等级、风险程度挂钩，合理安排检查频次，提升监管效能。积极推进“互联网+监管”。加快推进各类监管数据的归集共享，充分运用大数据、云计算等技术，建立完善相关风险预警模型，加强对风险的跟踪预警、分析研判、评估处置。

三是建设电子政府并优化疫情期间服务。推动更多事项实现网上办理、移动App办理，对确需现场办理的事项大力推行预约办理或者帮助办理，尽量做到即时办理和一次办理，高效优质满足企业和群众办事需求。全面优化办事流程，通过互联网等技术手段让办事人动态掌握办事进展，最大限度实现网络化、透明化办事。完善全国政务服务“一张网”，推动政务服务跨地区、跨部门、跨层级协同共享，在更大范围内实现“一网通办”，建设电子政府。对疫情防控期间优化审批服务的经验做法进行总结细化推广，予以制度化形成长效机制。继续依法依规、科学有序做好防控工作，按照分类管理原则，采取差异化防控和复工、复产、复市措施。各行政审批单位按照特殊时期能办、尽办、快办的原则，大力推行“告知承诺制”，实施容缺一次性受理，全力保障企业复工生产经营和项目开工建设。加强跨区域联动，帮助企业协调解决上下游协同等问题。主动关心和服务好企业复工、复产、复市，推进国家和地方各项惠企政策落地落细、发挥实效，帮助企业解决实际困难。

专栏8-1

浙江省的“云审批”

新冠疫情暴发以来，浙江不断深化“放、管、服”改革，“云审批”改革举措的落地实施，正加快推动浙江企业复工复产工作有序开展。

两个月前，面对新冠疫情，工厂缺工人、车间缺原料，眼看就要减停产。在浙江省桐乡市，巨石股份有限公司紧急开会，最终拍板：不减产！

不减产，实属不得已——一条玻纤生产线，从窑炉点火那一刻起，8年内不能熄。一旦减停产，损失没法算。

企业有难处，盼政府帮忙；但疫情防控正吃紧，严管不能松。这矛盾怎么解？

在做好疫情防控工作的前提下，推出“云审批”，灵活助企解难题。

“如果政府部门墨守成规，政策放不开，那我们当时复工就难了。”巨石股份采购供应部总经理孙兆华说。

2月中旬，企业从富阳找到原料供应商后，遇到难题——当时，陆路交通基本行不通，运原料只好走水路。因为疫情防控规定，装运原材料的船舶行至桐乡和湖州交接的一河道卡口时被拦下了。彼时，两地还没有针对疫情防控期间水运通行的相关规定。

"在做好疫情防控的前提下，是否可以想出解决办法呢?"孙兆华尝试向桐乡市经信局求助。很快，经信局与海事部门对接，在严格落实防疫检查后，船舶顺利通行。

采访中，不少企业主告诉记者：企业最怕相关部门不落实"放、管、服"改革要求，具体表现为：只顾"照章办事"、不顾企业困难，对权力明放实收、对问题推诿扯皮……

"只要肯想办法，办法总比困难多。"位于宁波市宁海县的一家生物药业公司的项目负责人王尧感慨。3月初，该公司的一个项目进入环评阶段。按以前的评审模式，审批机关需委托评估单位联系好各地专家召开现场评审会，流程复杂。

"如果政府部门拿原有的规章来限定我们，我们最近就很难复工了。"王尧当时很发愁。

事情反馈到宁海县政务办办证业务科，科长张坚敏表示："如果坚持企业现场办评审会，我们不担责任，但企业生产进度就耽搁了。"

问题怎么解决？政务办立即召集各办事窗口负责人进行研讨，最终发现：商定评审没有相关法规规定必须采取面对面现场评审的形式。之后，县政务办创新推出"云评审"模式，利用钉钉视频等将专家评审会搬到了网上。

"'云评审'模式无须专家到现场，既没有违反规章制度，又解决了企业难题，一举两得。"张坚敏介绍，据统计，近一个月来，宁海县通过"云评审"完成水保、环评等相关审批7次，加速各类建设项目落地。

资料来源：方敏：《"放管服"改革　催生复工加速度》，《人民日报》，2020年4月20日，第11版。

参考文献

［1］汪同三：《在新常态下处理好政府和市场关系》，《人民日报》，2016年8月24日。

［2］洪银兴：《论市场对资源配置起决定性作用后的政府作用》，《经济研究》2014年第1期。

［3］中央党校省部级干部进修班课题组、王一鸣：《对新常态下处理好政府与市场关系的几点认识》，《中国领导科学》2017年第5期。

［4］丁照攀、靳永翥：《协调联动："放、管、服"改革背景下地方治理结构变革的新趋势》，《中共福建省委党校学报》2018年第2期。

［5］习近平：《转变政府职能是深化行政体制改革的核心》，《论坚持全面深化改革》，中央文献出版社2018年版。

［6］张安定：《关于深化"放、管、服"改革工作的几点思考》，《行政管理改革》2016年第7期。

［7］沈荣华：《十八大以来我国"放、管、服"改革的成效、特点与走向》，《行政管理改革》2017年第9期。

［8］孙天承：《政府协调市场运行与发展职责的法治化路径》，《法学》2017年第3期。

［9］Christensen T., Lægreid P., "The whole - of - government approach to public sector reform", *Public Administration Review*, Vol. 67, No. 6, 2007, pp. 1059 - 1066.

［10］周志忍、蒋敏娟：《整体政府下的政策协同：理论与发达国家的当代实践》，《国家行政学院学报》2010年第6期。

［11］孙迎春：《澳大利亚整体政府信息化治理》，《中国行政管理》2014年第9期。

［12］吴德星：《以整体政府观深化机构和行政体制改革》，《人民论坛》2018年第1期。

［13］曾维和：《"整体政府"——西方政府改革的新趋向》，《学术界》2008年第3期。

［14］包国宪、张蕊：《基于整体政府的中国行政审批制度改革研究》，《中国行政管理》2018年第5期。

［15］王克稳：《我国行政审批制度的改革及其法律规制》，《法学研究》2014年第2期。

［16］王澜明：《深化行政审批制度改革应"减""放""改""管"一起做——对国务院部门深化行政审批制度改革的一点看法和建议》，《中国行政管理》2014年第1期。

［17］李军鹏：《十九大后深化放管服改革的目标、任务与对策》，《行政论坛》2018年第2期。

第九章 工业投资的调整与重点任务

提 要

“十三五”以来，在党中央的坚强领导下，我国经济稳增长顺利完成，高质量发展态势逐渐清晰。工业投资“增长平稳、结构优化”的特征进一步凸显，对经济转型和产业升级的支撑作用不断强化。“十四五”时期，工业投资面临一系列新影响和新挑战，包括：新冠疫情下世界经济衰退与全球化不确定性加大；超大规模市场优势对工业发展的战略影响更加突出；科技创新催生新发展动能，产业转型升级进程全面加速；资源环境约束依然严峻，绿色发展潜力巨大；改革开放持续深入推进。工业投资的基本思路与重点任务是把做实、做强、做优实体经济作为主攻方向，坚持调结构、促转型的投资导向，积极扩大先进制造业和战略性新兴产业投资，加大技术改造投入牵引带动传统产业转型升级，加大企业创新研发投入和关键核心技术攻坚力度，围绕国内国际双循环，努力提高产业链供应链稳定性和现代化水平。在政策取向上，应以深化改革为根本动力，通过优化投资环境、改善要素供给、强化金融支持、提升技术支撑，充分激发工业投资特别是民间投资的活力与潜力，引导投资更多投向重点领域和薄弱环节，用增量撬动存量，以高质量、高效率的投资推动高质量、高效益的工业发展。

* * *

“十四五”时期是我国全面建成小康社会、实现第一个百年奋斗目标之后，乘势而上开启全面建设社会主义现代化国家新征程、向第二个百年奋斗目标进军的第一个五年，我国将进入新发展阶段。工业投资面临着一系列深刻、重大的新影响和新挑战。以深化改革为动力，以推进供给侧结构性改革为主线，把做实、做强、做优实体经济作为主攻方向，工业投资的高质量发展主题将更加突出。

一、“十三五”我国工业投资发展的态势与特征

“十三五”以来，全球经济与贸易低速增长、不确定性增加，经济下行压力加大。在党中央坚强领导下，我国经济稳增长顺利完成，调结构成效显著，高质量发展态势逐渐清晰。工业投资也经历了深刻的转型与变革，“增长平稳、结构优化”的特征进一步凸显，对经济转型和产业升级的支撑作用不断强化。

1. 投资增速稳中有进

“十二五”时期，受外需大幅萎缩、国内重化工业化进程趋缓等因素影响，新一轮产能过剩

不期而至，工业投资增速持续显著地下滑。2016年，工业投资增速降至3.6%，比2011年下降23.3个百分点。其中，民间工业投资和民间制造业投资增速降幅更甚，分别从2012年的26.6%和27.2%，降到2017年的3.2%和3.6%（见图9-1）。工业投资占全社会固定资产投资的比重也由2012年的42.3%一路降至2017年的36.8%（见图9-2）。“十三五”中期，在一系列调控政策的作用下，工业投资增速明显回升①。2018年，工业投资和制造业投资分别增长6.5%和9.5%，较2017年回升2.9个百分点和4.7个百分点。民间投资增长8.7%；制造业实际利用外资达到412亿美元，比2017年增长22.9%，占比达到30.5%。2019年，受中美贸易摩擦升级、内需不足、工业品价格降幅扩大等因素影响，工业生产增速放缓，企业盈利空间下降，工业投资增速又出现回落。2019年，工业投资增速4.3%，比2018年回落2.2个百分点。其中，制造业投资增长3.1%，同比下降6.4个百分点。从企业注册类型来看，2019年，民间投资增速同比增长4.7%，增速较2018年减少4个百分点，较国有控股投资低2.1个百分点。民间投资增速下滑除了基数原因，很大程度上受外部经济环境不确定性增加、经济下行压力增大等因素影响。“十三五”以来，民间投资占固定资产投资的比重已由2015年的64.2%降至2019年的56.4%。这种走势本质上是经济下行时期市场主体基于产能过剩严重、市场环境偏紧的谨慎反应和选择，从供给侧构成了新常态下的结构性变化。

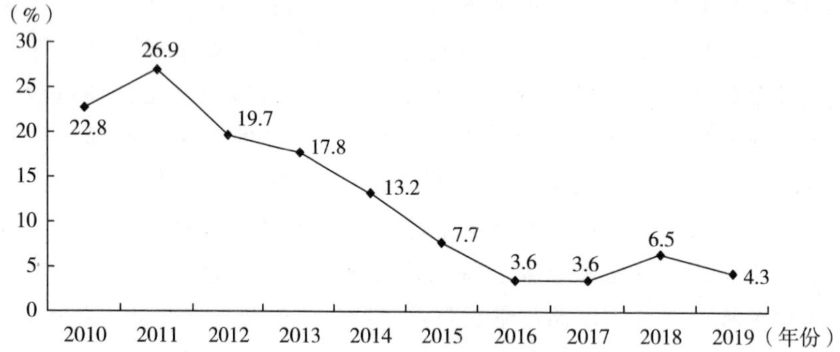

图9-1 2010~2019年工业投资增速（按当年价计算）

资料来源：国家统计局网站。

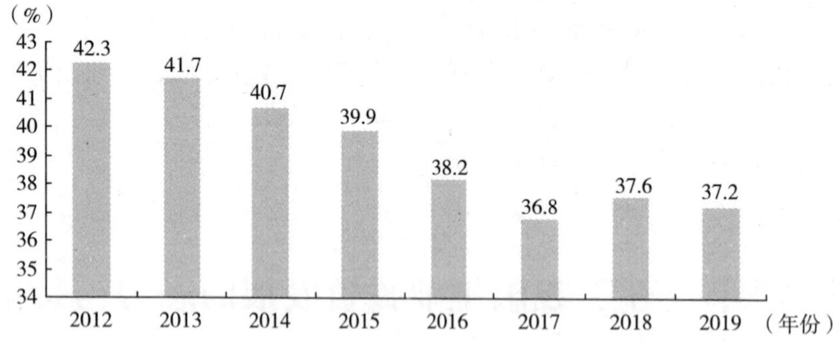

图9-2 2012~2019年工业投资占全社会固定资产投资（不含农户）比重

资料来源：国家统计局网站。

① 这些影响主要有：一是营商环境持续改善，特别是一系列鼓励民间投资、支持民营企业政策的落地实施，吸引国内外更多企业和项目投资；二是去产能工作的推进提高了相关行业产能利用率，结合需求因素带动生产者物价指数（PPI）恢复性走高，改善了企业盈利水平；三是降本增效强化了企业转型升级的动力；四是对外开放实现新突破，吸引外资大量进入制造业。

2. *投资结构持续优化，新动能的支撑作用不断加大*

“十三五”时期，虽然工业投资增速放缓，但是投资结构呈现出不断优化的发展态势。一方面，通过引导企业加大技术改造投资力度，积极建设检验检测等公共服务平台，健全技术改造的服务体系，有力推进制造业转型升级。2018 年，全国技术改造投资增长 12.8%，占比达 45.1%，比 2017 年提高 1.1 个百分点。2019 年，制造业技术改造投资增长 7.4%，增速较全部制造业投资高 4.3 个百分点。“十三五”时期，制造业投资占工业投资的比重基本延续了“十二五”以来的稳定上升态势（见图 9－3）。需要指出的是，工业技改投资不是扩大产能、扩大规模等外延式的投资增长，而是改善产品结构、产业结构、转换升级向价值链的中高端迈进方面的投资。另一方面，高新技术产业投入保持较快增长。2018 年，高技术制造业投资增长 16.1%，高于制造业平均水平 6.6 个百分点，占制造业投资比重升至 14.5%，比 2017 年提高 1 个百分点。2019 年，高技术制造业投资增长 17.7%，高于全部制造业投资 14.6 个百分点。其中，医疗仪器设备及仪器仪表制造业投资增长 36.4%，电子及通信设备制造业投资增长 18.7%，计算机及办公设备制造业投资增长 18.7%，医药制造业投资增长 8.4%。2020 年上半年，尽管遭遇新冠疫情的严重影响，高技术制造业投资仍然增长 5.8%，其中医药行业投资增幅甚至达到 10% 以上。投资结构的优化调整有力促进了转型升级和创新驱动，新动能对工业经济的支撑作用不断加大。2016～2019 年，高技术制造业增加值年均增长 11.2%，明显高于 6.0% 的整体工业增速，占规模以上工业增加值比重由 2016 年的 12.4% 升至 2019 年的 14.4%。

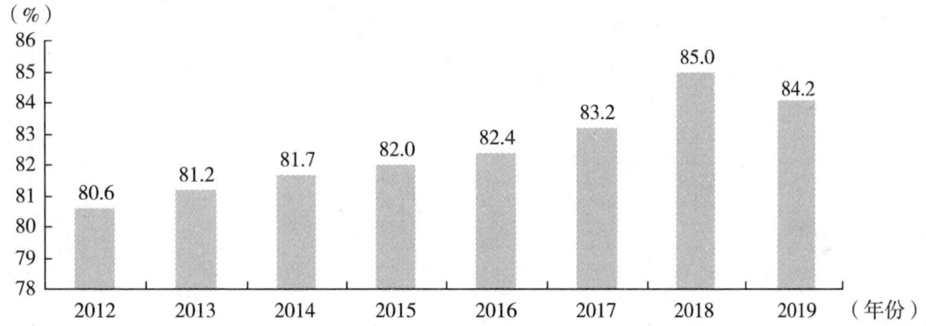

图 9－3　2012～2019 年制造业投资占工业投资比重

资料来源：国家统计局网站。

3. *产能过剩治理有一定进展，工业经济效益结构性改善趋势凸显*

2017 年底，中央提出“深化供给侧结构性改革，大力破除无效供给，把处置僵尸企业作为重要抓手，推动化解过剩产能”。2018 年，全国工业产能利用率为 76.5%，比 2016 年提高 3.2 个百分点；2019 年，工业产能利用率进一步升至 76.6%。其中，采矿业、原材料行业分别为 74.4%、76.9%，均升至近七年的最高点；钢铁行业达到 80.0%。但是，部分行业产能过剩的情况仍然比较严峻，如煤炭开采和洗选业利用率 70.6%、化学原料和化学制品制造业 75.2%、非金属矿物制品业 70.3%（见表 9－1）。此外，部分新能源汽车、LED、机器人等战略性新兴产业由于缺乏核心技术，盲目低端化扩张，也出现产能过剩的现象。2018 年，上百个城市有新能源汽车项目落地，20 多个城市有芯片产业项目布局，共有 65 个机器人产业园在建或已建成，有些欠发达、产业基础不强的县也在布局机器人产业园。

从工业企业效益看，结构分化趋势开始显现。2018 年，全国规模以上工业企业利润总额 66351.4 亿元，比 2017 年增长 10.3%，增速较 2017 年减少 10.7 个百分点。依据国家统计局计算，石油天然气开采业、非金属矿物制品业、黑色金属冶炼和压延加工业增长37.8%，化学原料和化学制品制造业，酒、饮料和精制茶制造业5个行业合计对规模以上工业企业利润增长的贡献率为77.1%。2019年，规模以上工业企业实现利润总额61995.5亿元（见图9－4），比2018年下降3.3%，且下半年降幅较上半年扩大0.7个百分点。这也是自2014年以来，工业企业利润再度转为负增长。尽管工业企业效益总体水平有所下降，但效益状况呈现结构性改善。高技术制造业和战略性新兴产业实现利润分别比2018年增长4.8%和3.0%，占全部规模以上工业利润的比重各提高1.2个百分点和1.6个百分点，呈现较快增长态势。从企业类型来看，私营企业和小型企业利润比2018年分别增长2.2%和5.0%，明显好于规模以上工业企业的平均水平。

表9－1 2019年工业产能利用率

行业类别	产能利用率（%）	比上年增减（%）
工业	76.6	0.1
其中：采矿业	74.4	2.5
制造业	77.1	0.2
电力、热力、燃气及水生产和供应业	72.1	-1.3
煤炭开采和洗选业	70.6	0.0
石油和天然气开采业	91.2	2.9
食品制造业	72.9	-2.4
纺织业	78.4	-1.4
化学原料和化学制品制造业	75.2	1.0
医药制造业	76.6	-1.0
化学纤维制造业	83.2	1.4
非金属矿物制品业	70.3	0.4
黑色金属冶炼和压延加工业	80.0	2.0
有色金属冶炼和压延加工业	79.8	1.0
通用设备制造业	78.6	1.3
专用设备制造业	78.8	-0.3
汽车制造业	77.3	-2.5
电气机械和器材制造业	79.4	1.4
计算机、通信和其他电子设备制造业	80.6	1.2

资料来源：国家统计局网站。

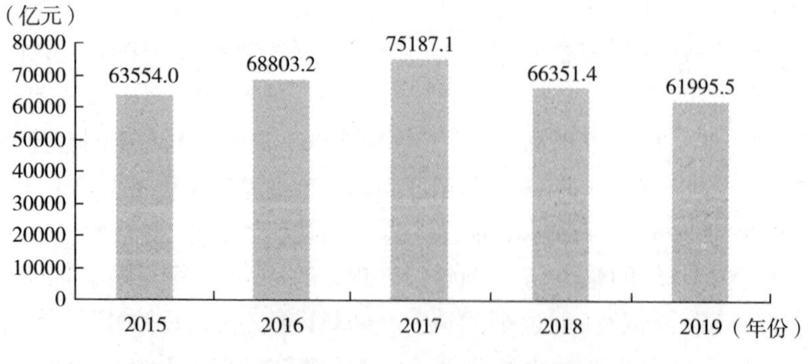

图9－4 2015～2019年全国规模以上工业企业利润总额

资料来源：国家统计局网站。

4. 投资结构的区域分化更为明显

“十二五”中后期，全国不同地区工业投资增速的差距开始拉大。2013～2015 年，东部和中部地区工业投资年均增速分别为 15.2% 和 15.6%，各高于全国平均水平 2.5 个百分点和 2.9 个百分点；西部地区年均增长 10.6%，东北三省负增长 0.5%，各低于全国平均水平 2.1 个百分点和 13.2 个百分点。“十三五”以来，各地区间工业投资增长的结构分化态势进一步延续。2016～2018 年，全国工业投资年均增长 4.5%，东部和中部分别达到 5.5% 和 9.0%，西部和东三省仅 0.8% 和 -10.5%（见表 9-2）；最高最低增速之差与全国平均增速的比值高达 4.33，远高于 2013～2015 年的 1.26。2018 年，东部和中部占全国工业投资比重分别由 2015 年的 42.3% 和 28.7% 升至 43.5% 和 32.6%，西部则由 20.8% 降至 18.7%，东北三省降幅更大，由 8.2% 降至 5.1%（见图 9-5）。从主要行业看，东部和中部地区在制造业投资上，与西部和东北三省的分化更为突出；东中部占全国制造业投资的比重达到 79.3%，高出 2015 年 3.9 个百分点，更高出 2012 年 8.7 个百分点。不同地区间工业投资增速差距持续扩大的原因在于：一是在工业投资越来越转向转型升级和创新驱动的背景下，地区间创新要素集聚以及创新能力差异对工业投资特别是制造业投资的影响趋于显著，这也是导致区域新旧动能转换不平衡的深层次原因；二是营商环境对市场化程度不断提高的工业投资的重要性日渐突出；三是已有产业结构的牵制和拖累，如东北经济发展高度依赖资源产业和重工业，导致现代服务业发展滞后、产业结构单一化和增长方式粗放化，在客观上助推了产能过剩，加剧了投资的分化。

表 9-2　2016～2018 年各地区工业投资年均增长速度

单位：%

地区	工业	采矿业	制造业	电热气水生产供应业
全国平均	4.5	-9.0	5.7	1.3
东部	5.5	-8.5	5.8	5.7
中部	9.0	-10.8	10.0	8.9
西部	0.8	-6.2	4.8	-7.5
东北三省	-10.5	-17.4	-11.6	5.1

资料来源：根据历年《中国统计年鉴》计算。

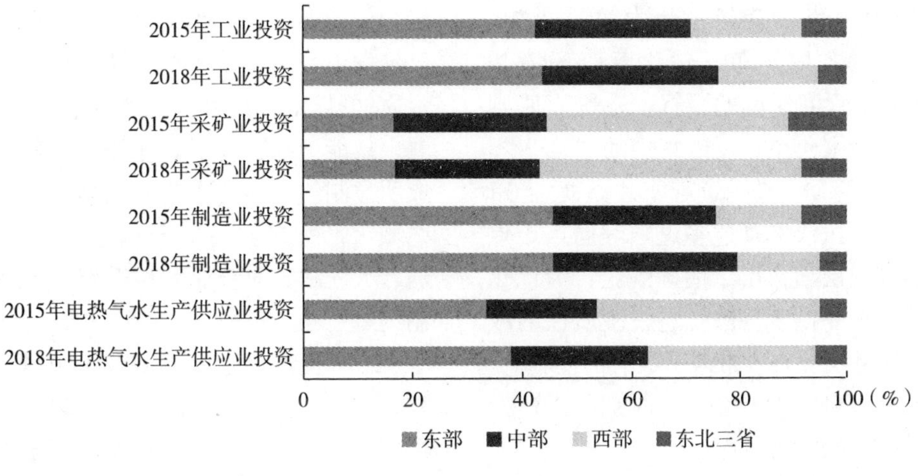

图 9-5　工业投资的区域构成

资料来源：根据历年《中国统计年鉴》计算。

5. 投资体制和政策环境进一步改善

“十三五”以来，投资体制改革重心不断转向投融资体制，而且与供给侧结构性改革协同推进。2016 年《中共中央、国务院关于深化投融资体制改革的意见》作为我国历史上第一份由党中央、国务院印发实施的投融资体制改革文件，确定了投融资体制改革的顶层设计，新一轮投融资体制改革全面展开。改革的总体思路是着力推进结构性改革尤其是供给侧结构性改革，充分发挥市场在资源配置中的决定性作用和更好发挥政府作用；进一步转变政府职能，深入推进简政放权、放管结合、优化服务改革，建立完善企业自主决策、融资渠道畅通，职能转变到位、政府行为规范，宏观调控有效、法治保障健全的新型投融资体制。

围绕营造公平竞争环境、加快审批流程和进度等，投资体制改革得以深入推进。2018 年 5 月，国务院常务会议提出，采取措施将企业开办时间和工程建设项目审批时间压减一半以上，并在北京、天津、沈阳等16 个地区开展试点，精简工程建设项目审批全过程和所有类型审批事项。之后，国务院提出持续推进外资领域“放、管、服”改革，进一步下放外资审批权限。9 月，国务院又提出要深化“放、管、服”改革，在负面清单之外，外资与内资一视同仁，实行各类所有制企业一致的市场准入标准。

2018 年 11 月初，习近平总书记在民营企业座谈会上发表重要讲话，充分肯定了民营经济的重要地位和作用。随后，国务院常务会提出，加大金融支持缓解民营企业融资难、融资贵。中央各部委从融资、税负、营商、准入等环节相继出台一大批政策，扶持企业投资与发展。地方省级政府也纷纷出台激发民营经济活力政策措施。2019 年 10 月，国务院发布《优化营商环境条例》，首次对优化营商环境的目标、范围、原则进行了明确界定，聚焦企业反映集中的“准入不准营”、市场退出障碍、“融资难、融资贵”、审批手续多时间长、执法检查过多过频等痛点难点问题，从体制机制层面作出了明确规定，为优化营商环境提供了重要制度保障。这些实质性的改革进展给企业和社会投资者带来了极大的便利。

但同时也要看到，“十三五”时期，工业投资仍存在若干固有问题的困扰。

一是国内外市场需求遭遇多重变化和限制，全球产业格局和供应链配置面临调整，叠加经济下行压力，抑制企业投资意愿。目前，淘汰落后产能的任务依旧艰巨，不仅煤炭、钢铁等传统产业的落后产能没有出清，一些战略性新兴产业也出现产能过剩。国内外市场需求遭遇多重变化和限制，能源原材料成本上升，生产经营面临困难增多，必然对企业的投资意愿构成较大抑制。

二是市场主体活力不强，企业投资能力有待提升。长期以来，企业投资能力的不足在一定程度上被经济高速增长所掩盖。企业在经济上行期往往会投资冲动，大量进行过度扩张甚至多元化投资；而在下行期则会因草率投资而引发资金链绷紧、断裂以致陷入困境。对于大多数企业来说，从以往依赖劳动力和资源的粗放发展转向依赖技术和创新的集约发展，本身就是对企业战略理念、治理结构、管理规范等的巨大挑战。

三是企业技术创新能力普遍不足，难以适应转型升级的需要。受产权保护、竞争秩序和产业链分工等因素影响，企业技术创新水平较低，大多停留在跟进模仿或低水平开发阶段，自主创新能力匮乏。另外，现有的产业共性技术支撑体系远不能满足转型升级对共性技术的巨大需求。特别是中小企业集中的行业，技术改造异常艰难。

四是高素质人才短缺。随着传统产业改造升级和创新加快，企业生产一线的劳动力需求结构已经发生变化，需求重点从一般的操作工转向高素质的技术工人和管理人员。从东南沿海地区看，技能型和管理型人才短缺对转型升级已经构成明显制约。传统产业中大多数企业并不在一二线城市，所在城市对于高素质人才的吸引力较弱，人才缺乏对企业转型升级形成了比较明显的制约。

五是生产要素流动不畅，市场配置资源功能难以有效发挥。以金融为例，以价格形成为主要形式的市场运行动力生成机制不健全，特别是纵向信号传导渠道的断裂，形成了事实上的“信用双轨制”，一部分企业融资难、融资贵；另一部分企业能以明显低价获得稀缺要素，必然导致成本软约束，助推盲目过度投资和产业资本“脱实向虚”。

二、“十四五”工业投资面临的重大影响与挑战

当前，全球正处于百年未有之大变局，新冠疫情、中美贸易摩擦、世界贸易组织陷入危机等不确定性陡增，第三次全球化浪潮步入深度调整。对中国而言，以往依靠低成本优势融入全球垂直分工体系，实现产业大规模快速扩张的发展模式已不可持续。总的来看，“十四五”时期中国工业投资面临一系列新影响和新挑战。

1. 新冠疫情下世界经济衰退与全球化不确定性加大

新冠肺炎疫情在全球范围内暴发，对世界经济造成重大冲击，使得本已脆弱的经济复苏形势急转直下。特别是美国经济已因疫情陷入深度衰退，严重威胁世界经济的恢复态势。新兴市场国家和发展中国家由于缺少必要的医疗设备和财政资源支持，疫情之后的经济恢复更加艰难。长远看，疫情对全球化短期的冲击正在转变为长期的影响。疫情中断了全球产业链的正常运行，而全球产业链上下游“串联式”的加工贸易特点，又使得单独某一环节重启并不能带来整体的恢复，而是需要等到整个上下游所有环节都恢复正常。产业区域化在一定程度上代替全球化将越来越成为现实和可能。保护主义、单边主义进一步蔓延，贸易和投资争端趋于加剧，全球产业格局和供应链配置面临深刻调整，金融稳定受到冲击，国际经济运行风险和不确定性显著上升。出口紧缩与国内去产能、去杠杆等产生叠加效应，对部分对外依存度较高的地区、园区和企业形成一定的转型压力和风险。发达国家对我国芯片、集成电路、高端软件等“卡脖子”技术的封锁力度加大，加大了产业链安全风险，也为关键领域技术突破提供机遇。纺织服装等传统产业领域有可能出现部分企业加速向外转移，部分跨国公司订单转移或考虑产能外转，布局新建海外工厂，对稳固产业链带来影响和冲击。

2. 超大规模市场优势对工业发展的战略影响更加突出

经过改革开放四十多年的发展，中国已成为“世界工厂”和全球最大的市场。党中央审时度势，提出构建以国内大循环为主体、国内国际双循环相互促进的新发展格局这一重大战略构想。“十四五”时期产业发展必须牢牢把握扩大内需这个战略基点，充分利用完备的工业体系，发挥巨大的市场优势和创新潜能，使生产、分配、流通、消费更多依托国内市场。通过对接内需增长动力，提升供给体系对国内需求的适配性，形成需求牵引供给、供给创造需求的更高水平动态平衡。包括依靠居民收入水平提高、消费结构升级、人口结构变化和城镇化快速发展等内需变化，带动吸引外向型企业进行市场转型，从单纯的成本管控 + 接单出口，转向提高产品附加值、培育品牌和掌控渠道；引导传统产业突破和颠覆原有产业边界和运行机理，刺激新产业、新业态、新产品在分化中孕育、成长等。在超大规模国家基础上形成的超大规模市场优势，作为我国工业新的比较优势，与飞速发展的信息化、网络化结合，将成为推动重大技术进步和结构变迁的主要力量。

3. 科技创新催生新发展动能，产业转型升级进程全面加速

产业转型升级是最新科技成果（如信息、生物、循环利用等）对已有技术路线、生产工艺和商业模式等的渗透、颠覆和改造过程。经过多年积累，我国资金、人才和研发机构等创新要素的总量已居世界前列，整体创新能力大幅提升，国民经济各领域各环节的技术突破进一步加快，部分领域取得重大创新成果，战略高技术捷报频传①。“十四五”时期，随着新一代信息技术与制造业深度融合，特别是5G和区块链技术成熟应

① 2019 年全社会研发支出达 2.17 万亿元，占 GDP 比重为 2.19%；科技进步贡献率达到 59.5%；世界知识产权组织（WIPO）评估显示，我国创新指数位居世界第 14。

用，数据作为日益重要的生产要素，极大促进智能制造、创新设计等新的制造模式以及服务外包、电子商务、移动支付等新的商业模式快速发展。工业互联网作为新工业革命的关键支撑和深化“互联网+先进制造业”的重要基石，将有力带动工业经济由数字化向网络化、智能化深度拓展。生物技术向农业生产、工业制造、医疗健康等领域广泛渗透，引发产业形态和发展机理深刻变革。新能源和节能环保技术突破，引致低碳经济不断成为拉动经济增长的重要引擎。生物、能源、材料等多学科间将更广泛渗透、交叉、融合，引发新的技术变革和产业革命，新兴产业之间以及与传统产业之间的界限越发模糊而融合互补性日益增强，为推动传统产业转型升级和战略性新兴产业快速发展奠定了坚实的基础。

4. 资源环境约束依然严峻，绿色发展潜力巨大

我国工业总体上尚未摆脱低成本、高投入、高消耗、高排放的发展方式，导致资源和能源大量消耗、环境严重污染和效率低下，资源环境对经济社会发展的约束愈发显著。打破资源环境“瓶颈”约束的根本在于转换发展模式，依靠在市场、技术、产品、工艺、管理等多维度上的创新探索，实现以质量和效益为基础的绿色转型发展。这不仅是构建高质量现代化经济体系的必然要求，也是解决生态环境问题的根本之策。从产业体系看，“十四五”时期绿色发展的实质就是要实现经济生态化和生态经济化。目前，我国已经成为全球第一大煤炭生产国和第二大石油消费国，推动资源能源节约发展、保护生态环境、发展循环经济等所涉及的信息产业、智能化应用、新材料、节能环保、清洁能源、生态修复、生态技术、循环利用等领域将迎来快速发展机遇。以节能环保装备、产品和服务业为例，预计到2025年产业规模可突破10万亿元；根据国家可再生能源中心数据，2025年风能、太阳能等新能源产业产值规模有望达到5万亿元左右，成为带动经济绿色转型的重要力量。

5. 改革开放持续深入推进，在更大程度上调动和激发投资活力

习近平总书记多次强调，改革开放是中国的基本国策，也是今后推动中国发展的根本动力。“十四五”时期，政府将拿出更大的勇气、更多的举措破除深层次体制机制障碍，坚持和完善社会主义基本经济制度，使市场在资源配置中起决定性作用，更好发挥政府作用，营造长期稳定可预期的制度环境。在投资领域，一方面，继续推进土地、金融、国资、生态等基础性要素配置市场化，通过平等充分竞争，激发和保护各类投资主体勇于创新、追求卓越的精神，发挥市场机制优化结构的功能，以优质高效的新资本带动存量资本结构优化，促进供给随需求变动灵活调整。另一方面，全面提高对外开放水平，建设更高水平开放型经济新体制；积极参与全球经济治理体系改革，推动完善更加公平合理的国际经济治理体系；推动与周边地区及“一带一路”沿线国家开放合作，争取同大部分新兴经济体、发展中大国、主要区域经济体和发达国家建立自由贸易区，有助于更好利用国内国际两个市场、两种资源，更好地引进外商直接投资，为产业高质量发展拓展新的空间。

三、“十四五”工业投资的基本思路与重点任务

“十四五”时期，高质量发展已成时代主题，推动经济持续稳定增长的不是投资强刺激，而是知识创新及其派生的技术进步。工业投资的基本思路应当是紧紧抓住供给侧结构性改革这一主线，坚持把做实做强做优实体经济作为主攻方向，坚持调结构、促转型的投资导向，积极扩大先进制造业和战略性新兴产业投资，加大技术改造投入牵引带动传统产业转型升级，加大企业创新研发投入和关键核心技术攻坚力度，围绕国内国际双循环，努力提高产业链供应链稳定性和现代化水平。

1. 积极扩大先进制造业和战略性新兴产业投资

制造业是振兴实体经济的主战场。发展先进制造业是我国补齐产业基础能力短板、抢占未来产业制高点的重要途径，也是参与国际竞争的先导力量[①]。“十四五”时期，需在现有产业基础上厘清前进方向，努力扩大高技术或高端制造业投资，优化供给结构，培育新的增长动能。积极发展新一代信息技术、高端装备、智能网联及新能源汽车、新能源、生物医药及高性能医疗器械、新材料、节能环保等新科技驱动的战略性新兴产业，推动先进技术、前沿技术的工程化转化和规模化生产，在抢占新兴产业发展先机的同时，力争形成一批不可替代的拳头产品。加速培育应用数字技术的智能制造业，着力企业的提升系统集成能力、智能装备开发能力和关键部件研发生产能力，以机器人及其关键零部件、高速高精加工装备和智能成套装备为重点，大力发展智能制造装备和产品。针对内需消费升级，还要重点发展下一代移动通信终端、超高清视频终端、可穿戴设备、智能家居、消费级无人机等新型信息产品，以及虚拟现实、增强现实、智能服务机器人、无人驾驶等前沿信息消费产品。

2. 加强致力于自主创新的研发投入强度，尽快突破一批关键核心技术

当前，国内关键基础材料、核心基础零部件、先进基础工艺、产业技术基础等关键核心技术受制于人，已越来越成为制约我国经济高质量发展的“瓶颈”。习近平总书记指出：“关键核心技术是要不来、买不来、讨不来的。只有把关键核心技术掌握在自己手中，才能从根本上保障国家经济安全、国防安全和其他安全。”企业是技术创新的主体，掌握关键核心技术，企业责无旁贷。事实表明，一些领域的关键核心技术研究难以取得突破，一个重要原因就在于企业技术创新能力不强。“十四五”时期，要充分发挥市场的牵引作用和企业在技术创新中的主体作用，由企业牵头研发具有市场竞争力的关键核心技术，使企业成为创新要素集成、科技成果转化的生力军；通过聚焦集成电路芯片、生物科技、航空航天、核心部件等一批“卡脖子”关键前沿技术短板，以更大力度加大研发创新投入，全面加强核心技术攻关，加快研究实施关键零部件、核心技术的可替代性措施，努力在自主可控方面实现历史性突破。充分发挥集中力量办大事的制度优势，强化创新协同与配合，创造有利于新技术快速大规模应用和迭代升级的独特优势，加大技术成果转化应用投资，加速成果转化，提升产业链水平。

3. 加大有效技改投入力度，着力牵引推进传统产业转型升级

技术改造投资具有投入少、产出多、周期短、效益高等特点，能使已有项目“老树发新芽”。“十四五”时期，通过结构性调整和技术改造，提升传统产业技术能力，使发展重心转向高附加值的产业领域或产业链环节，不仅有利于增强企业的市场竞争力，也有利于夯实实体经济的根基。加大技改投资力度，除保持必要的投入强度，关键在于把握好投资的方向，引导企业把资金实实在在地投向新技术、新工艺、新设备、新材料等领域。通过设备更新改造，尤其是以信息化、自动化、智能化、供应链管理为重点的技术改造，强化企业在核心基础零部件（元器件）、关键基础材料、先进基础工艺、产业技术基础等方面的技术水平和能力；通过重新梳理战略理念以及导入新技术、新工艺、新装备和网络技术，实现流程创新、产品创新和模式转变，以更多符合市场需要的高附加值产品来取代传统的落后产品。聚焦延链、补链、强链，加快推动传统制造业智能化、数字化、高端化、绿色化改造项目，加快互联网、大数据、人工智能和实体经济深度融合的步伐，培育新增长点、形成新动能。

4. 聚焦双循环推进全产业链投资，提高产业链供应链稳定性与竞争力

内需的崛起和高级化是促进工业投资稳定增

① 当前，我国先进制造业大致由两部分构成：一部分是传统制造业吸纳、融入先进制造技术和其他高新技术尤其是信息技术后，提升为先进制造业，如数控机床、海洋工程装备、航天装备、航空装备等；另一部分是新兴技术成果产业化后形成的、带有基础性和引领性的产业，如增量制造、生物制造、微纳制造等。

长的重要支撑。对“两头在外”的外向型企业来说，抓住内需消费升级的历史机遇，摆脱对国际市场的过度依赖，必须进行深刻的转型，锻长板、补短板。锻长板是强化既有成本领先优势，弱化外需增长停滞的不利影响；把握内循环替代时机，巩固、改善、创新产业链、供应链。补短板是通过加大研发和设计投入、建设自主营销体系，使业务范围从低端加工制造环节，向“微笑曲线”两端高附加值的研发、设计、品牌、营销、再制造等环节延伸拓展，乃至进行全产业链扩展；淘汰市场衰退、需求下降的产品和技术，转向需求增长较快、需求收入弹性较高、发展潜力较大的产品和领域。在产业层面，要注重发挥超大规模的市场优势，鼓励和引导优势企业进一步强化全产业链特征，推动产业基础高级化和产业链现代化；积极吸引和对接全球创新资源，通过国际产能合作、绿地投资、跨国并购等优化全球布局，提升跨国合作创新水平和协作制造能力。

5. 大力促进融通创新投资，塑造产业链价值链创新合力

融通创新与传统技术创新的不同在于，它更强调创新链条前后端联系的紧密性、知识分享的动态性和风险共担的多元性。“十四五”时期，融通创新不仅是企业构建创新生态系统的重要抓手，也是提高创新绩效、分担创新风险的重要基础。推动大中小企业和各类主体融通创新，一是促进基础研究、应用研究与产业化更好对接，鼓励更多企业进入基础研究，打通创新链；二是强化大中小微企业和高校院所、企业、创业者之间紧密协同的纽带，更好衔接创新链和产业链；三是连接创新供给与需求，使创新和生产更多从“刚性”走向“柔性”、从排浪式走向定制化，把创新链和产业链真正转换为价值链。特别要注重发挥龙头企业的带动作用，吸引产业链上下游企业集聚，依托产业链补链和服务链升级，形成和完善互促共生的产业生态圈，促进协同创新，发挥产业链价值链创新合力。

四、促进工业投资高质量、高效率发展的政策取向

“十四五”时期，促进工业投资发展应以深化改革为根本动力，围绕市场主体最关心、最希望解决的问题，通过优化投资环境、改善要素供给、强化金融支持、提升技术支撑，充分激发工业投资特别是民间投资的活力与潜力，引导投资更多投向重点领域和薄弱环节，用增量撬动存量，以高质量、高效率的投资推动高质量、高效益的工业发展。

1. 深化市场化改革，不断优化投资环境

目前，民间投资已分别占到工业投资和制造业投资的80%和87%，投资主体的市场化程度已经达到较高水平。“十四五”时期，要进一步明晰政府和市场的界限打造市场化、法治化、国际化投资环境。要完善政府经济调节、监管和公共服务职能以及政绩评价体系。加强社会信息体系建设，特别是加强政府诚信建设，提高政府的规范性和公信力。推进简政放权，全面实施市场准入负面清单制度。坚持竞争中性，保障各种所有制主体依法平等使用资源要素、公开公平公正参与竞争，引导企业依靠技术进步和创新而不是寻租获利。加快推进土地、劳动力、资本、技术、数据等要素市场化配置改革，健全市场运行机制，通过市场竞争形成价格，让市场机制的优胜劣汰功能在更大程度上引导、激励投资活动。严格保护市场主体经营自主权、财产权等合法权益，加强产权和知识产权保护，形成长期稳定发展预期，鼓励创新、宽容失败，营造激励企业家干事创业的浓厚氛围。

2. 弘扬企业家精神，提振投资信心与能力

企业投资的本质是企业发展战略的选择及执行能力。企业家以什么理念办企业，以什么方式获取利润，决定了企业和投资项目的战略远见，

乃至企业技术水平、管理能力和产品质量①。“十四五”时期，要特别重视弘扬企业家精神与企业创新文化。企业家要做创新发展的探索者、组织者、引领者，勇于推动生产组织创新、技术创新、市场创新，重视技术研发和人力资本投入，有效调动员工创造力，努力把企业打造成为强大的创新主体。因此，要最大限度地发挥好政策协同效应、法律法规保障效应以及环境生态效应，消除企业家“不敢投”疑虑，增强投资信心。以培养企业家精神为重点，针对不同层级的民营企业家、企业管理人员开展专题培训，帮助企业家提升爱国意识、拓展世界眼光、提升战略思维、增强创新精神。鼓励企业参与组建多种形式的产业联盟，以资本为纽带、以项目为载体、以技术为平台、以上下游企业为链条，加强资源整合与创新协同，提升整体的投资能力。

3. 破解融资难融资贵，拓宽制造业和中小微企业融资渠道

以金融体系结构调整优化为重点，优化融资结构和金融机构体系、市场体系、产品体系，为实体经济发展提供更高质量、更有效率的金融服务。立足实体经济需求加快金融创新，整合金融资源，提高融资效率，引导金融企业加大绿色金融、供应链金融、动产抵押和贸易融资等金融产品创新，增加制造业中长期贷款、技改贷款和信用贷款，推动股权投资、债券融资等向制造业倾斜，扩大知识产权质押融资。依托“投保联动”“银保合作”等方式，发挥融资担保、保险增信和出口信用保险功能。建立小微企业信用保证基金，加强信贷投放支持中小微实体企业，鼓励各类金融机构直接对接中小微企业。做强政府产业基金，建立完善重大产业、重大项目和重点企业的产融对接机制，推动产业与金融融合发展。强化中小企业基础性工作，完善金融综合服务平台，健全政策性融资担保和增信体系，优化金融生态。支持优质制造企业发行债券和票据融资，支持优质企业挂牌上市，提高直接融资比例。

4. 构建多层次、全产业的人才供应链，缓解人才短缺对投资的内在束缚

技术工人队伍是支撑中国制造、中国创造的重要基础。“十四五”时期，要着力构建以企业家群体为核心、以企业管理团队和科技研发团队为支撑，以技术工人为基础的企业人才供应链。以用工制度等改革创新，推动构建高素质员工队伍。加快推进产教融合，完善校企合作育人、协同创新体制机制，推行“专业对接产业、专业链对接产业链、学校办学对接区域经济”的模式与做法，着力培养高素质技术技能人才和创新创业人才。通过完善人才政策体系，加快人才发展平台建设，加大子女入学、住房保障、薪酬奖励、出入境便利等保障服务力度，促进人才资源与实体经济、科技创新深度融合。建立人才信息库，激发各类社会专业技术人才创新创业活力。完善社会化职业技能培训、考核、鉴定、认证体系，提高劳动者职业技能和岗位转化能力。加强职业素质培养，引导企业制定技术工人培养规划和培训制度，鼓励企业职工带薪培训。

5. 加快建设共性技术供给体系，强化对工业投资的技术支撑能力

“十四五”时期，加快建设符合企业需要的行业共性技术供给体系，是促进工业有效投资、推动企业转型升级的重要保障和支撑。聚焦战略性、引领性、重大基础共性需求，建成一批高水平制造业创新中心，优化完善产业关键共性技术布局，集中资金、人才、设施等资源开展协同创新，注重将应用技术作为主攻方向，坚持市场化主体运作以提高创新资源的配置效率②。在中小企业比较集中的地区，结合区域产业基础以及产业集群发展特点，由市场主导和政府引导相结合，建设一批机制灵活、面向市场的新型研发机构，进一步提升产业技术基础公共服务平台、试验检测类公共服务平台、产业大数据公共平台的服务水平，强化产业共性技术对企业投资的支撑能力。

① 企业能否通过创新以获得领先优势，与企业家的战略抱负及领导素质紧密相关。近年来，很多民间投资遭遇滑铁卢式的失败，与以企业家战略思维为主的投资能力不足有很大关系。从本质上讲，没有真正落后的产业，只有落后的观念、标准、技术和管理。

② 这类创新中心的主要任务是突破制约行业发展的共性和关键技术；促进行业新型通用技术的转移扩散和首次商业化应用；开展行业前沿基础性技术的研发与储备；做好行业共性技术输出和人才培养。

专栏9-1

福建依托技改基金带动制造业投资

截至2020年6月底，福建技改基金带动全省制造业项目总投资超过990亿元，实现财政资金撬动社会资本投资的比例超过1:49，技改基金已投资项目达产后，预计可每年为全省新增工业产值约1566亿元，新增利润约199亿元。

降低融资成本 解资金之渴

为促进金融支持实体经济，福建省于2016年7月设立技改基金，由省市两级财政与兴业银行共同设立，首期规模80亿元，期限16年，以股权、债权方式投资省重点技术改造项目。投资运作4年来，累计签约福建省内制造业企业121家，签约总金额182.92亿元，投放金额超过130亿元。

技改基金作为一种金融创新工具，有效降低企业融资成本。晋江百宏实业控股有限公司年产7万吨功能性聚酯薄膜项目厂房已建成，工作人员正紧锣密鼓进行设备调试，新生产线将在年内实现投产。这得益于技改基金支持的1.6亿元低息融资，使该公司扩大产能有了底气。

福建永荣控股集团也是技改基金的受益者之一。2019年，该公司投资了年产能60万吨己内酰胺新项目，获得省技改基金5亿元的资金支持，有效降低了融资成本。

技改基金的低成本、长周期特点有效克服了商业贷款的流动性短板，让企业可以安心做实业。借助省财政专项资金补贴，技改基金对企业投资利率低至3%，每年可为企业节约成本超2.78亿元。

引导社会投资 撬动产业升级

福建通过技改基金投放，发挥了杠杆放大效应，引导了社会投资。近年来，福建赛特新材股份有限公司持续加大技改投资，逐步发展为国内真空绝热行业龙头之一。得益于政府技改基金支持的3000万元低息融资，企业自己配套投资2000多万元，扩建了十几条各类型生产线，在过去2年中每年产值增长超过50%。目前，行业投资信心正越来越足。

通过技改基金的投放，福建还促进新老产业科学布局。从行业分布看，技改基金既涵盖了机械装备、纺织、食品轻工等福建传统优势产业，也加大了对新能源、新材料、节能环保等新兴产业的支持力度，有利于培育壮大新产能、新动能。

福建省是民营经济大省，技改基金将民营企业作为投放重点领域。据统计，在已签约项目中，民营企业占比82.27%，中小企业占比77.3%，技改基金在拓宽社会融资渠道、破解企业融资难题方面起到了积极作用。

在技改基金的投放中，福建还充分考虑绿色环保理念、社会与环境风险等因素，优先支持制造业企业节能减排改造与绿色生态发展。目前已签约投资了33家企业的余热利用、超低排放改造等技改项目，签约合同金额61.18亿元，带动了297亿元项目总投资。

技改投资不断激发福建制造的内生动力。通过技改投资和科技创新，福建传统产业占比偏高、产业结构偏轻的情况正不断得到改善。福建省下一步的技改重点，将降低基金申请门槛、扩大支持范围，着力推动由单纯的设备技术更新转向生产全过程系统改造，由单个企业改造转向整个产业链配套改造，力促技改投资实现可持续增长。

资料来源：董建国：《福建技改基金带动制造业总投资超990亿》，中国金融信息网，2020年7月4日。

参考文献

［1］中国社会科学院工业经济研究所课题组：《“十四五”时期中国工业发展战略研究》，《中国工业经济》2020 年第 2 期。

［2］中国社会科学院工业经济研究所课题组：《“十四五”时期我国工业的重要作用、战略任务与重点领域》，《经济日报》，2020 年 7 月 13 日。

［3］刘勇：《以高质量投资推动工业高质量发展》，《经济日报》，2019 年 12 月 19 日。

［4］盛朝迅：《“十四五”时期我国产业高质量发展环境将面临深刻变化》，《中国发展观察》2019 年第 21 期。

［5］李国杰：《把关键核心技术掌握在自己手中》，《人民日报》，2019 年 8 月 8 日。

［6］刘坤：《工业经济运行总体呈现“稳”“进”态势》，《光明日报》，2019 年 1 月 30 日第 10 版。

［7］刘立峰：《投资低迷掣肘“中国制造 2025”》，http：//www. sohu. com/a/234568062_ 485176。

［8］刘立峰：《2018 年投资形势分析及未来前景展望》，http：//www. sohu. com/a/285009456_ 692693。

第十章　我国工业品消费高质量发展研究[①]

提　要

"十三五"以来，我国工业品消费基本保持平稳下降态势。落实"六稳"和"六保"之后，我国经济稳中求进，工业逐步向好，主要工业品消费也止跌回升。面向"十四五"，工业品消费呈现出双循环将促进新飞跃、双压力将导致新挑战、双创新将培育新优势的新趋势。"十四五"时期，要着力构建完整的内需体系，加快形成国内国际双循环相互促进新格局，深入推进供给侧结构性改革，促进数字经济与实体经济融合发展，实现工业品消费升级，加快以新基建为核心的数字化转型，优化工业品消费结构，培育协调发展的城市群与动力源，推动区域链网互联互通，助力国际经济大循环，以国内产业链承接国际创新链，等等，所有这些理所当然地成为"十四五"时期谋划中国工业发展、促进工业品消费、实现补链扩链强链的重点内容和具体抓手，培育新形势下我国工业参与国际合作和竞争的新优势。

*　　　　*　　　　*

工业品是用于生产领域的原材料、半成品、零部件与成套设备等属于马克思所说的第一部类的生产资料，是用于生产生产资料和生产消费资料的商品，即"具有必须进入或至少能够进入生产消费的形式的商品"。"十三五"以来，我国工业品消费基本保持平稳下降态势。尤其是进入2020年，虽然在疫情与日益复杂与恶劣的国际环境叠加的影响之下，我国工业发展先抑后扬，表现出较强的韧性；在很好完成抗疫的同时，复产复工效果非常突出，为实现"六稳""六保"奠定了良好的基础。随着扩大财政赤字和地方政府专项债规模、加大减税降费力度、强化稳企业金融支持等措施进一步落地，基建投资托底支撑作用将进一步发力，保就业促消费政策将持续显效，工业在生产、效益、投资、出口等方面恢复速度将明显加快。到"十三五"收官之时，工业经济保持平稳向好，工业品消费也持续增强。

① 除特别标注外，本章所有图表数据均来源于国家统计局网站。

一、“十三五”工业品消费的态势和特点

在2008年国际金融危机的影响下，我国当时的高速增长周期基本结束。从2010年开始转型升级，GDP增速和工业增速都表现出平稳下降的态势，从两位数增长过渡到2015年开始的增速为6%的时代。

1. 工业品市场供需基本稳定

“十三五”时期，工业品消费从2016年的1151950.07亿元，到2019年的1057824.9亿元，基本保持平稳下降态势；三大行业门类中，制造业工业品消费最为突出，其中尤以计算机、通信和其他电子设备制造业保持连续增长，从2016年的98457.24亿元增长到2019年的113717.6亿元（见表10－1），呈现出稳步递增的态势，表明我国制造业一方面产品结构在不断调整，制造水平在不断提高，另一方面也逐步进入数字化智能化的转型升级阶段。2018年工业产销率整体高于2016年与2017年同期水平，2019年上半年市场调整后，前8个月产销率达到98.8%，达到近年来的最高位（见图10－1）。2018年工业品出厂价格指数保持上涨，但涨幅有所回落；2019年上半年市场总体需求不足，下半年工业品出厂价格已进入“负增长”的临界点。虽然2020年初期受疫情影响，但3月已经回升，产销率达到95%，4～6月已基本恢复正常水平。从分项生产价格指数（PPI）来看，总体生产资料价格涨跌幅高于生活资料，生产资料价格下降是本轮PPI进入“负增长”的主要因素（见图10－2）。分行业来看，石油、煤炭及炼焦行业是驱动PPI下降的主要因子，化工、纺织、机械工业PPI也不同程度下降，食品和建材行业PPI仍保持上涨，而且食品行业涨幅也在扩大（见图10－3）。

表10－1　“十三五”时期我国工业品的消费情况

单位：亿元

年份	2015	2016	2017	2018	2019
采矿业	49498.49	46200	43211.8	47443.43	46162.2
制造业	989362.24	1041824.16	907716.3	1019597.49	933445.2
其中：计算机、通信和其他电子设备制造业	91378.86	98457.24	105966.2	106221.7	113717.6
电力、热力、燃气及水生产和供应业	65165.97	63925.92	71313.3	66119.81	78217.5
合计	1104026.7	1151950.07	1022241.4	1133160.73	1057824.9

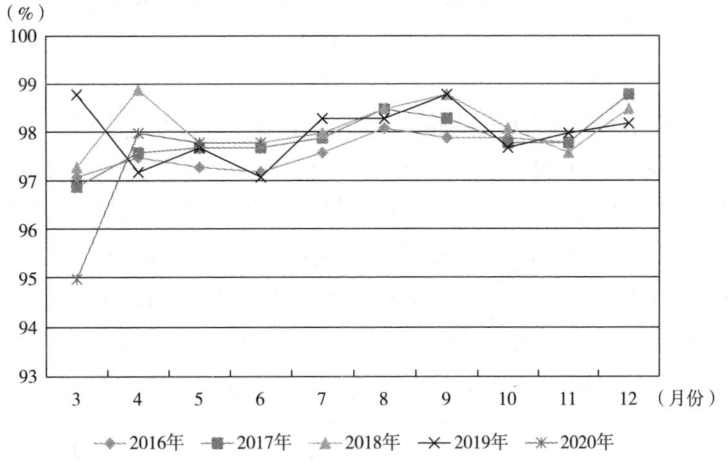

图10－1　2016～2020年工业产销率

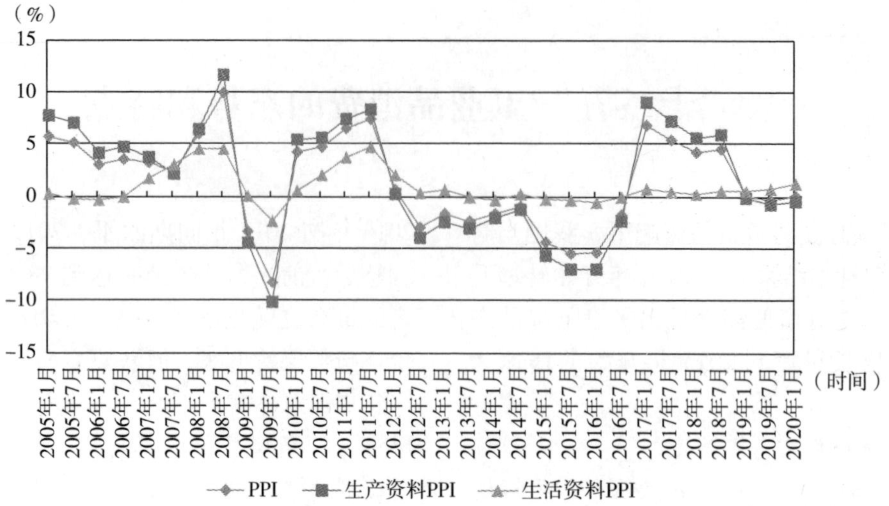

图 10－2 2005～2020 年 1 月 PPI 同比增速

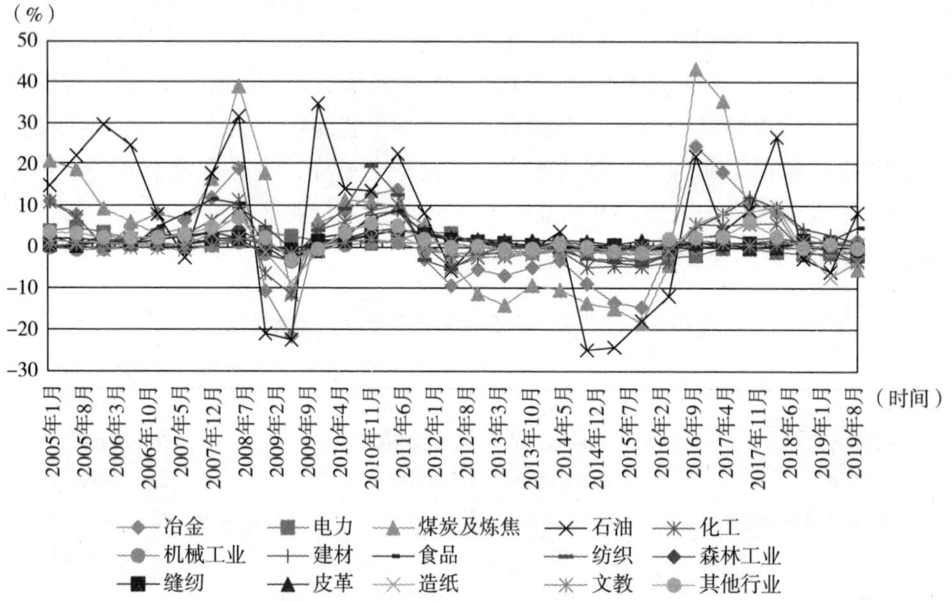

图 10－3 2005～2019 年分行业 PPI 变化趋势

2. 工业生产趋稳加快工业品消费

“十三五”以来，在供给侧结构性改革推进下，受中美贸易摩擦的影响，我国规模以上工业增加值同比增长，从 2016 年的 6.0% 到 2017 年达到最高位 6.6% 以后，缓慢下降回落，2018 年为 6.2%，2019 年为 5.7%（见图 10－4）。2020 年在新冠疫情影响下，规模以上工业增加值同比增长前二季度为－1.3%。从月度增速看，大部分月度工业增加值在“5”增长区间上下平稳波动。2020 年 1～2 月受疫情影响严重规模以上工业增加值同比增速跌至－13% 以下。从 2 月开始企稳回升，从 4 月开始基本恢复正常（见图 10－5）。这充分显示出我国在 2020 年春节以后加强防疫措施的同时复产复工的积极效果。另外，从产品增长看，2018 年在统计的 596 种主要工业产品增长面为 61.1%，2019 年以来工业产品增长面下滑明显，月度工业产品增长面基本处于 60% 以下。

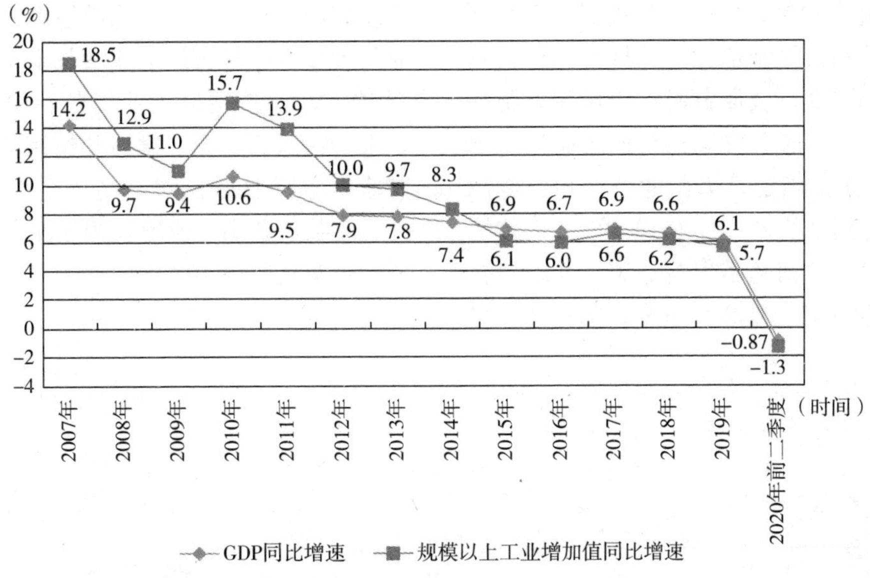

图 10－4　2007～2020 年前二季度 GDP 和规模以上工业增加值同比增速

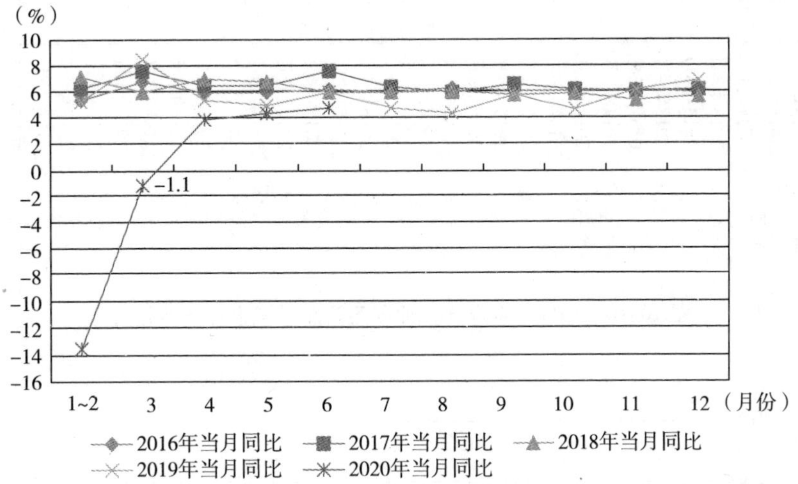

图 10－5　2016～2020 年 6 月工业增加值月度同比增速

“十三五”以来，我国工业投资增长总体下行速度快于全国固定资产投资。2019 年以来，工业投资总体下行调整，而制造业投资下行则是工业投资下行调整的主要力量。在中美贸易摩擦和市场有效需求不足的情况下，制造业投资总体活力不足；而采矿业和电力、热力、燃气及水生产供应业的投资良好，总体保持回升状态（见图 10－6）。煤炭、石油、非金属矿开采及加工制造业，仪器仪表和计算机、通信和其他电子设备制造业固定资产投资景气度相对较高，食品、纺织等消费品行业和汽车、通用设备等部分装备行业投资动力偏弱。民间投资活力减弱，2018 年保持在 8.7% 左右，2019 年起民间投资增速明显放缓。

3. 先进制造业优化工业品消费结构

从三大行业门类来看，“十三五”时期采矿业、制造业以及电力、热力、燃气及水生产和供应业不及先进制造业发展速度（见图 10－7）。先进制造业在引领工业经济增长的同时，有力地促进工业品消费增长与结构优化。高技术制造业增加值同比增长超过 8%，增速快于规模以上工业 3 个百分点以上，高技术制造业增加值占全部规模以上工业比重超过14%，比上半年提高0.3个百分点。电气机械和器材制造业，计算机、通信和其他电子设备制造业，金属制品、机械和设备修理业，铁路、船舶、航空航天和其他运输设备制造业保持8%以上的增速；太阳能电池和新能源汽车产量同比分别增长25.1%和21.4%；而传统制造业的工业品消费则基本保持稳定，其中原材料加工工业总体稳定，2019年以来，除石油、煤炭及其他燃料加工业，化学原料和化学制品制造业外，多数原材料加工业增长高于全部工业（见图10－9）。消费品工业增长稳中有降，2019年以来，除医药、酒、饮料和精制茶制造业、烟草制造业等行业增长增速高于全部规模以上工业外，多数消费品工业增长慢于全部规模以上工业增长（见图10－10）。

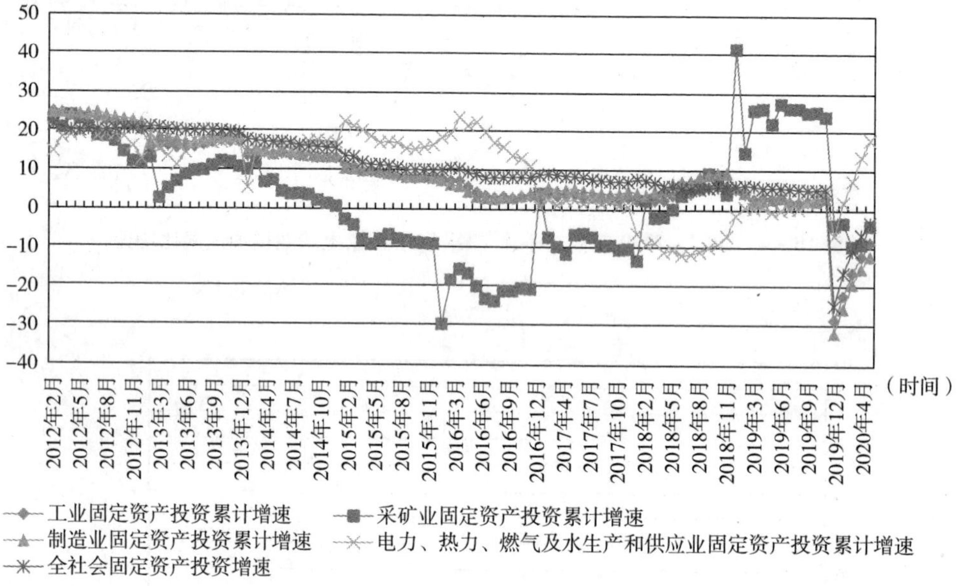

图10－6　2012～2020年工业固定资产投资累计增速趋势

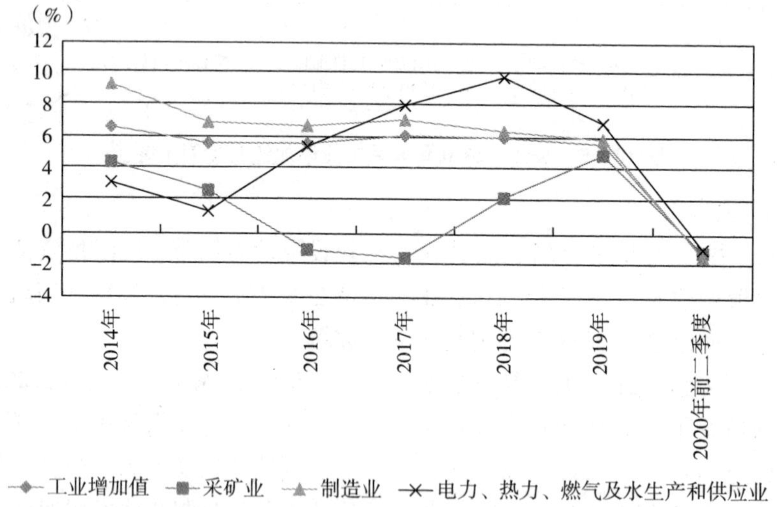

图10－7　2014～2020年工业三大门类行业年度增速

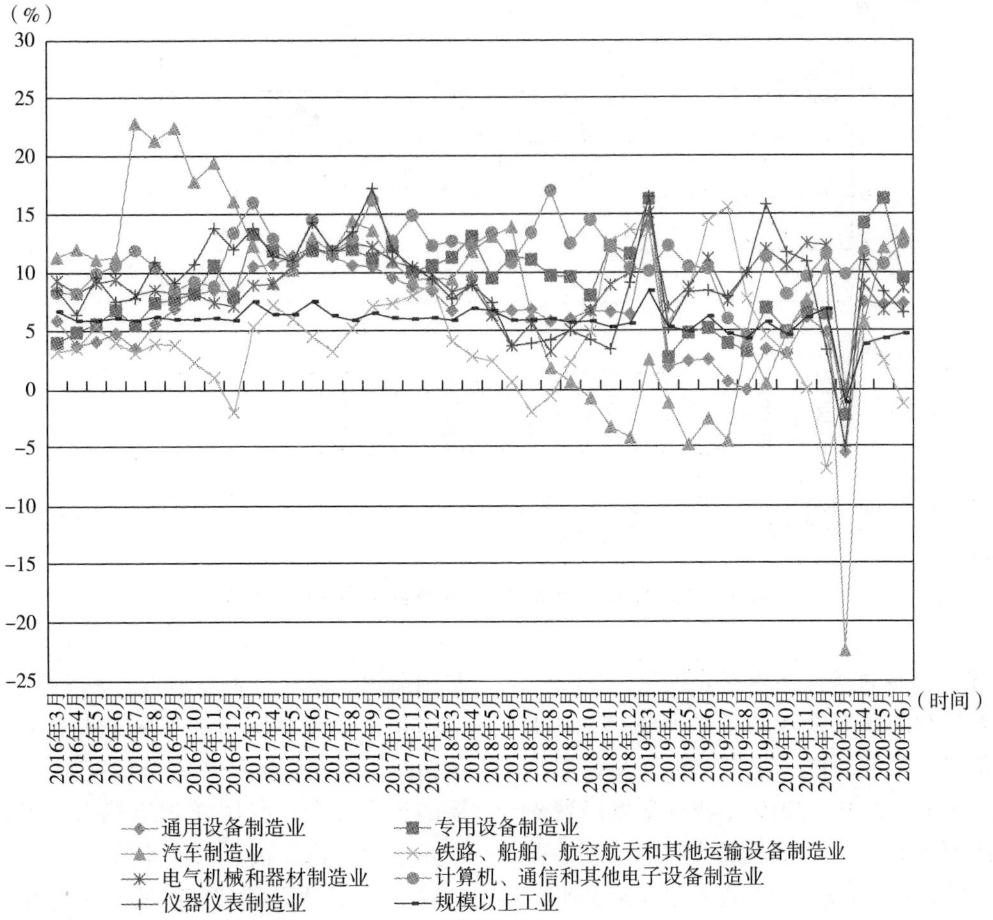

图 10－8　2016～2020 年部分先进制造业增加值增速

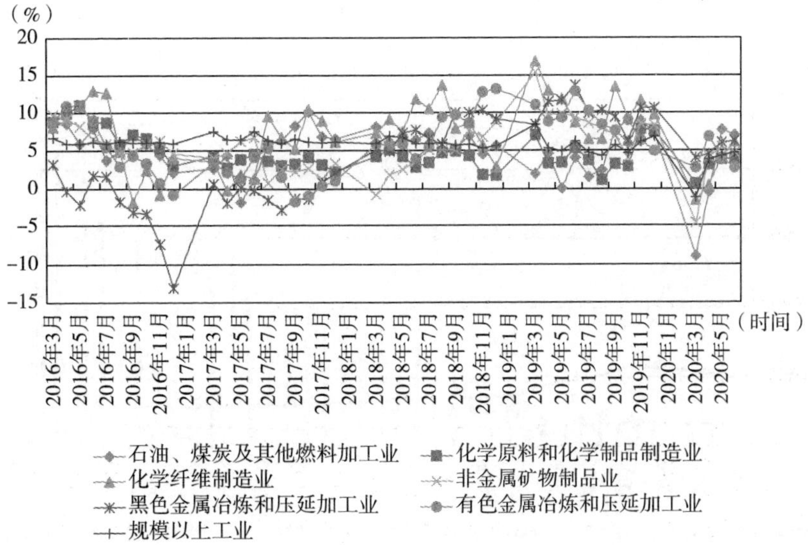

图 10－9　2016～2020 年原材料加工工业增加值增速

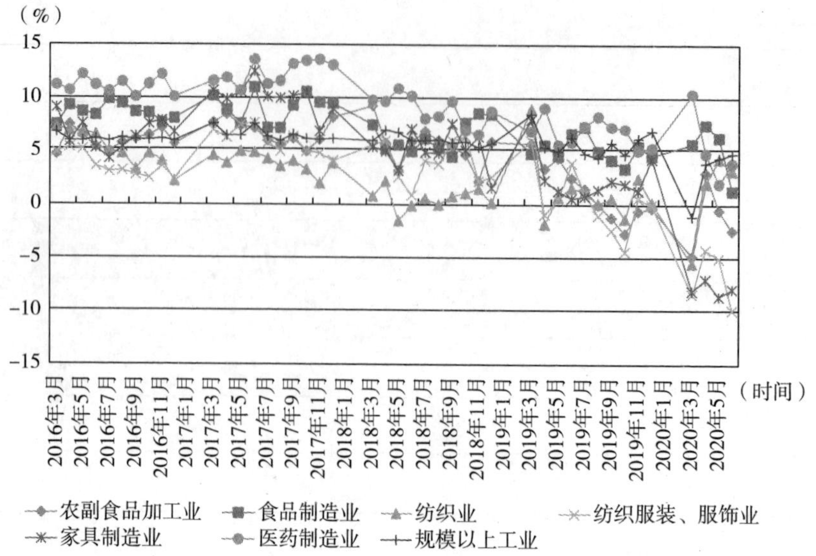

图 10－10 2016～2020 年主要消费品工业增加值增速

4. 技术创新促进工业品消费升级

制造业是我国研发投入的主要领域，主要集中在电子信息、机械制造、化工、医药和金属冶炼及压延加工业。2001～2019 年我国研发经费支出情况如图 10－11 所示，我国研发投入强度情况如图 10－12 所示。研发投入强度超过全社会平均水平的有：铁路、船舶、航空航天和其他运输设备制造业，医药制造业，计算机、通信和其他电子设备制造业，专用设备制造业，电气机械和器材制造业，通用设备制造业，汽车制造业及化学原料和化学制品制造业等先进制造业。近年来，通信技术、生物医药成为全球范围内技术创新发展的集中方向，我国在相应热点领域技术创新、产业应用步伐加快，制造业数字化、智能化转型加快，5G 技术赋能智能制造创新应用与变革，以 5G 为核心的数字经济与实体经济的融合创新将成为我国制造业高质量发展的强大动力和强劲支撑。

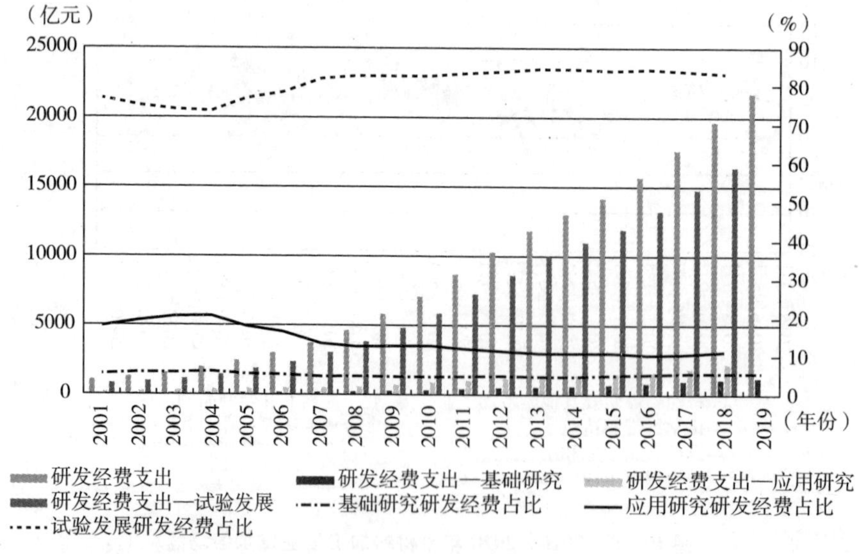

图 10－11 2001～2019 年我国研发经费支出情况

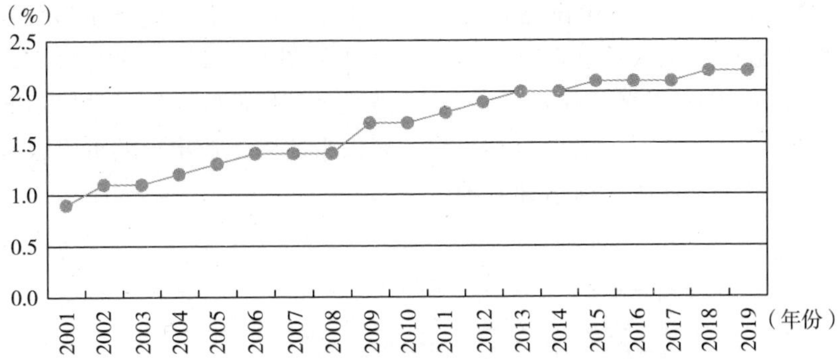

图 10－12　2001～2019 年我国研发投入强度情况

5. 区域协同提高工业品消费平衡

中西部地区工业增长相比较稳，东部、东北地区增速波动性较高，东中西发展协调性有所加强。2019 年，东部地区持续推进工业转型升级，规模以上工业增加值同比增长 4.8%，较 2018 年同比有所上升，转型升级效果正在逐步得到体现。中西部地区积极承接产业转移，工业增速稳中有进，领跑“四大板块”，2019 年中部、西部地区规模以上工业增加值分别增长 7.8%、7.3%。东北地区工业增长延续 2017 年好转态势，增速与全国平均增速差距逐步缩小，2019 年规模以上工业增加值增速同比增长 3.9%（见图 10－13）。

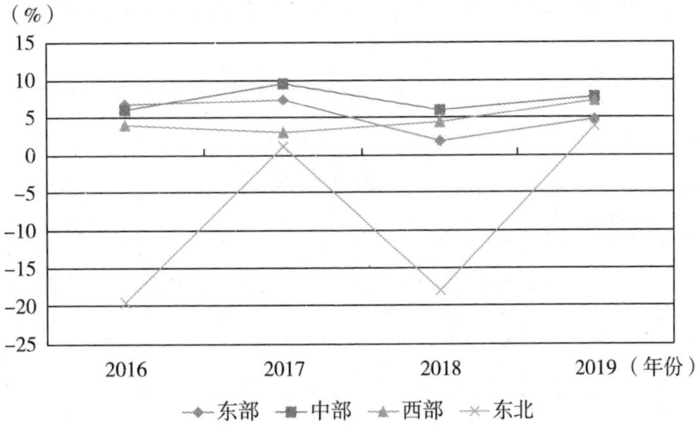

图 10－13　2016～2019 年“四大板块”工业增加值增速情况

从具体省份来看，江苏、广东是我国的主要工业大省，尤其是江苏，“十三五”以来，除了 2016 年广东夺得工业增加值第一以外均由江苏夺得；广东、江苏这两大工业大省占比约为全国的 1/4，山东、浙江、河南工业体量也较大，位次也保持稳定，这前五大工业大省占比合计接近 50%。从工业增加值增速来看，2019 年江苏、广东、山东、浙江、河南的工业增加值增速分别为 6.2%、4.7%、1.2%、6.6%、7.8%，2020 年初以来，广东、山东等工业大省下行较大，也加大了全国工业的下行压力（见图 10－14）。

6. 工业品进出口下行压力加大

“十三五”以来，我国工业品出口基本保持稳定。从 2014 年开始，出现回落趋势并保持稳定。2019 年工业企业出口交货值为 124216.5 亿元，同比增长 0.2%；2020 年前二季度，受全球疫情影响，同比下降 －7.0%（见图 10－15）。根据联合国商品贸易数据库统计，“十三五”时期，按 HS 编码分类的我国第十六大类商品一直保持较好出口状态①（见图 10－16）。从分行业出口看，汽车制造业、计算机通信和其他电子设备制

① 第十六大类主要包括以下商品：机器、机械器具、电气设备机器零件；录音机及放声机、电视图像、声音的录制和重放设备及其零件、附件。

造业、电气机械和器材制造业、通用设备制造业、医药制造业是我国出口重点行业。电气机械和器材制造业出口交货值2019年增长保持第一，进入2020年受全球疫情影响，医药制造业高居工业企业出口交货值第一位，计算机、通信和其他电子设备制造业，电气机械和器材制造业紧随其后（见图10－17）。世界经济增长下滑严重，经贸往来总体放缓、贸易摩擦不断等也是影响2020年以来我国工业出口的重要因素。

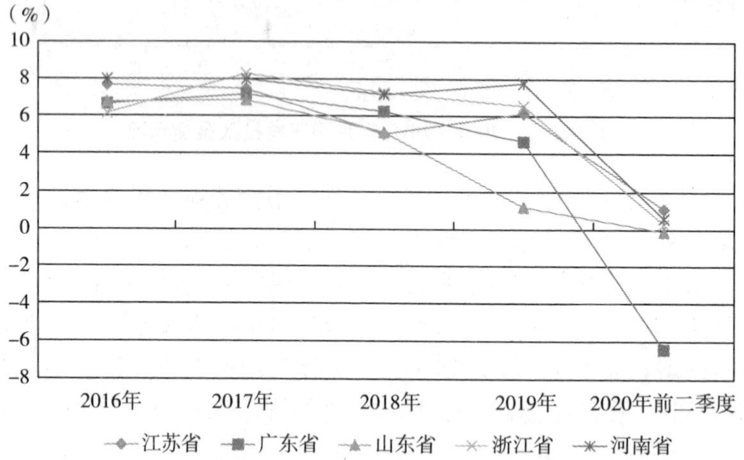

图10－14 2016～2020年前五大工业大省工业增加值累计增速

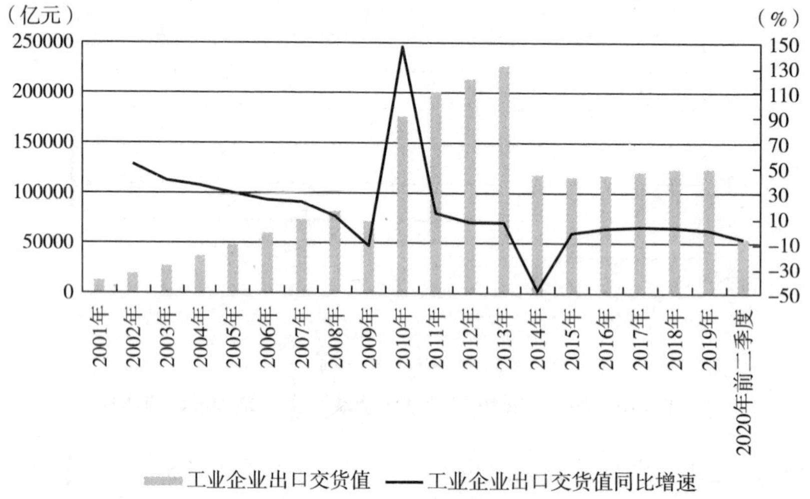

图10－15 2001～2020年工业企业出口交货值

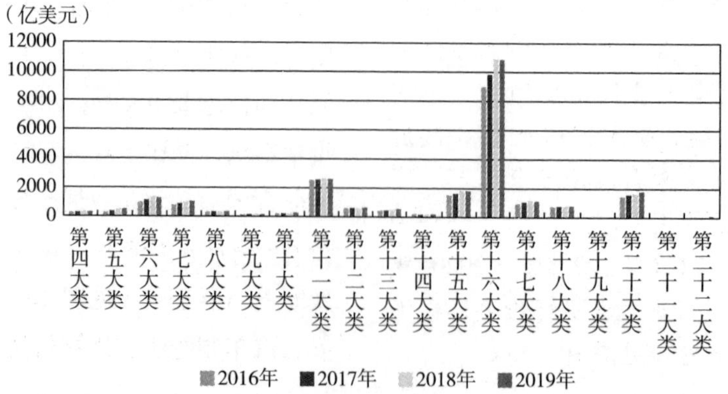

图10－16 2016～2019年我国HS编码分类的工业品出口情况

资料来源：联合国商品贸易数据库。

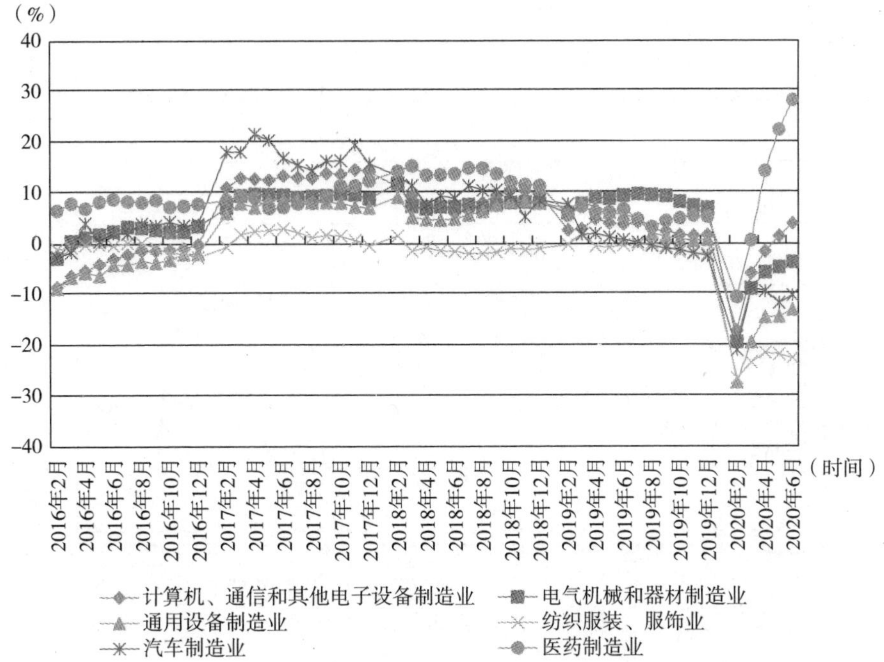

图 10－17　2016～2020 年我国重点行业出口交货值累计增速

2016～2018 年工业制成品的进口稳步提升，2018 年累计同比增长 13.4%。受中美贸易摩擦和世界经济低迷影响，2019 年以来工业制成品进口降幅明显。2020 年 1～6 月工业制成品累计同比下降－5.4%。联合国商品贸易数据库的数据显示，前述第十六大类的商品在“十三五”时期也是进口比较稳定、规模第一的类别，第五大类的矿产品进口规模紧随其后，位居第二。从不同的工业产品类型来看，2019 年，机械及运输设备进口额累计同比下降－6.3%，2020 年 1～6 月为－1.3%。按原料分类的制成品 2019 年为－7.5%，2020 年1～6 月为 4.4%，属于唯一增长的制成品，这也是中国疫情得到控制以后复产复工的成果。化学成分及有关产品降幅最大，从 2019 年的－2.2%下降到 2020 年 1～6 月的－7.4%（见表 10－2）。

表 10－2　2016～2020 年工业制成品进口情况

年份	2016		2017		2018		2019		2020 年 1～6 月	
类别	累计金额（千美元）	累计同比（%）	累计金额（千美元）	累计同比（%）	累计金额（千美元）	累计同比（%）	累计金额（千美元）	累计同比（%）	累计金额（千美元）	累计同比（%）
工业制成品	1147262597	－5	1263917664	10.2	1434024780	13.4	1343498702	－6.3	606917694	－5.4
化学成分及有关产品	164014662	－4.2	193743586	18.1	223682991	15.5	218770329	－2.2	100384008	－7.4
按原料分类的制成品	121849086	－8.4	135074827	10.8	151452174	12.1	140035307	－7.5	70094539	4.4
机械及运输设备	657938953	－3.6	734845702	11.7	839523646	14.2	786506794	－6.3	361615132	－1.3
杂项制品	126012847	－6.4	134174947	6.4	143759327	7.0	144207887	0.3	63339752	－6.5
未分类的其他商品	77447049	－10.1	66078602	14.0	75606642	14.4	53978384	－28.6	11484263	－63.9

资料来源：海关总署。

受中美贸易摩擦及有关国家对华技术出口限制等因素影响，2019 年我国高技术产品进口额增速也由正转负，计算机集成制造技术、光电技术、计算机与通信技术、电子技术等高技术产品进口额增速都由正转负，但生物技术、生命科学技术、材料技术进口增长势头强劲（见图 10－18）。2020 年 1～6 月，生物技术、电子技术、计算机集成制造技术、材料技术等高新技术产品进口都处于较好的恢复增长势头。

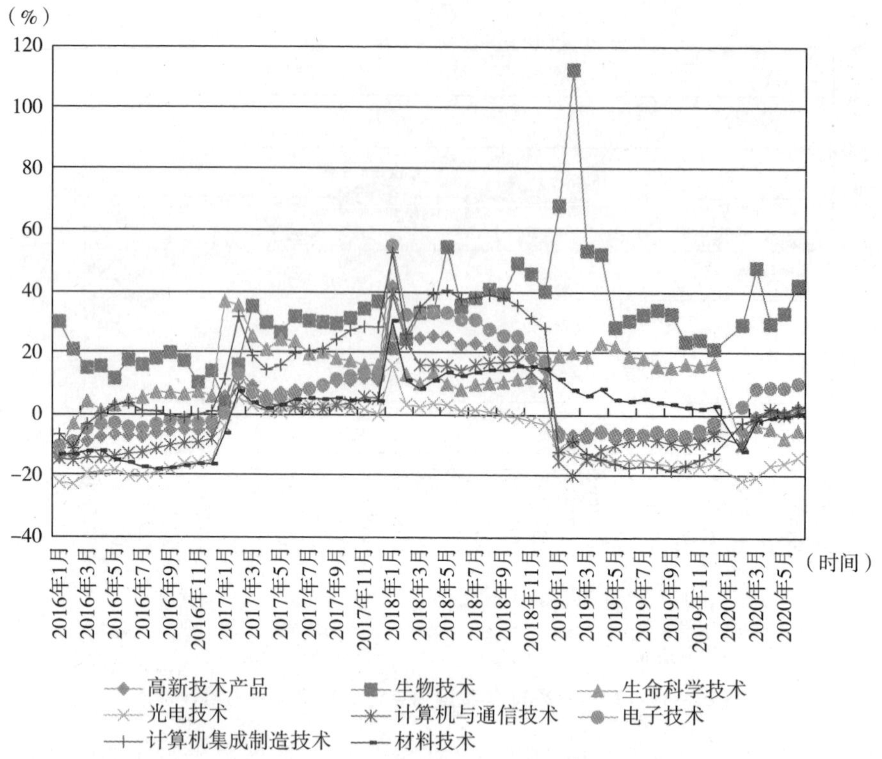

图 10－18 2016～2020 年高新技术产品进口增速情况

资料来源：Wind。

二、"十四五"工业品消费的变动趋势分析

面向"十四五"，我国要把不断满足国内日益变化的需求作为发展出发点，加快构建完整内需体系，大力推进科技创新，加快体制机制创新，着力打通工业品的生产、分配、流通、消费各个环节，逐步形成以国内大循环为主体、国内国际双循环相互促进的新发展格局，培育新形势下我国工业参与国际合作和竞争的新优势。

1. 双循环将促进新飞跃

加快国内发展布局，坚定不移地建设以国内为中心的区域产业链，推动更多基础设施项目在国内开工落地，逐步形成以国内大循环为主体、国内国际双循环相互促进的新发展格局，培育新形势下我国参与国际合作和竞争新优势，势必将促进我国工业品消费在"十四五"期间数量与质量的双提升。构建完整的内需体系的基础将是持续地扩大就业和不断提高居民收入，形成以中高收入人群消费为引领、中低收入人群消费为基础并逐步提升的消费结构。要更好发挥政府在扩大内需、维护市场中的作用。进一步发挥政府采购对扩大内需的促进作用、引导作用；提高和优化公共投资效率及结构，发挥公共投资对总需求的乘数作用。在开放经济条件下，内需形成与有效供给也依赖于国际产业链、供应链的畅通与协同。疫情之下，中国仍将会持续扩大进口以满足国内多样化个性化需求、仍将会以开放的姿态深度融入全球产业链供应链，也会主动适应全球产业链、供应链的调整，也会在固链、补链、强链等方面下功夫。"十四五"期间，国内循环不仅可以拉动中国经济增长，而且可以通过增加进口拉动周边国家与世界经济增长，进而推动世界经济的复苏，拉动国际经济大循环，进而形成国内国际双循环相互促进的新格局，将有效实现我国工业品消费在数量上和质量上的新飞跃。

2. 双压力将导致新挑战

近年来，世界经济发展趋缓和地缘政治复杂化使得我国面临国内发展与国际挑战的双重压力。一方面，受到来自新兴经济体和发达国家的两端挤兑的双重经济风险压力。新兴经济体凭借更低廉的劳动力、区位、资源等优势逐渐形成了潜在的替代效应，而发达国家以工业数字化升级、工业互联网和促进制造业回流等政策措施意欲重振其国内制造业。但无论是前者还是后者，现实中想要很快替代中国或者从中国迁出企业和产业链供应链都是一个让人难以取舍的巨大利益难题。另一方面，受地缘政治复杂化影响，西方一些主要国家针对我国发起贸易、高科技、金融等方面的挑战，使得正常的经济社会发展受到严重冲击和负面影响。这些剧烈的政治经济变化，不仅会给国际资本和跨国公司发出强烈信号，导致我国“十四五”时期发展的不确定性增大，进而影响对华投资或者在华企业可能向外转移，从而对我国制造业的产业链、供应链以及制造业在投资、生产、消费、进出口等各个环节造成预期压力和可能的破坏。据国际货币基金组织报告，2020 年全球经济的增长规模为 -4.9%，是 20 世纪 30 年代大萧条以来最严重的经济衰退。加上全球疫情蔓延，多数国家采取的“断航”“封城”等应急措施，导致世界主要经济体对我国出口的各类工业品、中间品、消费品急剧下降，外部需求萎缩、产业链和供应链断裂的可能性危险性不断加大。美国凭借美元在金融领域的国际垄断地位，在中美关系紧张的时候严重威胁我国金融安全。面对美联储新一轮“天文数字级”的量化宽松以及无底线的印钞放水，美元资产价值大大缩水。另外，美国还控制着国际支付清算的主要通道 SWIFT（环球银行间金融电讯协会），并利用这个通道对俄罗斯、伊朗以及同我国有能源合作的国家实施经济制裁；在美国“长臂管辖”的打压之下，进行国际结算的路径严重受阻，我国工业品进出口交易将变得越来越困难，也将面临越来越多的新挑战。

3. 双创新将培育新优势

强优势补短板激活力，加快打通支撑科技强国的全流程创新链条。疫情之后科技领域的国际竞争更加激烈，特别是美国为了保持其在全球科技领域的优势地位，对中国高科技企业实施长臂打压，尤其是对掌握 5G 先进技术的华为更是处处设限与刁难。其实质就是要影响我国高科技产业发展进程，通过强行实施“科技脱钩”来达到威胁和打压的目的，其背后正是看中了 5G 未来超级巨大的市场利益和国家利益。因此，“十四五”时期，要继续坚定不移地推进创新驱动战略，增强科技竞争实力刻不容缓。而创新活动从无中生有到产业化，一方面，需要做好技术创新驱动，针对创新的特征和不同阶段分类实施区别对待，予以财力资本和金融资本的投入。另一方面，要集中优势资源补短板、加大对基础研究投入，从创新规律出发，加快培育发展一批技术转移机构和技术经理人，补“技术开发利用”弱项。在加快技术创新的同时，要深化关键性基础性体制机制创新，激活社会投资活力，加快构建高标准市场体系深化要素市场化配置改革。加快落实党的十八届三中全会提出的“组建国有资本投资、运营公司”的有关要求，盘活国有资本；进一步鼓励并推动民营经济发展，从而打通国有经济与民营经济的资金循环，有利于推动混合所有制改革、激活经济全局。在体制机制创新的同时，加快打通支撑科技强国的全流程创新链条，加速推进工业品消费的提档升级。

三、促进工业品消费高质量发展的政策建议

构建完整的内需体系，加快形成国内国际双循环相互促进新格局，深入推进供给侧结构性改革，促进数字经济与实体经济融合发展实现工业品消费升级，加快以新基建为核心的数字化转型，优化工业品消费结构，培育协调发展的城市群与动力源推动区域链网互联互通，助力国际经

济大循环以国内产业链承接国际创新链，等等，所有这些理所当然地成为“十四五”时期谋划中国工业发展、促进工业品消费、实现的补链扩链强链的重点内容和具体抓手。

1. 促进数字经济与实体经济融合发展实现工业品消费升级

数字技术与经济社会各个领域出现的深度融合，加速了世界经济向以网络信息技术产业为主要内容的数字经济活动转变。以“大智移云网”为代表的数字信息技术在我国各行各业实现了创新应用，不仅大幅提高了行业效率效益，还重塑了生产方式、服务模式与组织形态，创造出巨大的经济社会价值。数字信息技术产业正在成为我国国民经济的支柱产业，消费互联网的迅猛发展激发了数字消费巨大潜力，产业互联网构建互联互通的平台，助力传统产业数字化升级改造。可以说，数字经济的发展不仅为经济增长提供新的动力，而且为产业数字化升级改造提供了强大的转换动能。在基于数字技术的产业革命与制度创新基础上所形成的数字经济，是新技术、新产品、新产业、新业态、新模式的综合体现，其在支撑基础、技术特征、组织结构与产业组织等方面都展现出新的特征和优势。特别是在受到新冠肺炎疫情冲击下，数字经济的优势更为明显，展现出强大的抗冲击能力和发展韧性，并在维持消费、保障就业、稳定市场等方面发挥了积极作用。“十四五”时期需要充分发挥数字经济在生产要素配置中的优化与集成作用，进一步促进数字经济与实体经济的深度融合，进而提升实体经济的发展韧性与创新能力，促进工业品消费的提档升级。

2. 加快以新基建为核心的数字化转型优化工业品消费结构

投资建设具有前瞻性的新基建，不仅可以转化为产业生态优势，而且还可以抢占新一轮全球科技竞争的制高点。三次工业革命的历史发展历程表明，无论是机械技术、电力技术还是信息技术，都可以极大地促进生产的标准化、自动化、模块化，技术上具有很强的通用性。人工智能技术具有类似特征，溢出效应明显，是新一轮产业革命的核心驱动力量，将与5G、数据中心等一起推动数字经济时代的产业转型升级，是当前及未来各国科技竞争的制高点。新型信息基础设施为智能经济的发展、产业数字化转型、生命健康经济等提供了底层支撑。不仅本身将带来几万亿元甚至十几万亿元的投资需求，还将通过数字经济产业化、传统产业数字化、研发创新规模化而产生不可估量的叠加效应、乘数效应。预计在“十四五”时期，我国5G商用将直接带动经济总产出10.6万亿元，直接创造经济增加值3.3万亿元。5G与云计算、大数据、物联网、人工智能等领域深度融合，将形成新一代信息基础设施的核心能力；还将促进物联网、车联网、虚拟现实（VR）、增强现实（AR）等应用场景的不断成熟，推动人类社会进步与生活方式变革。全球目前有60余个万亿美元级的产业集群，可与数字化结合，实现数字化转型。根据测算，仅在航空、电力、医疗保健、铁路、油气这五个领域如果引入数字化支持，假设只提高1%的效率，那么在未来15年中预计可节约近3000亿美元，平均每年约200亿美元；如果数字化转型能拓展10%的产业价值空间，每年就可以多创造2000亿美元以上的价值。

3. 培育协调发展的城市群与动力源推动区域链网互联互通

区域协调发展，是形成以国内大循环为主体的国内国际双循环新格局重要组成部分。新形势下，西中东部地区要通过城市群建设进一步增强中心城市和城市群等经济发展优势区域的经济和人口承载能力；西部地区尤其要将本区域的发展与国家重大战略相结合，要从高科技寻找创新发展的突破口，要跳出现有资源禀赋束缚，形成优势互补、高质量发展的区域经济布局，要突出做好中东部地区的城市群协同发展。要从中央层面进行顶层设计，通过发挥市场决定性作用和积极发挥政府作用，对不同城市群及城市群内部各城市之间的经济社会发展进行定位分析，建立区域协调发展机制，加强各城市群以及城市群内部各城市之间的合作，尤其是要形成产业链、供应链及其配套。要加强城市群之间以及城市群内部各城市产业、市场和要素的整合，整合城市群内部各城市的发展规划；尤其是跨行政区域的城市群，要积极探索各方互利共赢的新思路、新方法与新模式，要放松行政规制对经济社会发展的束缚，要让城市群内不同城市之间依靠市场形成集中连片发展的局面。要通过大数据、云计算、物联网等新一代信息技术的广泛应用，将要素链、产业链、价值链、创新链等资源互联互通，促进城市之间联动互补发展。要巩固城市传统产业优势，积极稳定就业和民生等经济社会发展的关键因素；要强化优势产业，要积极支持企业实施技术改造、突破“瓶颈”制约。大力鼓励企业进行自主创新，促进技术创新和制度创新，改善营商环境，创新产业形式、延伸产业链条，整合资源，实现全面协调可持续发展。大力推动补短板、强弱项，增强产业链的弹性和韧性，提升产业基础的高级化、产业链的现代化水平。大力推进产业数字化，鼓励企业供应链的数字化转型，提高灵活应变和协同能力；大力推进先进制造业和现代服务业深度融合发展，积极发展新产业、新业态和新模式，培育壮大新增长点和增长极，积极推动城市群内部及其之间形成点、线、面、网的产业集群、产业链、供应链和价值链分布的、具有区域特色的现代产业体系。

4. 助力国际经济大循环以国内产业链承接国际创新链

当前，全球贸易保护主义、单边主义抬头，新冠疫情冲击下全球经济危机严重。外部形势越是困难，我国就越要以更加开放、合作、共赢的精神，继续扩大开放，在变局中开新局，以高水平开放反制保护主义、单边主义，以改善营商环境反制“撤资论”，以超大市场规模来反制“脱钩论”，加快形成有利的国际经济大循环。加快引资补链扩链强链，为全球提供稳定高效的产业链、供应链。从全球疫情来看，中国疫情控制得最好，投资风险也最小。只要进一步扩大开放，就会吸引投资，打消转移产业顾虑，来中国投资的产业资本还将帮中国迅速完成“补链”“扩链”“强链”。进一步扩大研发、设计、数字经济等服务业的开放，吸引更多全球产业链相关企业落户中国、加入区域产业链集群，进而打造空间上高度集聚、上下游紧密协同、供应链集约高效、规模达万亿级的战略性新兴产业链集群。一旦形成了这样的产业链集群，在国外需求依旧疲软的时候可以通过努力营造以当地需求、国内需求为拉动的产业小循环，保证产业链集群的健康发展；当国外市场复苏的时候，进一步加强国际合作，扩大产业集群规模和发展质量，通过加强区域产业链合作带动全球产业链的大循环。发挥超大规模市场优势，加快构建“一带一路”合作创新网络。疫情对沿线发达国家经济带来沉重打击，势必对其创新链、产业链带来不利影响，大量新技术新产品需要寻找资本和市场进行转化。要抓住机遇，积极吸引这些技术和项目来华发展，以中国的产业链承接这些国家的创新链，进而促进自身创新链的建设。适当放宽各类资本在出境收购国外高新技术、战略资产等活动上的外汇管制，鼓励民资与国资携手一起走出去。同时，选择对外开放基础较好、创新氛围较为浓厚、产业体系相对健全的地方，谋划建设面向“一带一路”、以合作创新为核心主旨的示范平台，重点在知识产权保护、创新规则对接等方面先行先试，待条件成熟时再推广，可以起到对内提升产业基础能力和产业链水平、对外促进“一带一路”高质量发展的作用。

参考文献

［1］马克思：《资本论》（第二卷），人民出版社1975年版。

［2］陈晓东：《现代化治理体系是疫后区域经济稳中求进的基本保障》，《区域经济评论》2020年第2期。

［3］陈晓东：《经济学的理性主义思想基础及其局限——兼论新时代中国特色经济学理论创新》，《区域经济评论》2019年第1期。

［4］陈晓东：《改革开放40年技术引进对产业升级创新的历史变迁》，《南京社会科学》2019年第1期。

［5］联合国工业发展组织：《2020年工业发展报告》，2019年。

［6］中国信通院：《中国工业发展研究报告2019》，2019年。

［7］陈晓东：《用绿色发展将“一带一路”建成命运共同体》，《区域经济评论》2017年第6期。

［8］陈晓东：《黄河流域城市发展要有大视野》，《宝鸡日报》2020年6月4日。

［9］陈晓东：《促进数字经济与实体经济融合发展》，《经济日报》2020年6月17日。

［10］陈晓东：《把握新基建赋能大未来》，《人民邮电》2020年6月29日。

第十一章　产业融合与深度工业化

提　要

近年来我国工业存在“脱实向虚”和“去工业化”趋势，中国工业体系亟须转型升级以扭转上述不利局面。所谓“深度工业化”，是相对于传统的以工业增加值占国民生产总值比重衡量工业化水平的“轻度工业化”概念而言的，它打破了以制造业、服务业比重衡量工业化和经济发展水平的传统思维，表现为工业特别是先进制造业与服务业尤其是现代服务业的深度融合，包括制造业服务化、服务业制造化以及制造业和服务业相向融合。从这个意义上说，深度工业化与产业融合具有非常接近的内涵。当前我国处于消费需求和消费习惯巨大变化、信息技术范式革命、工业产业链受到发达国家和低成本国家双重挤压、“脱实向虚”、“去工业化”等外部环境中，产业融合发展是我国工业摆脱困境、获得新生的重要途径，并且获得了国家的重视。现阶段，信息化和工业化的融合步入制造业数字化和智能化阶段，互联网平台经济获得了迅速的发展。但是与国外相比，我国产业融合仍然存在不少问题，表现为：①总体双向融合程度偏低；②“十三五”时期生产性服务业的投资趋缓；③服务业“自我循环”，对先进制造业发展支持不足；④制造业产业基础研究积累不足，产业生态体系亟待建立；⑤制造服务平台缺乏核心技术，关键零部件和核心技术依赖国外等。推动我国产业融合发展，需要从完善信息化设施、加速产业智能化、协同创新与国际合作相结合、多元化融合发展主体、完善产业政策和优化营商环境、打造产业融合示范区等方面入手。

一、当前我国推进深度工业化的必要性

1. 消费需求和消费习惯的巨大变化，促进新型工业体系形成

2019 年，我国国内生产总值较上年增长 6.1%，在世界主要经济体中名列前茅，在 1 万亿美元以上的经济体中位居第一；人均国内生产总值达 70892 元，按年平均汇率折算达到 1.03 万美元，突破 1 万美元大关。到 2020 年全面建成小康社会，是“两个一百年”奋斗目标的第一个百年奋斗目标。一方面，全面建成小康社会对居民生活、居民收入、居民购买力、贫富差距、社会保障等都将提出新的要求、新的标准。另一方面，从新技术革命看，以大数据、智能化、互联网为代表的新技术革命正在全球爆发。美国、德国、日本等发达国家大力推进如先进制造业国家战略计划、“工业 4.0”、工业互联网、智慧供应链、大数据通信等都是智能制造和现代服务业融为一体，形成新型产业业态与新模式。全球新技术革命与国内消费需求的变化正在加速新型经济体系

的形成，即新一代智能制造与智慧生产服务的融合协同、制造服务数字化和一体化，以满足消费者全新的个性化需求。

2. 信息技术范式革命、产业链挤压颠覆传统工业化模式

第三次工业革命实质是信息技术的创新引发的多层次的、系统性的、尚在演进之中的工业系统范式革命。一方面，数字经济、人工智能、物联网等高技术产业融合先进制造业的发展应用，生产自动化提高了劳动生产率，提高了对劳动者决策能力的要求，降低了常规劳动的投入比重；另一方面，现代信息技术的发展，缩短了信息传递的时间和成本，促进了现代服务业的高速发展，使大规模定制成为可能。制造业在产业价值链上的价值创造能力得到了极大提升，具备了深入发展的吸引力。高技术产业融合先进制造业以及先进制造业和现代服务业融合的两大趋势为发达工业国再工业化提供了历史机遇，发达经济体可以通过发展工业机器人、柔性制造、高端数控机床等现代装备制造业控制新产业的制高点，制造业再次向发达国家转移成为可能。与此同时，新兴经济体快速崛起，越南、泰国、菲律宾等东盟国家和印度的制造业劳动力成本均低于中国。随着这些国家的经济发展，对产业转移的吸引力增强，我国面临着产业链两端受挤压的局面，传统规模优势加速衰减，工业整体上增长趋缓、后劲不足。

3. 近些年出现了“脱实向虚”和“过度去工业化”趋势，工业体系亟须转型升级

近些年随着我国经济中服务业比例加大，出现了“脱实向虚”的问题。金融业和房地产行业的发展速度长期高于 GDP 的发展速度。实体经济的回报率不断下降和虚拟经济依靠资产泡沫收益不断上升产生了挤出效应。高端工业产值比重、高端产品供给能力、企业全要素生产率水平和价值增值能力较低，工业化发展不平衡不充分，以生产性服务业为主体的现代服务业发展较为滞后。近年来，出现工业增加值和就业比重快速下降，呈现全面、过早、快速的“过度去工业化”特征。以消费型为主体的传统服务业存在着“鲍莫尔成本病”，劳动生产率难以提高，过早“去工业化”实质上是低生产率部门代替高生产率部门。而以先进制造业为主体的工业依然是支撑中国经济实现持续稳定的中高速增长的重要动力，对于提高生产效率、提高价值增值能力和跨越“中等收入陷阱”都具有重要意义。

4. 现阶段工业“大而不强”，深度工业化势在必行

国际金融危机之后，我国进入工业化后期，从国际竞争力来看，现阶段工业的基本特征是“大而不强”。《2019 中国制造强国发展指数报告》显示，2018 年中国制造业全员劳动生产率首次出现微降；中国基础产业增加值占全球比重、装备制造业增加值占本国制造业比重两项指标已“三连降”。在生产要素利用效率方面，2018 年中国制造业增加值率达 21.17%，比美国、日本、德国等发达国家低 10% 以上；劳动生产率方面，2018 年中国制造业劳动生产率为 28974.93 美元/人，仅为美国的 19.3%、日本的 30.2% 和德国的 27.8%。报告显示，2018 年中国基础产业增加值占全球比重为 6.40%，仅为美国、德国的 25% 左右；标志性产业集中度仅为 40.57%，不足美国、日本、德国的一半，相对而言，中国工业基础薄弱、产业集中度低。尤其在高端装备等关键领域，我国自主创新能力整体还未进入世界先进行列。我国 70% 的集成电路芯片制造装备、90% 的传感器芯片、40% 的大型石化装备、70% 的汽车制造关键设备及先进集约化农业装备仍然依靠进口，高端机床装备、高端工业软件基本被国外垄断。“十四五”是推动产业高质量发展的关键五年，进入全面工业化的攻坚期。工业化发展从外延转为内涵式发展，要素的结构发生根本性变化。经济发展从主要依靠投资、出口驱动转向创新和消费驱动；产业结构从低端劳动密集型产业、资源型产业主导，向技术、知识密集和创新型产业主导转变。深度工业化要求进一步从质量、效率和驱动力方面强化产业发展根基、提升全产业链附加值，不断升级优化产业结构，提升工业竞争力和全要素生产率，进一步走向产业智能化。

二、以产业融合推进和深化工业化进程

1. 从产业分工转向产业融合

亚当·斯密在其《国富论》中指出，分工引致的专业化和劳动生产率的提高是国民财富创造的根本原因。进入工业革命时代，技术革命带来的机械、电力取代人力，从而建立机器大工业的专业化分工和大规模生产，产品的生产和消费通过商业开始分离。这种生产和消费分离既包括生产过程的设备投资、中间投入、技术工艺分化的迂回，也包括商业流通中批发商和零售商的迂回。工业经济时代的经济增长过程也是迂回程度不断拉长的过程。随着生产的迂回过程被拉长，专业划分越来越细，形成了边界清晰、门类繁多的产业部门。中间产品数量和种类的不断增多，部门间交易数量扩大，整个产业价值增值的环节也越来越多，同时迂回的成本也越来越大。例如，产品从生产者到消费者，需要经历原材料采购、设计、生产、装配、营销、分销、运输、支付结算等环节；支持服务有财务、人力、企业资源计划系统、各种保险、行业和产品合格认证等环节；每一个环节都是以资金、人力投入和物资消耗为基础的，也是价值增值的直接来源。

产业融合作为一种新的经济现象，开始于信息通信技术行业。20世纪70年代开始的信息化进程中出现的电信、广播电视和出版三大产业融合现象，使原先固定化的产业边界趋于模糊化甚至消失，成为新产业革命的历史性标志。随着第三次产业革命的深入发展，产业融合的范围进一步扩大。高新技术产业之间、高新技术产业和传统产业之间，传统的三大产业之间、三大产业的各部门之间都发生了大量的技术融合、业务融合和市场融合，通过渗透、交叉和企业兼并重组等形式引发了传统行业的分化、解体和重组，催生了许多新兴产业。以信息技术和知识经济为特征的第三次技术革命使信息成为经济发展新的动能，以物资和能源为基础的工业化大生产在信息技术的改造下，从生产方式到消费方式都发生了根本性变革。原来迂回实现的价值增值环节由于信息资源的共享和信息处理能力的提高而缩短，消费者的潜在需求通过大数据和场景模拟的方式得以迅速呈现和传递。信息和数据资源在生产和消费环节的广泛应用，使原来分立的产业逐步走向融合，融合的过程既是创新的过程，也是创造新的价值的过程，其价值增值既产生于生产与消耗的物理性中间环节和减少物质流转路径上，也产生在更好地满足消费者的需求过程中。产业融合使企业可以更好地利用规模经济、范围经济和网络经济的优势，提升国际竞争力。以信息技术为核心的新技术革命和各国放松管制的政策，叠加经济全球化和经济服务化浪潮，使经济环境和产业结构发生了根本性变化。

2. 当前深度工业化内涵表现为现代服务业和新型工业化融合交织发展

改革开放40多年来，我国工业化取得了举世瞩目的成就，工业化快速推进、完善而庞大的工业体系支撑着我国成为世界第一大工业国。2010~2019年，第三产业比重从44.2%上升到53.9%，行业贡献率从39%增加到59.4%；第二产业比重从46.5%下降到39%，行业贡献率从57.4%下降到36.8%。传统的工业化阶段理论将工业化过程简单看作经济发展中工业产出和就业比重不断上升的过程。后工业经济社会中，产业结构上表现为经济的重心由制造业向服务业转换，从绝对比重上看是服务业在各国经济发展中的地位不断上升；从服务业的结构上来看，现代服务业的精髓生产性服务部门，即为工业经济提供支撑和服务作用的部门的作用逐渐凸显，服务业增加值和服务业就业人数不断增加。发达的工业经济是现代服务业发展的基础，在工业比重趋于下降之后，现代服务业继续推动工业经济深度发展和转型升级，而工业经济的深化发展也会继续推动现代服务业健康发展和经济结构高级化，形成融合互促的良性发展关系。深度工业化的过程就是现代服务业与新型工业化融合交织发展，二者相互提供支撑，使资源配置更加合理，产业结构日趋高端化。

在新一代信息技术的影响下，工业经济的技术基础、商业竞争模式和消费者市场发生了变化。服务型制造向网络化、数字化和智能化发展，呈现出制造、服务和互联网融合一体的表现形式。工业和服务业之间的技术边界、业务边界和市场边界逐步融合。由信息技术服务、知识服务和数据服务等构成的科技服务内化为工业价值的构成部分。工业产品价值逐步由制造硬件和智能服务软件共同构成，数据成为服务价值创造的新要素。服务型制造内涵表现为服务化的功能由价值增值转变为价值创造，并成为价值构成的核心组成部分。在产业融合的大趋势下，现代服务业和新型工业化融合发展成为推进我国工业深度发展和转型升级的重要突破口。

首先，随着产业向价值链高端攀升，制造业从简单产品制造到提供售后服务再到提供“产品＋服务＋技术＋系统解决方案”转变，实现差异化竞争并增强企业盈利能力。其次，现代服务业中的大多数行业，属于知识密集型服务业，推进制造业和现代服务业融合发展，促进中国制造企业更多从事研发设计、维护运行、营销、售后服务、品牌管理、提供一体化解决方案等价值链增值环节的服务活动，有助于中国制造业摆脱长期处于价值链低端环节的境况，提升在国际产业链中的分工地位。最后，制造业与服务业相向发展，使产业价值链重构为一条既包含制造业价值链增值环节，又包含服务业价值链增值环节的融合型产业价值链，与原有单纯的服务业价值链和制造业价值链相比，具有更广阔的利润空间和增长潜力，在产业层次上表现出明显的结构升级效应。

从融合途径来看，存在制造业服务化、服务业向制造业延伸和制造业与服务业双向深度融合三种方式。制造业服务化包括投入服务化和产出服务化；服务业向制造业延伸出现现代生产性服务业、服务型制造和反向制造等形式；制造业与服务业双向融合，出现战略协同、跨界融合、业态和模式创新，新产业、新业态、新模式向平台经济方向发展，传统产业的边界日益模糊，最终形成“制造—服务”及“服务—制造”平台，产业组织形式演变成以平台企业为主导的产业生态系统。其中，工业互联网是一个突出代表，成为深化先进制造业和现代服务业融合的重要工具和平台。通过对工业数据的全面深度感知、实时动态传输与高级建模分析，形成智能决策与控制，工业互联网驱动着制造业的智能化、服务化发展。工业互联网逐步实现信息技术的应用从单项业务向多业务综合集成转变，从单一企业应用向产业链协同应用转变，从局部流程优化向全业务流程再造转变，从传统生产方式向柔性智能生产方式转变，从智能生产制造向智能服务型制造融合转变。

三、我国产业融合现状及推进中存在的问题

1. 现阶段我国产业融合推进情况

（1）“十二五”时期和“十三五”时期产业融合促进政策密集出台。

《中国制造 2025》指出要加快制造与服务的协同发展，推动商业模式创新和业态创新，促进生产型制造向服务型制造转变。“十三五”规划要求，从制造业方面，深入实施《中国制造 2025》，以提高制造业创新能力和基础能力为重点，推进信息技术与制造技术深度融合，促进制造业朝高端、智能、绿色、服务方向发展，培育制造业竞争新优势。推动制造业由生产型向生产服务型转变，引导制造企业延伸服务链条、促进服务增值。推进制造业集聚区改造提升，建设一批新型工业化产业示范基地，培育若干先进制造业中心。从生产性服务业方面，以产业升级和提高效率为导向，发展工业设计和创意、工程咨询、商务咨询、法律会计、现代保险、信用评级、售后服务、检验检测认证、人力资源服务等产业。深化流通体制改革，促进流通信息化、标准化、集约化，推动传统商业加速向现代流通转

型升级。加强物流基础设施建设，大力发展第三方物流和绿色物流、冷链物流、城乡配送。实施高技术服务业创新工程。引导生产企业加快服务环节专业化分离和外包。建立与国际接轨的生产性服务业标准体系，提高国际化水平。《服务业创新发展大纲（2017—2025）》强调推进制造业及服务业不同领域之间的深度融合，形成有利于提升中国制造核心竞争力的服务能力和服务模式，发挥“中国服务＋中国制造”组合效应。“十二五”时期和“十三五”时期国务院颁布的有关产业融合的重要文件如表11－1所示。

表11－1 “十二五”时期和“十三五”时期国务院颁布的有关产业融合的重要文件

国办发〔2011〕58号	《国务院办公厅关于加快发展高技术服务业的指导意见》
国发〔2014〕10号	《国务院关于推进文化创意、设计服务与相关产业融合发展的若干意见》
国发〔2014〕49号	《国务院关于加快科技服务业发展的若干意见》
国发〔2014〕26号	《国务院关于加快发展生产性服务业促进产业结构调整升级的指导意见》
国办发〔2015〕65号	《国务院办公厅关于印发三网融合推广方案的通知》
国办发〔2015〕93号	《国务院办公厅关于推进农村一二三产业融合发展的指导意见》
国发〔2016〕28号	《国务院关于深化制造业与互联网融合发展的指导意见》
国办发〔2016〕43号	《国务院办公厅关于转发国家发展改革委营造良好市场环境推动交通物流融合发展实施方案的通知》
国办发〔2017〕95号	《国务院办公厅关于深化产教融合的若干意见》
000014349/2017—00206	《国务院关于深化“互联网＋先进制造业”发展工业互联网的指导意见》
国邮发〔2020〕14号	《关于促进快递业与制造业深度融合发展的意见》

资料来源：中国政府网，详见www.gov.cn。

2019年11月，国家发展和改革委员会、工业和信息化部、人力资源和社会保障部、商务部等15个部门联合印发《关于推动先进制造业和现代服务业深度融合发展的实施意见》，提出顺应科技革命、产业变革、消费升级趋势，通过鼓励创新、加强合作、以点带面，深化业务关联、链条延伸、技术渗透，探索新业态、新模式、新路径，推动先进制造业和现代服务业相融相长、耦合共生的思路和目标。到2025年，形成一批创新活跃、效益显著、质量卓越、带动效应突出的深度融合发展企业、平台和示范区，企业生产性服务投入逐步提高，产业生态不断完善，两业融合成为推动制造业高质量发展的重要支撑。

（2）“十三五”时期，信息化和工业化的融合步入制造业数字化和智能化阶段。

首先，以5G为代表的通信技术，以AI为代表的信息技术，和以云为代表的底座平台技术三者彼此间紧密融合的效应渐显，“5G＋AI＋云”正在成为推动工业企业数字化、智能化升级的重要引擎。

2017年11月，国务院发布《关于深化“互联网＋先进制造业”发展工业互联网的指导意见》，规范和指导我国工业互联网发展。2018年底中央经济会议明确提出：加快5G商用步伐，加强人工智能、工业互联网、物联网等新型基础设施建设。IDC报告显示，2019年中国工业云市场规模达到28.7亿美元，同比增长59.8%。其中中国工业云基础设施市场规模达到20亿美元，市场格局基本稳定。目前，头部厂商占据大量份额，公有云和私有云基础设施部分，前五位分别占据81%和70%的市场份额。中国工业云解决方案市场规模达到8.7亿美元。软件系、云服务系、工业系三类服务商呈三足鼎立态势，总体上处于错位竞争状态，或聚焦不同细分市场（平台/应用），或聚焦不同应用场景。2019年，工业云市场增速达到工业行业IT解决方案市场增速的4倍以上，成为工业行业IT解决方案市场的增长亮点。

其次，用“数据＋模型”提供服务型制造的工业互联网成为制造业商业模式转型的重大机遇。

根据工业和信息化部数据分析及中国信息通信研究院调研统计，我国当前已有269个平台类产品。其中，具备一定产业影响力的工业互联网平台数量超过50个。工业设备连接数量超过10万台套，工业大数据、工业APP开发、边缘采集、智能网关等平台关键软硬件产业成为发展热点。从我国工业互联网平台的主要提供商看，有46%来自领先制造企业，工业软件服务商占27%，工业设备提供商占19%，信息通信企业占8%。装备行业、消费产品行业、电子信息行业、原材料行业是工业互联网平台应用的主要方向；在融合应用方面，产业生态加速形成，工业互联网产业联盟成员数量达到834家，产学研联动、跨领域协同日益加深。在钢铁、航空航天、基建、机械、汽车、电子、家电等行业涌现出一大批融合应用新模式、新业态，并有效降低了企业的运营成本。

产业融合产生的效益在逐步凸显。根据国际会计师事务所德勤的调查数据，2013年调研全国200家制造型企业，结果显示中国企业智能制造处在初级阶段，且利润微薄。55%的受访企业其智能制造产品和服务净利润贡献率处于0~10%。而2017年，仅有11%的受访企业处于0~10%，而41%的企业其智能制造利润贡献率在11%~30%。利润贡献率超过50%的受访企业，由2013年占比的14%提升到2017年的33%。智能制造利润贡献率明显提升，利润来源包括生产过程中效率的提升和产品服务价值的提升。

（3）“十三五”时期，新型工业化产业示范基地的建设对我国工业经济和地方发展的引领带动作用突出。

2020年5月，工业和信息化部组织对全国381家示范基地2019年发展进行质量评价。从示范基地总体水平、产业实力、质量效益、创新驱动、绿色集约安全、融合发展、发展环境等方面的评价结果显示，示范基地创造了全国三成以上的工业增加值、利润和出口额，工业增加值同比增长8%，高于全国工业平均增速1.9个百分点，对我国工业经济和地方发展的引领带动作用突出。其中五星级示范基地30家，相比上一年增加2家，占比7.9%，其中13家连续2年为五星级。五星级示范基地平均销售收入超过3500亿元，其中2家示范基地超万亿元；全员劳动生产率达到38万元/人，是全国水平的3.5倍；平均研发强度达到3.5%，拥有一大批创新型企业和产品，规模以上企业专利数占全国比重超过1/4；绿色安全发展和两化融合水平较高，单位工业增加值能耗降幅、规模以上企业关键工序数控化率等主要指标明显高于全国平均水平；普遍形成了较完善的公共服务体系和良好的营商环境。从区域分布看，五星级示范基地：东部地区20家，位于上海、广东、北京、山东、江苏、福建、浙江、天津；中部地区6家，位于安徽、湖南、湖北、江西；西部地区4家，位于重庆、内蒙古、四川、陕西。从行业领域看，主要分布在轨道交通装备、石化、医药、显示产业、物联网等19个细分优势领域。

（4）“十三五”时期，服务业增加值占GDP比重持续提高，生产性服务业结构有所改善。

根据世界经济历史发展的经验，发达国家普遍存在两个“70%”的现象，即服务业增加值占国内生产总值的70%，生产性服务业占整个服务业产值的70%。从2010~2017年统计数据分析来看，服务业增加值占国内生产总值的比重稳步上升，从2010年的43.7%上升到51.5%（见图11-1）。生产性服务业从2010年到2015年基本保持稳中有升的态势，2016年和2017年略有下滑。

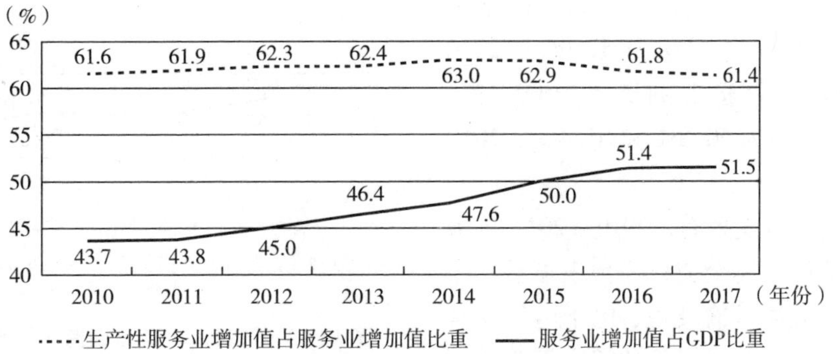

图11-1　生产性服务业增加值占服务业增加值比重分析

资料来源：根据历年《中国统计年鉴》数据整理得到。

从生产性服务业的结构上看，批发和零售业、金融业及交通运输、仓储和邮政业三个子行业在服务业中的比例分别为30%、25%和15%左右。信息传输、软件和信息技术服务业，租赁和商务服务业以及科学研究和技术服务业的增加值占生产性服务业的比重逐渐上升。其中信息传输、软件和信息技术服务业的比重从2010年的7%上升到2017年的10.2%；租赁和商务服务业的比重从2010年的6.8%上升到2017年的8.4%；科学研究和技术服务业的比重从2010年的5.2%上升到2017年的6.2%。而批发和零售业以及交通运输、仓储和邮政业出现比较明显的下降，批发和零售业的比重从2010年的32.6%下降到2017年的29.9%；交通运输、仓储和邮政业的比重从2010年的17%下降到2017年的14.3%。金融行业的比重则显示出先升后降，从2010年的23.3%先上升到26.8%再下降到2017年的25.2%。信息化、商务服务以及科学研究和技术服务的部分出现持续的增长，相应的金融和实体零售行业相对规模增长趋于缓和。生产性服务业子行业增加值占服务业增加值比重分析如图11-2所示。

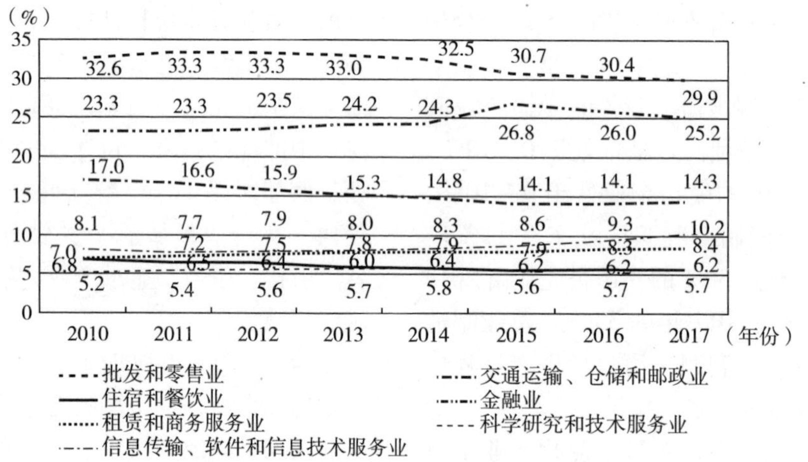

图11-2 生产性服务业子行业增加值占服务业增加值比重分析

资料来源：根据历年《中国统计年鉴》数据整理得到。

2. 我国现阶段产业融合存在的问题

（1）总体来看，制造业和服务业双向融合程度偏低。

2010~2017年统计局发布的投入产出数据显示，2010年，我国制造业中完全消耗服务业的比重为38.7%，2012年和2015年持续上升至43.4%和55.5%，2017年回落至47.6%。2010年服务业中完全消耗制造业的比重为69.3%，2012年和2015年分别为60.2%和61.4%，2017年回落至47.35%。

从制造业各个子行业来看，2010~2017年服务业对制造业各子行业完全消耗系数表显示，服务业对机械设备、交通运输设备、电子电气及其他设备，炼油、炼焦和化学产品的完全消耗系数大于10%，企业各项子项目均小于10%。2017年，服务业除了对制造业细分行业中炼油、炼焦和化学产品的依赖度有所上升之外，对其他细分行业的依赖度都呈现下降态势（见表11-2）。

2017年的制造业子行业对服务业子行业的完全消耗系数显示，批发零售、运输仓储邮政为融

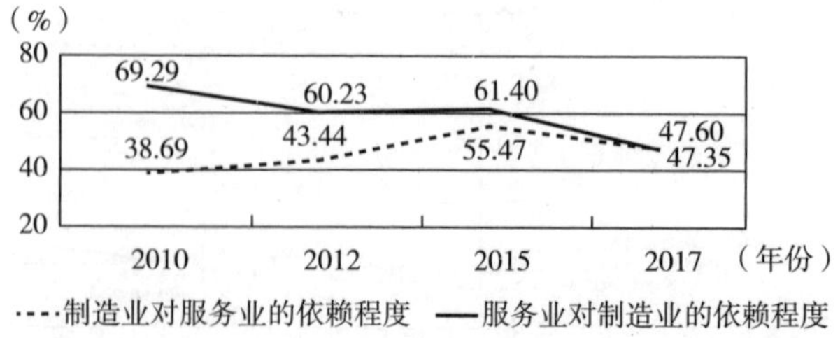

图11-3 2010~2017年制造业与服务业双向融合系数

资料来源：根据历年《中国统计年鉴》数据整理得到。

表 11 -2　2010 ~2017 年服务业对制造业各子行业完全消耗系数

单位:%

制造业分类	2010 年	2012 年	2015 年	2017 年
食品和烟草	6. 92	6. 18	7. 41	5. 57
纺织、服装、鞋及皮革羽绒制品	3. 56	3. 06	3. 40	2. 81
木材加工、家具、造纸印刷和文教工美用品	8. 07	7. 31	5. 40	4. 77
炼油、炼焦和化学产品	14. 70	12. 28	12. 67	14. 53
非金属矿物制品	1. 61	1. 23	1. 22	0. 76
金属冶炼、加工及制品	8. 65	8. 12	7. 27	4. 79
机械设备、交通运输设备、电子电气及其他设备	18. 78	15. 62	17. 35	13. 36
其他各类制造产品	7. 00	6. 42	6. 67	0. 76
总计	69. 29	60. 23	61. 40	47. 35

资料来源：根据历年《中国统计年鉴》数据整理得到。

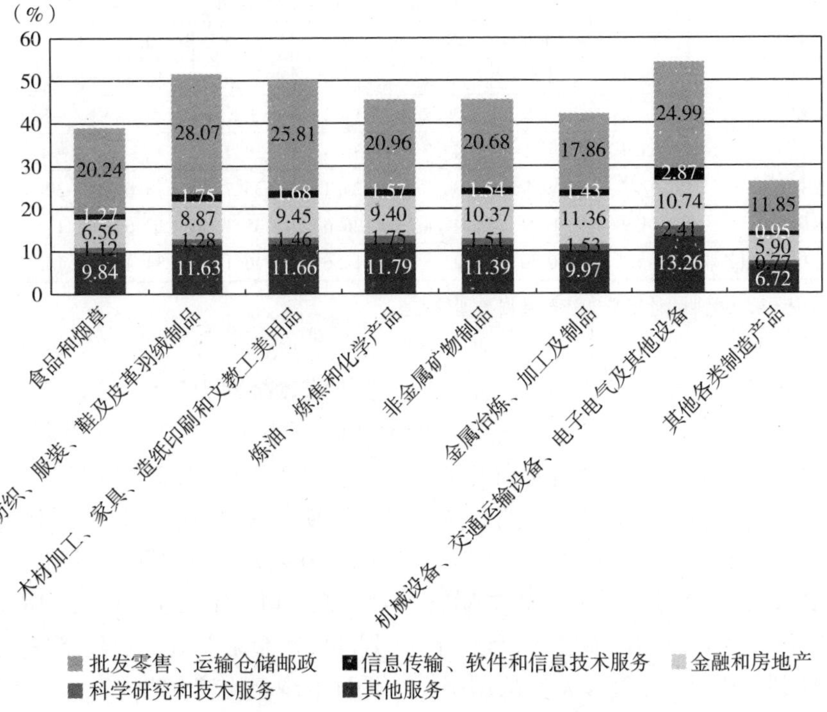

图 11 -4　2017 年制造业子行业对服务业子行业完全消耗系数

资料来源：根据《中国统计年鉴 2019》计算绘制。

合度最高的服务子行业，对制造业的完全消耗系数为 11. 85%~ 28. 07%；其次是金融和房地产以及教育卫生等其他服务，分别为 5. 9%~ 11. 36% 和 6. 72%~ 13. 26%。信息传输、软件和信息技术服务以及科学研究和技术服务分别为 0. 95%~ 2. 87% 和 0. 77%~ 2. 41%。总体来看，信息传输、软件和信息技术服务以及科学研究和技术服务对制造业的融合提升还有很大的发展空间。

（2）“十三五”时期，生产性服务业固定资产投资趋缓。

2010 ~2018 年，生产性服务业固定资产投资总体经历了快速增长到增速放缓甚至为负数的过程。其中批发和零售业 2011 年投资增速到达顶点，为 41%，之后逐年下滑，2016 年进入负增长，2018 年达到 -19.8%。金融业投资也分别在 2011 年和 2012 年达到顶峰，为 44.4% 和 44.7%，之后一路下滑至 2017 年的 -13.3% 和 2018 年的 -13.1%。住宿和餐饮业投资高点出现在 2011 年，为 34%，之后也是一路减少，分别于 2016 年和 2018 年达到 -8.7% 和 -0.8%。

交通运输、仓储和邮政业投资相对高点出现在 2010 年，为 20.4%，经历 2011 年的低点 3.5%，2014 年又增长到 17.8%，短暂经历过 2017 年的增长后 2018 年降到 4%。信息传输、软件和信息技术服务业投资 2010 年出现负增长，之后 2011 年有所恢复，2012 年达到阶段性高点 23.8%，经过 2013 年稍有下降，2014 年和 2015 年分别达到 36.1% 和 34.4%，2016 年之后持续下滑至 2018 年的 4.1%。

科学研究和技术服务业投资最高点出现在 2012 年，为 47.4%，2017 年为最低点 9.4%，2018 年反弹至 13.6%；租赁和商务服务业经历 2011 年的高点 40.5%，基本保持在平均 20% 以上的增长率，直到 2017 年和 2018 年降到 14.6% 和 13.9%（见表 11-3）。

表 11-3 生产性服务业固定资产投资增长率变动

单位:%

	2010 年	2011 年	2012 年	2013 年	2014 年	2015 年	2016 年	2017 年	2018 年
批发和零售业	17.5	41.0	31.9	29.7	25.5	19.8	-4.0	-6.1	-19.8
交通运输、仓储和邮政业	20.4	3.5	11.1	17.0	17.8	13.8	9.5	14.8	4.0
住宿和餐饮业	28.2	34.0	30.2	17.2	3.6	5.1	-8.7	4.0	-0.8
金融业	35.9	44.4	44.7	34.4	10.7	0.3	-4.2	-13.3	-13.1
租赁和商务服务业	32.2	40.5	38.9	25.4	35.7	18.6	30.6	14.6	13.9
科学研究和技术服务业	14.9	41.9	47.4	26.6	35.1	12.6	17.2	9.4	13.6
信息传输、软件和信息技术服务业	-5.2	0.6	23.8	14.6	36.1	34.4	14.6	12.8	4.1

资料来源：根据《中国第三产业统计年鉴 2019》数据整理得到。

（3）服务业出现“自我循环”趋势，对先进制造业发展支持不足。

图 11-3 显示，2015~2017 年制造业和服务业双向融合系数均有较大的下滑，但是同期服务业增加值占国内生产总值的比重持续上升，同时生产性服务业的比重略有下滑。图 11-2 显示，金融行业的比重 2015 年出现增加过快，达到 26.8% 再缓慢下降到 2017 年的 25.2%。从服务业为制造业服务的角度分析，这种融合发展的趋势不仅停滞了甚至还有所倒退，其中现代服务业与制造业呈现出“相对分离”的发展态势。这表明，我国服务业具有“自我循环”发展倾向，对制造业发展支持不足。尤其是近年来，我国金融业有“脱实向虚”的现象，对实体经济支持力度明显不足。据中国人民银行统计，2015 年至 2019 年末，金融机构人民币各项贷款余额分别为 93.9 万亿元、106.6 万亿元、120.1 万亿元、136.3 万亿元、153.1 万亿元，同比增长 14.3%、13.5%、12.7%、13.5% 和 12.3%。其中，本外币工业中长期贷款余额为 7.5 万亿元、7.7 万亿元、8.1 万亿元、8.6 万亿元和 9.2 万亿元，同比增长 5%、3.1%、5.1%、7.3% 和 6.8%，而本外币服务业中长期贷款余额为 23.4 万亿元、26.1 万亿元、30.8 万亿元、34.9 万亿元和 39.4 万亿元，同比增长 14.4%、11.4%、18.2%、13.4% 和 13.0%。金融业对工业经济的支持明显不足，自循环的现象比较突出。

（4）制造业产业基础研究积累不足，产业生态体系亟待建立。

当前，我国虽然是全球制造业第一大国，但工业化的过程中基础研究积累不足，缺乏重大原创核心技术，关键基础材料、先进工艺、基础装备和核心零部件严重依赖进口。据中国工程院《工业强基战略研究报告》分析，我国关键基础材料、核心基础零部件（元器件）、先进基础工艺、产业技术基础等对外依存度仍在 50% 以上。这些都制约着我国制造业服务化的发展。据统计，近年我国制造业平均增加值率约 20%，低于美国、日本、德国等发达国家同期制造业增加值率（一般在30%以上），也低于国内服务业增加值率的平均水平。这些都反映出我国制造企业附加值低、盈利能力差的现状，不容易吸引优质资源流向制造业，制造行业优秀人才也面临流失，制造企业走向价值链高端乏力，严重影响我国制造企业的转型升级。

从成功企业的经验看，实现服务化转型的制造企业一般都储备了丰富的知识资产。西方发达国家企业将更多以知识资产为特征的服务投入制造业环节，进而不断占据全球产业链的高端环节。而在我国参与国际分工的工业发展路径下，多数制造业企业以组装加工为主，处于全球产业价值链分工中的低增值环节，有相当数量的制造企业由于长期从事代工生产，被局限在国际产业链的单一制造环节，只是在原基础上简单扩大再生产，投入更多的有形资产和扩大生产规模，忽视了对技术专利、品牌、渠道、人才等各种无形资产和知识资产的储备，导致缺乏自主研发基础硬件和软件的能力，限制了制造企业向智能化、网络化和服务化转型。

（5）制造服务平台缺乏核心技术，关键零部件和核心技术依赖国外。

我国制造服务平台的优势是模式创新和应用创新，但和国外相比技术基础相对薄弱，在平台功能、商业化程度和生态体系完整度等方面都存在一定差距。突出表现在数据采集、PaaS（平台即服务）和工业应用三方面的核心技术能力不足，制约着我国工业互联网平台的可持续发展。首先，平台对底层数据资源的调度管理能力不足，根源在于设备连接数量偏少、边缘计算能力不足、协议转换和数据获取能力等方面有待提升。其次，技术支持能力弱，平台对应用开发和数据分析的技术支撑能力不强。最后，平台承载行业解决方案的工业应用数量明显偏少，面向工业用户和开发者的服务供给能力不够，目前只在少数行业和领域应用，跨行业跨领域服务能力还需加强。

核心技术和关键零部件依靠进口。如高速精密轴承大功率变频技术、典型控制系统与工业网络技术、新型传感器等感知和在线分析技术、高性能液压件与气动元件等构成工业互联网和智能制造装备的重要基础技术和关键零部件主要依赖国外。我国生产企业和软件开发企业的系统集成能力较强，但数控机床、机器人等高端产品大量使用国外软件系统。我国智能制造装备产业基础操作系统缺失，智能制造服务基础软件系统的开发是明显短板。美国、德国及日本的公司掌握着工业品和生产过程的产品数据库软件、设计软件、生产管理软件和控制软件等，中国制造业高度受制于国外领先企业。

四、深度工业化进程中推进产业融合的政策措施

1. 转变制造和服务“两分法”，从战略高度促进产业融合发展

制造业和服务业“两分法”源于新西兰经济学家费歇尔于1935年创立的三次产业分类法，但是，随着信息技术及以其为核心的现代高新技术产业的快速发展，制造业和服务业融合程度的加深，产生诸如产业边界逐渐模糊、产业范围不断扩大以及服务业占比无法全面衡量产业结构优化等问题。因此，建议在推进先进制造业和现代服务业融合发展时，防止将先进制造业发展和现代服务业发展割裂甚至对立的错误思维和做法，特别是以扭曲其他产业为代价发展第三产业、过早“去工业化”、“拔苗式助长”等错误做法，要将制造业和服务业当作一个整体来推进，促进制造业核心竞争力提升和服务业大发展的有机衔接。与此同时，还应立足长远，在制造业与生产服务业专业化分工的基础上，打破目前制造企业大而全的一体化格局，鼓励生产性服务业从制造业中分离，实现专业化、规模化发展，对众多服务商、制造商、顾客、中介公司等开放互

动、融合，实现新业态新产品方面技术与产品创新。

2. 完善产业政策和优化营商环境，推进产业融合发展建立促进一体化融合发展的产业政策体系

逐步消除服务业和制造业之间在税收、金融、科技等要素价格之间的政策差异，降低交易成本。对于产品与服务混合经营、提供一体化解决方案的企业，要根据其业务范围，在适用税率方面，实行“就低不就高”的政策，适用最低税率。鼓励制造业和服务业融合发展型企业申请高新技术产业。在加大对技术支持力度的基础上，加大对制造、服务企业流程创新、商业模式创新等软性创新的支持力度，推动制造和服务融合发展。进一步推进“放、管、服”改革，营造产业融合创新发展的生态环境，推动新服务、新业态、新模式竞相涌现。强化大众创业、万众创新和“互联网 +”政策引导，充分利用众创、众包、众扶、众筹等服务平台，促进创客、公共服务、消费者与企业之间的互动融合。加大改革力度，破除垄断壁垒，优化服务业发展环境。鼓励行业组织、研究机构和企业务实合作，开展产业融合发展所需的研发、人才培训、资质认证等服务。推进产融结合，解决金融业务独立于实体经济并主要服务自身的问题，实现金融等要素配置由“脱虚向实”转变到服务实体经济上来。加强金融业务监管，使更多金融资源配置给实体经济，全面提升金融服务实体经济效率和水平。开展投贷联动、股债结合等金融服务，拓宽金融进入实体经济的渠道。支持符合条件的制造业企业发挥自身优势，在依法合规、风险可控的前提下，发起设立或参股财务公司、金融租赁公司、融资租赁公司，延伸和提升价值链，降低企业融资成本。加强知识产权的保护和运用。完善专利权、商标权、著作权、商业秘密保护等法律法规，研究完善商业模式知识产权保护制度，完善互联网、大数据、电子商务等领域知识产权保护规则，促进企业知识资产的积累，提高企业开展服务化水平和能力（郭朝先，2019）。

3. 搭建先进制造业与现代服务业融合发展的平台、载体，打造一批融合发展示范区

建议依托现有产业集群和国家级开发区，聚焦集群内产业关联度低、制造业与服务业融合不够等“瓶颈”问题，努力提高集群内制造业与服务业的相互协同、配套服务水平，打造一批制造业和服务业融合的平台载体，使集群成为集成制造与服务功能的产业链集合，不断提升全产业价值链竞争力（盛朝迅，2018）。例如，在制造业集群内，可以搭建研发设计、知识产权、信息服务、金融、商贸、物流、会展等服务平台，围绕制造业集群构建区域服务体系，形成产业共生、资源共享的互动发展格局。在服务业集群内，可以完善创新创业投资环境，完善知识产权创造、运用和保护法律体系，促使企业共享信息知识资源，提升创新能力，做到市场集聚、自发形成、自我发展。

4. 加快培育制造服务融合新业态新模式，鼓励市场主体深度参与

企业是制造业和服务业融合发展的微观主体和重要载体，在推进先进制造业和现代服务业深度融合过程中必须要让企业“唱主角”。一方面，鼓励制造业企业转型发展现代服务业。服务型制造具有先进制造业与现代服务业深度融合的特征，是制造业的发展方向。通过一定的财政补贴、税收优惠等政策支持，鼓励先进制造业企业整合资源优势，加大技术研发、市场服务等方面的创新力度，提供专业化、系统化、集成化的系统解决方案，开展在检验检测、供应链管理、专业维修维护等领域的总集成总承包。另一方面，支持现代供应链新业态新模式发展。例如，主要发挥其产业链龙头企业的引领作用，通过技术、产品、服务等领域持续创新，带动配套、服务企业协同发展，实现全产业链高端跃升；主要发挥专精特新中小微企业，其贴近市场、机制灵活等优势，探索新业态新模式新路径，通过融合培育形成一批“单项冠军”，主要发挥其整合资源、集聚企业优势，构建以平台型企业为中心、众多企业参与的产业生态圈。

5. 积极拥抱新一轮科技革命和产业变革，完善先进制造业和现代服务业融合发展的信息化基础，加速实现产业智能化

大数据、云计算、物联网等新一代信息技术的快速突破和广泛应用将促进智能制造、创

新设计等新的制造模式以及服务外包、电子商务、移动支付等新的商业模式快速发展，极大地促进了制造业与服务业的融合发展。一方面，要大力推进新一代信息技术在研发设计、生产制造、经营管理、市场营销、售后服务等产品全生命周期、产业链全流程各环节的应用，不断发展壮大智能经济；另一方面，要支持大数据、技术信息、交易信息、物流信息、支付信息、认证信息交换与集成，重点发展工业互联网平台、智慧物流服务、科技创新服务和高端商务服务等高端生产性服务业，实现高端生产服务与智能制造、先进制造联动创新融合。

"十四五"时期我国将迎来通过产业智能化后发追赶发达国家的重要窗口期。世界主要发达国家均把发展人工智能作为提升国家竞争力、维护国家安全的重大战略，力图在国际科技竞争中掌握主导权。德国和美国等发达资本主义国家提出必须在人工智能领域集中企业、科研和政策的力量，消除主要技术的竞争差距，创立自己的数据主权，充分利用关键技术的经济潜力，建立在人工智能领域的优势。经过多年的持续积累，我国人工智能在语音识别、视觉识别等方面的技术居于世界领先水平，自适应自主学习、直觉感知、综合推理、混合智能和群体智能等初步具备跨越式发展的能力，利用人口红利和新基建的浪潮，加速积累的技术能力，与海量的数据资源、巨大的应用需求、开放的市场环境有机结合，抓住第四次工业革命的历史机遇，大力推动人工智能产业发展，奠定下一阶段国际竞争格局中的产业地位。

6. 以扩大开放来促进先进制造业和现代服务业融入全球产业价值链，坚持协同创新与国际合作相结合

继续深化改革开放，实行"引进来""走出去"，对外资高端消费服务业和高端生产性服务业放宽准入，鼓励它们融入本土先进制造业价值链，反推制造业的转型升级，同时鼓励本土服务业企业融入外资先进制造业企业的价值链，以及鼓励外资高端服务企业与中资消费服务、生产性服务企业或制造企业成立联合研发中心，鼓励中资企业借力实现产业转型，获得知识溢出。鼓励本土服务业企业做大做强，向高端化方向发展。坚持自主创新、国际合作、重点突破、集聚发展、市场主导、政府推动的原则，把生产制造商、服务商、客户、技术研发机构、中介机构等关联整合形成高端服务先进制造产业生态圈。

参考文献

[1] 黄群慧：《工业化后期中国经济面临的趋势性变化与风险》，《中国经济学人（英文版）》2015 年第 2 期。

[2] 魏后凯、王颂吉：《中国"过度去工业化"现象剖析与理论反思》，《中国工业经济》2019 年第 1 期。

[3] 郭朝先：《产业融合创新与制造业高质量发展》，《北京工业大学学报（社会科学版）》2019 年第 4 期。

[4] 芮明杰：《高端服务与先进制造融合发展　推动上海经济新增长》，《第一财经日报》，2020 年 5 月 20 日。

[5] 王晓红：《制造业与服务业融合发展的六大趋势》，《中国经济周刊》2014 年第 25 期。

[6] 张伯旭、赵剑波、李辉：《服务型制造的模式创新》，《企业管理》2016 年第 11 期。

[7] 盛朝迅：《应以新思路推进先进制造业和现代服务业融合发展》，《中国经济时报》，2018 年 12 月 21 日。

第十二章　智能制造

提　　要

在工业互联网、智能制造、产业互联网等多种不同的竞争性范式中，智能制造范式具有包容性，工业互联网作为基础设施支撑智能制造的发展。“十四五”时期，应大力推进新一代信息技术与制造业深度融合，彻底改变制造产品、过程、装备、模式、业态等，促使制造业步入智能化发展阶段。智能制造代表“十四五”时期制造业产业变革的主要方向，是新一代信息技术与先进制造融合的重要载体之一，融合的关键在于将新一代信息技术应用于制造业所有发展阶段、全生命周期，推动制造业数字化、网络化、智能化并联发展、同步发展。“十四五”时期，我国要不断挖掘新一代信息技术的通用目的属性，打造新一代智能制造模式，并发挥国内市场优势尽早形成主导应用。

*　　　*　　　*

“十三五”时期，我国高度重视新一轮工业革命可能带来的颠覆性变革，出台了多项相关产业政策。人工智能、大数据、第五代移动通信技术等新技术不断创新，在线经济、智能制造等新业态不断涌现，数字经济、互联网经济等新经济规模不断积累。然而，现实的发展距离人们对于新科技革命与产业变革的期望还有些差距，智能产业还不够智能，距离万物互联状态还有不小差距，消费互联网向产业互联网的渗透步履维艰。最重要的是，以互联网、大数据、人工智能为代表的新一代信息技术还没有对经济效率和社会效率提升起到大幅改善的作用，虽有局部的应用，但难言全面的变革。我们所期待的那个智能社会或者智能互联时代，还没有完全到来。阻碍数字经济深化发展的“短板”在于产业数字化，新一代信息技术向制造业等实体经济的渗透过程缓慢，产业数字化的主导发展范式还不是很清晰，应用场景智能化的程度还有待提升，新科技对实体经济的效率改善作用还不太显著，技术和人才等要素供应还存在不足。“十四五”时期，促进新一代信息技术向实体经济的全面渗透和融合应用，发展智能制造成为重点任务。通过推进智能制造，一方面可以促进新科技本身的创新发展，另一方面可以深化新科技与实体产业的融合发展。随着新技术越来越成熟，应用场景越来越完美，真正实现数字化、网络化、智能化的交织演进，真正实现联网、联物、联数的迭代升级，推动以“万物互联、泛在智能”为特征的数字经济健康、深入发展。

一、我国智能制造的主要进展与评价

智能制造是新一代信息技术与先进制造融合的重要载体之一，智能制造范式最具有包容性，也最契合中国制造业的转型升级需求。“十三五”时期，我国智能制造整体布局基本形成，专项示范行动取得重要进展，重点行业领域应用成效显现。加快发展智能制造，是顺应新一轮工业革命的必然选择，是推动我国经济高质量发展的重要途径。

1. 成为我国先进制造发展的主攻方向

智能制造是新科技与先进制造融合的主要载体之一。智能制造成为各国制造业竞争的战略制高点，我国也把智能制造作为加快制造强国建设、构建现代化经济体系的重要抓手。根据中国工程院 2017 年发布的《中国智能制造发展战略》，智能制造模式可以归纳为三个基本范式，即数字化制造、网络化制造、智能化制造。智能化制造是最高级的发展阶段，实现了生产系统的决策优化和自我调整，极大地提高了制造业的创新能力。智能制造的三个技术范式既是不断进步、递进的过程，又是相互融合的关系。

除了三个层次递进的基本技术范式维度，还可以从价值创造和组织方式两个维度理解智能制造。在价值创造维度，产品本身的智能化、制造过程（包括设计、生产、管理等过程）的智能化以及服务的智能化是新一代智能制造实现价值创造的主要方向，并使制造企业从主要提供产品向提供产品和服务转变，价值链得以延伸。组织方式维度主要包括智能单元、智能工厂和智能企业三个层次。智能单元是指构建智能制造系统或智能产品所需的核心构成要素，是发展智能制造必须具备的基础条件；智能工厂是集成相关关键技术、核心单元等，形成满足具体目标和需求的智能制造工厂；智能企业是指企业边界打破后，汇聚企业内部及外部的供应链、价值链和产业链资源，形成资源协同的生态型智能制造企业。

总之，新一代信息技术和智能制造能够优化制造业产业结构，提高制造业生产效率，并重塑全球制造业产业链。我国先进制造业的发展，应该把智能制造作为主要的战略方向。

2. 产业体系及示范项目开始逐步建设

产业政策体系不断完善。“十三五”时期，国务院及其相关部门陆续出台了《智能制造发展规划（2016—2020 年）》《智能制造工程实施指南（2016—2020）》《国家智能制造标准体系建设指南（2015 年版）》《机器人产业发展规划（2016—2020 年）》《新一代人工智能发展规划》等多个政策文件，提出了到 2025 年我国智能制造发展的“两步走”战略，初步形成了以《中国制造 2025》为统领、智能制造相关产业政策为指引、智能制造工程为抓手的智能制造产业顶层设计。

专项示范项目扎实推进。工业和信息化部以及国家发展和改革委员会联合组织实施了智能化改造重大工程，专项支持智能制造项目。工业和信息化部联合国家标准化管理委员会积极推进智能制造标准体系建设。科技部出台了《“十三五”先进制造技术领域科技创新专项规划》，重点支持了 25 项智能制造领域的科技攻关项目。国家制造业创新中心建设重点支持智能制造关键共性技术装备创新。工业强基工程积极支持制约智能制造发展的关键基础零部件、工艺技术和产业技术基础创新项目。“十三五”时期，通过建设示范项目，突破了一批智能制造关键技术装备，培育了一批可复制的智能制造新模式。

基础支撑能力得到加强。智能制造标准体系的建设加快，已基本覆盖了智能制造基础共性和关键技术的标准。此外，石化、家电、汽车、船舶等行业加快推进本行业智能制造标准研制。在标准国际化方面，中德两国在系统架构互认、信息安全、无线通信等领域达成多项共识，合作不断深入。由我国提出的智能制造系统架构标准已纳入 IEC/SMB/SEG7 发布的《智能制造架构和模型研究报告》中。

3. 重点行业领域的应用成效逐渐显现

智能制造模式多元化发展。“十三五”时期，我国共遴选400多个国家智能制造试点示范项目，通过组织实施试点示范，形成了柔性制造、数字化制造、云制造、分布式制造等新范式，培育形成了一批智能产品、智能管理、智能服务等智能制造新业态。在纺织、服装、家居、家电等行业领域，形成了大规模个性化定制模式，在风电、工程机械等领域，形成了智能化远程运维服务模式。在航空领域，形成了网络协同制造模式。智能制造集成服务能力有效提升，通过探索实践，一批了解行业需求、具有智能制造系统解决方案服务能力、行业推广经验丰富的智能制造系统供应商成为制造业产业转型升级的重要推动者。

基础技术取得关键性进展。示范项目有效带动智能制造关键技术和装备突破。系统解决方案供应商、装备制造商与制造企业通过联合攻关，成功开发了多套重点行业领域急需的智能制造成套装备，支撑了重点领域的智能制造发展。核心工业软件支撑能力有效提升。围绕设计仿真、工业控制、业务管理、数据管理、系统解决方案、测试验证平台等方面共开发了大量工业软件，有效地支撑了制造企业的智能化转型升级。工业互联网基础和信息安全系统建设迈上新台阶，培育了包括航天云网、树根互联、海尔等20余家商业化工业互联网服务平台。在网络改造、标识解析、数据应用、协同制造等方面，形成了一批工业互联网应用的典型模式和路径。

制造业效率提升效果显著。根据智能化改造前后企业数据的初步对比分析，生产效率平均提高32.9%，能源利用率提高11.3%，运营成本降低19.3%，产品研制周期缩短30.8%，产品不良品率降低26.3%。

总之，面对新一轮工业革命带来的不确定性，我国的产业政策随着认知程度的加深而不断调整，现在各个工业国家已经形成普遍共识，把政策目标落实到提升制造业效率上来。

二、现阶段智能制造发展面临的挑战

全球制造业正面临着提升效率、降低成本的强烈愿望，我国要不断挖掘新一代信息技术的通用目的属性，打造新一代智能制造模式，并发挥国内市场规模优势尽早形成主导应用。未来，在推动智能制造方面，我国还面临着范式之争、应用升级、技术短板、人才不足等问题，同时必须解决好技术攻坚、提升效益、协调体系、引领发展等挑战。

1. 主导应用范式还有争论

智能制造的技术路线还需要明确。从“造词”和“玩概念”这些说法可看出，广大企业在新一代信息技术和实体经济融合发展的理性认识、发展方向、工作重点、路径选择、实施策略等方面还存在许多困惑和误区（周济，2019）。在政策层面，我国存在智能制造、工业互联网、产业互联网等多种发展范式，在业界也引发了一些混乱，众多的范式在实践中也给企业造成了一定的困扰。《中国制造2025》等政策对企业的投资回报和创新收益关注较少，大部分企业还在权衡投入和产出是否成比例。虽然智能制造、工业互联网、服务型制造、“双创”平台等各种类型示范项目很多，但企业要么是无所适从，要么热衷申请示范工程。

对智能制造变革的认识有待加强。大部分企业包括中小企业由于资源条件的局限，在数字化进程上可能会出现一些障碍，这些企业对“工业4.0”的接受和吸收程度仍然不高。目前只有为数不多的大型企业，通过智能化改造，增加互联网、云平台等技术内容，以及采纳一些人工智能技术，如图像识别、语音识别等，已经在机器人上下料、质量检查等环节得到较为普遍的应用，帮助解决企业的实际问题。但是，仍有相当一部分企业对智能制造的认识只停留在技术和工艺阶段，将其视为工具或平台，没有认识到这是足以打破现有产业格局、重塑核心竞争优势的发展模式及理念变革。

2. 应用还需向智能化迈进

企业实践还处于数字化阶段。现有的战略都

是对于前景的美好描绘，智能制造也不例外。当前有些企业已经开始成为智能产品和服务的先行者，但大多数都还是小规模验证，投入回报水平相对较低。如果把智能制造分为数字化、网络化、智能化三个阶段，国内制造企业大部分还处于数字化改造发展阶段。更重要的是，广大中小企业还没有完成数字化制造转型，为数众多的中小企业在自动化和数字化发展方面仍然十分落后。对中小企业来说，数字化能力是其进一步提高竞争力的保障，但是数字化技术在中小企业价值链流程中的应用还比较少，中小企业实施数字化改造意识还不强，并且缺少实施智能制造的技术资源，包括软硬件设备不足，以及专业人员缺失等。

企业要主动向智能化阶段迈进。近年来，一批数字化生产线、数字化车间、数字化工厂建立起来，国内企业如宁煤集团煤制油基地的“两智一数”项目、中航工业基于三维数据信息的大飞机研制项目、美的集团的智能制造项目等，都是通过数字化和网络化手段优化企业的资源配置和运营效率。不可否认的是，这些企业的做法还停留在数字化阶段，在现实中还很难看到智能化应用的成熟案例。企业要立足制造而超越制造，不仅要清晰认识智能制造开放、共享、趋同、去中心化的基因本质，更要将其与组织体系、商业模式和资源配置方式相融合，充分把握智能制造带来的颠覆式机遇。

3. 关键环节还有技术短板

存在许多制约因素和薄弱环节。智能感知与控制、数字化设计与制造等技术仍然薄弱。不少关键装备和核心部件、工业设计、工艺仿真、生产管理、工业 APP 等工业软件依赖国外。国内高端工业机器人及高档数控系统、高性能传感器和可编程逻辑控制器（PLC）等核心技术与零部件主要依赖进口。工程设计软件、嵌入式软件等基本被跨国企业垄断，工业互联网基础设施薄弱，缺少工业互联网平台和行业解决方案，工控系统仍由国外企业控制。

新科技尚未突破自身行业范畴。作为核心技术，新一代信息技术还未能大规模带动机器人及智能装备等相关产业发展，与先进制造融合发展还停留在典型、示范、部分制造环节或者部分制造领域。就目前而言，这些技术依然没有突破自己的行业范畴。工业互联网的成熟应用场景较少，且相互隔离，很难连接现实并广泛应用，再加上工业互联网应用难以实现标准化，实现工厂之间的复制。

4. 人才要素供应非常不足

人才要素严重短缺。智能制造发展所需的高层次领军人才、高端复合型技术人才以及熟练操作智能化装备的高素质技能人才严重短缺。当前，新一代信息技术创新领域高端人才较少，理解实体经济实践的人才更少，严重制约着两者的融合发展，制约着我国制造业、新科技产业的高端化发展。

知识咨询成本高昂。能够为企业智能制造提供规划咨询、关键装备的试验检测、网络化平台化资源共享等人才和服务能力严重不足。因为人才短缺，造成现有的智能制造人才使用成本高昂，甚至成为实施智能化改造企业的负担。

三、智能制造的发展思路与重点任务

“十四五”时期，要推动我国智能制造持续健康快速发展，必须结合新科技革命和技术发展趋势，立足我国基本国情，明确发展思路和发展重点。

1. 发展思路

“十四五”时期，我国智能制造的发展应采用“科技引领，基建带动”“双向融合，优势互补”“因企制宜，全面推进”“聚焦关键，创新发展”的思路。

（1）科技引领，基建带动。我国正在变成一个巨大的新科技“试验场”，未来会有越来越多的新科技在国内市场首次应用并塑造出新的产业生态。引领性的颠覆性技术、行业的技术能力基础、庞大的市场需求规模，三者会共同定义未来各个新兴领域的技术范式和主导设计。5G 等新技术对于发展智能制造意义重大，因此，在培育新科技应用环境方面，要积极推进“新基建”，推动信息基础设施、融合基础设施、创新基础设施的大发展，依靠基建带动形成“新基建 + 新经济 + 新智造”的局面。

（2）双向融合，优势互补。新科技与先进制造要双向融合，避免“两张皮”，两者要优势互补。新科技在自身领域的应用潜力是有限的，但与生产制造、企业经营相结合就能产生巨大社会和经济效益，归根结底要体现在企业智能转型和生产力提升中，帮助实体经济获得更高的生产效率，不能本末倒置。因此，新科技和先进制造企业要相互融合发展，强化数字技术、信息技术、智能技术向各行业各领域覆盖融合，加快培育“制造 + 互联网 + 服务”的新模式新业态，着力发展卫星导航、物联网、智慧医疗等新经济领域，大力培育平台经济、网络经济、定制经济、数字经济等新业态。

（3）因企制宜，全面推进。必须要考虑不同技术水平、不同经营模式和不同市场环境下的企业的要求，因“企”制宜，激发不同企业的内生动力。示范项目和示范企业只是切入点，最终还要全面推进行业应用，带动智能制造产业的整体发展。所以，在制定“十四五”时期智能制造发展具体策略时，要把推广应用和普及工作放到更为重要的位置。在试点示范企业取得一定成果之后，一定要积极采取措施进行成果的推广应用，不能仅停留在试点示范阶段。

（4）聚焦关键，创新发展。智能制造发展需要关键装备、共性技术，围绕《中国制造 2025》确定的前沿技术领域，针对工业软件、智能感知等薄弱环节，加强技术创新以及技术引进与合作，聚焦一批关系我国智能制造产业健康发展的核心基础部件和一批与产业安全密切相关的关键共性技术，实施重大工程攻关，实现原始创新、颠覆性创新、集成创新等重大突破。

2. 重点任务

不同的企业要认清自己的角色与任务，并围绕具有共性的重点技术领域，实施重点攻关，实现重大突破。

（1）不同企业的工作重点。德国“工业 4.0”将参与者分为三类：西门子等提供关键产品的技术供应方、德国电信和 SAP 等基础设施供应方，以及大众汽车等工业用户。从国内业态看，新科技革命与产业变革的参与者可以分为制造业企业、集成方案供应商和互联网企业。

对于制造业企业，要积极实施数字化技术改造。企业必须认识到数字资产是未来最大的财富，构建一套搜集数据的数字化体系，然后利用智能化工具从数据资产中挖掘出数据洞察、梳理和判断用户需求，这是企业实现智能化转型的关键点。按照智能制造范式的要求，借助机器学习、人机混合智能等新一代人工智能技术，制造能力以智能单元和智能工厂为载体，不断提升生产效率和创新能力。信息互联互通将从企业内部延伸至全供应链和全产业链，实现制造过程的柔性和高效，质量、成本、效率等竞争要素显著提升，产品实现高度智能化。基于智能制造模式，向用户提供远程诊断、故障预测、远程维修等系列服务，并结合运营过程积累的数据，进行数据挖掘和商业智能分析，主动给用户提供精准、高效的服务。

对于集成方案供应商，要主动提供智能制造解决方案。从技术服务商的角度看，国外软件服务商如 Oracle、Salesforce、SAP 等已经形成巨大市场规模，而我国还没有主流互联网企业的主营业务是企业级 SaaS 服务。因此，要大力发展智能制造系统解决方案供应商，支持产业创新联盟、生产装备制造企业向系统解决方案供应商转变，培育一大批国际知名的系统集成企业。引导发展智能制造系统解决方案供应商，支持生产装备制造企业向系统解决方案供应商转变，通过业务升级逐步发展成为智能制造系统解决方案供应商。鼓励企业与装备制造商、软件供应商、智能制造系统解决方案供应商联合，形成可复制、可推广的经验与模式。

对于互联网企业，要帮助制造企业实施云平台布局。鼓励互联网企业利用“云服务”为制造业企业提供个性化解决方案。通过“数据 + 算力 + 算法”的结合助力制造企业实现产业链各个环节的数字化转型，或者向中小企业提供云服务，通过基础设施、设备产品、业务应用、制造能力的云化，不断打造企业应用。例如阿里云、腾讯云等，基于云平台帮助中小企业综合集成与优化资源配置，积极实现产品、机器、数据、人的全面互联互通。

（2）重点推进的技术领域。一是积极推进智能制造基础设施建设。智能制造行业应用及其商业模式的演进或重塑并非单一技术所能实现，而是需要5G以及其他多项新科技合力完成。在“新基建”技术集簇中，5G的关键作用在于确保各种技术所驱动的应用能够有机高效地整合在一起，并使它们发挥出更加完整且智能化的作用。因此，要大力推动智能制造领域的“新基建”，尤其是新型通信基础设施建设，积极推进以5G、物联网、工业互联网、卫星互联网为代表的通信网络基础设施，以人工智能、云计算、区块链等为代表的新技术基础设施，以数据中心、智能计算中心为代表的算力基础设施建设。

二是智能制造关键技术创新应用。强化问题导向，重点解决影响智能制造发展的关键共性技术、关键零部件/元器件、工业软件及智能制造装备等问题。把突破核心关键技术和支撑产业发展相结合，开发应用于人工智能领域的通用系统、数据库、知识软件等，使国产人工智能软件大规模、成体系、高可靠地应用于智能制造。提升智能制造科技成果工程化、产业化程度，探索、研究、示范新一代智能制造模式，努力把创新成果转化为现实生产力。

三是推动工业互联网融合发展。把工业互联网平台打造成工业关键基础设施，支持骨干制造业企业、大型互联网企业、知名科研机构联合建设，不断提升平台开发、设备管理、数据采集、边缘计算、人工智能等基础能力。工业互联网当前还没有统一的通信协议，千差万别的工业设备，数据接口访问接口不一，导致工业网络出现割裂，企业之间信息传递困难，无法实时互联互通。因此，还要把工业互联网作为新基建的重要内容，改变不同行业、不同企业应用数据割裂的局面，实现数据传输的标准统一，真正打造可以服务于行业的新型工业互联网基础设施。

四是实施传统产业智能化升级。由于国内不同行业企业的制造水平参差不齐，传统企业还存在不少错误认识，智能制造发展路径不清晰。有的企业认为智能制造就是生产过程的智能化，有的认为是产品的智能化，也有的认为是“生产自动化+管理信息化”，有企业将智能制造片面地理解为引进工业机器人、自动化设备进行“机器换人”。此外，也有企业忽视自身发展阶段和行业特征，盲目追求技术装备的先进性，导致智能制造发展没有达到预期效果。只有企业认识到制造数字化、网络化、智能化发展的必然性与先进性，并着手提升生产制造过程的自动化、信息化水平，才能真正推进汽车、电子信息、航空航天、生物医药、高端装备、绿色化工及新材料等传统产业领域的智能化转型升级。

四、推进智能制造发展的对策与建议

对于正在发生的新科技革命和产业变革，我国应以智能制造为重要载体，积极推动新一代信息技术与先进的融合发展，构建健康、持续、有活力的智能制造生态系统。

1. 引领智能制造“新时代”

纵观从机器到电气，再到信息和智能时代的历次工业革命，只有那些真正能够改变制造产业的关键性技术、代表性技术才能影响和推动人类的进步。当前科技革命的前途还存在着不确定性，作为一个制造业大国，我国一定要保持战略定力。从德国的政策经验看，德国“工业4.0”的战略意图是，对内德国需要尽快实现产业升级，促进数字技术等新兴行业的发展，尽快摆脱“路径依赖”的负面效应；对外又要同时面对美国等发达国家和以中国为代表的新兴国家在国际市场上的竞争。回溯近年来德国的经济政策可以发现，2019 年的《国家工业战略 2030》并非孤立提出，而是具有一定的政策连续性，是对国内产业变革需求和国际环境变化的一个最新回应，背后反映了德国经济的焦虑以及对未来本国国际竞争力受到威胁的担忧，尤其在作为“游戏规则改变者”的突破性创新和创新速度竞争中，德国有“掉队”的危险。德国企业在营业收入、盈利、雇员数量以及市值方面，都远远落后于新兴的、以数字技术和互联网技术为基础的中美企业。国内研究很少认识到德国制造业存在的劣势，“工业 4.0”的出发点正是基于这些劣势而提出的，《国家工业战略 2030》也是如此。当前，全球制造业的进一步发展面临巨大“瓶颈”和困难，各国都在积极采取行动，期待成为新一代通用目的技术的发现者，抢占未来发展战略制高点。作为制造大国，我国还是需要有战略定力，坚持发展先进制造业，不断促进制造业转型升级，这一决心不可动摇。

以智能制造为例，从国家层面的战略规划到相关行动计划，再到创新平台和产业联盟建设，从人才培养到创新园区建设，我国已经初步形成了政产学研用的融合创新政策体系。在人工智能领域，我国的产业聚集不断形成与成熟，中小企业和创业企业大量增长，例如在视觉识别领域的创业科技企业就有 100 多家（杨丹辉等，2018）。在新一代人工智能这一通用目的技术以及智能制造这一产业变革的主要载体等方面，我国不但与发达国家处在同一起跑线上，而且自身优势还很突出。虽然我国在核心技术方面稍显落后，但随着中国成为全球最大消费市场，中国企业在商业模式创新方面又非常大胆、超前（赵剑波，2019）。很多先进核心技术到最后一定会到中国来，在中国市场得到应用，因此必须利用好巨大市场空间所创造出的“中国机会”。只要继续保持开放，国内外的先进技术都能够在“中国机会”中找到发展和成熟的空间，最终带动我国制造业从大到强。因此，应把推动发展智能制造放在国家战略层面，系统布局、主动谋划，进一步统一对发展智能制造的认识，科学制定和实施未来中国智能制造发展战略，明确战略目标、方针和路径，策划必要的行动计划、推出适当的政策措施。

2. 全面推动产业智能升级

推动示范工程向普遍应用发展。经过多年的实践，在新兴产业领域采用“探索—试点—推广—普及”的分步推进模式是合理和有效的。以示范企业为切入点，通过做好示范项目，在示范企业取得一定成果之后，积极采取措施进行成果的推广应用。因此，积极开展智能制造技术创新应用示范。通过验证智能制造技术的可行性，逐步开展企业试点示范，形成推广条件后，推动人工智能技术应用于智能制造的成果转化、重大产品集成创新和示范应用，形成可复制、可推广的经验，进而探索出一条可操作性强、成功率高的新一代智能制造的实施路径。不断加快重点突破，开展数字化车间/智能工厂的集成创新与应用示范。发挥大中型企业智能化改造示范作用，支持中小企业聚焦关键环节，抓住见效快的项目先行示范和突破，及时总结经验，做好推广应用，促进大批企业智能化转型升级。完善示范项目管理机制，设立评价和淘汰制度，让示范项目具有真正引领作用。

扩大智能制造领军企业的带动力。推动智能制造在制造业重点领域的应用深度及广度，在优势领域加快打造智能制造领军企业和品牌，支持领军企业牵头或参与国际标准制定，支持龙头骨干企业形成集聚各类资源的创新生态。通过协同创新，推动智能制造示范、专项项目实施企业不断总结经验，与装备制造商、软件开发商联合向行业提供系统集成服务，培育一批行业知名的专业化系统集成服务供应商。加大对典型集成服务案例、模式的宣传推广，分行业开展智能化改造诊断、方案设计、项目实施等专业指导和服务。

3. 夯实产业发展基础设施

新一代人工智能制造范式的发展，将使智能制造云和工业互联网实现质的飞跃，为生产力和生产方式变革提供发展空间和可靠保障。在加快推动 5G、大数据、计算中心等数字化、网络化信息基础设施建设之外，还应重点关注以下几方面的内容。

首先，制定相关行业标准。互联网、大数据、人工智能三者相互关联，建立统一科学的数据标准是进行广泛数据分享和实现系统间交互操作的重要前提条件。依托云平台、创新平台或安全平台，制定行业标准及国家标准。推动智能制造国家标准上升成为国际标准，提高我国在国际标准制定过程中的话语权。基于市场规模优势，在与中文语言相关的数据规范制定方面，我国也应起到主导作用。例如大数据领域的相关规范，虽然本章并没有把大数据作为研究重点，但无论是智能制造还是工业互联网，实现更加智能高效发展的基础必定是把数据作为新的生产要素。规模巨大的数据量和日益强大的计算能力是提升人工智能技术水平的基础，因此需要在更广泛的领域增加获取数据的便利性，包括发展数据信任、分享数据，并将非格式化的数据进行规范，为支持文本和数据挖掘提供研究标准和必要工具。

其次，补齐行业技术“短板”。推进智能关键零部件与核心软件的自主研发与产业化。重点突破控制器、伺服电机、传感器、控制系统等核心关键部件，突破人工智能基本算法、芯片等底层技术和基础工艺，支持关键零部件、核心软件的首批应用，支持高精度工业控制传感器开发并实现集成应用。开发应用于人工智能领域的通用系统、数据库、知识软件等，使国产人工智能软件大规模、成体系、高可靠地应用于智能制造。

最后，打造工业互联网体系。构建跨行业、跨领域的工业互联网平台，构建数字经济的行业主导权。支持骨干制造业企业、大型互联网企业、知名科研机构联合建设，建成一批国家级、区域级、行业级、企业级的工业互联网平台。加速工业互联网数据采集、网络传输、云端数据存储和使用等全方位各环节安全防护产品的技术研发、测试检测、产业化推广，围绕工业互联网与云平台建设开展安全评估。建设符合国情、适合我国制造业的数字化转型平台，尽快形成国家工业互联网标准，占据全球制高点，推进中国智造的升级发展，提升国际话语权和影响力（赵剑波，2019）。

4. 推动行业健康规范发展

探索数据信息规范监管。在数字经济领域，尤其是数据隐私和安全方面的法律框架滞后于新技术发展水平。探索数字安全立法，明确数字资产产权，构建数字化标准，鼓励数字资产交易和流动。主张“数据权力”，强调数据主体对于数据的控制权、同意权、获利权，建立个人信息保护法。通过数据安全立法，重点明确数据安全管理机制、完善数据全生命周期管理规范。通过个人信息保护立法，构建更加系统、全面的个人信息保护法律体系。在利用数据资源方面，以法律为依据，厘清数据产权以及平台企业的收益边界，引导企业遵守竞争规范。此外，在人工智能、区块链等领域的立法工作也应该加快推进，避免重蹈“先发展，后治理”的覆辙。

规范网络平台治理问题。新一代信息技术与实体经济的融合发展，推动形成了众多平台型企业，数据竞争、算法价值观、平台垄断等治理难题也在不断出现。当数据成为关键生产要素，平台之间的数据归属争议越来越多，平台之间的数据流动壁垒也越来越高。数据流动和数据保护将决定未来信息技术与实体经济的融合程度，决定数字经济领域商业模式创新的合法性，这一问题如何解决并没有成熟的经验。算法是平台创新和人工智能应用的主要领域，平台的信息推送深刻影响信息传播的方式，但是也有可能会侵犯用户的个人隐私。算法作为新型生产力，还可能涉及商业机密，如何规范算法的价值观，并对其进行有效监管，现在并未形成一套行之有效的办法。此外还有平台责任的界定与划分、平台信用的构建与共享等，新一代信息技术与实体经济融合发展在催生新模式新业态的同时，也带来了新的问题，而这些问题是传统的监管方式难以解决的。因此，在网络平台监管方面，充分发挥政府、企业、社会组织、消费者及专家的作用，在政策制定和监管实施中形成开放协同机制，采用立法手段为平台发展立规矩，逐步提高监管的科学性和精准度。

加强理论创新研究。人工智能等对人类社会的影响远不止在经济方面，越来越多的社会问题会随着新科技的普及不断出现（江飞涛等，2018）。对于新科技革命与产业变革的影响，社会学、哲学、心理学等方面的学者发声不多，应从人文与社会科学层面进一步加强对人工智能等的研究，准确评估人工智能发展带来的伦理道德、法律问题及社会影响。

专栏 12－1

我国智能制造试点示范专项行动取得的进展

"十三五"时期，我国智能制造试点示范专项行动取得阶段性进展。按照《智能制造工程实施指南（2016—2020）》部署，工业和信息化部从2015年开始连续组织开展中国智能制造试点示范专项行动。从对2015年和2016年中国智能制造试点示范专项行动企业的调研和分析来看，企业自身对于智能制造的迫切需求已经成为推动智能制造发展的最重要驱动因素。经过两年多的积极实践，企业智能制造试点示范及专项项目范围逐渐扩大，在关键技术装备创新、智能制造标准制定、工业软件开发、成套装备集成创新等方面成效显著，取得了阶段性进展。

国家试点示范和专项行动稳步推进。2015～2017年，项目数量持续增长，共计收到全国智能制造专项项目申请1328个，批准国家智能制造专项项目428个；收到全国智能制造试点示范项目申请860个，批准国家试点示范项目206个。2016年和2017年试点示范项目数量同比增长分别为37%和54%。2017年项目总数较2015年增长1.2倍。从智能制造专项项目来看，标准专项项目规模相对稳定，而新模式专项项目数量2016年和2017年同比增速分别达到98%和61%。三年间，标准专项项目累计达到120个，新模式专项项目累计达到308个。

试点示范和专项项目的关键技术、装备、软件创新突破初见成效。关键技术装备取得突破，基础条件较好、发展速度较快、匹配程度较高的一批企业已经形成了对智能制造关键技术装备的"点状"突破，为未来智能制造的进一步移植和推广积累了必要的技术和装备基础。从行业分布看，新模式主要集中在节能与新能源汽车、航空航天装备、高档数控机床和机器人等。智能装备有济南二机床集团的门架式大型机器人自动焊接系统、特变电工的配电变压器油箱悬挂涂装线等。工业软件有宁夏力成电气集团的配网成套开关设备远程运维服务软件等9项工业软件，陕西宝鸡电气有限公司开发的西电宝鸡电气主数据管理系统等7项工业软件等。总之，"十三五"时期，智能制造发展所需技术及装备开发取得初步突破，随着国家层面关于智能制造发展相关政策文件、规划的出台，各个部委联合制定智能制造推广实施政策，重点推进制造业领域智能制造技术及装备的开发和应用，在高档数控机床与工业机器人、增材制造装备、智能传感与控制装备、智能检测与装配装备、智能物流与仓储装备五类关键技术装备方面不断取得新突破。从地区分布看，部分发展较快的行业已经体现出一定的区域性创新规模，为将来产业的区域聚集和联动发展建立了基础，如节能与新能源汽车在沿海地区和中部地区的发展。

资料来源：中国智能制造绿皮书（2017）。

参考文献

[1] 李伟、隆国强、张琦等：《未来15年国际经济格局变化和中国战略选择》，《管理世界》2018年第12期。

[2] 江飞涛、邓洲、李晓萍：《发展人工智能应作为国家战略》，《经济参考报》，2018年10月17日。

[3] 杨丹辉、邓洲：《人工智能发展的重点领域和方向》，《人民论坛》2018年第2期。

[4] 赵剑波：《数字经济的崛起与规范》，《清华管理评论》2019年第1期。

[5] 钟春平、刘诚、李勇坚：《中美比较视角下我国数字经济发展的对策建议》，《经济纵横》2017年第4期。

[6] "新一代人工智能引领下的智能制造研究"课题组、周济：《中国智能制造的发展路径》，《中国经济报告》2019年第2期。

[7]《中国智能制造绿皮书》编委会：《中国智能制造绿皮书（2017）》，电子工业出版社2018年版。

第十三章　工业互联网

提　　要

工业互联网是赋能制造业高质量发展的重要技术，广泛连接使用户以多种形式参与企业从设计到生产的全流程，帮助企业挖掘用户需求；物联网技术用数据逻辑强化了对设备和流程的管控，提高要素的生产效率；平台和通信技术则实现了信息在产业链中的集成和流动，促进企业间的专业化分工，形成价值网；而大数据、智能制造等新兴技术的应用使制造业在数字化过程中得以形成“跨界”等新的商业模式。经过“十三五”时期的建设，我国工业互联网在产业存量、顶层设计和应用方面都取得显著进展，但仍面临着核心技术短缺、标准不统一等突出问题。在“十四五”时期及未来的工业互联网建设过程中，近期我国需要完成中小企业的信息化补课，提高制造业整体的信息化水平；中期需要构建全面的工业互联网平台发展格局，满足多样性需求；远期则要全面提高智能化水平；同时必须始终推进网络和安全系统的建设和完善。为实现以上目标，需要在设立工业互联网政府引导专项基金、建立健全知识产权保护与服务体系、建立有效的高校和科研机构成果转化机制等方面加大政策引导与支持。

*　　　　*　　　　*

一方面，互联网时代改变了传统的商业模式，给实体经济带来巨大冲击，营造出更加激烈的竞争环境，促进制造业创新转型以推动高质量发展。另一方面，新一代信息通信技术、物联网技术与制造业的融合也催生了工业互联网，在推动制造业高质量发展方面发挥着重要作用。本章总结了“十三五”时期我国工业互联网建设进展以及“十四五”时期面临的挑战，分析了工业互联网赋能制造业高质量发展的基本逻辑和作用机制，在此基础上，提出了从近期到远期我国工业互联网建设的重点任务，以及相应的对策建议。

一、我国工业互联网建设的进展、挑战和赋能作用

1. 我国工业互联网建设取得显著成绩

从相关指数看，直到“十二五”时期末，我国工业互联网发展仍处于起步探索阶段。据中国互联网协会2016年发布的《企业互联网化指数》白皮书统计，2015年我国整体的工业生产设备数字化率为45.1%，数字化生产设备联网率39%，

工业电子商务应用普及率为49.6%，企业网上采购率和销售率分别为25.4%和30.1%。经过“十三五”时期的加快建设，我国工业互联网发展已取得显著成绩。首先是顶层设计的完善。2016年国务院发布《关于深化制造业与互联网融合发展的指导意见》，提出了2018年和2025年两个目标节点，形成了工业互联网发展的基本思路和目标；2017年11月，国务院审核并通过了《关于深化“互联网+先进制造业”发展工业互联网的指导意见》，将工业互联网建设目标进一步明确为“三步走”战略，使我国工业互联网的发展具有了核心指导性文件。其次是相关产业存量规模快速扩张。根据中国信息通信研究院发布的《工业互联网产业经济发展报告（2020）》，2017～2019年，我国工业数字化装备产业存量由658亿元增长至1045亿元，工业互联自动化产业存量由829亿元增长至1152亿元，工业互联网网络产业存量由381亿元增长至651亿元，工业互联网平台与工业软件产业存量由1490亿元增长至2486亿元。在应用实践方面，“十三五”时期我国积极建立工业互联网实践示范试点项目。2017年我国一共评选了70个“制造业与互联网融合发展试点项目”，同年又重点部署培育了10余家综合性工业互联网平台；截至2019年底，工业和信息化部已累计评选300多个“智能制造试点示范”项目，并同步开展了百万企业上云工程和百万APP培育工程等，为工业互联网发展探索实践路径，积累先进经验。与此同时，工业互联网的应用水平也得到明显提升。“十三五”时期以来，我国工业互联网企业已经形成了一批针对制造业高质量发展实际需求的解决方案和应用模块，包括企业管理、研发设计、生产管理、流程优化等多个方面，具体包括设备管理服务、生产过程管控、企业运营管理、资源配置协同、产品研发设计和制造与生产工艺6类应用领域及其下属的14个细分领域（见表13－1）。

表13－1　我国工业互联网应用领域分布现状

平台应用领域	细分领域	国内应用场景占比（%）	
设备管理服务	设备健康管理	26	27
	产品售后服务	1	
生产过程管控	生产监控分析	7	32
	能耗与排放管理	8	
	质量管理	5	
	生产优化管理	12	
企业运营管理	客户关系管理	3	17
	供应链管理	9	
	财务人力管理	3	
	安全管理	2	
资源配置协同	交易服务	14	21
	金融服务	7	
产品研发设计	数字化设计与仿真验证	2	2
制造与生产工艺	数字化工艺设计与制造辅助	1	1

资料来源：引自《2019中国工业互联网平台研究报告》。

2. 全球工业互联网发展竞争愈加激烈

工业互联网已经在全球范围内上升到国家战略高度，以美国、德国为主导的“两极+多强”的竞争格局基本形成。美国提出“国家制造创新网络计划”和“先进制造伙伴计划”，利用自身在工业、信息、通信行业的领先优势，主导成立了国际工业互联网联盟（IIC）。IIC 汇聚 31 个国家和地区的 246 名成员，已经成为全球最重要的工业互联网推广组织，未来美国很可能将其作为推进全球工业互联网战略的枢纽。德国则是凭借其在装备制造、自动控制等领域的优势，提出“工业 4.0”计划，着力发展生产智能化、数字化和自动化改造升级，打造工业新生态体系。同时，德国也投入了大量资源参与 IIC 的技术工作，成为其重要领导成员，实现了与美国的强强联合。美国和德国“两极”以外，日本、韩国、法国等新的强力竞争者不断涌现，工业互联网已然成为全球制造业竞争的制高点。

工业互联网标准的制定与抢夺成为竞争核心。在快速发展的早期阶段，以工业互联网为核心的标准制定、安全系统、测试验证、商业解决方案等已经成为各国政府和企业关注的重点领域，其中对占领战略制高点最重要的就是标准的制定。标准是主导与工业互联网有关的各种技术路线走向、产业体系设计等的关键因素，可以说掌握了标准就掌握了行业主导权。IIC 与 ISO、IEC 等多个国际标准化组织、开源组织和标准研制部门建立了合作关系，德国也专门成立了工业互联网标准化机构——LNI4.0，从而推进相关标准的研究制定，同时 IIC 与 LNI4.0 还将标准制定作为联合工作开展，在工业互联网具体标准研制方面美国和德国已经走在了前列。

工业互联网的商业竞争重心逐渐集中于以平台为核心的生态建设。在商业竞争方面，GE、西门子等制造巨头企业开始强化全球布局，利用其既有的高端装备制造优势，打造具有大数据分析、工业应用服务、工业设备控制等功能的工业互联网平台，形成独具特色的云与端结合、制造与服务结合、设备与数据结合的平台生态，并利用平台生态提高对全球资源和要素的掌控能力。同时，思科、亚马逊、IBM、AT&T 等信息通信巨头，则利用自己在网络通信、大数据、云计算方面的技术优势，纷纷进入工业互联网领域。

3. 我国工业互联网建设依然面临严峻挑战

工业互联网的发展水平受益于工业发展和互联网发展水平，我国工业互联网最突出的发展优势在于工业发展基础雄厚，已经具备一定的自动化基础。同时，我国工业行业众多，处于各个发展阶段的企业都有，应用场景多，给工业互联网的发展提供了多元化和规模巨大的市场需求。在互联网方面，我国拥有腾讯、阿里、百度、华为、中兴等互联网通信行业巨头，分别在消费互联网、人工智能、平台软件、5G 通信等领域达到世界领先水平，为我国工业互联网的发展打下了坚实基础。

但我国工业互联网发展也面临十分严峻的挑战。一是大量核心技术存在空心、短板、瓶颈突出的问题，与美国、德国等领先国家存在较大差距。在开源技术方面，我国在开源平台和开源社区两个核心领域的研发和建设几乎处于空白状态，基本上全部采用国外开源软件，社区建设也主要依靠 GE、PTC 等企业。在工业软件、工业控制硬件、信息安全等基础性技术方面，相关产业的上游和高端市场主要被国外厂商掌控。据统计，超过 90% 的高端工业软件市场被西门子、PTC、达索等国外企业垄断，超过 95% 的高端工业控制硬件市场被 GE、施耐德、西门子等国外厂商垄断。在工业互联网平台相关技术方面，我国在工业机理建模、大数据分析、应用开发和智能边缘计算四类核心技术领域均存在技术“瓶颈”亟待突破。目前，我国的工业互联网平台缺乏基础性的通用方法和建模工具，约 70% 的工业互联网平台所能提供的机理模型不足 20 个，大数据分析也缺乏自主研发的工具，超过 80% 的工业互联网平台使用的分析工具不足 20 个，且多为外企产品。二是标准不统一。一方面是对不同设备的数据进行采集的协议标准不统一，不同的设备、生产机床都有自己特有的数据传输协议，使数据采集的效率低、难度大。另一方面则是设备之间互联以及设备接入平台的接口不统一。设备与边缘计算平台连接的工业通信协议、无线通信协议等是实现现场设备接入平台、数据格式转换的“咽喉”，不同工业场景、不同品牌和用途的设备的数据通信协议不同。据统计，目前我国一个行业内的协议数量累计可达上百种，主流协议也多达约 40 种，大大增加了设备之间以及设备与平台互联的难度。三是由于技术和标准问题延伸出的安全风险挑战。工业互联网实现了工业控制系统之间的互联互通，但因为设备芯片、操作系统、通信协议、工控软件等核心技术多由国外企业掌握，若无法实现这些核心技术的自主可控，在高端市场和标准制定上缺少话语权，那么在工业互联网的应用过程中可能会长期面临严峻的信息泄露风险。

4. 工业互联网全面赋能我国制造业高质量发展

帮助企业深度挖掘用户需求价值。工业互联网打破了用户与企业之间的信息壁垒，提高企业的用户需求感知力和柔性生产能力，使企业得以深度挖掘用户需求价值，将用户需求信息纳入企业的创新研发过程，有效支撑企业的创新效率，从我国工业互联网的发展历程和未来趋势来看，可以将用户参与划分为三种类型。第一种是企业被动型，消费平台发挥主要作用，提供供需双方互动的场所，通过匹配企业产品信息和用户的需求信息实现交互，企业处于被动接受位置。第二种是平等交互型，企业通过工业互联网平台，邀请用户全程参与产品的使用体验、设计研发、生产制造、迭代优化甚至原材料采购等环节，以用户需求为驱动开展大规模定制，企业为用户满足需求提供了平台，用户也为企业提供了需求信息，如海尔集团的COSMOPlat。第三种是企业主导型，企业通过物联网技术实现与产品的互联，实时获取用户使用产品的信息，掌握产品的状态，及时主动地提供售后服务，同时利用数据分析用户的喜好和使用习惯，在用户第二次选购前为其推送甚至定制更适合的产品，如软控集团研发的物联网轮胎。企业占据主动地位，通过物联网技术和大数据技术的支持，在用户没有主动参与的情况下就可以获取用户的需求和使用信息，进而挖掘用户的使用价值。

帮助企业提高要素效率。工业互联网使用数据逻辑强化生产环节，疏通了从生产到数据，从数据到运营管理，最终又反馈给生产的过程，将处理、统计、分析后的数据应用到生产环节的优化中，提高要素的生产效率。而对于数据、信息、知识等要素的使用，我国大量中小企业具有明显劣势，资金匮乏使他们很难在专业人才、信息化改造和工业软件系统等方面投入大量资源。对此，工业互联网平台可以将通用性的工业信息化软件集中在云端，按照企业使用需求提供数据存储、订单管理、人资管理等最基本的信息化服务。相比单独配套安装ERP、MES等信息化系统，其可以节约大量的成本和时间，从而帮助中小企业以较低的成本应用数据等要素，对工艺、生产流程、管理效率等进行优化。

帮助企业构建价值网，优化资源配置。我国企业以工业互联网为中心构建价值网，实现上下游全面互联和协同合作，信息化改造为企业提供了专业的信息化管理支持，共同的平台支持可以提升成员之间的信息流通、查询效率，提供了企业与其他成员协作的基础条件，实现企业间的信息集成和信息交换，这种有效的信息集成保障了价值网内稳定的合作关系和高效的资源运转。同时，企业间还可以通过价值网实现资源信息共享和精准对接，使各企业集中资源于优势环节，外包“短板”环节，优化资源的配置效率。

帮助企业构建新的商业模式。工业互联网构建的新产业生态弱化了产业边界的概念，使制造业与其他产业之间的边界越来越模糊，为其提供了吸纳其他产业元素，设计跨产业边界（以下简称“跨界”）商业模式的环境。在跨界生态环境下，不同的产业、领域和思想文化相互交织碰撞，使原本没有什么相关性的元素有机会联系在一起，产生新的火花，企业卖给用户的不一定是实体物品，文化产品、网络应用和个性化的服务都可以成为产品，更加适应市场的多样性商业模式可以有效提高企业竞争力。

总的来说，我国工业互联网赋能制造业高质量发展的作用机制可以归纳为“连（联）接—挖掘—优化、管控—效益”，即利用物联网和互联网技术，通过设备、终端等广泛的连接和上下游产业链、用户等的广泛连接，实现海量数据采集和信息加速流动；对数据和信息进行挖掘和分析，以此为依据对生产过程和生产资源进行管控；对企业运营管理及决策进行优化，从而提高效率和效益（见图13-1）。

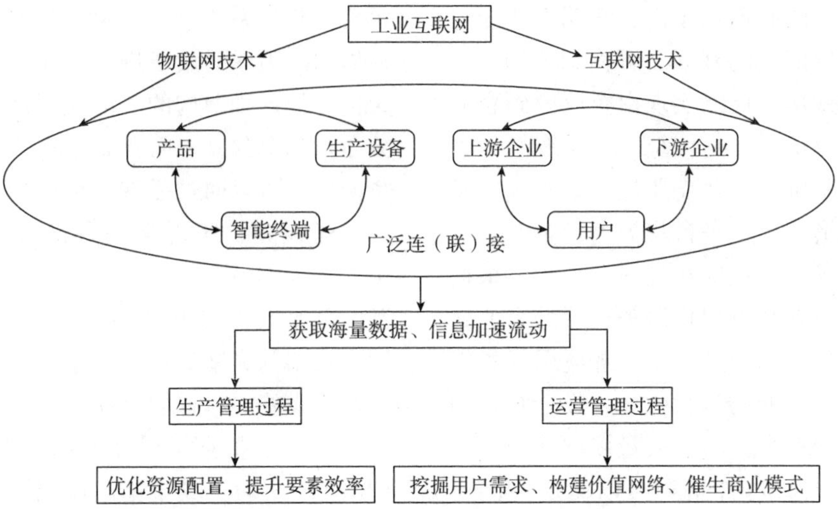

图 13－1　工业互联网赋能的基本逻辑

资料来源：笔者绘制。

二、我国工业互联网未来建设的阶段性任务

1. 从近期（至 2025 年）看，要完成制造业信息化补课

我国制造业的一个重要特点是中小企业尤其是小企业数量众多，致使国内制造业整体信息化、智能化水平较低，限制了工业互联网的全面铺开。工业互联网通过上下游企业间信息和资源的交互实现更高效率的配置，要更好地发挥工业互联网的作用，需要尽可能多的企业接入工业互联网平台系统。占我国企业数量 90% 的中小企业广泛分布在制造业产业链的各个环节，如果它们不能参与到工业互联网的建设和应用中，工业互联网的作用将大打折扣。但由于信息化和智能化改造需要大量资金投入，投资回收期又较长，中小企业的改造意愿很低。加之近年来传统制造业发展状态低迷，宏观经济下行压力大，中小企业的生存面临较严峻的形势，信息化改造更难列入企业短期内发展战略。所以，在“十四五”时期工业互联网建设必须首先解决中小企业的信息化改造问题，使大多数企业具备一定的信息化基础。应当利用工业互联网平台的云端服务功能，帮助中小企业搭载低成本、标准化的基础性工业应用软件、系统，实现信息化改造，以打通用户与企业、上游与下游、产品与服务间的信息流，加快创新资源在线汇聚和业务数据集成共享。同时，推进行业或区域内企业使用标准统一的软件系统，不仅可以解决人力、财务、仓储等不同系统间数据无法集成的问题，打破企业内部的信息孤岛，上下游企业的数据在云端汇集也打破了产业链之间的信息壁垒，为中期打造全产业链协同的新生态奠定基础。最后，要同步推进对企业硬件设备的信息化升级和配套信息化基础设施的建设任务，以满足软件和系统的运行需求。

2. 从中期（至 2035 年）看，要形成工业互联网平台全面发展格局，打造制造业新生态

在完成短期建设任务后，多数企业已经具备了一定的信息化基础，但基础性的工业系统软件和信息化设备对制造业高质量发展的推动作用有限，市场中依然缺乏提供个性化和完善公共服务的工业互联网平台。中期的主要任务是在不同区域和行业领域中建设一批应用多样、功能完备的工业互联网平台，具体可以分为两种：一种是公共基础型平台，主要提供标准化工业系统软件和行业信息服务，具有设备接入能力、大数据和云支撑能力、强大的用户数量吸纳能力、软件集成能力等。该平台可以汇聚产业链上下游和不同行业的大量企业用户，通过聚集产业链上的信息，

打破过去相对闭塞的制造业生态，实现工业全要素、全产业链和价值链的互联、解构和重构，更有效地发挥协同效应，最终实现由企业内到企业外，由价值链到价值网，由传统工业系统到新生态的转变。公共基础型平台需要近乎垄断式的发展格局，有利于形成单个平台集聚大量企业和资源的情况。另一种是行业应用型平台，能够根据企业实际需求和行业特点提供服务，帮助企业就智能生产、个性化定制和延伸服务等应用场景提供解决方案并进行不断的迭代优化，提升企业的硬实力。行业应用型平台需要大量多样性的平台共存的竞争性格局，这种格局可以满足不同行业、不同企业间差异性的应用需求。总的来看，由于制造业具有行业差异性、空间限制性等特点，仅靠公共基础性平台或行业应用性平台都无法充分发挥工业互联网的赋能作用，需要构建垄断式的公共基础性平台与竞争式的行业应用性平台共存的发展格局：利用公共平台打造制造业新生态，同时发展一批成熟的应用性服务平台，进一步提高制造业企业的硬实力。

3. 从远期（至2050年）看，打造“云·端”融合的工业互联网体系架构，提升智能制造水平

经过中期建设，完整的工业互联网平台格局已经可以为制造业高质量发展提供较为全面的服务，帮助企业初步形成：由终端设备采集数据，上传到软件系统进行计算、分析，再根据计算结果做出决策或对设备进行操作的工业互联网平台架构。但这种架构的智能化程度还比较低，各部分运行相对独立。而智能化的“云·端”融合体系架构则可以通过云端与终端的有机融合，结合智能化设备，实现架构各部分实时、准确、安全、高效的运行。“云·端”融合架构以《工业互联网平台白皮书（2017）》中提出的工业互联网平台架构为基础进行完善和扩充，具体可划分为基础设施层、智能终端层、数据处理层、智能服务层、工业应用层和网络互联系统6个部分（见图13－2）。其中基础设施层指生产环境和条件，包括生产所需的各种基础性实体（如车间、设备等）和网络基础设施；智能终端层包括对设备进行感知、数据采集、控制等操作的各种智能设备，是生产设备与云端的媒介；数据处理和智能服务属于云端功能，主要负责对数据进行储存、清洗、计算、分析，再依据计算分析结果产生决策或控制信息，实时反馈到智能终端并执行；工业应用层则是根据不同应用场景的需求，将具体功能软件化，满足个性化需求。而为了满足上述各项功能，网络互联系统必须拥有统一的标识体系、通用的通信协议标准和接口以及高速安全的传输速度，才能够支持实现大规模工业实体与云端的高效互联和海量工业数据的汇聚处理。

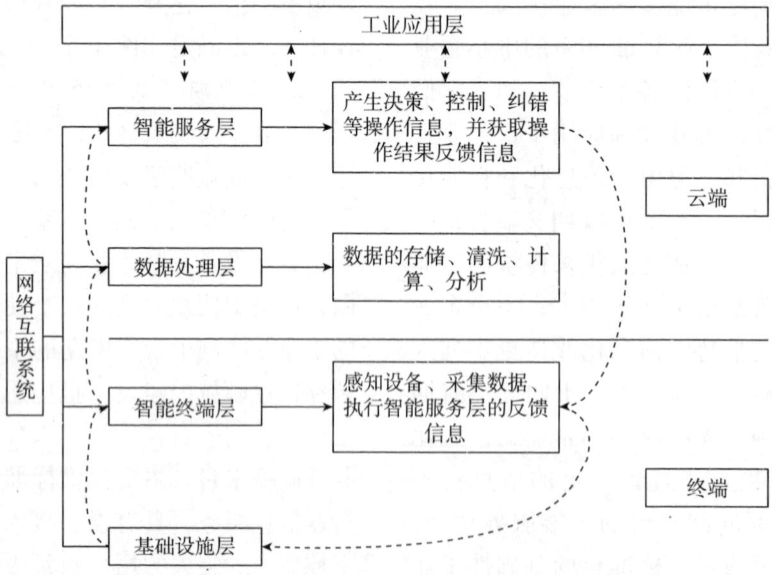

图13－2 “云·端”智能化工业互联网体系架构

资料来源：笔者绘制。

4. 在建设的全过程中，着力提高基础研发能力，持续发展完善工业互联网支持体系

在工业互联网的建设过程中，应当始终将提高基础研发和创新能力，以及建设和完善网络系统和安全系统作为重点任务，为工业互联网建设和应用提供坚实的支撑体系。首先，要加快突破工业互联网相关的核心技术“瓶颈”，聚焦集成电路、工业软件、大数据、智能制造等重点领域，补齐核心技术“短板”。其次，要强化基础研究，补齐产业链中基础零部件、基础材料、基础工业、基础技术等短板，支持产业链上下游加强技术合作攻关，增强产业链韧性。最后，要深化开放合作，加强在工业互联网技术、标准、人才和平台等领域，与相关国际组织、产业联盟和科研机构的战略合作，推广工业互联网相关规则、标准和共识，共享发展机遇。

网络和安全是工业互联网的基础和保障，应持续建设完善网络和安全系统，为工业互联网平台的发展、运作和应用提供坚实的支撑体系。工业互联网实体规模大、网络异构性强、应用类型多样，其产业链上下游各环节的深度互联、工业数据的采集、流动、集成都需要高带宽、低时延网络环境的支撑。网络系统是工业互联网体系的基础，包括网络互联体系和网络综合标准体系两部分，网络互联体系以互联网通信技术为基础进行构建，目前应用较为广泛的有低功耗广域网技术 LoRa 和 NB－IoT，而我国相对领先的 5G 技术虽然具有千亿级连接数、1ms 内延迟和 10Gbps 带宽等突出优势，但目前其成本问题和商业模式问题制约着大规模工业互联网部署。在未来相当长的一段时期内，网络系统的建设工作应以进一步突破 5G 技术，降低 5G 建设和应用成本为重点方向，同时推进 5G 基站及其配套设施的建设，尽快为工业互联网提供低延迟高可靠的通信网络。网络综合标准体系是由通信协议、标识解析标准、数据格式等各类标准构成的关键基础体系，目前国内工业互联网中的标准和交换数据格式众多，存在大量通信协议规范，导致互联却不能互通。所以必须同步推进工业互联网综合标准化体系的建设，主要包括统一的通信协议标准，标识编码、存储、采集和解析标准，工业 APP 开发标准，各类安全标准，统一的数据服务标准等。

安全系统是工业互联网的保障，随着大量的生产设备、软件系统、服务器等通过工业互联网接入公共网络，各种安全风险也相应地向工业互联网体系渗透。因此，在建设工业互联网体系的同时，必须及时构建相应的安全保障体系，主要包括设备安全、数据安全和网络安全三个方面。在设备方面，应建立检测和控制系统，对设备、设备运行程序和设备使用者信息进行检测和控制，确保设备安全；在数据方面，应建立相应的数据加密和备份系统，对企业内部重要的生产管理数据、设备操作运行数据、用户数据和云端数据等进行加密和备份；在网络方面，主要是建立预警、保护和检测系统，及时检测入侵行为，进行有效预警，防止外部的攻击和入侵。

三、推动工业互联网赋能制造业高质量发展的对策建议

1. 设立工业互联网政府引导专项基金

中小企业是我国科技创新的一支重要力量，目前我国 65% 的专利、75% 的技术创新和 80% 的新产品开发都由中小企业完成。面对复杂多样的应用场景，工业互联网体系的建设需要数量众多、功能齐全的应用平台支撑。互联网中小企业，尤其是科技型初创企业在该过程中扮演着十分重要的角色，但往往存在有技术、缺资金、融资难的问题。社会中的创业投资基金由于风险大、回收周期长等问题不愿意向中小企业提供融资，而政府引导基金则是通过政府出资或与社会资本共同出资而成立，以财政补贴手段引导社会资本投资到工业互联网领域，在中小企业融资方面发挥重要作用。

在工业互联网政府引导专项基金设立和运行过程中，要建立完善的引导基金组织管理体系，

实施专业化高效运作。首先要优化管理机构设置，简化基金的决策审批程序，引入职业基金管理团队作为执行机构，以降低行政成本并提高效率，同时完善内部控制与外部监督机制，从而确保基金运作的专业、公正、透明和高效。其次要建立多条引导基金投入渠道，建立与社会资本合作的联合投资机制，通过契约设计优惠政策，如政府放弃财政资金的部分投资收益作为社会基金的收益补偿，充分调动社会资本的积极性。最后，虽然政府引导基金不以获取收益为最终目的，但必须要在尊重市场运行机制的前提下，经过科学的分析和严谨的决策讨论而设立；同时要健全风险约束机制，设置明确的投资前置条件和禁止的相关投资事宜，降低投资风险，尽量使基金总体收益水平处于稳定状态。

2. 建立健全知识产权保护与服务体系

互联网时代下，侵犯知识产权的难度和成本有所降低，不健全的产权制度很难保障创新者的价值获取，使创新者的收益减少，进而打击企业的创新积极性。这种恶性循环一旦形成，企业对创新研发的重视程度和资金投入就会减少，特别是短期收益效率低的通用技术的研发。所以，建立一套健全的知识产权保护和服务体系对于促进工业互联网核心技术的研发创新有至关重要的作用。目前我国知识产权保护方面还存在四个主要问题：一是企业自身的产权保护意识和专业知识、人才匮乏；二是就新出现的网络知识产权侵权行为的保护机制还不完善；三是地方性法规和政策体系需进一步完善，针对中小企业的地方性知识产权综合服务机制不完善；四是中小企业的知识产权应用转化能力普遍较低，使企业缺乏申请产权保护和进一步投入创新的动力，难以建立有效的良性循环。

要解决这些问题，首先要做好企业间的知识产权保护专业知识的普及，定期组织开展产权保护知识的培训，促使企业建立足够的产权保护意识。其次在互联网时代下，要尽快构建规范的网络知识产权保护机制，在国家法律法规和地方规则制度层面持续完善的同时，尽快健全知识产权联合征信体系，将网络侵权行为纳入社会诚信系统，并及时披露实施侵权行为的个人或企业信息，防止使网络成为侵犯知识产权的庇护所。再次要完善相关的地方法规和政策，强化产权保护，同时由于互联网平台行业具有跨多领域的特殊性，应尽快制定跨部门协同工作机制，加强经信等网络监管部门以及网络公安等司法机关的协同合作。最后要建立当地的知识产权综合服务平台，为企业和个人提供咨询和事前、事后的纠纷解决服务和法律援助。

3. 建立有效的高校和科研机构成果转化机制

高校和科研机构是我国创新研发的重要力量，尤其是在大数据、人工智能、云计算等新兴技术方面。完善工业互联网体系架构，突破工业互联网的核心技术离不开科研机构的努力，但我国却一直存在高校和科研机构成果转化率低的问题，使许多科研成果无法及时进入市场、投入使用。根据国家知识产权局发布的《2018 年中国专利调查报告》，2018 年我国企业的有效专利实施率为 63.2%，而高校和科研机构则分别为 12.3% 和 30.6%；有效专利产业化率方面，企业为 46%，高校和科研单位分别为 2.7% 和 8.9%，约有 76% 的高校都存在无法及时将有市场应用价值的科研成果进行市场转化的问题。因此，建立有效的高校和科研机构成果转化机制，释放创新潜力，对于提升工业互联网领域和制造业整体的创新水平与发展质量，尽快突破核心技术“瓶颈”，具有重要意义。

第一，对科研机构研发人员的考核评价和管理体系进行改革。将科研成果转化的指标适当纳入，在提高科研人员转化成果积极性的同时，可以引导科研工作更多围绕实际应用和市场需求方向进行。在管理方面，进一步优化科研人员个人与机构之间的成果转化收益分配机制，放宽科研人员参加市场活动的限制，以释放积极性。第二，要打造有利于科研成果转化的市场环境和配套条件。建立专业化的科研成果转化交易平台，为交易双方提供包括成果评估、专业咨询在内的综合服务。同时，以交易平台为核心建立完善、规范的科研成果交易规则，强化监督管理和失信惩戒制度，为成果拥有者提供保护的同时，也进一步提高了科研成果信息的透明度。

4. 制定并协调好通用目的技术支持政策与反垄断政策

政府应该在一定程度上为初创技术的研发和

应用提供多方面的支持和保护，尤其是针对通用目的技术。工业互联网赋能制造业高质量发展需要芯片、智能感知、云以及大数据传输等多领域核心技术实现突破，其中信息通信、基础材料、人工智能技术集合等通用目的技术作为数字经济的底层技术扮演着重要角色。通用目的技术的发展十分依赖于技术市场竞争的保护，充分的竞争可以为技术发展提供活跃的土壤。但通用目的技术往往具有战略属性，一味地实施反垄断管制而忽略引导，很难保证创新效率和技术管控。而且一些通用目的技术在短时间内很难实现商业化，甚至在较长的一段时间内都无法明确技术的商业化应用方向，需要长久的后续开发才能发挥作用。这导致个人或以企业为载体的创新者在应对上下游利益协调和利益分配方面处于较大的劣势地位，不仅会打击创新者的积极性，而且由于利益获取的问题，后续研发的投入也变得十分困难。对此，一方面要注重保护和支持，对于短期内难以商业化应用或商业化难度大，但战略意义重要的通用目的技术，政府可以对其后续研发给予必要的支持，特别是针对中小型初创企业等资产能力不足的对象。另一方面要针对通用目的技术制定灵活的反垄断政策，对于试图进行纵向兼并以控制整个产业链的高技术企业要实施严格的反垄断管制，同时可以允许一定范围内的横向兼并行为，以形成更强的技术创新合力，提高创新效率。

专栏 13－1

海尔 COSMOPlat 平台：用户价值第一

COSMOPlat 是海尔集团完全自主研发和自主创新的工业互联网平台，海尔依靠 COSMOPlat 搭建了一个以用户为中心的社群经济下的工业新生态，从设计一直到售后服务全流程，用户与企业在任何环节上的交互都可以通过平台来实现。海尔构建 COSMOPlat 的核心原则是“用户价值第一”，以用户体验为中心，为企业提供智能制造转型升级的大规模定制整体解决方案，帮助企业实现由规模制造向大规模定制转型，通过构建企业、用户、资源共创共赢的新型生态体系，不仅让企业精准获取用户需求，更可以推动企业全流程变革和优化，从以企业为中心变成以用户为中心。

海尔依靠 COSMOPlat 平台为用户创造个性化定制、全流程共创价值和全生命周期服务的“价值组合”。COSMOPlat 能够为用户提供个性化定制方案，用户全流程参与设计和生产，将用户碎片化的需求进行整合，将“为库存生产”转变为“为用户创造”。以智能洗衣机为例，COSMOPlat 共为用户提供了三种定制模式：模块定制、众创定制和专属定制。模块定制是指用户自由选择搭配不同的模块进行定制，比如将冰箱的 300 多个零件划分成 20 个模块，由用户进行选配购买。众创定制需要用户提出自己的需求和创意，与平台上的设计者、研发者和其他用户共同参与交互，不断优化迭代，在形成一定的产品量后可以进行生产，实现用户的需求和设计。例如海尔的 Hello Kitty 波轮青年洗衣机，就是通过用户提出创意和需求，海尔协调资源和知识产权后成功生产出来的。专属定制则是完全的个性化定制，实现用户特殊的个人需求和设计创意，比如在家电外壳上添加特定的图片。同时 COSMOPlat 还具有可视化功能，使产品从设计到生产全流程透明可视，进一步推动了用户参与产品设计制造的积极性。基于“用户价值第一”的核心原则，海尔给用户的身份定义也不仅是一次性的交易用户，而是“终身用户”，即围绕用户的需求提供全生命周期的价值。例如，在以 COSMOPlat 平台为基础建立的海尔衣联智慧生活生态圈中，企业会围绕用户在衣物管理方面的需求，提供贯穿衣物洗、护、存、搭、购等全生命周期的解决方案。

这种平台生态给用户赋予了新的角色，他们不仅仅是被动的消费者，更是价值的共创者，使企业与用户之间传统的交易关系转变为新型的共创共赢关系。这种转变强化了用户与企业的黏性，减少了用户转移的可能性，即海尔通过 COSMOPlat 实现与用户的价值共创共赢，构筑了生态壁垒，使企业竞争力得以提升。

资料来源：笔者根据相关案例资料整理。

参考文献

［1］朱宗乾、尚晏莹、张若晨：《基于工业互联网的制造企业商业模式：如何从无到有？——以海尔为例》，《科技管理研究》2019 年第 10 期。

［2］李君、邱君降：《工业互联网平台的演进路径、核心能力建设及应用推广》，《科技管理研究》2019 年第 13 期。

［3］吕文晶、陈劲、刘进：《工业互联网的智能制造模式与企业平台建设——基于海尔集团的案例研究》，《中国软科学》2019 年第 7 期。

［4］李燕：《工业互联网平台发展的制约因素与推进策略》，《改革》2019 年第 10 期。

［5］武汉大学工业互联网研究课题组：《“十四五”时期工业互联网高质量发展的战略思考》，《中国软科学》2020 年第 5 期。

［6］陈肇雄：《深入实施工业互联网创新发展战略》，《行政管理改革》2018 年第 6 期。

［7］工业互联网产业联盟：《工业互联网平台白皮书（2017）》，http://www.miit.gov.cn/n973401/n5993937/n5993968/c6002326/content.html。

第十四章　工业数字化转型

提　要

随着大数据、云计算、人工智能等新一代信息技术的快速发展，数字经济迎来了新的发展机遇。消费领域的数字技术应用和商业模式创新，正沿着价值链牵引生产领域的数字化转型。“十三五”时期，我国工业数字化转型取得了一定进展，呈现出一些新的特征，产业数字化转型稳步推进，产业数字化水平不断提升，主要行业数字化转型路径各有侧重，区域间数字化水平呈现梯度分布特征，数字基础设施逐步完善。但是，在工业数字化转型进程中，也仍然面临产业网络化、智能化水平较低、数字化核心技术缺乏、跨界复合型人才紧缺、数据安全有待保障等诸多难题。“十四五”时期，在新冠肺炎疫情叠加国际政治经济格局复杂性提升的大背景下，我国工业数字化转型的基本思路是，以制造业数字化改造为切入点，以工业互联网平台建设为支撑，以新场景培育新产业为目标。为此，应加快完善支持鼓励政策，力求突破数字化核心技术，逐步完善信息安全保护机制，建立复合型人才培养机制，适度超前规划布局新基建，推动工业数字化转型，促进数字经济高质量发展。

*　　　　*　　　　*

自1995年首次提出后，数字经济的概念迅速普及，各国政府也开始把发展数字经济作为推动经济增长的重要手段。尤其是2008年国际金融危机爆发以来，世界各国纷纷开始制定数字经济战略，希望通过发展数字经济推动国内经济复苏。我国数字经济起步较晚，在过去一段时间内落后于美国、欧洲等发达国家和地区。近年来，我国数字经济发展步伐加快，已成为我国经济发展最为活跃的领域，为经济高质量发展提供了新动能，在优化经济结构、促进产业转型升级等方面的作用日益凸显。

作为数字经济的重要推动力，数字化转型已成为新一轮科技革命和产业变革的主旋律。数字化转型可以让要素配置更加优化，生产制造更加智能，供需匹配更加精准，专业分工更加精细，贸易空间更加广阔。我国消费领域的数字化转型迅速发展，数字化程度可以说处于全球领先地位；但是，生产领域的数字化转型进展相对较慢。随着大数据、云计算、人工智能等新一代信息技术的快速发展，数字经济迎来了新的发展机遇。消费领域的数字技术应用和商业模式创新，正沿着价值链牵引生产领域的数字化转型。积极促进新一代信息技术和制造业深度融合，大力发展先进制造和智能制造，已成为各国普遍关注的重点领域。党的十九大报告也提出，“加快发展先进制造业，推动互联网、大数据、人工智能和实体经济深度融合”。

工业数字化转型是利用数字技术对工业各行业进行全方位、多角度、全链条的改造过程。通过推动新一代信息技术与产业的全面深度融合，提高数字技术和数字设备在研发设计、生产、采购、销售、财务、人力、办公等环节的应用水平，实现企业以及产业层面的数字化、网络化、智能化发展，对推动我国工业高质量发展具有重要意义。

一、我国工业数字化转型现状

早在2007年10月，党的十七大报告就正式提出"两化融合"的概念，即以信息化带动工业化、以工业化促进信息化，走新型工业化道路。2013年，工业和信息化部结合前期开展的两化融合评估试点经验，制定了我国两化融合评估标准GB/T 23020－2013《工业企业信息化和工业化融合评估规范》。基于该标准的核心成果，2019年国际电信联盟（ITU）正式发布两化融合评估国际标准ITU－T Y.4906"Assessment Framework for Digital Transformation of Sectors in Smart Cities"(《产业数字化转型评估框架》)。这一国际标准是我国加快两化融合国际标准化进程、深化数字化转型实践经验国际推广的重要突破，有助于我国两化融合成果在国际上形成共识，对于全球各国加快推动产业数字化转型、提升数字化转型成效具有重要参考价值。

该标准明确了产业数字化转型的基本原则和核心理念，给出了包括基础建设、单项应用、综合集成、协同与创新、竞争力、经济和社会效益六个视角的产业数字化转型评估框架、评估指标体系及评估方法，是政府、行业组织、研究机构等摸清产业数字化转型现状、找准数字化转型重点、以数据为驱动精准施策的有效抓手。因此，本章将采用基于该框架的两化融合水平，来分析我国工业数字化转型的情况。

"十三五"时期，我国工业数字化转型取得了一定进展，呈现出一些新的特征，产业数字化转型稳步推进，产业数字化水平不断提升，主要行业数字化转型路径各有侧重，区域间数字化水平呈现梯度分布特征，数字基础设施逐步完善。

1. 产业数字化转型稳步推进

随着信息技术加速创新和快速迭代，"两化融合"从起步建设，到互联网与制造业深度融合，再到新一代信息技术与制造业融合发展，"由点向线，由线及面"，向更大范围、更广领域和更深层次迈进，逐步进入以工业数字化转型为核心特征和重要模式的新阶段。可以说，工业数字化转型是两化融合发展的新阶段。

"十三五"时期，我国经济发展的显著特征就是步入新常态，工业增长正从高速转向中高速，经济结构从增量扩能为主转向调整存量、做优增量并举，发展方式正从规模速度型转向质量效率型，发展动力正从要素驱动转向创新驱动。在新的发展阶段，稳步推进两化融合发展，是工业转型升级的必由之路。2020年上半年，我国经济逐步克服新冠肺炎疫情带来的不利影响，经济运行呈恢复性增长和稳步复苏态势，第二季度经济增长由负转正，发展韧性和活力进一步彰显。2020年第二季度，我国"两化融合"发展水平达到56，较2015年的49.6提升了6.4（见图14－1）。"十三五"时期，我国两化融合发展水平保持2%～3%的增长速度，产业数字化转型稳步推进。

2. 产业数字化水平不断提升

近年来，为促进产业转型升级，我国不断完善制度环境，出台了一系列政策措施，推动我国产业数字化水平不断提升。例如，国务院印发《关于深化制造业与互联网融合发展的指导意见》，对制造业数字化转型进行了全面部署；工业和信息化部、财政部等部门相继印发《智能制造发展规划（2016～2020年)》《工业互联网发展行动计划（2018～2020年)》等，明确了制造业数字化转型的具体目标和重点任务。这些文件就技术研发、成果应用、重点领域突破等方面提出了具体的支持政策与措施，在引领我国产业转型升级、技术创新和商业模式转变等方面发挥了重要作用。

数字化研发设计工具普及率、关键工序数控化率是社会各界高度关注的反映数字化水平的两项重点关键指标。2020年第二季度，数字化研

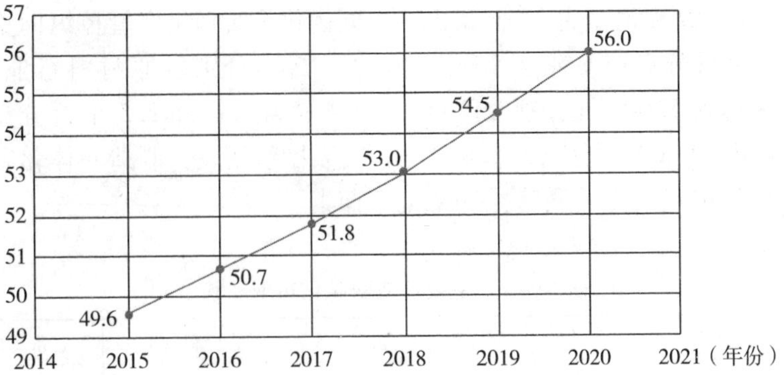

图 14－1　我国“两化融合”发展水平

注：2020 年数据为第二季度数值。

资料来源：笔者根据历年《中国两化融合发展数据地图》相关数据绘制。

发设计工具普及率、关键工序数控化率分别达到 71.5%、51.1%，较 2015 年分别提升了 10.4 个百分点、5.7 个百分点。在实现关键业务环节全面数字化的企业比例方面，2019 年我国 46.0% 的企业在研发设计、生产、采购、销售、财务、人力、办公等环节实现了数字化工具的全面覆盖。产业数字化水平不断提升，为今后产业网络化、智能化转型打下了良好的基础。

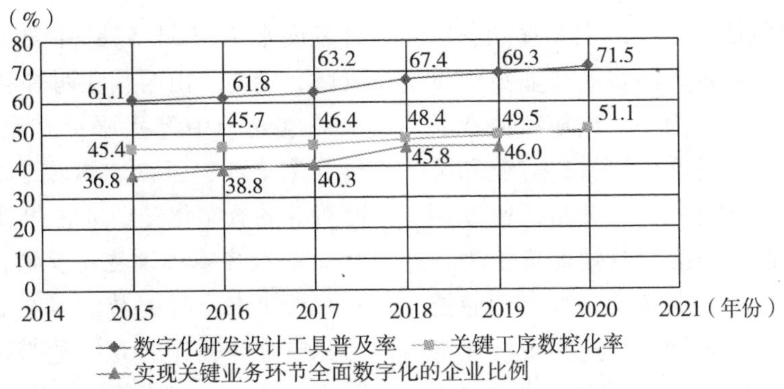

图 14－2　数字化重点关键指标发展情况

注：2020 年数据第二季度“实现关键业务环节全面数字化的企业比例”数值缺失。

资料来源：笔者根据历年《中国两化融合发展数据地图》相关数据绘制。

3. 主要行业转型路径各有侧重

由于各行业的生产技术、行业结构、所处产业链位置等各有不同，主要行业的转型升级路径也各有侧重。根据两化融合评估规范，围绕产业转型升级的数字化、网络化、智能化三个方面提炼部分关键指标，我们发现，我国原材料、装备、消费品行业转型路径存在差异。

原材料行业主要包括石化、建材、冶金等行业。根据表 14－1，原材料行业生产装备数字化和网络化水平以及生产过程的数控化水平较高，2019 年原材料行业的关键工序数控化率达到 62.7%，分别较装备行业和消费品行业高出 21.4 个百分点和 18.2 个百分点。其中，石化行业的智能制造就绪率达到 9.2%，在各行业当中居于前列，较好的生产数字化基础为原材料行业智能化转型奠定了基础。因此，原材料行业主要围绕实时、高效的智能生产体系开展数字化转型探索。

装备行业主要包括交通设备制造、机械等行业。装备行业的数字技术在研发、管理等环节的应用普及广度和深度处于领先地位，数字化水平高于原材料和消费品行业，且网络化趋势明显。2019 年装备行业数字化研发设计工具普及率达到

83.3%，分别较原材料行业和消费品行业高出25.8个百分点和20.5个百分点；关键业务环节全面数字化的企业比例达到52.4%，分别较原材料行业和消费品行业高出14.5个百分点和8.8个百分点；此外，装备行业重点聚焦关联管控和协同优化，实现生产管控纵向集成的企业比例达到23.2%，分别较原材料行业和消费品行业高出3.4个百分点和2.5个百分点。因此，装备行业主要围绕研发与制造一体化管控开展数字化转型探索。

表14-1 主要行业数字化转型现状

		全国（%）	原材料（%）	装备（%）	消费品（%）
数字化	数字化研发设计工具普及率	69.7	57.5	83.3	62.8
	关键工序数控化率	49.7	62.7	41.3	44.5
	实现关键业务环节全面数字化的企业比例	46.0	37.9	52.4	43.6
	应用电子商务比例	60.9	53.5	61.2	63.6
网络化	实现管控集成的企业比例	22.2	19.8	23.2	20.7
	实现产供销集成的企业比例	26.9	22.4	27.9	25.7
智能化	实现产业链协同的企业比例	10.9	13.8	8.4	13.3
	智能制造就绪率	7.7	7.3	8.0	7.1

资料来源：《中国两化融合发展数据地图2019》。

消费品行业主要包括轻工、纺织、食品、医药等多个细分行业。绝大多数消费品行业集中度较低，企业规模以中小企业为主，这使得消费品行业的数字化整体水平明显低于原材料行业和装备行业。但是，由于靠近用户，消费品行业以用户为核心的个性化定制、精准化营销促进了用户参与到产品设计、生产等产业链全过程，产业链协同水平较高。2019年，消费品行业实现产业链协同的企业比例达到13.3%，较装备行业高4.9个百分点。因此，消费品行业主要围绕精准营销、个性化定制开展数字化转型探索。

4. 区域间呈现梯度分布特征

由于我国各省份的资源禀赋、产业结构、经济基础等各不相同，在两化融合发展整体水平以及数字化、网络化和智能化等方面都存在较大差异，呈现明显的由沿海向内陆逐级递减的梯度分布特征。

2019年，我国区域间两化融合发展呈现出“沿海高、西南高、西北低、东北低”的阶梯性分布特征。其中，东南部沿海省份发展水平保持前列，西南地区的重庆、四川成为西南地区两化融合发展水平的高地。以全国平均发展水平为分界线，江苏、山东、浙江、上海、北京、广东、重庆、天津、福建、四川等省市高于全国两化融合发展水平（54.5）；中部地区如河南、湖北、安徽、湖南、山西、江西等省份的两化融合发展水平也处于中等水平；其余省（区、市）如宁夏、黑龙江、云南、海南、青海、新疆、甘肃、西藏等的数字化转型进展相对滞后。

5. 数字基础设施逐步完善

近年来，我国数字基础设施建设高速发展，已建成全球领先的光纤宽带网络和4G网络，5G网络建设也在加速落地，IPv6部署进展顺利。根据《2019年通信业统计公报》数据，至2019年底，全国光缆总长达到4750万公里，互联网宽带接入端口数量达到9.16亿个，固定互联网宽带接入用户总数达4.49亿户，4G基站数达到544万个，5G基站数超13万个，IPv6地址数达到50877块/32。

随着智能手机成为我国最重要的互联网接入终端，移动智能终端用户规模的不断扩大，移动互联网市场已进入高速发展阶段，移动互联网用户已成为我国移动通信和互联网产业的主要消费人群。截至2019年底，全国移动电话用户普及率达到114.4部/百人，高于全球平均的101.5部/百人；手机网民人数为8.97亿，手机网民占互联网用户上网比例为99.3%；国内35款5G手机获得入网许可，国内市场5G手机出货量1377万部。

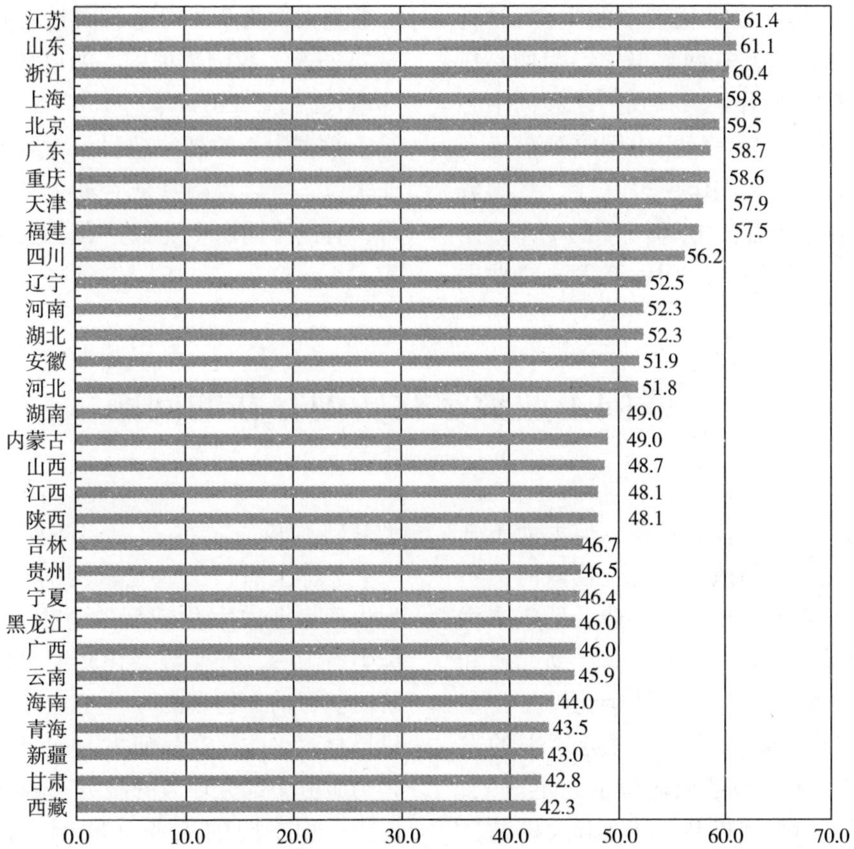

图 14－3　2019 年各省份“两化融合”发展水平

资料来源：笔者根据《中国两化融合发展数据地图 2019》相关数据绘制。

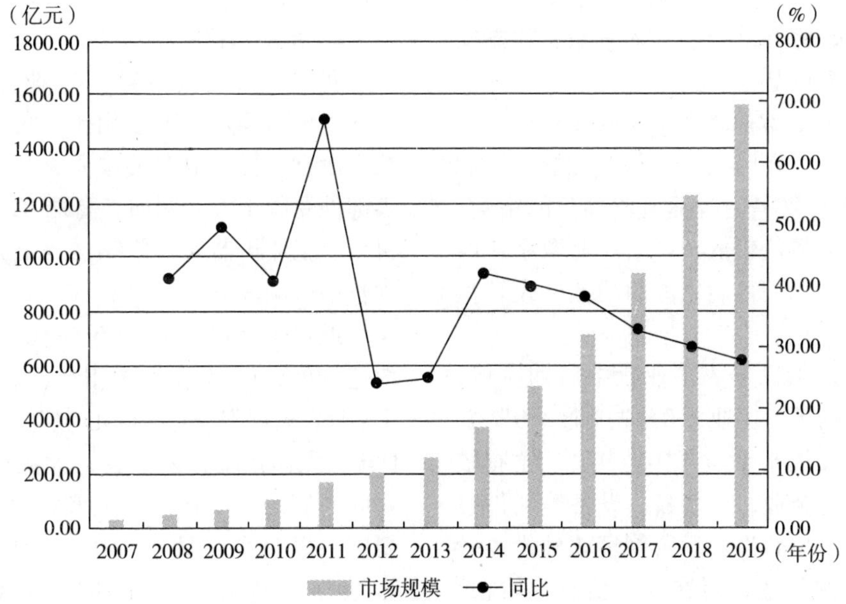

图 14－4　互联网数据中心市场规模情况

资料来源：Wind 数据库。

新型数字基础设施作为数字化转型的重要支撑，也越来越受到重视。以互联网数据中心为例，在加快建设“新基建”的背景下，我国的数据中心也呈现出爆发式增长态势。根据中国电子信息产业发展研究院统计数据，2016～2019年，我国数据中心机架数量逐年上升，由2016年的124万架增加至2019年的227万架。2019年我国数据中心数量大约为7.4万个，大约占全球数据中心总量的23%。我国数据中心的市场规模也呈现出快速增长态势，2019年达1562.5亿元（见图10－2）。数据中心的加快建设，对企业尤其是中小企业来说，可以大幅降低企业上云的成本，长期来看，有助于国内企业数字化、网络化、智能化转型。

二、我国工业数字化转型存在的问题

我国工业规模庞大、体系完备，但大而不强问题突出。尤其是传统制造业，自主创新能力不强，生产管理效率较低。在我国制造业低成本优势逐步减弱的背景下，必须着力提高产品品质和生产管理效率，重塑竞争优势，数字化转型正是提升产业竞争力的重要途径。经过近年来的发展，我国工业数字化转型已经取得了一定成效，产业数字化水平不断得到提升。新冠肺炎疫情暴发以来，传统产业受到较大冲击，大量线下活动转至线上，为工业数字化转型带来了新的契机。但是，疫情期间也暴露出我国工业数字转型进程中仍然面临产业网络化、智能化水平较低、数字化核心技术缺乏、跨界复合型人才紧缺、数据安全有待保障等诸多难题。

1. 产业网络化、智能化水平较低

根据上文分析，我国工业各行业在研发、制造、营销等环节的数字化指标值较高，网络化、智能化方面的指标数值较低，说明产业数字化改造进展较快，网络化、智能化方面的数字化转型进展依然较慢。

目前，我国虽然已步入工业化中后期阶段，但是，制造业尚处于“工业2.0”“工业3.0”并存的阶段，整体发展水平与“工业4.0”还有较大差距。多数制造企业，对装备、设备等硬件投入较多，对基础工控软件、运营管理软件投入较少，企业信息化水平还停留在办公信息化阶段，生产、运营等方面数据资产积累薄弱，生产管控集成无从谈起。尤其是中小企业，由于缺乏足够的经费，也缺少相关专业技术人员，数字化工具普及率和关键工序数控化率严重偏低，数字化转型基础不牢。

总体上看，工业互联网的概念已提出多年，但由于企业数字化转型的意识不强、动力不足、能力有限等，产业数字化转型可以说尚处于起步阶段。目前，已有的一些工业互联网平台只能提供原材料采购、产品研发与设计、加工制造、销售与服务中部分环节的服务，缺乏全产业链服务能力，而不同的工业互联网之间又相互孤立，使企业不能实现上下游协同生产。另外，由于缺乏统一的协议标准和数据标准，各行业技术工艺和参数差别较大，也加大了数字化转型的难度。

2. 数字化核心技术缺乏

我国虽然是世界第一工业大国，但大而不强，和美国等发达国家相比，我国还有很多核心技术没有掌握，很多关键原材料、元器件、关键零部件受制于人。例如，高端IC芯片、高档数控机床、工业机器人、传感器等上游芯片和元器件等长期依赖进口。

近年来，虽然我国新一代信息技术得到了快速发展，但是与美国相比差距仍然较大。数字经济发展依赖的核心技术产品，如CPU、DSP、操作系统，云计算、大数据、人工智能和物联网等的主要技术控制和专利权集中在美国、德国、以色列、日本等国家。根据世界银行公布数据，中国、美国2019年GDP分别约为14.343万亿美元、21.428万亿美元，相差不到一倍，但中国ICT市场规模不及美国的一半。因此，我国工业化数字转型亟须补数字化核心技术短板。

另外，在工业软件方面，我国飞机、电子信息、生物医药等重点制造业长期以来习惯购买和应用国外工业软件，对于背后的设计原理了解不够，而且缺乏关键工艺流程和工业技术数据的长期积累，导致国产工业软件发展严重滞后。重点工业领域关键核心技术被国外企业掌握，关键核心工业辅助设计、工艺流程控制、模拟测试等软件几乎都被国外企业垄断。国内工业软件产业生态基础十分薄弱，工业操作系统、工业软件开发平台等重要国产工业基础软件是全产业链缺失，这也直接导致了我国几乎没有运行于国产工业操作系统的国产工业控制应用软件。

3. 跨界复合型人才紧缺

随着数字技术的发展，数字化复合型人才日益成为我国企业转型升级、数字经济发展的核心竞争力，需求也急剧增加。这里复合型人才主要是指行业内深度应用数字化技术、理解互联网+运作方式的跨界人才——既要具备数字化的思维和能力，又要熟悉行业的业务及流程。这类具备数字技术与行业知识的跨界人才，是当前工业数字化转型供需缺口较大的稀缺资源。

我国工业数字化转型进展缓慢，一个重要原因就是，既懂数字技术又懂工业技术的跨界复合型技术人才十分紧缺。以工业软件为例，国产工业软件发展缓慢，就是因为缺乏跨界复合型技术人才。工业软件不同于普通网络应用软件，是工业流程和技术的程序化封装，背后需要工业流程和庞大技术数据作支撑，纯软件技术人才进入工业软件领域存在天然专业技术屏障。而制造业企业的工业技术人才，往往对专业软件技术缺乏深入了解。

随着“5G”时代的到来，许多新场景、新产业将逐渐涌现。例如，物联网、工业互联网、无人机、人工智能等，这些都需要专业人才的支持。工业数字化转型要想取得实质性进展，就需要大量跨界复合型人才。

4. 数据安全有待保障

工业数据涵盖设备、产品、运营、用户等多个方面，在采集、存储和应用过程中一旦泄露，会给企业和用户带来严重的安全隐患。如果数据被窃取或篡改，可能导致生产安全事故，甚至威胁人身安全、城市安全、关键基础设施安全乃至国家安全。目前，各种信息窃取、篡改手段层出不穷，单纯依靠技术难以确保数据安全。另外，相关惩罚措施亦不到位，不能给数据窃取、篡改者足够的威慑。由于数据安全问题未得到解决，大量工业数据被封存在各工厂、平台内部。另外，由于数据主权不明确、共享利益难实现等问题，工业数据呈现出分散化、碎片化的特点，成为工业数字化转型发展瓶颈。

随着工业数字化转型进程的不断深入，广泛应用到装备、能源、化工等国家关键生产领域的工业控制系统逐渐由单机走向互联、从封闭走向开放，同时，各种病毒、木马、黑客入侵等网络信息安全威胁正加速向工业控制系统渗透，工业核心数据、企业用户数据等数字化资产面临的信息安全形势日益紧迫。2019 年全球工业控制系统漏洞数量达 438 个，较 2015 年的 118 个增加 320 多个。

三、“十四五”我国工业数字化转型的基本思路

近年来，全球经济下行压力加大，加之贸易摩擦，全球贸易环境进一步恶化，以及 2020 年突如其来的新冠肺炎疫情给全球经济社会发展带来前所未有的冲击，对全球数字经济发展和我国参与国际数字经济分工发展产生诸多负面影响。近来美国政府对华为、TikTok 等企业的打压，在一定程度上也反映了两国在前沿数字技术领域的竞争。

在新冠肺炎疫情叠加国际环境复杂多变的背景下，“十四五”时期，我国工业数字化转型，既要有新形势下优势领域受冲击而被赶上的危机意识，也要有凭借自身优势加快数字化转型、拓

展产业发展新领域的机遇意识，“在危机中育新机，于变局中开新局”。在研判国内外形势的基础上，结合国内的实际，“十四五”时期我国工业数字化转型的基本思路是，以制造业数字化改造为切入点，以工业互联网平台建设为支撑，以新场景培育新产业为目标，推动工业数字化转型。

1. 分步骤推进制造业数字化改造

“十四五”时期，应先分行业、有步骤地对实体经济进行数字化、网络化和智能化改造，积极抢占产业发展制高点，全面塑造数字经济时代产业核心竞争力。制造业是实体经济的主战场，因此，应当以制造业数字化改造为切入点，制定行业的数字化转型路线图。

要以市场为导向，以企业为主体，基于行业内相关数据收集、关键业务指标分析和数据驱动决策应用，通过供给质量的提升、供给效率的优化、资源的有效利用、企业运营系统的效率改善和企业竞争力的提升，确保拉长产业链、强化创新链、提升价值链，优化以供给侧结构性改革为主线的更高效、更经济、更绿色的产业生态。利用新一代信息技术手段和模式，激活制造业发展动能，将现有产业环节和价值环节进行数字化提升，推动数字技术与制造业深度融合，夯实工业数字化转型的基础。

2. 分层次推进工业互联网平台建设

工业互联网平台是实现人、机、物全面互联的新型网络基础设施，是工业领域的数字新经济。它以信息技术为主要支撑，通过打通设计、生产、流通、消费与服务各环节，构建基于云平台的海量数据采集、存储、分析服务体系，支撑制造资源泛在连接、弹性供给、高效配置，正在催生出一系列产用融合、制造与服务融合、资源协同、共创分享的新业态新模式。

工业互联网本身就是信息技术和工业技术深度融合的产物，因此，应将工业互联网平台建设作为深化制造业与互联网融合发展的主打方向，分层次推进工业互联网平台建设。基于产业价值链和平台生态特征，重点鼓励具备国际竞争力的优势企业联合组建行业的工业互联网联盟；支持部分有较强技术与市场实力的龙头企业启动建设本行业的工业互联网平台，加快工业技术软件化，开发一批专用工业 APP，探索“共享制造”应用；强化工业互联网平台的行业解决方案供给能力，为中小企业提供专业、精准、适用的服务，形成“建平台、用平台”的良好氛围。通过工业互联网建设，推动传统工业数字化转型升级，优化资源配置，提升经济效益。

3. 以场景应用带动新产业发展

随着互联网、大数据、AI、5G 等新技术的应用，中国的数字化基础设施正在全面发展，从技术落地到场景应用再到解决方案，在人工智能、5G、窄带物联网等技术驱动下新应用场景不断落地，涵盖智能交通、智能教育、智能医疗、智能家居、智能旅游等诸多领域。

通过聚焦场景应用研发，加快新兴产业培育，催生智能化生产、网络化协同、服务化延伸、个性化定制的诸多新产业。例如，在生产、生活的各个数字化转型领域，挖掘硬需求，推进扩展移动计算、云端增强现实和虚拟现实等速度优先型应用，推进智慧追溯、智能家居等连接优先型应用研发，推进车联网、无人机等实时优先型应用研发，拓展演化出新的产业形态，持续催生产业发展新领域，从而成为数字经济发展的重要支撑。

四、促进工业数字化转型的政策建议

当今世界正经历百年未有之大变局，我国发展的外部环境日趋复杂。2020 年，新冠肺炎疫情及其防控行动，极大地提升了人们对数字经济的认识水平，对我国数字化转型起到促进作用。“十四五”时期，在推动我国高质量发展为主题叠加国际政治经济格局复杂性提升的大背景下，如何加快数字经济与实体经济的融合，推动工业数字化转型，促进工业高质量发展，是值得深入研究的问题。在总结“十三五”时期我国工业数字化转型取得进展的基础上，针对工业数字化转型中存在的产业网络化、智能化水平较低、数字化核心技术缺乏、跨界复合型人才紧缺、数据安全有待保障等问题，结合“十四五”时期我国工业数字化转型的基本思路，提出促进工业数字化转型的建议。

1. 完善支持鼓励政策

完善支持鼓励政策及配套措施，精准政策靶向，推动工业数字化转型。通过技术改造贷款贴息、搬迁补助、职工安置补助、加速折旧、产业引导基金投资等方式支持和鼓励企业进行数字化改造；通过政府购买服务等方式鼓励中小企业与服务平台合作，引导中小企业通过“上云”提升数字化水平；通过试点示范，培育工业互联网平台，鼓励、支持优势企业提高工业互联网应用水平，推广网络化协同制造、服务型制造、大规模个性化定制等新模式、新业态。

2. 突破数字化核心技术

以数字化核心技术突破为关键，为我国工业数字化转型提供拥有自主知识产权的技术支撑。要突破我国在集成电路、基础软件、互联网、高端设备等多个领域内的核心技术瓶颈，就必须清晰把握技术发展规律，加快形成自主可控、安全稳定的核心技术创新体系。在基础通用、前沿科技的数字经济发展领域，需要聚焦关键环节超前布局，引导企业集中攻关和应用推广；推动政产学研用共建创新生态系统，强化高校及科研单位的源头创新供给，发挥龙头企业在技术创新中的主体作用，积极利用全球性创新资源与环境，自主创新突破数字化核心技术；充分发挥市场对技术研发方向、路线选择及各类创新要素配置的决定性作用，同时强化国家战略引领，引导创新要素更多投向核心技术攻关，大力营造公平竞争的市场环境。

3. 加强信息安全保护

尽快出台数据使用及保护相关法案，进一步明确数据权责边界、使用规范以及信息保护责任，完善数据安全管理制度。强化工业数据和个人信息保护，明确数据在使用、流通过程中的提供者和使用者的安全保护责任与义务；加强数据安全监督执法，提高惩罚力度，增强威慑力；严厉打击不正当竞争和违法行为，如虚假信息诈骗、倒卖个人信息等，引导行业协会等社会组织加强自律；推动区块链、联合学习等新技术在数据追踪、数据分析、信息存储、传输发布等方面的应用，强化数据保护与网络安全。

4. 建立复合型人才培养机制

以需求为导向，建立起数字技术领域与制造业领域的复合型人才培育机制。着眼未来的就业结构和就业形态，加快部署教育培训体系的转型。深化改革高等院校、职业技校的传统人才培养方式，支持大学、科研机构、高职等加强信息技术领域与制造业领域的复合型人才队伍培养。以校企合作、产教融合为手段，鼓励企业积极与高校创新合作模式，共建实训基地，积极开展互动式人才培养。依托重点企业、行业协会、产业联盟开展数字化转型领域急需紧缺人才培养培训，鼓励社会培训机构加强面向重点行业关键岗位专业人才培训。在人才引进方面，除了提供多方位的保障条件，还应为数字化人才创造良好生活环境和社会氛围，以人才集聚来打造数字化转型的竞争优势。

5. 适度超前规划布局新基建

数字化程度的提高受数字化生产设备、工控软件、数字基础设施等诸多因素的影响。建议适度超前规划、布局数字基础设施，为工业数字化转型的发展打好地基。加强网络设施建设，提高基础设施互联互通水平和现代化服务水平。加快建设高速畅通、移动安全、广泛覆盖的数字基础设施，构建万物互联、人机交互、服务便捷、智慧绿色的新型基础设施体系，重点建设5G网络、工业互联网、数据中心、智能计算中心和超算中心，形成集数据枢纽、信息枢纽、计算枢纽于一体的格局，为建设数字中国提供重要支撑。

专栏 14 -1

从数字获取洞察，由洞察驱动行动
——卡特彼勒数字化转型实践

卡特彼勒作为全球工程机械行业的领先企业，其数字化战略的推行从 20 世纪 90 年代中期使用 Telematics 连接出厂设备开始，就一直没有停下脚步。目前，市场上连接的卡特彼勒设备数量已经达到了 56 万台。卡特彼勒是全球工程机械领域里实践工业互联网的鼻祖。

数字化转型的第一步：面向客户的 CAT Connect

卡特彼勒数字化转型的第一步，是遵循“以客户为中心”的客户优先战略，建立了 CAT Connect（“卡特智能”）系统。它通过在出厂设备上安装传感器，采集设备数据，智能地运用各种技术与服务来监控、管理和加强设备的运行状况，从而让客户更好更深入地控制现场作业，提高生产效率、降低成本、增强安全性，实现更加绿色和可持续性的业务。从 2017 年开始，卡特彼勒开始使用 AT&T 的物联网 4G 服务，将 CAT Connect 这套系统推广到 155 个国家。

数字化转型的第二步：数字化业务经营系统

卡特彼勒利用数字化技术，打造了一个将卡特彼勒整个价值链上的各个业务要素和业务单元进行快速连接和精准管理的数字化经营系统，包括了三大基石：一是神经，基于物联网技术，连接所有的产品和设备；二是骨骼和肌肉，基于支撑大数据的商业应用系统，吸纳来自数字神经系统的数据，推动上下游的业务流程的运转；三是大脑，建立起集产品数据、设备数据和业务数据（包括客户数据在内）于一体的经营驾驶舱——“数字化行情室”（Digital Board Room）。

数字化转型的第三步：实时工厂 Live Factory 的 IT 系统

“实时工厂”（Live Factory）的设计思想，同样遵循了卡特彼勒数字化业务经营系统的“神经 + 骨骼和肌肉 + 大脑”理念，将基于 OT 应用打造的神经系统、基于 IT 系统打造的骨骼和肌肉，以及基于数字化行情室打造的大脑，完美地结合在了一起。其生产计划体系分为四个层面的内容，它们分别是全球生产网络流程（Global Production Network Process，GPNP）、高层产品项目（Executive Product Program，EPP）、销售与运营计划（Sales & Operation Planning，S&OP）和模型混合计划（Mode Mixed Planning，MMP）。

数字化转型的第四步：实时工厂 Live Factory 的 OT 系统

卡特彼勒实时工厂的 OT 系统，采用了大量的 SAP Leonardo 应用，包括：SAP 车辆洞察（Vehicle Insight，VI）、SAP 制造集成与智能（Manufacturing Integration & Intelligence，MII）、SAP 整体设备效率（Overall Equipment Effectiveness，OEE）、SAP 关键零件跟踪（Critical Parts Tracker，CPT）、SAP 预测性维护与服务（Predictive Maintenance & Service，PdMS）以及 SAP 设施绩效指标和 SAP 数字化制造洞察。这些应用，配合 SAP 制造执行系统，在设备级实现了对生产设备、物流设备以及相关设施的数据采集、监控和分析。

卡特彼勒实时工厂的 OT 系统，不仅体现了“从数据到洞察”的理念，并且与 IT 系统中不同时间跨度和周期的生产计划对应，打通了“从洞察到行动”的闭环，使得这套数字化业务经营系统真正成为企业可以驾驭的“高速列车”。

资料来源：根据彭俊松《卡特彼勒数字化转型案例及其对工业互联网的启示》相关文献整理。

参考文献

［1］两化融合发展联盟、国家工业信息安全发展研究中心：《两化融合发展数据地图》，2016～2019 年。

［2］贲圣林：《数字经济的中国实践与全球机遇》，《IMI 研究动态》2018 年第 3 期。

［3］高太山、马源：《中国数字经济发展的问题，机遇和建议》，《中国经济报告》2020 年第 2 期。

［4］工业和信息化部：《2019 年通信业统计公报》，2020 年。

［5］兰建平、黄学、胡胜蓉：《浙江省“加快发展地区”数字经济发展路径研究》，《浙江工业大学学报（社会科学版）》2020 年第 19 期。

［6］李艺铭：《2020 年中国数字经济发展形势展望——数字化转型力求实效》，《互联网经济》2020 年第 Z1 期。

［7］联合国贸发会议：《2019 年数字经济报告：价值创造和捕获，对发展中国家的影响》，2019 年。

［8］柳杨、李君、左越：《数字经济发展态势与关键路径研究》，《中国管理信息化》2019 年第 15 期。

［9］骆子决：《2019 数字经济创新企业 100 强》，《互联网周刊》2019 年第 12 期。

［10］倪晓炜、张海峰：《中国数字经济发展路径》，《中国电信业》2018 年第 8 期。

［11］魏书音：《GDPR 对我国数字经济企业的影响及建议》，《网络空间安全》2018 年第 8 期。

［12］邬贺铨：《2019 年数字经济的机遇和挑战》，《金融电子化》2019 年第 3 期。

［13］张于喆：《数字经济驱动产业结构向中高端迈进的发展思路与主要任务》，《经济纵横》2018 年第 9 期。

［14］中国国家互联网信息办公室：《数字中国建设发展报告（2018 年）》，2019 年。

［15］中国信息通信研究院：《中国数字经济发展白皮书（2020 年）》，2020 年。

［16］彭俊松：《卡特彼勒数字化转型案例及其对工业互联网的启示》，《今日工程机械》2019 年第 1 期。

［17］吕铁：《传统产业数字化转型的主要趋向、挑战及对策》，《经济日报》，2020 年 2 月 4 日。

［18］沈恒超：《制造业数字化转型的难点与对策》，《政策瞭望》2019 年第 7 期。

［19］夏宜君、李吉音、张梓盟：《欧盟推动工业数字化转型对我国的启示》，《中国经贸导刊（中）》2019 年第 9 期。

［20］张立：《两化融合步入制造业数字化转型新阶段》，《软件和集成电路》2020 年第 6 期。

第十五章　加快推进数字基础设施建设

提　　要

"十三五"时期，中国的信息通信连接网络建设取得突破性进展、工业互联网产业供给能力持续增强、算力基础设施建设成效显著、区块链和人工智能等数字技术基础设施的产业化应用不断拓展，为经济社会数字化转型提供了有力支撑。"十四五"时期，要更加有力地支撑数字中国建设，数字基础设施建设面临顶层设计亟须加强、创新能力有待持续提升、应用生态亟须建立健全、数据安全保障能力需要持续增强等方面的挑战。在新发展格局下，要坚持分类指导、注重能力提升、创新投资机制、加强生态构建、保障数据安全、慎防产能过剩，更加有效地发挥数字基础设施在孕育发展新动能、引领发展新潮流、促进制造强国和数字中国建设等方面的重要作用。

*　　*　　*

数字基础设施是用于支持数字经济运作的软硬件工程设施，其为数字技术和数字化信息顺利参与生产生活过程提供保障和服务，主要包括5G和千兆固网等信息通信连接网络、工业互联网、超级计算中心和大数据中心等算力基础设施、区块链和人工智能等数字技术基础设施等。"十三五"以来，中国数字基础设施建设取得积极进展，为经济社会数字化转型提供了有力支撑。在新发展格局下，作为新型基础设施的重要组成部分，数字基础设施要在孕育发展新动能、引领发展新潮流、促进制造强国和数字中国建设等方面发挥更加重要的作用，需要在充分考虑数字基础设施特点的基础上，加强统筹规划、实行分类指导、注重能力提升、创新投资机制、保障数据安全。

一、数字基础设施的特征与作用

1. 数字基础设施的主要特征

数字基础设施作为一种重要的新型基础设施，有基础设施的一般特征。即，数字基础设施是提供基础性服务的资本品，换言之，数字基础设施服务是资本密集型的；数字基础设施通常都是整体建成后才能发挥作用，并且建设周期比较长，因此数字基础设施建设需要有前瞻性；由于存在外部性和边际成本递减等因素，数字基础设施服务提供领域通常会出现市场失灵，所以需要政府采取不同形式的手段加以矫正；基于硬件工程设施的数字基础设施服务一般是不可交易的，无法通过直接进口国外的这类数字基础设施服务来缓解国内供给不足的问题，因此需要形成自主的基础设施服务提供能力来满足国内需求。

除了基础设施的一般特征之外，数字基础设施还有四个方面新特征：一是动态性。随着技术的进步和应用场景的扩展，一些最初仅为企业内部提供服务的设施会逐渐演变为对其他主体开放的数字基础设施。例如，云基础设施就是从企业内部的云存储和云计算设施发展而来的。动态性特征的出现，对政府介入数字基础设施规划和建设提出了更高的要求。也就是说，与传统基础设施规划和建设决策聚焦于“建不建、在哪里建、怎么建”的问题不同，数字基础设施规划和建设先要明确“建什么”的问题。二是兼容性。数字基础设施是由一系列硬件和软件共同组成的复杂系统，并且要求它必须能够与其他设备和系统兼容或协同工作。兼容性特征的出现，对数字基础设施投资运营主体的技术能力和标准制定能力提出了更高要求。三是开放性。数字基础设施不仅包括提供相关服务的硬件和软件架构，还包括后续为优化相关服务提供支撑的设施。例如，在云计算成为云基础设施的重要组成部分后，为解决云计算可能存在的数据和隐私安全问题，又发展出了边缘计算设施。开放性特征的出现，在一定意义上要求规划建设数字基础设施时，需要在“重复建设”与低水平锁定之间寻求次优的均衡。四是多元性。由于数字基础设施具有兼容性的特征，因此那些互为竞争对手的应用平台因为用户的“互联”而不会进行分裂对抗，进而在一定程度上使得数字基础设施的投资与升级需要多方共同决定。理论上，在不是由政府或单一企业主导的背景下，多元治理效率的高低依赖于相关行为主体通过互动产生的共识。也就是说，如果政府遵照过往经验来主导数字基础设施投资运营，很可能会在治理上面临巨大挑战。因此，在推进数字基础设施建设工作时，要允许地方大胆探索，不断总结经验，形成中国特色数字基础设施建设运营模式。

2. *数字基础设施建设的重要作用*

在“双循环”新发展格局下，从国家战略层面大力推动数字基础设施建设，既是短期内拉动投资、对冲疫情冲击的有效举措，又能为提升制造业等实体经济部门中长期竞争力创造良好的基础设施条件，还能为共建“一带一路”注入新动力。

第一，数字基础设施的产业链更长，在拉动投资方面能够发挥更大的作用。当前形势下，“稳投资”是经济政策的重要目标。基础设施投资特别是政府主导或参与的基础设施投资，对国民经济其他部门产生拉动作用的条件是，基础设施投资项目落地后形成的主导性需求产品所在行业的影响力系数要足够大。以新近出版的《中国投入产出表2017》为基础计算的149个行业5位数行业的影响力系数显示，在数字基础设施投资中受益最大的计算机、通信设备制造业两个行业的影响力系数分别为1.43、1.38，在149个行业中分别排在第一位、第二位。而在交通、能源等传统基础设施投资中受益最大的6个行业中，影响力系数最高的是输配电及控制设备制造业，影响力系数值为1.25；铁路运输和城市轨道交通设备制造业次之，影响力系数为1.23；而钢制造业的影响力系数低于1，只有0.99；水泥、石灰和石膏制造业的影响力系数仅为0.98（见图15－1）。也就是说，如果对以钢制造业，水泥、石灰和石膏制造业为主要受益行业的基础设施产业，不但没有形成拉动效应，反而产生了拖累后果。因此，从拉动其他行业，促使经济以更快的速度从疫情冲击中恢复过来的角度看，加大数字基础设施投资是更好的选择。

第二，在数字基础设施领域，我国与工业强国互有领先，在此基础上进一步推进数字基础设施建设，有助于更好发挥数字基础设施服务对产业转型升级的支撑作用。在经济发展不同阶段，社会生产活动对基础设施的需求是不一样的。在农业生产占主导的传统社会，灌溉和防洪等水利设施，以及水运河道是最重要的基础设施；工业革命之后，规模化生产使得近现代社会对能源动力、交通运输的需求快速增长；信息通信技术革命以来，随着社会生产生活的数字化、智能化进程不断深化，以数字基础设施为主要内容的新型基础设施变得越来越重要。经过近些年的发展，在数字基础设施领域，中国与美国、日本、德国互有领先。这与传统基础设施领域中国全面落后于美国、日本、德国的现象形成了鲜明对比（见表 15－1）。这意味着，当前我国大力推动数字基础设施建设是有良好基础的，并不是“平地起高楼”。在数字基础设施质量及服务效率相对较高的条件下，推动数字基础设施建设，一方面会让其发挥更大的作用，另一方面会对产业部门形成强大的数字赋能，便于实体经济部门更有效地利用“数字红利”构建竞争新优势。

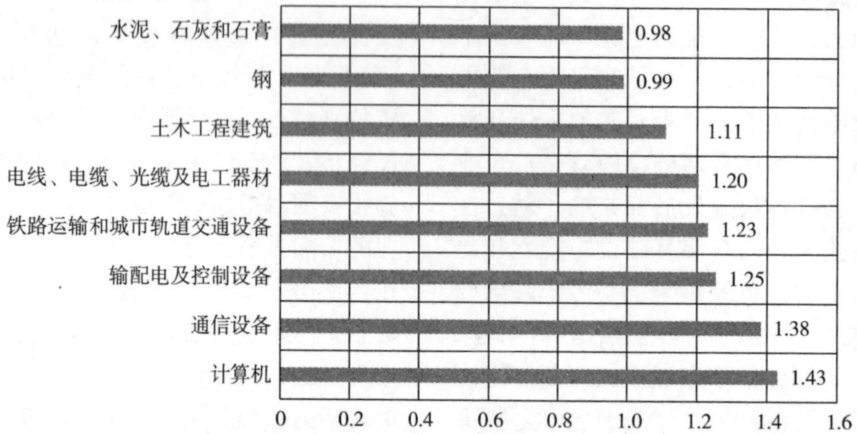

图 15－1 受益于传统基础设施和数字基础设施投资的八个主要行业的影响力系数

资料来源：根据《中国投入产出表 2017》计算得到。

表 15－1 中国传统基础设施和部分数字基础设施质量及其服务效率与美国、德国、日本比较

指标	中国		美国		德国		日本	
	得分	排序	得分	排序	得分	排序	得分	排序
公路基础设施质量	4.6	45	5.5	17	5.3	22	6.1	5
铁路运输服务效率	4.5	24	5.2	12	4.9	16	6.8	1
海运港口服务效率	4.5	52	5.6	10	5.2	18	5.8	5
航空运输服务效率	4.6	66	5.8	10	5.5	28	6.2	5
电力供应质量	99.0	18	98.6	23	99.7	13	99.7	14
供水服务可靠性	4.9	68	6.2	30	6.1	34	6.7	12
数字基础设施	78.5	18	74.3	27	70.0	36	86.2	6
1）平均每百人固定宽带用户数量	28.5	32	35.6	18	41.1	8	32.2	23
2）平均每百人光纤互联网用户数量	23.9	6	4.2	45	63.6	38	23.8	7

注：公路基础设施质量、铁路运输服务效率、海运港口服务效率、航空运输服务效率、供水服务可靠性 5 个指标的取值范围为1～7；电力供应质量、数字基础设施 2 个指标的取值范围为 0～100；所有指标的排名均为在 141 个经济体中的排名。

资料来源：World Economic Forum（WEC），*The Global Competitiveness Report* 2019.

第三，以国内大规模且多样化的市场需求为基础，形成可复制的数字基础设施高效建设运营模式后，就能通过新型基础设施项目设计、施工总承包（EPC）等方式更有效地带动新一代信息网络装备、产品、软件、服务出口，在促进“一带一路”建设的同时助推中国数字基础设施相关产业迈向全球制高点。在基础设施建设领域，国内市场规模和增长期限，是决定相关产业国际竞争力的重要原因。近些年来，在交通、能源等传统基础设施建设领域，中国企业的国际竞争力快速提升，带动国内工程机械、钢铁、建材等产业在发展中国家“攻城略地”。这背后，就是国内近 30 年来持续高速增长的基础设施投资，为国内工程建设、工程机械、钢铁、建材等产业的企业提供了充足的成长空间。在全球主要经济体都深受新冠肺炎疫情影响的背景下，可以预见，未来一段时期，以数字基础设施为主要内容的新型基础设施建设将会成为全球增长最快的高端产品市场。放眼全球，中国是最有条件培育出数字基础设施建设和服务领域全球领军企业的。国内数字基础设施建设大规模启动后，国内相关设备制造商、软件服务提供商、平台系统集成企业都会依托快速增长且多元化的市场，快速形成领先于国外竞争对手的竞争能力。这一方面会让中国数字基础设施相关产业的装备、软件、服务以施工总承包等方式“抱团出海”获得更大的市场空间，另一方面也能为共建“一带一路”注入新动力。

二、“十三五”时期数字基础设施建设状况

1. 信息通信连接网络建设取得突破性进展

信息通信连接网络主要包括5G和千兆固定宽带网络、基于互联网协议第六版（IPv6）的下一代互联网等。作为重要的数字基础设施，信息通信连接网络在提高数据传输速度、提升网络承载能力和服务水平以及促进人、数据、机器之间的连接等方面有至关重要的作用。“十三五”时期，中国信息通信连接网络商业化应用环境持续优化、行业标准不断完善、建设进展顺利，在部分领域已达到世界领先水平。

第一，宽带网络建设取得突破性进展，5G移动网络和千兆固定网络在全国加速推广。2019年1月，国家发展和改革委员会等十部门印发《进一步优化供给推动消费平稳增长促进形成强大国内市场的实施方案（2019年）》，提出要加快推出5G商用牌照。2019年3月，工业和信息化部发布《关于2019年信息通信行业行风建设暨纠风工作的指导意见》，明确提出启动宽带“双G双提”行动计划，提出要推动固定宽带和移动宽带双双迈入千兆（G比特）时代；2019年6月，工业和信息化部正式发放5G商用牌照，开启5G网络建设进程。根据工业和信息化部发布的数据，截至2020年6月底，在全国已建设开通的5G基站超过40万个，是2019年底建设开通的5G基站数量的3倍多。值得一提的是，2020年8月17日，深圳宣布提前超额完成建设4.5万个5G基站的目标，成为全球首个实现5G独立组网全覆盖的城市。在千兆固网方面，截至2020年7月，全国1000兆比特/秒及以上接入速率的固定互联网宽带接入用户达307万户，比2019年末（87万户）净增220万户，千兆固网的渗透率从2019年底的0.19%提高至0.66%。

第二，IPv6规模部署工作取得积极进展，用户渗透率与网络流量持续提升。2017年11月中共中央办公厅、国务院办公厅印发《推进互联网协议第六版（IPv6）规模部署行动计划》，明确提出了未来5~10年我国基于IPv6的下一代互联网发展的总体目标、路线图、时间表和重点任务。相关政府部门、企事业单位、科研机构积极响应制定实施方案。根据国家IPv6发展监测平台发布的数据，从活跃用户、分配地址、网络流量、基础资源、云端就绪、网络就绪、终端就绪、网站应用八个维度看，IPv6规模部署工作成效显著（见表15-2）。

表15-2　从八个维度评价的中国IPv6发展状况（截至2020年6月）

指标	发展状况
IPv6活跃用户数	全国IPv6活跃用户总数为3.178亿，活跃用户占比为35.15%
已分配IPv6地址用户数	已分配IPv6地址用户数14.27亿，其中LTE网络12.11亿、固定宽带网络2.17亿
IPv6流量	2020年6月，城域网IPv6流入流量4454.63Gbps，流量占比1.54%；流出流量2285.4Gbps，流量占比1.47%
IPv6基础资源	全国已申请IPv6地址资源总量47898块/32，IPv6地址全球占比15.92%，位居世界第二
云端就绪度	数据中心支持IPv6占比为16.8%，内容分发网络（CDN）已开通IPv6的占比为77.65%，云服务平台中完成IPv6的改造的云产品占比65.36%，公共递归域名服务器中支持IPv6的数量占比为100%

续表

指标	发展状况
网络就绪度	IPv6 的网内、网间平均时延分别是 38.06ms、46.71ms，与 IPv4 相比，平均网内劣化度 1.24%、平均网间劣化度 4.43%
终端就绪度	LTE 移动终端方面，国内主流 LTE 移动终端基本支持在 IPv4/IPv6 双栈下运行；智能家庭网关方面，基础电信企业 2018 年以后集采的机型已全面支持 IPv6；家庭无线路由器方面，市场占有量较大的五个品牌共 22 款家庭无线路由器设备中，支持 IPv6 的设备有 18 款
应用可用度	国内用户量排名前 100 的商业网站及移动应用可通过 IPv6 访问的占比 91%，政府网站支持 IPv6 访问的占比 93.4%，教育网站支持 IPv6 访问的占比 53.3%

注："/32" 是 IPv6 的地址表示方法，对应地址数量为 2 的 96 次方。

资料来源：国家 IPv6 发展监测平台。

2. 工业互联网产业供给能力持续增强

2017 年 11 月，国务院发布的《深化"互联网 + 先进制造业"发展工业互联网的指导意见》提出，要增强工业互联网产业供给能力，努力打造国际领先的工业互联网。2018 年 6 月，工业和信息化部公布了《工业互联网发展行动计划（2018 ~ 2020 年）》，从基础设施能力提升、标识解析体系构建、工业互联网平台建设、核心技术标准突破、新模式新业态培育、产业生态融通发展等方面提出了具体的建设目标。2019 年 11 月，工业和信息化部发布《关于实施"5G + 工业互联网"512 工程的推进方案》，提出要加快利用 5G 技术打造工业互联网新型基础设施，加速融合应用创新。根据工业互联网产业联盟公布的数据，截至 2019 年底，在标识解析体系构建方面，已建成运行五大标识解析国家顶级节点，有 42 个二级节点上线运营，标识注册量超过 17 亿。在工业互联网平台建设方面，海尔 COSMOPlat、东方国信 Cloudiip、用友精智、树根互联根云、航天云网 INDICS、浪潮云 In - Cloud、华为 FusionPlant、富士康 BEACON、阿里 supET、徐工信息汉云十大跨行业跨领域工业互联网平台共有 500 万用户，连接的工业设备超过 690 万台；基于工业数据分析和软件云化的工业 APP 超过 2 万个。在安全保障体系建设方面，已有 12 个省市加入工业互联网安全监测与态势感知平台，实现了对 800 多万台在线设备的实时监测。工业互联网的应用场景，也从机械、钢铁、电子、石化、汽车等制造业行业，向能源、交通、医疗等领域拓展，并逐步向设计、服务等环节延伸。

3. 算力基础设施建设成效显著

作为国家战略性数字基础设施和科技创新战略平台，国家超级计算中心在增强国家和区域科技创新能力等方面发挥着重要作用。《"十三五"国家科技创新规划》明确提出发展先进计算技术，重点加强 E 级（百亿亿次级）计算、云计算、量子计算、人本计算、异构计算、智能计算、机器学习等技术研发及应用。全国已有 20 个省市区成立了负责大数据相关业务的省级管理机构。在政策引导和市场驱动下，"十三五"时期，我国算力基础设施建设成效显著。根据中国国家网格公布的资料，截至 2019 年底，天津、深圳、长沙、济南、广州、无锡建成并投入运行 6 个国家超级计算中心，另有郑州、成都两地正在建设国家超级计算中心。同时，以提供商业化服务为主的数据中心建设成效显著。根据中国信息通信研究院数据，2019 年我国已建成并投入运行的数据中心达 7.4 万个，比 2012 年增加了 45%。其中，在已投运的数据中心中，大型、超大型数据中心数量占比达 12.7%。算力基础设施状况的持续改善，为企业采用信息技术服务来提高效率创造了良好条件。目前，制造业企业以工业大数据为基础，结合优化模型来改进工艺生产流程、实现供需精准匹配。

4. 区块链和人工智能等数字技术基础设施的产业化应用不断拓展

在区块链领域，2016 年，国务院发布的《"十三五"国家信息化规划》首次将区块链并入新技术范畴并作为前沿布局。2019 年 10 月中共中央政治局就区块链技术发展现状和趋势进行了第十八次集体学习，中央领导明确强调把区块链作为核心技术自主创新的重要突破口。“十三五”时期，我国区块链底层技术创新取得积极进展。根据赛迪区块链生态联盟公布的数据，2019 年，我国在区块链存储、智能合约、共识算法和加密技术 4 个领域公开的有效专利分别为 964 件、420 件、101 件和 42 件。目前，区块链技术在金融、供应链、电子政务等领域形成了比较广泛的应用，为降低交易成本、提升交易效率、减少数据共享时的安全风险提供了技术保障。

在人工智能领域，2017 年 7 月国务院印发的《新一代人工智能发展规划》提出了分三步走的战略目标。其中，到 2020 年人工智能总体技术和应用于世界先进水平同步，人工智能产业成为新的重要经济增长点。2017 年 12 月，工业和信息化部发布的《促进新一代人工智能产业发展三年行动计划（2018～2020 年）》提出，通过实施培育智能产品、突破核心基础、深化发展智能制造、构建支撑体系四项重点任务，实现到 2020 年，一系列人工智能标志性产品取得重要突破，在若干重点领域形成国际竞争优势，人工智能和实体经济融合进一步深化，产业发展环境进一步优化。从专利技术看，目前我国已成为全球人工智能技术创新的主要策源地之一。根据世界知识产权组织数据，在 23 项人工智能底层技术上，美国处于领先地位的有 15 个，中国是 6 个，日本、德国各 1 个；在 30 项人工智能应用技术中，美国占据领先地位的有 14 个，日本是 8 个，韩国、中国分别有 6 个、2 个（见表 15－3）。同时，我国企业开发的语音识别、计算机视觉等人工智能技术已在智能客服、声纹购物、智慧家居、智能安防等产业领域实现了广泛应用。

表 15－3 人工智能专利申请量全球前两位的企业或机构的国家分布情况

	国家	技术领域
AI 底层技术	美国	机器学习（IBM，微软）；机器学习－通用（IBM，微软）；监督学习（微软，阿尔法特（Alphabet））；概率图模型（微软，IBM）；规则学习（IBM，微软）；分类回归树（微软，IBM）；强化学习（IBM，三星）；潜在表示（微软，IBM）；逻辑和关系学习（IBM，微软）；专家系统（IBM，西门子）；描述逻辑（IBM，韩国产学协力财团（IACF））；逻辑编程（IBM，西门子）；逻辑编程－通用（IBM，微软）；本体工程（IBM，IACF）；概率推理（微软，IBM）
	中国	支持向量机（中国科学院，浙江大学）；仿生方法（中国国家电网，中国科学院）；深度学习（中国科学院、百度）；无监督学习（中国国家电网，中国科学院）；基于实例的学习（西安电子科技大学，中国科学院）；多任务学习（中国科学院，微软）
	日本	模糊逻辑（欧姆龙，西门子）
	德国	神经网络（西门子、中国国家电网）
AI 应用技术	美国	自然语言处理（IBM，微软）；自然语言处理－通用（IBM，微软）；机器翻译（IBM，微软）；信息抽取（IBM，微软）；语义学（IBM，微软）；对话（IBM，微软）；自然语言生成（微软，IBM）；情感分析（IBM，微软）；语音处理（美国微妙通讯公司（NUANCE），松下）；语音处理－通用（Alphabet，三星）；语音识别（NUANCE，松下）；语音合成（NUANCE，松下）；知识表示与推理（IBM，微软）；预测分析（IBM，中国国家电网）
	日本	形态学（日本电报电话公司（NTT），韩国电子通信研究院（ETRI））；字符识别（东芝、佳能）；场景理解（丰田、Alphabet）；计算机视觉（东芝，三星）；控制方法（丰田、日立）；声纹识别（松下，日本电气（NEC））；语音翻译（NTT，东芝）；音系学（NTT，松下）
	韩国	生物识别（三星，索尼）；目标跟踪（三星、微软）；计算机视觉－通用（三星、东芝）；图像分割（三星、佳能）；增强现实（三星、微软）；人工智能机器人（三星，索尼）
	中国	规划与调度（中国国家电网，IBM）；分布式人工智能（中国国家电网，浙江大学）

注：①各技术领域后面括号里的内容，是在该技术领域的专利中申请量位居全球前两位的企业或机构名称；②部分技术领域名称后加了“－通用”，这表示该技术为不加“－通用”的同名技术的一个子领域。例如，“机器学习－通用”是“机器学习”领域中的一个子领域；③专利申请量的统计时间为 1960～2017 年。

资料来源：世界知识产权组织（WIPO）。

三、“十四五”时期数字基础设施建设面临的挑战

1. 数字基础设施建设亟须顶层设计

目前，许多地方政府已出台新型基础设施发展规划或建设行动计划。从这些文件看，各地对数字基础设施建设的重点并不一致，推动数字基础设施建设的机制和措施也不尽相同。尽管在一定程度上，这是各地结合自身实际开展数字基础设施建设的必要举措。但是，作为基础设施的一种，数字基础设施在全国范围内的互联互通融合，不仅是必要的，而且是必须的。要最大限度减少重复投入、提高数字基础设施的运行效率，亟须在国家层面加强顶层设计，充分发挥规划引领作用。要坚持分类施策，特别是对于投入建设运营主体多元的数字基础设施，需要加快推进行业标准制定和实施，确保数据要素能够在全国范围内顺畅流动，坚决杜绝出现数据要素市场分割现象。同时，对于不同类型的数字基础设施，要制定实施不同的投资政策，从投资环节开始夯实数据要素市场竞争的基础。

2. 数字技术创新能力需要持续提升

尽管在少数领域，国内数字技术企业的技术、产品和系统已进入全球领先行列，但必须要清醒地认识到，我国数字技术创新能力整体上还不够强，在部分领域对国外的依赖程度还很高。例如，在工业互联网领域，我国在5G网络切片技术、时间敏感网络技术、软件定义分支技术、数字对象架构技术、坐标智能定位技术、数字纽带技术等前沿领域基本都处在跟随阶段；在算力基础设施领域，我国在高端芯片、系统软件、开发工具等领域对国外的依赖程度还很高；在前沿数字技术基础设施领域，我国在机器学习、监督学习等人工智能底层技术，以及自然语言处理、形态学、生物识别等人工智能应用技术上，国内企业与国际领先企业还有很大差距。在少数发达国家竭力推动科技“脱钩”的新形势下，我国亟须充分发挥需求引导作用，以数字基础设施建设促进数字技术创新，持续提高创新能力，为数字基础设施建设运行提供坚强保障。

3. 数字技术应用生态亟须建立健全

经过多年努力，特别是“十三五”时期在中央和地方、政府和企业的协同推进下，我国数字基础设施建设取得了积极进展。但整体上看，我国数字基础设施运行及应用的产业生态建设还处在起步阶段。例如，在工业互联网领域，由于目前国内还没有出现能够整合机器装备、控制系统、通信协议、专业软件、管理平台等与数据要素的采集、传输、存储、处理、应用相关的各类资源的平台企业，因此，工业互联网平台存在比较严重的“空心化”问题。这就使得本应主导产业生态构建的平台企业难以有效连接上下游企业扩展生态圈。同时，由于目前国内缺乏自主开发或主导开发的适用于工业互联网的通用开源软件，因此开源社区和工业应用程序开发队伍建设滞后，这极大地制约了产业生态的构建。

4. 数据安全保障能力需要持续增强

数字基础设施对经济社会其他领域的强大赋能作用能否充分发挥出来，很重要的一个决定因素就是数据的安全保障能力能否持续提升。在数字基础设施运行过程中，实时数据的采集、传输、存储、优化和应用都可能会面临网络安全隐患的威胁。与传统基础设施运行中“点状”安全事故不同，数字基础设施一旦出现安全事故，就是“网状”的，会造成巨大损失。到目前为止，制造业特别是传统制造业企业的数字化改造都是以历史上积累的工艺大数据为基础来做工艺优化。未来若要实现制造业企业全流程的实时数据优化应用，就可能存在数据非法访问风险加剧，甚至于黑客攻击等安全性问题。对于化工、钢铁、有色、建材、电力等这些流程工业，若存在数据非法访问、窜改等问题，可能造成非常严重的生产安全事故和影响，那将是数字化转型的“不可承受之重”。

四、“十四五”时期推动数字基础设施建设的政策建议

1. 坚持分类施策

首先，对于GDP拉动效应显著，但由于公共性和外部性强而导致民间投资意愿不足的数字基础设施，尤其是超级计算中心等战略性数字基础设施，要进一步加大中央财政支持力度，充分调动政府和高校、科研院所的积极性；其次，对于技术基本成熟、市场需求前景比较明确的数字基础设施（例如全光纤网络、5G网络等），要加大财政税收金融政策支持力度，助推企业加快建设步伐；最后，对于技术正在发展、大规模市场有待开发的数字基础设施（例如人工智能、工业互联网等），要制定实施数字基础设施关键技术试点示范工程实施意见，助力科技创新成果从实验室走向广阔市场。

2. 注重能力提升

数字基础设施不仅包括提供相关服务的硬件和软件架构，而且包括后续为优化相关服务提供支撑的设施。这就要求数字基础设施投资运营主体必须具备持续与其服务生态圈内的其他主体共同进化的技术能力。如果数字基础设施投资运营主体缺乏适应开放性特征的共同进化能力，那么就很可能会产生严重的负面影响。因此，规划数字基础设施建设时，要通过制定准入规则，明确提出对建设和运营主体的能力要求，并要求其构建持续提升技术能力的机制，避免出现被单一投资运营主体低水平锁定的现象。

3. 创新投资机制

一是大力发展直接融资。推动符合条件的数字基础设施投资运营企业通过IPO、已上市企业增发再融资等方式筹集建设资金；充分发挥债务融资工具在支持数字基础设施建设方面的作用；制定实施促进保险资金参与数字基础设施投资运营的政策措施。二是创新金融支持方式。引导金融机构探索推广基于购买服务协议等金融产品创新业务，更有效地支持数字基础设施建设；在加快金融开放进程中，妥善引导低成本外资参与数字基础设施项目建设。三是充分激发社会资本的投资积极性。推出一批社会资本可主导、可参与的数字基础设施投资项目，引导社会资本积极参与，切实做到对各类投资主体一视同仁。

4. 加强生态构建

数字基础设施具有技术前沿复杂、研制周期长、参与主体多、投资金额大等特点，单纯依靠政府或企业都无法形成良好的产业生态，因此，需要政府、企业、研究机构、中介组织协同共进。一是积极发挥政府作用，对数字基础设施领域的共性支撑软件、共享开源平台、中试服务平台加大投入力度。二是动员各方力量，积极推进数字基础设施及其应用标准体系建设。以各类数字基础设施标准试验验证公共服务平台为重点，建立健全数字基础设施应用标准体系，打造有利于促进数字基础设施建设和应用相结合的生态系统。三是加强数字基础设施研发、应用人才培育，特别是培养一批兼具数字基础设施知识和其他行业技术的复合型人才，以及擅长数字化和智能化装备与系统操作的高素质职业人才，为发展面向数字化和智能化经济社会转型的系统集成设计、转移孵化、专业技术咨询等现代生产性服务业提供人力资源保障。

5. 保障数据安全

数字基础设施作为一种新型的基础设施，能否充分发挥作用，很重要的一个决定因素就是数据安全能否得到充分保障。在数字化转型的浪潮中，单纯依靠企业的力量，很难应对越来越多样化和未知的安全威胁。为此，政府需要统筹规划，借鉴构建“数字政府”安全屏障的思路，数字基础设施的安全屏障建设必须要从被动的威胁应对和标准合规的规划模式，转向面向能力的体系化同步建设模式。一方面，要把关口前移，与数字基础设施同步规划与建设综合防御能力体系；另一方面，要把不同数字基础设施投入运行后面临的威胁情报检测与响应、安全狩猎、报警分析、事件响应与处置等防御体系，作为重要的行业共性技术，以政府购买服务的方式来提供。

同时，要尽快推动数据安全立法，为安全、高效利用数据要素提供法律保障。

6. 慎防产能过剩

受疫情冲击，全球电子信息制造业、通信设备制造业需求明显下滑，主要发达国家相关行业的产能利用率都大幅下降。美国经济调整后的计算机和电子产品制造业的生产指数同比增速2020年3月较2月降低了35%；日本信息和通信电子设备制造业产能利用指数2020年2月较1月降低了12个百分点。在此背景下，即使由于国外企业受疫情影响短期内无法正常供货，从而导致数字基础设施建设所需部分产品价格上涨，也要引导国内企业和地方政府谨慎新建技术水平不高的生产线，以防止在疫情受控后出现大面积产能过剩现象。当然，对于领先的技术，要鼓励企业抢抓国内市场扩张的机遇构建起核心竞争力。

专栏15-1

工业互联网平台促进智能制造的典型应用场景

近年来，中国商飞、徐工集团等制造业企业打造的工业互联网平台，有效提升了企业制造和服务的智能化水平，在促进企业数字化、智能化转型方面发挥了重要作用。其典型的应用场景有：

（1）对生产设备的智能化监测、诊断和维护。通过安装在生产设备上的传感器，采集有关设备运行的电压、电流、温度等实时状态数据后，通过工业互联网传输到处理端。后者利用大数据技术，对相关海量数据进行挖掘分析，并通过基于知识库和自学习机制建立的故障智能终端模型，实现对设备故障的实时智能预测或诊断。根据预测或诊断结果，对生产设备进行精准维护或维修。例如，徐工集团基于汉云工业互联网平台对设备的智能化监测和诊断，通过提前更换存在损坏风险的零部件，使设备故障率降低50%。

（2）对生产线工艺流程的实时智能优化。通过工业互联网平台，可以打通已经数字化的产品设计环节（CAD、CAE、CAM、PDM等）与生产制造环节（DCS、MES），以及生产设备监控操作层与生产运营管理控制层的数据流通管道，进而实现设计制造智能协同、生产管理智能优化。例如，中国商飞在建立实施涵盖产品、设备、物流、人员、道具量等投入要素的全流程数字化管理控制系统后，实现了对生产环境和状态、重要原材料的全方位优化，零配件定位误差缩小至3厘米以内，运营成本降低20%，生产效率提高20%。

（3）对与制造业相关联的服务环节进行智能优化。在产品质量检测和物流配送环节，工业互联网平台已经开始发挥重要作用。在产品质量检测方面，通过采用机器视觉和深度学习等人工智能技术，可以为生产线提供高精准度、高稳定性和快速的质量检测服务。例如，华星光电构建的面板检测模型，综合运用了深度学习、缺陷分类和知识图谱等人工智能技术，结合生产数据进行优化后，生产线的产品质量缺陷识别速度提高了10倍，检测人员投入量减少50%。

资料来源：中国电子信息产业发展研究院：《工业互联网平台新模式新业态白皮书》，2020年8月。

参考文献

［1］李晓华：《面向智慧社会的“新基建”及其政策取向》，《改革》2020年第5期。

［2］刘露、杨晓雷：《新基建背景下的数据治理体系研究——以数据生命周期为总线的治理》，《治理研究》2020年第4期。

［3］刘松：《新基建背景下的工业互联网》，《中国经贸导刊》2020年第14期。

［4］赵豪迈：《数字基建背景下新基建的核心与实质》，《国家治理》2020年第23期。

第十六章　传统制造业[①]优化升级

提　要

"十三五"时期，传统制造业在优化升级方面取得了较大进展，主要是"绿色化"生产的步伐加快，生产更加节能与环保；扎实去除落后产能，产品不断向"高端化"推进；研发投入增长较快，技术进步较明显，新产品不断增长；"智能生产"初步显现。但是，传统制造业的创新能力仍然较薄弱，产业创新生态系统仍然不够完善；低成本、劳动力丰富的比较优势在不断下降。在逆全球化风险不断加大的前提下，产业链安全和稳定受到挑战。"十四五"时期，传统制造业优化升级的思路主要在于深化"自主创新"，抓住"双循环"所带来的产业升级空间，进一步深化新一代信息技术与制造业融合发展、传统制造业优化升级与"一带一路"深度融合，传统制造业进一步"低碳化"和"清洁化"。为此，需要不断增加研发投入，以提升传统制造业的自主创新能力和攻克行业核心技术，进一步加强人才建设的保障。同时政府应不断提高标准体系，从而推动制造业的高质量发展。

*　　　　*　　　　*

一、引　言

"十三五"时期，中国的经济建设取得了很大的成就，经济保持中高速增长，同时，供给侧结构性改革在深入推进。从制造业的发展趋势来看，传统产业正在缩减，新兴产业不断壮大。从2016～2019年规模以上工业增加值的同比增速来看，传统产业的增速普遍较低，新兴产业的增速普遍较高（见图16－1）。可见我国制造业的总体结构在不断优化。

在传统制造业中，纺织业、皮革及制鞋业、服装业、造纸、黑色金属冶炼及压延加工业等的增长速度放慢尤其明显。虽然传统制造业的增长速度有所放慢，但是在行业内部，产业的优化升级也在发生，主要表现在生产更加向"绿色化"转变，生产过程更加节能、环保；生产技术不断进步，产品逐步向高端化迈进，技术进步越来越明显，智能化生产初步展现。

① 目前，学界对于传统制造业并未给出一个明确的定义，从多数的文献和政府文件来看，一般认为，传统制造业是除了高新技术产业以外的制造业，例如纺织服装制造业、家具制造业、造纸和纸制品业、橡胶和塑料制品业、金属冶炼和压延加工业、金属制品业等。

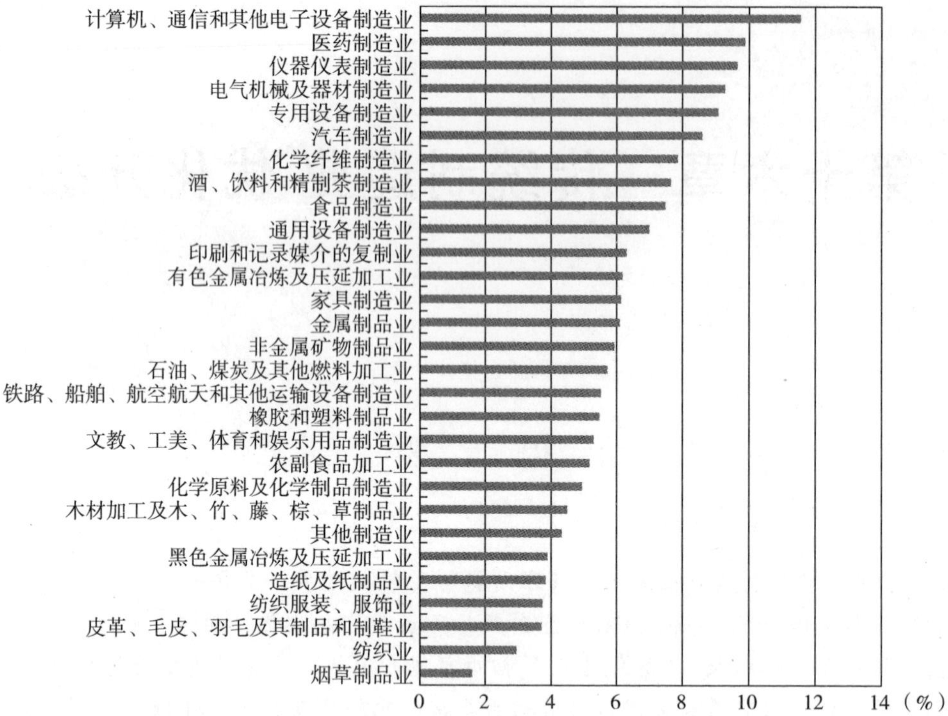

图 16－1　2016～2020 年规模以上工业增加值累计同比增速

资料来源：根据统计公报整理而得。

二、“十三五”传统制造业优化升级的进展

我国传统制造业整体的生产技术还有待提高，但是传统制造业中的龙头企业已经在业内某些领域实现了生产技术的突破，有些甚至达到了世界先进水平。整体来看，“十三五”时期传统制造业的优化升级主要体现在以下几个方面。

1. “绿色化”生产的步伐加快

“十三五”时期，传统制造业优化升级的一个重要的方向是“绿色化”。“十三五”时期，环境影响评价制度进一步完善，高耗能、高污染和资源型行业准入条件不断修订和完善，同时加强了对节能减排工作的组织领导。各级人民政府对本行政区域节能减排负总责、政府主要领导是第一责任人；国务院每年组织开展省级人民政府节能减排目标责任评价考核，将考核结果作为领导班子和领导干部年度考核、目标责任考核、绩效考核、任职考察、换届考察的重要内容，在此背景下，节能环保法律法规和标准得到了较严格的执行，从而给予了传统制造业企业尤其是大型的传统制造业企业很强的外在动力去改善能耗效率，控制污染排放。

因此，“十三五”时期，许多传统制造业都在节能减排方面取得了较大的优化成效，尤其是传统制造业中的龙头企业，通过一系列技术攻关和创新，完成了“绿色化”的优化升级过程。

例如，钢铁制造业是一个生产能耗高、污染大的传统制造业。“十三五”时期，钢铁制造业在优化升级方面有了很大的进展，尤其是在降低能耗、实现绿色化同时又提升产品质量方面取得明显进步，很多大型钢铁企业取得了一系列的成果，例如宝武特种冶金有限公司等单位联合开发的高品质特殊钢绿色高效电渣重熔关键技术，节能减排和提效降本效果显著，被国内60多家钢铁企业应用后累计节电 25.65 亿千瓦时，折合减少二氧化碳排放 25.58 亿千克。钢铁行业逐步进入超低排放改造进程。2018 年，中钢协会员钢铁企业外排二氧化硫同比下降 5.67%，烟尘同比下降 4.92%，工业粉尘同比下降 6.06%，吨钢耗新水同比下降 5.14%，吨钢综合能耗同比下降 2.13%①。

以废钢的综合利用为例，钢铁行业为了进一步实现绿色发展，"十三五"时期，许多钢铁企业建立了废钢铁的回收加工中心，提升了对社会废钢铁资源的回收与利用，2016～2018 年，我国的废钢消耗量从 9010 万吨增加至 18777 万吨，提升了 8.4%；废钢消耗占粗钢产量的比重从 11.1%提升至 20.2%（见表 16－1）；同时，更节能环保的电炉炼钢工艺也得到了较大发展，部分高炉—转炉工艺也转变成了电炉炼钢工艺，转炉钢生产的粗钢产量占全部粗钢产量的比重从 2016 年的 92.8%下降至 2018 年的 90.2%，电炉钢比重从 7.2%上升至 9.8%，有效地促进了钢铁行业的整体节能环保水平。然而，中国的废钢比与世界主要废钢消耗大国相比还比较低，仍然落后于美国的 69.4%、欧盟 28 国的 55.9%，俄罗斯的 42.5%等（见表 16－1、表 16－2）。

表 16－1　中国粗钢产量及废钢的利用情况

年份	粗钢产量	转炉钢			电炉钢			废钢消耗合计（千克/吨）	废钢比（%）
		产量	废钢单耗（千克/吨）	废钢消耗量	产量	废钢单耗（千克/吨）	废钢消耗量		
2016	80837	74993	72	5404	5844	617	3606	9010	11.1
2017	83173	75424	128	9672	7749	661	5119	14791	17.8
2018	92826	83683	152	12717	9143	663	6060	18777	20.2

资料来源：中国废钢铁应用协会。

表 16－2　2018 年世界主要废钢消耗大国与中国废钢比对比

国家	中国	欧盟 28 国	美国	日本	俄罗斯	土耳其	韩国
废钢比（%）	20.2	55.9	69.4	35.0	42.5	80.8	41.3

资料来源：《中国钢铁工业年鉴》（2019）。

调查显示，"十三五"以来，近九成企业每年均能完成节能减排年度目标；企业节能减排工作水平与质量进一步提升，其中有九成企业节能减排的组织与制度建设"力度更大、更加成熟规范"，85%的企业对节能减排技术和设备的投资额"继续增加"。

但是，传统制造业"绿色化"升级的过程也存在着不均衡发展的格局，例如，由中国企业联合会、中国企业家协会等共同完成的《"十三五"以来中国企业节能减排状况调查报告》显示，样本企业中仍有约 10%的企业不能确保每年完成节能减排年度计划；约有 30%的企业节能减排工作落实不够扎实，至今仍不掌握本企业在节能减排领域的主要指标及与行业内企业对比情况。

2. 扎实去除落后产能，向"产品高端化"推进

去除落后产能一直是"十三五"时期传统制造业优化升级的一个主线工作。尤其对重要的传统制造业钢铁行业更是如此。

2016 年国民经济宏观调控的重点工作之一就是去产能。国务院相继印发实施了《国务院关于钢铁行业化解过剩产能实现脱困发展的意见》，组织开展了淘汰落后、违法违规建设项目清理、联合执法三个专项行动，严格控制新增产能，加

① 参见《2018 年钢铁行业运行情况》，摘自《中国钢铁工业年鉴（2019）》。

快淘汰落后产能，有序引导过剩产能退出。以钢铁行业为例，2016 年退出钢铁超过 6500 万吨；2017 年，"地条钢"全面取缔，压减粗钢产能 5000 万吨左右；2018 年压减粗钢产能 3500 万吨以上，一大批"散乱污"企业出清，至 2018 年，已经提前完成了 5 年化解过剩产能 1 亿～1.5 亿吨的上限目标①，工业产能利用率处在较高水平。2019 年，钢铁企业兼并重组得到稳妥推进，中国宝武与马钢集团重组为中国宝武，大冶特钢重组为中信特钢。

在去除落后产能的同时，向"产品高端化"环节推进也被提上了日程。我国是钢铁产量全球最高的生产国，普通钢产品产能过剩的同时却面临着高端特殊钢短缺的制约。"十三五"时期，许多大型钢铁企业在坚决去除落后产能的同时，也在积极推进产品高端化方面发力，极大地提升了高端产品的生产能力。例如，宝武特种冶金有限公司、舞阳钢铁有限责任公司和东北大学等单位联合开发的高品质特殊钢绿色高效电渣重熔关键技术，被国内 60 多家企业应用，生产出高端模具钢、轴承钢、叶片钢、特厚板、核电主管道等产品，满足了我国大飞机工程、先进能源、石化和军工国防等领域对高端材料的急需，研制出系列"卡脖子"材料，有力支持了我国高端装备制造业发展并保证了国家安全。又如，河钢邯钢在国内首次引进了进国外百米重轨在线淬火技术，并通过不断的研发试制，攻克和掌握了 70 多项核心技术并拥有 40 多项专利技术，成为少数可以生产百米重轨的国内钢铁企业，而且技术装备处于国际领先水平。2019 年，河钢邯钢钢轨被上海、西安等 8 个铁路局的 12 条铁路主线和成都等 9 个城市的地铁大量使用。同时，河钢邯钢还开发了符合欧洲标准和美国标准等多个不同规格牌号的钢轨产品，并出口至巴西、巴基斯坦等多个"一带一路"沿线国家。

除了钢铁行业之外，其他传统制造业也在积极地向"产品高端化"迈进。例如，中国最具国际竞争力之一的传统制造业——纺织与服装制造业向"产品高端化"的攀升也非常明显。近年来，随着越来越多的新兴发展中国家如越南、柬埔寨等进入纺织服装制造业并成为中国在世界市场上的强有力竞争对手后，中国的纺织服装制造业开始积极地向高端攀升，目前许多中国的纺织服装企业已经进入了全球纺织服装价值链的技术和资金密集的高附加值环节。许多龙头企业通过"科技＋品牌"的方式，不断加大技术研发投入、开发高新技术产品，从而获得了新的国际竞争优势。例如，中国纺织服装 500 强之一的如意集团，每年在科技上的投入达到销售额的 5%，研发经费不低于每年 3 亿元。其成功研发出被纺织界命名为"如意纺"的高效纺纱技术，在西方发达国家申报了 30 多项专利。凭借核心技术及高科技产品，如意集团生产的高级西装，达到了每套 7 万元；产品附加值提升了 35%。印染纺织业的盛虹集团，通过"不做常规产品、不采用常规生产技术"，通过持续的技术创新，把超细纤维单丝细度做到了世界上工业化纺丝的极限并很快实现量产，从而使盛虹的超细纤维年产量超过欧洲、美国、日本、韩国等国家和地区的总和，位居全球第一。

3. 研发投入增长较快，技术进步较明显，新产品不断增长

近几年来，传统制造业越来越重视研发投入，研发经费增长很快。在传统产业中，钢铁行业的研发经费投入是最大的，黑色金属冶炼及压延加工业的研发经费从 2016 年的 537.7 亿元增长到 2018 年的 706.9 亿元，增长了 31%。另外，金属制品业、橡胶和塑料制品业、造纸及纸制品业、食品制造业等传统制造业，也是"十三五"时期经费投入大且增长较快的行业（见图 16－2）。

研发投入的大幅提升，促进了关键生产环节的技术难题被攻克，传统制造业的技术不断进步，开发的新产品也不断增加。在传统制造业中，黑色金属冶炼及压延加工业尤其是钢铁产业的新产品开发项目是最多的，2018 年，黑色金属冶炼及压延加工业开发新产品高达 67027 万项，是传统制造业甚至是整个制造业中最多的。另外，有色金属冶炼及压延加工业，金属制品业，农副食品加工业，食品制造业，酒、饮料和精制茶制造业

① 参见《2018 年钢铁行业运行情况》，摘自《中国钢铁工业年鉴（2019）》。

等每年开发的新产品也比较多（见表 16－3）。

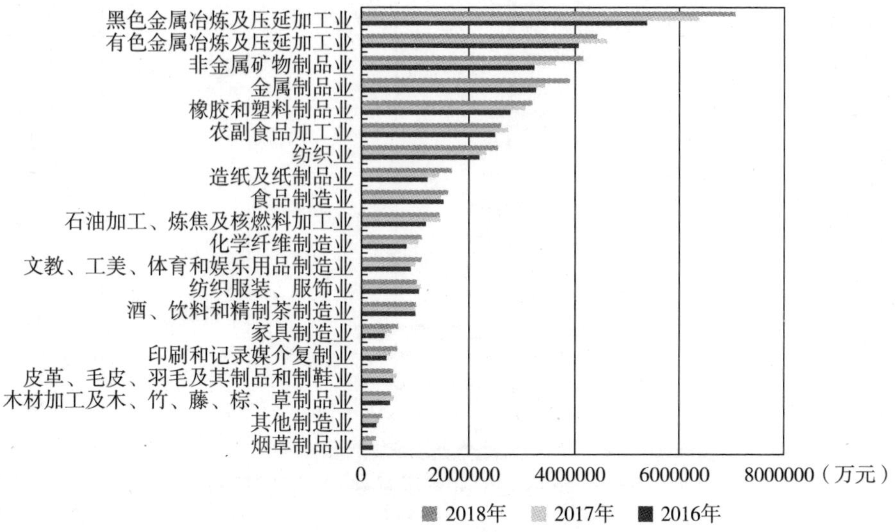

图 16－2　传统制造业的 R&D 经费投入

资料来源：Wind 数据库。

表 16－3　传统制造业新产品开发项目数

单位：项

	2016 年	2017 年	2018 年
黑色金属冶炼及压延加工业	47952	58584	67027
有色金属冶炼及压延加工业	37274	44181	53128
金属制品业	31838	39780	46597
农副食品加工业	28763	34054	37432
食品制造业	16586	21437	28036
酒、饮料和精制茶制造业	15070	20128	24521
烟草制品业	13037	15367	17285
木材加工及木、竹、藤、棕、草制品业	8639	9982	12781
纺织业	9649	11323	11862
纺织服装、服饰业	7751	9083	10364
皮革、毛皮、羽毛及其制品和制鞋业	8349	9272	9760
造纸及纸制品业	6618	7877	9383
印刷和记录媒介复制业	5648	7279	8612
石油加工、炼焦及核燃料加工业	3406	4537	5761
化学纤维制造业	2801	4061	5210
橡胶和塑料制品业	2681	3609	4463
家具制造业	3381	4082	4372
文教、工美、体育和娱乐用品制造业	2685	3316	4036

资料来源：Wind 数据库。

新产品的开发给企业带来了很大的经济收益。在传统制造业中，黑色金属冶炼及压延加工业（主要是钢铁行业）的新产品销售收入是最大的，2018 年达到 9574.8 亿元。从 2016～2018 年的新产品销售增长情况来看，增长最快的是非金属矿物制品业，增幅达 44.8%；其次是印刷和记录媒介复制业、造纸及纸制品业和黑色金属冶炼及压延加工业，2016～2018 年增幅分别为 43.3%、39.3%和 34.5%（见图 16－3）。

4. “智能生产”初步显现

传统制造业优化升级的另一个主要方向是与互联网融合发展，以及通过与智能技术相结合来推进相关产业的升级。“十三五”时期，传统制造业中越来越多地出现了智能车间、智能工厂，同时生产技术也不断提高。根据工业和信息化部在 2016～2018 年公布的智能制造试点示范目标名单（见表 16－4），传统制造业中采用智能制造的企业并不在少数，其中钢铁行业是比较多的，包括鞍钢股份有限公司的钢铁厚板智能制造试点示范、南京钢铁股份有限公司的钢铁板材智能制造试点示范、衡阳华菱钢管有限公司的无缝钢管智能工厂试点示范等。纺织服装行业采用智能制造的企业也非常多，例如华纺股份有限公司的连续印染数字化车间试点示范、山东如意科技集团有

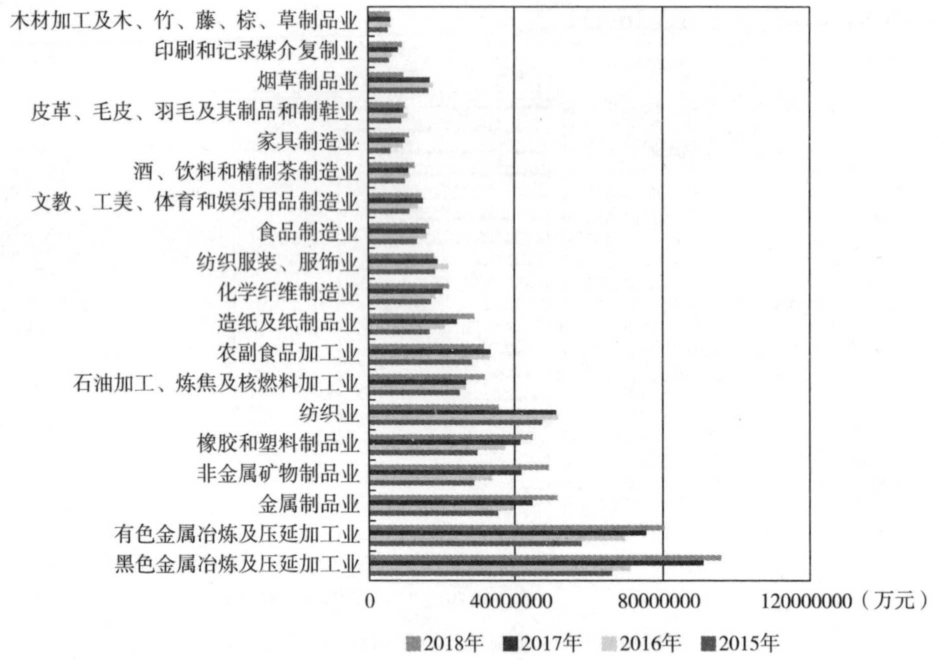

图 16－3 传统制造业新产品销售收入

资料来源：Wind 数据库。

限公司的纺织智能工厂试点示范等。从表 16－4 来看，几乎所有传统行业都有相关企业采用了智能制造，包括食品制造业（例如德宏后谷咖啡有限公司的“速溶咖啡智能制造试点示范”、光明乳业股份有限公司的“乳制品智能制造试点示范”）；家具制造业（例如佛山维尚家具制造有限公司的“全屋家居大规模个性化定制试点示范”；曲美家居集团股份有限公司的“家具大规模个性化定制试点示范”）；酒、饮料和精制茶制造业（例如劲牌有限公司的“保健酒智能制造试点示范”）；制鞋业（例如浙江奥康鞋业股份有限公司的“高端皮鞋智能制造试点示范”）；造纸和纸制品业（例如福建恒安家庭生活用品有限公司的“生活用纸智能制造试点示范”）；金属制造业（例如山东胜通钢帘线有限公司的“高精特种钢丝智能制造试点示范”）；有色金属冶炼和压延加工业（例如江西铜业股份有限公司的“铜冶炼智能工厂试点示范”）；橡胶和塑料制品业（例如双星集团有限责任公司的“绿色轮胎智能制造试点示范”）；等等。

表 16－4 工业和信息化部公布的 2016～2018 年智能制造试点示范项目

评选年份	项目名称	申报单位
2018	家具大规模个性化定制试点示范	曲美家居集团股份有限公司
2018	钢铁厚板智能制造试点示范	鞍钢股份有限公司
2018	乳制品智能制造试点示范	光明乳业股份有限公司
2018	钢铁板材智能制造试点示范	南京钢铁股份有限公司
2018	坚果智能制造试点示范	洽洽食品股份有限公司
2018	涤纶短纤数字化车间试点示范	福建经纬新纤科技实业有限公司
2018	白酒大规模个性化定制试点示范	山东景芝酒业股份有限公司
2018	连续印染数字化车间试点示范	华纺股份有限公司
2018	纺织智能工厂试点示范	山东如意科技集团有限公司

续表

评选年份	项目名称	申报单位
2018	高性能铝合金智能制造试点示范	山东南山铝业股份有限公司
2018	帽类产品智能制造试点示范	青岛前丰国际帽艺股份有限公司
2018	针织服装智能制造试点示范	武汉爱帝集团有限公司
2018	无缝钢管智能工厂试点示范	衡阳华菱钢管有限公司
2018	高档纸制品包装智能制造试点示范	中荣印刷集团股份有限公司
2018	高性能混凝土智能工厂试点示范	贵州兴达兴建材股份有限公司
2018	特色食品智能制造试点示范	麦趣尔集团股份有限公司
2017	婴幼儿奶粉及液态奶智能制造试点示范	石家庄君乐宝乳业有限公司
2017	白酒智能制造试点示范	河北衡水老白干酒业股份有限公司
2017	不锈钢冷连轧数字化车间试点示范	山西太钢不锈钢股份有限公司
2017	钢铁冷轧数字化车间试点示范*	宝山钢铁股份有限公司
2017	食醋酿造智能工厂试点示范*	江苏恒顺醋业股份有限公司
2017	纺纱数字化车间试点示范	江苏大生集团有限公司
2017	高端皮鞋智能制造试点示范	浙江奥康鞋业股份有限公司
2017	全屋家具大规模个性化定制试点示范	梦天木门集团有限公司
2017	白酒智能制造试点示范	安徽迎驾贡酒股份有限公司
2017	坚果智能制造试点示范	安徽詹氏食品股份有限公司
2017	棉纺智能工厂试点示范	安徽华茂纺织股份有限公司
2017	高精特种钢丝智能制造试点示范	山东胜通钢帘线有限公司
2017	高端纺织服装个性化定制试点示范	山东南山纺织服饰有限公司
2017	服装网络协同制造试点示范	迪尚集团有限公司
2017	轮胎智能工厂试点示范	青岛森麒麟轮胎股份有限公司
2017	全屋家具大规模个性化定制试点示范	河南省大信整体厨房科贸有限公司
2017	水泥智能工厂试点示范	天瑞集团郑州水泥有限公司
2017	家纺智能工厂试点示范	湖南梦洁家纺股份有限公司
2016	钢铁企业智能工厂试点示范	河北钢铁股份有限公司唐山分公司
2016	水泥智能工厂试点示范	唐山冀东水泥股份有限公司
2016	氧化铝智能工厂试点示范	山西复晟铝业有限公司
2016	乳制品智能制造试点示范	内蒙古蒙牛乳业（集团）股份有限公司
2016	针织品智能柔性定制平台试点示范	宁波慈星股份有限公司
2016	服装大规模个性化定制试点示范	浙江报喜鸟服饰股份有限公司
2016	纺织服装网络协同制造试点示范	泉州海天材料科技股份有限公司
2016	生活用纸智能制造试点示范	福建恒安家庭生活用品有限公司
2016	铜冶炼智能工厂试点示范	江西铜业股份有限公司
2016	绿色轮胎智能制造试点示范	双星集团有限责任公司
2016	保健酒智能制造试点示范	劲牌有限公司
2016	全屋家居大规模个性化定制试点示范	佛山维尚家具制造有限公司
2016	速溶咖啡智能制造试点示范	德宏后谷咖啡有限公司

资料来源：根据工业和信息化部公布的材料自行整理。

另外，在工业和信息化部办公厅公布的2019年工业互联网试点示范项目中，也有不少传统制造企业的身影，例如中天钢铁集团有限公司的“5G＋工业互联网”试点示范项目（优特钢制造项目），鞍钢股份有限公司的钢铁全流程质量大数据集成解决方案，中国贵州茅台酒厂（集团）有限责任公司的标识解析试点示范项目（酱香酒行业标识解析集成创新应用），宁夏建材集团股份有限公司的基于工业互联网平台提升建材工业智能化管理的解决方案，内蒙古煤易通科技有限公司的基于工业互联网平台的煤炭智慧运销解决方案，等等。

以“互联网＋”为代表的新一代信息技术和以人工智能为代表的战略性技术升级，从两个维度推动了传统制造业的优化升级。第一个维度是推动了传统制造业的技术进步，使企业更容易采用“智能生产”“智能制造”模式，从而提升产品质量的稳定性、更好地应对由于劳动力短缺和人力资源成本上升带来的竞争力下降问题。

从互联网、智能生产与制造业深度融合推动传统制造业优化升级的第二个维度来看，互联网、智能生产与制造业深度融合为传统制造业带来了新业态。从管理来看，移动互联网和物联网技术能够优化企业的生产经营管理模式，例如，促使企业有可能采取“柔性制造”模式，既有利于更好地满足消费者的个性化需求、实现大规模的个性化定制，扩大产品市场；也有利于减少库存、减少管理成本，提升资本的有效利用率。

许多采用智能制造、运用“互联网＋”为代表的新一代信息技术和以人工智能为代表的传统制造业，都极大地提升了生产率，降低了包括能耗、劳动力等在内的各种生产要素成本。例如，山东海思堡服装服饰集团股份有限公司通过打造全球服装个性化定制网络协同制造服务平台，将海量个性化需求与大规模定制精准对接，使产品研发周期缩短90%以上，运营成本降低30%以上，库存周转率提升20%以上，产品毛利率提升50%以上。

三、当前传统制造业优化升级面临的问题和挑战

虽然“十三五”时期，传统制造业升级取得了较大进步，但是也仍然面临着较大的问题和挑战，从外部来看，主要挑战来自于国际环境的变化和新冠肺炎疫情带来的影响。从内部来看，主要是传统制造业的创新能力仍然较薄弱，低成本、劳动力资源丰富的比较优势正在逐步丧失等。

1. 外部环境纷繁复杂

当今世界正经历百年未有之大变局，我国的传统产业所面对的外部环境纷繁复杂且日益险峻。主要表现如下：

第一，逆全球化不断抬头。经济全球化遭遇逆流，保护主义、单边主义上升。中国是全球化生产网络的重要组成部分，我国的产业升级也得益于全球化中包括技术、产品等的自由流动。在当前阶段，虽然我国制造业的自主创新能力正在不断提升，但是技术引进仍然是我国技术进步的一个重要方式。例如外商投资所带来的技术转移，通过进口先进生产设备、关键工业半成品和元器件等方式带来的生产率提高和产品质量提升等，都是我国制造业技术引进的途径。中国企业通过技术引进、消化、吸收后，再不断形成我国所用的再创新和设计的新技术，从而获得不断的技术积累与进步。有实证检验表明，2001～2015年从整体上看技术引进对中国经济增长和产业升级的促进作用比自主研发更显著。

但是，下一阶段，我们进一步进行技术引进的难度将会明显增加。首先是某些发达国家对我国的技术封锁力度在明显加大，尤其是最近，美国方面采取了种种动作试图与中国进行技术“脱钩”。例如，将部分中国科技企业和科研教育机构列入所谓的“实体清单”，试图对中国企业进行封锁和断供，打压中国产业的升级和发展，限制本国甚至其他国家对中国出口关键技术和产品。而且这个的“实体清单”正在快速增加，从高科技产业的华为技术有限公司，到传统制造业

的阿克苏华孚纺织有限公司，再到传统服务行业的快急送物流（中国）有限公司等许多企业都被涉及，高校和科研机构甚至个人也无法幸免，如北京计算机科学研究中心、哈尔滨工业大学、哈尔滨工程大学等。这表明，中国的产业与企业从发达国家引进核心技术的途径已经基本被封闭。不管是高新技术产业还是传统制造业，想要通过进一步开放来整合全球资源的难度是前所未有的。

第二，新冠肺炎疫情导致世界经济更加低迷。2020年初出现的新冠肺炎疫情在蔓延大半年以后依然十分严重，每日新增新冠病例数不断打破纪录。新冠肺炎疫情给本来就复苏艰难的世界经济带来了更沉重的打击，导致了世界经济持续低迷。根据世界银行的推算，2020年全球有92.9%的经济体出现了经济衰退，是1871年以来最严重的一次全球经济大衰退。国际货币基金组织（IMF）则预测2020年世界经济将萎缩4.4%，其中发达经济体将衰退5.8%，美国GDP预计下降4.3%，欧元区下降8.3%，英国下降9.8%，日本下降5.3%。新兴市场和发展中国家经济将衰退3.3%，其中印度GDP预计下降10.3%，巴西预计下降5.8%，南非预计下降8.0%。世界经济的低迷，进一步导致国际贸易和投资大幅萎缩。根据世界贸易组织的预测，2020年世界商品贸易额将下降9.2%，2020年亚洲出口贸易降幅将达4.5%，进口贸易下降4.4%，亚洲地区进出口贸易的降幅将小于其他地区。2020年第二季度，全球商品贸易下降14.3%，是有历史纪录以来的最大降幅。

随着全球疫情的大流行，世界经济加速衰退。疫情结束之后，各国为了恢复经济，必然先采取更有利于本国的经济和就业促进政策，增加内需，减小进口。中国作为全球出口第一的国家，出口的下降也是难以避免的。这对于以出口为主的传统制造业也是不小的挑战。

2. 创新发展仍然较薄弱

传统制造业的创新能力仍然较薄弱主要表现在两个方面，第一个表现是传统制造业的产业创新生态系统仍然不够完善，仍有较多传统制造业企业尤其是中小企业的创新能力较弱。在传统制造业中，一部分龙头企业已经走在了优化升级的路上且成效明显，但是还有相当一部分传统制造业存在着生产技术水平较为落后、技术创新能力不强等特点。在传统制造业企业中，技术创新能力较强的主要是大型企业，中小型企业的技术创新能力仍然较弱。

从整体来看，虽然“十三五”时期，我国企业创新能力有了明显提高，但与发达国家相比，我国企业的创新还存在研发投入不够，技术创新能力不强等问题。即便是“十三五”时期做得比较好的节能减排环节，也依然存在着传统制造业技术能力不足的问题。《“十三五”以来中国企业节能减排状况调查报告》显示，企业进一步开展节能减排工作面临的最大困难之一，是企业自身的专业知识储备不够，缺乏相应的新技术，无法很好地满足越来越高的国家能耗与环保标准。而创新能力不足的一个原因，在于创新投入仍然有限。当前，我国创新投入最重要的主体和执行部门是企业。2017年我国全社会科技创新研发经费支出达到了1.76万亿元，其中近80%都是企业投入。而在创新投入的企业中，高新技术企业又是科技投入的主体。2017年我国13.6万家高新技术企业的研发投入达到了9000亿元，占全国企业研发经费投入的68%。相比之下，传统制造企业的创新投入仍然有限，尤其是中小型企业、传统制造业企业的研发投入更是有限。

传统制造业的创新能力仍然较薄弱的第二个表现是我国的基础研发能力相对较弱，从而导致关键技术的供给不足。我国制造业企业在“十三五”时期创新能力的不断提升，使得在许多生产技术上都有了突破。下一阶段，能否在关键核心技术创新领域实现普遍突破，就成为了传统制造业全面优化升级的决定性因素。而关键技术的突破，很大程度上又依赖于整个国家的基础研究和应用基础研究。我国在基础研究方面仍然较大地落后于发达国家。关于研发投入国际比较的文献研究表明，与美国、欧盟、日本等发达国家相比，中国的研发投入水平较低，而且研发投入中用于基础研究的比例更是偏低，中国更侧重于试验发展（曹艳华，2012；宋吟秋，2012；陈实等，2012）。一个原因在于，企业是中国研发投入的最重要的主体和执行部门（曹艳华，2012），但是非国有企业的研发强度过低（陈实等，

2012）。关于中美两国研发主体的比较显示，我国的基础研究主要由研究机构和高校完成，应用研究主要由研究机构和高校完成，试验发展主要由企业完成，而美国这三类活动的主要实施机构分别是高校、企业、企业（赵建斌，2008）。可见，中国企业在参与应用基础研究方面仍然较少。

能否全面激发民营企业和中小微企业的创新动力和提高其能力，能否在制造业部门中的诸多关键核心技术创新领域实现全面突破，将是“十四五”时期传统制造业进一步优化升级的关键。

3. 低成本、劳动力丰富的比较优势在不断下降

我国具有较强国际竞争力的传统制造业，基本上以劳动密集型产业为主。竞争力的主要来源是相对丰富的劳动力资源和相对较低的劳动力成本。其典型的代表是纺织服装业。

但是，我国传统制造业的比较优势正在逐步下降。主要表现为：

第一，人口老龄化导致劳动力资源逐渐转向紧缺。我国2000年左右就迈入了人口老龄化社会，此后就开始了不断深化的老龄化过程。2000年，我国65岁及以上人口占总人口的比重为7.0%，2018年则达到了11.9%，65岁及以上人口约1.6658亿人；2000～2018年，15～64岁的经济活动人口逐步下降，占总人口的比重也从74.5%下降至71.2%。伴随着人口老龄化的出现，部分地区和行业已经出现了招工不足和招工困难的现象。

第二，以劳动力成本为主要组成部分的生产成本正在不断攀升。首先，我国很多传统制造业都是劳动密集型产业，因此劳动力成本是重要的成本组成部分。越南等发展中国家的劳动力成本远远低于中国当前的水平，例如，2016年，中国制造业人均工资5127.86元/月，约相当于772美元/月，而越南当年的劳动力成本是239美元/月，柬埔寨的最低工资是140美元/月。其次，从生产资料的成本来看，中国也已经没有优势。例如，越南的工业电价、水价平均仅为国内的一半。原材料成本如棉等的成本也是影响纺织服装业定价和利润的重要因素，中国在棉花等产品的进口上有配额限制，而越南等发展中国家取消了进口配额限制，一定程度上也使得我国在棉花等原材料成本上与其他主要的纺织服装发展中国家相比不再具有优势。最后，部分发展中国家为了吸引外资，在土地使用和税收征收上也有许多优惠政策。例如，中国在越南和柬埔寨投资的纺织企业，在达到一定条件后很多都能享受到7年的企业所得税减免政策；而在中国则大多需要承担15%～25%的所得税。生产成本的不断上升进一步减弱了中国传统制造业的比较优势，这也是许多传统制造业企业将部分产能转移到国外尤其是东南亚地区的原因。

比较优势的下降和其他发展中国家新的竞争，使传统制造业在创新能力较弱之外，又面临了更多的挑战。

四、“十四五”时期传统制造业优化升级的思路和重点

“十四五”时期是一个承上启下的阶段，从2020年开始，再奋斗十五年，基本实现社会主义现代化。在这个时期，传统制造业应该直面挑战，通过深化自主创新，培育出新的比较优势；在国际形势深刻变化的大背景下，借助中国正在构建以国内大循环为主体、国内国际双循环相互促进的新发展格局的机遇，实现进一步转型升级；在迈向高端化、智能化、绿色化、服务化上进一步优化和完善。

1. 深化“自主创新”

自主创新是增强企业核心竞争力、实现企业高质量发展的必由之路。自主创新不仅对新兴产业十分重要，对于传统制造业更加重要。许多高端制造产业在其发展的过程中，在通过自主创新攻克核心技术的时候，通常会发现存在一些关键材料、基础性工业材料的制约，这些关键材料、

基础性工业材料的性能与国外进口材料相比，还存在着较大的差距，正是这种差距制约了核心技术的进一步应用与发展。而这些关键材料和基础性工业材料，许多是由传统制造业提供的。传统制造业在很大程度上是制造业的重要基础，因此，传统制造业的自主创新就显得愈发重要。

只有当传统制造业的自主创新也大力深化发展了，能够通过自主研发，掌握更多的核心技术和前沿技术，开发和生产出国内短缺的产品，补上产业链上的短板，提升关键的基础材料、核心基础零部件等，并进一步提升国内短板产品的品质时，新兴产业和高端制造业的发展才能有更加坚实的基础。同时，也只有在自主创新的基础上，传统制造业才有可能打造出强大的制造业品牌，由“量大”向“质强”转变。

深化传统制造业的“自主创新”，一方面要创造更好的创新环境，鼓励企业加大研发投入，更聚焦更重视研发环节。成功的自主创新，需要持续的、大量的研发投入，这就要做到有自信、有定力。在微观层面上，企业要做好人才甄选和培育的工作，在此基础上，要对本企业技术研发团队有较强的自信心。在宏观层面上，要对中国的工业发展、对中华民族的创造力有民族自信心，这样才能为企业提供更好的社会环境和氛围，使其坚持自主创新的深化。另一方面要坚持更加开放，通过鼓励更多具有更高技术的跨国企业来投资，建立更有竞争力的中国市场和更有吸引力的国际人才市场，提升对引进技术的消化吸收再创造能力，从而全面提升整个传统制造业的自主创新能力。

2. “双循环”大背景下的转型升级

针对当前的国际国内复杂形势，党中央提出了要推动形成以国内大循环为主体、国内国际双循环相互促进的新发展格局。这一战略选择赋予了传统制造业转型优化升级更大的发展空间。

在以国内大循环为主体、国内国际双循环相互促进的格局中，满足国内需求是发展的出发点和落脚点。在我国进入高质量发展阶段后，人民美好生活需要的品质更高、范围更广了。传统制造业，是满足人民美好生活物质需要的主要手段之一。国内需求的品质提升，对于传统制造业的供给也提出了更高的要求。传统制造业需要进一步优化产品结构，开发和生产出更多品质更高、更符合人民群众生活个性化要求的产品。国家也需要制定出更高的产品标准体系，进一步激发企业生产高品质产品的积极性。过去以出口为导向的传统制造业，应该更加积极地开拓国内市场，抓住国内消费升级和新消费模式带来的机遇，更好地联通国内市场和国际市场，利用国际国内两个市场、两种资源。

对于生产中间品的传统制造业而言，以国内大循环为主体、国内国际双循环相互促进的发展格局则要求其更加关注产业链的稳定性和完整性，通过技术改造和技术创新，在产业链供应链的关键环节有更高的市场占有率。目前，我国制造业在产业链的许多关键环节上还受制于人，要攻克这些环节，需要新兴高端制造业和传统制造业一起发力，既需要传统制造业提供更加高质量的基础材料，也需要高端制造业提供更有技术含量的解决方案，从而提升整个产业链的现代化水平，打造新的发展优势。

3. 深化新一代信息技术与制造业融合发展

未来一段时间，新一代信息技术仍将快速发展并全面而深刻地影响到整个经济和社会发展，传统制造业的优化升级离不开科学技术的推动，只有顺应新一轮科技革命的变革趋势，更积极地面对新一代信息技术革命，把握好新工业革命带来的历史性窗口期，更积极地推动新一代信息技术与制造业融合发展，传统制造业的优化升级才能有更大的提升。在“十三五”时期，传统制造业的“智能制造”、“数字化”生产以及与“互联网+”的融合已经初见端倪，虽然在传统制造业还没有全面开花，但是已经给传统制造业的生产效率提升带来了较显著的成效。“十四五”时期，传统制造业优化升级的重点应放在加快新一代信息技术和传统制造业融合发展上，进一步提升传统制造业的数字化、网络化、智能化发展水平。

互联网、大数据、人工智能是新一代信息技术的核心，也是新一轮科技革命的核心。加快新一代信息技术与传统制造业的融合发展，首先是加强新型基础设施的建设，包括以5G网络、工业互联网等为代表的网络基础设施，以数据中心、大数据平台、人工智能等为代表的数据智能基础设施，以支撑软件、开源平台等为代表的生态系统基础设施，以及将大数据、人工智能等技术应用于传统基础设施转型升级的融合基础设施，以便更好地为产业升级提供支撑平台。

其次是深化工业互联网的行业应用和对中小企业的普及推广，推出更多针对中小企业的数字化、网络化和智能化服务措施。目前，我国企业数字化转型的比例只有25%，低于欧洲的46%和美国的54%，超过55%的企业尚未完成基础的设备数字化改造，制造业的数字化率不到50%。许多传统制造业中，都有着大量的中小企业，因此，只有加快传统制造业里中小企业的数字化、网络化、智能化转型，才能更好地提高传统制造业与新一代信息技术融合的整体水平。需要打造更好的中小企业数字赋能生态，例如培育面向中小企业的数字化服务商，精准地为中小企业提供新技术服务帮扶等。

4. 更加“低碳化”和“清洁化”

绿色发展是我们必须坚持的新发展理念。“十三五”时期，传统制造业出现了绿色化生产的发展趋势，但是，粗放的生产方式仍然没有得到根本转变，还有不少传统制造业企业仍然存在着高能耗、高排放的情况。因此，实现绿色、低碳、循环可持续发展，促进传统制造业更加“低碳化”和“清洁化”，仍然是传统制造业在“十四五”时期优化升级的方向。

推进传统制造业更加“低碳化”和“清洁化”，一方面，要保持或小幅提升生产制造的环保标准，将传统制造业的升级与坚决打好打胜污染防治攻坚战相契合，分行业实施精细化的管理和监督；同时推进绿色发展的政策创新，更好地运用包括市场机制等在内的方式来要求和引导传统制造业继续实行节能降耗、实行清洁生产、发展循环经济，把绿色低碳发展作为传统制造业优化升级的价值方向和硬约束。另一方面，要大力增加绿色低碳技术供给，促进绿色技术、工艺的发展，既可以为传统制造业进一步进行技术改造提供支撑，更好地挖掘节能减排的潜力，又可以提高传统制造业的附加价值，甚至进一步促进传统制造厂商转型升级为绿色技术的提供商。另外，推进传统制造业更加“低碳化”和“清洁化”，也意味着传统制造业能够为人们提供更多的绿色产品，能够更好地满足不同主体多样化的绿色消费需求。

5. 传统制造业优化升级与“一带一路”融合

为了应对逆全球化不断加大的风险，“十四五”时期，传统制造业的优化升级需要与“一带一路”相融合，进一步深度融入全球的产业链和价值链体系，一方面有利于更好地维护我国的产业链安全，另一方面也更有利于我国传统制造业在全球价值链上的攀升。

为了突破美国对中国越来越紧的技术封锁和限制，我国应该进一步推进高水平高标准的对外开放，通过将“一带一路”倡议不断地向纵深推进，在核心技术和设备上去美国化，在强化自主创新的同时加强与德国、日本、韩国等发达国家的国际合作，推行新的进口替代和全球产业链布局新格局。

在全球价值链的攀升方面，有研究表明，在欧美日主导的全球价值链中，中国始终被“锁定”在价值链的中低端环节，产业内高端环节缺乏发展空间；而在“一带一路”全球价值链中，中国将更多地承担价值链中的高附加值环节。“一带一路”的实施对于推动中国产业向中高端化发展将起到重要的促进作用。传统制造业需要更主动地参与到国际合作中，抓住“一带一路”沿线国家加快发展工业化进程的历史机遇，在提升自身产品质量和强化制造技术的基础上，构建全球价值链分工新体系。建设良好的内外双循环系统，对内，培育若干个世界级的先进制造业集群，建设面向全世界又兼顾国别特色、与中国产业互补性强的国际合作产业园区；对外，建设境外经贸合作园区，积极构建由中国企业主导和引领的跨境产业链，进一步巩固和提升中国在重要产品国际产业链和供应链中的地位。

五、政策建议

针对当前传统制造业优化升级存在的困难和挑战，为了更好地推动其转型升级，有如下建议：

第一，为了提升传统制造业的自主创新能力和攻克行业核心技术，需要不断增加研发投入。一方面，需要从国家整体层面上加入研发投入总量，加入对基础研究和共性技术研发的研发投入。另一方面，在企业层面上，鼓励企业增加研发投入，使更多企业通过增加研发投入来提升创新能力。可通过多元化的方式来为企业增加研发投入提供支持，例如，对企业研发投入资金给予税收优惠等。引进风险投资基金。通过改革创业板、完善科创板来将社会资金有效转化为企业的研发投入等。

第二，人才是制造业转型升级的关键。传统产业优化升级，既需要科研人才，也需要高技能人才（主要包括技能劳动者中取得高级技工和高级技师职业资格的人员）。在科研人才方面的保障方面，建立灵活的科研人才管理机制，提高人才配置效能，创新人才鼓励和激励机制，通过项目补助、平台资助、人才奖励等方式激发科研人才的活力。另外，对于传统制造业而言，更要重视对高技能人才的培养。在传统制造业，通常也有许多技术进步是通过高技能人才通过创造性劳动来推进的。在“十三五”时期，高技能人才短缺的结构性矛盾仍较突出，青年高技能人才尤其缺乏。需要进一步着力完善技术工人培养、使用、评价、激励、保障措施，政府需要加强引导并加大对传统制造业技能人才的培养力度，进一步完善技工院校的改革方式，增加对技工院校的经费支持。在技工院校加大对行业共性技术人才培育力度的同时，也要求企业加大职业教育力度，培育更多的企业定向技能人才，可通过税收补贴、提高专项技术补助的方式来鼓励企业积极参与到高技能人才的培育中。同时进一步深化校企合作，形成职业技术学校和企业之间可循环的技能人才培训机制。

第三，政府应不断提高标准体系，从而推动制造业的高质量发展。一是强化环境保护管理，进一步提高治理标准，加强污染物排放监测，从而形成更高的绿色发展的推动力。二是强化质量标准体系建设，既着力于提高产品互换性和质量，更着力于优化产业链分工，提升我国在全球制造业中的话语权和竞争力。只要政府有序推进标准体系并加强监管，市场主体就会自主通过技术创新、管理模式优化创新等各种方式来优化生产流程、提升产品质量以满足标准要求，从而形成传统制造业整体的转型升级。

参考文献

［1］赵建斌：《基于活动类型视角的中国 R&D 经费国际比较研究》，《科学管理研究》2014 年第 6 期。

［2］曹艳华、闫澍：《发达国家科技投入的国际比较及对我国的启示》，《科技管理研究》2012 年第 24 期。

［3］宋吟秋、吕萍、黄文：《中美两国 R&D 经费支出结构的比较》，《科研管理》2012 年第 4 期。

［4］陈实、章文娟：《中国 R&D 投入强度国际比较与分析》，《科学学研究》2013 年第 7 期。

［5］《提名国家科技进步一等奖：高品质特殊钢绿色高效电渣重熔关键技术的开发和应用》，https：//www. sohu. com/a/305798296_ 313737。

［6］《〈“十三五”以来中国企业节能减排状况调查报告〉发布》，http：//www. xinhuanet. com/energy/2019 -01/24/c_ 1124035320. htm，2019 -01 -24。

［7］《提名国家科技进步一等奖：高品质特殊钢绿色高效电渣重熔关键技术的开发和应用》，https：//www. sohu. com/a/305798296_ 313737。

［8］刘凤军：《河钢邯钢百米重轨助力国家铁路建设复工复产》，《中国工业报》，2020 年 4 月 7 日。

［9］《中国纺织服装工业前景可期》，《人民日报（海外版）》，2019 年 4 月 5 日，第 10 版，http：//paper. people. com. cn/rmrbhwb/html/2019 -04/05/content_ 1917893. htm。

［10］《传统纺织变身“高大上”》，《人民日报》，2020 年 2 月 17 日，第 19 版，http：//paper. people. com. cn/rmrb/html/2020 -02/17/nw. D110000renmrb_ 2020021

7_ 4 - 19. htm。

［11］杨秋云：《“两化融合”为传统企业插上“转型”翅膀》，《淄博日报》，2020 年 5 月 13 日。

［12］杨丽君：《技术引进与自主研发对经济增长的影响——基于知识产权保护视角》，《科研管理》2020 年第 6 期。

［13］Lacy Hunt：《2020 年第二季度回顾》，《霍伊辛顿管理季刊》2020 年第 3 期。

［14］国际货币基金组织：《世界经济展望》，2020 年 10 月。

［15］“Trade Shows Signs of Rebound from COVIA - 19, Recovery Still Uncertain”, https://www.wto.org/english/news_ e/pres20_ e/pr862_ e. htm，2020 - 10 - 06。

［16］《2018 年我国企业科技创新投入近两万亿元——企业创新能力得到明显提升》，《经济日报》，http://www.gov.cn/zhengce/2019 - 05/25/content_ 5394640. htm，2019 - 05 - 25。

［17］韩建飞、张淑翠、张厚明：《我国与世界主要国家制造业成本比较及对策研究》，《发展研究》2019 年第 2 期。

［18］《揭秘越南、缅甸、柬埔寨、孟加拉东南亚四国 2018 年最低工资标准：孟加拉最低!》，https://m.sohu.com/a/295206603_ 777000/，2019 - 02 - 17。

［19］韩维正：《中国纺织服装工业前景可期》，《人民日报（海外版）》，2019 年 4 月 5 日。

［20］魏龙、王磊：《从嵌入全球价值链到主导区域价值链——“一带一路”战略的经济可行性分析》，《国际贸易问题》2016 年第 5 期。

第十七章　持续推进工业节能减排

提　要

"十三五"时期是落实制造强国战略的关键时期，是实现工业绿色发展的攻坚阶段。在此阶段，我国工业节能成效显著，但能源消费增速有所反弹；工业碳排放强度持续下降，但碳排放总量有所回弹；工业污染排放量大幅下降，但部分污染物治理水平仍较低；环境监测与督查体系不断完善。归纳起来，在今后一段时间内，工业节能减排任重而道远，面临着诸多问题与挑战：平衡经济稳定增长与工业节能减排的关系变得尤为重要；能源利用效率与国际先进水平尚存差距；工业节能减排技术水平不高。为应对这些突出问题和挑战，"十四五"时期我国应牢牢把握新一轮科技革命、工业革命和能源革命的战略机遇，加快推进绿色低碳技术研发和推广；积极发展清洁低碳能源，促进能源结构转型；深化供给侧结构性改革，促进产业转型升级；充分发挥市场机制，建立健全碳排放与用能权交易制度体系；加强全方位国际合作，促进工业绿色开放包容发展。

*　　　　*　　　　*

改革开放以来，我国经济快速发展，用三十几年的时间完成了发达国家近百年才完成的工业化进程，但是资源短缺、环境污染、生态恶化等问题日益严峻。党的十九大报告指出，要推进能源生产和消费革命，构建清洁低碳、安全高效的能源体系。特别地，工业是我国化石能源消耗及温室气体排放的主要领域，加快推动工业节能减排，对于实现工业经济高质量发展和国家应对气候变化的战略目标具有重要意义，是我国赶超工业发达国家的重要路径。本章通过分析"十三五"时期我国工业节能减排状况，剖析目前存在的问题与挑战，从而提出进一步推进工业节能减排的对策建议。

一、"十三五"时期我国工业节能减排状况

"十三五"时期是落实制造强国战略的关键时期，是实现工业绿色发展的攻坚阶段。我国政府致力于将工业节能减排作为转方式、调结构的重要抓手，逐步完善节能减排工作体系。归纳起来，现阶段我国工业节能减排主要有以下四方面特征。

1. 工业节能成效显著，但能源消费增速有所反弹

工业能源消费总量低速增长。"十三五"时

期，中国开始实施能源消耗总量和强度“双控”行动，进一步强化工业节能目标的执行力度，大力推行经济绿色发展战略和能源供给侧结构性改革，节能领域取得显著成效。我国“十三五”工业节能的规划目标是单位工业增加值（规模以上）能耗下降18%。2020年1月，工业和信息化部全国工业节能监察工作电视电话会议指出，2016～2019年规模以上工业企业单位增加值能耗预计下降15.6%，相当于节能4.8亿吨标准煤，完成了“十三五”工业节能进度目标。纵观我国历年来工业能源消费总量变化情况，如图17－1所示，“十三五”前两年的工业能源消费总量增长率分别为－0.69%和1.46%，与“十二五”时期相比工业能源消费增速处于相对较低水平。这表明我国工业节能成效十分显著，以较低的能源消费增速支撑了经济的中高速发展。

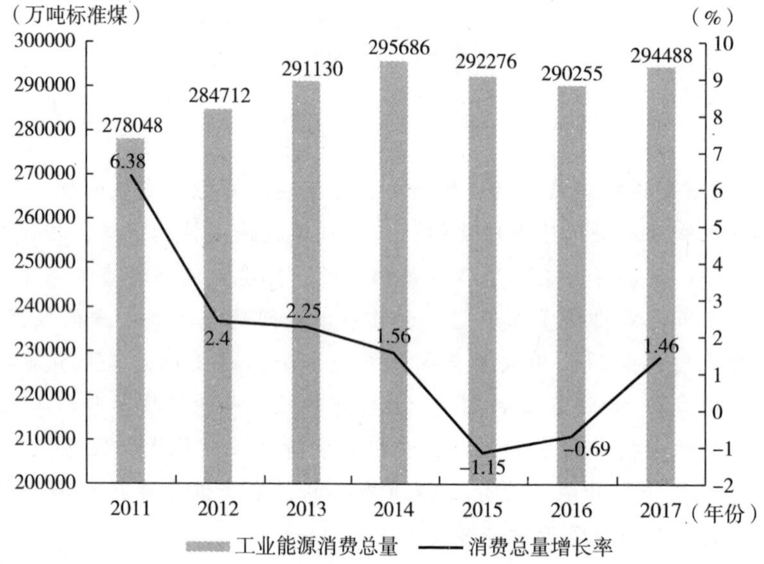

图17－1 我国工业能源消费总量及增速

资料来源：国家统计局。

值得注意的是，工业能源消费增速有所反弹，完成能源消费强度目标仍存挑战。如图17－1所示，2011～2017年我国工业能源消费总量整体保持稳中有升趋势。“十三五”前两年（2016年和2017年）的工业能源消费总量分别为290255万吨和294488万吨标准煤，与“十二五”同期工业能源消费总量相比有所增长，能源消费控制压力仍然较大。从年均增速看，2015年中国工业能源消费总量增速下降至－1.15%，但2016年开始持续攀升，从－0.69%提高到2017年的1.46%。究其原因，一方面，高耗能行业“去产能”取得实质效果，高耗能产品价格上涨拉动产量恢复性增长（熊华文，2019）；另一方面，“十三五”时期新一轮基建财政投资促进了高耗能产业复苏，产生了大量的能源需求，但缺乏有效的可再生能源消纳机制导致弃风弃光现象严重，可再生能源增速放缓，尚不能满足这一需求，这自然拉动了煤电的复苏（Zhang et al.，2020）。2015年我国钢铁、水泥产量继十几年连续高速增长后第一次出现负增长，当时社会各界认为我国将进入传统高耗能产业达峰、新旧动能转换加速推进的阶段。但近三年我国粗钢、烧碱、乙烯、电解铝、火电等高耗能产品产量又全面反弹，2018年产量比2015年分别增长了15.4%、14.4%、7.5%、14.0%和17.3%。如果任由这种趋势蔓延发展，到2020年完成“十三五”规划确定的工业能源消费强度约束性指标将面临非常大的压力。

2. 工业碳排放强度持续下降，但碳排放总量有所回弹

我国工业的高速增长具有高能耗、高排放的特征，从而成为我国二氧化碳排放的最主要贡献

者。根据 IEA（2019）统计，我国工业二氧化碳排放量占所有行业排放量的比例从 2000 年的 80.06%上升至 2017 年的 82.63%。从碳排放强度来看，如图 17－2 所示，我国工业二氧化碳排放强度自 2005 年开始总体上一直呈下降趋势，由 2005 年的 74.5 克二氧化碳/兆焦耳下降到 2017 年的 66.5 克二氧化碳/兆焦耳，下降了 10.73%，这与近年来我国不断优化能源结构、提高工业能源效率、推广碳排放权交易制度等方面的努力是分不开的。"十三五"以来，我国积极推进清洁能源的使用，控制工业领域温室气体排放。国家统计局数据显示，自 2016 年以来，水电、风电、核电、天然气等清洁能源的使用比例持续提升，清洁能源消费量占能源消费总量的比重从 18%升至23.1%，能源结构更趋清洁化；全面推行散煤治理、煤炭行业超低排放与改造升级、现代煤炭清洁化利用等措施；利用市场化手段积极促进二氧化碳排放权交易市场有序运行，截至 2019 年 6 月底，我国七个二氧化碳排放权交易试点共覆盖了电力、钢铁、水泥等行业近 3000 家重点排放单位，累计成交量突破 3.3 亿吨，累计成交金额约 71 亿元。

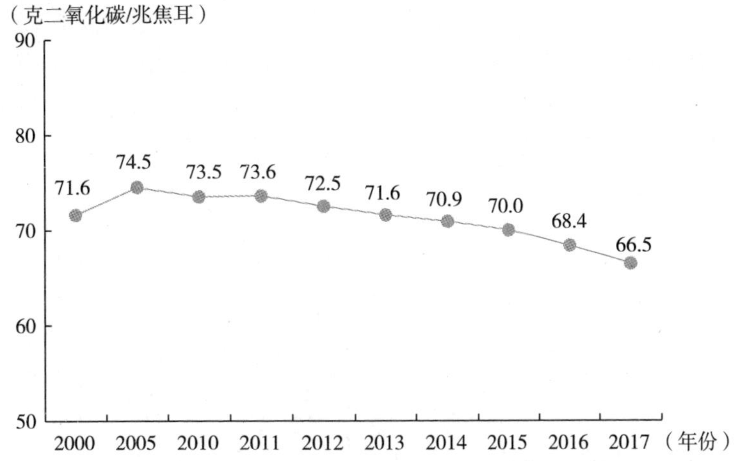

图 17－2　我国工业二氧化碳排放强度

资料来源：国际能源署数据库（https：//www. iea. org）。

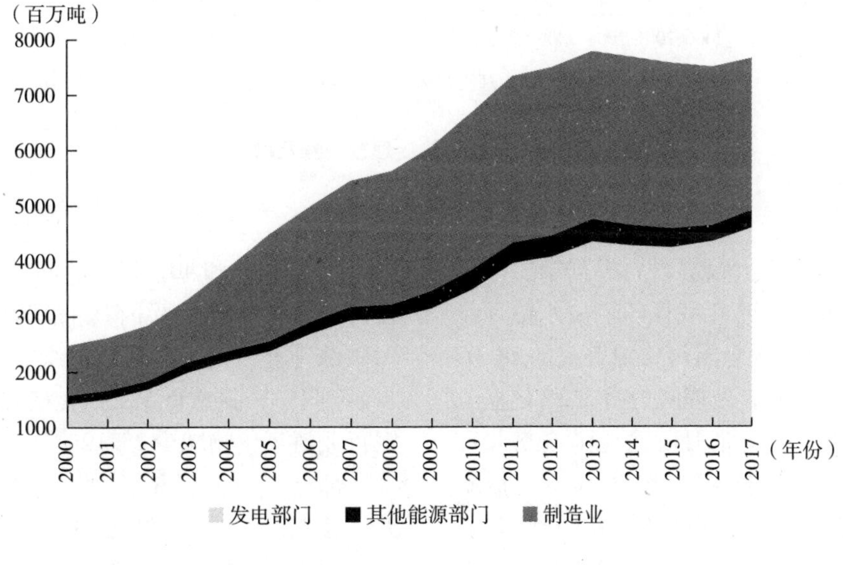

图 17－3　我国工业二氧化碳排放量

资料来源：国际能源署数据库（https：//www. iea. org）。

从碳排放总量来看，中国工业碳排放在经历了短暂的下降后，从2016年开始有所回弹，这意味着中国工业碳排放在2013年仅暂时性地达到了峰值。如图17-3所示，我国工业二氧化碳排放量从2000年的24.81亿吨增长到2017年的76.51亿吨，增长了3倍。其中，2013年工业二氧化碳排放量达到峰值，但自2016年起开始出现回升趋势。这与前文分析的工业能源消费总量回弹现象是相对应的。从分部门二氧化碳排放量来看，我国发电部门二氧化碳排放量在所有工业部门中居首位，2017年占比高达60.01%。这主要是由我国特有的资源禀赋和各类发电技术经济性造成的，燃煤发电长期占据我国发电领域的主导地位，而单位标准煤炭燃烧所产生的二氧化碳排放高于等标量石油及天然气，分别是两者的1.3倍及1.7倍（金三林，2010），从而导致以燃煤为主的发电部门在生产过程中排放的二氧化碳高于其他行业。

3. 工业污染治理能力显著提升，污染排放量大幅下降，但部分污染物治理水平仍较低

工业污染治理投入有所回升。如图17-4所示，我国工业污染治理投资额在2006~2017年大致呈现先上升后下降的趋势，累计增长了40.83%。具体来看，工业污染治理投资额在经历了2013年增幅最大的69.78%增速高峰后，于2014年和2015年连续两年增速下降，2015年出现了-22.45%的增长。"十三五"前两年工业污染治理投资额分别为819亿元和681.53亿元，与"十二五"时期前两年相比整体有所回升。各项污染物治理投入中，治理废气的投资额居首位，其次分别为治理废水、治理其他、治理噪声的投资额（罗婷婷等，2019）。

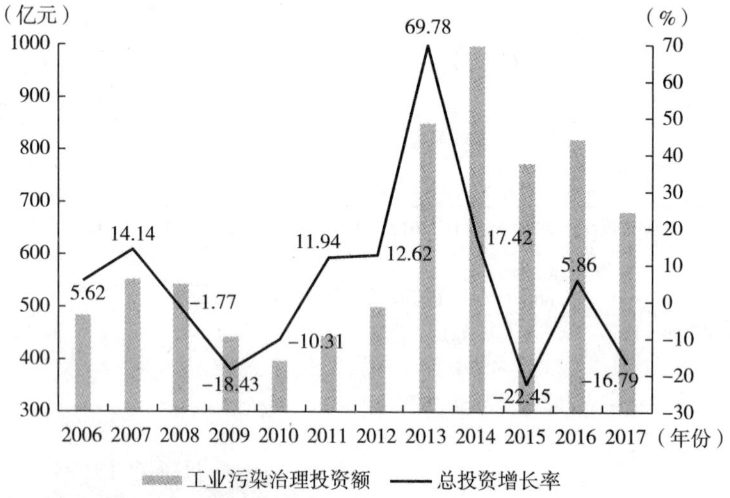

图17-4 工业污染治理投资额及增速

资料来源：国家统计局。

工业污染治理水平大幅提升。根据第二次全国污染源普查结果，2017年我国工业废水治理设施数量由2010年第一次全国污染源普查的14.07万套增加到33.12万套，处理能力由2.35亿立方米/日提高至2.98亿立方米/日，治理设施数量和治理能力分别提高了135.47%和26.88%。脱硫设施由2010年的2.35万套提高到2017年的7.67万套，除尘设施数由2010年的17.90万套提高至2017年的89.79万套，2017年分别比2010年提高了226.88%和401.72%。同时，重点工业源主要污染物排放量大幅下降。和2010年第一次全国污染源普查相比，2017年造纸行业化学需氧量减少84.44%，钢铁行业二氧化硫减少54.19%，水泥行业氮氧化物减少23.12%。

部分工业源污染治理水平仍有待进一步提升。首先，《第二次全国污染源普查公报》指出，工业污染源仍以重金属等有毒有害污染物为最主要来源。二氧化硫、氮氧化物、颗粒物、挥发性

有机物排放量分别占全国排放总量的 75.98%、36.18%、75.44%、47.34%。其次，工业固体废物处置利用压力依然很大。2017 年我国工业危险废物年末累计贮存量为 8881.16 万吨；《中国统计年鉴 2016》和《中国统计年鉴 2019》对比显示，2019 年我国一般工业固体废物处置量从 2015 年的 73034 万吨下降至 79798 万吨，一般工业固体废物倾倒丢弃量从 2015 年的 56 万吨上升至 73.04 万吨。最后，工业源挥发性有机物等污染物治理水平较低。全国工业源挥发性有机物平均去除效率仅为 22.31%，远远低于重点行业以外工业炉窑二氧化硫、氮氧化物、颗粒物平均去除率。

4. 环境监测能力不断提升，环境督查检查不断强化

环境监测现代化能力水平不断提升。面对日益严重的环境污染与人民日益增长的优美生态环境需要，2017 年我国政府明确将污染防治纳入决胜全面建成小康社会的三大攻坚战中，陆续出台了《关于省以下环保机构监测监察执法垂直管理制度改革试点工作的指导意见》《关于深化环境监测改革提高环境监测数据质量的意见》等政策推进环境监测网络建设，为夯实环境质量监测基础，提高环境监测数据质量，推广远程化、智能化的新时代生态环境监测技术提供了制度保障。如表 17－1 所示，我国基本搭建形成了生态环境监测管理和制度体系的“四梁八柱”，各项工作取得明显成效。

表 17－1　环境监测工作进展（截至 2019 年）

项目	具体内容
基础能力	形成国家—省—市—县四级生态环境监测组织架构，共有监测管理与技术机构约 3500 个，全社会监测人员约 30 万人
环境监测网络	建成城市空气质量自动监测站点约 5000 个、地表水监测断面约 1.1 万个，土壤环境监测点位约 8 万个，辐射环境质量监测点位约 1500 个，总体覆盖地级城市和大部分区县
环境监测改革	通过省以下垂直管理改革将地方生态环境质量监测事权上收至省级，推进政府购买监测服务，鼓励社会监测机构共同参与，形成多元化监测服务供给格局
数据质量	形成监测类标准 1141 项，构建国家—区域—机构三级质控体系。配合最高人民法院、人民检察院出台“两高司法解释”，将环境监测数据弄虚作假行为入刑；与公安部建立案件移送机制，从严从重打击环境监测违法行为
环境监测技术	深入开展各要素环境质量综合分析，及时编制各类监测报告和信息产品，实时公开空气、地表水自动监测数据，支持网站、手机 APP、微博、微信等多渠道查询

资料来源：生态环境监测规划纲要（2020～2035 年）。

节能减排督查检查不断强化。2015 年 12 月 31 日在河北省试点后，中央环境保护督察组于 2016 年先后开展了两批督察工作，督察对象共计 15 个省（自治区、直辖市）。2017 年，对其余 15 个省（自治区、直辖市）开展了第三、第四批督查，实现了中央环保督察对所有省份的全覆盖。同时，对 20 个省（自治区、直辖市）分两批实施“回头看”机制，巩固首轮督察的成果。在成效上，首轮中央环境保护督察累计问责 1.8 万人，立案处罚 2.9 万家企业，罚款 14.3 亿元，解决生态环境问题 8 万多个。为进一步提高生态环境质量，在首轮中央环境保护督察后，第二轮中央生态环境保护督查工作于 2019 年 7 月全面启动，8 个督察组对上海、福建、海南、重庆、甘肃、青海 6 个省（自治区、直辖市）及中国五矿集团有限公司、中国化工集团有限公司 2 家中央企业进行督察。该举措继续巩固首轮督察的成效，促使地方政府改善生态问题，提高环境质量（翁智雄等，2019）。

二、当前我国工业节能减排存在的问题与挑战

在今后一段时间内，我国工业节能减排任重而道远，仍将面临许多挑战和问题，主要表现在以下方面：

1. 平衡经济稳定增长与工业节能减排的关系变得尤为重要

“十四五”时期，我国经济发展仍面临许多严峻挑战。就外部环境而言，可能更加复杂，不确定性和挑战更多。其一，一些国家单边主义和贸易保护主义抬头，对于已经深度融入世界经济、同世界经济互联互动空前紧密的中国，这意味着不确定不稳定因素增多。其二，全球经济下行压力加大。尤其在2020年新冠肺炎疫情全球蔓延的背景下，国际货币基金组织已将2020年全球GDP增速预测从1月的3.3%下调6.3个百分点至-3%，为20世纪30年代“大萧条”以来最严重的经济衰退。这将给我国经济带来外需乏力的挑战，同时会刺激发达经济体创造更多国内就业机会，并更加重视发展国内先进制造业、调整国内供应链布局，进而对我国经济结构调整带来挑战。其三，国际地缘政治冲突不断，新冠肺炎疫情持续全球性蔓延，使全球能源产业链供应链的不确定性增大。就内部形势而言，人口老龄化趋势明显，劳动力成本优势渐失；要素数量积累减慢，对技术创新和高质量发展的需求更为迫切；传统产业转型处在爬坡期，新动能培育不足等。

面对外患内困的严峻形势，我国提出以“国内大循环”为主体、国内国际双循环相互促进的新发展格局，保经济、保就业、保产业链供应链稳定迫在眉睫，进而不能以牺牲经济增长来强制推进工业节能减排。但同时，新一轮工业革命和科技革命的兴起，使绿色制造成为抢占世界科技前沿高地和重塑制造业竞争力的重要手段。工业节能减排是否要为经济发展让路的想法需要慎重评估。因此，“十四五”时期，平衡经济稳定发展和工业节能减排的关系变得尤为重要。尤其是为提升产业链韧性，我国工业布局将会面临较大调整，如何在新的布局中持续推进工业节能减排是一项亟待解决的艰巨挑战。

2. 能源利用效率与国际先进水平尚存差距

受经济结构调整、技术进步及节能政策影响，近年来我国能源强度呈显著下降趋势。与世界部分国家的能源强度下降速度相比，如图17-5所示，2001~2018年我国单位GDP能耗从0.22千克标准油/美元下降到0.13千克标准油/美元（2015年不变价美元），降幅为40%；世界平均能源强度从0.15千克标准油/美元下降到0.11千克标准油/美元，降幅为23%；而德国、美国、日本能源强度降幅分别为30%、27%、28%。因此，在所列出的国家中，中国能源强度下降最快。尤其是自2006年以来，我国能源强度持续下降，年均降幅达3.8%。这表明自2006年我国首次将单位GDP能耗作为经济社会发展的约束性目标以来，节能工作持续强化，取得了突出成效。然而，自2017年来，我国单位GDP能耗下降幅度收窄，2017年、2018年降幅同比减少3%、1%，说明未来的能耗总量控制压力尚存。

但目前我国能源强度与世界先进水平仍存在很大差距。如图17-5所示，当采用购买力平价法进行对比分析时，2018年我国能源强度为世界平均强度的1.15倍，分别是德国、日本、美国的1.81倍、1.66倍、1.12倍。细分不同行业后可以发现，我国农业、交通、服务业部门的能源消耗强度均与国际先进水平接近，唯一显著偏高的是工业部门（魏楚和郑新业，2017）。这表明我国工业领域生产同样产出所需的能源投入仍然较多，能源强度的下降仍然有很大的空间。究其原因，其一，关键技术领域创新存在障碍。尽管清洁煤技术、超超临界、热电多联产等技术已经取得一定进步，但核心技术依然需要依靠发达国家；新能源技术方面，大型风力设备制造、燃料电池设备、太阳能电池设备和生物质能技术等还落后于发达国家。其二，能源市场体系尚未真正做到统一开放、竞争有序。在微观层面上我国已有部分领军企业的能源利用效率接近或领先国际

水平，能源效率出现微观“局部领跑”、宏观“整体滞后”的现象，这主要是由市场分割导致我国绿色工艺技术研发创新活动分布零散，规模化、集成化的技术创新不足（魏楚和郑新业，2017）。这不仅制约了绿色工艺技术的成果转换和产业化应用，还显著抑制了规模效率、技术效率和配置效率对我国能源利用效率全面提升的促进作用。

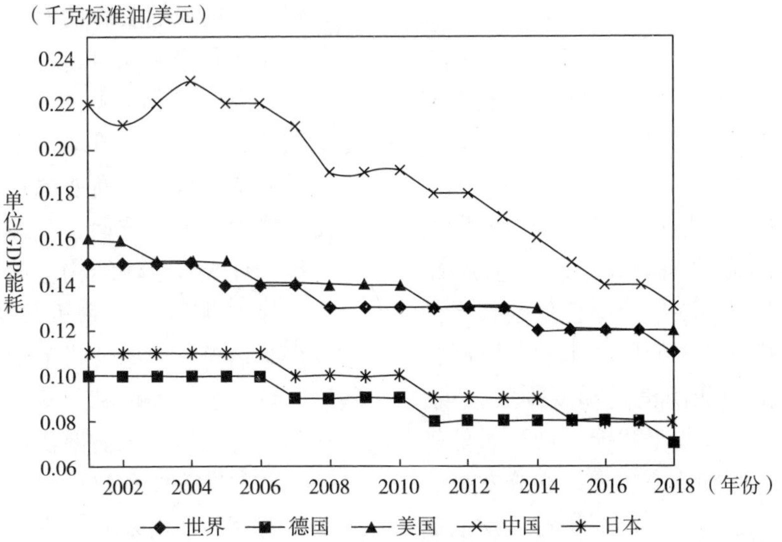

图 17-5　2001~2018 年世界部分国家能源强度

资料来源：世界能源委员会数据（https：//yearbook. enerdata. net/）。

3. 工业节能减排技术水平不高

工业的绿色化已经成为我国经济可持续发展的必然趋势。一方面，尽管近年来我国节能减排技术发展较快，但由于投入需求大、成本刚性增长，在产能过剩、产品价格走低的现实背景下，工业企业利润持续下滑，节能减排技术并未形成显著的竞争优势（吕铁和刘丹，2019）。

另一方面，工业节能减排技术水平总体上较为薄弱，绿色工艺技术“卡脖子”问题不少。以汽车交通行业为例，尽管近些年我国单车燃料经济性水平持续提升，但乘用车销售量加权平均燃料消耗量比欧洲和日本约高 20%，而传统内燃机对外依赖度较大，大多关键设备仍需进口（温宗国和李会芳，2018）。况且，大多数用能工业企业主要是为应对市场竞争压力、企业效益水平、国际贸易壁垒和环境规则约束而被迫进行节能减排投入。在经济增速放缓的宏观经济形势下，企业由于资金和成本压力，更难主动进行节能减排技术的研发。此外，受技术瓶颈、人才与实践积累等多重因素的影响，部分节能减排技术并没有真正实现市场化应用，与发达国家相比仍存在较大差距。

三、进一步推进工业节能减排的政策建议

尽管“十三五”时期我国工业节能减排取得了显著成绩，但是未来仍然面临许多挑战和问题，我国工业总体上尚未摆脱高投入、高消耗、高排放的发展方式，资源能源消耗量大，生态环境问题比较突出，形势依然十分严峻，迫切需要加快构建科技含量高、资源消耗低、环境污染少的绿色制造体系。因此，从总体上看，进一步推进工业节能减排应重视以下几个方面。

1. 牢牢把握新一轮科技革命、工业革命和能源革命的战略机遇，加快推进绿色低碳技术研发和推广

积极推进绿色制造共性关键技术研发。突破“卡脖子”核心技术，重视绿色低碳技术的基础研发，开展前沿性创新研究。强化企业在绿色技术研发方面的主体责任，力争在急需的可再生能源、页岩气开发、碳捕捉与封存技术、节能汽车技术等清洁低碳转型关键技术领域有重大突破，抢占能源科技竞争制高点。

加快绿色低碳技术的推广应用。重视低碳技术转化商品及其商品化的规模效益，通过税收、补贴、建立试点等多种手段加快绿色低碳技术的推广与普及，从而真正发挥低碳技术的节能减排作用，降低整个经济的能源消耗和碳排放强度；抓住以大数据、云计算、人工智能、量子通信等以前沿技术为代表的科技革命机遇，充分发挥我国工业体系完备、产业集群全面等优势，推动制造业向数字化、网络化、智能化转型，提高能源效率，实现“用更少的能源做更多的事”；通过平台实现绿色制造资源共享，加强绿色工艺技术的应用咨询和服务工作，支持企业开发绿色产品，推进资源高效循环利用。

加强与工业绿色技术相关的人力资本积累。加大科技人才培养，完善知识产权保护体系，动员全社会的力量推进绿色技术创新；倡导大众创业、万众创新，进一步激发科研院所、工业企业广大员工的创造激情和创新潜能，培育更多的绿色低碳技术优势并将其转化为经济优势；在全球范围内吸引人才、汇聚人才，加强与制造业绿色发展相关的跨领域、跨行业人才引进；重视企业培训和持续职业教育的作用，引导中端劳动者适应绿色制造发展的要求。

2. 积极发展清洁低碳能源，促进能源结构转型

在疫情后的经济重启和碳减排行动同样迫切的背景下，我国必须认识到能源效率是存在临界点的，短期内能源强度下降速率趋缓是难以避免的。为此，除了提升能源效率以外，还需要着重降低化石能源的消费增长，优先开发和选择洁净煤、天然气、可再生能源和新能源技术，重视可再生能源中的风能、太阳能和生物能的开发和推广利用。

应继续把发展清洁低碳能源作为调整能源结构的主攻方向，一方面，大力发展风电、太阳能等可再生能源，有序发展核电、水电能源，深化能源供给侧结构性改革。完善体制机制，着力解决可再生能源消纳问题；加快推进可再生能源开发规划与电网规划实施的有效衔接，建设集中式风电、光伏和海上风电，发展中东部和南方地区分布式光伏、分散式风电，加快龙头水库建设，促进核电满发多发，推动水电和核电发展，降低能源对外依存度，提高能源自主安全保障和可持续发展能力。另一方面，应继续控制煤炭消费总量，推动煤炭供给侧结构性改革。通过财政、税收、环保等优惠补贴政策鼓励扩大煤基醇醚燃料、煤制油等能源的替代范围，全面推广“煤改气”“煤改电”等措施，多渠道推进传统能源清洁化利用，全面优化能源供给结构。此外，结合经济社会发展阶段和自然资源禀赋等特征，在不同地区有针对性地采取措施，调整能源结构。

3. 深化供给侧结构性改革，促进产业转型升级

要加快化解企业过剩产能，促进传统产业转型。综合运用经济、法律和必要的行政手段，紧紧抓住产业结构调整特别是工业内部结构调整这个“牛鼻子”，打造绿色产业体系，进一步严格控制钢铁、电解铝、水泥、平板玻璃、船舶等产能严重过剩行业的新增产能，甚至可以运用行政手段继续推动钢铁和煤炭等行业落后产能淘汰力度，加速优胜劣汰；健全绿色工艺的标准体系，强化标准实施，采用绿色技术、绿色工艺加快传统产业升级改造，大力发展绿色金融、环境服务业等生产性服务业，完善绿色低碳发展的服务体系，以优化产业结构和绿色发展为抓手助力工业节能减排。

积极培育战略性新兴产业和先进制造业，提升产业国际竞争力。推进简政放权、放管结合，破除旧管理方式对新兴产业发展的束缚，降低企业成本，促进企业参与研发创新，为战略性新兴产业的发展提供驱动；强化需求侧政策引导和供给侧改革，鼓励商业模式创新，将技术转化成产品落地，培育和带动新消费、新业态发展；从资金、税收、人才、知识产权、项目审批等方面支持人工智能、大数据、云计算、信息技术、工业

互联网、高端装备、生物医药、新能源汽车、新材料等战略性新兴产业发展，培育能耗排放低、质量效益好的新增长点。

4. 充分发挥市场机制，建立健全碳排放与用能权交易制度体系

加快推进覆盖所有行业的全国性碳交易市场的建立。2018 年 12 月 19 日我国正式以发电行业为突破口，率先启动了全国碳排放权交易体系，但要建立覆盖所有行业的全国性碳交易市场仍需进行大量的准备工作。因此，我国应加快构建涵盖范围全面、与国际标准衔接的温室气体排放统计核算体系，实现碳排放数据的可监测与可核查；加强队伍建设，结合行业性质与未来经济发展趋势，设计碳配额分配方案，逐步推进碳交易市场的行业覆盖范围，从而为企业提供有效的利益驱动机制与优胜劣汰的竞争机制，有效推动工业低碳发展。

促进用能权交易制度逐步由试点推广到全国。加快出台用能权交易相关法律法规，健全以市场为导向的交易管理办法、技术标准和操作流程，完善顶层设计，为用能权交易机制的全面推行提供制度保障。确立公平、开放、透明、统一的市场规则，广泛运用大数据和信息技术实现工业能源消费数据的智能化监测与核查，让企业自愿参与到节能减排活动中；对不同企业应有针对性地制定差异化、精准化的用能权指标分配方案，做好用能权确权工作，提高能源要素配置的效率和效益。此外，在用能权交易试点实践的基础上，应积极总结可复制推广的经验，做好用能权交易与碳交易的衔接，加快建立全国统一的用能权交易市场，实现工业经济增长和节能减排的双赢发展。

5. 加强全方位国际合作，促进工业绿色开放包容发展

强化绿色技术和重点领域的国际合作。积极拓展国际研发资源边界，鼓励企业和高校科研机构整合国际创新资源，与国外顶级研发团队联合开展研发攻关，加紧突破“卡脖子”的核心绿色低碳技术和关键原材料零部件研发；积极参与制定先进能源技术标准，推动国内技术标准国际化；通过“引进、吸收、再转化”的途径，鼓励掌握绿色先进技术的国外企业参与国内生产活动等；以更加开放、负责任的态度参与全球应对气候变化领域的国际协调，推进能源转型、生态环保、清洁生产、绿色制造、无废城市的开放合作；以低碳技术、绿色工艺、环境标准、新一代绿色基础设施建设为重点，搭建互利合作网络、新型合作模式和多元合作平台，形成全人类应对气候变化的命运共同体。

深化绿色“一带一路”建设。推动能源基础设施互联互通，加快推进能源合作项目建设，联合开发水能、光伏、风能、生物质能、地热能、海洋等资源，打造清洁能源合作示范区；把握“一带一路”重要机遇，着眼于全球资源配置，本着互利共赢、共商共建的原则，加强境外工业园区的建设，推动绿色制造业和绿色服务率先走出去，鼓励将我国生态文明和绿色发展成果经验分享给其他发展中国家。

专栏 17 －1

工业产品绿色设计企业典型案例分享

绿色设计是指在产品设计开发阶段系统考虑全生命周期各环节，最大限度降低资源消耗，减少污染物产生和排放，实现绿色发展的活动。欧盟等发达国家推行绿色设计工作起步较早，在产品设计开发、原材料选择、生产制造、包装及运输、回收利用等方面均取得积极成效。为更好指导企业开展绿色设计，现梳理了国外部分典型企业的经验做法，供相关行业及企业参考借鉴。

电器电子企业绿色设计：荷兰飞利浦公司

飞利浦公司是荷兰的一家电器电子产品生产企业，产品主要包括彩色电视、照明、电动剃须

刀、医疗诊断影像和病人监护仪器等。自20世纪90年代以来，飞利浦一直持续开展生命周期评价（LCA）工作，通过环境损益（EP&L）表来衡量企业对整个社会的环境影响，并运用生命周期评价结果指导产品绿色设计，获得绿色解决方案。主要做法是：

一是持续加大绿色设计产品与技术开发投入。2019年绿色设计的投资额为2.35亿欧元，不断提高产品中可再生、可循环利用原材料的使用比例，严格限制有害物质使用。开发的剃须刀、电动牙刷、空气净化器、母婴护理等新产品，能耗不断降低，且不含聚氯乙烯（PVC）和溴化阻燃剂（BFR）；开发的患者监护仪能耗较其前代产品降低18%，产品和包装重量分别减少11%和25%。

二是加强绿色设计相关信息的宣传。在企业网站设置环境专栏，介绍绿色设计理念、产品与技术研发进展、工厂的绿色生产措施和排放数据等信息。定期发布年度报告，公开绿色产品的性能指标、对供应商的绿色要求、绿色创新与环境绩效影响等信息数据，鼓励公众参与和社会监督，积极引导绿色设计、绿色制造和绿色消费。

制造业绿色设计解决方案企业：德国西门子集团

德国西门子集团在绿色设计方面致力于为汽车、电子、机械、化工、医药等行业制造企业开发绿色产品，提供绿色设计总体解决方案。主要做法是通过西门子硬件和软件无缝集成能力，结合自动化、智能化、工艺流程软件和数据分析，从产品、研发、生产管理、数字化应用等方面为客户提供一套全面掌握产品整个生命周期状况的绿色数字化解决方案，全方位打通工业产品绿色设计与绿色制造一体化的路径。

以西门子“数字化双胞胎综合方案”为例，该方案重新定义了端到端的过程，帮助客户实现产品开发和生产规划的虚拟环境与实际生产系统、产品性能之间的闭环连接，实现产品绿色化水平的定量分析和持续优化，产品开发效率大幅提升，降低了生产和维护成本，目前已在汽车、电子等行业推广应用。

资料来源：中华人民共和国工业和信息化部，http：//miit.gov.cn/n1146285/n1146352/n3054355/n3057542/n3057548/c7965416/content.html。

参考文献

［1］金三林：《我国二氧化碳排放的特点、趋势及政策取向》，《中外能源》2010年第6期。

［2］罗婷婷、金杰、陈武：《我国工业污染治理投资状况实证研究》，《经济研究导刊》2019年第32期。

［3］吕铁、刘丹：《我国制造业高质量发展的基本思路与举措》，《农村·农业·农民（B版）》2019年第5期。

［4］魏楚、郑新业：《能源效率提升的新视角——基于市场分割的检验》，《中国社会科学》2017年第10期。

［5］温宗国、李会芳：《中国工业节能减碳潜力与路线图》，《财经智库》2018年第6期。

［6］翁智雄、葛察忠、程翠云、马忠玉、杜艳春：《我国生态环境保护督察制度的构成及其特征》，《环境保护》2019年第47期。

［7］熊华文：《从能源消费弹性系数看经济高质量发展》，《中国能源》2019年第5期。

［8］IEA，“CO_2 emissions from fuel combustion – highlights 2017”，Paris：International Energy Agency，2019.

［9］Zhang，Yaxin，Xinzhu Zheng，Wenjia Cai，Yuan Liu，Huilin Luo，Kaidi Guo，Chujie Bu，Jin Li，Can Wang，“Key drivers of the rebound trend of China's CO_2 emissions”，*Environmental Research Letters*，2020.

［10］《工信部：预计2016－2019年规模以上企业单位工业增加值能耗降15.6%》，https：//www.sohu.com/a/3661847 06_ 351130，2020－01－11。

［11］《全国碳排放权交易市场初具规模》，《光明日报》，2019年09月25日08版。

［12］敬红、王军霞：《工业污染治理成效显著但仍任重道远》，《中国环境报》，2020年06月29日。

［13］《生态环境监测规划纲要（2020－2035年）》。

第十八章　工业利用外资

提　要

工业利用外资的数量和质量，很大程度上决定着中国作为“世界工厂”的地位，也影响着“以国内大循环为主体、国内国际双循环相互促进的新发展格局”的形成。当今世界正处于百年未有之大变局中，中国工业利用外资面临中美贸易摩擦和“逆全球化”的冲击。“十三五”时期，中国工业利用外资实现了逆势平缓增长，但工业利用外资额及其占全行业利用外资额的比重总体上呈下降态势，在中国传统要素成本优势相对弱化的情况下，下一步工业“稳外资”面临一定压力。展望“十四五”，我们需充分研判中美贸易摩擦和全球新冠肺炎疫情的冲击和影响，趋利避害，积极拓宽外资利用渠道和来源，通过提高外资对中国的根植性和投资黏性，稳定工业利用外资规模；适当调整引资方向，充分发挥外资企业在畅通“双循环”方面的独特作用，提升工业利用外资质量。

*　　　　*　　　　*

当今世界正面临百年未有之大变局，国际投资和产业链国际分工正在经历较大幅度的调整。长期以来，中国以较低的生产要素成本、较健全的生产配套体系和较大容量的消费市场，吸引着外商直接投资持续流入，并保持着世界第二大外资流入国的地位。与这些有利因素相对应，工业尤其是制造业一直是外商直接投资的优先领域。工业利用外资的数量和质量，很大程度上决定着中国作为“世界工厂”的地位，也影响着“以国内大循环为主体、国内国际双循环相互促进的新发展格局”的形成。在当前形势下，即使我国可以在国内形成相对完整的生产体系，但积极参与全球分工仍然是获得产品多样性、促进分工深化、跟随全球技术潮流的必要途径（江小涓，2019）。因此，在更高水平上对外开放，吸引外资进入，与本国企业形成紧密协作关系非常重要。同时，进一步扩大开放，缩减外资准入负面清单，也是我国维护公平的贸易与投资环境、促进全球资源有效配置的重要承诺。从政策导向和投资流量来看，中国利用外资已经从以规模和效率为导向转向高质量发展阶段（刘建丽，2019）。“十三五”时期，工业利用外资占全行业利用外资的比重由前期持续下降转为相对稳定态势。2013 年以来，新时代全面开放新格局逐渐形成并不断深化（余稳策，2019），在中国加快构建形成开放型经济新体制的背景下，工业利用外资面临中美贸易摩擦和“逆全球化”的冲击，加之中国传统要素成本优势相对弱化，下一步保持工业利用外资规模的相对稳定会面临一定压力，“稳规模、提质量”将成为“十四五”时期工业利用外资的主要任务。

一、“十三五”时期工业利用外资回顾

1. 中国利用外资流量保持逆势平缓增长态势

尽管2012年以来，中国FDI流量增长放缓，但中国仍然是世界最具吸引力的FDI投资地之一。2016～2018年，在全球FDI流量持续大幅降低的背景下，中国实际利用外资额实现了连续逆势增长。2018年，全国新设立外商投资企业60533家，同比增长69.8%；合同外资额达5000万美元以上的大项目近1700个，同比增长23.3%。这表明外商对华投资信心仍然强劲。

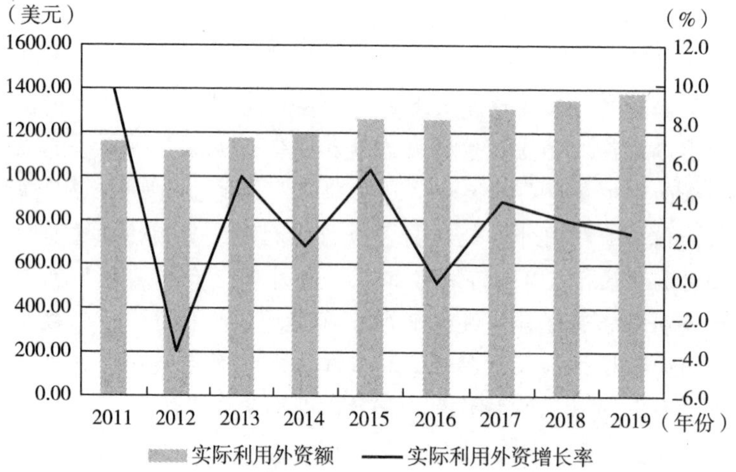

图18-1 “十二五”以来中国实际利用外资额及增长率

资料来源：商务部。

2. 工业利用外资额及其占全行业利用外资额的比重进入较为稳定区间

从数据量来看，根据商务部的数据，“十二五”至“十三五”前期，工业利用外资额在全行业利用外资规模缓慢增长的背景下不断下降，直至2017年，工业实际利用外资额以348.1亿美元触底，同时，工业利用外资占比降至近10年的最低点，为26.6%，之后开始快速回升（见图18-2）。从这一走势可以看出，虽然服务业已成为我国利用外资的主导产业，但工业利用外资的基础仍然较为稳固，包含产业升级效应和产业转移效应的外资结构调整已基本完成。部分劳动密集型外资企业撤出中国，符合中国产业升级趋势，是中国新旧动能转换的必经阶段（刘建丽，2019）。

3. 工业利用外资的高技术化、服务化特征明显

工业利用外资产业结构的优化主要体现在高技术产业利用外资所占比重的不断提升。“十三五”时期，制造业利用外资规模年均增长18.3%，其中，2018年，以美元计价的高技术制造业利用外资额增长37.3%。同时，医药制造、电子及通信设备制造业等高技术产业利用外资所占比重不断提升，由2016年的25.4%增至2019年的42.6%（见图18-3），表明“十三五”时期工业利用外资在产业结构上更趋高度化。与工业投资紧密相关的高技术服务业利用外资增长迅速。2019年，科学研究和技术服务业增长了68.4%，合同外资额在1亿美元以上的大项目有123个，同比增长了78.3%。新产业、新业态、新商业模式的“三新”活动外资增长了11.4%。

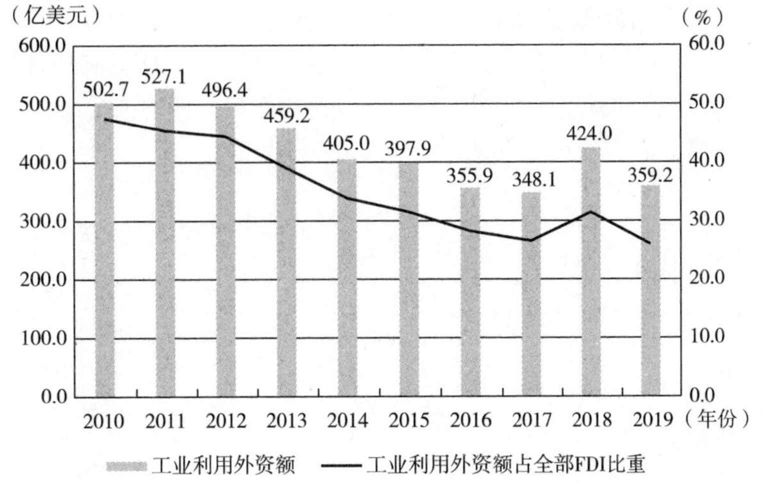

图 18－2　2010 年以来工业利用外资额及其占全部 FDI 比重

资料来源：商务部外资司。

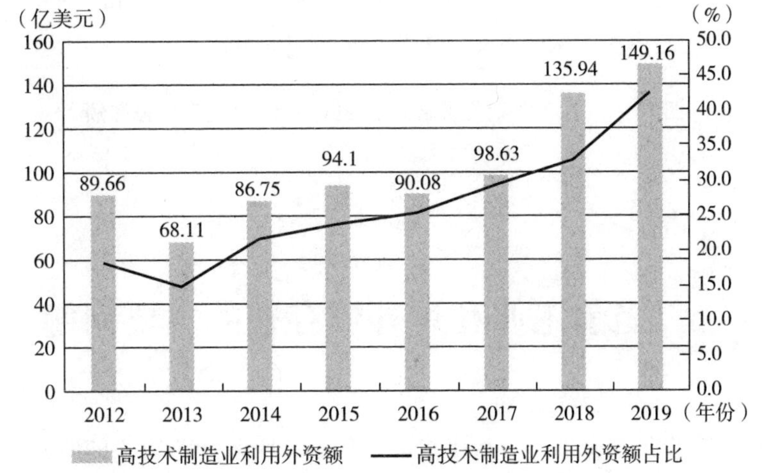

图 18－3　2012 年以来高技术制造业利用外资额及其占制造业 FDI 比重

资料来源：商务部，国家统计局。

4. 项目平均利用外资额与上一个五年相比有所下降

与上一个五年相比，工业利用外资项目合同数量止跌回升，但由于工业利用外资额没有明显增长，项目平均实际利用外资额下降明显，由 2016 年的 881.1 万美元下降到 684.1 万美元（见图 18－4）。结合商务部数据，2018 年，合同外资额在 5000 万美元以上的大项目近 1700 个，同比增长 23.3%；2019 年前 11 个月，我国吸引 1 亿美元以上外资大项目 722 个，增长 15.5%。这种情况表明，服务业大项目对近年利用外资增长拉动较大，纯制造业外商投资表现出了与中国产业结构调整相同的变动趋势。

5. 自贸试验区成为吸引外资高密度增长极

“十三五”时期，自贸试验区成为中国扩大开放的前沿阵地和外资制度创新的试验田，自贸区成为吸引外资的新引擎。根据商务部数据，2017 年 1～11 月，我国自贸区新设外商投资企业 6366 家，占全国的 20.7%，实际利用外资 915.1 亿元，占全国的 11.4%。截至 2018 年底，我国 11 个自贸试验区（不包括海南自贸试验区）累计新设企业 61 万家，其中外资企业 3.4 万家。这些自贸区以不到全国万分之二的面积，吸引了 12% 的外资、创造了 12% 的进出口，在打造法治化、国际化、便利化营商环境方面发挥了引领作用。2019 年，自贸试验区引资作用增强，新设 6 个自贸试验区和增设上海自贸区临港新片区，18 个自贸区落地外资企业 6242 家、利用外资 1436 亿元，占全国比重均超过 15%。2020 年 1 ~ 5 月，全国 18 家自贸试验区实际利用外资 602.5 亿元，以不到全国千分之四的国土面积，实现了全国 17% 的外商投资。

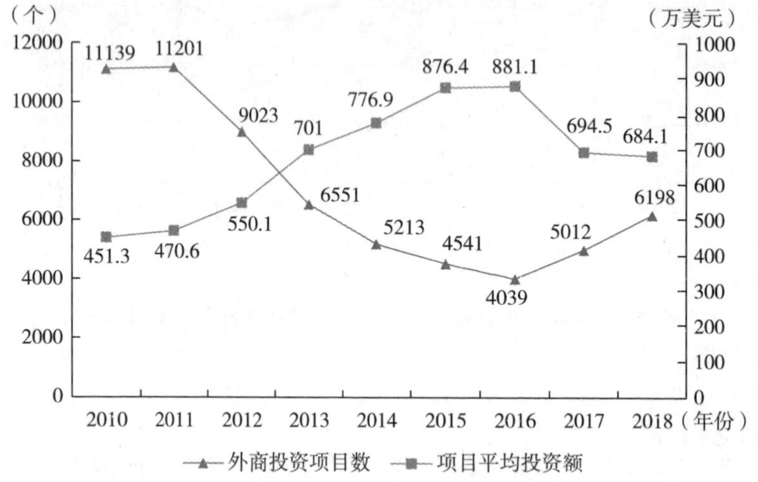

图 18 – 4 工业外商投资合同项目数和项目平均实际投资额

资料来源：国家统计局。

二、当前工业利用外资存在的主要问题

1. 外商直接投资过早“去工业化”不利于中国工业高质量发展

根据商务部外资司统计，自 2010 年服务业利用外资占比首次超过制造业以来，服务业已经成为中国吸引外资的主导领域。从总量上看，服务业利用外资占全部外资的比重从 2005 年的不足 1/3，增长到 2010 年的接近 1/2，之后一路攀升，2017 年已达 67.9%。截至 2018 年底，外商直接投资新设企业中，有 85.8% 的企业属于第三产业。近 10 年来，制造业固定资产投资中外商投资所占比重呈下降趋势。虽然这一变化趋势包含了科研服务利用外资增长这一积极因素，但外资在工业领域的投资缩减和撤出值得重视。蔡昉（2020）研究指出，中国制造业出现了“未富先老”的趋势，也就是在制造业未实现高端化之前，已经出现制造业转移和制造业占比下降的情况。这种情况也发生在外资企业身上。按照崔兴华和林明裕（2019）的研究，2010 ~ 2013 年，整体上内资企业绿色全要素生产率的年均增速高于外资企业，呈现出明显的赶超态势。最近两年，国内外环境的剧烈变化，加速了外资企业“未富先老”的态势。一方面，原有劳动密集型外资制造企业和中国同类企业在向成本更低的国家和地区转移，另一方面，受发达国家核心技术保护策略及美国发起的贸易战影响，一些跨国公司和关联企业被动地与中国进行“经济脱钩”和“产业脱嵌”，这对我国制造业利用外资产生了冲击。

2. 外资企业加工贸易“大进低出”，本地产业链嵌入度不高

“十三五”时期，外商投资企业出口额占中国全部出口额的比重多数年份保持在 40% 以上，但呈下降趋势。与上一个五年相比，外资企业净出口贡献率明显下降。“十二五”时期，外资对中国净出口的贡献由高走低，由 2011 年的

84.4%降低到2015年的29.6%。到“十三五”这一比重在保持基本稳定的前提下整体有所降低（见图18-5）。较低的净出口贡献率可能来源于外资企业贸易方式的变化，也可能由外资企业加工贸易产品增加值降低所引起。长期以来，外资企业都是中国加工贸易的主力军，“十三五”时期，外资企业加工贸易进出口总额占加工贸易进出口总额的比重稳定在75%以上。由此可以判断，外资企业的供应链国际依存度依然较高，中国仍然处于外资企业国际产业链的低端位置。外资企业加工贸易“大进低出”，未能有效嵌入和链接中国本地产业链，不利于要素配置效率的提高和多种所有制企业高质量共同发展（中国社会科学院工业经济研究所课题组，2020）。

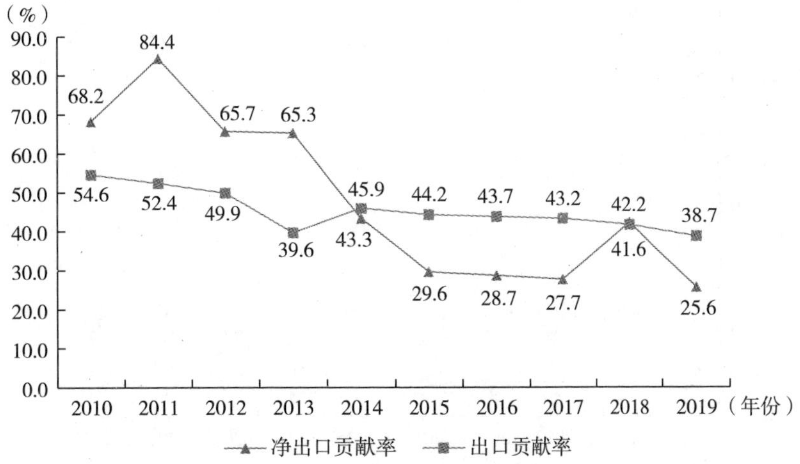

图18-5　外资企业的出口贡献率

3. 利用外资的区域不平衡问题仍然非常突出

“十三五”时期，西部地区利用外资增长，实际利用外资表现出一定的区域转移态势。但整体来看，中西部利用外资所占的比重一直未有明显提升，东部省份吸收外商直接投资所占比重一直保持在85%左右。2010年开始，中西部地区利用外资占全国的比重一度上升并保持在15%以上，但2014年之后，该比重又降低至之前水平。其中，中部地区利用外资规模在2015年之后出现明显下降，2016年实际利用外资仅70.97亿美元，不及2008年的水平。现实中，制造业领域的外资企业从东部沿海撤出转向一些东南亚国家，而并未流向中西部地区，除了成本降低有限之外，产业配套能力和营商环境不佳是阻碍外资企业在中国范围内进行产业转移的主要因素。

4. 外资来源地结构有待优化

长期以来，中国内地实际利用外资大部分来自中国香港或一些资本经由香港实现对内地的投资，其原因既包含香港税制优势以及贸易和金融便利度等因素，也包含早期一些迂回资本通过在香港注册公司以享受外资企业优惠政策的因素。在中国不断推动外资管理体制转型、逐步取消外资企业优惠待遇的背景下，港台地区对内地投资仍然占据70%左右的份额，且相比十年前有明显上升（见图18-6）。在欧美发达国家对华投资的五个主要来源国中，美国对中国的直接投资最为稳定，但所占比重基本低于2%，欧美五个主要投资来源国对华投资总和占全部实际利用外资额的比重长期保持在4%~7%，相对而言，亚洲国家新加坡和日韩两国的对华投资显示出稳中有升的态势。总体上外资来源结构显示中国外资来源地多元化仍有很大空间。

5. 体现创新驱动和效率导向的引资政策体系还未有效确立

受官员“政治锦标赛”和规模导向的引资思路影响，各地在引进外资时仍然存在“重引进轻效果、重规模轻效益”的倾向。与之相对应，一些外资企业投资于中国的主要目的是寻求优惠政策、享受低劳动力成本，其能耗物耗高而亩均产出效益不高，对产业升级的带动作用有限，挤占了潜在经济效益更高的内资项目的发展空间。存在此类情况的一些城市和工业园区，未能建立起科学有效的外资项目评价体系，利用外资的质量和效益有待提升。还有一些外资项目未能按照当地产业发展思路进行统筹考虑，存在“为招商而招商”的情况。笔者在调研中发现，“产业链”招商已经在各地招商文件中有所体现，但在实际操作中仍然存在大量“孤岛式”外资项目。一些地方在招商时千方百计引进的项目，与本地产业链无关联，项目落地后也未针对该项目进行配套式招商，导致这种项目在当地生存艰难，成为事后评价的“低产出项目”。

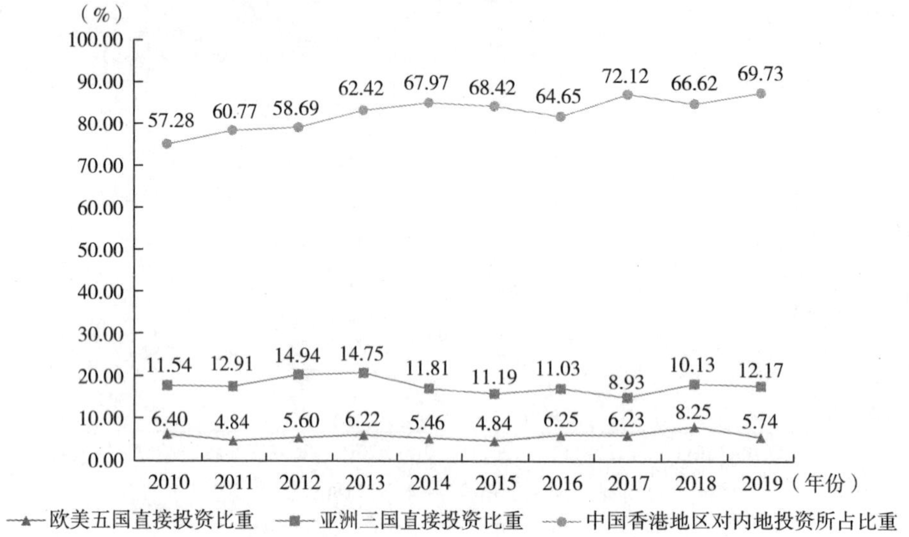

图 18－6 主要投资来源地对中国内地投资所占比重

注：欧美五国包括美国、德国、荷兰、法国和英国；亚洲三国包括新加坡、韩国和日本。

三、“十四五”时期工业利用外资环境变化及我国的有利条件

当前，全球经济面临诸多不确定因素，影响中国经济发展的国际经济“黑天鹅”与“灰犀牛”并存，必将影响“十四五”时期工业利用外资的整体环境，科学研判预期环境的变化，掌握政策调节主动权，对于下一步高水平利用外资至关重要。

1. 国际环境变化蕴藏潜在风险

（1）受新冠肺炎疫情影响，全球经济进入下行区间，国际直接投资受到抑制

2020 年，全球新冠肺炎疫情加速蔓延，世界各主要经济体都因受疫情影响而陷入经济衰退。目前来看，美国全年经济衰退不可避免。根据韩国央行数据，韩国第二季度 GDP 同比萎缩 2.9%，环比则萎缩 3.3%，同比和环比数据都创下 1998 年以来单季最差表现。日本则在上年度经济疲软的基础上，出现连续三个季度负增长。欧盟委员会预测，英国经济将在 2020 年萎缩 9.75%，成为欧洲受影响最严重的国家。预计欧元区经济将在 2020 年收缩 8.7%。考虑到疫情传播范围、各国防控疫情方案差异、疫苗出台时间不确定等因素，全球疫情持续时间难以预料。联合国贸发会议在 2020 年第一季度调查了全球 5000 强（上市）跨国公司样本，这些公司对 2020 财年的盈利预测平均下调了 9%。其中汽车、航空和旅游业首当其冲，预测盈利分别下调 44%、42% 和 21%。能源及基础材料行业也预期有 13% 的利润下调。而这些行业企业通常是重要

的资本投资者。各国采取的阻断措施及鼓励制造业回流的政策或将加速全球价值链脱钩及重组。与2008年国际金融危机相比，本次疫情对FDI冲击更大。2008年、2009年两年，全球FDI流量连续下降21%。而联合国贸发会议预测，由于新冠肺炎疫情影响，2020年全球FDI流量将下降40%，从而出现21世纪以来最大降幅，而2021年的形势依然不容乐观。根据联合国贸发会议调查，受新冠肺炎疫情影响，占全球FDI绝大部分的全球前5000家跨国企业已经将今年的盈利预期平均下调近40%，部分行业陷入亏损。利润下降将影响企业的收益再投资，而收益再投资平均占全球外国直接投资的50%以上。2020年第一季度，新公布的绿地投资项目和跨境并购项目都比2019年下降了50%以上。

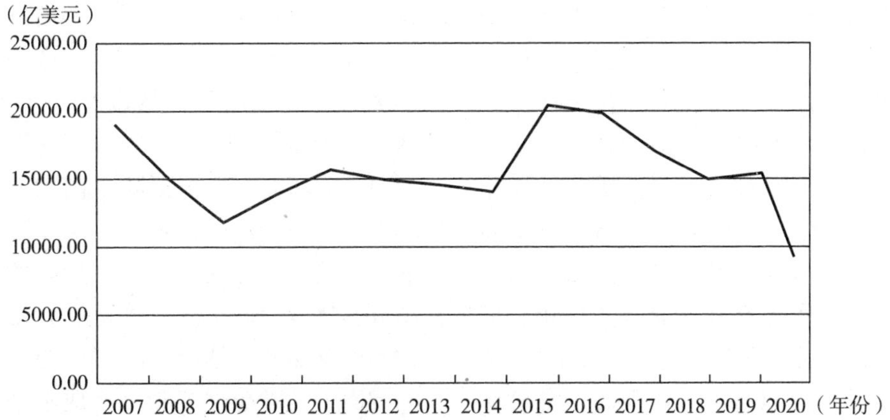

图18-7　2007年以来全球FDI流量变化

注：2020年数值为联合国贸发会议（UNCTAD）预测值。

（2）国际贸易摩擦加重“逆全球化”，影响FDI流动和产业链稳定

最近两年，美国为维护其技术霸权、遏制中国崛起，不断挑起贸易摩擦和进行贸易、投资限制。2018年以来美国特朗普政府通过多种方式施压本国企业，一方面鼓励制造业回流，另一方面力图推动跨国公司与中国脱嵌，既避免双边贸易战影响，又减少技术溢出。在更深层次上，美国意图遏制中国高技术崛起，针对中国芯片产业、5G通信等高技术领域频频出台限制措施和产业链打压手段。一方面，美国用本国企业在高技术领域如芯片设计、基础软件等方面的优势，对中国企业进行断供威胁，意图掐住中国高技术产业“卡脖子”环节，阻断高技术企业的供应链。另一方面，美国不断游说非美国供应商对中国高技术产业进行供应链和市场限制。这些限制措施难免使跨国公司产生转移供应链和生产基地以降低风险的考虑，从而影响中国FDI增长和国际产业链稳定。

（3）一些国际自贸协定陆续签署可能对中国吸引外资产生挤出效应

最近两年，美国屡屡发起单边主义行动，对中国、欧盟发起贸易战，对既有的国际贸易协议框架发起挑战，并正在通过多个双边贸易协定“维护”美国利益。在原有国际经济秩序不断被破坏和重塑的过程中，世界各经济体都在重新评估自身在国际经济合作中的位置。2020年7月，重新修订后的《美加墨贸易协定》（USMCA）开始生效，美国和印度的贸易协议即将达成，新协定中有一项被认为针对中国的“毒丸条款”，即若三方中任何一方与非市场经济国家达成自贸协定，另外两方可将其踢出协定。2019年2月，欧盟与日本的自贸协定生效，该协定涵盖了全球贸易总额的40%。2019年7月，欧盟与越南签订自贸协定，该协定自2020年8月1日起生效。印度在退出RCEP之后有意与欧盟推进自贸协定谈判。当然，中国也与诸多国家签署了自贸协定，截至2019年底，中国陆续签署了17个自贸协定，涉

及25个国家和地区，其中包括亚洲的东盟10国、韩国，大洋洲的澳大利亚和新西兰等，但与一些大的经济体、发展中大国仍未签订自贸协定。这些陆续签订的自贸协定和针对中国的“毒丸条款”，势必会对中国与相关国家之间造成贸易转移和投资转移效应。

2. 中国吸引外资的有利条件

（1）中国经济韧性强、发展空间大，仍然对国际资本具有巨大吸引力

由于我国较快控制了疫情，FDI流入受到影响较小，全年有望实现增长。中国第二季度国内生产总值（GDP）同比增长3.2%，在全球率先实现了增长由负转正。IMF预测，中国经济今年将增长1%，而美国和欧洲将遭遇严重收缩。牛津经济研究院则预测，中国下半年经济增长率将达到6%，2020年全年将达到2.5%。2020年1～5月，全国实际利用外资3551.8亿元人民币，同比下降3.8%（以美元计价同比下降6.2%），比第一季度降幅收窄7个百分点。同期我国高技术产业实际利用外资同比增长2%，其中，信息服务、电子商务服务、研发与设计服务同比分别增长42.3%、67.9%和49.8%。可见，与工业息息相关的高技术服务业对华投资信心仍然强劲，投资粘性较强。同时，中国层次丰富的生产场景和超大容量的消费市场，已经成为众多跨国公司难以舍弃的市场，随着要素成本的上升，市场寻求型投资的相对比重有望上升。根据联合国贸发会议对全球跨国企业高管层调查结果，2017～2019年全球跨国企业最佳投资目的地排名中，中国继续稳居全球第二、发展中国家第一，继续成为全球最佳外商投资目的地[①]。

（2）中国进一步推进改革开放释放的制度红利有利于降低外资经营成本

当前，中国继续深化改革，扩大开放，不断改善外资企业营商环境，制度红利的释放仍有较大空间。如今，自贸区正在成为中国吸引外资的制度高地。各自贸试验区紧扣制度创新这一核心，进一步对接高标准国际经贸规则，借鉴国际先进经验，推进贸易投资便利化。为推动高水平贸易和投资自由化、便利化，国务院常务会议决定，进一步简化外资企业设立程序，从2018年6月30日起，在全国推行外资商务备案与工商登记“一套表格、一口办理”，做到“无纸化”“零见面”“零收费”，大幅压减办理时间。推动银行、海关、税务、外汇等外资企业信息实时共享、联动管理。这些措施对于中国吸引优质外资项目、高质量利用外资创造了便利条件。

（3）考虑劳动生产率和交易成本的实际生产成本仍然具有相对优势

与主要承接中国外资转移的越南相比，中国的实际生产成本并无劣势。一方面，从劳动力成本来看，最近两年，越南平均工资水平不断上涨，对于多数产业，中国工人的平均工资基本是越南的2倍左右。根据联合国工业发展组织和国际劳工组织的数据，中国纺织业工资水平是越南的1.9倍，但劳动生产率是后者的4倍，相对劳动成本比越南低43%。实际上，由于越南工人通常不愿意加班，越南小时工资与中国差不多。另一方面，从产业配套和交易成本来看，中国产业链条长且产业体系完善，大大降低了生产企业的配套成本和交易成本，这是一些企业即使生产成本上升仍然愿意留在中国的重要原因。例如，日企佳能自2012年开始就在越南北部生产打印机，但由于打印机这一类产品的供应链十分庞大，而越南工厂又无法提供所有的组件，所以迄今在越南的175家佳能供应商中，仅20家是越南本土工厂，而这部分工厂大多负责生产塑料零件和包装。当然，外商投资还需要考虑土地成本、环境治理成本和税收优惠等，综合考虑这些因素，有些成本敏感的企业搬迁到东南亚国家也是中国产业升级的必然结果。

（4）“一带一路”倡议以及双边和多边自贸协议谈判取得积极进展，为引资来源地多元化创造了条件

随着“一带一路”倡议的深入实施以及中国与沿线国家合作协议的不断增加，中国与有关国家的相互投资有望持续增加。虽然来自“一带一路”沿线国家的直接投资流量有所波动，但最近5年来，来自“一带一路”国家的在华投资新设企业数量呈直线上升态势，企业数量增加意味着

① 参见《中国外资统计公报2017》。

后续追加投资的可能性增加。2013～2019 年，“一带一路”沿线国家对华直接投资超过 500 亿美元，设立企业超过 2.2 万家。2019 年，“一带一路”沿线国家在华实际投入外资金额 576 亿美元，以人民币计算同比增长 34.9%，占同期中国实际吸收外资总额的 6.1%。随着越来越多欧洲国家开始接纳并积极对接“一带一路”倡议，来自欧洲国家的直接投资有望进一步增加。此外，RCEP 正式签署，中欧投资协定达成，中日韩自贸协定的相关谈判获得了积极进展，随着一些多边贸易协定框架相继获得突破，中国与有关国家之间的双向投资将进一步增加，而且这些协定可以对冲他国之间自贸协定对中国吸引外资的不利影响。

四、“十四五”时期工业利用外资的政策着力点

从“十三五”时期工业利用外资流量变化来看，工业利用外资规模和比重在“十四五”时期很难有大幅的增长，工业领域“稳外资”是中国经济“稳增长”的重要支撑。在“稳量”的前提下，还要提质，不断吸引高技术制造企业，替代低技术劳动密集型企业，提高外资企业的全要素生产率。具体而言，可以将以下五个方面作为优先着力点。

1. 高度重视外资对中国的根植性和投资黏性，稳定工业利用外资规模

“稳外资”是中央政治局部署的“六稳”工作之一。对于中国这样的发展中大国，制造业持续稳定发展是经济高质量发展的重要支撑，其不仅关乎产业体系转型和升级的安全着陆，还关乎劳动力就业的稳定性。当前，国际环境发生剧烈动荡，国际产业链调整加速，同时叠加了国内产业结构升级和新旧动能转换的阵痛期。目前来看，长链条产业和中国市场寻求型外资对中国的根植性和附着力比较好，受国际贸易摩擦和劳动力成本上升影响较小，因此，各地在招商引资过程中可着重关注这两类外资。从劳动力就业容器作用来看，外资企业和内资企业应该同等对待，将外资纳入各地产业政策和短期纾困政策实施对象，在财税、金融、重大项目落地等方面，给予外资企业同等支持力度。

2. 适当调整引资方向，充分发挥外资企业在畅通“双循环”方面的独特作用

建立科学的引资质量评价体系，提高引资项目与产业升级目标的契合度。理性看待低端外资制造业的转出，谨防“高耗低出”项目和空壳项目的流入。在当前中国高质量发展目标引领下，外资企业产值不应该再成为考核外资的重点。建立科学的引资质量评价体系，不仅要关注引资项目的亩均产出效益，还需要关注项目的产业链嵌入度和产业创新带动力；自贸区建设可以通过创新驱动效应、资源配置效应、产业集聚效应等途径对产业结构高度化产生积极影响（冯锐等，2020），“十四五”时期应充分发挥自贸区作为制度高地的高质量要素集聚功能，切实引导利用外资工作从“引资”向“引智”转变，为国内外创新主体创造平等进入和平等竞争的机会。在各产业园区适时开展引资质量评价，切实转变地方政府在招商引资方面的传统观念，使引资项目契合产业升级目标和动能转换目标，整体实现工业园区的“腾笼换鸟”。对于引资质量评价较好的项目，可在差别化水价、电价等方面予以优惠。通过引进外资完善、补齐国内产业链，畅通“国内采购、国内销售”的国内产业循环；创新引资方式，通过“以内引外”“以外引外”“以商引商”等多种方式，吸引优质外资项目，以嫁接国际优质资源，融入国际经济大循环。

3. 加快优化中西部营商环境、打造对外开放新平台，促进利用外资区域均衡发展

李政等（2017）实证研究表明，FDI 加强了中部地区和西部地区创新效率的追赶效应，有利于缩小东、中、西部三个区域创新效率的整体差距。要进一步提升内陆开放水平，加快形成陆海内外联动、东西双向互济的新开放格局（刘洪愧和刘霞辉，2019）。加快制度创新步伐，提升内陆自贸区对外资的吸引力，切实引导外商投资尤

其是制造业项目向中西部地区转移。在“一带一路”格局下，给予中西部地区更多的对外开放试点平台，改变其在吸引外资方面的区位劣势，变偏远区域为开放前沿。在“一带一路”框架下，中西部地区需找准定位，积极谋划对接，大力改善营商环境，抓住数字经济和网络经济的后发追赶机遇，高起点谋划产业发展，依靠跨境电商等新兴业态，带动制造业和物流业发展，缩小与东部地区在外资利用方面的差距。注重产业链招商和本地产业支撑体系建设，为接纳高质量外资项目塑造良好的产业环境。今后，中西部地区承接东部外资转移时，给予外资税收、用地、信贷等方面优惠需纳入与内资待遇相同的区域政策和国家产业政策，否则“政策套利型”外资将扭曲国内竞争秩序，使区域产业结构升级受到抑制。

4. 积极推动外资来源地多元化，提升产业链安全水平

在美国掀起贸易战和全球新冠肺炎疫情持续影响的情况下，需要拓宽思路，与各国一起维护平等合作、价值互益、多元包容的国际经济秩序。从中国工业利用外资结构来看，美国在华投资占所有工业利用外资的比重在2%左右，这一比例并不高，而且，多数美国在华投资企业并无意愿撤离中国。尽管如此，美国对华发起的贸易战仍然会影响一些跨国公司的全球战略布局，长期来看，必须推动更多元的双边和多边贸易及投资协定落地，从产业互补、共生角度推动国际产业合作。在国际疫情的背景下，亚洲国家的合作尤为重要，“十四五”时期，如能推动中日韩自贸区协定成功落地，将为三国产业合作构筑牢固的“产业纽结”。欧盟与日本、越南等亚洲国家签署自贸协定对中国制造业的影响不容忽视，在中欧投资协定的基础上，需尽快推动中欧自贸协定谈判工作。英国脱欧以后，中英自贸谈判也可提早推进。在更多元的自贸框架体系内，中国利用外资才可以争取到更大的回旋余地，提升产业链国际合作安全水平。

5. 尽快推进外商投资安全审查制度的细化和落地

外商投资安全审查是成熟市场经济体的通用制度安排。在美国频繁掀起贸易战的背景下，国家安全审查成为美国阻滞外国投资的惯用手段。2019年4月，《欧盟外商直接投资审查框架》已经正式生效，新的框架规则强化了各成员国需遵循的共同原则，并规定在各成员国独立进行外商投资安全审查的基础上，欧盟委员会有权对一国未进行安全审查而可能影响欧盟安全的外商投资项目发表意见。我国新出台的《外商投资法》填补了之前外商投资安全审查制度的空白，这是外资管理制度里程碑式的进步，但目前制度体系对外资进入前国家安全审查的实施主体和操作规程缺乏具体规定，之前的相关规定对外资的约束力也有限。在国家大力推进“放、管、服”改革和推行外资进入负面清单管理制度的背景下，对于危及我国产业链安全和重大经济利益的投资项目的审核非常重要，如制度落实不到位，将为经济安全埋下隐患。

专栏 18－1

《越南—欧盟自由贸易协定》的主要内容

《越南—欧盟自由贸易协定》包括17章、2个议定书和部分备忘录，涉及关税减让、海关和贸易便利化、技术标准、动植物检验措施、开放投资、服务贸易和电子商务、知识产权、政府采购、竞争政策、国有企业、可持续发展以及争端解决等。

在商品贸易方面，超过99%的关税税目最终将被取消，剩下的小部分将以配额形式放开。协定一旦生效，欧盟立即消除对越南85.6%的关税，相当于越南对欧盟出口额的70.3%。7年后消除对越南99.2%的关税，相当于越南对欧盟出口额的99.7%，余下的0.3%，欧盟承诺以配额方式零关税进口。反之，越南将对欧盟出口商品消除48.5%的关税（占进口总额的64%）。7年后

消除91.8%的关税（占进口总额的97.1%），10年后消除98.3%的关税（占进口总额的99.8%）。在非关税壁垒方面，越南的汽车和药品等将对接国际标准，欧盟产品则由于已符合标准而无须在越南接受额外的检验和认证程序。越南还将简化和规范海关手续。在政府采购方面，双方同意适用WTO《政府采购协定》，政府采购协议透明度水平相当高。值得注意的是，这一条款是越南对外国企业开放其政府采购的首次承诺。在可持续发展方面，协定要求执行国际劳工组织核心标准和联合国公约（比如应对气候变化和保护生物多样性）等。

根据《欧盟与越南投资保护协定》，双方许诺赋予各自企业国家待遇及最惠国待遇，并给予公平、妥当、全面及充分的保护，允许把投资盈利及资本自由地转汇国外，未经妥当赔偿不征收或国有化投资商的财产，在战争、暴乱的情况下受财产损失的投资商、第三方投资者将获得与越南企业同等的妥当赔偿。

资料来源：笔者根据公开资料整理。

参考文献

［1］江小涓：《新中国对外开放70年：赋能增长与改革》，《管理世界》2019年第12期。

［2］刘建丽：《新中国利用外资70年：历程、效应与主要经验》，《管理世界》2019年第11期。

［3］余稳策：《新中国70年开放型经济发展历程、逻辑与趋向研判》，《改革》2019年第11期。

［4］蔡昉：《中国制造业"未富先老"，工业互联网会是其重焕新机的良药吗》，《企业观察家》2020年第2期。

［5］崔兴华、林明裕：《FDI如何影响企业的绿色全要素生产率？——基于Malmquist - Luenberger指数和PSM - DID的实证分析》，《经济管理》2019年第3期。

［6］史丹、肖红军、郭朝先、刘建丽：《我国多种所有制企业共同发展的时代内涵与"十四五"政策措施》，《经济管理》2020年第6期。

［7］冯锐、陈蕾、刘传明：《自贸区建设对产业结构高度化的影响效应研究》，《经济问题探索》2020年第9期。

［8］李政、杨思莹、何彬：《FDI抑制还是提升了中国区域创新效率？——基于省际空间面板模型的分析》，《经济管理》2017年第4期。

［9］刘洪愧、刘霞辉：《构建开放型经济新空间布局：理论基础、历史实践与可行路径》，《改革》2019年第1期。

第十九章　工业就业形势与人力资源开发

提　要

"十三五"时期工业就业人数持续减少且减幅增大，就业人员比重由消费品、原材料向装备行业继续转移，就业人员高学历化和高龄化水平持续提高。"十四五"时期，人力资源需求与供给的趋势包括以下六个方面：工业用工需求受国内外经济收缩影响预计进一步下降；制造业就业格局受全球产业链、供应链重组布局影响将出现分化；供给侧改革引动产能过剩行业进一步缩减用工规模；受新一代信息技术升级影响将出现就业岗位此消彼长；劳动者能力体系在新一代信息技术推动下全面升级；受人口老龄化与教育普及化影响就业人员进一步高龄化、高学历化。人力资源开发面临"新基建"带来高技术就业机会增长、新一代信息技术缓解低端人才不足的机遇，同时要面对发展需求与人力资源供给之间差距增大、产业升级要求与劳动者现有能力之间差距增大，以及自动化提升效率与造成失业增加之间矛盾增大的挑战。相关对策包括：创新教育方式以缓解高端人才短缺、推动自动化以缓解低端人才短缺、加速劳动者能力转型以应对技术发展和多方面加强就业安全保障以防范致贫风险。

*　　　*　　　*

"十三五"时期，中国工业面对"风云变幻"的国内外经济形势继续保持了增长态势，在人力资源开发方面取得了有益的进展。展望"十四五"时期，国内外经济环境的不确定性增大，新一代信息技术驱动工业发展进程加快，人力资源供给的高龄化与高学历化愈加突出，一些职业、工种可能出现需求与供给方面的不均衡，就业形势不容乐观，需要采取综合性对策，创新教育方式，为工业发展提供坚实的人力资源开发基础。本章将首先回顾"十三五"时期工业人力资源开发进展与问题，其次前瞻"十四五"时期人力资源需求与供给的可能走势、机遇与挑战，最后有针对性地提出应对建议。

一、"十三五"时期人力资源开发进展与问题

本节从数量与质量两方面对"十三五"时期工业人力资源开发的进展与问题进行分析。首先分析工业就业人数的变化，把握工业用工数量的增减趋势；其次考察就业人员产业构成的变化，揭示工业人力资源配置格局的变化面貌；再次解析就业人员素质的变化，总结人力资源的年龄与

学历特征；最后指出工业人力资源开发中存在的问题。

1. 工业就业人数持续减少且减幅增大

根据公开数据，2016～2018 年，工业城镇单位就业人员年末人数从 5772.3 万人减少到 4961.9 万人，共有 810.4 万个岗位消失，并且每年减少幅度不断加大（见图 19－1）。2016 年工业城镇单位就业人员年末人数同比减少 3.96%，而 2018 年同比减幅增加到了 9.25%，显示工业企业的人力资源投入数量大幅减少。

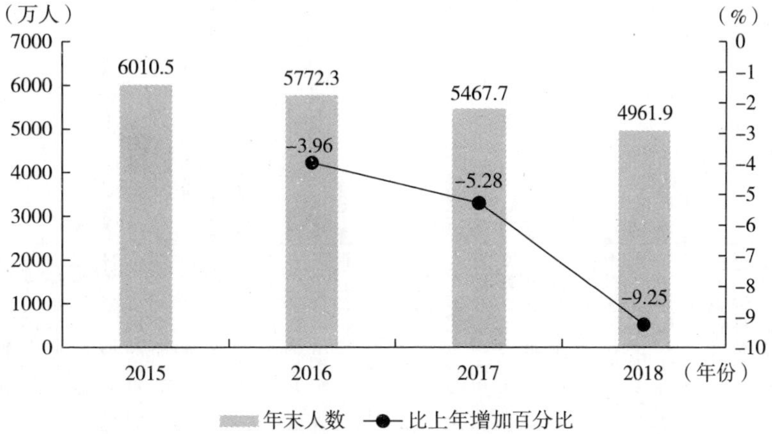

图 19－1　2015～2018 年工业城镇单位就业人员年末人数

资料来源：笔者根据 2019 年《中国劳动统计年鉴》有关数据绘制。

工业主要领域（采矿业，制造业，电力、热力、燃气及水的生产和供应业）中，制造业的减少人数最多，2018 年比 2016 年减少了 715.5 万人，减幅达 14.6%。工业企业中，包括股份合作单位、联营单位、有限责任公司、港澳台商投资单位以及外商投资单位在内的企业的减少人数最多，2018 年比 2016 年减少了 621.5 万人，减幅达 11.7%[①]。

2. 就业人员比重由消费品、原材料行业向装备行业偏斜

如图 19－2 所示，2016～2018 年，制造业 31 个行业中，12 个行业就业人员比重下降，9 个行业就业人员比重不变，10 个行业就业人员比重上升。具体来看，就业人员比重下降的行业包括：农副食品加工业，酒、饮料和精制茶制造业，纺织业，纺织服装、服饰业，皮革、毛皮、羽毛及其制品和制鞋业，木材加工和木、竹、藤、棕、草制品业，造纸及纸制品业，文教、工美、体育和娱乐用品制造业，化学原料和化学制品制造业，非金属矿物制品业，黑色金属冶炼和压延加工业，其他制造业。就业人员比重不变的行业包括：食品制造业，烟草制品业，家具制造业，印刷和记录媒介复制业，橡胶和塑料制品业，铁路、船舶、航空航天和其他运输设备制造业，仪器仪表制造业，废弃资源综合利用业，金属制品机械和设备修理业。就业人员比重上升的行业包括：石油加工、炼焦和核燃料加工业，医药制造业，化学纤维制造业，有色金属冶炼和压延加工业，金属制品业，通用设备制造业，专用设备制造业，汽车制造业，电气机械和器材制造业，计算机、通信和其他电子设备制造业。总体看来，就业人员比重下降行业中消费品、原材料行业较多；就业人员比重上升行业中装备行业较多；就业人员比重不变行业中既有消费品行业，也有装备行业。这意味着就业人员比重由消费品、原材料行业向装备行业偏斜。

进一步看，装备行业就业人员比重上升的原因在于计算机、通信和其他电子设备制造业以及汽车制造业。2016～2018 年装备行业（通用设备制造业，专用设备制造业，汽车制造业，铁路、

① 笔者根据国家统计局 2019 年《中国劳动统计年鉴》数据计算。

船舶、航空航天和其他运输设备制造业，电气机械和器材制造业，计算机、通信和其他电子设备制造业，仪器仪表制造业）就业人员比重由42.3%上升到45.3%，上升了3个百分点，其中1.9个百分点来源于计算机、通信和其他电子设备制造业，0.7个百分点来源于汽车制造业，显示出计算机、通信和其他电子设备制造业以及汽车制造业具有相对旺盛的人力资源需求。

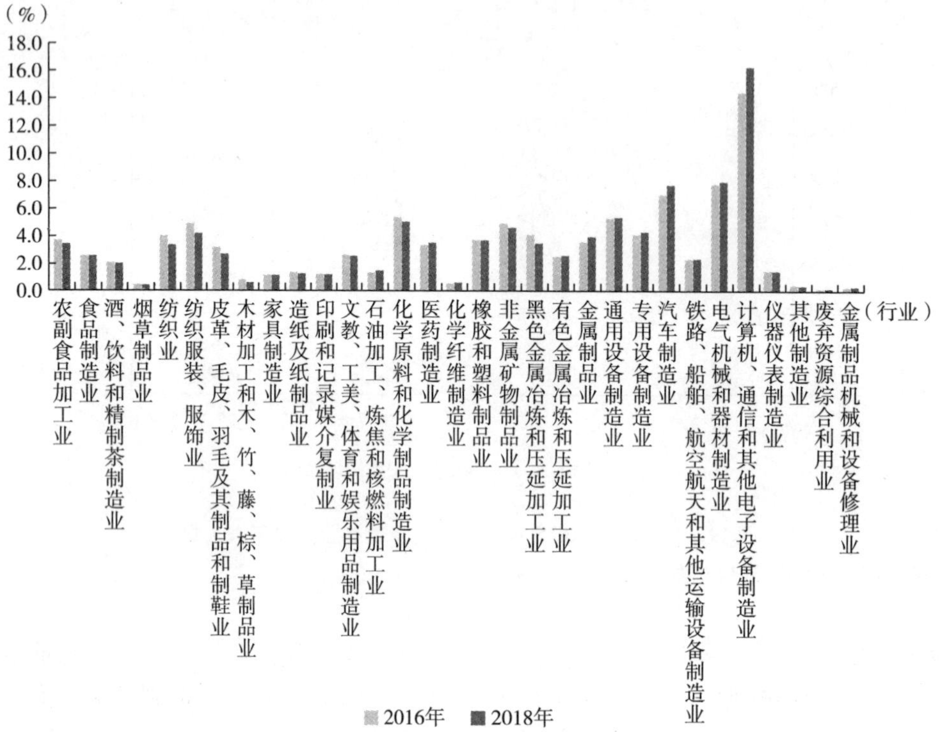

图19-2 就业人员的产业构成

资料来源：笔者根据2017年、2019年《中国劳动统计年鉴》有关数据绘制。

从高技术产业（医药制造业、医疗仪器设备及仪器仪表制造业，航空航天器及设备制造业，电子及通信设备制造业，计算机及办公设备制造业，信息化学品制造业）看，2016~2018年，医药制造业、医疗仪器设备及仪器仪表制造业和信息化学品制造业就业人数有所减少，但是航空航天器及设备制造业、电子及通信设备制造业和计算机及办公设备制造业的就业人数增加，也显示出多数装备行业的用工规模有所扩大（见图19-3）。

3. 就业人员高学历化和高龄化水平持续提高

2016~2018年，工业就业人员中，初中及以下人员的比重下降，高中及以上人员的比重上升。以制造业为例，初中及以下人员比重由48.2%下降到47.4%，高中及以上人员比重由51.7%上升到52.6%。高中及以上人员比重上升，是因为高中及中等职业教育、研究生两个人群比重提高。这意味着工业就业人员的学历结构由低向高移行（见图19-4）。

2016~2018年，工业就业人员年龄水平有所提升。按照青年组（34岁及以下）、中年组（35~59岁）、老年组（60岁及以上）划分，2016~2018年采矿业的青年组比重从28.5%下降到27%，中年组比重从70.5%上升到72%，老年组比重从1%下降到0.9%；制造业的青年组比重从44.0%下降到41.6%，中年组比重从54.1%上升到56.3%，老年组比重从1.9%上升到2.0%（见图19-5）；电力、热力、燃气及水生产和供应业的青年组比重从32.6%下降到31.3%，中年组比重从66.2%上升到67.5%，老年组比重从1.1%上升到1.3%。三个行业中制造业的高龄化程度相对突出。

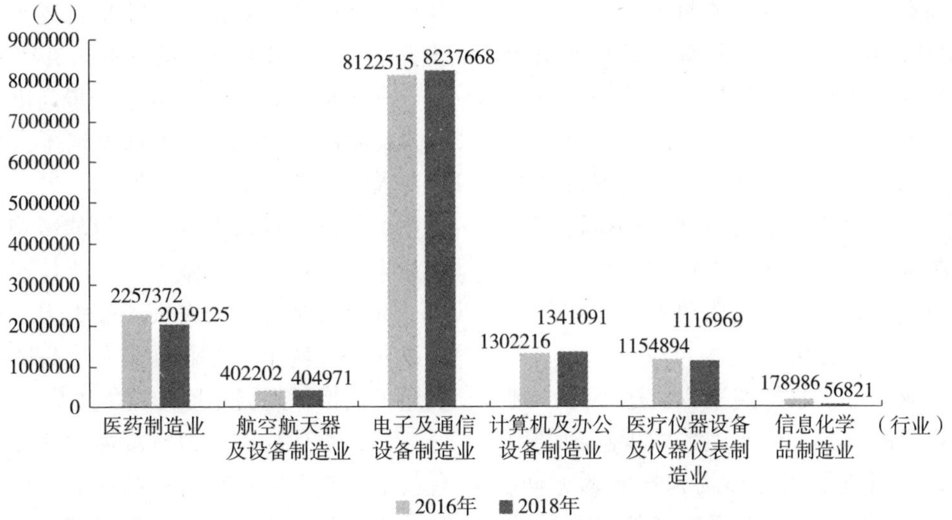

图 19－3　2016 年、2018 年高技术产业从业人员平均人数

注：本表统计对象为主营业务收入 2000 万元以上工业企业法人单位。2018 年航天航空器及设备制造业数据根据 2018 年高新技术产业合计数据减去航天航空器及设备制造业以外的 5 个产业数据得出。

资料来源：笔者根据 2017 年、2019 年《中国高技术产业统计年鉴》有关数据绘制。

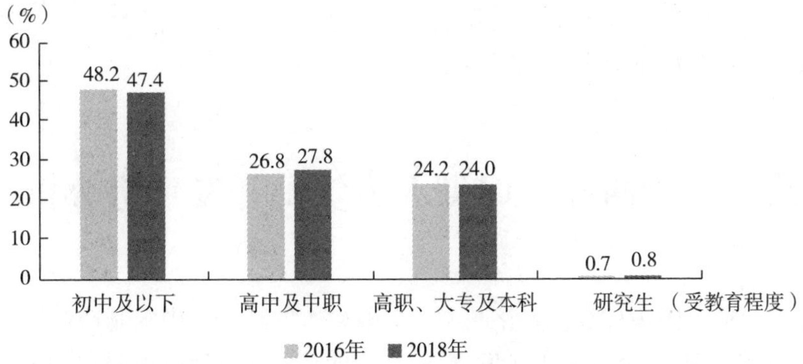

图 19－4　制造业城镇就业人员受教育程度构成

注：初中及以下指未上过学、小学和初中；高中及中职指高中、中等职业教育；高职、大专及本科指高等职业教育、大学专科与大学本科。由于四舍五入，各受教育程度人员占比之和可能不等于 100%。

资料来源：笔者根据 2017 年、2019 年《中国劳动统计年鉴》有关数据绘制。

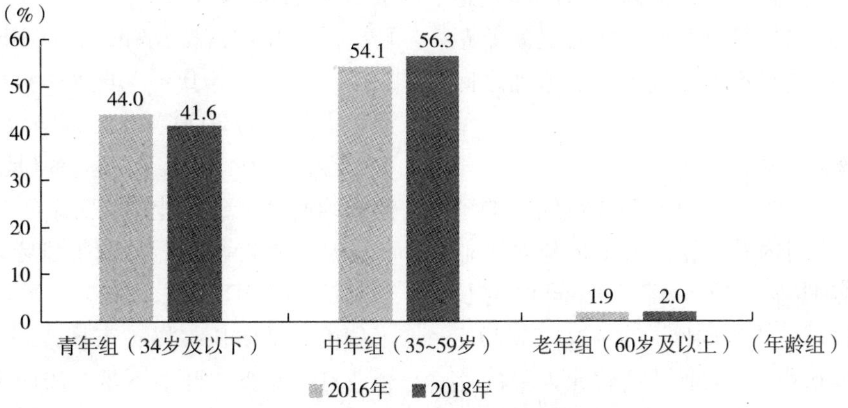

图 19－5　制造业城镇就业人员年龄构成

注：由于四舍五入，各年龄组占比之和可能不等于 100%。

资料来源：笔者根据 2017 年、2019 年《中国劳动统计年鉴》有关数据绘制。

4. 人力资源开发中也存在着问题

2016～2018年，工业人力资源开发在数量和质量两方面均取得了有益的进展，尤其是就业人员中装备行业比重继续提高，消费品、原材料行业比重继续下降，表明人力资源配置更加符合产业结构升级需要；就业人员学历水平不断提高，表明人力资源素质更加能满足工业发展要求。但是，工业人力资源数量与质量变动中也存在一些问题（第二节将深入分析）。

首先是工业就业人数加速减少。这不是个别行业而是全行业的现象。就业人数减少意味着用工需求减少，其可能原因有市场和技术两方面。市场方面，经济下行、市场疲弱、产能过剩导致生产规模缩小，进而带来人力资源投入数量减少；技术方面，信息化、自动化技术的发展，导致机器取代人工，减少人力资源投入。因此，就业人数减少是企业对市场和技术变动的合理反应结果。它本身没有对错，但是却加剧了社会就业压力。工业企业对人力资源数量的承载动能越来越小，不仅意味着新增就业机会越来越少，也意味着要从工业转移出去的就业人员越来越多。

其次是工业就业人员进一步高龄化。工业就业人员高龄化特征，一方面反映了人口老龄化趋势对人力资源供给的直接影响，另一方面反映了企业用工模式对人力资源供给的影响。人口老龄化意味着年轻劳动力减少。企业长期以来采取的低工资模式对年轻人失去了吸引力，年轻人不愿意进入工业就业。工业就业人员高龄化将加重企业用工负担，削弱企业的竞争优势。

最后是高素质人力资源增加缓慢。新一代信息技术需要大量系统受过高等职业化、专业化教育的人才。这些人才主要来自高等职业院校、大专院校。但是制造业数据显示，高等职业教育、大学专科、大学本科学历的人员比重减少，研究生学历的比重虽有增加，但幅度很小。高素质人才增加缓慢会影响到工业领域的新技术应用及创新进程。

二、“十四五”时期人力资源开发形势分析

展望“十四五”时期，国内外社会经济形势不确定性增大，新一代信息技术环境快速发展，人力资源供给继续高龄化与高学历化，工业人力资源开发面临新基建带来高技术就业机会增长、新一代信息技术升级缓解低端人才不足的机遇，但同时也面临产业需要与人力资源供给之间差距增大、产业升级要求与劳动者现有能力之间差距增大，以及自动化提升效率与造成失业增加之间矛盾增大的挑战。

1. 人力资源需求与供给趋势

（1）工业用工需求受国内外经济收缩影响预计进一步下降。从国内看，经济放缓形势对工业就业增长的影响明显。2016年GDP同比增长6.7%，工业城镇就业人数同比减少4%；而2018年GDP同比增长6.6%，工业城镇就业人数同比减少9.3%。[①] GDP增速稍微放缓，就业人数上就有较大的减少。中国制造业采购经理指数（PMI）中的从业人员指数也显示制造业用工需求近年一直在收缩。2020年新冠疫情对中国经济造成了重大冲击。目前各机构对2020年中国GDP增速进行预测，得出了不同的结论，如世界银行、国际货币基金组织（IMF）估算2020年中国经济增长1%，而中国宏观经济论坛（CMF）预测2020年中国经济增长3.0%。虽然这些预测在细节上不同，但都认为2020年中国经济会大幅收缩。当然中国经济将在2021年复苏，但是市场恢复需要时间，因此会拖延企业用工需求复苏进程。

从国外看，新冠疫情加剧市场疲弱，会进一步制约工业用工需求增长。世界经济自2009年金融危机以来增长缓慢，市场疲弱，造成一些中国企业订单减少，开工不足。2019年中美贸易摩擦又使得国外订单进一步减少，恶化了企业的生存

① 笔者根据国家统计局2019年《中国劳动统计年鉴》数据计算。

环境。2020 年新冠疫情导致世界经济停摆，全球市场严重收缩。世界银行预测 2020 年世界经济下滑 5.2%，国际货币基金组织（IMF）估算 2020 年世界经济增长 -4.9%。由于新冠疫情还在世界流行，所以未来的经济复苏存在着较大不确定性，这会严重影响到企业的用工需求预期。中国制造业采购经理指数显示，从业人员指数反弹不久，又再次跌入收缩区间，这说明虽然中国疫情得到了控制，但只要国外疫情未得到控制，就会影响到企业的用工需求（见图 19-6）。

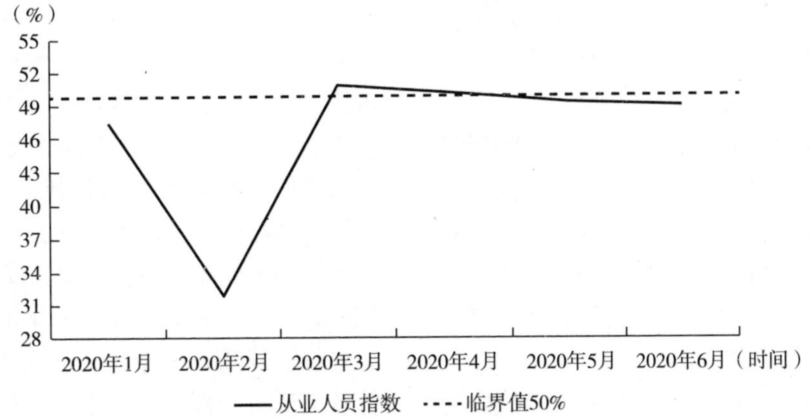

图 19-6　2020 年 1~6 月从业人员指数

资料来源：笔者根据国家统计局《中国采购经理指数运行情况》2020 年 1~6 月版有关数据绘制。

（2）制造业就业格局受全球产业链、供应链重组布局影响将出现分化。中国制造业已经深度融入全球产业链和供应链体系。国际劳工组织（ILO）报告指出，中国就业人员占全球供应链就业人员比重约为 22.5%，显示中国就业形势对全球供应链变化具有相当大的敏感性（ILO，2015）。近年来，由于中国劳动力成本上升、中美贸易摩擦，一些外资企业甚至中国企业开始对生产链、供应链重新布局，缩减了在中国的用工规模。2020 年新冠疫情暴发后，一些国家为了减少重要经济领域对中国的过度依赖，投入资金帮助企业回归本土或分散生产据点。美国等加大贸易保护力度，封锁中国高科技企业，在芯片、5G 等重要产品领域重新构建生产链和供应链，造成企业把用工需求转向中国以外的国家或地区。目前东南亚国家，如越南、菲律宾、印度等由于劳动力相对便宜，是用工需求转移最集中的对象国。和以前单纯转移简单人力资源需求不同的是，技术人力资源需求也开始向这些国家转移。虽然短期内对中国的影响还不大，但是随着全球生产链、供应链重组布局进程加快，对中国制造业就业形势的影响将会显现出来，根据销售市场是国内和国外的不同，在行业、地区间会出现就业需求的不平衡状态。

（3）供给侧结构性改革引动产能过剩行业进一步缩减用工规模。“十三五”时期，中国通过以去产能、去库存、去杠杆、降成本、补短板为主要内容的供给侧改革优化了工业结构。产能过剩、库存积压严重、成本高企的原料行业、消费品行业采取了关停、人员分流、自动化、转移工厂等措施，大幅度精简了人员队伍。例如，在城镇单位方面，2016~2018 年钢铁行业减少了 554 万人，减幅 27.8%；采矿业减少了 76.5 万人，减幅 15.6%；纺织业减少了 563 万人，减幅 28.9%；服装业减少了 647 万人，减幅 27.2%①。但是，供过于求的现象在一些行业和地区依然严重。据中联金信息网 2019 年 4 月报道，2018 年中国不锈钢冶炼产能为 3950 万吨，产能利用率为 67%，已经是产能过剩，但行业还计划在 2019 年新增产能 200 万吨，未来新增产能将达到 780 万

① 笔者根据国家统计局 2019 年《中国劳动统计年鉴》数据计算。

吨。又如，水泥行业推行产能置换措施，缓解了一些地区的产能过剩程度，却使一些地区的产能大幅超出了供给。报道称，截至2019年4月，云南省拟建熟料生产线16条，总产能1807万吨，而云南省全年水泥行业的过剩产能在30%左右。由于产能过剩现象还比较普遍，因此预计政府在"十四五"时期还将继续深化供给侧改革，加大力度淘汰低效产能、落后产能，从而导致产能过剩行业压缩生产规模，精简员工队伍。

（4）制造业受新一代信息技术升级影响将出现就业岗位此消彼长。以大数据、人工智能、物联网、云计算、5G等为代表的新一代信息技术日新月异，在工业领域的应用越来越广泛。新一代信息技术对工业用工需求具有双重影响：一方面提升生产效率，扩大生产规模，使企业可能因此增加用工数量；另一方面则取代劳动者，使企业因此减少劳动投入量，造成技术性失业。从行业看，新一代信息技术产业，包括下一代信息网络产业、电子核心产业、新兴软件和新型信息技术服务、互联网与云计算大数据服务、人工智能等行业属于国家大力发展的新兴产业，其就业人数会呈现出显著增长态势。而其他行业则会受市场需求弹性、人机协作方式等因素影响而出现就业人数增加和减少两种情况。如果市场需求同步增加，用工量增加；反之则减少。如果采取人机协作方式，就业人数增加；反之则减少。目前除了新兴产业以外，大多数行业的国内外市场都比较低迷，产能过剩比较严重，并且劳动力成本不断上升，企业的用工压力日益增大。综合考虑，预计未来会有更多企业为了削减成本选择引进自动化，进而导致就业人数进一步减少。

（5）劳动者能力体系在新一代信息技术的推动下全面升级。随着智能设备的应用，大量的肢体劳动、程序化的操作被智能设备取代，劳动者的工作内容发生了显著改变。世界经济论坛《职业前景报告2018》显示，2022年智能设备在信息与数据处理、探索与获取信息业务的工作时间占比将超过人，在行政、肢体的程序化任务、识别与评估信息、执行复杂技术任务中的工作时间占比将超过四成，在推理与决策、沟通与互动业务中的工作时间占比将达到三成左右。这意味着劳动者的能力将出现新陈代谢，需要从低层次、旧领域向高层次、新领域全面升级。

劳动者的能力包括认知能力和社会情感能力（非认知能力）。有研究对未来的能力结构变化趋势进行了预测。世界经济论坛指出，读、写、算等基本认知能力，财务管理、设备安装等低层次认知能力的需求会减少，但分析性思考与创新、技术设计与编程等高层次认知能力、领导力、情绪控制等社会情感能力的需求会增加（见表19－1）。巴克什等（Bakhshi et al.，2017）认为，与人际交往有关的能力会越来越重要，如指导、社交知觉/认识、协调、服务导向等，另外认知能力范畴中的应用能力也会越来越重要，如战略性学习、主动学习、思想流利性等。归纳起来，未来最重要的能力包括四个方面：一是与智能设备有关的新知识、新技能；二是社会情感能力，主要是与人沟通的技巧；三是创新思维能力，主要指应用新一代信息技术创造新产品、新服务的能力；四是环境应变能力，指的是发现新问题和解决新问题的能力。

表19－1　2018年、2022年关键能力需求

序号	2018年前10项关键能力需求	2022年前10项关键能力需求	2022年减少的能力需求
1	分析性思考与创新	分析性思考与创新	操作灵巧性、持久性与准确性
2	解决复杂问题	主动学习与战略性学习	记忆、词汇、听力与空间认知
3	批判性思考与分析	创造性、独特性和主动性	财务、物资资源管理
4	主动学习与战略学习	技术设计与编程	设备安装与维护
5	创造性、独特性和主动性	批判性思考与分析	读、写、算与主动学习
6	专注细节与诚信力	解决复杂问题	自我管理
7	情绪性智商	领导力与社会影响	质量控制与安全管理

续表

序号	2018 年前 10 项关键能力需求	2022 年前 10 项关键能力需求	2022 年减少的能力需求
8	推理、解决问题与构思	情绪性智商	协调与时间管理
9	领导力与社会影响	问题推理与构思	视觉、听觉与表达
10	协调与时间管理	系统分析与评估	技术使用、检测与控制

资料来源：世界经济论坛《职业前景报告 2018》。

（6）工业就业人员受人口老龄化与教育普及化影响向高龄化、高学历化迈进。近年来，工业就业人员的年龄结构持续高龄化，2016～2018 年制造业就业人员中 35 岁以上人员的比重提高了 2.4%。工业就业人员的高龄化现象受到人口老龄化趋势的影响。按照联合国的定义，当一个国家或地区 60 岁以上老年人达到人口总数的 10%，或 65 岁以上老年人口占人口总数的 7% 时，即意味着这个国家或地区处于老龄化社会。中国发展基金会的《中国发展报告 2020：中国人口老龄化的发展趋势和政策》预测，2020 年中国 65 岁及以上的老年人约有 1.8 亿，约占总人口的 13%；2025 年“十四五”规划完成时，65 岁及以上的老年人将超过 2.1 亿，约占总人口的 15%。可见中国的人口老龄化程度将持续加深。这将减少劳动人口数量尤其是年轻劳动力的数量，推动工业就业人员年龄结构的高龄化。

另外，受高等教育毕业生数增长的影响，“十三五”时期工业就业人员中高学历人员的比重不断提高。教育部数据显示，2016～2019 年，普通本专科毕业生数从 704.2 万人增加到 758.5 万人，年均增加 18.1 万人；研究生毕业生数从 56.4 万人增加到 64 万人，年均增加 2.5 万人。教育部预计 2020 年全国高校毕业生将比上年增加 40 万人，达到 874 万人。国际上一般认为，当各类高等教育在校生占 18～22 周岁人口的比率（高等教育毛入学率）超过了 15%，就进入了高等教育大众化阶段；当该比率超过了 50%，就进入了高等教育普及化阶段。教育部称，2019 年高等教育毛入学率达到 48.1%，中国即将由高等教育大众化阶段进入普及化阶段。2018 年中国还大力发展新工科，首批认定了 612 个新工科研究与实践项目，增设大数据、人工智能、机器人、物联网等新兴领域急需专业点近 400 个，相关专业学生将在“十四五”时期毕业，为工业发展输送大量专业人才，进一步优化工业就业人员受教育构成。

2. 人力资源开发的机遇与挑战

（1）发展“新基建”将创造大量高技术就业机会。基础设施是维系社会运行和发展的基本条件。在传统经济中，社会运行和发展主要依赖公路、铁路、机场、港口、电网、供水等工程设施，而在数字经济中，则要增加 5G 网络、大数据中心、人工智能、工业互联网、物联网等数字设施。2018 年 12 月中央经济工作会议提出“加强人工智能、工业互联网、物联网等新型基础设施建设”。2020 年 1 月 3 日国务院常务会议指出“大力发展先进制造业，出台信息网络等新型基础设施投资支持政策，推进智能、绿色制造”。2020 年《国务院政府工作报告》又进一步对加强新型基础设施建设作出了重要部署。在中央指挥之下，各地推出了许多投资和建设计划。截至 2020 年 4 月中旬，已有 13 个省区市发布了 2020 年新型基础建设（以下简称“新基建”）相关重点项目投资计划，其中 8 个省公布的计划总投资额达到了 33.83 万亿元。可以预见这些项目的铺开将会创造大量的高技术就业机会，从而促进“新基建”产业就业人数迅猛增长。根据智联招聘的统计数据，信息基础设施产业四大领域（大数据、人工智能、5G、工业互联网）的职位需求最高，不仅包括软件开发等基础通用岗位，而且包括各领域专业技术职位，如大数据领域的数据库开发工程师、网络与信息安全工程师，人工智能领域的算法工程师，5G 领域的通信研发工程师、通信技术工程师、无线/射频通信工程师，工业互联网领域的 ERP 实施顾问等。2014 年以后工业城镇就业人数不断下降，这显示既有产业吸收劳动力的能力在收缩，而方兴未艾的“新基建”有望创造更多的高技术就业机会。

（2）新一代信息技术为解决劳动力成本问题提供机遇。劳动力成本是构筑企业竞争力的一个重要因素。近年来，由于劳动力供给减少、生活消费提高以及青年就业偏好，包括低端劳动力在内的劳动力成本持续增长，对企业竞争力优势造成了压力。而机器人技术的进步为解决这个问题带来了机遇。生产过程中的低端劳动力是对于人而言的，而要机器人完全替代有五官、有思维反应能力的人则是十分复杂的技术。未来机器人技术会在解决这些问题上有较大的发展，出现种类更多、性价比更高的机器人，能够促进其在企业尤其是中小企业的应用。机器人进一步替代低端劳动力的关键技术，是“直接示教法”，这使得机器人的编程和安装更加简便。“直接示教法”就是利用机器人的数字传感器与智能软件，人操纵机器人手臂进行一个完整的作业过程，整个过程数据将自动存入机器人的数据库，之后它就可以自行作业。然而，由于技术和性价比的制约，目前在生产过程中全部使用机器人还有难度。为了解决这个过渡性问题，人机协作机器人受到了关注。人机协作的机器人能够理解语言、手势等肢体动作，按指示配合人进行作业。并且，机器人行业现在正在加速工业机器人通用接口标准化的普及，这使得不同厂家的产品之间有了可连接性，极大地方便了用户使用。同时，现在还有了机器人租赁服务，企业无需设备投资，仅支付使用成本，而且程序升级、维修等有保障。由于以上这些技术和服务的出现，企业使用机器人会更方便、更廉价，这样就会减少对低端劳动力的使用和相应的劳动支出，在新的技术层面上构建新的竞争优势。国际机器人联盟（IFR）2019 年版报告（World Robotics Report）显示，2010 年以来世界工业机器人数量增长了 2 倍，其中每 3 个新增机器人中有 1 个在中国，中国是世界工业机器人增长最快的国家。但是 2018 年机器人密度（每万名劳工使用机器人数量），新加坡是 831 台，韩国是 774 台，德国是 338 台，日本是 327 台，美国是 217 台，中国是 140 台，中国仍然还有很多手工操作，因此还有增加机器人的巨大空间。

（3）产业发展需要与人力资源供给之间差距增大。“十四五”时期数字经济将会全面发展，不仅大数据、人工智能、物联网、5G 等新一代信息技术产业会迅猛发展，很多传统制造业也会在新一代信息技术的助力下获得“新生”。这会带来新一代信息技术人才需求的大幅增长，但是相应的人才供给十分不足。根据智联招聘预测，大数据、人工智能、5G、工业互联网等信息基础产业的核心技术人才缺口预计在 2020 年底将达到 417 万人，其中软件开发人才缺口最大，Java 开发工程师的需求只能满足 1/3。虽然近年来教育部为了发展新工科，增设了近 400 个大数据、人工智能、机器人、物联网等新兴领域的专业院系，但还是满足不了迅速发展的产业需求。另外，不仅高端技术人才存在短缺，低端劳动力也存在短缺。例如，流水线上的组装工人、车工、钳工、搬运工等基层工人在劳动力市场长期不足，这已成为推升工人工资上涨的重要原因。如果中国不能有效缓解这两类人力资源的短缺程度，那么将会直接制约新一代信息技术产业的发展速度与质量，进而对传统制造业的转型升级进程产生影响。因此，如何缩小产业发展需要与人力资源供给之间的差距，将是“十四五”时期工业人力资源开发要面临的挑战。

（4）产业升级要求与劳动者现有能力间差距增大。“十四五”时期，新一代信息技术在工业生产中的应用将会更加广泛和深入，从而推动业务重组和工作变革。随着智能设备的使用、生产过程的自动化，劳动者将从简单重复性的劳动中解放出来，转向需要人类智慧的复杂多变的劳动。以前具有的技能与知识将变得落后，劳动者需要重塑技能与知识储备，学习和掌握大量与新一代信息技术有关的知识与技能，同时还要发展智能设备所没有的属于人的创新思维能力、环境应变能力和人际交流能力。这意味着从学校到企业、从内容到手段的所有教育培训系统都要发生变革，要与新一代信息技术发展相匹配。如果教育培训不能跟上技术发展步伐，劳动者不能建构起新能力，对于个人就意味着会遭到就业市场淘汰，企业也因此会失去人才竞争力，最终会影响国家的新一代信息技术产业战略的实施。因此，如何缩小产业升级要求与劳动者现有能力之间的差距，将是“十四五”时期工业人力资源开发要面临的又一挑战。

（5）自动化提升效率与造成失业增加之间矛盾增大。新一代信息技术的应用对工业工作岗位有“取代”和“补充”两方面的影响。英国研究和咨询机构牛津经济（Oxford Economics）2019年表示，机器人的崛起取代人类就业机会，这个情况在全球各个国家或地区内将会不均匀分布（Oxford Economics，2019）。从全球看，2004年以来每新增一台机器人便取代了1.6个工人；分国家看，2000年以来全球有170万个工作因为机器人而消失，其中美国26万个，占其制造业雇用人数的2%；欧洲40万个，占其制造业雇用人数的1.5%；中国55万个，占其制造业雇用人数的1%。按照国际机器人联盟的预测，全世界到2030年还将有24万个制造业工作消失。虽然中国因机器人丧失的工作岗位与其他国家比不算多，但是中国是世界机器人增长最快的国家，并且中国的劳动力成本增长很快，年轻劳动力供给在减少，因此未来工业中机器人的使用将更加普遍，这将会取代一些劳动力，导致技术性失业增加。从机器人的特性来看，越是简单劳动者，越容易被取代，因此失业者将是那些技能比较低的劳动者，而这些人再就业比较困难，并且即使再就业，也很可能比以前收入低。因此，如何平衡自动化提升效率与造成失业增加之间的关系，如何保障技术性失业者的基本生活与如何促进他们再就业，也将是“十四五”时期工业人力资源开发要面临的挑战。

三、“十四五”时期人力资源开发的政策建议

1. 创新教育方式以缓解高端人才短缺

“十四五”时期的经济社会发展需要大量的高端人才，如人工智能领域的算法工程师、大数据领域的Java开发工程师、5G领域的通信研发工程师、工业互联网领域的ERP实施顾问等。目前这些人才主要依靠高等院校与科研机关的学制教育培养，时间长，满足不了企业需求，因此需要开辟其他培养渠道。

一是增加在职教育机会。英国提供一年制转换专业领域的人工智能硕士学位课程。日本在大学设置人工智能专门课程，由政府提供部分费用，支持在职人员回校深造。借鉴英国、日本经验，可以在高等院校设置大量短学制专业课程，吸引在职人员接受“回炉教育”。另外，还可以通过在线培训、职业培训以取得相关的专业资格，来支持在职人员学习。专业资格标准由政府与行业共同制定，具有权威性和规范性，可以作为在职人员的能力证明。

二是强化合作型实战教育。合作型实战教育，也称作问题导向型教育（Project - Based Learning，PBL），它根据企业的实际课题设置教育课程，使学员在实际解决企业问题的过程中提高专业技能。现实中，企业对新一代信息技术的应用极为关切并有很大需求，但是很多企业还做不到把自己的问题明确地与新一代信息技术结合起来，归纳出解决问题的思路，也不知道如何选择提供新一代信息技术的企业。而能够提供新一代信息技术的企业也不了解对方企业的实际情况和数据，也无法立刻拿出具有实效的解决方案。其瓶颈就在于双方都缺少具有综合应用能力的人才，因此需要借助PBL这种形式来培养供需双方的技术人才。PBL就是由需求方和供应方合作，在一定期间针对需求方的具体课题研究使用新一代信息技术的解决方案。需求方有解决问题的意愿，有数据，而供应方有基本技术能力，双方合作有可能找到解决问题的有效方案，双方参与人员可以通过这个过程学习到具有实战意义的信息技术。但这个合作过程中是不会产生效益的，需要双方前期投入，并且合作也有失败的可能，双方企业都必须承担风险。因此，为了培养紧缺的高端人才，国家应该对PBL进行费用补助和组织协调，在社会上形成更多的培养高端人才的“合作型实战教育组织”。

三是发展数字化培训。数字化技术现在已成为各行业、各岗位不可缺少的基本技能，因此，要在企业开展普遍的数字化培训，利用在岗培训

或离岗集中培训的形式，结合工种或岗位的具体情况，根据使用的数字化设备的实际要求，制定出全员的数字化培训计划。为了激励员工学习数字化技术，企业可以将培训成绩纳入考核指标。进行数字化培训需要相应的设备和占用工作时间，这意味着增加了企业成本压力。因此，国家应该在税制方面提供优惠，根据数字化培训的投资额度，减免相应的税款。

2. 推动自动化以缓解低端人才短缺

中国劳动市场存在着低端人才短缺。低端人才指的是在低端职位就业的劳动者。这些职位处于组织底层，工作相对简单、程序化、高强度和危险。低端职位很多分布在制造业的劳动密集型行业。例如，2020年第一季度全国十大城市岗位需求和求职排行榜显示，排在前茅的就是搬运、包装工、车工等制造业低端职业。未来随着劳动力供给减少、劳动成本持续上升，制造业低端人才短缺问题会变得更加严重，会更加削弱企业竞争力和中国制造大国的地位。因此，在实施产业政策时，应该聚焦那些低端人才短缺的劳动密集型行业，推动自动化以阻止企业竞争力的下降。

然而，自动化是一把“双刃剑”。完全的自动化会导致技术性失业，因此，引进自动化时，在符合效率的前提下，应该尽量使用人机协作方式。人机协作方式指的是人与机器协同完成生产任务。人机协作方式在当下有着技术上的必然性。由于智能技术自身的局限性和性价比的关系，一些行业尚无法将全部生产业务都实行自动化。因此，在设计生产流程时，应该引进“适度自动化”理念，分析各个工序或岗位上人与智能设备的各自的优劣，将重复、简单、危险、高强度的作业交给智能设备来做，而人来从事需要判断、需要多样技能、需要不断改进革新的作业。在适度自动化的生产流程中，形成人机协作的工作环境，不仅可以提供劳动机会，提高劳动者的技术素质，还可以充分发挥人的潜能，在生产工艺、质量标准以及产品设计等方面发现问题，在生产现场捕捉技术创新的机会。

3. 加速劳动者能力转型以应对技术发展

首先，要提高全社会的新一代信息技术基本素养。从小学、中学到大学，再到工作阶段，普及新一代信息技术教育。对于义务教育的中小学阶段，应该完善每个学校的信息网络，要使高速Wi－Fi网覆盖全部校区，使每个学生都有自己专用的终端设备。当前教育界中能担任新一代信息技术教学的教师人才十分欠缺，国家应该制定紧急行动计划，中小学至少要在5年以内消除相关基础素养课程的空白，使每个学校至少有一名该学科的教师。对于大学阶段，在包括理工、人文社会、艺术、体育在内的所有学科开设新一代信息技术的必修课程，促进学生提高新一代信息技术基本素养。对于工作阶段，应该发挥政策导向作用，鼓励行业制定新一代信息技术基本素养标准，把它们作为就业的必备条件。公共职业培训机构应积极利用大数据来监控技能需求变化，针对未来需要的重要技能开设培训课程，在课程设施、教材编写、授课教育、实操训练、技能评价各环节充分发挥作用。政府对相关培训、研究费用进行补助，包括给企业、教育机关以及学员的补贴。

其次，要在人才培养中引进价值链目标，按照市场需求导向进行职业培训。现在社会局势和科技的变化迅速，企业价值链所处的环境也在不断变化。所谓企业价值链，包括设计、产品开发、生产制造、销售、消费、售后服务、回收利用等生产服务网络中的各环节。随着环境变化，企业价值链各环节的重要性会发生变化，如由原来主要依靠引进外国技术变为自主开发技术、由主要销往海外市场变为开发国内市场等。因此，企业的培训目标也应该随之变化，以满足实际需求。现有的学制教育培养出来的学生，存在着严重的学用差距，在就业上受到阻碍。为了持续发展，企业应该参与人才培养，对教育机构提出自己的人才目标，确保符合自己价值链的人力资源供给。对企业参与学制教育人才培养，应给予政策规范和支持。同时，企业尤其是在行业中有着关键地位的大企业，要树立人力资源的战略目标，完善用人与内部员工职能培训标准，以此促进社会教育体系的调整。

最后，为了缩减现行学制教育的学用差距，要在学习方法上进行改进，要推行问题导向及跨学科合作探讨方式的教育培训。企业与教育机构协作就现实问题设立学习计划和学习目标，引导学员接触社会实践，学习使用真实数据解决问题的技能。借鉴国外STEAM教育的经验，打破学科界限，组织学员综合学习数学、统计、大数据、人工智能以及物理、化学、生物、艺术等多学科知识，以小组方式进行讨论和制定解决方案，提高新一代信息技术与各类专业技术的融合创新能力。并且要引进人工智能等技术手段代替教师进行个性化辅导，提高学员的学习效率。

4. *多方面加强就业安全保障以防范致贫风险*

（1）强化失业预警机制。由于全球经济下行、新冠疫情冲击、市场疲弱以及新一代信息技术加速自动化取代人力等因素，今后一段时间里中国就业市场存在着失业增加的风险。为了促进就业和保障社会稳定，需要强化失业预警机制，在经济增长、结构调整、产业升级预测的基础上，对劳动供需走向进行监测，对可能产生失业的产业、领域、地区以及可能产生的失业人数提出及时预警（提前一季度等），及时做好相关的失业调控预案，采取必要的再就业措施。

（2）促进失业人员提升技能和再就业。对于因自动化而失去工作岗位的失业人员，要加大力度促进他们提升技能和再就业。2019 年 5 月 24 日国务院办公厅发布了《关于职业技能提升行动方案（2019—2021 年）的通知》，提出对下岗失业人员和转岗人员开展免费职业技能培训，对就业困难人员尤其是贫困地区的贫困劳动力在培训期间提供培训补助资金和生活费补贴（含交通费）。这些措施对于促进失业人员提升技能和再就业有着重要作用。但从提高政策实际效果的角度看，在培训补助类目、补助次数以及再就业帮扶机制上还有提升的空间。一是可以在培训补助类目中增加求职交通补贴（不限定是否属于困难群体）、异地求职交通补贴、搬迁费补贴、房租补贴等；二是可以把培训补贴享受次数适当上调到目前每人每年享受 3 次以上；三是可以通过数字手段加强与失业人员的沟通，针对失业人员实际情况提供技能培训和再就业服务；四是加强“新基建”重大建设项目引导就业机制，确保高校毕业生和农民工等重点群体就业稳定。

（3）加强社会安全网的基础支持。通过制度设计，切实保障失业人员的基本生活，确保失业人员公平享受健康、教育机会。延长大龄失业人员领取失业保险金期限，阶段性实施失业补助金政策，阶段性提高价格临时补贴标准。另外，对失业人员提供学费减免、医疗费补助、心理辅导等服务。

专栏 19－1

到 2030 年机器人的使用将减少 8.5%的制造业岗位

根据牛津经济研究院 2019 年 6 月 26 日发布的报告，到 2030 年，主要经济体国家的机器人将摧毁多达 2000 万个制造业岗位。自 2000 年以来，机器人已经使人类失去了大约 170 万个制造业岗位，其中欧洲 40 万个，美国 26 万个，中国 55 万个。

自 2010 年以来，机器人化的速度在迅速增加，全球工业机器人库存增长了一倍多。根据研究数据，如果这个速度保持不变，到 2030 年全球制造业劳动力将减少 8.5%。

数据显示，每个新的工业机器人平均消除 1.6 个制造业工作岗位。机器学习和工程技术的进步推动了未来五年内服务行业加速机器人的使用。这将特别影响物流业，同时扩展到医疗保健、零售、酒店和运输等行业。

目前全球约有 1/3 的机器人在中国运作。到 2030 年，预计中国拥有多达 1400 万台机器人，随着中国进一步巩固其作为全球主要制造业中心的地位，机器人的数量将会比世界其他地区多。

在技能较低的地区，机器人造成的制造业失业几乎是技能较高地区的 2 倍，加剧了社会和经济压力。

另外，在人工智能、机械学习、工程和计算能力方面的创新推动下，未来五年，服务业的机器人使用也将加速发展，服务机器人将越来越多地取代从业人员。

然而，机器人的增加也促进了经济增长，创造了新的就业机会。到2030年，机器人装置增加30%，将使全球GDP额外增加5万亿美元。

各国政府将会面临严峻的挑战，因为在政治两极分化日益加剧的时候，自动化会加剧收入不平等的社会问题。

资料来源：根据曾子龙《牛津经济研究院：2030年机器人将霸占中国全球制造业裁员2000万人》改编，原文载香港经济日报网，2019年6月26日，https://inews.hket.com/article/2384907/。

参考文献

[1] 陈明生：《人工智能发展、劳动分类与结构性失业研究》，《经济学家》2019年第10期。

[2] 潘文轩：《人工智能技术发展对就业的多重影响及应对措施》，《湖湘论坛》2018年第4期。

[3] World Economic Forum, The future of jobs report 2018: Centre for the new economy and society, https://www.weforum.org/reports/the-future-of-jobs-report-2018, 2018-09-17。

[4] H. Bakhshi, J. M. Downing, M. A. Osborne, P. Schneider, The future of skills: Employment in 2030, https://futureskills.pearson.com/research/assets/pdfs/technical-report.pdf, 2017-12-30。

[5] Oxford Economics, How robots change the world, http://resources.Oxfordeconomics.Com/how-robots-change-the-world, 2019-06-11。

[6] ILO, World Employment and Social Outlook: The changing nature of jobs, International Labor Organization, https://www.ilo.org/wcmsp5/groups/public/---asia/---ro-bangkok/---ilo-beijing/documents/publication/wcms_539888.pdf, 2015-05-19。

[7] 世界银行：《新冠肺炎疫情使全球经济陷入二战以来最严重衰退》，https://www.shihang.org/zh/news/press-release/2020/06/08/covid-19-to-plunge-global-economy-into-worst-recession-since-world-war-ii, 2020-06-08。

[8] 国际货币基金组织：《〈世界经济展望〉更新：前所未有的危机，不确定的复苏》，https://www.imf.org/zh/Publications/WEO/Issues/2020/06/24/WEOUpdate-June2020, 2020-06-24。

[9] 祝嫣然：《中国宏观经济论坛报告：预测2020年GDP增速为3%》，https://www.yicai.com/news/100674834.html, 2020-06-21。

[10] 中国金融信息网：《不锈钢投资过热隐忧渐显 企业亟待重连内功》，http://news.xinhua08.com/a/20190415/1816991.shtml?ulurcmd=0_comdf_art_0_ca14545055c8463cb22a94a185a75994, 2019-04-15。

[11] 钟志敏：《多地水泥再添新增产能过剩或致风险加剧》，《中国证券报》，2019年6月28日。

[12] 王晓慧：《〈中国发展报告2020〉：2050年老龄化将达峰值 "银发经济"将成为带动中国经济可持续发展的新增长点》，《华夏日报》，2020年6月26日。

[13] 新浪教育：《2020年高校毕业生874万 疫情影响就业形势严峻》，https://edu.sina.com.cn/l/2020-04-12/doc-iircuyvh7288271.shtml, 2020-04-20。

[14] 教育部：《我国高等教育即将进入普及化阶段》，http://www.moe.gov.cn/fbh/live/2019/50340/mtbd/201902/t20190227_371425.html, 2019-02-26。

[15] 瞭望东方周刊：《新基建，是什么?》，http://www.xinhuanet.com/politics/2020-04/26/c_1125908061.htm, 2020-04-26。

[16] 智联招聘：《2020年新基建产业人才发展报告》，https://www.chinaventure.com.cn/news/108-20200522-354986.html, 2020-05-22。

[17] 中国机器人产业联盟网：《2020年机器人主要发展趋势》，http://cria.mei.net.cn/news.asp?vid=3865, 2019-02-23。

[18] IFR: "Industrial Robots: Robot Investment Reaches Record 16.5 billion USD", https://www.equipment-news.com/industrial-robots-robot-investment-reaches-record-us16-5-billion/, 2019-10-18.

[19] 中华人民共和国人力资源和社会保障部：《2020年第一季度部分城市公共就业服务机构市场供求状况分析》，http://www.mohrss.gov.cn/SYrlzyhshbzb/zwgk/szrs/sjfx/202004/t20200421_366027.html, 2020-04-21。

[20] 中华人民共和国人民政府：《国务院办公厅关于印发职业技能提升行动方案（2019—2021年）的通知》，http://www.gov.cn/zhengce/content/2019-05/24/content_5394415.htm, 2020-05-24。

第二十章　新发展格局下的劳动力市场建设

提　　要

受低生育率和老龄化的影响，我国总人口规模和劳动力总量在“十四五”时期可能呈现缓慢增长甚至下降的趋势，劳动力负担加重，人口红利逐步消失。当前，我国的劳动力市场呈现如下特征：第一，产业间分布非常不均衡，农业部门劳动力过剩，工业部门的就业人数下降，而服务业吸纳就业能力远远不足；第二，就业弹性处于较低的负值水平，存在明显的“就业难”问题；第三，劳动力整体素质不断提高；第四，农民工出现了向中西部回流、优先选择服务业以及“年长化”的趋势。“十四五”时期我国劳动力市场建设面临诸多挑战，主要包括劳动力总量短缺、劳动力成本提升、高素质劳动力不足、劳动力流动受限、宏观经济冲击下的“就业难”等。这些问题影响着我国产业向更高级别的产业结构发展，制约着中国经济的长远健康发展。为此，一方面必须继续消除劳动力流动的各种制度障碍，实现劳动力资源的合理配置；另一方面必须加大人力资本投资，从教育和培训两个环节实现人力资本与产业结构的更好结合，促进劳动生产率的提高。此外，为了应对当前的国内外宏观经济形势，建议政府着手从需求侧创造更多的就业机会，同时加强政府公共服务，提高对重点群体的就业保障能力。

*　　　　*　　　　*

“十三五”以来，我国人口红利正逐步消失，经济增速从高速转入中高速的新常态。“十四五”时期，我国一方面需要不断推进产业转型升级，另一方面需要应对低迷的国际经济形势，劳动力市场可能同时面临结构失业和周期性失业，加之我国劳动力市场固有的一系列“顽疾”，探讨如何加强“十四五”时期的劳动力市场建设，对于我国经济的长远、健康、快速发展具有重要的意义。

一、“十三五”时期以来我国人口结构特征与趋势

近 20 年来，我国的总人口一直处于平稳增长态势，“十三五”时期，我国总人口从 13.8 亿人增长至突破 14 亿人。然而，在长期计划生育政策的约束下，我国一直处于低生育的状况，根据抽样数据测算，我国目前的实际生育率不到 1.4，按照当前的生育率，人口规模处于持续衰减状况。据学者预测，在下一个十年，我国总人口在缓慢到达最高峰之后，将进入人口数量下降通道，我国总人口将在目前的基础上增加 1000 万人左右后开始下降，预计到 2050 年下降至 13 亿人（见图 20－1）。

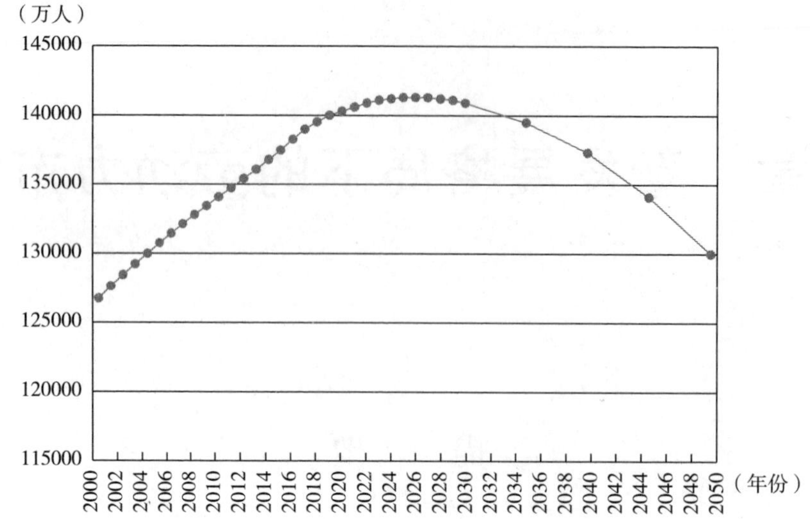

图 20－1 我国总人口变化趋势

资料来源：国家统计局；张车伟、林宝：《“十三五”时期中国人口发展面临的挑战与对策》，《湖南师范大学社会科学学报》2015年第44卷第4期。

总人口数量减少的同时，我国人口的年龄结构也发生了重大变化，最大特点是老龄化的加剧。2015～2019年，我国60岁及以上老年人的比例从16.1%增长至18.1%，预计在“十四五”时期将进一步增长至20%。与各年龄段的人口比例变化相联系，“十三五”时期中国人口总抚养比（0～14岁人口与65岁及以上人口之和/15～64岁人口）出现了上升，2016～2019年，少年儿童抚养比从22.90%上升至23.80%，老年人口抚养比从15.00%上升至17.80%，总的抚养比从37.90%攀升至41.60%（见图20－2），即劳动年龄人口的相对负担开始加重。

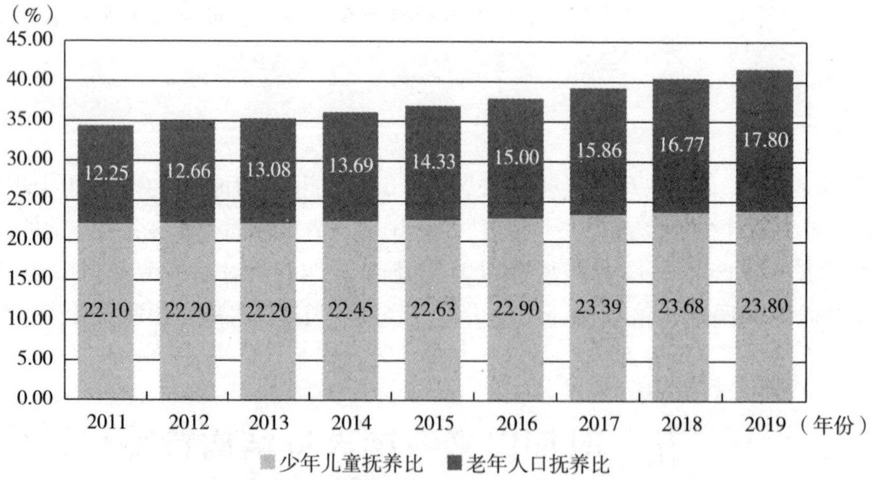

图 20－2 2011～2019年中国人口抚养比

资料来源：国家统计局。

与老龄化相对应的是，我国的劳动力总量也呈下降趋势。近十年来，我国15～59岁劳动年龄的人口总量以及占总人口的比重均呈现持续下降的趋势。2012年，中国15～59岁劳动年龄人口数量首次出现下降，标志着下降历程的开始。15～59岁总人口从2016年的9.22亿人下降至2019年的9.11亿人，预计到“十四五”期末，将跌破9亿人。从人口占比来看，我国15～59岁人口的总数 2011 年为 94072 万人，占总人口比为 69.80%；2019 年下降至 91125 万人，占总人口比为 65.09%（见图 20－3）。在劳动参与率不变的情况下，劳动年龄人口的总量下降势必造成劳动力供给的下降。

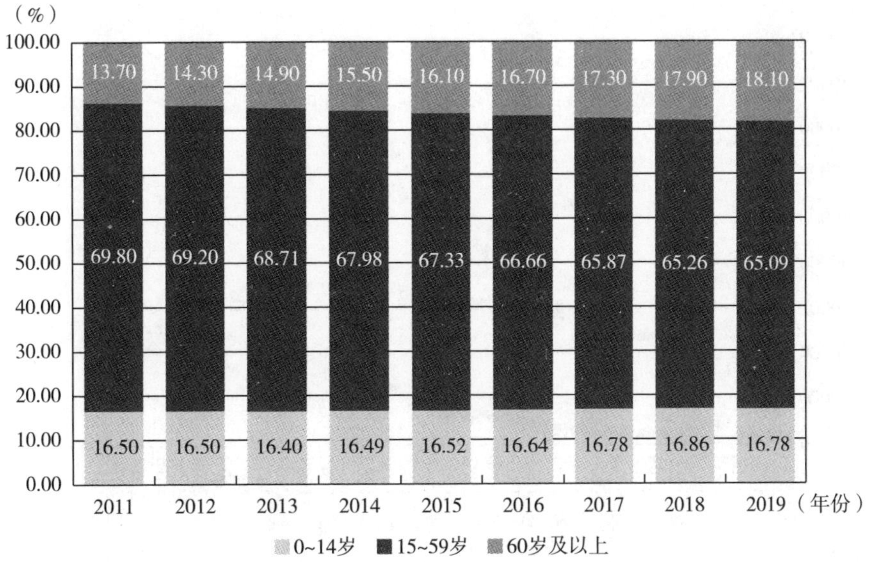

图 20－3　2011～2019 年中国人口结构

资料来源：国家统计局。

综合以上分析，受低生育率和老龄化的影响，我国总人口规模和劳动力总量在“十四五”时期均可能呈现缓慢增长或者下降趋势，老龄化带来劳动力负担的加重，我国人口红利的优势正在逐步消失。

二、我国劳动力市场建设的现状与特点

当前，我国的劳动力市场建设有如下特点：第一，我国劳动力市场的产业间分布非常不均衡，农业部门劳动力过剩，工业部门的就业人数在下降，而服务业吸纳就业能力远远不足。第二，从就业弹性看，我国劳动力市场的就业弹性处于较低的负值水平，说明我国存在明显的“就业难”问题。第三，近年来，大量的高校毕业生成为劳动力整体素质不断提高的重要标志。第四，农民工作为我国产业工人的主体，逐渐出现了向中西部回流、优先选择服务业以及年长化的趋势。

1. 劳动力的行业分布

如图 20－4 所示，2019 年，我国总的就业人口约为 7.75 亿人，就业人口的数量在“十三五”时期基本保持稳定，其中第一产业 1.95 亿人，第二产业 2.13 亿人，第三产业 3.67 亿人，占比分别为 25.10%、27.50% 和 47.40%。与三大产业的产值进行比较，我国就业人口的产业间分布是非常不均衡的。目前，发达国家产业结构中服务业所占的比重高达 70%，而中国目前才刚超过 50%。同时，中国的第一产业产值只占到 GDP 的 7%～8%，产业就业人员规模却占到全部就业的 1/4 以上（见表 20－1），说明农业部门的劳动生产效率不仅远远低于其他产业，且中国的服务业吸纳的就业规模只有 45% 左右，服务业就业拉动水平仅相当于美国和英国 100 年前的水平。就业人口的产业间分布与经济发展水平和城镇化进度密切相关，我国目前正处于工业化后期阶段，在过去的几十年间，我国劳动力的流向主要是从第

一产业转向第二产业，而在工业化进入后期的阶段中，我国劳动力开始更多地向第三产业转移，服务业成为吸纳就业的主要领域。由此可见，从中国的产业结构来看，相比发达国家，中国目前的服务业还处于传统低附加值领域，吸纳就业的能力有待提升。

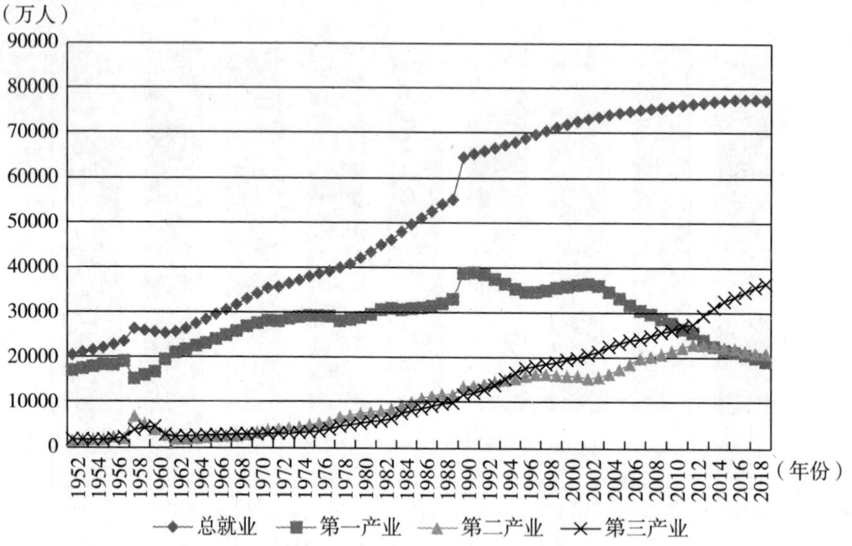

图 20－4　1952～2018 年我国总的就业人口

资料来源：国家统计局。

表 20－1　2011～2019 年中国三大产业产值与就业人数占比

单位：%

年份	第一产业		第二产业		第三产业	
	产值占比	就业人数占比	产值占比	就业人数占比	产值占比	就业人数占比
2011	9.18	34.80	46.53	29.50	44.29	35.70
2012	9.11	33.60	45.42	30.30	45.46	36.10
2013	8.94	31.40	44.18	30.10	46.88	38.50
2014	8.64	29.50	43.09	29.90	48.27	40.60
2015	8.39	28.30	40.84	29.30	50.77	42.40
2016	8.06	27.70	39.58	28.80	52.36	43.50
2017	7.46	26.98	39.85	28.11	52.68	44.91
2018	7.04	26.10	39.69	27.60	53.27	46.30
2019	7.11	25.10	38.97	27.50	53.92	47.40

注：由于四舍五入，可能存在三大产业产值与就业人数占比之和不等于100%的情况。

资料来源：国家统计局。

根据城镇就业人员情况的统计，我国就业人口的细分行业分布如图 20－5 所示，其中就业人数最多的为制造业、建筑业、公共管理和社会组织，从行业大类来看，在工业领域（包括制造业，采矿业，电力、燃气及水的生产和供应业）就业人口占比为 29%，建筑业就业人口占比为 16%，服务业就业人口占比为 54%。从城市就业人口行业分布的跨期趋势来看（见图 20－6），2002～2013 年基本处于平稳增长期，在 2013 年之后，建筑业的就业人员数有轻微下降，这与我国基础工程建设和房地产业的相对回落相一致。工业就业人员数量下降较为明显，从 2013 年的 6299 万人下降至 2018 年的 4962 万人，这与我国的产业结构转型升级、机器换人、产业智能化发展有关。相对应地，在 2013 年之后，城镇服务业的就业吸纳能力有所提高，尤其是房地产业、金融业、交通运输业和批发零售业。但是总体来看，服务业带动就业的增长趋势不是非常明显。

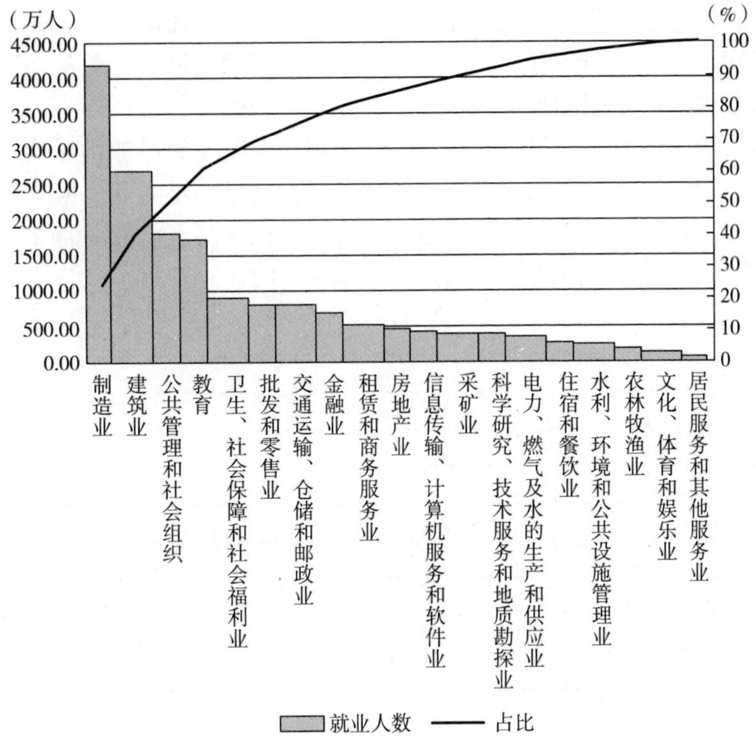

图 20－5　我国城镇就业的行业分布

注：统计时间为 2018 年 12 月。

资料来源：国家统计局。

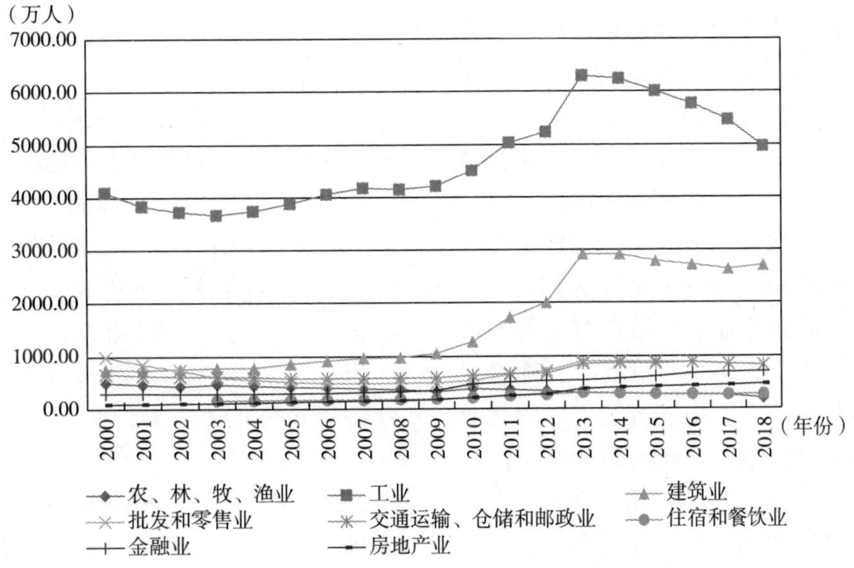

图 20－6　2000～2018 年我国分行业城镇单位就业人员数

资料来源：国家统计局。

2. 劳动力市场的就业弹性

就业弹性与宏观经济发展形势和产业结构调整密切相关。如图 20－7 所示，20 世纪 90 年代以来，我国开始发展市场经济，宏观经济迸发出超强的活力，大量农村剩余劳动力进入工厂，带动了经济和就业的快速增长，就业弹性处于历史最高水平。进入21世纪以后，一方面各地政府加大对外开放，采取积极的外资引进政策，另一方面第一批企业家通过发展劳动密集型产业积累了原始资本，从而资本密集型行业得以快速发展，而吸纳大量廉价劳动力的乡镇企业因人员负担成本以及竞争力降低等不断萎缩，从而使就业弹性持续降低，至2005年我国的就业弹性降至0.04的低位，并在此低位上持续了近十年。2014年之后，随着经济进入“新常态”，较低的经济增速，迭代升级的产业转型趋势，加上信息技术的迅猛发展，对就业的增加都形成了负向冲击，我国的就业弹性进一步降低。据测算，2018年，我国就业弹性已经降至负值－0.01，2019年进一步降低至－0.02。

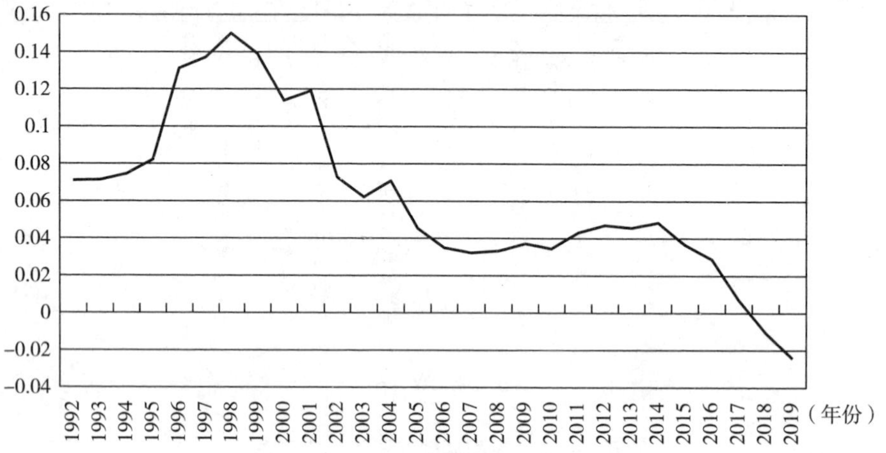

图20－7 1992～2019年我国总的就业弹性

资料来源：根据国家统计局历年总就业人员和GDP指数计算得到。

与分行业的就业人数变化趋势相对应，分行业的就业弹性趋势如图20－8所示。首先，我国的农、林、牧、渔业的就业弹性一直为负值，原因在于农业就业人数一直处于递减状态，这符合工业化阶段，劳动力从第一产业转向第二、第三产业的基本规律。其次，我国的工业和建筑业的就业弹性在21世纪初的几年中也连续为较大的负值，主要原因在于乡镇企业的衰败没落和资本密集型产业的发展。再次，2005～2015年，随着我国经济的快速增长，各行业均创造了大量的就业机会，加之人口流动性加强，我国的就业弹性处于较高水平。最后，进入“十三五”时期之后，我国经济增速下降，加快产业结构调整，工业就业弹性降为负值，服务业中的房地产业和金融业的就业弹性处于较高水平，住宿和餐饮业的就业弹性有明显回升趋势。

综合以上分析，我国劳动力市场的就业弹性目前处于较低水平，不同行业的就业弹性存在明显异质性，部分服务业的就业弹性较高，但大部分实体经济的就业弹性为负，说明我国存在明显的“就业难”问题。

3. *劳动力的教育水平*

随着我国各类教育改革的推进和普及教育的开展，我国劳动力的整体素质一直在不断提高，尤其是20世纪末实施大学扩招政策以来，我国高等教育的毕业生人数迅猛增长。2000年，我国专业毕业生人数为17.85万人，本科毕业生人数为49.56万人；到2019年，专科毕业生人数增长了20倍，至363.81万人，本科毕业生人数增长了8倍，至394.72万人。此外，研究生和出国留学人员数量也平稳增长，2019年研究生毕业生数量为63.97万人，出国留学人数近70万人。高等教育毕业生人数的快速增加说明我国劳动力素质得以大幅度提高。近年来，每年有超过800万的高学历人才进入劳动力市场，为各行业提供新鲜的血液。在“十四五”时期，劳动力平均教育水平的不断提高依然是个大趋势。

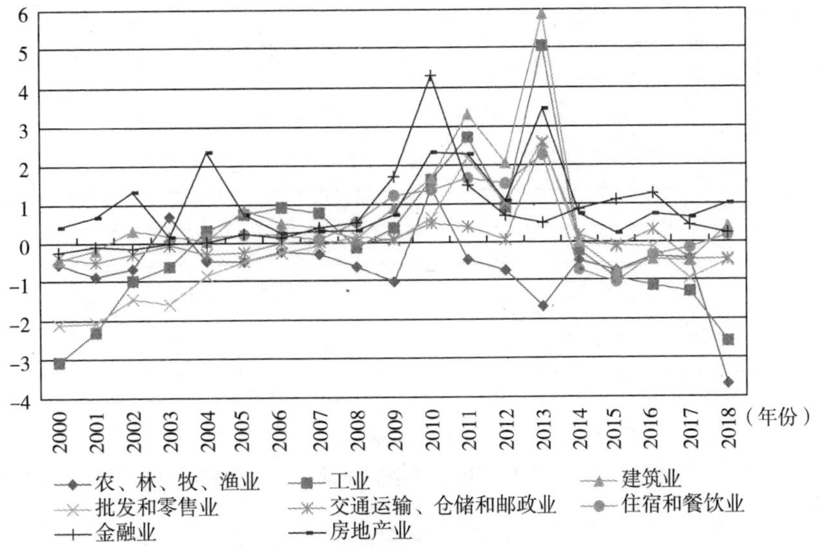

图 20－8　2000～2018 年我国分行业就业弹性

资料来源：根据国家统计局城镇单位就业人数和各行业增加值计算得到。

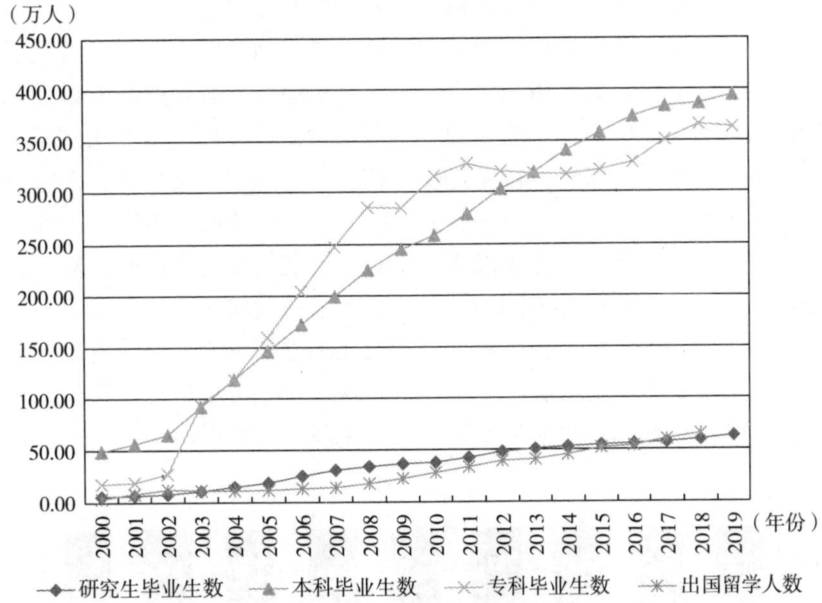

图 20－9　2000～2019 年我国高等教育毕业生人数

资料来源：国家统计局。

4. 流动人口与农民工就业

农民工是我国产业工人的主体，在城镇单位就业人口统计中，约 2/3 的人从事工业和建筑业，其中存在大量的流动人口和农民工群体。据统计，2019 年，我国约有 2.8 亿人处于人户分离的状态，其中流动人口约为 2.36 亿（见图 20－10）。不过从 2014 年之后，我国人户分离和流动人口的人数有所下降，一定程度上反映了随着经济增速下滑、中西部经济的发展，出现劳动力回流的现象。我国流动人口的主体为农民工，“十三五”时期，虽然总的流动人口数量有所下降，但我国农民工总人数从 2016 年的 2.82 亿人增长至 2019 年的 2.91 亿人（见图 20－10），相比于“十二五”时期增速有所放缓，但依然处于缓慢增长的趋势。

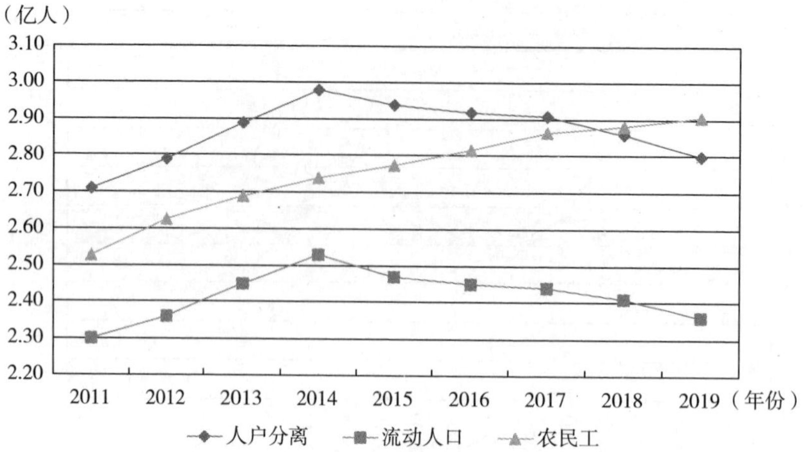

图 20－10　2011～2019 年中国流动人口的规模变化

资料来源：国家统计局。

近年来，随着我国工业化和城镇化进程的加快，农民工流向的区域特征、行业选择和年龄结构发生了一定变化。从区域特征来看，随着东部地区转型发展，劳动力密集型、出口导向型企业有所减少，而机器换工进程加快，企业用工也在减少。相比之下，中西部地区依托中部崛起、西部大开发、脱贫攻坚等政策机遇，加快承接东部地区产业转移，一大批制造业、服务业项目加快落地，创造了大量劳动岗位，拓宽了本地农民工就近就地就业渠道。从农民工监测数据来看，2019 年，在东部地区就业的农民工比上年减少 108 万人。相比之下，中西部地区吸纳农民工的能力进一步增强，达到 12396 万人，比上年增加 352 万人。从农民工的行业分布来看，曾经最主要的建筑业和制造业的农民工就业比重逐渐下降，而第三产业的农民工就业比重正在不断上升，既包括金融、软件等高端服务业，也包括餐饮、快递、旅游等劳动密集型行业。服务业就业形式灵活，存在很多非正式就业人口，如城市家政服务、网约车司机等，使第三产业逐渐成为吸纳农民工就业的主力军。从农民工的年龄结构来看，出现年长化的趋势，新一代农民工供给已经不及老一代农民工（见图 20－11）。许多年轻的农民工进城不愿意单纯地以“务工”为主，从而出现了一些传统劳动密集型岗位招工难和用工年龄不断增加的局面。

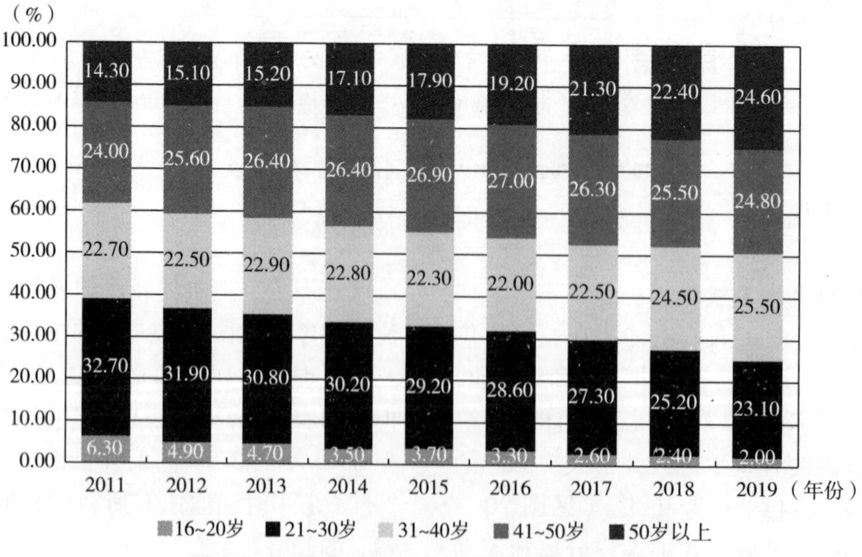

图 20－11　2011～2019 年农民工年龄结构变化

资料来源：国家统计局。

三、"十四五"时期劳动力市场建设主要难点

综合我国人口结构特征和趋势，劳动力市场建设的现状和特点，"十四五"时期我国劳动力市场建设主要面临劳动力总量短缺、劳动力成本提升、高素质劳动力不足、劳动力流动受限、宏观经济冲击下的"就业难"等方面的问题，这些问题影响着我国产业向更高级别的产业结构发展，制约着中国经济的长远健康发展。

1. 劳动力总量短缺的趋势将不断加强

人口结构性矛盾成为影响经济社会发展的重大问题。我国老年人口比重不断提高，人口抚养比开始上升，区域间、城乡间人口发展不平衡，人口结构性矛盾已经引起了劳动力市场的深刻变化，也将对经济社会发展产生日益深刻的影响。蔡昉（2008）研究表明，2004年以后中国劳动力市场已经发生了大的转变，出现了刘易斯转折点，劳动从无限供给转向了有限供给，我国劳动力短缺出现不断加剧的趋势。如前文所述，近十年来，我国15~59岁劳动年龄的人口总量以及占总人口的比重均呈现持续下降的趋势。在劳动参与率不发生显著变化的情况下，可以预见"十四五"时期，中国劳动力供给总体呈现下降趋势。然而，在"十四五"时期，劳动力需求预计将依然保持强劲势头。"十三五"时期，城镇就业人员数每年增加约1000万人，考虑到未来受新冠疫情、中美贸易摩擦等宏观因素影响，中国经济的发展势头可能减缓，但依然至少能保持每年增加500万人。综合劳动力供求变化趋势，"十四五"时期劳动力供给相对不足将成为常态。

2. 劳动力成本呈快速上涨趋势

劳动力短缺的直接影响是劳动力成本快速上升。自20世纪90年代末以来，劳动力市场上正规劳动力的工资水平一直保持两位数的增长，如图20－12所示，近十年来，农民工的平均工资基本翻了一倍。由于农民工工资整体上仍然大大低于城镇职工平均工资，随着劳动力短缺的全局性发展，农民工在劳动力市场上的地位将更加重要，议价能力将进一步增强。因此，预计"十四五"时期农民工工资将仍然呈快速上涨趋势，从而带动劳动力成本的整体上涨。劳动力成本上涨将对中国经济的长期增长产生重要影响。充足的廉价劳动力是中国在国际贸易中享有比较优势的主要原因，也是中国经济起飞和发展的重要条件，劳动力成本上涨将损害中国的比较优势，对出口产生重大影响，进而削弱中国经济增长的动力。因此，"十四五"时期，中国必须寻找新的动力源泉，以适应人口变化所带来的劳动力市场变化的影响。

3. 高素质劳动力不足

虽然我国目前有14亿的总人口，9亿的劳动年龄人口，以及7.75亿的就业人口，从劳动力的总量来看依然是较为庞大的，但是从劳动力的质量来看，我国劳动力的整体素质偏低，主要原因有以下几点：第一，农村人口比重大，素质较低。根据国家统计局的统计数据，2019年我国农村人口还有5.5亿人，约占总人口数的40%。由于基础设施建设的不完善、教育的普及不够等众多要素，农村人口受教育程度低，科学技术接受能力较弱，素质较低，面对不同产业结构的劳动力需求，很难适应并接受新的技术方法。第二，知识失业情况严重，高校教育能力不足。"十三五"时期，全国每年新增普通高校毕业生超过700万人，2019年本科毕业生超过394.72万人，大专毕业生有363.81万人，随着国内外经济形势的下滑，许多就业群体面临日益严峻的就业形势，而大学生待业数更是在不断增加。这种大规模的知识失业造成了劳动力资源特别是社会具有较高素质的活劳动的巨大浪费。而这种知识失业是供求结构错位造成的，体现为求职偏好与现实需求的错位、普及教育与精英培养的错位。第三，熟练技术工人的短缺。虽然我国存在庞大的产业工人群体，但熟练的技术工人一直供不应求，尤其是高技能人才的严重短缺，其主要原因包括：现行教育体制重视学历却忽视职业能力的培养；企业为了减少成本只使用不培训，没有很

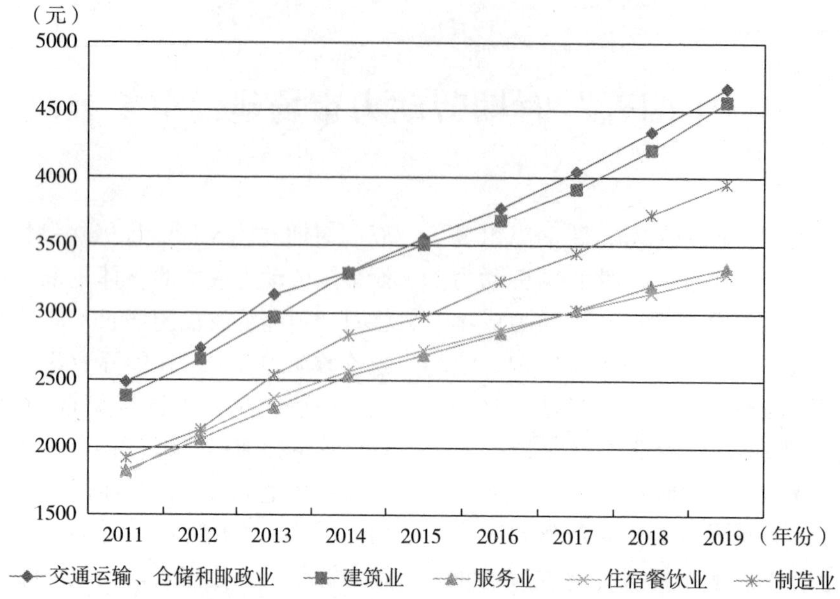

图 20-12 2011~2019 年各行业农民工月平均工资

资料来源：国家统计局。

好地对合适的员工进行进一步培养；培训企业机构组织运作评估不当。

4. 制度障碍限制了劳动力流动

作为一个地域广袤的大国，我国的区域经济发展很不平衡，大量就业机会主要集中在大城市，从而形成了大规模的劳动力流动。在大规模人口流动过程中，户籍制度的藩篱使城镇常住人口与户籍人口严重背离，形成了城镇化进程中的严重问题，大量农业转移人口难以融入城市社会，市民化进程滞后。如图 20-13 所示，2019 年我国常住人口城镇化率为 60.60%，而户籍人口城镇化率只有 44.38%。目前农民工已成为我国产业工人的主体，受城乡分割的户籍制度影响，被统计为城镇人口的近 3 亿农民工及其随迁家属，未能在教育、就业、医疗、养老、保障性住房等方面享受城镇居民的基本公共服务，产业集聚与人口集聚不同步，城镇化滞后于工业化。城镇内部出现新的二元矛盾，与之相对应地，农村留守儿童、妇女和老人问题日益凸显，给经济社会发展带来诸多风险隐患。如何健全农业转移人口落户制度，实施差别化落户政策，推进农业转移人口享有城镇基本公共服务，真正做到有序促进农业转移人口的市民化进程，是“十四五"时期要重点完成的工作。

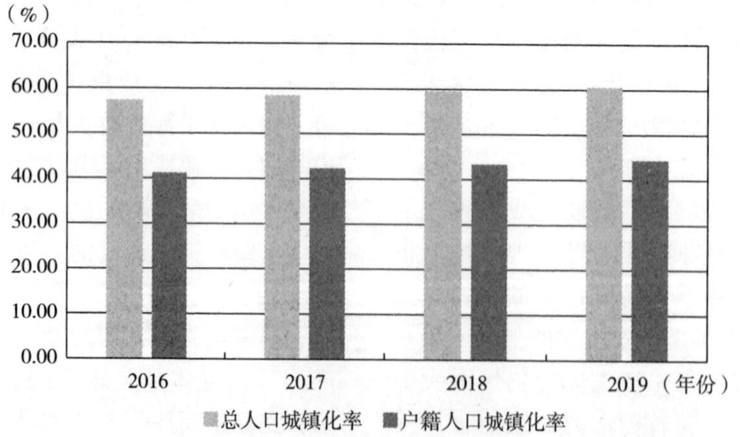

图 20-13 2016~2019 年我国总人口和户籍人口的城镇化率

资料来源：国家统计局。

5. 宏观经济形势加剧“就业难”

“十四五”时期，我国产业结构转型进入关键阶段，原有的依靠房地产、基础设施等大规模投资的增长模式失去动力，依靠廉价劳动力、自然资源等的粗放型产业逐步被淘汰，产业结构和就业结构转型加速，中国经济将逐渐向以服务业为主导的经济形态转变，从而使结构性的失业风险大幅增加。另外，受2019年末以来的中美贸易摩擦和新冠肺炎疫情影响，国际经济已经陷入危机，甚至存在较长时间陷入全球经济衰退的巨大风险，当前国内外的市场需求快速下降，全球产业供应链断裂，大量企业经营面临困难，这些冲击直接或间接导致劳动力需求大量减少。因此，“十四五”时期，失业问题可能是各种就业群体普遍面临的问题，尤其是我国农民工、大学生等城市就业困难群体。农民工群体主要集中于传统劳动力集中的服务业和制造业，在面对产业升级改造的过程中，农民工群体代表的低技能、劳动密集型行业、常规重复性岗位正在被加速替代，人工智能、机器人等新技术应用和变革正在加速经济结构转换步伐，能够适应新技术需求的岗位将从中受益，从而实现就业质量提升和工资水平增长，不能顺应技术变革的群体将面临被淘汰的风险。随着高校扩招，我国高校毕业生人数不断增加。2020年，全国高校毕业生人数达875万，同比增长40万。虽然多数大学毕业生都能找到合适的就业岗位，但确实有一部分高校毕业生由于专业技能、就业观念与市场需求脱节，出现就业困难，尤其在当前的国内外宏观经济形势下，大学生应届毕业生的就业问题已经引起了各方的关注。

四、“十四五”时期劳动力市场建设的政策建议

在劳动力短缺日益明显、劳动力价格不断攀升的情况下，中国经济的增长方式必须发生深刻的变革，其中，最主要的变化就是需要从要素积累的增长模式转向以改善经济效率为主的经济增长方式。从劳动力投入的角度来说，经济增长要更多依赖于劳动者素质的提高进而提高劳动生产率，而非依靠更多的劳动力投入。为此，一方面必须继续消除劳动力流动的各种制度障碍，实现劳动力资源的合理配置；另一方面必须加大人力资本投资，从教育和培训两个环节实现人力资本与产业结构的更好结合，促进劳动生产率的提高。此外，为了应对当前的国内外宏观经济形势，建议政府着手从需求侧创造更多的就业机会，同时加强政府公共服务，提高对重点群体的就业保障能力。

1. 通过制度改革，提高劳动力的供给水平

（1）继续推进计划生育制度改革。我国作为人口大国，近四十年来一直实施较为严格的计划生育政策，但是随着人口总量和劳动力总量的下降，在低生育率和老龄化的冲击下，人口红利的逐步消失将成为“十四五”时期制约经济发展的重要瓶颈。从“独生子女”政策，到“单独二孩”政策，继而是“全面二孩”政策，近年计划生育政策已经在逐步放开，但政策效果却严重低于预期，我国依然面对生育水平长期在低位徘徊和人口快速老龄化的客观现实，这些问题说明中国计划生育政策还需要进行更大力度的改革调整。“十四五”将正好处于再次调整生育政策的时间窗口，必须站在人口长期均衡发展的角度，站在对历史负责、对民族负责的角度完成生育政策的调整，全面放开生育，逐步让生育决策回归家庭。

（2）加快养老服务体系建设。“十四五”时期养老服务需求将快速增长，必须进一步加快养老服务体系建设，大力发展养老服务业。“十四五”时期将是20世纪80～90年代实施计划生育的夫妇集中进入老年的阶段，新进入老年的人口队伍子女数明显减少，而大规模的人口流动又造成了父母与子女之间的分离。家庭少子化、小型化和人口流动导致家庭内部难以解决养老问题，老年人不得不转而寻求社会服务。此外，养老服务需求也将升级，随着社会经济发展水平的提

高，老年人的养老服务需求也向更高层次发展，从基本养老服务逐步向个性化养老服务发展。养老服务体系建设重点在于分清政府、社会和家庭在养老服务中的责任和作用。要完善养老服务体系建设，必须发挥政府的主导作用，调动社会各主体的积极性，共同承担养老责任，逐渐形成以老年人为中心的由家庭、社区、养老机构、其他社会成员和组织等组成的多层次养老服务体系。养老体系的建设有利于减轻家庭养老的压力，从而释放家庭劳动力供给。

（3）完善社会保障制度。社会保障制度作为就业体制的重要制度支持，在很大程度上影响和制约着劳动力市场机制的运行效率，是形成劳动力市场秩序的重要制度安排。为了促进劳动力跨地区的自由流动，形成全国统一的劳动力市场，必须加快社会保障制度的改革进程，消除社会保险在企业之间、地区之间和城乡之间的接续障碍，切实降低劳动力流动的成本。政府应当站在培育劳动力市场秩序的立场上，通过相关立法积极推动社会保障制度改革，以完善的社会保障制度促进劳动力自由流动和劳动关系和谐稳定的发展。针对当前劳动力市场秩序建设对社会保障制度的要求，政府应着力进行以下改革：要扩大社会保障的覆盖面，特别要加强私营企业和农村流动人口的社会保障制度建设，降低乃至消除社会保障覆盖差异导致的劳动力流动成本；建设全国统一的社会保障制度，促进劳动力在地区和城乡之间自由流动；加快医疗保险等相对滞后险种的改革进程，建立健全社会保障体系，提高劳动力市场的运行效率；加强社会保障基金的监管和运营，优化社会保障基金的投资。

（4）加快户籍制度改革。为了促进劳动力在全国范围的自由流动，真正体现劳动者和企业作为劳动力市场的主体地位，政府必须加大力度改革户籍管理制度，把择业权和用人权真正还给劳动者和企业。户籍制度改革是一项系统工程，受到其他制度改革的制约，如财税制度改革、就业体制改革、土地制度改革、教育制度改革、社会保障制度改革等。针对当前户籍制度对劳动力市场建设的重大制约作用，政府应对与户籍制度相关的整个制度进行改革，使户籍制度与劳动者就业、子女入学、社会保险等功能脱钩，降低劳动力流动的成本，落实劳动者自主择业权和企业用人自主权。

2. 加强人力资源开发，提高劳动力素质

（1）加大技能教育的投入，实现供求对接。政府应该适当引导并增加对于农村落后地区教育的投入，提高广大劳动者的职业技能与认知水平，改变劳动者的原始就业观念并树立其新型的就业观，改变劳动者自身预期同市场需求的差异，使劳动力市场的供给直接面向市场，促使劳动力要素的自我转变与素质提高。随着中国经济的继续发展，产业转移和升级箭在弦上。在这一特殊的准备与转型时期，不仅国家要加大对劳动者技能教育的投入，劳动者也应当自我有意识地实现自身素质的提高与发展，实现劳动力要素的可持续发展，适合未来产业的变化与升级，满足未来劳动力需求结构。

（2）规范企业责任，加强培训力度。新型的产业发展需要有大量的熟练工人、高级管理与技术人才。在原有的基础上，规范企业的职责，改变企业“只用人不培养人”的短期盈利心理与行为。针对不同的劳动者，在企业实行先培训再上岗，训练出熟练的产业工人，并引进先进的企业防范人力危险的机制，建立高技能人才的业务进修和培训的机制，培养出符合自身发展的高级劳动力人才。规范社会上的培训组织机构，根据劳动力市场的需求，引入先进的培训技术与管理方法，加强同国际先进水平的交流，切实提高劳动力素质水平。

（3）以就业为导向促进教育投入的合理回报。大量的知识失业与高素质技工紧缺形成了鲜明的对比，是当前中国高等教育发展的重要问题。不论是在劳动密集型产业成熟发展期，还是在产业转移和升级期，对于具有劳动技能的劳动力要素都是稀缺的。全社会对于高等教育的投入，应该同回报成正比，以就业为导向。首要的是推进高校教育的改革，细分就业市场，瞄准目标市场，设计专业的结构，预测职场趋势，建立就业核心竞争力办学模式。对于当前各类新技术衍生出的新兴产业，如大数据、量子力学、云计算、区块链、人工智能等，有针对性地开设相关专业，培养对口的专业人才。同时，社会和家庭也应当转变对教育投入的观念，可以将有限的教育投入放在切实提高自身职业技能的职业培训教育，而不仅仅依赖单一的高校教育，因为前者在有些领域更能培育出符合市场需要的高技术人才来，促进就业，促进产业的转移和升级。

（4）健全人性化的评估、激励机制。正确的评估激励机制能够精确公平地刺激劳动力要素能力水平的提高，使其在很短的时间内充分发挥劳动者个人的潜能，为满足个人的欲望迅速提高个体的素质，来适应企业与市场的需求，从而达到促进产业转变的需要。在国有企业和公职人员队伍中，大量人才的人力资本受评估和激励制度约束并没有得到充分的发挥。加快国企改革，引入更多的市场竞争与激励机制，在公职人员队伍中，提高其基础待遇，构建阶梯型激励薪酬制度，有利于充分发挥人力资本的潜能，从而将大量沉寂的劳动力潜能发掘和利用。

3. 从需求侧创造更多就业机会

（1）新发展格局下培育新的就业增长点。"十四五"时期我国经济面临国际贸易形势恶化、中美贸易摩擦、新冠肺炎疫情长期存在、经济增速步入中高速增长阶段等困难，对就业市场的需求带来了中长期的压力。首先要正视宏观经济形势的客观挑战、劳动力市场面临的结构性变化，积极稳定经济增长，培育新的就业增长点，拓展新的就业领域。中国的就业市场依然有较大的挖掘潜力，我国本身拥有庞大的市场，在以国内大循环为主体、国内和国际双循环相互促进的新发展格局下，无论是产业的跨区域布局，还是企业的出口转内销，抑或个人层面的重新择业，只要宏观经济趋势向好，各地经济还有较多增长点，在"十四五"时期，新的就业岗位的不断增加并不是大问题。

（2）畅通创业创富通道，扩大创业带动就业效应。进一步完善有利于劳动者参与创业的政策环境，包括破除制约劳动者创业的体制障碍，拓宽创业投融资渠道，落实促进高校毕业生、退役军人、残疾人、登记失业人员等群体创业的税费优惠政策。大力支持农民工等人员返乡下乡创业，引导城镇失业人员等其他各类人员以创业促就业。在全社会弘扬创业风尚，培育创业意识，营造鼓励创业、宽容失败的社会氛围等。从宏观的角度来说，政府可以采取的措施包括：制定和实施就业优先的发展战略；制定有利于就业增长的产业政策、科技政策、贸易政策，以减弱技术进步对就业的冲击；扶持中小企业的发展，为创造工作岗位拓展空间；进一步开放劳动密集型产业，如服务业；积极吸引外资，从而创造更多的就业机会；等等。

4. 加强政府公共服务，提高重点群体就业保障能力

（1）强化公共服务平台建设。强化公共服务平台建设，规范人力资源市场秩序，提升人力资源市场供求匹配效率。"招工难"与"就业难"现象的出现，除了肇因于劳动力市场的供求因素外，还与劳动力市场的信息平台建设息息相关。高效合理的人力资源信息平台，不仅有利于雇主迅速找到合格员工，也有助于劳动者很快找到就业机会。加快建立统一开放、竞争有序的人力资源市场体系，打破城乡、地区、行业分割，促进劳动力在地区、行业、企业之间自由流动。建立信息互联互通机制，搭建共享发布平台。

（2）切实做好高校毕业生就业工作。拓展高校毕业生就业领域，开发更多适合高校毕业生的高质量就业岗位。扩大国有企事业单位、基层服务机构招聘规模，加大对青年就业人口的吸纳。在新冠疫情下充分暴露了我国基层医疗人才的不足，"十四五"时期可大幅扩充医疗队伍建设，防范疫情长期持续存在的风险。结合政府购买基层公共管理和社会服务开发岗位，进一步引导和鼓励高校毕业生到城乡基层、中西部地区、中小微企业就业。

（3）农民工和特定群体的转移安置。促进农村劳动力转移就业，结合推进新型城镇化建设，合理引导产业梯度转移，创造更多适合农村劳动力转移就业的机会，促进农村贫困劳动力转移就业。统筹好困难群体、特定群体就业及过剩产能职工安置工作，将职工安置摆在化解过剩产能工作的突出位置。

参考文献

［1］桑助来：《如何应对疫情给劳动力市场带来的挑战》，《中国党政干部论坛》2020 年第 4 期。

［2］向晶、蔡翼飞：《"十四五"及未来中长期中国劳动力供需趋势及对策分析》，《重庆理工大学学报（社

会科学版）》2020 年第 2 期。

［3］宋旭光、左马华青：《工业机器人投入、劳动力供给与劳动生产率》，《改革》2019 年第 9 期。

［4］田永坡：《劳动力市场改革与发展历程》，《中国人力资源社会保障》2019 年第 1 期。

［5］都阳：《加快建设稳定高效的劳动力市场》，《经济日报》，2018 年 11 月 1 日。

［6］张车伟、蔡翼飞：《中国“十三五”时期劳动供给和需求预测及缺口分析》，《人口研究》2016 年第 1 期。

［7］张车伟、林宝：《“十三五”时期中国人口发展面临的挑战与对策》，《湖南师范大学社会科学学报》2015 年第 4 期。

［8］蔡昉：《中国就业制度改革的回顾与思考》，《理论前沿》2008 年第 11 期。

［9］蔡昉：《劳动力无限供给时代结束》，《金融经济》2008 年第 3 期。

［10］黄红：《加快城乡统一劳动力市场建设的制度创新》，《当代财经》2005 年第 7 期。

［11］刘昕：《对转轨时期中国劳动力市场秩序建设问题的思考》，《财贸经济》2004 年第 1 期。

第二十一章　探索中国产业扶贫发展方向

提　要

产业扶贫是中国贫困人口脱贫增收和贫困地区同步小康的关键之举。在全面建成小康社会之际，产业扶贫深受学界和社会的重视。本章首先回顾了“十三五”时期产业扶贫在贫困地区产业结构调整、贫困人口就业、贫困地区基础设施改善、扶贫企业发展和贫困地区生态改善五个方面取得的成效；其次根据“十三五”时期产业扶贫中存在的贫困户难以进入产业链制约产业稳定益贫、多元主体带贫能力不足制约产业有效带贫和利益联结机制不健全制约扶贫产业长效抑贫等问题，对“十四五”时期产业扶贫面临的乡村振兴政策、区域协调政策、城乡融合发展趋势和消费环境变化带来的机遇以及新旧问题交织带来的挑战进行了分析；最后根据上述研究，提出了进一步促进产业扶贫发展的政策建议。

*　　　　*　　　　*

产业扶贫是如期打赢脱贫攻坚战的有力支撑，也是扶贫成果可持续的重要举措。截至2018年，全国22个扶贫任务重的省份和832个贫困县全部编制产业扶贫规划或方案，贫困地区累计实施扶贫产业项目98万多个，建成扶贫产业基地近10万个，832个贫困县已初步形成特色主导产业1060个，涵盖5大类28个特色产业，基本形成“一县一特”的产业发展格局。2019年底，中国农村贫困人口减少1109万，贫困发生率降至0.6%。产业扶贫作为中国贫困人口脱贫增收和贫困地区同步小康的关键举措，在全面建成小康社会之际，深受学界和社会的重视。如图21－1所示，在理论方面，产业扶贫研究对产业扶贫模式、运行机制的关注较多；在实践方面，以往的研究更加关注地区个案分析以及阶段性成效与问题。本章将聚焦在以下问题：产业扶贫在“十三五”时期取得了哪些进展？中国产业扶贫实施过程中存在哪些问题？“十四五”时期产业扶贫面临哪些机遇和挑战？这些问题的梳理和探索，将为产业扶贫的实践提供重要借鉴。

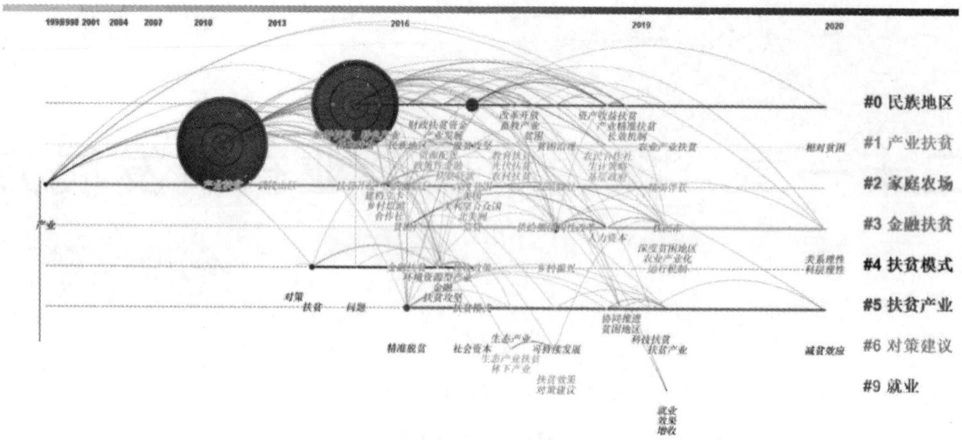

图 21 - 1 产业扶贫研究关键词共现聚类图谱

注：为保障研究分析的学术性和有效性，关键词共现聚类图以 1999 ~ 2020 年 5 月 10 日国内 CNKI 数据库收录的 559 篇以“产业扶贫”为主题的核心期刊和 CSSCI 来源期刊论文为样本，借助知识网络分析工具 Citespace 软件绘制。

一、“十三五”时期中国产业扶贫成效的总体判断

2016 年 11 月 23 日，国务院发布《关于“十三五”脱贫攻坚规划的通知》，提出“十三五”时期重点实施的产业扶贫工程有农林种养产业扶贫工程、农村一二三产业融合发展试点示范工程、贫困地区培训工程、旅游基础设施提升工程、乡村旅游产品建设工程、休闲农业和乡村旅游提升工程、森林旅游扶贫工程、乡村旅游后备箱工程、乡村旅游扶贫培训宣传工程、光伏扶贫工程、水库移民脱贫工程、农村小水电扶贫工程等，并明确指出农林产业扶贫、电商扶贫、资产收益扶贫、科技扶贫是产业发展脱贫的重要内容。产业扶贫是指以市场为导向、以经济效益为中心、以产业发展为杠杆的扶贫开发过程，是促进贫困地区发展、增加贫困农户收入的有效途径，是扶贫开发的战略重点和主要任务。目前对产业扶贫可以有两种理解：一是窄口径的理解，即把产业扶贫仅理解为第一产业，通过特色农业发展扶贫；二是宽口径的理解，可泛指通过发展产业（包括第一、第二、第三产业及其相互融合）来带动当地经济的发展，帮助贫困人口脱贫。本章主要是从后一种宽口径理解产业扶贫。在精准扶贫机制的推行下，产业扶贫成效明显提升，贫困地区农民可支配收入保持较快增长，2019 年前三季度达到 8163 元，同比增长 10.8%，实际增速比全国农村快 1.6 个百分点。“十三五”时期，中国产业扶贫主要从产业结构、就业创业、基础设施建设、扶贫企业和生态环境方面对贫困地区发展状况起到了较大的改善。

1. 产业扶贫是贫困地区产业结构转型的推动器

产业扶贫推动了贫困地区产业结构转型，带动了中国农村地区的产业结构转型。产业结构的合理化不仅能促进本地区农村减贫，还可以通过空间溢出效应促进邻近地区农村减贫；产业结构的高度化有助于本地区和相邻地区的农村减贫。产业扶贫促进了“三区三州”深度贫困地区农业产业结构优化。云南省迪庆藏族自治州香格里拉市上江乡以蚕桑产业与食用菌产业融合发展，截至 2018 年实现桑蚕种养殖带动农户 126 户，加工成品蚕丝被实现经济收入 400 多万元。产业扶贫还促进了集中连片贫困地区以特色产业带动相关产业的结构调整进程。例如，贵州省有代表性的贫困县印江苗族土家族自治县创新山地农业发展模式，积极融合现代农业发展新理念、新技术和新方法，发展立体农业，促进“三产融合”，大力发展农特色产品加工业，增加农产品附加值，

构建了从生产到简单加工、深加工、包装、储运、销售、服务等的现代农业产业链。

2. 产业扶贫是贫困人口创业就业的有效途径

产业扶贫为贫困人口就业创业提供了平台，使贫困人口可以实现当地就业，不仅提高了收入，也提高了幸福感。产业扶贫既能吸引外出务工人员返乡，又为老弱病残致贫人员提供再就业机会。截至 2019 年，全国 92% 的贫困户已参与到产业发展当中。武陵山区大部分农民通过“双向选择”，产业扶贫在烟叶农场、基础设施建设、特种种养、旅游观光中实现了 100% 带动就业，不仅解决了原来从事农业生产村民的就业问题，也吸引了外出务工村民返乡就业，保证了扶贫成绩的可持续发展。食用菌种植产业具有劳动强度低、劳动力需求大的特点，吸纳年老、病残贫困人口就业的能力较强，河北省易县因病、因残致贫人口依靠食用菌产业彻底摆脱了完全靠政府救济生存的境况；内蒙古自治区大兴安岭东麓扎兰屯市蘑菇气镇的食用菌产业 2018 年、2019 年连续两年带动 130 户左右贫困户就业；贵州省全省食用菌产业 2018 年共带动 19 万贫困人口发展，占全省脱贫人口的 12.8%。2017 年，江西全省通过发展乡村旅游安排 68 万个就业岗位，助推 45 万农民致富增收，带动了 3.3 万建档立卡贫困户、10 万建档立卡贫困人口实现脱贫。可见，扶贫产业在贫困地区的开展，切实解决了因客观原因或主观意愿无法离乡外出务工的贫困劳动力就业问题。

3. 产业扶贫是贫困地区基础设施建设的关键助力

产业扶贫不仅改善了农村基础生产设施，而且改善了贫困地区的道路、农田水利等农业基础设施。基础设施建设程度是检验贫困地区脱贫成效的重要指标，贫困地区的发展条件和生活条件有赖于生产设施及公共服务设施的改善。如表 21－1 所示，2013～2018 年，农村贫困地区基础设施成效显著，不仅提高了交通通达性、公共服务建设均等性，而且通过教育、卫生事业的长期建设目标，为贫困人口提供了把握发展机会的能力，降低了贫困地区人民自身发展的脆弱性和生产生活贫困风险。

表 21－1　2013～2018 年贫困地区农村基础设施和公共服务情况　单位：%

年份	2013	2014	2015	2016	2017	2018
所在自然村通公路农户比重	97.8	99.1	99.7	99.8	99.8	99.9
所在自然村能接收有线电视信号的农户比重	79.6	88.7	92.2	94.4	96.9	98.3
所在自然村主干道路硬化的农户比重	88.9	90.8	94.1	96.0	97.6	98.3
所在自然村能乘坐公共汽车比重	56.1	58.5	60.9	63.9	67.5	71.6
所在自然村通宽带的农户比重	—	—	71.8	79.8	87.4	94.4
所在自然村垃圾能集中处理的农户比重	29.9	35.2	43.3	50.9	61.4	78.9
所在自然村有卫生站的农户比重	84.4	86.8	90.4	91.4	92.2	93.2
所在自然村上幼儿园便利的农户比重	71.4	74.5	76.1	79.7	84.7	87.1
所在自然村上小学便利的农户比重	79.8	81.2	81.7	84.9	88.0	89.8

资料来源：国家统计局《2019 年中国农村贫困监测报告》。

4. 产业扶贫是扶贫企业自身发展带动者

扶贫企业是产业扶贫的重要参与主体之一，产业扶贫企业的良好发展关乎贫困人口的脱贫稳定性。2018 年，中国 832 个贫困县已累计培育市级以上龙头企业 1.44 万家，平均每个贫困县 17 家；发展农民合作社 68.2 万家，直接带动 627 万贫困户、2198 万贫困人口。农夫山泉在信丰县的产业扶贫投资就达到了企业与贫困地区的双赢发展。信丰县立足资源禀赋优势，在合理的开发范围内将红壤资源转化为经济优势，大力发展脐橙产业；全民平等参与，资源收益又惠及广大贫困人民，促进社会包容性。农夫山泉和信丰政府联手打造了“中国赣南脐橙产业园”，农夫山泉在信丰总投资超过 10 亿元，脐橙分选、榨汁及终端品灌装生产线和中国赣南脐橙产业园的投资建设，对延长信丰脐橙产业链条、加快脐橙产业绿色转型升级、带动农户增收提供了强大保障和起到了引领示范作用。由于较好解决了利益分配机制，该项目不仅增加了当地农户收入，帮助当地一些贫困户脱贫，而且农夫山泉建成了目前全国乃至亚洲规模最大的果品加工厂以及脐橙标准种植园，引进了国际先进的榨汁生产线和鲜果分选流水系统，建立了日处理原料5000吨的橙汁加工生产线，陆续推出农夫山泉17.5°橙、常温NFC橙汁和17.5°NFC橙汁三款产品，打通了脐橙种植、加工和销售的全产业链，也取得了较好的经济效益。

5. 产业扶贫是贫困地区生态改善的间接保障

产业扶贫促进了贫困地区生态改善，使一些贫困地区实现了“既要金山银山，又要绿水青山”。中国生态脆弱区多是贫困地区，生态脆弱既是贫困的结果，也是贫困的原因。农村产业扶贫模式主要分为七种类型：特色种养、乡村休闲旅游、资产收益、电商产业、光伏产业、生态农业以及边境贸易扶贫模式，随着产业扶贫精准度和科学度的不断提高，扶贫产业选择也更关注对农业生态环境的保护。以光伏产业扶贫对生态脆弱区生态的保护性发展为例，光伏产业发展既增加了贫困农户的资产收益途径，又有效减少了生态脆弱区对生态的过度利用，改善了贫困人口脱贫但生活仍然难以增收的生态脆弱区的矛盾状况。江西省将生态产业融入产业扶贫的实践，已脱贫摘帽的8个县均是利用林业资源优势突破了生态脆弱与扶贫开发的对立关系，实现贫困人口的脱贫致富。亿利资源集团将生态治沙与精准扶贫紧密结合，自1988年开始改造沙漠，向贫困宣战，依靠“政府政策性支持、企业产业化投资、农牧民市场化参与、生态持续化改善”的思路，先后建成达特拉循环经济工业园、库布其生态工业园、生态光伏基地、库布其国家沙漠公园旅游基地、200万亩甘草等中草药基地等多个产业基地，被联合国确立为“全球沙漠生态经济示范区”。

专栏21－1

以来料加工推动包容性增长
——浙江遂昌服装业的实践

丽水市，浙江省辖陆地面积最大的地级市，属长三角经济区。2015年，丽水市委市政府开展了全面进村入户调查、摸清全市贫困人口现状的工作，最终确定全市年人均纯收入在1500元以下的农村贫困人口75095户、181392人，占农业总人口的8.7%，其中年人均收入在1000元以下的特困户有31907户、62864人。从调查摸底情况来看，丽水市农村低收入人群主要分为四个方面：一是居住在生产生活条件恶劣的乡村的农民。山高路远、居住分散、交通不便、信息闭塞等因素造成当地大部分家庭收入主要来源于第一产业，比例高达85%，贫困劳动力外出务工仅占贫困劳动力总数的23%。二是缺乏劳动力（包括残疾人）和自身素质很低的农民。丧失劳动能力和家庭缺少劳动力的占贫困户总数的51.1%，文盲半文盲人口占贫困户总数的37.4%，小学文化程度人口占贫困户总数的38.8%。三是脱贫基础不稳定而因病返贫的农民。特别是地质灾害频发地区、大中水库库区的贫困状况较为突出。全市因病致贫的有1.38万户，占全市贫困户的18.3%，因病、因残丧失劳动力返贫的占29.73%。四是因生产发展资金短缺而难以脱贫的农民。在丽水市，这样的农户约占总贫困户数的11.8%。由于难以筹集发展资金，所以即便有了较好的致富门路，也有心无力。丽水市妇联与遂昌县政府通力合作，一起支持以遂昌县建明制衣厂和巾帼服装厂为代表的来料加工的发展。

建明制衣厂是丽水市遂昌县规模较大的20多个来料加工企业中较有代表性的一个。该厂由经纪人潘建明创建于2008年9月，效益最好的年份拥有六七个加工点。最高峰曾经雇用100多人，一年发放工资多达150万元，其对于当地贫困农户的扶贫带动效应直接而明显。建明制衣厂坐落于镇政府对面一座租赁来的三层楼房，这个加工点雇用了近60名工人。

巾帼服装厂的厂长，也就是“经纪人”傅国军，在创建巾帼制衣厂之前是一名裁缝。巾帼服装厂从“散户”的来料加工开始做起，所谓的“散户”来料加工是指由经纪人从上游公司那里拿来订单及原材料，然后将原材料分发给村里的农户，由其加工后再收回交给上游公司。这种来料加工的品种多为制作比较简单的饰品、玩具等，由于方式灵活，制作简单，可以充分利用农户尤其是广大农村妇女的农闲时间，因此在丽水市遂昌县广大农村十分普遍。在完成一定的资金积累后，傅国军建立了集中加工点，开始接单做高附加值的产品，订单主要来自于丽水市、上海市、杭州市等地的名牌。与散户相区别的是，集中加工点采取流水线生产的办法，生产过程比较标准化，生产的产品也比较复杂。

建明制衣厂和巾帼服装厂的生产组织过程是典型的来料加工模式。具体来说，经纪人从市场上获得订单，然后在加工点组织劳动力生产。取得订单后在就近村庄中获取劳动力，集中组织生产。建明制衣厂和巾帼服装厂的工人主要是附近村子的村民（主要是妇女），几乎没有外地人；工人按照计件制的办法计算工资。由于用工制度灵活，因而已经建立了有弹性的员工管理机制。工人不仅是工厂的工人，在上下班之余还可以带带孩子（有些来料加工厂甚至允许工人带孩子来上班），在农忙的时候甚至还会参与农业生产。针对员工的实际，企业采取了设立200元全勤奖的办法，鼓励工人按时上下班。应该说，以建明制衣厂为代表的来料加工企业在管理方面存在着极富人性化的弹性，而正是这种弹性使本地丰富的劳动力资源能最大限度地融入企业生产之中。

目前以建明制衣厂和巾帼服装厂为代表的来料加工模式取得了一定的成效。首先，解决了劳动力富余问题，改变了农民就业渠道，提高了农村人口的收入。丽水市来料加工点得以覆盖到188个乡镇（街道）、2297个行政村。来料加工改变了依赖外出打工的农村传统就业格局，极大地缓解了农村富余劳动力的就业压力，催生了扶贫机制的创新。其次，创新了企业经营方式，帮扶了农民致富。制约贫困落后地区发展的重要因素就是缺乏资金，而来料加工企业不需要特别多的启动资金。来料加工企业只管生产加工一个环节，省去了原材料采购和市场开拓而需要的大量费用。最后，提升了地方产业发展，带动了一批地方能人。随着来料加工业的兴起，来料加工经纪人也应运而生。截至2012年，在丽水市各地活跃着657名一级经纪人，他们不仅培养带动了2000多名二级经纪人，还将丽水来料加工业的发展模式从“做来料加工”过渡到了“为来单加工”。现在丽水市已经有100多名经纪人创办了加工企业，而他们大多将来料加工业务下放到周围乡村，设立村级加工点，使来料加工业的发展在丽水城乡形成了良性循环。

资料来源：全球减贫案例库，http：//south. iprcc. org/#/casestudies/caseDetails？id =383&fid =230。

二、“十三五”时期中国产业扶贫中存在的问题

产业扶贫之所以取得多方面进展，源自精准脱贫阶段产业扶贫不同于传统产业扶贫的转变，但在产业扶贫开拓产业融合模式、产业经营者参与模式、产业脱贫长效机制等特色的过程中，也

发现了一些暂时难以解决的问题。

1. 贫困户难以进入产业链制约产业稳定益贫

产业扶贫从传统农林种养殖向“一二三产业融合”转变，贫困户进入产业链的机会增多，但缺乏稳定、规范的途径。产业扶贫的目的是实现贫困户的脱贫增收，贫困户如何进入产业扶贫链条是产业扶贫的关键环节。自20世纪80年代以来，中国产业扶贫在实践探索中形成了多产业、长链条、多路径的产业选择。从产业类型来看，产业扶贫的主要发展模式有两类：一类是以传统的农林种养殖为基础的产业扶贫，另一类是以自然资源与人文资源为基础的旅游产业扶贫。“十三五”时期，多地的产业扶贫注重将贫困地区农业资源与旅游资源相结合，利用旅游资源投入与产出更加合理、产业链长的特点，在贫困农村地区开展乡村旅游，将农业和农产品加工业在农产地联结起来，使当地农户有机会参与这一产业链的多个环节，降低其返贫风险。但由于缺乏系统组织和特色挖掘，其难以达到稳定益贫的效果。一是经营主体方面，在乡村旅游快速发展的催促下，贫困主体没有足够时间获得资金或从业技能，只能零散经营或从事收入较低的岗位，且没有稳定的收益和能力，在乡村旅游的利益分配环节不是真正的受益者。二是在推动主体上，面临脱贫攻坚时间节点的接近，尚未完成脱贫任务的地区为学习率先脱贫地区的经验，而引入与当地特色资源不匹配或与邻近地区同质的产业扶贫项目，并没有起到促进经济增长和农业结构调整的显著作用，反而会导致产能过剩，价格波动过大，造成贫困户或企业等市场主体的经济损失。

2. 多元主体带贫能力不足影响产业有效带贫

产业扶贫模式从政府主导向多元主体参与合作转变，但一些经营主体的带贫能力有待提升。产业扶贫的经营主体及其参与度是产业扶贫增效的关键。精准扶贫开展后，中国产业扶贫模式已经实现政府主导到政府引导的转变，“十三五”时期中国产业扶贫在政府引导下探索出企业与社会组织等多元主体经营的贫困治理模式。理论上，多元主体模式能够最大程度带动贫困户参与其中；实际上，龙头企业、专业合作社、致富带头人、基层党组织相互组合已成为中国各地扶贫产业的典型组织模式，因此扶贫产业参与主体的带贫能力是该模式成功与否的关键。作为市场主体的企业、培训主体的农业科技部门、生产主体的后续产业链条与流通主体的销售服务等多元主体，是促使产业透过村庄到农户，将贫困户的土地、资本和劳动力等生产要素与扶贫产业有机结合的衔接者。贫困地区引进的这些经营主体能力不一，有些经营主体在订单生产、土地流转、就业务工、生产托管、股份合作、资产租赁等带贫环节不能够兼顾自身收益与贫困户参与者的收益，导致贫困户在扶贫产业中返贫风险增大。

3. 利益联结机制不健全影响扶贫产业长效抑贫

“十三五”时期产业扶贫注重扶贫长效机制的建立，但完善的利益联结机制难以短期形成。“十三五”时期的产业扶贫关注参与产业的各个主体间的利益分配，着重强调如何延长产业扶贫的成效，首先表现在对构建产业扶贫的利益联结机制的重视。贫困户参与产业链条较为普遍的方式是贫困户通过承包流转给合作社、企业等，将各自拥有的土地、劳动力要素与其他主体建立利益联系。贫困户将承包地流转给合作社、企业或大户后，面临着与其他主体的利益联结方式水平较低、缺乏以市场机制为基础的利益联结机制不灵活的问题。“十三五”时期，产业扶贫过程中更注重完善的产业体系在脱贫增收中的长效作用，以纵向的产业延伸和横向的产业融合，构建更为紧密和更为稳定的产业体系。在将电商化、品牌化、信息化等产业特点融为一体的同时，贫困户所面对的带贫主体就更加复杂，如果不能对产品信息、种植管理、市场流向的整个过程建立起一条透明化的追溯渠道，就难以纠正利益分配中“一发了之”“一股了之”的问题，给扶贫产业长效抑贫埋下隐患。

4. “三区三州”仍是产业扶贫攻坚难点

“三区三州”的52个未摘帽县和1113个重点贫困村面临的产业发展难题极具特殊性，产业扶贫的有效经验在此难以正常开展。一是艰苦的地理条件无法改善，如青藏高原高寒地区自然灾害无法改变、怒江州因位于两山之间而土地匮乏，这都导致当地农业效率难以提高。二是基础设施建设难度大，远离经济中心的“三区三州”受交通成本等影响，第二产业和第三产业落地实施难度大，因此缺少带动贫困人口致富增收的机会。三是贫困人口的自我发展能力需要进行长期的人力资本培育过程，在通过转移支付解决当地“两不愁，三保障”等问题后，还需为贫困人口找到创收途径，解决当地贫困人口在教育、健康方面的自足问题。

三、“十四五”时期产业扶贫的机遇与挑战

基于现行贫困标准而言，2020 年底中国将实现贫困人口全面脱贫，随着贫困标准的不断提高，相对贫困将长期存在。相对贫困是长期的、主观的贫困，不是物质和经济权力的缺失，而是社会发展和分配不平衡的产物，表现为人们对社会权利的不断追求。全面建成小康社会后，相对贫困群体将取代绝对贫困群体成为主要贫困人群。届时产业扶贫将面临政策环境和市场环境带来的机遇与挑战。

1. 政策环境与消费环境为“十四五”时期产业扶贫提供机遇

（1）乡村振兴中的产业兴旺、乡村治理相衔接为产业扶贫巩固长效机制带来机遇。精准扶贫时期的产业扶贫结合贫困地区特色探索出了多元有效的扶贫模式，实现了常态贫困人口的脱贫增收，乡村振兴战略中的“产业兴旺”将在产业扶贫攻坚成效的基础上推动农业产业现代化发展，最终实现脱贫攻坚中的产业扶贫和乡村振兴中的“产业兴旺”的有效衔接，同时为提升动态贫困人口的发展能力提供长效途径。乡村振兴中乡村治理与产业扶贫一样，其目标任务的完成离不开政府、贫困户等多个主体的共同参与。产业扶贫与乡村治理相结合，有利于营造合作氛围，提升贫困主体的参与度、主体意识、沟通意识和规则性意识，实现地方政府、企业、合作组织和贫困户等参与主体的多元互动，有利于各主体间实现合理的分权与分工，建立有效的沟通机制，推动乡村治理模式的创新，从而保证产业扶贫的可持续发展，真正解决相对贫困人口对美好生活的追求与产业资本追求利润最大化的本质属性之间的矛盾。

（2）城乡融合发展趋势为产业扶贫创新城乡产业互动的利益联结机制带来机遇。相对贫困相对于绝对贫困，具有机会贫困、能力贫困的特点。国际劳工组织社会和经济问题的特别顾问雷蒙德·托雷斯（Raymond Torres）表示：“现在，世界上约有 30% 的穷人，他们只占有世界上 2% 的收入。只有通过提高就业者的就业质量和创造新的体面工作，我们才能永久摆脱不稳定的生活条件，以及改善那些贫困工薪阶层和他们家人的生活水平。”产业扶贫应把握城乡融合的机遇，既要遵循国家产业结构发展规律，也要兼顾城乡相对贫困人口的发展需求。继续实行精准识别机制，在城乡之间建立机会平等的要素市场，既要发展现代化农业，为有能力从事技术性农业生产的劳动力提供社会化服务；又要将低碳、共享经济等新模式与实体产业相融合，使城乡从事简单化劳动的劳动力有机会向第三产业转移。因此，产业扶贫要实现协调农业、农民融入现代经济部门，引导贫困人口靠近市场，利用县城和小城镇的产业集聚对劳动力吸纳，遏制贫困的乡城转移，还要在具体实践中探索出行之有效的城乡产业利益联结机制。

（3）国家主体功能区的实施、区域协调发展为产业扶贫的产业升级提供机遇。各地要根据自己主体功能区的定位，选择适合自己发展的产业。空间协调是“十四五”时期经济社会高质量发展攻破难点的总体思路之一。空间协调要根据各地的比较优势，促进产业间的相互融合。中美贸易摩擦不断激化，特别是 2020 年新冠疫情的发展，使大家认识到产业链完整的重要性。促进产业向中西部转移，不仅是中国经济发展的需要、扶贫的需要，也是保证中国产业链安全的需要。可以预计产业扶贫在“十四五”时期对于促进中西部贫困地区的脱贫将起到更大的作用。

（4）消费需求多元化、新技术和新设备逐渐普及为产业扶贫的产业选择提供机遇。随着小康社会的全面建成和绝对贫困的消除，休闲文化、

康养文化将加速消费市场需求的多元发展，产业扶贫中成效显著的特色产业将获得更大的开拓空间，有望在农业供给侧改革的深入推进下形成快速增收的新型业态和新兴产业。同时，新技术和新设备在农业生产和产品销售等环节的逐渐普及，将缩减生产成本、缩短销售流程，减少相对贫困人口参与产业扶贫的中间环节，使分配程序更加简明化，相对贫困人口在产业选择过程中获得更大的自主选择机会和权利，为其增收增添更大的选择性和便捷性。

2. 新旧问题交织是“十四五”时期产业扶贫面临的挑战

“十四五”时期产业扶贫的主要任务是发挥保障脱贫成果常态化和持续化的压舱石作用，面临着防范风险的重要挑战。“十三五”时期产业扶贫中存在的问题和新的经济环境变化都是“十四五”时期产业扶贫需要防范的风险来源。

（1）如何有效解决“十三五”时期产业扶贫的遗留问题。“十三五”时期产业扶贫极大地改善了贫困户的生产生活状态，这一探索过程中所发现的问题，不仅是“十三五”时期的阶段性问题，更是中国反贫困事业所面临的长期问题，在短期内是难以解决的。事实上，贫困户进入产业链的规范化途径、产业扶贫主体的带贫稳定性、扶贫产业各参与者间的利益联结规范和“三区三州”贫困人口的长期创收途径方面所面临的困境，都反映出产业扶贫的返贫风险防控体系建设有待提升这一长期共性问题是下一阶段产业扶贫中亟须持续关注的重要部分。因此，“十三五”时期产业扶贫问题在对“十四五”时期产业扶贫带来挑战的同时，也为未来产业扶贫过程中建立更加完善的返贫风险防控体系指明了建设方向，使产业扶贫遗留问题的解决值得期待。

（2）消除疫情对产业扶贫的短期影响后，消费市场和经营市场的长期变化趋势不容忽视。2020 年产业扶贫在应对疫情影响方面已经采取了多种措施重点解决贫困地区滞销卖难农产品应急销售、农资调配和市场供应以及扶贫产业用工难等问题，但疫情对消费者消费习惯、企业经营模式、就业格局的影响还在逐渐变化的过程中。例如，疫情带来的“无人化餐饮革命”对无人化或无接触服务的需求趋势与产业扶贫中旅游餐饮服务业吸纳贫困户就业任务之间的矛盾，以及“云生活”的持续普及所带来的线上办公、线上销售等模式外溢到扶贫产业的趋势与贫困人口就业技能之间的矛盾，是否会进一步上升为结构性失业？各个领域的供需矛盾问题，将对扶贫产业的经营与消费市场带来挑战。因此，未来益贫产业的培育方向既要关注新型贫困人口的发展诉求，又要关注新型企业的发展需求，保证两者的有效衔接。

（3）人口结构和产业结构的变化给产业扶贫中的产业选择和带贫方向带来挑战。中国老龄化速度要远快于其他国家，到 2055 年，中国的老年人口抚养比将超过发达国家。受人口老龄化的影响，产业将逐步改变劳动密集型和重化工业发展方式，逐步进入资本密集、技术密集和知识密集发展阶段，原来产业扶贫中土地、劳动力、资源、能源等传统要素对贫困地区经济的拉动能力下降，更大地受到科技、人才、信息等新兴要素的影响。产业扶贫为适应产业结构的变化，需借助科技和信息的流动，将农民和农村纳入国家产业升级体系中；扶贫产业选择要与国家产业链紧密衔接，发展高质量的扶贫产业。

四、促进“十四五”时期产业扶贫发展的建议

未来产业扶贫的产业选择、产业扶贫模式和机制等是影响产业扶贫绩效的重要环节，受中国人口结构、减贫目标和产业结构发展趋势的影响，中国扶贫事业将由主要解决绝对贫困向缓解相对贫困转变，由主要解决农村贫困向统筹解决城乡贫困转变。产业扶贫作为可持续发展的扶贫手段，将与乡村振兴中城乡融合机制目标相结合，将城市相对贫困人口纳入产业扶贫的帮扶范

围之中。合适的产业扶贫机制、利益联结机制和扶贫产业选择是协调未来减贫任务与中国产业结构、人口结构变化的探索方向。

基于对产业扶贫目标和经济发展的展望，对下一阶段把握产业扶贫重点给出以下具体建议。

（1）产业扶贫需将城市贫困人口纳入反贫困体系，建立城乡融合的产业扶贫机制，实现产业扶贫与乡村振兴深度融合。扶贫赋予人民均等发展权力最基本的是扶贫体系要涵盖贫困人口，新时期扶贫产业要在原有的基础上注重为城市人口参与扶贫产业提供途径，防范由于随着年龄结构的变化趋势，农村贫困劳动力进城务工成为城市相对贫困人口，从而造成对贫困人口的忽略和乡村扶贫产业的参与度低的问题。乡村振兴的制度保障是建立健全城乡融合发展体制机制和政策体系，产业扶贫可借助乡村振兴实施过程中小城镇对城市和乡村的过渡，搭建城乡扶贫产业联系网络，为贫困人口提供就近就业机会，降低贫困人口远距离异地转移造成的老龄化致贫风险。

（2）产业扶贫选择要向科技化、信息化、高质化发展。相对贫困地区要同步产业结构升级中第三产业快速发展的进程，在产业扶贫中促进乡村旅游、电商等产业的发展，保持产业的益贫能力，或发展针对现代化农业生产的服务业，使贫困地区参与到国家产业结构调整中去。同时，加强贫困农村地区年轻人才的技术培训，提升贫困人口职业培训的实用性和精准性，根据产业发展需求，提升贫困人口相应的就业水平，使之参与到乡村旅游、电商和现代化农机代理服务等产业发展环节中去，既能防止贫困人口生产能力与经济社会发展需求脱节，又能为贫困地区留住年轻人才。

（3）增加贫困人口收益途径。为应对人口老龄化和产业升级并行带来的老弱人口发展能力与产业高级劳动需求的错配问题，产业扶贫需要针对返贫风险大或发展能力弱的群体提供参与机会。例如，鼓励弱势贫困群体以集体资产参与产业项目，实施资产收益扶贫，产业扶贫企业建立信贷委托经营机构，并在实施过程中建立所有权、经营权、收益权分权归属和扶贫项目收益差异化分配机制。将产业扶贫加入老弱病残群体开发式扶贫体系中，可以改善弱势劳动群体无法依靠产业就业脱贫的困境，在福利制度兜底保障的基础上增强老弱病残贫困人口的脱贫长效性。

（4）完善返贫风险保障机制和产业扶贫金融保险制度。一是对于相对贫困发生率集中的地区，将具体贫困因素纳入产业扶贫风险保障的分配权重的考虑范围，增强贫困地区产业对多元扶贫主体的吸引能力；二是给参与产业扶贫的经营主体和市场主体提供可靠的金融保险支持，增强扶贫产业的带贫能力和发展积极性；三是给予相对贫困人口参与扶贫产业的风险保障，保障相对贫困人群在参与扶贫产业链条的过程中有更大的自主选择权利，在与其他参与主体进行利益分配时免于遭受过大损失。总之，从地区、企业、个人三个方面形成互相补充的风险防范体系，提升产业扶贫对返贫风险的防范能力。

参考文献

［1］谭昶、吴海涛、黄大湖：《产业结构、空间溢出与农村减贫》，《华中农业大学学报（社会科学版）》2019年第2期。

［2］王明月、罗勇、周自玮：《云南省产业扶贫现状及问题分析——以怒江傈僳族自治州、迪庆藏族自治州为例》，《云南农业大学学报（社会科学版）》2019年第4期。

［3］黄承伟、邹英、刘杰：《产业精准扶贫：实践困境和深化路径——兼论产业精准扶贫的印江经验》，《贵州社会科学》2017年第9期。

［4］张跃平、徐传武、黄喆：《大推进与产业提升：武陵山区扶贫的必由之路——以湖北省恩施州望城坡等地的扶贫实践为例》，《中南民族大学学报（人文社会科学版）》2013年第5期。

［5］陈素梅、李钢：《贫困地区的包容性绿色增长何以可能？——基于江西省信丰脐橙产业的案例》，《企业经济》2020年第10期。

［6］莫光辉：《精准扶贫视域下的产业扶贫实践与路径优化——精准扶贫绩效提升机制系列研究之三》，《云南大学学报（社会科学版）》2017年第1期。

［7］郭晓鸣、虞洪：《具有区域特色优势的产业扶贫模式创新——以四川省苍溪县为例》，《贵州社会科学》2018年第5期。

［8］钟海燕、郑长德：《“十四五”时期民族地区经济社会发展思路研究》，《西南民族大学学报（人文社会科学版）》2020年第1期。

［9］陆旸：《“十四五”时期经济展望》，《中国金融》2019年第10期。

［10］张琦、孔梅：《“十四五”时期我国的减贫目标

及战略重点》，《改革》2019 年第 11 期。

［11］《2020 年国务院政府工作报告》。

［12］《产业扶贫取得重大进展 67% 脱贫人口通过产业带动实现增收》，http：//www. gov. cn/xinwen/2019-12/20/content_ 5462683. htm，2019-12-20。

［13］姜峰、郑金超：《蘑菇产业富了蘑菇气》，《内蒙古日报》，2020 年 01 月 08 日。

［14］赖盈盈：《菌子丰收了，“菌”值产业脱贫路》，《贵州日报》，2019 年 09 月 23 日。

［15］《乡村旅游渐成江西旅游业“主角”》，http：//www. jiangxi. gov. cn/art/2017/12/23/art_ 393_ 214520. html，2017-12-23。

［16］《中国农村贫困监测报告（2019）》。

产 业 篇

第二十二章　机器人产业

提　　要

机器人产业作为先进制造业的重要载体，是制造业高质量发展的重要支撑。“十三五”以来，在国家战略引领和政策推动下，机器人产业规模持续增长，成为推动全球机器人产业稳步发展的重要力量，部分核心零部件和关键技术实现突破，产业基础能力有所提升，国产机器人产品结构持续优化，应用广度和深度不断拓展，长三角、珠三角成为机器人产业主要集聚地，龙头企业国际化进程加速。随着人口红利的消失，制造业自动化、智能化转型升级的需求持续上升。新一轮科技革命的兴起，信息技术、新材料的不断突破，使机器人的性能及质量获得进一步提升，中国工业机器人市场将爆发出巨大的增长潜力。但是，未来不确定因素依然存在，从国际来看，中美贸易摩擦对工业机器人需求产生一定负面影响；从国内来看，低端领域低水平重复建设、关键零部件卡脖子、行业标准尚待规范等问题依然突出。为了促进机器人产业持续健康发展，需要进一步强化顶层设计，助推机器人产业由大变强；开展协同创新，突破机器人产业技术瓶颈，强化产业链掌控能力；培育具有国际竞争力的龙头企业，构建机器人产业生态；健全机器人产业标准体系；实施人才培养计划，探索新型人才培训机制。

*　　　　*　　　　*

党的十九大报告明确指出，要加快建设制造强国，加快发展先进制造业。机器人产业作为先进制造业的重要载体，既是制造业高质量发展的重要支撑，也是改善人类生活方式的重要切入点。“十三五”以来，为更大程度地发挥机器人在技术创新和生产率提升中的作用，我国从中央到地方制定了大量的支持政策，机器人产业规模不断扩大，技术创新持续推进，产业体系逐渐完善，我国已连续多年成为全球第一大工业机器人应用市场，在促进制造业提质增效、换挡升级，实现高质量发展当中机器人产业发挥着越来越重要的作用，成为制造业发展的新亮点。

一、机器人产业的发展状况

“十三五”以来，随着我国劳动力成本快速上升、人口老龄化加剧，制造业自动化、智能化升级的需求持续上升，在党和政府一系列政策措施的积极推动下，我国机器人产业进入了前所未有的快速发展阶段。

1. 国家高度重视机器人产业的发展

机器人①是智能化和数字化技术的主要代表，是实现智能制造的关键支撑，美、欧、日等发达工业国家都高度关注机器人产业的发展，将其作为产业政策的重点领域。如美国相继推出《国家机器人计划》（2011 年）、《国家机器人技术计划》（2012 年）、《国家机器人计划 2.0》（2017 年），把基础研究、集成机器人系统领域的创新研究以及跨学科项目的研究作为重点，积极推进协作机器人的研发与应用。欧委会与欧洲机器人协会（euRobotics AISBL）合作推出了名为“SPARC”的全球最大的民用机器人研究与创新计划（2014 年 6 月），目标是促进工业、农业、医疗健康、运输、抢险救援以及家政服务等领域中应用型机器人的研发，提升欧盟在全球机器人市场中的地位，到 2020 年将欧盟机器人产业全球市场占有率提升至 42%。日本则发布了《机器人新战略》（2015 年 1 月），提出扩大机器人领域的研发投资，实施 1000 亿日元规模的机器人扶持项目，到 2020 年，将相关产业的市场规模扩大 4 倍，达到 2.4 万亿日元。目标是使日本成为世界机器人创新基地，机器人应用广度居世界第一，迈向领先世界的机器人新时代。

我国党和政府也高度重视机器人产业的发展，“十三五”时期出台了一系列战略举措。《机器人产业发展规划（2016 - 2020 年）》明确了我国机器人产业发展的目标。此后，又出台了《关于促进机器人产业健康发展通知》等一系列政策文件（见表 22 - 1），并在工业、医疗、救灾救援各领域展开机器人的研制与应用示范，为机器人产业发展做出了积极战略部署和引导。

表 22 - 1 “十三五”以来国家促进机器人产业发展的政策举措

政策	发布时间	主要内容
《“十三五”规划纲要》	2016 年 3 月	大力发展工业机器人、服务机器人、手术机器人和军用机器人
《机器人产业发展规划（2016—2020 年）》	2016 年 3 月	实现机器人关键零部件和高端产品的重大突破，实现机器人质量可靠性、市场占有率和龙头企业竞争力的大幅提升，以企业为主体，产学研用协同创新，打造机器人全产业链竞争能力，形成具有中国特色的机器人产业体系
《“十三五”国家科技创新规划》	2016 年 7 月	开展下一代机器人技术、智能机器人学习与认知、人机自然交互与协作共融等前沿技术研究，攻克核心部件关键技术，工业机器人实现产业化，服务机器人实现产品化，特种机器人实现批量化应用
《智能制造发展规划（2016—2020 年）》	2016 年 9 月	研发高档数控机床与工业机器人、促进服务机器人等研发和产业化
《“十三五”国家战略性新兴产业发展规划》	2016 年 11 月	推动专业服务机器人和家用服务机器人应用；构建工业机器人产业体系，全面突破高精度减速器、高性能控制器、精密测量等关键技术与核心零部件，重点发展高精度、高可靠性中高端工业机器人；发展极地机器人
《关于促进机器人产业健康发展的通知》	2016 年 12 月	推动机器人产业理性发展；强化技术创新能力；加大机器人关键技术和产业应用技术等创新成果转化的支持力度；着力提升机器人关键零部件的使用寿命和质量稳定性；开拓工业机器人应用市场；推进服务机器人试点示范；建立认证采信制度；实施工业机器人规范条件；完善公平竞争制度；鼓励企业参与人才培养
《工业机器人行业规范条件》	2016 年 12 月	贯彻落实《机器人产业发展规划（2016 - 2020 年）》，加强工业机器人产品质量管理，规范行业市场秩序，维护用户合法权益，保护工业机器人本体生产企业和工业机器人集成应用企业科技投入的积极性

① 机器人（Robot）是集机械、电子、控制、计算机、传感器、人工智能等多学科先进技术于一体的、自动执行工作的机器装置。国际上通常将机器人分为工业机器人和服务机器人两大类。我国从应用环境出发，将机器人分为工业机器人、服务机器人和特种机器人三大类。

续表

政策	发布时间	主要内容
“智能机器人”重点专项	2017 年 7 月	围绕智能机器人基础前沿技术、新一代机器人、关键共性技术、工业机器人、服务机器人、特种机器人六个方向部署实施，为期 5 年（2017～2021 年）
《促进新一代人工智能产业发展三年行动计划（2018－2020 年）》	2017 年 12 月	到 2020 年，智能家庭服务机器人、智能公共服务机器人实现批量生产及应用，医疗康复、助老助残、消防救灾等机器人实现样机生产，完成技术与功能验证，实现 20 家以上应用示范

资料来源：工信部、发改委、科技部、国务院等相关网站。

2. 市场需求旺盛，产业规模不断提高

在国家的战略引领和政策推动下，我国机器产业迅猛发展，成为推动全球机器人产业稳步发展的重要力量。

预计 2020 年，我国机器人市场规模将突破 100 亿美元（见图 22－1）。从市场结构来看，工业机器人仍占据 2/3 的市场份额，服务机器人约占 1/4（22 亿美元），特种机器人的市场份额尚不到 10%（见图 22－2）。

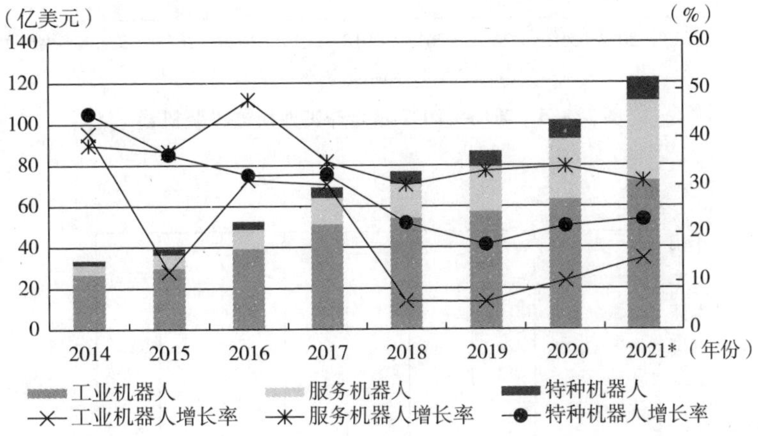

图 22－1　2014～2021 年中国机器人的市场规模及增长率

注：＊为预测值。

资料来源：中国电子学会：《中国机器人发展报告 2019》。

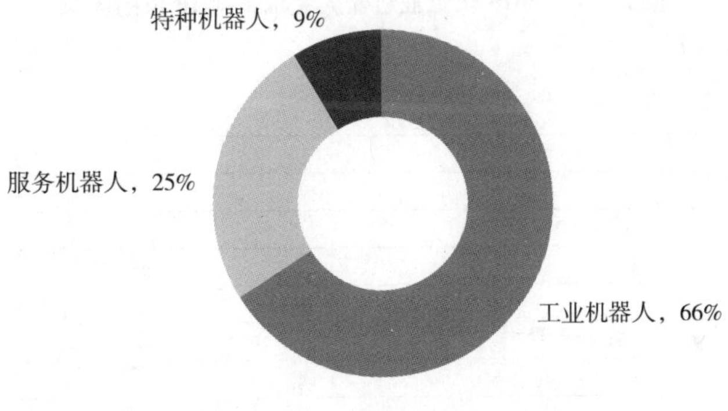

图 22－2　2019 年中国机器人的市场结构

资料来源：中国电子学会：《中国机器人发展报告 2019》。

（1）我国已连续多年成为世界最大的工业机器人应用市场。IFR 的数据显示，2018 年，全球工业机器人市场规模为 154.8 亿美元，装机量达到 42.2 万台（见图 22－3）。中国工业机器人的市场规模为 54.2 亿美元，装机量为 15.4 万台，均占世界 1/3 以上（销售额占 34.9%，装机量占 36.5%），超过第二、第三、第四位日本、美国、韩国的装机量之和，如图 22－4 所示。2018 年中国工业机器人密度达到 140 台/万人，是 2010 年的近 10 倍，2015 年的近 3 倍，超过全球平均水平，如图 22－5 所示。

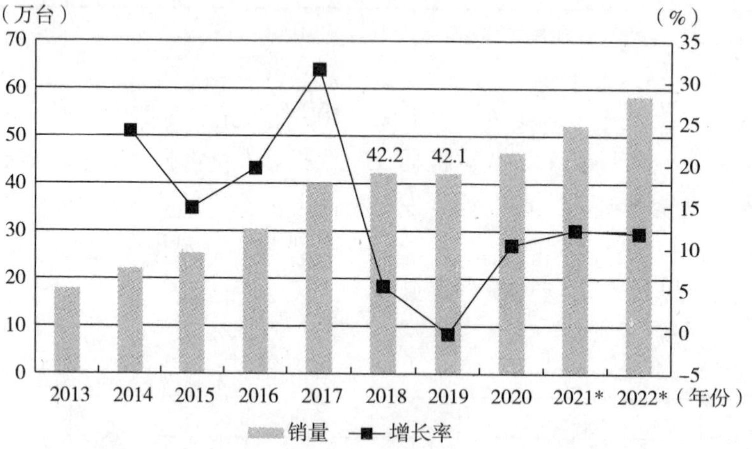

图 22－3　2013～2022 年全球工业机器人装机量

注：＊为预测值。

资料来源：根据 IFR 年度报告整理。

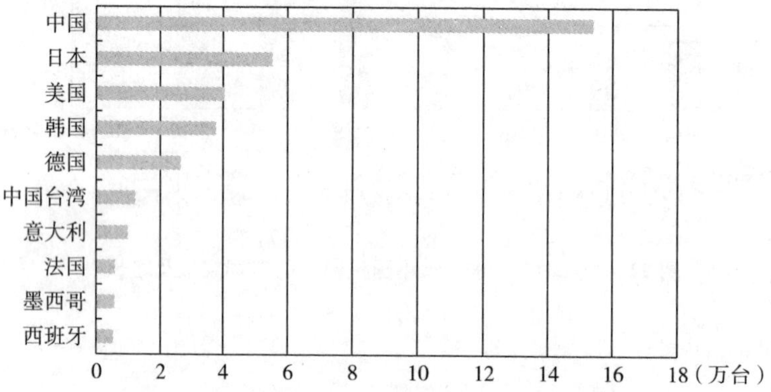

图 22－4　2018 年工业机器人装机量前 10 位的国家

资料来源：根据 IFR 年度报告整理。

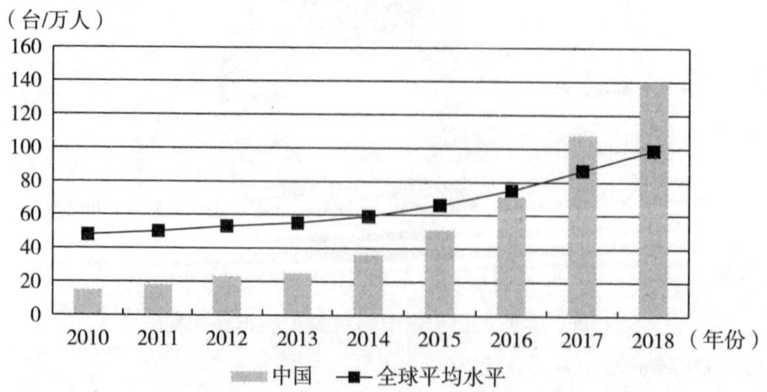

图 22－5　中国工业机器人密度的变化

资料来源：根据 IFR 年度报告整理。

（2）服务机器人呈现出巨大市场潜力和发展空间。随着人工智能技术的兴起和新兴应用的不断涌现，使机器人迅速向非制造领域延伸。在服务机器人领域，随着居民收入水平的提高，人口老龄化的加剧，清扫等家用服务机器人以及医疗、教育等专业服务机器人的需求持续旺盛，我国服务机器人呈现出巨大市场潜力和发展空间。2019年，我国服务机器人市场规模有望达到22亿美元，同比增长约33.1%，大大超过同期工业机器人和特种机器人的增速（见图22-1）。从市场应用结构来看，我国家用服务机器人、医疗服务机器人和公共服务机器人市场规模分别为10.5亿美元、6.2亿美元和5.3亿美元，家用服务机器人和公共服务机器人市场增速相对领先。随着停车机器人、超市机器人等新兴应用场景机器人的快速发展，到2021年，我国服务机器人市场规模有望接近40亿美元。

（3）特种机器人市场保持较快发展，各种类型产品不断出现。在应对地震、洪涝灾害和极端天气，以及矿难、火灾、安防等公共安全事件中，特种机器人发挥着越来越重要的作用。2019年，我国特种机器人市场规模预计将达7.5亿美元，增速达到17.7%（见图22-1）。从市场应用结构来看，军事应用机器人、极限作业机器人和应急救援机器人市场规模预计分别为5.2亿美元、1.7亿美元和0.6亿美元。到2021年，特种机器人的国内市场需求规模有望突破11亿美元。

3. 国产机器人产业化能力不断提升，产品结构持续优化

目前，我国机器人产业化能力不断提升，在工业机器人领域已生产开发出弧焊、点焊、装配、搬运、注塑等类型，并且已经得到广泛应用。据中国机器人产业联盟统计，2019年上半年自主品牌工业机器人累计销售1.9万台，同比下降了13.6%，市场价值为28.4亿元，小幅下降1.4%，自统计以来首次出现销量下降。但是产品结构持续优化，技术含量较高的多关节机器人销量和市场价值连续三年保持快速增长。2019年上半年销售量接近1万台，同比增长11.3%，高于平均增速24.8个百分点；市场价值约15.5亿元，同比增长8.6%，销量和市场价值均超过自主品牌工业机器人的半数（销量占51.7%，市场价值占54.6%）。圆柱坐标机器人的销量与市场价值分别增长了72.2%和125.7%，并联机器人销量与市场价值分别增长了218.3%和145.4%。技术含量相对较低的坐标机器人销售和市场价值双双回落，销量同比大幅下降41%；占总销量的27.3%，比2018年同期下降了12.7个百分点。市场价值约为4.9亿元，同比下降8.7%。此外，SCARA机器人和工厂物流机器人销量与市场价值也出现下降，其中，SCARA机器人销量下降了30.7%，市场价值大幅下降了39.4%，工厂物流机器人销量下降了15.3%，市场价值下降了41.7%。

从用途来看，搬运与上下料仍是国产机器人的首要应用领域，2019年上半年销售1.1万台，同比下降18.9%，相当于2018年全年销量的45.4%。占上半年自主品牌机器人总销量的57%；焊接和钎焊机器人上半年销量同比下降23.2%，占上半年自主品牌机器人总销量的15%；涂层与胶封机器人、装配与拆卸机器人、洁净室用机器人销量同比分别下降了13.1%、5.2%和27.7%；加工用机器人销量同比增长115.3%。

从应用行业来看，2019年上半年，自主品牌工业机器人应用领域已经拓展到国民经济44个行业大类，126个行业中类，与2018年同期相比拓展了10个行业中类。其中，计算机、通信和其他电子设备制造，通用设备制造业，金属制品业是三大首要应用行业，分别占总销量的19%、14%和14%。汽车制造业受销量下滑的影响，应用占比降至11%，如图22-6所示。此外，橡胶和塑料制品、电气机械和器材制造等行业机器人销量增长快速，占比不断提升。

4. 部分核心零部件和关键技术实现突破，产业基础能力有所提升

机器人的产业链涉及零部件生产、机器人本体制造、系统集成和应用等多个环节，分为上游、中游、下游三个部分。其中，产业链的上游主要提供技术研发、零部件和原材料，中游主要生产机器人本体，下游主要是系统集成和应用。控制器、伺服电机和精密减速器三大核心零部件是机器人上游技术中难度较高的，三者分别占机器人成本构成的15%、20%、35%。在国家政策

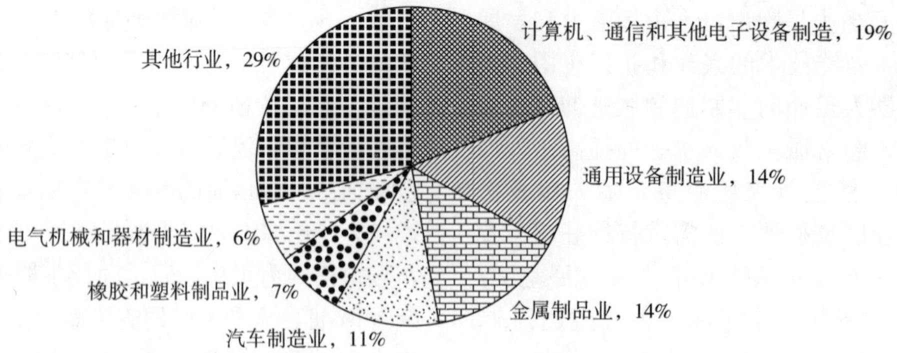

图 22－6　2019 年上半年自主品牌工业机器人应用领域构成

资料来源：中国机器人产业联盟。

的支持和引导下，我国机器人研发企业逐步攻克了三大零部件领域的部分难题，追赶国际领先的步伐逐渐加快。其中，国产控制器智能控制和应用系统的自主研发水平近年来不断提高，硬件部分包括一些主控单元、信号处理部分等电路技术，制造工艺的自主设计能力不断提升，是三大关键零部件中与国外差距最小的；在原本外资企业占据较大优势的伺服领域，随着国内企业针对性地加大研发投入力度，在核心技术上已取得关键性突破，国内伺服产品各项性能均有大幅提升，与国外先进技术差距在逐步缩小。技术门槛最高的减速器，不论是在技术方面还是在出货量方面也有一定突破。苏州绿的谐波减速器完成了 2 万小时的精度寿命测试，超过了国际机器人精度寿命要求的 6000 小时，在 2019 年的工业博览会上，获得了“中国国际工业博览会大奖”。宝鸡秦川机器人生产的 RV 减速器，已形成 17 种规格 60 多种速比的产品系列，年产突破万台，其生产的关节减速器实现批量化生产及销售，产品成功销往近 200 家国内外机器人生产企业。有数据显示，国产控制器、伺服电机和减速器在自主品牌机器人中的使用占比已达到 60%、70% 和 40% 左右。工业机器人产业链的中下游是我国企业较为集中的领域，中游工业机器人本体制造对于上下游有拉动和引领作用，经过多年的技术积累，产品的性能已经接近或达到国际主流产品水平，主要企业有沈阳新松、哈工大等。下游系统集成则是机器人产业的最终体现，主要企业有天奇股份、哈工智能、沈阳新松等。

在智能机器人研发方面，随着我国人工智能领域技术创新的不断加快，人工智能的专利申请数量与美国同处国际第一梯队，融合创新产品不断涌现。在工业机器人领域，双臂机器人双目视觉定位技术、柔性手爪设计技术、双臂协调控制技术等关键共性技术研发取得了突破性进展。协作机器人实现了减速机、电机、编码器以及驱动控制一体化集成，部分产品重复精度可达到 ± 0.05 毫米。在服务领域，公共服务机器人实现了人脸、声音识别追踪，环境检测等功能，人脸识别精度可达 90%，在医疗服务领域，骨科手术机器人等多款医疗机器人已得到临床应用。

在特种机器人领域，反恐排爆及深海探索领域的部分关键核心技术也取得突破，无人机、水下机器人等领域形成规模化产品，研究实力基本达到国际先进水平。例如，多传感器信息融合技术、高精度定位导航与避障技术、汽车底盘危险物品快速识别技术已初步应用于反恐排爆机器人。

此外，我国在多模态人机交互技术、仿生材料与结构、模块化自重构技术等方面也取得了一定进展，进一步提高了我国在智能机器人领域的技术水平。

5. 长三角、珠三角是机器人产业主要集聚地

各地政府也积极扶持、推动机器人产业的发展，全国大部分省市都建立了不同形式的机器人产业园、产业小镇、产业基地和机器人集聚区等。从区域分布看，全国六大区域都形成了发展程度不同的产业集聚。其中，工业基础较为雄厚的长三角地区，2018 年总销售收入超过 124 亿元，位于全国六大机器人产业集聚区域之首。如

图 22－7 所示，无论是机器人本体研发，还是生产企业占比均位于全国产业集聚区域首位。而且，区域内产业结构布局日趋合理，系统集成商比例有所下降，核心零部件国产化率居全国领先水平，正在逐步摆脱以系统集成为营业收入主要来源的传统发展模式。珠三角地区机器人本体研发及生产企业占比居全国第二位，2018 年机器人产品销售总收入达到 108.5 亿元，但高端产品收入略逊于京津冀地区，核心零部件国产化率位于全国中游水平。总体来看，珠三角地区在机器人核心技术研发、本体生产、系统集成、场景应用等方面具备全产业链优势。京津冀地区依托区域内众多科研院校，在六大产业集聚区中更具技术优势，覆盖领域包括工业机器人及其自动化生产线、工业机器人集成应用等产品和服务。东北作为老工业基地，是我国较早从事工业机器人生产的地区，具有一定机器人产业先发优势，培育出新松公司这样的第一家机器人上市公司，占据国产工业机器人市场份额的 1/3，但近年来区域产业整体表现较为有限。中部地区和西部地区机器人产业相比较发展基础较为薄弱，但已表现出相当的后发潜力。

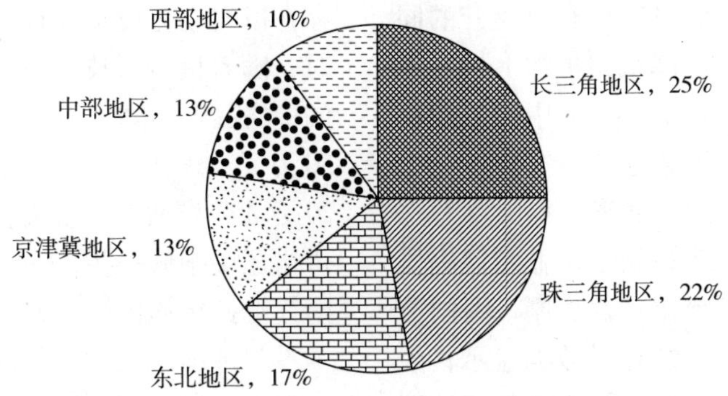

图 22－7　2018 年全国六大区域机器人市场结构

资料来源：中国电子学会：《中国机器人产业发展报告 2019》。

6. 创新型企业不断涌现，龙头企业积极布局海外市场

经过多年积累，我国机器人企业已经具备一定技术、市场和资金实力，2019 年，在国内竞争激烈、市场低迷的情况下，一些创新型企业积极开拓海外市场。例如，阿童木机器人在海外市场占比已经达到 20% ~30%；快仓智能 2018 年夏季开始向日本出售移动机器人等。勃肯特第一台出口机器人已经在韩国生产线上调试成功；据不完全统计，目前越疆科技、遨博机器人、大族机器人、埃斯顿、华数机器人、众为兴、埃夫特等机器人企业都已经将自主研发的机器人销往海外。

龙头企业还通过合作并购或建立研发中心等方式积极布局海外市场，扩展海外产业版图。作为从事机器人与数字化工厂产品与服务的领先企业新松公司的产品已经出口到马来西亚、新加坡、阿联酋等 30 多个国家和地区，包括宝马、沃尔沃等大型汽车企业。为了进一步提高海外市场的竞争实力和市场占有率，2018 年，新松耗资 6.4 亿元收购韩国 SHINSUNG 自动化业务分公司 80% 的股权，并着手在欧盟、北美洲及日本设立研发中心。埃斯顿是我国智能装备核心控制部件及工业机器人的领军企业，为了提升国际化技术水平，打开欧美市场，先后收购了意大利 Eucild（2016 年）、英国 Trio（2017 年）、美国 MIT 团队的 Barrett（2017 年 4 月），控股德国 M. A. I（2017 年 9 月）等公司，并在米兰建立了欧洲研发中心，在品牌和技术上初步完成国际化布局。安徽埃夫特则立足于整合上下游产业链，打造一个可持续发展产业平台，先后在欧洲收购了 ROBOX（意大利）、CMA、通用机器人、EVOLUT 和 WFC 四家公司，在全球共设立了 13 家分公司，通过一系列海内外投资并购，全面布局行业前沿技术。在不断提供专业的技术产品和解决方案下，逐步建立起集机器人系统集成、核心部

件、机器人本体、智能制造系统和数字化工厂于一体的全产业链布局。

二、机器人产业发展面临的机遇与挑战

随着人口红利的消失、资源和环境的约束趋紧，传统的粗放式制造模式和发展模式已不可持续，亟须转型升级；同时，高端制造向欧美等发达国家回流和低端制造向劳动力成本更低的东南亚等国转移，倒逼中国制造模式快速变革；新一轮科技革命的兴起，在信息技术、新材料的不断突破下，机器人的性能及质量获得有效提升的同时，生产成本也得到大幅度降低，再加上机器人工作效率高、精确度高等优势，未来中国工业机器人市场将会爆发出巨大的潜力。

1. 我国机器人产业面临的机遇

（1）人口结构的变化为机器人产业发展提供长期驱动力。近年来，老龄化日益加剧，国内劳动年龄人口数量下降。国家统计局数据显示，中国15~64岁劳动年龄人口比重自2011年开始下降，15~64岁人口绝对数量也自2014年进入下降阶段，2019年15~64岁人口较2013年峰值累计减少1600多万人，如图22-8所示。随着劳动年龄人口的逐渐减少，制造业企业平均工资处于快速提升阶段，国家统计局数据显示，2018年国内制造业职工平均工资为7.2万元，2010~2018年复合增长率为11.2%，如图22-9所示。劳动力成本上升直接影响了制造业企业的健康发展和利润水平，许多企业特别是劳动密集型生产企业存在以自动化设备代替人工的迫切需求，与此同时，随着机器人技术成熟及市场竞争，工业机器的价格逐年下降，10年前工业机器人均价大约在50万元，现在是四大家族机器人的价格在15万~20万元，埃斯顿、埃夫特、新时达等国产机器人价格还要略低一些，一些经济型的纯国产机器人的终端销售均价约7万元，估计未来随着减速器等零部件国产化，工业机器人均价有望降到5万元以内，据测算，2018年机器人回收周期可能回落到一年以内，人力成本上升叠加机器人成本下降，使“机器换人”的经济性逐渐凸显，将为工业机器人产业发展提供长期驱动力。

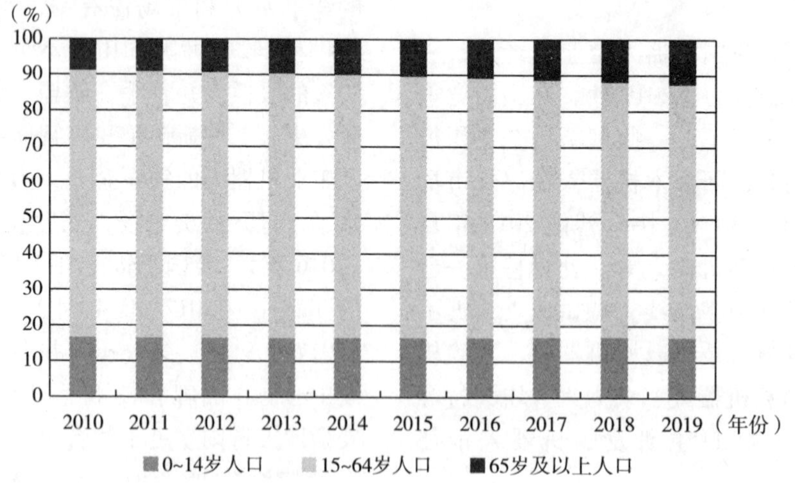

图22-8 2010~2019年中国人口的年龄结构

资料来源：国家统计局网站。

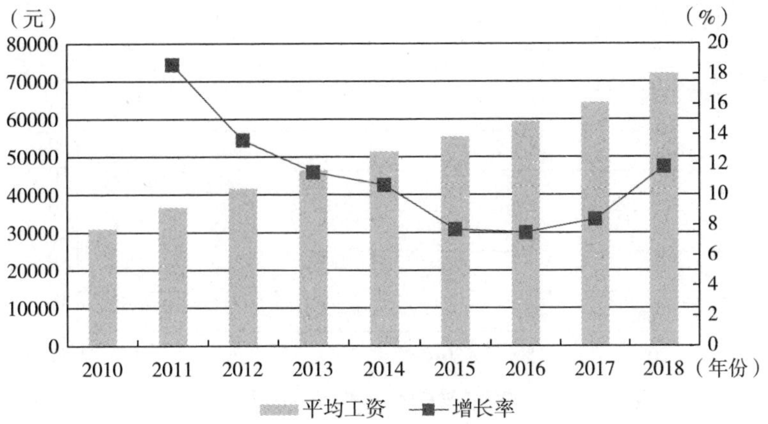

图 22－9　2010～2018 年中国城镇制造业平均工资变动情况

资料来源：国家统计局网站。

（2）制造业自动化、智能化升级拉动工业机器人需求持续增加。中国庞大的制造规模孕育出全球最大的工业机器人应用市场。2010 年以来，我国工业机器人密度一直呈快速上升趋势，虽然在 2017 年已超过全球平均水平，2018 年进一步上升为 140 台/万人（见图 22－5），但仍低于美国（217 台/万人）、德国（338 台/万人）、韩国（774 台/万人）、日本（327 台/万人）等制造业强国，尤其是自动化要求高的汽车领域，排名前五位的国家——加拿大、美国、德国、日本、法国的机器人密度都在 1100 台/万人以上，中国作为一个汽车制造大国，2017 年汽车行业机器人密度仅为 634 台/万人，可见我国工业机器人在汽车制造行业中的渗透率仍然较低，未来还有很大提升空间。此外，我国在 3C 电子电器、金属加工、化学制品、食品加工以及其他传统行业自动化程度也非常低，自主品牌工业机器人由于更具性价比优势，进入这些行业的机会更高一些。

而且，随着与人类共同进行一线作业的协作机器人（COBOT）成为工业机器人市场主流趋势，有助于中小企业以及一些小批量生产或需要频繁更换生产线的企业快速实现自动化。协作机器人与传统工业机器人相比，具有轻型化、安全性高、环境适应性强等优势（见表 22－2），而且成本低，降低了企业自动化改造的门槛，使越来越多的制造企业能够通过协作机器人来实现降本增效。近年来，协作机器人市场规模呈快速增长态势，2019 年市场规模达到 13 亿元，同比增长近 40%，2014～2019 年年均增长率近 60%，如图 22－10 所示。未来随着协作机器人性能的改进和提高，向细分应用领域及生产环节的深耕，市场空间有望继续提升。

表 22－2　协作机器人和传统工业机器人的差别

	传统工业机器人	协作机器人
人机协同性	需要物理性隔离围栏，独立工作空间	与人类协同工作，共享工作空间
部署灵活度	体积庞大，自重高，部署难度大	自重低，快速配置到位，即插即用
安装难易度	固定安装，占地面积大	可移动，易于安装，节省空间
操作便利度	复杂指令编程，完成特定任务，需专业维护	易编程，灵活完成各种任务，使用门槛低
安全性	需要物理性隔离围栏来保证操作人员安全	安全性高，安装在操作人员附近，不需要安全围栏
技术赋能	主要依靠运动控制器、伺服电机、减速器等完成重复、可预测的任务	具有控制、感知、互动能力，能在复杂环境中处理非结构化任务能力
投资成本	投资大，使用成本高	成本低，投资回报快
适用领域	适用于汽车、电气电子等大批量规模化生产	适合小品种多批次生产、中小企业以及仓储、农业、餐饮等广泛领域

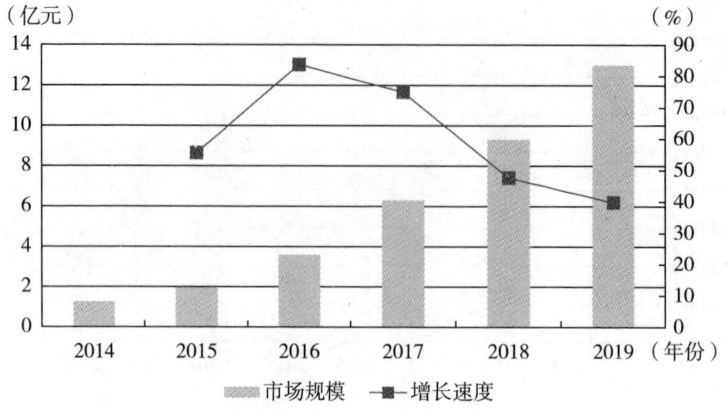

图 22－10 2014～2019 年中国协作机器人的市场规模和增长速度

资料来源：高工产研机器人研究所（GGII）、前瞻产业研究院。

（3）“新基建”为机器人应用边界的拓展迎来新契机。在2018年底的中央经济工作会议上，明确提出了“加快5G商用步伐，加强人工智能、工业互联网、物联网等新型基础设施建设”，2019年的《政府工作报告》再次提出加强新一代信息基础设施建设。随着5G的推广与普及，低延时、高可靠度，能够赋予机器人更加完善的交互能力，通过与大数据、人工智能、云计算、物联网等新技术的深度融合，机器人将具有更强大的分析和数据处理能力，性能得到进一步优化。在工业领域，承载5G技术的工业机器人，能更好地满足下游制造业自动化、智能化升级所产生的多元化需求，例如通过监控系统对机器人各项历史数据的分析及学习，对实时数据的采集和分析，实现局部故障预警，机械寿命分析等功能，可帮助客户提前排查生产中的各项问题，有效提升生产效率。与此同时，将客户处的机器人运转数据返回至企业，用于新一代机器人的技术研发与更新，实现数据的全流程闭环。与工业互联网的融合，有望提升企业在价值链中的增加值，提升企业经营的回报率，工业机器人应用领域将会进一步拓展。

在服务机器人和特种机器人领域，5G、人工智能、大数据、物联网等新一代信息技术的运用，使其更加智能化、柔性化和精准化。2019年作为5G元年，随着5G技术的应用与推广，一系列服务机器人、特种机器人的创新应用不断涌现。如2019年6月，福建首款人工智能5G农业机器人正式在中国以色列示范农场智能蔬果大棚开始全天候生产巡检；同月，全球首个5G骨科手术机器人亮相于北京积水潭医院，开启全球首例骨科手术机器人多中心5G远程手术；还有5G环卫机器人、5G娱乐机器人、5G安防机器人、5G智能银行机器人等，应用边界随着5G技术应用的步伐逐步扩展。

新型冠状肺炎疫情在全球的暴发和扩散，也为机器人的应用创造了新的机遇。在工业机器人领域，为了维持工厂的运转，自动化和省人化需求凸显。在服务机器人领域，机器人在防控传染病等安全方面的作用也受到关注，非接触运送及消毒等为医疗体系提供帮助的需求急剧增加。如为了防止接触或飞沫感染，在人群密集的场所，安保机器人开始被用于消毒工作。

2. 我国机器人产业发展面临的挑战

但是，未来不确定因素依然存在，从国际看，中美贸易摩擦给国内制造业企业带来的不确定性在一定程度上抑制了一部分制造业企业进行资本开支、技术升级的投资信心，进而对工业机器人需求产生一定负面影响，同时，增加了产品出口遭遇贸易壁垒的可能性。从国内看，我国机器人产业发展中的结构性问题也依然突出。

（1）在高端制造能力仍显不足的同时，在低端领域存在低水平重复建设。目前，中国机器人生产企业超过800家，但大部分处于产业链中下游、低端环节，以组装和代工为主，产业集中度低，难以形成规模效应，市场上的产品同质化严重，具有足够竞争力的产品不多，呈现出“高端产业低端化”的倾向。国产工业机器人产品，多以三轴、四轴为主，多为搬运和上下料机器人，应用于汽车制造、焊接等高端行业领域的六轴或以上高端国产六轴工业机器人的占比不足 10%，国内企业中仅有沈阳新松、广州数控、博实股份等少数企业具有在中游本体制造领域立足的能力，90% 以上的机器人企业集中在下游系统集成的环节。且在作业难度大、国际应用最广泛的焊接领域，日韩系和欧美系为主的企业仍占据了 80% 以上的市场份额。在高端应用集中的汽车行业，国外企业也占据垄断地位。

（2）基础薄弱、原创能力不强，关键零部件受制于人的状况没有根本改变。尽管在国家政策的大力支持下，近年来核心零部件的部分技术有所突破，国产化率逐步提升，但是在使用寿命、可靠性、噪声方面，与国际先进水平还有差距，关键零部件受制于人的局面没有根本改变。缺乏对产业链的掌控能力，仍然制约着整机制造的利润水平、性能提升。在工业机器人产业链上，整机制造业毛利率最低，仅占 10% ~20%。2018 年以来，以工业机器人四大家族为代表的国外工业机器人企业加大了在中国的产能布局，全球工业机器人产业链向国内转移，增加了国内竞争的强度。同时，全球工业机器人平均价格整体持续下行，在国产品牌核心零部件国产化率尚低的情况下，工业机器人价格的下行，导致盈亏平衡点销售数量持续上移，对国产品牌盈利能力形成较大冲击，国产品牌面临更加严峻的局面。

（3）行业标准和规范尚待健全。机器人产业作为一个新兴产业，受到各界追捧，吸引了大量投资进入，但由于相关技术标准的缺失、滞后、没有形成完善的标准体系等因素，造成一些地区机器人产业出现无序发展的局面，有些已建和在建的机器人产业园区缺乏统一规划，各自为政，定位重复；现有的企业不具备研发实力、技术实力的中小型企业占据绝大部分，主要从事低附加值的机器人组装业务，容易造成低端产能过剩。还有一些企业甚至只是机器人产品代理商，真正能自主生产零部件或机器人产品的企业仅有 100 多家。另外，国外机器人巨头具有先发优势，已抢先一步占领了机器人市场。已有的机器人国际标准大多是在发达国家已有的国家标准的基础上制定或转化而来。标准化的优势进一步促进了国外机器人公司对机器人市场的占据，缩小了我国机器人产业的市场空间。

三、促进机器人产业发展的对策建议

1. 强化顶层设计，助推产业由大变强

产业政策在我国机器人产业的发展中发挥着积极的促进作用。要持续强化规划引领和政策引导，贯彻新发展理念，进一步完善顶层设计，营造良好发展环境，针对各地经济、技术、人才、产业转型升级的需求特点，合理确定产业发展方式和规模。引导企业加强机器人细分市场研究，理性和差异化发展机器人，避免一哄而上，低水平重复建设。注重引导各项资源向机器人优势企业集聚，集中有限资源攻短板，推动产业由大变强。

2. 开展协同创新，强化产业链掌控能力

要充分发挥制度优势，有效弥补科技创新的短板，加大国家重点研发计划、重大科技项目对机器人基础理论和核心技术的投入，充分利用和整合国内现有的机器人产业研究院、联盟、创新平台等，建立协同创新平台，打造政、产、学、研、用紧密结合的协同创新载体，加强共性技术研究和制造工艺技术研究，重点突破产业链上游的核心零部件、关键技术，进一步提升高精密减速机、控制器、伺服电机等关键零部件质量稳定性和批量生产能力，加快研发创新的产业化进程，保证机器人高端产品的质量，形成自主品牌的核心竞争力，强化产业链掌控能力；积极跟踪智能机器人未来的发展趋势，提早开展仿生技术、机器人深度学习、多机协同等前瞻性技术研究，同时关注没有被纳入现有机器人技术体系的能源、大数据、安全和材料等领域的技术创新。

3. 培育具有国际竞争力的龙头企业，构建机器人产业生态

加大对龙头企业战略布局、技术创新、智造

工程示范、国际资本并购的引导与服务工作力度，充分发挥龙头企业的示范引领作用，依托重点项目产业基地建设，将空间布局与产业集聚相结合，吸引产业链上的诸多中小企业聚集在龙头企业的周围，形成集群效应，带动中小企业向“专、精、特、新”方向发展，增强产业竞争合力，协调发展的产业体系，推进我国机器人全产业链协同发展。此外，还要抓好基础设施、有技能的劳动力群体、信息服务等公共要素平台的建设，与工业设计、云制造、供应链管理、第三方物流、营销及远程运维服务供应商形成供应链战略合作伙伴关系，聚集全球创新、产业、人才与金融资源，打造面向机器人智能产业集聚发展的生产性服务业体系，带动后续发展要素向优势区域的转移，提升基地、园区对机器人产业发展的综合承载能力。

4. 健全机器人产业标准体系

产业标准是国际竞争的技术依据和有效手段，被发达国家放在产业战略的重要位置。可以说机器人产业领域的竞争不仅是技术和市场的竞争，更是机器人标准的竞争。为适应和保障机器人技术创新和产业快速发展，要加快建立、健全机器人技术标准体系，制定技术标准、质量标准、安全标准以及后期的应用标准，实施机器人的产品认证制度，提高行业准入门槛，为机器人企业提供检测和认证等质量保障服务，有效提升国内自主品牌机器人的产品质量，着力促进自主技术成果成为国际标准，防止产能无序扩张，高端产业低端化，促进我国机器人产业高质量发展。

5. 实施人才培养计划，探索新型人才培训机制

人才是产业竞争力的最终源泉，机器人产业发展既需要富有远见和领导力的领军人才、管理人才、专业人才、创新团队，又需要从事生产、维护到修理的技能型人才。因此，要破除人才流动的机制障碍，围绕机器人产业的应用与市场需求，采取灵活多样的方式，柔性地引进海内外技术专家，进一步拓宽引进高层次人才的渠道，不断壮大我国机器人领域专家队伍。结合区域发展和产业发展趋势，联合高等院校、科研院所、企业制订创新人才引进和培养计划，促进优秀人才在事业单位和企业间的合理流动，并积极探索校企联合培养人才的新机制。运用职业培训及职业资格制度加强技能型人才的培训，实现人才培养与企业需求的良好对接。

专栏 22-1

机器人助力疫情防控和复工复产

在 2020 年初进行的疫情防控战中，机器人发挥“无人化、自动化、可视化”的优势，为工业、物流业等企业复工复产提供了“安全、智能、便捷、全自动”的保障，不仅减少了用工成本，降低了人员密集度，而且高效地促进了企业复工复产。

工业机器人

ABB 公司为海天塑机集团有限公司海天路事业部提供的机器人机床上下料自动化解决方案减少人工 67%，三个工作站仅需一名工人辅助配料，不仅大大降低了劳动强度，而且确保了产量和质量，降低了废品率，提高了整体生产率，并且在 2020 年 2 月初就迅速实现了复工生产。

优傲的协作机器人在节省人力、节约工时、提高产量中发挥着重要的作用。如为北汽李尔提供的从事座椅装配的 UR10 协作机器人，1 台可执行 2 位工人的工作；为欧莱雅提供的从事化妆品包装的协作机器人，每班可节省 30 分钟工时；为横田株式会社提供的拥有机床上下料的 UR5 协作机器人，实现了 20% 的产量增长。

国内创新型企业配天机器人在医药行业推出的集成粉针剂类产品自动投料系统生产线，也是世界首套已投入量产的粉针剂类药品自动投料系统，满足医药生产环境要求，符合GMP/GSP要求及最新《药品管理法》要求。该系统集仓储、物流、产线、智能控制于一体，实现了粉针剂类产品的自动灭菌、运输、存储、顺序出料、自动称重投料、生成报表，整个生产过程彻底无人化，减轻人工劳动量的同时，大大提高了药品生产的安全性。

服务机器人

新冠肺炎疫情期间，节卡机器人推出了复合防疫机器人，该机器人由自主导航底盘、六轴关节型协作机械臂、机器视觉、云调度平台与应用库、远程操作终端组成。配合可选测温设备、喷淋消毒设备、紫外消毒设备、防疫物资暂存递送柜、电动夹爪等作业设备等。能够完成街边巡逻、哨岗测温、主干道消毒、室内消毒、物品消毒、物品配送、有害医疗垃圾自动搬运等工作。结合公司小助协作机器人产品特点，系统具备快速上岗、批量上岗优势。

物流行业是受此次疫情影响较严重的行业之一。海康机器人携手多家物流行业头部企业，通过糅合人员、设备、流程等数据，打通各模块信息壁垒，实现转运流程全链路管控，为物流企业量身打造可视化管理平台：整合智能整合读码设备、视频系统及分拣控制系统等多维度数据，满足企业日常生产监管、突发事件预警、包裹按单号一键视频回溯等场景需求，提高物流企业整体运营管理实力。美团配备的无人配送车，在美团买菜站点取货后，自动行驶到目的地社区的无接触配送点，全流程隔绝人与人的接触。科沃斯、智臻、国辰等企业，还推出商用服务机器人及外呼机器人，保障服务行业的疫情防控和正常经营。

资料来源：《疫情之后复工复产，这些工业机器人企业可以帮助到你！》，海客思博展会网，https://baijiahao.baidu.com/s?id=1668375361840394517；《机器人企业复工复产在行动》，中国电子学会网，https://www.cie-info.org.cn/site/content/3610.html。

参考文献

［1］中国电子学会：《中国机器人产业发展报告2019》。

［2］赛迪智库机器人产业形势分析课题组：《2019年中国机器人产业发展形势展望机器人产业》，《机器人产业》2019年第1期。

［3］方晓霞：《中国机器人产业：现状、问题与对策》，《发展研究》2018年第10期。

［4］罗连发、储梦洁、刘俊俊：《机器人的发展：中国与国际的比较》，《宏观质量研究》2019年第9期。

［5］武燕、陈静雯：《中国工业机器人产业发展对策研究》，《对外经贸》2020年第5期。

［6］宗光华：《中国机器人热的反思与前瞻（一）——我国工业机器人产业近况评估》，《机器人技术与应用》2019年第2期。

［7］宗光华：《中国机器人热的反思与前瞻（二）——我国机器人产业前瞻》，《机器人技术与应用》2019年第2期。

［8］曲道奎：《中国机器人产业发展深度思考——机遇与挑战》，《机器人产业》2019年第5期。

［9］中国电子学会：《中国机器人发展报告2019》。

［10］《国产核心零部件发展推动自主品牌工业机器人市占率提升》，中国政府网，http://www.gov.cn/xinwen/2019-09/21/content_5432003.htm，2019-09-21。

［11］浙商证券股份有限公司：《机器换人大势未改，国产机器人方兴未艾》，2018年10月10日。

［12］前瞻产业研究院：《2018年汽车整车制造行业市场发展现状与前景预测工业机器人密度较低》，https://www.qianzhan.com/analyst/detail/220/190130-cfb5b514.html，2019-01-30。

［13］《2019年焊接机器人竞争格局与发展趋势分析》，https://www.sohu.com/a/386801606_209185，2020-04-10。

第二十三章　集成电路产业

提　要

集成电路产业作为战略性、基础性和先导性产业，已成为全球竞争的重要角力场，在国际产业竞争乃至国家竞争中的战略地位愈发凸显。“十三五”时期，尽管面临美国“技术脱钩”的压力，但在巨大市场需求以及支持集成电路产业发展大好政策的背景下，我国集成电路产业总体规模快速增长，全球竞争力有序提升，在产业链部分领域实现了突破。“十四五”时期，我国集成电路产业总体上将延续“十三五”时期的基本态势，外部压力依然较大，但产业规模将持续扩大，部分领域国产替代和自主可控能力将得以改善，产业集中度和集聚度进一步提升。为此，需要进一步加强集成电路产业的支持力度，尤其是强化对基础教育、基础研究、基础材料和制造过程的支持，在重点突破的同时推动多点布局，同时，也要防范与全球市场的“真脱钩”风险。

*　　　　*　　　　*

“十三五”时期是我国集成电路产业发展极不平凡的一个时期，美国的技术遏制打破了我国集成电路产业发展的良好预期。但是，在新一轮技术革命尤其是信息革命的大好机遇下，加之高质量发展理念的引导，依托庞大的国内市场以及深度融入全球产业链和价值链，我国集成电路产业在“十三五”时期快速发展，产业规模高速增长，在全球集成电路产业的参与深度加大，产业竞争力不断提升，且在部分产业链环节取得明显突破。进一步推动经济社会高质量发展，准确把握集成电路产业发展基本态势，找准未来支持产业发展的着力点，对于推动我国进一步打破集成电路产业的“卡脖子”问题、实现战略性新兴产业高质量发展具有重要意义。

一、“十三五”时期我国集成电路产业发展基本情况

“十三五”时期，我国集成电路产业在保持规模快速增长的同时结构得到进一步优化，产业在全球供应链和价值链的参与度进一步提高，且在部分领域取得了一定的突破，在进一步增强产业的全球竞争力方面取得一定的成效。

1. 产业规模快速增长，结构和质量不断优化

中国半导体行业协会数据显示，“十三五”时期，我国集成电路产业规模不断增长，行业销售收入从 2015 年的 3609. 8 亿元增长到 2019 年的 7562. 3 亿元，年均增速 20. 31% （见图 23 - 1），

实现了《国家集成电路产业发展推进纲要》中提出“2020 年集成电路产业销售收入年均增速超过20%”的目标。

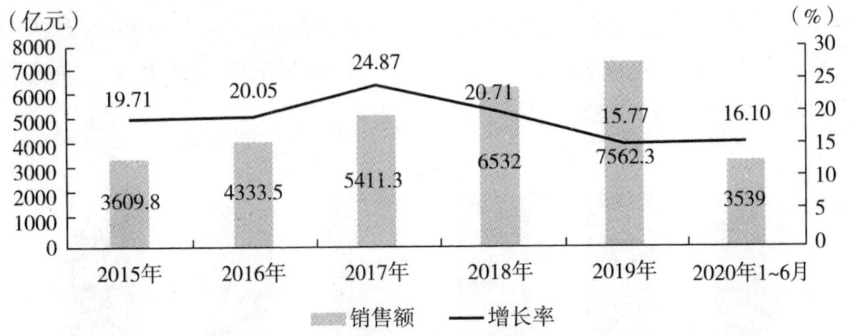

图 23－1　2015 年至 2020 年上半年我国集成电路产业销售额情况

资料来源：中国半导体行业协会。

从结构来看，集成电路产业设计、制造和封测三个环节都保持相对快速增长，但结构发生显著变化，附加值更高的设计和制造环节增速更高，且在集成电路产业中的比重稳步提高。2015 年至 2020 年上半年，设计和制造环节销售额占比分别从 36.71% 和 24.95% 上升到 42.12% 和 27.30%，与之相对应的是，封装测试业占比从 38.34% 下降到 30.58%。如图 23－2 所示。

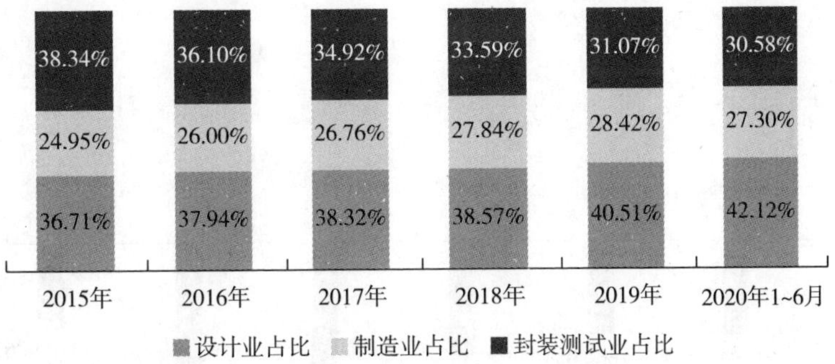

图 23－2　2015 年至 2020 年上半年我国集成电路产业三大环节销售额占比变化情况

资料来源：中国半导体行业协会。

2. 参与全球深度加大，全球竞争力有序提升

美国半导体产业协会（Semiconductor Industry Association，SIA）发布的数据显示，2015～2018 年，全球半导体行业销售额从 3372.8 亿美元增长到 4689.6 亿美元，2019 年出现小幅回落到 4110 亿美元，2020 年 1～8 月出现小幅回弹，月均销售额 350.1 亿美元，较 2019 年月均增长 2.22%。如图 23－3 所示。

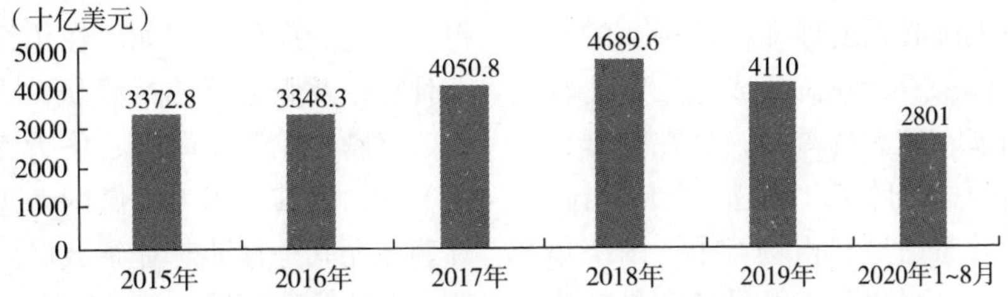

图 23－3　2015 年至 2020 年 8 月全球半导体行业销售额变化情况

资料来源：美国半导体行业协会（SIA）。

从市场结构情况来看，美国、日本、欧洲、韩国以及我国台湾地区是全球半导体的主要生产地和消费地，“十三五”时期各国市场份额未发生显著变化，半导体市场的全球竞争格局相对稳定。2019 年，美国半导体行业市场份额占据全球的 46.8%，较 2015 年的 50% 略有下降，而韩国则从 17.4% 增加到 19.1%，我国总体市场规模相对稳定但全球份额较小，2019 年保持在 4.9%。受美国“技术脱钩”压力，我国在“十三五”末期加速集成电路产业的国产替代进程，集成电路产业国产化率稳步提升。如图 23-4、图 23-5 所示。

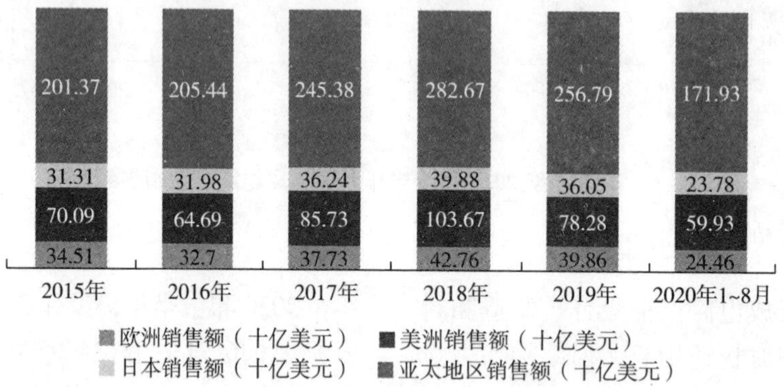

图 23-4 2015 年至 2020 年 8 月全球半导体行业主要市场销售额变化情况

资料来源：美国半导体行业协会（SIA）。

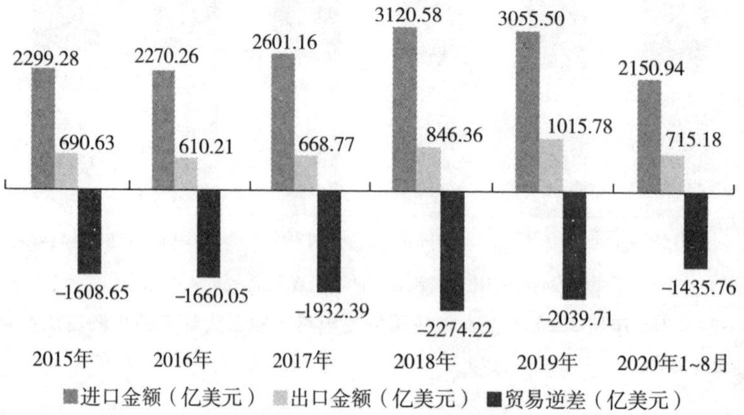

图 23-5 2015 年至 2020 年 8 月我国集成电路进出口情况

资料来源：中华人民共和国海关总署。

3. 自主创新能力提高，部分领域实现突破

集成电路产业的战略性、基础性和先导性特征决定了我国作为大国必须要保证在该行业的有效竞争地位。从总体来看，我国集成电路产业较美欧日韩等发达国家有较大的差距，且在关键领域和环节存在突出的“卡脖子”问题。“十三五”时期，通过有效的政策引导和市场竞争，围绕集成电路“设计—制造—封测”以及设备和材料这一超长的产业链，我国企业在一些细分领域取得了一些突破，基本实现了 2014 年制定的《国家集成电路产业发展推进纲要》目标，国产替代取得了一定的成效。例如，在传统国外垄断的高性能计算以及服务器芯片领域，天津飞腾、海光申威、飞腾、龙芯、海光、华为海思等设计企业有所突破，尤其是华为下属的海思半导体在芯片设计领域尤其是移动芯片领域已经步入全球一线阵营；芯片制造领域，中芯国际 2019 年 8 月实现了 14 纳米的量产，华虹半导体也取得制程上的突

破，长江存储在 2020 年 4 月宣布 128 层 QLC3DNAND 闪存芯片研发成功；在封测领域，长电科技、通富微电以及华天科技位居全球封测行业的第三、第六和第七，也为我国在封测领域贡献了全球 28.1% 的市场份额；设备制造方面，目前在刻蚀机方面中微公司已向台积电供应 7 纳米刻蚀机设备，但光刻机目前只有上海微电子 90 纳米的量产水平。

二、“十四五”时期我国集成电路产业发展的总体趋势

延续“十三五”时期的总体趋势，“十四五”时期我国集成电路产业发展的外部环境依然严峻，但在一系列政策、技术和市场利好环境下将会保持快速的发展态势，并表现出更集聚和更激烈的竞争态势。

1. 产业保持高速增长，部分领域和环节有望获得进一步突破

新一轮技术革命的不断深化，5G、物联网、大数据、云计算、人工智能、新基建等步入快速发展阶段，巨大的市场需求为集成电路产业发展带来巨大的机会，未来保持高速增长的总体趋势不会发生变化。根据世界半导体贸易统计（WSTS）的预测，2020～2021 年世界半导体行业的增长率为 3.3% 和 6.2%，亚太地区的增长率为 2.6% 和 6.4%。我国作为全球集成电路行业的重要消费国，IBS 披露的数据显示，2019 年中国半导体消费量占全世界的 53%，并预测 2030 年将达到 58%，我国在全球集成电路产业的消费比重将进一步提高。在总量进一步增长的同时，随着我国经济进入中高速发展阶段，推动战略性新兴产业发展成为未来促进我国经济高质量发展的根本，我国在集成电路产业链尤其是产品应用方面具有显著优势，可以预见，未来我国集成电路产业的高速成长趋势依然不减，并成为促进我国经济高质量发展的重要驱动力。

然而，不可忽视的是，尽管我国集成电路产业市场规模大，但在关键领域和环节的自我保障能力较弱，尤其制造环节以及支撑半导体发展的设备和材料领域“短板”突出。随着产业界和政府对我国集成电路产业现实认识的不断深化，进一步补足“短板”成为“十四五”时期提升我国集成电路国产供应水平的关键，在此背景下，加大对相关领域的支持和社会投资成为发展的必然。可预见的现实是，未来我国在集成电路材料（如大尺寸硅片、光刻胶、掩膜版、电子气体、湿化学品、溅射靶材、化学机械抛光材料等）、制造设备（光刻机、刻蚀机、镀膜设备、量测设备、清洗设备、离子注入设备、化学机械研磨设备、快速退火设备等）、制造环节（高端逻辑和存储芯片制造以及特殊设备制造）等有望涌现出一批企业，它们会成为未来支撑我国集成电路产业发展的重要市场载体；随着部分在“利基市场”中具有领先地位的企业的成长，一部分“卡脖子”问题将会得到明显缓解。

2. 外部压力依然严峻，产业全球化进程存在较高风险

作为高度全球化的产业，“十四五”时期我国集成电路产业的发展将会进一步融入全球供应链和价值链之中。但是，随着中美贸易摩擦的常态化以及美国及其盟友带给我们的压力，我国集成电路一方面面临美国的强力打压和“脱钩威胁”，另一方面面临全球集成电路产业的重新布局和替代，我国集成电路产业将面临更加复杂的全球竞争环境。美国以国家安全、保护知识产权、平衡贸易赤字等“缘由”发起贸易摩擦，试图遏制我国在集成电路等高科技领域的发展。早在 2017 年 1 月，奥巴马政府总统科技顾问委员会（PCAST）发布了《如何确保美国在半导体行业的长期领导地位》，提出通过“正式的贸易谈判、非正式的贸易和投资协定以及 CFIUS 外资投资审查机制”对限制中国半导体行业的发展是十分有效的，并提出“要继续限制美方认为与国防有关的半导体技术出口到中国，直到中国有一天确保这些技术是‘安全的’”；2017 年 12 月 18 日，特

朗普政府发布的首份《国家安全战略报告》称中国为美国的“战略竞争对手”，在2020年7月24日美国兰德公司发布的《中国大战略：趋势、轨迹与长期竞争》报告中，提出了从军事对抗的角度应对中国。在美国视中国为“战略竞争对手”的条件下，美国对我国实施了前所未有的技术“遏制”，例如美国外资投资委员会（CFIUS）对我国企业海外并购案件的限制，升级《瓦森纳协议》对高端设备和产品出口予以限制，实施“301调查”对我国产品大量提高关税，以国家安全之名不断扩大“实体清单”，这些对于未来我国集成电路产业参与全球供应链、创新链和价值链产生巨大威胁，不利于我国集成电路产业融入全球化进程。

另外，在中美贸易摩擦趋于常态化的基本假设下，集成电路产业全球化的分工模式将面临巨大的挑战，安全将成为产业链和供应链布局的重要考量因素，集成电路大国的更广泛的全球布局和“回流”成为未来一段时期的重要选择。例如，台积电不仅在中国大陆和中国台湾地区开设工厂，也在美国新建最新工艺制程的代工厂；日本企业为应对日韩争端，将一些原料生产企业搬迁到韩国本土地区；东南亚诸国由于地缘位置和劳动力成本优势，正成为各国集成电路低附加值制造业和装配业转移的首选之地，例如新加坡已成为全球集成电路代工厂的重要安置地，三星已将部分生产基地迁移到越南，马来西亚槟城成为全球半导体组装和封测的重要基地，泰国的电子产品组装也吸引了日本企业大量投资；美日韩鼓励本国制造企业包括集成电路企业向本土回流，并在新冠疫情暴发后表现出加速的态势，同时通过“美墨加三国协议”强化其在数字经济和半导体行业供应链的安全性。可以预计，我国集成电路产业发展的全球化总体趋势不会发生根本变化，但在全球贸易新情景和新变局的大背景下，产业发展将面临更加严峻的外部压力。

3. 产业内竞争更激烈，产业集中和集聚特征将更为显著

随着一系列支持和促进集成电路产业发展政策的出台，加之高质量发展对产业升级的压力，集成电路产业的社会投资快速增长，尤其是产业内将迎来大量新资本和新企业的进入。《瞭望》披露的数据显示，截至2020年7月20日，我国共有芯片相关企业4.53万家，仅2020年第二季度就新注册企业0.46万家，同比增长207%，环比增长130%，这一趋势预期在“十四五”时期将会继续保持。大量资本进入集成电路行业，必然导致行业竞争更加激烈，大量企业破产重组、行业内和跨行业并购将成为“十四五”时期集成电路产业发展的常态。然而，由于集成电路产业高风险、高投资、长周期等特征，在大量进入者之后必然面临市场的“重新洗牌”，表现为“企业数量快速增加—行业竞争更加激烈—企业分化—市场出清—领先企业出现—行业集中度上升”的趋势，产业集中度将在“十四五”时期表现出先分散后集中的基本态势，且这一态势将会进一步延续。

当前，我国集成电路产业总体主要集中在长三角、珠三角、京津冀以及中西部部分省市，产业集聚度相对较高且特色明显。其中，以上海为核心的长三角地区居于绝对领先地位，尤其是在制造和设备领域优势显著；以深圳为核心的珠三角地区在设计环节具有显著优势；以北京为核心的京津冀地区在设计和制造业方面特色明显；中西部地区重点城市，如合肥、武汉、长沙、西安、成都、重庆等有一些具有代表性的集成电路产业项目。从目前各地加大集成电路产业布局的现实来看，“十四五”时期我国集成电路产业的“遍地开花”将成为必然，但由于集成电路产业代表的先进产业方向，对产业链配套尤其是人才配套的需求极为迫切，集成电路产业在“遍地开花”后将会迎来新一轮的布局调整期，产业的集聚度将进一步调整，尤其是向毗邻高校、科研机构的大城市及周边集中，向人才更为集聚的东部地区以及一线中心城市集聚，向营商环境表现更优的地区转移，集成电路不同领域和环节的企业将围绕核心企业集聚，形成以产业园区为基本构成单元的大型产业集聚区。

三、促进我国集成电路产业高质量发展的对策建议

为推动我国集成电路产业的高质量发展，结合我国集成电路产业发展存在的现实问题，需要进一步加强集成电路产业的支持力度，尤其是强化基础研究的支持力度，在重点突破的同时推动多点布局，同时也要防范与全球市场的“真脱钩”风险。

1. 发挥新型举国体制优势，支持集成电路产业快速发展和有效追赶

新型举国体制的主要优势之一是能够压缩产业追赶的周期，降低市场的“试错成本”。作为关乎科技安全、信息安全、经济安全、军事安全的集成电路产业，要发挥社会主义市场经济条件下关键核心技术攻关举国体制优势，实现在短期内的快速发展和有效追赶。强化政府、市场与社会的有效协同，明确各方在集成电路产业中的有效角色。政府在提供公共品供给（基础研究投入、人才培养等）、维护市场秩序（知识产权保护、反垄断等）和保护本国企业（跨境并购、跨境贸易中的争议解决和权益保护）的同时，要结合集成电路产业的特征，参考日本和韩国在集成电路产业发展的经验，在财政政策、产业政策、税收政策、进出口、市场应用等方面适当倾斜，为半导体行业营造良好的发展环境；要发挥市场在资源配置中的决定性作用，优化营商环境，减少行政干预，为社会资本、境外资本进入集成电路行业创造良好的条件；鼓励中国企业境内境外的投资组合和并购，鼓励行业上下游以及竞争性企业整合，形成大中小企业融通发展的良好生态；利用好我国超大规模市场优势为集成电路产业发展提供有效的市场需求，吸引产业链关键环节外资进入；注重发挥社会组织等主体的作用，尤其是行业协会、研究机构、高校的重要作用，要以新建国家实验室为契机，探索与美国 EUV 技术联盟模式、日本“超大规模集成电路技术研究组合”类似的企业间技术共同研发实验室，形成有效的联合研发机制，促进行业内企业市场合作、共同研发、协同发展。

2. 加大基础研究支持力度，进一步发挥市场力量强化技术尤其是底层技术的自主可控

尽管目前产业界和决策层已形成加大支持集成电路产业发展的共识，但从目前的政策支持对象来看，主要关注于短期产品和制造技术的“国产替代”方面，对集成电路未来发展的基础性、原始性技术重视度也不够，对于产业链更底层的材料、设备、软件工具等重视度也不够，这从我国在研发投入中对于基础研究重视不足可见一斑。着眼于集成电路产业发展的现实需要，未来需要进一步加大集成电路领域的基础研究，强化底层技术知识供给，为集成电路产业发展夯实基础知识。重点是加强对共性技术平台、大企业、高校、科研机构在基础研究上加大支持力度，并发挥好中小企业的数量巨大和边缘创新的优势（李先军，2020）。此外，要进一步创新体制机制，构建官产学研共同合作的供应技术平台，引导社会资本投入基础研究领域，提高社会资本在集成电路领域的研究。

集成电路产业发展的关键不仅在于技术的领先性，还在于生产制造过程中的工艺等“隐性知识”以及人才的有效支撑。为此，在加快推进集成电路产业发展基础技术、产业化技术的同时，要重视制造工艺以及过程中所需设备、材料的投入，尤其是人才的培养。在进一步注重在全球范围内引进人才的同时，要加大对集成电路产业领域的人才培养，尤其是要培养具有工匠精神、团队精神和敬业精神的人才（冯昭奎，2018），对于我国集成电路行业长久发展意义重大。在现有示范性微电子学院的基础上，要从整体教育方向上予以引导，加大基础学科投入，强化基础学科尤其是化学、材料、物理、电磁等领域的教育和研究，从产业链需求视角培养集成电路产业复合型人才，注重产业工人中“工匠”的培养和成长，避免教育和科研工作的过度商业化和工程化。

3. 兼顾重点突破和多点布局，保障我国集成电路产业的可持续竞争力

超高规模投资和“隐性知识”使集成电路产业的后发者面临极高的风险和压力，但其超长产业链以及技术快速迭代也为后发者提供了新的机会。此外，我国超大规模的国内市场需求也为未来进入集成电路产业多个领域和环节提供了可能。对于集成电路产业来说，从设备、材料到设计、制造、封测和应用，产业链极长，关联产业极多，短期内寄希望于全面突破难度极大。在当前国际环境下，需要进一步对集成电路产业深入研究，找到我国在集成电路行业亟须突破限制的关键领域和环节，并制订产业发展“优先顺序清单”，引导市场力量在特定领域和环节集中投入和快速突破，对于需要长期攻关的领域和环节设定长期发展目标。在继续关注产业关键环节和领域追赶和破解“卡脖子”问题的同时，要引导市场投资“多点布局”，在一些细分领域形成一定的竞争力，保障我国集成电路产业可持续发展。一是高度关注精密设备制造，除了光刻机、刻蚀机需要集中力量快速突破外，镀膜设备、量测设备、清洗设备、离子注入设备、化学机械研磨设备、快速退火设备等也需要相关企业进入和配套；二是在精密材料制造领域，在优先攻克大尺寸硅片、掩膜版生产技术以及制造工艺的同时，在光刻胶、电子气体、湿化学品、溅射靶材、化学机械抛光材料等方面有所突破，既要通过工艺创新推动相关高精密材料的产业化形成在成本和质量上的优势，也要提前布局第二代、第三代先进半导体材料的研究和产业化（“先进半导体材料及辅助材料”编写组，2020）；三是培育一批专业化生产性服务企业，例如超高洁净室设计和运维企业、污染物回收与处理企业等，通过专业化分工和有效的市场协作实现在特定领域和环节的快速突破；四是关注集成电路应用的细分领域，如在汽车芯片、新能源、智能电网、高速轨道交通等形成差异化优势。通过“多点布局”，不仅有效地避免了大量投资集中在热点环节造成的产能过剩风险，也能有效地把握行业最新的发展态势和动向，支撑我国集成电路产业的长期可持续发展。

4. 进一步融入供应链参与度，提升在全球产业链和价值链中的地位

为应对美国及其盟友对我国集成电路产业的封锁，借鉴日本在应对日美贸易摩擦尤其是半导体行业摩擦的策略，在强化国际合作的同时，以新型举国体制实现国产替代、获取在部分领域的领先优势是当前和未来的必然应对之举。但是，需要予以高度关注的是，在强调“国产替代”的同时，通过进一步提升我国在集成电路产业全球供应链中的参与度，助推我国在全球产业链和价值链地位的提升。要进一步深化对外开放，强化多边合作，敦促美国等西方国家改变冷战思维，修改《瓦森纳协议》之类的具有“冷战”色彩的国际贸易规则，同时要防范国内“民族主义”倾向。要平衡好国产替代和国际合作之间的关系，要进一步加强与国际标准化组织以及行业组织的关系，加强参与甚至主导国际标准，探索与国外竞争和合作的共赢模式。要发挥半导体行业协会等集成电路产业相关企业间组织的作用，通过与美国半导体企业集聚区的企业间的有效合作来推动美国对我国集成电路产业相关政策的缓和和调整。

专栏 23-1

“十三五”时期我国集成电路产业主要政策

党中央和国务院高度重视集成电路产业发展。早在《国家中长期科学技术发展规划纲要（2006-2020 年）》中，就将“核高基”（核心电子器件、高端通用芯片及基础软件）和集成电路（极大规模集成电路制造技术及成套工艺）作为16 项“国家科技重大专项”的2 项，确定了

到2020年实施的内容和目标。“十二五”时期，国家制定了《国家集成电路产业发展推进纲要》（以下简称《纲要》），对2020年和2030年集成电路产业发展的规模和技术目标作了明确的要求，并对集成电路产业链各个环节也制订了具体的目标，进而出台了一系列配套措施。2016年，发展半导体技术和集成电路产业体系首次进入《中华人民共和国国民经济和社会发展第十三个五年规划纲要》（以下简称《“十三五”规划》），进而，围绕《纲要》的实施以及《“十三五”规划》，国务院及有关部门出台了税收、资金、人才、教育、科技等方面的政策，且在相关政策中将支持集成电路发展的相关要求融入其中，形成了较立体的政策体系。2020年7月，国务院发布《新时期促进集成电路产业和软件产业高质量发展的若干政策》（国发〔2020〕8号），这是新时期对《国务院关于印发鼓励软件产业和集成电路产业发展若干政策的通知》（国发〔2000〕18号）以及《国务院关于印发进一步鼓励软件产业和集成电路产业发展若干政策的通知》（国发〔2011〕4号）的进一步完善，为半导体行业发展提供财税、投融资、研发、进出口、人才、知识产权、市场应用、国际合作等全方位的支持，对于新时期我国集成电路产业发展起到有效的促进作用。此外，各地政府也出台了一系列支持政策体系，集成电路产业发展迎来了前所未有的制度环境。

附表23－1　“十三五”时期我国支持集成电路产业的主要政策汇总

时间	政策名称	发布单位
2005年12月	《国家中长期科学技术发展规划纲要（2006－2020年）》	国务院
2014年6月	《国家集成电路产业发展推进纲要》	国务院
2015年5月	《中国制造2025》	国务院
2016年3月	《中华人民共和国国民经济和社会发展第十三个五年规划纲要》	十二届全国人大四次会议
2016年5月	《国家创新驱动发展战略纲要》	国务院
2015年6月	《关于支持有关高校建设示范性微电子学院的通知》	教育部、发改委、科技部、工信部、财政部、国家外专局
2016年5月	《关于软件和集成电路产业企业所得税优惠政策有关问题的通知》（财税〔2016〕49号）	财政部、国税总局、发改委、工信部
2016年7月	《国家信息化发展战略纲要》	中共中央办公厅、国务院办公厅
2016年7月	《“十三五”国家科技创新规划》（国发〔2016〕43号）	国务院
2016年8月	《装备制造业标准化和质量提升规划》（国质检标联〔2016〕396号）	质检总局、国家标准委、工信部
2016年11月	《“十三五”国家战略性新兴产业发展规划》（国发〔2016〕67号）	国务院
2016年12月	《“十三五”国家信息化规划》（国发〔2016〕73号）	国务院
2016年12月	《信息产业发展指南》（工信部联规〔2016〕453号）	发改委、工信部
2017年4月	《国家高新技术产业开发区“十三五”发展规划》（国科发高〔2017〕90号）	科技部
2018年3月	《关于集成电路生产企业有关企业所得税问题的通知》（财税〔2018〕27号）	财政部、国税总局、发改委、工信部
2019年5月	《关于集成电路设计和软件产业企业所得税政策的公告》（财政部税务总局公告2019年第68号）	财政部、税务总局
2020年7月	《新时期促进集成电路产业和软件产业高质量发展的若干政策》（国发〔2020〕8号）	国务院

资料来源：笔者整理。

专栏 23 - 2

美国强化基础研究投入力度

根据美国国家科学基金会（National Science Foundation）披露的数据，2018 年，美国研发投入达到 5800 亿美元，研发强度为 2.82%，其中，在基础研究、应用研究和实验开发方面的投入比重分别为 16.6%、19.8% 和 63.5%。与之形成鲜明对照的是，2019 年我国研发经费为 22143.6 亿元，投入强度为 2.23%，基础研究、应用研究和实验开发经费占比分别为 6.0%、11.3% 和 82.7%。

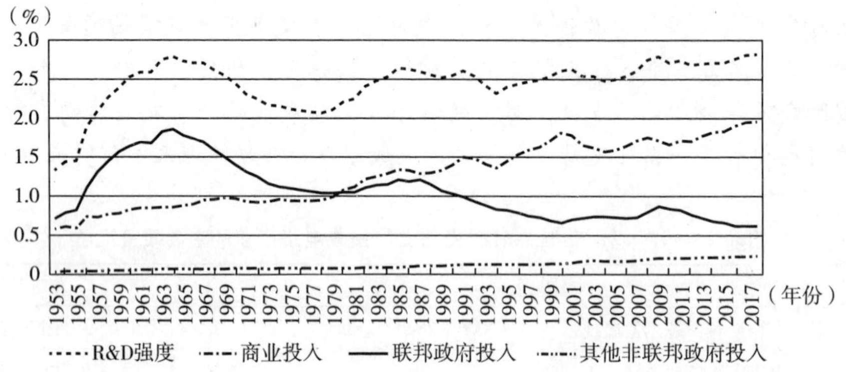

附图 23 - 1 1953 ~ 2017 年美国 R&D 强度以及 R&D 来源变化情况

资料来源：National Center for Science and Engineering Statistics, National Patterns of R&D Resources (annual series).

此外，值得关注的是，美国的研发投入从以联邦政府为主导的投入模式转变为以商业企业为主导的投入模式，尽管从 20 世纪 60 年代以来美国的研发强度整体未有较大的上升，但商业领域的研发强度比重不断增加，从 1965 年的 0.88% 上升到 2018 年的 1.96%，而联邦政府投入的研发强度则从 1965 年的 1.86% 下降到 2018 年的 0.62%。

附图 23 - 2 2000 ~ 2018 年美国 R&D 投入及变化情况（现值美元，亿元）

资料来源：National Center for Science and Engineering Statistics, National Patterns of R&D Resources (annual series).

参考文献

[1] Boston Consulting Group, "How Restrictions to Trade with China Could End US Leadership in Semiconductors", 2020 - 03 - 20.

［2］ Executive Office of the President, "President's Council of Advisors on Science and Technology", Report to the President Ensuring Long - Term U. S. Leadership in Semiconductors, Washington D. C. , 2017.

［3］ Scobell, Andrew, Edmund J. Burke, Cortez A. Cooper, Sale Lilly, Chad J. R. Ohlandt, Eric Warner, and J. D. Williams, "China's Grand Strategy: Trends, Trajectories, and Long - Term Competition", Santa Monica, CA: RAND Corporation, https://www. rand. org/pubs/research_reports/RR2798. html.

［4］冯昭奎：《日本半导体产业发展的赶超与创新——兼谈对加快中国芯片技术发展的思考》，《日本学刊》2018 年第 6 期。

［5］雷小苗、高国伦、李正风：《日美贸易摩擦期间日本高科技产业兴衰启示》，《亚太经济》2020 年第 33 期。

［6］李巍、赵莉：《产业地理与贸易决策——理解中美贸易战的微观逻辑》，《世界经济与政治》2020 年第 2 期。

［7］李先军：《以新基建助推经济高质量发展》，《经济日报》，2020 年 6 月 16 日，第 11 版。

［8］刘碧莹、任声策：《中国半导体产业的技术追赶路径——基于领先企业的经验对比研究》，《科技管理研究》2020 年第 11 期。

［9］刘建丽、李先军：《当前促进中国集成电路产业技术突围的路径分析》，《财经智库》2019 年第 4 期。

［10］"先进半导体材料及辅助材料"编写组：《中国先进半导体材料及辅助材料发展战略研究》，《中国工程科学》2020 年第 10 期。

［11］ "Semiconductor Industry Association", https://www. semiconductors. org/wp - content/uploads/2020/04/2020 - SIA - Factbook - FINAL_ reduced - size. pdf.

［12］ WSTS, WSTS Semiconductor Market Forecast Spring 2020, 2020.

［13］ Petesinger, ISS: The 2020 China Outlook, https://www. semiconductor - digest. com/2020/01/28.

［14］ National Center for Science and Engineering Statistics, National Patterns of R&D Resources (annual series).

［15］国家统计局、科学技术部、财政部：《2019 年全国科技经费投入统计公报》，2020 年 8 月 27 日。

第二十四章　区块链产业

提　要

近年来，全球区块链产业快速发展，区块链技术正成为大国角逐的主战场。我国区块链产业已初具规模，区块链技术创新快速推进，重点地区已形成产业集聚之势。尽管区块链实现了堪称“革命性”的技术突破，但区块链技术仍存在一些问题。具体表现在区块链虚拟货币交易监管难度较大、有害信息传播与非法组织活动需要高度警惕、区块链数据校正与处理效率较低、产业应用成本偏高。我国应将区块链技术的发展重心放到其在生产性服务业中的创新，利用区块链助力实体经济创新融资、促进实体经济数字转型、推动实体经济绿色发展、提高基础设施的使用效率。通过加强顶层设计和统筹，超前布局区块链技术，继续严格监管区块链技术的不法应用，加快区块链领域的标准体系建设，推动区块链与实体经济协同发展，为助推实体经济高质量发展贡献力量。

*　　　　*　　　　*

区块链是一种去中心化的、由各节点参与的分布式数据库系统。它并不是一款具体的产品，可以理解为一种公共记账的机制（技术方案）。其基本思想是：通过建立一组互联网上的公共账本，由网络中所有的用户共同在账本上记账与核账，来保证信息的真实性和不可篡改性。而之所以称之为“区块链”，是因为它使用了一串由密码学方法相关联产生的数据块，每一个数据块中都包含了过去一段时间内的所有交易信息，用于验证其信息的有效性并产生下一个区块。随着以比特币为代表的虚拟加密货币市场的火热，区块链技术引起了各界高度关注。目前，全球主要国家都在加快布局区块链技术发展，区块链技术应用已延伸到数字金融、物联网、智能制造、供应链管理、数字资产交易等多个领域，形成了较大的产业发展规模。区块链可以创新商业模式、协调产业融合、推动绿色发展、打造开放业态、深化共享经济，这些技术特征符合“创新、协调、绿色、开放、共享”的五大发展理念。积极推进区块链与实体经济深度融合，不仅有利于拓展区块链技术的应用领域和发展前景，也将助力我国在全球科技竞争领域取得领先优势，推动我国实体经济实现高质量发展。

一、“十三五”时期区块链产业发展状况

1. 全球区块链产业发展迅速

近年来，全球区块链产业发展迅速。据 IDC 估计，2019 年全球区块链产业规模达到 29 亿美元，较 2018 年的 15 亿美元增长了 88.7%。其中，美国是全球区块链第一大市场，产值占全球总产值比重达到 39.2%。欧盟与中国分列二三位，所占比重分别为 24.2% 和 11.2%。截至 2019 年 9 月，全球区块链企业数量已达到 3078 家，美国、中国、英国为区块链企业数量排名前三的国家。投融资方面，2009～2019 年，区块链领域吸引到的投融资达到 122.4 亿美元，充分表现出资本市场对区块链技术的支持热情。其中，2019 年全球区块链投融资项目数达到 806 个，投融资规模为 30.7 亿美元，较 2018 年的 822 个与 42.6 亿美元有小幅下降（见图 24－1）。从资金流向上看，美国、中国、韩国和英国是投融资主要分布地域，纽约、北京、伦敦、首尔则是区块链企业最为集中的城市。行业分布方面，银行业居区块链投资的首位，离散型制造业、零售业、专业服务业和流程型制造业居第二至第四位，前五大行业占区块链投资比重达到 73.0%。

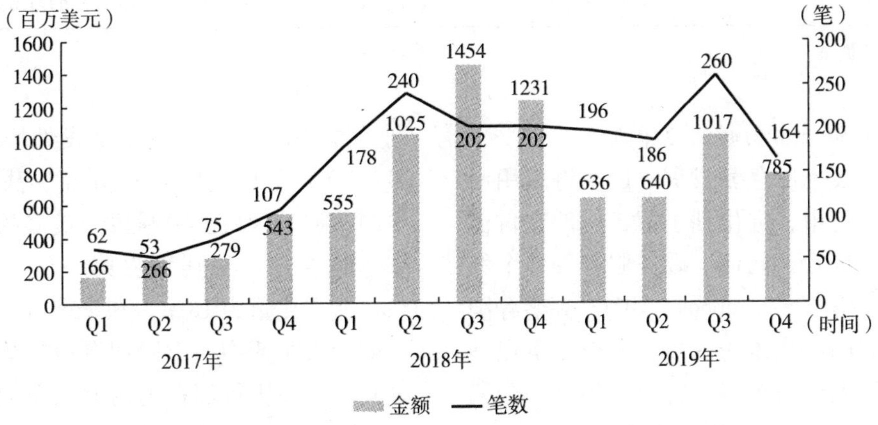

图 24－1　2017～2019 年区块链产业投融资金额与项目数量

资料来源：CB Insights。

2. 区块链已成为大国角逐的主战场

区块链尽管目前产业成熟度较低，但却具有足以颠覆时代的力量。区块链不仅可以影响金融、科技及实体经济领域，还有望重塑世界商业模式与信息沟通媒介，推动人类从信息互联网时代步入价值互联网时代。鉴于区块链的广泛适用性，美国、德国、日本等发达国家政府与金融机构正“热火朝天”地参与其中，力争通过占领区块链技术先机巩固其国际金融与科技中心的地位。2019 年，美国参议院批准了《区块链促进法》，明确要求美国将为区块链建立技术标准和法律框架，为未来新兴技术的应用提供指导和风险防范。德国也于同年推出了国家区块链战略，明确将支持区块链技术创新项目与应用实验，推动产业数字化转型。在商界领域，2019 年 6 月 18 日，Facebook 正式发布 Libra 计划，意味着区块链的全球普及应用将会加速展开。我国也高度重视区块链产业发展，并在近年来出台了多项推动区块链产业发展的重要政策（见表 24－1）。2019 年 10 月 24 日，中共中央政治局就区块链技术发展现状和趋势进行第十八次集体学习。习近平总书记在主持学习时强调，“我国在区块链领域拥

有良好基础，要加快推动区块链技术和产业创新发展，积极推进区块链和经济社会融合发展”。这为我国加速区块链产业发展指明了方向。

表 24－1 近年来我国区块链产业发展政策

政策名称	出台时间	出台部门	主要内容
《关于印发“十三五”国家信息化规划的通知》	2016 年 12 月	国务院	首次将区块链定位为战略性前沿技术
《关于防范代币发行融资风险的公告》	2017 年 9 月	央行、网信办、工信部等	首次将 ICO 定性为未经批准的非法公开融资活动，任何组织和个人不得进行 ICO
《关于互联网法院审理案件若干问题的规定》	2018 年 9 月	最高人民法院	首次从司法方面对区块链技术存证进行法律确认
《区块链信息服务管理规定》	2019 年 1 月	网信办	规定了区块链信息服务监管的主要内容
《关于支持深圳建设中国特色社会主义先行示范区的意见》	2019 年 8 月	中共中央、国务院	国家将在深圳开展数字货币研究与移动支付等创新应用
《中华人民共和国密码法》	2019 年 10 月	全国人大常委会	为区块链相关加密技术的商用提供了法律依据

资料来源：笔者整理。

3. 我国区块链技术创新快速推进

随着区块链技术的蓬勃发展，区块链应用已经从第一代的比特币，进化到了第二代的支付清算、证券交易、医疗、物流、政务服务等各个领域。蚂蚁金服、腾讯、Facebook、IBM、高盛等国内外金融与互联网巨头纷纷入场，积极就重点领域区块链技术开展研发投入，力求占领下一个科技风口。在此推动下，区块链专利数量快速增长。据佰腾网统计，全球与区块链相关的专利数量从 2008 年的 231 件增长至 2019 年的 22293 件，11 年内提高近百倍，年均复合增速达到 98%，特别是自 2013 年后呈现出爆发性增长态势（见图 24－2）。专利国别分布方面，截至 2019 年底，中国是拥有区块链专利数量最多的国家，所占比重达到 63%，稳居世界第一位。美国则位居第二，所占比重为 18%。在全球区块链发明专利申请前十大企业中，中国拥有包括蚂蚁金服、中国平安、微众银行等在内的七家企业，具备较明显的专利优势（见表 24－2）。从行业分布来看，我国企业区块链专利申请的主要领域包括数字货币、支付清算、身份认证、智能契约、加密安全等。

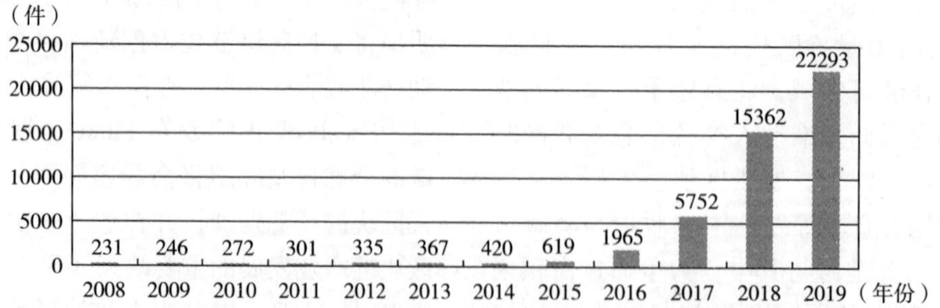

图 24－2 2008～2019 年全球区块链专利数量增长情况

资料来源：佰腾网。

表 24-2 全球区块链发明专利申请前十大企业

企业	国别	2019 年	2018 年	2017 年	2016 年及以前	合计
蚂蚁金服	中国	1005	155	43	6	1209
中国平安	中国	464	48	0	0	512
Nchain	安提瓜和巴布达	314	155	32	2	503
IBM	美国	169	96	0	0	265
元征科技	中国	185	62	0	0	247
微众银行	中国	217	19	6	3	245
Bizmodeline	韩国	219	0	0	0	219
复杂美	中国	172	16	10	10	208
腾讯	中国	137	38	11	0	186
瑞策科技	中国	141	0	0	0	141

资料来源：IPRdaily。

4. 重点地区已形成区块链产业集聚之势

在相关政策的推动下，我国区块链产业已经初具规模。据赛迪顾问估计，2018 年我国区块链产业规模已达 10 亿元。2019 年上半年，产业规模约为 4.95 亿元，同比增长 10%。当前，国内有实际投入产出的区块链企业达 704 家，主要分布在北京、上海、广东、浙江、江苏等经济发达地区。其中，北京企业数量为 228 个，位居全国第一，上海、广东企业数量分别为 164 家、152 家，居全国第二、第三位（见图 24-3）。这三个地区企业数量占全国总数比重达到 77%，企业市值占全国总市值比重达到 95% 以上，已形成较明显的产业集聚式发展特征。在区块链产业集聚式发展过程中，产业园是重要载体。自 2016 年国内首个区块链产业园在上海宝山成立后，杭州、广州、重庆、青岛等地相继设立了区块链产业园。截至 2019 年 5 月，国内区块链产业园数量达到 22 家。其中，杭州、广州、上海区块链产业园数量最多，杭州区块链产业园、广州蚁米区块链创客空间、上海区块链技术创新与产业化基地已成为国内区块链创新氛围最浓、技术实力最强的代表性园区。

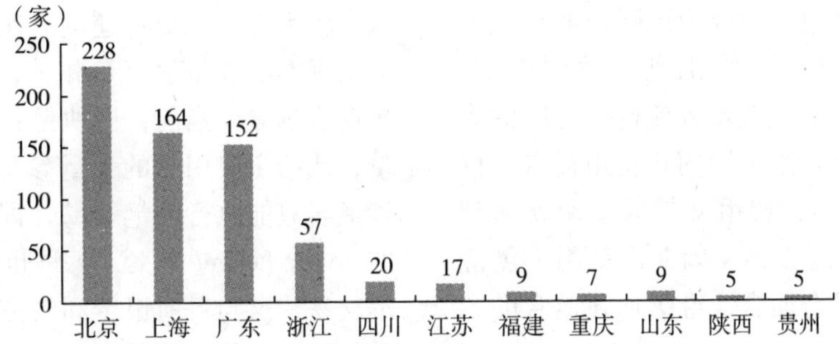

图 24-3 我国主要省（市）区块链企业数量

资料来源：佰腾网。

二、“十四五”时期区块链产业面临的挑战

尽管区块链实现了堪称“革命性”的技术突破，但就大范围的商业应用而言，区块链技术仍

有待成熟。尽管区块链技术看似不可篡改，但这种安全性高度依赖合理的技术架构，尤其是节点分散化的程度、可靠的共识协议和加密算法，而这些在现阶段仍存在完善空间。此外，利用区块链技术进行的违规交易、有害信息传播与非法组织活动已开始显现。区块链面临的问题及挑战，主要表现在以下方面：

1. 虚拟货币交易监管难度较大

比特币与区块链绑定在一起同时诞生，也是目前区块链技术最知名的应用。随后，莱特币、以太币、瑞波币等采用区块链技术的虚拟加密货币相继推出。作为一种 P2P 形式的电子货币、比特币等虚拟货币不需要特定的机构（中央银行）来发行，而是由计算机程序（算法）生成。这种电子货币可以在网络中进行点对点的支付，即从发行到流通，比特币都是去中心化的运作模式，这与传统货币有本质上的区别。通过区块链平台，虚拟货币不但可绕过中转银行，减少中转费用，还因区块链安全、透明、低风险的特性，提高了跨境资产转移的安全性与清算速度，大大加快资金利用率。当前，随着各国对资本外流监管力度的不断加大，传统跨境资产转移通道均遭到严格监控，而比特币等虚拟货币去中心化的技术特点决定了其被监控难度很大，很容易成为“真空地带”。利用比特币等虚拟货币进行资产转移已成为了最便利的渠道，并成为国际犯罪组织进行跨境支付的首选方式。特别是就我国而言，2017 年以来对个人和企业资本外流监管力度的大幅强化，很大程度上刺激了国内比特币需求。仅在 2017 年 5 月，我国比特币交易成交额就达到 217 亿元，环比增长近三倍。因此，就用于创造虚拟货币的区块链平台而言，继续加强监管的力度不能放松。

2. 有害信息传播与非法组织活动需要高度警惕

由于区块链拥有去中心化的分布式记账网络，抗审查成为区块链最重要的安全属性之一。这种安全性一方面使其成为一种信任根源，任何人都很难支配区块链；但另一方面也使任何人都很难干预区块链，来防止其所产生的危害。用户可以自由交流各种言论，分享在其他地方不可能分享的照片、视频或其他非公开信息。尽管这在一定程度上保护了用户的言论隐私，但让旨在防止造谣诈骗等违法犯罪的审查制度失去了操作空间。此外，在区块链这种抗审查的环境中，新型组织的出现成为可能。这些组织可能仅将区块链作为一种传达或传送信息和资金的工具，也可能利用区块链共建一些组织约定，以达到特定目的。例如，目前欧美发达国家已出现一些区块链技术支持下的“去中心化的自治组织”（Decentralized Autonomous Organization，DAO），允许来自全球各地的人将各自资金聚集在一起，共同决定如何处理这些资金。在这种技术趋势下，也不乏出现一些借助区块链恶意犯罪的组织。一些网络罪犯在区块链的技术保障下，可顺利接受非法资金（主要通过比特币）到账而不用担心账户安全问题，且能自由地向其他组织成员进行分赃。区块链间接创造的这种暗网市场将有助于隐匿新形式的组织犯罪。

3. 数据校正与处理效率较低

由于数据被记录到区块链后就不可篡改，这就导致一旦数据录入错误就会让不正确的数据一直存在，区块链技术本身无法对数据错误进行修改。因此，写入区块链上的数据质量和有效性检验是个需要重点考虑的因素。当信息录入错误后，只能补充一个新区块加以校正，由此将会在较大程度上造成区块链系统数据的臃肿和烦琐，以及较为低效的交易速度。区块链的交易速度与区块副本的数量显著负相关，区块节点越多，交易速度越慢。当前，区块链技术无法处理高流通量，或给定应用下的大量参与者问题。比特币每秒最多只能执行 7 笔交易，即使是技术相对领先的 Hyper Ledger 方案，每秒也只能执行 200 ~ 300 笔交易，这与目前银行和第三方支付公司等中心化体系每秒数万笔的运算处理速度相差较远。然而，随着区块链技术的不断创新，可扩展性和处理速度也将日益完善。

4. 产业应用成本偏高

区块链是一种建立在机器信任之上的高效率、低成本技术，这一点业内已有共识。然而，受制于上链数据来源和信息受众规模等因素，目前区块链在众多领域应用的技术经济性尚未充分显现。以疫情防控中对食品药品等应急物资实施区块链溯源为例，这种应用需要生产者、消费者、物流企业、监管部门共同在链上记录特定商品生产流通使用的全过程，这固然可以打击制假售假，防范假冒伪劣产品在特殊时期引发的舆情，但在国家质量标准及监督体系有效的情况下，用区块链技术对个别企业的质量问题等小概率事件进行纠偏，其实际效果往往与区块链维护的高投入不匹配，颇有“大材小用”之嫌，而成本高企、收效有限的窘境势必影响相关方长期参与的积极性。另外，区块链的“去中心化”价值取向与行政体制及治理体系的“中心化”架构存在一定的矛盾，在具体应用中难免出现理念分歧和利益冲突。

三、“十四五”时期区块链产业主要发展方向

由于我国实体经济环境中的信用成本较高，社会信用环境较弱，区块链技术恰恰很好地提供了一个“低信用成本”的平台，这对于降低我国经济社会整体信用成本、促进信用经济发展具有十分重大的意义。习近平总书记指出，“要推动区块链和实体经济深度融合”“要利用区块链技术促进城市间在信息、资金、人才、征信等方面更大规模的互联互通，保障生产要素在区域内有序高效流动”。因此，作为一个制造业大国，我国应将区块链技术的发展重心放到其在生产性服务业中的创新，以此带动实体经济的高质量发展。

1. 利用区块链助力实体经济创新融资

一般而言，商业项目建设所需的资金需要通过金融平台募集和分配，为能源电站、公路桥梁建设、食品采购及供应链等各类项目提供支撑。然而，当前传统金融体系的运营效率低下，交易成本较高。一方面，对机构投资者而言，当其想改变投资计划增加投资时，受制于复杂的合同更改流程与冗长的内部协调过程，往往难以将新方案嵌入现有合同中。另一方面，对中小企业而言，其融资通常需要资产或合同担保，即便借助众筹等新手段，处理个体支付与合同所带来的成本也经常会高于众筹所带来的边际收益，因此众筹的效果不尽如人意。区块链则较好地解决了这些问题，有效开辟了新的融资渠道，支撑实体经济建设。

区块链提供了一种“颠覆性”的技术路径，通过创新性地将有形与无形资产“通证化”（Tokenised），给予了企业新的融资选择。区块链的通证体系既包括了投资型通证，即以通证代表需要融资建设的基础设施或经营性资产的实际股权，也包括了消费型或效用型通证（Utility Token），即持有人并非出于投资目的购买通证，而是为了在区块链生态体系内用作支付媒介，以此消费服务或产品。效用型通证不属于“投资契约”，所以购买者对此类加密货币的持有并非建立在盈利的预期上，其不具有投资属性。对于基础设施建设这种同时具备投资和效用的项目而言，通证能够最大化其价值。持有者不仅可以通过基建项目分红获取股权的投资收益，还可以享受基建项目提供的基础服务（如发电、共享单车等）。例如，立陶宛的 WePower 项目是一个基于区块链技术开发的绿色能源交易平台。借助 WePower，可再生能源产商可以通过发行通证来筹集资金，每个通证都能代表一定数量的可再生能源，而能源购买者和投资者可以凭此通证以较低成本购买能源。通过预售通证，该平台为可再生能源产商筹集了 3000 万美元，这显示出了区块链平台作为金融基础设施的巨大潜力。尽管很难量化区块链相比传统融资手段节省的时间和资源成本，但区块链在提高融资效率和削减成本方面的成效已经得到了业界普遍认可。特别是在传统融资手段下，股息支付、股东大会投票等行为需要会计师、律师、银行家等大量中介人员参与，而从这种纸质凭证向区块链的数字化通证转型可减少大量中介需求，降低治理成本。已有一些研究测算表明，相比传统 IPO 融资，通证融资（Tokenisation）将能至少削减 10% 的总成本。

2. 利用区块链促进实体经济数字转型

当前，低效的数据处理过程和数据共享方案制约着交通运输业的进一步发展，原始设备制造

商（OEM）、一级供应商和软件公司都在致力于利用区块链技术解决此问题，基于区块链架构的新型交通生态系统开始形成。2018 年，宝马、博世、福特、通用、雷诺、采埃孚等汽车制造商、供应商及相关公司建立了移动开源区块链协议（Mobility Open Blockchain Initiative，MOBI）联盟，旨在开发区块链技术的潜在用途。MOBI 涵盖的公司与全球 70% 的汽车制造业务相关联，其将创建专门面向汽车行业的区块链生态系统，潜在应用包括车辆识别、供应链追踪、车辆支付、数据市场和基于用户的定价系统。该系统对外开放，同时采用加密保护技术，有效保障交易记录的安全。此外，在物流领域，区块链技术可以记录货物从发出到接收过程中的所有环节。通过创建共识网络，能直接定位到快递中间环节的问题所在，也能确保信息的可追踪性，从而避免快递爆仓丢包、误领错领等问题的发生，还可以有效促进物流实名制的落实。快递交接需要双方私钥签名，每个快递员或快递点都有自己的私钥，是否签收或交付只需要查下区块链即可。最终用户没有收到快递就没有签收，快递员无法伪造签名，这无疑会极大地提高物流的投递效率与准确性。

在能源产业中，近两年涌现出了一批相关中小企业和初创企业，其基于区块链技术尝试就产能、运输、分配、储存、交易、零售这一整套的能源价值链进行系统和应用研发。其中，一个代表性项目为位于美国纽约市的布鲁克林微电网（Brooklyn Microgrid）系统。该项目目标是建立一个点对点的能源交易体系，以此实现居民可将其自产的可再生能源与他人进行交易。另一个代表性项目为能源产业中的区块链联盟——能源网络基金会（Energy Web Foundation）的成立。能源网络基金会至今成员单位数量已逾百个，包括能源开发企业、工程商、研究所、IT 服务提供商、初创企业等。为了给能源产业建立一个开源的专业区块链核心技术平台，能源网络基金会已设立了若干工作组，发起相关技术交流论坛，积极推进区块链技术在绿色能源、需求响应项目、电动汽车网络等市场中的应用。

3. 利用区块链推动实体经济绿色发展

区块链为绿色发展提供融资需要可靠、安全的碳排放信息识别与认证支撑。尽管当前已存在一些信息检测平台和工具，但较为有限的互操作性导致交易涉及的信息支离破碎，在一定程度上抑制了市场主体的投资积极性。区块链技术则可较好地弥补这些短板，通过全网认证对碳排放来源、种类、交易和认证进行有效识别，较为全面地记录各种交易信息。区块链透明的、不可篡改的记录保证了其信息具备较高的公信力，从而可在此基础上对工业碳排放行为进行监管、激励与惩处，打造出更加高效和一体化的碳排放交易平台。

目前，区块链进行碳排放识别和认证的主要模式有：①虚拟碳排放核算。尽管碳排放交易系统（ETS）会在一个给定的区域市场范围内通过碳交易认证对公司碳排放进行合理的补偿定价，但其并不能就交易系统权限外的公司碳排放进行核算。为了准确衡量由同一个公司产生的所有碳排放，产生碳排放的产品和服务需要从全生命周期下的价值链中进行追溯。产生碳排放的最终产品和中间产品均要在区块链系统上进行登记，以此溯源出所有进出口产品可能产生的碳排放，让管理者采取更有效的手段应对气候变化。②碳排放交易认证。依托区块链技术，一个高度自动化、具备自我管理能力的去中心化记账系统可以记录、储存、追溯和删减现实世界中所有可能产生全球性影响的碳排放。一方面，配额机制和循环认证可以通过区块链系统下的智能合同进行把控，由此强化了自动化的交易认证；另一方面，由于某些碳减排的投资（如植树造林和增加湿地）可能成为碳信用额的来源，这就可以通过区块链技术创建可货币化的碳信用额，并进行追溯和交易。③绿色能源使用认证。区块链可识别和追溯从发电、配电、存储到消费这一整条可再生能源电站的价值链。例如，发电厂提供给电动汽车充电产生的碳排放可以识别和分解到每一次的充电过程。美国能源网络基金会已经开发出开源去中心化的 App 应用，该应用提供了涉及发电所有权、地址、时间、每千瓦时产生的边际碳排放等精细数据，由此可对可再生能源电站和购电方进行直接、自动化的绿色认证，从而帮助消费者清晰鉴别绿色厂商，购买更能减少潜在边际碳排放的可再生能源标的。

4. 利用区块链提高基础设施的使用效率

借助区块链技术搭建一个蕴含合理市场模型的公共平台，可推动城市电网、公共交通、农业土地等基础设施得到更有效的利用。尤其是在城市电网和交通服务中，区块链可帮助大量用户群体更有效、更安全地进行各种精细交易和微互动，并衍生出平台奖励、惩罚和自动定制消费等行为，以此提高基础设施系统和用户之间的互操作性。从中长期看，未来服务不同对象的数字平台必定将趋于融合，而区块链数字加密货币可以作为不同平台之间的货币载体，实现平台间的共融共通。

区块链提高基础设施系统使用效率的具体手段有以下两种：①改进交通管理平台。在交通网络生态系统中，汽车及其配件制造商、地图导航服务提供商与交通管理部门之间需要不断共享实时数据，以此评判城市路况的动态变化，帮助消费者选择更优路线规避拥堵。交通管理部门可以在区块链层面建立实时的交通控制系统，将传感器数据、汽车数据和司机账户通过区块链网络整合，并对司机进行货币化的奖励与惩罚，有效提高交通管理效率。②提高全球物流承载能力。受制于分散的数据库和不透明的承载力信息，物流公司的利用效率难以完全发挥，如何有效提高全球物流网络的承载力和利用率成为物流业面临的主要问题。依托区块链开发的开放性物流注册平台，可在消耗同样配送资源的情况下配送更多的客户货物。与传统数据库平台相比，区块链平台保证了不同群体之间数据和订单的真实性、透明性和安全性，使得物流公司不仅可掌控自身数据，还能分析其他合作商和竞争对手的信息。当前，一些船运公司和码头已开始投资区块链解决方案，以此掌控更多信息避免误判。

四、推进区块链产业发展的政策建议

对于当前区块链技术面临的挑战与趋势，习近平总书记也强调，要“加强对区块链技术的引导和规范”“探索建立适应区块链技术机制的安全保障体系”“把依法治网落实到区块链管理中，推动区块链安全有序发展”。为减少区块链可能带来的负面影响，稳步推进我国区块链产业发展，为助推实体经济高质量发展贡献力量，在此提出以下建议：

1. 加强顶层设计和统筹，超前布局区块链技术

针对区块链能耗投入产出比低、“去中心化”替代成本高等弊端，有关部门应发挥统筹协调作用，在电力产能过剩或电力成本较低地区设立区块链技术产业试点基地，组织专家及领军企业研判区块链和分布式记账技术的发展趋势，探索区块链技术潜在用途。重点挖掘可以实现信用互联的区块链在“一带一路”国际产能合作方面的潜在价值，促进国际合作，打破地缘政治，共同构建合作共赢的新型国际关系。加快制定区块链的相关法律法规，通过立法将区块链技术纳入合适的监管框架之内，严格控制虚拟货币发行数量，加强金融等行业的市场监管，防范系统性风险。建议由分管信息化的中央部门牵头，会同发改委、商务部、公安部、一行三会等部门，联合商议区块链技术引发的安全问题，加强安全监管，维护公众利益，确保社会稳定。同时，依托这些部门的协调，尽可能在系统参与者利益与更广泛的社会利益间达成平衡，避免固化的架构阻碍技术创新。

2. 继续严格监管区块链技术的不法应用

由于区块链网络中的价值交换具有匿名性特点，这就给予了不法分子从事洗钱等违法犯罪活动的机会。无论是已经被有关部门禁止的 ICO（首次代币发行），还是近期“新瓶装旧酒”的 IFO（首次分叉币发行），均是基于比特币、以太币等虚拟货币的地下区块链平台交易手段。区块链的技术特征使匿名用户信息及匿名化服务混淆于区块交易链中，最终导致相关交易数据的可追溯性受到限制，不法分子可借此来隐藏非法所得资金，进行洗钱或恐怖活动。鉴于地下虚拟货币

交易的全球性蔓延趋势，我国有关部门应同二十国集团成员和一些国际性的金融机构展开合作，加快制定监管行为准则，为各国建立相协调的监管政策提供依据。同时，在监管方面实现全球协同，共同打击非法加密货币交易和犯罪行为。通过建立区块链网络风险评估模型，对虚拟货币风险进行有效衡量，提高监管体制对犯罪活动的打击力度。

3. 加快区块链领域的标准体系建设

当前，区块链尚未形成统一的行业标准和技术准则。鉴于区块链的概念理论晦涩难懂，其应用也较容易被人误解，因此关于区块链技术设计原理及其内涵的普及教育是必须要加强的。考虑到区块链面临的风险和挑战，其共识协议基础在设计过程中尤其需要仔细考虑。在早期的区块链应用中，利用相关者和技术标准之间达成的一致共识是其应用的重要先决条件。然而，随着时间的推移，利益相关群体对处理过程、数据、奖励与义务等方面的条款共识越发出现分歧，从而导致区块链在推广中面临严峻挑战。各机构基于不同协议和需求，创造性开发了各种自成体系的应用。为了占领全球区块链技术高点，我国应当积极参与相关国际标准的研制工作，对接国际化标准的开源机构和社区组织，加强国家标准与国际标准工作间的交流，不断提升我国区块链标准的国际话语权。时刻关注行业的最新动向，围绕我国优势产业发展的重点环节，逐步完善区块链技术应用和标准体系。同时，积极引进国外区块链技术的前沿技术开发人才，积极参与国际重要的区块链技术研讨会，在行业中发出中国的技术声音。组织有关部门成立相关研发实验室，开发区块链相关的应用程序，与大型金融科技公司和互联网公司进行合作，建立属于我国的自主区块链技术联盟。

4. 推动区块链与实体经济协同发展

作为一项底层技术，区块链在金融、物流、医疗等生产性服务业中的应用前景非常广阔。区块链不仅可发挥其技术优势带动实体经济提高效率降低成本，也可依托我国庞大的实体经济市场需求促进区块链产业发展壮大。有关部门可引导软件和信息技术服务业，重视区块链技术在金融、物流、医疗等领域数据存储、管理、使用方式的优化重构作用，通过加强技术储备、加大研发投入，加快推动形成金融、物流、医疗等行业所需应用的解决方案。在此基础上，加快区块链在金融、物流、医疗等行业的试点应用，面向基础条件好、示范应用强的行业方向，加速形成以点带面、点面结合的示范推广效应，鼓励政府部门、企事业单位作为区块链的主要节点参与网络运营，发挥“干中学、学中做”的精神，积极积累一线实战经验，以此推动区块链技术和实体经济的融合发展。

专栏 24－1

区块链与抗击新冠肺炎疫情

区块链在 2020 年抗击新冠肺炎疫情中发挥着新技术基础设施的作用。疫情暴发后，公益医疗与生活物资的有效分配是医院和社区抗疫的重要保障。然而，此次抗疫过程中红十字会等机构在处理公益物资时的混乱表现，暴露了中心化物资分配机制在重大突发公共卫生事件治理中的不足与缺陷，这不仅对其公信力造成了伤害，也影响了外界机构和人民群众捐赠物资的积极性。医疗和生活物资的分配管理专业性较强，传统红十字会等机构难以把握好各个医院和社区的具体需求，对仓储和运输等外部参与方不够熟悉，对基层发生的紧急情况难以即时掌握。一旦分配不及时不合理，很容易在疫情下成为舆情的爆发点。

对此问题，区块链可以较好地解决。作为一种分布式记账系统，区块链是能让全社会最快达成共识、最易产生公信力的有力抓手。区块链可让生产厂商、捐赠机构或个人、医院、社区、街道、政府部门、仓储部门、快递公司等所有涉及物资的利益相关方均“上链”，根据各自角色担任特殊节点。各节点之间实时共享物资数据，对物资处理流程共同监控，对已经分配到位的物资进行验证，对存在问题的地方集体审核。区块链这种互通、互证、互享的机制保障了物资处理信息的公开透明、不可篡改、不可撤销，无论是对捐赠善款的追踪，还是对食品药品的溯源和用途，都有迹可查，从根本上解决公益信任问题。

资料来源：渠慎宁、杨丹辉：《突发公共卫生事件的智能化应对：理论追溯与趋向研判》，《改革》2020 年第 3 期。

参考文献

[1] 史丹：《新中国 70 年工业发展成就与战略选择》，《财经问题研究》2020 年第 3 期。

[2] 史丹、李鹏：《我国经济高质量发展测度与国际比较》，《中国工业经济》2019 年第 9 期。

[3] 张其仔：《加快新经济发展的核心能力构建研究》，《财经问题研究》2019 年第 2 期。

[4] 张其仔：《第四次工业革命与产业政策的转型》，《天津社会科学》2018 年第 1 期。

[5] 杨丹辉：《危机下的区块链技术应用“大展身手”》，《人民论坛》2020 年第 S1 期。

[6] 杨丹辉：《应加快建设具有全球影响力的科技创新中心》，《人民论坛》2020 年第 6 期。

[7] 渠慎宁：《积极推进区块链与经济社会融合发展》，《光明日报（理论版）》，2019 年 11 月 1 日。

[8] 渠慎宁：《区块链助推实体经济高质量发展：模式、载体与路径》，《改革》2020 年第 1 期。

[9] 渠慎宁、杨丹辉：《突发公共卫生事件的智能化应对：理论追溯与趋向研判》，《改革》2020 年第 3 期。

第二十五章　通信产业

提　　要

“十三五”时期我国通信产业快速发展：在通信基础设施方面，建成了全球领先的“天地一体、固移协同”的通信基础设施体系；在通信业务方面，传统电信服务进一步向互联网服务、新兴物联网服务升级；在通信技术方面，5G技术实现从“跟跑、并跑”到“领跑”的历史性跨越；在赋能经济社会发展方面，通信技术和人工智能、区块链、大数据、云计算等新兴技术深入融合，有力地促进了经济社会数字化、网络化、智能化转型。“十四五”时期，我国通信产业将面临较为严峻的内外部环境：一方面，5G、F5G垂直应用发展缓慢，关键环节的产业链安全问题依然严峻，通信技术领先向数字经济全生态体系领先转变面临较大困境；另一方面，中美贸易摩擦和美国技术封锁逐渐破坏我国通信技术发展和赶超的组织生态和技术能力。为此，应强化顶层制度设计，坚持通信技术应用强国战略，加快推动通信技术、信息技术和运营技术的融合，在终端消费、工业生产以及社会治理中的应用；加快完善信息通信产业链安全管理体系，全面保障产业安全；加快培育开放式协同化创新平台，逐步构建领先的数字经济生态系统。

*　　　　*　　　　*

通信产业是构建国家信息基础设施，提供现代通信和网络服务，全面支撑经济社会数字化、智能化转型的战略性、基础性和先导性行业。通信产业一般包括通信设备制造和通信服务两大部分，前者包括通信器件、模块、光纤、光猫、路由器等通信组件和设备生产；后者则主要提供信息通信服务。随着互联网、云计算、大数据、人工智能等新兴技术的发展，信息通信服务的内涵已由传统的电信服务向互联网、物联网服务等新兴业态延伸。“十三五”时期，我国通信产业快速发展，通信技术和通信设备产业实现了从“跟跑、并跑”到“领跑”的历史性跨越，通信服务产业赋能经济社会转型发展的作用不断凸显。

一、“十三五”时期通信产业发展成就

1. 通信基础设施加速升级，全球领先地位进一步巩固

“十三五”时期我国构建了“天地一体、固移协同”全球领先的通信基础设施体系，实现了通信基础设施的代际转换和全面升级。在移动通信方面，实现了从3G到4G，从4G到5G的两代

跨越。2013 年底，工信部向三大运营商发放 4G 牌照，4G 开始全面建设商用，“十三五”时期 4G 建设和商用加速推进，实现了 4G 深度覆盖和全面商用，4G 基站数量占全球一半以上。从图 25－1 可以看出，4G 基站数量从 2015 年的 177 万上升到 2019 年的 544 万，增加了两倍多；3G 基站数量则从 2015 年的 144 万下降到 2018 年的 117 万。从用户数量来看，2015 年 4G 用户数量只有 3. 9 亿，到 2019 年 4G 用户数量增加到 12. 8 亿，增长了 228%。2019 年 6 月 6 日，工信部向三大运营商和广大发放 5G 牌照，标志着我国 5G 开始建设和商用。5G 网络具有高速率（最高速率 1Gbit/s）、低时延（毫秒级端到端时延）、广连接（每平方千米百万连接数）的特征，将带动通信产业从人与人连接的 1. 0 时代走向人与物、物与物智能互联的 2. 0 时代。截至 2020 年 6 月底，我国已建成 5G 基站累计数量达到 41 万个，预计 2020 年 5G 基站数量将超过 100 万。从 5G 用户数来看，截至 2020 年 5 月底，中国移动 5G 用户数已达 5560 万，用户渗透率达到 5. 87%；中国电信 5G 用户数达 3005 万，用户渗透率为 8. 81%。5G 基站数量和用户数均在全球领先。

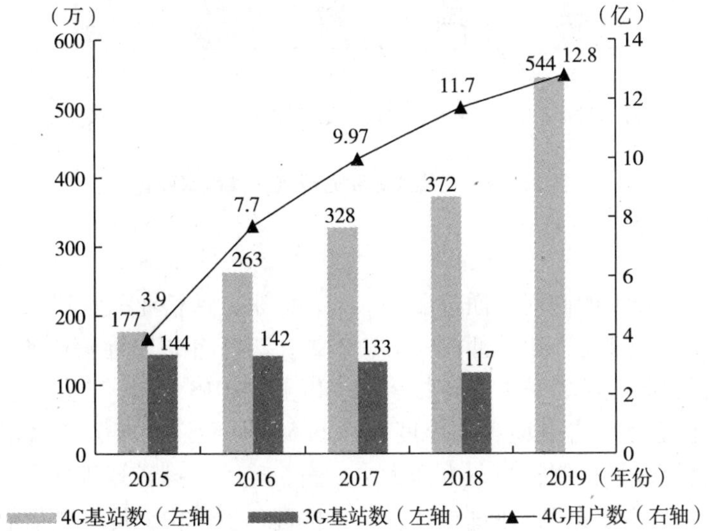

图 25－1　移动通信基站数量和用户数量变化

资料来源：工信部《通信业统计公报》。

在固定通信方面，我国也已进入以 10G PON 技术为核心，全光接入、全光传送的第五代固定宽带网络（F5G）时代。首先，核心网、骨干网等网络单元光纤化和带宽大幅度提升。2019 年全国光缆线路总长度达 4750 万千米，相比于“十二五”时期末（2015 年）提升了 91%（见图 25－2），光纤宽带骨干网基本覆盖了所有地级市。同时，骨干网带宽、国际出口带宽等网络基础设施指标也显著提升，国际出口带宽从 2015 年的 5392116 Mbps 上升到 2019 年的 8827751 Mbps。其次，光纤接入率增长迅速，光纤覆盖率在全球处于领先水平。“十三五”时期，我国加快推动“光进铜退”，2019 年光纤接入端口达到 8. 36 亿个，光纤接入覆盖率达到 91. 3%，远超过美国（32%）、英国（15. 1%）、德国（10%）等发达国家。再次，高速率宽带用户数稳步增加，固定宽带用户从 2015 年的 2. 13 亿户增加到 2019 年的 4. 49 亿户，其中光纤宽带用户占比为 92. 9%。2019 年，100M 以上用户数量达 3. 84 亿（其中千兆用户 87 万），占比达到 86%。相比来看，“十三五”时期首年 20M 以上的宽带用户才 2. 3 亿，占比 77%。最后，从固定宽带网络平均可下载速率来看，根据宽带发展联盟的数据，2016 年第一季度平均可下载速率为 9. 46Mbit/s，2019 年第三季度上升到 37. 69Mbit/s，增长率高达 300%。

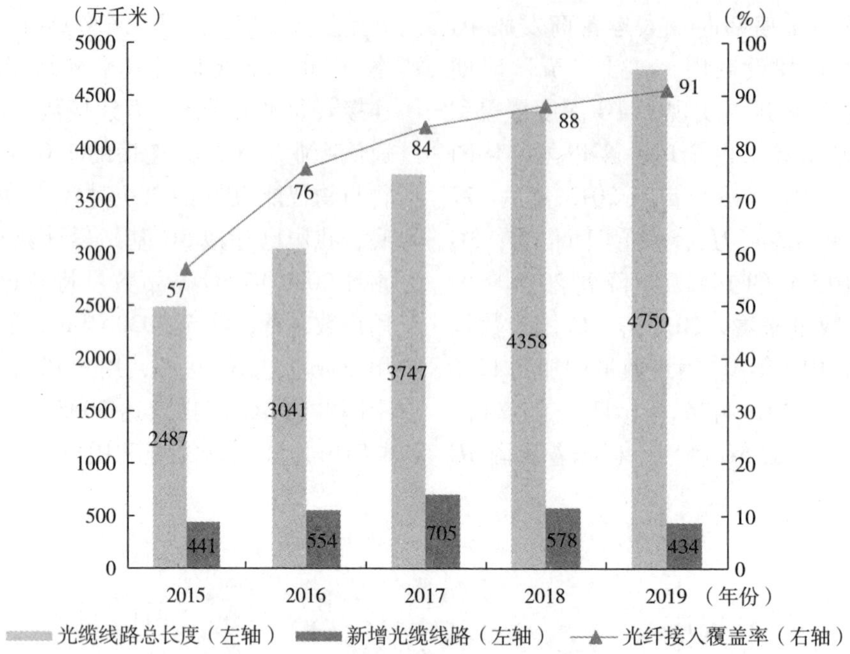

图 25－2 光缆线路和光纤接入覆盖率变化

资料来源：工信部《通信业统计公报》。

在通信基础设施全面升级的同时，通信服务资费不断下降。“十三五”时期，相关部门一方面通过推动联通混合所有制改革、扩大宽带接入网业务开放试点等措施提升通信市场竞争程度，构建通信产业降价让利的市场机制；另一方面大力推动“提速降费”“双 G 双提”，通过行政手段进一步降低通信价格，提升通信产业发展红利。固定宽带平均资费由 2014 年底的 5.9 元/兆下降到 2017 年底的 0.59 元/兆；移动流量平均资费由 138.8 元/GB 降至 2018 年的不足 10 元/GB。中国电信公布的数据显示，截至 2018 年 11 月，固定宽带单位带宽价格比 2017 年底下降超过 40%，手机流量单价下降超过 60%。

2. 通信业务结构加速演进，互联网、物联网等新兴业务比重进一步提升

“十三五”时期，高清视频、网络直播、在线教育、在线办公等新兴互联网业务全面兴起，带动互联网流量需求爆发式增长，移动互联网月户均流量（DOU）从 2016 年的 772MB 增加到 2019 年的 7.82G，通信业务模式、业务结构都发生较大变化。

首先，传统电信服务进一步向互联网业务迁移，新兴物联网业务爆发式增长。“十三五”时期以来，通信业务量增长显著。根据工信部的数据，2015 年以来通信业务量增长率基本都在 50% 以上，2018 年电信业务总量增长 138%，达到 6.5 万亿元。在业务总量增长的同时，微信、滴滴、美团、抖音等新技术、新应用也带动业务结构进一步重构，传统电信业务进一步向以数据流量为核心的互联网业务转型。2013 年我国通信产业非语音业务收入首次过半，占比达到 53.2%，移动数据和互联网收入对行业收入增长贡献率达到 76%，这标志着我国通信产业从传统语音时代向数据时代转型。“十三五”时期，通信产业转型进一步加速，互联网数据业务快速上升。从图 25－3 中可以看出，2015 年传统语音业务收入占比为 31.7%，到 2019 年这一比例下降到 12.4%，而以数据流量为主的非语音收入占比上升到 87.6%。此外，随着 5G 时代的到来，新兴物联网业务爆发式增长，传统人与人连接的互联网 1.0 时代（消费互联网时代）开始向以人与物、物与物连接的互联网 2.0 时代（产业互联网时代）转型。中国移动的年报显示，2015 年物联网连接数为 6500 万，到 2019 年增加到 8.84 亿，年均增长率达到 92%。

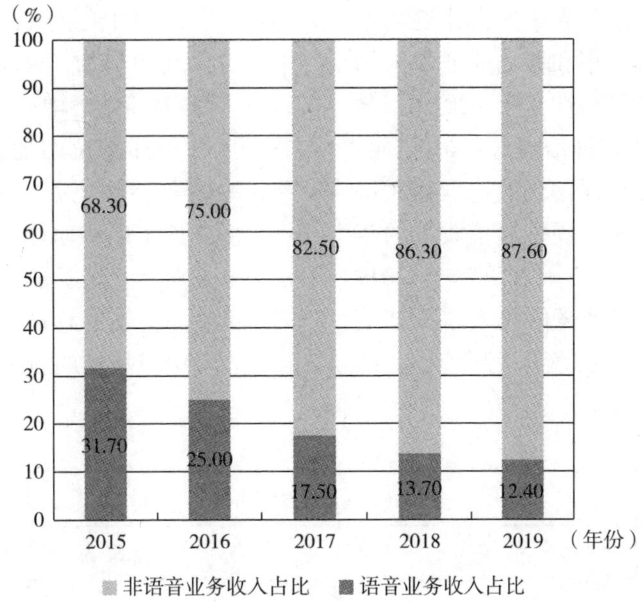

图 25－3 通信业务结构变化

资料来源：工信部《通信业统计公报》。

从三大运营商移动用户每月户均上网流量来看，“十三五”时期，用户流量用量呈现爆发式增长（见图 25－4）。2015 年每月户均上网流量都在 0.5GB 以下（中国移动最高，为 0.33GB/月/户），到 2019 年三大运营商每月户均上网流量大都达到了 6GB/月/户，其中中国联通最高，为 8GB/月/户，中国移动为 6.7GB/月/户，中国电信为 6.2GB/月/户。

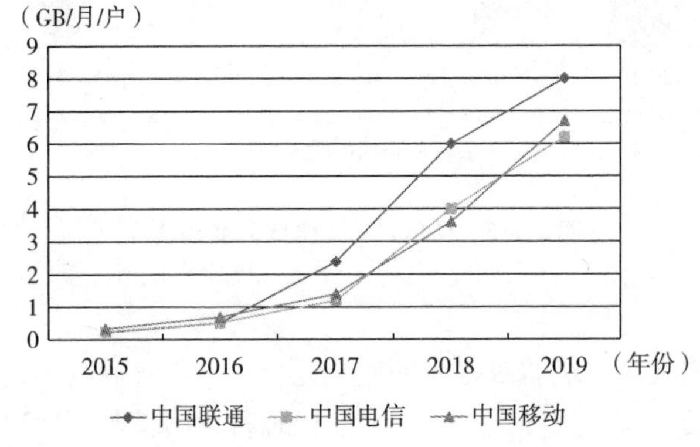

图 25－4 三大运营商平均上网流量

资料来源：三大运营商年报。

其次，通信业务收入缓慢增长，增长率逐年下降明显，但固定通信收入增长率和移动通信收入增长率显现“一升一降”的结构性反向变化。“十三五”时期，电信业务收入缓慢上升，但增长率逐年下降。根据工信部的数据，2015 年电信业务收入 1.13 万亿元，2017 年上升到 1.26 万亿元，2019 年达到 1.31 万亿元，整体呈现缓慢增长态势。但图 25－5 的结果则进一步表明，通信业务收入增长率呈较为明显的下降态势，通信产业收入增长乏力现象较为突出，例如 2017 年电信业务收入增长率为 6.4%，2018 年下降到 3%，2019 年进一步下降到 0.8%。从业务收入内部结构来看，固定通信收入在总收入中的占比逐年上升，固定通信业务收入增长率和移动业务收入增长率呈现“一升一降”的结构性变化。2019 年移动通信收入 8942 亿元，固定通信收入 4161 亿元，前者是后者的两倍多，移动通信仍然占据绝大部分比例。但从动态角度来看，固定通信收入的年增长率逐年上升，2015 年增长率为 3.2%，2019 年增长率达到 9.5%；而移动通信收入增长率下降趋势较为明显，2019 年增长率为 -2.9%。“固移收入”结构性变化导致固定通信收入在总收入中的占比逐年增加，从 2015 年的 25.5% 上升到 2019 年的 31.8%，增长了 6.3 个百分点。移动业务一直以来都是拉动通信业业务增长的第一引擎，2016 年移动业务拉动行业收入 10.6 个百分点，但是近年来移动业务收入增长率降低，说明移动业务对行业增长的拉动作用减缓，其中的原因可能在于传统的移动业务需求接近饱和，市场缺乏拉动流量增长的新兴移动业务。

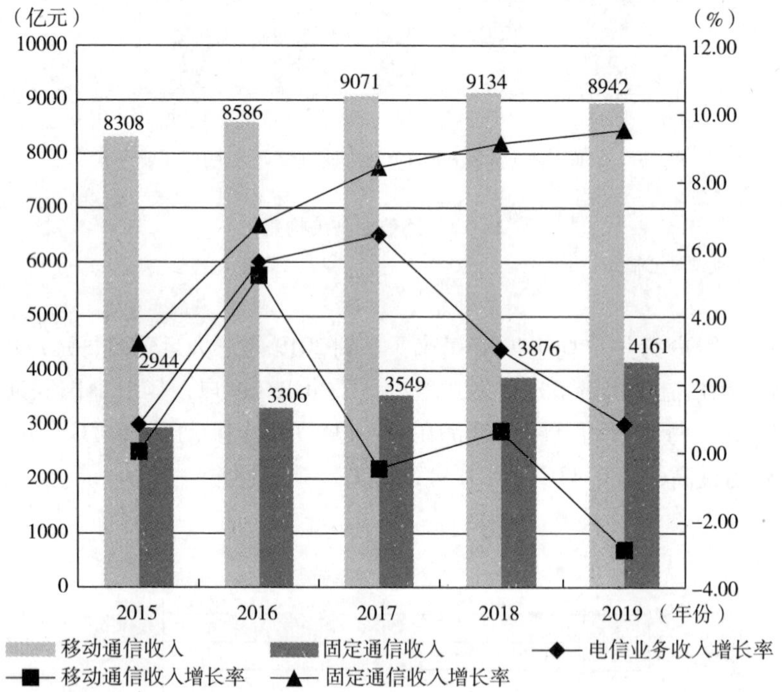

图 25-5　通信产业业务收入变化情况

资料来源：工信部《通信业统计公报》。

3. 通信技术赶超取得突破，实现“跟跑、并跑”到“领跑”的历史跨越

“十三五”时期是我国通信设备制造业技术赶超的关键时期，实现了 5G 技术和产业从“跟跑、并跑”到“领跑”的历史跨越，奠定了通信产业的全球“龙头”地位。

首先，我国通信产业全球市场份额第一，占据绝对市场优势，华为、中兴稳居全球五大通信设备制造商之列。2015 年华为营业收入达到 3950 亿元，超过思科成为全球第一大通信设备企业（见图 25-6）。“十三五”时期，华为市场份额进一步快速提升，2019 年营业收入高达 8588 亿元，是思科营业收入（3571 亿元）的两倍以上，比思科、诺基亚（1822 亿元）、爱立信（1696 亿元）、中兴（907 亿元）营业收入之和还高，以绝对优势占据全球通信产业领导者地位。

其次，通信技术研发能力显著增长，实现了从技术追随到技术领先的历史性跨越。“十三五”是我国 5G 技术全面赶超的时期，国际知名专利数据公司 IPLytics 的专利报告数据显示，在 5G 声明专利中，华为以 3174 件排名第一，三星以 2795 件排名第二，中兴以 2561 件排名第三，OPPO 和中国信息通信研究院分别以 647 件和 570 件排名第十一和第十二。从总量来看，中国企业、研究机构在5G声明专利总数中占比超过1/3，达到了全球领先的地位。

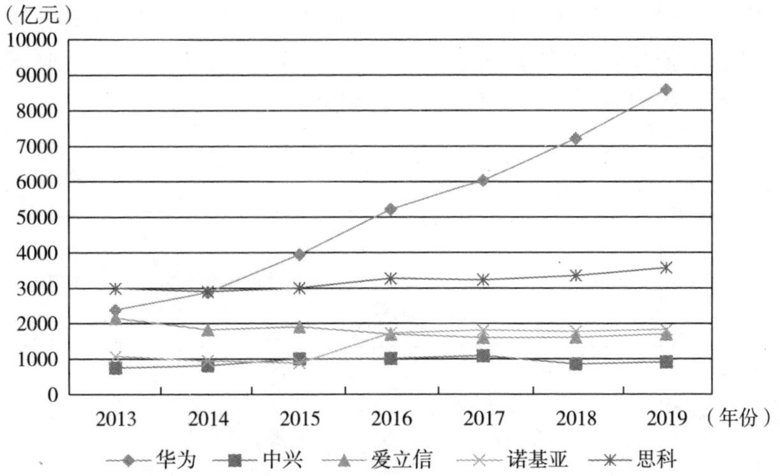

图25－6　全球主要通信设备厂商营业收入变化

资料来源：Wind数据库，华为的数据来源于年报。

最后，“十三五”时期，我国在国际通信标准体系中的话语权大幅度提升，标准制定能力显著增强，为持续引领全球通信产业发展奠定了良好的基础和前提。我国企业和专家在国际标准组织中担任重要职务的数量不断增加，2018年赵厚麟高票连任国际电信联盟（International Telecommunication Union，ITU）秘书长，成为国际电信联盟150年历史上首位中国籍秘书长。我国企业和专家在3GPP工作组中的任职数量也显著增加，2019年3GPP工作组换届选举后，中国移动成为无线接入网络（Radio Access Network，RAN）工作组副主席，华为成为业务与系统（Services and System Aspects，SA）工作组主席，中国信科成为核心网与终端（Core Network and Terminals，CT）工作组副主席。除了在标准组织中的地位上升以外，我国企业在通信标准制定过程中的话语权也显著提升，我国提出的5G典型场景和关键能力指标体系等重要成果被ITU所采纳，为全球统一5G标准提供了有力支撑。我国企业主推的新型网络架构、Polar码、大规模天线等核心技术被纳入3GPP国际标准，中国技术创新能力已跻身全球前列，成为移动通信技术与标准的主导力量之一。

4. 赋能作用显著增强，通信技术支撑数字经济跨越式发展

“十三五”时期，我国通信产业驱动数字经济发展的赋能作用不断增强。根据中国信息通信研究院发布的《中国数字经济发展白皮书（2020年）》（见图25－7），2014年我国数字经济规模约为16亿，占GDP比重为26.10%，到2019年数字经济规模达到35.84亿元，占GDP比重上升到36.20%，增长了约10个百分点。将数字经济规模与通信产业业务收入之比定义为通信产业赋能指数，该指数可以反映通信产业促进数字经济发展的整体情况。从指数计算结果来看，2017年通信产业赋能指数为21.5，到2018年上升到24.1，到2019年上升到27.4，由此可以更加清晰地看出通信产业赋能数字经济发展的动力不断增强。具体来看，通信产业赋能数字经济发展体现在互联网应用产业、终端产业以及新兴技术等各个方面。

首先，通信产业促进互联网产业规模不断发展壮大。4G商用以来，带动了网络直播、网约车等新兴业务的发展，各类互联网业务快速增长。从表25－1中可以看出，在各类互联网业务中，网络视频、网络购物、网上支付、即时通信等业务发展较快，培育出微信、抖音、支付宝、携程、爱奇艺等一批新兴的互联网企业。新兴业务的发展带动互联网企业国际竞争力逐渐增强。根据中国信息通信研究院发布的《中国互联网行业发展态势暨景气指数报告》，在全球互联网上市

公司30强中，中国企业有10家，分别是腾讯、阿里巴巴、百度、网易、美团、京东、拼多多、360、携程、微博，10家企业总市值达9540.17亿美元，在30强榜单总市值中占比为27%。从"独角兽"企业数量来看，2019年我国网信"独角兽"企业总数达到187家，相比2018年增加74家。从"独角兽"企业分布来看，北京、上海、广东、浙江四个城市"独角兽"企业占比达到90.4%，"独角兽"企业发展的区域集中现象明显。

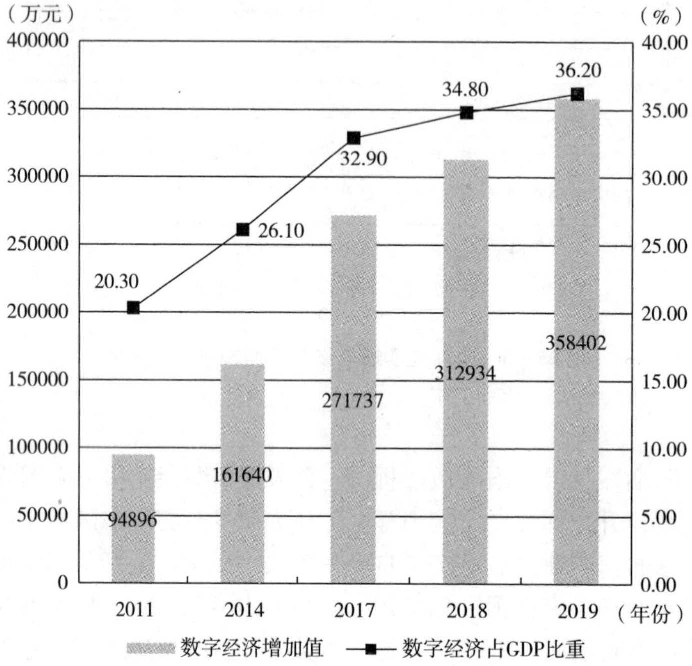

图25-7 数字经济规模变化

注：2012年、2013年、2015年和2016年数据缺失。

资料来源：信通院：《中国数字经济发展白皮书（2020年）》。

表25-1 2015年以来互联网应用业务发展状况

应用	用户规模（亿）			网民使用率（%）		代表性企业
	2015年	2019年	增长量	2015年	2019年	
即时通信	6.2	8.2	2	90.7	96.5	微信
搜索引擎	5.7	6.9	1.2	82.3	81.3	百度
网络新闻	5.6	6.9	1	82.0	80.3	今日头条
网络视频	5	7.6	2.6	73.2	88.8	爱奇艺、腾讯、优酷
网络音乐	5	6.1	1.1	72.8	71.1	QQ音乐、酷我
网上支付	4.2	6.3	2.1	60.5	74.1	支付宝、微信、银联云闪付
网络购物	4.1	6.4	2.3	60.0	74.8	拼多多、直播购物、淘宝
网络游戏	3.9	4.9	1	56.9	57.8	腾讯、征途网络、久游
旅行预订	2.6	4.2	1.6	37.7	48.9	携程
互联网理财	0.9	1.7	0.6	13.1	19.9	支付宝
在线教育	1.1	2.3	1.2	16.0	27.2	猿辅导
网络直播	—	4.3		—	50.7	抖音

续表

应用	用户规模（亿）			网民使用率（%）		代表性企业
	2015 年	2019 年	增长量	2015 年	2019 年	
网约专车或快车	—	3.4		—	39.7	滴滴、首汽约车
网约出租车	—	3.4		—	39.4	滴滴

资料来源：《中国互联网络发展状况统计报告》，2019 年的数据为前 6 个月数据。

其次，通信产业促进智能终端产业规模不断扩大。手机网民数量从 2015 年 12 月的 6.2 亿上升到 2020 年 3 月的 8.97 亿，占整体网民比例高达 99.3%。手机网民数量的增加带动了智能终端产业的发展。随着智能手机等终端的饱和，在“十三五”时期并没有带动智能手机、平板电脑等传统终端设备增长。相反，在“十三五”时期，随着共享经济、智慧生活的发展，物联网终端设备出现快速增长。以智能家居终端为例，2016 年市场规模为 621.6 亿元，2019 年增长到 883.5 亿元，到 2019 年进一步增长到 1537.0 亿元（见图 25 -8）。

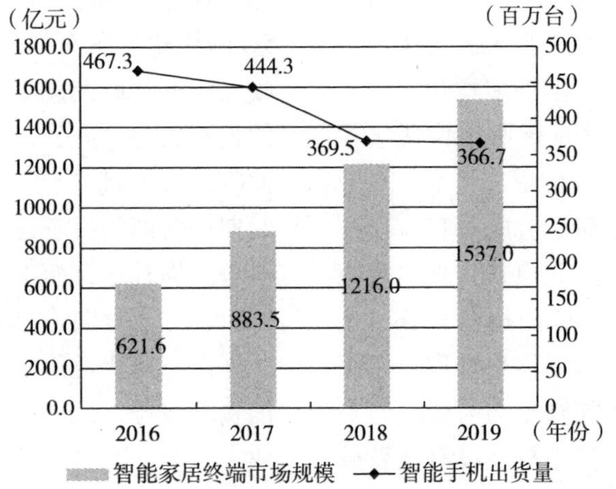

图 25 -8　“十三五”时期智能手机和智能家居终端市场规模变化

资料来源：根据 IDC 数据整理。

最后，通信基础设施与新兴技术、前沿技术融合发展取得显著成效。通信基础设施是区块链、云计算、人工智能等新兴技术和前沿技术发展的基础。“十三五”时期以来，党中央、国务院高度重视推动通信基础设施与人工智能、区块链、云计算等新兴技术融合发展，不断强化顶层制度设计，通信技术设施在培育新兴技术发展中取得了显著成绩。例如，2017 年国务院印发的《新一代人工智能发展规划》指出，“加快推动以信息传输为核心的数字化、网络化信息基础设施，向集融合感知、传输、存储、计算、处理于一体的智能化信息基础设施转变”。2019 年我国人工智能企业数量超过 4000 家，位列全球第二。在 5386 家全球活跃人工智能企业中，美国有 2169 家，中国有 1189 家；在全球 41 家人工智能独角兽企业中，美国 18 家，中国 17 家。

二、“十四五”时期通信产业发展面临的问题与挑战

尽管“十三五”时期我国通信产业发展取得了显著成效，但也面临一些结构性问题和矛盾。

与此同时，中美关系的变化以及美国对我国科技打击也改变了我国通信产业发展面临的外部环境，为“十四五”时期通信产业发展提出了更大的挑战。

1. 下游垂直应用发展缓慢，5G时代新的商业模式还未形成

5G、F5G新一代信息技术可以广泛应用于VR、AR、超高清视频、车联网、工业控制、远程医疗等增强移动宽带（eMBB）、低时延高可靠（uRLLC）、海量大连接（mMTC）三大生活和生产场景。但目前重量级、引领型、突破性垂直应用还没有形成，制约了网络建设和垂直应用良性互动发展。从ToC端来看，当前最具发展前景的是高带宽视频和AR/VR两大领域，但由于欠缺强交互、沉浸式的优质内容源以及轻质、舒适、便携高质量的终端，导致这些产业无法快速形成规模化发展。从ToB端来看，由于多样化、碎片化的行业需求使5G无法在垂直行业中快速规模化推广。此外，商业模式、5G的更广覆盖、企业的自主控制权、信息安全等都是造成垂直应用产业发展缓慢的重要原因。以商业模式为例，现有的5G网络运营沿用2G/3G/4G的运营模式，由运营商统一运营，企业网络监测信息获取、网络承载业务变更、网络参数配置修改均需要运营商提供，行业企业只享有网络使用权，没有运营管理权。但行业企业更加关注网络的控制的自主性、灵活性、便捷性以及行业虚拟专网中相对独立的网络运营权。如何构建符合行业企业、运营商各自利益诉求以及能力约束的商业模式是决定垂直产业应用的重要因素。

2. 运营商投资压力增大，制约了通信产业良性发展

4G时代，运营商是通信服务的提供者，通过提供流量、数据服务连接消费者和互联网应用企业。虽然运营商业务流量不断增加，但同质化业务竞争导致盈利能力下降，业务和收入“剪刀差”逐年增大，运营商逐渐被管道化（见图25－9）。在5G建设方面，三大运营商获得的3.5GHz和4.9GHz频段的频率，与4G时代的1.8GHz相比，基站量会增加1倍。加之5G基站需要进一步向工厂等行业应用场景扩展，行业估计5G基站数量是4G基站的三倍。此外，5G宽带的增大以及大规模天线技术的应用，都会带来能耗大幅增加，预计5G设备的电费是4G的3倍多。此外，5G网络建设还面临入场难、入场贵的问题。营业收入的下降以及建设成本的增加，使其面临较大的投资压力。此外，5G应用场景尚不成熟，投资面临较大不确定性，这进一步加大了“十四五”时期运营商的投资压力。如何引导运营商差异化竞争，提升运营商下一代网络的持续投资能力是“十四五”时期通信产业良性发展的重要挑战。此外，与历代通信网络不同，5G网络不仅要提供消费端服务，还需要解决交通、能源、金融、工业、农业、医疗等领域的数据连接、传输和应用。这些领域的组网模式、业务经营模式、数据应用方式与传统产业都有很多不同，“十四五”时期，运营商应积极参与到新型应用的探索创新中，实现流量通道向综合智能信息服务运营商的转变。

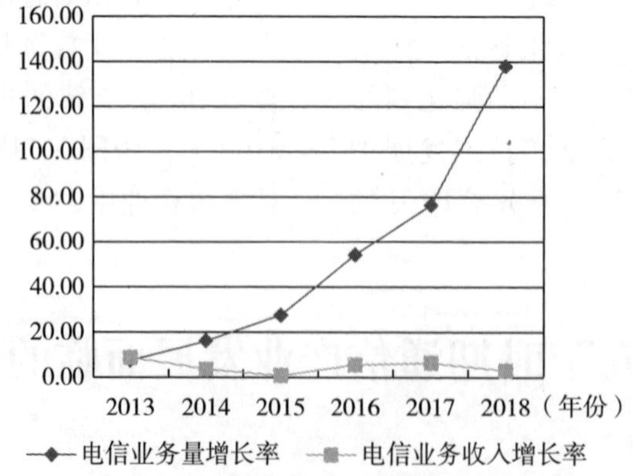

图25－9 电信业务量和业务收入增长对比

资料来源：工信部《通信业统计公报》。

3. 产业安全问题更加突出，核心技术和核心器件有待进一步突破

虽然我国通信产业在“十三五”时期取得了历史性突破，但5G芯片、光通信芯片等核心零部件供应链安全问题依然突出。以光芯片为例，在路由器、基站、传输系统、接入网等通信设备中，光器件是核心组件，而光器件的核心又是光芯片，光通信芯片的性能与传输速率直接决定了光通信系统的传输效率。从成本来看，光芯片成本占到光器件成本的30%～50%，光器件成本又占到光网络核心建设成本的60%～80%。然而，在光器件及芯片领域，我国企业整体实力依然较弱，产品主要集中在中低端领域，100G、400G以上高端光芯片技术主要掌握在Ⅱ－Ⅵ、Oclaro、Lumentum、Fujitsu、Sumitomo等美日厂商手中。“十四五”时期，5G、千兆固网、云计算、数据中心等新型基础设施将加快推进建设，对高端光芯片和光器件的需求将显著提升，如果我国不能在这些领域实现技术突破和本土替代，一旦美日等掌握话语权的企业收紧高端高芯片供应，可能会严重影响我国通信设备厂商以及整个通信产业的发展。此外，我国在声表面滤波器、体声滤波器、5G毫米波相控阵器件、高频通用仪表等核心器件和测量仪表方面与国际先进水平还有较大差距。

4. 外部约束逐渐增强，通信技术和产业持续领先面临重大挑战

中美贸易摩擦以来，美国对我国通信技术和产业的打击步步紧逼、层层深入，从5G无线通信到千兆固定宽带通信，从技术出口限制向全球市场封锁，从上游通信技术到网络垂直应用，逐渐形成数字经济全生态体系的围剿态势。总结来看，美国对我国信息通信产业的打击可以分为三个阶段：第一阶段，在中美贸易摩擦早期，美国主要针对华为、中兴等通信技术领先企业采取技术禁运、市场封锁的方式进行精准打击，削弱我国通信产业的技术能力。第二阶段，2019年底开始，美国逐渐加大对开源、“白盒”5G技术路线的培育和扶持，试图颠覆我国企业主导的软硬件一体化技术路线，重夺通信产业全球领先地位。第三阶段，近来美国不断强化实体清单管制，加大对我国人工智能、云计算等下游前沿应用技术的打击力度，并开始对Tik Tok、微信等互联网应用企业实施打击，逐渐形成围剿我国信息通信产业的态势。可以预测，“十四五”时期美国对我国信息通信产业的打击很有可能持续深入，这对我国通信产业持续领先造成严重威胁：首先，美国借以信息安全名义游说其盟友弃用中国通信设备，以国家力量配置爱立信、诺基亚等设备制造商，将严重削弱我国通信设备企业国际市场份额和市场竞争力；其次，美国加速与我国科技领域脱钩，试图凭借其软件、底层技术优势重构开源、“白盒”的通信技术路线，对我国多年培育起来的技术路线造成直接的颠覆性影响；最后，中国通信产业赶超的重要经验在于逐渐摸索出一套较为高效的通信技术研发赶超体制，即构建开放、合作、共享、互联的国际化创新平台，积极参与并逐渐主导国际创新体系、国际标准体系。美国打击会对我国企业的对外交流合作产生较为严重的负面影响，进而削弱我国在下一代通信技术研发中的作用和国际领导力。

三、“十四五”时期通信产业发展的政策建议

面对内外部环境的结构性变化，“十四五”时期我国通信产业应在加快内循环，构建内外双循环相互促进的战略指导下，依托已经形成的通信技术和通信基础设施领先优势，强化顶层制度设计，加快体制机制改革，激活垂直应用市场创新活力，推动通信技术与人工智能、区块链、云计算、边缘计算等前沿技术融合创新，形成网络基础与垂直应用良性自我循环的产业生态，将通信技术领先优势转化为数字经济全生态领先优势。

1. 强化顶层设计，加快推动信息通信技术与实体经济深度融合

“十四五”时期以数字化、网络化、智能化为核心的产业革命将加快拓展深化，传统工业经济会进一步向数字经济演进。信息通信技术是驱动产业数字化和数字经济发展的核心动力，是推动数字经济和实体经济融合的催化剂，加快推动通信产业发展，形成“信息通信赋能实体经济，实体经济带动信息通信”良性循环的产业生态体系是“十四五”时期经济社会发展的战略重点。首先，强化顶层制度设计，在《国家信息化发展战略纲要》的基础上，建议进一步研究制定“十四五”信息通信产业发展规划，明确通信产业发展的战略目标、技术路线和战略任务，统筹规划和引导信息通信、大数据、人工智能、云计算、物联网、工业互联网等产业融合发展和良性互动，强化对前沿技术、底层架构、核心零部件的支撑和技术突破。其次，坚持“网络先行、泛在先进”原则，协同推进5G、F5G、工业互联网等新一代网络建设，构建持续领先的网络基础设施体系。固定宽带、无线、Wi-Fi、全光传送网等共同构成多层次网络体系，各部分在技术和经济上具有的高度关联性，因此“十四五”时期通信基础设施建设必须树立“基础设施体系”观念，协同推动5G无线宽带、F5G固定宽带、全光网络传送底座建设，全面夯实通信基础设施体系，形成万物互联、人机交互、天地一体的网络空间，为建设科技强国、网络强国、数字中国提供有力支撑。最后，加快引导工业互联网、物联网网络架构向有利于我国产业发展的方向演进。“十四五”时期是消费互联网向产业互联网演进的关键时期，当前我国企业的工业互联网常常采用“现场—控制—操作”的多层架构，但其中现场层和控制层的核心装备与技术多由西门子等外企掌控。“十四五”时期要在工业互联网领域推动更多企业转向建设全光网底座与工业互联网架构融合的扁平架构，从根本上消除我国工业互联网体系中的现场层和控制层装备/技术的对外依赖态势，实现我国5G和F5G领先优势嫁接到工业互联网之上，颠覆目前由德国西门子、博世等企业主导的基于数字物理系统的智能制造技术路线。

2. 聚焦战略重点，加快推动5G应用强国和下一代通信技术研发

技术和应用是决定产业领先的两大因素，“十三五”时期我国通信技术实现跨越赶超，但5G、F5G领先技术的垂直应用仍然处于前期探索阶段，“十四五”时期则是垂直应用全面突破，实现技术和应用全面领先的重要历史时期。为此，应大力推动5G应用强国战略，构建设备商、运营商、解决方案提供商、行业应用者等多方组成的应用创新平台，加快体制机制改革，创新投入和收益机制，形成垂直应用创新的合力。首先，推动运营商体制机制改革，激活运营商内源创新活力以及创新平台构建整合能力。电信运营商具有较强的网络管理和运营能力，是垂直应用创新中不可或缺的力量。但限于体制机制、同质化竞争惯性等因素影响，运营商创新活力并未完全激活。“十四五”时期应加快推进运营商治理体制改革，战略性变革运营商考核体系，为运营商基于网络能力进行业务创新提供良好的体制支撑，引导运营商从同质化的价格竞争走向多样化的业务创新竞争。放松对二级公司层面采购、运营等方面的限制，鼓励省市运营商开展家庭组网、智能家居、IPTV等网络业务延伸型创新；鼓励运营商聚焦交通、能源、医疗、金融等垂直应用领域构建业务创新平台，整合设备商、互联网企业、制造企业多方力量组成垂直应用创新的合力。其次，以VR/AR、工业互联网、智慧城市等重点加快推动应用，形成早期应用示范市场。5G、F5G在ToB和ToC端的应用模式、应用障碍不同，在推动应用示范过程中应采用不同的策略。在ToC端，用户规模和应用开发相互掣肘：一方面由于缺乏杀手级的应用，使用户规模无法快速增长，进而导致市场上5G应用开发投资动机弱；另一方面应用开发投资热度低，应用数量少又反过来影响5G用户规模增加，这样就形成了应用创新与用户规模的恶性循环。破解这一困境的方式在于加快培育VR/AR、超高清视频等当前具有较大前景的应用，引爆用户规模和垂直应用创新的良性循环点。在ToB端，运营商、垂直行业应用者之间的知识局限是影响商业应用的重要制约因素：运营商具有网络技术知识但不具有细分行业知识，无法洞察行业真实应用需求；行

业应用者具有行业知识，但不具备网络技术知识。因此，破解垂直行业应用困境的路径在于以工业互联网、智慧城市等领先示范为重点，构建运营商、解决方案商、垂直行业应用者多方参与的创新平台，探索共同解决行业应用的投入管理体制。最后，以构建高效的研发体制为抓手，战略性布局6G研发。“十四五”既是5G技术全面商用时期，也是6G技术研发储备的关键期，应在总结4G、5G技术研发经验的技术上，加快推动适合6G技术研发的组织模式和制度保障，推动国内外高校、企业、研发机构形成技术研发联盟。

3. 加快技术突破，全力保障通信产业链安全

美国对我国通信产业打击遏制的教训表明，信息通信产业安全是我国经济发展的基本保障。“十四五”时期，应针对通信产业链的重点环节，加大研发投入，强化技术自主可控，全力提升通信产业链安全。首先，加快推动对信息通信产业的安全评估。由工信部组织第三方研究机构研究形成产业链安全评估总体分析模型和评估指标体系，在此基础上，委托专业研究机构对信息通信的产业链安全从技术或产品依赖度、国外技术保护强度（包括技术能力的复杂性、知识产权保护的有效性、技术标准控制）、供应者集中度、技术/产品可替代性、国外产业政策的竞争威胁、非对称优势等层面，开展全面客观的分析评估，对正在或潜在对我国信息通信产业链安全构成威胁的重点领域、企业和政府政策进行深度分析和评估，形成预警点并提出政策调整和准备方案。其次，针对芯片制造工艺、关键基础材料、高端通信器件等具有较大安全风险的领域，要加大技术研发投入，构建关键技术协同攻关的新型举国体制。最后，“十四五”时期还要全面完善我国产业链安全管理体制，加强我国产业链安全管理的战略性、系统性和有效性，不能仅仅依靠完善既有的产业规划体系、提高既有产业管理部门的产业链安全意识来强化安全管理，必须建立全新的产业链安全管理体系和工作流程，在产业链安全管理层面统一部署我国战略性新兴产业发展。

4. 培育产业生态，实现由技术领先向生态领先转变

数字经济竞争是全生态系统的竞争，虽然我国在通信、人工智能、云计算等领域实现了集群性技术突破，但操作系统、芯片、数据库等数字经济生态平台仍由美国主导。“十四五”时期，我国应加快培育数字经济生态系统，实现由技术领导者向生态系统领导者转变。第一，加快培育操作系统平台、应用开发平台、工业互联网平台、智能制造等各类开放式协同化创新平台。产业平台可以分为创新平台和交易平台，当前我国具有竞争优势的平台多为交易平台，例如被称为“中国互联网三巨头”的BAT都属于交易平台，而人工智能、工业互联网等领域都缺乏具有全球竞争优势的创新平台企业，这也是造成我国数字经济缺乏生态领导能力的重要原因。“十四五”时期，我国应在人工智能、智能制造、工业互联网、操作系统、通信芯片等领域培育一批具有全球竞争力的协同化创新平台。第二，维护全球统一标准体系，进一步提升我国在国际通信技术标准、行业应用标准、信息安全标准制定过程中的话语权，巩固产业发展的主导地位。统一的标准体系是我国企业接入全球通信大市场、参与国际竞争的基本前提，也是我国通信产业赢得全球领先地位的重要原因。美国加快推动O－RAN技术路线和标准，意图通过另起炉灶形成新的通信技术路线和标准颠覆我国领先地位。在此背景下，未来6G技术很有可能出现全球标准分化。为此，应加快推动与欧洲电信标准协会、日本无线工业及商贸联合会、日本电信技术委员会、韩国电信技术协会在6G前期研发中的合作，应进一步强化与ITU、3GPP等国际标准组织的联系，建立维护全球统一标准的阵营。同时，加强在智能家居、物联网汽车等行业应用中的研发，将我国在通信技术标准中的领导地位进一步向行业应用标准、信息安全标准延伸，形成全标准体系的领先。

专栏 25 - 1

美国以开源、"白盒"技术路线颠覆我国软硬件一体化的通信技术路线

当前无线接入网（包括4G、5G）的主导路线是软硬件一体化技术路线，即设备制造商自研专用芯片、开发控制软件，并与硬件进行集成，提供一体化的通信设备。在该路线下，华为、中兴凭借技术累计和强大的研发能力实现了技术领先，成为全球通心设备市场的龙头。近来，美国为了打击遏制我国通信产业的发展，大力推动软硬件解耦，将"黑盒"打开成硬件接口和软件协议标准化的开放性"白盒"，降低硬件领域的技术壁垒和进入门槛，同时强化软件定义通信系统的价值，使美国 IT 和芯片企业将现有优势直接移植到通信设备领域，直接颠覆我国通信产业领导地位。

2019 年 10 月，美国国防部官员莉萨·波特（Lisa Porter）公开指出，国防部资助 5G 技术研发的重点，是充分利用美国的技术优势，促进当前 5G 技术向下一代技术或架构转换；10 月，沃达丰启动 Open RAN 规模试验，其供应商是美国 Mavenir 和 Parallel Wireless。2019 年 12 月，Lisa Porter 又代表国防部，敦促美国企业采用开源 5G 方案。同期，美国政府着手对开源 5G 软件开发活动给予税收减免。特朗普也于近日任命布莱尔为"5G 专员"，以协同各部门开发、部署"下一代电信基础设施"。美国政府的这些密集部署和行动表明，美国已经将 O - RAN 路线视为解决本国 5G 基站整机产品缺失、帮助 IT 和通信企业重回全球领先地位的战略突破口。

2020 年 1 月，美国两党参议员组成的团体提出一项立法——《利用战略联盟（美国）电信法案》，该法案将提供超过 10 亿美元，用于投资提供替代华为和中兴的西方企业。鼓励利用美国的软件优势与华为竞争。计划建立一个 O - RAN 研发基金，来刺激开放式架构和基于软件的无线技术发展。2020 年 1 月 31 日，美国 DARPA 官网公开的 Open Programmable Secure 5G（OPS - 5G）项目已经正式启动。因其认为网络是关键基础设施，也是用于网络间谍活动和网络战的手段，因此寻找增强网络安全性的方法至关重要。确定了"三步走"计划，从非美的软硬件集成的 5G 专用系统，到实现软硬件解耦，开源软件由美国控制，再到"开放可编程安全 5G"（OPS - 5G），硬件"白盒化"，变成美国硬件和开源硬件为主体。2020 年 2 月 5 日，据《华尔街日报》报道，美国政府召集顶级运营商和技术公司探索开放无线接入网（Open RAN），与 AT&T、戴尔和微软合作开发 5G 软件，以减少该国对华为设备的依赖。尽管工作仍处于初期阶段，但白宫经济顾问拉里·库德洛（Larry Kudlow）表示，其最终的目标是确保"美国 5G 架构和基础设施"来自国内公司。

资料来源：根据贺俊、江鸿、李伟、黄阳华撰写的相关研究报告以及网络资料改写。

参考文献

［1］贺俊、陶思宇、江鸿：《5G 规模化商用的障碍和关键：基于大样本问卷调查的研究》，《经济与管理研究》2020 年第 6 期。

［2］贺俊：《创新平台的竞争策略：前沿进展与拓展方向》，《经济管理》2020 年第 8 期。

［3］梁张华：《我国 5G 产业发展面临的困境及策略建议》，《通信管理与技术》2018 年第 10 期。

［4］徐宪平：《新基建：数字时代的新结构性力量》，人民出版社 2020 年版。

［5］许竹青、郑风田、陈洁：《"数字鸿沟"还是"信息红利"？信息的有效供给与农民的销售价格——一个微观角度的实证研究》，《经济学（季刊）》2013 年第 4 期。

［6］闫慧、孙立立：《1989 年以来国内外数字鸿沟研究回顾：内涵、表现维度及影响因素综述》，《中国图书馆学报》2020 年第 4 期。

［7］Cennamo C，"Competing in Digital Markets：A

Platform – Based Perspective", *Academy of Management Perspectives*, 2019, pp. 325 – 346.

[8] Cusumano M A, A Gawer, D B Yoffie, "The Business of Platforms: Strategy in the Age of Digital Competition, Innovation, and Power", Harper Business, 2019.

[9] Paul DiMaggio, Eszter Hargittai, Coral Celeste, et al., "From Unequal Access to Differentiated Use: A Literature Review and Agenda for Research on Digital Inequality", Princeton University Working Paper 29, 2003.

第二十六章　氢能产业

提　　要

“十三五”时期，我国氢能产业在国家和各地的重视下快速发展，目前氢气产量居世界第一，已初步形成了氢能产业链，各地也逐步确立了氢能利用示范政策。在制氢原料上，我国主要以煤炭等化石能源为主，虽然各环节技术水平已经取得了较大进步，但成本经济性问题仍较突出，离商业化运营推广仍有一定距离。与国际先进水平相比，我国与美国、日本、韩国等仍存在较大差距，特别是在燃料电池关键零部件上，我国仍依赖进口。影响我国“十四五”氢能产业健康发展的因素没有得到有效解决，包括氢能的战略地位不清晰、氢能利用相关技术标准缺失、地方一哄而上发展氢能等。针对这些问题，“十四五”时期，我国需要对氢能产业发展进行清晰的定位，完善技术标准和扶持政策，并制定真正符合能源转型和碳减排要求的氢能产业发展重点和真正能够落地的氢能利用场景。

*　　　　*　　　　*

近年来，为应对气候变化而推动能源和经济“脱碳”，氢能由于具备来源多样、清洁低碳、安全、灵活高效、应用场景丰富等特点而受到广泛关注，并被认为是实现能源与工业脱碳的重要能源和关键媒介。由于氢无法直接从自然界中获取，必须通过制备得到，由此衍生出的氢能产业链也受到各国重视，以期培育氢能时代的竞争力。因此，在世界范围内，氢能产业还处于形成过程之中，是一个初创产业。本章主要关注我国氢能产业发展的相关问题。

一、氢能与氢能产业链

氢的传统用途氢气作为工业原料有很长的使用历史，广泛应用在石油化工、电子工业、冶金工业、食品加工、浮法玻璃、精细有机合成等方面。氢作为能源的传统用途是航天工业的燃料（液氢），因其成本高很难推广到其他行业。不过，在应对气候变化成为国际主流价值观的大背景下，随着氢能利用技术的进步，氢作为能源的独特优势赋予其未来能源系统中不可缺少的地位。

1. 氢能概念与基本特点

氢能是指氢在物理与化学变化过程中释放的能量。作为能源，氢有以下特点：①所有元素中，氢重量最轻，易液态。在标准状态下，它的密度为 0.0899g/L（密度小易扩散）；在 −252.7℃

时，可成为液体，若将压力增大到数百个大气压，液氢就可变为固体氢。②所有气体中，氢气的导热性最好，比大多数气体的导热系数高出 10 倍，因此在能源工业中氢是很好的传热载体（同时也有易燃的危险）。③氢是自然界存在的最普遍的元素，据估计它构成了宇宙质量的 75%，除空气中含有氢气外，它主要以化合物的形态贮存于水中，而水是地球上最广泛的物质。据推算，如把海水中的氢全部提取出来，它所产生的总热量比地球上所有化石燃料放出的热量还大 9000 倍。④除核燃料外，氢的发热值是所有化石燃料、化工燃料和生物燃料中最高的，单位质量的热值约是煤炭的 4 倍，汽油的 3.1 倍，天然气的 2.6 倍。⑤氢燃烧性能好，点燃快，与空气混合时有广泛的可燃范围，而且燃点高，燃烧速度快。⑥氢本身无毒，与其他燃料相比氢燃烧时最清洁，只生成水和少量氨气（对环境有害的污染物质），而且燃烧生成的水还可继续制氢，反复循环使用。

总之，氢作为能源，热值高、导热好、单位质量能量密度高（单位体积能量密度低）、燃烧不产生环境有害物和碳排放，能够作为零碳能源提供电、热、储能等多种能源服务。

2. 氢能产业链

氢广泛存在于空气和水中，不能直接从自然界获得，必须通过制备得到。基于氢的生产、运输、储存和作为能源利用等环节就构成氢能产业链，如表 26－1 所示。

表 26－1　氢与氢能产业链构成

制氢		储运	应用	
化石燃料制氢	氢气	气体存储运输	合成氨	传统用途
含氢尾气、副产氢回收制氢		液氢存储运输	精炼油	
电解水制氢		固态存储运输	精甲醇	
化学热分解制氢		有机物存储运输	其他工业	
光解水制氢			**交通运输（氢燃料电池、氢燃料电池汽车、加氢站）**	氢能
生物质制氢能			**热电联供**	
			储能—发电工业燃料	
			工业燃料	

氢能产业链包括氢能的生产、供应及综合利用等环节，以及氢能在制、储、运、用各环节涉及的产品的生产制造。制氢方法很多，主要包括煤炭、天然气、石油等化石燃料制氢，炼油厂、氯碱厂、焦炉煤气等含氢尾气、副产氢、回收制氢，电解水制氢，化学热分解制氢，光解水制氢和生物质制氢等。目前，最主要的制氢原料 90% 以上均来源于对化石能源的化学重整。其中，48% 来自于天然气重整，30% 来自于醇类重整，18% 来自于焦炉煤气重整，约 4% 来自于电解水。

根据制氢来源不同和碳排放情况，通常将氢能分为灰氢、蓝氢和绿氢。通过化石能源制取，或者通过回收工业副产氢制取的氢为灰氢；化石能源制氢与碳捕捉利用封存（CCUS）装置配套，得到的氢气为蓝氢；利用可再生能源通过电解水制氢获得的氢气为绿氢。

氢能储运方式主要是以气体、液体和固体不同形态充装储存在储氢容器中运输。氢气运输主要分为气氢拖车运输、液氢运输、气氢管道运输和掺氢天然气管道运输。高压气态储氢是指在高压下，将氢气压缩，以高密度气态形式储存和运输，具有成本较低、能耗低、易脱氢、工作条件较宽等特点，是目前发展最成熟、最常用的氢储运方式。液态储氢是将氢气压缩后深冷到 20.43K 以下使之液化成液态，然后存入特制的绝热真空容器中保存和运输。固态金属储氢是一种以金属与氢反应生成金属氢化物而将氢储存和固定的技术，优点是单位体积储氢密度高、储氢压力低、结构紧凑、安全性好、氢气纯度高、可长期储存，缺点在于附带设备多、重量储氢密度低、放氢温度高、吸放氢速度慢，以及储氢材料需要使用稀土材料等贵重金属，价格昂贵等。有机液体储氢是借助某些烯烃、炔烃或芳香烃等储氢剂和氢气的一对可逆反应实现加氢和脱氢。

氢的传统用途是非能源方面，主要包括制合成氨、精炼油、精甲醇，以及作为特殊工业气体等。近年来热议的作为能源使用的氢，主要是终端用途在交通运输、热电联产、储能+发电，以及作为工业燃料。其中，交通运输领域的氢燃料电池汽车产业链是当前氢能产业发展的重点。

二、我国氢能产业发展现状

目前，我国存在着一个以化石能源制氢和工业副产氢回收的生产和非能源利用的氢气产业，并且这一产业已经有相当规模，但它本质上不属于氢能产业。[1] 基于氢作为能源使用来界定我国氢能产业，我国氢能产业还处于初创阶段和形成之中。

1. 氢产量规模大，灰氢技术路线占主导

中国是世界第一产氢大国，2019 年全国氢气产量约 2000 万吨，[2] 并且基本是作为工业原料，作为能源使用的氢微乎其微。从制氢的原料及方式看，我国和全球一样，基本是化石能源制氢。如表 26－2 所示，从全球（不含中国）范围来看，电解水制氢仅占氢产量的 4%，其余均为化石能源制氢，其中以天然气重整制氢最多，占 48%；中国氢产量中，两种不同统计来源的数据中，来自电解水制氢比重非常少，仅有不到 1% 和微量，99% 来自化石能源制氢，其中以煤炭制氢为主，两种数据来源占比分别为 43% 和 62%。

表 26－2 全球与中国氢气生产现状

单位：%

制氢原料及技术路径		全球	国内统计口径 1	国内统计口径 2
化石能源制氢	煤制氢	18	43	62
	天然气重整制氢	48	16	19
	石油制氢	30	13	18
工业副产提纯制氢	焦炉煤气、氯碱尾气等	—	28	
电解水制氢		4	微量	1
其他方式产氢	生物质、光催化等	—	微量	微量

资料来源：车百智库。

可见，无论是中国，还是世界其他国家，目前制氢基本是灰氢，并且作为能源使用的量很少，但这些生产能力客观上为未来"清洁零碳"的氢能产业在起步阶段提供了有利条件。

2. 氢能产业政策的基本架构初步确立

氢能产业在我国政策体系中的地位是一个逐渐变化的过程。目前，我国氢能产业政策的基本架构初步确立，主要包括如下要点：

一是氢能产业的战略地位基本确立。2006 年，国务院发布的《国家中长期科学和技术发展规划纲要（2006－2020 年）》所确定的发展重点中，氢能及燃料电池技术被列为国家重点发展的一种先进能源技术。不过这主要停留在科学研究层面。直到 2012 年国务院发布的《节能与新能

① 中国氢能联盟发布的报告认为，2019 年我国氢能产业的产值为 3000 亿元。鉴于氢的能源利用目前规模很小，这一产值中可能 99% 都是氢气产业，而非氢能产业。

② 不同机构对我国氢气产量估算数据不一样，中国氢能联盟估计的数据是 2018 年我国氢气产量为 2500 吨。

源汽车产业发展规划（2012－2020年）》和2014年国务院办公厅发布的《能源发展战略行动（2014－2020年）》，国家正式将“氢能与燃料电池”作为能源科技创新战略方向。

“十三五”时期制定的一系列国家级规划文件，包括《“十三五”国家战略性新兴产业发展规划》《“十三五”国家科技创新规划》《能源技术革命创新行动计划（2016－2030年）》《中国制造2025》等都明确了氢能与燃料电池产业的战略性地位，把发展氢能和氢燃料电池技术列为重点任务，将氢燃料电池汽车列为重点支持领域。2016年，国家发改委和能源局编制了《能源技术革命创新行动计划（2016－2030年）》与《能源生产和消费革命战略（2016－2030）》则提出实现大规模、低成本氢气的制储运用一体化，以及加氢站现场储氢、制氢模式的标准化和推广应用。2020年4月，国家能源局发布的《中华人民共和国能源法（征求意见稿）》第一次把氢能列为能源范畴，《2020年国民经济和社会发展计划》明确提出要制定国家氢能产业发展战略规划。至此，氢能产业的战略地位完成了从部门到国家层面的转变。

二是2015年以来开始实施氢燃料电池汽车补贴政策。2015年4月，财政部、科技部、工业和信息化部、国家发展改革委四部委出台的《关于2016－2020年新能源汽车推广应用财政支持政策的通知》中，确定了燃料电池汽车补贴标准，即：燃料电池乘用车补助标准为20万元/辆，燃料电池轻型客车、货车补助标准为30万元/辆，燃料电池大中型客车、中重型货车补助标准为50万元/辆。2016年12月30日，四部委发布文件规定，插电式电动汽车补贴在现行标准上退坡20%，而燃料电池汽车在2019～2020年补贴标准不变。2019年3月财政部等四部委发布《关于进一步完善新能源汽车推广应用财政补贴政策的通知》，规定2019年3月26日至2019年6月25日为过渡期，过渡期内燃料电池汽车补贴退坡20%，并明确给予加氢站建设和运营补贴支持。2020年9月，财政部、工业和信息化部、科技部、发展改革委、国家能源局五部门联合发布的《关于开展燃料电池汽车示范应用的通知》规定，采取示范方式支持氢燃料电池车发展。五部门将采取“以奖代补”方式，对入围示范的城市群按照其目标完成情况给予奖励。奖励资金由地方和企业统筹用于燃料电池汽车关键核心技术产业化，人才引进及团队建设，以及新车型、新技术的示范应用等，不得用于支持燃料电池汽车整车生产投资项目和加氢基础设施建设。示范期暂定为四年。①

三是初步制定了部分氢能产业标准和技术规范。2010年以来，国家有关部门发布了部分氢能利用技术规范和标准，包括2010年实施《加氢站技术规范》（GB 50516－2010），并于2020年6月开始修订的《加氢站技术规范（局部修订条文征求意见稿）》，2017年制定的《加氢站与加油站、加气站的合建技术规范》，2018年5月1日实施的《加氢站安全技术规范》，2019年1月1日国家标准委发布实施《燃料电池电动汽车燃料电池堆安全要求》，2019年7月1日起实施的《燃料电池电动汽车整车氢气排放测试方法》，2019年底《能源统计报表制度》首度将氢气纳入2020年能源统计。到目前为止，我国已经发布实施氢能和燃料电池技术、应用、检测、安全相关的国家标准80项，行业标准约40项。这些技术规范和标准对氢能和氢燃料电池汽车规范发展起到了积极的推动作用。

3. 基本具备产业化条件，初步形成三大产业集聚区

经过多年技术研发和产业示范，我国基本形成氢能研发、制备、储运、应用等产业链，且氢能产业初步具备产业化条件。目前，我国乘用车燃料电池寿命超过5000小时，商用车燃料电池寿

① 财政部分别在燃料电池汽车推广应用和氢能供应两个领域给予示范城市群补贴，补贴的具体方式是通过积分核算，1积分给10万元补贴，积分上限分别为15000积分和2000积分，即补贴金额上限为15亿元和2亿元，同时积分的标准也在逐年退坡。示范结束后，对超额完成示范任务的，超额完成部分予以额外奖励，按照超额完成的任务量和奖励积分标准进行测算，额外奖励资金上限不超过应获得资金的10%。示范区以外的地方原则上不宜再对燃料电池汽车推广给予购置补贴。示范城市群在示范期间要完成车用氢能终端售价不超过35元/kg，符合技术指标的车辆推广规模应超过1000辆，推广车辆累计运行里程满足要求，建成并投入运营加氢站超过15座的基础目标。

命已超过 10000 小时，基本满足车辆运行条件；氢燃料电池汽车发动机功率密度达到传统内燃机水平，电堆比功率达到 3.0 千瓦/升，多项性能指标接近国际先进水平；基于 70MPa 储氢技术，氢燃料电池汽车续驶里程达到 750 千米；氢燃料电池低温启动温度达 -30℃，车辆整体适用范围基本达到传统轿车水平。

截至 2019 年 8 月初，全国约 21 个地方出台了氢能产业发展规划，其中，有 13 个地方规划明确了加氢站建设数量和氢燃料电池汽车规模的阶段性目标，全国氢能产业初步形成了珠三角、长三角、京津冀三大产业集群，并辐射周边地区。

其中，2019 年长三角三省一市明确提出将合力建设以上海为龙头的“长三角氢走廊”。长三角氢走廊建设发展将分为三个阶段：第一阶段为近期发展规划（2019 ~ 2021 年），主要任务是立足长三角现有氢能产业基础，示范推广氢燃料电池汽车。同时将以上海为龙头的产业先行城市打造成氢走廊的核心点，率先启动建设 4 条氢高速示范线路。先行城市包括已经确定积极发展氢能与燃料电池汽车产业的上海、苏州、南通、如皋、宁波、嘉兴、湖州等。第二阶段为中期发展规划（2022 ~ 2025 年），主要任务是大力推进燃料电池汽车的应用发展，进一步提升氢能关键技术水平，在重点城市之间推广建设 10 条以上氢高速公路，拓宽燃料电池汽车运营范围。第三阶段为远期发展规划（2026 ~ 2030 年），氢走廊将覆盖长三角全部城市和 20 条以上主要高速公路，形成具有国际影响力的燃料电池汽车应用区域，充分带动全国燃料电池汽车产业的发展，推动未来社会清洁能源和动力转型。

三、“十四五”时期我国氢能产业发展面临的问题

2019 年以来，我国氢能产业发展政策力度加码，很多地方城市政府都把氢能产业发展作为推动低碳发展的重要抓手，制定了地方扶持和鼓励政策。然而，无论在技术水平还是产业环境方面，仍然存在影响我国氢能产业”十四五”时期良性发展的问题。

1. 氢能产业整体技术水平与国际先进水平差距较大

与发达国家相比，我国在燃料电池技术发展、氢能产业装备制造等方面相对落后。关键零部件主要依靠进口，燃料电池的关键材料包括催化剂、质子交换膜以及炭纸等材料大都采用进口材料；关键组件制备工艺亟须提升，膜电极、空压机、双极板、氢循环泵等和国外存在较大差距；氢能技术标准中关于氢品质、储运、加氢站和安全标准的内容较少，难以满足国际技术通则以系统为实验对象的要求。另外，高精度氢气品质检测和高灵敏度氢气泄露等重要测试装备欠缺，权威检测认证机构仍未形成。从全球范围氢能专利布局来看，大量核心专利掌握在美国、日本等国，我国尚未成为主导国际氢能发展的技术来源方。

我国氢能产业链各环节技术现状与国外水平的比较如表 26 -3 所示。

表 26 -3 国内外氢能利用水平比较

技术环节	国内	国外
制取	煤气化制氢和碱性电解水制氢具有特色和优势，光催化和生物质制氢处于国际先进水平	天然气重整制氢和可再生能源制氢等与国外差距较大
储运	基本为压缩气氢进行运输，多为 30MPa Ⅲ 型钢瓶储氢瓶，液氢储运相对薄弱，金属氢化物储氢和有机氢化物均处于实验室阶段；管道运输仍不成熟	气氢和液氢均有，气氢储氢达到 70MPa Ⅳ 型碳纤维瓶；欧美均已布局部分氢气专用管道

续表

技术环节	国内	国外
加氢站	均为气氢站且数量相对较少，储罐及压缩机等核心部件需要从海外进口后组装，国内技术未达到国际标准	加氢站数量较多，且部分为液氢站
交通领域应用	1374 辆客车，2390 辆专用车，132 辆乘用车	美国：23000 台叉车，5899 辆乘用车；日本：2839 辆乘用车；欧洲：1080 辆乘用车，142 辆巴士
储能领域运用	尚无应用	日本 ENE－FARM 系统已较为成熟
氢安全技术	氢与材料相容性具有特色，尚未建立安全标准体系	已具备满足氢能发展的检测能力，初步建立标准体系，正在建立氢安全国际标准

资料来源：OFweek 氢能网，前瞻产业研究院整理。

在氢燃料电池乘用车应用领域，日本、韩国走在世界前列，如日本丰田（Mirai，2014 年 12 月）、韩国现代（NEXO，2017 年）氢燃料电池乘用车已经问世。我国目前已经研发出乘用车、客车、物流车、观光车、场地车等不同类型的氢燃料电池汽车。与国际先进水平相比，我国的燃料电池车在燃料电池功率和续航能力等方面仍有一定差距（见表 26－4）。

表 26－4　国内外氢燃料电池乘用车基本性能参数对比

参数	丰田 Mirai	现代 ix35	现代 NEXO	丰田 Clarity	荣威 950	荣威 750
整车质量（kg）	1850	2290	1832	1890	2080	1860
0～100km/h 加速性能（s）	10	12.5	9.5	10	12	15
最大时速（km/h）	160	160	160	161	160	150
一次加氢续航里程（km）	650	415	609	750	430	310
燃料电池电堆功率（kW）	114	110	120	100	43	—
储氢质量（kg）	5	5	6.35	5.64	4.2	3.6
动力系统构型	全功率型	全功率型	全功率型	全功率型	Plug－in	—

资料来源：《中国氢能产业政策研究》。

2. 氢能开发利用的高成本难以支持氢能大规模商业化利用

从成本来看，上游制氢、中游储运氢和下游的加氢站建设几个环节相比较，制氢环节的成本占比最重，达到了 55%，储运氢成本占 30%，加注氢占比 15%。目前，我国氢能源产业链每个环节的成本都比较高，难以支持氢能达到规模化、商业化利用。

从制氢环节来看，现有制氢技术路线包括煤制氢、甲醇制氢、天然气重整制氢、电解水制氢和工业副产氢提纯制氢。目前成熟的煤制氢技术源自传统的煤炭气化和焦炭副产气两大路线，氢气通常作为中间原料分别进入合成氨及焦化产品的生产。为满足燃料电池对氢气的高纯度要求，在传统制氢路线上增加深度提纯工艺后，煤炭高纯度制氢的成本在 25 元/kg 左右，比天然气制氢低 20%，比电解水制氢低 60%，是最有希望的商业化技术路线。然而，煤制氢排放的二氧化碳是天然气制氢的三倍，必须配套碳捕捉和存储（CCS）设施，否则就违背了氢能产业发展初衷。因此，煤制氢技术路线只能作为氢能产业发展初期的过渡技术路线。

从储氢环节来看，虽然加压压缩储氢、液化储氢、有机化合物储氢等技术均取得了较大进步，但储氢密度、安全性和储氢成本之间的平衡关系尚未解决，离大规模商业化应用还有一段距离。我国目前氢气储运以气态氢为主，一般用压力为 20MPa 的长管拖车运输氢气到加氢站储存，储存压力为 45MPa。与液氢储运相比，以气态的方式来储存和运输氢气成本较低，但气态氢储运效率也低。

国外一般采用低温液氢储运技术，储运能力较气态提高10倍以上，但成本也大幅增加。研究表明，液化相同热值的氢气比氢气压缩的耗电量高11倍以上，加之液氢储存罐的选材和技术水平要求高，前期投入的成本也高。这一部分液化过程的相关成本（设备投资和电耗成本）占运氢成本的绝大比例，高达70%～80%。

在用氢环节，氢燃料电池汽车技术尚不成熟，仍发展缓慢。主要是因为建设加氢站所需关键零部件没有量产的成熟产品，导致其建设成本过高（见表26－5、表26－6）。

表26－5 三种储氢技术成本比较

储氢技术（元/GJ）	固定成本	能耗	使用成本	总成本
高压气态储氢（20MPa）	56	12	6	74
低温液化储氢	16	106	10	132
金属氢化物吸附	54	37	4	95

资料来源：EVTank、伊维智库、广证恒生。

表26－6 三种氢气运输方式成本比较

单位：元/kg

长管拖车			管道			液氢槽车		
固定成本	设备折旧	1.10	固定成本	管道折旧费	0.08	固定成本	设备折旧	1.92
	人工费	3.29		管线配气站的直接与间接维护费用	0.01		人工费	1.32
	车辆保险	0.05					车辆保险	0.05
变动成本	油费	1.25	变动成本	压缩消耗的电费	0.60	变动成本	油费	0.04
	压缩过程中的电费	0.60					液化过程中电费	6.60
	车辆保养	0.21					车辆保养	0.02
	过路费	0.43					过路费	0.03
合计成本		6.93	合计成本		0.69	合计成本		10.85
运输价格（毛利率20%）		8.66	运输价格（毛利率20%）		0.86	运输价格（毛利率20%）		13.57

资料来源：氢云链、《加氢站氢气运输方案比选》、广证恒生。

3. 地方氢能规划存在过热苗头，不利于氢能产业健康发展

从技术研发实力和产业基础看，我国氢能产业2025年之前还不具备大规模商业化的条件，但各地氢能规划和氢能产业园区建设已呈现过热苗头。据不完全统计，截至2020年上半年，全国已经有三十多个省市发布了氢能发展规划，规划的氢燃料电池电堆总产能超过3000兆瓦，燃料电池汽车产能总计超10万辆，远远超出规划加氢站等基础设施供应能力，产能过剩风险初步显现。2019年燃料电池产能设计达87.1万套/年，产能设计已经超过现有的2025年规划数量。在产业发展仍存在自主创新能力不强、国产化率低、成本高等明显短板的情况下，各地这种一哄而上大规模布局产能的做法导致氢能产业低水平重复和资源浪费，严重影响我国氢能产业健康发展（见表26－7）。

表26－7 部分省市氢能产业规划目标

城市	时间	名称	规划内容
武汉	2017年1月	武汉“十三五”发展规划、武汉制造2025行动纲要	建设氢燃料电池动力系统工程技术研发中心，到2020年，累计实现燃料电池汽车推广应用规模达到万辆级别

续表

城市	时间	名称	规划内容
武汉	2018年1月	武汉氢能产业发展规划方案	2020年建设5~20座加氢站，燃料电池车示范运行规模达到2000~3000辆；2025年，加氢站30~100座，车辆总计1万~3万辆，产业链年产值突破1000亿元
上海	2017年9月	上海市燃料电池汽车发展规划	2020年加氢站5~10座，乘用车运行规模3000辆；2025年加氢站50座，乘用车不少于2万辆、其他不少于1万辆；长期：全产业链年产值突破3000亿元
苏州	2018年3月	苏州市氢能产业发展指导意见	2020年建成加氢站10座，燃料电池车800辆；2025年加氢站40座，氢燃料电池车1万辆
佛山	2017年12月	第二届氢能与燃料电池产业发展国际交流会领导发言	2019年投入使用10座加氢站，力争实现1000辆的氢能公交车示范运营项目。佛山（云浮）产业转移工业园国鸿氢能20000套电堆+5000套9SSL系统产线落地
山东	2020年7月	山东省氢能产业中长期发展规划（2020-2030年）	2022年，100家以上的氢能产业相关企业，燃料电池发动机产能达到20000台，燃料电池整车产能达到5000辆，氢能产业产值200亿元
河北	2019年8月	河北省推进氢能产业发展实施意见	2022年，氢能产业产值200亿元，2025年500亿元，2030年2000亿元，建成加氢站100座，运行氢燃料电池车50000辆
广州	2020年6月	广州市氢能产业发展规划	2030年，建成集制取、储运、交易、应用于一体的氢能产业体系，实现产值超2000亿元

资料来源：笔者整理。

四、“十四五”时期我国氢能产业发展思路

氢能是一种高效、清洁、灵活且应用场景广泛的能源载体，氢能产业发展对推动我国能源转型和经济“脱碳”意义重大。鉴于当前我国氢能产业发展中存在的种种问题，“十四五”时期必须明确我国氢能产业发展的战略定位与思路。

1. 制定氢能及氢能产业的国家战略

美国、欧盟和日本很早就都制定了氢能的国家战略。美国能源部2002年就发布了《国家氢能路线图》，提出2040年要全面实现氢能经济的目标；欧盟2003年发布《氢能和燃料电池——我们未来的前景》，制定了欧洲向氢经济过渡的近期（2000~2010年）、中期（2010~2020年）和长期（2020~2050年）示范路线图；日本在2014年《第四次能源基本计划》中明确提出了建设和发展氢能社会的战略方向。

相比之下，我国从2019年开始在全国很多地方掀起了氢能产业发展热潮，但截至2020年9月没有发布氢能及氢能产业发展的国家战略，各地发展低水平重复，很多规划把传统的氢工业与氢能产业混为一谈。因此“十四五”时期首先要尽快制定氢能及氢能产业发展的国家战略。

氢能及氢能产业的国家战略，首先，要明确氢气的能源属性，界定氢能产业是基于氢气的“能源化利用”的产业；其次，要在对其他零碳能源比较分析基础上，确立氢能在我国未来能源体系中的功能和作用；最后，要厘清燃料电池汽车与纯电动汽车的关系，明确燃料电池汽车在新能源汽车产业中的发展定位。

2. 建立国家氢能战略领导与协调机制，明确相关部门分工

氢能产业发展不仅跨越了既有的能源管理部门，而且由于氢能应用范围广泛，其产业链发展涉及很多非能源部门。因此，各国为适应氢能发展战略的需要，都不同程度地在组织架构上进行创新或调整。比如，韩国政府优化和调整了政府部门分工，并增加设立了专门部门：在韩国工业部下设置了助力氢发展的可再生能源部、帮助氢

燃料电池汽车发展与分销的汽车与航空部、负责加氢站安全的能源安全部，在韩国环境部下设置了负责加氢站建设的清洁空气规划部，在韩国国土交通部下分设了负责加氢站分布的道路运营部和负责氢燃料电池汽车安全工作的汽车管理部。

为促进我国氢能产业健康良性发展，建议成立专门的国家氢能战略领导小组，成员包括发改、工信、科技、财政、能源、住建、市场监管、应急管理、商务、标准、环保等部门，明确各部门分工，解决氢能产业发展中涉及的政策与技术标准缺位与错位问题。

3. 加强产业链重点环节和关键技术突破

一是要着重对产业链重点环节进行突破。首先，要降低加氢站建设和氢储运成本，一方面，可以通过加强加氢站核心部件、关键材料及技术国产化来降低加氢站建设成本；另一方面，可以通过发展氢储运技术，如氢的管道运输、液氢储运以及新型储氢材料（如有机液体储氢）等，降低氢气储运成本。其次，在有廉价氢源的地区尝试先行开展氢燃料电池汽车的商业化运营，可以通过“干中学”促进加氢站技术的提升和逐步降低氢气使用成本，进而通过技术提升、市场辐射带动我国氢能燃料电池产业的整体技术进步和产业发展。此外，对于暂时无加氢站或边远地区不宜建加氢站的情况，可以进行车载甲醇制氢的燃料电池车示范。同时，可以布点发展汽柴油车载制氢技术，为发展特种应用的燃料电池车奠定基础。

二是对关键技术进行突破。目前，虽然我国在氢燃料电池汽车的整车、电堆、系统以及加氢站设备方面已有所布局，但在核心部件与关键材料方面仍缺少规模化批量生产技术，还不能全部实现国产化，使我国不能实现氢能产业自主可控发展。虽然政府之前出台过相关氢燃料电池技术攻关规划，但进度比较慢，还需进一步加大攻关力度。因此，我国应该聚焦氢能和燃料电池关键核心技术，在液氢储运、氢管道运输及新型储氢材料方面有所突破，加快降低氢气储运成本。可以通过设立专项计划，提升我国氢能产业从基础研究、关键技术攻关、应用示范到产业化转化的创新能力，保障氢能产业核心技术全面、自主、可持续发展。

三是研发平台的建立。可以依托行业骨干企业、科研机构与高校，联合组建国家实验室、国家级工程技术中心和国家制造创新中心等研发平台，共同开展氢能基础设施关键技术攻关，建立氢能知识产权共享机制。同时，应该重点加强国家及各地区对氢能基础设施关键技术研发及装备国产化的支持力度；可以在具备条件的地区，从财政政策上支持设立自主创新氢能产业示范区，重点在产业链关键环节和关键技术上布局一批具有引领作用的重大氢能示范工程，加快氢能产业聚集。另外，加强国际交流，鼓励实施氢能源国际大科学计划和大工程，形成国际化的协作机制。

4. 完善氢能产业政策短板

目前我国氢能产业政策主要集中在对氢燃料汽车的补贴方面，作用有限，需要从产业链角度进一步完善，补足政策短板。

一是明确对关键技术装备研发的财政支持。可以通过财政政策支持设立专业化的国家能源研究院和氢能重点试验室，针对关键技术装备与企业、大学、研究机构开展协作攻关。在氢能产业补贴政策方面，政府应慎重实施无重点的大规模补贴政策，坚持将补贴重心从整车等产业末端前移到基础研发和关键核心装备领域的国产化上，引导企业和研究机构投入资金自主研发，掌握关键核心技术，加快形成具有自主知识产权的先进批量制造技术。

二是加快完善技术标准。建议加快完善氢能燃料电池全产业链的技术和检测标准，为推动产业健康发展奠定基础。为了满足氢能产业快速发展的需求，可以建设氢能燃料电池国家技术标准创新基地。当前，氢气的制备、储运和加注，以及实际工况下氢燃料电池从部件到系统的评价检测体系等仍不健全，亟须完善燃料电池技术标准体系，建立完整的部件、材料、系统的有效检测体系，为氢能燃料电池的技术发展、产品安全应用提供基础保障。例如，目前相关法规标准仍将氢气按照危险化学品管理，导致加氢站的审批、建设、运营受到制约。如果明确车用氢气的能源性质，细化车用氢气的制备、储运、加注相关技术标准，将对加速氢能基础设施建设起到极为重要的保障作用。

三是优化扶持政策——政策不能给予灰氢补贴，灰氢生产项目增加碳排放，与2060年碳中和目标背道而驰。增加对蓝氢、绿氢生产的政策支持，如可支持新能源发电并网消纳，利用“绿电”电解获得绿氢。

专栏 26－1

“十四五”成氢能产业链构建关键时期

继2020年9月21日财政部等五部委发布《关于开展燃料电池汽车示范应用的通知》支持以城市群为单位对燃料电池汽车示范应用后，10月15日，工信部在《关于政协十三届全国委员会第三次会议第1438号（经济发展类105号）提案答复的函》中提出，为推动我国氢能及氢燃料电池汽车健康发展，发展改革委将会同有关部门加快制定国家氢能产业有关规划，同时明确氢燃料电池汽车发展目标、重点任务，促进氢燃料电池汽车产业高质量发展。

9月22日，国家领导人在第七十五届联合国大会一般性辩论上指出，中国将提高应对气候变化国家自主贡献力度，采取更加有力的政策和措施，二氧化碳排放力争于2030年前达到峰值，努力争取2060年前实现碳中和。而这一目标的确立也意味着国家对清洁能源的需求日益迫切，“十四五”时期，能源规划也将要与之适应。

日前财政部等五部委联合发布的《关于开展燃料电池汽车示范应用的通知》，目标也是利用4年时间，来打造国内氢能产业链，让整个产业链趋于完整。但不可否认的是，在进入规模化运用之前，氢能的应用依然面临国家宏观政策、商业化运营模式、基础设施建设等问题。

在有限的政府补贴基础上，引入大规模社会化资本是实现氢燃料电池汽车商业化、规模化应用的有效路径。未来，通过社会化资本放到较长周期，构建更大的应用场景，让产业具备商业化能力，随着规模的扩大、成本的降低，从重型运输车和物流车到船用领域在内的多个氢能应用场景的市场空间也将会梯次打开。此外，加氢站等关键基础设施的建设也给示范城市提出更高的要求。

资料来源：21世纪经济报道，2020年10月17日。

参考文献

［1］中国国际经济交流中心课题组：《中国氢能产业政策研究》，社会科学文献出版社2020年版。

［2］邵志刚、衣宝廉：《氢能与燃料电池发展现状及展望》，《中国科学院院刊》2019年第34卷第4期。

［3］罗佐县、曹勇：《氢能产业发展前景及其在中国的发展路径研究》，《中外能源》2020年第25卷第2期。

［4］凌文、刘玮等：《中国氢能基础设施产业发展战略研究》，《中国工程科学》2019年第21卷第3期。

［5］曹勇：《中美氢能产业发展现状与思考》，《石油石化绿色低碳》2019年第4卷第6期。

［6］中国电动汽车百人会：《中国氢能产业发展报告2020》，2020年10月内部报告。

［7］张长令：《国外氢能产业导向、进展及我国氢能产业发展的思考》，《中国发展观察》2020年第Z1期。

［8］景春梅、闫旭：《我国氢能产业发展态势及建议》，《全球化》2019年第3期。

［9］金东：《制氢、储氢、运氢、成本难题》，http://www.escn.com.cn/news/show－799202.html，2020－01－03。

第二十七章　医药工业

提　要

医药工业是我国国民经济的重要组成部分，是国家产业转型的重点领域，是关系国计民生的重要产业，也是实施健康中国战略的重要保障。“十三五”时期是全面建成小康社会决胜阶段，也是我国医药工业整体跃升的关键时期，2016～2019 年主营业务收入年均增速达 10.68%，完成了 10% 的目标，医药工业占工业经济的比重显著提高。当前，创新引领效应显现，新产品上市增多，高标准国际化进程加快，新旧动能转换活力释放，产业布局结构调整效果初显，但仍存在研发投入不足、人才和专利储备欠账突出、行业集中度有待进一步提高以及中医药标准化问题没有有效解决等问题。2020 年我国医药工业迎接新型肺炎疫情、中美贸易战和健康中国 2030 战略全面实施带来的机遇与挑战，继续在创新驱动、数字化驱动、大健康需求牵引和“互联网 +”等助力下，提升医药工业研发能力，推动医药工业“智能制造”和产业转型升级。总的来说，未来高效加快转型、加速升级是关键。

*　　*　　*

医药行业增速自 2016 年和 2017 年的跃升后，2018 年和 2019 年再次进入行业增速低于 10% 的调整期。集中带量采购（GPO）政策的开展和迅速铺开，加速了仿制药价格的下降，加之国家监控力度持续加强，重点监控药品目录增加，一定程度上影响受监控药物的销售，成为行业发展增势出现减缓的重要原因。在此期间，创新成果和专利药物研发收获颇丰，兼并重组步伐进一步加快，行业集中度明显提升。在国家相关政策的大力支持下，药品供应保障能力也显著增强。2020 年是“十三五”规划的收官之年，也是决胜全面建成小康社会的冲刺之年，伴随着新冠肺炎疫情、中美贸易战和健康中国 2030 战略全面实施等宏观环境变化的影响，将在创新驱动、数字化驱动、大健康需求牵引和“互联网 +”等助力下，继续提升医药工业创新研发能力，推动医药工业“智能制造”和产业转型升级。

一、医药工业发展现状

1. 医药工业增长速度承压放缓

“十三五”时期，我国医药工业主要经济指标增速经历“快速上升—承压下降”的变动趋势。四年内，医药工业增加值增速均高于全国工业增加值增速（见图 27－1），2016～2019 年增速分别为 10.6%、12.4%、9.7%和 6.6%，高出全国工业增速 4.6 个、5.8 个、3.5 个和 0.9 个百分点。受全球贸易环境不稳定因素增多、宏观经济进入新常态阶段、由高速增长过渡至高质量增长以及“三医”联动改革新政变化的影响，我国医药工业增长承压放缓。

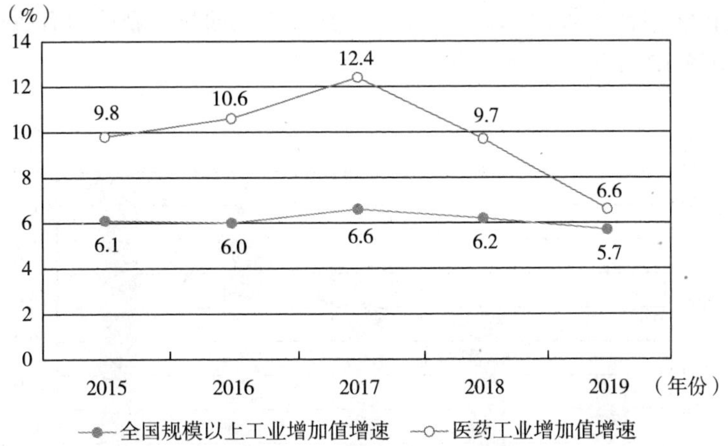

图 27－1　2015～2019 年医药工业增加值增速与占比情况

资料来源：国家统计联网直报门户、国家统计局。

主营业务收入方面，2017 年和 2018 年我国医药工业收入增速突破两位数，一度达到 12.2%和 12.6%的增速，实现了快速跃升。2019 年实现主营业务收入 26147.4 亿元，同比增长 8.0%，收入增速在 2016 年后又降至个位数。2016～2019 年四年平均收入增速 10.68%，完成“十三五”《医药工业发展规划指南》中主营业务收入年均增速高于 10%的主要目标，行业规模逐步扩大。利润总额方面，2017 年达到最高增速 16.6%，之后快速下降；2019 年实现利润总额 3457 亿元，同比增长 7.0%，增速创下历史新低，四年以来首次降至个位数。利润增速下跌较快的原因主要是费用增加（尤其是研发费用）、公允价值和资产减值等。出口方面，除 2016 年外，2017～2019 年出口交货值均高于 2000 亿元，增速变化趋势同收入，2019 年增速较上年下降 4.3 个百分点至 7.0%，呈现四年最低水平（见表27－1）。

表 27－1　“十三五”时期医药工业运行数据统计

年份	2016		2017		2018		2019	
主要指标	总额（亿元）	增速（%）	总额（亿元）	增速（%）	总额（亿元）	增速（%）	总额（亿元）	增速（%）
主营业务收入	29635.9	9.90	29826	12.20	26156	12.60	26147.4	8.00
利润总额	3216.4	15.60	3519.7	16.60	3387.2	11.00	3457	7.00
出口交货值	1948.8	7.30	2023.3	11.10	2205.5	11.30	2116.9	7.00

注：国家统计局对各年数据局部进行后期调整。

资料来源：国家统计局。

2. 创新成果和专利药物研发凸显

医药工业由原来的以“营销”为主导向以“创新研发”为主导进行转变，“十三五”时期，医药工业企业研发投入逐年提升（见图 27－2），每年保持 20%以上增速。2016 年是“十三五”规划的开局之年，研发投入较 2015 年增长

21.1%，2019 年医药工业上市公司研发投入上升到 474 亿元左右，同比增长 17.6%。随着药品审评、审批流程不断优化，在鼓励创新的特殊政策与优先审评、审批政策支持下，“十三五”时期涌现出更多高质量创新成果，2016～2019 年获批开展临床试验的 1 类化学创新药累计 622 个，27 个国产自主创新药和 7 个中药获批上市。值得一提的是，2019 年获批上市的甘露特钠胶囊和医用重离子加速器两者完全由国内自主研发且拥有自主知识产权，前者填补了阿尔茨海默领域 17 年无新药上市的空白，后者成功打破了我国高端放疗器械市场被国外产品垄断的现状，证明了我国医药领域的研发创新能力有所提高。

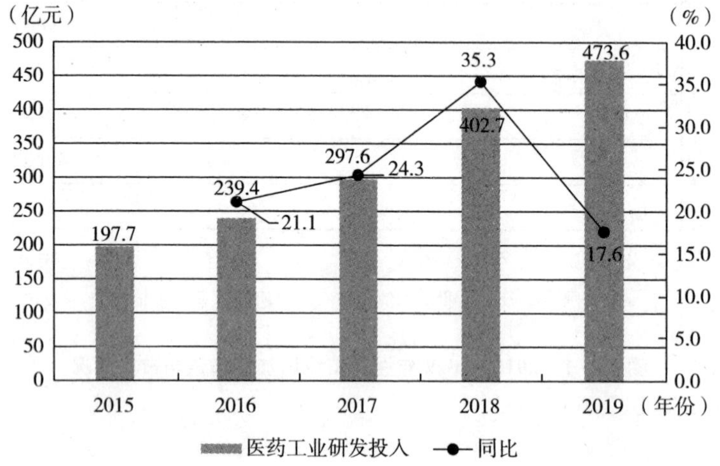

图 27－2　2015～2019 年医药工业上市公司研发投入及增速

资料来源：粤开证券。

3. 规模以上企业盈利增速放缓

2016～2019 年，我国医药工业规模以上企业盈利增速有所放缓（见表 27－2），主营业务收入方面，医药工业规模以上企业营收从 2016 年的 28062.9 亿元跃升至 2017 年的 28185.5 亿元，随后逐渐下降至 2019 年的 23908.6 亿元，收入增速也在 2017 年、2018 年之后再次回归个位数。利润方面，2019 年规模以上企业的利润总额较上年有所回升，仅低于 2017 年的利润水平，增速同收入趋势，下降较快，呈现四年最低水平。但结合全国规模以上工业企业的盈利水平可发现，规模以上药企在全国工业企业实现利润总额中占比不断提高，由 2016 年的 4.364% 上升至 2019 年的 5.032%，首次突破 5%。可见，医药工业在我国工业经济体系中的比重有所提高，基本完成“十三五”发展规划的目标。

表 27－2　2016～2019 年医药工业规模以上企业盈利状况

指标 \ 年份	2016	2017	2018	2019
主营业务收入（亿元）	28062.9	28185.5	23986.3	23908.6
收入增速（%）	9.70	12.50	12.60	7.40
利润总额（亿元）	3002.9	3314.1	3094.2	3119.5
利润增速（%）	13.90	17.80	9.50	5.90
全国规模以上工业企业实现利润总额（亿元）	68803.2	75187.1	66351.4	61995.5
当年利润总额在全国中占比（%）	4.364	4.408	4.663	5.032

资料来源：国家统计局最新发布的系列文件。

4. 兼并重组步伐加快，行业集中度明显提高

“十三五”时期，医药工业加快兼并重组步伐，提高行业整合速度，集中度明显提升。据中国医药工业信息中心2019年统计，2018年我国76%的制药企业年主营业务收入不足2000万元，但百强制药企业的贡献度不断增加，规模以上企业市场集中度明显提高。Top100主营业务收入规模达到8395.5亿元，年均增速11.8%。百强制药企业主营业务收入超百亿元的有22家，占整个行业比重达32.5%，同比提升7.3个百分点，基本达到《医药工业发展规划指南》提出的较2015年提高10个百分点的“十三五”规划目标。

随着带量采购全国扩围、医保目录动态调整、鼓励创新等政策推进，以及资本市场上市新规的助推，国内药企纷纷利用沉淀资金及市场资本整合资源，并购活跃度持续提高。据智研咨询整理数据（见图27－3），自2016年起中国医药行业并购交易累计数量近1500起，累计金额达800亿美元。2016年作为开局之年，中国医药行业并购数量即超过400起，并购金额超过1800亿元，海外并购案超过200亿，刷新并购数量及金额纪录。2019年安进以27亿美元入股百济神州成就了中国医药和生命科学板块史上最大的并购案。

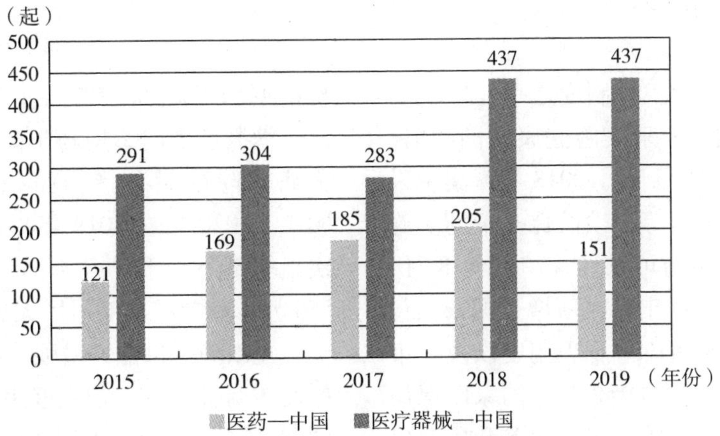

图27－3　2015～2019年国内医药工业并购交易数量

资料来源：中国产业信息网。

5. 医药出口结构改善，新药国际化取得突破

出口交货值占收比逐年提高。“十三五”时期，医药工业出口交货值总体呈增长趋势（见图27－4），2017年较2016年大幅增加至2023.3亿元，2018年较上年稍有下降，2019年出口交货值达2088.2亿元。各年出口交货值占收比分别为6.58%、6.78%、7.73%和7.99%，呈现稳步增长趋势，出口作为营收的一部分越发重要。

出口结构质量改善，制剂和医疗设备出口比重提高。2019年医疗器械的外贸增势良好，成为出口增速最快的医药细分领域，实现出口交货值达724.2亿元，增长11.7%，高于医药工业平均增速4.7个百分点，出口总额超过了原料药，比重达34.2%。面向“一带一路”新兴市场和发达国家的制剂出口加快增长，特别是生物药品全年出口交货值达205.6亿元，增速为11.1%，高于医药工业平均增速4.0个百分点。

新药国际化取得突破，国际化发展能力提升。国产新药在境外开展临床研究和上市申报增多，仿制药国际注册也进入收获期，累计获得欧美仿制药批件450余个。据统计，2019年国内29家制药企业的96个ANDAs获得美国FDA批准（含正式和暂时），占FDA年度批准仿制药数量的10%左右。技术含量较高的缓控释ANDAs和注射剂ANDAs获批增多，2019年注射剂ANDAs获批数量比重达30%。

6. 药品供应保障能力显著增强

“十三五”时期，国家出台、修订众多政策制度，更好地保障我国药品供应状况。2016年召开的全国卫生与健康大会宣布，药品供应保障制

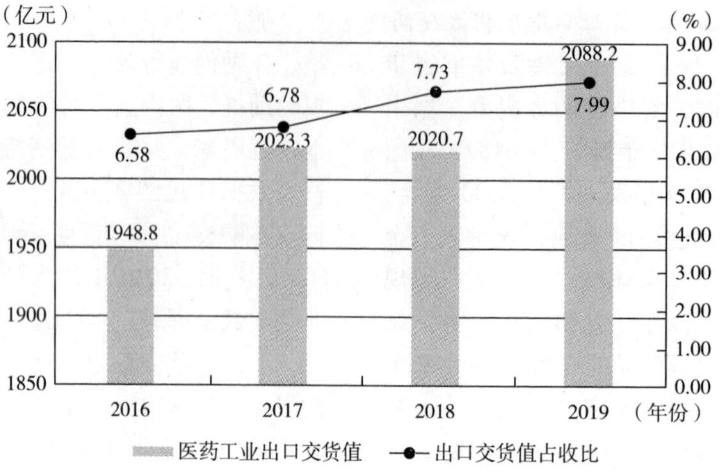

图 27－4 2016～2019 年医药工业出口交货值数据

资料来源：中国医药统计网。

度是五项重要的基本医疗卫生制度之一。2017 年党的十九大报告强调，未来实施健康中国战略，进一步健全药品供应保障制度。2018 年，集中采购、医保谈判、医保统筹等多项医保政策的实施有效提高了人民群众用药可及性。2019 年 8 月，新修订的《药品管理法》出台，新增了国家实行基本药物制度、短缺药品清单管理制度以及上市许可持有人制度等内容。同年 8 月，国家医保局发布了《国家基本医疗保险、工伤保险和生育保险药品目录》。

基本医保保障水平提升。新印发的《国家基本医疗保险、工伤保险和生育保险药品目录》截至发布前，共收录药品 2709 个，在旧版基础上新增 64 个药品，调入药品 218 个，调出药品 154 个。通过医药准入谈判，新纳入 97 个国产重大创新药品和进口新药，并以最大程度压低价格的原则确定了支付标准，最终实现新纳入的 70 个药品价格平均下降 60.7%。在医保补助方面，高血压、糖尿病等门诊用药于 2019 年纳入医保报销，大病保险政策范围内报销比例由 50% 提高至 60%。2020 年在 2019 年提高补助的基础上，再次新增 30 元医保人均补助，达到每人每年不低于 550 元，有效提高对居民大病保险的保障能力。

短缺药保供能力增强。2019 年，国务院办公厅发布《关于进一步做好短缺药品保供稳价工作的意见》，该意见明确加强市场监测、规范用药管理、完善采购机制、加大价格监管和健全多层次供应体系等措施，保障短缺药稳定供应。原料药领域反垄断执法力度加强，价格异常波动和市场供应紧张状况明显缓解。工信部等联合认定了第二批小品种药（短缺药）集中生产基地建设单位 3 个，总数达到 6 个。针对重大疾病治疗、罕见病、儿童用药等短缺药，以及应对突发公共卫生事件的特需药物的保供能力进一步增强。

二、当前医药工业发展面临的问题

1. *研发投入不足，人才和专利储备欠账突出*

近些年，我国医药工业始终受制于研发资金投入不足、人才供给和专利储备欠账突出等因素，行业自主研发创新能力薄弱，长期停留在利润率较低、竞争激烈的仿制和仿创结合阶段。总的来看，我国医药工业研发水平与发达国家仍有明显差距。

研发费用投入不足。2020 年 6 月 9 日，Fierce Biotech 公布了 2019 年研发投入最多的十大药企名单（见表 27－3），其中榜首罗氏 2019 年研发费用高达120.6亿美元，阿斯利康的研发费用率达24.8%，当企业数量扩大至前17家核心药企时，平均研发费用率达20%。尽管近几年国内药企在研发投入上也有所加大，但与国际药企研发水平尚有明显差距（见表27-4）。比如，国内研发投入排名第一的恒瑞医药在过去六年间，研发投入从2013年的6.52亿元增长到2019年的38.96亿元，其2019年的研发费用率为16.73%，距离全球前十家药企的平均研发费用率18.8%仍有超两个百分点的距离，更不谈国内药企研发投入往往不到10%，甚至一些企业不足5%，相比之下欧美国家平均研发投入占比在18%左右，某些企业甚至付出50%以上的营收来开发新药。可见，当前中国医药企业研发费用投入不足，仍需向国际水平看齐。

表27-3　2019年研发投入最高的十家跨国药企

企业名称	2019年研发投入（亿元）	2019年研发占比（%）
罗氏	120.6	19
强生	113.6	13.80
默沙东	99	21.10
诺华	94	19.80
辉瑞	86.5	16.70
赛诺菲	65.2	16.70
艾伯维	64.1	19
百时美施贵宝	61.5	23.60
阿斯利康	60.6	24.80
葛兰素史克	56.2	13.50
平均值	82	18.80

资料来源：Fierce Biotech。

表27-4　美股、A股上市药企前15名2019年研发费用

排名	A股药企	研发费用（亿元）	美股药企	研发费用（亿元）
1	恒瑞医药	38.96	强生	856.59
2	复星医药	20.41	默克制药	687.27
3	迈瑞医疗	14.66	诺华	654.55
4	上海医药	13.50	吉利德	633.94
5	科伦药业	12.86	辉瑞	602.20
6	华东医药	10.73	艾伯维	472.85
7	健康元	9.06	赛诺菲-安万特	470.37
8	海正药业	9.04	百时美施贵宝	428.01
9	信立泰	7.64	葛兰素史克	421.97
10	丽珠集团	7.33	阿斯利康	421.82
11	百奥泰	6.37	礼来	406.19
12	人福医药	5.91	安进	286.55
13	药明康德	5.90	武田制药	223.32
14	白云山	5.77	再生元制药	211.40
15	天士力	5.51	雅培	169.87

资料来源：https：//www.sohu.com/a/398961375_ 100150147？_ f=index_ pagerecom_ 8。

高端医学人才严重不足。从供给侧看，医学人才培养模式的专业性、长期性、难度性以及越发紧张的医患关系都使投身医学行业的人才减少；从需求侧看，人民生活水平的日益提升以及对高品质健康生活的追求使对于医疗、医药及医护的需求更大。需求侧与供给侧的相反趋势使我国医学人才供给严重不足，这一问题已成为制约我国医药工业发展的瓶颈，我国医药工业的发展急需大量的医药高级技术人才，助力医药研发，提高医药工业的创新研发能力。

专利储备欠账突出且专利质量需提高。我国医药专利在过去70年的发展中不断提升，但距离美国等发达国家仍有较大差距。从图27－5可见，我国直至20世纪80年代才有数件专利获得授权，2004年起逐渐超越英国、法国、德国、日本，但目前美国的授权专利数量近乎我国的3倍之多。结合PCT专利数量和三方同族专利数量这两个公认创新含量和专利质量较高的指标，我国的表现并不突出，相比美国、日本、英国、德国、法国五个国家较为落后。可见，我国医药专利储备方面虽有较大进步，但在高质量专利方面仍欠账突出，尚不及几大发达国家，有较大的提升空间。

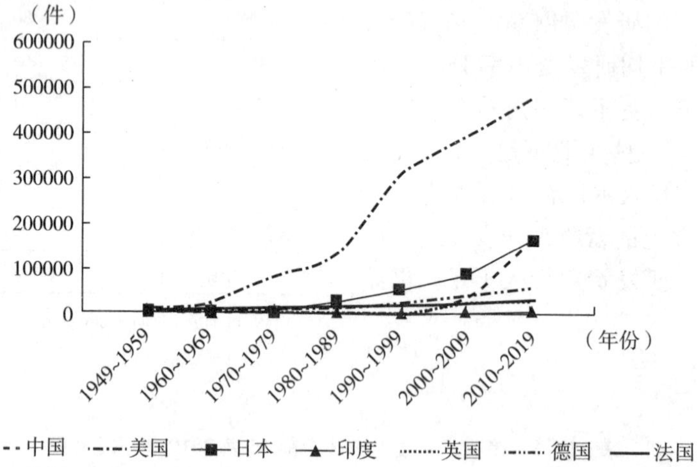

图27－5 1949～2019年医药领域发明专利授权数量

资料来源：齐燕、高东平、杨渊：《我国医药专利70年发展态势分析》，《医学信息学杂志》2019年第40卷第10期。

2. 医药企业多、小、散、乱的问题严重，缺乏大型龙头企业

截至2019年底，我国医药企业已达8745家，但大多数企业却呈现规模小、生产条件差、工艺落后、装备陈旧、管理水平低且布局分散的严重问题。除此之外，行业中缺乏大型龙头企业，企业规模距国际水平尚有差距。2019年高居国内制药企业榜首的恒瑞医药实现营业收入232.89亿元，以人民币兑美元7∶1的汇率计算约为33.27亿美元。根据最新发布的全球TOP20药企2019年的收入情况排名，强生（Johnson & Johnson）营业收入高达821亿美元，第20名美国渤健（Biogen）的营业收入也近乎恒瑞医药的4倍。另外，根据美国《制药经理人》杂志发布的2019年度《全球制药企业50强》，其中只有两家中国药企首次入榜，且排名皆在40名之后。目前国内A股超千亿市值的医药公司仅7家（见表27－5），恒瑞医药居首位，其市值为4176亿元。而美国上市药企中，市值超过千亿公司达数十家（63家），有9家企业市值已经过万亿。可见，国内当前并无可以与国际一流药企比肩竞争的龙头企业。

表27－5 中美上市药企公司市值TOP20对比情况

排名	A股药企	总市值（亿元）	美股药企	总市值（亿元）
1	恒瑞医药	4176.41	强生	27948.45
2	迈瑞医疗	3389.35	联合健康	20618.42
3	药明康德	1705.47	辉瑞	15128.91
4	爱尔眼科	1577.03	默克制药	14530.31
5	长春高新	1347.72	诺华	14270.27
6	智飞生物	1340.8	雅培	11973.87
7	云南白药	1126.41	诺和诺德	11286.18
8	康泰生物	981.84	礼来	10432.75
9	片仔癀	885.19	阿斯利康	10219.34
10	华兰生物	751.27	赛默飞世尔	9835.4
11	复星医药	743.27	艾伯维	9759.57
12	沃森生物	644.19	百时美施贵宝	9636.78
13	新产业	642.38	安进	9636.25
14	泰格医药	635.91	美敦力	9428.2

续表

排名	A 股药企	总市值（亿元）	美股药企	总市值（亿元）
15	安图生物	628.68	赛诺菲—安万特	8782.63
16	乐普医疗	622.33	葛兰素史克	7499.39
17	上海莱士	553.42	吉利德科学	6962.43
18	新和成	543.61	福泰制药	5324.55
19	华熙生物	541.25	Anthem	5288.07
20	康龙化成	536.57	史赛克	5239.79

注：市值统计日期为 2020.5.30 收盘数据，三年涨跌幅为 2017.5.31－2020.5.30。

资料来源：https：//www.sohu.com/a/398961375_100150147？_f=index_pagerecom_8。

3. 中医药标准化问题没有有效解决

2015 年《深化标准化工作改革方案》和《国家标准化体系建设发展规划（2016－2020 年）》两项文件的发布拉开了我国标准化改革的大幕。“十三五”时期，在党和国家的大力支持和国家中医药管理局的组织领导下，初步形成了覆盖中医药医疗、保健、科研、教育、产业、文化等领域的标准体系。该体系包含 649 项国内制定标准，其中国家标准 36 项、行业标准及团体标准 613 项，另有 20 项国际标准。初步形成的中医药标准体系如图 27－6 所示：

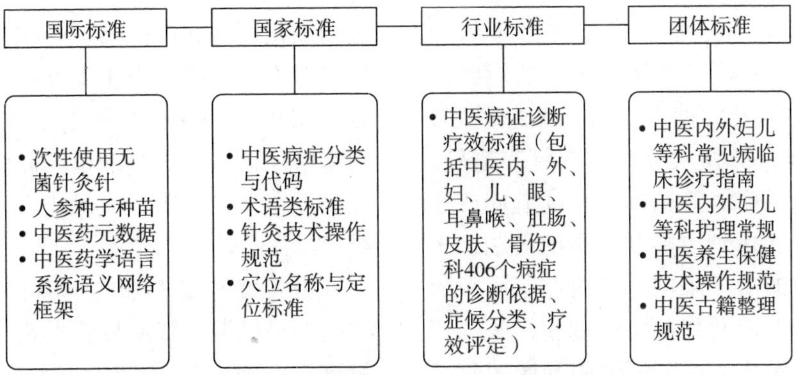

图 27－6　我国已发布的中医药标准

资料来源：宇文亚、王燕平、韩学杰：《中医药标准体系的现状分析与思考》，《中华中医药杂志》2019 年第 34 卷第 1 期。

但中医药标准化仍旧存在众多问题没有得到有效解决，将是未来医药发展继续深化解决的内容之一。首先，初步形成的标准体系需进一步健全。健康中国 2030 战略的全面实施使中医药也成为健康产业中的一部分。目前老年人中医养生保健、中医康复技术等部分领域相关标准尚有缺失。其次，标准体系的协调统一性还要加强。初步形成的国家标准、行业标准和团体标准间还需磨合调整，实现整体执行流畅的目标。再次，中医药标准的推广应用方面相对薄弱。受限于推广意识不强、推广措施缺乏有效性、推广设施建设不足等，目前一些已制定的标准未能被有效推广应用，无法最大化发挥中医药标准的临床价值。最后，中医药标准的信息化建设存在较多问题。标准管理层面已完成部分标准的制定，但临床工作层面还未准确落实应用，管理和实践双方共同治理的局面尚未形成。

三、医药工业发展面临的机遇与挑战

1. 新型肺炎疫情对中国医药工业带来的机遇与挑战

截至 2020 年 8 月 6 日 14 时，全球共 215 个国家和地区暴发了新冠肺炎疫情，累计确诊 1889.2 万人，累计治愈 1208.7 万人，累计死亡 70.7 万人。世界卫生组织表示，新冠肺炎是长期抗争问题，将持续几年与人类共存，同时伴随间歇性暴发的可能性。这场疫情对各行各业的影响巨大，其中关联最为密切的必然是医药行业，将为其带来众多机遇与挑战。

新冠肺炎疫情带来的挑战主要有以下几点：①疫情导致的复工受阻和医疗用品的需求量骤升对企业生产带来的挑战。对于疫情防控必需的医药企业而言，在复工受阻的前提下，国内外对医疗用品的大规模迫切需求为其生产负荷能力及产品质量水平带来严峻挑战。②相关药物和疫苗的持续研发投入。国家对于治疗新冠肺炎的相关药物及疫苗的研发将会持续推进，从这一点来看，新冠肺炎疫情对我国医药工业的创新研发能力提出了更高的要求。③新冠肺炎疫情冲击带来的“断链”风险使全球医药产业链收缩。新冠肺炎疫情全球范围内的暴发促使多国进入紧急状态，采取不同程度限制贸易和人员流动的管制措施，破坏了全球产业链供应链的基础，一度造成严重的“断链”风险。考虑到风险和成本的问题，多国纷纷呈现较明显的内顾倾向，加快产业回流的战略部署。全球产业链面临颠覆性调整，医药产业首当其冲，各国医药产业链的收缩和区域化使中国医药工业面临“断链”和“脱钩”的风险，尤其在当前我国创新药品和高新器械较依赖进口的情况下，给我国医药行业的研发带来较大挑战。

新冠疫情带来的机遇有以下两点：①医药、器械需求的快速爆发和民众防护意识的提高将为药企带来发展机遇。短期来看，相关药品和器械的需求将有效提升药企的营收。长期来看，随着民众防护意识在疫情影响下逐渐提高，口罩、消杀制品等常见的防护用品和防疫药品可能成为家庭常备，加之国际需求的增加，行业内具备多种医用防护产品生产能力、自动化水平高的医药耗材龙头企业将迎来更大的发展机遇。②突发疫情将倒逼我国医药行业加速技术创新和研发升级。例如，高端医用诊疗设备的创新升级、抗疫药物和新冠疫苗的加速研发都将推动我国医药行业研发能力的提升。

2. 中美贸易战对中国医药工业带来的机遇与挑战

2018 年 3 月以来，中美贸易战经历了发起、升级、谈判、再起、激化、休战、重启多个阶段，紧张程度持续升级。医药工业作为关系国计民生的重要产业，必然深受两国贸易摩擦的影响，面临众多机遇与挑战。

中美贸易战带来的挑战：①增加国内创新药研发压力和专利技术转让难度。近些年我国医药产业规模逐渐扩大，但在创新研发能力方面与美国仍存在明显差距。美国的新药占全球数量的一半份额，其生物药公司及专利在全球占比超过 50%，而我国生物药专利占比仅为 4.1%。贸易摩擦影响下，我国新药获得国际审批通过和技术转让的难度和成本随之提高，进而国内医药工业将面临自主研发高成本与高风险的严峻挑战。②增加仿制药和医疗器械进出口难度。在医疗器械出口方面，我国以中低端医疗器械为主，进口以核磁共振、CT 等高端医疗设备为主，目前国内高端医疗器械产品与进口产品在安全性和有效性上仍存在一定差距，一旦进口受限，研发方面将继续承压。

中美贸易战带来的机遇：某种程度上而言，挑战即是机遇。贸易战将促进国内医药工业的研发突破，加速医药产业升级。创新药、生物制剂、高端医疗设备和器械进口的受限和关税影响都将促使国内药企尽快实现进口替代，倒逼国内医药工业增加创新研发投入，提升自主研发能力。加之国家政策对医药行业的重点扶持，贸易变革下国内整个医药产业的各种发展机遇已经到来。长此以往，内需主导下的国内医药工业在研发创新方面将实现突破，行业集中度也将进一步提高，加快国内医药工业产业升级。

3. 健康中国 2030 战略全面实施对中国医药工业带来的机遇与挑战

2016 年 10 月 25 日，《“健康中国 2030”规划纲要》的发布标志着我国健康产业的发展时代来临，为整个医药产业制定了未来的转型蓝图。健康中国 2030 战略的全面实施将为医药工业带来更多的机遇与挑战，有利于医药产业成为大健康产业链中越发重要的一环，结合新兴行业的创新技术推动医药工业转型升级。

随着我国老龄化程度不断加深，对医疗服务的需求日益增大，加之国家政策对医药工业的转型支撑，目前我国大健康产业已形成了以医药产业和健康养老产业为主要支柱的五大基本产业群体（见图27－7）。于医药企业而言，健康中国2030战略的全面实施将进一步引领全民对健康服务的消费，对企业的综合性也提出更高的要求。在机遇与挑战并存的产业环境中，药企可以横向整合并购以扩大企业规模，纵向联合上下游健康、保健、养老、医疗、互联网类企业，共同构建大健康产业链，实现药企全产业转型，成长为产业链中的大型综合性企业。于整个医药工业而言，健康中国2030战略下倡导的健康服务具有智慧化、链条集群化、专业化、个性化和绿色环保等特点，创新发展空间大，是医药工业承压经济下行，推动产业转型升级的重要着力点。医药行业可以抓住机遇，与互联网、大数据、人工智能等行业相互渗透、联合创新，加强专利药的发展；构建专业医药园区，组建产业联盟或联合体，形成一批具有知识产权的新药企业和制药企业，提升产业创新发展水平。

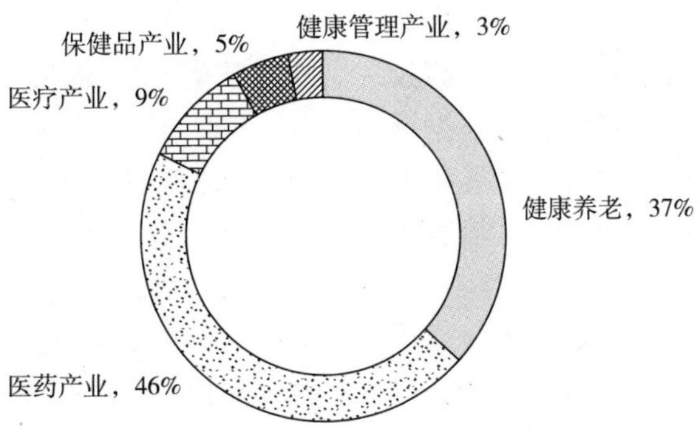

图27－7　中国大健康产业五大基本产业群规模占比

资料来源：前瞻产业研究院整理。

四、医药工业发展战略与政策建议

1. 加大研发费用投入，提高医药工业研发能力

近年来，国家不断出台政策鼓励药企创新，加之中美贸易战提示国内医药工业不能存在依赖进口的侥幸心理，必须专注自我研发新药、专利，形成坚实的技术壁垒，迎接快速变化的挑战，因此当前医药工业创新发展已是大势所趋。

在加大研发投入的基础上，医药工业创新要寻求新的突破方向。一是继续重视基础性研究。新药研发必须从基础研究的逻辑思路出发，在研究过程中逐步发现新规律和新进展，逐渐催生出原始创新。另外，创新除却科研工作者和企业的努力，还需要国家相关部门特别是药监部门的进一步理解和支持。二是除了注重基础性研究以外，还要加强创新体系“短板”的建设。在目前的新药研发体系中，临床研究仍是一个突出的薄弱环节，始终面临国内临床资源不足、临床研究团队建设不强等限制。总的来说，目前的临床研究无法满足新药实验需求，落实应用的过程也不甚容易。加强临床研究力量是推动药品创新发展非常关键的环节，因此政府、药企和研究机构等必须关注临床需求，以临床需求推动新药研究。三是加强政策和资金扶持力度，积极开展跨国研究团队、项目合作，深化国际技术合作，学习国际优秀的医药研发、器械创新的运行模式和成熟技术，实现创新研发水平和国际化发展能力大幅提升。

2. 坚持人才为本，实施医药工业人才开发战略

当前，医药工业已经进入以“轴心人才”为核心的战略转型期，药企需要建立“人才→组

织→业务”的组织进化模式，抢占产业关键人才资源，以管理、研发、营销等方面的高端领军人才为轴心，匹配组织架构。对内以组织为“盾”守住关键人才，对外以组织为“矛”输出人才核心能力，从而实现业务突破，推动医药工业战略转型。然而，我国医药工业仍面临着高端医学人才匮乏的窘境，由于医药工业各个子行业的研发都涉及多学科、多领域的知识与技术，对人才水平和质量的要求较其他行业更高。

从当前国内现状出发，实施医药工业人才开发战略要从培养人才、引进人才和发挥人才余热几个方面入手。培养人才方面，鼓励医学类高校与药企共同构建医学工业人才培养体系，根据市场化运作、市场化需求，设置相应的科系和专业，调整培养方案和课程体系结构，联合培养应用研究型高端人才。人才引进方面，督促药企根据战略发展和人才需求制订引进计划，营造“尊才、爱才、惜才”的良好氛围，根据人才研究方向配套引进，专岗专用，发挥其研究价值。完善后续培养和支持工作，减轻引进人才的流失。发挥人才余热方面，鼓励医药工业各领域的离退休专家发挥余热，参与年青一代人才培养过程，传授实践经验和行业技能，实现薪火相传。

3. 拥抱“互联网+”，推动医药工业智能制造

互联网时代下技术的快速更迭引发医药工业在发展理念、制造模式等方面与大数据、云计算、AI人工智能等新兴技术的创新融合，积极探索重塑设计、制造、服务等各生产环节的新模式。智能制造作为新一轮工业革命的核心技术，正在成为制造业未来发展的核心驱动力。在时代基础上，医药工业内的企业必须重新定位自身优势、结合行业特点，借助“互联网+”、大数据、AI人工智能等新兴技术来寻找发展的新机遇，推动新一代智能制造。

第一，制药装备是医药工业的基石，制药装备企业需要掌握核心技术，大力加强制药装备制造的研发能力，实现各环节的自动化、数字化和智能化，进而推动智能制造的发展。第二，智能制造不是仅依靠某一企业买入、安装先进制造设备实现制药过程的高度自动化，更重要的是有资金、有技术的药企率先结合自身产品特点，提高企业整体研发、生产、监控等环节的智能水平，发展成为行业内的智能制造企业标杆，发挥“领头羊”的效应，助力医药工业加速智能制造进程。第三，智能制造是一个需要长期积累的过程，不能急于求成，必须形成全行业乐于创新的氛围，依靠大数据的累计与监控，从生产制造过程自动化出发，逐步实现工业内信息的数字化、智能化和网络化，才能实现整个医药工业的智能制造。

4. 走规模化集约化道路，推动医药工业产业升级

我国医药工业企业长期存在多、小、散、乱的严重问题，缺乏可与国际药企比肩的龙头企业。近两年，“一致性评价”和“4+7”带量采购等一系列政策加速国内医药工业洗牌，药企并购整合力度加大、步伐加快，实现外延扩张与内生增长并进，一定程度改善多、小、散、乱的市场局面。未来医药工业将继续走规模化集约化道路，加快整合全行业优势技术资源，促进资源向优势药企集中，逐步提高行业的集中度，推动医药工业产业升级。

在具体的实施措施上，可从整体和个体两个层面入手。行业监督层面，应分类提高医药产品的注册、质量、环保、安全、能源等监管标准，加快全面推进仿制药质量和疗效一致性评价。严格市场准入规范，加强行业动态监管，形成市场倒逼机制和健康的企业竞争模式，鼓励优势企业加速整合和劣势企业退出市场。医药企业层面，注重个体企业内生动力的培育，在创新驱动、大健康需求和智能时代的引领下，结合自身特点调整企业发展方向，调动配置内部资源，加大创新研发投入，加速横向并购以扩大规模、纵向联合上下游企业以构建大健康产业链。由企业到行业，由个体到整体，逐步实现医药工业产业升级。

5. 完善中医药标准体系，促进中医药产业发展

中医药作为我国医药工业中的一个重要分支，也是我国医学科学的特色所在。为使中医药更加科学、全面、准确，更好地融入现代中国医学体系中，中医药标准化已开展多年。到目前为止，初步形成了相对独立完整的中医药体系，但仍处在初步阶段，尚有许多问题待处理。

未来完善中医药标准体系的思路有以下几

点：第一，进一步健全目前形成的标准化体系，完善缺失领域的重点标准，随着健康中国2030战略的全面实施，中医健康服务、中医养老保健等新领域需要制定统一标准以服务国家健康发展趋势。第二，加强已形成的标准体系间的协调统一性，解决国家标准、行业标准、团体标准之间的矛盾问题，进一步调整改善。第三，重视已制定的中医药标准的推广工作，采用有效的宣传和推广应用措施，加快标准的落地使用。第四，在当前创新驱动、数字化驱动的互联网时代中，中医药标准的信息化建设要加快进程，完善管理体制和工作机制，助力形成共同治理的局面。第五，重视中医药人才培养，打造既懂中医药又了解标准化的管理人才队伍，高效推进标准化工作。

专栏27－1

2019年影响医药行业发展十大事件

1. 2019年1月22日，原国家食品药品监督管理总局食品药品审核查验中心（以下简称“核查中心”）获得ISO9001：2015新版质量管理体系现场认证证书。

2. 2019年3月20日，国家药监局、人社部联合发布《关于印发〈执业药师职业资格制度规定〉〈执业药师职业资格考试实施办法〉的通知》，针对执业药师“不好用”“不真用”等突出问题，对执业药师准入门槛和执业药师行为监管相关条款做出调整。

3. 2019年6月29日，《疫苗管理法》经第十三届全国人民代表大会常务委员会第十一次会议审议通过，自2019年12月1日起施行。

4. 2019年7月18日，《国务院办公厅关于建立职业化专业化药品检查员队伍的意见》印发，药品检查员队伍建设向职业化、专业化迈进。

5. 2019年8月7日，国家药监局综合司发布关于启用新版《药品生产许可证》等许可证书的通知（药监综药管〔2019〕72号）。

6. 2019年8月26日，《中华人民共和国药品管理法》已由第十三届全国人大常委会第十二次会议修订通过，自2019年12月1日起施行。制药人关心的“取消药品GMP/GSP认证”总算尘埃落定。

7. 2019年10月15日，国家药监局综合司公开征求《化学药品注射剂仿制药质量和疗效一致性评价技术要求（征求意见稿）》《已上市化学药品注射剂仿制药质量和疗效一致性评价申报资料要求（征求意见稿）》意见，宣告业内期待已久的注射剂一致性评价正式启动。

8. 2019年10月20日，党中央、国务院发出《中共中央　国务院关于促进中医药传承创新发展的意见》，意见指出大力推动中药质量提升和产业高质量发展的措施有：①加强中药材质量控制，完善中药材农药残留、重金属限量标准。②促进中药饮片和中成药质量提升。③改革完善中药注册管理。④加强中药质量安全监管。

9. 2019年11月2日，国家药品监督管理局有条件批准了甘露特纳胶囊（商品名“九期一”，代号GV－971）上市注册申请，用于轻度至中度阿尔茨海默病，改善患者认知功能。该药是以海洋褐藻提取物为原料制备获得的低分子酸性寡糖化合物，是我国自主研发并拥有自主知识产权的创新药。

10. 2019年11月28日，2019年国家医保药品目录正式公布，有70个药品通过谈判，新加入到医保报销的行列中来，价格平均下降60.7%。在医保谈判中，浙江省医疗保障局医药服务管理处处长许伟把一款治疗糖尿病的药物达格列净片从5.62元成功砍价到4.36元，被称为“灵魂砍价手”。

参考文献

［1］郭文、钟一鸣、周斌：《2019 年前三季度我国医药工业经济运行情况分析》，《中国医药工业杂志》2019 年第 50 卷第 12 期。

［2］齐燕、高东平、杨渊：《我国医药专利 70 年发展态势分析》，《医学信息学杂志》2019 年第 40 卷第 10 期。

［3］王学恭、杨杰荣：《我国医药产业转型升级的方向和重点》，《中国医药工业杂志》2019 年第 50 卷第 6 期。

［4］韩月、刘兰茹、朱虹：《我国医药制造业转型升级与实现智能制造的路径分析》，《中国医药工业杂志》2019 年第 50 卷第 8 期。

［5］刘子珑：《"4+7"带量采购新政策下医药制造业企业的挑战与应对》，《中国市场》2020 年第 19 期。

［6］黄礼健、杨宇、吕海芳：《我国医药制造业发展趋势及策略分析》，《北京金融评论》2019 年第 4 期。

［7］舒亚玲、沈绍武、肖勇、常凯：《我国中医药信息标准化建设现状及其思考》，《医学信息学杂志》2018 年第 39 卷第 7 期。

［8］宇文亚、王燕平、韩学杰：《中医药标准体系的现状分析与思考》，《中华中医药杂志》2019 年第 34 卷第 1 期。

［9］周雪松：《新冠肺炎疫情对医药行业影响不尽相同》，《中国经济时报》2020 年 2 月 14 日第 2 版。

［10］蒙奕铭：《推进我国健康产业发展的应对之策》，《发展研究》2019 年第 12 期。

［11］中国医药企业管理协会：《2019 年中国医药工业经济运行报告》。

第二十八章　装备制造业

提　　要

"十三五"时期以来，中国装备制造业发展整体呈现出经济发展新常态的特点，产出从高速增长转为中高速增长，产业结构不断优化升级，以国内循环为主、国际国内互促的双循环发展新格局正在形成。从当前影响装备制造业竞争优势的主要因素来看：积极因素方面，产业创新能力包括技术创新、商业模式创新以及新市场的开拓能力不断提升，宏观政策和产业政策也将发挥积极作用；不利因素方面，国内外市场需求规模增长不足，对产业增长的拉动作用有限，产业链供应链稳定的不确定性增加。愈加严峻的国际经贸形势，将导致"十四五"时期中国产业发展面临前所未有的风险与挑战，但中国经济发展已经奠定了坚实基础，形成了充分的构建完整内需体系的各方面条件。与此同时，新技术的发展、重大发展战略的实施、更高水平的对外开放，也为中国装备制造业提供了"弯道超车"的机遇。"十四五"时期，中国装备制造业需要继续深入推进低成本竞争优势向质量效益竞争优势的转变。

*　　　　*　　　　*

装备制造业是为满足国民经济各部门发展和国家安全需要而提供技术装备的各个制造工业的总称，即"生产机器的机器制造业"，最广泛意义上的装备制造业就是投资品及其零部件制造业[①]。即将过去的"十三五"时期，中国装备制造业发展整体呈现出经济发展新常态时期的特点。同时，愈加严峻的国际经贸形势也预示着"十四五"时期，中国装备制造业将面临更为复杂的国内外环境、面对前所未有的风险与挑战，立足于中国经济发展所奠定的坚实基础和内需市场，中国装备制造业"弯道超车"的条件、机遇与挑战并存，仍然面临继续推进竞争优势转型的艰巨任务。

① 装备制造业是一个十分宽泛的概念，我国《国民经济行业分类》中归属装备制造业的类别涉及：金属制品业（33），通用装备制造业（34），专用设备制造业（35），汽车制造业（36），铁路、船舶、航空航天和其他运输设备制造业（37），电气机械和器材制造业（38），计算机、通信和其他电子设备制造业（39），仪器仪表制造业（40），金属制品、机械和设备修理业（43）9个大类中的投资类制成品。为了与本报告中其他各章区分，本章涉及的装备制造业统计数据范围限定为金属制品业，通用设备制造业，专用设备制造业，铁路、船舶、航空航天和其他运输设备制造业，电气机械和器材制造业，仪器仪表制造业6个行业。

一、“十三五”时期装备制造业发展的特点

2016 年以来，中国装备制造业发展整体呈现出经济发展新常态时期的特点，一是从高速增长转为中高速增长；二是产业结构不断优化升级，战略性新兴产业、重大装备、“四基”更快发展，产业数字化、绿色化取得较好进展；三是以国内循环为主、国际国内互促的双循环发展新格局正在形成。

1. 保持较为平稳的中速增长

（1）“十三五”时期，装备制造业主营业务收入与利润总额的增速较“十二五”时期进一步下降。2016 ~ 2018 年均低于全国制造业增长情况，仅在 2019 年高于全国制造业。从年度累计增速看，2016 ~ 2019 年，主营业务收入增速在 5% ~ 10%，利润总额增速在 6% ~ 12%，总体看，利润总额增速高于主营业务收入增速，显示装备制造业在产出增速下降的同时，保持了较好的增长质量（见图 28 – 1）。

（2）固定资产投资完成额增速较“十二五”时期进一步下降。与制造业整体情况基本保持一致，显示装备制造业对扩大未来生产规模持谨慎态度。在 6 个行业中，仪器仪表制造业的投资增长情况相对较好，在大多数年份高于制造业整体水平，并且在 2020 年新冠肺炎疫情的严重冲击下，恢复情况也明显好于其他行业（见表 28 – 1）。

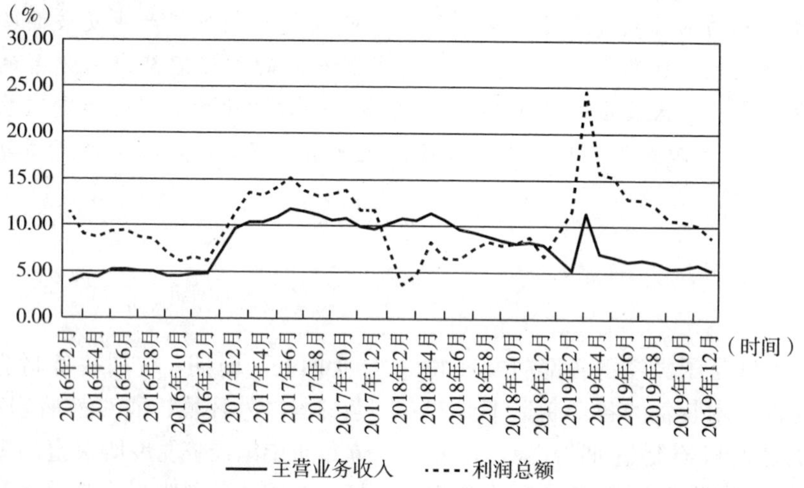

图 28 – 1 2016 ~ 2019 年装备制造业月度累计增长率

注：装备制造业增长率基于金属制品业（33），通用设备制造业（34），专用设备制造业（35），铁路、船舶、航空航天和其他运输设备制造业（37），电气机械和器材制造业（38），仪器仪表制造业（40）月度累计增长率的加权平均计算。统计口径为规模以上企业。2019 年数据为营业收入。

资料来源：Wind 数据库。

表 28 – 1 2016 ~ 2020 年固定资产投资完成额月度累计同比增速

单位：%

时间	制造业	金属制品业	通用设备制造业	专用设备制造业	铁路、船舶、航空航天和其他运输设备制造业	电气机械和器材制造业	仪器仪表制造业
2016 年 12 月	4.20	6.50	–2.30	–2.60	–9.20	13.00	6.10

续表

时间	制造业	金属制品业	通用设备制造业	专用设备制造业	铁路、船舶、航空航天和其他运输设备制造业	电气机械和器材制造业	仪器仪表制造业
2017 年 12 月	4.80	4.70	3.90	4.70	2.90	6.00	14.30
2018 年 12 月	9.50	15.40	8.60	15.40	-4.10	13.40	7.50
2019 年 12 月	3.10	-3.90	2.20	9.70	-2.50	-7.50	50.50
2020 年 6 月	-11.70	-16.50	-18.00	-12.70	-16.30	-17.10	-0.50

资料来源：Wind 数据库。

（3）产品出厂价格指数先升后降，基本保持平稳。以国家统计局公布的机械工业品出厂价格指数为例，与“十二五”时期相比，产品价格已经扭转了连续下降的势头，2016 年 1 月至 2020 年 5 月，价格指数保持在 98～101，与全部工业品出厂价格指数相比，波动幅度较小（见图 28－2）。显示尽管总体需求增长不足、竞争激烈，但企业已经基本适应了经济发展新常态时期的市场状况。

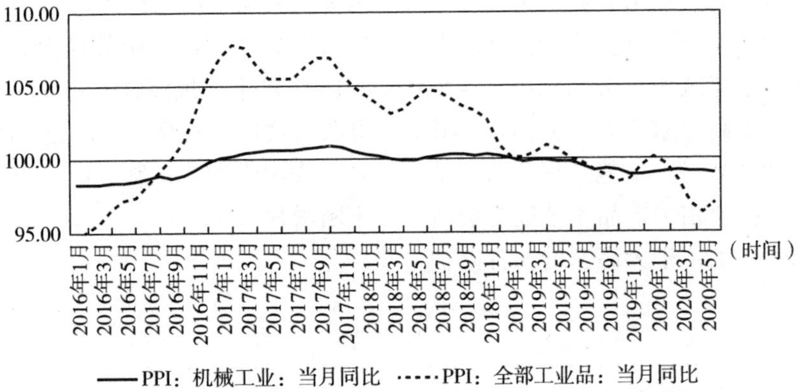

图 28－2　2016 年 1 月至 2020 年 5 月工业品出厂价格指数

资料来源：Wind 数据库。

2. 产业升级持续推进

在装备制造业领域，中国与先进国家的差距主要体现在部分关键原材料还未实现自主供应，仍大量依赖进口；一批高档基础零部件及元件、专用生产设备及生产线、专用检测系统等仍滞后于国际水平；产品结构中低精度、低可靠性、低寿命的产品仍然占较大比重。“十三五”时期，中国装备制造业在上述领域的追赶方面取得了较大进展。

（1）装备制造业中的战略性新兴产业相关行业保持了更高的增长速度。按照《战略性新兴产业分类（2018）》，战略性新兴产业的 9 大领域中不仅包括高端装备制造产业，其他 8 个领域中除了相关服务业以外，也都涉及装备和仪器制造。根据中国机械工业联合会的统计，2019 年，“机械工业战略性新兴产业相关行业的营业收入占全行业的 73.68%”“机械工业中战略性新兴产业实现营业收入和利润总额同比增速均高于同期机械工业平均增速，分别向上拉动收入和利润增长 3.01 个和 0.62 个百分点，对全行业实现平稳增长发挥积极的带动作用”。

（2）自主研制的重大技术装备不断取得突破性进展。中国有巨大的基础设施建设、设备更新改造需求以及各种复杂工况要求，在产业政策的推动下，近年来，国内重点企业持续加大研发力度，推动了设计水平、集成能力以及关键部件研制水平的提升，工程机械、发电和输变电设备、轨道交通设备、深海探测装备等重大技术装备领域不断有达到行业高峰的产品研制成功并投入使用。

（3）产业基础能力显著提升。在工业“强基”政策的支持下，装备制造业在关键基础材料、核心基础零部件（元器件）、先进基础工艺和产业技术基础四方面有了明显提升，有力地支持了重大装备的国产化突破。一个重要的体现领域就是盾构机的研发与制造，最近10年，国产盾构机快速发展不仅实现了进口替代而且国际市场份额超过2/3，中国首台自主技术超大直径盾构机“振兴号”就应用了常压换刀装置、刀盘伸缩摆动装置等国产核心部件。

（4）数字化、绿色化发展取得良好进展。一方面，体现在装备产品向数字化、绿色化转型。劳动力成本的增加、节能减排政策的作用、对生产效率和产品精度的更高要求等多方面因素，共同推动了市场对于智能装备、节能环保装备、清洁生产装备的需求，推动相关产品生产成为装备制造业新的增长点。例如，攀大高速的沥青路面施工完全采用了徐工集团的无人机群技术，通过远程操控实现了复杂工况下的设备无人作业。另一方面，体现在企业运营过程的数字化和绿色化。涉及生产过程中通过装备更新改造实现的智能化、绿色化，产业链共享服务平台的建设，以及工业大数据应用等。“十三五”时期，我国装备制造业生产过程的智能化、绿色化快速推进，许多领域的领先企业都建立起了产业链共享服务平台，需要进行体系建设从底层数据采集做起的工业大数据应用也有了实质性的进展。

3. 发展新格局正在形成

（1）国内市场的主体地位持续增强。“十三五”时期，中国继续保持了全球最大装备制造国的地位，并且规模比重不断扩大，稳居世界第一。从国际贸易情况看，中国作为世界最大的机械及运输设备出口国，目前占全球出口总额的比重大致相当于第二位和第三位国家之和。从中国装备产品在国内、国外两个市场的增长对比看，2016年以来，规模以上装备制造业企业的主营业务收入增速一直高于出口交货值增速（见图28－3），表明中国装备制造业国内市场的主体地位正不断增强。

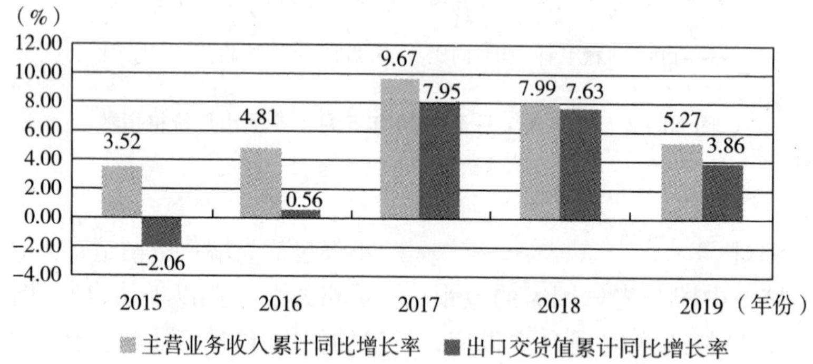

图28－3　2015～2019年装备制造业主营业务收入和出口交货值增长率

注：装备制造业增长率基于金属制品业（33），通用设备制造业（34），专用设备制造业（35），铁路、船舶、航空航天和其他运输设备制造业（37），电气机械和器材制造业（38），仪器仪表制造业（40）月度累计增长率的加权平均计算。统计口径为规模以上企业。2019年数据为营业收入。

资料来源：Wind数据库。

（2）国际分工地位不断提升。国际贸易是参与全球产业分工的重要途径，中国制造业参与全球分工，早期是采用加工贸易的方式从低附加值的环节开始进入。自2008年国际金融危机开始，我国全部商品的贸易方式结构中，一般贸易规模首次超过加工贸易，2019年，加工贸易进出口总额约占我国全部商品进出口总额的25%。中国装备制造业的贸易方式结构优于全部商品的贸易方式结构。“十三五”时期，加工贸易占比保持下降的势头，按照机械工业联合会的统计口径，2017年，一般贸易进出口总额占机械工业进出口总额的65.73%，加工贸易占23.17%。

（3）出口市场更加多元化。对比“十二五”期末的2015年与“十三五”期中的2018年，中国机械装备类产品出口中，对传统贸易伙伴（如美国、欧盟、日本、韩国）的出口所占份额变动不大或有所下降，而对东盟国家、印度、俄罗斯和巴西的出口份额明显增大（见表28－2）。在近几年全球贸易增长缓慢的情况下，新兴市场的发展成为我国装备产品出口增长的重要支撑。

表28－2　中国机械装备对东盟及金砖国家出口情况

年份 地区	2015		2018	
	出口额（美元）	占中国SITC7出口总额比重（%）	出口额（美元）	占中国SITC7出口总额比重（%）
东盟7国	104454729895	9.86	125491213555	10.38
印度	24715220972	2.33	38649925024	3.20
俄罗斯	11668796237	1.10	20809620632	1.72
巴西	11092529945	1.05	15990457654	1.32

注：统计范围为SITC7（机械及运输设备）；东盟10国（文莱、印度尼西亚、马来西亚、菲律宾、新加坡、泰国、越南、老挝、缅甸、柬埔寨）中缺失老挝、缅甸、柬埔寨贸易数据。

资料来源：联合国贸易数据库（www.comtrade.un.org）。

二、影响装备制造业竞争优势的主要因素

1. 市场需求的变化

市场需求是产业增长的直接动力，但是，从近几年机械装备国内外市场变化看，需求规模增长乏力，拉动作用有限。一方面，由于世界经济一直没有真正从2008年全球金融危机冲击中恢复，“逆全球化”又进一步影响全球产业分工从快速发展转向停滞和收缩，导致全球机械装备市场规模在波动中增长缓慢，按照联合国贸易数据库的统计，仅从2015年的5.9万亿美元增长到2019年的6.4万亿美元（见表28－3）。中国机械装备出口额目前约占全球的18%，在全球市场总量增长不足的情况下，中国传统出口市场的增长空间也会受到抑制。

另一方面，在支撑地位不断提升的国内市场，受经济发展阶段转变和宏观景气波动的影响，机械装备需求总量规模的增长速度也较21世纪前10年出现了阶梯式下降。机械装备作为投资类产品，其购置维修费用都会计入固定资产投资，因此，全社会固定资产投资完成额的变动可以很好地反映国内机械装备的市场需求规模变化。2003～2012年，中国全社会固定资产投资完成额名义同比增速曾经在20%以上保持了10年，但2015年开始已经下降到10%以内，并且呈现持续下降态势，2019年仅为5.1%（见表28－3）。

表28－3　全球机械及运输装备市场规模及中国全社会固定资产投资完成额情况

年份	全球机械及运输装备市场规模		中国全社会固定资产投资完成额	
	金额（10亿美元）	名义同比增长（%）	金额（亿元）	名义同比增长（%）
2015	5859.16	－5.22	561999.83	9.80
2016	5811.41	－0.82	606465.66	7.90
2017	6388.61	9.93	641238.39	7.00
2018	6882.41	7.73	645675.00	5.90
2019	6401.95	－6.98	560874.00	5.10

注：全球市场规模以SITC7出口总额表示，2019年为估计值。

资料来源：联合国贸易数据库（www.comtrade.un.org），Wind数据库。

2. 产业创新能力的提升

产业创新首先体现为技术创新，并反映在产品和生产过程工艺之中。“十三五”时期，尽

管行业整体经济效益和盈利水平与前一时期相比处于偏低水平，但是装备制造企业仍然加大创新投入，以创新推动“提质增效”。从实现产品创新的企业占全部企业比重、实现工艺创新的企业占全部企业的比重两项指标看，2016～2018年处于持续提高状态，并且，通用设备制造、专用设备制造、电气机械和器材制造、仪器仪表制造四行业均大幅高于全国各行业平均水平（见表28－4）。

表28－4 “十三五”时期装备制造业主要分行业企业创新情况 单位：%

	通用设备制造业	专用设备制造业	电气机械和器材制造业	仪器仪表制造业	全国合计
实现产品创新的企业占全部企业比重					
2016年	36.56	39.07	41.10	53.86	25.94
2017年	39.00	42.60	45.30	55.50	28.00
2018年	41.80	45.20	47.50	59.20	28.80
实现工艺创新的企业占全部企业的比重					
2016年	34.44	37.35	38.85	46.48	26.85
2017年	37.00	40.70	42.30	49.60	28.70
2018年	40.70	44.10	45.00	51.60	30.40

资料来源：Wind数据库“全国各行业研发及创新统计”。

其次是商业模式创新、服务化转型。装备制造业中，提供“全套解决方案”的通常是以定制化生产为主的大型成套设备厂商。“十三五”时期，有更多企业展现出从“产品销售”向以“工程交付”为核心的经营思路转变。“工程服务”在企业销售中的比重不断提高，“售后服务”从服务于“产品销售”的营销手段转变为提供给客户的“产品”本身。商业模式创新和服务化转型对企业创新能力提出了更高要求，企业在制造能力之外，还需要构建自主的核心技术能力、完整的工程能力，以及产业链掌控能力。

此外，产业创新能力还表现为新市场的开拓能力。这方面表现最为突出的是工程机械行业，在全球机械装备市场需求增长不足的情况下，中国领先的工程机械制造商海外销售占比已经达到30%以上，而10年前为2%～5%。

3. 产业链供应链的稳定

机械装备作为复杂制造产品，越是高端装备其涉及的产业链条越长。在产业高度分工的条件下，产业链布局能力、价值分配掌控能力被认为是企业在全球价值链上占据主导地位获取分工收益的关键。理论上，产业链供应链的稳定也是影响产业发展的重要因素，但是在2020年新冠疫情冲击之前，产业链供应链的稳定并没有受到更多关注。

中国装备制造业所在的产业链供应链，是基于全球价值链分工和国内价值链分工长期形成的。“逆全球化”趋势下，全球价值链出现收缩趋势，但除了突发事件以外，其影响基本是可预期的，因而是可控的，2020年初突然而至的新冠疫情，是一次影响范围和影响时间前所未有的突发事件，新冠疫情的冲击凸显了基于国际分工和国内分工的产业链供应链稳定性面临的风险，进口核心零部件供应受到疫情影响，核心零部件涨价带动终端涨价。在“逆全球化”的国际经贸走势和疫情防控常态化的国际国内环境下，为保障产业链供应链的稳定可能会牺牲部分效率，“单一产业链会演化为多元、可替代的、风险可控的产业链体系”。另外，也会推动政府和企业加大扶持和投入，推动核心零部件的国产化加速。因此，“十四五”时期，企业为降低风险而对产业链供应链进行调整，为应对突发事件而提高快速响应能力，原本对海外供给较为依赖的零部件加速国产化，产业链供应链稳定预期叠加并集中反映在产业层面上，就可能成为影响产业竞争优势的重要因素。

4. 宏观政策和产业政策的作用

装备制造业规模庞大，位于国民经济产业关联的中间位置，因此宏观政策影响全社会消费、固定资产投资都会传导到装备制造业，对装备制造业的增长和结构变动产生巨大影响。例如，2020年初，新冠疫情出现以后，稳投资、稳消费、稳外贸等措施集中颁布，对于企业复工复产增强信心发挥了重要作用。2020年5月22日，第十三届全国人大三次会议上，李克强总理在《政府工作报告》中提出，重点支持“两新一重”建设，即新型基础设施建设，新型城镇化建设，交通、水利等重大工程建设。

“十三五”以来的装备制造业相关产业政策，与以往相比，从顶层设计到试点示范，从技术攻关到推广应用，更加注重总体部署和实施推进。智能制造、绿色制造、高端装备、工业强基、服务型制造等被列为重点发展领域；通过科技创新专项规划，组织开展和支持工程化、产业化项目，促进首台（套）重大技术装备示范应用，调整重大技术装备进口税收政策有关目录等途径，在技术创新、工程化、市场推广、税收优惠等方面予以引导和支持。

三、“十四五”时期装备制造业面临的挑战与机遇

新冠疫情和国际经贸形势不确定性的影响持续，将导致“十四五”时期中国产业发展面临前所未有的风险与挑战；但是，中国改革开放以来几十年的经济发展已经奠定了坚实基础，形成了充分的构建完整内需体系的各方面条件。与此同时，新技术的发展、重大发展战略的实施、更高水平的对外开放，也为中国装备制造业提供了“弯道超车”的机遇。

1. 外部环境不确定性增加带来的挑战

与“十三五”时期相比，“十四五”时期装备制造业面临的外部环境更为复杂。一是“逆全球化”的发展。全球经济陷入低迷已经超过十年，全球生产网络中国家之间的利益格局变化，导致一些国家开始实施“逆全球化”政策，在国际间对商品、资本和劳动力等要素流动设置各种显性及隐性障碍。二是疫情防控常态化。2020 年初突如其来的新冠疫情到目前已经持续半年，虽然在国内很快得到了控制，但全球疫情仍然在蔓延。疫情初起即对全球经贸往来、产业链供应链带来严重冲击，疫情防控常态化更将通过微观企业生产、投资、贸易及供应链调整在宏观上形成结构性的趋势转变。

与此同时，“十三五”时期中国经济保持了持续增长，为装备制造业提供了更加坚实的基础和依托。装备是制造业的核心，中国已经形成世界最大最齐全的工业品生产能力和产业配套体系，拥有超大规模市场优势和内需潜力，这是中国装备制造业发展的得天独厚的基础和依托。2019 年，中国人均 GDP 首次突破 1 万美元，对于仍然处于发展中国家地位的中国，这既代表着整个社会结构将面临重大转型，也意味着有更强的实力实施各项重大国家发展战略，构建完整的内需体系。

2. 重大区域发展战略带来的机遇

近年来，国家制定实施了一系列重大区域发展战略，包括京津冀协同发展、长江经济带建设、粤港澳大湾区建设、海南全面深化改革开放、长江三角洲区域一体化发展、黄河流域生态保护和高质量发展、成渝地区双城经济圈建设等。这些重大区域发展战略必将带动高水平基础设施建设、城市建设、工业转型升级，形成对相关装备的需求。

以京津冀协同发展为例，按照《京津冀协同发展规划纲要》，除了要有序疏解北京非首都功能外，还要持续推进交通、生态环保、产业三个重点领域率先突破。河北在承载北京非首都功能方面，重点打造五个集中协同合作平台；在交通一体化方面，构建以轨道交通为骨干的多节点、网格状、全覆盖的交通网络；在生态环境保护方面，加强环境污染治理，实施清洁水行动，大力发展循环经济，进行生态环境修复与治理、建设农村污水处理系统；在推动产业升级转移方面，打造立足区域、服务全国、辐射全球的优势产业集聚区。

3. 信息技术发展带来的机遇

信息技术的发展是时代为中国装备制造业提供的一个难得的“弯道超车”的机遇。中国装备制造业已经“大而不强”了多年，一个重要的原因在于产业技术经济基本特征决定了这个行业赶超的难度。从产业基础看，“四基”的基础材料、基础零部件（元器件）、基础工艺和技术基础，每一个领域都需要长期积累和协作攻关；从工厂流程看，设计、工艺验证、工程交付，以及用户使用中的现场管理、绩效管理等，也需要企业各方面的能力和经验的长期积累。但是，在数字经济时代，全球的装备制造企业在数字化融入、改

造方面都处于起步阶段，已有的多年积累的经验惯性甚至有可能成为转型的掣肘。因此，面临进入数字经济时代，中国装备制造企业与全球领先国家的企业站在同一条起跑线上。

4. “一带一路”合作深入发展带来的机遇

与传统全球化不同，“一带一路”倡议推动的是国际合作机制，通过改善基础设施、创造投资机会、实现市场对接来动员更多资源，释放增长动力，让更多国家和地区融入经济全球化。“一带一路”合作深入发展，铁路、港口、公路、管网等基础设施项目合作稳步推进，经贸合作园区建设不断取得积极进展。2020 年上半年，在全球经贸活动大幅下挫的情况下，中国对“一带一路”沿线国家的投资逆势上涨。根据商务部最新统计，2020 年 1 ~6 月，我国企业在“一带一路”沿线对 54 个国家非金融类直接投资 571 亿元人民币，同比增长 23.8%（折合 81.2 亿美元，同比增长 19.4%），占同期总额的 15.8%，较上年同期提升 3.2 个百分点。

中国装备制造企业深入参与“一带一路”沿线国家的基础设施建设和经贸合作园区建设。以徐工、三一、中联重科为代表的工程机械企业，目前已在“一带一路”沿线国家和地区有了较为完善的营销网络，部分工程机械企业海外出口的 70% 以上来自“一带一路”沿线市场。在中国和白俄罗斯两国间最大的“一带一路”合作项目中白工业园、中国最大的机械装备企业中机集团作为园区开发的两大中方股东之一，对于园区的开发建设做出了巨大贡献。随着“一带一路”合作的纵深化发展，“一带一路”倡议所提出的开放、共享的合作机制将替代传统全球化为更多的国家所认同和参与，中国装备制造企业将面临更多更广的合作领域和合作机会。

四、“十四五”时期装备制造业的转型任务和对策建议

“十三五”时期，中国装备制造业克服内外部环境的不利变化，在产业政策的支持下向装备强国的迈进取得了重要进展，但是与装备制造业先进国家相比我们还有不小的差距。“产业整体仍处于全球装备制造产业链和价值链的中低端，关键核心技术、核心零部件及高端装备对外依存度依然较高。在前沿产业核心技术领域，与美国等发达国家的差距仍然较大。”“十四五”时期，中国装备制造业仍然面临继续推进竞争优势转型的艰巨任务。

1. “十四五”时期装备制造业竞争优势转型的任务

“十四五”时期，中国装备制造业竞争优势转型面临的任务是，继续深入推进低成本竞争优势向质量效益竞争优势的转变，促进中国装备制造业高质量发展，为构建完整内需体系提供来自高质量装备的支持。

一是通过强基础、补短板、攻高端，提升以技术水平为支撑的产业“硬”能力。“硬”能力区别于商业模式创新、服务、配套支持等“软”能力，需要长期研发投入、持续积累，具有极高的技术门槛和技术壁垒，也是中国装备制造业提高国际分工地位、提质增效、形成持续发展能力的根本支撑。二是促进低成本竞争优势源泉从劳动力、土地等要素的低成本向低综合成本转变。以更快的市场响应速度、更及时优质的服务提高企业“软”能力，降低综合成本，以要素质量（劳动力素质）提升抵消要素成本上涨。三是以提高国内产业链配套能力降低产业链供应链风险。促进装备制造业相关产业的空间集聚，以及基于产业链共享服务平台的虚拟集聚，在产业和区域层面构建较为完善的企业生态系统。四是面对传统市场、传统产品需求规模增长缓慢，积极开拓海外新市场，抓住国内消费转型的契机开发新产品、进入新领域。

2. 促进装备制造业高质量发展的对策建议

（1）加大对企业基础研究的支持。近年来，中国企业技术创新的主体地位更加突出，但是，囿于基础研究成果是公共品、基础研究应由高等院校及科研机构承担的传统观念，企业在基础研

究领域投入和积累不足，原创能力十分薄弱。这一状况近年来出现了转变，一些行业的龙头企业已经处于全球第一阵营，由技术创新的跟随者逐步转变为领跑者，并且在及时掌握市场需求、迅速捕捉技术创新动向方面具有更强的优势，能够找准与产业发展需求相对接的基础研究方向。这类企业有从事基础研究的条件，需要用原创性的基础研究成果支撑应用技术创新，一旦实现研究突破，就能创造产业核心技术的新的制高点，进一步推动新的产业技术应用，甚至引导行业技术发展走上新的方向。这也是中国装备制造业"补短板、攻高端"构建核心技术能力的必然需要。政府应当多渠道、多方式支持有条件的企业加强基础研究。鼓励企业关注产业发展的科学前沿问题，从事未来可能带来重大技术突破的基础研究；加大对企业国家重点实验室的支持力度；支持企业与高校、科研院所等共建研发机构和联合实验室，加强面向行业共性问题的应用基础研究；鼓励企业通过机制创新，吸纳外部基础研究成果。

（2）探索数字经济时代打通产业链供应链环节的新机制。机械装备中有大量大型复杂制造产品，涉及的产业链供应链环节、相关市场主体众多，因而在产品研发、制造、销售和使用的产品生命周期的各个阶段，产业链供应链的协调稳定都是决定竞争力的关键因素。在工业互联网和工业大数据应用出现之前，涉及研发与生产的产业链供应链组织协调，是以政府或者行业协会主导的方式，联合行业骨干企业及其他各类相关企业参与，抑或是紧密或是松散的组织形式来推动。"十三五"时期，随着制造业与互联网深度融合发展，一些装备制造行业的龙头企业以及互联网科技企业开始打造工业互联网平台，力图通过互联网技术实现产业链上下游资源的实时监控，需求匹配和统一调度，最大化发挥资源的统筹整合能力，形成社会化协同制造的产业生态。其结果可能不仅仅是打通产业链供应链环节，而且会影响到产业内各类企业的价值链重构。在这种情况下，如何规制工业互联网平台的行为，如何发挥政府作用，需要进一步探索新的体制机制。

（3）支持利用信息技术提高服务型制造水平。由生产型制造向服务型制造转变是装备制造业发展的方向，不仅如此，从产品制造延伸出的服务能力也是中国装备制造企业重要的"软实力"，包括快速的响应能力、基于特定市场的个性化服务能力等。新冠疫情期间，众多装备企业快速复工复产，跨界转产疫情防控物资及装备，充分表现出了这方面的实力。新冠疫情凸显了利用信息技术提高服务型制造水平的紧迫性，疫情期间，中集集团旗下企业尝试通过社交媒体"直播带货"网络销售工程车辆、能化和食品装备，并取得良好成效；振华重工"云指挥"远程卸船，通过网络远程指导在印度孟买码头顺利完成4台岸桥的卸船工作。在未来几年疫情防控常态化的情境下，服务型制造转型将更多地依靠信息技术的支持，不断创新服务与营销模式并实现与信息技术的对接，不仅是装备制造企业需要努力做好的，也是需要政府发挥支持作用的重要领域。

（4）促进人才培养机制的建立和有效运行。近年来，中国装备制造业整体层面的运行偏紧，经济效益下滑源于销售收入增长低于成本增长，产品价格受行业景气周期和竞争加剧的影响难以提高，而中间投入的原材料、资金、劳动力成本却刚性上涨。大量研究表明，高技能劳动力就业增长促进技术创新，使用更多高素质劳动力（人才）是抵消要素成本上涨、提升经济效益的有效途径。2016年，教育部等三部门共同编制了《制造业人才发展规划指南》，提出"必须把制造业人才发展摆在更加突出的战略位置……强化人才队伍基础、补齐人才结构短板、优化人才发展环境，充分发挥人才在制造强国建设中的引领作用"。要支持和鼓励企业实施有效的人才培养机制。提升职工对企业的归属感，建立一线职工长期稳定的技能上升通道，从而建立起稳定的具有专业化技能的职工队伍；进一步健全收入分配激励机制，提高企业技能人才经济待遇和社会地位。

专栏 28-1

新冠疫情下工程机械行业逆势增长

近年来中国工程机械行业的竞争力大幅提升，2020 年 5 月，全球最具权威的工程机械信息提供商——英国 KHL 集团发布了 2020 年度全球工程机械制造商 50 强排行榜（Yellow Table2020）。这次共有九家中国企业上榜，其中跻身前三强的中国企业分别为三一重工、徐工集团和中联重科，中国品牌全球市场销售额占比已经增加至 17.7%。而在 2003 年，*Yellow Table* 出版的第一年，中国制造商的市场份额只有 1.6%。

中国工程机械工业协会最新统计数据显示，2020 年上半年，纳入统计的 12 种主要工程机械产品的销售台量同比增长 14.4%，出口销量同比增长 2.06%。行业内 12 家企业集团营收同比增长 15.4%，实现利润同比增长 15.9%，企业利润率达到 8.9%。纳入统计的 25 家挖掘机制造企业，2020 年 1~6 月，挖掘机销量同比增长 24.2%；其中国内增长 24.8%，出口增长 17.8%；6 月当月同比增长 62.9%，其中国内增长 74.8%，出口增长 7.64%。

国内市场的强劲增长，直接来源于疫情之后政府加大了基础建设投资。工程机械能极大地替代人力、加快施工进度。而这恰恰是新冠疫情形势下的必然选择。2020 年疫情对施工工期的压缩，会造成实际的投资强度增强，拉动更多的工程机械需求，因为同样的投资额在更短的工期内会需要更多的工程机械设备配合。此外，企业的营销能力和市场推广能力也发挥了重要作用。疫情期间，工程机械企业掀起了线上营销的热潮，将常态化营销转为线上直播销售、发布新产品，让国内外客户足不出户就能快速了解设备，实现线上交易。及时调整海外运营策略，加强全球市场客户互动，大力开拓海外市场，通过组团出海、国际产能合作和大项目输出实现国际化运营模式的升级。

另外，疫情也凸显出中国工程机械行业核心零部件供应存在的“短板”。由于世界疫情的发展，导致海外关键零部件的进口受限。疫情对海内外产业链上下游造成了较大冲击，全球工程机械核心部件，如发动机、液压件等产业链正常化的恢复时间，将是供应链风险缓解的主要影响因素。以泵车为例，目前国内市场，国产泵车品牌大部分采用的都是进口底盘，进口底盘件缺货，国产底盘件供应不足，上游供应链紧张。这无疑对我国工程机械产品的核心零部件供应形成较大冲击。基于此，新冠疫情有可能成为加速推进工程机械产业链主配协同发展、实现核心部件进口替代的重要契机。2020 年 6 月，在 2020 湖南省工程机械产业链发展大会上，长沙市工程机械行业协会发布了湖南省工程机械零部件配套产业园规划及政策，通过“强链、补链、延链”，提升工程机械本地化配套率。

资料来源：根据经晓萃：《6 月挖掘机增六成市场将持续向好》，《中国工业报》2020 年 7 月 16 日；邱玲、曾光安：《全球协同努力提升工程机械产业链供应链竞争力》，《中国工业报》2020 年 5 月 27 日；李芳蕾：《销量大增工程机械需培养良性生态链》，《中国工业报》2020 年 4 月 20 日等资料整理。

参考文献

[1] 魏后凯、年猛、李玏：《“十四五”时期中国区域发展战略与政策》，《中国工业经济》2020 年第 5 期。

[2] 佟家栋、刘程：《“逆全球化”浪潮的源起及其走向：基于历史比较的视角》，《中国工业经济》2017 年第 6 期。

[3] 史丹、李鹏：《中国工业 70 年发展质量演进及其现状评价》，《中国工业经济》2019 年第 9 期。

[4] 黄群慧：《“双循环”新发展格局未来我国经济政策的重要目标和着力点》，《财经界》2020 年第 10 期。

[5] 马艳：《中国机械工业联合会执行副会长陈斌：全球产业价值链重构下机械行业的机遇与挑战》，《中国

工业报》2020 年 8 月 26 日。

［6］《缓中趋稳压力犹存　持续推进高质量发展——2019 年机械工业运行情况综述》，《中国机电工业》2020 年第 3 期。

［7］《徐工无人机群现身，攀大高速再掀智能化浪潮》，《中国机电工业》2020 年第 6 期。

［8］郑国伟：《机械工业产品 2017 年进出口分析与 2018 年展望》，《设备管理与维修》2018 年第 4 期（上）。

［9］《刘元春：疫情不改逆全球化中中国产业链供应链逆势上扬的趋势》，https：//finance. sina. com. cn/hy/hyjz/2020 - 06 - 01/doc - iircuyvi6193623. shtml？ tj = none&tr = 9，刘元春在中国宏观经济论坛（CMF）宏观经济热点问题研讨会（第 5 期）上的发言。

［10］《"一带一路"倡议提出 6 周年为世界经济增长开辟新空间》，《人民日报》2019 年 9 月 6 日。

［11］《2020 年上半年中国对"一带一路"沿线国家投资合作情况》，中华人民共和国商务部，www. mofcom. gov. cn。

［12］中国机械工业联合会统计信息部：《体系完整机械工业迈向高质量发展》，《中国工业报》2019 年 10 月 8 日。

第二十九章　汽车工业

提　要

“十三五”时期，我国汽车工业加速结构调整和转型升级，在重点技术创新、绿色智能制造、新能源汽车推广等方面加强顶层设计，产销规模保持高位，提质增效明显，品牌竞争力不断增强。然而与发达国家相比技术差距依然明显，尤其新能源等节能技术面临“卡脖子”问题；加大行业开放力度，无疑对国内企业形成较大竞争压力。与此同时，以国内大循环为主体、国际国内双循环相互促进的新发展格局将为汽车工业发展提供重大机遇；后工业化时代，两化深度融合将有助于汽车工业智能化“新引擎”培育。“十四五”时期，应抓住智能网联和新能源发展机遇，加快我国汽车工业绿色化、智能化转型；在新发展格局下积极培育汽车消费增长点，持续优化企业营商环境。

*　　　　*　　　　*

一、汽车工业发展回顾

“十三五”时期，我国汽车工业得到了良好发展，尤其是新能源汽车产业在技术和市场等方面都取得了明显突破。虽然2020年以来受新冠肺炎疫情冲击，全球汽车市场都遭受严重影响，但随着国内疫情防控总体形势不断好转，我国汽车工业和市场迎来快速回暖。

1. 加强顶层设计，积极谋划战略性布局

“十三五”时期，我国实施制造强国战略，工业强基、绿色智能制造等领域加快推进。在此背景下，汽车工业加速结构调整和转型升级，在重点技术创新、绿色智能制造、新能源汽车普及推广等方面加强顶层设计，积极采取了一系列政策措施（见表29-1）。由颁布和实施的重点政策可见，“十三五”时期汽车工业重点发展节能与新能源汽车，同时在新一代信息技术迅猛发展和快速产业化的趋势下，加快搭建智能网联等前沿生产和研发体系，以此深入推进汽车工业转型升级，培育和形成经济发展新动能。

2. 产销规模保持高位，产业结构加速调整

“十三五”时期，我国汽车产销规模总体处在历史高位，均超过“十二五”时期水平，但近两年受中美贸易摩擦和新冠肺炎疫情影响而出现小幅萎缩。中国汽车工业协会发布的数据显示，2016～2019年汽车整车制造企业年产量突破2500万辆，总体高于“十二五”时期生产水平，如图29-1所示。2017年是该时期产量峰值，接近3000万辆，但增速较上年回落11.27个百分点。此后，进入回调期，2018年和2019年汽车产量分别下降4.16%和7.50%，2020年初，受新冠肺炎疫情影响，产量进一步下滑，上半年产量同比减少16.8%。

表 29－1　“十三五”时期促进汽车工业发展重要政策汇编

相关领域	重要政策
行业转型升级	《中华人民共和国国民经济和社会发展第十三个五年规划纲要》《工业强基工程实施指南（2016—2020 年）》《智能制造试点示范 2016 专项行动实施方案》《“十三五”汽车工业发展规划意见》《汽车产业中长期发展规划》《增强制造业核心竞争力三年行动计划（2018—2020 年）》《汽车产业投资规定》《交通强国建设纲要》《新能源汽车产业发展规划（2021—2035 年）》《智能汽车创新发展战略》等
创新驱动与智能网联	《中国促进科技成果转化法若干规定》《促进科技成果转移转化行动方案》《组织推荐 2016 年国家技术创新示范企业》《新一代人工智能发展规划》《合作式智能交通系统车用通信系统应用层及应用数据交互标准》《北京市关于加快推进自动驾驶车辆道路测试有关工作的指导意见（试行）》《北京市自动驾驶车辆道路测试管理实施细则（试行）》《车联网（智能网联汽车）产业发展行动计划》《国家车联网产业标准体系建设指南（智能网联汽车）》《节能与新能源汽车技术路线图》《智能汽车创新发展战略》《新一代人工智能产业创新重点任务揭榜工作方案》《北京市智能网联汽车创新发展行动方案（2019—2022 年）》《国家车联网产业标准体系建设指南（车辆智能管理）》《国家车联网产业标准体系建设指南（智能交通相关）（征求意见稿）》等
节能减排与绿色发展	《2016 年能源工作指导意见》《能源技术革命创新行动计划（2016—2030 年）》《绿色制造 2016 专项行动实施方案》《促进绿色消费的指导意见》《切实做好全国碳排放权交易市场启动重点工作》《国家绿色数据中心试点监测手册》《绿色制造标准体系建设指南》《绿色制造工程实施指南（2016—2020 年）》《工业绿色发展规划（2016—2020 年）》《乘用车燃料消耗量限值》《实施第五阶段机动车排放标准公告》《汽车有害物质和可回收利用率管理要求》《“十三五”控制温室气体排放的工作方案》《乘用车内空气质量评价指南》《乘用车企业平均燃料消耗量与新能源汽车积分并行管理办法》《关于 2016 年度、2017 年度乘用车企业平均燃料消耗量管理有关工作的通知》《关于扩大生物燃料乙醇生产和推广使用乙醇汽油的实施方案》《打赢蓝天保卫战三年行动计划》《绿色出行行动计划（2019—2022 年）》《关于建立实施汽车排放检验与维护制度的通知（征求意见稿）》《重型车远程排放监控技术规范》《关于建立健全清洁能源消纳长效机制的指导意见（征求意见稿）》等
行业监管	《进一步加强汽车生产企业及产品准入管理有关事项》《缺陷汽车产品召回管理条例实施办法》《道路运输车辆技术管理规定》《修改机动车维修管理规定》《修改道路运输车辆动态监督管理办法》《2016 年推进简政放权放管结合优化服务改革要点》《汽车动力电池行业规范条件（2017 年）》《新能源汽车生产企业及产品准入管理规定》《促进二手车便利交易的若干意见》《促进二手车便利交易加快活跃二手车市场》《在市场体系建设中建立公平竞争审查制度的意见》《外商投资产业指导目录》《新能源汽车生产企业及产品准入管理规定》《汽车销售管理办法》《商务部办公厅公安部办公厅环境保护部办公厅关于请提供取消二手车限制迁入政策落实情况的函》《关于开展汽车维修电子健康档案系统建设工作的通知》《道路机动车辆生产企业及产品准入管理办法》《完善促进消费体制机制实施方案（2018—2020 年）》《中华人民共和国外商投资法》《上海市促进电动汽车充（换）电设施互联互通有序发展暂行办法》《道路机动车辆产品准入新技术、新工艺、新材料应用评估办法（征求意见稿）》等
新能源汽车发展	《“十三五”新能源汽车充电基础设施奖励政策及加强新能源汽车推广应用》《开展新能源汽车推广应用核查工作》《电动汽车动力蓄电池回收利用技术政策》《新能源汽车碳配额管理办法》《企业平均燃料消耗量与新能源汽车积分并行管理暂行办法》《关于免征新能源汽车车辆购置税的公告》《汽车信贷管理办法》《促进汽车电力电池产业发展行动方案》《新能源汽车动力蓄电池回收利用管理暂行办法》《关于调整完善新能源汽车推广应用财政补贴政策的通知》《免征车辆购置税的新能源汽车车型目录》《关于节能与新能源车船享受车船税优惠政策的通知》《提升新能源汽车充电保障能力行动计划》《关于进一步完善新能源汽车推广应用财政补贴政策的通知》《关于继续执行的车辆购置税优惠政策的公告》《新能源汽车动力蓄电池回收服务网点建设和运营指南公告》《新能源汽车废旧动力蓄电池综合利用行业规范条件（2019 年本）》《关于调整完善新能源汽车补贴政策的通知》等
共享经济	《关于深化改革推进出租汽车行业健康发展指导意见》《网络预约出租汽车经营服务管理暂行办法》《网络预约出租汽车运营服务规范》《关于网络预约出租汽车车辆准入和退出有关工作流程的通知》《网络预约出租汽车经营服务管理暂行办法》等

资料来源：根据历年《中国汽车工业发展报告》和中国汽车工业协会网站资料整理。

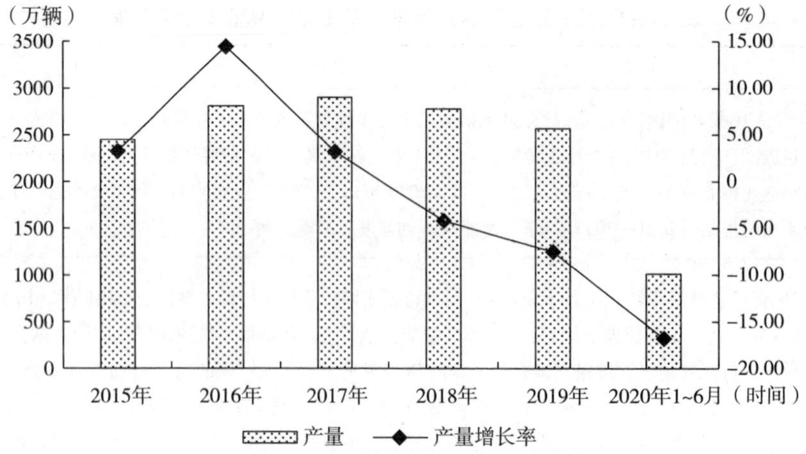

图 29 - 1　"十三五"时期我国汽车产量及其增长

注：统计汽车整车制造企业（不包含改装车企业）。2015 年数据作为参考基准列入，以下各图同。

资料来源：根据中国汽车工业协会数据绘制。

该时期汽车年销量也都在 2500 万辆以上，2017 年也是销售峰值，达 2887.89 万辆，较上年增长 3.04%，如图 29 - 2 所示。2018 年以后销量有所萎缩，且相比产量，销量的萎缩程度更为严重，其中 2018 年销量降幅比产量降幅低 1.4 个百分点，2019 年则高出 0.7 个百分点。

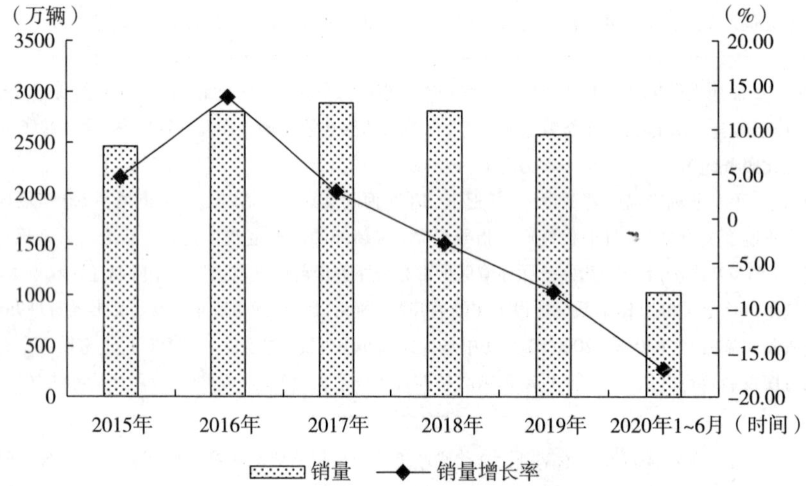

图 29 - 2　"十三五"时期我国汽车销量及其增长

资料来源：根据中国汽车工业协会数据绘制。

虽然产销规模近两年出现回落，但是仍然保持高位平稳运行，而且结构上呈现出加速向节能和新能源汽车等前沿技术发展的调整升级趋势。"十三五"时期，新能源汽车市场迅速扩容，对汽车工业平稳健康发展贡献显著。2016 年我国新能源汽车销量首次突破 50 万辆，2017 年和 2018 年继续保持每年 50% 以上的高增速，仅这两年销量就突破了 120 万辆，2018 年达 125.6 万辆；2019 年有所企稳，也保持在 120 万辆左右的规模，如图 29 - 3 所示。这反映"十三五"时期培育和加快新能源汽车产业发展的一系列政策措施取得了明显的效果，产业结构逐步朝向政策引导的重点方向加速调整。

3. 提质增效明显，近年受多重因素冲击呈放缓迹象

“十三五”时期，汽车工业增加值进一步提升，主营业务收入、利润等绩效表现较“十二五”时期有了显著改善，但近年来随着国内外环境不确定性提高，整体上呈现一定程度的放缓迹象。2016～2019 年我国汽车工业增加值保持在 7500 亿～8000 亿元的高位区间，好于“十二五”时期，如图 29－4 所示。2016 年行业增加值大幅增长 11.49%，不过此后增速有所回落，2019 年渐趋企稳，但进入 2020 年，受新冠肺炎疫情等不确定因素影响，降幅扩大。

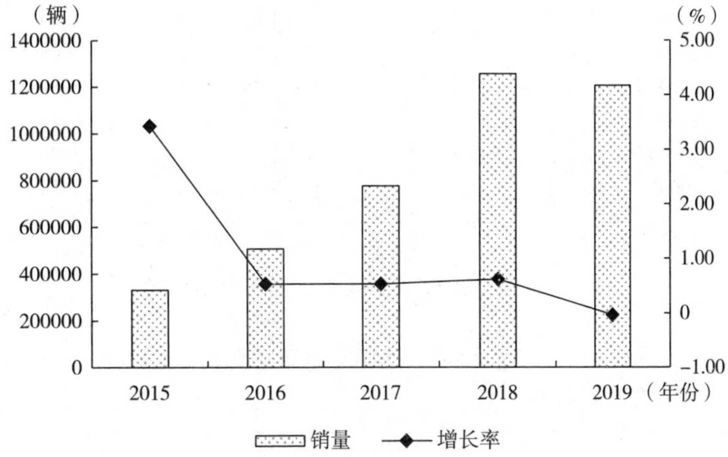

图 29－3　“十三五”时期我国新能源汽车销量及其增长

资料来源：根据历年《中国汽车工业年鉴》数据绘制。

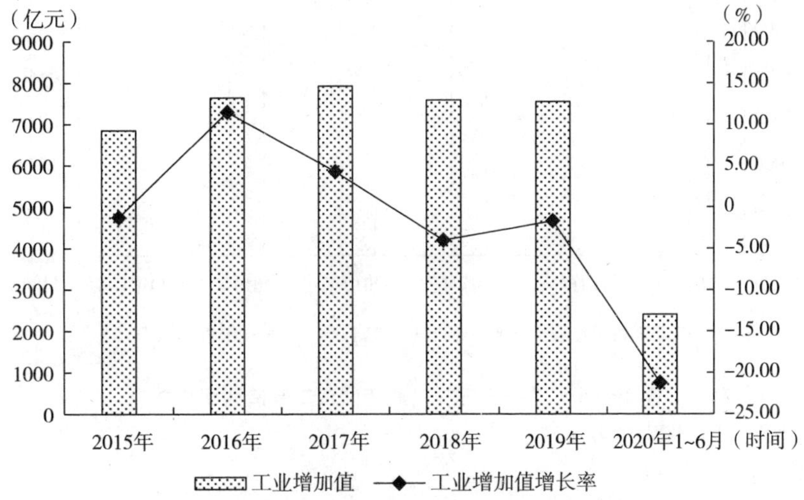

图 29－4　“十三五”时期我国汽车重点企业工业增加值

资料来源：根据中国汽车工业协会数据整理绘制。

“十三五”时期，汽车工业规模以上企业主营业务收入保持在 8 亿元以上水平，期间收入增速有所趋缓，如图 29－5 所示。2017 年实现主营业务收入 8.53 万亿元，达该时期峰值，较上年增长了 10.8%，此后降至个位数增长。

在营业收入保持平稳增长的同时，规模以上企业的利润下降较为明显，利润率稳中有降。该时期前两年利润保持增长，2016 年增长 10.8%，

2017 年达峰值，此后开始逐年下降，2019 年降幅扩大至 15.9%，2020 年上半年进一步下滑，如图 29－6 所示。销售利润率从 2016 年的 8.65% 降至 2018 年的 7.57%。这与近年来全球汽车市场日趋饱和且竞争加剧有一定关系。

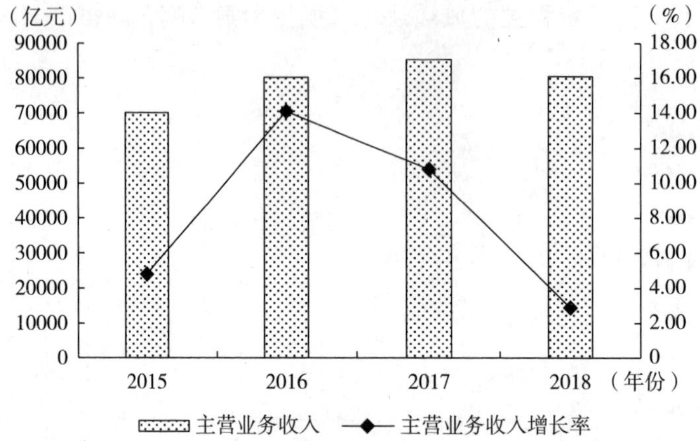

图 29－5 "十三五"时期我国汽车制造主营业务收入

资料来源：根据国家统计局月度数据整理绘制。

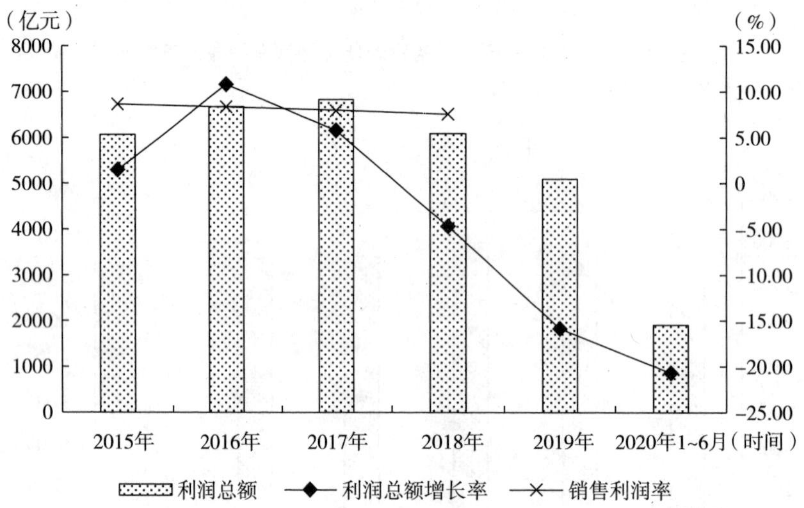

图 29－6 "十三五"时期我国汽车制造利润总额

资料来源：根据国家统计局月度数据整理绘制。

与利润变化有所关联的是，规模以上企业的库存逐年增长，最近在产能调整下，库存积压有所缓解。2018 年库存增速降至 1.3%，2019 年小幅增至 6.5%，2020 年受市场冲击，进一步提高到 7.8%（见图 29－7），但均低于前面两年的两位数增幅。在行业市场迅速扩张期，适度地提高库存有利于维持供应链稳定，但随着市场渐趋饱和，叠加市场不确定性风险加大，库存的被动增加在一定程度上表征行业需求萎缩的迹象。

"十三五"时期，汽车工业的国有资本绩效逐年提高，反映了国有企业的市场竞争力进一步增强，可持续发展能力不断提升。据国务院国有资产监督管理委员会统计，全行业经济增加值率持续提高，2017 年和 2018 年分别达 5.6% 和 5.3%；成本费用利润率在这两年达 7.2% 和 7%，如图 29－8 所示。这与规模以上企业利润回落和库存被动增加形成一定的对比，侧面体现出国有企业经营管理水平在此期间进一步提升。

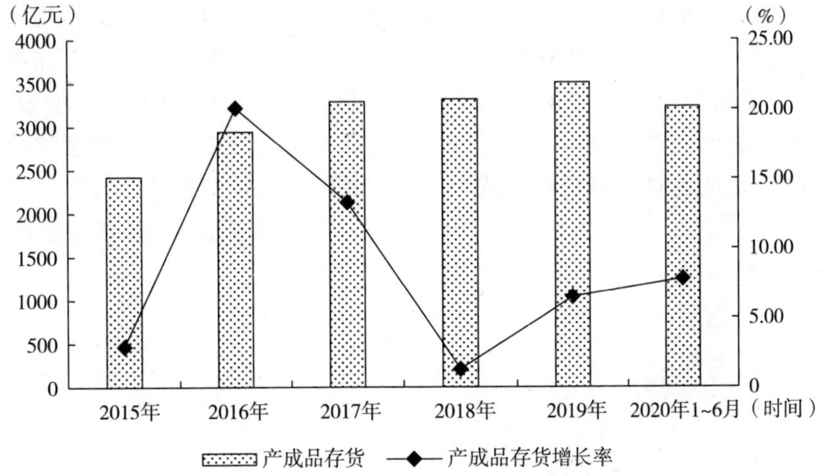

图 29－7　“十三五”时期我国汽车制造产成品存货

资料来源：根据国家统计局月度数据整理绘制。

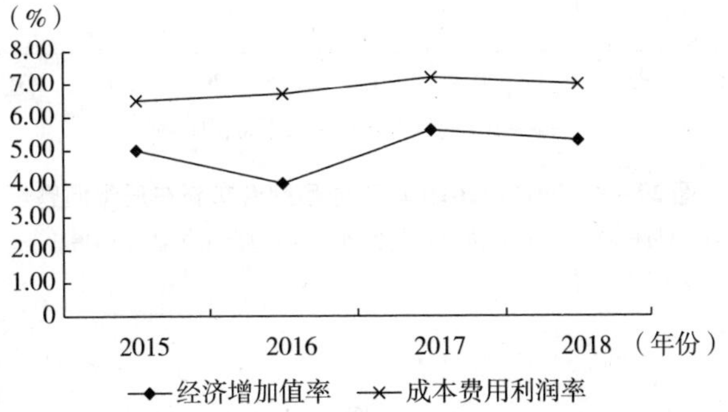

图 29－8　“十三五”时期我国汽车制造业绩效

注：经济增加值率是扣除全部资本成本（包括股权成本和债务成本）的经营回报，是企业税后净营业利润与该企业加权平均的资本成本间的差额。

资料来源：根据国务院国有资产监督管理委员会数据整理绘制。

4. 品牌竞争力增强，进出口产品结构加速分化

“十三五”时期，我国品牌汽车的生产研发能力增强，保障了产品质量的稳步提升。2016～2018 年，我国品牌汽车新车质量问题数控制在较低水平，2019 年持续改善，与国际品牌的质量差距进一步缩小，如图 29－9 所示。

在国产汽车产品质量提升下，该时期我国汽车出口量保持平稳增长，增速高于进口。2017 年和 2018 年我国汽车出口量均实现了两位数的增长，增速分别达 22.9% 和 16.1%；2018 年突破 100 万辆，如图 29－10 所示。2019 年受中美贸易摩擦等来自国际市场的冲击影响，出口量略有回落。汽车进口量在 2017 年达峰值后持续减少，2018 年变化率一度跌至－8.8%；在总量减少的同时进口结构加快分化，中高端品牌汽车进口量增加，中低端则表现出一定程度的国产替代趋势。

5. 开放力度加大，加快形成全面竞争格局

“十三五”时期，我国汽车工业开放力度不断加大，众多跨国汽车企业加大在华投资，尤其重点布局新能源市场。这改变了国内汽车产业组织结构，特别是造车新势力的进入，正在加速新

能源汽车市场竞争格局的调整。

国内新能源汽车市场近年来受益于新能源补贴政策，迅速成为全球电动车第一大市场。但是2019年新能源补贴退坡，与此同时，特斯拉加速推进我国国内量产和交付，在国内外市场环境压力下，造车新势力需要面临更加严峻的竞争态势。特别是特斯拉等企业正在通过技术升级进一步提升产品降价空间，无疑会对国内企业形成一定的冲击。

综上所述，“十三五”时期在国家一系列产业政策积极引导下，我国汽车工业呈现趋稳向好的发展态势，转型升级步伐持续加快，工业增加值合理增长，国有企业提质增效显著，国产品牌竞争力进一步提高，尽管正在遭受中美贸易摩擦和新冠肺炎疫情冲击，多项效益指标呈下降趋势，但是政府陆续推出的多项政策正在加速行业产销回升和转型升级，这为“十四五”时期汽车工业持续健康发展进一步夯实根基。

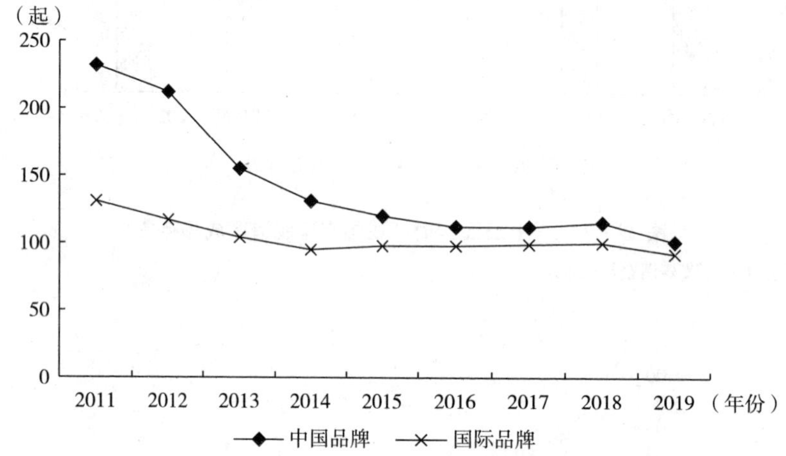

图 29－9　2011～2019 年我国品牌汽车新车质量问题

资料来源：根据 J. D. Power 亚太公司数据绘制，数据转引自《2020 年中国汽车工业发展报告》。

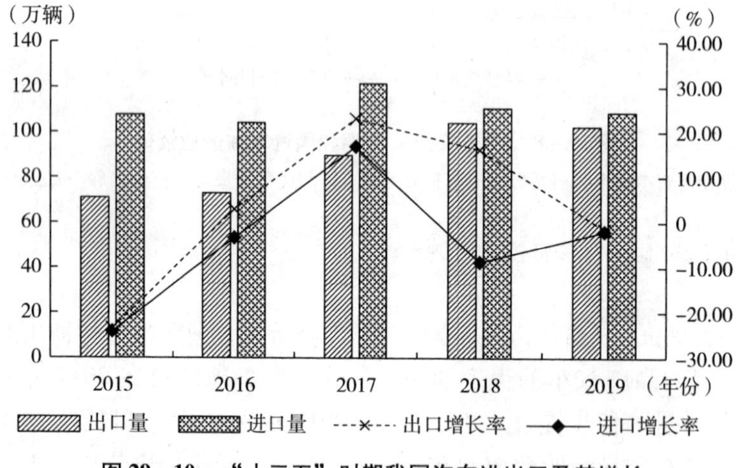

图 29－10　“十三五”时期我国汽车进出口及其增长

资料来源：根据中国汽车工业协会数据绘制。

二、汽车工业发展面临的挑战

在近年来中美贸易摩擦加剧和逆全球化趋势日趋形成的外部环境持续影响下，全球突发公共卫生事件冲击和中美两国加速技术“脱钩”进一步恶化了我国经贸环境和技术环境，不稳定性、不确定性明显增加。目前，国内汽车行业与发达国家之间的技术差距依然明显，创新能力不适应行业高质量发展要求。

1. 国际经贸环境持续恶化，技术“卡脖子”问题凸显

“十三五”时期，全球化进程中不确定风险显著增强，尤其中美两个世界最大发达国家和发展中国家间日益加剧的贸易摩擦，为这一时期国际经贸形势增加了极大的不确定性。全球格局的这一演变趋势给我国汽车工业对外贸易带来了一定的冲击，“十三五”后半期，我国汽车进出口较前半期出现不同程度的收缩（见图 29－10）。“十三五”收官之年，全球突发新冠肺炎疫情，防疫形势严峻，全球经济同步衰退。国际货币基金组织最新预测，2020 年全球经济将萎缩 4.9%，面临自 20 世纪 30 年代经济大萧条以来最严重衰退。世界各国采取的防疫措施及成效和复工复产进度的显著差异加剧了国际经贸的不确定性，我国汽车外贸进一步萎缩。据海关总署数据显示，2020 年 1～5 月，我国对汽车商品出口额排名前十位国家合计出口汽车商品 144.11 亿美元，占全部汽车商品出口总额的 48.52%，除对沙特阿拉伯出口保持快速增长以及韩国仅小幅下降外，对美国、日本、墨西哥、德国、俄罗斯、英国、澳大利亚和泰国出口均呈明显下降。尽管我国汽车工业“十三五”时期在新能源创新技术和前沿技术方面取得了长足的进步，但是当前技术“卡脖子”问题仍然存在且形势严峻，制约着新能源汽车生产的自主可控和高质量发展。

“十三五”时期，中央积极倡导绿色发展和生态文明，汽车领域加快推进生产、流通、消费和回收环节落实节能减排，我国汽车消费模式已经发生明显改变，逐渐向绿色消费转型，加大公共交通投入，鼓励乘坐公共交通等绿色出行方式。同时，全国各地加快新能源汽车产能布局，生产规模在此期间扩张迅猛，但是一些地区盲目新上产能以及无序竞争，导致这一新兴产业产能布局不合理以及局部产能过剩的迹象有所显现。

2. 全面开放格局加快形成，国产车市场竞争明显加剧

由于中国市场日益重要，随着全球经贸环境持续恶化以及中国正在加快推动形成全面开放新格局，“十三五”时期一些大型跨国公司日益重视在华战略布局，加大中国市场新品投放力度、加大产品在中国的国产化程度等。如特斯拉在上海投资建厂加大中国本土化制造，大众在华建设研发中心，丰田在常熟建设研发中心，通用投资电池发展中心，奔驰投资提升北京设计中心研发能力，宝马在北京、上海、沈阳建设研发中心，等等。这些跨国企业在华重点布局新能源汽车和新型出行模式的研发创新。这有助于国内汽车企业与跨国企业更好开展商业合作和加强技术交流，但随着全球市场日趋饱和以及国内汽车企业不断做大做强，国内外同业间竞争势必加大，这也是国内汽车企业尤其头部企业在未来不得不面对的东道国内的竞争局面。

三、汽车工业发展面临的机遇

当今世界正经历百年未有之大变局，新一轮科技革命和产业变革深入发展。在面临国际力量对比深刻调整的外部环境下，我国凭借广阔的市场空间和强劲的发展韧性，逐渐形成以国内大循环为主体、国际国内双循环相互促进的新发展格局，对“十四五”时期我国汽车工业的深入发展提供了充分保障，有利于持续推进国内消费升级，加快国内技术创新和强基补链。

1. 国际国内双循环相互促进的新发展格局为汽车工业发展提供重大机遇

2020 年 7 月 30 日中共中央政治局会议指出，当前经济形势仍然复杂严峻，不稳定性、不确定性较大，我们遇到的很多问题是中长期的，必须从持久战的角度加以认识，加快形成以国内大循

环为主体、国内国际双循环相互促进的新发展格局。这是党中央基于国内外形势做出的重大战略部署，也是科学应对“十四五”时期经济新变局的根本遵循。2020年全球遭遇新冠肺炎疫情大流行，这将对人类社会产生深刻而长远的影响。对于经济全球化，如何在更好利用全球化带来的机遇的同时，更有效地应对其中蕴含的不断增大的风险，亟待战略层面做出重要判断和重大部署。

我国拥有巨大的国内市场，这是保障经济发展韧性的重要基础。“十三五”时期，汽车工业销售规模及进出口变化趋势显示出我国汽车消费呈强劲增长势头和国产化特征。经过70多年的发展和积累，新时代我国工业发展的内涵转为满足更高水平需求的质量与效率的提升，由工业内部协调扩展到工业与其他部门、环境发展的协调，高质量发展的标准越来越完善、基础越来越雄厚（史丹和李鹏，2019）。正是高质量发展不断夯实工业根基，使我国有条件、有能力形成以国内大循环为主体的新发展格局，有利于确保产业链安全和经济安全。“十三五”时期，我国品牌汽车无论品质还是服务水平都有了显著提升，“十四五”时期，应在继续加强供给侧结构性改革、为国内消费者提供更好质量产品的基础上，促进汽车消费升级，进一步完善城市交通治理体系，从国内市场的供给侧和需求侧同步推进，实现国内大循环“双轮”驱动。与此同时，自改革开放以来，“两个市场”“两种资源”为我国经济持续发展提供了巨大空间。新时代全面开放新格局下，深入参与国际循环，从国际市场获取更有利的资源、技术、人才、资金支撑，为我所用，更有利于国内循环的顺畅和中国经济高质量发展。近年来，我国汽车工业出口国别有所分化，“一带一路”沿线新兴市场快速崛起，与中亚、东盟和北非等市场加大拓展合作方面有望取得新突破。

2. 后工业化时代两化深度融合助力汽车工业智能化“新引擎”培育

进入21世纪，我国工业化进程逐步转向后工业化时期，推动信息化和工业化深度融合，是加快转变发展方式、促进四化同步发展的重大举措，是走中国特色新型工业化道路的必然选择。当前世界新科技和产业革命相互交汇，各国正在经历新一轮科技革命和全球产业格局重塑变革，国际产业竞争日趋激烈。同时，我国正在加快转变经济发展方式，工业发展处于转型升级的重要攻坚期，核心竞争力不足、资源环境约束强化、要素成本上升等矛盾依然突出，尤其近些年日益遭受来自发达国家的技术围堵。为此，国家从战略层面做出重要部署。国务院发布了实施制造强国战略头十年的行动纲领，提出了分“三步走”建成制造强国的战略规划。在第一个十年行动纲领中明确加快新一代信息网络技术与制造业的深度融合。推动信息化和工业化深度融合，对于破解当前发展瓶颈、实现工业转型升级具有十分重要的意义。

随着近年来大数据、5G和人工智能技术的日渐成熟和加速应用，我国汽车工业逐步加大对新一代信息技术的推广和产业化应用，在智能网联和无人驾驶等前沿领域探索创新。国家层面，加强顶层设计，通过产业政策扶持企业核心技术创新。国内科技公司也积极布局智能网联核心技术，如智能车载解决方案、智能高速解决方案等，车联网服务生态构建与应用模式开发有望步入“快车道”。不过，我国智能汽车的发展亟须在芯片、底层软件等核心关键技术上攻关。

四、促进汽车工业发展的政策建议

针对当前我国汽车工业发展的现状和未来面临的挑战与机遇，“十四五”时期应多措并举，在新发展格局下利用新一代信息技术推进产业转型，进一步优化调整产业政策。

1. 充分利用新一代信息技术，加快我国汽车工业绿色化智能化转型

当前，新一代信息技术正在引起产业形态和商业模式的深刻变革。我国汽车工业的新技术、

新产品、新业态进入快速孵化期和成长期，绿色智能制造将是“十四五”时期甚至更长时期我国汽车工业提升国际竞争力的关键所在，急需政策着力推进。目前，我国新能源汽车电池、电机与电子电力、智能化、燃料电池、混合动力系统等方面仍然存在诸多技术瓶颈，产业政策方面应重点加大共性关键技术的攻关和突破。同时，由于当前国际领域也尚处在探索和研发阶段，对主流技术路线尚未达成一致，应把握契机，在行业标准和规则上抢占制高点和话语权，重点突破包括充电设施的技术标准、建设模式等在内的重要方向。“十三五”时期，我国大数据产业渐成规模，5G技术加快推广，全球人工智能技术方兴未艾，智能制造成为未来国际竞争的重要前沿领域。我国应鼓励汽车企业加大对人工智能及其在汽车工业的应用研发，重点突破智能车载终端、车内网、多源交通信息智能感知、智能路测系统、交通大数据处理与分析、信息交互与安全等关键技术，在技术创新和标准制定上抢占国际话语权。

2. 加快构建“双循环”新发展格局，积极培育汽车消费增长点

国内国际双循环相互促进的通畅、有效，有助于增强我国经济的韧性和抗风险能力，保障中国经济的全面开放和健康有序发展。国内方面，为落实绿色发展理念，缓解城市空气污染等环境问题，“十三五”时期我国积极推进新能源汽车的生产和消费。“十四五”时期应继续加快制定绿色技术标准，生产出更为安全节能的多品种、多档次的产品，满足人民日益增长的美好生活需要。同时，实施科学合理的税费政策和价格机制引导绿色消费转型；规范保护消费者权益的行业配套服务；推进服务型制造转变，将产品增加值由偏重制造环节向消费服务环节转移。国际方面，作为我国对外开放的重大战略举措，“一带一路”建设近年来给国内制造业加快“走出去”搭建了重要海外市场。在当前国际环境不确定性增加的情况下，我国汽车企业应继续积极融入“一带一路”建设，充分利用该战略所提供的合作框架，开拓和扩大国际市场销售，也有利于国内大循环的构建。

3. 提高减税降费效率，持续优化全行业营商环境

“十三五”时期，国家在支持汽车工业发展上给予了一系列有效的产业政策，为行业提供了良好的政策环境。未来应持续优化营商环境，落实简政减税降费。随着近年来供给侧结构性改革的不断深入，减税降费作为降成本的重要组成部分，不仅直接减轻了企业税负，也稳定了市场预期，有利于新经济新动能培育，还促进了消费，显著增强了经济的创新能力和综合竞争力。深入推进全面开放新格局，在外资准入和关税政策等领域继续实施有助于全面开放的政策供给。加快生态文明建设，在节能减排、低碳消费等方面强化制度约束。继续实施严格的排放标准，加快淘汰老旧车辆，多措并举推广新能源汽车。助力新动能培育，在新能源汽车、智能网联汽车等领域保障扶持政策的连贯性，充分开展政策调研和第三方论证工作，进一步突出问题导向和精准施策，提高技术研发、标准制定等领域政策工具的精准性。

专栏 29－1

全球汽车业努力复苏　多国抢抓转型契机

汽车企业积极推动复工复产，多国政府也积极制定纾困政策，从汽车生产端和销售端刺激行业恢复，推动汽车业走出低谷，并助力行业实现复苏和转型。

政府和企业采取多种应对措施

据统计，2020年全球车企裁员人数预计将超过10万人，裁员地区主要是北美、欧洲市场。欧盟2020年5月出台的7500亿欧元的救助计划，有200亿欧元用于促进清洁能源汽车销售，并计划在2025年前安装200万个电动汽车充电桩。德国政府也计划向整车和汽配企业提供20亿欧

元补贴用于技术创新，并将投资25亿欧元用于扩建充电网络和电池研发。

最新数据显示，全球车企在过去3个月（2020年3~5月——笔者注）中至少获得了1550亿美元的资金支持，包括440亿美元债券和1110亿美元贷款。其中，美国33家车企和零部件公司获得500亿美元贷款，发行160亿美元债券；欧洲20多家车企、供应商以及租车公司等获得了470亿美元贷款，发行了190亿美元债券；丰田、斯巴鲁、现代等亚洲车企获得130亿美元贷款，发行了94亿美元债券。

汽车业将迎来转型契机

中国多项政策措施促进新能源汽车消费。政府出台的促消费政策措施主要包括补贴延长、购置税免征，政策“红包”助推新能源车市回暖；充电桩跻身新基建，“车多桩少”有望得到缓解；加强融合创新，在服务价值体验上再加把劲；理念升级、标准升级、技术升级，进一步提升新能源汽车的安全性。

德国大型汽车制造商加速推进新能源转型，联邦政府的环保补贴等政策也助推了新能源汽车产业的发展。政府还着力做好新能源汽车的公共配套建设，计划在2030年前实现700万~1000万辆电动汽车上路和修建100万个公共充电桩的目标。

法国政府将出资80亿欧元扶持汽车产业，目标是到2025年时可以每年生产100万辆清洁能源汽车。政府将加快增建充电桩，到2021年实现增加10万个充电桩的目标。此外，该计划还将建立一个6亿欧元的投资基金，用于对汽车配件供应商和分包商进行补贴与投资。

俄罗斯经济发展部向俄交通运输部提交了一份有关无人驾驶汽车发展的计划，提议2022年12月前允许商业客运和货运领域的无人驾驶汽车实现全面运行。

资料来源：《全球汽车业努力复苏》（《人民日报》2020年6月15日）；《多项政策措施促进新能源汽车消费》（《人民日报》2020年6月5日）；《德国新能源汽车驶入“快车道”》（《人民日报》2020年1月15日）；《法国力促汽车产业振兴》（《人民日报》2020年6月4日；《俄罗斯推进发展无人驾驶汽车》（《人民日报》2020年5月15日）。

参考文献

［1］史丹、李鹏：《中国工业70年发展质量演进及其现状评价》，《中国工业经济》2019年第9期。

［2］中国汽车工业协会、中国汽车技术研究中心、丰田汽车公司：《中国汽车工业发展年度报告（2016）》，社会科学文献出版社2016年版。

［3］中国汽车工业协会、中国汽车技术研究中心、丰田汽车公司：《中国汽车工业发展年度报告（2017）》，社会科学文献出版社2017年版。

［4］中国汽车工业协会、中国汽车技术研究中心、丰田汽车公司：《中国汽车工业发展年度报告（2018）》，社会科学文献出版社2018年版。

［5］中国汽车工业协会、中国汽车技术研究中心、丰田汽车公司：《中国汽车工业发展年度报告（2019）》，社会科学文献出版社2019年版。

［6］中国汽车工业协会、中国汽车技术研究中心、丰田汽车公司：《中国汽车工业发展年度报告（2020）》，社会科学文献出版社2020年版。

第三十章　高铁行业

提　要

中国高铁取得了举世瞩目的成就，产品性能领先于世界，产能和国际市场占有率多年维持世界前列。本章总结了三条成功的经验：坚持自主创新、坚持关键零部件国产化、坚持制度变革。展望未来，中国高铁行业的发展面临诸多挑战，中国研发机构体系尚不完善，共性技术研发平台定位模糊；中国高铁行业“走出去”面临中国标准竞争对手多、地缘政治复杂、组织协调难度加大等挑战。本章建议优化科研组织制度，建立多层次技术供给体系；完善高铁标准体系，推动高铁标准国际化；推动资本运作，拓展融资渠道；完善人才培养体系，实施人才培养战略。

*　　　*　　　*

作为中国制造的“名片”，高铁行业发展无疑是成功的，本章从发展成就、成功经验和面临的挑战三个方面阐述轨道交通面临的现实，并提出了相关的政策建议。

一、高铁行业发展成就

1. 国内市场需求旺盛，行业规模不断扩大

车辆的需求极大地带动了高铁行业的发展。2004年《中长期铁路网规划》和2008年修编《中长期铁路网规划》实施以来，基础网络初步形成，在路网建设的影响和推动下，铁路机车拥有量逐年增加。如表30－1所示，截至2019年底，全国铁路机车拥有量为2.2万台，与2015年相比规模上基本无明显变化，但是电气化程度逐年提高，2014年电力机车占比55.0%，2019年底提高至63.64%，五年内电力机车占比提高8.6个百分点。全国铁路客车拥有量为7.6万辆，比2014年增加1.5万辆，其中，动车组3665标准组、29319辆，比上年增加2261标准组、12623辆。全国铁路货车拥有量为87.8万辆。在规模不断增长的同时，高铁行业结构也不断优化，2019年底，铁路机车中电力机车的比例已经高达63.64%；而客车增加3000多辆，增量全部为动车组。

高铁行业规模将进一步增长。2016年7月13日，发展改革委、交通运输部和铁路总公司正式印发了最新修订的《中长期铁路网规划》，根据此次规划所制定的发展目标2025年达17.5万公里，按每公里0.57辆客车、6.29辆货车的标准算，到2025年则需要9.9万辆客车和110.1万辆

货车，增长潜力巨大。

2. 出口规模持续扩大，国际竞争力逐渐提升

自19世纪20年代，“火车之父”斯蒂芬逊设计并商业化运营火车开始，轨道交通已有300多年的历史。日本新干线开通运营，标志着世界轨道交通进入高铁时代。随后法国、意大利、德国相继具备了研制高铁的技术。2004年，中国开始引进高铁技术；经过消化、吸收和再创新，中国也具备了高铁的正向设计能力，开始在世界舞台上与上述高铁大国进行角逐。目前，中国出口规模不断扩大，一度超过德国成为世界高铁行业出口规模最大的国家。

（1）持续扩大的出口规模。受铁路建设周期以及机车生命周期的影响，高铁行业出口呈现出较大的波动性，即便如此，中国铁路车辆及有关设备出口额逐年上涨的趋势也清晰可见（见图30－1）：1997～2003年中国铁路车辆及有关设备出口规模在2亿美元左右徘徊，年均增速1.48%；2004年跃升至3.70亿美元，增速高达105.33%，2008年扩大至11.91亿美元，2004～2008年年均增速33.98%；随着全球金融危机的爆发及蔓延，出口增长略有回落，2015年依旧达到46.56亿美元的规模，2008～2015年年均增长21.49%。2016年以后的三年，高铁行业出口额出现回调，贸易额分别为26.29亿美元、25.62亿美元和28.41亿美元。

表30－1 全国铁路营业里程和铁路机车车辆拥有量（2013～2019年）

年份		2019	2018	2017	2016	2015	2014	2013
营业里程（万公里）		13.9	13.1	12.7	12.4	12.1	11.2	10.3
铁路机车（万台）		2.2	2.1	2.1	2.1	2.1	2.1	2.08
其中	内燃机车占比（%）	36.36	38.10	40.40	41.80	43.20	45	47.80
	电力机车占比（%）	63.64	61.90	59.50	58.10	56.80	55	52.10
客车（万辆）		7.6	7.2	7.3	7.1	6.5	6.06	5.88
其中	动车	3665标准组	3256标准组	2935标准组	2586标准组	1883标准组	1404组	1003组
		29319辆	26048辆	23480辆	20688辆	17648辆	13696辆	10464辆
货车（万辆）		87.8	83.0	79.9	76.4	72.3	71.01	68.8

资料来源：根据历年铁道统计公报整理。

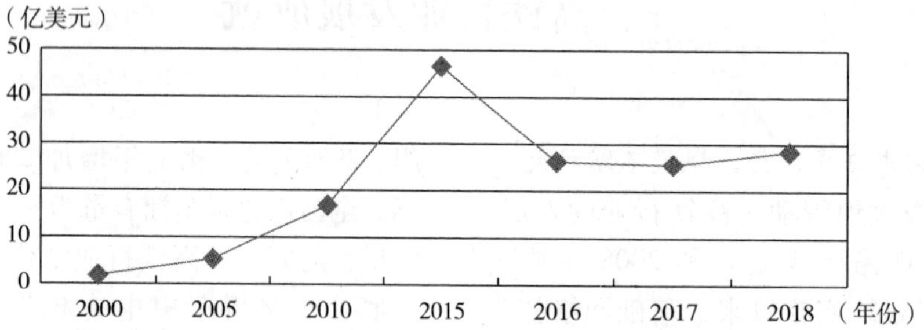

图30－1 高铁行业出口规模（2000～2018年）

注：联合国商品贸易统计数据库（https://comtrade.un.org）中三位HS代码中的791即铁路车辆及有关设备，不包括铁路轨道。

（2）稳步提高的国际市场占有率。2000年，中国高铁行业的国际市场占有率仅为2.22%，国际市场占有率排名第12位；同期，德国、美国、法国、日本分别是12.34%、15.97%、8.20%和4.50%。2015年，中国高铁行业的国际市场占有率跃升至17.27%，首次超过德国，成为世界高铁行业最大出口国。随后的三年内，中国高铁行业国际市场占有率一直维持排名第三的成绩；国际市场占有率则维持在10%上下，处在世界高铁行业出口额前列（见表30－2）。

表 30-2　高铁行业的国际市场占有率

单位：%

年份＼国家	德国	美国	法国	日本	中国	中国国际市场占有率排名
2000	12.34	15.97	8.20	4.50	2.22	12
2005	21.11	12.85	4.03	8.24	3.29	11
2010	21.34	9.54	4.76	2.72	6.84	5
2015	11.99	13.22	2.90	3.20	16.87	1
2016	19.72	13.36	4.25	5.71	11.63	3
2017	19.54	10.85	2.52	5.01	9.91	3
2018	17.54	11.74	4.22	6.51	11.39	3

注：联合国商品贸易统计数据库（https：//comtrade.un.org）中三位 HS 代码中的 791 即铁路车辆及有关设备，不包括铁路轨道。

3. 产品性能不断提高，技术水平比肩世界

就性能而言，速度是度量高铁技术水平的最主要指标。2007 年，法国 V150 试验列车创下了当时 574.8 公里的世界轮轨铁路实验最高速度，而 2011 年中国中车研制的 Cit500 则突破这一世界纪录达到 605 公里/小时，创造了一个新的历史纪录。速度的提升除了机车本身，还需要配套的轮轨，尽管试验速度每小时可达 600 公里以上，但并没有相应的线路供其运营。但就技术复杂度而言，机车是代表高铁技术水平的部分。目前，中国中车在九大关键技术和十项配套技术方面已经掌握了完全自主知识产权，并开发了以时速 350 公里的中国标准动车为代表的高铁产品。

2008 年以后，以 CRH380A 系列和 CRHB 系列动车组的投入运营为标志，中国在先进高铁行业领域已经取得了正向设计能力。中国一度以逆向工程或称仿制来生产和运营高铁行业。这个阶段生产和运营企业不通晓引进车型工作逻辑，自行完成的改进设计和型号衍生并未对原有平台和关键设计进行大幅度改动；部分关键设计（如网络控制系统）依赖国外供应商。不同于逆向工程，正向设计能力是从用户需求出发确立顶层设计要求，自上而下地分解、细化产品功能，确定产品功能结构、子系统和零部件解决方案，形成可批量生产、稳定运行的商业化产品并实现全生命周期支持的能力，完全理解产品工作逻辑以及产品设计与性能之间的关系。随着能力的提升，中国研发出具有完全知识产权自主开发产品时速 350 公里的中国标准动车，其特点为掌握完全自主知识产权，九大关键技术（见表 30-3）和十项配套技术全部由国内企业主导设计；因需开发出不局限于引进平台的全套工作逻辑，使脱胎于不同平台的车辆实现软件互联互通和硬件统型互换；不同厂家生产的相同速度等级动车组重联运营（重联方式亦改变），不同速度等级的动车组互相救援；不分高寒或沙漠型，两款实验性列车在小幅度改良后成为量产型 CR400AF/BF；未来还将开发不同时速等级的中国标准动车组（国际上尚无运营时速 350 公里等级的动车组标准）。

表 30-3　高速列车九大关键技术

	关键技术	关键技术的技术构成
1	动车组总成（系统集成）	轮轨关系接口
		弓网关系接口
		流固耦合关系接口
		机电耦合关系接口
		环境耦合关系接口
2	主变流器	
3	牵引变压器	
4	牵引电动机	
5	牵引传动控制	
6	高速转向架	转向架轻量化技术
		转向架悬挂技术
		转向架驱动技术
		牵引电动机悬挂技术
7	高速列车制动	基础制动技术
		动力制动技术
		复合制动技术
		非粘着制动技术
		防滑控制技术
8	车体技术	车体轻量化技术
		气动外形技术
		车体密封技术
9	列车控制网络系统	运行监控
		故障检测与诊断
		通信网络

资料来源：根据相关文献汇总。

二、高铁行业的主要经验

相对于其他产业而言，高速铁路拥有了正向研发能力，产品性能领先于世界其他国家，产生规模和国际市场占有率全球第一，因此，高铁无疑是中国的一项伟大成就，那么成功的经验是什么？本章结合相关文献，总结了以下三点：

1. 坚持自主创新的技术发展路径，培育和积累技术能力

一般来说，大规模引进国外先进技术会破坏国内原有的工业技术基础，例如，以合作组装美国麦道飞机替代自主研发运10之后，国内民用航空工业技术能力出现倒退。但是，我国的高铁行业却能够吸收国外的先进技术，在本土技术能力的基础上，自主生产出新一代动车组（CRH380A已经通过美国的知识产权评估，表明技术完全自主产权）。主要原因是，我国高铁行业工业在技术引进前，便已通过长期的自主研发，有较强的技术能力，并在国家建设“创新型国家”战略的推动下，重新回归到自主研发路线上。在国家巨大运力需求的强力推动下，我国高铁技术打通了市场需求和技术，在短短几年内达到世界领先水平。首先，技术能力的积累。在2004年之前，中国在高铁行业一直坚持自主研发，有较强的技术能力基础（路风，2020），拥有了技术能力成长必不可少的产品开发平台。路风（2020）指出，所谓的产品开发技术平台是一个包含了工作对象（产品序列）、工作主体（专业研发人员）和工作支持环境（设备和经验知识）的有组织的活动系统。其次，引进外国产品的同时也提升了技术能力。2004年积累的经验并不足以达到世界最前端的技术，但是对产品和性能之间的因果关系的知识积累已经足够，一旦获得最前端相关的信息和技术，技术能力在短时间内能得到较大提升。最后，2008年之后，重回自主研发路径。在引进了部分产品后，中国高铁企业开始利用已有知识开发新产品，并于2015年获得了自主开发产品中国标准动车组。

表30-4 中国高速列车发展阶段和代表产品

时间	阶段	代表车型		生产厂商
第一代（2004~2008年）	引进消化吸收	CRH系列	CRH1型	四方庞巴迪
			CRH2型系列	四方和日本大联合
			CRH3型	唐山和西门子
			CRH5型	长客股份和阿尔斯通
第二代（2009~2015年）	再创新	CRH380系列	CRH380A（L）型	南车四方股份有限公司
			CRH380B（L）型	唐山公司、长客股份、铁科院和西门子
			CRH380C型	长客股份
			CRH380D型	四方庞巴迪
		其他	CRH6型城际动车组	—
			cit500更高速度试验列车	—
			永磁高速动车组	—
			智能化高速动车组	—
			广深港高速动车组	—
			CJ1型城际动车组	—
			CJ2型城际动车组	—
第三代（2015年至今）	正向研发	中国标准动车组		中国中车

资料来源：根据相关资料整理。

2. 支持和鼓励零部件国产化，解决“卡脖子”问题

我国高铁技术高速发展，但是在关键零部件上还未实现完全国产化。主要原因是，轨道交通装备的基础零部件、基础工艺和基础材料的发展步伐显著落后于整机的迅猛发展。2011 年 11 月，国家工信部印发《机械基础件、基础制造工艺和基础材料产业“十二五”发展规划》，将我国高端装备中的 20 种机械基础件、15 项基础制造工艺与 12 种基础材料列为发展重点。我国轨道交通装备零部件国产化从此开始被寄予厚望，随后高铁零部件生产资质向更多的本土民企颁发，并逐步打破外资供货的垄断。动车组零部件国产化在近年来更是呈现出加速趋势。

高速动车组总共有九大关键技术，包括总成（即系统集成）、转向架、车体、牵引传动系统（通常再细分为牵引电机、牵引变压器、牵引变流器、牵引控制）、网络控制系统、制动系统。我国整车制造已经达到世界领先水平，但核心零部件国产化仍有较大提升空间。以刹车片为例，2012 年前高铁刹车片属于技术保护期，使用的产品均来自进口。自 2013 年起，国内以天宜上佳和浦然为代表的民营企业逐步进入高铁刹车片领域。其中，天宜上佳于 2013 年 9 月拿到动车组 7 个车型 5 种型号刹车片 CRCC 铁路产品认证证书，浦然在 2014 年拿到 CRCC 认证证书，均已实现批量供货。博深工具研制的刹车片在 2016 年先后获得了 CRCC、IRIS 认证，目前正在试车，并有望在 2020 年实现量产。表 30－5 为关键零部件国产化进展。

表 30－5 关键零部件国产化进展

序号	动车部件	国产化进展
1	车体	国内车体生产企业为中车集团下的长春轨道客车桂芬有限公司、青岛四方机车车辆股份有限公司、唐山机车车辆有限公司、株洲电力机车有限公司等，国外的企业有庞巴迪、阿尔斯通、西门子等
2	转向架	动车转向架上装有牵引电机、齿轮箱、轮盘制动等。2015 年，青岛四方联合高校共同研制出适用于 400 公里/时以上速度等级动车组转向架样机，并通过台架实验验证。2016 年 8 月，时代新材自主设计开发的时速 350 公里速度级动车组牵引节点、定位节点（转向架悬挂的关键部件）国产化试装车考核评审，打破国外企业的技术垄断
3	牵引系统	牵引系统被比喻为动车组的“心脏”，包括主辅一体牵引交流器、网络控制系统、转向架失稳检测装置等八大子系统，当前标准动车组的八大子系统均由中车时代电气提供
4	制动系统	青岛四方 2014 年开发出国内首个自动化动车组制动系统，但是目前克诺尔苏州公司在国内动车制动系统领域仍占有 70% 以上的份额
5	门系统	动车组内门市场，康尼机电已取代外资，占据 80% 的份额。外门市场，康尼机电 2014 年取得关键技术上的突破，2015 年 100 列动车门系统投入运营，市占率取得明显提升
6	车轴	晋西车轴时速 250 公里动车车轴运用考核已基本结束。时速 350 公里动车车轴目前已取得 CRCC 认证，具备量产且已有小批量订单。其中，试制生产的动车车轴装入 350 公里的中国标准动车组，成功实现首次载客运行
7	连接器	动车组连接器领域，主要为国外企业统治，主要有哈廷公司、JAE、安费诺和魏德米勒。永贵电器 2009 年开始正式向 CRH1 型、CRH5 型动车组提供连接器组件和零部件，同时提供当年独立成功研发的 216 芯大型连接器 YGC－216 型产品
8	刹车片	2012 年前，高铁刹车片属于技术保护期，使用的产品均来自进口。自 2013 年起，国内以天宜上佳和浦然为代表的民营企业逐步进入高铁刹车片领域。其中，天宜上佳于 2013 年 9 月拿到动车组 7 个车型 5 种型号刹车片 CRCC 铁路产品认证证书，浦然在 2014 年拿到 CRCC 认证证书，均已实现批量供货。博深工具研制的刹车片在 2016 年先后获得了 CRCC、IRIS 认证，目前正在试车，并有望在 2020 年实现量产

续表

序号	动车部件	国产化进展
9	受电弓	受电弓纯炭滑板主要依赖于进口，万高科技为全国首家通过进口动车组炭滑板产品 CRCC 认证的企业，永贵电器 2016 年 11 月以 3000 万元增资，获得其 20% 股权
10	空调	动车空调供应商主要有国外品牌克诺尔、法维莱等以及国内品牌石家庄国祥、鼎汉技术等，从 2015 年开始鼎汉技术在高铁领域的空调装备陆续进入上道实验以及相关资质认证程序，目前已实现小规模销售
11	减振降噪弹性原件	动车组减振降噪过去主要采用进口产品，在当前进口替代的趋势下，时代新材产品逐步取得一定市场份额，2015 年动车减振降噪产品收入达到 1 亿多元，在非进口产品市场中占据近 80% 的份额

资料来源：北京欧立信调研中心《2017 年高铁行业市场分析报告》。

3. 推进制度变革，解决激励不足问题

尽管改革开放以来，中国高速铁路坚持自主创新，但是直到 2004 年，中国高铁才迎来发展高峰。对此学者们从不同角度进行了解读，部分学者认为技术战略的选择，即从独立自主研发路径到引进技术、消化、吸收、再创新路径的转变是关键。事实是早在改革开放之初即可以引进技术，而非得等到 2004 年？黄阳华、吕铁（2020）给了一个有说服力的解释：制度变革引起的部门结构变化导致激励不足问题得以解决是高铁引来发展的必要条件之一。改革之前，高铁属于供给端（产业部门）和需求端（运营部门）高度集权部门结构，改革开放后又形成了供给端（产业部门）和需求端（运营部门）分权结构。高铁的复杂产品系统（路风，2020）具有投资规模大、投资回收期长、规模效应显著等公共产品特性，需求端的分权特征，与产品特征不匹配，导致技术投资激励不足的问题。2004 年之后，需求端即铁道部收回分散于地方地铁局的投资权限，形成了需求端集权的部门结构，为形成一定的投资规模奠定了制度基础。

三、高铁行业当前存在的问题与面临的挑战

在中国高铁行业取得举世瞩目成就的同时，面临的挑战也逐渐浮现：一方面，中国高铁技术已经处在该领域研发体系的前沿，由此也不得不面对拓展技术前沿面的挑战；另一方面，海外市场拓展举步维艰。

1. 共性技术研发激励不足，由技术学习向技术引领跃升的支撑不够

作为我国铁路行业唯一的多学科、多专业综合性科研机构，铁道科学研究院自成立之日起就天然承担着集成性强、复杂度高、学科跨度广的竞争前共性技术开发、储备与扩散任务。2004 年以来，在原铁道部的高强度行政组织和资源支持下，铁道科学研究院在无砟轨道、控制系统、牵引制动、联调联试等领域为高铁技术消化、吸收做出了重要贡献。然而，过去为了在最短的时间内实现技术赶超，为了高效率地完成政府下达和企业委托的各类课题，铁道科学研究院应有的共性技术与下一代技术开发储备功能也因过度专注于攻克当前的技术问题而逐渐被削弱。吕铁、江鸿等（2017）认为，未来随着政企分开和竞争性机制的逐步形成，共性技术创新主体和公共服务机制的缺失对我国高铁技术未来发展和国际竞争的不利影响将会逐渐显现。自负盈亏和过度市场化的个人薪酬机制安排是阻碍铁道科学研究院改善共性技术供给现状的直接原因。由于国家并未根据“既办企业又搞科研”的要求调整其转制后的企业考核标准和税收政策，因此，该院虽在原则上应兼顾市场与公益目标，但在组织属性上其实并无从事共性技术研发的较强动机。近年来，铁道科学研究院的体量与实力不断增长，但主要

发生在生产制造而非共性技术和行业服务领域。例如，院属机车车辆研究所的下属企业——纵横机电公司 2014 年利润增长达 170%；但与 2000 年生产制造部门划归该所时相比，全所科研人员占比已由 50% 降至不足 30%。提振商业活动固然可以反哺共性技术研发，但难以避免“一肩双担”的研究人员将决定企业效益和个人收入的产品与工程技术置于共性技术开发之前，还可能因院属生产企业与行内企业的直接竞争而妨碍共性技术扩散。

2. 中国高铁行业“走出去”迎挑战

《中国制造 2025》设定了高铁行业“走出去”的具体目标，指出“2020 年高铁行业销售产值超过 6500 亿元，而境外业务占比超过 30%，2025 年境外业务占比达 40%”。这意味着 2020 年高铁行业境外业务销售额需达 1950 亿元。而联合国贸易数据库显示，2015 年中国高铁行业出口 46.56 亿美元，以当年汇率计算，折合人民币 293.57 亿元，年均增长需要达到 46%；2016 年则降至 26.96 亿美元，折合人民币 169.99 亿元，年均增长 84% 才能达到预期目标。那么中国高铁行业是否能达到此目标？2004 年中国高铁行业出口额为 3.70 亿美元，2008 年扩大至 11.91 亿美元，2004～2008 年年均增速 33.98%；随着全球金融危机的爆发及蔓延，出口增长略有回落，但 2015 年依旧达到 46.56 亿美元的规模，2004～2015 年年均增长 25.89%，而 2016 年以后的三年出口贸易额出现大幅回调，所以目前的增长速度显然不能达到预期目标。为了提高增长速度，我们不得不直面“走出去”的挑战。

（1）产业标准不同，进入国际市场难度大。中国轨道交通“走出去”可以分为三个层次：某个产品或某几个产品的“走出去”、全产业链“走出去”，以及中国标准的“走出去”。然而高铁行业标准众多，给新兴国家开拓国际市场带来困难，2015 年印度尼西亚雅万高铁车辆项目后，中国标准开始走向国际市场。然而北美、欧盟、亚洲、非洲等国家或地区都自成体系或认同某些发达国家或国际组织的标准，如北美铁路协会标准，德国工业标准，中国标准，日本工业标准，国际铁路合作组织标准；而欧盟采用国际铁路联盟标准，非洲往往采用欧洲标准，独联体、朝鲜采用俄罗斯标准等。在其他条件差不多的前提下，采用相同国际标准的生产单位更容易获得标的，这为中国进入国际市场增加了难度。

（2）地缘政治风险高，中国“高铁外交”面临挑战。目前中国高铁“走出去”的主要地区是东南亚、中东欧以及非洲，这其中许多国家的政治形势十分复杂，张晓通、陈佳怡（2014）指出，中国在罗马尼亚、匈牙利等中东欧国家开展“高铁外交”已经引起欧盟总部的警惕，担心中国在中东欧的影响力增强会损害自身利益。童舜尧（2016）从中泰高铁由积极变消极的政策实践出发，提出赋予高铁外交太多的政治意义，认为提高了地缘政治风险，由此他建议中国高铁“走出去”应淡化政治意义，注重商业项目合作，政策因国制宜，推动高铁国际标准与认证体制建立。

（3）组织协调难度大，国际市场拓展难。受我国铁路长期政企合一体制惯性的影响，同时也出于国内高铁快速发展过程中资源高效整合的需要，过去十余年我国高铁部门的治理带有较强的行政协调色彩。这种部门治理方式有效地发挥了社会主义市场经济集中力量办大事的优势，在较短时间内追上老牌高铁强国数十年积累起来的技术水平。行政协调在国内的成功很容易让人延续在高铁“走出去”过程中同样复制国内治理模式的思维。然而，由于国内和国外迥异的市场需求条件和竞争环境，中国高铁“走出去”并不是国内成功模式的简单复制。中国高铁如何在海外市场需求条件和竞争环境都发生了根本性变化的背景下，实现激励相容和有效协调，成为中国高铁“走出去”必须面对的严峻挑战：一方面，如何继续在海外市场实现激励相容？拟建高铁的国家普遍缺乏类似我国的铁路中长期发展规划，而且海外高铁项目具有单一化、零星化的特征，投资规模大、专用性强、回收期长、不确定性大，投资海外市场的“赚钱效应”还没有形成，不少企业实际上持有谨慎观望的态度。另一方面，如何继续在海外市场实现有效协调？即便在国内，过去浓重的行政协调也逐步转向了企业间的市场交易关系，新的产业链协调机制尚处于完善阶段，遑论海外市场的协调（吕铁等，2017）。

四、高铁行业未来发展方向与政策建议

1. 优化科研组织体制，建立多层次技术供给体系

伴随着高铁行业发展起来的还有一套科研体系，除了企业自身的科研队伍外，高校和科研院所在促进高铁行业快速发展中起到不可忽略的作用。当前中国铁道科学研究院、株洲电力机车研究所、中南大学等数十所高等院校，为高铁行业提供创新的人才来源，然而过度市场化的个人薪酬机制安排导致缺乏共性技术供给主体。为此建议明确铁道科学研究院在高铁共性技术供给方面的非营利性主体地位。从多国经验来看，无论是铁路运输企业完全民营化的日本，还是维持铁路运输国有国营状态的德国和法国，目前具有较强高铁技术能力的国家无一例外地持续设有定位清晰、无盈利压力的共性技术研发机构（如日本铁道综合技术研究所）或协调各界开展共性技术研发的管理服务机构（如法国国铁技术研究服务局、德国国铁铁路系统创新局等），并以准公共事业体制支持其投入研发风险高的超前研究。与此形成对照的是，英国在1989年将主导高速铁路计划研究的铁路技术中心转为自负盈亏机构，继而在1996年将其分拆出售。这个曾经的“全球最大铁路研究综合体”快速丧失了一流铁路共性技术研究中心的地位，既往的庞大试验、测试设施，目前仅空气动力模式测试装置仍用于铁路共性技术研究。英国也不得不先后洽购法国、德国、日本的高铁装备以满足“欧洲之星”的运营需要。相比之下，我国高铁市场规模远超上述国家，尽管有激发企业在市场化改革中发展出竞争性共性技术供给机制的可能性，但在当前阶段，鉴于铁道科学研究院转制后共性技术研发能力与动力下降的现实情况、铁路系统行政性研发协调机制退位带来的共性技术供给困难以及高铁技术体系由追赶转向领先的迫切需要，同时缺少像西门子、阿尔斯通、日立等企业能够将前沿技术应用于多元化业务领域的预期与由此而来的共性技术投入动机，较恰当的安排应是将铁道科学研究院清晰定位为公共性质的共性技术供给主体，推进完善我国铁路的部门创新体系。

2. 完善高铁标准体系，推动高铁标准国际化

中国高铁“走出去”是一个复杂、庞大、长期、渐进的系统工程，标准化工作是其中的基础技术支撑，为此需要建设并完善高铁标准体系；加快与各国高铁标准对比分析；发布高铁标准外文版；建设标准高铁示范项目，综合分析国内外客观实际，采取试点示范工作方式，发挥试点的引导、带动和示范作用应该是一个事半功倍的措施。推进中国与其他铁路发达国家高铁标准互认，目前世界铁路发展国家及地区已形成了较完善的标准，如欧洲标准，其标准体系与技术内容与中国存在差异。可通过共同研制标准分别发布的形式或采取国际标准的互认，为将来深层次的标准互认打下坚实基础。积极推进中国铁路承担国际标准化组织相关技术委员会主席和秘书处工作，目前中国承担的ISO湖人IEC技术委员会主席39个、秘书处65个，铁路各部门及企业学习其他行业成功经验，抓住我国国际标准化地位提升及ISO/TC269铁路技术应用委员会成立不久的契机，推动参与标准化制定和维护工作；使用好表决权，反映行业诉求在标准制定或修订的各阶段，充分合理运用表决权，及时提出我国行业企业的诉求或建议，对于我国不利的项目或内容提出修改要求。如UIC修订机车车辆限界标准时，我们及时提出将中国机车车辆限界的内容纳入标准，收到了很好的效果（刘春卉等，2015）。

3. 推动资本运作，拓展融资方式

资本在企业成功实施国际化战略中起到重要的支撑作用。我国高铁行业企业应通过兼并方式并购国外成熟的轨道交通企业，获得对方现成的生产线、技术、现有的品牌以及销售渠道，避开被并购方高铁行业市场的贸易壁垒，迅速形成生产能力，提高市场占有率，全面提升海外经营能力和竞争力，通过入驻的方式开拓国际市场业务。进行资本经营，通过资产债务重组、股份转

让、收购兼并、发行企业债券等方式有效运营，调整资本结构，达到实现资本价值最大化的目的。其中，收购兼并是我国高铁行业制造企业向国家化公司转型的重要通道。

4. 完善人才培养体系，实施人才培养战略

人才是企业发展的核心因素，更是企业走向国际化、进军国际市场的关键，是增强我国高铁行业制造企业在国际化中竞争力的有效手段。专业人才的培养包括专业管理人才和专业技术人才的培养。针对我国轨道交通企业在国际化经营人才缺乏、专业技术人才总量少的情况，应该优化经营管理人才的结构，引进国外优秀管理，学习借鉴国外管理经验，注重内部人才的培养，进行内部培训，并在国际化战略开展过程中培养既了解企业内部情况又熟悉国际资本市场，具有国际理念的复合型人才和具有实际操作经验的国际化人才队伍。建议培养一支熟练掌握高铁行业技术，具有专业技术技能，富有创新能力和科学研发能力的专业化人才队伍。我国企业应将人力资源开发作为工作重点，加大岗位培训力度，提高技术人员专业知识水平和职业技能，发挥、挖掘专业技术人员的潜能，并且建立研发中心，为有知识、有技能的专业人员创造良好的研发环境。重用懂技术善经营的人才，发挥他们在技术上领先、管理运作上得心应手的优势，积极应对国际市场的激烈竞争，不断开拓新市场，带领企业走上国际化道路，由此整体提升我国高铁行业制造业参与国际竞争的水平（林莉等，2014）。

专栏 30-1

3.5 万公里的幸福绵延中国高铁的"科技牵引力"

从自主设计修建零的突破，到世界最先进的智能高铁，从时速 35 公里到 350 公里，京张线见证了中国高铁的科技创新发展，更折射出一个东方古国的历史性跨越——2019 年底，我国高铁里程达到 3.5 万公里，一些偏远或相对落后地区加入"高铁圈"。

5G 信号、无线充电、智能灯光调节、无级变色车窗、无障碍设施……京张高铁开通当天，人们惊叹智能京张高铁体验列车上集中了这么多的"黑科技"。

"这是世界上首次时速 350 公里的自动驾驶，列车的自动驾驶系统能根据线路状况自主计算出安全、节能、高效的驾驶模式，大大减轻了司机的劳动强度。"中铁设计京张高铁自动驾驶设计负责人王东方说。

从掌握复杂地质及气候条件下高铁建造的成套技术，到攻克铁路工程建造领域一系列世界性技术难题；从全面掌握时速 200~250 公里、300~350 公里动车组制造技术，到构建涵盖不同速度等级、成熟完备的高铁技术体系，中国高铁"金名片"越擦越亮。

业内人士指出，京张高铁标志着我国铁路从高速时代迈入智能时代，为中国铁路发展竖起又一个里程碑。

"坐火车"一词的内涵，也将更加丰富。悬空"起浮"、贴地"飞行"，设计时速达 600 公里的高速磁悬浮列车试验样车已经下线，它速度快、安全可靠、噪声低、载客量大。坐上这种列车，"日行千里"可能只要一顿大餐的工夫。城市之间的距离将进一步被压缩，"双城"通勤效率得到提升，城市群内部联系更加紧密。

2020 年春运，电子客票登上历史舞台。截至 2019 年 12 月 5 日，458 个高铁车站通行电子客票，列车整体检票通行的耗时缩短了 1/3 以上，人类历史上最大规模的周期性迁徙也兴起"科技范儿"。

截至2019年12月，铁路部门开通41个供餐站，可向4000多个车次的旅客提供3000余种餐食产品。24小时营业的“智能无人餐厅”在青岛各火车站提供服务。这里的食品种类丰富、绿色、安全，从点餐到出餐只要28秒。

中国国家铁路集团有限公司有关负责人表示，智能建造、智能装备、智能运营三个领域的探索和实践，让中国高铁加速领跑。

资料来源：摘自《新华每日电讯》2020年1月9日。

参考文献

[1] 杜彦良、牛学勤：《现代轨道交通技术与装备》，科学出版社2012年版。

[2] 高铁见闻：《高铁风云录》，湖南文艺出版社2015年版。

[3] 林莉、董美霞、葛继平：《中国高铁行业制造业发展战略研究》，经济科学出版社2014年版。

[4] 吕铁、黄阳华、贺俊：《高铁“走出去”战略与政策调整》，《中国发展观察》2017年第8期。

[5] 吕铁、江鸿、贺俊、黄娅娜、黄阳华：《从铁科院改革看我国共性技术研发机构的建设发展》，《中国发展观察》2017年第4期。

[6] 童舜尧：《论中国高铁“走出去战略”调整的必要性——以中泰铁路的波折为例》，《通化师范学院学报》2016年第11期。

[7] 王晶：《中国高铁行业制造业的国际竞争力研究》，北京交通大学硕士学位论文，2016年。

[8] 徐飞：《中国高铁“走出去”战略：主旨·方略·举措》，《中国工程科学》2015年第4期。

[9] 张晓通、陈佳怡：《中国高铁“走出去”：成绩、问题与对策》，《国际经济合作》2014年第11期。

[10] 赵会军、朱克非、唐正霞：《中国铁路“走出去”研究综述》，《经济研究导刊》2016年第33期。

[11] 中国中车股份有限公司：《中国中车股份有限公司2019年年度报告》2020年版。

[12] 刘春卉、旻苏、汪滨、赵奇、李波、于志勇、滕慧玲、李燕：《我国高铁标准国际化现状与对策研究》，《中国标准化》2015年第6期。

[13] 黄阳华、吕铁：《深化体制改革中产业创新体系演进——以中国高铁技术高超为例》，《中国社会科学》2020年第5期。

[14] 路风：《走向自主创新——寻求中国力量的源泉》，中国人民大学出版社2019年版。

[15] 路风：《走向自主创新——新火》，中国人民大学出版社2020年版。

第三十一章　船舶工业

提　　要

"十三五"时期，我国船舶工业积极应对世界经济增速放缓、全球船舶市场持续低迷、中美贸易摩擦升级、国际金融市场震荡等严峻挑战，总体保持了稳中有进的发展态势。当前，我国世界造船大国地位相对稳固，船舶工业国际竞争力优势明显，现代船舶科技创新迈上新台阶，产业组织结构进一步优化升级，降本增效促使船企效益回升。"十四五"时期，我国船舶工业面临以下重大机遇：工业互联网"智能+"为船舶工业数字化转型升级提供了良好契机，世界船舶中心向亚洲转移为我国船舶工业做强做优提供了历史契机，船舶内需强劲为我国船舶供给侧结构性改革提供了市场契机。"十四五"时期我国船舶工业面临的主要挑战：一是船舶工业内部产业链供应链面临诸多困难；二是船舶工业外部环境不稳定、不确定、不可控风险上升。我国船舶工业"十四五"时期高质量发展的政策建议：一是积极拓展船舶内需市场，保障产业链供应链安全可靠；二是以科技创新为第一驱动力，追求船舶产业高质量发展；三是发展先进高效制造模式，促进船舶产业转型升级；四是加强全面风险管理，夯实船舶工业体系和产品质量两大基础。

*　　　　*　　　　*

船舶工业是国民经济的重要组成部分，也是国家海洋强国战略的重要支撑。"十三五"时期，我国船舶工业积极应对世界经济增速放缓、全球船舶市场持续低迷、中美贸易摩擦升级、国际金融市场震荡等严峻挑战，船舶工业总体稳中有进，供给侧结构性改革取得积极进展，产业转型升级迈出新步伐，在各种复杂环境和严峻挑战下初步实现了高质量发展。"十四五"时期，我国将逐步构建以国内大循环为主体、国内国际双循环相互促进的新发展格局，作为典型的外向型产业，船舶工业在新发展格局构建中将肩负新的历史使命，发挥新的历史作用。本章重点分析"十三五"时期我国船舶产业的发展现状及其变化，分析当前船舶工业面临的机遇、问题与挑战，并展望"十四五"时期我国船舶产业的发展趋势和潜力，提出船舶工业高质量发展的政策建议。

一、"十三五"时期我国船舶工业的基本情况

"十三五"时期，我国船舶工业积极应对世界经济增速放缓、地缘政治冲突不断增多、全球

船舶市场持续低迷、中美贸易摩擦升级、国际金融市场震荡等严峻挑战，我国船舶工业世界大国地位相对稳固，国际竞争力保持世界一流水平，船舶科技创新迈上新台阶，产业结构进一步优化升级，降本增效促使船企效益回升，在各种复杂环境和严峻挑战下为“十四五”时期打下了坚实基础。

1. 船舶工业世界大国地位相对稳固

造船完工量、新接订单量、手持订单量是反映船舶行业经济运行的三大重要指标，考察“十三五”时期我国船舶工业上述三大运行指标的变化情况，可以比较全面客观地反映我国船舶工业经济运行“十三五”时期的发展态势。总体来看，“十三五”时期我国船舶工业三大核心指标绝对数呈下降趋势，但占世界比重仍然处于领先地位，世界造船大国地位非常稳固。

表 31－1 揭示了“十三五”时期我国船舶工业三大运行指标总量及占世界比重的变化情况。可以看出，“十三五”时期，由于世界造船工业长期处于市场低迷状态，我国造船完工量、新承接船舶订单量和手持船舶订单量三大指标绝对数规模均呈逐年下降态势。我国造船完工量由 2015 年的 1286 万修正吨下降到 2019 年的 1109 万修正吨，下降幅度为 13.76%；新承接船舶订单量由 2015 年的 1025 万修正吨下降到 2019 年的 835 万修正吨，下降幅度为 18.54%；手持船舶订单量由 2015 年的 3987 万修正吨下降到 2019 年的 2719 万修正吨，下降幅度为 31.80%。不难发现，“十三五”时期我国造船完工量、新承接船舶订单量和手持船舶订单量均呈较为明显的下降趋势，表明我国船舶工业在日益复杂的竞争环境中要保持竞争优势仍面临较大挑战。

另外，“十三五”时期我国船舶工业三大指标占世界比重总体保持稳定，在小幅波动中保持基本稳定的态势（见图 31－1）。我国造船完工量占世界市场比重由 2015 年的 35.1% 在波动中下降到 2019 年的 33.8%；新承接船舶订单量占世界市场比重由 2015 年的 30.3% 在波动中上升到 2019 年的 32.8%；手持船舶订单量占世界市场比重由 2015 年的 36.5% 在波动中缓慢下降到 2019 年的 35.5%（见表 31－2）。总体来看，“十三五”时期受国际船舶市场低迷影响，我国造船完工量、新接订单量、手持订单量三大指标总体规模呈下降趋势，但上述三大指标占世界比重的总体份额仍然相对较高，基本稳定保持在 30% 以上，表明我国船舶工业的国际竞争力仍处于世界领先地位。

表 31－1 “十三五”时期我国船舶工业三大运行指标及世界占比

指标		2015 年	2016 年	2017 年	2018 年	2019 年
造船完工量	万载重吨	3922	3594	3804	3471	3690
	占比（%）	40.8	35.9	39.1	43.3	37.3
	万修正总吨	1286	1103	1142	1090	1109
	占比（%）	35.1	32	34.5	36.1	33.8
新接订单量	万载重吨	2916	1617	3223	2998	2813
	占比（%）	30.2	59	44.4	39.0	43.7
	万修正总吨	1025	403	918	933	835
	占比（%）	30.3	35.8	39.5	32.2	32.8
手持订单量	万载重吨	12737	9595	8814	8833	8039
	占比（%）	42	43	44.8	42.6	43.1
	万修正总吨	3987	3049	2871	2865	2719
	占比（%）	36.5	35.4	37.1	35.9	35.5

资料来源：笔者根据中国船舶工业行业协会公开披露的统计数据绘制（2015～2019 年）。

2. 国际竞争力保持世界一流水平

船舶工业出口水平是反映一国船舶工业国际竞争力的重要指标，中国当前与韩国、日本一起已是世界公认的三大船舶工业大国。“十三五”时期，受国际市场低迷影响，我国完工出口船、新承接出口船订单和手持出口船订单三项指标一直呈不同程度的下降趋势（见图 31－2）。我国完工出口船由 2015 年的 3707 万修正吨在波动中下降到 2019 年的 3353 万修正吨，新承接出口船订单由 2015 年的 2770 万修正吨在波动中下降到 2019 年的 2695 万修正吨，手持出口船订单量由 2015 年的 11775 万修正吨在波动中逐渐下降到 2019 年的 7521 万修正吨。然而，由于日本和韩国上述三大指标也存在不同程度的大幅下降，使我国完工出口船占全国完工量比重、新承接出口船订单占新接订单量比重、手持出口船订单占手

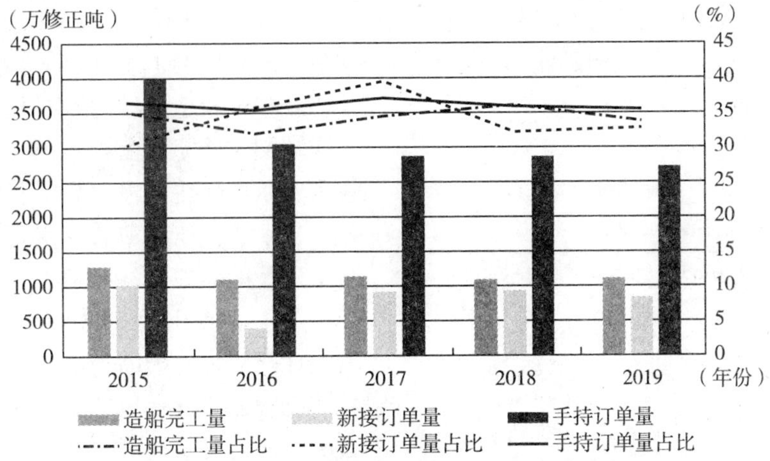

图 31－1　“十三五”时期我国船舶工业三大指标及世界占比

资料来源：笔者根据中国船舶工业行业协会公开披露的统计数据绘制（2015～2019 年）。

表 31－2　“十三五”时期世界主要造船大国三大指标情况

指标		世界		中国		韩国		日本	
		2015 年	2019 年	2015 年	2019 年	2015 年	2019 年	2015 年	2019 年
造船完工量	万载重吨	9624	9899	3922	3690	2936	3262	2109	2484
	占比（%）	100	100	40.8	37.3	30.5	32.9	21.9	25.1
	万修正总吨	3665	3281	1286	1109	1270	951	662	815
	占比（%）	100	100	35.1	33.8	34.6	29.0	18.1	24.8
新接订单量	万载重吨	9646	6440	2916	2813	3246	2357	2887	1123
	占比（%）	100	100	30.2	43.7	33.7	36.6	29.9	17.4
	万修正总吨	3377	2545	1025	835	1015	943	914	336
	占比（%）	100	100	30.3	32.8	30.0	37.0	27.1	13.2
手持订单量	万载重吨	30315	18637	12737	8039	8271	5425	6934	4156
	占比（%）	100	100	42.0	43.1	27.3	29.1	22.9	22.3
	万修正总吨	10929	7660	3987	2719	3052	2254	2314	1199
	占比（%）	100	100	36.5	35.5	27.9	29.4	21.2	15.7

资料来源：世界数据来源于克拉克松研究公司，并根据中国的统计数据进行了修正。

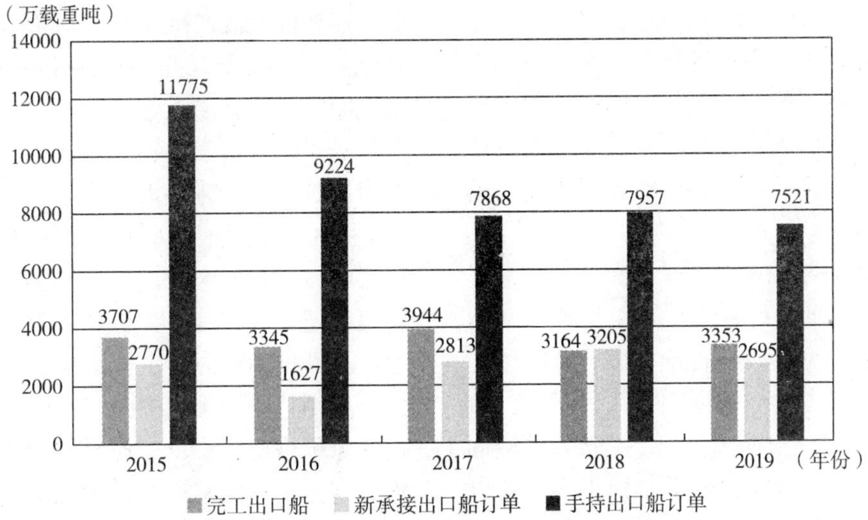

图 31－2　“十三五”时期我国船舶工业三大指标出口情况

资料来源：笔者根据中国船舶工业行业协会公开披露的统计数据绘制（2015～2019 年）。

持订单量比重三项指标长期处于80%以上高位，表明我国船舶工业仍是具有相当国际竞争力的外向型经济产业（见表31－3）。

表31－3 “十三五”时期我国出口船舶三大指标占全国比重

指标（%）	2015年	2016年	2017年	2018年	2019年
完工出口船/全国完工量	88.60	94.70	92.4	91.50	91.31
新承接出口船订单/新接订单量	88.60	77.20	83.4	87.40	92.71
手持出口船订单/手持订单量	95.70	92.60	90.2	89.10	92.10

资料来源：笔者根据中国船舶工业行业协会公开披露的统计数据绘制（2015～2019年）。

表31－3显示了我国“十三五”时期出口船舶三大指标占全国的比重情况。可以看出，我国船舶工业出口比重呈逆势上升态势，表明我国船舶工业国际市场竞争力不降反增。完工出口船占全国完工量的比重，由2015年的88.60%逐年上升到2019年的91.31%，呈波动中逐年上升态势；新承接出口船订单占全国新接订单量的比重，由2015年的88.60%波动上升到2019年的92.71%，呈波动中缓慢上升态势；手持出口船订单占手持订单量的比重，由2015年的95.70%缓慢回落至2019年的92.10%，在波动中基本保持稳定态势。不难发现，我国出口船舶三大指标占全国的比重2015年至2019年基本保持稳定且呈稳定增长态势，表明在中美贸易摩擦、国际需求趋缓背景下，我国船舶工业出口国际竞争力仍然保持了稳中有升的上行态势，我国船舶工业国际化、市场化进程进一步加快，在国际市场上的竞争力进一步增强。

3. 现代船舶科技创新迈上新台阶

“十三五”时期，我国船舶工业科技创新迈上新台阶。一是船型开发取得新突破，产品结构持续优化升级。智能船舶研发生产取得新突破，“一个平台＋N个智能应用”模式在三大主流船型上成功示范应用，我国造船业全面迈入“智能船舶1.0”新时代。绿色环保船型建造取得新成果，17.4万立方米双燃料动力液化天然气（LNG）船、7500车位LNG动力汽车滚装船顺利交付，2.3万TEU LNG动力超大型集装箱船下水。豪华邮轮建造取得新进展，首艘极地探险邮轮成功交付并完成南极首航，国产大型邮轮全面进入实质性建造阶段。高端科考船建造取得新成效，“海龙”号饱和潜水支持船交付，我国首艘自主建造的极地破冰科考船“雪龙2”号与“雪龙”号一起展开“双龙探极”。船舶制造业正朝着设计智能化、产品智能化、管理精细化和信息集成化等方向发展。二是自主研发能力和船用设备配套能力逐年提高，三大主流船型全面升级换代。我国主流船型实现了大型化、系列化、批量化，90%以上的出口船舶为自主开发、拥有自主知识产权的品牌船型，战略性、前瞻性产品研发稳步推进，一批自主品牌动力装备研发取得突破，常规产品优化、创新能力日益增强，高技术、高附加值产品开发能力不断提升，船用设备制造本土化率进一步提高，船舶工业核心竞争力逐渐增强。

4. 产业组织结构进一步优化升级

为有效应对国际竞争和做强做优主业实业，“十三五”时期，船舶行业央企集团积极稳妥推进战略性重组。2019年，原中国船舶工业集团有限公司与原中国船舶重工集团有限公司实施联合重组，新设中国船舶集团有限公司，并以此为契机壮大主业实业，强化科技创新，推进资源整合。中国船舶集团拥有中国最大的造修船基地和最完整的船舶及配套产品研发能力，在船舶建造、船舶配套及产融结合等方面具备更突出的综合优势。招商局集团有限公司旗下招商局工业集团有限公司整合南京金陵船厂、中航威海船厂和中航鼎衡造船有限公司，打造招商金陵特种船业务新品牌。中远海运重工有限公司大力推进集团内企业专业化整合，完成威海科技和上海川崎股权收购，大连迪施与南通迪施完成整合。船舶央企集团通过资产重组，更加注重做强做优主业实业，不断推动资源向主业企业和优势企业集中。

船舶行业过剩产能得以有效化解。近年来，受新船价格持续走低、原材料成本大幅上涨、融资成本高企等因素影响，加之劳动力成本、财务费用、物流成本的刚性上涨，行业整体经济效益不佳。船舶行业通过兼并重组、破产清算等多种举措，有效缓解了船舶过剩产能带来的不利影响，船舶产能和海工装备“去库存”取得积极进展。据不完全统计，2019 年，我国骨干海工装备制造企业把握全球海工装备上游运营市场温和复苏的趋势，采用“租、转、售、联”等方式积极推动海工装备“去库存”。中国船舶集团、招商工业、中远海运重工等企业租售十余座钻井平台；福建省船舶工业集团有限公司、中远海运重工等企业交付各型海洋工程船 60 余艘。

5. 降本增效促使船企效益回升

当前，船舶工业提升质量、强化管理、降本增效的主攻方向，就是推进信息化、工业化与绿色化融合发展。南通中远海运川崎船舶工程有限公司和大连中远川崎船舶工程有限公司，通过使用“全面钢板印字机”“钢板数控切割”“焊接机器人”等智能自动化生产线作业，生产周期明显缩短，物料消耗明显降低，作业人员明显减少。武汉船用机械有限责任公司打造的船海工程机电设备数字化车间将船机产品的研发周期缩短 30% 以上，生产效率提高 20% 以上。烟台中集来福士海洋工程有限公司自主研发的智能化激光复合焊接生产线投入使用后减少 30% 的建造工时，生产效率提高 40%。上海船舶工艺研究所研发制造的船舶智能制造流水线有效提高了产品质量，能源消耗降低 30%，人工比例降低 40%，生产效率提高 50%。

船舶工业向智能化、绿色化转型，可以实现降本增效的目标，有利于船舶企业效益回升。2019 年，船企通过制定项目管理强化风险管控、利用机器人生产线推进智能化应用、深化预算制度加强成本管理等方式，实现了降本增效和企业效益回升。三大船舶央企通过优化债务结构、开展股权融资、实施市场化“债转股”等途径有效降低企业债务水平，全行业资产负债率由 69.4% 下降至 68.9%，同比下降 0.5 个百分点。统计显示，2019 年 1 ~ 11 月，规模以上船舶工业企业营业费用、管理费用和财务费用同比分别下降 2.9%、7.7% 和 24.6%，利润总额为 53 亿元，同比增长 23.4%，船企效益企稳回升较为明显。

二、“十四五”时期我国船舶工业面临的发展机遇

“十四五”时期，我国正处于新型工业化、信息化、城镇化、农业现代化高质量发展的新阶段，经济潜力足、韧性强、回旋空间大、政策工具多的总体形势没有改变。依托我国全球最完整、规模最大的工业体系、强大的生产能力、完善的配套能力，依托 1 亿多市场主体和 1.7 亿多受过高等教育或拥有各类专业技能的人才，依托包括 4 亿多中等收入群体在内的 14 亿人口所形成的超大规模内需市场，我国船舶工业在构建“以国内大循环为主体、国内国际双循环相互促进”的新发展格局中仍将面临重大发展机遇。

1. 工业互联网“智能 +”为船舶工业数字化转型升级提供了良好契机

随着我国新技术、新产业、新业态、新模式蓬勃涌现，船舶工业互联网“智能 +”等平台逐步搭建，为船舶工业数字化、智能化和绿色化转型进入“快车道”提供了良好契机。加快数字化转型是推动船舶工业高质量发展的根本要求，是船舶工业实现质量变革、效率变革和动力变革的必然选择和有效途径。随着我国进入以降速换挡、提质增效为特征的经济新常态，数字化转型和智能制造是新一轮产业革命发展的必然趋势。近年来，大数据、云计算、物联网、区块链、人工智能、量子通信、重载火箭等“黑科技”不断创新，工业互联网“智能 +”等平台逐步搭建，船舶工业新旧动能转换进一步加快，船舶工业转型升级趋势明显加快，船舶工业基础和技术创新能力进一步增强，先进制造业和现代服务业加快融合发展，船舶质量标准逐步与国际先进水平对接，产品质量和服务品质稳步提升。面向船舶工业应用场景，船舶工业基于工业互联网平台，可以对生产设备、物流装备、动能源感知设备、中间产品等实现全面物联感知，并提供资源精准对接、协同/联合设计、供应链协同、网络协同制

造等服务，实现船舶工业自主、安全、可控的高端专用装备制造。2019 年 4 月，中船工业互联网有限公司立足打造船舶行业首个工业互联网平台得以成立。工业互联网“智能 +”的发展趋势，将为船舶制造业转型升级提供良好的平台和技术服务支撑。

2. 世界船舶中心向亚洲转移为我国船舶工业做强做优提供了历史契机

当前，世界造船业竞争格局总体上呈现出中日韩三足鼎立、欧洲逐渐衰退的态势。国际造船中心已经由以波兰、意大利、荷兰和挪威为主的传统欧洲区域，转向以韩国、日本和中国为主的亚洲区域。当前船舶产业竞争主要集中在亚洲内部韩日中三强之间，诸如印度、巴西等船舶工业新兴国家，尚没有真正形成国际竞争力。全球船舶工业在经历了长达 10 多年的调整期后，在市场机制和产业发展周期的共同作用下，中日韩三国间的国际竞争进一步加剧，各国船舶行业集中度进一步提高。在世界船舶中心向亚洲转移的新竞争格局下，我国船舶工业竞争力优势进一步发挥，中国船舶工业正日益走向世界船舶工业的中心。

世界造船企业通过重组整合，正在形成新的竞争格局。2019 年，韩国现代重工并购大宇造船厂，通过强强联合重组，进一步强化了韩国造船业在高附加值船型领域的竞争力；日本第一大船企今治造船公司和日本第二大船企联合造船公司实施了资本和业务联合，船舶行业集中度进一步提升；意大利芬坎蒂尼集团和法国海军集团强强合作联手建立“NAVIRIS”合资公司，标志着欧洲造船业内部兼并重组取得巨大进展。在此背景下，我国也加快了船舶央企集团战略性重组。2019 年，我国船舶工业抢抓国际船舶竞争格局调整的有利契机，原中国船舶工业集团有限公司与原中国船舶重工集团有限公司（俗称“南北船”）合并重组形成中国船舶集团有限公司，通过兼并重组推动资源向主业企业和优势企业集中。从船舶工业竞争力格局的基本态势来看，中国船舶工业有望成为未来世界船舶工业的中心。

3. 船舶内需强劲为我国船舶供给侧结构性改革提供了市场契机

第一，国际船舶需求总量仍将保持在低位运行，但国内船舶需求仍然较为强劲。受世界经济复苏放缓、中美国际贸易争端加剧、地缘政治频发、新冠疫情等因素影响，世界海运市场仍处于触底低位运行阶段，全球新船需求仍然低迷，新船价格疲软，全球新承接船舶订单量多年来呈逐年下降趋势，世界主要造船国家的企业均深受影响，并且短期内看不到船舶需求总量大幅回升的可能。但从国内来看，我国正处于建设海洋强国战略的起步阶段，“十四五”时期我国在海军建设、海事执法、近海远海监管、远洋运输、船舶更新换代等领域仍将保持较快增长，船舶工业国内需求仍将保持较快增速。船舶工业内需潜力大，可以为我国船舶工业供给侧结构性改革提供良好的市场契机。

第二，船舶需求总量与结构会有较大变数，为我国船舶工业智能化、绿色化、数字化转型升级提供了有利条件。“十三五”时期，全球新船订单结构由传统三大主流船型向五大主流船型均衡发展，LNG 船和客船（含豪华邮轮）订单需求大幅增长。2019 年，按修正总吨计，全球散货船、油船、集装箱船、LNG 船和客船（含豪华邮轮）新船订单占全部订单的比重分别为 20.7%、13.3%、20.1%、22.5% 和 16.5%，五大主流船型需求多元化、个性化特征明显，这为我国船舶工业向智能化和数字化转型提供了有利条件。目前，我国船舶工业仍以散货船、油船和集装箱船建造为主，造船三大指标以载重吨计在国际市场上尚能保持领先。LNG 船和客船（含豪华邮轮）等未来增长潜力巨大，市场空间巨大。韩国船企仅 2019 年就承接了 48 艘 LNG 船订单，欧洲船企在 2019 年承接了 33 艘豪华邮轮订单，共计 287 万修正总吨。“十四五”时期，我国在 LNG 船和客船（含豪华邮轮）领域内需优势明显，市场潜力空间巨大。

三、“十四五”时期我国船舶工业面临的主要挑战

“十四五”时期，国际国内政治经济形势正发生深刻变化，我国面临的不稳定、不确定、不可控的风险因素明显增多。我国船舶工业将长期在一个不稳定、不确定的世界中谋求高质量发展。在此背景下，我国船舶工业应“危机中育新机、变局中开新局”，必须加强风险应对与管控能力建设，积极应对可能遇到的各种风险挑战。

1. 船舶工业内部产业链供应链面临诸多困难

第一，船舶工业研究、设计创新能力不足仍然是最大短板。我国船舶工业的建造水平处于世界领先地位，但是研发、设计尤其是在原始创新方面与世界领先水平还存在差距，具有国际影响力的一流企业和一流产品较少。同时，船舶配套产业是“软肋”，船舶产业链不完善，“卡脖子”高端技术与产品仍然存在。除此之外，我国船舶工业在国际技术标准、规范及法规制定方面的话语权不足，这些都是我国船舶工业由大变强急需补齐的短板。

第二，船舶企业接单难、融资难、盈利难等问题仍未明显缓解。目前，我国船舶工业仍处于“渡难关”阶段，船企面临的接单难、融资难、盈利难等问题仍然存在，尤其是融资难问题影响企业资金链安全，对企业的影响尤为重要。部分金融机构落实有扶有控的差异化信贷政策时标准较严，对船舶企业融资采取“一刀切”做法，存在缩减造船企业保函总量、不予开立船舶预付款保函或延长开立周期等现象，部分经营状况良好、产品质量优、国际竞争能力较强的骨干船舶企业由于不能及时获取保函，导致接单和生产经营出现困难。

第三，船舶行业“招工难、留人难、用工贵”等问题十分突出。近年来，新一代年轻人因船厂作业环境差、危险系数大、技能要求高等不愿进入船舶行业；由于船舶企业效益较国际金融危机前有明显下滑，大学毕业生和高级船舶专业人才及熟练技工流失现象严重；船企用工成本每年以5%～10%的速度刚性上涨，远远高于船企生产效率的提升速度，给本就处于薄利甚至亏损的船企带来巨大压力。当前，我国船舶工业已经进入深度调整期和优势重构攻坚期，船舶行业用工难、用工贵等问题越发严峻，应引起高度重视。

2. 船舶工业外部环境不稳定、不确定、不可控风险上升

第一，国际外部环境整体风险上升，我国“去全球化”风险增大。世界经济增速放缓甚或深度衰退的可能性大大增加，全球 GDP 增速从2018 年的3%下降到2019 年的2.3%，国际贸易和投资大幅萎缩，全球消费市场低迷萎缩，经济全球化遭遇重大波折；全球多边主义受到冲击，一些国家保护主义上升、单边主义盛行，国际交往受限、地缘政治风险上升；国际大宗商品价格大幅波动，国际金融市场震荡，全球不稳定、不确定因素明显增加。大国竞争加剧和全球经济治理难度上升，将给我国船舶工业参与国际竞争带来严峻复杂挑战，尤其是中美关系将长期面临严峻挑战，外部输入性风险持续上升，船舶工业作为外向型产业，将长期在一个不稳定、不确定的外部环境中谋求高质量发展。

第二，我国仍处于经济增速换挡、结构转型阵痛、历史负担消化“三期叠加”的关键时期，船舶工业面临的可以预料和难以预料的风险挑战将会更多更大。经济下行压力加大，周期性、结构性问题叠加，船舶产业内部新老矛盾交织，两难、多难问题增多。国内消费增速减慢，船舶工业有效投资增长乏力，稳住出口压力增大。实体经济困难较多，就业压力显著加大。国有企业改革进入“深水区”，船舶工业面临的挑战与困难更加艰巨。营商环境与市场主体期待还有较大差距，船舶企业特别是民营船舶企业十分困难。金融等领域风险有所积聚，船舶工业融资环境恶化。自主创新能力不强，关键核心技术短板问题凸显，部分技术和产品也面临“卡脖子”问题。

第三，恐怖主义、网络安全、重大传染性疾

病、气候变化等“黑天鹅”事件层出不穷，有可能引发逆全球化高潮，不利于船舶工业参与国际竞争。由于近些年贸易保护主义和新一轮科技和产业革命的影响，全球供应链已经呈现本地化、区域化、分散化的趋势。新冠疫情全球肆虐等“黑天鹅”事件会进一步恶化全球产业链合作，船舶工业的全球供应链布局面临巨大调整的可能。当前，新冠疫情全球肆虐的安全威胁仍在持续蔓延，国内多点复发的可能性极大，极大影响我国船舶工业的供应链安全与全球供应链地位。目前，美欧等经济体都在努力试图改变“以中国为中心的全球供应链体系”，这必然会恶化我国船舶工业的外部发展环境，加剧船舶工业去全球化的趋势。

四、我国船舶工业“十四五”高质量发展的政策建议

立足未来我国“以国内大循环为主体、国内国际双循环相互促进”的新发展格局，我国船舶工业“十四五”时期的供需状况有望逐步改善。一是我国船舶工业国际竞争力保持了相对稳中有升的良好态势；二是世界航运供需格局基本改善，目前我国船舶工业已在底部企稳，船舶工业稳步进入产业复苏状态可能性较大；三是从船舶工业国际竞争格局来看，中韩日作为世界造船中心的基本格局短期内不会变化。“十四五”时期，为推进我国船舶工业高质量发展，需要重点做好以下几方面工作：

1. 积极拓展船舶内需市场，保障产业链供应链安全可靠

第一，充分挖掘船舶内需市场。我国国内市场需求潜力巨大，应逐步扩大船舶内需市场，充分结合国家推进新基建、保产业链供应链稳定、发展内河航运等有利契机，发挥船舶产业链条长、产业关联度大、综合性配套要求高等特点，培育船舶产业经济新增长点。建议船舶企业围绕国家海洋强国建设战略，促进船舶和海工装备制造与旅游、渔业、风电能源、深海空间、资源开发、海上执法、军事保卫等领域结合拓展细分市场，培育新的海洋经济增长点；利用内需市场扩大契机，逐步调整船舶市场产品结构，淘汰落后产能，增强高技术、高质量船舶比重，通过产品升级、技术升级、管理升级促进船舶工业转型升级。

第二，加快“走出去”步伐。结合“一带一路”建设，积极推进船舶和海洋工程装备国际产能和装备制造合作。支持油气开发企业、船舶和海洋工程装备制造企业、金融机构加强战略合作，联合开展全球油气资源开发和运营。鼓励骨干船舶企业积极开展海外并购，在海外投资建厂，建立海外研发中心、实验基地和全球营销及售后服务体系。积极参与国际造船规则制定、修订，提高国际造船规范标准制定参与深度和广度。

第三，积极引入全球创新资源。利用国外优势资源，开展豪华邮轮、船用低速机协同攻关，鼓励境外企业和科研机构在我国设立全球研发机构。鼓励船舶企业、科研院所与国外相关机构开展联合设计、技术交流合作和人才培养。鼓励船舶企业采取团队引进、核心人才引进、项目引进等方式吸引海外高端人才。

2. 以科技创新为第一驱动力，追求船舶产业高质量发展

第一，加强基础及前沿技术研究。面向绿色环保主流船舶、高技术船舶、海洋工程装备及核心配套设备等重点领域，加强水动力技术、结构轻量化设计技术、船用发动机概念/工程设计技术等基础共性技术研发，以及相关国际标准规范研究和制定、修订；加大对智能船舶、深远海装备、极地技术及装备等领域攻关力度，强化前瞻布局，增强源头供给，推动科技创新向“并行”“领跑”转变。

第二，建设高水平创新中心。围绕重大科技创新需求，加快深远海海洋工程装备制造业创新中心建设，在智能船舶、船用动力等领域建设一批具有国际水平的实验室和工程中心。推进数值水池、数据资源、大型共用实验装置等平台建

设。鼓励平台开放聚集的各类资源，为社会提供专业化服务，建立资源富集、创新活跃、高效协同的“双创”新生态。

第三，实施重大专项工程。加快启动深海空间站重大科技项目，组织实施大型邮轮、智能船舶、船用低速机、第七代深水钻井平台等一批重大创新工程和专项，产学研用协同攻关，系统地开展重点领域基础共性技术、产品设计制造关键技术研究，关键系统和设备研制，以及标准规范制定等。

第四，推进船舶品牌建设。紧跟市场需求，在散货船、油船、集装箱船主流船型、自升式平台、半潜式钻井/支持平台、海洋工程作业船和辅助船等领域打造一批技术先进、成本经济、建造高效、质量优良、有较高信誉度的国际知名品牌，并推动品牌产品向高技术船舶、深海海洋工程装备全面拓展。扩大船舶动力、甲板机械等核心配套领域品牌影响力。建设品牌文化，加大中国品牌宣传推广力度，树立中国船舶制造品牌良好形象，提升品牌附加值和软实力。

3. 发展先进高效制造模式，促进船舶产业转型升级

第一，大力推进智能制造。将智能制造作为船舶工业强化管理、降本增效的主攻方向，大力推进数字化、网络化和智能化技术在船舶以及配套设备设计制造过程中的应用。夯实船舶精益制造基础，普及数字化、自动化制造。重点实施船舶中间产品智能制造，加快建设船体分段、智能涂装、智能管子加工等示范智能车间和智能生产线。大力推广船舶配套设备智能制造新模式，开展智能车间/工厂示范，全面推进船舶及配套设备设计、制造、管理、维护、检验等全流程的智能化。

第二，积极发展“互联网+”与服务型制造。加快构筑自动控制和感知、工业核心软件、工业互联网、工业云和面向制造业的信息技术服务等船舶制造业新基础。充分利用“互联网+”等手段创新服务模式，发展网络精准营销、个性化定制服务、智能监测、检验、远程诊断管理、全寿命周期管理等服务，实现从制造向“制造+服务”转型升级。支持有条件的海洋工程装备、船舶及配套企业由提供设备向提供系统集成总承包服务转变，由提供产品向提供整体解决方案和服务转变，推动解决方案服务专业化、规模化和市场化。加快发展第三方物流、检验检测认证等生产性服务企业。

第三，全面推行绿色制造。将绿色理念贯穿船舶制造全产业链和产品全生命周期。以推动产品设计生态化、生产过程清洁化、能源利用高效化、回收再生资源化为重点方向，强化设计的节约意识，积极推广应用新型节能环保材料和工艺工装，支持企业进行节能、环保、绿色、安全生产等方面技术改造，加快开展绿色制造体系建设，建立绿色、安全造船技术规范与标准体系。

4. 加强全面风险管理，夯实船舶工业体系和产品质量两大基础

第一，做好风险预判和应对方案工作。当前，我国船舶工业发展面临的内外部形势复杂多变，应重点关注外部不确定性对船舶工业整体的可能影响和风险挑战。对全球经济增速放缓甚或下行、中美贸易摩擦升级、新冠疫情肆虐减少全球国际贸易往来等因素，行业要做好长期不利影响的心理准备和应对预案。围绕船舶企业常见的“成本上升、开工不足、盈利下降”“融资难、融资贵”“招工难、留人难、用工贵”等问题，需要持续关注船舶行业面临的各种不利因素发展，积极应对以防船舶工业发生系统性风险。针对船舶企业生产经营方面的具体风险，建议做好质量管理、安全管理、规划管理和基础管理等各项工作，制定风险应对预案，有效进行风险识别、风险预测和风险预控，确保风险应对及时、高效、适当。

第二，要持续提升船舶产品质量。加强关键技术与产品试验验证能力建设，推广采用先进成型和加工方法等，大幅提高船用中高速机、电力推进系统、甲板机械、智能航行系统，以及海工平台钻井包、电站、系泊定位系统等配套设备的性能稳定性、质量可靠性和环境适应性，达到国际先进水平。培育和弘扬精益求精的工匠精神，引导企业树立质量为先、信誉至上的经营理念，组织攻克一批制约产品质量提升的关键共性技术难题，推进中国船舶制造“品质升级”。

第三，强化船舶工业制造体系管理。制定和

实施中国造船质量标准和中国修船质量标准。加强供应链质量管理，提高配套设备全寿命周期质量追溯能力，建立覆盖产品全寿命周期的技术标准规范体系。利用信息技术，推广建立船厂现场质量管理体系、精度控制体系、外包管理体系和成本管理体系。加强先进检测工具、设备研发应用，提高生产过程质量监督检验的效率和准确性。

专栏 31－1

向高技术船舶迈进，为高质量发展助力

从只能建造万吨级的散货船、油船，到如今跻身世界造船第一方阵，中国船舶工业实现了迅猛发展。这些年来，围绕船舶出口需要，我国船舶工业坚持走“引进、消化、吸收、再创新”的道路，先后“拿下”多种船型，三大主流船型技术性能指标已达到国际先进水平，还创造了一批知名品牌船型，建造质量也广受好评。

船型开发：持续发展的主题

船型开发是我国乃至世界船舶工业发展的永恒主题，同时也是我国参与国际竞争的必要举措。20 世纪 60 年代中期，商船大型化的趋势已十分明显，30 万吨超大型油轮（Very Lorge Crude Carrier，VLCC）逐渐成为国际船舶市场上流行的最大型油船，其设计和建造被日本、韩国的船企垄断。我国造船人当然也十分向往建造 VLCC，但是，20 世纪 80 年代，我国还没有 10 万吨级以上的造船设施，直到 1996 年在大连香炉礁建成自称为 20 万吨级实为 30 万吨级船坞后，才有建造 30 万吨 VLCC 的条件。

首批 5 艘 30 万吨 VLCC 的交付具有里程碑意义，它标志着，从此我国船舶工业能在国际市场上推出自行设计建造的有自主知识产权的 30 万吨 VLCC，这不仅填补了国内的空白，具有创新性，还创造了较高的经济效益，而且带动了一些配套设备的升级换代。这批 30 万吨 VLCC 的设计和建造获得了 2004 年度国家科技进步奖二等奖。

近年来，依靠科技进步、创新驱动，我国船舶工业自主创新能力得到了极大的提升，在三大主流船型的研制上可谓是硕果累累，同时还在高新技术船舶研发方面取得了重大突破，国产大型邮轮更是于日前正式开工，全面进入实质性建造阶段。这些为增强我国船舶工业的国际竞争力提供了源源不断的动力。

国际标准：良性竞争的“尺子”

国际标准是世界通用的技术语言，同时更是船企在复杂多变的市场形势下开展良性竞争的“尺子”。在进入国际市场之初，为适应设计建造出口船的需要，我国船舶工业翻译出版了英、德、美等国际船级社的各种规范，收集整理了有关国家船舶法定检验机构的法规、世界主要通航国家航行规则、港口码头安全条例、国际海事组织有关公约等，并在此基础上形成了我国船舶工业的技术标准。同时，船企还会不断地根据国际相关新标准、新要求及时地开发新的建造技术、改变工艺。

按照国际标准造船是参与国际市场竞争的必要条件。经过这些年的发展，我国船舶标准化工作取得了不错的成绩，从消化吸收国际标准、采用国外先进标准起步，逐步发展到承担国际标准的制定、修订工作，一些国家标准还被国际相关组织确认为国际标准，这些成为我国船舶工业走向国际市场的重要基础。作为造船大国，我国在船舶建造质量和水平上已具备了较强的国际竞争力，在国际标准化方面已开始由“被动参与”转为“主动引领”，在一些国际船舶学术和技术组

织中起着重要作用，在国际海事组织中也有了一定的话语权，这些都是我国造船业快速发展的必然结果，也是我国向造船强国迈进的一种标志。我们还需继续加强国际间合作，深度参与国际间有关造船业的相关工作，以高标准助力我国成为造船强国。

资料来源：郭佳泰：《海事风云丨黄平涛：向高技术船舶迈进，为高质量发展助力》，《中国船舶报》2019 年 11 月 14 日。http：//www. cansi. org. cn/ifor/shownews. php？ lang = cn&id = 13096。

参考文献

[1] 中国船舶工业行业协会：《2019 年船舶工业经济运行分析》，《中国船舶报》2020 年 1 月 22 日。

[2] 胡文龙：《中国船舶工业 70 年：历程、成就及启示》，《中国经贸导刊》2019 年第 11 期。

[3] 中国社会科学院工业经济研究所：《2019 中国工业发展报告——船舶工业》，经济管理出版社 2019 年版。

[4] 谢予：《世界造船业 2019 年回顾与未来展望》，《世界海运》2020 年第 4 期。

[5] 唐萍萍、安光日：《中国船舶工业绿色创新系统的资源优化配置》，《上海海事大学学报》2019 年第 6 期。

[6] 张琦：《“劳动力短缺”威胁已至，船舶工业路在何方?》，《中国船舶报》2019 年 7 月 11 日。

第三十二章　钢铁工业

提　　要

“十三五”时期，在全面深化改革和不断改进的钢铁产业政策等多重因素推动下，我国钢铁工业发展取得了明显成效：产业保持稳定增长，经济效益明显改善；企业兼并重组加快，产业集中度有所提高；技术创新取得积极进展，“双高”产品不断增多；节能减排降耗取得积极进展，产业绿色化发展不断推进；“走出去”步伐加快，国际化经营取得新成效。这些成就的取得，是我国钢铁工业以新发展理念为指导，加大供给侧结构性改革力度，不断完善钢铁产业政策，优化产业发展市场环境的结果。“十四五”时期，我国钢铁工业发展既面临新科技革命、工业化深入推进、新基建、“一带一路”纵深发展等带来的有利机遇，也存在着逆全球化和贸易保护主义抬头带来的严峻挑战。可以说，发展机遇前所未有，挑战也前所未有，但总的来看，机遇仍然大于挑战。抓住机遇，化解挑战，一要加大研发投入力度，增强钢铁工业结构升级的技术支持能力；二要加快钢铁工业的智能化转型，发展智能钢铁；三要加快钢铁工业的绿色化转型，发展低碳钢铁；四要加快推进产业融合，发展服务型钢铁制造。

*　　　　*　　　　*

钢铁工业是国民经济重要的基础原材料产业。自从工业化革命以来，钢铁材料一直是世界各国经济建设和人们日常生活中最重要的结构材料和使用量最大的功能材料，钢铁工业的发展水平也一直是世界各国经济发展水平高低和综合国力强弱的重要标志之一。当前和未来很长一段时期内，钢铁产品仍将是民生工程、重大装备、国防军工等诸多领域不可或缺的重要结构性功能材料。但随着外部发展环境的变化，特别是随着新一代科技革命和产业变革带来的新材料、人工智能、物联网等新技术、新模式、新产业的加速发展，钢铁工业也需要加快转型升级，解决好发展不平衡、不充分及产能过剩等问题，才能更好地满足国民经济建设、人民生活和社会进步对产业发展质量、供给质量、服务质量、生态环境质量日益增长的新需求，成为与社会环境共融共存的低碳绿色产业，永葆产业活力与生气。

一、“十三五”时期钢铁工业发展回顾

“十三五”时期，我国钢铁工业深入推进供给侧结构性改革，加快淘汰落后过剩钢铁产能，产业调整和转型升级取得明显进展，产业发展质量和效益与“十二五”时期相比有了较大改善。

1. 发展成就

（1）产业保持稳定增长，经济效益明显改善。“十三五”时期，在需求增长与改革深化的推动下，我国钢铁工业主要产品产量继续保持增长态势。相关数据显示，从 2015 年到 2019 年，我国生铁产量从 69141.3 万吨增加到 80937.0 万吨，增长了 17.1%；粗钢产量从 80382.5 万吨增加到 99634.2 万吨，增长了 24.0%；钢材产量从 112349.6 万吨增加到 120477.4 万吨，增长了 7.2%（见表 32－1）。2019 年，我国粗钢产量占世界粗钢总产量的比重上升至 53.28%，比 2015 年提升了 3.66 个百分点（见图 32－1）。其中，不锈钢产量达到 2940 万吨，占全球不锈钢总产量的比重接近 60%。从纵向比较看，除生铁外，“十三五”时期前四年我国粗钢和钢材年均增速较“十二五”时期均有所下降。其中，粗钢年均增速比“十二五”时期低 0.3 个百分点，钢材年均增速比“十二五”时期低 5.2 个百分点。

表 32－1　“十三五”时期我国钢铁工业主要产品产量继续保持增长态势

产品	2015 年	2016 年	2017 年	2018 年	2019 年	增长幅度（%）
生铁（万吨）	69141.3	70227.3	71361.9	77105.4	80937.0	17.1
粗钢（万吨）	80382.5	80760.9	83138.1	92800.9	99634.2	24.0
钢材（万吨）	112349.6	113460.7	104642.1	11055.2	120477.4	7.2

资料来源：2019 年数据来自中国钢铁工业协会，其他数据来自历年《中国统计年鉴》。

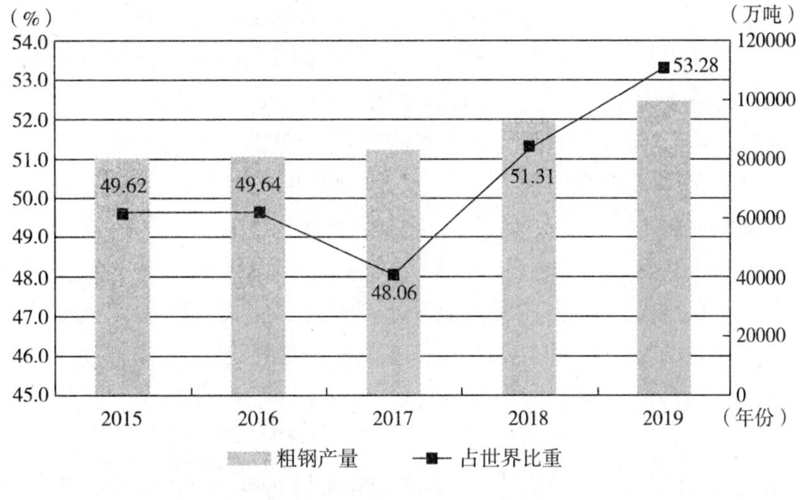

图 32－1　2015 年以来我国粗钢产量及其占世界粗钢产量比重的变化趋势

资料来源：根据世界钢铁工业协会（https://www.worldsteel.org/）有关数据计算。

虽然产量增速较“十二五”时期有所下降，但由于市场供需匹配状况改善等原因，“十三五”时期我国钢铁工业的经济效益较“十二五”时期明显改善。2019 年，规模以上黑色金属冶炼和压延加工业实现营业收入 70724.8 亿元，比 2015 年增长 12.3%，实现利润总额 2677.1 亿元，比 2015 年增长 353.8%；销售收入利润率 3.78%，比 2015 年高出 2.85 个百分点。2019 年，重点大中型钢铁企业亏损面为 25.3%，比 2015 年低 25.2 个百分点；亏损企业亏损额下降至 20.6 亿元，比 2015 年下降 97.5%；工业增加值率为 18.1%，比 2015 年上升 4.4 个百分点；实现利润总额为 1889.9 亿元，比 2015 年多 2535.3 亿元；销售利润率为 4.43%，比 2015 年高 6.66 个百分点。

（2）企业兼并重组步伐加快，产业集中度有所提高。“十三五”时期，在国家鼓励钢铁企业兼并重组等产业政策的推动下，我国钢铁工业兼并重组加速推进，钢铁企业之间的重组频繁。例如，中信集团战略重组青岛特钢，首钢重组长治钢铁、水城钢铁、贵阳钢铁、通化钢铁；宝武集团重组八一钢铁、韶关钢铁、重庆钢铁；中原特钢被南方工业集团无偿划转给中粮集团。不仅如此，二线钢铁企业也在兼并重组方面发力，如德龙钢铁重组渤海钢铁集团（2007年由天津钢铁集团、天津天铁冶金集团和天津冶金集团重组而成），组建新天钢集团；建龙集团重组山西海鑫、北满特钢、阿城钢铁、西林钢铁、包钢万腾、宁夏申银；沙钢集团重组东北特钢。在兼并重组加快的推动下，河北钢铁重镇邯郸市的钢铁企业数量由39家减少至10家以内，河南钢铁重镇安阳市的钢铁企业数量从11家整合为4家。尤其值得一提的是，2016年，宝钢集团与武钢集团通过联合重组成立中国宝武集团，并被确定为国有资本投资公司试点企业；2019年，宝武集团又成功重组了马钢集团，实现了对重庆钢铁的实际控制，并与首钢集团交叉持股。强强联合后的宝武集团2019年粗钢产量增加到9600万吨，超过阿赛洛米塔尔钢铁集团首次成为世界第一大钢铁生产企业。在兼并重组加速的推动下，2019年，我国钢铁产业集中度提升至39.3%，比“十二五”时期末上升了3.1个百分点，但还远低于“十三五”规划的60%的产业集中度目标。

（3）技术创新取得积极进展，“双高”产品不断增多。“十三五”时期以来，在国家创新驱动发展战略的引导下，我国钢铁企业技术创新投入力度加大，创新能力明显提升，钢铁产品品种质量不断提高。“十三五”前四年，我国钢材产品有282项实物质量达到国际同类产品水平，20项产品实物质量达到国际先进水平。极低铁损取向硅钢、600～750MPa级高精度磁轭钢、先进核能核岛关键装备用耐蚀合金、核电用不锈钢、高品质汽轮机叶片钢、低温管线钢、极地特种低温钢等高端产品打破国外技术垄断，成功用于国家重大工程建设及国防军工领域。国产大飞机起落架用钢、高铁轮对用钢、高铁转向架用钢也已具备了国产化替代能力。尤其是重点大中型钢铁企业，“十三五”时期创新性产品层出不穷。

宝武集团形成了以汽车用钢、核电用钢、硅钢、百米重轨、航空航天特种材料等为代表的高端精品钢材，其中汽车板国内市场占有率第一，并已具备三代先进高强钢的供货能力。其自主开发的0.18mm规格060等级（B18R060）极低铁损取向硅钢新品实现了全球首发，且比最高等级国际同类现有产品高两个牌号，成为目前世界上损耗最低的取向硅钢。

河钢集团生产的2吉帕热成型钢填补了国内薄板坯连铸生产超高强钢的空白，百米重轨获得欧盟和中国铁建（CRCC）双认证，河钢集团也因此成为我国重轨生产企业中唯一通过欧标认证的企业。其旗下的舞钢集团研制的高等级大厚度临氢铬钼钢填补了高技术含量大单重临氢铬钼钢研发领域的国际空白。

鞍钢集团研发的核电安注箱基板用钢板（18MND5）、耐候耐极寒钢（Q420qFNH）、双球头船用球扁钢实现了全球首发。

首钢集团研制的取向硅钢通过了“双百万”大容量特高压变压器应用鉴定，进入全球在建规模最大的白鹤滩水电站变压器供应商序列。

马钢集团高速车轮通过德铁审核和欧盟铁路信号系统互联互通技术规范（Technical Specification for Interoperability，TSI）认证、具备德铁全系列车轮供货资质，重载车轮实现了向必和必拓（BHP Billiton Ltd.）全谱系供货。其研制的重载车轴钢，改变了我国高铁及重载车轴等关键部件依赖进口的局面，在高铁及重载车轴钢成分设计与优化、中碳特殊钢超低氧精炼技术、大型非金属夹杂物控制技术等方面优化、创新，形成了具备自主知识产权的成套工艺技术。

中信特钢青岛特钢开发出离线盐浴（Qingdao Wire Tonghness Patenting，QWTP）技术，使超高强度桥梁缆索盘条（1960兆帕级、2000兆帕级）达到国际领先水平，同时成功开发了国际首例超高强度帘线用钢（C97D2－E）。

太钢集团超级双相不锈钢冷卷（2760）实现国内首发首用，开发的世界最宽的、厚度在0.05mm以下的超薄不锈精密带钢即“手撕钢”出口到了欧洲，研发出新一代环保型笔头用不锈钢材料，实现笔头用钢的迭代升级。

兴澄特钢成功研发出目前世界最高级别的R6级极限性能系泊链钢，并顺利通过了挪威·德国劳氏（DNVGL）船级社的认证，成为世界首家获得R6级系泊链钢认证的企业，填补了世界空白。

（4）节能减排降耗取得积极进展，产业绿色化发展不断推进。“十三五”时期，我国钢铁工业围绕焦化、烧结（球团）、炼铁、炼钢、轧钢等重点工序及智能制造，开展烟气多污染物超低排放技术、高温烟气循环分级净化技术、副产物资源化技术等组合式系统集成节能减排技术，基于炉料结构优化的硫硝源头减排技术、新型非高炉炼铁、小方坯免加热直接轧制技术、智能制造示范线建设等研究，行业节能减排降耗取得明显成效。首钢、宝武、安钢、河钢、太钢、德龙、中天等一批重点钢铁企业大力推进超低排放改造并率先取得突破。例如，河钢集团凭借“城市中水替代地表水、深井水作为钢铁生产唯一水源”项目获得世界钢协可持续发展卓越奖；宝武集团“LCA优秀案例”获世界钢协生命周期评价领导力奖；安钢集团启动总投资达30亿元的环保提升项目建设，主要工序环保治理效果全部达世界一流；首钢京唐建成了世界首座完全按照新一代循环经济理念设计的千万吨级钢厂等。与此同时，随着废钢资源的丰富，“十三五”时期我国钢铁工业加大了对废钢资源的利用力度。从2015年至2018年，我国废钢消耗量从8330万吨增加到1.87亿吨左右，增长了1倍以上。在先进节能降耗减排技术的推广应用和废钢使用量快速增加“双管齐下”的推动下，我国钢铁工业的能源消耗明显降低。从2015年到2018年，我国钢铁工业能源消费总量从63951万吨标准煤下降至51504万吨标准煤，下降了19.5%，提前超额完成“十三五”规划确定的行业能源消费总量下降15%的目标；吨钢综合能耗从572千克标准煤/吨下降至555千克标准煤/吨，下降了3.0%（见表32－2）。2018年，全国重点钢铁企业吨钢二氧化硫排放量已降至0.53千克，比2015年减少了37.6%，吨钢耗新水降到2.75吨，比2015年下降15.4%，水重复利用率提高到97.88%，吨钢烟粉尘排放量降至0.56千克，吨钢废水排放量降至0.74立方米，高炉煤气、转炉煤气、焦炉煤气利用率均达到98%以上。

表32－2　“十三五”时期我国钢铁工业能源消耗量的变化趋势

指标	单位	2015年	2016年	2018年	期间变化
钢铁工业能源消费	万吨标准煤	63951	62101	51504	－19.5
占能源消费总量比	%	14.88	14.24	11.00	－3.88
吨钢综合能耗	千克标准煤/吨	572	586	555	－3.0

资料来源：历年《中国统计年鉴》和《中国钢铁工业年鉴》。

（5）“走出去”步伐加快，国际化经营取得新进展。“十三五”时期，随着“一带一路”倡议的深入实施，我国钢铁工业“走出去”步伐明显加快，国际化经营取得新的进展。首先是钢铁冶金设备技术出口取得了较大进展，逐步由单体设备及部件的出口，走向成套设备出口及工程总承包，国际竞争力不断提升。中冶、中钢等企业以工艺设计为龙头、以核心技术和产品制造为依托、以工程项目管理和施工为手段，与欧美传统冶金技术装备企业同台竞争，以EPC模式赢得一大批具有重要影响的国际钢铁成套工程项目，在国际上已经形成一定的影响力。中冶集团总承包的台塑越南河静700万吨钢厂项目顺利投产，实现了千万吨级绿地钢铁项目总体设计和系统输出；马来西亚关丹联合钢铁350万吨综合钢厂如期建成；中冶南方成功获得西班牙ACS公司连续热镀锌机组总承包合同，实现了中国冷轧技术装备出口欧洲发达国家零的突破。其次是钢铁企业海外并购步伐有所加快。“十三五”时期，在“一带一路”倡议的推动下，我国许多大中型企业都开始加快“走出去”进行跨国并购，投资设厂。例如，河钢集团出资收购塞尔维亚斯梅代雷沃钢厂和塔塔集团位于新加坡、泰国、马来西亚和越南等东南亚地区的钢铁资产的70%的股权，河北新武安计划在马来西亚沙捞越投资建设500万吨综合钢厂，宝武集团在柬埔寨戈公岛投资建设300万吨钢铁项目，青山集团在印度尼西亚苏拉威西省建设镍铁冶炼项目；等等（见表32－3）。

2. 钢铁工业的发展经验

（1）供给侧结构性改革力度加大，产业发展市场环境改善。“十三五”时期，钢铁工业与全国其他行业一样，按照全面深化改革的总体部署，开展了以化解过剩产能为突破口的“三去一降一补”供给侧结构性改革，以及国资国企改革

表32-3 "十三五"时期我国钢铁企业海外投资并购情况

项目名称	建设地点	项目业主
马来西亚关丹产业园350万吨钢铁项目	马来西亚—彭亨—关丹	联合钢铁
河北新武安马来西亚500万吨综合钢厂	马来西亚—沙捞越	新武安
宝武柬埔寨戈公岛300万吨钢厂项目	暂定戈公经济区	宝武集团
河钢菲律宾800万吨钢铁项目	暂定八打鹰省	河钢集团
印度尼西亚德信350万吨综合钢厂项目	印度尼西亚苏拉威西岛	德信钢铁
青山集团印度尼西亚镍铁冶炼项目	印度尼西亚中苏拉维西省	青山集团
建龙集团马来西亚东钢项目	马来西亚登加奴甘马挽	马来西亚东钢集团
河钢塞尔维亚钢厂项目	塞尔维亚斯梅代雷沃	河钢集团
敬业集团埃及300万吨综合钢厂项目	埃及苏伊士运河工业区	河北敬业集团
昆钢越南老街项目	越南老街省	昆明钢铁
泰国宝力钢管项目	泰国罗勇工业园	宝钢股份
埃塞俄比亚东方钢铁项目	埃塞俄比亚	东方钢铁公司
推进钢管美国轧钢项目	美国休斯敦	天津钢管

资料来源：笔者根据有关资料整理。

等多项改革。2017年，钢铁工业按照国务院政府工作报告提出的"扎实有效去产能"要求，压减钢铁产能5000万吨。2019年，钢铁工业按照《产业结构调整指导目录（2019年本）》的要求，运用市场化、法治化办法稳妥推进钢铁企业兼并重组，加快处理"僵尸企业"。在国家全面深化改革政策和产业政策推动下，2016~2018年，钢铁工业累计化解钢铁过剩产能1.5亿吨以上，全面出清"地条钢"1.4亿吨，提前两年超额完成钢铁工业去产能上限目标。这极大地改善了钢铁工业的市场供求状况和行业运行环境，促进了钢铁生产的平稳增长和行业经济效益的不断改善。在供给侧结构性改革、钢铁国资国企改革等的推动下，"十三五"时期我国钢铁工业的运行效益稳步提升。2016年，钢铁工业就实现全行业扭亏为盈。2017年，全行业效益大幅增长。2018年，全行业实现利润总额达到历史最高水平。2019年，虽然行业效益状况较上年有所回落，但远远好于"十二五"时期平均水平。

（2）国家产业政策的不断完善为钢铁工业运行效率提高提供了有力保障。为了推动钢铁工业的高质量发展，"十三五"时期，我国出台了一系列推动钢铁工业升级发展和结构调整的产业政策。其中比较重要的如：2016年出台的《关于钢铁行业化解过剩产能实现脱困发展的意见》《钢铁工业调整升级规划（2016-2020年）》；2018年出台的《关于全面加强生态环境保护　坚决打好污染防治攻坚战的意见》《打赢蓝天保卫战三年行动计划》；2019年出台的《关于推进实施钢铁行业超低排放的意见》；等等。这些政策文件对钢铁工业淘汰落后过剩产能、推进企业兼并重组、调整优化产业布局和节能减排等多方面做出了系统的制度安排（见表32-4），对钢铁工业发展质量提高特别是结构调整和节能减排产生了积极推动作用。例如，为了促进环境敏感地区环境的改善，自2018年1月开始实行的《钢铁行业产能置换实施方法》规定，京津冀、长三角、珠三角等环境敏感区域钢铁产能的置换比例不低于1.25∶1，其他地区实施减量置换。这种区域差异化产能置换政策，充分考虑到了地区经济与环境协调性特别是经济发展水平的差异性，精准施策，提高了政策的针对性和政策效率，有效改善了重点区域的空气环境质量，促进了钢铁工业区域布局和市场供求状况的改善，为"十三五"时期钢铁工业运行效率提高提供了有力保障。

表32-4 "十三五"时期我国出台的与钢铁工业有关的主要文件与政策

政策名称	出台部门	出台时间	主要内容
《关于钢铁行业化解过剩产能实现脱困发展的意见》	国务院	2016年2月	综合运用市场机制、经济手段和法治办法，积极稳妥化解过剩产能，建立市场化调节产能的长效机制，用五年时间再压减粗钢产能1亿~1.5亿吨，促进钢铁行业结构优化、脱困升级、提质增效

续表

政策名称	出台部门	出台时间	主要内容
《钢铁工业调整升级规划（2016－2020年）》	工信部	2016年11月	利用工业企业结构调整专项奖补等引领政策，推动钢铁工业供给侧结构性改革，缓解钢铁产能过剩矛盾，增强创新能力，促进行业能源消耗和污染物排放全面稳定达标，推动钢铁工业实现由大到强的历史性跨越
《关于钢铁煤炭行业化解过剩产能金融债权债务问题的若干意见》	中国银监会、国家发改委、工信部	2016年12月	加大对兼并重组钢铁企业的金融支持力度、鼓励银行业金融机构对主动去产能的钢铁困难企业进行贷款重组
《钢铁行业产能置换实施办法》	工信部	2018年1月	炼铁、炼钢冶炼产能的置换标准为：京津冀、长三角、珠三角等环境敏感区域置换比例不低于1.25∶1，其他地区实施减量置换。未完成钢铁产能总量控制目标的省（区、市），不得接受其他地区出让的产能。已完成区域总量控制目标的地区，在承接其他地区出让产能时，不能突破区域产能总量控制目标的底线
《打赢蓝天保卫战三年行动计划》	国务院	2018年7月	推进钢铁行业工艺装备改造、环保技术升级、资源能源利用效率提升，加快推进钢铁工业绿色发展
《2019年钢铁化解过剩产能工作要点》	国家发改委	2019年1月	推进化解钢铁过剩产能，依法依规退出落后产能，“僵尸企业”应退尽退，防范“地条钢”死灰复燃和已化解过剩产能复产
《关于推进实施钢铁行业超低排放的意见》	生态环境部、国家发改委等	2019年4月	新建（含搬迁）钢铁项目原则上要达到超低排放水平。到2020年底前，重点区域钢铁企业力争60%左右产能完成超低排放改造；到2025年底前，重点区域钢铁企业超低排放改造基本完成，全国力争80%以上产能完成改造

资料来源：笔者根据有关资料整理。

（3）新发展理念为钢铁工业绿色发展提供了科学指引。“十三五”时期，我国钢铁企业特别是重点大中型企业以新发展理念为指引，加大绿色发展的投入力度，推动企业生产装置、工艺流程的绿色化、低碳化改造升级，加快构建高效、清洁、低碳、循环的绿色钢铁制造体系，淘汰落后工艺和高耗能设备产品，不断提高能源资源利用效率，不断降低产业发展的环境载荷。例如，为了推动企业的绿色发展，河钢集团投资19亿元，实施了50余项环保项目，以烧结脱硫脱硝为重点的超低排放技术在业内实现重大突破；宝武集团仅2018年就投资38亿元进行“绿色城市钢厂建设”，推动实现“废气超低排、废水零排放、固废不出厂”；太钢集团制定了《超低排放实施方案》，实施低参数余热利用改造、燃气锅炉高效改造等一批节能减排循环经济项目；安钢集团启动了30亿元的环保建设项目；首钢集团投入近12亿元实施环保治理。在钢铁行业庆祝中华人民共和国成立70周年座谈会上，宝武、鞍钢、首钢、河钢、太钢、沙钢、马钢、安钢、山钢、华菱、本钢、包钢、新天钢、建龙重工、中信泰富特钢15家钢铁企业还联合签署了《中国钢铁企业绿色发展宣言》，作为新时代钢铁企业践行绿色发展理念的新起点。同时，在新发展理念指导下，钢铁企业还积极探索并成功实践与城市和谐共融发展之路，宝钢股份利用钢铁企业的固废消纳功能，缓解城市废弃油漆、涂料桶等危险废物处置难的困境；沙钢对周边企业集中供热，每年减少社会锅炉燃煤消耗5.6万吨，减排二氧化硫900多吨。

二、“十四五”时期钢铁工业的发展环境

“十四五”时期是我国钢铁工业实现由大变强的关键时期。从产业发展的外部环境看，“十四五”时期我国钢铁工业发展既面临诸多重要发展机遇，也存在系列严峻挑战，但总体来说机遇大于挑战。

1. 发展机遇

（1）新科技革命和产业变革带来的机遇。目前，新科技革命和产业变革孕育突破，智能技术、生物科技、大数据技术、新能源技术、宇宙空间技术、量子技术等诸多领域正在取得突破进展，产业组织和制造方式发生重大变革，工业和服务业的融合，工业与数字化、网络化、智能化技术的嫁接催生了一系列新业态、新模式、新动能。可以预见，新科技革命和产业变革将为我国钢铁工业“十四五”时期的发展带来新的机遇。一是新一轮科技革命和产业变革为大数据、“互联网+”、“智能+”等现代信息技术改造提升钢铁工业提供了有利条件。我国钢铁工业可以利用新一代信息技术带来的最新成果，加快产业的数字化、网络化、智能化改造，推广应用智能机器人应用技术、生产制造流程多目标实时优化在线运行技术、钢铁产业供应链智能优化技术、协作制造企业信息集成技术等，发展智能钢铁制造、智能钢铁物流，推动钢铁工业由钢铁制造向钢铁智造、由产业链和价值链低端向中高端迈进。二是新一轮科技革命和产业变革将为我国钢铁工业的低碳化改造提供强有力的技术支撑。我国钢铁工业可以利用这一有利条件，推广应用高效绿色冶炼新技术，二氧化碳捕集、利用和储存技术等低碳新技术，加快钢铁产业绿色化、低碳化改造进程，加快转型为资源节约型、环境友好型的“两型”产业。

（2）工业化和城镇化深入发展带来的机遇。从人均GDP和人口城镇化率等关键指标看，目前我国已进入工业化后期和城镇化中后期，实现工业化和城镇化仍然是当前及未来我国经济社会发展的一个重要任务。“十四五”时期，我国工业化和城镇化进程还将继续向前深入推进，这将为包括钢铁工业在内的制造业部门提供不断增长的市场需求。由于工业化和城镇化还在继续深化，传统基建领域的钢材需求还有不少增长空间；国家推进京津冀、长三角、珠三角等城市群和新西部大开发、雄安新区、长江经济带、粤港澳大湾区等区域协同合作一体化建设，将持续拉动钢材需求；适应疫情防控需要的公共卫生设施、物资储备体系建设也将产生数量相当可观的钢材需求。此外，目前我国千人汽车保有量还只有180多辆，远低于发达国家500~800辆的水平，未来需求还有较大增长潜力。建筑、汽车等行业虽难以拉动钢材需求总量持续增加，但仍将支撑国内钢材需求保持较高水平。同时，这些行业自身也在加快转型升级，如汽车轻量化、钢结构建筑和装配式建筑加快普及等趋势，对钢铁材料的质量性能、品种结构等提出新要求，将倒逼国内钢铁企业加快产品升级，提高服务水平。

（3）“新基建”投资加快带来的机遇。近年来，新基建已成为我国宏观政策逆周期调控的重要抓手。2020年中央经济工作会议提出，“我国发展现阶段投资需求潜力仍然巨大，要发挥投资关键作用，加大制造业技术改造和设备更新，加快5G商用步伐，加强人工智能、工业互联网、物联网等新型基础设施建设”。新基建既包括以5G、物联网、工业互联网、卫星互联网为代表的通信网络基础设施，也包括以人工智能、云计算、区块链等为代表的新技术基础设施，还包括以数据中心、智能计算中心为代表的算力基础设施，以及对轨道交通、油气、电力输送等传统基础设施信息化、智能化改造后形成的融合基础设施，如智能交通基础设施、智慧能源基础设施等。随着新基建战略的深入实施，5G、工业互联网、物联网等信息技术基础设施建设投资将成为未来几年我国投资重点领域之一，5G、物联网、人工智能等网络化、数字化、智能化信息基础设施将呈现出加速发展势头。这将拉动高性能、高

附加值钢铁产品的市场需求，拓展钢铁工业的市场需求空间，推动钢铁工业产品结构升级，加速落后钢铁产能的淘汰进程。更为重要的是，新基建可以加快推进新兴技术在钢铁工业全要素、全产业链、全价值链的融合应用，赋能钢铁企业数字化、智能化改造升级和设备更新，提升钢铁工业工艺设计、生产经营、物流配送和销售服务的效率和效益。

（4）对外开放新格局带来的机遇。“十四五”时期，在利用“两个市场、两种资源”服务于高质量发展过程中，我国将着力推动形成以国内大循环为主体、国内国际双循环相互促进的新发展格局，对外开放的形式和内容将出现新变化。尤其是随着“一带一路”倡议的国际影响力的不断扩大，建立在“一带一路”倡议基础上的新的国际合作框架和平台将为“十四五”时期我国钢铁工业发展更高质量、更高水平的对外投资和国际产能合作提供新的历史机遇。事实上，随着“一带一路”建设的深入推进，近年来我国钢铁工业“走出去”开展国际化经营的步伐已明显加快。“十四五”时期，随着“一带一路”和人类命运共同体建设的国际影响力和号召力的进一步扩大，我国钢铁工业“走出去”开展国际经贸合作、产能国际合作的空间还很大，机会还将很多。这将给我国钢铁工业的发展带来资源、市场、技术等多方面的有利机遇。

2. 严峻挑战

（1）逆全球化和贸易保护主义抬头带来的国际贸易环境恶化的冲击。近年来，受国际市场贸易摩擦和贸易保护主义抬头的影响，世界钢材贸易增速明显趋缓，我国钢铁产品贸易也出现了下滑。2019 年，我国钢材进出口分别为 1230.4 万吨和 6429.3 万吨，分别比上年下降 6.5% 和 11.0%；进出口额分别为 141.1 亿美元和 537.6 亿美元，分别比上年下降 14.1% 和 11.3%。

“十四五”时期，随着世界经济增长复苏乏力，逆全球化和国际贸易保护主义有可能进一步抬头，从而恶化国际钢铁贸易的宏观环境。尤其是以美国为首的西方国家对我国的和平崛起心存芥蒂，并企图对我国实行军事上挑衅、政治上颠覆、经济上脱钩、技术上封锁、产业链上断供，进行全方位遏制和打压，我国钢铁产品对发达国家尤其是美国出口很可能受到较大冲击。受逆全球化和全球贸易保护主义抬头特别是美中制约与反制约博弈加剧的影响，“十四五”时期我国钢铁工业的进出口贸易很可能受到较大的冲击。在全球经济增长放缓——国际钢铁需求增速放缓——贸易保护主义抬头——钢铁贸易摩擦加剧——国际钢铁进出口贸易增长乏力的链条作用下，我国钢铁企业尤其是对外贸易依赖程度较大的钢铁企业的对外贸易进而生产经营很可能受到较大影响，企业业务拓展能力和盈利能力将受到极大冲击。

（2）产业结构变化趋势对钢铁需求带来的不利影响。经过改革开放 40 多年的发展，我国人均 GDP 已超过 1 万美元，进入工业化后期阶段，产业结构“三产化”趋势明显，经济增长的钢材消费强度逐渐下降。目前，第三产业在我国三次产业中的占比已达 53.9%，经济增长的粗钢消费强度已降至 2019 年的 945 吨/亿元，单位 GDP 粗钢消费强度比 2013 年降低了 26.0%。

“十四五”时期，我国工业化将继续向前推进，经济发展将全面进入服务业主导阶段，产业结构将更趋服务化。在这种背景下，“十四五”时期不仅服务业自身在需求和结构升级等因素推动下将继续保持较快增长，而且在科技革命推动下，制造业的服务化趋势将得以延续，预计到“十四五”时期末服务业增加值占 GDP 比重达到 59% 左右。经济特别是产业结构的进一步服务业化，将进一步降低整个社会的钢材消费强度，进而影响到全社会的钢材消费总量。根据有关数据推测，2025 年我国国民经济的钢材消费强度将较目前下降 10% ~15%。这将不可避免地影响到“十四五”时期钢铁工业的市场需求，进而影响产业的发展速度与效益。

（3）环保政策趋严带来的挑战。随着新发展理念深入人心，社会各界关于严格环保标准、加强生态保护的呼声越来越高，“十四五”时期国家生态环境政策将进一步调整优化，国家环境质量目标的要求将更高，环保执法更趋严格，对环保违法违规的处罚将更加严格。作为高耗能、高排放的行业之一，钢铁生产流程中从采矿、选矿、炼焦、烧结、炼铁、炼钢到轧钢整个过程中均涉及不同类型污染物的排放。当前，我国钢铁工业中只有部分“龙头”钢铁企业部分生产线完成了超低排放改造工作，其他绝大多数中小企业环保投入少，低水平装备比例仍然较高，能耗和污染排放仍然较大，环保治理行动滞后，环境负荷重。要使钢铁工业的发展与环境协调性达到政府和社会公众的期待，钢铁行业及钢铁企业还需要投入更多的人力、物力、资金及成本在环保工作上，加快推进先进适用以及成熟可靠的节能环保工程技术改造，继续组织开展节能环保关键共性技术攻关，打破技术瓶颈，提升节能减排技术水平。甚至可以说，未来环保能否达标已经成为钢铁企业能够生存的“硬约束”，特别是在环境承载达到极限的产能密集地区，如京津冀及周边地区、长三角、汾渭平原等重点地区，钢铁企业的绿色低碳转型面临的压力更大、任务更艰巨。

三、“十四五”时期钢铁工业发展的方向和重点任务

作为国民经济和国防建设的重要基础产业，“十四五”时期我国钢铁工业仍有广阔的发展空间。但进入新时代，面对新机遇、新挑战、新问题、新任务、新使命，我国钢铁工业亟须转变发展思路，加大研发投入力度，提升钢铁产业科技创新能力，加快发展“高、精、尖、深、专”钢铁产品，加速发展智能钢铁、低碳钢铁和服务化钢铁制造，推动钢铁工业由规模效益型向质量效益型转变，持续提升发展质量、供给质量和服务质量，增强产业的长期可持续发展能力。

1. 加大研发投入力度，提高钢铁工业结构升级的技术支持能力

在新一轮科技和产业革命与工业化发展进入后期阶段的双重推动下，加快结构升级，加快发展中高端产品，已经成为我国钢铁工业适应经济发展新常态，提高发展质量，抢占未来发展制高点的战略之举。完成这个伟大的发展使命，首先要树立创新驱动发展理念，加大研发投入力度，为结构升级提供强有力的技术支持。目前，我国钢铁工业的研发投入强度仅为1%左右，重点骨干钢铁企业的研发投入强度也只有1.5%强，与国际领先钢铁企业近3%的研发强度还存在较大的差距。我国钢铁工业在技术供给上仍不能完全满足行业发展需求，部分核心工艺技术存在明显短板，尚未摆脱关键、核心技术追随者的角色，部分高端钢铁产品还不能满足经济和国防建设的需要。例如，大飞机用高强钢、不锈钢和轴承钢等高端钢材产品还不能实现国产化，核电中关键部件的特殊钢材料仍主要依靠进口，高性能硅钢板不能满足经济与国防建设的需求。要改变这种状况，我国钢铁工业需要继续增强创新意识，强化完善创新体制机制，加大研发投入，提高高技术船舶、海洋工程装备、先进轨道交通、电力、航空航天、机械等领域重大技术装备所需高端钢材的研发和产业化能力，为“高、精、尖、深、专”钢材产品的研制提供强大的技术支持。其次要对标国际先进钢铁企业，努力提升产品质量。钢铁企业尤其骨干钢铁企业，要向国际领先水平看齐，大幅提升产品质量水平，尤其是要提高高端产品的质量稳定性、一致性、可靠性指标。与此同时，政府和相关行业协会也要加快建立健全质量分级体系，健全完善技术标准体系，适时适度提高质量标准，培育优质优价、优胜劣汰的良好市场环境，为钢铁工业结构升级保驾护航。

2. 加快智能化转型，发展智能钢铁

随着新一代信息技术的发展，智慧制造逐渐取代传统制造成为制造业升级的重要方向。将智能化技术融入钢铁工业运营决策、生产制造、技术研发以及服务客户的全过程，推动钢铁工业智能化转型，发展智能钢铁，既是钢铁工业适应新科技革命和产业变革的需要，也是钢铁工业提高劳动生产率、降低成本、实现高质量发展的需要。当前，我国钢铁工业“两化”融合指数只有53.6，生产设备数字化率只有49.8%，实现产供销集成的企业比例只有19.8%，实现产业链集成的企业只有5.4%，全行业离全产业链、全流程的数字化、智能化发展目标模式还有很大的差距。

改变这种状况，需要紧抓“智能+”机遇，深入实施钢铁智能制造，推动有条件的钢铁企业完善基础自动化、生产过程控制、制造执行、企业管理、决策支持五级信息化系统建设，促进工业互联网、云计算、大数据、人工智能等数字化、网络化、智能化技术在钢铁企业产品研发设计、计划排程、生产制造、质量监控、设备运维、能源管控、采购营销、物流配送、客户营销、成本核算、财务管理、人力资源、安全环保、企业经营等全流程和全产业链的综合集成应用，以5G、大数据、人工智能等新技术为钢铁工业发展赋能。尤其要补齐生产过程自动控制系统、钢铁定制化智能制造、智能化硬件等方面的短板，加快形成以信息技术为支撑的绿色低碳钢铁制造体系，以网络化为基础的产业链集成体系，以数字化为手段的钢铁产品全生命周期管控体系，通过数字化、智能化升级推动钢铁工业发展的质量变革、效率变革、动力变革。在这方面，国内钢铁企业可以借鉴南钢集团智能化改革升级的经验。近年来，南钢集团以个性化定制为主攻方向，运用物联网、大数据、云计算、人工智能等新一代信息技术与生产制造深度融合，将数字化转型作为企业变革战略的核心，用智能制造思维深入开展企业的商业模式、业务流程、生产制造、客户服务等各个环节的重构，打造智能工厂，为用户提供个性化定制服务，推动了南钢智能化制造、个性化定制、网络化协同、服务化转型，促进上下游供应链核心竞争力的提升，实现了价值链增值与高质量发展。南钢智能工厂项目加速推进南钢智能化转型，依托以智能装备、智能工厂、智能互联、智能决策为架构的智能制造体系，实现销售、财务、物流、服务等业务流程的一体化运行，整合提取经营、生产、能源、设备、物流等各业务数据，为构建企业的大数据管理和分析系统提供全方位的数据支撑。

3. 加快绿色化转型，发展低碳钢铁

从可持续发展的视角看，“十四五”时期我国钢铁工业要增强与经济社会发展特别是与环境发展的协调性，亟须加快绿色化转型，努力实现产业发展的低碳化。发展低碳钢铁，从企业的角度看，需要钢铁企业把绿色作为“引领”动力，瞄准国际先进排放指标，加大环保投入力度，加大企业技术装备的改造升级，加快采用先进适用、成熟可靠的技术，加快研发先进低碳技术，优化企业生产工艺流程，实现全流程、全工序超低排放。尤其要加快研发并推广应用源头氮氧化物控制技术、低温SCR技术、低温烟气循环流化床一体化脱除技术等烧结烟气超低排放技术，负能炼钢新技术，高效绿色电炉冶炼技术，二氧化碳捕集、利用和储存技术等先进低碳技术，加快钢铁企业低碳化转型升级的技术支撑能力。

从政府的角度看，要继续健全完善钢铁产业政策特别是环境规制政策，包括落实税收、信贷融资、差别化电价以及环保管理等支持政策，降低钢铁企业设施改造投入的成本，引导钢铁企业提高环境保护的主体责任意识。通过政策引导钢铁企业全面完成烧结脱硫、干熄焦、高炉余压回收等改造，淘汰高能耗、高污染、高排放的技术装备和工艺流程。尤其要消除地方政府在环境保护上的不作为和有法不依、执法不严现象，防止钢铁企业出于成本考虑故意闲置污染防治设施的机会主义行为，加强对钢铁企业生产全流程的环境管控和督查，最大限度地消除钢铁生产中的无组织排放现象，最大限度地发挥现有污染防治技术装备的能效，为钢铁产业的低碳化发展提供可靠的政策保障。

4. 加快产业融合，发展服务化钢铁制造

在新科技革命和产业变革加快发展的推动下，产业融合及由此而生的服务型制造成为产业发展的重要趋势。对于钢铁工业来说，发展服务性制造可将“生产”延伸到“生产+服务”，实现产业链价值的最大化，使钢铁工业从同质化竞争转变为差异化发展，从低附加值夕阳产业转变为高附加值朝阳产业。发展服务化钢铁制造，需要立足、延伸、超越钢铁工业，延伸、拓展、重构钢铁产业链，实现钢铁工业与服务化的有机结合以及平稳转型，更好地满足用户需求，提升用户价值。

就发展趋势来看，根据蒂森克虏伯、奥钢联等国际先进钢铁企业的经验，发展服务化钢铁制造，需要从以下几个方面发力：一是从资源条件出发，根据企业现有资源延伸发展服务，即对钢铁产业链进行延伸，为原来制造的产品增加更多的服务含量，使整体产品的内涵更加丰富，在产品价值构成中服务部分比重逐步上升，如发展钢材剪切、配送加工服务等。二是从能力条件出发，根据钢铁企业固有能力提供服务，即对钢铁产业链进行拓展，在生产产品的基础上提供全生命周期的服务，比如需求分析、定制化生产、定期维护、状态监控等。三是从信息条件出发，根据钢铁企业固有信息资源提供服务，即对生产链进行重构，将围绕产品的生产链转变为围绕客户的服务链，将产业链拆分重构为研发链、生产链、产品链和管理链，为客户提供风险管控、咨询服务、区块链技术等以智能物理系统为基础的信息化服务。

专栏 32－1

宝武集团积极探索智慧制造

为了引领钢铁工业的发展潮流，打造面向未来钢铁的全新竞争优势，近年来宝武集团从单个生产基地智慧化、多个生产基地智慧化协同、智慧化的钢铁集团等多个维度进行智慧制造的有益探索与实践。

1. 单个生产基地实现智慧制造

2017 年，宝钢股份按照既定的“智能装备、智能工厂、智能互联、IT 基础变革”四个方向推进智慧制造取得显著成效。其中，宝山基地 1580 智能车间试点示范达成建设目标；宝山基地冷轧 C608/C708 机组（车间）再获“工信部智能制造试点示范”资格。目前，宝钢股份正在实现“四个一律”：即“现场操控室一律集中、操作岗位一律采用机器人、运维监测一律远程、服务环节一律上线”，倒逼流程优化，形成智慧制造解决方案和领先优势。

2. 多个生产基地实现智慧化协同

智慧制造企业并不是多个智慧基地的简单叠加，而是基于工业和商业大数据，实现多个智慧化生产基地之间的“横向互联”，实现多个智慧单元（包括生产基地、运营管理、技术研发、采购销售、人力资源等）的智慧决策与协同。宝钢股份的“一键炼钢”模式和“one mill”的发展理念，使多个生产单元的管理控制可以集中在一个中心，像管理一个基地一样管理多个基地。目前，宝武集团已经实现了四个基地的管理协同。

3. 钢铁生态圈实现智慧治理

与外部环境“垂直互联”，与上下游企业、周边服务企业的互联互通，并通过需求订单、物流数据、生产销售计划、资金价格等数据的交互，实现整个生态圈的效率提升。2019 年 9 月，宝武集团与马钢集团实现联合重组，重组后的宝武集团建立了宝山、东山、青山、梅山、西山、松山、天山等多个制造基地，并大力推进多基地的智慧制造协同。

4. 探索建立网络型钢厂

以标准化的品种、标准化工厂设计、标准化的装备配置、标准化的生产管理，实现极致的高效和低成本的智慧生产基地，各智慧生产基地以实现高效低成本生产为目标，整合各基地的信息流、资金流、物质流形成网络，并以平台化的管理模式协调各基地的采购、订单、资金、技术支撑和管理；对外则对接钢铁生态圈获取原燃料采购/产成品销售服务，物流、装备技术服务、金融服务支撑。通过网络钢厂这种全新的钢企组织模式，达到钢铁生态圈各基地共生、共荣、相互依存，高质量发展。目前，宝武集团正在推进韶钢、鄂钢等基地网络型钢厂的试点，以充分释放这种组织模式的高效率。

资料来源：根据张佩璇《以新发展理念引领钢铁业高质量发展》（载《中国钢铁业》2020 年第 2 期）等有关资料整理。

参考文献

［1］周勋、王晶莹、王雪盈：《中国钢铁行业技术经济2019年度发展报告》，《冶金经济与管理》2020年第2期。

［2］付静：《中国钢铁工业竞争力与国际合作分析》，《世界金属导报》2019年12月10日。

［3］石禹、陈妍涵：《中国钢铁工业——砥砺前行70年》，《冶金管理》2019年第9期。

［4］李新创：《聚焦高质量发展，持续提升竞争力——钢铁工业“十三五”中期回顾与“十四五”发展展望》，《中国冶金报》2019年5月22日。

［5］梁斐：《中国钢铁工业高质量发展之路探析》，《冶金管理》2019年第12期。

［6］高祥明：《努力巩固去产能成果　提高钢铁行业运行质量和效益》，《中国冶金报》2019年7月30日。

［7］于勇、朱廷钰、刘霄龙：《中国钢铁行业重点工序烟气超低排放技术进展》，《钢铁》2019年第9期。

［8］周维富：《我国钢铁工业70年发展成就及未来高质量发展的对策分析》，《中国经贸导刊》2019年12月下。

［9］施灿涛、杨星、高强：《钢铁行业推进智能制造发展的路径》，《中国国情国力》2020年第4期。

［10］蒋志颖：《中国钢铁行业全方位提升竞争力》，《中国发展观察》2020年第3期。

［11］何文波：《坚持创新引领　全面推进钢铁工业高质量发展》，《中国冶金报》2020年8月4日。

第三十三章　化工产业

提　要

“十三五”时期，我国化工产业发展取得了突出成绩。传统化学产品产能稳中有降，新型化学材料供给快速增长，同时高端化工产品研发能力不断增强，化工产业园区建设快速推进，化工产业安全环保状况有所改善。取得较好成绩的同时，我国化工产业仍存在一些问题。当前，化工产业亏损企业数量占比有所提高，专利转化率水平整体偏低，缺少引领行业的大型化工跨国公司，在国际市场上面临发达国家和发展中国家的双重挑战，关键新型化工材料自给率仍不足。在“十四五”即将开启全面建设社会主义现代化新征程的大背景下，化工产业未来必须要走高质量发展之路。在具体推进时，我国应延伸发展化工产业下游高端制成品，提高化工产业科技研发成果转化率，培育具有国际竞争力的大型化工企业，突破功能性化工新型材料供应瓶颈，坚守化工产业生产绿色和安全底线，着力构建现代化的化工产业体系。

*　　*　　*

化工产业是国家工业体系的重要支柱产业，具有产业关联性强、产业链延伸广等特点，在新技术研发、国防军工等前沿领域起到了基础支撑作用，对经济发展和工业体系平稳运行具有重要意义。长期以来，中国是公认的化工大国，2019年中国化工行业产能占到了全球的40%，多种化工产品产量位居全球首位，“十三五”时期，化工行业的增长速度维持在6%左右，但在技术创新、产业结构、绿色发展等方面，中国与发达国家相比仍有一定差距。同时，随着中国劳动力成本上升，中国在一些传统化工产品生产上不再具有比较优势，部分生产基地迁至印度等新兴发展中国家。“十四五”时期是中国全面建设社会主义现代化新征程的重要开端，也是中国由化工大国向强国迈进的关键时期。为此，中国化工产业应继续深化供给侧结构性改革，优化产业空间布局，坚守化工产业生产绿色和安全底线，突破功能性化工新型材料供应瓶颈，培育一批具有国际竞争力的大型化工跨国公司，着力构建现代化的化学工业体系。

一、“十三五”化工产业发展现状

“十三五”时期，我国经济从高速增长阶段转向高质量阶段，从基本情况来看（见图33－1），

2015～2019 年主要化学品产量逐年攀升，但行业利润总额有下降的趋势。化工行业在总体保持平稳较快发展的基础上，全面推进去产能和结构性调整，加快产能过剩的“僵尸企业”出清市场。同时，大宗基础原料和高技术含量的化工新材料、高端专用化学品国内自给率不断提高，危化品生产企业搬迁改造稳步落实。

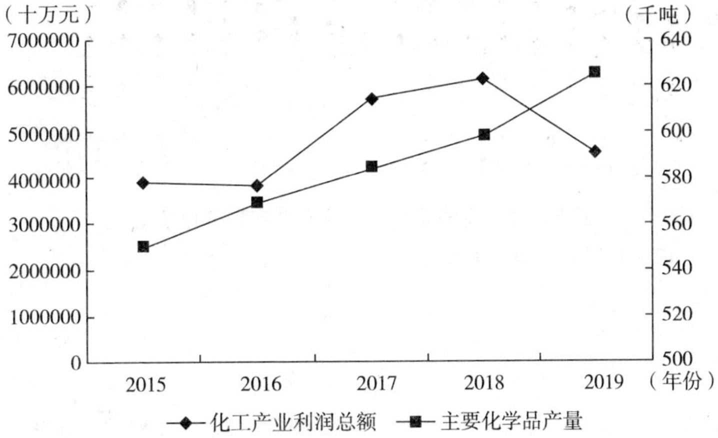

图 33－1　我国化工产业利润额和产量总体变化趋势

资料来源：CEIC 数据库，中国石油和化学工业联合会。

1. 传统化学产品产能稳中有降

“十三五”时期，我国化学产品产能总体运行平稳，产品结构调整持续深化，部分传统产品产能有所下降，去产能成效显著，（见图 33－2 至图 33－5），2015～2019 年，浓硝酸产量由 229. 1 万吨下降至 205. 8 万吨，盐酸由 706. 4 万吨下降至 646. 1 万吨，纯苯产量由 653 万吨下降至 580 万吨，化肥产量由 6532. 9 万吨下降至 4426 万吨，胶鞋产量由 4. 57 亿双下降至 3. 54 亿双，轮胎外胎产量由 8. 04 亿条下降至 6. 54 亿条，化学农药原药产量由 311. 9 万吨下降至 200. 7 万吨，纯苯产量由 653 万吨下降至 579. 8 万吨，合成氨产量由 4839. 4 万吨下降至 3905. 8 万吨。同时，大宗基础化学原料产能有所提高，乙烯产量由 1449. 3 万吨上升至 1532. 2 万吨，精甲醇产量由 3321. 6 万吨上升至 3634 万吨，冰醋酸产量由 484. 6 万吨上升至 548. 3 万吨，离子膜法烧碱产量由 2172. 7 万吨上升至 2444. 5 万吨。此外，精细化学品产量有升有降，涂料产量由 1519. 4 万吨上升至 1592. 7 万吨，化学试剂产量由 1625. 7 万吨下降至 1521. 2 万吨。

2. 新型化学材料供给快速增长

近年来，工程塑料、氟硅材料、高性能纤维、功能性膜材料、电子化学品、生物基材料、3D 打印材料等化工新材料领域的竞争日益激烈，提高化工新材料自给率对一国高新产业发展和国防安全至关重要，为此世界各国不断增加在新材料研发、生产领域的投入，2019 年全球化工新材料产值达到 2. 82 亿美元，我国新材料产业总产值由 2010 年的 6500 亿元增长至 2019 年的 4. 5 万亿元。2015～2018 年，作为应用最广的半导体材料（见图 33－2），我国单晶硅产量由 4. 96 万吨增长至 18. 09 万吨，年均增幅达 88. 2%；多晶硅产量由 19. 33 万吨增长至 25. 52 万吨，年均增幅达 10. 7%。在合成化学材料方面，2015～2019 年，合成树脂及共聚物产量由 6510 万吨上升至 7063. 5 万吨，合成橡胶产量由 431. 9 万吨上升至 505. 4 万吨，合成纤维单体产量由 1891. 7 万吨上升至 4117. 8 万吨。此外，2018 年中国碳纤维产量达到 2. 68 万吨，占到全球总产量的 19%，仅排在美国 15. 5 万吨（42%）和日本 2. 91 万吨（23%）之后，自给率接近 50%，较 2015 年的 20% 明显提高。

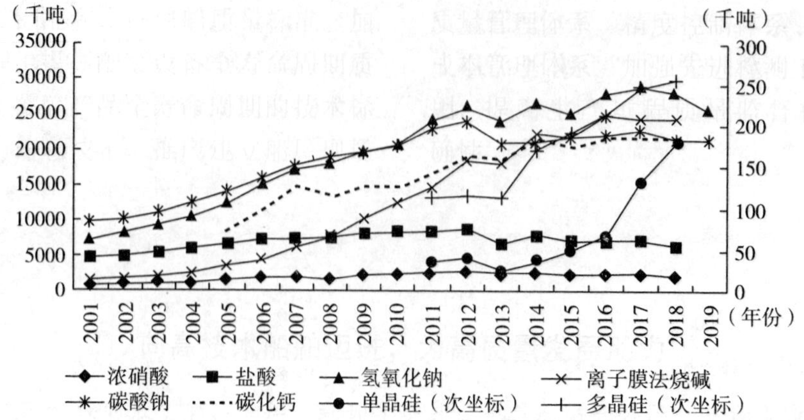

图 33－2 我国无机化学品原料产量变化情况

资料来源：CEIC 数据库，中国石油和化学工业联合会。

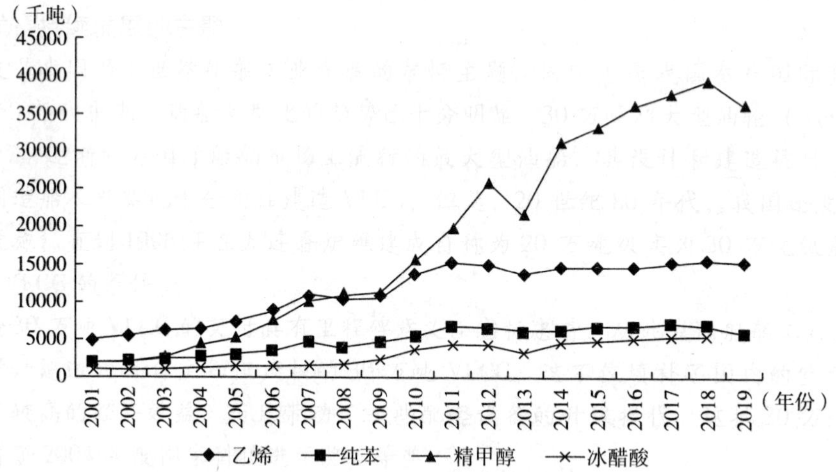

图 33－3 我国有机化学品原料产量变化情况

资料来源：CEIC 数据库，中国石油和化学工业联合会。

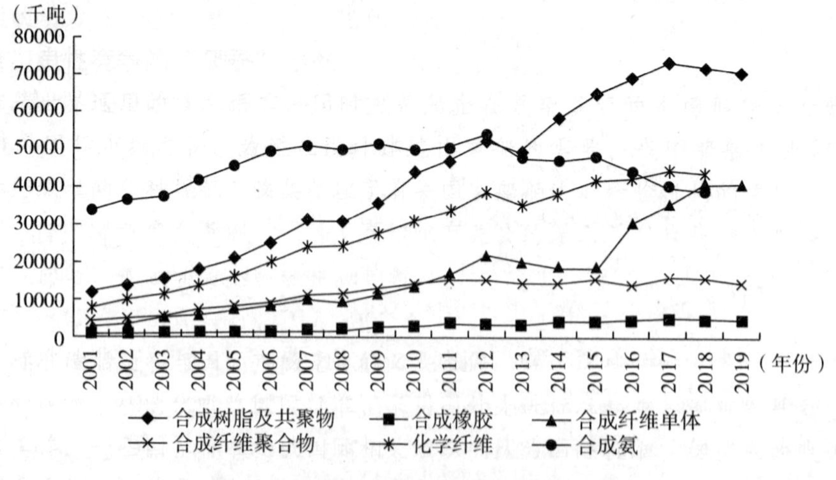

图 33－4 我国合成化学品产量变化情况

资料来源：CEIC 数据库，中国石油和化学工业联合会。

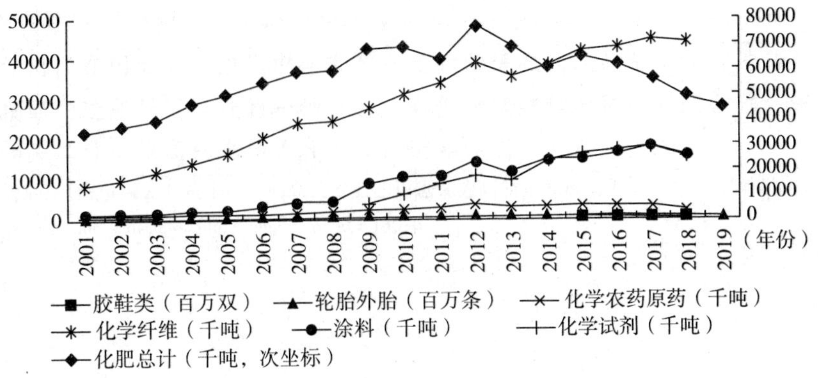

图 33－5　我国化学制成品产量变化情况

资料来源：CEIC 数据库，中国石油和化学工业联合会。

3. 高端化工产品研发能力不断增强

“十三五”时期，中国化工产业自主创新能力显著增强，在页岩气勘探技术、第六代 MDI 技术、聚碳酸酯生产技术、大型先进煤气化技术、煤制油、煤制烯烃、煤制乙二醇等一系列关键技术上取得重大进展。根据《石化和化学工业发展规划（2016－2020 年）》列明的代表性高端化工产品（见表 33－1），2019 年我国在相关领域申请专利的数量均位列第一，且明显多于美国、日本、韩国、德国等发达国家，以及印度、俄罗斯、巴西等新兴发展中国家，其中聚碳酸酯 3646 件，聚甲基丙烯酸甲酯 3428 件、乙烯—醋酸乙烯共聚树脂（EVA）4193 件、硅橡胶 6192 件、丁基橡胶 960 件、二苯基甲烷二异氰酸酯 1428 件、聚四氟乙烯 14422 件、有机硅单体 43 件。此外，2019 年我国在代表性新型化工材料领域申请的专利数量也均位居首位（除氟代碳酸乙烯酯外），其中非结晶型共聚酯 161 件、硅橡胶 6192 件、高强高模碳纤维 78 件、质子交换膜 783 件、氟代碳酸乙烯酯 170 件、聚羟基脂肪酸酯 162 件、光敏树脂 533 件。尽管在一些关键领域仍受到技术垄断制约，但中国化工产业新技术增量显著，与发达国家的技术差距不断缩小（见表 33－2）。

表 33－1　代表性高端化工产品专利申请数量前 10 位国家（2019 年）

单位：件

排名	聚碳酸酯	聚甲基丙烯酸甲酯	乙烯—醋酸乙烯共聚树脂（EVA）	硅橡胶	丁基橡胶	二苯基甲烷二异氰酸酯	聚四氟乙烯	有机硅单体
1	中国（3646）	中国（3428）	中国（4193）	中国（6192）	中国（960）	中国（1428）	中国（14422）	中国（43）
2	美国（1269）	美国（409）	美国（246）	美国（320）	美国（135）	美国（108）	美国（1072）	美国（3）
3	日本（789）	韩国（234）	韩国（238）	日本（268）	日本（60）	德国（57）	韩国（342）	德国（1）
4	韩国（434）	德国（154）	日本（110）	韩国（122）	韩国（51）	日本（50）	日本（313）	韩国（1）
5	德国（307）	日本（115）	德国（83）	德国（68）	德国（33）	韩国（46）	德国（250）	—
6	法国（98）	法国（56）	巴西（25）	英国（26）	法国（12）	英国（24）	法国（69）	—

续表

排名	聚碳酸酯	聚甲基丙烯酸甲酯	乙烯－醋酸乙烯共聚树脂（EVA）	硅橡胶	丁基橡胶	二苯基甲烷二异氰酸酯	聚四氟乙烯	有机硅单体
7	印度（85）	英国（22）	意大利（25）	澳大利亚（22）	印度（11）	法国（12）	印度（66）	—
8	荷兰（69）	加拿大（20）	法国（21）	印度（22）	荷兰（10）	印度（11）	加拿大（56）	—
9	英国（60）	俄罗斯（19）	印度（21）	加拿大（22）	俄罗斯（7）	沙特阿拉伯（9）	英国（53）	—
10	加拿大（46）	印度（19）	加拿大（18）	俄罗斯（19）	瑞士（7）	比利时（6）	俄罗斯（44）	—

注：括号中为该国当年在此领域申请专利数量。

资料来源：Innography 数据库。

表 33－2 代表性新型化工材料专利申请数量前 10 位国家（2019 年）

单位：件

领域	工程塑料	氟硅材料	高性能纤维	功能性膜材料	电子化学品	生物基材料	3D 打印材料
代表产品	非结晶型共聚酯	硅橡胶	高强高模碳纤维	质子交换膜	氟代碳酸乙烯酯	聚羟基脂肪酸酯	光敏树脂
1	中国（161）	中国（6192）	中国（78）	中国（783）	美国（200）	中国（162）	中国（533）
2	美国（51）	美国（320）	澳大利亚（2）	美国（26）	中国（170）	美国（93）	日本（423）
3	以色列（7）	日本（268）	捷克（1）	韩国（8）	韩国（64）	德国（23）	韩国（106）
4	法国（6）	韩国（122）	瑞典（1）	丹麦（7）	加拿大（23）	英国（17）	法国（7）
5	德国（5）	德国（68）	—	法国（6）	日本（13）	韩国（12）	美国（6）
6	意大利（4）	英国（26）	—	新加坡（5）	法国（13）	意大利（11）	瑞士（4）
7	日本（3）	澳大利亚（22）	—	印度（4）	印度（9）	印度（10）	新加坡（4）
8	比利时（3）	印度（22）	—	德国（4）	以色列（8）	日本（8）	印度（1）
9	韩国（2）	加拿大（22）	—	加拿大（3）	英国（7）	法国（8）	—
10	新加坡（1）	俄罗斯（19）	—	日本（3）	荷兰（6）	荷兰（7）	—

注：括号中为该国当年在此领域申请专利数量。

资料来源：Innography 数据库。

4. 化工产业园区建设快速推进

“十三五”以来，我国化工产业园区建设进入快速增长期，退城入园进程加速，化工产业园区的数量和质量都明显提高（见图33－6）。据中国石油和化学工业联合会数据统计，截至2019年底，我国地市级以上化工产业园区数量由2014年的381个上升至676个，其中国家级、省级、地市级产业园区数量分别由2014年的42个、221个、118个上升至57个、351个、268个。从分布区域来看，东部地区（247个）占比36.5%，中部地区（173个）占比25.6%，西部地区（198个）占比29.3%，东北地区（58个）占比8.6%，化工产业在中国区域布局较为均衡。“十三五”时期，我国规划了大连长兴岛、河北曹妃甸、江苏连云港、浙江宁波、上海漕泾、广东惠州、福建古雷七大化工产业基地，并要求新建项目必须建在产业基地内，原则上不再新增布点。预计到2025年，七大化工产业基地的产能将占全国总产能的40%，化工产业一体化正从传统的简单一体化向纵深集成一体化发展。

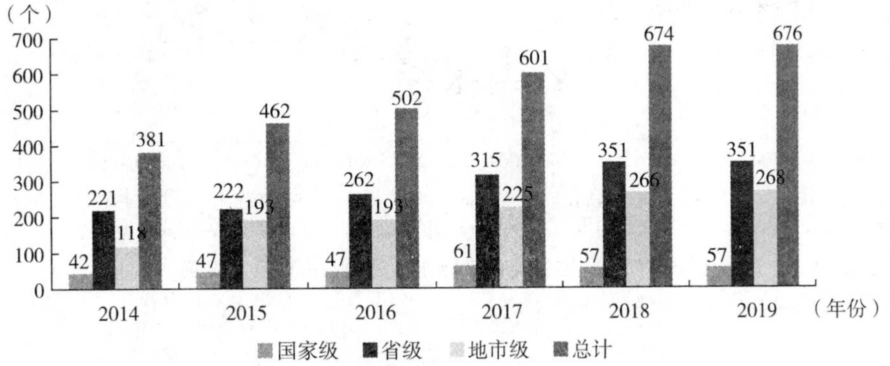

图33－6 我国各级化工产业园区数量

资料来源：CEIC数据库，中国石油和化学工业联合会。

二、“十三五”化工产业发展面临的突出问题

1. 亏损企业占比数量有所增加

据国家统计局公布的数据，2019年全国规模以上工业企业实现利润总额61995.5亿元，比2018年下降3.3%，特别是国有企业比2018年下降12.0%。“十三五”时期，我国化工产业亏损企业数量占比有所提高（见图33－7），其中2013～2018年肥料制造企业由15.62%上升至19.60%，合成材料制造企业由18.46%上升至20.11%，农药制造企业由12.61%上升至14.75%，石化专用设备企业由22.63%上升至26.02%，涂料、油墨、颜料企业由14.97%上升至17.19%，橡胶制品企业由14.29%上升至16.82%，专用化学产品企业由15.22%上升至17.54%；从利润率变化来看（见图33－8），2013～2018年各类化工产业有升有降，其中上升的行业包括肥料制造企业由3.24%提高至3.90%，合成材料制造企业由3.55%提高至6.95%，基础化学原料由3.74%提高至7.99%，农药制造企业由6.87%提高至9.30%，涂料、油墨、颜料企业由6.96%上升至7.72%，专用化学产品企业由6.30%上升至7.3%，下降的行业包括化学矿开采企业由6.42%下降至4.05%，石化专用设备由5.76%下降至4.42%，橡胶制品由5.80%下降至4.83%；从企业数量来看（见图33－9），2013～2018年各类化学企业数量呈略微下降趋势，肥料制造企业由29190个下降至27283个，合成材料制造企业由33895个下降至33478个，化学矿开采企业由4205个下降至3249

个，基础化学原料企业由 70546 个下降至 63450 个，农药制造企业由 9977 个下降至 9193 个，石化专用设备企业由 18664 个下降至 16480 个，涂料、油墨、颜料企业由 39583 个下降至 38222 个，橡胶制品企业由 44563 个下降至 42624 个，专用化学产品企业由 84904 个下降至 77879 个。总体来看，我国化工产业亏损面有所扩大，企业利润率相对偏低，企业退出市场增多，一方面近年来化工产业上游原材料涨跌，下游需求疲软，对化工企业经营绩效造成较大冲击。另一方面，受去产能和结构性调整影响，一些低端化工企业被淘汰出清市场。随着我国产业结构的不断优化，化工行业的竞争将更加激烈，特别是传统化工行业的较多企业未来可能面临淘汰。

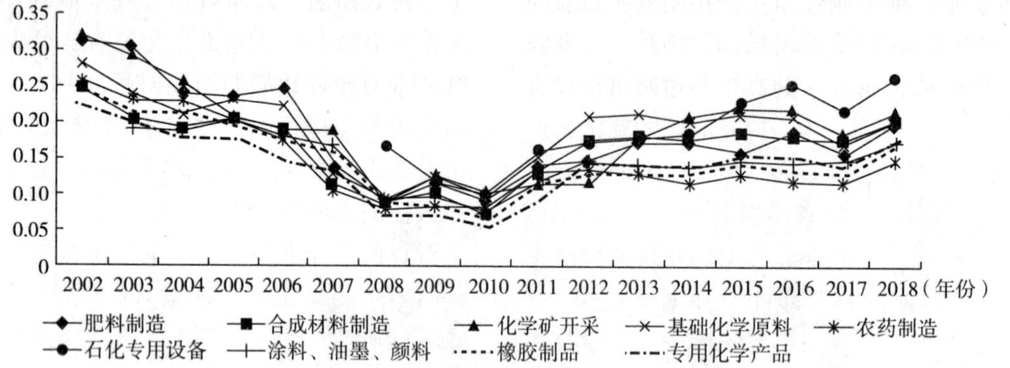

图 33－7 我国各类化工行业亏损企业占比变化情况

资料来源：CEIC 数据库，中国石油和化学工业联合会。

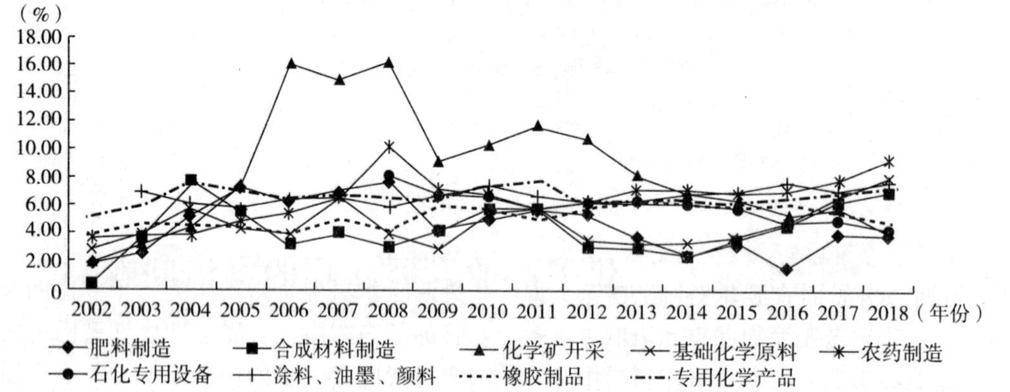

图 33－8 我国各类化工行业利润率变化情况

资料来源：CEIC 数据库，中国石油和化学工业联合会。

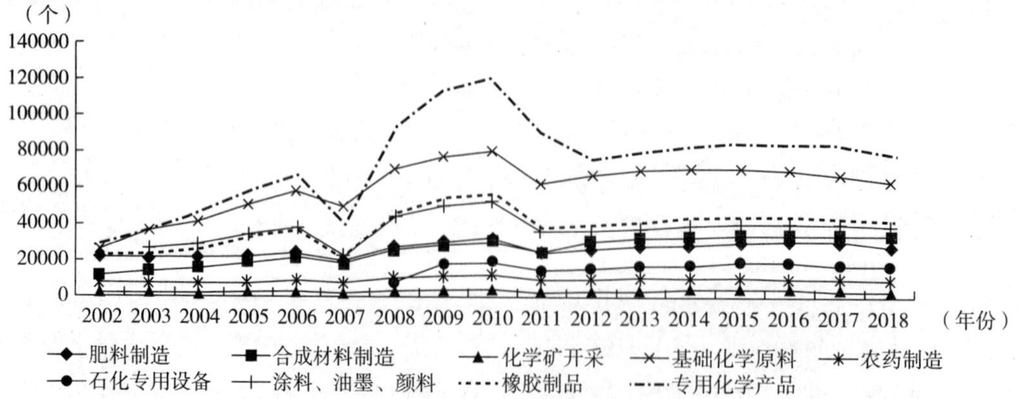

图 33－9 我国各类化学企业数量变化情况

资料来源：CEIC 数据库，中国石油和化学工业联合会。

2. 化工产业专利转化率低

“十三五”时期，我国化工产业新技术研发速度加快，专利申请数量明显提高，但科研成果的转化率仍不高，科研主体的经济效益也相对偏低。2019 年（见图 33－10），在代表性高端化工产品专利申请前 20 位组织中，我国有中国科学院、华南理工大学、京东方科技集团股份有限公司、四川大学、西安交通大学、清华大学、江苏大学、浙江大学、哈尔滨工业大学、陕西科技大学、台湾东华大学、天津大学、吉林大学 13 个科研主体，韩国 2 个（LG 化学、三星电子有限公司）、日本 2 个（富士胶片控股公司、日东电工株式会社）、美国 1 个（3M 公司）、德国 1 个（Covestro AG 集团）、沙特阿拉伯 1 个（沙特基础工业公司）。在代表性新型化工材料专利申请组织前 20 位中（见图 33－11），我国有华为投资控股有限公司、北京科技大学、熵零技术逻辑工程院集团股份有限公司、西安交通大学、天津大学、中国科学院、清华大学 7 个科研主体；日本有 7 个（富士胶片控股公司、信越化学工业株式会社、旭化成公司、住友集团、东丽工业、东京应化工业、夏普公司）；韩国有 4 个（三星电子有限公司、三星 SDI 公司、LG 化学、LG 电子公司）；美国有 2 个（Inphi 公司、纳米仪器公司）。我国在代表性高端化工产品和代表性新型化工材料领域专利研发实力较强机构单位已经与美国、日本、韩国等发达国家相当，但大多数研发主体为大学、科研院所，只有京东方科技集团股份有限公司、华为投资控股有限公司、熵零技术逻辑工程院集团股份有限公司三家企业入围，相比之下发达国家的研发主体绝大部分都是经营范围涉及电子、化工、新材料、新能源等多个领域的跨国集团公司，而且我国专利申请机构经济实力都相对偏弱（见图 33－10 和图 33－11，除了华为投资控股有限公司，其余都位于第三、第四象限），反映出我国化工产业科研成果转化率偏低，产学研的合作不够紧密。中国在化工产业创新链和产业链精准对接方面仍有较大提升空间，科研成果从样品到产品再到商品的转化速度仍然相对滞后。

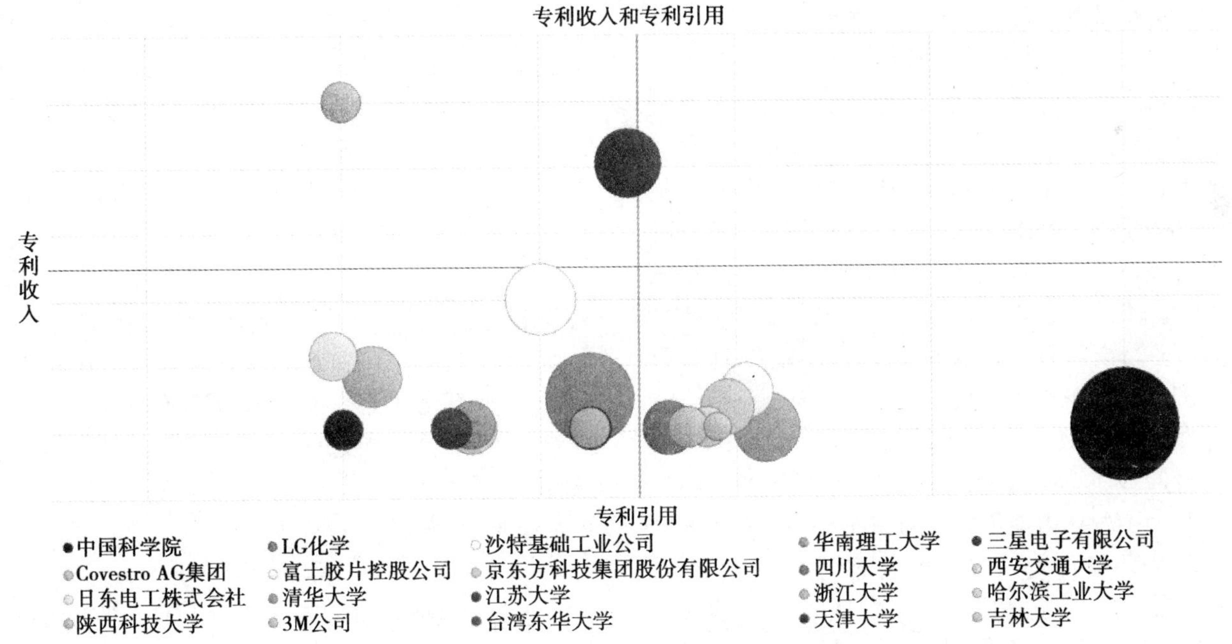

图 33－10　代表性高端化工产品专利申请组织前 20 位（2019 年）

资料来源：Innography 数据库，横轴代表专利组织的技术实力，纵轴代表专利组织的经济实力，气泡大小代表专利组织申请专利的数量。

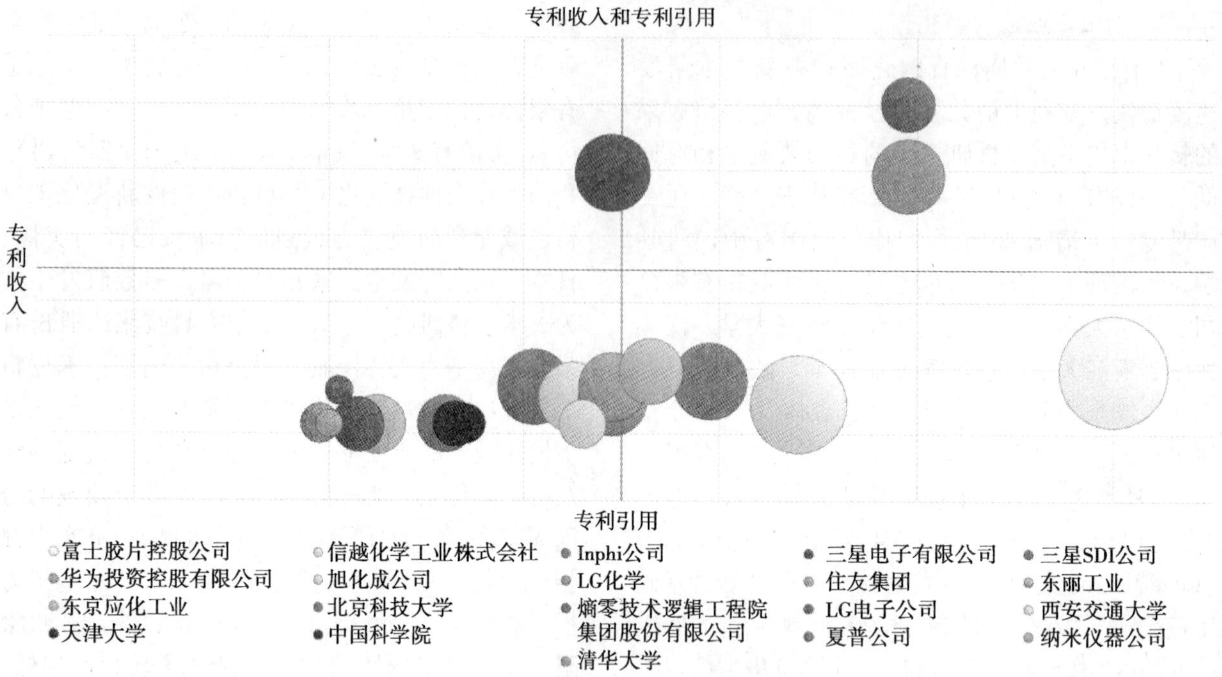

图 33－11 代表性新型化工材料专利申请组织前 20 位（2019 年）

资料来源：Innography 数据库，横轴代表专利组织的技术实力，纵轴代表专利组织的经济实力，气泡大小代表专利组织申请专利的数量。

3. 缺少大型化工跨国公司

长期以来，我国化工产业绝大多数是中小企业，产值小、生产集约化程度低，“十三五”时期，随着去产能稳步推进，淘汰了一批产能落后的中小企业，但仍未形成一批具有明显国际竞争优势的大型企业，在 ICIS 2019 年世界化工企业 100 强榜单中，虽然中国石油化工集团有限公司位列第一，但中国大陆只有中石化集团、万华化学集团两家企业进入榜单。中国化工企业 500 强企业与国际化工巨头企业仍有一定差距（见表 33－3），虽然中国化工企业 500 强企业平均销售收入从 2014 年的 868524.16 万元上升至 2018 年的 2229156.37 万元，但与 2018 年全球化工 50 强 1～10 名平均销售收入的 30625373.48 万元差距巨大，即使与 41～50 名平均销售收入的 5188049.44 万元相比也有较大差距。此外，2015～2018 年中国化工企业 500 强企业平均销售收入最后 1 名销售收入连续下降，已从 183601.55 万元下降至 143021.85 万元，进入中国化工企业 500 强的门槛持续下降，原因可能是中国化工企业竞争日趋激烈，通过深化改革、兼并、重组带来的马太效应使得企业规模两极分化，但从中国化工企业 500 强规模分布情况来看，2017～2018 年，除销售收入 10 亿～50 亿元的企业从 251 家上升至 279 家以外，50 亿～100 亿元的企业从 104 家下降至 86 家，100 亿～200 亿元的企业从 68 家下降至 58 家，200 亿元以上的企业保持不变，销售收入 50 亿元以上的大型化工企业的数量并没有显著增加。综合来看，我国仍缺少一批具有顶级国际竞争力的大型化工企业，荣盛石化（牵头浙江石化 4000 万吨炼油项目）、恒力股份（在长兴岛建设 2000 万吨炼化一体化项目）、恒逸石化（拥有 630 万吨的 PTA 权益产能，位列全球第一）、盛虹石化（150 万吨 PTA，360 万吨醇基多联产项目）等一批实力强劲的民营化工企业的潜力仍有待进一步挖掘。

4. 化工产业结构偏向低端

产业结构向高端环节跃升是化工产业高质量的重要表现，同时也是成为化工强国的必由之路。长期以来，我国化工行业的主要矛盾是结构性过剩，一方面，化肥、尿素、甲醇、氯碱、纯碱、电石、轮胎、氟化氢、磷酸铵等低端产品存在着严重的产能过剩，市场化程度不高、政府干预过多等因素导致资源要素在化工产业错配严重，同时环境污染、能耗过高等问题较为严重；另一方面，研发创新不足，在高端化学用品、新兴化工材料等方面自给率较低，过度依赖进口。从图 33 - 12 来看，2015 年与 2018 年相比，我国化工产业结构有一定改善，但单晶硅、多晶硅等生产半导体的关键原料产量占总产出的比重仍然较小，表明我国化工产业结构总体上偏向低端。未来我国化工产业需要从以重化工业为主导的工业化中期阶段迈入以创新驱动为主导的工业化后期阶段。

表 33 - 3　中国 500 强和全球 50 强化工企业销售收入情况

年份	平均销售收入（万元）	最后 1 名收入（万元）	销售收入（亿元）	2017 年（家）	2018 年（家）	2018 年全球 50 强	平均收入（万元）
2014	868524.16	177178.05	10 ~ 50	251	279	1 ~ 10 名	30625373.48
2015	1039798.11	183601.55	50 ~ 100	104	86	11 ~ 20 名	12712044.61
2016	1166136.18	174853.63	100 ~ 200	68	58	21 ~ 30 名	8146031.71
2017	2015531.21	168269.67	200 以上	77	77	31 ~ 40 名	6306391.73
2018	2229156.37	143021.85	—	—	—	41 ~ 50 名	5188049.44

资料来源：中国石油和化学工业联合会发布的《2019 中国石油和化工企业 500 强发布会分析报告汇总》，美国《化学与工程新闻》（C&EN）。

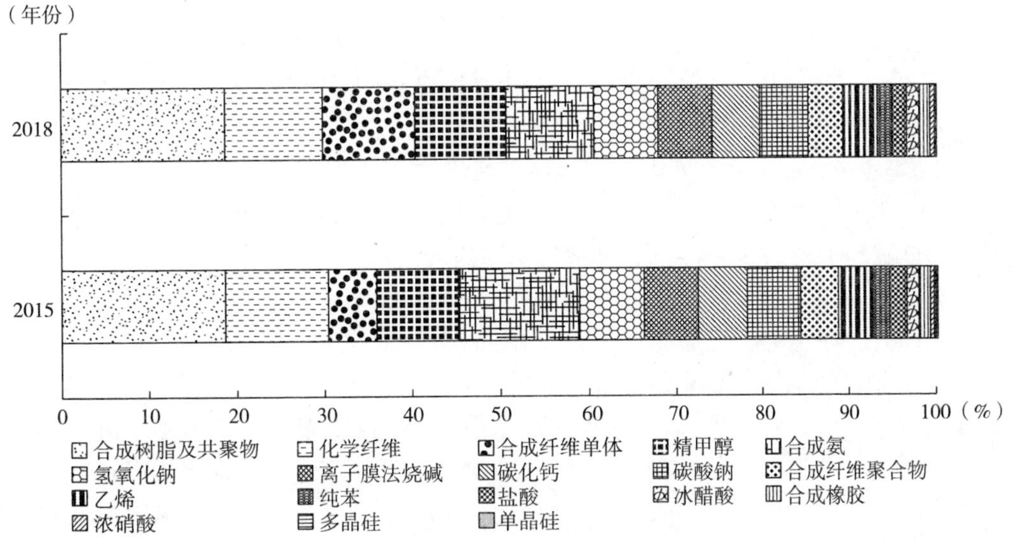

图 33 - 12　主要化工产品产量占比（2015 年和 2018 年）

5. 关键新型化工材料自给率不足

化工新材料作为我国战略性新兴产业，是重要的基础性、先导性产业，“十三五”时期，我国化工新材料国内产能增长迅速，但与此同时我国对化工新材料的需求也快速增长，关键新型化工材料自给率仍偏低，对进口依赖程度依然很大。例如，2014 ~ 2019 年我国碳纤维国内产能由 2000 吨增加到了 12000 吨（见表 33 - 4），国内供给量增长了 5 倍之多，但国内对碳纤维的消费量也从 14800 吨增长到 37800 吨，自给率仅为 31.74%。从主要化工新材料产能、产销量及自给率来看（见表 33 - 5），2018 年我国自给率较高的化工新材料包括聚氨酯材料（153.2%）、硅氟材料（120.57%），除了能够满足国内市场需求，还有富余产能销往国内市场，但在工程塑料（62.13%）、高端聚烯烃（38.33%）、高性能橡胶

表 33－4 中国碳纤维供需情况（2014～2019 年）

年份	国内产量（千吨）	进口量（千吨）	消费量（千吨）
2014	2	12.8	14.8
2015	2.5	14.4	16.9
2016	3.6	16	19.6
2017	7.4	16.1	23.5
2018	9	22	31
2019	12	25.84	37.8

资料来源：海关总署。

（67.13%）、功能性膜材料（54.43%）、电子化学品（77.26%）等方面，国内供给均有较大缺口，总体上主要化工新材料的国内自给率只达到了 59.58%。近年来，逆全球化趋势有所抬头，特别是全球新冠疫情更暴露了全球供应链系统的脆弱性，化工新材料的供应链一旦受阻或遭受“卡脖子”，电子信息、新能源汽车、商业航空等诸多战略性新兴产业，将面临短时间内丧失竞争力的风险。

表 33－5 主要化工新材料产能、产销量及自给率（2018 年）

产品类别	国内产量（万吨）	消费量（万吨）	自给率（%）
工程塑料	316.3	509.1	62.13
高端聚烯烃	435.1	1138.5	38.33
聚氨酯材料	383.3	250.2	153.20
硅氟材料	46.3	38.4	120.57
高性能橡胶	234.3	349.0	67.13
功能性膜材料	4.3	7.9	54.43
电子化学品	41.1	53.2	77.26
其他	82.7	116.4	71.05
合计	1620.6	2720.2	59.58

资料来源：中国石油和化工联合会。

三、“十四五”化工产业发展面临的挑战与机遇

1. 低碳转型对化工产业挑战

绿色发展、低碳转型已成为当今世界经济结构调整的一个重要趋势，应对气候变化是中国可持续发展的内在需要。在第七十五届联合国大会一般性辩论上，我国呼吁各国要树立创新、协调、绿色、开放、共享的新发展理念，推动疫情后世界经济“绿色复苏”，汇聚起可持续发展的强大合力。然而，化工产业是典型的高耗能产业，从图 33－13 来看，2008～2018 年，我国化工产业产量从 34230.68 万吨上升到 59174.36 万吨，增长了 48.02%，能源消耗从 34958.41 万吨上升到 58213.49 万吨，增长了 69.15%，每生产一吨化工产品平均需要标准煤从 1029.23 千克上升到 1176.18 千克。可以发现，我国化工产业耗能增速要快于产量增速，表明我国化工产业耗能高的状况仍然没有改善，低碳节能形势较为严峻。此外，从化工产业能耗结构来看（图 33－14），2008～2018 年我国化工产业石油类能源占比从 15.81% 下降到 13.95%，天然气、电力占比有所增加，但煤炭和石油类能源消费占比仍然高达 75.11%。综合来看，“十四五”时期碳综合转型将对化工产业发展带来挑战。

2. 国际市场面临发达国家和发展中国家双重挑战

近年来，随着生产成本上升、资源环境制约加大，中国在一些传统化工产业方面的比较优势有所下降，新兴发展中国家追赶较快，如印度化工产业产量占全世界化学工业总量的 3.4%，化学产品销量排名第 6，2018 年，印度化学品市值约为 1630 亿美元，预计 2025 年将达到 3040 亿美元，将可能对中国化工大国地位产生挑战。同时，发达国家在高端生产领域长期具有领先优势，中国在短期内难以迅速追上。2018 年，从 HS 六分位产品比较优势来看（见图 33－15），无机化学品中，中国具有比较优势的细分产品最多有 87 种，其后分别是美国（71）、印度（62）、德国（58）；在有机化学品中，中国具有比较优势的细分产品数量有 161 种，排在印度（182）之

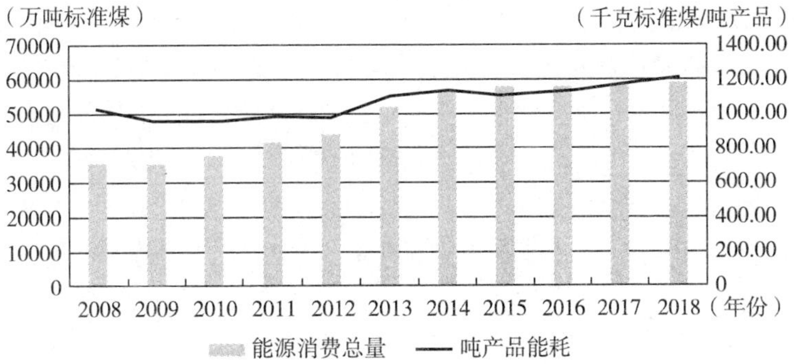

图 33－13　2008～2018 年中国化工产品能源消费量和吨化工产品能耗

资料来源：《中国工业统计年鉴》，陈宇轩（2020）。

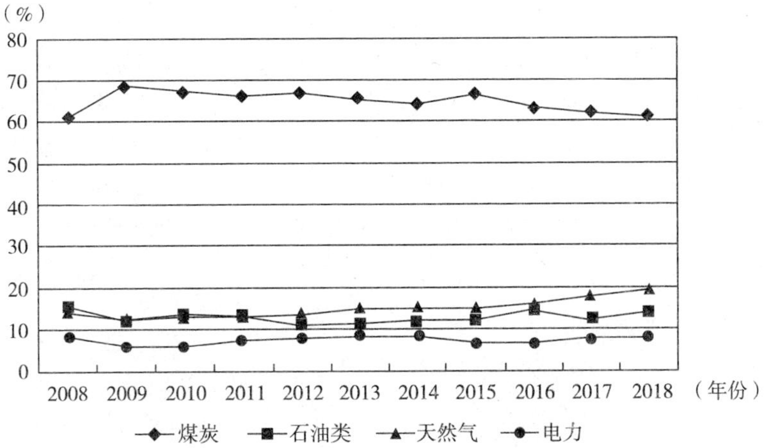

图 33－14　化工行业生产能源消耗结构变化趋势

资料来源：《中国工业统计年鉴》，陈宇轩（2020）。

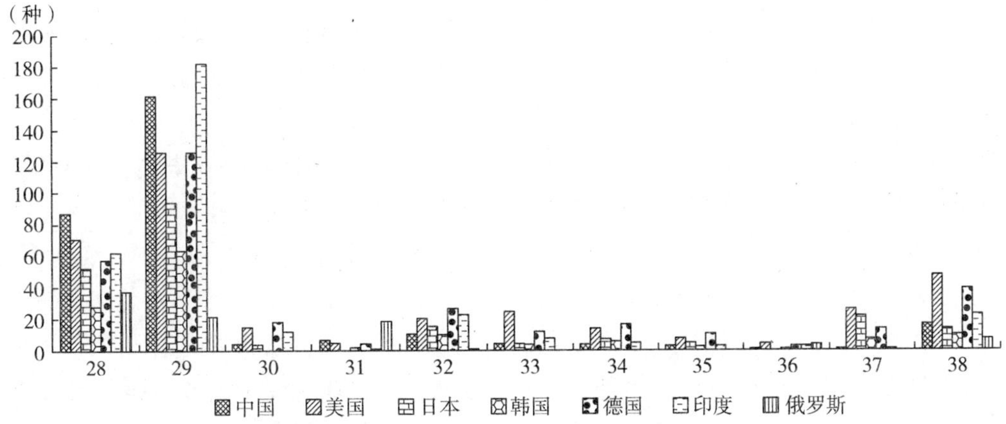

图 33－15　各国在 HS 六分位化学产品具有比较优势产品数量（2018 年）

资料来源：UNcomtrade 数据库，比较优势由笔者计算；HS 两分位产品代码对应产品依次为无机化学品（28），有机化学品（29），药品（30），肥料（31），鞣料浸膏及染料浸膏（32），精油及香膏、芳香料制品及化妆品（33），肥皂、洗涤剂、润滑剂（34），蛋白类物质（35），炸药、易燃材料制品（36），照相及电影用品（37），杂项化学产品（38）。

后，其后是美国（126）、德国（126）；在医药产品中，中国具有比较优势的细分产品数量有 7 种，排在德国（18）、美国（15）、印度（12）之后；肥料产品中，中国具有比较优势的细分产品数量有7种，排在俄罗斯（19）之后，其后是美国（5）、德国（5）；在鞣料浸膏及染料浸膏产品中，中国具有比较优势的细分产品有11种，排在德国（27）、印度（23）、美国（21）、日本（16）之后；精油及香膏、芳香料制品及化妆品中，中国具有比较优势的细分产品数量有5种，排在美国（25）、德国（12）、印度（8）之后；肥皂、洗涤剂、润滑剂产品中，中国具有比较优势的细分产品数量只有4种，仅排在俄罗斯之前，德国（17）、美国（14）、日本（7）位于前列；在蛋白类物质产品中，中国具有比较优势的细分产品数量有3种，排在德国（11）、美国（8）、日本（5）之后；在炸药、易燃材料制品中，中国具有比较优势的细分产品数量有1种，排在美国（5）、俄罗斯（4）、德国（3）、印度（3）之后；在照相及电影用品中，中国具有比较优势的细分产品数量只有1种，远低于美国（26）、日本（22）、德国（14），仅和印度（1）相当；在杂项化学产品中，中国具有比较优势的细分产品数量有17种，排在美国（48）、德国（39）、印度（23）之后。当前中国化工产业在国际市场上可谓“前有堵截，后有追兵”，同时面临着印度等发展中国家在传统低端环节，以及美国、德国、日本等发达国家在高端生产环节的双重挤压。

3. 安全事故频发对化工产业的挑战

“十三五”时期，我国对化工产业的生产安全、环境保护的监督、整改力度不断加大，化工产业安全环保状况改善较为明显。据统计，目前我国列入目录的危化品有2800多种，企业21万多家，包括生产、经营、储存、运输等各类企业。2017年，国务院办公厅印发《关于推进城镇人口密集区危险化学品生产企业搬迁改造的指导意见》，国家发展改革委、工业和信息化部印发了《关于促进石化产业绿色发展的指导意见》。2020年，中共中央办公厅、国务院办公厅印发了《关于全面加强危险化学品安全生产工作的意见》，要求“加快实现危险化学品安全生产治理体系和治理能力现代化”，截至2018年底，已初步确定全国需要搬迁改造的企业共有1176家，其中异地搬迁479家，就地改造360家，关闭退出337家。但安全事故频发仍然对化工产业形成了严峻挑战，据应急管理部统计（见图33－16），2015～2018年，事故起数和死亡人数分别从2015年的97起、157人上升至2018年的176起、223人，分别上升81.44%和42.04%，尽管统计口径有一定变化，但仍表明我国化工产业存在较多隐患，亟待提高生产安全保障。

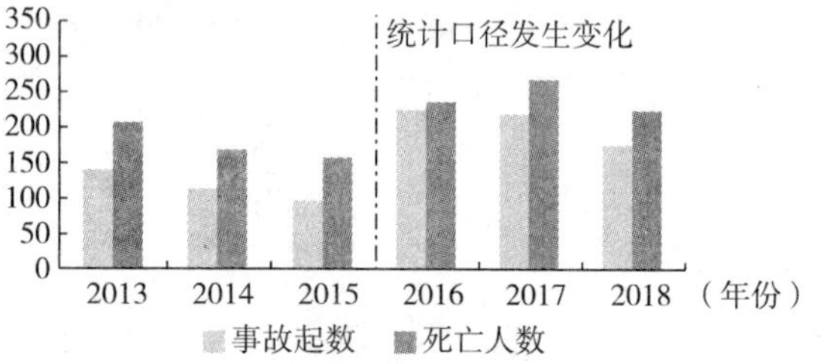

图33－16 我国化工事故起数和死亡人数（2013～2018年）

资料来源：《2018年化工和危化品事故分析报告》，应急管理部统计数据。

4. “十四五”时期化工产业发展机遇展望

“十四五”时期将是我国化工产业重要的机遇期，预计将有以下前景可以展望：首先，“补链强链”对化工产业带来机遇。中国有着世界上最完整的产业链，但值得注意的是，化工行业的产业链虽然完整，但部分环节还十分脆弱，特别是新型化工材料自给率低，例如，国内产品的质量和稳定性欠佳，用于制造高端膜材料的聚烯烃原料也只能从国外进口等。新冠疫情对全球产业链的冲击，以及美国对华高技术产品出口的限制，凸显了“补链强链”的重要性，这将为化工产业发展带来新的机遇。其次，大数据、物联网、人工智能等新兴产业对化工产业带来机遇。化工大数据和智慧物流的应用不仅可使化工企业实现智慧决策和降本增效，还可大大降低化工安全事故发生的概率。在化工大数据层面，化工资源智能匹配平台不仅可以实现行业供需资源的智能匹配，且其自带的化工大数据技术还能从各种宏观微观数据层面帮助企业管理人员实现智慧决策。然后，能源结构优化对化工产业带来机遇。预计到2035年以后，碳减排压力将加大，可再生能源制氢、氢燃料电池系统成本将大幅度下降，氢燃料汽车和加氢站在部分地区将会有较大增幅。石化企业在产氢、用氢、建设加氢站和研发方面都具有显著优势，在发展氢能产业上将大有作为。再次，“一带一路”产能合作对化工产业带来机遇。一带一路”沿线国家石油、天然气、天然橡胶、钾盐等能源资源矿藏丰富，与中国的资源互补性很强，但在技术创新、文化水平方面还存在很多差距。随着“一带一路”沿线国家经济的发展，对化肥、农药、轮胎及石化等基础化工原料和产品的需求将快速增长，这为中国化学工业装备、技术和服务等“走出去”开展更大范围的合作创造了机遇。最后，新型基础设施建设将给特定化工材料带来机遇。无论是正在高歌猛进的锂电新能源汽车，还是刚刚萌芽的氢燃料电池汽车，其核心的电池组件就是一个高能的微型化工厂，是电极材料、隔膜材料、电解介质等众多化工原料和新材料的集成。充电桩同样也是如此，当前充电桩的布设正迅速从全国一线城市向二三线城市扩散，对绝缘材料、线缆包覆材料等化工材料的需求将持续增长。

四、“十四五”化工产业发展的政策建议

对标《石化和化学工业发展规划（2016－2020年）》（以下简称《规划》）来看，在经济发展方面，《规划》目标为“十三五”时期“石化和化学工业增加值年均增长8%”，而据《中国石油和化学工业经济运行报告（2019）》统计，2019年石化产业增加值同比增长只有4.8%，利润总额6683.7亿元，下降14.9%，表明我国石化产业规模增速和利润都呈下降态势。在结构调整方面，《规划》目标为“十三五”时期“传统化工产品产能过剩矛盾有效缓解，烯烃、芳烃等基础原料和化工新材料保障能力显著提高，形成一批具有国际竞争力的大型企业集团、世界级化工园区和以石化化工为主导产业的新型工业化产业示范基地，行业发展质量和竞争能力明显增强”。根据前文的分析，“十三五”时期化工产业产能过剩问题有所缓解，但关键高端化工产品自给率仍然不足，大型跨国化工企业仍实力不足。在创新驱动方面，《规划》目标为“十三五”时期“产学研协同创新体系日益完善，在重点领域建成一批国家和行业创新平台，突破一批重大关键共性技术和重大成套装备，形成一批具有成长性的新的经济增长点”。根据前文的分析，我国化工产业高端领域申请专利数量显著提高，研发能力有较大提高，但存在的问题主要在于科研成果转化率较低，获取利润能力不强。在绿色发展方面，《规划》目标“万元GDP用水量下降23%，万元GDP能源消耗、二氧化碳排放降低18%”。根据前文的分析，我国化工产业单位耗能有增加趋势，使用清洁能源占比较低。在两化融合方面，《规划》目标“建成若干智慧化工园区，开展石化化工行业工业互联网试点”。根据前文的分析，“十三五”时期，我国化工产业园区的数量和质量都明显提高。

综上所述，“十三五”时期，化工产业传统产能和落后产能淘汰较高，一批产能落后的中小企业退出市场，但具备国际竞争力的大型化工企业仍然较少。高端化学品、新型化工材料发展有了新突破，但研发专利转化率低、应用成果不多、新型化工材料自给率低等问题仍然突出。鉴于此，推进“十四五”化工产业高质量发展，还需从以下几方面着手。

1. 延伸发展化工产业下游高端制成品

当前，我国化工产业总体利润率有下降趋势，主要原因在于运营成本增加、产品价格下降，再加之去产能和结构性调整影响，化工企业数量下降明显，产能落后企业被市场淘汰。从长远来看，有利于化工产业的优化升级，但前提是要规避基础行业产能同质化和重复建设，同时加快产品结构高端化升级。首先，部分行业从原来短缺态势正呈现同质化过剩趋势，如乙烯及下游产品、丙烯及下游产品、芳烃及下游产品、乙二醇、ABS树脂等，在面对国内外新一轮竞争中，这些新增产能产品差异化和竞争力需要高度重视，要严格控制过剩产能和同质化重复建设。其

次，应加快产品结构高端化升级，提升资源综合利用水平，以更好应对国际竞争。由于劳动成本上升，资源环境约束增大，我国化工产业原来粗放的发展方式难以为继，需要从规模优势阶段向高附加值优势阶段跃升，综合提升副产品的深加工能力，促进下游产业链综合发展、产品结构多样化，提高最终产品中高附加值新型化工材料、精细化学品所占比例，探索高端化发展路线。最后，应加快化工产业走出去，推进国际产能合作，带动化工产业优化升级。中国的产能和技术优势能够与“一带一路”倡议沿线国家形成很好互补，部分国家石油、天然气、天然橡胶、钾盐等能源资源矿藏非常丰富，与我国化工产业的技术创新、生产经验优势互补性很强，应促使化肥、农药、轮胎等传统化工产业向这些国家转移，弥补其产能不足并化解国内过剩产能，同时促进中国技术、资本与母国劳动、自然资源深度融合，从而形成新的比较优势。

2. 提高化工产业科技研发成果转化率

近年来，我国化工产业专利申请增长迅速，但我国研发主体多为高校、科研院所，研发投入转化经济效益有限，应促进创新链、产业链的深度融合。首先，应鼓励产学研合作，完善产学研合作体系，激发大学、科研院所与化工生产企业的合力。设计更多样、更灵活的产学合作合约安排，综合利用技术转让、共建实验室等协同创新模式，促进产学合作的有机耦合，将产出、销售等绩效指标与科研单位的研发绩效挂钩，促使科研单位更注重成果的社会经济效益。同时利用化工生产企业对市场需求敏感和科研成果市场化的优势，发挥企业创新主体作用和资源配置作用，加速技术推广和产业化。其次，应积极为科研成果转化搭建平台，打通科技成果转化的“最后一公里”。举办各类化工产业创新型科技成果展示会、交流会，促进大学、科研院所与化工生产企业的沟通和精准对接，鼓励金融资源为科研创新服务，抵御技术和市场的不确定性。依托化工产业园区建立科技企业孵化器，鼓励科技人员创业，培育电子化学品、生物化工与新医药、高效催化剂、高性能涂料、高附加值化工设备等新兴化工技术企业。最后，应加强知识产权保护，规范产学研合作中各主体的权利义务，加强政策法规体系建设，为产学研合作提供法律保障，增进合作伙伴间的了解与信任。建立集行政执法、司法保护、仲裁调解和市场运营等“一站式”服务于一体的知识产权保护中心，促进知识产权保护链、运营链、转化链、协同链和支撑链的联动，保障化工产业科技成果转化为经济效益渠道畅通无阻。

3. 培育具有国际竞争力的大型化工企业

集中化工产业优势资源，培育企业核心竞争优势，提升化工企业在全球范围内的综合竞争实力、科学技术领域上的创新能力、经营管理的可持续发展能力以及承担履行社会责任的能力，发展一批能够引领行业向价值链高端环节跃升的领袖企业。首先，应提升化工企业在国际资源配置中的主导地位，成为引领化工行业技术发展的全球领军企业，增强在全球化工产业发展中的话语权和影响力。综合提升国际化经营水平，实现上下游资源全球布局，统筹规划收入、资产和员工全球分布，促进海外业务向下游延伸。其次，应提升化工企业创新引领力，加快科技成果转化为生产力，突破发达国家对关键核心技术、引领性技术、“卡脖子”技术的垄断。着眼前瞻性、颠覆性技术提前布局，厚植“领跑”根基。在能源领域，重点攻关和储备地热勘探开发利用技术、天然气水合物开采技术、二氧化碳综合利用技术，以及储能和快充、氢能和燃料电池技术等。在化工领域，聚焦低碳烯烃新技术、物质转化按需设计技术、酶催化技术以及微化工技术等，力争取得突破性进展，实现由“跟跑”到“领跑”的转变。同时充分借助云计算、物联网、大数据、人工智能等新一代信息技术，推进生产过程智能化，推动生产方式变革，全面提升研发、生产、管理和服务的智能化水平，加快建设智能工厂、数字化车间。最后，应提升企业品牌软实力，积极履行社会责任，践行绿色发展理念、“人类命运共同体”价值理念，发展“共商共建共享”“协作共赢”的商业模式，建立企业在海外市场、对外投资母国良好信誉，塑造世界一流化工企业形象。

4. 突破功能性化工新型材料供应瓶颈

本章测算结果表明，中国功能性化工新型材料对进口依赖度很高，新冠疫情暴露了全球供应链网络的脆弱性，新型化工材料是高新制造业生产的基础，其供应链稳定对制造业整体的健康运行至关重要，应加快提高功能性化工新型材料自给率。首先，应促进新型化工材料产品高端化，提升化工新型材料产品质量。当前中国许多新型化工材料已经实现了国产化，但其产品质量仍与进口产品有较大差距，高端产品的生产还是依赖进口，高端电子化学品、高端功能材料、高端聚烯烃等国内空白亟待填补，应推进高端聚烯烃、高性能碳纤维、高端光刻胶材料的国内生产。其次，应提升新型化工材料配套原料产业化程度，例如，通过催化剂和关键配套原料技术的突破，降低生产成本，推动茂金属聚丙烯实现工业化批量生产，提升超高分子量聚乙烯、聚丁烯等技术水平和生产规模，提升产品的质量稳定性，进而提高高端聚烯烃自给率；通过提升聚苯硫醚、聚酰亚胺、聚醚醚酮等已经产业化的生产规模，加快促进特种尼龙、生物基尼龙、特种工程塑料等的产业化进程，提高工程塑料自给率；通过发展增亮膜、反射膜、聚酰亚胺柔性膜等光学膜、太阳能电池用的背板膜、封装膜、锂电池隔膜等电子膜材料，提升功能膜材料的性能和技术水平，进而提升功能膜材料产品自给率。最后，应整合优势科研力量突破化工新材料核心技术瓶颈。化工新材料属于高技术含量、技术密集型、高附加值的高科技产品，前期研发沉没成本很高，中小规模化工企业难以依靠自身力量自主研发，因此需要凝聚行业内优势技术资源突破关键技术，并为重点领域的联合攻关提供政策支持和资金保障。

5. 坚守化工产业生产绿色和安全底线

近年来，我国危化品事故数量和伤亡人数有下降趋势，但重特大事故发生的频率和死亡人数有所上升，例如，2019 年 3 月 21 日江苏响水特别重大爆炸事故造成 78 人死亡、76 人重伤。“十四五”时期必须全面落实《关于全面加强危险化学品安全生产工作的意见》，发展化工产业必须严守安全底线，根据《化工园区安全风险排查治理导则（试行）》和《危险化学品企业安全风险隐患排查治理导则》，完善风险排查、评估、预警和防控机制，降低安全风险。同时，也要守住绿色底线，通过立规矩，确保企业达标生产、达标排放，对环保不达标企业，要建立倒逼机制，限时整改达标，不达标便退出。应向以绿色技术为导向的精细化工新产业、新业态转型升级，严格落实国家产业结构调整指导目录，及时修订公布淘汰落后安全技术工艺、设备目录，完善和推动落实化工产业转型升级的政策措施，各地区结合实际制定或修订并严格落实危险化学品“禁限控”目录，结合深化供给侧结构性改革，依法淘汰不符合安全生产国家标准、行业标准条件的产能，有效防控风险。整合化工、石化和化学制药等安全生产标准，解决标准不一致问题。强化废弃危险化学品等危险废物监管，建立完善的危险废物由产生到处置各环节联单制度。此外，应继续推进化工产业退城入园，实现园区化和一体化管理，通过集约化管理保障行业安全，提升化工园区仓储与物流现代化、信息化水平，对危化品物流运输实时动态化监管，依托物联网、互联网、人工智能等新技术，提供一站式安全监管服务，促进对重大事故早期识别、风险研判、精准防控。

专栏 33－1

抓重大项目　促有序复工

——兰州新区加快推进千亿级绿色化工园区建设

绿色化工园区是兰州新区履行国家使命、承接产业转移倾力打造的重要平台。按照兰州新区的远景规划，将用 4～5 年的时间将绿色化工园区打造成新区的第一个产值过千亿元的产业集群，成为带动甘肃乃至西北地区快速发展的一支重要力量。

绿色化工园区于2018年6月获批设立，同年9月基础设施项目开工，目前落户项目112个，总投资额217亿元，其效率和成果不仅彰显了新区良好的营商环境、积极的干事创业氛围，也凸显了兰州新区科学防疫、勇于夺取疫情防控和复工复产双胜利的显著成效，极大地带动了新区的高质量发展。

兰州新区精准施策，统筹制定分类分批复工复产方案，建立向重点企业和项目派驻联络员制度，及时协调解决用工、资金不足等问题。采取“一企一策”“一人一企”的方式，专人服务绿色化工企业及项目单位。根据最初用工不足情况，开展“春风行动”网络招聘活动，为有用工需求的企业招聘500多人，主动与一些地方联系，接收当地劳务人员来新区务工，协调园区20家宾馆作为备用隔离场所，协调采购口罩、消毒水等紧急医用防护物资。

兰州新区财政局积极协调金融机构，主动对接新区绿色化工园区复工企业，及时了解企业的疫情防控资金需求，先后拨付新区石化产业投资有限公司一般债券资金2000万元用于相关项目建设；拨付甘肃莱安能源有限公司等3家企业各类奖励资金48万元。

兰州新区石化产业投资有限公司承担着绿色化工园区多个基础设施项目建设任务，为确保项目复工风险可控，公司规定，项目复工前7天必须进行报备；制定复工计划及《新冠肺炎疫情专项应急预案》；采取有效措施，确保员工途中、工作和生活中不被感染。对各个在建项目，一方面加强入场建筑工人筛选，对所有进出人员进行体温监测和实名制登记；另一方面对施工现场人流量大的地方进行消毒，所有施工人员必须佩戴安全帽、口罩等防护用品，并进行岗前安全培训等，确保项目安全有序复工。

截至4月21日，新区绿色化工园区已累计返岗1500余人，累计复工项目超过40家，复工率100%，第一季度完成投资20亿元。污水厂、供水管网、道路工程、物流园货场等基础设施项目全面复工，第一季度完成投资6亿元。

资料来源：《人民日报》，2020年4月21日头版。

参考文献

［1］史丹、李晓华、李鹏飞、邓洲：《聚力打造我国制造业竞争新优势》，《智慧中国》2019年第8期。

［2］中国社会科学院工业经济研究所课题组：《“十四五”时期中国工业发展战略研究》，《中国工业经济》2020年第2期。

［3］中国社会科学院宏观经济研究中心课题组：《未来15年中国经济增长潜力与“十四五”时期经济社会发展主要目标及指标研究》，《中国工业经济》2020年第4期。

［4］张其仔：《进一步塑造产业竞争新优势》，《中国经贸导刊》2019年第5期。

［5］杨丹辉：《应加快建设具有全球影响力的科技创新中心》，《人民论坛·学术前沿》2020年第6期。

［6］杨丹辉：《无废城市：从理念创新到绿色实践》，《环境经济》2019年第17期。

［7］陈宇轩：《碳关税对我国化工产品出口的潜在影响研究》，江西财经大学，2020年。

第三十四章 建材行业

提 要

"十三五"以来，我国建材行业化解过剩产能成果进一步巩固，经济效益明显提升，产业结构逐步优化，经济运行总体保持平稳，表现为稳中有变的运行特征。与此同时，建材行业仍然面临着传统产业产能过剩、新兴产业发展乏力、产业基础研究和研发投入及核心技术攻关严重不足、高新技术成果和产品匮乏、节能减排任务艰巨、同质化竞争严重、行业自律有待深化、信息化智能化滞后、产业发展方式和模式亟须创新等一系列困难和挑战。"十四五"时期，我国建材行业既面临发展的不确定性增加、生态文明建设和资源能源环境对建材行业发展提出更高要求、产业结构优化压力大等挑战，也面临科技创新为建材行业新旧动能转换、提质增效提供了坚实的支撑，新需求的涌现将大力推动建材行业发展，生态文明建设将为绿色建材创建广阔的市场空间等机遇，建议积极促进国内大循环的发展，加大建材行业科技前沿技术研究力度，全力推进产业结构优化，进一步深化生态文明建设。

* * *

建材工业是生产建筑材料的工业部门的总称，建材产品包括建筑材料及制品、非金属矿及制品、无机非金属新材料三大门类，广泛应用于建筑、军工、环保、高新技术产业和人民生活等领域，是重要的基础原材料工业。经过几十年的发展，目前我国已经是世界上最大的建筑材料生产国和消费国，主要建材产品水泥、平板玻璃、建筑卫生陶瓷、石材和墙体材料等产量多年居世界第一位。同时，建材产品质量不断提高，能源和原材料消耗逐年下降，各种新型建材不断涌现，建材产品不断升级换代。"十四五"时期，我国建材行业发展面临的不确定性增加，积极促进国内大循环的发展、加大建材行业科技前沿技术研发力度、全力推进产业结构优化、进一步深化生态文明建设成为我国建材行业的必然选择。

一、"十三五"时期建材行业发展回顾

"十三五"以来，我国建材行业以供给侧结构性改革为主线，以质量和效益为中心，在环保、质量、错峰生产等综合手段共同作用下，致力于产业结构调整和控制产能释放，努力维护市场供需动态平衡，化解过剩产能成果进一步巩固，经济效益明显提升，产业结构逐步优化，经济运行总体保持平稳，表现为稳中有变的运行特征。

1. 行业运行总体平稳

“十三五”时期，我国建材行业规模以上企业数量呈平稳低速增长趋势，2015 年规模以上企业数量 33980 家，到 2019 年底达到 36751 家。“十三五”时期，主要产品产量则出现有升有降趋势。2015 年，我国产能严重过剩的水泥、平板玻璃投资增速持续下降，水泥产量出现 25 年来的首次负增长。但 2016 年主要产品产量出现筑底回升，2017 ~ 2018 年稳中向好的发展，2019 年我国建材工业生产继续保持增长，建材工业增加值同比增长 8.5%，比整个工业增速高 2.8 个百分点，主要建材产品生产总体保持增长。其中，全国水泥产量 23.3 亿吨，同比增长 6.1%；平板玻璃产量 9.3 亿重量箱，同比增长 6.6%；商品混凝土产量 25.5 亿立方米，同比增长 14.5%。陶瓷砖、卫生陶瓷制品产量同比分别增长 7.5%、10.7%（见图 34 - 1、图 34 - 2、表 34 - 1）。

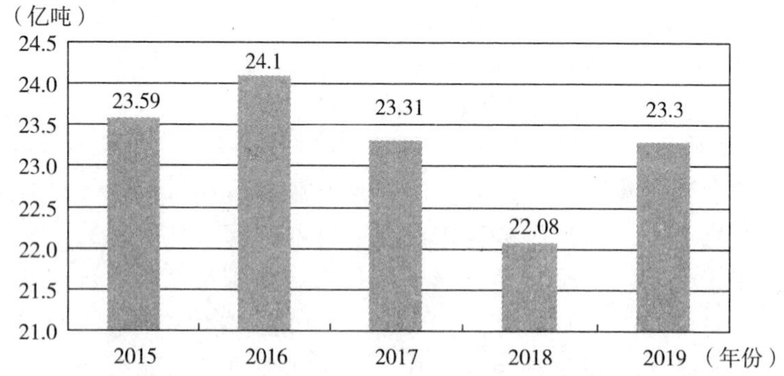

图 34 - 1 2015 ~ 2019 年我国水泥产量情况

资料来源：工信部、国家统计局。

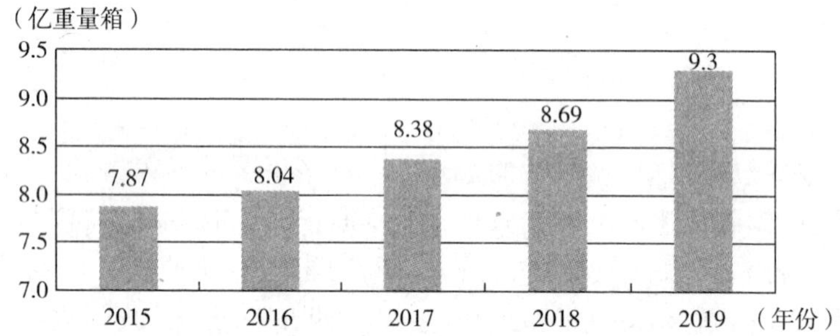

图 34 - 2 2015 ~ 2019 年我国玻璃产量情况

资料来源：工信部、国家统计局。

表 34 - 1 2019 年规模以上建材主要产品产量及增长率

指标名称	计量单位	产量	增长率（%）	指标名称	计量单位	产量	增长率（%）
水泥	亿吨	23.5	4.9	陶瓷砖	亿平方米	101.6	7.5
商品混凝土	亿立方米	25.5	14.5	卫生陶瓷	万件	21955.7	10.7
水泥排水管	万米	6881.7	20.8	砖	亿块	3982.2	-3.1
水泥压力管	万米	573.68	5.0	瓦	亿片	50.6	-15.9
水泥电杆	万根	1816.6	2.8	石灰石	万吨	94572.3	12.2
水泥混凝土桩	万米	40968.6	0.2	石灰	万吨	10287.3	8.9
平板玻璃	亿重量箱	9.3	6.6	高岭土	万吨	2974.2	6.8

续表

指标名称	计量单位	产量	增长率（%）	指标名称	计量单位	产量	增长率（%）
钢化玻璃	万平方米	52591.7	4.4	大理石和花岗石板材	万立方米	67974.5	-1.6
夹层玻璃	万平方米	9433.6	-3.6	花岗石板材	万平方米	44276.8	-0.8
中空玻璃	万平方米	13851.2	7.6	沥青和改性沥青防水卷材	亿平方米	18.5	22.6
玻璃纤维纱	万吨	587.7	13.0	石膏板	亿平方米	31.2	1.8
玻璃纤维布	亿米	25.6	12.2	萤石	万吨	433.4	1.4

注：表中水泥数据为公报数，其余数据为12月月报数。

资料来源：国家统计局：《2019年国民经济和社会发展统计公报》，国家统计局统计月报。

2. *产品价格逐步回升*

2016年第一季度，建材行业主要产品价格触底，呈持续回升势头，扭转连续两年下滑局面，但全年平均价格仍低于上年水平。2017年价格水平则大幅回升，全年建材产品均价同比上涨8.2%，扭转连续两年下降趋势。其中水泥价格涨幅明显，12月当月水泥出厂均价384元/吨，同比上涨26%；平板玻璃价格稳中有升，12月当月出厂均价同比上涨8.5%。2018年建材产品在上年企稳回升的基础上继续上涨，全年均价同比增长10.5%，其中，2018年12月当月建材价格指数为115.4，同比增长6.5%。2018年全国通用水泥平均出厂价396.7元/吨，同比增长22%；平板玻璃平均出厂价75.7元/重量箱，同比增长3.5%。2019年延续建材产品价格稳步回升的势头，价格水平同比增长3.3%，其中，2019年12月当月建材价格指数为116.79，同比增长1.0%。2019年全国通用水泥平均出厂价414.2元/吨，同比增长4.4%；平板玻璃平均出厂价75.5元/重量箱，同比增长0.2%。

3. *行业效益小幅波动*

“十三五”时期，建材行业主营业务收入和利润总额小幅波动。2016年、2017年、2018年全国建材行业规模以上企业实现主营业务收入分别为6.19亿元、6.15万亿元、4.8万亿元。2019年建材工业规模以上企业完成主营业务收入5.3万亿元，同比增长9.9%；利润总额4624亿元，同比增长7.2%；销售利润率8.7%。其中，水泥主营业务收入1.01万亿元，同比增长12.5%，利润1867亿元，同比增长19.6%；平板玻璃主营业务收入843亿元，同比增长9.8%，利润98亿元，同比下降16.7%。水泥制品、特种玻璃、卫生陶瓷制品、防水建筑材料、玻璃纤维增强塑料制品利润总额同比分别增长24.2%、19.4%、26.4%、15.4%、49.8%。

4. *出口金额波动明显*

2016年、2017年我国建材产品出口总额分别为310亿美元、306亿美元，量价齐跌。2018年开始，贸易关税的变化对建材产品出口产生了很大影响，美国对华加征的贸易关税涉及我国对美出口140多种建材商品，涉及金额32亿美元（按2017年出口数据统计）。此外，除直接贸易影响外，建材行业还受到光伏、电子等下游产业加税的影响，建材产品出口进一步下降。

2019年我国建材及非金属矿商品出口金额增长，进口金额下降①。建材及非金属矿商品出口金额372.2亿美元，同比增长8.1%，建材及非金属矿商品平均离岸价格同比增长6.8%，是出口金额增长的主要因素。建材及非矿主要出口商品中，技术玻璃、卫生陶瓷、砖瓦及建筑砌块、黏土砂石类商品量价齐增，防水建材、部分非金属矿商品出口数量增长，离岸价格出现下降，而建筑陶瓷、建筑用石、轻质建材、水泥制品类商品出口数量下降，离岸价格上升，建筑玻璃、玻

① 本章中所用进出口数据如无特别说明均来自海关总署全国海关信息中心。

璃纤维及制品、石灰石膏制品、云母制品等商品出口量价均降。其中，2019年我国对美出口建材及非金属矿商品金额37.9亿美元，同比下降27.8%，对美出口金额占出口总额比重为10.2%，比上年下降5.1个百分点。同年，建材及非金属矿商品进口金额233.0亿美元，同比下降2.5%，水泥制品、技术玻璃、玻璃纤维及复合材料、砖瓦及建筑砌块、建筑用石、防水材料、轻质建材、工艺美术类非金属矿等商品进口数量明显下降。

5. 固定资产投资增速先降后升

“十三五”时期，我国建材工业固定资产投资有升有降，结构优化取得了较大进展。2016年全年完成固定资产投资1.6万亿元，同比增长1.0%。其中，水泥全年完成投资990亿元，同比下降8.4%；平板玻璃全年完成投资270亿元，同比下降9.3%。这一方面说明抑制水泥、平板玻璃过剩产能投资效果显现，另一方面说明建材新兴产业发展逐步提速，在一定程度上弥补了产能过剩行业投资下降的损失。中建材、中材两央企实现合并，金隅和冀东、拉法基和华新水泥、昆钢嘉华和华润分别完成战略重组，吉林省和河北省沙河市分别启动压减水泥和平板玻璃过剩产能试点，河南、内蒙古、辽宁等省区开始组建水泥集团，全国前10家水泥及熟料产业集中度分别为44%和58%，比上年分别提高5.0个和7.0个百分点。同时，建材行业正由传统产业单项支撑向传统产业和新兴产业双支撑转变，2016年建材加工制品业主营业务收入同比增长7.1%，增速比整个行业高1.8个百分点，主营业务收入占整个建材行业比重同比提高1.0个百分点，为全行业稳增长提供了重要支撑。

2017年，全国房地产、交通运输、水利、公共设施等基建领域投资增速均出现不同程度回落，固定资产投资对水泥等大宗建材产品需求拉动减弱。建材行业完成固定资产投资1.55万亿元，同比首次下降1.7%。2018年建材行业固定资产投资触底反弹，实现增长。规模以上非金属矿采选业固定资产投资同比增长26.7%，非金属矿制品业固定资产投资同比增长19.7%。全年固定资产投资增长主要来源于技术改造及环保领域，新建扩能项目投资占比较少，其中民间投资占全行业投资比重超过90%。产业结构逐步优化。大型建材企业推进联合重组，推动产业集中度明显提高。其中，前10家水泥企业（集团）熟料产能集中度已达64%，比2015年提高12个百分点。

2019年我国建材行业投资增长较大，限额以上非金属矿采选业固定资产投资同比增长30.9%，非金属矿制品业固定资产投资同比增长6.8%。建材行业投资增长主要集中在建材新材料、节能环保、技术改造等领域。综合来看，2019年建材行业整体运行较好，建材新兴产业加快发展，产业布局逐步优化，但当前水泥平板玻璃产能过剩矛盾还没有根本解决，总体供大于求的局面尚未改变，行业稳定运行的基础并不牢固。

6. “十三五”时期我国建材工业取得的成就

（1）建材行业节能减排成果显著。“两个二代”[①] 技术创新工作取得重大突破，开发的水泥低能耗烧成和生产技术主要指标达到国际领先水平；海螺集团创造性地成功开辟了水泥窑烟气二氧化碳捕集纯化项目，开创了二氧化碳处置的先河；中低温脱硝催化、玻璃熔窑烟气高温干法脱硫与陶瓷滤管除尘脱硝一体化等新技术的应用提升了建材行业除尘、脱硫、脱硝技术水平，烟气污染物排放显著下降；建筑陶瓷朝大板、薄板方向快速发展，陶瓷干法制粉短流程工艺的工业化应用节能效果显著。水泥、玻璃、陶瓷产业各企业节能减排达标率在90%以上。节能减排进程和主要产业达标的进度超出行业规划预期。2017年，水泥、玻璃、陶瓷三大产业生产线节能减排达标水平已达到92%、93%、90%，万元工业增加值能耗比2015年降低7%左右。2018年行业规模以上的企业已全面达标。虽然废弃物排放量、二氧化硫排放量、氮氧化物排放量、烟尘排放量尚未实现“十三五”规划目标，但从推进力度和全方位采取的措施比“十三五”规划的要求更理想。

（2）建材行业技术水平显著提升。我国建材

① 第二代水泥技术、第二代玻璃技术。

企业开发的基于挤压粉碎原理大规模高效处理钢渣技术装备解决了钢渣微粉制备能耗高、磨损大的难题，实现了钢渣的高效节能粉磨；水泥窑规模化协同处置垃圾、飞灰、危险废弃物成为行业绿色发展的新亮点；利用废弃石粉、石渣制备高性能无机型人造石关键技术填补了我国无机型人造石荒料生产的空白。1000 吨级碳纤维生产线、超薄高铝盖板玻璃生产线、铜铟镓硒薄膜太阳能生产线、超薄玻璃基板、0.12 毫米全球最薄的玻璃、2.4 亿平方米的锂电池融膜项目、高性能 100 吨氮化硅陶瓷生产线，新型干法水泥第二代的技术装备研发和中国浮法玻璃第二代技术装备研发达到了中国制造和中国创造并举的水平。水泥、平板玻璃、石膏板、玻璃纤维率先进入世界领先的行列；复合材料中部分尖端用于军工的高附加值产品，用于海洋工程开发与运输的具有新功能的产品，非金属矿物产业中的石墨、萤石、高岭土的部分加工产品，建筑卫生陶瓷行业的部分抛光砖、微晶陶瓷复合砖，墙体材料中部分绿色装配式房屋，石材行业的花岗石框架锯装备制造，管桩防腐技术，超高强管桩生产技术等一批新技术已实现与世界领先并跑。

（3）行业信息化、智能化水平不断提升。海螺水泥成功打造了以智能生产为核心、以运行维护做保障和以智慧管理促经营三大平台的智能工厂，实现矿山数字化、工厂运行自动化、管理可视化、故障预控化、全要素协同化和决策智慧化；水泥企业运营数字化系统的研发成果极大提升了华新水泥的精细化、现代化管控水平，对我国水泥集团企业信息化、数字化具有重要示范作用；建材装备企业分布式协同制造与服务管理系统研发提高了建材装备企业智能制造水平，提高了管理效率，降低了成本，缩短了产品制造周期；中国巨石打造的玻璃纤维制造智能工厂成为行业样板；石材扫描排版优化切割成套智能化装备、天然石材立体补胶生产线的研发与应用对石材行业向高效、节能环保及智能制造发展具有积极的示范作用。

二、我国建材行业发展存在的主要问题

“十三五”时期，在我国国民经济调整大背景下，建材行业的市场结构、动力结构均出现明显变化，行业经济运行总体呈现“平台调整期”特征。主要产品生产总体放缓态势已基本确认，行业总体规模保持平稳波动，而水泥、陶瓷等传统行业规模结构有所调整，玻璃纤维、技术玻璃等行业受国内外需求环境变化使产业、产品结构调整加快。与此同时，建材行业仍然面临着传统产业产能过剩、新兴产业发展乏力、产业基础研究和研发投入及核心技术攻关严重不足、高新技术成果和产品匮乏、节能减排任务艰巨、同质化竞争严重、行业自律有待深化、信息化智能化滞后、产业发展方式和模式亟须创新等一系列困难和挑战。建材行业进入“中国制造和中国创造并举期、传统建材产业量的增加到了顶峰期、结构调整补短板青黄不接的攻坚期”的三期叠加期。

1. 建材行业产能过剩问题仍未得到根本解决

“十三五”时期，随着全国固定资产投资增速放缓、房地产投资占比继续降低，传统建材行业消费需求不容乐观，与基础设施建设相关的水泥、砖瓦、砌块等消费都在下降。多数传统建材产业的企业，在量的发展进入顶峰期之际，既缺新技术开发，又缺市场新需求开发，更缺现有产品创新提升的技术与路径，处在转不动、守不住的被动局面之中。尽管党中央和国务院都已有明确的要求，但多数地区的去产能还没有真正跻进供给侧结构性改革与发展治理的第一位，虽然水泥、平板玻璃淘汰落后产能起步相对早，但去产能进展也不理想，局面还没有真正打开，水泥、平板玻璃虽然开展限产与错峰生产，但也只是去产量没有真正去产能，一旦市场形势好转随时可能恢复生产。多数产业及多数专业协会还没有认识到淘汰落后产能是现阶段行业的第一要务，不少产业雷同技术还在发展，置换产能弄虚作假、巧立名目，产能过剩加剧，利用率年年下降。产能严重过剩既揭示了对生产力的浪费，又揭示了

转型升级的不力，严重影响了行业经济效益的提高。凡是产能严重过剩，制止新增新建不力的，淘汰落后没启动的产业，都存在市场恶性竞争、产品价格持续走低、企业经济效益大幅下滑、行业亏损面快速增加的现象。

2. 行业经济效益呈现下滑趋势

“十三五”时期，虽然我国建材行业通过降低能耗、推行智能化减少劳动用工、展开各项技术改造、积极开发新产品，为行业带来了一定效益提升，但建材行业经济效益总体处于时升时降的不平衡、不稳定状态。一是经济运行效益严重的不平衡，地区之间、产业之间、企业之间两极分化十分严重。多数产业、企业在转型期的经济效益不稳定而且是下滑的，即使短暂的稳定也是在下滑之后又回到了原点。如果没有水泥、混凝土与水泥制品、玻璃、防水、石膏板等利润增幅大的产业经济效益的增长，整个行业规模以上企业效益下降 1/4，主营业务收入总体下降 22%，利润总额下降 23%，众多小企业总体情况更严峻。二是产能严重过剩，淘汰落后不力，供给与需求矛盾非常突出，严重影响经济效益提升。多数产业在产能严重过剩的背景下，原有的增长方式受限，仅凭原有的产品不但不能随着整体物价上升而提高，反而只有跌价，造成经济效益徘徊和时起时伏，或原地踏步或退步。

3. 产业结构调整与供给侧改革需求仍有较大距离

经济发展的驱动方面，总体上整个中国已经由投资拉动转向高科技、转向创新发展，转向开发高科技新需求，转向以附加值延伸产业链的新的增长，但建材行业企业数量多，且落后的企业多，很多产业政策和行业规则覆盖不到，整个行业结构调整转型升级的任务仍然十分艰巨。部门利益、地方利益导致中央、国务院的一些政策不能落地，有些部门只应付各种检查，实际不作为。政策转换和细化不到，34 号文件提出的不少政策没有全部细化与到位。动能转换不力，转型升级缺动力支撑，补短板不力，发展缺新的增长点，先进产能与落后产能共存于同一市场，结构优化步履艰难。新兴产业虽然有了发展目标，建材服务业发展开始启动，“走出去”发展迈出了新的步伐，但总体上新的发展和补短板仍然与实际需求还有很大距离。

4. 行业科技自主创新动力不足

围绕产业链部署创新链，聚集产业发展需求，集成各类创新资源，着力突破共性关键技术的行业创新体系缺少有效的组织体系和连接机制，没有有效的行业创新组织体制、决策体制和带领行业科技攻关的组织机构，尚未形成产学研结合、上中下游衔接、大中小企业协同的良好行业创新格局。行业科技创新研发力量投入不足，与先进国家相比还有较大差距，自主创新能力弱，部分关键核心技术与高端装备对外依存度高，产品档次不高，缺乏世界知名品牌；资源能源利用效率低，环境污染问题较为突出；产业结构不合理，高端装备制造业和生产性服务业发展滞后，信息化、智能化水平不高，与工业化融合深度不够；产业国际化程度不高，企业全球化经营能力不足。行业多数企业特别是中小企业缺乏科技研发力量，主要依赖于引进技术和跟随模仿。在基础性研究、行业共性技术研发方面，企业间没有广泛建立和形成技术创新的战略联盟或协作关系，行业创新研发尚未形成真正联合攻关的研发体系，研发力量不足、组织体系薄弱与研发力量分散、研发方向重复、科技资源不能充分利用和共享等矛盾问题突出。

三、“十四五”时期我国建材行业面临的挑战与机遇

“十四五”时期是我国由全面建成小康社会向基本实现社会主义现代化迈进的关键时期，是积极应对国内社会主要矛盾转变和国际经济政治格局深刻变化的战略机遇期。全球新一轮产业分工和贸易格局将加快重塑，我国产业发展进入从规模增长向质量提升的重要窗口期。同时，“十

四五”时期也是建材工业转换发展动能、改变发展方式，重点转向高端、高附加值、产业链发展，全面推进绿色低碳发展，全方位地进入高质量发展的重要时期。

1. “十四五”时期我国建材行业面临的挑战

（1）发展的不确定增加。当今世界正经历新一轮的大发展、大变革、大调整，信息化、智能化融入社会和经济发展，大国间发展战略博弈全面加剧，国际经济体系和国际秩序正处在深度调整过程中，新一轮科技革命和产业变革与我国加快转变经济发展方式形成历史性交汇，人类文明发展面临的新机遇、新挑战层出不穷，不确定、不稳定因素明显增多，逆全球化和贸易保护主义抬头，再加上疫情影响，国际循环阻力加大。受新冠肺炎疫情影响，多数国家对国际航班以及货物进出口执行了更为严格的检验检疫，货物运输受阻，人员限制、通关不畅致使企业开展国际合作与交流受限，企业国际市场开发受到较大影响。在“加快形成以国内大循环为主体、国内国际双循环相互促进的新发展格局”这一重大战略调整的背景下，如何适应新的形势，找准建材行业的位置，找到建材行业的着力点和突破口，是今后一个时期建材行业必须直面和解决的问题。

（2）生态文明建设和资源能源环境约束要求更高。进入新时代，“绿水青山就是金山银山”的发展理念正深入人心。随着大气污染防治攻坚战和绿色发展理念日渐深入人心，国家生态环境保护力度日益加强，建材行业面临的能源、资源、环境的约束越来越大。作为能源和资源依赖型的建材制造业，粗放式发展模式必须得到扭转，建材行业要减少对自然资源、化石能源的依赖和消耗，降低行业烟气排放对大气的影响。生态文明建设对建材行业创新绿色发展路径，开发新技术，提高行业高效资源化利用城市与工业固废、低品质矿产、再生能源，提高行业烟气治理技术水平都提出新的要求与挑战。

（3）产业结构优化压力大。当前，我国建材行业面临水泥产业绝对过剩、玻璃产业结构性过剩，淘汰落后产能手段有限、力度不足，行业淘汰落后产能滞后，供需之间矛盾仍然突出带来多数产业和多数企业经济效益不稳等问题。同时新兴产业和新的经济增长点发展相对缓慢，政策扶持、市场开发推进力度都相对滞后与不足，新兴产业规模小、发展缓慢，在短期内还起不到替代传统产业与促成行业总体结构发生变化的作用。受疫情及国际形势变化的影响，2020 年第一季度，规模以上新型墙体材料、技术玻璃、复合材料、非金属矿制品等行业营业收入、利润总额均大幅下降。同时建材下游相关产业增长不足，第一季度，全国房地产新开工面积、竣工面积同比分别下降 27.2%、15.8%，建筑及装潢材料销售额同比下降 23.9%，汽车、电子等建材新兴市场的产品产量也不同程度有所下降。未来一个时期，结构调整、转型升级和化解产能过剩是建材行业面临的重大战略任务，行业补短板、调结构的需求更为迫切。

（4）全球制造业竞争格局面临重大调整。近年来，各国正积极抢占和布局制造业信息化、智能化、绿色化制高点，主要发达国家大力推动制造业回归、再工业化、跨界融合发展，新兴发展中国家大力推进产业向中高端提升。作为建材制造业大国，我国建材工业受到来自发达国家高端制造业的压制和新兴经济体国家中低端制造业新发展激烈竞争的两头压力。通过科技创新建优势、补短板，推动我国建材制造业向产业链高端提升发展，解决“卡脖子”的关键瓶颈问题，重塑建材产业价值链体系，打造完整、安全、可靠、稳定、有竞争力的产业链、供应链，实现融合发展、跨界发展，提升我国建材制造业的国际竞争力。

2. “十四五”时期我国建材行业面临的机遇

（1）科技创新为建材行业新旧动能转换、提质增效提供了坚实的支撑。经过几十年的努力，我国建材行业已进入中国制造和中国创造并举期，科技创新模式正在发生深刻变化。在原有的引进消化再创新模式下，我国建设了第二代新型干法水泥和第二代中国浮法玻璃技术示范线并在水泥行业、玻璃行业实现全面推广应用。在此基础上，围绕我国建材行业超越引领世界建材的战略目标，行业科技日益重视加强基础理论研究和颠覆性技术的探索，超前布局，注重应用基础研究，增强行业原始创新、自主创新能力，开发原创性和颠覆性技术，为未来实现行业高端化发展提供了有力的支撑。与此同时，在两化融合方面，建材行业着力推进各产业新一代技术装备的开发与推广应用，开发更高效节能的新装备、新技术和新工艺，加强生产流程参数信息化、数字化研究，加大建材工业基础软件的自主开发力度，加强两化融合、智能制造标准、规范体系研究及制定，行业关键智能制造专用技术、系统研发及推广，通过生产过程信息化、智能化，实现生产线智能化控制、远程控制，提高生产效率。自主创新及产业两化融合、智能制造和高端制造的推广为行业结构调整和转型升级、提质增效提供了有力的支撑。

（2）新需求的涌现将大力拉动建材行业发展。近两年随着“房住不炒”政策的落实，建筑市场格局从新建时代逐步过渡到后建筑时代，即以既有建筑改造为主，简称旧改。根据住房和城乡建设部 2019 年 5 月提供的统计数据，我国 40 亿平方米的房子需要改造，涉及老旧小区达 16 万个，旧改不是一日之功，因此，在未来很长一段时间，修缮行业都将是一片蓝海。《国务院办公厅关于全面推进城镇老旧小区改造工作的指导意见》（国办发〔2020〕23 号）强调，要大力改造提升城镇老旧小区。随着老旧小区改造事业大规模铺开，棚改、旧城改造将拉动建材需求约上万亿元规模，水泥、钢材、涂料等建筑材料相关行业将迎来新一轮的政策性红利。

随着国家战略性新兴产业的发展，以满足新一代信息显示技术、人工智能、新一代半导体、国防等重点领域高端需求为目标的高性能的建材新材料将进一步拓展其在新能源、新材料、信息显示等领域的跨界应用，提升建材新兴产业的产业化规模。

2020 年，中央提出要加快形成以国内大循环为主体、国内国际双循环相互促进的新发展格局；要加快新型基础设施建设，深入推进重大区域发展战略；加快国家重大战略项目实施步伐。要以新型城镇化带动投资和消费需求，推动城市圈、城市群、都市圈一体化发展体制机制创新；要提高产业链、供应链稳定性和竞争力，更加注重补短板和锻长板，继续扩大开放，还要推动一批长江黄河生态保护重大工程。国家对重大战略项目建设，城市群、都市圈，长江黄河生态保护等重大工程将加大投资，加快实施基础设施建设，给建材行业提供了新的发展机遇。

（3）生态文明建设将为绿色建材创建广阔的市场空间。随着生态文明建设与保障资源安全供给的国家重大战略的推进，我国建材行业充分发挥建材窑炉、矿业的行业属性，研究适应建材行业特点的固废循环利用和污染协同控制理论体系，攻克整装成套的固废资源化利用技术，形成了固废系统性综合解决方案与推广模式。在开发各类尾矿、废渣制备高质量建材产品的工艺技术和相关装备方面取得了丰硕的成果，提高了建材综合利用固废掺量，并制定了相关标准规范，完善了绿色建材相关评价技术，降低建材产业对天然资源、能源的依赖程度，降低环境负荷，提高行业绿色发展、循环经济水平，支撑建材行业可持续发展。随着消费者生态环保理念的树立以及政府大力推广绿色建筑，环保性建材、环保家居产品备受青睐，2020 年国内绿色建材所占比例将超过 40%，装配式建筑带动绿色建材需求将达 6855 万平方米，绿色建材将迎来更广阔的市场空间。

四、关于促进建材行业发展的政策建议

1. 积极促进国内大循环的发展

在未来的一个时期，我国建材行业发展面临的外部形势可能更加严峻，不仅复杂和紧迫，而且不确定性在增大，再加上疫情影响，国际循环阻力加大，现在深化供给侧结构性改革、加大国内循环的力量尤为重要。面对以国内大循环为主体这一重大战略调整，建材行业应增强机遇意识、风险意识，抓住机遇，应对挑战，趋利避害，积极行动起来，把工作重心转移到中央精神上来，转移到为今后“十四五”乃至更长时期谋

划行业加快形成“大循环、双循环”新发展格局上来，而不是再延续传统的、常规的，在相对平稳环境下的发展方式和工作方法。要立足当前，着眼长远，动态地分析、找准我国建材行业的短板和长板，集行业力量创新攻关，开发核心技术和新产品，创造新市场，千方百计快速、有效地补短板，进一步锻造、锻强长板，打造建材行业“专精特新”的优秀企业、“隐形冠军”，练就“杀手锏”，形成安全、可靠、稳定、有竞争力的产业链、供应链。

2. 加大建材行业科技前沿技术研发力度

我国建材行业正处于中国制造和中国创造并举的关键期，要求建材行业科技创新必须加强基础理论研究，提高行业原始创新和自主创新的能力，构建新的科技创新模式和新目标，创新提升统筹协调机制和组织体系，开展建材行业科技前沿技术研究，为建材行业新发展、拓展新领域奠定基础。针对无机非金属材料基础研究不足、原创技术不多，低端产品过剩、高端产品供给不足，难以支撑行业传统产业淘汰落后、化解过剩产能及高质量发展等问题，要深化无机非金属材料基础理论、应用基础研究，加强产业应用技术与基础理论结合，探索无机材料制备新机制、新方法、新工艺，加快生物、纳米、仿生科技与建材产品相结合，延长服役寿命，实现建筑材料绿色化与功能化。重点针对绿色建筑、智慧城市、国防军工及极端环境重大工程建设的迫切需求，加强水泥、混凝土、陶瓷、高技术玻璃、特种无机纤维及其复合材料等建材主要产品性能和功能提升技术研究，进一步提升产品性能和质量，扩大产品功能，提高相关产品的固废资源化利用程度，推动国家重大工程高耐久、长寿命、绿色低碳可持续发展，实现建材行业高质量发展（见专栏 34－1）。

3. 全力推进产业结构优化

清理整顿现有生产线。对于水泥、平板玻璃、建筑卫生陶瓷、砖瓦墙材等传统建材行业，通过严控产能、提高环保标准、调整产品结构、承担社会节点功能等方式，调整产业结构、产品结构、技术结构，引导部分产能有序关停退出。突破发展新产品新技术。重点生产 42.5 及以上等级水泥产品，推广及发展 Low－E、电子、特种等技术玻璃，发展多功能型建筑陶瓷及智能卫生洁具、鼓励培育工业及特种陶瓷、促进砖瓦墙材行业绿色化工业化发展等。促进减排技术推广应用。通过加快节能减排工艺改造、加强污染物排放末端治理、推进清洁燃料和清洁生产、建立和完善企业能源管理体系等方式实现工艺流程全过程提升。优化产业组织结构。全面实施“扶持一批、转型一批、淘汰一批”分类整合战略，加快企业兼并重组，改善行业布局，提高产能集中度，着力推进中小企业向专业化、功能化、深加工领域转型发展。推进产业由分散生产向集中生产方式的转变，引导产业集聚。

4. 进一步深化行业节能减排工作

从生产工艺技术、产业结构调整、行业政策调控等方面开展全面研究，全方位地从建材行业的角度系统研究并部署推动整个行业节能减排的新举措。加快建材行业烟气治理新技术、新工艺研发，开发绿色高效除尘、脱硫、脱硝的新材料与新方法。开发建材窑炉烟气二氧化碳捕集、利用技术，加快示范线建设，减少行业温室气体的排放量。发动建材全行业力量，采取各种有效措施，全面部署与着力实施大气污染防治攻坚战，着力促进建材行业实现绿色生态低碳环保的可持续发展。明确将环境承载能力作为确定建材行业产业布局的首要因素，在综合评估区域内的环境承载能力、产品属性、市场需求等因素的基础上，实现行业发展与环境保护的融合协作，因环境问题是制约建材行业产业转移和发展布局的重要限制因素，要对建材行业环境资源属性和低端供应过剩问题进行有效处置并重新定位，有序引导其在转移中实现升级。

专栏 34-1

《建材工业科技创新提升顶层设计方案》

随着中国经济由高速增长阶段转向高质量发展阶段，针对建材行业正处于“中国制造和中国创造并举期，传统建材产业量的增加到了顶峰期，结构调整补短板青黄不接的攻坚期”的三期叠加关键阶段，为了充分发挥科技创新在创新提升、超越引领中的驱动作用，日前，中国建筑材料联合会制定并发布了《建材工业科技创新提升顶层设计方案》（以下简称《设计方案》）。

《设计方案》明确指出，建材行业科技创新要以功能化、信息化、智能化、绿色化发展、跨界发展及国家与行业重大工程的需求为主要方向，以提升建筑材料产业科技创新能力和整体竞争力为出发点，着力解决建材工业面临的传统建材产能过剩、新兴建材与绿色建材发展缓慢、环境负荷重、能源效率低、资源瓶颈制约等重大共性问题。通过推广“两个二代”创新研发模式，推进产业的结构调整与产业升级，加强先进材料、关键战略材料及前沿新材料的基础理论研究，大力发展新兴产业，提升新材料产品附加值和产业竞争力，加快绿色建材的开发与推广。

《设计方案》中将行业科技创新的重点领域和方向确定为：第一，加强新一代产业基础技术的现代化、高端化科技创新提升，推动传统产业淘汰落后、化解过剩产能、高质量发展；第二，加强建材行业节能减排、固废资源化利用研究，提高建材产业绿色制造发展水平；第三，加强建材新材料科技创新，提升建材新兴产业竞争力；第四，开展建材行业科技前沿技术研究，为建材行业新发展、拓展新领域奠定基础。

《设计方案》提出，到“十四五”时期末，建材各主要产业基本实现中国制造和中国创造并举，主要产业、主要产品、主要企业技术装备水平、产品质量品牌、竞争实力居世界先进水平或领先地位；到2030年，建材行业生态文明程度大幅提高，各主要产业建材企业基本实现全面绿色制造，能源利用效率和污染物排放达到国际领先水平，国际竞争力全面提升，具备全球配置资源的优势与能力，有国际国内两个市场互动和互补的掌控能力，主要行业的关键技术、关键装备、关键材料、高端产品在全球建材产业发展中起引领作用，最终实现“创新提升、超越引领”的建材工业战略目标。

资料来源：中国建筑材料联合会：《建材工业科技创新顶层设计方案》，《中国建材报》，2020年1月1日。

参考文献

[1] 中国建筑材料联合会：《2019年中国建材行业经济运行报告》，http://www.doc88.com/p-49316918211695.html。

[2] 乔龙德：《“十三五”期间建材行业进步的亮点及存在问题》，《江苏建材》2018年第5期。

[3] 乔龙德：《瞄准三期叠加时期的攻坚点与突破点推动行业转型转折向高质量发展——在第二届中国建材行业经济论坛上的讲话（节选）》，《江苏建材》2018年第1期。

[4] 乔龙德：《认真探索新形势下建材行业发展与转型升级的规律，能动认识与突破主要矛盾》，《中国建材报》，2019年8月22日第一版。

[5] 孙星寿：《推动建材行业污染防治工作不断深化》，《中国建材报》，2020年3月23日。

[6] 中国建筑材料联合会：《建材产业发展与转移指导目录》（该政策已经由工信部以2018年第66号公告形式发布）。

第三十五章　矿产行业

提　　要

矿产行业在国民经济发展中发挥着重要的作用。“十三五”时期，我国矿产资源储备丰富且总体增长较快，矿产行业的地质勘查力度有所回升，重要矿产资源潜力巨大，矿产资源开发利用日趋合理，对经济社会发展、就业起到了重要的推动作用。“十三五”时期，我国矿产行业存在诸多问题，主要包括重要矿产资源供需形势严峻、矿产行业下游竞争力亟待提高、我国参与矿产行业全球价值链程度不高、矿产资源开发综合利用率低、环境污染问题日益严重。“十四五”时期，我国矿产行业发展也面临诸多挑战，矿产资源安全供应风险凸显，主要国家逐步加强矿产治理，绿色发展迫切要求全产业清洁高效利用，要求加强更高层次的开放型国际合作。下一步应重点从资源利用、整合产业链、产业数字化和绿色化转型等方面推动“十四五”时期我国矿产行业的高质量发展。

*　　　　*　　　　*

矿产资源是由地质作用形成，具有利用价值的呈固态、液态、气态的自然资源，是推动社会经济发展和人类进步的重要物质资源，是一个国家发展的物质基础。矿产资源行业（以下简称“矿产行业”）在国民经济中发挥着重要的作用，为工业和农业发展提供了原料基础，为改善人民生活条件提供了物质保障，推动了对外贸易的发展，其广泛应用于航天、军工、环保等重要领域。“十三五”时期，我国矿产行业发展飞速，2018 年开发的油气田达到 1027 个、非油气矿山 58599 个；煤炭 17085.73 亿吨、铁矿石 852.19 亿吨、十种有色金属 5687.90 万吨，矿石总产量已经接近 96 亿吨。在矿产行业的主要矿产中，我国有 24 种矿产的探明储量位居世界前列，已经成为世界上最大的矿产品生产国、贸易国和消费国。

一、“十三五”时期我国矿产行业发展情况

1. *矿产行业的地质勘查投入力度有所回升*

“十三五”时期，受国内外经济形势影响，我国经济发展步入新常态，经济增速放缓，国内国际矿产品供应不足，延续调整趋势。从我国地质勘查投资来看（见图 35 - 1），“十二五”时期，地质勘查经费投入由 2012 年的 1296.75 亿元连续四年下降到 2015 年的 929.09 亿元。步入“十三五”时期，2016 年相比 2015 年下降了

154.3 亿元，下降至 774.80 亿元。2017 年，全国地质勘查经费投入 782.85 亿元，相比 2016 年增长 1.04%，为连续下降五年后的首次回升；2018 年，全国地质勘查经费投入提高至 810.30 亿元，增长 3.51%，地质勘查投入力度呈回升态势。从我国地质勘查经费投入来源来看，“十二五”时期，主要以地方财政拨款为主，中央财政拨款为辅，而 2015 年以来，地质勘查经费投入的中央财政拨款开始高于地方财政拨款。截至 2017 年底，我国地质勘查经费投入中，中央财政拨款为 80.45 亿元，而地方财政拨款为 67.46 亿元。从全国地质勘查投资方向来看，“十三五”时期主要以油气矿产投资为主，油气矿产地质勘查投资呈逐年提升态势，由 2016 年的 527.50 亿元提高至 2018 年的 636.58 亿元，而非油气矿产地质勘查投资由 247.30 亿元下降至 173.72 亿元。

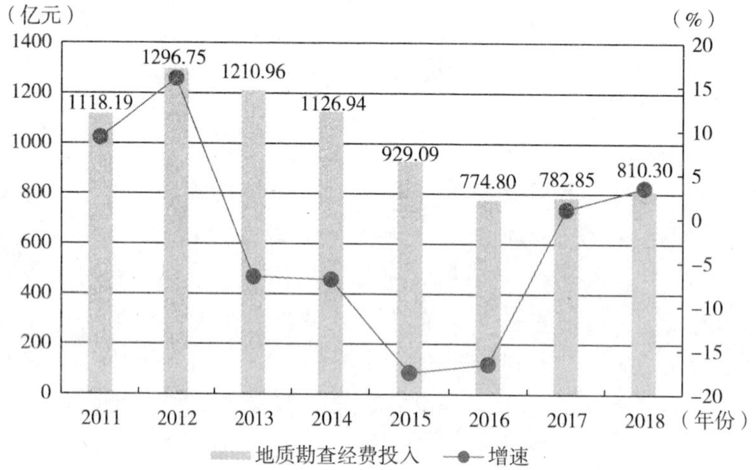

图 35－1　2011～2017 年我国地质勘查投入

资料来源：Wind 数据库、《中国矿产资源报告 2019》。

2. *矿产资源储备丰富且储量增长较快*

根据《中国矿产资源报告 2019》，截至 2018 年底，我国已发现矿产 173 种，其中，能源矿产 13 种，金属矿产 59 种，非金属矿产 95 种，水汽矿产 6 种。“十三五”时期，我国主要矿产资源储备丰富，相比 2016 年，主要矿产查明资源储量大幅提升。2016～2018 年，从能源矿产储量来看，煤炭由 15980 亿吨提高到 17085.73 亿吨，增长了 6.92%；页岩气由 1224.1 亿平方米提高至 2160.2 亿平方米，增长了 76.47%。从黑色金属矿产储量来看，铁矿石由 840.63 亿吨提高至 852.19 亿吨，增长了 1.38%；锰矿石由 15.51 亿吨提高至 18.16 亿吨，增长了 17.08%；铬铁矿石略有回落，期间下降了 3.23%。从有色金属矿产储备来看，铜矿金属由 10110.63 万吨提高至 11443.49 万吨，增长了 13.18%；铂族金属由 365.49 吨提高至 401 吨，增长了 9.72%，如表 35－1 所示。2018 年，主要矿产中有 37 种查明资源储量增长，11 种减少，其中，增长较快的主要包括天然气（+4.9%）、铜矿（+7.9%）、铂族金属（+9.8%）、锂矿（+12.9%）、硅灰石（+35.2%）；下降较快的主要包括石膏（−16.2%）、膨润土（−2.2%）、石棉（−3.0%）。

同时，我国相继建成了一大批油气田、黑色金属资源、有色金属资源基地，矿产资源基地也遍布全国。我国能源基地主要包括陕西神府、辽宁抚顺、黑龙江鹤岗和鸡西、山西大同、安徽淮北、贵州六盘水等地；油气基地包括大庆油气区、胜利油气区、冀东油气区、塔里木油气区等；黑色金属原料基地包括武钢、包钢、首钢、攀钢等；有色金属原料区包括阳泉铝土矿、云南东川铜矿、青海锡铁山铅锌矿等。总体上，我国主要矿产资源储量丰富，在“十三五”时期保持了较快的增长，为矿产行业和经济发展奠定了良好的物质基础。

表 35 -1　“十三五”时期我国主要矿产查明资源储量

年份	能源				黑色金属			有色金属			
	煤炭（亿吨）	石油（亿吨）	天然气（亿平方米）	页岩气（亿平方米）	铁矿石（亿吨）	锰矿石（亿吨）	铬铁矿石（万吨）	铜矿金属（万吨）	铝土矿石（亿吨）	铅矿金属（万吨）	铂族金属（吨）
2016	15980.00	35.00	54365.50	1224.10	840.63	15.51	1233.19	10110.63	48.52	8546.77	365.49
2017	16666.70	35.40	55221.00	1982.90	848.88	18.46	1220.24	10607.75	50.89	8967.00	365.30
2018	17085.73	35.73	57936.04	2160.20	852.19	18.16	1193.27	11443.49	51.70	9216.31	401.00

资料来源：Wind 数据库、国家统计局。

3. 重要矿产资源潜力巨大

根据原国土资源部开展的“十三五”全国油气资源评价，我国石油潜在资源量为 1257 亿吨，可采资源量 301 亿吨。天然气地质资源量 90 万亿立方米，全国深埋 4500 米以浅页岩气地质资源量 122 万亿立方米，可采资源量 22 万亿立方米；深埋 2000 米以浅煤层气地质资源量 30 万亿立方米，可采资源量 12.5 亿立方米。从非油气矿产资源潜力来看，我国非油气矿产资源潜力巨大，2000 米以浅平均资源查明率仅 26%。其中，从黑色金属矿产来看，铁矿潜在资源量 1960 亿吨，资源查明率 30.2%；铬铁矿潜在资源量 5560 万吨，资源查明率仅为 18%。从有色金属矿产来看，铜矿潜在资源量 30445 万吨，资源查明率为 25.8%，锌矿、锡矿、锑矿资源查明率分别为 23.7%、19.5%、17.4%。从非金属矿产来看，钾盐、石墨查明率分别为 33.9%、15.1%。具体如表 35 -2 所示。

稀有矿产资源产业主要应用于新能源、新材料等战略性新兴产业，对未来中国产业转型升级具有重要的支撑作用。从中国 6 大类稀有矿产资源产业①的显示性比较优势指数（RCA）来看，中国在稀土、稀有非金属、稀有轻金属等产业领域具有较强的竞争力。其中，1997 ~2017 年，稀土金属“一枝独秀”，总体上 RCA >2，2011 年之前甚至超过了 5，这说明中国总体在稀土金属产业上具有极强的比较优势。但是在 2012 年以后，稀土金属产业国际竞争力显著下降，后企稳小幅回升，总体上显示性比较优势指数在 2 ~3 浮动。稀有轻金属产业的显示性比较优势指数波动率较大，总体上在 2011 年之前具有一定比较优势，但是在 2012 年之后这种比较优势整体上呈现弱化态势，甚至处于相对比较优势的临界情况。稀散金属产业也具有较强的竞争力，但在“十三五”时期回落较快，演变为不具有竞争力。进入“十三五”时期后，稀土金属产业也由很强竞争力下降为较强竞争力，而稀有高熔点金属产业竞争力由没有竞争力升级为具有一般竞争力，如表 35 -3 所示。

表 35 -2　“十三五”时期我国主要矿产资源潜力

矿产	单位	潜在资源量	资源查明率（%）
煤炭	亿吨	38800	30.0
铁矿	矿石　亿吨	1960	30.2
锰矿	矿石　亿吨	48	27.8
铬铁矿	矿石　万吨	5560	18.0
铜矿	金属　万吨	30445	25.8
铅矿	金属　亿吨	2.6	25.9
锌矿	金属　亿吨	6	23.7
镍矿	金属　万吨	2450	31.3
钨矿	WO3　万吨	2970	25.7
锡矿	金属　万吨	1860	19.5
钼矿	金属　万吨	8960	25.1
锑矿	金属　万吨	1518	17.4
金矿	金属　吨	32670	28.8
磷矿	矿石　亿吨	560	31.4
钾盐	KCI　亿吨	20	33.9
重晶石	矿石　亿吨	14	20.1
石墨	矿物　亿吨	21	15.1

资料来源：《中国矿产资源报告 2019》。

① 许明和杨丹辉（2019）将稀有矿产资源分为 6 大类 22 种，6 大类分为稀有轻金属、稀有高熔点金属、稀散金属、稀土金属、稀有贵金属、稀有非金属。

表 35－3 我国稀有矿产资源产业国际竞争力评价

类别	1997～2017 年总体平均	“十三五”时期平均	1997～2017 年总体竞争力	“十三五”时期竞争力
稀土金属	6.20	2.40	很强	较强
稀有非金属	1.52	1.48	较强	较强
稀有贵金属	0.04	0.02	无	无
稀散金属	1.87	0.74	较强	无
稀有轻金属	2.26	1.40	较强	较强
稀有高熔点金属	0.55	0.86	无	一般

注：限于数据的可得性，“十三五”时期主要为 2016～2017 年。

资料来源：根据 UNCOMTRADE 数据库计算。

4. *矿产资源开发利用日趋合理*

“十三五”时期，中国采矿业固定资产投资回升，矿产需求保持增长，消费结构不断优化，提高矿产资源的全面节约和高效利用水平。全国采矿业固定资产投资由 2016 年的 1 万亿元下降到 2018 年的 9587 亿元，但是 2018 年为全国采矿业固定资产投资连续四年下降后的首次增长。2016～2018 年，煤炭开采和洗选业固定资产投资由 3038 亿元下降至 2805 亿元，石油与天然气开采业固定资产投资由 2331 亿元提高至 2630 亿元，黑色金属矿采选业固定资产投资由 978 亿元下降至 790 亿元，有色金属矿采选业固定资产投资由 1429 亿元下降至 1020 亿元，非金属矿采选业固定资产投资由 2126 亿元提高至 2223 亿元，如图 35－2 所示。

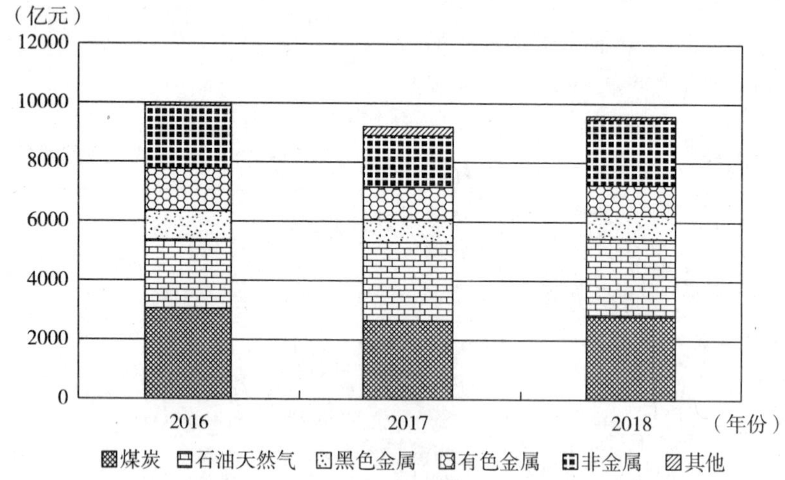

图 35－2 我国采矿业固定资产投资变化

资料来源：历年《中国矿产资源报告》。

从矿产品的生产与消费来看，中国仍为世界第一大能源生产和消费国。2016～2018 年，从能源矿产来看，煤炭产量由 33.6 亿吨上升至 36.8 亿吨，煤炭消费量由 37.8 亿吨提高至 38.9 亿吨；石油产量由 2 亿吨下降至 1.89 亿吨，石油消费量由 5.79 亿吨提高至 6.2 亿吨；天然气产量由 1368.3 亿立方米提高至 1602.7 亿立方米，天然气消费量由 2103.4 亿立方米提高至 2850.0 亿立方米。我国煤炭产量、石油产量和天然气产量分别位居全球第一位、第七位和第六位，而煤炭在能源总消费中比例逐年下降，天然气和石油消费比例则呈逐年上升趋势。从金属矿产来看，我国粗钢、十种有色金属、黄金产销量均居全球首位。2016～2018 年，铁矿石产量从 12.8 亿吨下降至 7.6 亿吨，消费量从 16.9 亿吨下降至 13.7 亿吨；粗钢产量由 8.1 亿吨提高至 9.3 亿吨；十种有色金属产量由 5283.2 万吨提升至 5702.7 万吨（见表 35－4）。从非金属来看，磷矿石产量由 1.4 亿吨下降至 9632.6 万吨；水泥产量由 24 亿吨下降至 22.1 亿吨。总体来看，我国是世界上最大的能源消费国，2018 年全球统计的 40 种矿产资源中，我国有 30 种矿产消费居世界第一位

（王安建和高芯蕊，2020）。金属矿产品产量与非金属矿产品产量稳步增长，矿产品供应能力持续增强，矿产品消费稳步增长。

表 35－4　主要矿产品产量变化情况

年份	铁矿石（亿吨）	黄金（吨）	粗钢（亿吨）	十种有色金属（万吨）	水泥（亿吨）	石油（亿吨）	天然气（亿立方米）	煤炭（亿吨）
2016	12.8	453.5	8.1	5283.2	24.0	2.00	1368.3	33.6
2017	12.3	426.1	8.3	5377.8	23.2	1.92	1474.2	34.5
2018	7.6	401.1	9.3	5702.7	22.1	1.89	1602.7	36.8

资料来源：历年《中国矿产资源报告》。

与此同时，随着“三率”最低指标要求的试行和先进适用技术推广目录发布制度的建立，我国资源利用水平显著提高，强调了矿产行业的绿色化发展，取得了明显的经济、资源、环境效益。例如，石油开产率平均提高 9 个百分点，矿产业产值增加 2044 亿元。

5. 对经济社会发展起到了重要的推动作用

矿产资源产业是国民经济的重要支柱产业，对经济社会发展起到了非常重要的推动作用。2010 年采矿业增加值为 20872.29 亿元，2017 年上升至 21025.50 亿元，增长了 0.73%；采矿业增加值占 GDP 的比重由 2010 年的 0.051% 下降到 2017 年的 0.025%，如图 35－3 所示。采矿业占比下降的主要原因在于，2012 年以后矿产业景气度下降，供给侧结构性改革引致的去产能使得矿产资源开发利用量减少、库存下降，主要大宗产品价格下降。虽然采矿业增加值占比有所下降，但是矿产行业仍然是促进国民经济发展的重要支撑。

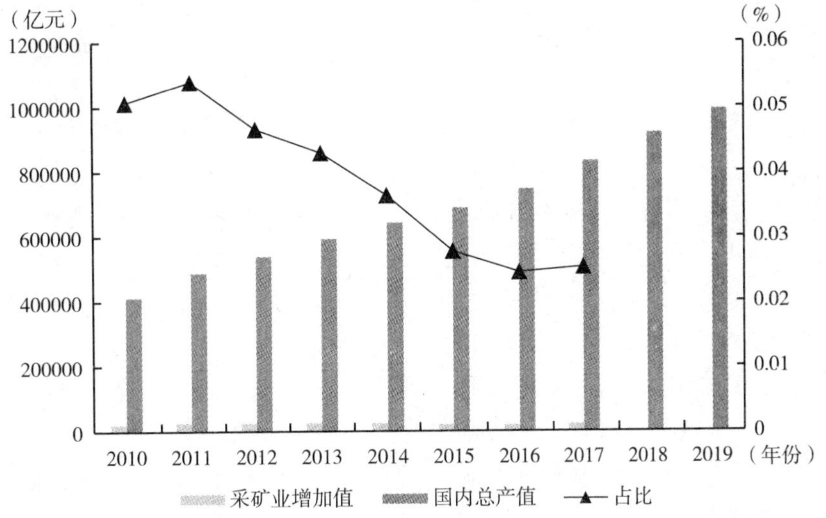

图 35－3　中国矿产业增加值及占比变动（2010～2019 年）

资料来源：历年《中国统计年鉴》。

“十三五”时期，我国矿产资源开发利用规模在经历 2012 年的“阵痛”之后有所复苏。2016～2018 年，在油气矿产方面，油气田数由 993 个增加至 1027 个，工业总产值由 6674.83 亿元增长至 8452.03 亿元，利税总额由 381.17 亿元提高至 3094.29 亿元；在非油气矿产方面，矿山数由 77558 个下降至 58599 个，工业总产值由 12088.30 亿元提高至 18829.14 亿元，利税总额由 2916.02 亿元提高到 6683.42 亿元，具体如表 35－5 所示。可以发现，“十三五”时期，我国矿产资源的开发利用更加合理，矿产行业的总体盈利水平得到快速提升。2018 年，我国油气田和非油气矿山的从业人员分别达到 64.35 万人、386.87 万人，是解决我国劳动力就业的重要渠道。

表 35－5 "十三五"时期我国矿产资源的开发利用

年份	油气矿产				非油气矿产			
	油气田数（个）	工业总产值（亿元）	销售收入（亿元）	利税总额（亿元）	矿山数（个）	工业总产值（亿元）	销售收入（亿元）	利税总额（亿元）
2016	993	6674.83	7406.73	381.17	77558	12088.30	10371.97	2916.02
2017	1009	7247.05	8790.74	1664.34	67672	17036.35	14700.33	6154.36
2018	1027	8452.03	9747.86	3094.29	58599	18829.14	16768.23	6683.42

资料来源：历年《中国国土资源统计年鉴》《全国油气矿产资源储量通报》《全国非油气矿产资源开发利用统计年报》。

二、"十三五"时期我国矿产行业存在的问题

1. 重要矿产资源供需形势严峻

虽然我国矿产资源丰富，潜力较大，但是矿产分布不均，一些重要矿产探储量不足且长期依赖进口，重要矿产资源的供需形势总体较为严峻。一方面，由于急需的大宗矿产贫矿、伴生矿多，开发利用难度较大，例如，铁、铜、铝、磷等矿产以贫矿为主，在品位、开采条件等方面缺少优势；另一方面，对矿产高强度的开发利用，导致部分矿产资源供应不足。根据郭娟等（2019）按供需关系对 45 种主要矿产进行的统计，其中，供应小于需求的矿产 21 种，供应大于需求的 17 种，供需基本平衡的 7 种，具体如表 35－6 所示。从供应小于需求的 21 种矿产来看，石油、天然气、铁、锰、铬铁、铜、铝土、铂族金属、钾盐、金刚石等矿产由于资源禀赋限制，国内产量增长有限，导致供应不足，尤其是以铂族金属为代表的稀有矿产资源长期供应紧张，主要依赖国外进口，在一些战略性新兴产业的产业链上受制于国外，存在矿产资源安全问题。锌矿、铅矿、锡矿蕴含丰富，但是由于受下游有色金属冶炼加工及压延加工行业产能过剩，长期过度开发的影响，资源消耗速度过快，导致国内供应无法满足需求，仍需要依赖国外进口。锂、镍、钴等战略矿产由于需求的急剧增长，导致采选技术无法及时满足市场需求，这类矿产对国外的依赖度依然很高。从供应大于需求的 17 种矿产来看，稀土、钨等矿产是我国的优势资源，但由于过度开采，绝对储量下降，加之大量矿产品用于出口，导致国际市场价格大幅下滑和长期低迷。

表 35－6 我国主要矿产品供需情况

供需情况	矿产品
供应小于需求（21 种）	石油、天然气、铁、锰、铬、钛、铜、铅、锌、铝、镍、钴、锡、金、铂族金属、锂、锶、硫、钾盐、硼、金刚石
供应大于需求（17 种）	镁、钨、钼、白银、稀土、菱镁矿、萤石、耐火黏土、磷矿、芒硝、重晶石、水泥、平板玻璃、石材、石墨、滑石、硅灰石
供需基本平衡（7 种）	煤、锑、钠盐、石膏、高岭土、硅藻土、膨润土

资料来源：郭娟、闫卫东、崔荣国、刘增洁、周起忠、刘文超：《我国矿产资源形势回顾与展望》，《国土资源情报》2019 年第 12 期。

2. 矿产行业下游竞争力亟待提高

中国是世界第一大能源生产国，粗钢、十种有色金属和黄金的产销量均居全球第一，但是中国矿产行业的总体竞争力不足。中国矿产行业中原料型和中低档产品占比相对较高，产业下游领域高附加值的产品相对较少，高附加值的精细化产品更少，而与矿产行业相关的外延材料型产品研发水平和增加值总体偏低，缺乏在国际市场的比较优势水平。整体上初级材料属于缺乏弹性产品，大量出口短时间内可以获取较高收益，长时间看可能会造成国际市场上该类产品的供应量较大，一旦受到外部冲击就容易造成严重的价格下

滑，会对该类企业产生不利的影响，进而形成类似原料出口→价格下降→利润下滑→升级困难的低水平均衡状态，加之贫困化增长形成内部稳定的恶性循环状态，在发达国家跨国公司的全球价值链治理模式下会逐步陷于价值链最低端，进一步缺乏向产业链高端跃升的资本积累和技术积累。

在矿产行业的上游，并未形成具有国际竞争力的大型企业，长期以来我国以丰裕的资源禀赋嵌入全球价值链低端，由于大量低效率企业在上游开采和粗加工领域的过度竞争，大部分矿产行业的出口呈现“量增价减”的不利局面，与巴西、澳大利亚等国家形成鲜明对比。在新材料、新能源、军工等中高端产业的应用环节，不具备技术优势，缺乏国际竞争力，尤其是在外需发生剧烈变动时便会丧失该类产业的比较优势。而发达国家通过全球价值链治理和高技术产业的支撑将发展中国家置于提供资源和粗加工原料的上游，而将获利能力相对较高的中下游核心环节置于其控制之下，通过其强有力的跨国公司对上游资源进行治理，一方面对发展中国家（特别是中国）提出贸易制裁措施，另一方面实际享受了价值链治理带来的超额利润。以稀土为例，美国稀土资源丰富，探明储量约占世界整体的9%，但是美国目前稀土资源完全依赖中国进口，一方面中国稀土金属价格低廉，另一方面稀土开采可能导致环境污染等问题。相比中国，美国稀土金属产业的国内供应链不完整，但是它通过相关跨国公司将稀土金属产业的加工和制造环节主要外包给中国，专注于有关稀有金属的研发和高端产业链的发展。相比于中国日渐下滑的稀土产业比较优势，美国的该类产业相对稳健。受到美国13817号总统令的影响，预计美国会加大对稀土金属上游开采领域的布局，积极提升上游产业的市场份额，进而对中国在上游市场上的优势产生明显的挤出效应。虽然中国在部分重要矿产资源的上游环节占有一定资源禀赋优势，但是在利润率相对较高的中下游环节竞争优势相对较弱，部分产业已经出现“量增价减”的贫困化增长现象。

3. *参与矿产行业全球价值链程度不高*

从全球价值链来看，资源密集型行业中澳大利亚和巴西处于第一梯队，2018 年这两国出口占比分别达 48.4% 和 39.3%，其中，2011～2014 年澳大利亚该类行业出口占比超过六成，仅有上述两国在该类行业中具有贸易竞争力。中国、日本、德国、意大利和法国在该类行业中出口占比较低，其中，中国、日本和德国仅占约 2%。处于制造业上游的资源密集型行业主要由澳大利亚和巴西控制，占据了这类行业的中高端环节，中国、韩国和日本处于下游的消费环节，贸易竞争力均相对较弱。从进口（需求）端来看，由于对澳大利亚、巴西等国家进口依赖度较大，中国在采矿、基础金属、能源领域从巴西分别进口 58.67%、14.06% 和 4.66%；从澳大利亚分别进口 3.02%、38.46% 和 6.56%。从出口（供给）端来看，意大利、日本是中国矿产资源的出口国，采矿、基础金属、能源分别向日本出口 11.81%、12.66% 和 5.03%，向意大利分别出口 11.30%、56.17% 和 4.75%，如表 35－7 所示。从矿产行业全球价值链分布来看，中国容易受到贸易摩擦及新冠肺炎疫情等重大突发公共卫生事件影响，未来发展趋势存在较大不确定性。

表 35－7　2018 年中国资源密集型行业进出口分布

单位：%

国别	澳大利亚	巴西	德国	法国	英国	意大利	日本	韩国	美国
资源密集型行业（进口）									
采矿	3.02	58.67	0.31	0.10	0.04	0.15	0.08	0.00	17.47
基础金属	38.46	14.06	0.00	0.01	0.00	0.00	0.06	0.00	0.78
能源	6.56	4.66	0.09	0.08	0.01	0.49	3.20	1.36	3.02
资源密集型行业（出口）									
采矿	0.62	0.10	0.54	1.68	0.51	11.30	11.81	0.73	5.38
基础金属	0.35	0.29	0.46	0.36	0.04	56.17	12.66	0.17	1.61
能源	4.25	0.61	0.39	0.57	0.23	4.75	5.03	1.77	2.63

资料来源：根据 UNCOMTRADE 数据库计算。

4. *矿产资源开发综合利用率低*

长期以来，我国对矿产资源的开发利用采取粗放经营的方式，对矿山进行盲目开采，同时受资金、设备、管理水平的影响，导致乱采滥挖现象严重，造成共（伴）生矿物及尾矿等利用率很低，在开采过程中损失浪费十分严重，不仅造成环境污染，而且引发一系列安全问题。据统计，我国矿产资源总回收率和共（伴）生矿产资源综合利用率平均分别为30%和35%左右，比国际先进水平低20%；发达国家对金属矿山尾矿的综合利用率高达60%，而我国仅为10%左右。由于技术欠缺，工艺水平相对落后，导致许多矿产没有合理开发。一方面，对于铜、锌、铅等在内的矿产，由于存在低品位、难采选、复杂多元素共生矿等问题因而没有得到充分的利用；另一方面，我国矿产资源的综合利用起步较晚，工艺水平落后，选矿流程不科学，导致很多伴生、共生组分损失遗弃。对矿产资源的总体开发利用率低，许多企业仍采用最原始的采矿和选矿方法，导致我国金属矿产资源选冶加工仍以初级产品为主，产品附加值和科技含量较低，缺乏国际竞争力。

我国矿产资源开发利用虽然取得一定成效，但是由于小型矿山仍然广泛存在，占全国矿山比重超过95%，而小型矿山的产量仅占全国总产量的50%左右，且小型矿山企业分布散乱，缺乏资金、技术和管理方面的支持，乱采滥挖、采富弃贫现象严重，导致资源浪费严重。

5. 环境污染问题日益严重

中国矿产资源产业整体规模较大，但是企业主体的规模较小，软硬件条件不完善。相比其他产业，产业集中度较低，整体利润率不高。尽管中国矿产行业规模较大，但是整体的企业管理能力和运营能力较弱，生产自动化水平较差，产品合格率和回收利用率不高。目前发达国家均已建成部分针对稀有矿产资源产业的行业协会或者类似“卡特尔”组织，不仅可以通过行业自律的形式处理相关企业的竞争和纠纷，也可以通过行业联盟的形式抵御单个企业的“囚徒困境”问题，提升行业整体的产品质量和价格水平，增强行业整体对外的市场势力和谈判能力。当前中国缺乏矿产行业，尤其是矿产资源产业的领军企业，整体处于比较原始的过度竞争市场环境，行业协调性和组织性不强。

我国矿业企业主体长期“多、小、散、乱”，导致矿产资源的开采势必造成环境污染和环境破坏等问题。矿业企业长期不重视尾矿、废渣等固体废弃物的综合回收利用，随意排放，造成有毒的重金属离子汞、铅、镉及氰化物等随着水系广泛散布，污染土地和河流。随着矿井量和开采量的增多，岩土结构、地貌结构被严重破坏，崩塌、滑坡、泥石流灾害日益增加。

三、“十四五”时期我国矿产行业发展面临的挑战

1. 矿产资源安全供应风险凸显

我国矿产资源总量大，人均占有量低，资源质量差。多数大宗矿产储采比较低，石油、天然气、铁、铜等矿产人均可采资源储量远低于世界平均水平。从基础金属的全球分布来看，我国基础金属储量和产量并不具有明显优势。2019年，全球铁矿石原矿储量基本稳定在1700亿吨左右，其中，澳大利亚、巴西、俄罗斯、中国四大国储量占比稳定在70%左右。全球铜资源总储量约为8.7亿吨，其中，智利、澳大利亚、秘鲁和俄罗斯四大国储量占比达50%，中国占比仅为3%。铜精矿产量为2055.3万吨，其中，智利、秘鲁、中国和美国占比分别为27.2%、11.9%、8.2%和6.2%。全球铝土矿基础资源储量接近300亿吨，产量接近37亿吨，其中，中国基础资源储量接近10亿吨，产量接近0.7亿吨。从全球铝土矿储量分布结构来看，几内亚、澳大利亚、越南和巴西分列前四位，储量占比分别为24.7%、20%、12.3%和12.3%，中国储量居第七位，占比仅为3.3%。从产量分布格局来看，全球铝土矿产量主要集中在澳大利亚、几内亚和中国，三大国产量占比分别为27%、22.2%和20.3%，如图35-4、图35-5所示。

我国虽然铁矿储量巨大，但是富铁矿很少，且地理位置偏远不易开采，人均可开采储量低于澳大利亚和巴西等国家，加之开采成本高，导致铁矿石过度依赖国外进口。除了铁矿石、铜、铝等基础金属矿产之外，铂族金属、钽、镓、铍、钴等稀有金属矿产高度依赖进口。根据海关总署

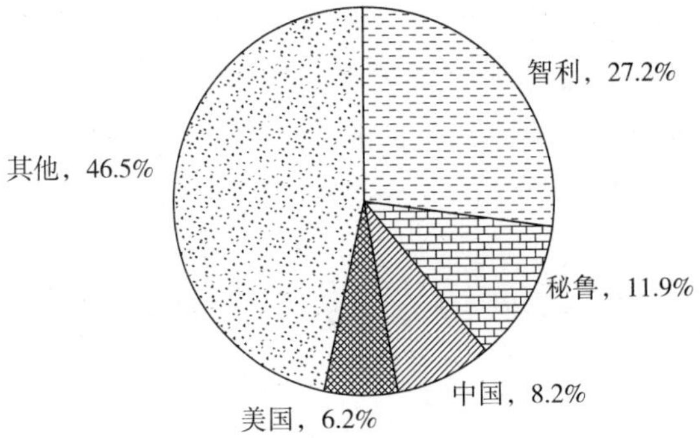

图 35－4　2019 年各国铜精矿产量分布及占比

资料来源：美国地质调查局（USGS）。

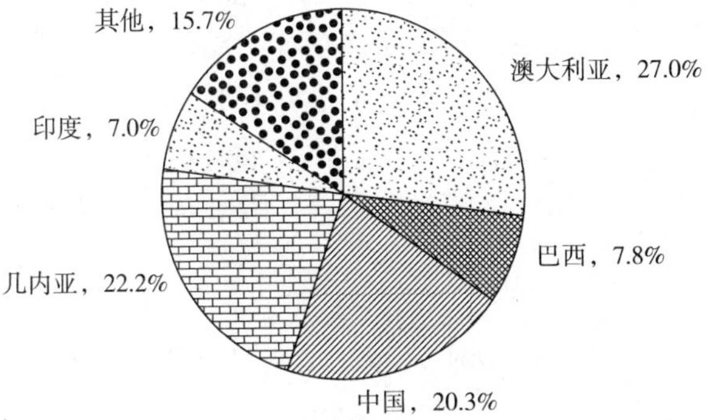

图 35－5　2019 年各国铝土矿产量分布及占比

资料来源：美国地质调查局（USGS）。

统计数据，2019 年，中国主要矿产资源均依赖进口，其中基础金属中铁矿石、铜精矿进口依赖度超过 80%，主要进口国为澳大利亚、巴西、智利和秘鲁等。基础金属中锰矿、铬矿、镍矿和铝土矿进口依赖度分别达 40%、97%、94% 和 60%。受到新冠肺炎疫情影响，总体上中国矿产资源进口面临发货效率下降、货源紧张和关税壁垒等问题，基础金属受国外因素和外部冲击的影响相对较大，国内资源的相对有限和经济发展的迫切需求形成了巨大矛盾。

2. 主要国家逐步加强矿业治理

亚洲新兴经济体已成为全球金属矿产消费中心，急需重塑全球矿产资源供需格局。中国对外部矿产资源的依赖度逐步提升，稀土金属出口量渐趋平缓。全球主要国家能源战略和政策实现动态调整，美国基本实现能源独立，战略储备相对丰裕，澳大利亚和巴西等传统矿业大国推进内涵式发展，提升产品质量和生产效益。智利、秘鲁等拉美经济体持续提升矿产市场占比，成为潜在增长点。为了实现能源独立，美国除了加强对本土页岩油气开发和清洁利用外，还积极加快国内关键矿产资源的开发和循环利用。2018 年 5 月，美国发布 35 种关键矿产清单；2019 年 6 月，美国出台《能源资源治理倡议》，旨在形成弹性供应链；2020 年 9 月 30 日，美国总统特朗普签署了一项行政命令，宣布采矿业处于紧急状态，将在美国本土扩大对大多数制造业至关重要的稀土矿物的生产。欧盟加强关键矿产稳定供应，推动安全获取关键矿产原材料，并于 2020 年 9 月 30 日公布了最新修订的关键矿产资源清单。印度尼西亚、老挝、菲律宾、赞比亚等东南亚和非洲部分国家强化本土矿业权益；智利、秘鲁等拉美国家进一步重视对矿业的发展，鼓励矿业投资；加拿大、澳大利亚强化矿业绿色发展。

3. 绿色发展迫切要求全产业清洁高效利用

我国矿产资源开发利用率低，矿产开发集约化规模化程度不够，矿产资源浪费严重，矿山环境问题突出。2018 年 11 月，力拓投资 26 亿美元在澳洲西部打造全球首个纯“智能矿山”项目。智能矿山不仅可以提高矿产利用率，更能实现节约、清洁、高效、安全的产业资源利用。“采矿—选矿—充填”一体化工艺等技术的应用，推动了绿色矿山的建设。采矿机器人、无废开采技术等采选技术的应用，更进一步提高了矿产资源的利用效率。“十四五”时期，我国要打造全产业清洁高效利用，加快矿业结构调整和转型升级，加快推进智慧矿山、绿色矿山遴选和建设工作，优化矿产资源节约与综合利用，补足传统矿产行业在绿色冶炼、超低排放、废渣无害化处置等方面的绿色制造短板，加快适用技术研发及推广，提升产业链智能化、绿色化发展水平。

4. 要求加强更高层次的开放型国际合作

近年来，贸易摩擦和全球经济放缓，导致全球各国对大宗矿产品的需求放缓，尤其是新冠肺炎疫情大流行，经济全球化遭遇逆流，保护主义日益抬头，各国对战略性矿产资源进行战略调整以及战略性矿产资源领域的竞争日趋激烈，如何进一步推动矿业国际产能合作，有效保障国家矿产资源安全，成为“十四五”时期需要解决的重要问题。要积极推动形成以国内大循环为主体、国际国内双循环相互促进的新发展格局，在打造重要矿产的国内全产业链链条的基础上，积极响应“一带一路”倡议，全面推动地质矿产领域双边与多边合作，加强产能合作，通向国际化、投身全球矿业市场、深度参与全球矿业产业链条，拓展我国矿业国际合作的新层次和新空间。

四、“十四五”时期促进我国矿产行业高质量发展的政策建议

1. 合理利用资源优势，促进可持续发展

中国在矿产行业具有一定资源禀赋优势，但是总体上初级产品生产过剩，违法开采、违规生产屡禁不止，导致稀有矿产产品价格低迷，未体现稀缺资源价值，迫切要求进一步规范行业秩序，严格控制增量，优化初级产品加工存量，淘汰落后产能。同时，清洁生产水平不能满足国家生态文明建设要求，行业发展的安全环保压力和要素成本约束日益突出，供给侧结构性改革、提质增效、绿色可持续发展等任务艰巨。要坚持绿色发展理念，依靠科技进步实现资源类产业的可持续发展，对环境污染问题严重的相关企业应该采取有效措施。积极探索实施各种财税政策，对研发新型环保生产工艺的企业进行必要补贴，对产生污染的企业收取各种污染税和资源税。对于国外具有相对丰裕资源的地区，实施积极的进口政策，通过资源类原材料的进口，一方面平抑国内市场价格，另一方面鼓励企业向产业链高端迈进，推动产业实现可持续发展。

2. 降低行业和区域壁垒，整合产业链上下游

当前矿产行业仍然存在比较明显的行业和区域壁垒，表现在部分产业被国有企业垄断，根据目前国有企业改革的具体措施，实现混合所有制是可能的方向，通过对相关企业的资产重组优化资源配置。由于地方“竞标赛”模式的客观存在，地方政府为了短期政绩可能会抑制跨区域的产业整合，降低了资源配置效率。应鼓励企业积极进行兼并重组，通过市场化整合提升整体的资源配置效率，依靠国内巨大的市场容量提升中国矿产行业的整体竞争力，形成以国内价值链（NVC）带动全球价值链（GVC）转型升级的富有中国特色的提升路径。以稀土金属产业为例，要推动稀土磁性材料——永磁电机、稀土发光材料——LED显示器件、稀土催化材料——工业窑炉脱硝功能器件、稀土合金材料——汽车及航天航空零部件等稀土深加工及应用产业一体化发展，形成与终端应用需求相适应的原料供给体系，实现产业链上下游协同发展。以工业机器人、节能环保、新能源汽车等终端应用需求为导向，鼓励下游企业参与稀土新材料研发，加强稀土与应用产业紧密衔接，开发具有自主知识产权的稀土功能元器件和零部件，提升稀土功能材料及元器件研发、生产水平，实现稀土全产业链优化升级。

3. 加快构建矿产资源国内国际新发展格局，打造高级化、现代化产业链体系

强化矿产资源国内大循环质量，提升产业链上游优质矿产资源勘探、开采和冶炼等环节技术实力，推动中下游深精加工制成品生产高质量发展，重点优化战略性新兴矿产资源安全供应能力和开发利用水平，加快建设与矿产资源相关的期货、投融资等金融市场，促进上游开发、中下游生产和生产性服务环节高效融合发展，在资源配置、财政投入、重大项目、矿产用地等方面实现矿产资源与新兴产业深度契合，筑牢筑强矿产资源国内大循环的坚实基础。积极构建矿产资源国内国际双循环相互促进的新发展格局，以“一带一路”建设为抓手，依托中国国际矿业大会、中国—东盟矿业合作论坛等国际交流平台，深化与东盟、非洲、拉美、俄罗斯等重要资源区的诸（多）边合作，凭借超大规模国内市场优势，虹吸国际矿产资源市场高端要素，在国际市场规则、贸易规则、矿业规则标准制定方面提供中国智慧和中国方案，逐步增强矿产资源安全性，补齐高端精深制造环节全球产业链短板，推动中国矿产资源由粗放型增长转向高质量发展。

4. 提高综合利用水平，加快推进矿产行业数字化、绿色化转型

践行“两山”发展理念，依托中国在新一代信息技术、新能源和节能环保等战略性新兴产业领域的优势，加快推动矿产技术由机械化、数字化向智慧化转变，同步促进绿色技术应用，深度对接5G、数据网络等新型基础设施建设，加快新一代信息技术应用至智能探勘、智慧矿山、矿业物联网，全流程赋能矿山勘探、开采、生产等上下游环节，打通不同子系统之间的痛点和堵点，根本上突破“信息孤岛”问题，鼓励大型矿业企业、科研院所和政府部门建立政产学研用科创体系，逐步实现矿山由单个系统转向生产、洗选、运输等一级系统全流程无人化、智能化。优化矿产资源废料存量资源开发，打造集“互联网+技术研发+人才培育+供应链金融”为一体的产业链平台，通过新一代信息技术提升回收效率，推动废料回收、综合利用和产品流通等环节线上线下融合发展，构建绿色环保、集约发展和智能高效的新型矿山发展模式。

5. 提升创新驱动水平，积累原始创新成果

以科技创新为核心，强化企业主体地位，完善“政产学研用”相结合的创新体系，加快两化融合进程，突破关键核心技术制约，创建一批标志性产品和品牌。目前在稀有矿产资源产业领域，多数核心专利还掌握在发达国家手中，受制于专利使用限制，一方面，中国企业在生产专利相关产品时需支付高额的专利许可费用；另一方面，由于发达国家存在前置专利优势，可以通过技术垄断和司法程序对中国在相应领域的进一步研究构筑壁垒。当前主要是要转变以往以科研院所作为研发主体的倾向，将企业作为科技创新和产业创新的主体，依托科研院所的强大研发基础和企业在产业化应用上的平台优势实现科技创新和产业创新深度融合。依托我国工业基础较好的优势，实现矿产行业和其他行业的联动，鼓励其他领域企业参与下游应用研发，提升我国在该类产业的研发水平。鼓励企业申报国际专利（PCT），经验事实表明，由于中国企业缺乏知识产权意识，多次丧失了专利领域主动权，应该对具有先发专利的企业进行指导和必要奖励措施，鼓励其申请国际专利，在此基础上进一步申请发达国家的相关专利，增强中国在原始创新上的市场势力。

专栏35-1

欧盟公布2020版关键矿产资源清单

欧盟于2020年9月3日公布了最新修订的关键矿产资源清单（EU 2020 Critical Resources List），共有30种对欧盟而言具有重大经济和战略价值的矿产被列入该清单。欧盟2020版关键矿产资源清单如下：

锶、钛、铝土矿、锂、锑、轻稀土元素、磷、重晶石、镓、镁、钪、铍、锗、天然石墨、含硅金属矿物（Silicon Metal）、铋、铪、天然橡胶、钽、硼酸盐、铌、钨、钴、重稀土元素、铂族金属、钒、焦煤、铟、磷酸盐岩、萤石。

欧盟同时也将采取必要的措施，力求扩大供应商网络，减少对单一国家的依赖，重点是减少对中国的依赖。主要措施有：

（1）组建关键矿产资源联盟，成员包括行业成员、投资者、欧洲投资银行、欧盟国家，以及其他能够帮助保障欧盟的关键矿产资源供应的国家，以便采取共同行动，增强欧盟在关键矿产资源产业链中的韧性；

（2）建立国际战略合作伙伴关系，从2021年开始，加强与加拿大和非洲相关国家的矿业合作，促进当地矿业可持续发展，保障关键矿产资源对欧盟的供给；

（3）加强欧盟内的矿产资源开采、加工和冶炼，降低对外依存度；

（4）加强资源的回收和利用，特别是稀土元素的回收和利用，目前的回收利用率还不到1%。

资料来源：中国有色网2020年9月30日相关报道整理，https：//www.cnmn.com.cn/ShowNews1.aspx? id=423150。

参考文献

[1] 陈晓华、黄先海、刘慧：《中国出口技术结构演进的机理与实证研究》，《管理世界》2011年第3期。

[2] 贺灿飞、金璐璐、刘颖：《多维邻近性对中国出口产品空间演化的影响》，《地理研究》2017年第3期。

[3] 郭娟、闫卫东、崔荣国、刘增洁、周起忠、刘文超：《我国矿产资源形势回顾与展望》，《国土资源情报》2019年第12期。

[4] 金碚、胥和平、谢晓霞：《中国工业国际竞争力》，经济管理出版社1997年版。

[5] 项仁杰、葛振华、苏宇、吴琪：《我国矿产发展辉煌70年》，《国土资源情报》2019年第12期。

[6] 王安建、高芯蕊：《中国能源与重要矿产资源需求展望》，《中国科学院院刊》2020年第3期。

[7] 许明、杨丹辉：《中国稀有矿产资源产业的国际竞争力分析》，《东南学术》2019年第1期。

[8] 杨丹辉、渠慎宁、李鹏飞：《稀有矿产资源开发利用的环境影响分析》，《中国人口·资源与环境》2014年第3期。

[9] 历年《中国国土资源统计年鉴》。

[10]《矿产资源的现状分析》，https：//www.21ic.com/ene/technical/201908/94600.html，2019-08-01.

第三十六章　煤炭工业

提　　要

"十三五"时期，我国煤炭工业取得了较好的成就，主要表现为：供给侧结构性改革成效显著，行业结构不断优化；体制改革不断深入，市场环境持续优化；生产要素不断升级，生产效率持续提高；国际合作不断加强，国际影响持续增强。同时，还在产能结构、体制机制和要素升级方面存在一些问题。产能结构问题表现为：过剩产能仍然存在，优质产能和清洁低碳产能比例偏低，供需区域性结构矛盾加剧。体制机制问题表现为：行业准入改革仍需放宽；价格改革仍需放开市场；监管改革仍需明确责任界限；财税体制改革仍需进一步调整。要素升级问题表现为：要素质量不高，且要素市场化配置的体制机制障碍仍存在，导致资源错配，使得全要素生产率偏低。在"十三五"时期的发展基础上，"十四五"时期，煤炭工业发展既会迎来以下机遇：煤炭原料化利用催生范围经济机遇；煤炭清洁化利用催生绿色发展机遇；煤炭数字化发展催生智能发展机遇。也会面临以下挑战：更严格的环境管控将限制煤炭工业发展的空间；其他能源的替代冲击将降低煤炭工业的市场份额；技术上的限制将阻碍煤炭革命的进程。展望"十四五"，系统性优产能、绿色发展和全产业链清洁高效利用是煤炭工业发展的三大重点方向，对此，应该：系统性优化产能，深入解决结构优化问题；深入推进煤炭行业体制改革，为市场发挥决定性作用提供保障；实现要素市场化配置，促进煤炭行业高质量发展；促进煤炭行业绿色发展，助力能源低碳转型。

*　　　　*　　　　*

一、"十三五"时期煤炭工业取得的成就

作为国民经济发展的重要基础产业，煤炭工业在"十三五"时期，深入推进供给侧结构性改革，在结构优化、体制改革、要素升级和国际合作方面取得了可喜成就，但在产能结构、体制机制和要素升级方面仍存在一些问题。

1. 供给侧结构性改革成效显著，行业结构不断优化

"十三五"时期，煤炭行业在供给侧结构性改革中持续优化产能结构，淘汰落后产能，增加优质先进产能，2016 年，煤炭产量从"十二五"末期的 26. 10 亿吨标准煤降为 24. 15 亿吨标准煤后，产量持续增长，到 2019 年，产量达到 27. 23 亿吨标准煤。在煤炭行业去产能政策调整下，2016 ~ 2018 年煤炭行业化解过剩产能分别为 2. 9 亿吨、2. 5 亿吨和 2. 7 亿吨，年产 30 万吨以下煤矿产能减少到 2. 2 亿吨以内，产能利用率上升为

70.6%，煤炭行业由总量性去产能转向系统性去产能、结构性优产能。随着煤炭去产能稳步推进，煤炭开发布局进一步优化，全国煤矿数量减少到5268处，平均产能提高到92万吨/年左右。目前，我国已建成了神东、黄陇、宁东、新疆等14个大型煤炭基地，产量占全国的94%左右；建成了陕北、大同、平朔、蒙东等一批亿吨级矿区。煤炭生产重心继续向晋陕蒙新等资源禀赋好、竞争能力强的地区集中。2018年，内蒙古、山西、陕西、新疆、贵州、山东、河南、安徽8个亿吨级省份规模以上企业原煤产量31.2亿吨，占全国的88.1%。煤炭消费在一次能源中的占比较“十二五”末有所下降。在煤炭贸易方面，进口小幅稳定增长，出口小幅下降，见图36－1。

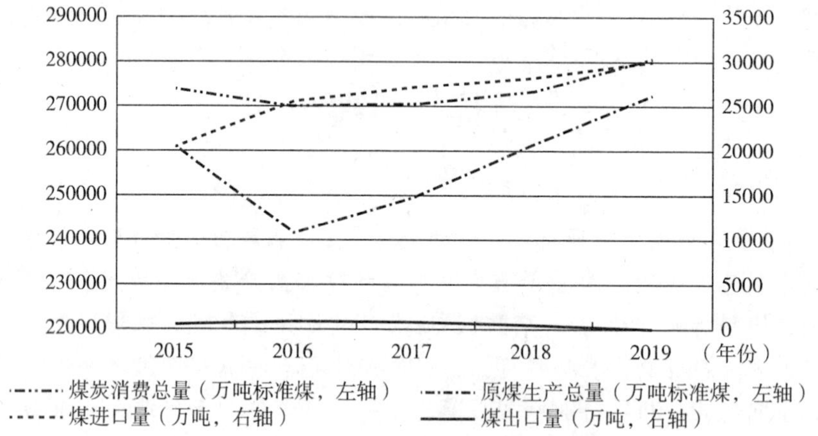

图36－1　我国煤炭工业“十三五”时期发展情况

资料来源：国家统计局。

2. 体制改革不断深入，市场环境持续优化

2016年以来，煤炭行业作为推动供给侧结构性改革的试点行业，煤炭上下游企业逐渐建立了“中长期合同制度”和“基础价＋浮动价”的定价机制。2019年国务院常务会议决定，对尚未实现市场化交易的燃煤发电量，从2020年1月1日起，取消煤电价格联动机制，将现行标杆上网电价机制，改为“基准价＋上下浮动”的市场化机制。在坚持“中长期合同制度”方面，目前煤炭企业签订的2年期以上合同得到推广，中长期合同占比大幅提升，“信用煤炭”上线，行业诚信体系建设进一步加强。国内煤炭市场价格与国际煤炭市场价格基本接轨，煤炭市场走向更加规范和国际化的道路。以市场为导向的煤炭资源勘探、煤矿建设与煤层气开发，以及与煤矿区基础设施建设项目多元化投融资机制逐步形成。非煤产业企业、民营企业，以及个体投资者、境外投资者在煤炭领域的规模逐渐扩大；电力行业、金融企业大量投资煤矿项目，境外投资者进入煤炭机械制造、煤矿生产、煤层气开发等领域逐年增加；煤炭企业投资铁路、港口、电力、建材、化工等产业势头明显。总体来看，从投融资体制、行业管理体制、资源有偿使用制度的改革，到逐步放开煤炭价格，市场在煤炭经济发展中的作用显著增强。从国家统购统销，到国有煤炭企业“总承包”，再到建立现代企业制度、深化国企改革、推行混合所有制改革，煤炭企业在市场经济中的主体地位不断增强。

3. 生产要素不断升级，生产效率持续提高

围绕煤炭安全高效绿色智能化开采的基础理论研究与关键技术攻关，取得了一大批新成果、新技术和新工艺，推动我国煤田地质精细勘探、大型矿井建设、井巷快速掘进与开采工艺技术特别是智能化开采、煤矿瓦斯与地下水害防治、现代化选煤技术迈上了一个新台阶。2018年底，我国大型煤矿采煤机械化程度达到96%，掘进机械化程度提高到60.4%，智能化采煤工作面有70多个，无人开采工作面有47个，原煤入选率达到71.2%，入选原煤能力和原煤入选总量都稳居世界第一，已经迈入世界选煤强国之列。煤电超低

排放改造超过8亿千瓦，排放标准世界领先，占煤电装机的八成以上，已建成世界最大的清洁高效煤电体系。年产千万吨级综采成套设备、年产2000万吨级大型露天矿成套设备实现国产化。百万吨级煤制油和60万吨煤制烯烃等煤炭深加工示范项目实现商业化运行。低透气性煤层瓦斯抽采等技术取得突破，形成采煤采气一体化开发新模式。智能化逐渐融入煤炭工业产业链，煤企生产运营管理的数字化程度日益提高，由此提高了生产效率，促进了安全生产和节能降耗。

4. 国际合作不断加强，国际影响持续增强

"十三五"时期，我国以"一带一路"建设为统领，支持优势企业通过参与境外煤炭资源勘探开发、上下游一体化联营、技术装备输出、工程承包等方式"走出去"开拓发展空间，积极参与国际煤炭经济技术合作。国家能源集团、中煤能源集团、兖矿集团、江西中鼎国际建设集团等企业，以及中煤科工集团、中国煤炭地质总局发挥人才、技术优势，主动参与"一带一路"沿线国家能源项目建设，并取得了较大进展，我国煤炭工业的国际影响力显著增强。我国煤炭企业在海外开展业务时，也重视企业社会责任，积极为当地社会发展做出贡献。如神华集团在印度尼西亚等"一带一路"沿线国家进行清洁煤电项目合作，不仅有效缓解了当地供电紧张的局面，还为传统产业转型提供了机遇，开辟了更广阔的国际市场。据统计，当前我国企业与全球66个国家开展了矿业产能合作，遍布全球六大洲，其中"一带一路"沿线国家51个，占比77%。我国企业在"一带一路"沿线投资的矿业项目285处，占项目总量的45%，矿业产能合作已经成为"一带一路"合作的重要组成部分。

二、"十三五"时期煤炭工业存在的问题

煤炭工业的重点问题主要包括结构问题、体制问题和效率问题。其中，体制问题是关键，它不仅能直接影响煤炭供给主体进入及运营和煤炭价格，还能够通过影响结构和要素配置间接影响煤炭行业发展效率。在体制问题中，政府越位或缺位造成的行政性垄断障碍、国有企业竞争力低、价格不合理以及环境问题突出等使得市场难以在煤炭行业中发挥资源配置的决定性作用，使得有效供给难以满足有效需求。结构问题主要包括煤炭产能结构、煤炭产品结构和煤炭市场结构，产能结构主要是考察优质产能与落后产能的关系、有效产能与有效需求的关系，产品结构主要考察清洁、低碳、环保产品的比例问题，市场结构主要考察国有企业与非国有企业、大规模煤矿与小规模煤矿的比例问题。效率问题主要包括要素的质量问题与要素的配置效率问题两方面，前者主要考察土地、劳动力、资金、技术等生产要素的质量问题，后者主要考察影响要素流动、配置的市场机制及政府管制问题。

1. 结构问题仍较突出

过剩产能仍然存在，优质产能和清洁低碳产能比例偏低，供需区域性结构矛盾加剧。"十三五"中期，煤控项目取得了显著成果，落后产能不断淘汰，优质产能不断释放。随着煤炭产业布局进一步西移，产业集中度进一步提高，煤炭产能过剩在未来一段时间将成为常态，而产能结构优化也将成为化解煤炭过剩产能的主基调。当前，煤炭行业去产能主要是实现了"总量性去产能"目标，过剩产能仍然存在，优质产能和清洁低碳产能比例偏低，因此，"系统性去产能、结构性优产能"还是未来去产能的主要发展方向。另外，在供给侧结构性改革下，西南、华东、华中和东北等以小煤矿居多的区域，由于煤炭产能淘汰比率高，煤炭产量持续下滑，而优质产能进一步向西北、华北地区集中，区域间供需结构性矛盾进一步加剧。

2. 体制性问题是关键难题

行业准入改革仍需放宽：国资比例过高，行政化垄断严重；外资比例过低，仍受不同程度的限制。我国虽然逐渐放宽了外资进入煤炭开采和加工的门槛，从现有政策来说，中国煤炭业除了炼焦煤等少数稀有煤种不能由外资控股外，其余

煤种，对外资的投资额、是否控股都没有限制。虽然政策没有限制，但是国际资金至今也只有极少数进入中国参与采煤领域，煤炭开采和洗选业实际吸收外商直接投资长期低于全国水平。主要原因是在市场准入环节存在行政性垄断，即政府更希望外资进入投资大、技术门槛高的煤化工领域，抑制外资进入单纯采煤环节，而在采煤环节提高国有企业的市场集中度。

价格改革仍需放开市场："双轨制"问题突出，煤炭价格难以反映市场供需。煤炭价格一方面受其成本价格影响，但主要受煤炭产品价格影响。成本价格主要包括煤炭资源本身的获取成本、前期勘察费用成本、安全生产成本、环境污染治理成本、其他费用以及运输成本等，还包括一些政策性成本，如"一税"（资源税）、"两费"（资源补偿费、矿业权价款）、"三金"（煤炭可持续发展基金、矿山环境治理恢复保证金、煤矿转产发展资金），以及17%增值税，加上煤矿技术的不断改造和安全设施升级投入。市场决定的煤炭价格如果能覆盖成本价格，则煤炭行业的价格改革就能够顺利推进。但是，由于煤炭产品价格没有放开，导致煤炭价格市场化改革难以真正落实。据统计，我国总电量的70%以上都来自火电厂，其中煤电占比92%。从产业链上下游关系看，煤电是煤炭最大的需求方，约占煤炭总消费量的50%以上，因此煤电价格对煤炭价格的影响最突出。实践中，我国明确电煤价格由供需双方协商确定，即为长协价。但政府为了稳定民生，维持电价不变，而煤炭价格又受市场的波动影响。所以多地在实践中还存在大量的合同电煤价格，存在市场手段与计划手段相矛盾的"双轨制"。相比较煤炭企业的实力，电力企业的垄断地位以及对国民经济的影响作用使其处于优势地位，极大地削弱了煤炭企业定价的话语权。很多地方政府干预当地煤炭价格及销售去向，再加上电企集中采购的优势，使得煤炭价格受到多方打压。在管制的煤炭产品价格的约束下，形成的煤炭价格难以反映市场的正常需求。

监管改革仍需明确责任界限：政府越位或缺位问题大量存在，影响煤炭市场机制的健康发展。我国煤炭行业存在很多监管，如煤炭市场监管、煤炭生产安全监管、环境监管等，但由于政府越位或缺位，很多监管都没有发挥作用或发挥了反作用，影响了煤炭市场机制的健康发展。在煤炭市场监管方面，政府在煤炭行业的市场准入监管中缺位，煤炭矿产资源开采权和使用权被低价获得，造成国家煤炭资源所有者权益收益流失。同时，由于进入的煤矿企业单位数过多，造成煤炭市场过度竞争严重，2018年底，全国煤矿数量仍有5800处左右，在煤炭市场需求走弱的情况下，数量众多的大中小煤矿为了销量会进行恶性竞争，最终导致市场煤价出现较大幅度下跌。在煤炭生产安全监管方面，政府在煤炭供给吃紧时安全监管缺位，让许多停产且不符合安全标准的小煤矿开工生产，增大了煤矿行业的风险。而在煤炭产能过剩的情况下，政府通过总量控制进行行政化去产能，而不是在煤炭生产安全监管的基础上，让市场机制发挥作用，过多地干涉了煤炭行业的发展。在环境监管方面，政府同时存在缺位和越位的问题，造成环境污染没有有效治理和超低排放成本、超高无经济效率同时存在。

财税体制改革仍需进一步调整：国企上缴利润比例偏低和民企减税不够并存。按照财政部规定，目前我国煤炭国有企业利润收取比例提升为20%，与国际水平相比仍偏低。按国际惯例，上市公司股东分红比例为税后可分配利润的30%～40%，国有资本向国家上缴利润普遍高于这个水平，英国盈利较好的企业上缴利润相当于其税后利润的70%～80%。主要原因是国有企业的营业收入增幅和成本增幅都高于利润增幅，营业能力较差，效率较低。而对于民营企业，煤炭矿山税费众多，如资源税、城市维护建设税、车船使用税、印花税、耕地占用税、地方教育附加税、价格调节基金、矿山环境治理恢复保证金等，达到16项之多，税费偏高，如很多煤企的税费占到销售收入的30%以上。作为资源开采型企业，煤炭采掘企业在生产过程中没有原材料消耗，因此增值税进项税抵扣少，使得煤炭采掘业增值税普遍偏高。2016年5月1日开始全面推行的"营改增"并未有效降低煤炭企业的增值税税负。经测算，2016年煤炭采掘业平均增值税税负水平约为12%，而41个工业行业平均增值税税负水平约为4%，煤炭行业增值税税负明显偏重。煤炭行业税费不仅存在重复征收问题，矿业权价款还实行预交政策，加重了煤企负担，造成流动资金紧张。如不按时缴纳，就要按照银行贷款利率缴纳资金占用费。另外，煤炭资源税费全国实行同一个政策，没有资源等级好坏的差别，对煤炭资源赋存条件差、开采难度大的企业十分不利。

3. 要素配置效率低影响行业提质增效

要素配置扭曲问题仍影响生产效率：要素质量不高，且要素市场化配置的体制机制障碍仍存在，导致资源错配，使得全要素生产率偏低。在劳动力方面，作为劳动密集型产业，我国煤炭行业劳动力整体素质并不高。据不完全统计，煤矿采掘一线工人中，本科以上人员仅占3.04%，专科及以上人员占14.17%，具有高级技师、技师等级证书的工人占比为2.62%；在一线管理人员中，具有专业技术职称的人员占比达到53.22%，但具有高级技术职称的占比仅有1.47%。面对能源革命新战略和新要求，高端人才匮乏已成行业发展的主要短板。老矿区、老企业职工老龄化问题更为突出，一线管理人员中，41岁及以上人员占比46.72%；一线工人中，41岁及以上人员占比达55.6%。矿区生产自动化程度高，对操作、检修人员的文化、技术水平，以及技术、管理人员的综合管理水平等都要求较高。近年来的“招人难”及大量人才流失，均已严重制约企业正常发展。在土地方面，煤炭资源勘探过程中的地标附着物的权益问题难以有效解决，阻碍煤炭资源勘探和开采，且勘探之后土地范围受自然保护区等空间约束难以实现开采。在技术方面，传统的煤炭勘探、开采及生产技术已经无法满足当前的发展需求，而目前煤炭行业技术创新水平仍不足，数字化、智能化、绿色化发展程度仍较低，难以支撑煤炭行业高效率发展。在资金方面，投资领域仍受限制，资金的配置仍受行政体制影响程度大，难以完全实现市场配置。要素质量不高与要素市场化配置的体制机制障碍交互作用，使得煤炭行业全要素生产率偏低。

三、“十四五”时期煤炭工业发展的机遇和挑战

“十四五”时期，我国将进入高质量发展阶段，煤炭作为我国主体能源和基础能源的战略定位长时间不会改变。在新冠疫情的冲击下，能源安全目标下能源供给保障要求将给煤炭等化石能源带来新的发展机会，但同时，煤炭等化石能源也面临着实现2060年碳中和目标的能源转型发展需要，新的阶段，煤炭工业发展将迎来新的机遇和挑战。

1. 煤炭工业发展的机遇

“十四五”时期，我国将实现从制造大国向制造强国的转变。煤炭工业作为我国工业体系的基础，在转型升级过程中将获得一些发展机遇。

煤炭原料化利用催生范围经济机遇。目前，煤炭主要用于电力、钢铁、化工和建材四大领域，其中，前两者是煤炭燃料化利用，后两者是煤炭原料化利用。煤炭原料化利用是煤炭工业发展的新方向，尤其是新型煤化工，在“十四五”时期将迎来重要发展期。“十三五”以来，我国现代煤化工产业攻克了一批关键技术装备，在大型先进煤气化、煤制油、煤制气、煤制烯烃、煤制乙二醇等方面实现了关键技术装备的产业化。2019年底，煤制油、煤制烯烃、煤制气、煤制乙二醇产能分别达到921万吨/年、1362万吨/年、51.05亿立方米/年、478万吨/年。作为化学工业的重要组成部分，煤化工位于高新产业链的上游环节，在“十四五”时期，将在高新产业的大力发展下产生很多发展机遇。

煤炭清洁化利用催生绿色发展机遇。“十四五”时期，我国将进一步完善生态文明体系构建，煤炭清洁高效利用将发挥重要作用。主要表现为：传统煤炭利用方式向精准化和清洁化升级；煤炭清洁转化实现燃料向燃料与原料并重转变；低阶煤分质利用提高煤炭清洁高效利用水平；煤气化多联产是未来煤炭实现近零排放的重要战略方向。同时，煤炭清洁化利用会向全产业链绿色发展方向发展，实现开采、提质加工（洗煤/型煤/水煤浆/分质利用）、流通（储/运/销/进口）全过程清洁供应。

煤炭数字化发展催生智能发展机遇。作为煤炭工业高质量发展的核心技术支撑，煤矿智能化方向将是“十四五”时期煤炭工业发展的一大机遇。目前，我国煤矿智能化建设存在基础理论研发滞后、技术标准与规范不健全、平台支撑作用不够、技术装备保障不足、高端人才匮乏等问题。“十四五”时期，5G技术、AI、工业互联网等多种智能技术的新型煤炭数字化经济体融合在一起，将形成更有活力、更加多元化的新型煤炭数字化生态。

2. 煤炭工业发展的挑战

“十四五”时期，世界经济形势发生转变，新冠疫情给全球经济带来的冲击将促使全球产业链进行调整，国家之间的竞争将进一步集中于技术之上的竞争。全球能源需求逐渐向清洁、低碳能源转型，如欧洲出现明显的去煤化趋势，更加严格的环境管控将倒逼煤炭工业转型升级，煤炭工业将面临更大的挑战。

更严格的环境管控将限制煤炭工业发展的空间。长期以来，煤炭资源在勘查、开发和消费利用过程中的大量工程活动，在点、线、面、体不同维度的不断扩展中极大地扰动甚至破坏了由山、水、林、田、湖、草这一生命共同体组成的生态环境，诱发了环境污染、生态损害、资源浪费、超高排放等诸多问题。为了推动煤炭清洁利用高质量发展，我国已经在燃煤发电超低排放、散煤替代、先进燃煤工业锅炉、煤炭提质加工等方面出台了不少政策。即使如此，煤炭工业也不得不面临雾霾治理带来的环境管控挑战。特别是在一些地区已经设置了禁煤区，出现了“去煤化”的趋势。“十四五”时期，我国将进入高质量发展阶段，必然要求我国实施更为严格的环境管控政策，这将限制我国煤炭工业发展的空间。

能源低碳转型将降低煤炭工业的市场份额。在环境保护政策的推动下，我国一些地区已经实施了煤改电、煤改气，实现了不同程度的煤炭市场替代。“十四五”时期，一次能源消费结构会发生进一步的调整，虽然煤炭主体能源的角色不会发生改变，但新能源消纳比例提高、天然气消费比例增加等非煤能源的替代冲击会持续降低煤炭工业在燃料市场中的市场份额。在保障能源安全的前提下，能源供应多元化将成为未来一个发展方向。世界油气市场供应的宽松将进一步降低油气价格，增强其相对于煤炭的竞争优势，在化石能源中实现对煤炭的替代。而核、新能源和可再生能源技术水平的提升将进一步降低其供应成本，受清洁低碳能源需求增强的影响，煤炭燃料市场份额将进一步收缩。

技术上的限制将阻碍煤炭革命的进程。“十四五”时期，我国要深入推进能源生产与消费革命，在煤炭勘探、开采以及清洁化高效利用技术方面实现全产业链的创新发展。如煤炭无害化开采技术创新、煤炭清洁高效利用技术创新等，还存在不少的挑战。尽管我国在5G技术上领先，但在产业链应用上并不具优势。要实现煤炭行业智能化改造与升级，煤炭工业还有较长的路要走。同时，煤炭行业要实现全产业链的绿色发展，需要清洁化利用科技创新的支撑。目前，我国虽然在煤炭气化技术、煤炭液化技术、微生物处理技术、煤炭清洁发电技术、煤炭废弃物处理和煤基多联产技术等煤炭清洁利用技术方面取得了一定的进步，但要在实现清洁低碳目标的基础上仍具有竞争力，还有很大困难。如果这些技术不突破，将会阻碍我国煤炭革命的进程。

四、“十四五”时期煤炭工业发展的重点方向与政策建议

1. 煤炭工业发展的重点方向

党的十九大提出“推进能源生产和消费革命，构建清洁低碳、安全高效的能源体系”。煤炭作为我国的主体能源，必须深入推进生产和消费革命，构建符合新时代能源体系要求的煤炭工业体系。面向“十四五”，必须坚持系统性优产能、绿色发展和全产业链清洁高效利用“三大方向”，为煤炭行业转型升级奠定坚实基础。

系统性优产能。《关于做好2019年重点领域化解过剩产能工作的通知》提出要巩固煤炭去产能成果，全面转入结构性去产能、系统性优产能新阶段。“十四五”时期，产能优化和解决结构性矛盾是深化“三去一降一补”工作的任务。既需要积极退出落后产能以优化产业结构，推动供给侧结构性改革，提高产业集中度和产能利用率；同时也需要依托煤炭行业市场化“去产能”机制，遵循市场化原则，释放先进优势产能满足市场要求，稳定煤炭市场，进一步保障我国经济的中高速高质量发展。目前，全国各地按照行政指令制定了各自的煤炭行业化解过剩产能任务，但离淘汰完过剩产能还有一定距离。且技术装备落后、安全无保障的落后煤矿和年产30万吨及以下的小煤矿仍大量存在。在此背景下，协调好产能优化和解决结构性矛盾是“十四五”时期煤炭工业深化改革的方向。

绿色发展。煤炭行业产业链，包括勘探、开采、洗选、加工利用，都会对生态环境造成不同程度的破坏。因此，煤炭产业需要完成清洁转型发展的任务，主要包括推行煤炭绿色勘探和开采、发展煤炭洗选加工、发展矿区循环经济、加强矿区生态环境治理和促进煤炭清洁高效利用。目前以行政命令催生的超低排放甚至零排放的利用方式并不满足高效的原则，是不可持续的发展方式，煤炭行业更应该选择兼顾生态效应和经济效应的发展方式。同时，为了实现我国国际碳减排的承诺，煤炭产业必须挑大梁，向低碳发展转型，选择低碳利用方式或是进行碳搜集处理。

全产业链清洁高效利用。煤炭作为一个典型全生命周期的产业，其清洁高效利用不能只局限于燃煤发电、工业锅炉、煤炭转化等终端利用，还应该涉及煤炭供应的全过程，即煤炭开采、煤炭提质加工、储存、运输、销售、进口等。“十四五”时期，煤炭开采要以绿色开采为支撑，不断提升开采煤炭产品质量及强化采后矿区生态环境治理；煤炭洗选要提高产品的精准性，适应下游利用需求，型煤及水煤浆要不断升级技术及产品稳定性，分质利用要加快突破低阶煤粉化造成的油尘分离难技术瓶颈并形成集成联产；煤炭流通要采用高水平无尘化作业，解决无组织性粉尘污染问题，提升管理创新水平，通过物联网、大数据等创新监测和管理模式，保障商品煤质量的清洁化。

2. 煤炭工业发展的政策建议

一是系统性优化产能，深入解决结构优化问题。在煤炭工业领域继续深化“三去一降一补”工作，推进供给侧结构性改革，淘汰落后产能，进一步缩减煤矿数量，整合分散小煤矿资源，提升煤炭工业市场集中度，增加先进产能。在实操方面：提升亿吨级煤矿和千万吨煤矿占比；促进煤炭生产开发进一步向大型煤炭基地集中；提升大型煤炭企业数量占比；提高煤矿采煤机械化程度和掘进机械化程度。在煤炭矿区积极推进生态文明建设，最大程度减轻煤炭生产开采对矿区环境的影响，建设绿色矿山。具体需要提高煤层气（煤矿瓦斯）的利用率；提高煤矸石综合利用率；提高矿井水利用率；提高土地复垦率。在煤炭利用方面，一方面要提高原煤入选率，提升煤炭产品质量；另一方面要提高煤炭清洁化利用水平，具体需要大力发展清洁煤电和煤炭深加工产业。在煤炭主体方面，一方面要推进煤炭国有企业改革，建立现代企业制度，完善公司治理结构，成为真正的市场主体；另一方面要放开管制，让具有相应资质的不同所有制企业进入全产业链环节。

二是深入推进煤炭行业体制改革，为市场发挥决定性作用提供保障。从政策引导、监管约束和公共服务三个方面完善政府职能，破除体制机制障碍，优化生产要素配置，使市场在资源配置中起决定作用，从而提高供给体系质量和效率。在矿权和财税体制改革方面，应该借鉴国外的矿权出让采取“竞争性出让”方式，并与开采企业签订分成合同或服务合同，尽可能多地获取煤炭资源的所有者权益收益。同时，在煤炭使用的税费设计上，应建立随煤炭市场价格变动的税费机制，辅助调节煤炭市场的供需平衡。在价格改革方面，应该深化电力体制改革，与煤炭市场化改革配套，才能疏通煤炭上下游环节之间的堵塞，形成反映市场真实供需的价格。首先，区分垄断环节与竞争环节；其次，对于具有自然垄断性质的管网环节，制定具体的接入管网条件和标准；再次，对于具有垄断竞争性质的发电和配售电环节，应放开进行市场化改革；最后，对于竞争环节，应该进行合理的规制，建立维护市场公平和秩序的管理机制。在国企改革方面，应该要减少行政性干预，健全煤炭企业公司法人治理结构，促进煤炭国有企业建立完善现代企业经营管理制度，分离国有煤炭企业“三供一业”和医院、学校、社区等办社会职能。在行业准入改革方面，进行煤炭行业全产业链市场化改革，放开市场准入的行政性管制，由市场决定投资进入的领域。

三是实现要素市场化配置，促进煤炭行业高质量发展。煤炭行业要加快建立以企业为主体、市场为导向、产学研用深度融合的技术创新体系，促进科技成果向现实生产力转化；要推动互联网、大数据、智能化与煤炭经济深度融合，以煤炭安全高效绿色智能化开采和清洁高效低碳集约化利用为主攻方向，加快理论创新、技术创新，突破重大基础理论和关键共性技术，以煤炭智能化开采为龙头，提高煤机装备制造水平，加快高新技术的推广应用；要培养造就一大批具有国际水平、行业领军的科技人才队伍，建设知识型、技能型、创新型劳动者大军。综合国家主体功能区规划科学进行煤炭资源勘探，提高煤炭资源开采效率，依法处理地标附着物权益问题，提升土地资源配置效率。以市场效率为标准配置煤炭行业投资资金，降低行业杠杆率，提升资金的投资效率。同时，要不断完善煤炭市场机制发展，让市场在资源配置中起决定性作用，提升煤炭行业要素配置效率，提高煤炭行业全要素生产效率。

四是促进煤炭行业绿色发展，助力能源低碳转型。2019 年，全球煤炭在一次能源消费中的比例为 27.04%，北美为 10.64%，南美为 5.18%，欧洲为 13.54%，独联体国家为 14.30%，中东为 1.03%，非洲为 22.51%，亚太为 47.45%。具体在不同的国家中，煤炭在一次能源消费结构中的占比也不同，英国煤炭在一次能源消费结构中的占比仅为 3.34%，美国、德国和俄罗斯已经下降到 20% 以内，澳大利亚、日本和韩国已经下降到 30% 以内，中国的比例高达 57.64%。欧美发达国家已经经历了化石能源内部油气对煤炭的替代，且在化石能源的清洁绿色化利用方面已经具有国际领先的技术水平。而我国目前仍处于攻坚化石能源清洁绿色化利用技术阶段，相对于欧美发达国家，能源转型相对落后，因此，我国需在煤炭清洁绿色化利用技术上取得突破，促进煤炭行业绿色发展，方能推动我国能源转型进入更高的阶段。

专栏 36 -1

如何清洁高效地利用煤炭资源，专家这样建议

6 月 28 日，工信部原部长、中国工业经济联合会会长李毅中表示，在目前技术条件下，要防止煤化工、煤制氢盲目发展，避免造成生态破坏气候变暖新的风险，为此，要大力推动二氧化碳的捕集、封存、利用技术的攻关，实现产业化、专业化。同时，他建议国家要对煤化工、煤制氢等排放二氧化碳建立法规标准，并且严格执行，“这样使减排、减碳的目标和任务能够落到实处”。

我国煤炭资源较为丰富，煤炭是我国主体能源和重要工业原料。如何清洁高效地利用煤炭资源，对推进国家中长期能源发展战略具有重要意义。“现代煤化工发展方兴未艾，煤化工、煤制氢的发展重点是解决煤炭产业发展出路问题。”南开大学环境科学与工程学院教授于宏兵说：“不过以煤炭为主要原料通过精加工生产出甲醇、乙醇、尿素、氨、化肥等产品，但在制造过程中同样消耗了大量能源，也排放了大量二氧化碳。”

于宏兵介绍，煤化工产业粉尘污染比较大，煤化工里的煤原料可利用的成分占 70% ~80%，利用率并不高，有一部分灰分、杂质类的物质无法利用。在生产过程中，还会产生很多废气、废渣、废水和固体废弃物。“煤化工、煤制氢产业发展必须走清洁绿色的发展道路，传统上的煤一

直是应用最广的燃料，如果把它当作原料产出一些产品，势必要损失掉一些能源和资源，这是必须要付出的代价，但是代价尽可能小才可能有出路。"

"不管发展什么产业链，一定要考虑它的绩效，就是用环境代价高低来衡量，同样的产出，看环境的代价大小，代价小就是好的产业链，反之，产业链就要完善，就要继续技术进步。"于宏兵认为，发展煤化工、煤制氢产业首先要注重能源和资源的利用效率，污染物排放量尽可能少，要采用清洁的技术、清洁的方法来做产业。科技进步还有很大上升空间，要提高各种智能系统、控制系统等技术应用，赶上国际先进水平。

"煤化工、煤制氢产业应该加以规范。国家应该出台比较符合实际，针对企业发展，真正体现环境绩效的系统规范，指导行业健康可持续发展。"于宏兵呼吁，要规范产业，要从产业链效率高不高，合不合理，排放污染物多少，绩效怎么样等这些角度去规范。要利用最好的煤质，采用转化率最高的现代化技术，产出若干好的产品，煤化工产业是可以继续发展的。

对于二氧化碳的捕集、封存和利用，于宏兵认为，二氧化碳是碳彻底氧化放热反应的产物，很难再当成资源利用。在利用二氧化碳的过程中还要排放二氧化碳，这样的技术方法是否有意义？如果开发出直接利用二氧化碳的方法而不用耗费大量的能源也是未来发展的方向，"二氧化碳的回收利用技术现在也有很多专家在研究，但都在路上，距离应用还很远"。

资料来源：《科技日报》，2020 年 7 月 2 日。

参考文献

［1］张立宽、武强：《新中国煤炭工业 70 年辉煌成就透视》，《中国矿业报》，2019 年 10 月 9 日。

［2］张伟波等：《在新的机遇和挑战中继续前行》，《中国矿业报》，2020 年 3 月 9 日。

［3］吴立新：《煤焦化清洁高效发展是我国煤炭清洁利用的关键》，《煤炭经济研究》2019 年第 8 期。

［4］李首滨：《构建新型煤炭数字化生态》，《中国煤炭报》，2020 年 3 月 12 日第 3 版。

［5］武强、涂坤、曾一凡等：《打造我国主体能源（煤炭）升级版面临的主要问题与对策探讨》，《煤炭学报》2019 年第 6 期。

［6］张立宽：《我国煤炭工业面临转型升级关键阶段》，《企业观察家》2019 年第 10 期。

［7］曲洋：《煤炭供应全过程清洁化发展方向研究》，《煤炭经济研究》2019 年第 4 期。

［8］国家能源集团：《壮丽 70 年奋斗新时代・煤炭成就：滚滚"乌金"源源动力》，中国煤炭网，http：//www. ccoalnews. com/201909/26/c115018. html，2019 年 9 月 24 日。

第三十七章　电力工业

提　要

"十四五"是电力工业全面落实高质量发展要求，深入推进电力供给侧改革的关键时期。回顾"十三五"时期电力工业发展历程，清洁低碳、安全高效的现代电力工业体系正在形成，并呈现以下几个特点：我国电气化水平明显提高，进入电气化中期发展阶段；电力供应能力大大提升，电力供应结构不断优化；电力工业空间布局有所优化；电力系统效率与调节能力有所改善与提高；电力体制改革取得了重要进展，电力技术创能力与国际合作水平不断提升。但是电力工业发展还存在众多有待解决和优化的问题：煤电定位与电力电源结构问题、电力平衡与电力工业空间布局问题、煤电项目建设与煤电企业经营困难问题、电力技术创新与发展问题、电力管理体制机制问题、深化电力国际合作问题等。"十四五"时期发挥好煤电在电力工业转型发展的积极作用，进一步优化电力工业空间布局，进一步降低电力成本，将科技创新作为推动电力工业高质量发展的新动能，稳步推进电力体制市场化改革。

*　　*　　*

2020年是"十三五"收官之年，也是科学谋划未来五年电力工业发展的关键之年。面向"十四五"，电力工业发展面临诸多新形势和新变化，存在着诸多不确定性，既有新冠疫情全球性暴发带来的经济发展不确性，也有我国电力工业转型升级带来的不确定性。总结"十三五"电力工业发展成就与经验，把握未来五年电力工业发展，对推动能源转型升级，实现电力工业高质量发展，保障经济社会持续稳定发展具有重要意义。

一、"十三五"时期电力工业发展回顾

"十三五"是电力工业加快转型发展的重要时期，也是深化电力市场改革的攻坚期。经过"十三五"时期的发展，我国电力工业呈现电力供应宽松常态化、电源结构清洁化、电力系统智能化、体制机制市场化、经营国际化。

1. "十三五"时期电力工业发展主要目标的实现情况

"十三五"时期电力规划的具体目标体现为对标"十三五"时期电力规划目标，各项电气化水平、安全供电能力、电力结构优化、电力系统

效率和电能替代等。指标基本实现，见表37－1。

第一，经过努力，2019年约束性指标非化石能源消费比重、新建煤电机组平均供电煤耗、现役煤电机组平均供电煤耗分别为15.3%、300克标煤/千瓦时和308克标煤/千瓦时，实现了电力工业发展目标。但我们也要看到，为实现化石能源装机、核电、抽水蓄能的目标付出了巨大努力。

表37－1 “十三五”时期电力工业发展主要目标与实现情况

类别	指标	2015年	2020年目标	年均增速（%）	是否约束	2019年	2020年*
电气化水平	全社会用电量（万亿千瓦时）	5.69	6.8～7.2	3.6～4.8	否	7.23	7.29
	电能占终端能源消费比重（%）	25.80	27	1.2	否	—	27
	人均装机（千瓦/人）	1.11	1.4	4.75	否	1.4	1.5
	人均用电量（千瓦时/人）	4142	4860～5140	3.2～4.4	否	5359	5300
供电能力	总装机（亿千瓦）	15.3	20	5.5	否	20.11	21.17
	西电东送（亿千瓦）	1.4	2.7	14.04	否	—	2.7
	发电量（亿千瓦时）**	5.8	—	—	—	7.50	7.49
	跨区域电量（亿千瓦时）	—	—	—	—	5300	5500
结构优化	非化石能源消费比重（%）	12	15	3	约束	15.3	
	非化石能源发电比重（%）	26.3	—	—	—	30.4	30.7
	非化石能源发电装机比重（%）	35	39	4	否	40.8	41.6
	常规水电（亿千瓦）	2.97	3.4	2.8	否	3.56	3.56
	抽蓄装机（万千瓦）	2303	4000	11.7	否	>3000	>3000
	核电（亿千瓦）	0.27	0.58	16.5	否	0.49	0.49
	风电（亿千瓦）	1.31	2.1	9.9	否	2.10	2.10
	太阳能发电（亿千瓦）	0.42	1.1	21.2	否	2.05	2.05
	化石能源发电装机比重（%）	65	61	-4	否	59.2	58.4
	化石能源发电装机（亿千瓦）	9.66	12.1			12.4	11.9
	煤电装机比重（%）	59	55	-4	否		
	煤电（亿千瓦）	9	<11	4.1	否		
	气电（亿千瓦）	0.66	1.1	10.8	否		
系统效率	新建煤电机组平均供电煤耗（克标准煤/千瓦时）	—	300	—	约束	300	300
	现役煤电机组平均供电煤耗（克标准煤/千瓦时）	318	<310	-8	约束	308	308
	线路损失率（%）	6.64	<6.50		否		
电能替代	充电设施建设		满足500万辆电动车充电		否		
	电能替代用电量（亿千瓦时）	—	4500		否		1500

注：*为2020年估计数。

资料来源：笔者根据国家发改委《电力“十三五”规划》及Wind数据库整理。

第二，城乡居民生活电气化水平显著提高。电气化水平是衡量电力现代化的重要依据，可以通过全社会用电量、电能占终端能源消费比重、人均装机、人均用电量和人均生活用电量等指标进行衡量。通过"十三五"时期电力工业的发展，我国电气化进程进入中期发展阶段，缩小了与美国、德国、日本等发达国家电气化进程的差距。其一，全社会用电量大幅增加。"十三五"时期，我国全社会用电量大幅增加，年均增速约5%。全社会用电量从2015年的5.69万亿千瓦时，增加到2020年的7.29万亿千瓦时，实现了"十三五"时期电力规划目标的6.8万~7.2万亿千瓦时。其二，电能占终端能源消费比重持续增加。电能占终端能源消费比重由"十二五"末的25.8%，提升到2020年的27%，实现了规划目标。其三，人均装机与人均用电量接近中等发达国家水平。人均装机从2015年的1.11千瓦，增加到2020年1.5千瓦；人均用电量从2015年的4142千瓦时/人，增加到2020的约5300千瓦时/人，接近中等发达国家水平。

第三，"十三五"时期，城乡居民生活用电持续增长，从"十二五"末的7276亿千瓦时，增加到2020年的10941亿千瓦时。居民人年均生活用电量从2015年的529千瓦时/人，增加到2020年的778千瓦时/人，见图37-1。

2. 清洁低碳、安全高效的电力供应能力增强

（1）电力供应能力大大提升。"十三五"时期，新增电力装机5.9亿千瓦，与"十二五"时期新增装机5.5亿千瓦大体相当，对中国目前电力装机规模的贡献约为30%。到"十三五"末的2020年，电力装机规模约21亿千瓦、年均增长5%左右，是"十二五"末的2015年电力装机的1.4倍；发电量约7.5万亿千瓦时，是2015年发电量的1.2倍，见表37-2。

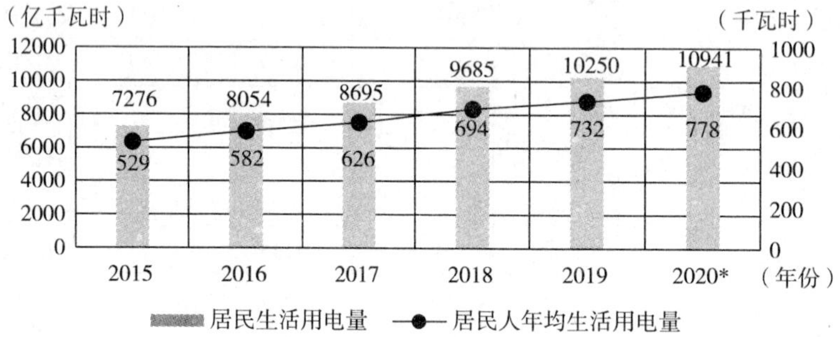

图37-1 "十三五"时期居民生活用电

注：*为2020年估计数。

资料来源：笔者根据国家数据计算整理。

表37-2 "十三五"时期电力供应规模与结构

时间	电力装机（万千瓦）	火电		非化石能源		发电量（亿千瓦时）	火电		非化石能源	
		装机（万千瓦）	占比（%）	装机（万千瓦）	占比（%）		发电量（亿千瓦时）	占比（%）	发电量（亿千瓦时）	占比（%）
"十一五"	96641	70967	73.4	25674	26.6	175360	141145	80.5	31481	19.5
"十二五"	152527	100554	65.9	51973	34.1	267412	206578	77.3	59281	22.7
"十三五"	211722	123579	58.4	88143	41.6	347577	246708	71.0	100863	29.0
2015年	152527	100554	65.9	51973	34.1	58146	42842	73.7	15093	26.3
2016年	165051	106094	64.3	58956	35.7	61332	44371	71.8	16955	28.2
2017年	178418	111009	62.2	67409	37.8	66044	47546	72.0	18498	28.0
2018年	189967	114367	60.2	75600	39.8	71661	50963	71.1	20698	28.9
2019年	201066	119055	59.2	82011	40.8	75034	52201	69.6	22833	30.4

续表

时间	电力装机（万千瓦）	火电		非化石能源		发电量（亿千瓦时）	火电		非化石能源	
		装机（万千瓦）	占比（%）	装机（万千瓦）	占比（%）		发电量（亿千瓦时）	占比（%）	发电量（亿千瓦时）	占比（%）
2020 年	211722	123579	58.4	88143	41.6	74892	51874	69.3	23018	30.7
2020－2015 年*	59195	23025	－8	36170	8	16746	9033	－4	7925	4
2020/2015 年**	1.4	1.2		1.7		1.3	1.2	—	1.5	—

注：*为2020年指标减2015年指标，是“十三五”末与“十二五”末的数量对比，其单位为表头指标的单位。**为2020年指标与2015年指标的比值，其单位为倍，衡量“十三五”末是“十二五”末的多少倍。

资料来源：国家数据，https：//data.stats.gov.cn/。

（2）电力供应结构不断优化。“十三五”时期，通过积极发展水电，有序开发风电光电，推进沿海核电建设，实现发电结构不断清洁化的目标。①发电装机结构大大优化。到2019年，实现非化石能源发电装机8.2亿千瓦、占比40.8%，提前完成了7.7亿千瓦、占比39%的规划目标。预计到2020年底非化石能源发电装机将达到8.8亿千瓦、占比41.6%。“十三五”时期，新增非化石能源发电装机3.6亿千瓦，较“十二五”末非化石能源装机（5.8亿千瓦）增加了70%。2020年非化石能源占比（41.6%），较2015年（34.1%）提升了8个百分点。到2020年，煤电装机约10.5亿千瓦①，实现了到“十三五”末煤电装机不超过11亿千瓦的规划目标。②发电量结构有所优化。到2020年，实现非化石能源发电量2.3万亿千瓦时、占比约31%，较2015年非化石能源发电量1.5万亿千瓦时、占比26%。火电发电量占比69.3%，较2015年下降了4个百分点。气电装机增加5000万千瓦，达到1.1亿千瓦以上，占比超过5%。“十三五”时期，煤电装机规划控制在11亿千瓦以内，占比降至约55%。

（3）清洁低碳、安全高效的现代电力工业体系正在形成。“十三五”时期，清洁低碳、安全高效的现代电力工业体系在电源侧建设方面，得益于以下几个方面的努力：第一，对煤电规划建设的严格控制，取消和推迟煤电建设项目1.5亿千瓦以上。第二，对落后煤电产能的淘汰，“十三五”时期淘汰煤电落后产能2000万千瓦以上。第三，大力发展非化石能源。到2020年，全国风电装机达到2.1亿千瓦以上，核电投产约3000万千瓦、开工建设3000万千瓦以上。第四，通过外送通道，可再生能源跨省区消纳达到4000万千瓦。第五，通过储能（电化学储能和抽水蓄能）设施建设，提高可再生能源的消纳能力。

3. 电力工业空间布局有所优化

（1）电源空间布局优化。电源布局以优化资源配置为目标，通过输电与输煤、集中式与分布式的成本效益比较，充分发挥西部地区可再生能源的资源富集优势与现有输电线路作用，在全国范围内进行电源布局优化。电力资源跨省（区）配置主要以“西电东送”为主，“西电东送”输电通道新增规模1.3亿千瓦，“西电东送”的送电能力约2.7亿千瓦。2019年，全国跨地区送电量超过5300亿千瓦时，其中南方电网“西电东送”电量超过2250亿千瓦时。预计2020年跨地区送电量超过5500亿千瓦时，见图37－2。

（2）煤电布局得以优化。煤电布局长期以就地平衡为主，75%的燃煤电厂分布在煤炭资源匮乏的东中部地区。“十三五”时期，优化煤电布局，在煤炭资源富集的中西部地区建设大型火电项目。到2019年，西部地区火电发电量占比27.6%，较2015年上升了2.2个百分点；东部地区火电发电量占比44.0%，较2015年下降了2.4个百分点。

（3）电网主网架不断优化，配电网升级改造有序推进。“十三五”时期，不断优化电网主网

① 截至2019年底，中国在运煤电装机容量为10.05亿千瓦（1004948兆瓦）。“十三五”前四年煤电平均年增长3%。

架，完善区域电网主网架，加强省间联络线建设。已基本形成以特高压电网为骨干网架、各级电网协调发展的电网，跨区跨省输电能力突破2亿千瓦，形成全国联网格局。“十三五”时期，新增220千伏及以上送电线路长度18.7万千米，其中交流线路16.8万千米；新增200千伏及以上变电设备容量11.2亿千伏安。到2020年，220千伏及以上输电线路回路长度约78.5万千米，变电设备容量45.0亿千伏安，见表37－3。

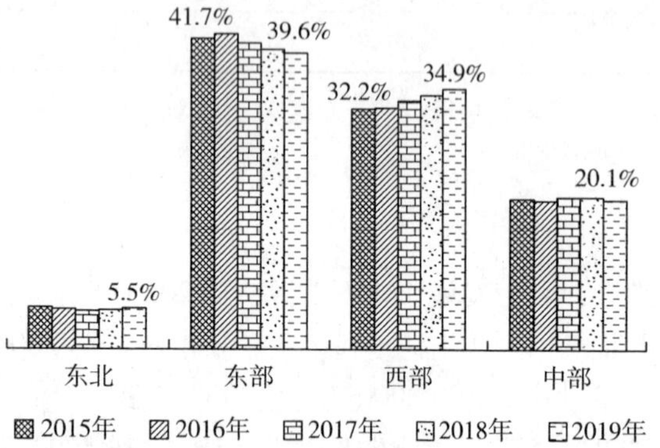

（a）发电量占比

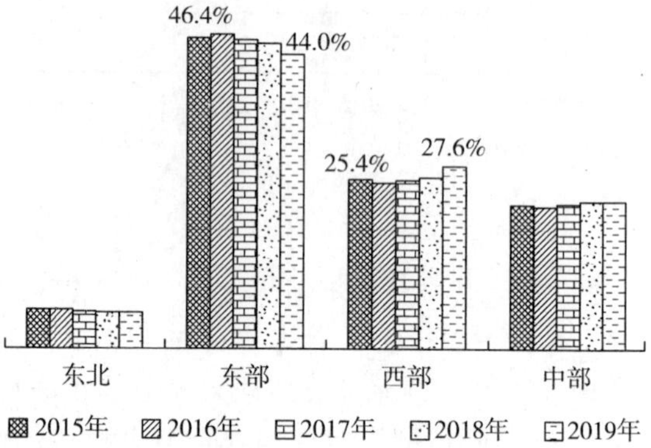

（b）火电发电量占比

图37－2 四大地区发电量占比及火电发电量占比

表37－3 “十三五”时期新增220千伏及以上送电线路长度及变电设备容量

	2015年	2016年	2017年	2018年	2019年	2020年*	“十三五”时期
新增变电设备容量（万千伏安）	21785	24394	24263	22082	23042	18395	112176
新增送电（千米）	33248	34999	41459	41035	34022	35706	187222
其中：交流（千米）	33152	32043	33120	37710	33428	32066	168367
其中：东部（千米）	11964	12307	12791	10674	12460	11952	60185
西部（千米）	10750	11106	12551	12810	10363	9941	56770
中部（千米）	6602	5921	6096	4950	9444	9059	35470
东北（千米）	2118	2560	1150	7135	1161	1114	13120
东部（%）	36.1	38.4	38.6	28.3	37.3	37.3	35.7
西部（%）	32.4	34.7	37.9	34.0	31.0	31.0	33.7
中部（%）	19.9	18.5	18.4	13.1	28.3	28.3	21.1
东北（%）	6.4	8.0	3.5	18.9	3.5	3.5	7.8

注：＊为2020年估计数据。

资料来源：笔者根据中电联相关数据计算。

加大城乡电网建设改造力度，基本建成城乡统筹、安全可靠、经济高效、技术先进、环境友好与小康社会相适应的现代配电网，适应电力系统智能化要求，增强电源与用户双向互动，支持高效智能电力系统建设。

4. 电力系统效率有所改善

（1）煤电效率进一步提高，清洁化水平大幅提高。新建燃煤发电机组平均供电煤耗低于300克标准煤/千瓦时，煤电机组超低排放改造率已超过70%，燃煤发电供电煤耗约308克标准煤/

千瓦时。现役燃煤发电机组经改造平均供电煤耗低于310克标准煤/千瓦时。

（2）发电设备可靠性大幅提高。2019年，纳入可靠性管理的各类发电机组等效可用系数均达到90%以上，其中燃煤机组92.79%，燃气—蒸汽联合循环机组92.37%，水电机组为92.58%，核电机组91.01%。

（3）供电可靠性保持较高水平。用户平均停电时间和停电频率不断下降。2019年，全国用户平均停电时间13.72小时/户，其中，城市地区4.50小时/户（2018年4.77小时/户），农村地区17.03小时/户（2018年19.73小时/户）。全国用户平均停电频率2.99次/户，其中，城市地区1.08次/户（2018年1.11次/户），农村地区3.67次/户（2018年4.07次/户）。

线损率不断下降、电网运行效率不断提高。电网综合线损率控制在6.5%以内。严格控制电网建设成本，提高电网运行效率。全国新增500千伏及以上交流线路9.2万千米，变电容量9.2亿千伏安。

5. 电力体制改革取得了重要进展

（1）电力市场建设成效初显。第一，售电侧市场化平稳推进，初步形成了多买多卖的市场竞争格局。第二，以中长期交易为主、现货交易为补充的电力市场体系初具雏形，省间交易促进清洁能源在更大范围优化配置和消纳，省内交易重点在于省内资源优化配置、确保电力平衡和电网安全稳定运行。第三，现货市场建设正在推进，并取得了一定成效。8个现货试点地区实施路径、规则彼此不同，市场建设各具特色，在电量市场、辅助服务市场等方面进行了有益的探索，并取得了阶段性成果。

（2）电价形成机制不断完善，初步建立了输配电价监管制度。第一，不断放松电价管制，上网电价和销售电价逐步由政府定价转变为由市场竞争形成。第二，输配电价改革稳步推进。初步建立了输配电价监管制度，首个监管周期输配电价顺利实施，第二轮输配电价核定已公布。输配电价整体下降。区域电网输电价大多有所降低，最大降幅达到0.0335元/千瓦时（除四川省容量成本增加至0.0004元/千瓦时、华中区域电量电价无变化以外）；省级电网输配电价，17个省份的输配价格明显降低，最大降幅达到0.159元/千瓦时，其他省份输配电价有升有降。第三，输配电价格传导机制更明确，区域电网容量电费纳入省级电网输配电价回收，电量电价按输电量计收。

（3）增量配网改革正在推进。2016年以来，国家发改委、国家能源局先后分四批在全国范围内开展了404个增量配电业务改革试点，鼓励社会资本投资配电业务，第五批试点项目正在评估中。探索增量配网电价机制。现阶段增量配电网配电定价机制为“用户承担的配电网配电价格与上一级电网输配电价之和不得高于其直接接入相同电压等级对应的现行省级电网输配电价”。

6. 电力技术创新能力与国际合作水平提高

（1）电力技术创新能力大大提升。第一，电力装备技术水平取得了飞跃式的发展，超超临界常规煤粉发电技术达到世界先进水平，空冷技术、循环流化床锅炉技术达到世界领先水平，水电机组的设计与制造能力达到世界先进水平，全面掌握三代核电技术，攻克具有四代特征的高温气冷堆技术。第二，电网技术取得了巨大进步。中国主导制定的特高压、新能源并网等国际标准成为全球相关工程建设的重要规范。特高压输电技术和超临界技术进入世界先进行列，拥有世界电压等级最高的正负1100千伏直流输电和1000千伏交流特高压输电；输变电设备制造能力处于世界先进水平。特高压输电技术的发展改变了中国输变电行业长期跟随西方发达国家发展的被动局面，确立了国际领先地位。

（2）国际合作不断深化。第一，中国电力对外投资呈现爆发式的增长态势。电网、发电、电建、电力装备等电力企业依托丰富的水电工程、火电工程、风电场、光伏电站、电网工程的建设经验，不断探索对外合作的方式，通过并购运营、电力工程总包、电力设备输出、电力国际贸易、电力标准制定与电力规划编写等多种方式，使电力对外合作规模不断增大、合作区域更加广泛、合作领域日趋多元。

第二，电力国际贸易规模不断扩大。“十三五”时期，电力出口的规模略有扩大，但总体平稳。到2019年，电量出口216.55亿千瓦时，出口金额15.87亿美元，主要向中国香港（124亿千瓦时）、越南（23亿千瓦时）、蒙古国（13亿千瓦时）、缅甸（6亿千瓦时）出口；进口电量52.59亿千瓦时，电量进口金额为1.7亿美元，主要从俄罗斯（35亿千瓦时）、缅甸（15亿千瓦时）、中国香港（3亿千瓦时）进口，见表37－4。

表37－4 “十三五”时期电力进出口情况

指标	2015年	2016年	2017年	2018年	2019年	2020年1～9月
出口金额（亿美元）	14.10	14.03	14.06	15.09	15.87	—
进口金额（亿美元）	3.37	3.20	3.10	2.55	1.74	1.13
进出口金额（亿美元）	17.46	17.22	17.16	17.63	17.62	1.13
出口电量（亿千瓦时）	186.54	189.09	194.70	209.06	216.55	—
进口电量（亿千瓦时）	62.10	61.85	83.84	56.88	52.59	29.73
净出口电量（亿千瓦时）	124.44	127.24	110.85	152.18	163.96	—

资料来源：中国海关总署。

二、“十四五”时期电力工业发展面临的主要问题

面向“十四五”，电力工业发展需要着力解决以下重大问题：煤电定位与电力电源结构优化的关系问题、电力工业平衡发展与电力工业布局问题、深化电力市场化改革问题。

1. 煤电定位问题

“十四五”时期，应明确煤电定位问题，处理好煤电发展与电力结构优化关系。

（1）明确煤电定位为基础性电源，处理好其他电源发展的关系问题。“十四五”时期，煤电将由主体性电源转变为基础性电源。考虑到未来用电仍将保持刚性增长，为保障电力供应，作为托底电源的煤电仍需保持适当增量和储备。

降煤电、增可再生能源发电是电力结构优化的主要内容。相比其他发电方式，煤电相对成本较低。考虑到电力工业的发展成本和电力结构优化，需要着重研究不同种类电源发展的比例关系，处理好煤电与清洁能源发电的关系。

（2）明确煤电的调峰作用，持续推进煤电的灵活性改造。煤电调峰作用显著，对新能源调峰的成本影响较大。煤电灵活性改造单位千瓦调峰容量成本在500～1500元，低于抽水蓄能、储能电站、气电调峰等其他系统调节手段。在抽水蓄能、储能调峰、气电调峰等技术应用范围有限的情况下，煤电仍然是新能源调峰最合理、经济的方式。为了提高新能源消纳比例，需要对深度调峰（调峰深度为机组最大出力的60%～70%）的煤电机组进行灵活性改造。当前我国电源结构中灵活性调节电源比重低，不足6%，“三北”地区不足4%，远低于欧美国家。美国、西班牙和德国的灵活性调节电源比重分别为49%、34%和18%。

“十三五”时期，煤电灵活性改造规划目标2.2亿千瓦时①并没能完成。国家电网《服务新能源发展报告2020》显示，截至2019年底，我国累计推动完成煤电灵活性改造约5775万千瓦。该数字仅为2.2亿千瓦改造目标的25%左右。究其原因，一是由于煤电机组灵活性改造技术尚需要在智能控制、自适应控制等方面有突破性进

① 按照《电力发展“十三五”规划》，三北地区（东北、华北、西北）热电机组灵活性改造约1.33亿千瓦，纯凝机组改造约8200万千瓦；其他地方纯凝机组改造约450万千瓦。

展；二是煤电机组灵活性改造的补偿机制尚不能完全补偿因技改投入的成本，导致煤改造的积极性不高；三是电力辅助服务价格的市场机制尚未形成，不能有效激励煤电灵活性改造。

2. 电力工业发展不平衡与电力工业布局问题

（1）地区电力平衡与电力工业布局问题。“十四五”时期电力工业发展还将面临电力工业布局与地区电力平衡矛盾问题。一方面，中东部地区电力平衡问题还比较突出。所谓电力平衡，是指电力系统的供需平衡。另一方面，考虑到资源分布、环境容量和电力需求增长等因素，“十三五”时期我国电力工业布局调整的原则是新增发电装机向中西部地区倾斜。

“十三五”时期，华北、华东、华中都出现了供电紧张局面。究其原因，是受本地区电力需求增长快、本地煤电项目建设控制、跨区特高压通道送端配套电源建设滞后以及跨区域电力交易市场机制不畅影响。

“十三五”时期，新增发电装机主要布局在东部地区。“十三五”时期，全国电源建设新增产能 5.7 亿千瓦，其中，东部地区、中部地区、西部地区和东北地区分别为 2.4 亿千瓦（41.1%）、1.4 亿千瓦（24.1%）、1.7 亿千瓦（30.2%）和 2594 万千瓦（4.5%）。从表 37－5 中不难发现，2020 年，东部地区电源建设新增生产能力约为 42.4%，较“十二五”末的 2015 年增加了 13.1 个百分点；西部地区电源建设新增生产能力约为 28.3%，较“十二五”末的 2015 年减少了 17.0 个百分点。与 2015 年相比，新增装机 2020 年有较大规模缩减，全国减少了 3935 万千瓦，其中西部地区减少了 3325 万千瓦、中部地区减少了 977 万千瓦，而东部地区增加了 31 万千瓦。

表 37－5　“十三五”时期全国分地区电源建设新增生产能力

地区	2015 年	2016 年	2017 年	2018 年	2019 年	2020 年	“十三五”时期	
							总计	2020 年与 2015 年相比变化
全国（万千瓦）	12974	12061	13372	12440	10174	9039	57086	－3935
东部（万千瓦）	3798	4555	5716	5281	4103	3829	23485	31
中部（万千瓦）	2911	2575	3379	3497	2355	1934	13739	－977
西部（万千瓦）	5885	4553	3795	3032	3328	2560	17268	－3325
东北（万千瓦）	380	378	482	630	388	716	2594	336
东部（%）	29.3	37.8	42.7	42.5	40.3	42.4	41.1	13.1
中部（%）	22.4	21.3	25.3	28.1	23.1	21.4	24.1	－1.0
西部（%）	45.4	37.8	28.4	24.4	32.7	28.3	30.2	－17.0
东北（%）	2.9	3.1	3.6	5.1	3.8	7.9	4.5	5.0

注：＊为 2020 年估计数据。

资料来源：笔者根据中电联统计数据计算。

（2）电力系统效率地区差异还比较大。“十四五”时期，要努力改善电力系统效率地区差异的问题。与“十二五”末相比，尽管各地区电力系统效率有了较大的提升，发电煤耗和供电煤耗都有较大的下降，但是电力系统效率的地区差异还是较为明显的，西部地区电力系统的效率明显低于东部地区。观察表 37－6 可以发现，西部地区和东北地区的发电煤耗和供电煤耗显著高于东部地区。以平均供电煤耗为例，2020 年，西部地区和东北地区分别为 326 克标准煤/千瓦时、310

克标准煤/千瓦时，高于“十三五”对现役煤电机组平均供电煤耗308克标准煤/千瓦时的约束性目标；东部地区为290克标准煤/千瓦时，大大优于308克标准煤/千瓦时；中部地区为306克标准煤/千瓦时。

表37-6 “十三五”时期分地区发电煤耗与供电煤耗

效率指标	地区	2015年	2016年	2017年	2018年	2019年	2020年*	2020年与2015年相比变化
发电煤耗（克标准煤/千瓦时）	西部	317	312	309	309	306	305	-13
	东北	296	293	293	292	289	290	-6
	中部	298	296	292	290	290	290	-8
	东部	285	282	280	280	277	275	-9
供电煤耗（克标准煤/千瓦时）	西部	342	335	333	333	328	326	-16
	东北	317	315	314	312	310	310	-7
	中部	316	314	309	306	306	306	-9
	东部	302	298	296	296	293	290	-11

注：*为2020年7月累计数据。

资料来源：笔者根据中电联相关数据计算整理。

3. 深化电力市场化改革问题

（1）计划与市场双轨运行问题。计划与市场双轨运行，影响电力市场化改革的总体推进。计划与市场双轨制主要体现在以下几个方面：第一，市场化电价的煤电与计划体系下固定上网电价的部分核电、水电、新能源发电双轨制，部分核电、水电、新能源发电还不能参与市场竞争。如何根据实际情况设计新能源参与电力市场的机制，实现新能源发电保障性收购与市场交易有序衔接，对于我国电力结构优化意义重大，同时也面临巨大挑战。第二，市场化的省内电价与部分计划的固定上网电价的跨省区送受电双轨制。目前，跨省区送受电暂时未放开，省间主要是富余可再生能源可以参与市场竞争。放开省间电力市场是更大范围内优化电力资源的重要举措，但省间与省内市场的衔接目前还缺乏一套完善的机制。第三，一部分市场化的经营性用户（大用户）与另一部分计划体制的经营性用户（中小用户）的双轨制。在全面放开经营性用户发用电计划后，存在发电侧放开规模与用电侧不匹配的矛盾，中小经营性电力用户放开后如何参与市场不明确。第四，市场的经营性用电户与计划的居民用电户双轨制。

（2）现货市场设计与市场不公平竞争风险防范问题。现货市场规则过于复杂且各省差异较大，市场运行相关机制不完善，出现现货价格低于中长期合同价格，价格发现作用未充分发挥，可能影响用户签订中长期合同的积极性。还有辅助服务市场与电能量市场间不衔接、搁浅成本没有回收机制等问题。

我国发电侧市场竞争结构存在一些问题，需要在市场中设计市场不公平竞争防范机制。部分地区发电企业存在区域创新，不仅影响市场公平竞争，而且增加用户负担。

（3）深化输配电价改革问题。尽管输配电价改革取得实质性进展，但还存在以下问题。第一，政府电价监管与国资委绩效考核目标不统一、不协调。国务院国资委对电网企业的盈利能力、资产质量、债务风险和经营增长的明确考核，这些考核目标与输配电价核定监管并不完全一致。例如，国资委考核的利润率、资产收益率等指标，在某种程度上与输配电价规制的准许回报率并不一致。第二，各地区输配电价的基金附加水平与监管方式存在较大差异，从而难以形成反映不同地区电力成本和供求关系的价格信号，从而阻碍了电力市场跨区、跨省交易，不利于跨区域电力资源的优化配置。第三，首轮输配电价核定尚存不足。

（4）深化增量配电网改革问题。增量配电网改革是新电改的最大亮点之一，是打破原电网企业垄断的重要突破点。“十三五”时期，增量配电网改革推进缓慢，来自垄断企业的阻力比较大。2018年国家发改委、能源局的电改督查调研表明，增量配电“试点整体缓慢，一些地方政府和电网企业在改革关键问题、关键环节上认识不到位，与中央改革精神存在偏差，配电业务向社会资本放开的要求未得到有效落实；一些试点项目在供电区域划分、接入系统等环节受到电网企业阻挠，迟迟难以落地”。增量配电网改革缓慢的原因，主要是配电价格机制对配电企业缺乏激励机制、投资回收困难、增量配电网与省级电网之间的结算不畅等影响了社会资本的投资，削弱了配电业务对社会资本的吸引力。

4. 煤电项目无序建设与煤电企业经营困难问题

（1）煤电项目无序建设问题依然存在。电力工业建设需要统筹考虑未来市场消纳、送出通道、企业盈利。然而受地方经济发展驱动，存在搭新基建的“顺风车”建设电力项目、为缓解新冠疫情影响拉动地方经济建设煤电项目（重启规划多年但未开工建设项目）等现象。

（2）煤电企业经营困难问题。“十四五”时期，煤电企业将面临新冠疫情带来的经济增长放缓、能源转型、煤电产能过剩的压力，企业经营环境将更加严峻。“十三五”时期，煤电企业经营困难问题就比较突出。受煤价快速上涨、煤电产能过剩、市场竞价加剧等因素叠加影响，煤电企业亏损面超过50%。2018年，五大发电集团的煤电企业亏损面达54.2%，亏损金额约380亿元，见表37－7。

表37－7 2018年主要电力公司煤电企业亏损情况

公司	装机容量——煤电（亿千瓦）	电厂户数——煤电	亏损户数	亏损面（%）	亏损金额（亿元）
国能投	1.7	152	77	50.7	113.2
华能	1.1	78	40	51.3	74.1
大唐	0.9	85	50	58.8	56.2
华电	0.9	88	47	53.4	71.9
国电投	0.7	71	43	60.6	64.2
合计	5.2	474	257	54.2	379.6

资料来源：Wind数据库。

三、“十四五”时期电力工业发展展望与措施

“十四五”时期是我国全面建成小康社会后，开启全面建设现代化强国新征程，全面落实高质量发展要求，深入推进能源生产、消费、体制和技术革命的关键时期。电力工业在加快转型、实现高质量发展的过程中，既要面对错综复杂国际形势和新冠肺炎疫情严重冲击的新形势，也要面临资源条件约束、环境约束、技术水平约束等。

1. “十四五”时期电力工业展望

“‘十四五’时期是我国全面建成小康社会、实现第一个百年奋斗目标之后，乘势而上开启全面建设社会主义现代化国家新征程、向第二个百年奋斗目标进军的第一个五年。”展望“十四五”，我国电力工业将秉承调整优化、转型升级的发展理念，建设清洁低碳、安全高效的现代电力工业体系。

（1）电力需求稳定增长。“十四五”时期，我国电力消费年均增速4.2%左右，略低于“十三五”年均增速。电力需求稳定增长，到“十四五”末，全社会用电量约9.5万亿千瓦时，较2020年电力需求将增加1.5万亿千瓦时。

（2）电力装机规模将有较大增加。“十四五”时期，新增电力装机容量为7.5亿～8亿千瓦，年均新增电力装机容量1.5亿千瓦左右。到2025年，电力装机将达到28亿千瓦左右。其中，煤电规模仍持继续增长的态势，2025年装机达到13.5亿千瓦，占比为48%；水电装机4亿千瓦，新增装机主要集中在南方和西南地区；核电装机7300万千瓦，约占3%；风电未来继续持增长态势，2025年装机达5.1亿千瓦，占比为18%；抽水蓄能①、储能、气电都有一定规模的增长，抽蓄、储能、气电到2025年装机达到3.7亿千瓦，占比为12%。

（3）电力结构进一步优化。“十四五”时期，煤电装机占比将继续下降，但煤电对我国能源安全依然至关重要。我国煤电装机在电源中的占比有望控制在50%以内，新能源装机达到8亿千瓦

① “十三五”时期新开工抽水蓄能总装机容量为6000万千瓦，到2025年将会达到9000万千瓦左右。

左右，占比29%，发电量达到1.5万亿千瓦时左右，占比16%。

2. “十四五”时期电力工业高质量发展的方向与措施

“十四五”时期，电力工业将坚持以推动电力高质量发展为主题，以深化电力供给侧结构性改革为主线，以电力改革创新为根本动力，以满足人民日益增长的美好生活需要为根本目的。电力工业发展将围绕构建以国内大循环为主体、国内国际双循环相互促进的新发展格局，将新发展理念贯穿电力工业各个领域。电力工业高质量发展的方向，一是提升电力安全保障能力与电力系统整体效率；二是加快电能替代步伐，电能占终端能源消费比重将达到30%；三是推进电力绿色转型升级及煤电清洁高效发展；四是大力推动电力供给侧结构性改革；五是促进技术创新与国际电力合作。为此建议：

（1）发挥好煤电在电力工业转型发展中的积极作用。“十四五”时期，煤电将继续发挥电力安全保障“压舱石”的作用，需要考虑尖峰负荷抑制、需求侧响应等综合措施。第一，严格控制新上煤电项目，通过节能提效和建设虚拟电厂，满足“十四五”时期电力负荷增长以及系统削峰填谷的需求。第二，推进煤电机组的节能减排。①新增煤电机组，要以建设大容量、高参数、低能耗、零排放和智慧型机组为主，要着重解决好煤炭直接和分散燃烧问题，推行县镇实现集中供热。②继续对存量煤电机组进行升级改造，以提高存量煤电机组的灵活、低碳和高效。目前还有3.5亿千瓦的亚临界存量机组，要通过改造让其充分发挥作用，如果一味地淘汰，会存在资源浪费问题。

（2）进一步优化电力工业空间布局。“十四五”时期，通过优化电力工业空间布局，增加输电，减少输煤，提高新能源发电跨区交易。第一，重点在西部、北部地区布局外送电源。在西部、北部地区建设综合能源基地，沿特高压跨区输电通道配套建设储能项目和煤电一体化项目，解决弃风弃光问题，实现西部地区电力外送。第二，在“两湖一江”地区布局路口电源。在“两湖一江”地区依托蒙华铁路布局路口电源，保障“十四五”华中地区电力需求。第三，华东、南方区域也需要一定的支撑电源。严格控制东中部煤电建设，支持在东部地区通过关停机组容量、煤炭消费量和污染物排放量等指标交易或置换，统筹安排等容量超低排放燃煤机组项目。第四，在农村和边远地区布局分布式新能源发电。根据初步统计，农村电网交叉补贴平均为0.6元/千瓦时，电网少供一度电，交叉补贴就减少0.6元。同时，农村建设分布式新能源的土地成本很低。在中东部地区发展电力合作社模式，有利于解决需求侧调节问题，同时重建农村集体经济。

（3）进一步降低电力成本，将科技创新作为电力工业高质量发展的新动能。“十四五”时期，电力工业发展应以降低全社会用电成本目标，优化电源的建设，包括煤电清洁化发展和电力系统灵活性改造。我国发电规模、电网规模世界第一，已经解决了“有没有电”的问题。“十四五”时期，要解决电力降成本的问题。要通过电力技术创新、电力市场化改革进一步降低供电成本，让社会用户享受电力规模经济带来的“便宜电”。

加强能源开发利用关键技术研究，加快推进能源技术装备自主化进程，力争在能源数字化、大规模储能、氢能、燃料电池等重点领域取得突破，以创新驱动提高全要素生产率，抢占能源转型变革先机。

（4）深化电力体制市场化改革和价格改革。打破影响电力工业高质量发展的制度障碍，尽快建立完善有效的现货市场、辅助服务市场、容量市场，通过市场形成有效的电价、调峰价格和容量价格，激发市场主体参与电力市场、调峰市场和容量市场的积极性，从而保障绿色电力系统的安全高效运行。深化电力体制市场化改革，应围绕电力工业高质量发展，着力于建立公平竞争的售电市场、高效的输配电监管体系、激励有效的辅助服务市场和多样性的终端零售市场，建设保障电力工业高质量发展的体制机制。一要建立信号有效、保障有力的电价机制。以保障性上网电量（如新能源保障性收购电量、供热机组保障性上网电量）为基础，确定优先发电规模和电价，确保保障类用户的电价稳定。在保障电网安全和民生用电价格平稳的同时，逐步放开保障性电量的价格，建立不同类型保障性电源的竞争机制。通过电价信号激发电力需求侧用电行为，增加用电侧的灵活性。二要逐步实现省内电力市场和跨区域电力市场的衔接，建立全国统一电力市场。在充分考虑电源结构、电网结构、调度模式等特点的基础上，尊重省级电力市场的差异性，规范省级电力市场的框架与规则，统一技术标准和接口，逐步实现省内省间市场对接，建立全国统一的电力市场。三要建立新能源与火电等调峰电源的合理协调机制，探索具有激励作用的调峰电源价格形式。为了避免大规模风光电的波动性和不稳定性对电网造成的不利影响，需要火电机组深度参与调峰甚至是跨省区调峰，这就需要建立火电机组参与调峰的激励机制和价格形成市场，确保大规模消纳风电、光伏发电等新能源。四要探索利用市场化的手段推动工业节能、能效电厂、能源需求侧管理等节能项目商业化，提高中国电力工业节能水平。五要建立有效的机制，促进在电源侧、电网侧和用电侧的储能建设。

专栏 37 -1

电力工业高质量发展关键何在?

保障安全是电力高质量发展的首要任务。当前国际形势深刻变化、地缘政治不确定因素增多，我国能源安全保障形势不容乐观。2019 年石油和天然气对外依存度已分别达到 70%、45% 左右，这已成为国家总体安全的现实威胁之一。我国电力需求总量巨大，近年来虽增速趋缓，但年净增绝对量十分可观，电力工业供应保障任务仍然艰巨、不能放松。同时，随着跨省区电力资源配置规模和范围的不断扩大，新能源电源装机占比的不断提高，我国电力系统安全稳定运行的新问题、新挑战不断涌现，对稳定运行机理分析把握和电力系统运行革新等均提出了更高的要求。在开发侧继续加大可再生能源电源开发力度，在消费侧不断提升电气化水平，是符合我国实际的能源安全保障重要途径。

绿色可持续是电力高质量发展的总体方向。“绿色是永续发展的必要条件，是高质量发展的必然要求，而能源的可再生、环境友好发展是可持续发展和高质量发展的重要组成部分。”我国是大气污染物、二氧化碳的主要排放国之一。面对严峻的生态环保形势以及人民群众日益提高的绿色用能需求，我国已经提出了 2030 年非化石能源消费比重提高至 20% 的战略目标。绝大多数非化石能源需先转化为电能后方可大规模、广泛利用，我国电力绿色发展任务十分繁重。

高效有活力是电力高质量发展的本质特征。目前，我国电源、电网规模均为世界第一，部分电力装备的主要技术参数已达世界领先水平。但必须看到，我国各能源品种联产联供、梯级利用、多能互补的综合效益尚未充分发挥，单位 GDP 能耗水平是主要发达国家 2 倍以上。电力系统源网荷亟待高效融合，电力设备利用率为主要发达国家的 80% 左右。此外，电力工业与信息化、智能化产业仍有待进一步深度融合，在市场化改革基础上，满足人民群众多元用电需要的新商业模式、新服务模式和新消费模式等仍有待进一步发展和应用。

实现电力工业高质量发展需正确认识四大关系：一是在确保电力安全的前提下，更加注重提升电力系统总体效率；二是在坚持电力绿色发展方向的基础上，客观认识并切实理顺煤电的源基础性作用；三是在专业化分工产业格局下，着力统筹推动源网荷高效深度融合；四是在充分发挥市场决定性作用的同时，及时采取必要的政府宏观调控手段。

资料来源：刘世宇、刘思远：《电力工业高质量发展关键何在?》，《中国能源报》，2020 年 4 月 20 日。

参考文献

[1] 刘世宇、刘思远:《电力工业高质量发展关键何在?》《中国能源报》,2020 年 4 月 20 日。

[2] 史玉波:《促进电力转型改革实现高质量发展》,《中国电力企业管理》2018 年第 10 期。

[3] 张晨、成员、朱瑞、乔丰、张琛:《“十四五”电网规划的逻辑起点及建议》,《电力决策与舆情参考》2020 年第 16、第 17 期。

[4] 张宁、汤芳、代红才:《“十四五”能源电力发展重大问题探讨》,《能源》2019 年第 12 期。

[5]《中共中央关于制定国民经济和社会发展第十四个五年规划和二〇三五年远景目标的建议》,人民网,http://cpc.people.com.cn/n1/2020/1104/c64094-31917780.html,2020 年 10 月。

第三十八章　石油工业

提　　要

"十三五"以来，我国石油工业发展主要呈现如下特征：国内石油供给能力增强、石油对外依存度居高不下，产业链竞争环节实现全面开放，对外合作取得了重要的进展。但是石油工业还存在众多有待解决和优化的问题。从深层次来看，从以市场为主导的石油体制框架来评价，当前的石油工业主要存在以下需要尽快解决的问题：一是垄断企业市场势力上下游延伸阻碍了市场有效竞争，二是石油价格改革没有跟上行业改革的节奏，三是能源安全保障机制运行成本高，四是没有形成合理的多方利益分配机制。在新的形势下，尤其是2020年以来，在全球新冠疫情和地缘政治的影响下，世界石油市场经历了前所未有的剧烈波动。因此，在"十四五"时期，我国石油工业亟待通过加大各领域投资，增强国内资源保障能力，提高石油安全机制运行的韧性，与此同时，国内市场化石油体制框架初步建立，尽快完善和设计配套保障机制、构建制度化的监管体系是石油体制转型的关键。

*　　　　*　　　　*

一、"十三五"以来石油工业发展特征

1. 国内石油供给能力稳步提高

一是原油产量稳步回升。截至2019年底，中国原油地质资源量1257亿吨，可采资源量301亿吨。2018年剩余技术可采储量35亿吨。油砂地质资源量60亿吨，可采资源量23亿吨。油页岩技术可采资源量2432亿吨，可回收页岩油120亿吨。自2016年国内原油产量跌破2亿吨以来，中国原油产量已连续三年呈现下降趋势。2019年底，中国原油产量1.91亿吨，同比增长1.01%，扭转连续三年下降势头，见图38－1。

二是炼油和石油加工能力不断增强，产能过剩形势严峻。2019年，全年新增炼油能力2850万吨/年（均来自民企），炼油总能力升至8.6亿吨/年，有机构测算炼油能力过剩1.5亿吨/年。2020年，中国炼油能力仍将继续较快增长，预计新增能力2700万吨/年，总炼油能力达到8.9亿吨/年。如果按目前在建、已批准建设和规划的项目测算预测，我国2025年炼油能力将升至10.2亿吨/年。其中，仅福建、广西、广东三省区在建、规划的炼油能力就达每年1.04亿吨。油气加工能力增强。2019年中国原油加工量达到6.52亿吨，同比增长8.02%，成品油产量3.6亿吨。其中，汽油、柴油、煤油分别为1.41亿吨、1.66亿吨、0.53亿吨，见图38－2。

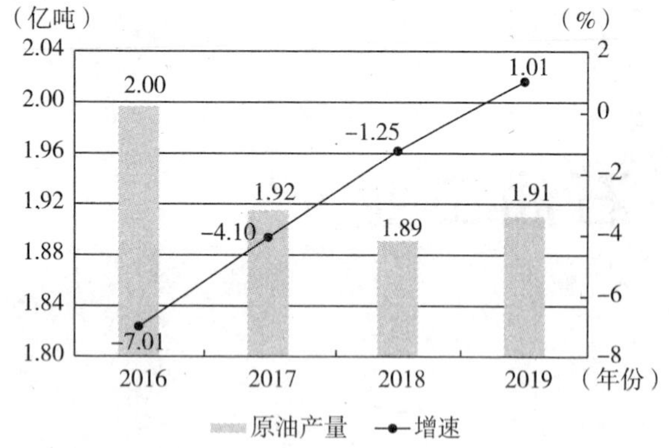

图 38－1　2016 年以来中国原油产量及增速

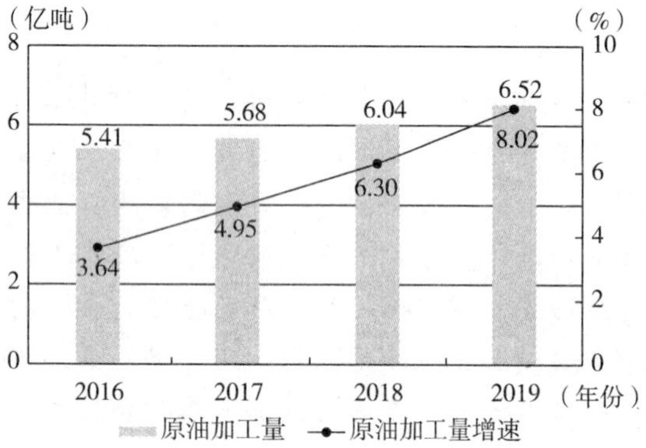

图 38－2　2016 年以来中国原油加工量及增速

三是石油天然气管网体系基本形成。我国陆上油气管道基本形成了连通海外、覆盖全国、横跨东西、纵横南北的全国性原油成品油供应格局，骨干管网保障体系基本形成，覆盖我国 30 多个省区市和特别行政区，在保障国家能源安全方面发挥了巨大作用。截至 2018 年底，我国已建成油气管道 12.23 万千米，其中长输原油管道 2.38 万千米，成品油管道 2.60 万千米。

四是我国石油进口能力稳步提高，进口来源不断优化，一定程度上缓解了较高的对外依存度带来的石油安全风险。2019 年原油进口 5.07 亿吨，比 2016 年增长 33.4%，对外依存度超过 70%。进口途径多元化，相比 2015 年，从中东地区进口原油占比下降 6.31 个百分点，依赖度下降，从俄罗斯、欧洲、北美、亚太地区以及中南美进口占比皆有所提高，初步形成了西北、东北、西南以及海上四大油气进口战略通道，保障了能源的稳定供给，见表 38－1。

表 38－1　中国原油进口比重变化情况

单位：%

	2015 年	2019 年	变化
俄罗斯	12.65	15.31	2.66
欧洲	0.63	2.68	2.05
北美	0.30	1.77	1.47
亚太地区	2.47	3.52	1.05
中南美	12.43	13.25	0.82
中东	50.72	44.41	－6.31
非洲	19.23	18.23	－1.00
苏联	1.58	0.83	－0.75

资料来源：根据 BP《世界能源统计年鉴》计算。

2. *石油对外依存度创新高*

受大型民营炼厂陆续投产影响，2019 年中国原油需求快速增至 6.94 亿吨，原油净进口量突破 5 亿吨，达 5.03 亿吨，同比增长 9.5%。原油对外依存度达 72.5%，较上年提高 1.6 个百分点。2019 年中国石油需求量 6.56 亿吨，同比增速 5.23%，石油对外依存度首破 70%，达 70.8%，原油、石油对外依存度双破 70%，见图 38－3。

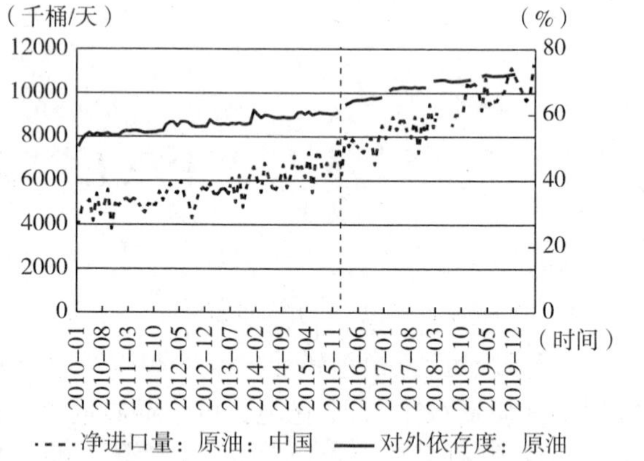

图 38－3　中国原油净进口与对外依存度

资料来源：Wind 金融终端数据库。

受到新冠疫情冲击，2020 年，我国石油需求增速将有所放缓，原油和石油需求全年将有所下降。预计石油消费增速在 2.3%～2.5%，全年总消费为 6.71 亿吨。考虑到国内加大勘探开发力度，原油产量预计会有 1.5% 的增幅，回升至 1.94 亿吨，因此原油对外依存度仍然会居高不下。

3. 石油全产业链对外开放

2017 年 5 月，中共中央、国务院印发《关于深化石油天然气体制改革的若干意见》以来，石油行业进入全面深化改革时期。尤其是 2019 年以来，相关部委陆续出台涉及石油全产业链各环节的突破性政策文件，取消了长期形成的石油国企的行政垄断地位，形成了对外资和民营企业的全面开放格局。比如，上游勘探开发环节取消了外资准入必须和石油国企合作的限制性规定、加油站等零售环节对外资开放；支持民营企业进入油气勘探开发、炼化销售、储运和管网输送，以及原油进口和成品油出口等领域。2019 年，中石油和中石化等企业的炼油能力、原油加工量、成品油产量市场占比同比分别下降 2.1%、16.2%、13.8%。成品油市场形成了国企为主、民营和外资企业快速发展的多元化格局，见表 38-2。

表 38-2　深化改革以来的主要政策

开发环节	深化改革的主要政策
上游勘探	2019 年 2 月，取消了石油天然气对外合作项目总体开发方案审批制，改为备案制 2019 年 4 月《关于统筹推进自然资源资产产权制度改革的指导意见》，提出加强油气矿权管理，推进油气矿权流转 2019 年 6 月，国家发改委、商务部联合发布《外商投资准入特别管理措施（负面清单）（2019 年版）》，取消了对油气勘探开采领域的外资准入限制 2019 年 12 月，《关于营造更好发展环境支持民营企业改革发展的意见》明确支持民营企业进入油气勘探开发 2019 年 12 月，《关于推进矿产资源管理改革若干事项的意见（试行）》规定，油气矿业权实行探采合一制度，明确了在全国范围内探索以出让收益市场基准价确定的价格等作为油气探矿权竞争出让起始价，开展油气探矿权竞争出让试点
中游管道	2017 年 5 月，油气管网运营机制改革的目标和方向基本确立 2019 年 3 月 19 日，中央全面深化改革委员会第七次会议审议通过了《石油天然气管网运营机制改革实施意见》，提出组建石油天然气管网公司 2019 年 5 月 24 日，国家发展改革委、国家能源局、住房和城乡建设部、市场监管总局联合印发了《油气管网设施公平开放监管办法》 2019 年 12 月 9 日，国家石油天然气管网集团有限公司（以下简称“国家管网公司”）挂牌成立。国家管网公司的主要职责是负责全国油气干线管道、部分储气调峰设施的投资建设，负责干线管道互联互通及与社会管道连通，形成“全国一张网”，负责原油、成品油、天然气的管道输送，并统一负责全国油气干线管网运行调度，定期向社会公开剩余管输和储存能力，实现基础设施向所有符合条件的用户公平开放等
炼化环节	国家对原油“两权”审批程序的逐步放开，对于原油进口配额的限制逐渐松绑，外商投资、民营企业投资和资产重组带来了更加激烈的市场竞争
下游环节	2018 年 7 月底起，外资投资加油站限制取消后，外商投资、地方油企、民营企业和互联网企业与“三桶油”在成品油销售领域开始竞争 2019 年 8 月，《国务院办公厅关于加快发展流通促进商业消费的意见》，取消石油成品油批发仓储经营资格审批，将成品油零售经营资格审批下放至地市级人民政府 2019 年版《外商投资准入特别管理措施》同时也取消了 50 万人口以上城市燃气、热力管网须由中方控股的限制，外商可在中国独立经营城市燃气业务，不再采取合资的形式
价格改革	2019 年 11 月 4 日，发改委就《中央定价目录》公开征求社会意见，其中提到，成品油价格暂按现行价格形成机制，根据国际市场油价变化适时调整，将视体制改革进程全面放开，由市场形成

资料来源：根据政府公开政策文件整理。

4. 对外合作取得重要进展

截至 2019 年底，中国石油企业在全球近 60 个国家，管理和运作着超过 200 个油气合作项目；海外年权益油气产量接近 2.1 亿吨，相对 2018 年同期增长 3.6%，原油进口量超过 4 亿吨，成为全球原油贸易的重要参与者和最大进口国。近年来，随着“一带一路”倡议的深入实施，我国国际油气合作不断取得重大进展。中国石油企业在国际油气行业的参与度和竞争力不断提升，全面参与国际油气资源的配置能力和资源保障能力不断增强。在“一带一路”区域内建成三大油气合作区、四大油气战略通道、2.5 亿吨当量产能、3000 万吨炼能的全产业链合作格局，累计投资超 2000 亿美元。第一，俄罗斯、中亚地区。各类石油公司在俄罗斯、哈萨克斯坦等国的上中下游均有实质性突破。在上游，中石化与俄油公司签署共同开发俄罗斯两个油气田的框架协议；俄罗斯北极 LNG2 项目，中石油和中海油分别持股 10%。第二，与中东地区、印度尼西亚等国家的合作也不断深入。第三，与巴西合作取得进展。巴西布兹奥斯项目，中石油和中海油分别持股 5%；巴西阿兰姆区块，中石油持股 20%。

与此同时，以民营企业为主的中国中小油气企业在海外投资多点开花，合作地域全球化、合作方式多元化。第一，开始积极在非洲和拉美地区开展合作，海外业务几乎涉及所有国家。第二，通过收购方式进入发达国家油气行业，如烟台新潮实业有限公司、弘毅投资公司、新奥能源等。相对于往年大多通过金融市场获得北美和澳大利亚等发达地区油气公司股权的方式，部分企业从单纯资本投资转向资产投资，参与具体项目合作。

二、石油工业存在的主要问题

从改革的角度看，石油工业已经进入全面深化改革时期，2017 年 5 月，发布深化石油工业体制改革意见，意味着发挥市场机制作用将是全面深化改革时期石油工业体制转型的核心。围绕这一改革任务，诸多现有体制安排需要在短期内实现转型，甚至革命。因此，从深层次来看，从市场为主导的新的石油体制框架来评价，当前的石油工业，我们认为主要存在以下需要尽快解决的问题：

1. 一体化经营限制了市场竞争

2017 年 7 月，中共中央、国务院发布的《关于深化石油天然气体制改革的若干意见》，标志着油气领域改革已经进入新的阶段。与以往局部改革不同的是，文件明确了打破上下游垄断，要构建新的油气体制框架。从中国改革进程来看，打破石油市场垄断，发挥市场在资源配置中起基础性作用的石油体制至少有两个重要步骤：一是从政策层面取消行政垄断地位。近年来在上下游环节逐步取消了市场进入门槛。比如，取消上游勘探对外合作审批制和外资准入门槛；取消外资投资加油站限制；扩大成品油市场准入，废止了《成品油市场管理办法》和《原油市场管理办法》。根据改革要求与进程，可以预期在上游勘探开采、下游成品油流通环节赋予石油国企的行政垄断地位的政策文件也将会逐步取消。二是从监管层面约束企业市场行为，构建有效竞争的市场结构。目前石油市场结构源自 1999 年石油天然气行业第二次重组和体制改革。这一阶段国家的政策导向是加强两大石油国企在油气勘探、开采、加工、进出口和成品油销售领域一体化经营的特殊地位，并以法律法规和部门政策文件的形式予以确认。根据各企业年报数据和统计局公布数据计算，2019 年开采环节三家央企原油产量占比超过 90%，炼化环节三家央企市场占有率 70% 左右。即使从法律和政策层面撤销行政垄断的相关文件，基于石油国企的绝对优势，如果加强政府的市场监管，很难在短期内形成有效竞争的市场结构，实现市场有效准入。当然，除了加强政府对市场垄断的监管之外，还需要上中下游产业链各环节市场化改革同步推进。

2. 石油价格改革滞后

我国原油对外依存度超过 70%，市场形成的成品油价格应既反映国际市场石油价格变化，又反映国内市场供需和生产成本。现行定价机制下，原油价格由石油企业参照国际油价制定，并根据国际油价波动进行调整。成品油价格则仍然采取政府指导或政府定价，调价机制滞后，不能反映市场需求。2017 年，《关于深化石油天然气体制改革的若干意见》对石油价格改革明确提出改革油气产品定价机制，有效释放竞争性环节市场活力。近日，国家发展改革委发布《中央定价目录》（修订征求意见稿），提出“成品油价格将视体制改革进程全面放开由市场形成”，明确了市场化改革的最终目标。

石油价格市场化的前提是破除垄断，形成公平的市场秩序。自2017年以来，石油行业实行了全产业链改革，取消和修改了若干政策文件，打破了产业进入的行政壁垒，例如，上游推行矿权制度改革，实行“招拍挂”制度和强制流转和退出机制，让更多主体进入；中游组建国家油气管网公司，全面推行第三方准入；下游放开准入，允许更多包括外资在内的资本进入成品油零售市场。然而，我国石油市场还是垄断竞争的市场。几大石油国企上下游一体化的经营模式，在市场中依然具有绝对市场势力，没有形成开放的市场体系。只有真正打破市场垄断，完善公平的市场秩序，解决市场进入和退出问题，才能形成市场化的价格形成机制。因此我国石油价格市场化要随着石油市场的开放、石油价格监管体系的相对完善来逐步推进。

3. 能源安全机制运行成本高

当前主流能源安全观涵盖了三个因素：可靠性、可负担性和环境友好性。供应可靠性意味着一个国家可以正常而不间断地获得该国所需能源资源的数量与种类。可负担性指一个国家以经济上可持续的、有利于促进经济增长的价格得到能源供应。环境友好性指主要能源的利用不会影响居民健康，有利于促进可持续发展。近年来，许多国家认为“环境友好”意味着温室气体减排。长期以来，我国更强调供应可靠性和可负担性，而且过度强调供给可靠性。在既有的石油体制下，供给可靠性最好的办法就是赋予国家石油公司保障石油安全的责任。这些年以来，三大石油国企在供给可靠性方面发挥了重大作用。比如，在保障70%原油进口的基础上，实现了多元化的进口来源，海外油气权益产量2亿吨油当量。政府主导的安全保障机制下，所有机制和制度都是围绕政府主导（抑或央企主导）来设计和安排，事实上很难兼顾可负担性。从主要油气进口大国能源安全体制演进的经验来看，以供给保障性为优先目标的国家通常都由最初政府主导逐步转向选择市场机制，通过市场有效竞争提高各环节的效率，不仅减少进口依赖，而且兼顾可负担性。

当前，中国能源安全不仅有供给可靠性、可负担性的问题，而且还有环境友好性带来的转型压力的叠加效应，直接导致了构建兼顾三种目标的能源安全保障机制的复杂性。美国政府历来重视供给保障性和可负担性，“放弃”环境友好性。欧盟则由于优先考虑环境友好性和可负担性导致供给可靠性面临风险。从这些国家的做法来看，至少当前技术条件下，很难同时兼顾三种目标。从世界能源政治视角来看，如果石油消费大国过度追求扩大本国的能源供应，那么在世界石油市场围绕石油资源争夺不可避免，从而引发国家间冲突，事实上并不利于本国能源安全。如果国家关注能源需求，致力于提高能源利用效率和发展替代能源，各国之间就会产生合作的动机和行动，有效保障能源安全。比如，在应对气候变化中，新的技术和替代能源能够提供国与国合作机会。因此，从这个角度看，提高安全机制运行效率，石油安全保障机制设计更应从关注供给向关注需求和提高效率的方向转型。

4. 政府监管缺位效率低下

我国油气市场监管效率低下，相当程度保护了石油国企的利益。一是监管缺位。石油行业技术特性对监管部门专业技术要求非常高。比如，勘探、炼化等各个环节的环保、安全、标准、质量，监管部门不可能也没有能力进行有效的监管。实践中，基本都是通过考核的方式交由企业自我监督，或者在某些领域依托石油国企代行监管之责。在行业规划、标准制定方面主要由几大石油国企来承担。此外，国家管网公司刚刚成立，针对自然垄断环节的监管需要非常专业的财务、技术能力。二是缺乏事后监管机制。2017年以来，在上游勘探开采、下游成品油流通等部分环节审批制逐步取消。以往监管部门在审批环节设置很高标准和复杂流程，而没有制度化监管。审批制取消后，对监管部门提出了更高的要求，需要在勘探投入、项目运行、市场垄断、环境保护等各个环节制定严格的监管制度，特别是加大惩罚力度。在业务环节的监管方面，还涉及地方政府追求地方利益，有选择性“放弃”监管职责的动机。三是监管职能分散。在监管机制有效发挥作用要求责权统一。目前石油行业主要管理及监管部门涉及自然资源、发改委、环保部、商务部、财政部等十多个部门。监管职能分散、部分职能重叠交叉，而且缺乏完善的监管部门考核机制和问责机制。

5. 未形成合理的多方利益分配机制

石油收入理论上存在两个分配问题，一是代际分配，二是当期分配。首先，（一定时期内的）不可再生性是石油的天然属性，决定了应该有相应的体制安排来实现石油生产与消费代际公平。可耗竭资源定价理论提出了实现代际公平的石油开采的最优定价模型，但是在实践中很难操作。有的国家则通过设立石油基金，来体现代际公平。其次，从产权角度来看，石油收入应有合理的制度安排进行分配。实践中，大多数国家主要通过油气财税制度来实现财富分配。

从中国实践来看，形式上有相应的制度设计。比如，企业缴纳税费，现有财税政策下，石油企业除了缴纳企业所得税、增值税、消费税外，还须缴纳矿业权（探矿权、采矿权）使用费、矿业权价款（实际未征收）①、资源税、矿产资源补偿费（矿区使用费，2014 年 12 月 1 日起，费率降为零）和石油特别收益金。其中，资源税和特别收益金是石油行业税费的重要组成部分。资源税按照原油销售额 6% 收缴；石油特别收益金按照国产原油价格超过一定水平所获得的超额收入计算。2015 年 1 月 1 日，石油特别收益金起征点提高至 65 美元。目前这种财税体制缺乏经济内涵，与市场脱节，不能发挥经济调节作用。国际上普遍采用的权益金制度，是基于市场竞争的矿权获得方式，按照资源利益相关者权利、义务关系收取，能够使所有者收益与油气市场挂钩。随着我国油气市场化改革深化，上游勘探开发等环节多元化主体进入，现有财税政策已经不能发挥调节作用。

从实践情况来看，由于这种带有计划色彩的财税体制，使得石油行业税负问题一直受到争议。企业公布的年报数据显示，2019 年，中石油资源税 243.88 亿元，石油特别收益金 7.71 亿元，占中石油总收入的比重不足 1%。根据三大油气国企的年报估算，2019 年，三大油气总税金及附加占公司收入的比重在 9% ~15%，而同期美国埃克森美孚实际所得税率即为 34%。也有学者在研究的基础上提出，如果与我国冶金、电力、煤炭以及制造业等行业的税负水平相比，石油行业税负水平不仅不低，而且是非常高，应该对石油企业进行减税。简单对比无法得出正确的结论，只有通过财税体制改革，让财税恢复其经济功能，才能制定出符合中国国情的合理的税负水平。

另外，从企业上缴利润来看，国外主要石油生产国通常采用收益回报股东和企业通过分成合同给国家回报的方式对石油财富进行再分配。而我国油气企业只通过上缴利润的方式回报国家股东，其中还有一部分通过补贴的方式回流。2019 年石油石化国有企业上缴利润 56.74 亿元，同年仅中石油获得“计入当期损益的政府补助”10 亿元的政府补贴。

三、“十四五”时期石油工业面临的形势

随着美国逐渐成为世界石油市场重要一极，国际能源格局进入了新的磨合期和调整期。不确定性将成为各国石油行业发展不得不予以重视的重要变量。新冠疫情全球暴发后，随着世界主要

① 对于矿业权使用费和矿业权价款，财政部、国土资源部 1999 年发布的《探矿权采矿权使用费和价款管理办法》中规定，采矿权使用费按矿区范围面积逐年缴纳，每平方千米每年 1000 元；探矿权使用费以勘查年度计算，按区块面积逐年缴纳，第一个勘查年度至第三个勘查年度，每平方千米每年缴纳 100 元，从第四个勘查年度起每平方千米每年增加 100 元，最高不超过每平方千米每年 500 元。探矿权采矿权价款以国务院地质矿产主管部门确认的评估价格为依据，一次或分期缴纳；但探矿权价款缴纳期限最长不得超过 2 年，采矿权价款缴纳期限最长不得超过 6 年。

经济体经济衰退，石油需求陷入低迷、产油国经济下滑、石油价格剧烈波动，石油行业可能会在长期低迷的状态下，不断增加风险性和不确定性。从国内形势来看，石油行业进入全面深化改革的关键期，在较短时间内完成石油体制转型对我国石油行业高质量发展至关重要。

1. 外部政治环境不确定性

美国能源独立后，对世界油气市场的影响力不断增强，改写了世界能源地缘政治格局。当前美国已成为世界石油供应的重要一方，而且不断挤压欧佩克和俄罗斯的市场份额，对传统主要产油国带来巨大挑战，给世界石油市场带来诸多不确定性。尤其是2020年上半年，新冠疫情背景下，在沙特、俄罗斯、美国三大石油产油国之间的博弈下，国际石油价格剧烈波动给石油市场带来的冲击，对中国如何应对新的石油地缘政治形势提出了挑战。与此同时，中美贸易摩擦虽然有所缓和但并非结束，未来仍存变数，我国石油进口、运输、海外油气合作也面临潜在风险。能源地缘政治新变化与中美长期的贸易摩擦带来的不确定性，对于中国石油安全战略选择以及石油体制安排具有重要影响。但是，外部政治环境的不确定性并不意味着石油安全只能由行政执行力强的国家石油公司主导，实践证明这一机制运行成本较高。应对外部不确定性有效的方式，是在选择发挥市场机制效率优先的石油安全保障机制的同时，政府应在安全事务领域积极发挥作用，保障供给可靠性。比如，构建有效率的战略石油储备体系；加快能源体制革命推动能源系统低碳转型提高能源自给率；加速构建符合中国市场预期的油气进口与交易机制；积极参与国际能源市场治理提高在石油市场话语权。

2. 新冠疫情后全球经济下滑

新冠疫情全球暴发以来，对全球经济产生了巨大冲击。全球疫情暴发初期，欧洲和北美的股市出现剧烈动荡。美国三大股指发生了四次熔断，跌幅近30%。VIX恐慌指数从40上升到400。美国第一季度GDP环比增速萎缩-4.8%，创2008年之后最大跌幅。世界银行、国际货币基金组织（IMF），以及国际大投行对世界经济前景给出了悲观的估计。从当前世界经济表现来看，新冠疫情对经济冲击产生的负面影响已经开始显现，国际进出口贸易下降，全球产业链断裂。受疫情直接影响的地区，工厂关闭，供给中断，生产活动暂停。世界各国之间的投资受到不同程度影响，全球需求和供应在短时期内同时下降。此次疫情是否会触发灰犀牛式的系统性风险，最终演变为持续的世界性经济萧条，国际主要机构的观点非常悲观。目前全球疫情形势很复杂，截至2020年12月24日，全球累计确诊7899万例，单日新增确诊超过60万例，很难判断拐点，几乎所有国家都面临新冠疫情的挑战。疫情最严重的美国、巴西、印度等国都是世界主要经济大国。

在疫情冲击下，石油市场受到严重冲击。原油需求断崖式下跌，石油价格跌至历史罕见的负价格。IEA、OPEC及EIA三大国际能源机构大幅下调了2020年的全球石油需求增长预期。如果全球新冠疫情形势得不到根本控制，经济持续低迷，世界石油工业将进入产业萧条期。一是受需求侧影响，长期低油价将导致世界大量石油项目被迫停产。二是投资下降。已有诸多国际石油公司宣布削减20%～35%的2020年的投资计划。三是需求端低迷将使得炼油行业长期形成的产能过剩矛盾更加突出，行业将面临大规模结构调整压力。四是对经济严重依赖石油收入的产油大国造成严重的财政压力，最终会给国际石油市场带来不确定性。

3. 数字技术与石油工业融合

新一代信息技术对石油行业的渗透与融合正在引领油气生产领域的技术创新，推动石油行业变革。以数字化为特征的新技术将会给石油产业链带来变革。数字技术的大规模应用，能够让油气生产成本减少10%～20%，让全球油气技术可采储量提高5%（IEA，2018）。与此同时，随着常规石油产量的下降，在页岩油、超深水油气等非常规油气领域，数字化技术具有非常大的应用空间。

当前，数字化转型已经成为世界各大石油公司改进效率，提升企业核心竞争力，争夺石油市场的战略举措。雪佛龙、壳牌、斯伦贝谢和中石油等都开始了数据中心整合及专业云平台建设，实现软硬件资源集中管理，建立勘探开发云平台，探索新型企业混合云建设模式，以降低石油公司信息化建设和运维成本，增强核心竞争力，加快石油公司的数字化转型。2018 年，BP 收购爱尔兰物联网专业公司 Ubiworx，构建更多互联、智能、高效和可持续的能源系统。2018 年中石油推出“梦想云”平台，2025 年实现上游业务全面数字化。2019 年，埃克森美孚通过微软公司的“数据湖”平台改善上游生产活动，并计划每年投入约 10 亿美元用于机器学习的研究。此外，还通过一个可监控数百万个传感器数据的人工智能程序管控旗下分散在全球的炼厂和化工厂，旨在监测石油流量等重要数据和信息。

此外，石油行业的数字化转型不仅引领了传统生产领域技术革新，还推动数字化油服产业的发展壮大。华为、谷歌等科技公司也在拓展油气领域业务，同传统大型石油公司开展数字化合作。未来有可能会通过强大的数字平台重新整合石油工业价值链。

4. 体制改革进入关键时期

2017 年 7 月，中共中央、国务院发布的《关于深化石油天然气体制改革的若干意见》，标志着油气领域进入全面深化改革阶段。此后，在“管住中间、放开两头”的改革思路指导下，石油产业各环节，突破性的政策措施陆续出台，改革进程不断加快，形成了中游管网环节独立且公平开放、上下游投资主体有权自由进入的市场，在政策层面快速完成了石油市场组织架构的转型。这种组织架构是市场竞争的必要条件，但非充分条件。“十四五”时期，必须尽快构建稳定的改革推进的保障机制，从法律、政府监管层面确立以效率为导向的石油行业的市场架构，避免垄断企业凭借强大的在位优势向上下游延伸市场势力而导致改革停滞不前，甚至偏离既定目标。

四、“十四五”时期石油工业重点任务与政策措施

2020 年以来，在全球新冠疫情和地缘政治的影响下，世界石油市场经历了前所未有的剧烈波动。增强国内资源保障能力，提高石油安全机制运行的韧性，将成为近期我国非常重要的石油安全政策目标之一。与此同时，国内市场化石油体制框架初步建立，尽快完善和设计配套保障机制，构建制度化的监管体系是石油体制转型的关键。从这个意义上说，“十四五”时期是中国石油工业高质量转型发展的关键时期。改革、安全、转型将成为这一关键时期石油工业发展的重要主题。

1. 构建具有韧性的石油安全保障体系

2019 年我国原油净进口量突破 5 亿吨，对外依存度 72.5%，超过美国历史上 67% 的最高值。随着当前国际能源市场格局新变化，过高的对外依存度给我国经济发展带来一定风险，意味着对于我国来说，石油的战略属性在增强。时下，国际政治格局动荡，中美关系跌入低谷，新冠疫情对国际石油市场带来冲击，必须构建更有韧性的抗风险能力强的石油安全保障体系。

一是加大上游勘探开采领域投资，保证国内石油产量长期稳定在一定水平，夯实国内资源保障能力。重点对勘探开发领域核心技术进行攻关，尤其是提高老油田开发效率。努力提高采收率，提高储量动用率。原油采收率每提高 1 个百分点，则 2 亿吨原油年产量水平可以再多维持两年。探明未动用储量若动用一半，石油可供新建产能 2000 万吨左右。二是将能源技术，尤其是石油替代技术发展以及对前沿技术的掌握作为保障能源安全的一项核心内容。组织专家开展能源技术水平评估，厘清世界能源技术发展阶段、分布格局，对关键领域技术的国内外差距进行评估，对符合能源转型趋势、符合中国实际的技术给予长远谋划和布局。关注并重视向新的能源体系转变中出现的新的能源安全问题，如能源互联程度日益加深后越加凸显的信息安全、网络安全等问题，对可能出现的新的能源安全问题建立防范机制。三是构建政府战略储备和企业商业储备相结合的石油战略储备体系。政府战略储备主要用于应对石油供给中断等极端情况下的风险。企业商业储备主要用于提高石油储备体系效率，降低储备成本。四是加大对外合作力度，提高国际合作

深度。尤其是在“一带一路”沿线，中国石油企业应积极参与和“一带一路”国家在资源、技术、资本等领域的深度合作，推进油气管道及交通运输、基础设施建设，全面打通中国石油进口战略通道。

2. 加快推进石油全产业链市场化改革

2017年7月以来，石油行业市场化改革取得重大突破。产业链各环节石油国企的行政垄断地位逐步被废除，实现了体制转型的第一步。从改革成功的经验来看，从计划机制向市场机制转型成功的重要一条就是必须约束长期以来形成垄断市场势力的既得利益者的市场行为，避免阻碍体制改革的进程。因此，“十四五”时期，在继续推进以提高效率为目标的市场化改革的同时，还必须构建更高层次的监管体系，约束既得利益者的行为，从而保证改革的公平公正。

一是上游环节，进一步完善上游市场，完善矿权市场化流转机制，盘活存量资源，提高矿权市场活跃度。落实2019年12月《关于推进矿产资源管理改革若干事项的意见（试行）》的政策文件精神，扩大油气探矿权竞争出让试点范围；研究出台油气探矿权、采矿权经济价值评估规范，建立第三方油气矿业权评估市场；建立矿业权转让二级市场，鼓励矿业权在石油企业内部、石油企业之间、不同主体间的流转，探索国有存量资源；建立油气采矿权退出机制，不能达到规定要求的采矿权应予以推出或转让。同时，加强油气矿业权竞争出让的政府监管、油气勘探开发活动的监管，制定油气勘探开采监管条例。

二是建立独立的管网运输体系。尽快完成石油企业管网资产的剥离，以“准许成本+合理收益”为原则制定管网的输配价格、合理回报率，以及市场准入等环节的配套制度。探索多种投资模式，鼓励多种市场主体投资诸如管道、LNG接收站、储气库等相关基础设施。借鉴国际研究做法，成立专业管网监管机构，对管网进行分级监管。跨省管网由国家层面的专业监管机构监管，省内管网则由省级专业机构监管。

三是建立有效竞争的油气流通市场。取消所有原油进口特许经营，全面放开原油进口权，国内炼化企业有权进行原油交易。取消成品油批发零售环节的所有限制，只要符合安全、环保等条件，任何主体都可以批发零售石油。

四是建立石油商业储备市场。引入市场化机制，使一部分储备油能够按照市场机制运作起来，实现一定的获利能力。根据政府石油储备和企业石油储备不同的功能定位实施不同的管理办法。政府石油储备的轮动更新要根据国际油价“低吸高抛”，分批次地轮动也不会影响到储备安全的大局。赋予企业对社会责任储备更大的使用权限，允许一部分社会责任储备根据市场价格进行轮动。石油储备也可以和金融市场相结合，广义的石油储备包括期货储备，应用好期货等金融工具，石油轮动可以采取套期保值方式。在国内建设更多石油交割库，可通过期货合约到期交割和现货合约交割方式获取石油，交割库实质上也发挥了储备库的功能。在储备市场形成初期，可以通过税收等手段鼓励企业进行合理水平的石油储备，如减免营业税、教育费附加、城市维护建设税、耕地占用税和契税、城镇土地使用税、印花税等税收。

3. 深化国有石油公司改革

国有石油公司改革是石油体制改革的重要内容。1999年以来，以中石油、中石化、中海油为主的国有石油公司不仅承担了经营任务，还承担了诸多非经营业务。“国家”还是“公司”的角色划分不清晰。从承担的政策目标来看，更像是政府委托的代理人，从经营模式来看，更像是一个普通的垄断企业。从当前的改革推进情况来看，近几年，石油领域一直在推进混合所有制改革。但是，在企业角色定位划分不清的前提下，混合所有制改革不能解决商业目标与非商业目标混合的根本问题。顺应油气体制改革的总体战略，“十四五”时期石油国企改革的重点是剥离非商业职能，进一步完善公司治理结构，建立和实施科学、合理的激励制度。一是明确公司商业定位，剥离非商业职能。由政府制定相应的机制实现非商业目标。比如，进行石油税费体制改革，体现石油财富的分享；对相关人员纳入社会化管理等。二是完善公司治理结构。政府作为委托人，以管资本为主，不参与企业经营，仅考核企业商业绩效。通过上市、混改等途径鼓励股权多元化。三是做强核心业务。

对石油国企的管道资产、油气服务等非核心业务进行适当剥离，或整体出售，或下放地方管理，或整合相关业务、成立由石油国企控股或参股的企业。

4. 兼顾多方利益的财税制度

实践中，财税制度是实现石油收入再分配和代际分配的有效途径。构建符合我国国情的石油财税制度，以充分体现石油资源所有者与经营者之间的权益为原则。既要对资源投资、开发具有激励，稳定开发企业合理的投资预期，也要保障资源所有者权益，提高国有资产投资回报。一是改革石油税收体制。从石油资源属性出发，科学界定资源税费体系和水平。矿业使用费，要体现矿租的经济内涵，按土地面积定额收取。矿业权价款，即资源开发超额利润预付款，主要通过矿权市场竞争形成。权益金，即资源所有者收益分成，从资源开发利润中按照一定比例收取，比例通过矿业权竞争性出让时，由各市场主体竞争形成。可根据实际情况，由相关部门进行科学调整。二是合理调整国有资本收益上缴财政比例。在石油国企改革顺利进行的基础上，合理调整国有企业收益上缴公共财政的比例。三是以石油资源所有权、所在地为依据，理顺中央与地方财权分配关系。油气税收制度应该兼顾中央与地方的利益。对应开采资源造成的当地环境问题，由相关受益人进行补偿。合理调整探矿权价款比例，建立矿权使用费、资源税、权益金符合各地实际的分成机制。四是建立石油财富基金。对石油企业经营收入以一定比例收取，并成立或委托专业的投资公司，用于公共事业、社会福利。

5. 完善政府监管制度

我国油气监管存在市场缺位、监管效率低下的问题。具体表现在政监合一，监管力量不够且专业性不强等方面。监管体制改革的目标是建立一个政监分开、职能完善、分工明确、责权清晰的专业化监管体系。一是政监分开，保持监管部门的相对独立性。政策制定部门负责制定石油行业的具体政策。监管机构加强专业性和独立性，对政策执行全过程进行监管。二是明确各部门监管职责，建立各部门之间的监管协调机制。国家能源局、自然资源部、商务部、环保部、国家安监总局分别承担不同监管职能。例如，国家能源局具有独立的监管权力，全权负责石油行业监管政策制定以及履行政策。自然资源部在上游环节具有维护公平开放的投资环境的职责。商务部对原油成品油的进出口环节进行监督。三是完善监管职能。重点加强对传统石油企业市场行为的监管，以及社会性监管，对新独立的管网环节实施公平准入，无歧视开放，对上游矿业权出让和流转环节进行严格监管，成立专家委员会负责输配价格的专业化监管。四是与改革进程同步甚至超前，对相关监管法规及时进行修订、废除和制定。

专栏 38－1

废止“两个办法” 我国石油市场化改革再进一步

商务部7月3日公布，废止《成品油市场管理办法》《原油市场管理办法》，意味着在我国施行了13年的“两个办法”彻底退出历史舞台，国内石油市场化改革再进一步。在“两个办法”出台之前，石油批发由两大国有油气集团垄断，新建加油站只能由两大集团承担。市场集中度高、产业不够开放，上中下游一体化特征明显是我国石油市场多年来的痼疾。推进石油市场化改革，提高能源市场要素流通效率，关键是要解决产业的放开和市场的开放问题。包括“两个办法”在内，这些年我国在推动石油产业市场化改革方面做了很多工作，包括逐步放开市场准入，完善价格体系等。

目前“两个办法”的相关内容已经与当前石油市场的发展阶段和国家最新政策不再相匹配。2019 年 8 月国务院办公厅公布的《关于加快发展流通促进商业消费的意见》又重新做了规定。意见明确，扩大成品油市场准入。取消石油成品油批发仓储经营资格审批，将成品油零售经营资格审批下放至地市级人民政府。乡镇以下具备条件的地区建设加油站、加气站、充电站等可使用存量集体建设用地，扩大成品油市场消费。

2019 年 12 月，商务部发布的《关于做好石油成品油流通管理“放、管、服”改革工作的通知》进一步明确，对于原油销售、仓储和成品油批发、仓储经营资格申请，各级商务（经信、能源）主管部门不再受理；市场主体从事石油成品油批发、仓储经营活动，应当符合相关法律法规，达到相关标准，取得相关资质或通过相关验收，依法依规开展经营，无须向商务主管部门申请经营许可；成品油零售经营资格审批及管理工作交给地市级人民政府，由地市级人民政府确定具体执行部门，负责审批及行业管理工作；商务部将加强对石油成品油流通管理工作的指导，出台相关指导意见，现有《成品油市场管理办法》和《原油市场管理办法》将适时废止。

成品油批发仓储经营资格审批被取消，意味着成品油参与企业会相应增多，有利于激发市场活力，增强市场的竞争，市场参与者将重视自身配套服务，优化贸易流程，催生新型贸易方式。成品油市场的发展格局将迎来新的变化。此外，零售经营资格审批权限的下放，将显著加快国内加油站等零售终端的审批效率。据相关机构统计，截至 2019 年末，中国在营加油站数量达 10 万余座，其中国有石油公司旗下加油站占据 60% 的市场份额，其余被民资、外资及其他国有经营主体占据。

加油站等零售端准入门槛的进一步降低，对于外资等新生力量推进加油站建设和布局、促进成品油零售市场形成多元化竞争格局、构建公平有序的零售市场生态等方面有重要意义。

资料来源：根据安娜、丁雅雯：《废止“两个办法”　我国石油市场化改革再进一步》整理，原文转自新浪财经，https：//finance. sina. cn/futuremarket/qszx/2020 - 07 - 06/detail - iircuyvk2351886. d. html？ vt = 4。

参考文献

［1］范必：《中国油气改革报告》，人民出版社 2016 年版。

［2］封红丽：《砥砺奋进五年　改革再迈新步——十八大以来我国油气行业发展成就回眸》，《中国石油和化工》2017 年第 11 期。

［3］李玲：《油气行业数字化转型，钥匙在此!》，《中国能源报》，2020 年 7 月 15 日。

［4］刘小丽：《党的十八大以来我国石油天然气行业改革回顾与评价》，《中国能源》2018 年第 2 期。

［5］仁达方略：《“十四五”规划下石油化工行业供需概况与前景预测》，仁达方略研发中心，2020 年 2 月。

［6］张茯茯：《开放竞争的中国石油市场》，油气经纬公众号，https：//mp. weixin. qq. com/s？ _ biz = MzAxNDQyMzg5OQ == &mid = 2247489741&idx = 3&sn = cd417b0c084935d876d6cc59297f49aa&chksm = 9b92daf9ace553ef7e75f0797f54ae40a3842a5f0b75db5436225321c3c15564b1301d691f89&scene = 21#wechat_ redirect。

［7］《中国统计年鉴（2019）》。

［8］《中国石油 2019 年度报告》。

第三十九章　天然气行业

提　　要

"十三五"时期，中国围绕天然气全产业领域，出台了一系列重要政策。在这些改革措施下，该时期内天然气行业发展呈现的特征包括：需求增长放缓，消费结构持续优化；新增探明地质储量创新高，主干线网基本形成；对外依存度仍处于高位，但供需矛盾有所缓和；"煤改气"工作扎实推进，环境治理成效明显；市场主体日益增多，行业下游竞争日趋激烈。然而，天然气行业发展仍存在一些问题，主要包括：气源供给不足，发展不平衡不充分；管网和储气设施建设滞后，各级管网主体利益划分不清晰；行业上游存在进入障碍，价格机制改革仍待完善；进口价格信号功能偏弱，进口管理机制尚未形成等。进入"十四五"时期，天然气行业面临新的挑战与机遇。其中，面临的挑战有新冠肺炎疫情后续影响加快天然气行业重塑、行业效率存在下降风险、零碳能源的替代压力增加；但也存在新的发展机遇，包括定价机制继续向市场化调整，市场体系进一步重塑优化，进口主体更趋多元化，出现新市场、新交易模式，"智慧"燃气的兴起。为了深入贯彻党的十九届五中全会精神，建议"十四五"时期政府从以下几个方面继续推动天然气行业发展和市场化改革：完善天然气政策法规体系、加快天然气上中下游改革、建设区域性天然气交易中心、深化天然气国际合作。

*　　*　　*

2016 年 12 月，中华人民共和国国家发展和改革委员会（以下简称国家发展改革委）印发了《天然气发展"十三五"规划》，该规划指出，提高天然气发电比重，扩大天然气利用规模，有序发展天然气调峰电站，因地制宜发展热电联产；降低煤炭在能源消费中的比重，提升非化石能源和天然气的消费比重，促成"煤改气"。2020 年是"十三五"的收官之年，面对百年未有之大变局，中国在经历中美贸易争端不确定性增大和新冠肺炎疫情的冲击下，既面临国内外复杂的多重挑战，同时也存在经济转型升级的发展机遇。在此过程中，中国围绕天然气全领域，相继密集出台了一系列政策以及配套文件，天然气行业经历了诸多变化与发展，解决了一些深层次的突出矛盾，市场化改革步伐明显加快。

一、天然气行业改革回顾

为了推动天然气重点领域、加大关键环节改革力度，国家能源局于 2016 年颁布了《加快推进天然气利用的意见》，要求推进试点示范，并明确了推动上游企业多元化、管网公平准入、价格机制改革、交易中心建设以及市场监管等任务。

在油气体制改革总体方案框架内，重点选取四川、重庆、新疆、贵州、江苏、上海、河北等省市有序开展天然气体制改革综合试点或专项试点。

1. 推动上游环节逐步放开

上游资源是行业垄断的根本来源，是“放开两头”的关键。中国天然气上游改革主要是实行探矿权和采矿权改革，吸引更多市场主体加入，放宽上游市场准入。近年来，中国出台了一系列鼓励政策，支持民营企业、外资企业进入上游勘探开发领域，参与天然气基础设施建设。2018 年 8 月中共中央、国务院印发了《矿业权出让制度改革方案》，该方案要求以招标拍卖挂牌方式为主，全面推进矿业权竞争出让，并下放审批权；提出用三年左右时间，建成更加全面、完善、合理的矿业权出让制度。进一步地，自然资源部于 2019 年 12 月印发了《关于推进矿产资源管理改革若干事项的意见（试行）》，规定在中华人民共和国境内注册、净资产不低于 3 亿元人民币的内外资公司，均有资格按规定取得油气矿业权。随后，另一份中共中央、国务院发布的《关于营造更好发展环境支持民营企业改革发展的意见》提出，支持民营企业进入油气勘探开发、炼化和销售领域，建设原油、天然气、成品油储运和管道输送等基础设施。一系列的改革文件和配套措施主要围绕改革之前的矿权获取制度和持有机制，鼓励实行勘查区块竞争性出让和更加严格的区块退出机制，同时也鼓励各类资本进入上游市场，形成国有、民营独资、合资或合作的多元油气勘查开采体系。天然气上游改革的持续推进，使中石油、中石化、中海油以及陕西延长石油四家油企垄断矿权的局面有所改善，尤其是区块公开招标打破了四家油企垄断专营的格局，体现了中国在天然气上游板块改革迈出了重要步伐，这有利于提升天然气勘查效率，激活闲置矿源，加快国内天然气的勘探和开采速度。

2. 健全管网公平准入机制

管网公平准入是中国天然气市场改革任务的重点内容。长期以来，中国天然气基础设施建设滞后于其产业发展速度，随着天然气需求日益膨胀，管网建设不足带来的天然气供应瓶颈越发突出。2017 年 5 月，中共中央、国务院下发了《关于深化石油天然气体制改革的若干意见》，确定了“管住中间、放开两头”的总体改革思路，管住中间具有自然垄断属性的输送环节，促进上游勘探开发和下游销售环节的充分竞争。2019 年 3 月，中央在全面深化改革委员会第七次会议上通过了《石油天然气管网运营机制改革实施意见》，提出组建石油天然气管网公司，以提升油气资源配置效率、保障能源安全。随后，国家发改委、国家能源局等印发了《油气管网设施公平开放监管办法》，从监管职能方面为国家管网公司的成立进一步奠定了基础。

2019 年 12 月，国家管网公司正式成立，这是天然气行业改革中最具根本性的事件，标志着中国在天然气行业的管输体制改革中迈出了坚实的一步。国家管网公司成立后，国内三大石油公司的油气干线管道以及储气库等由国家管网公司建设、运营，其中管网运营向所有符合资质的用户公平开放，形成“全国一张网”，有利于高效配置天然气资源，降低运输成本，并定期向社会公布剩余管输能力和储存能力。组建新的管网公司，有助于推动形成上游油气主体供应多元化、中端管网高效运营、下游市场主体充分竞争的天然气市场体系，市场供给方、用户以及中介数量大增，市场主体竞争能力得以提升，能够更好地保障国家能源安全，推动天然气行业高质量发展，同时也保证其他环节市场化改革的有序进行。

3. 理顺天然气定价机制

中国已对终端用气价格进行了多次改革，通过不断梳理价格形成机制，在省级门站环节针对非居民用气采用天然气指导定价，更有利于生产商，而居民用气价格改革相对滞后。在实际运行中，居民、非居民用气价格倒挂现象十分明显，该定价机制不能充分反映市场供求关系变化和体现公平负担。2017 年 3 月，福建省率先开展了天然气门站价格市场化改革试点，天然气具体门站价格由供需双方协商确定，按照《关于加强地方天然气输配价格监管降低企业用气成本的通知》

规定，减少供气层级，降低用气成本；研究制定如何应对天然气气源价格异常波动方案；完善社会救助机制等。这意味着完全放开非居民天然气门站价格的市场化改革正式开始。

2018 年 5 月，国家发改委发布了《关于理顺居民用气门站价格的通知》，规定居民用气门站价格按非居民用气基准门站价格安排；供需双方以基准门站价格为基础协商确定具体门站价格；充分利用弹性价格机制，增强供气调节能力；对城乡低收入群和北方“煤改气”家庭给予适当补贴等。此轮价格机制改革进一步理顺了天然气定价机制，打通了居民用气和非居民用气的价格体系，降低了居民用气交叉补贴，通过消除结构性差价，保障了民生用气需求，向完全市场化的改革目标迈进重要一步。

4. 建设天然气交易平台

天然气市场发展到一定阶段后，传统的交易方式难以满足供需双方需求，建立现货交易市场成为客观要求。自 2016 年上海石油天然气交易中心正式运行以来，天然气交易的可靠性和灵活性大幅提升，在一定程度上形成了供需双方决定价格的格局。目前，该交易平台发展势头良好，已成为亚洲最大的天然气现货交易中心。然而，天然气价格仍然受到一定程度的干预，不同气源未形成有效性竞争。在此背景下，国家继续推动油气交易平台建设，2018 年 4 月，重庆石油天然气交易中心正式实现线上交易，通过不断拓展交易设计、交易产品，开展了国内管道天然气、境内外 LNG 等多项产品交易。继国家管网公司成立后，深圳、西安、舟山等地区也在积极筹备天然气交易平台，粤港澳大湾区于 2019 年 11 月正式启动建设国际能源交易中心，在其《三年行动计划》中提供了“推动在粤设立区域性天然气交易机构”。

二、天然气行业发展现状

1. 需求增速放缓，消费结构持续优化

作为低碳、高效的能源，天然气与可再生能源在中国能源转型过程中发挥了优势互补的作用。经历了 2015 年需求增速大幅下滑的短暂阵痛后，随着国家推进“煤改气”等政策，天然气门站价格下调至 0.7 元/立方米，同时叠加煤炭、石油等可替代性能源价格上行，天然气需求迎来触底反弹，2016 年重回高速增长通道。然而，受北半球暖冬以及国内经济下行压力增大的影响，2019 年天然气消费增速明显回落，由 2018 年的 17.7% 降至 8.6%。从结构看，“十三五”时期城市燃气和工业用气快速增长，逐渐成为拉动天然气需求的重要助推力。2019 年，中国城市燃气和工业用气占总体消费量的比重分别达到 35% 和 36%，发电用气规模大幅下降。总体而言，中国天然气需求的快速增长促使能源需求侧结构优化成效显著，截至 2019 年底，天然气消费占一次能源消费的比重达到 8.3%，较 2018 年提升了 0.5 个百分点，提前完成《天然气发展“十三五”规划》目标（见表 39 - 1）。

表 39 - 1 2015 ~ 2019 年天然气消费增长状况

年份	天然气消费总量（亿立方米）	天然气消费增速（%）	天然气消费占比（%）
2015	1946.9	3.36	5.90
2016	2094.4	7.58	6.20
2017	2404.4	14.80	7.00
2018	2830.0	17.70	7.80
2019	3073.3	8.60	8.30

资料来源：Wind 数据库、历年《中国能源统计年鉴》。

2. 新增探明地质储量创新高，主干线网基本形成

近年来，为保障能源供给安全，中国不断加大天然气勘探开发力度，积极推进天然气增储上产，先后在鄂尔多斯、塔里木盆地、四川盆地等取得多个重大勘探发现。2019 年，中国油气勘探开发投资为 3278 亿元，同比增长 23%。其中，页岩气开发投入创历史新高，超过 200 亿元。国

家能源局数据显示，新增探明地质储量显著提升，2019年创历史新高，达1.4万亿立方米，同比增长接近70%。截至2019年底，全国常规天然气新增探明地质储量3.3万亿立方米，累计探明地质储量为16.3万亿立方米；页岩气新增探明地质储量达1.3万亿立方米，累计探明地质储量达1.8万亿立方米，均提前完成《天然气发展“十三五”规划》目标。

与此同时，为了适应“十三五”规划发展需求，中国加大了管网建设步伐，天然气管网规模不断扩大，主干线网基本形成。《天然气发展“十三五”规划》要求至2020年天然气主干道总里程达10.4万千米，干线输气能力超过4000亿立方米/年。根据《中国天然气发展报告》(2020)，截至2019年底，中国天然气干线管道总里程达8.7万千米，同比增加1.1万千米，一次输气能力超过3500亿立方米，同比提升300亿立方米。具体从主干线网看，中国已建成了“联通海外、横跨东西、纵贯南北”的主干线网，包括西气东输管道一、二、三线，中贵、中缅、陕京管道系统，哈沈等大口径长输管道，以及保障区域资源供应的中贵和冀宁联络线。2019年12月，中俄东线管道正式投产，标志着中国四大天然气进口通道形成，管网布局得到进一步完善。然而，这与《天然气发展“十三五”规划》的目标仍有一定距离。

3. 对外依存度仍处于高位，但供需矛盾有所缓解

由于国内气源不足，传统的管道气已无法满足国内经济日益增长的需求，进口LNG的重要性越发凸显，这无形中增大了中国的能源安全风险。随着LNG进口量逐年攀升，“十三五”时期前三年中国天然气对外依存度增幅较大，2018年达到了44.5%的高位，2019年下降至43.3%，但仍处于高位。

为了缓解天然气市场突出的供需矛盾，国务院于2018年9月出台了《关于促进天然气协调稳定发展的若干意见》（国发〔2018〕31号），多个省份相应出台具体配套文件。随后，国内天然气产量进入快车道，2019年天然气产量增速登上两位数台阶，而消费量增速降至个位数，供需矛盾严峻形势有所缓解。值得一提的是，2019年，中国天然气实际产量为1761.7亿立方米，预计《天然气发展“十三五”规划》要求2020年天然气产量达到2070亿立方米的目标难以完成。

4. “煤改气”工作扎实推进，环境治理成效明显

“煤改气”是推进污染防治攻坚、落实北方地区冬季取暖的重要举措。2017年12月国家发改委等十个部门联合发布了《北方地区冬季清洁取暖规划（2017－2021年）》，并出台了相关配套政策，在供暖阶梯价格机制、天然气储气调峰能力、天然气保障供应上均做出了明确规定，相应的组织、资金、绩效、督查等保障机制不断完善。根据国家能源局的调查结果，2016～2018年，清洁取暖工作取得明显成效，天然气供暖占比超过30%。截至2018年底，北方农村地区“煤改气”总户数820余万户，占总清洁取暖的比重超过一半。“煤改气”政策实施以来，京津冀以及周边地区每年重污染天数比例显著降低，环境质量明显提升。

5. 市场主体日益增多，行业下游竞争日趋激烈

随着市场化改革快速推进以及2019年7月《外商投资准入特别管理措施（负面清单）》放宽对外商在中国独立经营城市燃气业务的限制，天然气下游领域竞争程度日趋激烈。一些民营企业、外资、港资等巨头竞相涌入，或在原基础上大力开拓市场，如中华煤气、华润燃气、中国燃气、新奥能源等，促进下游逐渐形成了多元化的竞争格局。从城市燃气看，尽管城市燃气企业数量较多，但随着行业竞争激烈程度快速提升，并购重组日益成为发展趋势，致使行业集中度不断提高，将有助于降低成本、提升服务水平。

三、当前天然气行业发展存在的主要问题

1. 气源供给不足，发展不平衡不充分

中国天然气资源禀赋较弱，资源在各区域间分布极不平衡，产业集中度不高，勘探开发难度较大。从全国范围看，天然气需求仍保持较快增长趋势，尤其随着清洁取暖工作进一步推进，冬季供给压力较大，整体呈现紧平衡。2019 年，为了保障天然气供应，国家还出台了禁止或限制在某些领域消费天然气的“高峰限供”政策。

国务院于2018 年9 月印发了《关于促进天然气协调稳定发展的若干意见》，该意见着重破解天然气发展的深层次矛盾。总体上而言，尽管取得了一些成效，但天然气行业发展的不平衡不充分性问题仍然凸显，具体表现在：天然气管网输送系统还不够完善，国家管网公司成立后更多市场主体会进入，增加管网局部运营压力，且地区间管网分布差异较大；季节性需求不平衡，北方冬季取暖用气需求较大，局部地区供气紧张，储气调峰压力大；燃气技术水平与发达国家存在一定差距。

2. 管网和储气设施建设滞后，各级管网主体利益划分不清晰

我国的管道网络相对不发达。截至 2019 年底，中国境内建成天然气长输管道约8.1 万千米。其中，新建成天然气管道 2219 千米，同比增加 397 千米，但总量上仍与“十三五”规划的 10.4 万千米有较大差距。与美国相比差距明显，中美两国国土面积接近，美国天然气年需求量超过 8000 亿立方米，却拥有 51.4 万千米的天然气长输管道，包括 200 多个管道系统，100 多个州际管道系统。尽管天然气四大进口通道和全国管网框架已初步形成，但联络线依然不发达，不少城市仍依赖单一气源。另外，储气基础设施建设滞后，储气能力建设不足，调峰能力受到限制。截至2019 年底，中国已建成地下储气库 27 座，储气能力约 190 亿立方米，仅占当年消费量的 6.2%左右，低于国际平均水平。

国家管网公司成立后，中游长输管道将形成“全国一张网”。但是，国家管网与省级管网之间的关系仍不明确。省级天然气管网公司都从事运销业务，基本形成了“统购统销”（以浙江、上海为代表）、“允许代输”（以广东为代表）、“开放型”（以江苏为代表）三种运营模式。这些省级管网公司主要由地方政府主导，经过多年发展，已经形成了复杂的股权和利益格局，而且不少省级管网公司与三大油企业存在千丝万缕的合作参股关系。另外，在不同的管网运营模式下，天然气终端价格差异较大，尤其是以浙江等为代表的统购统销模式中间交易环节较多，不仅增加了输配气成本，还制约了天然气市场化进程。当主干管网转变为代输模式后，若省级管网公司购买不到上游气源的统筹调配气量时，只能充当代输角色，致使层层加价成为可能。

3. 行业上游存在进入障碍，价格机制仍待完善

在中国现有的天然气行业结构下，民营企业、外资企业进入上游勘探开发领域以及参与天然气基础设施建设仍然比较困难。天然气上游行业的勘探及开发需要一定的专业设备和专业技术人员，大型国有石油企业在上游市场盘踞多年，实行生产运输垂直一体化，资本和技术积累丰富，相比民营企业和外资企业，更具有竞争优势。虽然天然气上游市场改革后逐渐放开勘探及开采准入资格，但是短期内四大油企垄断天然气上游市场的局面并不能得到有效改变。

中国天然气定价在遵循“先易后难”的推进思路下，大致经历了“先非居民后居民”“先试点后推广”“先增量后存量”“边理顺边放开”的改革实施过程，不断放开价格管制，向市场化定价体系靠拢，并取得了一定的成效，基本形成了当前市场定价与指导定价相并存的定价局面。然而，价格机制仍存在一定不合理，终端销售价格仍受地方政府监管，市场化程度有待深入，差别化的价格体系需要继续完善。不同用户类别和用气项目的天然气需求既有共性，也有差异性。

例如，按照用途分类，天然气用途大致可以分为城市燃气和工业用气两类。其中，城市燃气具有典型的季节性特征，而工业用气则比较稳定且持久，同时工业用气的用气量更容易估算。当前的价格体系并不能很好地体现用气的差异性，如季节差、峰谷差等，同时也缺少因民生保障而对非居民用户在特定时期减少用气的经济性补偿。在国内未建立起有效的天然气现货和期货交易市场之前，在中短期内应该进一步完善天然气差别化的价格体系。

4. 进口价格信号功能偏弱，进口管理机制尚未形成

尽管中国已建立了上海和重庆两个国家级石油天然气交易中心，但从具体实践看，交易双方的话语权不对等，尤其是竞价交易仍以竞买为主，供应方数量非常有限。其根本原因仍是市场价格信号弱，不能反映天然气现货市场的供求关系，进一步地，具有更好价格发现功能的期货市场难以真正建立，进而可能造成国内的市场主体暴露在剧烈波动的风险之下。另外，上海石油天然气交易中心对外发布的交易价格指数主要反映的是国内的 LNG 价格走势，目前远未与国际接轨，影响力有限。

当前以及未来一段时期内，全球经济全面复苏的可能性不大，国际 LNG 气价会处于低位徘徊。随着进口主体增加，大部分进口中间商采用短期现货价格，不会签署长期合约。一旦市场需求短期内激增，会导致供不应求的状况发生。相对于现货价格，过去 10 年签订的长期 LNG 和管道气合约价格偏高，进口企业会进口更多的天然气，可能会导致结构性供给过剩。与此同时，一些中间商只偏向于低买高卖，赚取中间差价，一旦价格上涨便在国内寻求气源，会极大造成大型供应商的资源误配和调峰压力，可能导致市场秩序混乱。

四、天然气行业发展面临的形势分析

1. 面临挑战

（1）新冠肺炎疫情后续影响加快天然气行业重塑。新冠肺炎疫情严重冲击了全球的供应链条，导致原本处于下行趋势的全球经济雪上加霜。疫情在全球范围内的波及蔓延会对天然气需求产生一定影响，不少国家经济放缓，在尚未彻底实现复工复产之前，居民燃气需求可能会增加，但工业领域与商店等会降低需求。由此，居民燃气需求的上升可能会抵消工业领域等的下降。从价格走势看，2019 年以来，天然气价格一直处于低位运行，受新冠肺炎疫情与国际油价暴跌的冲击，天然气投资受到较大影响，天然气重要出口国经营压力会继续增大，一些生产商的价格几乎接近边际成本。若全球疫情持续到 2020 年底还未得到有效控制，重要生产国可能会采取减产措施。预计在“十四五”前期，全球天然气价格还会保持低位徘徊，全球供需宽松甚至出现过剩。

在国内外多重不利因素的挤压下，中国天然气市场面临较大挑战。国内进口天然气持续放缓，统计数据显示，2020 年上半年进口天然气仅增长 3.3%，较上一年同期下跌 15.5%。从用气行业看，短期内城市燃气用气量整体会下降，商业、交通用气下降，但居民需求、采暖用气会增加；工业用气的影响主要表现在复工推迟或用气企业倒闭等；相对于火电的经济性不足，天然气发电用气会呈持续低迷态势。随着疫情逐步消除，国内天然气需求整体会好转。

（2）行业效率存在下降风险。根据现有研究，成熟的天然气市场大致需要经历三个阶段：初始增长、快速增长与稳定增长。在此发展过程中，天然气市场逐步由垄断市场转变为竞争市场，定价机制最终演变为“气气”竞争。从发达国家的发展历程看，大多国家推行改革时已进入了稳定增长阶段（天然气消费年均增速低于 3%）。当前，中国天然气仍处于快速发展阶段，而构建“气气”竞争的天然气市场对应于稳定增长阶段，但在快速发展阶段就快速促进天然气改

革，面临的挑战相比于发达国家更大。根据有关机构预测，中国天然气的快速增长会持续到2030年左右。由此，管网完全独立后的天然气行业在短期内的运行效率可能会有所降低，原因在于之前的捆绑式范围经济优势不再，运营成本增加，交易成本会上升。因此，在推行天然气改革的过程中，要谨防因改革速度过快造成的天然气行业整体效率降低。

（3）零碳能源的替代压力增加。“十四五”时期绿色发展仍是高质量发展的主色调。面对国际上清洁低碳发展的呼声越来越高涨，实现清洁替代是推动能源可持续发展的重要途径。其中，电能替代是推动终端能源低碳化的必然趋势。相对于燃煤发电，天然气发电与可再生能源发电均具有零硫、零氮氧化物排放等特征，环保优势更加突出。然而，“十四五”时期可再生能源承载着实现2030年非化石能源消费占比达20%的战略重任，其将迎来新一轮的发展期，成为能源消费增量主体。随着清洁能源的大量使用，光伏、风电还将全面迎来平价上网时代，竞争力更强，这些零碳能源的高质量、多元化发展可能对天然气行业的发展产生较大的替代影响。

2. 发展机遇

（1）定价机制继续向市场化调整。长期以来，中国天然气采用政府主导的定价模式，忽略了天然气企业的运营成本和市场价值等重要因素。“十四五”时期，天然气市场定价机制将不同程度地进行调整。随着天然气改革试点以更大范围推广，下游的门站价格将逐步过渡到由供需双方谈判定价，但为了确保经济平稳运行，短期内门站价格还会持续一段时间，原因在于多家气源供应的竞争格局尚未形成，上下游谈判地位不对等；多年积累的交叉补贴问题仍未有效解决。中长期内，随着多元竞争格局形成，供需双方以全国性天然气交易中心形成交易价格，最终形成由市场供需状况形成的市场价格。另外，针对民用气季节性较明显的特征，居民用气实行季节差别定价也可能是未来的趋势之一，在消费旺季基准门站价格适当上浮，反之则下调，降低峰谷差。从中端管输环节看，单一管输费率将过渡至“两部制”定价，用户与管输企业之间的权利义务更加对等，同时管输系统负荷也得到了提升，单位输气成本继续降低。配气环节实行“两部制”定价，包括具有自然垄断属性的容量费与用于收回可变成本的气量费；在终端用户安装环节引入具有施工资质的第三方企业，初装费以市场竞价的形式确定；同时，针对终端用户的不同用气量，灵活调整相应的配气成本，如对于高峰用气用户，超额用气价格应当上浮。

（2）市场体系进一步重塑优化。2019年12月国家管网公司的成立，标志着天然气市场化改革的重大推进。这项重大改革措施将推动市场体系更加系统化、规范化和现代化。以往三大石油公司各自为战，互联互通明显不足，凭借其在上游与中游环节的绝对优势，极易在终端下游环节开发客户，享受丰厚的垄断利润；由于管道的垄断特征，大多数终端用户为单一气源，供给安全不能完全得到保障。天然气管网的正式独立，打破了过去天然气公司垄断整个产业链的局面，催生了新的市场角色——托运商。托运商是管道输送中天然气的所有者，依照法定程度获得天然气托运许可，与管道公司签订管容使用合同，从而将资源运送到不同的市场领域，并售卖给终端用户，在此过程中向管道商支付管输费。托运商的产生也推动各地区逐步形成双气源甚至多气源的供气格局。需要说明的是，市场建设初期，托运商主要来自三大石油公司，但随着市场越来越规范化，相应标准体系不断完善，越来越多的企业会成为托运商，推动市场化交易价格的形成。

对于企业而言，管网资源开放将有助于形成充分竞争的市场格局，气源增多后，具有相对优势的城市燃气公司的议价能力增强，有利于跨区域扩张；管道垄断优势不再，三大石油国企的盈利能力可能有所下降，参与下游竞争的动力增加。另外，未来“十四五”时期天然气行业企业间的并购整合行为会加速，既有上游企业加快终端市场布局，也有下游企业收购天然气资源和异地扩张，行业集中度可能进一步提升。

（3）进口主体更趋多元化，出现新市场、新交易模式。“十三五”时期，尽管天然气进口仍以三大油企为主，但已有不少大型燃气公司尝试进口业务，如新奥能源、深圳燃气等均已进军国际上游收购业务。民营企业和非油企业的天然气自主进口持续上升，2019年占中国天然气进口总量的4%左右。国家管网公司成立后以及国家已出台鼓励多元主体参与建设LNG接收站等相关政策，计划到2035年建成40多座LNG接收站，新天然气生产商的资源运输通道进一步打通，预计“十四五”时期会有更多燃气公司、贸易商等参与国际LNG市场的收购，加快进口业务布局，进一步形成主体日趋多元化的竞争新格局。

目前，全球总体LNG供过于求推动市场力量发生了明显变化，随着买方市场特征日益明显，买家掌握了更多主动权，生产商不得不考虑买方需求，LNG贸易出现了一些特点：合约签订变得更加灵活，而短期合约增加、一些限制性条款得以废除。长期LNG合约变得更加灵活，如2019年4月，日本公用事业公司与壳牌签订了为期10年的LNG合约，并与煤炭价格挂钩，进而有助于提升其电力市场的竞争力。另一个明显的特征是供应商逐渐从全球资源池向买家供应LNG，例如，2020年4月协鑫石油天然气有限公司和壳牌能源中国有限公司签署框架协议，商讨共同成立合资公司后所销售的LNG将从壳牌全球LNG资源池中获取。

（4）“智慧”燃气的兴起。近年来，移动互联网、大数据、云计算等信息技术快速发展，新一轮科技革命正在全球范围内蓬勃兴起，数字经济逐渐成为推动经济社会快速发展的重要推力。在此背景下，数字化技术日益融入能源产业，能源业态得到重塑。随着能源消费革命推进，天然气在能源消费中的比重不断提升，对企业在安全生产、提高管理效率等方面提出了更高要求。数字化技术的快速发展给“智慧”燃气带来了良好的发展机遇。“智慧”燃气是以智能管网建设为基础，利用先进的数据通信和智能管理技术，实现天然气与其他能源之间的智能调配，并借助大数据技术，拓展全新服务模式，提升行业服务水平。“智慧”燃气将是数字化技术与天然气行业深度融合的代表性方向之一，包括智能管网、智能计量、智能回复、智慧厨房、智能应急等，以智能服务和智能厨房为例，前者建立在大数据基础上，以提高用户体验为目标，可以开展个性化定制服务需求，还体现在可以实时传递设备压力以及相关温度数据，减少人工抄表次数、排队缴费等环节；而后者则借助物联网信息平台，致力于打造绿色高效并兼顾用户需求的智能化燃气服务应用体系。

五、促进天然气行业发展的建议

1. 完善天然气政策法规体系

为了深入贯彻党的十九届五中全会提出的“生产生活方式绿色转型成效显著，能源资源配置更加合理、利用效率大幅提高”“推进能源革命”，“十四五”时期，应在总纲领的指导下继续完善天然气政策法规体系。天然气政策是一项系统工程，只有各政策相互之间协调，才能保障上下游健康持续发展。“十三五”时期是天然气相关政策法规出台的密集期，除了天然气产业政策法规建设的总纲领《关于深化石油天然气体制改革的若干意见》外，还包括《关于促进天然气协调稳定发展的若干意见》（国发〔2018〕31号）、《天然气管道运输价格管理办法（试行）》、《天然气管道运输定价成本监审办法（试行）》、《油气管网设施公平开放监管办法》等多个部门法规或政策性文件。从上下游看，天然气供需偏紧仍是当前面临的主要问题，未来需要进一步增加资源供应，不宜对上游做具体限制；而下游已存在具体的管理文件。由此，需要重点围绕中游环节制定法规。关于管网设施服务，管网的公平准入仍是核心问题，以公平开放为导向完善相关配套制度，涉及运销分离、信息公开、“两部制”定价等；在管网设施建设方面，建议实行两级管理，中央有关能源部门负责管网规划，省级以及以下能源部门负责区域内管网事项。另外，在天然气交易的相关法规上，坚持市场化导向，让市场在天然气资源配置中起决定性作用，确保交易双方合同公平对等。

2. 加快天然气上中下游改革

发展多元化的市场主体是天然气改革的内容之一。针对上游生产开发环节，目前仍以三大石油国企为主，其他企业难以进入。如何培育更多的天然气生产供应商是面临的一项重要难题。应进一步简化资质审批制度流程，加快矿业权改革；向非国有企业开放更为优质的天然气区块，建立存量天然气资源储量交易机制促进上游竞争，增加非常规天然气资源的规划；制定天然气分配制度，加强供应端竞争；鉴于拍卖具有更高的市场透明度，借鉴英国等国家的做法，通过强制要求上游企业通过拍卖等方式将部分天然气份额转售，降低原油大型生产商的市场势力；鼓励大工业用户交易，推动更多供应商进入市场。

针对中游运输环节尚未真正实现第三方公平准入等，宜采取循序渐进、分步推进的措施，建立健全长输管道第三方协商机制，定期公布输送能力；广泛听取社会各方意见，抓紧落实第三方进入实施细则；合理制定管网收费规则，规范自然垄断环节的输配气价格，将政府准许收益率限制在合理范围内；推动省级管网运销分离，切实解决省级管网加价环节多、收费高等问题；进一步理顺主干管网与省级管网之间的关系，提高省级管网公司参与市场化改革的积极性。

另外，对于下游，加快天然气门站价格市场化进程，完善上下游价格联动机制；当前，下游用气主体与上游供应商之间一般以短期合同为主，参考发达国家做法，鼓励用气双方签订中长期供气合同，保障安全供应，同时也要注重在低价时，增加进口。对于进口投机扰乱市场的行为，应事先明确进口规则，如果出现投机就给予一定额度的税费处罚，遏制层层加价现象。

3. 建设区域性天然气交易中心

天然气交易中心（尤其是期货交易中心）具有发现价格的功能，可以还原其自身的商品价格属性，能够及时为各交易方提供透明的供需、价格信息，降低交易成本，并反过来引导消费者和生产者，进而实现资源优化配置。需要在遵循“放开两头、管住中间”总体改革思路的前提下，进一步完善上海石油天然气交易中心、重庆石油天然气交易中心。两家交易中心的定位为立足中国、服务亚太，分别更靠近市场端和资源端，相对优势突出。然而，仅上海、重庆两个国家级交易中心并不能满足未来天然气交易日益增长的需求，需要拓展更多交易品种和服务范围，推动形成亚太地区天然气基准价格，逐步形成国际认可的市场化价格指数，增强市场话语权和谈判力。建议在气源多、配套好以及基础设施较完善的地区率先开展区域性天然气交易中心，逐步在全国天然气改革中起到示范引领作用。从当前区域的资源与管网条件看，粤港澳大湾区具有与英国等国家可比的市场基础和发展条件，广东在全省范围内开展“全省一张网、同网同价”建设已取得初步进展，供应能力持续增强，已经形成沿海进口 LNG、海上天然气以及陆上管道天然气的“多源互补、互联互通”格局，积累了丰富的经验。此外，浙江也具备建设区域性天然气交易中心的条件和基础。

4. 深化天然气国际合作

健全天然气多元化供应体系。“一带一路”倡议为深化中国与周边国家和重点天然气出口国的多双边合作创造了良好的环境。目前，“一带一路”沿线国家天然气剩余探明储量占全球的3/4以上，出口量占全球的3/5以上，随着勘探开采技术水平的提升，出口量还会持续增加。应坚持以国家能源新安全观为指导，以共商共建共享为原则，抓住“一带一路”的共建机遇，完善泛亚天然气合作机制，强化与俄罗斯和中亚国家的经济和政治往来，充分发挥中国的国家影响力，通过上合组织为各国之间的合作提供战略合作平台，同时发掘现有合作机制的潜力，共同保障天然气供给安全。加强与日本、韩国等周边竞争性国家的天然气合作，共同保障运输通道安全，大力发展天然气市场化交易，共同推动能够反映亚洲供需的天然气定价机制的形成，提升区域天然气进口贸易的稳定性。提升与天然气资源型大国的合作水平，重视与中亚国家的合作，争取与俄罗斯和中亚国家在上游领域的深度合作，重点关注资源合作国的天然气重大开发项目。拓展天然气运输通道，加强与通道国家的政治互信，努力构建安全的运输环境，在四大进口战略通道的基础上，积极探索中蒙、中巴等其他天然气通道合作和建设的可行性。

参考文献

［1］陈新华、杨雷、景春梅、刘满平：《通过区域天然气市场建设实现“X+1+X”油气改革目标》，《国际石油经济》2020年第6期。

［2］董聪、董秀成：《中国天然气交易中心建设与价格形成机制研究》，《价格理论与实践》2018年第12期。

［3］郭海涛、何兆成：《国家管网公司成立对中国天然气产业链的影响——“中国石油学会石油经济专业委员会战略学组油气论坛”综述》，《国际石油经济》2020年第1期。

［4］刘剑文、杨建红、王超：《管网独立后的中国天然气发展格局》，《天然气工业》2020年第1期。

［5］刘满平、孙莉莉：《省级天然气管网改革的四条路径》，《中国石化》2020年第6期。

［6］吕淼：《发达国家天然气零售市场改革经验及启示》，《国际石油经济》2019年第11期。

［7］战永辉、杨建红、方博涛：《非常时期的中国天然气市场》，《国际石油经济》2020年第6期。

［8］周娟、王庆、王馨、廖阔：《中国天然气体制改革进展与前瞻》，《天然气技术与经济》2018年第6期。

第四十章　可再生能源

提　要

我国已成为全球最大的可再生能源消费和生产国，可再生能源发电成本快速下降对我国可再生能源发展起到积极推动作用。然而，现阶段我国可再生能源发展已经暴露出一些突出问题，包括风电和光伏发电的“限电率”较高、电力系统灵活性差导致容纳波动性风光电力的能力有限、政策和体制问题导致风电和光伏发电的“非技术成本”居高不下，以及政策限制严重制约我国生物质能利用等。这些问题产生的根源，一是可再生能源发展认知偏差导致政策制定和实施中不利于特定可再生能源技术的推广（如生物质供热供暖），二是相关体制改革滞后和机制缺失难以协调可再生能源企业与化石能源企业之间的利益冲突。因此，“十四五”时期必须调整相关政策，加快相关体制改革和机制重构，为推动我国可再生能源更大规模的发展和能源系统转型提供制度和政策保障。

*　　　　*　　　　*

2000年以来，我国可再生能源进入高速发展时期。[①] 2000～2019年，我国可再生能源消费量增加了7倍，占一次能源消费量的比重从5.3%上升到12.7%，为我国能源消费结构低碳化和清洁化做出了重要贡献。我国可再生能源高速发展的背景是21世纪以来，大幅减少化石能源消费所排放的二氧化碳以应对全球变暖成为国际共识，大力发展可再生能源替代化石能源成为包括中国在内的很多国家的政策选择，并在2015年的巴黎气候变化大会上承诺碳减排目标。[②]

然而，需要注意的是，发展可再生能源作为应对全球变暖的主要策略，不是在既有的化石能源系统中增加可再生能源规模和份额问题，而是一次深刻的能源系统转型，即18世纪工业革命以来确立的以化石能源为主导的能源系统将逐渐转向以可再生能源为主导的能源系统。这种转变不仅需要可再生能源发展的支持政策，更需要通过体制改革和机制重构为这一转型“保驾护航”。因此，“十四五”时期我国可再生能源发展的关键是在可再生能源补贴政策退坡的同时，加快相关体制改革和机制重构，为我国未来可再生能源发展和能源系统转型提供制度保障。

---

① 可再生能源是指在自然界中可连续再生、永续利用的一次能源，包括太阳能、风能、水能、生物质能、波浪能等。

② 中国在巴黎气候大会上承诺：中国将于2030年左右使二氧化碳排放达到峰值并争取尽早实现，2030年单位国内生产总值二氧化碳排放比2005年下降60%～65%，非化石能源占一次能源消费比重达到20%左右，森林蓄积量比2005年增加45亿立方米左右。

一、我国可再生能源发展的现状

2000年以来，我国可再生能源在发展规模、终端部门消费、可再生能源生产结构和技术进步等方面呈现不同的特点。

1. “十三五”可再生能源规划目标完成情况总体良好

“十三五”我国可再生能源发电继续延续高速增长势头，大部分指标超额完成“十三五”规划目标。我国“十三五”可再生能源发电装机规划目标是2020年装机总量67500万千瓦，其中水电34000万千瓦，风电21000万千瓦，光伏发电10500万千瓦，太阳能热发电500万千瓦，生物质发电1500万千瓦。

截止到2019年，我国可再生能源发电装机达到79400万千瓦，实际完成率117.6%，其中水电装机完成率104.7%、风电装机完成率100%、光伏发电装机完成率194.3%、生物质发电装机完成率150%、太阳能热发电完成率84%。除了太阳能热发电没有完成规划、风电刚好完成目标外，其余可再生能源发电装机都超额完成了规划任务。

相比之下，“非电”可再生能源发展指标基本没有完成规划任务。“十三五”时期的生物质供热、地热、燃料乙醇和生物柴油规划目标都没有完成，其规划目标完成率分别为53.3%、52.6%、71.1%和60%（见表40－1）。

2. 继续保持世界最大的可再生能源消费国地位

2019年，我国可再生能源（含水电）消费总量达到17.95EJ①，与2000年相比，我国可再生能源（包括水电）消费总量增长了6.95倍，而同期一次能消费总量仅增长2.34倍。② 自2005年我国可再生能源（含水电）消费量超过巴西和美国后，我国就成为全球最大的可再生能源（含水电）消费国（同时也是最大的生产国）③，2019年我国占全球可再生能源（含水电）消费量份额高达26.94%。

表40－1　“十三五”可再生能源规划目标与完成情况

	2015年实际情况	2020年规划目标	2019年实际完成	完成率（%）
1. 发电装机（万千瓦）	31954	67500	79400	117.60
水电	12900	34000	35600	104.70
风电	4318	21000	21000	100
光伏发电	4318	10500	20400	194.30
太阳能热发电	—	500	420	84
生物质发电	1030	1500	2254	150
2. 供气（亿立方米）	—	—	—	—
沼气	190	—	—	—
3. 供热	—	—	—	—
地热（万平方米）	—	160000	84100	52.60
生物质供热（万吨标准煤）	—	1500	800	53.30
4. 燃料（万吨）	—	—	—	—
生物质成型燃料	800	—	—	—
燃料乙醇	210	400	284	71.10
生物柴油	80	200	120	60

图40－1描述了全球可再生能源（含水电）消费前三位国家中国、美国和巴西2000～2019年变化情况。2000年，全球可再生能源（含水电）消费量前三位的排名分别是美国、巴西和中国。2005年我国可再生能源消费量超过巴西和美国后，可再生能源（含水电）消费进入快速增长阶段，与第二、第三位的美国和巴西差距日益拉

① 焦耳（J）既是电能单位，也是热值单位。能量的国际通用单位是焦耳（J），1EJ（艾焦）是10^{18}次方焦。1千焦等于34毫克标准煤。

② 文中数据如果不特别注明，均来自BP：《世界能源统计》（2020）。

③ 可再生能源除了生物质能外，其他太阳能、风能、水能不易储存，因而消费量与生产量相差不大。

大。截止到2019年，我国可再生能源（含水电）消费量是美国的2.2倍，巴西的3.2倍。我国可再生能源（含水电）消费量在全球的比重从2000年的7.74%快速增加到26.94%。

3. 电力部门可再生能源发展最快，交通与建筑部门发展缓慢

可再生能源发展在不同终端部门进展差异较大：可再生能源发电进展最快，交通和建筑部门可再生能源对化石能源的替代进展缓慢。

电力部门可再生能源对化石能源替代主要表现在可再生能源发电量及其占比快速增加。2019年，我国可再生能源（含水电）发电量为2002TWh，占全国发电量的26.68%，相对于2000年可再生能源（含水电）发电量增加了7.88倍。2000～2011年，全国发电量中可再生能源的比重一直在15%～20%波动。2012年开始，可再生能源（含水电）发电量逐渐大幅增加，其在全国发电量中的比重从2012年的20.04%快速上升到2019年的26.68%（见图40－2）。

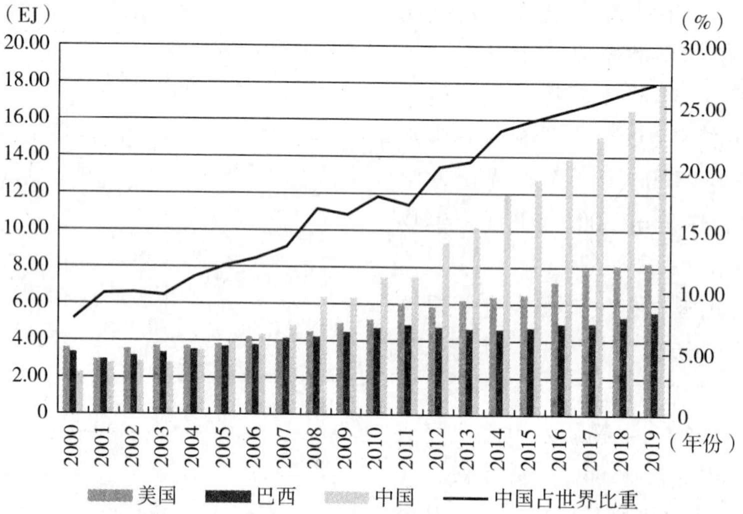

图40－1　2000～2019年中国、美国、巴西可再生能源（含水电）消费量

资料来源：BP：《世界能源统计年鉴》（2020）。

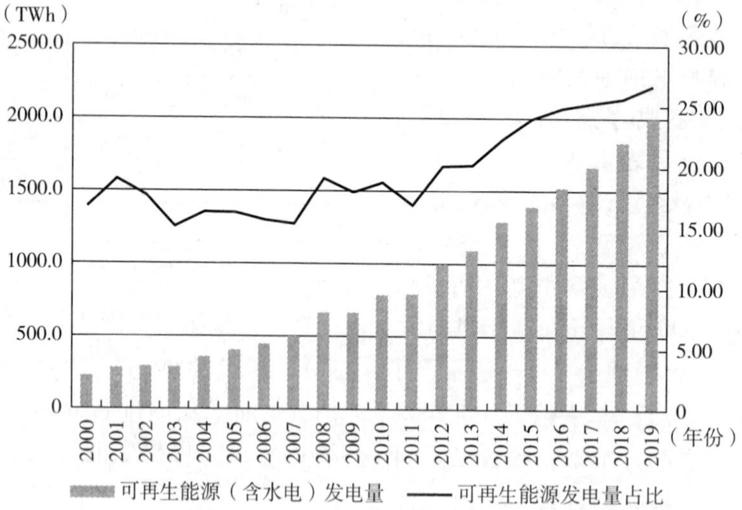

图40－2　可再生能源（含水电）发电量及其占总发电量比重变化

交通部门可再生能源对化石能源的替代目前主要有如下几个途径：

一是用生物质交通燃料替代成品油，主要包括生物质燃料乙醇和生物柴油。2017年工信部等十五部委印发《关于扩大生物燃料乙醇生产和推广使用车用乙醇汽油的实施方案》，确定了到

2020 年将实现除新疆、西藏、青海之外乙醇汽油（添加 10% 的生物质燃料乙醇）全覆盖的目标。2019 年我国汽油表观消费量 1.3 亿吨左右，按照 10% 的添加标准需要生物质燃料乙醇 1300 万吨左右，但截止到 2018 年底，我国生物质燃料乙醇生产能力不到 300 万吨，生物柴油生产能力 210 万吨左右。也就是说，就生物燃料而言，我国交通燃料所含“可再生能源”成分仅 3.9%（见图 40－3）。

二是交通电气化推动电力对化石燃料（成品油）的替代。电力对成品油的替代主要体现在新能源汽车替代传统燃油车，同时还包括地铁、轻轨等城市公共交通对传统燃油汽车的替代。2012～2019 年，我国新能源汽车总共售出 416 万辆，在全国汽车保有量（2.6 亿辆）的比重为 1.6%。根据有关专家的计算，这些新能源汽车在 2012～2019 年共节省了汽油 0.14 亿吨，占同期成品油消费总量的 0.6%。如果要度量交通燃料的可再生能源“含量”，电力替代化石能源部分还需要考虑所消费电量中可再生能源比重。即使以 2019 年发电量中可再生能源比重 26.68% 计算，交通部门电力替代这一部分的可再生能源比重也仅为 0.16%。

建筑部门消耗的可再生能源主要来自两个方面，一是建筑用电中来自可再生能源的比例，二是建筑制冷和供暖能耗中来自可再生能源的比例。前者一般在可再生能源发电量中统计，不在建筑部门统计。目前，我国建筑制冷和供暖极少部分采用生物质能、地热能和空气能（空气源热泵）等可再生能源，但缺乏统计数据。2017 年，我国开始推动北方地区清洁取暖，规定到 2021 年实现北方城市清洁取暖率达到 70%，但政策推动清洁取暖的主要技术方案是“电代煤”和“天然气代煤”。目前，我国北方城乡建筑取暖面积中采用可再生能源（地热、太阳能、生物质能）供暖面积仅 8 亿平方米，仅占北方城乡建筑取暖面积的 4%。

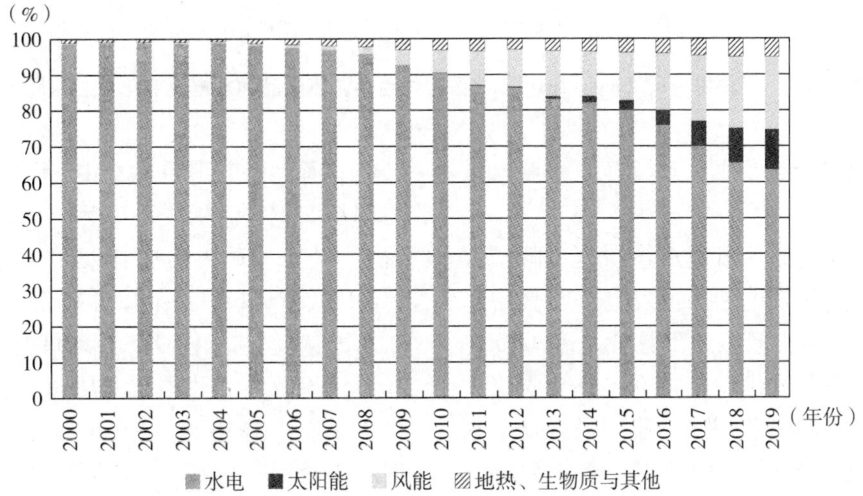

图 40－3　2000～2019 年我国可再生能源发电量构成

4. 水电在可再生能源中占比最高，风电与光伏发电增长最快

发电是可再生能源发展最快终端部门，而水电一直是我国可再生能源发电的主体，风电次之，然后是光伏发电和其他可再生能源发电。2019 年，我国水力发电量 1269.7TWh，占当年可再生能源发电量的 63.42%；风力发电量 405.7TWh，占当年可再生能源发电量的 20.26%；光伏发电量 223.8TWh，占当年可再生能源发电量的 11.18%；最后是地热、生物质和垃圾等可再生能源发电量 102.8TWh，占当年可再生能源发电量的 5.14%（见图 40－3）。

从可再生能源不同品种发展速度看，风力发电和光伏发电发展速度最快，必将成为未来可再生能源发电的主力。如图 40－4 所示，2000～2019 年，我国可再生能源发电量从 225.6TWh 增加到 2002TWh，年均增长 12.18%。其中，水力发电量从 222.4TWh 稳步增长到 1269.7TWh，年均增长 9.6%，低于总体增长速度，其在可再生能源发电量的占比也从 2000 年的 98.6% 下降到 2019 年的 63.42%；光伏发电量从 0.1TWh 增加到 223.8TWh，年均增长 66.5%，其在可再生能源发电量的占比从 2003 年的 0.02% 稳步增加到 2019 年的 11.18%；风力发电量从 0.6TWh 增加到 405.7TWh，年均增长 41%，其在可再生能源发电量的占比从 2000 年的 0.26% 增加到 2019 年的 20.26%；地热、生物质和垃圾发电等其他可再生能源发电量从 2.5TWh 增加到 102.8TWh，年均增长 21.5%，其在可再生能源发电量的占比从 2000 年的 1.12% 增加到 2019 年的 5.14%。

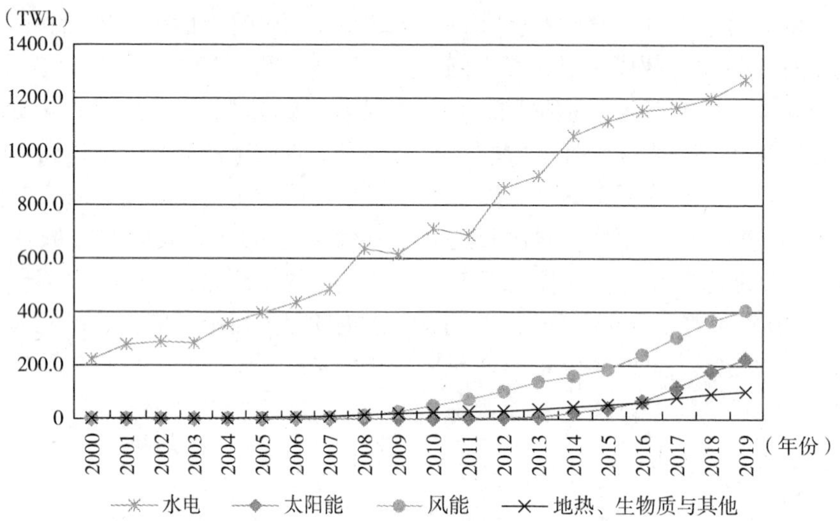

图 40－4　2000～2019 年我国可再生能源不同品种发电量变化

5. 风力发电与光伏发电快速下降，补贴政策逐渐退出

随着风力发电与光伏发电成本快速下降，我国大部分地区的光伏发电和风力发电基本具备平价上网条件，相关补贴政策逐步退出。到 2020 年底，新增陆上风电和光伏发电将不再享受固定上网电价补贴政策。2010 年以来，我国风力发电和光伏发电平准化度电成本（LCOE）逐年大幅下降，市场竞争力日益提高。据国际可再生能源机构（IRENA）的数据，2010 年以来，我国陆上风电项目的平均 LCOE 从 2010 年 0.482 元/千瓦时降至 2019 年的 0.315 元/千瓦时，10 年来下降了 35%；海上风电项目由 2010 年的 1.186 元/千瓦时降至 2019 年的约 0.75 元/千瓦时，10 年来下降了 37%；2019 年中国部分海上风电项目的 LCOE 低于 0.63 元/千瓦时。

光伏发电的 LCOE 下降幅度比风电还要大。2011～2019 年，我国（非居民屋顶）光伏发电平均 LCOE 从 1.16 元/千瓦时下降到 0.44 元/千瓦时，下降幅度为 62%[①]。同期德国光伏发电平均 LCOE 从 1.63 元/千瓦时下降到 0.72 元/千瓦时，降幅 55.68%；美国加州光伏发电平均 LCOE 从 1.62 元/千瓦时降至 0.92 元/千瓦时，降幅为 42.99%[②]。

① 2020 年，我国光伏发电上网标杆价格已经降至 0.35 元/千瓦时（Ⅰ类资源区）、0.4 元/千瓦时（Ⅱ类资源区）和 0.49 元/千瓦时（Ⅲ类资源区）。其中，Ⅰ类资源区和Ⅱ类资源区的光伏发电标杆电价已经低于 2019 年 LCOE 成本，这意味着从 2019 年到 2020 年光伏发电成本又有了明显下降。

② 2011 年美元与人民币汇率按照 1∶6.51 计算，2019 年按照 1∶6.8985 计算。

二、我国可再生能源的发展阶段

2000年以来，我国可再生能源快速发展的大背景是气候变化驱动下的能源转型。换句话说，这一轮全球可再生能源快速发展，不是因为化石能源供给的“短缺”，而是因为化石能源消费排放的温室气体是导致地球温度升高主要原因，故而以“无碳”的可再生能源替代化石能源成为当前应对气候变化的主要途径。因此，基于气候变化与能源转型的逻辑来判断我国可再生能源发展阶段，是正确认识当前我国可再生能源发展存在的问题以及“十四五”时期我国可再生能源发展的前提。

大力发展可再生能源替代化石能源，既是应对气候变化的重要举措，也是实现能源转型的重要内容。可再生能源发展对气候变化的贡献和对能源转型的影响关系密切，但不能混为一谈。

1. 从可再生能源发展规模看，我国是全球应对气候变化的领先者

大力发展可再生能源替代化石能源，减少碳排放是应对气候变化的重要举措。从可再生能源发展规模看，我国已经成为世界第一大国，远远领先于其他国家。

截至2019年底，中国可再生能源累计装机约758.6GW，占全球可再生能源装机总量的29.9%。其中，水电装机（含抽水蓄能）356.4GW，占全球水电装机的27.2%；非水可再生能源电力装机402.2GW，是欧盟28国累计装机总和（340.4GW）的1.2倍，是美国非水可再生能源累计装机（161.7GW）的2.5倍。

从2019年可再生能源发电量全球前十位的国家可以清晰地看到我国可再生能源发展规模相对于其他国家的领先程度。如图40－5所示，根据BP《世界能源统计年鉴》的数据，2019年我国可再生能源发电量完成2002TWh，占当年全球可再生能源发电量的27.8%；我国可再生能源发电量是美国的2.6倍、巴西的3.9倍、加拿大的4.6倍、印度的6.8倍、德国的8.2倍。

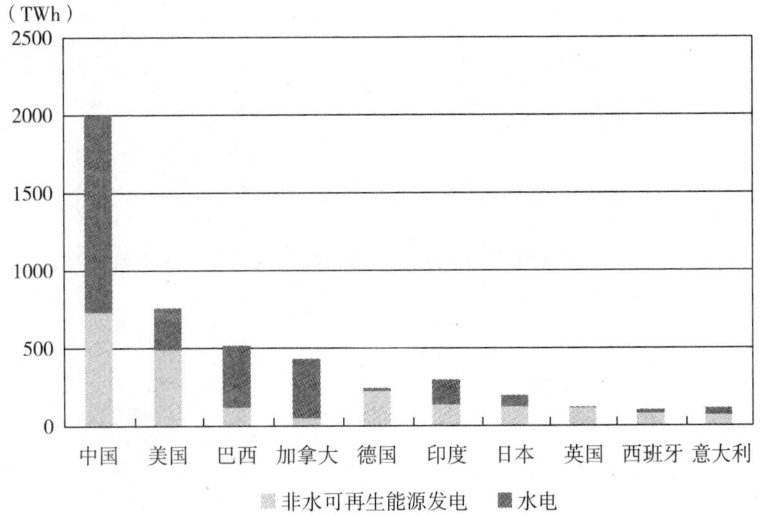

图40－5　2019年全球可再生能源发电量前十位的国家

资料来源：BP《世界能源统计年鉴》（2020）。

我国可再生能源规模的快速增长为二氧化碳减排做出了重要贡献，使我国成为全球应对气候变化的先行者。2019年，我国可再生能源发展所

避免的二氧化碳排放量为1649百万吨[①]，占我国当年二氧化碳排放量的16.48%。

2. 从可再生能源份额看，我国还处于能源转型的初级阶段

可再生能源发展规模的领先地位决定了我国在应对气候变化方面的全球先行者角色，但这并不意味着我国在能源转型方面也处于同样的位置。因为能源转型，即从以化石能源为主导的能源系统转向以可再生能源为主导的能源系统，本质上是一个国家内部的能源替代问题。因此，可再生能源的相对量，即在能源系统中的比重，更能反映能源转型的阶段。因为随着可再生能源在能源系统中的份额提升到不同水平，其发展特征和所面临的问题是不同的。

目前，电力行业是各国能源转型进展最快从而面临问题最多的领域。我们可以用一个国家发电量中波动性风光发电量的比重来界定能源转型阶段。欧洲经验表明，电网在不增加额外成本的情况下接纳15%～20%的波动性风光电力不会影响电力系统安全运行。[②] 因此，本章把一个国家电力系统中波动性风光电量占比15%以下定义为能源转型的初级阶段，15%～45%定义为中级阶段，45%以上定义为高级阶段。

如图40－6所示，如果用总发电量中可再生能源占比（包括水电）来判断，全球可再生能源发展规模前十位的国家都进入能源转型的中级阶段。然而，如果以波动性风光电量比重衡量，中国、美国、加拿大、巴西、印度、日本都处于能源转型的初级阶段（风光电占发电量比重均处于15%以下），处于能源转型中级阶段的仅有德国（28.3%）、英国（23.7%）、西班牙（25.8%）、意大利（15.6%）四个国家。

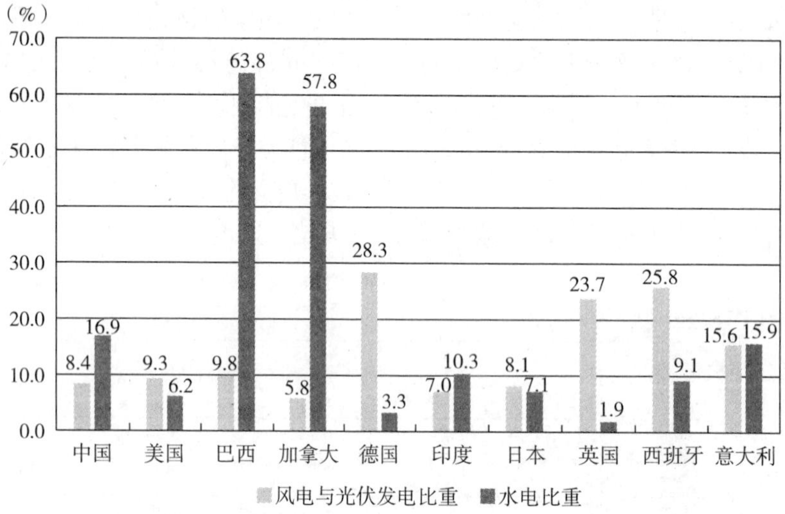

图40－6　2019年全球主要国家风电与光伏发电及水电占发电量的比重

资料来源：BP：《世界能源统计年鉴》（2020）。

① 2019年，我国1千瓦时煤耗为330千克标准煤，根据标准煤的碳排放系数0.68tc/tce，再乘以3.67得到1吨标准煤燃烧排放的二氧化碳。

② IEA的最新研究报告认为，如果通过系统方法优化，即一方面，风光发电站位置（从而并网的地点）从系统角度优化，另一方面，电力系统为适应这种变化而调整优化，波动性可再生能源占比达到45%的电力系统长期不会带来额外成本。由于现实中伴随着波动性电力比重增加，电力系统的其他部分主动进行调整概率比较小（难度比较大），因此，本章把一个国家电力系统中波动性风光电量占比15%以下定义为能源转型的初级阶段或第一阶段，15%～45%定义为中级阶段，45%以上定义为高级阶段。国家能源转型的不同阶段所面临的问题和政策的重点不完全相同。

三、现阶段我国可再生能源发展面临的问题

从可再生能源未来发展与能源转型的关系角度看，现阶段我国可再生能源发展面临如下四个关键问题。

1. 风电和光伏发电的“限电率”较高

我国能源转型还处于初级阶段，风电与光伏发电占发电量比重并不高，但近几年风电和光伏发电已经出现了大量限电的情况。根据国家能源局的数据，2015～2017 年我国风电限电率分别高达 15.2%、17% 和 12%①；光伏发电限电率分别为 12.1%、10.6% 和 6%。2018 年我国《清洁能源消纳行动计划 2018－2020》提出了 2020 年我国风电和光伏发电限电率下降到 5% 的目标后，风电与光伏发电限电率出现明显下降。2018 年和 2019 年风电限电率分别下降 6.2% 和 4%，光伏发电限电率分别下降 3% 和 2%。

根据欧洲主要国家的经验，当风电与光伏发电占发电量比重超过 10% 时，限电率已经下降到了 1% 以下。比如，2011～2013 年，德国发电量中风光电占比从 11.2% 增加到 13.1%，风光电限电率从 0.61% 下降到 0.15%；意大利风光电占比从 6.8% 上升至 12.4%，风光电限电率从 1.29% 下降到 0.42%。相比之下，2019 年我国发电量中风光电占比仅为 8.4%，但风电和光伏发电限电率仍高达 3% 和 2%。因此，相对于我国可再生能源发展阶段而言，这一限电率仍然偏高。这一限电率意味着我国 2019 年“浪费”了 145 亿千瓦时的风光电。

2. 后补贴时代风力和光伏发电的“非技术成本”的不利影响将日益凸显

在政策支持与技术进步推动下，我国风电与光伏发电的成本快速下降。目前，在资源条件优良、建设成本低、投资和市场条件好的地区，风电、光伏发电成本已达到燃煤标杆上网电价水平，具备了不需要国家补贴平价上网的条件。预计 2020～2022 年，全国大部分风电和光伏发电项目将具备用户侧平价上网条件，我国风力与光伏发电将进入“后补贴时代”。

我国风力和光伏发电项目建设中一直存在非技术因素导致“成本”过高的现象，这类成本甚至占到项目总建设成本的 20%～30%。“非技术性成本”的来源主要有以下几个方面：一是国土与林业部门在项目建设用地政策方面不一致导致项目延误甚至取消，土地使用费用征收不规范；二是风电与光伏发电项目并网工程建设缺乏竞争导致建设成本居高不下；三是风电与光伏发电项目融资信用体系建设滞后导致融资成本居高不下，融资成本甚至超过欧美国家 1 倍以上。

已有的可再生能源项目补贴政策实际上起到了“对冲”上述“非技术性成本”的作用。进入“后补贴时代”后，这些“非技术性成本”的不利影响将日益凸显，成为妨碍可再生能源，特别是风电和光伏发电发展的重要因素，甚至会影响到风电和光伏发电进入“平价上网”时代。

3. 政策限制导致生物质能现代利用严重滞后

生物质能一直是人类赖以生存的重要能源之一，是仅次于煤炭、石油、天然气之后第四大能源，在能源系统中占有重要的地位②。根据清华大学和中国工程院的研究，我国生物质能年可利用资源量接近 8 亿～11 亿吨标准煤，如果能充分利用，将直接替代我国能源消费总量中 17%～24% 的化石能源，将极大推动我国能源低碳转型，对全球气候变化做出巨大的贡献。

生物质能的现代利用方式有生物质发电、生物质沼气、生物质车用燃料和生物质清洁燃烧供热等。欧盟一直非常重视生物质能现代利用。欧

① 风力发电和光伏发电的“限电”是指可发但因各种原因不能实现并网的电量。这部分电量与风光电的发电量的比值就是“限电率”，通常也叫“弃风率”“弃光率”。

② 生物质（biomass）是指通过光合作用而形成的各种有机体，包括所有的动植物和微生物，也包括农作物、农作物废弃物、木材、木材废弃物和动物粪便等。生物质能则是太阳能以化学能形式储存在生物质中的能量形式。

盟终端能源消费中有17%来自可再生能源，其中59.2%（1156.9万吨标准油当量）是生物质能贡献的。这些生物质能的终端用途构成分别是：12%用于交通生物燃料、13.4%用于生物质发电、74.6%用于供热。

在生物质能现代利用的各种方式中，生物质发电和生物乙醇燃料很早就得到政策支持，但发展规模不算大。2006年国家发展改革委制定了生物质发电标杆电价，到2019年生物质年发电量1111亿千瓦时，占可再生能源发电量的5.4%；2001年我国就开始推广车用生物乙醇燃料试点，但到目前为止车用生物乙醇燃料和生物柴油的年产量仅占成品油消费量的0.6%。

更为遗憾的是，被欧盟实践所证明的最适合生物质能发展的方向——生物质能供暖供热——在我国一直受到政策限制。前国家环保总局2001年发布的《关于划分高污染燃料的规定》将直接燃用的生物质燃料（树木、秸秆、锯末、稻壳、蔗渣等）归为高污染燃料，限制生物质直接燃烧利用。实践中，各地环保部门对生物质供热供暖项目基本持否定态度，即使对以采用生物质成型颗粒为燃料的供热供暖项目也一直是从严控制。2017年，国家环保部发布《高污染燃料目录》取代《关于划分高污染燃料的规定》。新的目录虽然将工业废弃物和垃圾、农林剩余物、餐饮业使用的木炭等辅助性燃料排除在管控范围外，但在实践中环保部门对生物质供热供暖项目并未全面放开，仅限于在山东阳信、山东商河等不多的几个县范围内以“示范”名义发展，对全国生物质供热供暖的发展没有产生实质性带动作用。

4. 我国电力系统灵活性不能满足现阶段能源转型的需要

发电部门是可再生能源发展最快的领域。随着波动性风光电比重的上升，传统上基于化石能源发电而设计的电力系统稳定运行将面临冲击。从能源低碳转型的要求出发，正确的策略应该是提高现有电力系统的灵活性来应对风光电的波动性，而不是限制风光电的发展。

根据欧洲的经验，提升现有电力系统灵活性的常见方法有五种：一是提高除风电和光伏之外其他发电厂的灵活度；二是加强相邻国家（区域）电网的互联互通，发挥相邻电网的“间接储能系统”作用；三是通过市场和技术手段提高电力负荷的可调节性；四是发展可再生能源供热、增加储热装置、增强电厂灵活度；五是利用多样化的储能技术提高电力系统各环节的灵活性。

目前，我国提高电力系统灵活性的主要手段是推动煤电机组的灵活性改造。其余四种途径无论是技术上还是市场制度上变革有限，导致目前电力系统灵活性很差。更重要的是，多年来电源开发与电网规划不匹配，片面追求超临界、超超临界等超大煤电机组的做法降低了电力系统的灵活性，最终限制了我国电力系统对波动性风光电的消纳能力。

四、“十四五”时期可再生能源发展的关键是体制改革与机制重构

从能源服务角度看，我国可再生能源利用大致可分为“电”和“非电”两个领域。在电力领域，可再生能源发展的主要障碍是电力体制改革进展缓慢，根源是可再生能源发电商与电网的利益冲突；非电领域可再生能源发展的重点是生物质供暖，主要障碍是政策限制，根源是环保部门对生物质能源发展的认知偏差。因此，“十四五”时期，体制改革与机制重构是决定我国可再生能源未来发展规模和速度的关键。

1. 加快建设电力现货市场与辅助服务市场，提升电力系统灵活性

随着能源低碳转型的推进，电力系统中波动性风光电比重的增加，灵活性就成为电力系统最稀缺的“资源”。电力系统灵活性包括技术上的灵活性与制度上的灵活性。技术上的灵活性是指通过技术手段来提高系统对生产与负荷

波动的反应能力和反应速度[①]，制度上的灵活性是指电力市场制度使电力市场参与者能够根据价格变化来实施这种反应能力。德国等欧洲国家在风光电比重大幅增加情况下，没有出现持续性的风光电限电率，得益于欧洲各国电网互联基础上的统一电力市场建设。我国可再生能源发电并网中存在的大多问题，都与电力市场建设滞后密切相关。

完善的电力市场包括电力现货市场与辅助服务市场，它可以使电力市场参与者（发电商、电网、辅助服务提供商等）所提供的“服务”的价值得以充分体现，电力系统稳定高效运行。随着越来越多波动性风光电进入电力市场，传统市场参与者所提供的“服务”对电力系统稳定高效运行的“价值”需要重估。同时，波动性风光电比重大幅上升还导致对新的辅助服务的需求[②]。因此，在充分考虑到波动性电量比重较大情况下，建立和完善电力现货市场是促进能源低碳转型的系统成本、实现电力系统稳定高效运行的关键。因此，必须进一步加快我国电力现货市场和辅助服务市场建设，才能为我国可再生能源在“十四五”和今后的快速稳定发展提供可靠的制度保障。

2. 增量配电网改革是电力体制改革与能源系统低碳转型的突破口

增量配电业务是指目前国家电网和南方电网以外的配电业务，尤其指企业经营的配电业务。我国2016年启动了增量配网改革，将其视为推动电力体制改革的突破口。一方面希望通过增量配网改革实现输配电价改革的落地，倒逼电网企业从购销差价盈利模式转向收取过网费；另一方面希望通过引入新的配电网经营主体，加快配电网建设，同时使目前两大电网之外的大量配电资产得到充分有效的利用。

但增量配网改革的意义不仅限于此，它同时也是推动我国能源系统转型的突破口。随着能源低碳转型的推进，电力系统至少将产生两个重大的变化：一是随着大量分布式光伏、小型生物质电站、多能互补的微电网等在用户侧出现，电力系统电能从生产端向消费端的单向流动转变为双向流动（电能产销者（prosumer）的出现）；二是电网从纵向控制的集中式电网向分布式扁平电网转变。这导致能源转型进程中大量的技术创新和商业模式创新在配网范围内产生。

为适应能源转型带来的这些变化，配电网需要加快开放和转型。无论是大量小型的分布式电站“集成”的需要，还是大量储能设备、电动汽车等分布式接入对配电网优化运行和控制的需要，都需要一个开放的、数字化、智能化的水平高且本地平衡能力强的本地配电网。

我国的输电网的技术水平被业内认为是世界领先，但长期以来我国投资都是“重输轻配”，导致电网结构薄弱，自动化水平低；基础数据分割严重无法共享，信息化水平低，远不能应对电力系统转型过程中带来的挑战，也不能适应未来智慧城市和低碳发展的要求。因此，“十四五”时期必须进一步加快增量配网改革来适应能源转型的要求。

3. 完善碳定价机制，推动可再生能源与化石能源公平竞争

谈到可再生能源与化石能源的竞争力时，常见的做法是计算一种能源利用方式全生命周期的单位成本，但这种度量方法没有考虑化石能源碳排放的外部成本。换句话说，大力发展可再生能源替代化石能源的根本原因是人类在利用化石能源时所排放的二氧化碳是导致全球变暖，但我们在比较可再生能源与化石能源的成本时却不考虑化石能源排放二氧化碳的外部成本。因此，必须通过一种机制给排放的“碳”进行定价并且内部化，才能在一个公平竞争的环境下实现可再生能源对化石能源的替代。

从国际实践看，存在两种相互补充的碳定价机制：碳排放交易制度与碳税。以欧盟为例，其碳排放交易制度（EUETS）主要针对电力部门和大工业部门的化石能源消耗企业，而碳税则针对

① 比如，对常规发电机组进行灵活性改造。

② 比如，光伏发电提供的系统惯量比较小，而系统惯量的减少程度会对高比重光伏的稳定性产生影响，这就需要有新的系统惯量的提供方。

汽车燃料、居民部门和小工业部门等非ETS排放主体。不过，碳排放交易制度与碳税也可以同时针对同一主体采用。因为碳排放交易确定的“碳价”是波动的，当碳价长期处于较低水平时，引导企业主动减排的效果将受到损害。这时候有的国家会在此基础上引入碳税，将碳价提高到社会合理水平，避免因为碳交易价过低而造成减排政策无效①。

我国碳排放交易制度在八个省市经过五年试点运行，目前全国性碳排放权交易市场正处于市场运营前的准备阶段，并将于2020年底进入试运行阶段。从试点运行情况看，八个省市碳排放市场都不同程度存在碳价过低、对企业碳减排激励有限的问题。因此，“十四五”时期需要加快完善我国碳定价机制，为可再生能源发展和公平竞争创造良好制度环境。

4. 消除生物质供热供暖的发展障碍，释放我国生物质能利用潜力

生物质能在欧盟可再生能源利用占比将近60%的份额，并且75%左右的生物质能用于供热供暖。这是因为生物质能分布广泛、利用规模灵活，直接燃烧供热供暖是最能发挥其优势的利用领域。然而，我国生物质能供热供暖受到各种限制，发展规模一直很小。因此，“十四五”时期必须消除我国生物质供热供暖的发展障碍，加快释放我国生物质能发展潜力。毕竟，生物质能燃烧不排放二氧化碳（碳中性）和硫化物，相比化石能源（包括天然气）对气候变化更为友好。

具体来说，可以从如下两个方面推进：

一是环保部门应消除对生物质能供热供暖的观念误区。虽然国家环保部2017年发布的《高污染燃料目录》把农林废弃物排除在监管之外，但由于环保部门长期以来“生物质直接燃烧污染大”的观点根深蒂固，在实际工作中对生物质供暖供热项目采取“一刀切”，甚至禁止的做法。而消除这一错误观念的最好办法是环保部门不应该根据燃烧方式决定准入，而应该按照实际排放值来决定生物质能供热供暖项目（技术）的准入。同时，环保部门制定符合实际的生物质能锅炉燃烧大气污染物排放指标作为监管依据。

二是改变生物质能供热供暖的补贴方式，促进先进技术脱颖而出。目前市场上已经出现部分燃烧效率高、排放效果好的生物质锅炉，但由于生物质能供热供暖行业没有形成一个全国性的竞争市场，而且部分示范地区以政府招标方式确定生物质锅炉或炉具厂家的做法倾向于低价（从而也是低技术）中标，好的技术反而被排挤出局。建议改变目前中标即获得政府补贴的做法，而只有生物质锅炉排放指标优秀的企业才能获得补贴。具体来说，投标企业除了对建设成本报价，还需要承诺投产后实际运行的具体排放指标。项目投产运行监测排放指标符合国家排放标准的，不给予补贴；排放指标优于国家标准50%的给予50%的补贴，优于100%的获得100%的补贴。

专栏40-1

山东阳信打造全国首个农村清洁供热“无煤县”

山东阳信县生物质原料充足，每年有10万亩梨园年可剪枝5万吨，55万亩耕地年产秸秆80万吨，木器加工企业年供应锯末10万吨，肉牛年存栏27万头，产生鲜牛粪150余万吨。为落实大气污染防治行动计划，阳信县从2018年开始，立足自身实际，利用梨枝、牛粪、秸秆等当地特色资源，积极开展生物质能和热电联产清洁取暖，摸索出了一条低碳环保、生态循环、集约惠

① 比如英国从2013年4月1日起引入最低碳价机制，通过在气候变化税中加征排放价格支持机制税率，使企业负担的排放成本达到政策目标所需的水平，从而加大了对本国温室气体排放的管控力度。最初的最低碳价机制将2013年最低碳价设在每吨16英镑，到2020年上升到每吨30英镑。

民的清洁取暖新路子。根据不同区域资源和用户特点，阳信县探索实施了生物质燃料+专用炉具分散式供热、生物质燃料+锅炉分布式供热、生物质热电联产集中供热“三种模式”，效果明显。按照试点方案要求，2018年完成生物质改造25034万户，2019年改造2万户，2020年实现生物质清洁供热县域全覆盖，建成全国首个农村清洁供热“无煤县”。

经国家煤炭质量监督检验中心检测，阳信县生物质燃料热值可达到4045.45大卡/千克，该县生物质能源清洁供热改造前后，对比表明其效果显著：

一是清洁高效，显著改善空气质量。生物质供热以来，阳信县PM2.5、PM10、二氧化硫、氮氧化物含量同比分别下降15%、8%、29%、20%。

二是节能降耗，有效压减煤炭消费。据测算，阳信县生物质清洁供热实现县域全覆盖，每年应用成型燃料50万吨，年可替代煤炭48万吨。

三是降低成本，大大减轻农民负担。煤改气、煤改电、煤改生物质，每户改造成本分别为13540元、8680元、8400元，煤改生物质成本较煤改气、煤改电分别节省5140元、280元。以单个农户4间房、120平方米、4个月取暖为例，使用成本分别为4140元、4080元、2000元，生物质改造较煤改气、煤改电分别节省2140元、2080元。

资料来源：中国发展网，http：//www.chinadevelopment.com.cn/news/ny/2019/02/1461883.shtml，2019年2月27日。

参考文献

［1］Yoh Yasuda，Damian Flynn，Debra Lew，“International Comparison of Wind and Solar Curtailment Ratio”，In Proceedings of WIW2015 Workshop Brussels，2015，pp. 20－22.

［2］清华大学建筑节能中心：《中国建筑节能年度发展研究报告2020》，中国建筑出版社2020年版。

［3］Irena. Renewable Capacity Statistics 2020，http：//www. irena. org/Publications.

［4］朱彤、王蕾：《国家能源转型：德、美实践与中国选择》，浙江大学出版社2015年版。

［5］Kahrl F.、王轩：《将可再生能源纳入中国电力系统：技术入门——电力系统运营》，睿博能源智库，2015年。

［6］孙巍：《为什么新能源汽车不能减少石油消费》，《石油商报》，2020年3月19日。

［7］国家能源局、财政部、环保部等十部委发布的《北方地区冬季清洁取暖规划（2017－2021年）》。

［8］IRENA Renewable Cost Database.

［9］IRENA：Renewable Capacity Statistics 2020，http：//www. irena. org/Publications.

［10］BP《世界能源统计年鉴》（2020）。

［11］Yoh Yasuda，Damian Flynn，Debra Lew，“International Comparison of Wind and Solar Curtailment Ratio”，In Proceedings of WIW2015 Workshop Brussels，No. 10，2015，pp. 20－22.

［12］清华大学建筑节能中心：《中国建筑节能年度发展研究报告2020》，中国建筑出版社2020年版。

［13］欧洲委员会知识中心：《生物经济》，转引自科学网“马晓磊博客”，http：//blog. sciencenet. cn/blog－3408870－1162350. html。

第四十一章　轻工业

提　　要

我国轻工业是繁荣市场、增加出口、扩大就业、服务“三农”的重要产业。“十三五”轻工业加大了结构调整和转型升级力度，实现了全行业平稳、较快地增长。今天的中国轻工行业已经形成了门类齐全的生产体系和较为完整的产业链，并在产品出口、科技进步、自主创新、节能环保等方面成效显著。尽管如此，我国轻工业仍大而不强，技术基础差、缺乏深入研究和开发的能力、核心技术受制于人（依赖海外）的局面仍未根本改观。同时，轻工业发展将面临国际贸易环境日趋复杂、低成本优势逐步弱化、资源环境约束日益增强等诸多制约因素，以及技术创新能力是否能够快速提升以满足市场竞争和消费结构变化要求的巨大挑战（轻工企业沿用了多年的低成本、大规模标准化生产体制赖以存在的内外部环境条件均发生了根本性的改变）。因此，要推动轻工业由大变强，就要从根本上补齐这些长期困扰行业发展的短板，形成企业愿意创新、有能力创新、关键核心技术有所突破的新局面。政策着力点是：要采用政府主导型共性技术引导、分担机制；要采用政府引导型关键、核心技术引导机制，加快推进技术创新；与此同时，还需推出一批数字化、定制化产品生产技术、工艺和设备的完整示范项目，在条件较好的行业先行先试，然后逐步推广。

*　　　　*　　　　*

“十三五”轻工业加大了结构调整和转型升级力度，实现了全行业平稳较快增长。整体迈上新台阶，全面完成了《轻工业“十三五”规划》中的经济指标和主要任务。但与世界先进水平相比，我国轻工行业多数企业仍然大而不强，在结构调整、转型升级、提质增效等方面的任务紧迫而艰巨。

一、“十三五”时期轻工业发展情况

“十三五”轻工业在全国各工业行业中表现较好，实现了较快的增长（生产总值、出口总额、利润总额均实现了较快增长）；技术进步步伐加快、自主创新能力提高；节能减排呈良好发展态势；政策与营商环境不断优化。

1. “十三五”时期轻工业发展取得的成效

（1）轻工业持续稳定增长，提供大量就业岗位。

1）规模总量上新台阶。

“十三五”轻工业规模以上企业实现主营业务收入（总产值）年均增长 5.74%（见表 41-1）。其中 2019 年轻工业规模以上企业实现主营业务收入 19.8 万亿元（占全国工业总量的 18.7%）。

表 41-1　轻工业“十三五”主营业务收入增长

年份	2015	2016	2017	2018	2019
总产值/主营收入（万亿元）	15.57	16.76	18.17	19.26	19.8
同比增长（%）	5.18	6.4	8.34	5.97	2.8

资料来源：国家统计局快报数据。

2）利税总额较快增长。

“十三五”轻工业规模以上企业实现利润总额年均增长 7.2% 左右（见表 41-2）。其中 2019 年轻工业规模以上企业实现利润总额 1.29 万亿元。

表 41-2　轻工业“十三五”利润总额增长

年份	2015	2016	2017	2018	2019
实现利润总额（万亿元）	0.97	1.04	1.13	1.24	1.29
同比增长（%）	6.43	7.6	8.96	5.91	7.1

资料来源：国家统计局快报数据。

3）出口保持稳定增长。

“十三五”轻工业规模以上企业保持年均 11% 的稳定增长（见表 41-3）。其中，2019 年轻工业规模以上企业出口 6752.8 亿美元，占全国出口总量的 27%；在国民经济各行业中居首位。

表 41-3　轻工业“十三五”出口额增长

年份	2015	2016	2017	2018	2019
出口额（亿美元）	5272.5	5414.9	6072.8	6406.8	6752.8
同比增长（%）	2.67	6.15	12.15	5.5	5.4

资料来源：国家统计局快报数据。

4）提供了大量就业岗位。

多年来轻工业全行业吸纳就业人数均在 3000 万人以上，“十三五”轻工业发展新兴行业和劳动密集型行业，保持规模以上企业就业人数占全国就业人数的 25%～30%；其中产业集群就业人数达 1000 多万人，众多中小企业为农民和城市基层劳动人员提供了大量就业岗位。

（2）技术进步步伐加快、自主创新能力提高。一是一批国家重大科技支撑计划项目、技术改造攻关项目（包括造纸、塑料、发酵、酿酒、制糖、陶瓷、皮革、日化、缝制机械、轻机、家电、制笔等行业）顺利实施，一批关键技术获得突破（其中，制笔行业中性墨水、水性墨水、中油墨水和笔头用不锈钢材料、笔头精密加工设备；基于拉伸流变的塑料高效节能加工成型技术和设备，塑料的超临界二氧化碳微发泡制备技术；日化行业新型绿色表面活性剂油脂乙氧基化物、醇醚糖苷、氧化法 AEC 技术；制糖行业封闭循环用水技术；制革和毛皮加工水循环利用技术等，此外，高性能二次电池新型电极电解质材料及相关技术等 60 余项科研成果获得国家技术发明奖，变频空调关键技术研究及应用等 190 余项科研成果获得国家科技进步奖）。二是“十三五”时期，一个最为明显的表现是轻工企业十分重视并加大了科研投入（重点行业大中型企业研发强度年均增长 10% 以上，重点行业规模以上企业研究与试验发展经费支出占主营业务收入的比重超过 2.2%，以轻工百强企业为例，科研支出占主营业务收入的 3.6%，像海尔、海信、格力等都超过百强的平均值。少数企业，如宁波方太厨具有限公司，持续多年科研支出占主营业务收入的 5% 以上），使行业整体技术水平有了大大的改观。三是以企业为主体的技术创新体系进一步健全。大多数行业龙头和骨干企业均已成立了技术研发中心（其中，国家级企业技术中心 144 个，以及众多的省市级企业技术研发中心和行业协会牵头的产业技术联盟）。技术创新体系不断壮大和完善，基本覆盖了轻工全行业，对行业技术进步和创新发挥了重要作用。四是很多轻工行业，如造纸、皮革、食品、家电、电池、日化、轻工机械等行业普遍建立了产学研用创新团队，形成了轻工科技创新平台。五是加快了装备升级改造、自主化水平的提升。在酿酒、制鞋、五金等劳动密集型行业，大力推进机械化、自动化、数控化、智能化设备的应用；在造纸、食品加工、塑料加工装备方面，着力提升了重点装备自主化水平；在家电、造纸等行业，重视并推广了机器人的应用。六是产学研用合作已开始聚焦关键核心技术的基础理论研究和应用开发。如缝纫机械行业，基于产品基础理论研究的模块化、参数化数字设计等核心技术的突破已初见成效。

（3）质量建设取得成效，轻工产品质量稳步提升。一是加快推进标准制、修订工作，国际标准采标率不断提高。“十三五”时期，我国轻工产品标准化工作加快推进。目前，轻工业现行标准共6006项，其中，国家标准2629项，行业标准3377项，轻工标准体系逐步建立。二是在轻工全行业推动国际标准采标计划，推动国内消费品标准与国际标准对接；国际标准采标率不断提高（行业重点消费品的国际采标率已达到95%）、标准结构和存量不断优化。家用电器、家具、玩具、鞋类等产品的国际标准转化率达到80%以上。三是规模以上企业普遍建立了质量管理体系，产品质量检测方式及质量控制手段逐步同国际接轨；同时，群众性的质量管理创新、“小改小革”、微创新成果不断涌现，相当一批成果收效显著。此外，多地“一把手”工程效果初显。“十三五”时期，从省到市，越来越多的地方政府将轻工产品质量提升工作列入“一把手”工程，成为了当地的民生工程、重点工作，写进了政府的文件规划里。总体来看，在短短的几年时间里，轻工产品质量出现了一个明显改观、提高的局面（飞亚达公司研制的航天手表，填补了国内空白，达到国际先进水平，伴随航天员圆满完成飞行任务，使我国成为继瑞士之后世界上第二个能生产航天表的国家）。

（4）创新推动结构不断优化。技术进步步伐的加快、自主创新能力的提高，有力地促进了轻工业发展方式的转变和产业结构调整，尤其是新兴行业和产业集群的不断发展和壮大，结构改进的趋势越来越明显。一是产品品种增加，在皮革、钟表、文体、陶瓷、工艺美术等行业，推动开发了一批技术含量高、设计精美、制作精细、性能优越的轻工产品。二是主要行业新产品产值率达到10%以上，科技进步贡献率达到50%左右。产品内销比重提升，2019年内销占89%，较2015年提高2.1个百分点。三是区域结构趋于协调，2019年东部和中西部地区轻工业主营业务收入占全国的比重分别为55.5%、45.5%，中西部地区较2015年提高了3.1个百分点。四是产业集中度明显提升，2019年排名前100位企业的主营业务收入和利润分别占轻工业的11.6%和13.5%。五是轻工相关行业之间相互融合，联系更加紧密，机电一体化趋势明显。传统产业应用高新技术改造后发生了巨大的变化，焕发了新的活力。如缝纫机行业，年产各类家用及工业用缝纫机1800万台左右，占世界总产量的75%以上。常规产品技术及质量水平达到国际先进水平，特种机及机电一体化设备与国际先进水平的差距不断缩小。六是加快建设和发展了一批新兴行业，包括家电、塑料、文教体育用品、羽绒制品、现代化妆品、装饰、礼品等行业，目前家用电器、文教体育用品、羽绒等行业出口额名列世界前茅，也从多方面丰富了人民的生活。

（5）创新推动品牌建设。产品品质和核心技术是品牌建设的重中之重。自主创新能力和产品质量的不断提高，直接推动并加快了轻工品牌建设步伐。近年来，轻工行业品牌建设呈现出多层面创建、多行业覆盖、品牌集中度、影响力、附加值快速提升的特点。中国名牌、著名商标、地理标志、区域品牌等多种创建形式、自我培育与国际并购等多种途径并举，产品品牌、企业品牌、区域品牌有机结合，互动式发展。轻工产品是中国名牌产品中最大的群体。目前，轻工行业拥有中国名牌产品663个，占中国名牌总数的34.6%，海尔、茅台、青岛啤酒和中粮集团等一批品牌企业的国际影响力逐步增强。

（6）国际竞争力有所提升。我国轻工业产业体系完整，产业规模优势突出，形成了较强的综合竞争优势。2019年轻工产品出口额5982.4亿美元，较2015年增长了28.1%。出口的轻工产品中，家具、家用电器、日用陶瓷、文体用品、自行车、钟表、缝纫机、皮革、电光源与灯具、制笔、乐器、玩具、眼镜、羽绒等行业的出口额名列世界前茅。100多种产品产量居世界第一，自行车出口占全球市场的75%，家电、皮革、家具、羽绒制品出口约占全球市场的40%。产品出口到世界230多个国家和地区，我国作为轻工产品国际制造中心和采购中心的地位进一步得到巩固。出口贸易方式、市场结构和产品结构不断优化，一般贸易比重增加，新兴市场比重加大。

（7）创新推动轻工企业不断走出去。轻工业产业体系完整，产业规模优势突出，形成了较强的综合竞争优势。在自主创新能力、产品质量不断提高，轻工品牌建设步伐加快的情况下，我国轻工企业加快了海外收购步伐，并购意愿逐渐增强。在这些海外收购案例中，参与海外收购的企业数量逐渐增加，呈多样化发展趋势，并购涉及领域、区域也逐渐扩大，轻工企业“走出去”，遍及亚洲、非洲、欧洲、美洲和澳洲的几十个国家和地区（欧洲地区主要集中在俄罗斯、意大利、法国、荷兰、德国等，在北美主要集中于美国；在非洲投资较多的国家有马里、尼日利亚、突尼斯等，近年来投资的数额增长较快）。轻工企业对外投资涉及的领域有家电、糖业、乳制品、厨卫等行业；投资形式有全资、合资、参股、技术转让、设备转让、工业园和工厂建设、对外劳务、成立贸易公司、开设境外工程咨询和设计项目服务等。近年来，轻工行业与“一带一路”沿线国家的经贸合作发展势头良好，与“一带一路”沿线国家的贸易额为1728.96亿美元，占轻工商品贸易总额的25.46%，出口额共计1449.93亿美元，占轻工商品出口总额的26.3%。主要涉及的领域有家电、家具和食品行业；主要的投资形式是全资或合资建厂（产品在当地销售或辐射周边国家；食品行业主要是开发清真食品，产品辐射“一带一路”沿线伊斯兰国家和地区）。

（8）创新推动节能减排呈现良好的态势。“十三五”时期，轻工业在推动产业结构优化升级，加快企业自主创新步伐的同时，还有效地促进了节能减排。一是从技术创新入手，积极推广新技术、新工艺、新设备，从生产源头削减污染，走节约发展、清洁发展、安全发展的道路，取得积极进展（照明电器业，通过实施绿色照明工程、能耗标识管理和节能产品认证等措施，促使企业生产绿色节能产品，取得了显著的经济效益和社会效益）。二是造纸、酒精、味精、柠檬酸、制革、铅蓄电池等行业全面完成国家下达的淘汰落后指标。制革行业淘汰落后产能4000万标张，吨皮耗水量降低20%以上，化学需氧量减排30%以上，氨氮排放量减少50%以上；造纸行业淘汰落后产能3000万吨；铅蓄电池企业由1800多家减少至300多家；照明电器行业汞使用量削减近50%。三是造纸、塑料、家电、皮革、电池、照明电器、五金、轻机、缝制机械、陶瓷等20多个行业积极推进轻工清洁生产示范项目，取得初步成效（造纸行业废纸回收率和废纸利用率达到了50%左右，已经超过日本、美国、加拿大和欧洲主要的造纸国家）。四是绿色轻工、智慧轻工也在加速建设。通过推行绿色设计、开发绿色产品、建设绿色工厂等举措，大力推动绿色发展；以推进信息化和工业化深度融合为主线，用智能制造和工业互联网技术提升传统产业，实现智慧发展。目前，已有260家轻工企业获工信部绿色工厂称号，74家企业入选工信部智能制造示范项目。五是轻工主要行业的各项能耗指标（2019年，规模以上单位工业增加值能耗比2015年下降18%，单位工业增加值用水下降23%，单位工业增加值二氧化碳排放量下降22%）逐渐走低，呈现出良好的态势。

（9）政策与营商环境不断优化。“十三五”时期，轻工业在宏观政策、营商环境优化的具体实施细则上持续加大力度，有力地促进了好政策真正落实到地，同时也显著地改善了营商环境。

具体实施细则很多、很详细，但主要有以下七点：

1）加大市场准入改革力度。

一是降低市场准入门槛。清理取消市场准入环节的各种限制性、障碍性、歧视性政策，普遍实施“非禁（凡法律法规未明令禁入的行业和领域）即入（全部向外资和国内民间资本开放，实行内外资、本外地企业同等待遇）”，同时，地方政府和有关部门不能再随意出台对市场准入环节的审批措施。二是落实公平竞争审查制度。清理废除妨碍统一市场和公平竞争的各种规定和做法（主要是地方政府和有关部门违法实施的各类优惠政策）。

2）加大市场环境治理力度。

一是扎实推动知识产权保护的各项改革部署，加快知识产权制度（包括新兴领域和业态等薄弱环节）建设；二是探索、推进并逐步建立消费品质量认证、准入与追溯制度；三是完善执法体制改革，加大执法力度，对知识产权侵权行为持“零容忍”的态度，让侵权者付出沉重代价；四是加快完善统一权威的消费品质量安全风险监控体系，形成以预防为主、风险管理为核心的消费品质量安全监管新机制；五是严格实施缺陷产品召回制度，推动建立生产企业黑名单和惩罚性巨额赔偿制度，公开曝光质量违法和假冒伪劣案件。

3）加强产业政策引导。

一是定期化、制度化公布《产业结构调整指导目录》以及《能源利用效率高的产品目录》。二是推行轻工产品绿色产品标识与认证、能效标识等制度。三是加强行业管理，落实《铅蓄电池行业规范条件》《制革行业规范条件》；落实家用电器、太阳能热水器、钟表等行业品牌发展指导意见；鼓励发展产污强度低、能耗低、清洁生产水平先进的工艺技术，减少能源资源消耗和污染物排放；充分利用关于促进企业兼并重组的支持政策，培育一批有竞争力的企业。

4）加大财税政策支持力度。

一是优化整合中央财政科技计划（专项、基金等），重点支持行业新材料、核心技术、关键零部件、高端装备的研发和创新平台建设，提升产业发展的基础能力；重点支持传统产业改造提升和新兴产业规模化发展，引导企业加大对品种优化、质量提升、装备更新、智能制造和绿色制造等方面的技术改造力度。二是充分发挥国家中小企业发展基金的引导作用，带动中小企业加大对技术创新、结构调整、节能减排等方面的投入，落实各项优惠政策，完善中小企业服务体系。落实固定资产加速折旧政策，引导企业加大先进设备投资。三是发挥清洁生产专项资金的作用，引导重点行业清洁生产技术应用示范和推广。鼓励企业增加绿色产品研发投入，在政府采购等政策中优先选择获得绿色认证的产品。四是切实为各类企业减轻负担。落实相关税费优惠政策，降低企业“五险一金”等成本支出，如阶段性减免税负（如免征小微企业适用3%征收率征收的增值税；免除定期定额小微企业税收负担）、延期申报纳税、对相关企业和个人给予税收优惠，以及合理调整消费税政策等。

5）加大金融政策支持力度。

一是探索、推进并逐步建立配套性的金融支持政策，包括研发试验、成果转化与运用以及市场推广开拓等方面的专门金融支持政策，发挥金融对技术创新的助推作用，促进企业技术创新和成果转化；二是落实支持中小微企业发展的金融政策，进一步降低中小企业融资附加费用、拓宽中小企业融资渠道，完善中小企业信用担保体系；三是鼓励银行业金融机构开发自有品牌、商标专用权等企业无形资产质押贷款业务，支持轻工领域品牌建设；四是支持金融机构通过银团贷款、出口信贷、项目融资等多种方式，为企业建立国际化研发、生产体系及品牌推广搭建金融服务平台。

6）加强人才支撑保障。

一是依托重大科技专项、重点项目、产学研联盟等建成一批高科技人才培养基地，加快培育一支具有较强创新能力和创新精神的高科技人才队伍；二是进一步做好轻工业职工技术培训和技能鉴定工作，形成一支门类齐全、技艺精湛的技术技能人才队伍；三是重视传统技艺人才的保护和传承，培养一批大国工匠；四是依托国家各类人才计划，引进和培养一批懂技术、懂市场的高端复合型管理人才，培养和造就大批优秀企业家。

7）发挥行业协会作用。

一是发挥行业协会联系政府和企业的桥梁和纽带作用，鼓励行业协会积极参与国家、地方有关产业政策法规的制定，引导企业落实产业政策；二是支持行业协会深化改革，完善内部治理，增强服务行业发展的能力，加强对行业发展重大问题的调查研究，反映企业诉求，引导规范企业行为，加强行业自律；三是建立轻工业经济运行及预测预警信息平台，及时反映行业情况和问题；四是鼓励和引导行业协会建立知识产权联盟，构建专利池，提高行业协会联合企业应对涉外知识产权纠纷和国际贸易壁垒的能力。

2. 存在的问题

“十三五”时期，以轻工企业为主体、产学研一体化的自主创新体系开始形成。一些大型轻工企业与高等院校、轻工科研机构建立了长期、稳定、广泛的技术合作关系，不少企业组建了围绕企业核心技术开发的研发机构。但是，与更快适应需求变化的产业转型要求相比，仍然滞后。

主要表现在以下五个方面：

（1）技术基础差。轻工业技术基础差，国家对轻工业的科技投入少，且投资又主要侧重于轻工科技的基础研究和重大行业共性技术的研究，针对具体产品品种的技术创新和生产工艺创新则主要依赖于企业的研发投入。然而，轻工行业的企业规模普遍较小，大多数中小型企业资金有限，通常只够维持产品生产，很难挤出一部分资金从事研发投入。即使挤出了一部分，也因科研实力较弱，难以组织重大科研课题。甚至科研实力相对较强的轻工大型企业，组织、承担了一些重大科研课题，研究进展也往往较慢。

（2）缺乏深入研究和开发的能力。我国轻工业拥有自主知识产权的核心技术太少，长时间核心技术依赖进口，很多行业专门技术和精密装备被发达国家所垄断（变频空调压缩机、LED关键部件芯片、高档手表机芯等依赖进口，制浆造纸、乳制品、饮料、肉制品等行业的关键技术装备主要从国外引进）；能源、资源消耗大，如洗衣粉我国平均消耗能源折标准煤267千克，国际水平仅118千克，制糖企业每吨甜菜用水我国为5~6吨，国外大多数在1吨以下。

核心问题是缺乏深入研究和开发的能力。一是我国大多数轻工企业长期作为海外跨国公司的“生产车间”，主要从事产品的加工制造，虽然也积累了一些生产技术和经验，但离核心技术环节较远，对核心技术的了解和掌握较差（如制鞋中涉及的减震系统、飞织技术，它可以提高运动鞋的稳定与缓震性能；而目前国内贴牌企业尚无一家突破这一核心技术；同时，制鞋业中的飞织技术，国内大规模的鞋企都在抄袭，仅在款式、图案上有所变化）。二是绝大多数轻工企业规模较小，多为中小型企业，难以承担进一步研究和开发所需要的大量资金、人力和物力的投入。

（3）科研管理落后。轻工企业对研发的管理较薄弱，基本上仍处于技术人员自发创造型和投资驱动型相结合的较原始模式（缺乏研发的科学程序、机制、方法和习惯，研发只看成研究与开发部门的职能，而与财务、采购和生产等部门的人员无关；研发的动力单一，主要来源于企业家）。研发投入不足和管理方式落后，致使轻工业关键技术难以实现本质突破，从而造成产品品种少、档次低、技术含量不高。

（4）缺乏专门的共性、关键技术研发组织。在国内，共性、关键技术的研发往往由科研院所或企业独立承担、完成。前者由于事业单位或半事业单位的体制性原因，难免从技术基础、研发能力出发进行具体项目申请和选择。这种情况虽然有利于项目研发的顺利完成以及研发效率的提高，但不利的方面也是明显的：研发出的技术与行业、企业需求难免产生较大偏离，有时甚至严重脱节；此外，中试、末端产业化过程中也往往因激励不足、效率低下。后者因逐利性质又难免在项目申请和选择以及研发上急功近利，或者因技术基础、研发能力不足，项目研发事倍功半。

在国外，专门的共性、关键技术研发组织（第三方市场化机构），例如，专利公司、完全市场化的科研院所等，在这方面发挥了很好的作用。

（5）需求高度细分、定制生产尚处起始阶段。我国城乡居民消费结构正在由生存型消费向发展型消费升级、由物质型消费向服务型消费升级、由传统消费向新型消费升级，并且这一升级的趋势越来越明显，速度越来越快；同时，“80后”“90后”年轻一族成为国内市场的主流消费人群，追求时尚，彰显个性，是“80后”“90后”的一个主要消费特点。总之，消费需求进入了个性化时代，大众化的市场被打碎，需求高度细分，以致成了一个个的个性化需求“碎片”，难能统一化合并、组合。

消费品定制生产如今逐渐成为城市居民个性化消费的新方式，也成为轻工企业市场营销的新手段。而目前，轻工生产企业大多是采用固定的流水线进行批量生产；而定制生产所要求的是为某一个性化产品单独开设一条生产线，这对于投资、技术和工艺改革、人员分配、售后及成本控制而言都将面临严苛考验。

二、“十四五”时期轻工业发展的机遇与挑战

我国轻工业主要是劳动密集型传统产业，丰富的劳动力资源和低人工成本与引进国外先进装备技术的结合，推动了我国轻工业追赶型高速发展，形成了较强的比较竞争优势。但随着人工成本的不断上升、欧美国家信贷消费和市场需求下滑、高端制造业回流以及东南亚等低成本国家轻工业的崛起，轻工业面临的形势异常严峻。

1. 轻工业“十四五”时期面临的挑战

（1）海外市场需求下滑，产品供给增加。一是欧美国家信贷消费和市场需求持续下滑，各种形式的贸易保护主义明显抬头；二是“再工业化”逐渐加速，轻工高端制造业持续回流，中高端产品市场供给增加，竞争加剧。

（2）低端轻工业向低成本国家转移，对我产品出口构成较大威胁。近年来，东南亚地区（具有传统的轻工技术基础、廉价的劳动力成本和非常优惠的引资政策，以及与欧美等主要轻工产品进口国签有互利的双边协议）对低端轻工业投资、转移的吸引力不断增强。自2013年以来，东盟十国的外国直接投资超过了流入中国的投资；欧美轻工产品订单向东南亚地区转移的现象越来越明显，越来越多的东南亚制造和印度制造轻工产品出现在全球消费品市场。

（3）生产高度分散、产能大幅过剩，议价能力极弱。一是我国轻工业绝大多数是中小企业（占总量的96%），生产集中度普遍较低（无论是技术资金较密集、规模效益显著的行业，如造纸业，还是劳动密集的低端产品行业）；二是我国是轻工产品的世界工厂，国内主要轻工产品的产能远大于国内需求，超出内需的产能只能通过海外市场消化、平衡；三是我国轻工产品出口以“贴牌加工”“借船出海”方式为主（核心技术、自主品牌少，特别是在国际市场上有影响力的品牌更少，基本上没有海外营销网络）。全程产业链集中度高的关键环节，核心技术、品牌、设计、营销网络等均是外“借”的，仅赚取微薄的“打工费”（以钟表为例，近年来，我国钟表平均出口单价仅是进口单价的1/40）。这种状况，在原材料、劳动成本上升的情况下，想通过议价使“出借方”让利，几乎不可能。

（4）有效供给不足，境外消费快速增长。长期以来，内需特别是消费需求不足是制约轻工业发展的一大瓶颈。一方面，需求总量不足，产能过剩严重，很多消费品积压滞销（甚至无论怎么降价，也销不出去）；另一方面，有效供给不足，消费者在国内买不到价格合适的高品质产品，不惜全球“海淘”。自2009年以来，我国出境旅游消费进入快速增长阶段。2015年我国出境旅游人数达1.2亿人次，境外消费达1.2万亿元人民币左右。而2019年我国出境旅游人数达1.25亿人次，境外消费达1.3万亿元人民币左右。不仅是奢侈品，连电饭煲、马桶盖等一般消费品也热衷于从境外购买。影响了消费对经济增长拉动作用的充分发挥。

（5）实体经济发展面临较多深层次矛盾。较长时间以来，尤其是近几年，轻工业投资增长有所放缓（吸引资金进入困难，而资金撤离却较常见），已对轻工业稳定增长产生“挤出效应”。

2. 轻工业“十四五”时期面临的机遇

（1）内需已成为经济增长的第一驱动力。2019年我国最终消费对经济增长的贡献率达到57.8%，成为经济增长的第一驱动力。我国经济增长已由投资和出口拉动为主转向了内需特别是消费为主。随着国内“房住不炒”、房价稳定以及廉租房的大量建造、出租，城乡居民的消费能力、结构逐渐好转，最终消费对经济增长的贡献率还会相应提高。目前问题的关键是：产品供给结构转型仍滞后于消费结构的变化，低端产品积压、过剩；高品质产品有效供给不足。根据模型粗略测算（按高、低端产品价格平均相差50%计），现有低端产品，约有1/4能够提升为高端产品。那么，按2019年轻工业规模以上企业主营业务收入19.8万亿元测算，轻工业产业规模就可扩大几万亿元。

（2）出口仍局限于“以量取胜”，大范围、规模化“以质取胜”尚刚刚开始。2019 年轻工产品出口额 5982.4 亿美元。如果 1/5 的出口产品拥有核心技术、自有品牌以及建有海外营销网络，那么，按产品售价仅提升一倍测算，就可增加出口额约 2000 亿美元。

（3）中西部地区的工业化尚未完成（尚处于工业化中期阶段）。2019 年中西部地区轻工业主营业务收入占全国的比重为 45.5%。如果中西部地区轻工业主营业务收入能占全国比重的 60%，那么，按 2019 年轻工业规模以上企业主营业务收入 19.8 万亿元测算，轻工业产业规模也可再扩大几万亿元。

（4）新一轮科技革命和产业变革助力轻工业产业升级。新一轮科技革命和产业变革助力轻工业产业升级，物联网、云计算、大数据、人工智能等技术，渗透经济、社会各领域。3D 打印、机器人、智能制造、纳米等领域不断取得新的突破。新动能、新产品、新业态迅速发展，推动制造业生产方式向数字化、网络化、智能化发展，以智能制造为特征的制造模式变革为轻工业注入了巨大的活力。根据生产增长模型测算，相对于资本和劳动力因素，科技要素的作用开始凸显起来。

三、轻工业“十四五”高质量发展的建议

当前产业竞争的一个显著特点，就是已经发展到全程产业链内协作企业的协同竞争，不仅需要有影响力的大型企业通过转型升级提升配套企业的竞争能力，而且需要行业龙头企业引领产业链内协作企业协同创新、攻坚克难。因此，政府对企业的扶持也要与时俱进、转型升级。

1. 轻工业“十四五”的任务和目标重点

技术基础差、深入研究和开发的能力弱以及大批量生产体制是轻工业持续稳定增长、出口的突出问题和主要矛盾。因此，轻工业“十四五”的任务和目标重点就是要大幅提高全行业深入研究和开发的能力以及要逐步建立起灵活适应需求变化的定制化生产体制，推动轻工业产品走向高端、产业链走向上游，实现更高质量的良性循环发展。

具体而言，轻工业“十四五”重点任务和目标为：在“十三五”基础上，一是淘汰一批（总量上约占 1/4）落后的低端技术、工艺和设备；二是突破一批（总量上约占 1/4）中高端关键或共性技术、工艺和设备；三是推出一批定制化产品技术、工艺和设备的完整示范项目，在条件较好的行业先行先试，然后逐步推广。这样分三步走的总体战略之第一个十年目标（中高端技术、工艺和设备之数量约占行业总量的一半以上），就可基本达成。

2. 轻工业“十四五”政策措施建议

轻工业包括 44 个行业，100 多个产品门类，且各个行业间的关联性、互补性弱；因此，围绕轻工业“十四五”重点任务和目标，政策措施的着力点应放在渐进性、配套性和操作性上。

（1）建立自主创新的引导、风险分担机制。针对轻工企业创新动力不足的问题，要采用综合或专项性的科技计划，建立自主创新的引导机制，引导、促进企业自主投入，并对自主投入进行利益补偿，让其愿意创新并有利可图。可考虑设立行业专项技术计划，安排资金用于对企业自主创新与应用开发项目的贴息；行业共性技术、关键性技术的开发与应用，还可允许按销售收入的一定比例提取（资金），以弥补科技开发可能造成的损失。

针对企业风险承担能力不足的问题，需要设立和完善风险分担机制（分担轻工企业的技术创新风险），让企业敢于创新。可考虑在行业专项技术计划资金中适当安排子项资金，用于对企业自主创新与应用开发项目的风险补贴。

针对企业创新能力弱的问题，需要健全、创新产学研合作机制，以降低轻工企业产学研合作成本，让企业自愿推进开放创新。可考虑在行业专项技术计划资金中适当安排子项资金，用于对企业开放创新项目的补贴。

（2）继续推行“三品”战略。一是加大对优质产品的保护。加快推进并逐步建立消费品质量认证、准入与追溯制度；完善监管执法协作机制，加大执法力度。二是加大政府支持政策力度。建立各级政府产品质量提升引导、实施经费专项预算和拨付制度，引导和激励轻工企业增加对质量提升的投入。三是探索将轻工产品质量提升列为各级政府“一把手”工程及政府常规议事日程。

（3）加强品牌建设。一是加大品牌保护力度。实施严格的知识产权保护，成立知识产权快速维权中心，实施重点品牌预警和全方位动态监测。二是加大品牌支持力度。建立各级政府品牌战略引导、实施经费专项预算和拨付制度，引导和激励轻工企业增加对品牌建设的投入，并适时调整完善相关品牌建设的激励措施，激发企业创品牌的内生动力。三是加大服务力度。推动轻工全行业建立各地方层级品牌培育指导站，编制企业品牌工作指南，指导创牌企业设立品牌管理部门并组建品牌培育专家团队。

（4）加快数字化转型。一是政府的强力推动。探索将制造业，尤其是轻工业数字化转型列为各级政府重大工程，建立引导、实施专项经费预算和拨付制度。二是专项经费优先支持一批有影响力的工业互联网龙头企业及一批特色鲜明的工业互联网平台，让这批平台企业量身定制地为当地轻工各行业上下游企业的设计研发、生产制造、供应链管理、营销交付等各环节进行数字化改造。三是加大服务力度。目前，工信部两化融合管理体系在引导各类轻工企业加强信息时代新型能力体系建设中发挥着重要作用。可以此为基础，推动轻工全行业建立各地方层级两化融合指导站，编制企业两化融合工作指南，指导两化融合改造企业设立两化融合管理部门，并组建两化融合专家团队。

（5）加强工程技术研究中心建设，突破关键薄弱环节。长期以来，轻工业科技成果转化率低。重要原因是研究开发与应用的中间环节薄弱，中试条件差，工程化水平低。要着力促进和加强科技成果产业化中间环节——工程技术研究中心建设，培养工程技术人才，建设工程化实验条件，提高成果的成熟性、配套化、工程化水平。

（6）加强高层次技术创新人才队伍的建设。一是建立权责明确、评价科学、健全有利的科技人才创业创新的评价、使用和激励机制；二是制定相应的财政、税收、金融等优惠政策，完善知识产权、技术等作为资本参股的措施，支持拥有自主知识产权项目和技术的青年创业创新，支持和鼓励高层次人才创办科技型企业；三是构建专业技术人才继续教育体系，依靠重大科技项目、重大产业项目，为轻工企业培养和引进研发人才。

（7）完善企业的退出援助制度。企业的退出援助制度，可考虑整合“关小基金”“淘汰落后产能基金”等相关财政支出，设立统一的企业退出扶助基金：对于部分绝对产能过剩行业需要淘汰的产能建立鼓励性退出机制，通过在退出扶助基金中适当安排专项资金等手段加速淘汰。

（8）发挥行业协会等中介组织的作用。加强质量管理协会、标准化协会、计量测试协会、消费者协会、贸促会、商会等有关专业协会和行业协会建设，建立健全中介服务机构，为企业提供品牌创建、品牌推介、品牌运营、技术开发、质量管理、法律服务、信息咨询、人才培训、商标代理、境外商标注册、打假维权等各个方面服务。

专栏41－1

轻工业特色区域和产业集群建设的好经验、好做法

过去五年，轻工业特色区域和产业集群建设取得显著成就，形成了可以供轻工行业分享的好经验、好做法。

一是坚持特色优势发展。过去五年，轻工产业集群充分发挥了地方历史文化特色优势、生产资源特色优势、传统技艺传承优势、特色商品集散优势，以特色建群、以优势兴群。江西南昌文港镇利用“晏殊故里”“沿河两宰相”“十里三状元”“文风昌盛数百年”的文化资源，利用1600多年制笔传承的历史资源，打造了拥有3100多家企业、13000多从业人员的全国闻名笔业基地，形成了独特的集群发展优势。

二是坚持科技创新发展。过去五年，轻工业产业集群深入开展技术创新活动，促进产学研用结合，实现了结构调整和转型升级，以科技创新带动产业集群持续发展。广东中山市“中国灯饰之都——古镇”，投资6.5亿元设立生产力促进中心、国际创客中心、科技企业孵化器等26个公共创新服务实体，设立省市级工程技术研发中心18家、市镇企业技术中心66家，服务覆盖产业链上下游企业近5000家，形成了古镇灯饰整体科技优势，有效地提升了产业集群的发展水平。

三是坚持绿色生态发展。过去五年，轻工业产业集群坚持节能环保优先，发展循环经济，提高综合效益，把绿色发展理念贯穿于集群建设全过程。发酵、酿酒、皮革、毛皮、电池、人造革、合成革产业集群，积极实施集中治污，环境质量明显改善，绿色发展成效显著。福建省福鼎市生态合成革产业园，加快环保设施升级，解决废水、废气、固废排放问题，推进合成革污染综合治理，组织企业投资8000万元建设污水处理厂，投资4800万元建设危废处置中心，有效降低了合成革生产污染，很好地保持了集群的绿色发展。

四是坚持协同共享发展。过去五年，轻工产业集群完善公共服务体系，提供便利、快捷、高效服务，深化专业分工和协作配套，推动研发、制造、营销、服务一体化发展，促进人才、资金、信息多要素交流融合，实现了集群中大中小企业协同共享发展。

五是坚持政府主导发展。过去五年，各级政府高度重视轻工产业集群发展，积极制定和完善产业集群发展规划，加强组织领导，完善管理机制，加大土地、资金、税收、人才培养政策支持力度，为轻工产业集群提供有利的发展条件。浙江省丽水市政府在推进“中国水性生态合成革示范基地”建设中，先后组织编制了《污染整治实施方案》《循环化改造实施方案》《合成革产业水性生态化改造三年行动计划》《合成革转型升级实施方案》等多项规划；制定了《扶持水性生态合成革产业集群发展的若干意见》《水性生态合成革示范企业培育管理办法》，为产业集群发展提供了积极的政策保障。

资料来源：张崇和：《总结提升努力推动轻工产业集群建设上水平》，《消费日报》，2019年7月11日。

参考文献

［1］辜胜阻：《我国民营企业自主创新对策思路》，中国经济网站，http：//www. ce. cn，2007年1月29日。

［2］李建玲、李纪珍：《产业共性技术与关键技术的比较研究》，《技术经济》2015年第9期。

［3］程敢：《轻工业节能减排成效显著》，中国工业新闻网站，http：//www. cinn. cn/xfp/306473. shtml，2016年12月11日。

［4］《张崇和会长在全国轻工业科技大会上的讲话》，中国文教体育用品协会网站，http：//www. csg. org. cn/NewsInfo. asp？id＝12738，2016年10月28日。

［5］杨静：《产业共性技术供给与中小企业创新》，《光明日报》，2018年8月17日。

［6］《轻工业“十三五”发展规划》，中国产业经济信息网，http：//www. cinic. org. cn/site951/zcdt/2016－01－20/530808. shtml，2017年1月20日。

［7］张崇和：《轻工业消费升级与高质量发展》，《消费日报》，2018年5月8日。

［8］心月：《消费时代的个性化需求》，《经济日报》，2017年8月12日。

第四十二章　家电行业

提　　要

"十三五"时期，中国家电产业从前期的高速发展阶段转向产业提质转型阶段，国内、外市场增速放缓，消费需求不旺，线上消费占比持续提升，逆全球化趋势蔓延及世界主要经济体增速下滑加大了中国家电的出口压力。中国家电产业承压前行，积极推进产品升级、探索销售渠道融合，各家电企不断加大研发投入力度，相继推出具有高自主知识产权的家电产品与技术成果，智能化、数字化快速发展给中国家电高质量发展奠定了基础，服务型消费逐步成为拉动市场的重要动力。"十四五"时期，中国家电产业机遇与挑战并存，5G、物联网、人工智能＋云等技术的快速推广与应用推动中国家电产业向智能化、便捷化、集成化、信息化转型，高端市场空间广阔，年轻消费群体及健康消费理念将引领"十四五"时期中国家电市场发展。与此同时，中国家电产业需要尽快适应新技术发展要求，提供消费者更加务实的高端产品。面对挑战，中国家电产业应提升创新能力，深化供给侧结构性改革，把握新基建建设机遇，提供高质量社会服务，加强信息技术、人工智能技术及云技术的产业应用，推动中国家电产业实现高质量发展。

*　　　　*　　　　*

"十三五"时期中国家电产业在面临国内外市场下滑的压力下开始推动产业结构转型，更加注重产品质量的提升和消费者体验升级，并取得了一定成就。"十四五"时期机遇与挑战并存，中国家电产业应面对短板，推进高质量发展。

一、"十三五"时期中国家电产业发展回顾

"十三五"时期，中国家电行业总体面临较为严峻的内、外部市场环境，行业增长面临较大压力。一是全国宏观经济增速放缓，进入深度调整阶段，家电行业固定资产投资增速放缓；二是国内居民家庭家电拥有量接近饱和，需求释放缓慢，内销规模出现下滑，加之房地产政策缩紧，房地产市场对家电销售的正向拉动作用将长期趋于淡化，众多家电产品逐步进入下行态势，整体规模震荡前行；三是全球经济仍处于金融危机之后恢复期，整体外需不足，"十三五"中后期，世界各主要经济体增速普遍回落，世界市场自信心及消费者信心不佳，加之中美经贸摩擦加大了中国家电出口阻力，总体

出口增速放缓；四是中国经济结构性改革深入推进，家电企业面临去库存与提质量的双重挤压，既是机遇也是挑战，加之上游产品供给价格上升，家电企业生产进入提质增效阶段。

与此同时，我国家电市场战略纵深广，发展好、潜力足、回旋余地大的基本特征没有改变。全国居民消费稳步增长，网上零售额连年保持两位数的快速增长，年轻消费与老年经济成为家电行业新的增长点，家电行业将在调整中寻求新的突破路径。2018 年以来，国家各相关主管部门针对阻碍消费市场进一步壮大的突出问题以及家电市场遭遇的增量瓶颈，出台了一系列措施力促行业健康升级。包括促进农村家电消费、鼓励发展绿色智能家电、推动家电消费更新迭代等。同时出台一系列行业标准力推中国家电行业产品升级，加速落后产能淘汰速率，倒逼家电行业及上下游相关产业高质量发展。各家电企也相继推出高质量产品和个性化服务，加速家电产业两化融合和创新能力，坚持走高质量发展道路，在震荡发展中也显示出改革红利释放的曙光。

1. 发展现状

纵观“十三五”时期，中国家电产业呈现以下特征。

（1）产量增速放缓，市场深度调整。随着中国进入经济发展新常态，中国家电工业也已度过了初创期和成长期，逐步进入转型发展新阶段，“十三五”时期的中国家电产业增长进入相对稳定阶段，各类家电产量开始出现下滑，如表 42 - 1 所示。尤其是以传统家电为代表的大家电，受前期消费饱和和当期外部经济政策与环境影响，产出普遍出现增速下滑甚至负增长的情况。如冰箱生产在房地产政策缩紧、原材料价格显著上涨及市场饱和等诸多因素的综合作用下，其年均增速均未能超过 5%。彩电业在“十三五”时期生产最为惨淡，市场同质化严重与消费者对高端产品需求之间的矛盾使得市场竞争激烈和消费者需求相对不足，作为“十三五”的开局之年，2016 年中国彩电行业产量下滑 45.1%，并且持续保持较低产出。尤其在“十三五”后半期，宏观经济增长减速明显、家电支持政策相继退场、“房住不炒”政策强化、原材料价格居高不下等因素叠加，中国家电全品类产品在 2018 年开始产量增幅缩窄甚至产量缩减。2019 年，受中美贸易争端加剧、各国贸易保护主义抬头影响，中国家具产业仍然维持较低增速。2020 年，受新冠肺炎疫情影响，家电产业停工停产严重，市场有效需求下滑明显，1 ~ 2 月，各品类家电产品均再次出现生产负增长，家电产业再次面临巨大挑战。

表 42 - 1　2016 ~ 2019 年中国主要家电产量及增速

产量（万台）	2016 年	2017 年	2018 年	2019 年
家用空调	11152.1	14429.2	15096.8	15280.1
冰箱	7460.2	7516.2	7478.5	7817.3
洗衣机	5886.1	6359.9	6470.7	6609.0
滚筒洗衣机	1903.0	2349.2	2514.6	2763.2
彩电	13773.9	13717.8	15086.5	14855.2
冰柜	2204.5	2356.1	2430.9	2717.9
微波炉	6771.9	7056.4	6823.6	7063.6
空气净化器	1076.8	1351.8	967.8	—
净水器	1462.1	1635.8	1803.2	1836.6
燃气灶	5981.9	6355.6	6166.9	6411.9
抽油烟机	2608.4	2787.0	2742.8	2830.9
同比增长（%）	2016 年	2017 年	2018 年	2019 年
家用空调	7.6	29.4	4.6	1.2
冰箱	2.0	0.8	-0.5	4.5
洗衣机	4.4	8.0	1.7	2.1
滚筒洗衣机	18.9	23.4	7.0	9.9
彩电	-45.1	-0.4	10.0	-1.5
冰柜	8.9	6.9	3.2	11.8
微波炉	4.4	4.2	-3.3	3.5
空气净化器	15.0	25.5	-28.4	
净水器	11.4	11.9	10.2	1.9
燃气灶	0.0	6.2	-3.0	4.0
抽油烟机	10.0	6.8	-1.6	3.2

资料来源：Wind 数据库。

（2）消费需求不旺，线上销售占比持续提升。与产量对应，“十三五”时期家电产业市场销售出现先增后降的“倒 U 型”趋势（见图 42 - 1），“十三五”前半期适逢中国住房及其配置更新换代的时点，家电产品提价预期拉动终端需求，家电市场销售再次步入快速增长周期。2018 年起，家电市场需求放缓，销售走低，2019 年已出现内销市场负增长。受市场销售影响，如图 42 - 2 所示，

"十三五"时期中国家电企业主营业务收入也呈现"倒U型"发展趋势，"十三五"后期家电企业市场竞争更加激烈，外部经济环境更为复杂，业内企业普遍面临较大压力。但与主营业务收入相比，行业利润在2019年有显著提升，达到1338.6亿元，同比增长11.89%，其主要得益于家电企业更加重视创新投入，满足健康、新需求的部分小家电表现优异，对市场拉动较为明显。

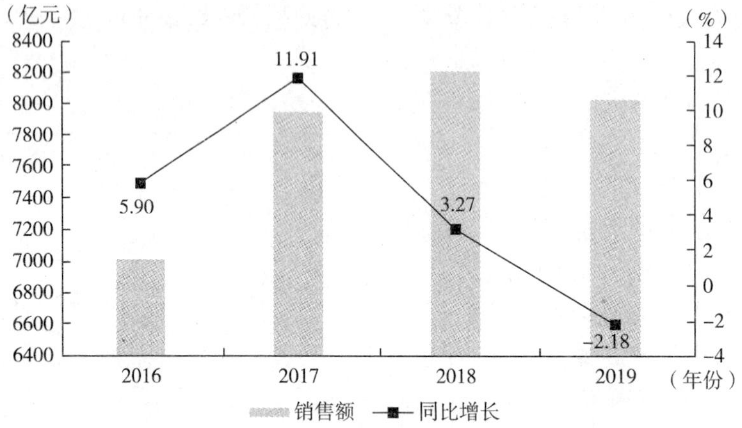

图42-1　2016~2019年中国家电销售额及增长率

资料来源：根据公开数据整理。

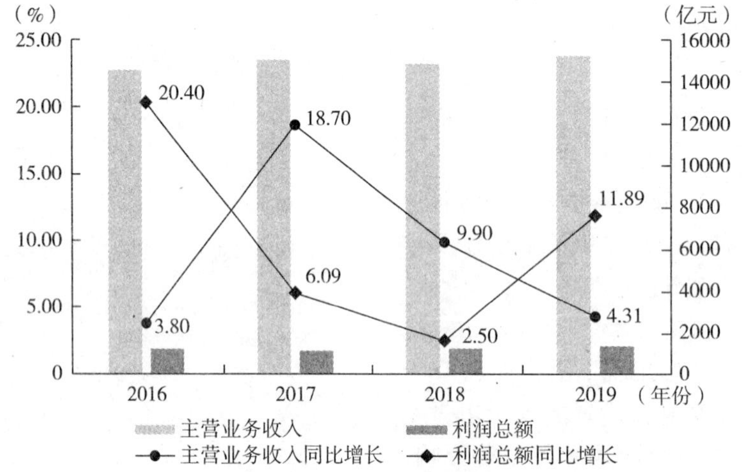

图42-2　2016~2019年中国家电产业主营业务收入、利润总额及其增长率

资料来源：根据公开数据整理。

"十三五"时期，随着互联网、大数据产业的加速发展、线上零售普及率的提升以及专业电商在物流、配送、安装、售后服务等环节的优化，家电销售线上、线下渠道加速融合，越来越多的家电制造企业通过与专业电商进行战略合作提升产品的线上市场份额。如图42-3所示，"十三五"时期，家电线上销售占比持续走高，已经成为新兴消费群体的重要渠道。2019年，家电线上销售渠道占总销售比重已达38.7%。各主力品牌也在强化线上选择与线下体验、线上销售与线下发货的销售渠道融合。2020年，新冠肺炎疫情对居民消费行为产生重要影响，线上经济比重进一步提升，家电线上销售比重有望突破四成。

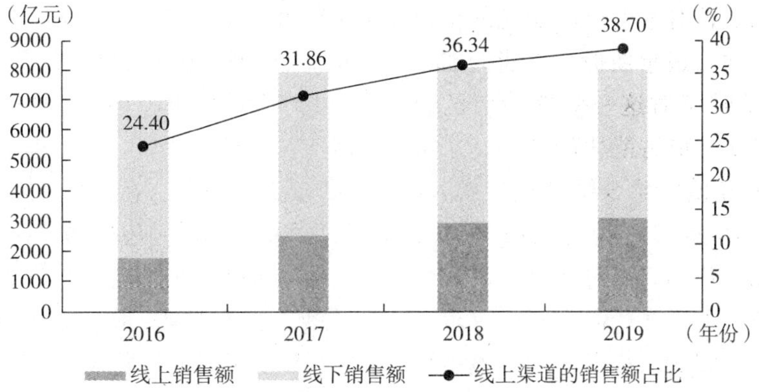

图 42－3　2016～2019 年中国家电产业线上、线下销售情况

资料来源：根据公开数据整理。

（3）出口市场放缓，中美经贸争端影响显著。家电出口受国际大环境影响较大，“十三五”时期国际环境也出现了前期向好、后期趋紧的扭转。如图 42－4 所示，“十三五”前期，世界主要经济体经济快速恢复，经济向好拉动家电产业出口提升，加之人民币贬值效应，中国家电产业出口步入快车道，2017 年与 2018 年两年出口增速均接近两位数，中国家电累计出口额由 2016 的 568 亿美元上升到 2019 年的 709.2 亿美元；而“十三五”后期，受中美贸易争端及贸易保护主义抬头影响，家电产业出口受到严重影响，2019 年中国家电出口增速显著放缓，其中对美国市场累计出口额为 152.4 亿美元，同比下降 7.4%，降幅为近年来最高，对美国家电出口占中国出口家电市场份额比重由 2018 年的 24% 下降到 21.5%。其中，大家电对美国出口持续两位数下跌，跌幅达到 22.2%，冰箱、空调和冷柜出口跌幅分别达 30.8%、30.1% 和 17.7%；小家电对美出口总体微降，但中国对美国出口额规模最大的吸尘器在 2019 年出口额和出口量降幅均超两位数，分别达到 13.7% 和 20.4%。

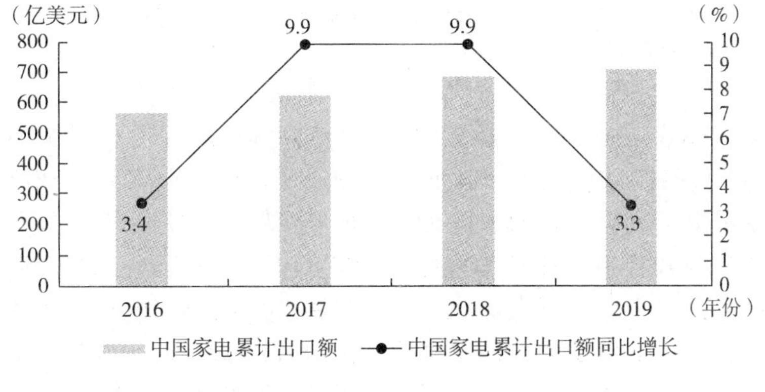

图 42－4　2016～2019 年中国家电出口额及其增长率

资料来源：据公开数据整理。

2. 发展成就

“十三五”时期，中国家电产业在波动中前行，虽然遇到一些发展困境，但总体增长趋势不变，家电企业通过技术创新、产品升级、市场重新定位、品牌建设等方式推动中国家电产业发展，结合“十三五”时期市场对家电需求的重新定位和技术的快速发展，中国家电产业取得了一定的成就。

（1）家电市场产品升级趋势明显。“十三五”时期，中国消费市场对家电的需求已经从必需品消费转变为享受型消费，对家电产品功能的定位不仅满足生活需要，而且追求便捷、智能的居家生活。家电企业也及时应对这一消费趋势的改变，相继推出更高品质、更智能化的产品，家电产业升级可以从纵向和横向两个维度进行解读。其中，纵向主要体现在技术进步与品质升级方面，尤其对于传统家电产品，居民保有量高及产品同质化高导致企业不得不在产品升级中寻求市场，不断实现产品迭代和品质提升。如彩电市场以大屏、高清为主要升级方向，在尺寸、画质、工艺等方面迎来全面升级。全国家用电器工业信息中心数据显示，2018 年彩电平均消费尺寸已经达到 49.5 英寸，比 2017 年增长了 0.9 英寸。2019 年成为8K 高清信号元年，结合5G 传输网络及人工智能，高速、高清、智能正逐步成为中国家电产业的发展趋势。横向主要体现在品类的拓展与对消费多元化和个性市场的不断满足上。“十三五”时期，新兴品类家电产品，如洗碗机、集成灶、吸尘器、破壁机发展迅速，对于品质生活的追求推动小家电逐步进入居民家庭，离子吹风机、电动牙刷、胶囊咖啡机、食物料理机等新兴小家电年销售额均出现显著提升。如图 42－5 所示，高档家电产品普遍受到消费者青睐，2018～2019 年主要家电产品高端型号线下销售均出现不同程度的逆势上涨，成为拉动中国家电产业发展的重要动力。

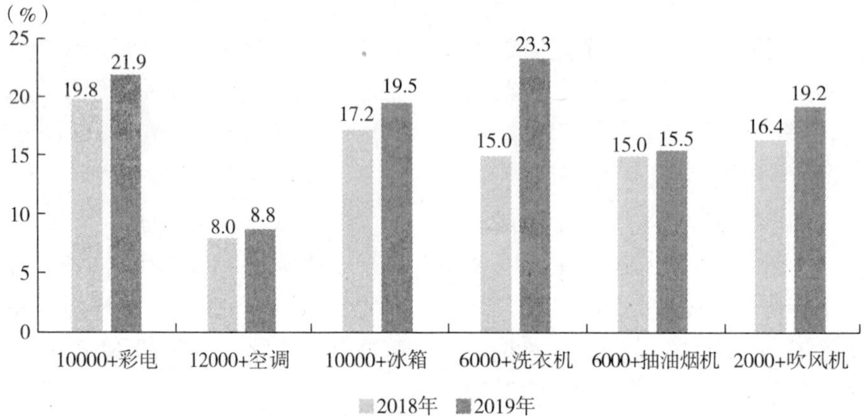

图 42－5　2018～2019 年中国家电产业线下市场高端产品零售额变化

资料来源：《中国家电行业年度报告（2019 年）》。

（2）线上线下渠道完成融合，拓展家电市场销售模式。“十三五”时期，中国家电产业的线上、线下销售渠道实现了融合，且两者在融合进程中不断地趋于平衡和稳定。各实体家电企业和流通渠道不断完善线上、线下全渠道的统一推进和全场景运营，线上借助实体店的优势充分做好消费者体验，线上数据可以及时反馈给线下实体店，依托线上丰富的产品品类和产品型号开展针对性强的销售活动。苏宁、国美等传统家具销售平台积极向线上拓展，而阿里、京东等电商平台则主动向线下发展业务，两种渠道在“十三五”时期成功完成深度融合，发展出更加注重消费者体验，集餐饮、购物、娱乐、休闲等跨界消费场景于一体的全新零售业态。苏宁提出的“一体、两翼、三云、四端”的线上、线下渠道融合战略，借助线上、线下形成两翼，搭建全场景布局平台，推动线上与线下均衡发展使其受益匪浅。如图 42－6 所示，2018 年全渠道家电销售规模中，苏宁易购销售份额高达 22.1%，领跑全国家电市场，京东、天猫、国美分列第 2～第 4 位，市场份额分别达到 14.1%、9.1%、7.0%。

（3）供给侧结构性改革初见成效，创新成为家电产业发展的重要推动力。中国供给侧结构性改革持续深化，“十三五”时期，中国家电行业的发展实现了由资源驱动和规模驱动向效率驱动和创新驱动的转变。新技术、新商业模式等生产组织方式的创新将给整个行业带来全新的机遇和

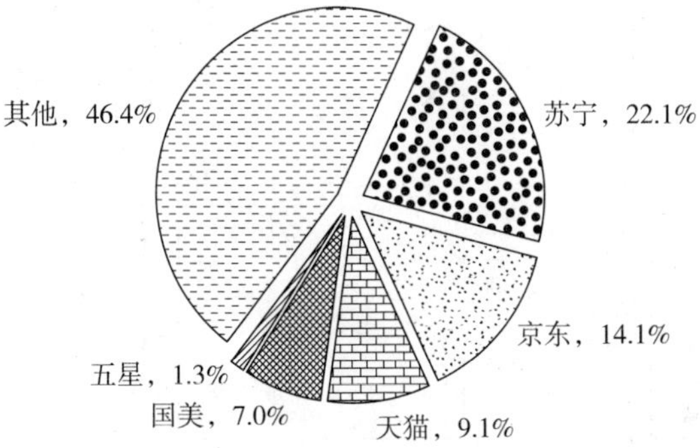

图 42－6　2018 年中国家电市场分销渠道份额

资料来源：全国家用电器工业信息中心。

挑战。线上、线下渠道融合与物流业快速发展为家电企业布局三、四线城市提供了可能，为偏远地区提供高质量的家电服务提供可能。共享家电、租赁家电、购买家电使用权等商业模式的创新趋于完善与成熟，有效地满足了消费者个性需求与对美好生活的向往。家电产业实现了与互联网、移动通信、人工智能、数字技术等产业融合，家电企业依托现代信息技术提升管理效率与物流配置效率，推进了商业模式变革和全价值链运营模式的创新。“十三五”时期，各家电企不断加大研发投入力度，相继推出具有高自主知识产权的家电产品与技术成果，整体行业创新氛围已经逐步形成。公开数据显示，截至 2019 年底，家用电器 59 家企业专利授权总量为 203055 件，平均每家公司已获得 3441. 61 件专利授权。在创新趋势与研发投入的推动下，中国家电产品实现结构升级，中高端产品市场份额迅猛增长，行业整体的节能环保水平已达到国际先进水平。

（4）伴随着消费升级，家电产业升级呈现六大特征。“十三五”时期，伴随消费升级，中国家电产业呈现出显著的产品升级趋势，居民对于生活品质提升的需求已推动家电产业从满足人民基本生活需求转向满足居民对于舒适、便捷、智能生活的追求，总体呈现出以下六大特征：①高端化与品质化。主要体现在两个方面，一是体现在价格产品的渗透率逐渐提高。二是体现在大尺寸化，如 55 寸以上彩电、400 升以上冰箱、8. 1 千克以上洗衣机、19 立方米超大风量抽油烟机等产品的市场占有率不断提升。②智能化。智能化已经成为家电市场不能逆转的发展趋势，智能化家电的发展体现出消费者对于生活品质提升的要求，不断地追求高效、便捷的生活方式。近年来白色家电智能化趋势显著，行业内智能家电产品整体呈现出蓬勃发展的局面。③美观化。人口素质的不断提升催生出人们对于“美”的追求，家电产品作为居民生活日常用品，在给人们生活带来便捷的同时，也逐步承担起提高生活品质的功能，外观设计成为各企业赢得用户青睐的重要手段，尤其是“十三五”时期，年轻人开始成为主力消费群体，其对于产品个性化、艺术化的追求不断促使家电产品设计的升级。④节能化。“十三五”时期，绿色发展理念深入居民生活，绿色生活、节能家居成为当下消费者青睐的生活与消费方式。这不仅带来了更加节能高效的生产生活方式，也真真切切地减少了消费者能源消耗支出，消费者从实惠中逐步认可绿色消费，家电市场也以节能化为重要突破路径实现产品升级，并以此作为市场核心竞争力。⑤健康化。随着物质资料的丰富，消费者越来越关注自身的健康程度，未来家电健康化趋势将更加明显。杀菌除菌冰箱、杀菌及自清洁洗衣机、除甲醛空调、净化活水热水器等产品博得消费者更多关注，空气净化器、净水器等产品开始成为居民生活的常用产品，健康类小家电如破壁机、原汁机、甩脂机等新兴产品成为“十三五”时期拉动家电产业的重要动力。如图 42－7 所示，部分健康型家电在“十三五”时期销售额均实现快速增长，也反映出家电市场的健康化趋势。⑥中央集成。中央集成的理念源于居民对家电使用的便捷化和智能化需求，涉及中央空调、新风系统、全屋净水、中央采暖和中央热水系统等，在满足消费者对于采暖、供水等传统家电功能的需求外，中央集成更多地融入空气净化、水体净化等健康生活需求，同时中央集成系统较传统分散式家电更易操控，提供相对恒定、准确的设置功能，且更加美观。多品类的中央集成系统，可以使家居环境实现恒温、恒湿、恒氧、恒洁、恒静，居家生活更加舒适健康。

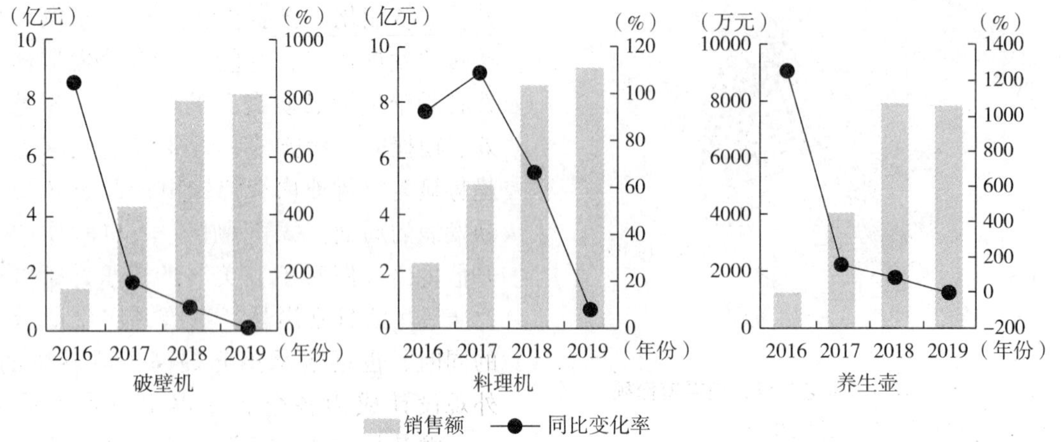

图 42－7 2016～2019 年部分健康型家电销售额及变动情况

资料来源：奥维云网数据中心。

二、现阶段中国家电产业面临的主要问题

"十三五"时期，中国家电产业呈现出技术和产品升级、销售渠道多样化、创新能力持续提升等趋势，但行业发展面临着较大的内外部困境，具体表现为以下四个方面。

1. *产业整体创新能力有限，两化融合不足*

随着对技术创新的重视和市场相对饱和导致的技术竞争需求，"十三五"时期中国家电产业创新能力进一步提升，尤其是业内龙头企业的创新能力已经具备了参与全球竞争的能力，但多数中小企业的创新能力依然有限，行业整体创新能力仍处于全球价值链相对末端位置。其主要困境在于：①大多数家电企业创新意识不强，这导致中国多数企业在家电这一严重依赖技术革新和产品更新迭代的产业中竞争力不足，而以利润优先的发展策略和企业领导者创新意识不强导致许多中小家电企业侧重于短期行为，创新资源尤其是创新人才的储备不足，真正开展创新活动的企业相对较少。②多数家电企业缺乏内、外部创新环境。创新应是一种企业文化，而在当前环境下，创新对于多数中国企业而言仅停留于口号阶段，行业内外部创新氛围要求不高。而当前科技与经济信息不对称阻碍了科技成果的转化，缺乏自主创新的家电企业利用研究机构创新成果的渠道并不畅通，加之法律体系不尽完善、知识产权保护不到位等问题，都增加了企业的创新成本。

随着信息技术向传统产业各环节的渗透，信息化已经成为支撑家电产业发展的重要推动力。而整体创新能力有限导致家电产业从基础准备的路径阶段，到采购管理、生产制造等覆盖阶段，再到实现各个单项环节与信息化衔接不够紧密，其表现出三个特征：①家电产业信息化基础设施投入不足，投入结构不合理，尤其中小企业信息化设备较大型企业差距显著，整体行业信息化投入"重建设、轻维护""重硬件、轻软件""重网络、轻资源""重技术、轻管理"。②家电企业内部管控信息化水平较低，多数家电企业仍然处于产品信息化识别技术的低端，大部分企业仍然采用传统的条形码识别技术，缺乏信息化管控的专业人员，加之企业研发能力有限，现阶段家电企业信息化技术应用与家电产业研发融合度较低，计算机辅助制造技术、计算机辅助工艺设计技术、产品数据管理技术、虚拟产品开发技术在我国家电产业生产中应用依然较少。

2. *市场增长缓慢，效益滑坡*

供给侧结构性改革贯穿整个"十三五"时期，家电产业也在结构调整进程中迎来产业洗牌，去库存、淘汰落后产能趋势明显，加之前期居民家庭电器保有量相对饱和，市场需求缓慢增长，各家电企业盈利能力回落。如图 42－8 所示，“十三五”时期，中国家电制造业销售利润率较前期有明显的下滑。家电市场下滑主要表现在四个方面：①终端出货持续低迷，呈现全品类性的同比下跌，既表现在线下渠道销售及利润下跌，也表现在线上渠道销售额及利润增速的回落。②消费惜购情绪及消费降维阻碍消费升级。家电产品消费升级带动效果并不明显，受外部经济环境影响，以及家电迭代速度下降，消费升级虽是家电产业的大趋势，但现阶段整体消费市场仍然呈现降维和惜购并行的态势。③家电产业链经营动荡风险加剧。“十三五”时期家电上游产业原材料供应价格波动明显，在零售链遇冷的同时，家电企业同时面临供应链的压力。而相对于零售链更多还集中在国内市场上，当前中国家电的供应链体系早已国际化，在贸易摩擦、全球经济持续波动的背景下，原材料价格涨跌不稳还将会持续一段时间。④产品差异化突破几乎停滞。从智能化，到人工智能，再到新技术、新产品，并不能实现延续与统一，各品类家电差异化对于市场拉动力效果趋于弱化，而新一轮的低价走量策略可能再次推迟家电产业技术的步伐。

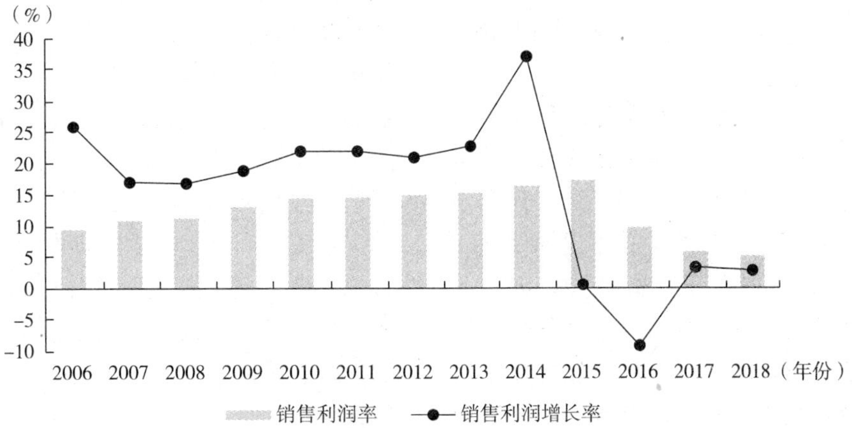

图 42－8　中国家电制造业销售利润率及其变动

资料来源：国家统计局。

3. *产业链布局集中于中下游，上游产业核心技术欠缺*

经过努力，中国家电企业在全球竞争中逐步崛起已成为不争的事实，但是源于技术引进、吸收而逐渐发展起来的中国家电产业中，能够在崛起进程中完全掌握“核芯”技术和完整产业链的企业却不多，这造成中国家电产业在“十三五”时期需要面临两大发展困境，一是上游核心组件和原材料波动对中端产品制造环境产生较大的影响，如 2018 年起开始快速上涨的上游产品价格显著地提升了家电制造成本，加之下游市场需求不足导致销售价格位于低点，严重压缩中端环节利润空间，使得企业生存遇到困境。二是上游核心部件的非自主化使得产品生产及升级容易受制于人，如 2018 年开始的逆全球化趋势和中美贸易争端，给中国家电产业敲响警钟，中国家电产业未来发展之路应更加注重上游核心部件的自主知识产权的掌握。

4. *新冠肺炎疫情给家电产业发展带来不确定性*

新冠肺炎疫情对家电企业开工复产造成巨大影响，家电企业复工时间较往年有两周左右的延期，而陆续复工的企业短期内受到交通管制、人员跨区域流动限制、供应链难以恢复等困境无法短时间内实现全产能生产，2020 年 2 月主要家电产量均较往年有明显下滑。与此同时，市场消费也受到疫情影响而普遍下滑，2020 年 2 月主要家电销量均较往年有明显下滑。进入 3 月，疫情海外蔓延，家电出口订单受到较大影响，全球供应链与物流体系几乎停滞，企业产能利用率低，员工闲置率高，家电企业面临巨大压力。但是疫情也带来了一些积极的影响，首先是宅经济催生消费者对厨房小家电的青睐，单价低、体积小、免安装、轻服务、易配送、在线购等优势推动疫情期间煎烤机、料理机、破壁机、搅拌机、电饼铛销售额均有显著提升。此外，新冠肺炎疫情使得全民健康安全意识进一步增强，消费者对健康家电核心指标的关注度更高，为空气净化器、净水器等产品创造发展空间，而各品类产品的健康性能也将成为市场竞争的焦点之一。

三、“十四五”时期中国家电产业发展趋势展望

“十四五”时期，中国面临的外部环境将更加复杂，而家电工业发展需要夯实创新驱动转型的基础，持续提升国际竞争力和影响力，站稳家电强国之列。处于转变发展方式、优化经济结构、转换增长动力的关键时期的中国经济，给“十四五”时期家电工业带来更多的机遇和挑战。

1. 存在的机遇

（1）5G 及物联网给家电产业转型升级奠定了基础。5G、物联网、人工智能 + 云等技术的快速推广与应用使得“十四五”时期经济、社会领域加速变革，5G 技术使得物联网技术更加便利和贴近生活，也对家电产业升级指明了方向。首先，家电产业可以依托高黏性的生态服务吸引用户，在产品服务上做好前瞻性布局，如智能家居互联通道的建设和优化。其次，家电产业可以依托物联网技术与人工智能技术推动全产业链的技术迭代与服务升级。“十三五”时期，很多家电企业相继推出物联网平台建设，构建起以人工智能与物联网为基础的智能终端系统构架，家电头部企业相继确立起面向“十四五”时期的以物联网为基础的全品类生态布局。如美的物联网平台发布了专为智能家电量身定制的 HolaCon 芯片；格力与天猫签署物联网战略协议；海尔智慧家庭 UHomeOS 操作系统实现全屋智能电器的互联互通，华为发布了 65 寸及 75 寸智慧屏进行家居互联等。这都意味着“十四五”时期的家电竞争市场将以智能化的新一代家居体验与服务为基础，家电产业的竞争核心产品也从以家电产品制造、销售、服务为核心向以技术、产品、生态的搭建。

（2）智能化、数字化对中国家电产业产生深刻影响。随着人工智能技术、大数据技术以及云技术的推广与应用，智能家居的发展已从单品家电的智能化向多品智能互联化转变，由控制单一设备向通过移动终端控制多个不同设备转变。家电领域也随之开启一轮智能设备与控制设备之争，智能家居根据用户定制需求或者学习用户使用习惯，为用户控制智能家居设备。整体来看，“十四五”时期，智能家电的发展趋势将逐步形成“点—线—面”发展方向，由独立个体智能向全互联设备智能，最后交由可自学控制的智能系统集成，来综合控制所有智能家居，实现智能化控制。通过场景精准匹配，为用户提供基于场景的主动服务。“十三五”时期，中国智能家电发展迎来以场景联动为标志的智能家电 3.0 时代，实现了人、家庭、家电之间物联互动的应用，通过拟人化的人机交互、智能化识别和大数据分析，让用户可以随时随地与智慧客厅、智慧厨房、智慧卧室、智慧浴室等智慧生活全场景生态展开个性化智慧生活交互体验。“十四五”时期，随着人们对于智能产品需要的提升，新一轮的产品设计将推动家电产业的再次升级，智能家电将逐步普及，且通过互联的智能家电渗入居民生活各方面，“十四五”时期将是智能家电实现普及及智慧互联的关键时期。

（3）高端产品未来市场空间广阔。随着经济增速放缓及居民可支配收入的提升，消费者更多地关注生活品质的提升和创新产品的动向，高端家电市场占有率不断提升。“十四五”时期，中国中产阶层的比重将持续提升，选择享受高品质生活的消费者比重有望超过 70%，其购买家电所看重的是家电的个性化与定制化，以及品牌、品质给生活水平带来的实际改善。高端产品将体现在多个维度上，包括独特的设计美感和卓越的产品性能、消费者的高度认可、雄厚的品质底蕴和领先的技术实力、定制化的解决方案，以及持续性的创新和一站式服务等。与此同时，高端化战略有利于家电产业异质化发展，推动产业市场消费和产品升级，高端市场将是家电产业新“蓝海”。为能适应市场变化

和产品高端化，企业需要更加注重技术升级与创新，制定定制化的消费者解决方案，在借助技术创新满足消费者对品质生活追求的同时，深入探索消费者独特需求，提供定制服务。

（4）消费群体拓展：年轻群体与健康消费。“十四五”时期，00后消费群体进入消费市场，90后消费群体开始成为消费主力。2019年，80后、90后群体家电消费量占市场全部家电消费量的比重分别为39.4%、20.6%，已成为中国家电消费的中坚力量。年轻人对家电消费理念普遍从“能用”变为“好用”，同时追求更好的消费体验，家电企业应顺应时代变化，在营销思维和营销技术上更加注重时代的多样性，考虑从消费者的消费需求和消费场景入手，探索通过场景营销、跨界营销、整合营销等方式获得年轻消费群体的认可，影响消费者最后的购买行为。同时，家电企业应该注重市场分层，“十四五”时期的中国家电市场将面对不同层级与年龄段的消费者，家电产业产品定位已不能仅是单一型号的市场供给，而应是个性化的市场分层供给。

随着消费者对自身健康的关注，健康家电消费成为新的消费趋势，加之受新冠肺炎疫情的影响，更多的人关注居家环境，包括空气、饮用水的质量。中国老年化社会趋势加快，“十四五”时期老年群体比重将进一步提升，对于健康生活与看护居家的需求进一步提升，家电产品应逐步向满足老年人需求转变，不仅是简单的智能升级，而且是在保证老年人对于家电使用熟练掌握的同时，提供健康的生活品质和及时的健康监督功能，这一市场在中国现阶段相对薄弱，也是家电产业未来发展所面临的巨大机遇。

（5）服务型消费成为拉动市场的重要动力。“十四五”时期，新一代信息技术和以电子信息技术为代表的新兴家电产业的快速融合使得家电制造业与销售服务业之间的边界日益模糊甚至消失。伴随着持续的技术研发与对产品品质的重视，中国家电的产品功能、技术革新、造型设计、外观式样等都已经有了质的提升。“十四五”时期，信息技术与家电制造产业的快速融合将推动家电产业制造与服务端的快速融合，以云计算、大数据、物联网、移动物联网、人工智能、区块链、虚拟现实/增强现实/混合现实为代表的新一代信息技术融入家电制造全产业链，并与家电设计研发、营销服务等生产性服务环节的深度融合，极大地提升了家电产业的生产效率和产品附加值，使生产性服务环节成为决定家电产品竞争优势的关键环节，形成以生产性服务业为主导的制造业服务化发展方向，服务型制造成为家电产业重要的发展形态和模式。由此，智慧消费成为家电消费市场新的风向标，在产品技术含量之外，智慧消费更加倾向于产品给用户带来的感官体验以及产品全销售流程为用户提供的服务质量。业内各企业围绕自身优势产品相继建立起一套完善的消费服务体系，而服务的完备性、编辑性和智能性已经成为家电行业竞争的核心。“十四五”时期，“服务型消费”的观念将被更广泛的消费者接受，家电产品的差异化不仅包括质量和个性的竞争，更将是产品为用户带来的体验和对品牌服务依赖的竞争。

2. 面临的挑战

（1）家电产业与新一轮信息技术革命的要求仍存较大差距。“十四五”时期，信息技术及数字技术的快速发展不仅给家电产业技术升级与产品迭代带来新的机遇，同时也为行业发展提出了新的要求与挑战，具体表现为以下四个方面：第一，推动各企业产品协议互通。无线协议和应用层上的互通性将是智能家居市场面临的主要瓶颈。硬件上，要适应不同的场景并非是几个感应器与控制器可以解决的；软件上，各家电企业基于自身产品均推出了相对应的App，兼容性难以突破，智能家电市场统一与协议互通仍然有很长的路需要走。第二，信息和数据的安全性受到挑战。智能家居系统运行的基础是对用户信息的采集、分析与传输，其涉及智能系统所覆盖家庭的数据信息与个人隐私，智能家居所面临的信息安全，包括隐私泄露、财产损失、网络攻击、舆论扰乱等都将给被服务家庭造成巨大影响，信息和数据的安全与维护将是智能家居时代的巨大挑战。第三，产品同质化依然严重。中国多数家电企业创新能力有限，技术应用与概念设计均处于市场跟随状态，这造成智能家居在功能和设计上依然存在同质化问题，用户的真正需求并不能有效解决，各企业要想拥有自主核心产品还需要加大研发投入和人才培养力度。第四，商业模式有待突破。智能家居意味着家庭中大部分的产品和服务都是彼此互联的，而互联需要来自不同垂直市场的供应商彼此数据共享才能实现，而这需要探索出一种允许每一个服务供应商在不同的云之间发布数据，并在与其他供应商的服务交换数据时收取费用的新商业模式。

（2）市场竞争更加激烈。中国消费者对于家电产品的需求已经不仅是功能产品，而是更加关注家电产品的品质与性价比，消费更加务实，对于相对成熟的家电产业而言，品牌面临的将是更加激烈的市场竞争。首先，中国是家电制造大国，市场饱和度相对较高，传统产品的市场竞争力持续走低，新兴的消费市场对家电产品的要求已经不再是价格、功能的追求，而是个性化、智能化、便捷化的需要，而家电产业在个性化生产环节，以及制造业、服务业融合环节趋同性严重，产品的自身特性不够鲜明，“十四五”时期仍将面临较高的产品同质化竞争。其次，消费者更加注重智能家电性价比。“十四五”时期，智能家电概念已经较为成熟，“噱头”消费已经不能有效推动市场增长，让产品更加亲民才能获得市场的青睐，而高端产品则需要有明确的产品定位，要让消费者感知到产品的价值所在。再次，功能需要更加实用。消费者使用智能产品的主要理由是从解决现实所需出发，希望能切实改善生活质量，这要求智能家电不必提出过多华而不实的功能，而应尽量多地提供实用的技术与服务，而如何实现产品服务的革新将成为“十四五”时期各家电厂商面临的市场挑战。最后，操作性需要更加便捷。现阶段各企业产品操作多基于自身研发 App 而实现，操作相对复杂且难以互通，客户认可度低导致市场接受度不高，“十四五”时期如何提出基于物联网的产品矩阵、场景联动操作系统是家电产业面临的一个挑战。

（3）国际市场不确定性较高。“十四五”时期，我国面临的国际大环境仍然存在诸多不确定性，这都将给中国家电产业出口以及家电产业参与国际竞争带来影响，其国际趋势可能存在三方面的挑战。首先，来自“逆全球化”趋势的加强与全球主要经济体经济增长乏力。“十三五”时期逆全球化趋势抬头，不仅美国、欧盟等发达国家和地区高筑贸易壁垒，印度、巴西等新兴经济市场也相继强化了本国贸易保护政策。原有的自由贸易规则被打破，贸易流动受阻，贸易伙伴关系受到影响。更重要的是，外部冲击通过汇率、商品价格传导等因素可能造成国内市场的波动，影响企业市场布局。全球主要经济体经济表现普遍不理想，自 2018 年起，中国家电产业出口已受到国际大环境的影响，而随着“逆全球化”趋势的加强、地区动荡及政治分歧不断加剧，这一趋势很可能在“十四五”时期得到延续，中国家电面临的外部环境将仍然存在较大不确定性。其次，国际局势变换显著影响家电产业原材料供给及价格，相对集中于产业链中下游阶段的中国家电产业受到上游原材料价格波动影响较大。虽然作为全球家电制造中心，但多数中国家电企业利润率较低，上游原材料价格的波动将直接影响产品在国际市场的竞争力，中国家电企业在“十四五”时期不仅需要通过技术创新，推出新材料、新工艺减少资源品的消耗，还要转变出口方式和出口品类，提升高附加值产品的占有率。最后，新冠肺炎疫情的突然暴发给国际贸易造成了巨大影响，全球物流及原材料供应链受到巨大冲击，“十四五”开局之年，中国家电产业出口需要克服来自疫情对于供应链、生产方式、销售方式、消费者习惯等的各方面影响。

四、“十四五”时期家电产业高质量发展的对策建议

1. 提升创新能力，深化供给侧结构性改革

随着中国经济供给侧结构性改革推进，高质量发展是消费升级背景下家电行业转型发展的必然趋势。与此同时，国内家电市场模仿型消费阶段结束，消费者对家电产品个性化、多样化、智能化消费需求的提升，促使家电企业

在“十四五”时期应更加注重产品质量、科技含量、服务水平的提升。家电企业应紧紧围绕质量提升这一主线，加大研发投入力度，以新产品、新技术和新模式满足人们对品质消费、品牌消费的需求。同时，家电产业创新也应重视上游产业核心组件，掌握核心技术，包括变频功率模块、面板材料、核心芯片、高端传感器等现阶段自主供给能力较弱的环节，强化科研与创新能力，解决关键零部件和技术的研发及产业化问题。鼓励和引导科研实力较强的家电企业利用互联网、大数据、人工智能等新兴技术，以消费者需求为基础，在产品设计、制造、销售、服务等方面持续开展创新，加快形成高品质、高附加值产品。

2. 把握新基建建设机遇，提供高质量社会服务

2020 年 4 月，国家提出面向高质量发展，提供数字转型、智能升级、融合创新等服务的新基建建设为中国家电产业实现高质量发展提供了支撑与机遇，中国家电产业应积极与新基建建设对接，有效利用新基建提升自身产品性能与服务品质。首先，家电产业应积极利用新基建推动的通信网络基础设施建设、新技术基础设施建设、算力基础设施建设等实现产业制造信息化、产品服务信息化、居家电器的集成与智能连接和信息化控制。其次，利用新基建形成的智能交通基础设施、智慧能源基础设施等实现智能化、高效化的配送、物流、分销模式，深度融合线上、线下渠道，提供便捷的消费服务。最后，依托重大科技基础设施、科教基础设施、产业技术创新基础设施等建立家电产业研发平台与产学研联动平台，推动产业内企业提升创新能力，努力突破核心部件自主知识产权短板，实现上游产品的自给，掌握产品核心价值，推动产业具备更高的市场竞争力和全球话语权。

3. 加强信息技术、人工智能技术及云技术的产业应用

“十四五”时期，信息技术、人工智能技术及云技术的广泛应用将对包括家电产业在内的各类制造业产生从生产到消费全流程的智能化改造，不仅能优化和改进交易效率，也能极大地提升生产效率。通过与信息技术、人工智能技术及云技术的有效融合，家电产业有望实现多主体、多维度数据的处理并完成智能预测和决策参考，其数据处理和覆盖具有更强的系统性和及时性，为家电产业升级及实现高质量发展提供技术支撑。首先，家电产业应推动信息技术、人工智能技术及云技术从消费领域向生产领域的广泛渗透与升级，通过智能制造实现家电产业在制造方式变革上的智能化升级，从而引发持久、大范围的产业升级与技术变革。其次，依托人工智能、5G 技术和工业互联网，家电产业生产中的要素协同性和全要素生产率将得到提升，大力推进信息技术、人工智能技术、云技术和新材料、新能源等战略性新兴产业的技术渗透和产业协同，为家电产业上游原材料技术升级提供保障。新材料、新能源的生产与研发既可以成为家电产品的应用场景，其本身的发展也会推动家电产业实现产品升级。最后，推动信息技术、人工智能技术及云技术在家电销售、物流及服务中的应用，通过算法优化、数据生产为消费者提供更便捷、智能的终端服务和消费体验。

专栏 42-1

以“数据+产品+服务”数字化营销模式赋能家电企业

大数据、AI 等信息技术深刻地影响着零售产业及其上下游关联产业。

新零售时代下，家电产业逐步引入新零售概念，中国市场上的一二线家电企业相继推出官方网络商城，对注册会员进行数字化管理，既有利于企业产品和服务的推广，也可以通过分析会员数据进而推送新产品，实现品牌与消费者之间的数字化连接，提高用户黏性。借助大数据，企业可有效提升决策的可控性和执行效率，促进品牌创新及业务增长，有助于家电产业的结构性重塑。

2020年，家电企业将加速布局新零售数字化转型。集分享、推荐、购买、服务等多功能于一身的数字化新零售模式可以全面满足用户需要，为业务增长提供持续动力。如通过数字化重构线下渠道，盘活线下实体零售，让用户实时了解品牌的最新信息，通过用户画像、个性化推荐等人工智能技术进行精准化运营，从而推动产品转化率的高增长。

转型数字化营销模式帮助企业全面加深数据驱动运营的整体能力

"数据+产品+服务"的数字化营销模式通过打通会员数据，让消费者可以在线选购商品及享受服务。数据、产品、服务闭环的形成将有效提升数字化营销模式的竞争力，不仅能全面强化品牌实力，还能获得精准客户群，配合市场营销手段，将有望实现"线上引流、线下消费""线下消费、线上服务"的运营模式。

新消费时代，只有深刻认识新零售技术及消费者习惯，才能找准数字化转型之路。近年来，家电领域相继对线下门店进行数字化、场景化改造，如国美"家·生活"战略借助网络技术赋能线下运营，形成线上交易、线下体验的双平台共享零售模式，实现消费者、产品、服务之间的全面交互；苏宁易购实践"智慧零售"，建立全场景、全渠道、全品类的智慧零售布局，汇聚云计算、大数据、人工智能等前沿技术，有效提升管理效率和用户体验。

消费者习惯发生深刻改变

新冠肺炎疫情让消费者深刻体会到数字化带来的各种便利，开始习惯享受线上服务，这也将倒逼企业加快数字化建设。疫情期间，家电企业积极开通线上服务，不仅利用互联网平台建立新的营销方式，同时抓紧布局线上服务体系，如通过线上指导，帮助客户解决售后问题。目前，借助各类视频平台，已有不少家电企业通过拍摄及上传产品使用、故障判断、简单维修等小视频，并安排服务工程师进行直播向用户科普产品的正确操作方式，对于不能提供上门服务的问题，也会通过视频指导的方式协助用户解决难题，基本可以满足用户的服务需求，相比传统服务模式，服务系统数字化也更便于为用户提供定制化服务，提高服务效率。

资料来源：环球家电网，http：//www.cheari.com/newsdetail.html？id=138268。

参考文献

［1］中国家用电器研究院、全国家用电器工业信息中心：《中国家电行业年度报告（2018）》，《家用电器》2019年第3期。

［2］艾卫琦：《疫情过后，智能家电市场能否搭上"宅经济"增长的顺风车》，《家用电器》2020年第2期。

［3］陈力：《智能家电面临的挑战及未来发展》，《通信企业管理》2019年第8期。

［4］李前、黄帅：《家电出口在不确定性中求变》，《进出口经理人》2020年第1期。

［5］杨虎涛：《人工智能如何为高质量发展"赋能"——ICT时代的启示与AI时代的应对之道》，《人文杂志》2020年第5期。

［6］赵梅梅：《2018年中国家电市场总结及2019年市场展望》，《家用电器》2019年第1期。

［7］中国家用电器研究院、全国家用电器工业信息中心：《中国家电行业年度报告（2019）》，《家用电器》2020年第3期。

第四十三章　新一代信息技术产业

提　要

随着人们日趋重视信息在经济领域的应用以及信息技术的突破，新一代信息技术产业是在以往微电子产业、通信产业、计算机网络技术和软件产业的基础上演化而来的。新一代信息技术产业涵盖了下一代通信网络、物联网、三网融合、新型平板显示、高性能集成电路和以云计算为代表的高端软件等多个相关产业，代表着全世界未来产业发展的方向，也是各国重点竞争的领域。

新一代信息技术产业是国务院确定的七个战略性新兴产业之一，国务院要求加大财税金融等扶持政策力度。确切地说，新一代信息技术产业包含六个方面，分别是下一代通信网络、物联网、三网融合、新型平板显示、高性能集成电路和以云计算为代表的高端软件。新一代信息技术发展也是它们之间互相促进不可分割的结果。当然，政策利好也是保证国内相关产业快速发展的前提。

按照国家统计局2018年发布的《新产业新业态新商业模式统计分类》，新一代信息技术产业的统计分类中包括：一级编码02先进制造业分类中的二级子类0201新一代信息技术设备制造中的全部9个三级子类；一级编码05互联网与现代技术服务中的全部7个三级子类；一级编码06现代技术服务与创新创业服务中的2个二级子类的部分内容。特别需要说明的是：二级子类0603中的三级子类060300质量检验技术服务中包含的一部分新一代信息产品的质检服务与二级子类0604中的三级子类060400知识产权服务中的一部分，新一代信息技术的知识产权服务，由于占比很小而且没有独立数据，统计分析的时候忽略不计。

*　　　　*　　　　*

一、新一代信息技术产业发展回顾

1. 新一代信息技术高速发展

自2015年我国提出实施国家大数据战略以来，我国新一代信息技术快速发展的格局已初步形成，从业企业数量增长明显，特别是2015～2017年，电子及通信设备制造业高技术产业企业数量持续大量增加（见表43－1）。

表 43－1 2015～2017 年我国新一代信息技术从业企业数量 单位：个

年份	2015	2016	2017
电子及通信设备制造业高技术产业企业数量	14634	15383	16290
通信设备制造业高技术产业企业数量	1719	1844	1954
其他电子设备制造高技术产业企业数量	1234	1309	1454
电子计算机整机制造业高技术产业企业数量	188	188	199
雷达及配套设备制造高技术产业企业数量	52	64	—
电子元件制造业高技术产业企业数量	5604	5744	6046
电子计算机外部设备制造业高技术产业企业数量	471	496	532
广播电视设备制造业高技术产业企业数量	644	693	652

资料来源：国家统计局。

如表 43－2 所示，与 2015 年相比，科研经费支出连续 3 年稳定增加，有效发明专利数量明显增加，集成电路、互联网宽带接入端口数量等逐年稳步增长，信息基础设施相关的固定资产投入不断加大（见表 43－3）。

表 43－2 科研投入和有效发明专利数

年份	2015	2016	2017	2018
电子及通信设备制造业高技术产业有效发明专利数量（件）	167800	224917	267016	295182
其他电子设备制造高技术产业有效发明专利数量（件）	5532	7885	10510	8626
电子计算机整机制造业高技术产业有效发明专利数量（件）	3228	5088	7940	10872
电子计算机外部设备制造业高技术产业有效发明专利数量（件）	2788	3527	5048	5500
广播电视设备制造业高技术产业有效发明专利数量（件）	2791	4747	7804	3535
科研和开发机构基础研究经费支出（亿元）	295.29	337.4	384.39	423.1

资料来源：国家统计局。

表 43－3 集成电路互联网宽带接入端口数量

年份	2015	2016	2017	2018	2019
显示器产量（万台）	17365.4	19727.8	17437.32	16637.09	—
集成电路产量（万台）	10872000	13179500	15645800	18526000	20182000
彩色电视机产量（万台）	14475.73	155769.6	15932.62	19695	18999.1
互联网宽带接入端口（万个）	57709.38	71276.86	77599.09	86752.3	91577.98
互联网宽带接入用户（万户）	25946.57	29720.65	34854.01	40738.15	44928

资料来源：国家统计局。

“十三五”以来，我国新一代信息基础设施建设加快，信息技术创新能力逐步提升，在市场规模方面，根据国家工信部的统计，我国新一代信息技术产业销售收入持续高速增长，2014 年约为 14 万亿元，2015 年产业销售收入达到 15.4 万亿元，同比增长 10.4%。2017 年，新一代信息技术产业销售收入增长至约 18.4 万亿元。2016～2018 年，信息技术行业企业定增融资 502.49 亿元，融资规模为各行业之首，2018 年销售收入达到 20 万亿元左右，2019 年产业销售收入约为 21.7 万亿元。截至 2020 年 3 月，我国网民规模为 9.04 亿人，互联网普及率达 64.5%。电子信息制造业、软件和信息技术服务业、通信业、大数据产业等也保持了较快增长。

但是产业发展中也存在一些亟待解决的问题：公共基础数据开放共享滞后，数据资源红利仍未得到充分释放；企业盈利模式不稳定，产业链完整性不足；核心技术尚未取得重大突破，相关应用的技术水平不高；安全管理与隐私保护还存在漏洞，相关制度建设仍不够完善等。

2. “十三五”时期的国家政策

自“十二五”《国务院关于加快培育和发展战略性新兴产业的决定》发布以来，国家陆续出台了大量产业扶持政策，我国新一代信息技术产业按照文件中的发展步调稳步发展，文件中明确：“到 2015 年，战略性新兴产业形成健康发展、协调推进的基本格局，对产业结构升级的推动作用显著增强，增加值占国内生产总值的比重力争达到 8% 左右。到 2020 年，战略性新兴产业增加值占国内生产总值的比重力争达到 15% 左右，吸纳、带动就业能力显著提高。节能环保、新一代信息技术、生物、高端装备制造产业成为国民经济的支柱产业，新能源、新材料、新能源汽车产业成为国民经济的先导产业；创新能力大幅提升，掌握一批关键核心技术，在局部领域达到世界领先水平；形成一批具有国际影响力的大企业和一批创新活力旺盛的中小企业；建成一批产业链完善、创新能力强、特色鲜明的战略性新兴产业集聚区。再经过十年左右的努力，战略性新兴产业的整体创新能力和产业发展水平达到世界先进水平，为经济社会可持续发展提供强有力的支撑。”

习近平同志在 2018 年两院院士大会上的重要讲话指出：“世界正在进入以信息产业为主导的经济发展时期。我们要把握数字化、网络化、智能化融合发展的契机，以信息化、智能化为杠杆培育新动能。”这一重要论述是对当今世界信息技术的主导作用、发展态势的准确把握，是对利用信息技术推动国家创新发展的重要部署。

2015~2020 年，工信部、国家发改委陆续出台了 40 多个相关政策，极大促进了新一代信息技术产业发展。

二、新一代信息技术产业发展趋势与复杂的发展环境

1. 技术发展趋势

作为新一代信息技术的核心内容，数字化、网络化、智能化是新一轮科技革命的突出特征。数字化为社会信息化奠定基础，其发展趋势是社会的全面数据化；网络化为信息传播提供物理载体，其发展趋势是信息物理系统（CPS）的广泛采用；智能化体现信息应用的层次与水平，其发展趋势是新一代人工智能。未来的发展趋势是以大数据为基础、以模型与算法创新为核心、以强大的计算能力为支撑。新一代信息技术最终将聚焦在人工智能技术的突破依赖其他各类信息技术的综合发展，也依赖脑科学与认知科学的实质性进步与发展。

未来，新一代信息技术产业的发展会使数字经济步入一个新的发展时期，即一个“云 + 数据 + 人工智能”结合的广义数字经济正在浮现：公共云变成基础设施，数据变成生产资料，人工智能变成新的创新引擎，物联网成为互联网智能化技术与实体经济的黏合剂。

数据化（数据是以编码形式存在的信息载体，所有数据都是数字化的）除包括数字化外，更强调对数据的收集、聚合、分析与应用，强化数据的生产要素与生产力功能。数字化正从计算机化向数据化发展，这是当前社会信息化最重要的趋势之一。而数据化的核心内涵是对信息技术革命与经济社会活动交融生成的大数据的深刻认识与深层利用。

大数据是社会经济、现实世界、管理决策等

的片段记录，蕴含着碎片化信息。随着分析技术与计算技术的突破，解读这些碎片化信息成为可能，这使大数据成为一项新的高新技术、一类新的科研范式、一种新的决策方式。大数据深刻改变了人类的思维方式和生产生活方式，给管理创新、产业发展、科学发现等多个领域带来前所未有的机遇。大数据技术是统计学方法、计算机技术、人工智能技术的延伸与发展，是正在发展中的技术，当前的热点方向包括：区块链技术、互操作技术、存算一体化存储与管理技术、大数据操作系统、大数据编程语言与执行环境、大数据基础与核心算法、大数据机器学习技术、大数据智能技术、可视化与人机交互分析技术、真伪判定与安全技术等。

2. 国际经贸环境与技术环境

（1）世界产业发展技术经济范式发生变化。技术革命与工业革命密切联系在一起，技术在工业上的应用引起了工业生产模式和格局的变化，带动了一系列相关产业的发展变革，对产业结构变动产生了重大影响。以蒸汽技术为标志的第一次技术革命带动了以轻纺工业发展为中心的产业结构变动，以电力技术为标志的第二次技术革命带动了以重工业发展为中心的产业结构变动，以计算机技术为标志的第三次技术革命带动了以高新技术产业和相关服务业发展为中心的产业结构变动。

当前，新一代信息技术发展带来的工业革命蓄势待发，在新一代人工智能、互联网—物联网、大数据等影响大的领域取得新的突破所带来的产业化催生出的科技变革，将会带来产业和社会的重大改变。这一过程不仅会推动一批新兴产业的诞生与发展，还将导致社会生产方式、制造模式甚至生产组织方式等方面的重要变革。

第一，智能化进展迅猛。比如，无人驾驶汽车就是一种智能化的事物，它将传感器物联网、移动互联网、大数据分析等技术融为一体，从而能动地满足人的出行需求。智能化包括产品设计智能化、生产过程智能化、供应链智能化和服务模式智能化等。

第二，绿色化发展成为共识。绿色化发展即科技含量高、资源消耗低、环境污染少的产业结构和生产方式。这同时也是一种生活方式，即生活方式和消费模式向勤俭节约、绿色低碳、文明健康方向转变。产业绿色化包括绿色设计、绿色工艺、绿色包装和再制造工程等。

第三，服务化比重提升。服务化有两个层次：一是投入服务化，二是业务服务化。服务化包括设计和开发服务、系统和解决方案、维护和支持服务以及零售和分销服务等。

第四，标准化与个性化并进。标准化在制造业中主要体现为技术的标准化。技术标准包括基础技术标准、产品标准、工艺标准、检测试验方法标准和安全、卫生环保标准等。个性化包括个性化用户的多样性选择、实现个性化用户的参与设计和个性化用户的主导开发等。

以上这些变化都离不开新一代信息技术产业的发展。

（2）世界经济发展充满变数。新冠肺炎疫情发生前，全球经济正处于下行周期，许多经济体处在衰退边缘。中国作为2019年世界第二大经济体取得了GDP实际增速6.1%的良好成绩，而2019年第四季度，第三大经济体日本实际GDP大幅度下跌6.3%，第四、第五大经济体德国、英国实际GDP都是环比零增长①。在世界前十大经济体中，只有美国在2019年表现亮眼，实际GDP增长率达到2.3%，失业率处于50年来最低，通货膨胀温和，低失业率与低通胀率形成多年罕见的“梦幻组合”。但受疫情的影响，美国经济表现极差令诸多人不安，疫情的冲击和资产价格的暴跌很可能快速打破美国经济这些年在资产价格、财富效应、消费、就业之间所形成的良性循环，把美国经济拖入衰退，继而全球经济出现衰退已是必然趋势，唯有中国的GDP增长率将依然延续正增长。目前WHO已宣布，这场席卷至少114个国家的新冠肺炎疫情已经在全球大流行。新冠肺炎疫情对人类社会、政治、文化、国际关系都已经产生深刻的影响。除了新冠肺炎疫情之外，2020年的全球宏观环境还存在很多其他风险和挑战。美国总统大选、中美关系、中印关系、土耳其/叙利亚军事危机、美国/伊朗关系等

① 第六、第七大经济体法国、印度实际GDP分别增长0.9%和4.7%（为印度7年来最低增速）。

都有可能成为2020年的一只又一只“黑天鹅”，影响世界经济的走向。

（3）逆全球化的发展趋势明显。当前逆全球化的发展不仅表现在美国单边主义贸易措施上，而且表现在一系列的制度安排上。一个重要的逆全球化的制度安排是美国在2018年8月通过的《外国投资风险审查现代化法案》。该法以维护美国国家安全的名义，赋予了美国的外国投资审查委员会更大的权力去阻止外国对美国的投资，以及美国对国外的技术出口。如果欧洲和日本模仿美国建立类似的技术管制和投资审查制度，企业的跨国投资和技术合作活动将受到较大限制。

另一个重要的逆全球化的制度安排是2018年9月30日达成的美墨加协议。该协议用提高原产地标准的办法来限制生产外包和跨国组织生产活动。过高的原产地标准不利于跨国公司在全球配置价值链。美墨加协议中还出现了针对非市场经济国家的排他性规定。这种排他性条款的蔓延将导致全球体系的分裂和世界经济的动荡。

（4）应对下一轮衰退的政策空间受限。在新冠肺炎疫情来势汹汹、全球金融市场大幅度波动的背景下，各国政府和中央银行都在密切关注事态的发展，许多国家已开始采取紧急措施来防控疫情，并推出一些纾困措施来帮助本地居民、企业和金融机构渡过难关，维护社会公众和投资者信心。但在防控疫情扩散的背景下，货币政策放松只能刺激需求，却无法提振经济，反而有可能引发物资短缺和通货膨胀，导致滞胀。

考虑到欧洲、日本等许多经济体的政策利率及国债收益率已经为零甚至为负，美国的政策利率也在低位，国债收益率也屡创历史新低，通过减息来应对此轮经济衰退的空间已非常有限。而量化宽松政策所带来的资产荒与资产价格泡沫的问题这些年已在全球经济、社会及政治领域制造了许多副产品，危害性极高。如果疫情带来的是全球滞胀的环境，量化宽松政策可能不得不以沉重的代价退出历史舞台。

除了中国、德国等少数经济体外，全世界大部分经济体的政府债务都已不堪重负。在新冠肺炎疫情的背景下，全球各国政府和央行应对冲击的政策工具相当有限。在世界金融危机之后，各发达国家的政府和央行已竭尽全力来刺激经济、稳定金融市场，严重透支了应对未来冲击的政策空间。即便如此，全球经济（尤其是发达经济体）的增长在过去十年依然疲弱，很多经济体至今尚未摆脱通货紧缩的阴影。因此，在新冠肺炎疫情的冲击下，这些经济体的政府和央行很可能无力应对，而只能象征性地采取一些措施。

在国际政策协调方面，由于世界上最大的经济体美国宣称要实行“美国优先”的政策，国际政策协调不是其优先政策选项。危机催生的G20首脑会议机制目前也难以发挥其在全球宏观政策协调上的作用。如果下一轮衰退来临，各国政策缺乏协调和约束，则以邻为壑的政策很可能成为个别国家的选项，并逐渐蔓延到多个国家。

在“逆全球化”倾向和新冠肺炎疫情全球蔓延的背景下，全球产业链、供应链面临松动、分离的严峻形势，未来也可能会出现一定程度的撕裂或脱钩的风险。在短期内，我们要通过更快的复工达产、更多的国际合作、更大力度的开放等措施，去竭力维护全球产业链供应链的稳定性；从中长期看，通过构建国内国际双循环相互促进的新发展格局，纠偏国内国际经济循环失衡的现状，维护全球产业链供应链的安全性，实现经济的高质量发展是目前切实可行的政策选择。

3. 国内经济发展总体形势

（1）发展环境不确定性增加。2020年前几个月，受新冠肺炎疫情和春节假期延长双重因素影响，中国进出口贸易数据呈现双下降，其中出口同比降幅数倍于进口同比降幅。虽然目前中国范围内疫情得到有效遏制，各地陆续复工复产，但疫情在全球范围内扩散，引发金融市场震荡，对全球产业链产生巨大冲击，世界将进入一个巨大的不确定性时期，国际国内双循环的新格局已经形成。

虽然中美之间签署了第一阶段的贸易协议，但中美贸易摩擦的长期性和艰巨性已是共识，特别是美国对中国发展的忌惮，对我国在新一代信息技术上的各种技术封堵已经毫不掩饰，表现尤其明显的是芯片制造和工具软件的使用授权上的封锁。

与此同时，中国经济还面临内部的结构性失调，长期增长潜力仍未得到充分释放的问题。民营企业、中小企业融资难、融资贵问题对经济发展的桎梏日益凸显。区域间市场化发展不平衡限制了企业对冲工具的选择范围，导致企业部门的劳动力需求疲软，劳动力市场承压。受实体部门杠杆率进一步上升的拖累，中小银行风险加速暴露，其系统重要性持续上升，系统性风险的防范和化解难度进一步增加。经济下行的短期压力较大，除了政策性应急，中长期结构性改革的任务比以前更加紧迫，企业的转型也更加紧迫。

（2）经济本身已经步入“中速增长阶段”。2019 年以来，中国经济稳中求进、稳中有忧，经济下行的压力有所上升，中国经济所面临的外部环境严峻，与自身发展所面临的不充分、不平衡问题相叠加，使稳增长、防风险的难度加大。实体经济困难突出，工业企业利润增速下降、进出口增速下滑，制造业投资大幅下滑，总投资增速有所回落。家庭部门杠杆率持续攀升，家庭流动性日益收紧。不断强化的家庭储蓄动机不仅放大了总需求不足的影响，还进一步加剧了企业经营的困难，迫使企业被动加杠杆，实体部门杠杆率逆势反弹。在财政政策持续宽松的背景下，地方政府债务率亦有所增加。虽然金融部门去杠杆成效显著，但宏观杠杆率不降反升。

从经济增长的实际过程来看，中国经济先后经历了劳动力驱动（代加工、出口产业链）、资本驱动（基建、地产产业链）两个阶段，未来将进一步走向技术、生产效率和商业模式驱动（中高端制造、服务），第三个阶段所匹配的经济附加值更高，但经济增长速度会有所降低，经济增长可能会进入“中速增长阶段”。2019 年我国实际 GDP 增长速度为 6.1%。即使没有年初新冠肺炎疫情突如其来的暴发，许多经济学家对 2020 年中国经济增长的预测也低于 6%。如果 2020 年之后的未来五年出口和地产都进入更常态的增速，则隐含的经济增速会进一步降低。

（3）产业结构进一步优化。2019 年我国工业生产持续发展，高技术制造业和战略性新兴产业较快增长。全国规模以上工业增加值比上年增长 5.7%。其中，采矿业增加值增长 5.0%，制造业增长 6.0%，电力、热力、燃气及水生产和供应业增长 7.0%。高技术制造业和战略性新兴产业增加值分别比上年增长 8.8% 和 8.4%，增速分别比规模以上工业提高 3.1 个和 2.7 个百分点。服务业较快发展，现代服务业增势良好。全年全国服务业生产指数比上年增长 6.9%。信息传输、软件和信息技术服务业，租赁和商务服务业，金融业，交通运输、仓储和邮政业增加值分别增长 18.7%、8.7%、7.2% 和 7.1%，增速分别提高第三产业 11.8 个、1.8 个、0.3 个和 0.2 个百分点。其中，战略性新兴服务业、科技服务业和高技术服务业企业营业收入分别增长 12.4%、12.0% 和 12.0%，增速分别提高全部规模以上服务业 3.0 个、2.6 个和 2.6 个百分点。

2020 年 1 月以来，受疫情影响，服务业收入出现负增长，然而新一代信息技术产业的相关服务收入表现依然抢眼，如图 43－1 所示。

如图 43－2 所示，信息技术服务带动经济增长的趋势明显，新一代信息技术有望成为经济复苏的主要引擎。

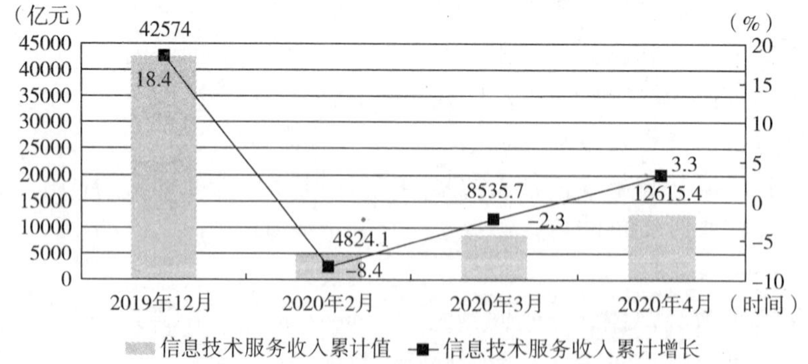

图 43－1　信息技术服务收入变化趋势

资料来源：国家统计局。

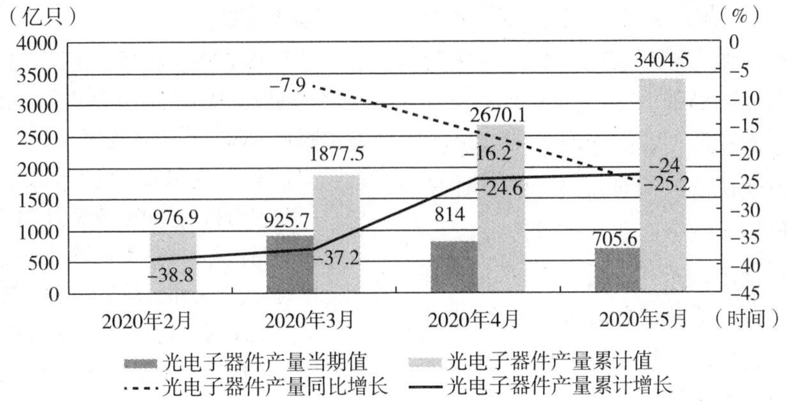

图 43－2　信息技术产品高速增长

三、推进新一代信息技术产业高质量发展的对策建议

1. 建立健全创新机制

主动加快调整新一代信息技术的创新战略导向。建立健全新一代信息技术的科技创新机制，加快人才培养和基础学科建设，建立完善的人才引进政策，为实现经济社会的发展目标、提升企业竞争能力和服务能力。以自主创新为主要推动模式和方向，探索以适合国内超大规模市场为主的信息技术在各领域的应用创新，满足人民日益增长的美好生活的需要。

2. 完善创新环境

进一步健全和完善相关个人隐私信息保护、信息安全和知识产权保护的法律体系，强化信息安全基础设施建设，明确技术自主科技创新的目标与规则，建立健全跨部门、跨地区的产业互联网科创协同支持机制，促进信息资源的优化配置，增强信息技术的应用能力，逐步形成以国内市场驱动为主的信息技术创新的动力机制和可持续发展模式。

通过建立完善的技术产权交易中心，积极寻求与其他国家在新一代信息技术创新领域的合作，扩大市场开放度，为全球科技创新企业和技术持有方来华合作创造良好环境。

3. 强链补链完善产业链

对我国新一代信息技术产业链进行全面梳理，按照技术水平、供应链安全、可持续能力、国际竞争力和创新能力等维度，掌握产业链的国际国内协同状况。进一步梳理我国信息技术产业链的关联，重点弥补技术短板。以重点企业为抓手推动创新，鼓励产业链相关企业开发和满足国内市场需求的技术。对于自主创新能力存在明显短板的技术领域，引导和鼓励包括外资在内的民间社会资本进入，丰富支撑渠道，强化供应链安全。

4. 补足核心技术短板，建立容错扶持机制

加强产学研创新协同，建立容错扶持机制。鼓励产业、高校和科研机构在科技创新的方向和重点上加强合作与协同，积极推进产业互联网的发展，发挥我国集中力量办大事的优势强化基础研究，利用市场扩大面向应用的创新研究和科技成果商业化，鼓励各方针对有广泛应用前景、产业发展存在明显缺陷的核心技术领域开展深入研究，探索解决方案，力争实现突破。

5. 进一步优化和调整人才培养结构

进一步优化和调整教育的人才培养结构，在高等教育人才培养上形成不同层次的合理布局，在加强基础学科理论研究深度的同时，加快信息技术的产业工人的培养，加强对高职高专新一代信息技术专业应用人才的培养，加大支持力度，以满足信息时代产业发展的社会需要。

6. 优化产业环境

推动形成重视创新、容忍创新失败的社会氛

围，设立专项资金为重点、关键基础创新提供风险补偿，鼓励社会资本参与创新前期环节，优化营商环境，拓宽中小企业的融资渠道，加强对民营资本的保护，放宽对小微软件企业的注册的工商条件限制，通过税收和财政扶持政策对新一代信息技术的创新，进一步优化集成电路产业和软件产业发展环境，深化产业国际合作，尤其是对软件创新的中小企业进行扶持，以容错扶持机制减少技术和投资人员的顾虑，加快迭代速度，提升产业创新能力和发展质量，适应国内需求市场变化。

参考文献

［1］刘亦文、欧阳莹：《我国新一代信息技术产业创新效率的时空特征与动态演进》，《湖南大学学报（社会科学版）》2020 年第 34 卷第 5 期，第 52 – 61 页。

［2］毛涛：《以新一代信息技术助力制造业高质量发展》，《学习时报》，2020 年 9 月 21 日（第 001 版）。

［3］吕铁等：《技术经济范式协同转变与战略性新兴产业发展》，中国社会科学出版社 2014 年版。

［4］黄奇帆：《打赢金融去杠杆攻坚战　过度紧缩的去杠杆会造成严重的经济箫条》，《财经界》2018 年第 7 期。

区 域 篇

第四十四章　区域工业发展新格局

提　要

“十三五”时期我国区域发展取得重大成就，区域经济发展战略实现了重大转变。党的十八大以来，习近平区域发展思想在各领域不断深入，为区域发展赋予新动力，区域创新速度加快，区域发展格局呈现新局面。当前我国区域经济仍然存在经济发展新动能东西差距明显，增长速度南北差距扩大，投资区域不平衡等问题。“十四五”时期，区域发展机遇与挑战并存，要以习近平思想为指导，以全面贯彻区域协调发展战略为目标，以高质量发展为核心，践行五大理念，紧紧抓住创新这个驱动力，在区域层面打通支撑科技强国的全流程创新链条，塑造要素有序自由流动、基本服务均等、资源环境可持续的区域协调发展新格局，为实现双循环提供坚实支撑。为此，要加快区域创新驱动转型升级，释放区域发展新动能，深入实施区域发展总体战略，以创新补全产业链，加速“一带一路”和区域发展的深度对接，科创产业深度融合，共创区域创新共同体等。

*　　*　　*

“十三五”时期我国区域发展取得重大成就。党的十八大以来，党中央紧紧抓住经济社会发展的主要矛盾和矛盾的主要方面，从经济发展长周期和全球政治经济大背景出发，审时度势地提出了创新、协调、绿色、开放、共享的五大发展理念，为区域发展指明了方向。党的十九大报告指出，我国经济已由高速增长阶段转向高质量发展阶段，正处在转变发展方式、优化经济结构、转换增长动力的攻关期，推动高质量发展是当前和今后一个时期确定发展思路、制定经济政策、实施宏观调控的根本要求。“十四五”时期是我国经济发展的又一个关键时期，把握好党的方针政策，加速区域发展，对我国经济高质量发展至关重要。

一、“十三五”以来取得的成就

1. 区域发展赋予新动力

“一带一路”和经济新常态为区域发展注入新动力。2013 年党的十八届三中全会审议通过《中共中央关于全面深化改革若干重大问题的决定》，把“一带一路”倡议作为中国未来经济发展、对外开放的重点。该倡议有力促进了我国与沿线国家协调发展，经济合作与市场融合，整合资源供给，实现了我国和沿线国家互利共赢的局面。还将扩大对外开放的范围并拓展其深度，使我国对外开放相对滞后的内陆地区最大程度地减少地理位置因素的制约，转变为对外开放的前沿阵地，促进东、西两大区域的协调发展，形成对外开放的新格局。

经济新常态则让我国区域发展进入了转型升级的新路径。供给侧改革推动了结构调整，区域发展不再一味追求高速增长，而是将重点放在经济结构不断优化升级上，让经济从要素驱动、投资驱动转向创新驱动，高新技术、装备制造、战略性新兴产业成为发展重点，各地区上述产业的发展速度显著提升，在经济中占比不断提高。

2. 习近平区域发展思想不断深入

2015 年 10 月底，党的十八届五中全会审议通过了《“十三五”规划建议》（以下简称《建议》）。《建议》中首次提出了创新、协调、绿色、开放、共享的五大发展理念并将其视作“关系我国发展全局的一场深刻变革”。五大发展理念明确了新时代经济发展的新思路，衡量经济发展的理念从单纯的经济指标全面延伸到了社会发展的各个层面，作为管全局、管根本、管长远的鲜明导向，科学回答了实现什么样的发展、怎样实现发展的问题，是引领经济社会高质量发展的指南。

3. 区域发展格局发生重大转变

党的十八大以来，以习近平总书记为首的党中央深入实施区域协调发展战略，按照客观经济规律调整完善区域政策体系，在区域发展上创新纷呈，接连推出新政策、新举措。在发展战略上，以京津冀协同发展、粤港澳大湾区建设、长三角一体化发展，打造经济高质量发展并与国际接轨的“龙头”，以长江经济带、黄河流域生态保护和高质量发展，探索生态保护和经济协调发展的新路径。在板块发展上，加快西部大开发，推进形成新的战略格局；东北地区要主动调整经济结构，推进产业多元化发展，加快国有企业改革；发挥优势推进中部崛起；创新引领率先实现东部地区优化发展，以五大战略增长区域引领四大板块，使我国的区域发展进入新的发展阶段。

4. 区域创新速度不断加快

“十三五”以来，各地区深入推进创新驱动发展战略，大力实施供给侧结构性改革，不断推动工业经济高质量发展，正在实现工业经济由数量规模扩张向质量效益提升方式的转变。

东部的广东以 2014 年为明显的分界点，2009 ~ 2014 年，创新指数增长较为平稳，年均增速为 8.36%；2014 年之后，指数增速明显加快，年均增幅达 13.60%。近年来创新驱动加速提升，已成为广东经济社会全面发展的共识。

中部的湖南全面实施创新驱动发展战略，不断推进大众创业、万众创新，工业创新环境不断优化，创新投入力度持续加大，创新产出能力快速提升，创新成效进一步显现。2018 年，全省工业专利授权量增长 29.1%，2014 ~ 2018 年年均增长 11.9%；全省规模工业实现新产品产值 5604.58 亿元，2013 ~ 2018 年年均增长 12.6%；全省规模以上工业企业研发经费支出占主营业务收入的 1.34%，比上年同期提高 0.1 个百分点。

四川对全省 2.76 万家规模（限额）以上企业调查显示，2018 年有 1.1 万家企业开展创新活动，占 40.5%；企业投入研发经费 425 亿元，是 1996 年的 34.9 倍，占全社会研发经费支出的 57.8%，比 1996 年提高 26.9 个百分点。从创新投入和创新活跃度来看，企业创新能力居西部前列。随着创新资源加速向企业集聚，四川依托企业布局建设了一批工程（技术）研究中心、工程实验室等，认定了一大批企业技术中心。2018 年末，建成企业国家重点实验室（工程实验室）6 个、企业国家工程（技术）研究中心 10 个、国家级企业技术中心 79 个，认定国家技术创新示范企业 23 家；在企业设置各类独立研发机构 1591 个；入库登记科技型中小企业 6597 家。创新能力已成为四川企业发展壮大的核心竞争力。

二、存在的问题

1. 经济发展新动能东西差距明显

根据姚鹏、张其仔的研究，2016 年东部的新经济指数为 38.78，远远高于中部的 18.95、西部的 12.63 和东北的 13.56。东部地区新经济指数较高的重要原因在于，在经济全球化与网络化的背景下，东部地区大力发展新经济，打造创新高地，率先实现产业升级，因而创新指数处于较高的水平，西部地区的这一指数则相对较低。

2. 增长速度南北差距扩大

近年来，虽然中、西部部分地区的增长速度在加快，但各省级单位间增长速度的差距又有所扩大。从表 44－1 中看到，全国 31 个省级地区工业增加值增长速度同全国工业增加值增长速度之比的标准差，2019 年较 2013 年增长了近 1 倍。但从表 44－2 中看到，2013 年到 2019 年，增长较快的地区，主要向长江流域集中，而增长较慢的地区，则由东北及沿海某些省份，进一步扩大到黄河流域和西北地区。

表 44－1　2013 年、2019 年各省（自治区、直辖市）工业增加值增长速度同全国增长之比（1）

年份	最小	最大	平均	标准差
2013	0.07	1.68	1.0013	0.40358
2019	0.65	1.41	1.1487	0.22107

资料来源：国家统计局网站提供的数据计算。

表 44－2　2013 年、2019 年各省（自治区、直辖市）工业增加值增长速度同全国增长之比（2）

	2013 年			2019 年		
	地区	数值	排序（降序）	地区	数值	排序（降序）
增长速度前十名	安徽	1.41	1	贵州	1.68	1
	贵州	1.40	2	福建	1.54	2
	重庆	1.40	3	江西	1.49	3
	福建	1.36	4	湖南	1.46	4
	陕西	1.35	5	云南	1.42	5
	天津	1.34	6	四川	1.40	6
	新疆	1.33	7	河南	1.37	7
	广西	1.33	8	湖北	1.37	8
	青海	1.30	9	宁夏	1.33	9
	宁夏	1.29	10	安徽	1.28	10
增长速度低于全国增长速度	辽宁	0.99	24	河北	0.98	17
	吉林	0.99	25	山西	0.93	18
	广东	0.90	26	陕西	0.91	19
	浙江	0.88	27	甘肃	0.91	20
	北京	0.82	28	广东	0.82	21
	黑龙江	0.71	29	新疆	0.82	22
	上海	0.68	30	广西	0.79	23
	海南	0.65	31	海南	0.74	24
				天津	0.60	25
				北京	0.54	26
				吉林	0.54	27
				西藏	0.53	28
				黑龙江	0.49	29
				山东	0.21	30
				上海	0.07	31

资料来源：国家统计局网站提供的数据计算。

3. 投资存在区域不平衡的问题

从制造业固定资产投资来看（见表 44－3），2018 年全国差异非常明显，增长速度大于 10% 的有 14 个省级单位，主要集中在长江流域（8 个省份），以及沿海的福建、江苏，延边的广西和东北的黑龙江、辽宁。增长速度较慢的主要集中在黄河流域以及浙江、广东等地，反映了这些地区制造业发展缺乏方向和后劲。

表 44－3 2018 年各地区制造业固定资产投资增长速度

大于 10%		小于 10%	
西藏	50.60	重庆	9.30
湖南	35.00	陕西	8.60
安徽	33.30	河北	8.20
广西	22.50	青海	7.60
福建	22.30	浙江	4.90
辽宁	20.30	河南	3.40
江西	18.20	山东	2.40
黑龙江	15.60	宁夏	0.40
湖北	15.60	广东	-0.10

续表

大于 10%		小于 10%	
上海	14.80	吉林	-3.80
山西	14.60	四川	-3.90
云南	14.30	新疆	-9.10
贵州	12.50	甘肃	-13.40
江苏	11.20	天津	-22.00
		内蒙古	-25.80
		海南	-37.90
		北京	-41.70

资料来源：2019 年《中国统计年鉴》提供的数据。

三、“十四五”发展思路

1. 区域发展机遇和挑战并存

进入 21 世纪第二个十年以来，外部环境错综复杂，国内经济下行压力也在逐渐加大，我国抗击新冠肺炎疫情的阶段性胜利加速了百年未有之大变局的到来，抓住机遇、迎接挑战为区域发展的关键所在。

（1）迫切需要转型发展。当前国际形势迫切需要区域发展迅速摆脱传统发展模式，转型发展关系到区域发展的前途和后劲。当前，沿海发达地区高端产业链不完善、科技创新有待加强；中、西部地区面临着转变粗放型、外延式的增长方式，依靠科技进步和生产效率提高发展效率，走集约型、内涵式发展道路是中、西部急需解决的重大问题；同时，转型发展也是东北振兴的必由之路。

（2）面对双循环发展格局的艰巨形势。新冠肺炎疫情在全球大流行，引发了全球经济的持续萎缩，给我国经济社会发展带来了极大的不确定性。2020 年 7 月 30 日，中央政治局会议提出，当前经济形势仍然复杂严峻，不稳定性、不确定性较大，我们遇到的很多问题是中长期的，必须从持久战的角度加以认识，加快形成以国内大循环为主体、国内国际双循环相互促进的新发展格局。立足国内大循环，就要把满足国内人民需求作为发展的出发点和落脚点，满足 14 亿多人口的超大规模内需市场，必然要支持适销对路的出口产品开拓国内市场，促进国内消费提质升级。对于沿海地区可以以发展产业链高端产品和技术为突破口，构建完善我国先进制造业的产业链。对于中、西部地区而言，可以以中高端技术、消费品产业升级为重点，扩大规模，提升产业质量。总而言之，为各地区依托现有产业，提高产业竞争力，实现产业转型、持续发展，提供了不可多得的机遇。

（3）高技术产业突围需求加速。当前，经济全球化加速发展，世界各国经济分化有所加剧，同时美国、日本等发达国家纷纷推出以产业回归为核心的产业重振计划，对高技术及相关产品进出口封锁力度加大，加之地区重大突发事件及全球系统性金融风险增加，我国高技术制造业发展面临前所未有的挑战和风险，东部沿海地区及内地以电子信息产业为核心的高技术制造业风险加大，这些地区虽然已建立了门类齐全、体系完整、规模庞大和具有较高技术水平的产业体系，但也存在着新型产业基础设施服务水平相对落后、产业链控制力和产业受制于人的问题，高技术产业自主可控成为产业突围的关键。上述地区高技术产业发展要紧扣国家战略，着力发展高技术制造业，补短板，强优势，以建立自主可控的产业链为目标，迎接新的发展机遇。

2. 发展思路

“十四五”时期区域发展思路应为：以习近平思想为指导，以全面贯彻区域协调发展战略为目标，以高质量发展为核心，贯彻全新发展理念，践行五大发展理念，牢牢抓住创新这个驱动发展的不竭动力，在区域层面打通支撑科技强国的全流程创新链条，塑造要素有序自由流动、基本服务均等、资源环境可持续发展的区域协调发展新格局，为加快实现双循环提供坚实支撑。

（1）以创新提升区域发展新动能。党的十九大报告强调，创新是引领发展的第一动力，是建设现代化经济体系的战略支撑。习近平总书记将创新作为五大发展理念之首，体现了创新的重要意义。创新是发展的动力，当前我国区域经济发展进入结构优化调整阶段，通过创新培育新动能。推动高质量发展是打破旧的发展模式和推进产业结构优化调整的根本手段。

我国区域创新能力差异较大，总体上存在着东部沿海和内陆的差异，虽然党的十八大以来，内陆地区创新能力有了飞速提高，但同沿海地区相比仍然存在质量、数量上的差异。习近平创新发展理念体现了差异化，通过差异化的创新发展，为解决这一问题提供了精准有力的方法。

（2）以协调发展充分发挥地区优势，实现全国整体最优。我国地域辽阔，差异化是地区发展的现实基础，如何充分发挥地区优势，实现从发达地区到欠发达地区共同发展，使全国发展达到最优化，是区域发展面临的重要问题。为此，习近平总书记强调，要“发挥各地区比较优势，促进各类要素合理流动和高效集聚”。把发挥地区优势协调发展的核心定位在了要素的合理流动和高效聚集方面。

总书记在“推动形成优势互补高质量发展的区域经济布局”中强调：我国经济由高速增长阶段转向高质量发展阶段，对区域协调发展提出了新的要求。不能简单要求各地区在经济发展上达到同一水平，而是要根据各地区的条件，走合理分工、优化发展的路子。要形成几个能够带动全国高质量发展的新动力源，特别是京津冀、长三角、珠三角三大地区，以及一些重要城市群。不平衡是普遍的，要在发展中促进相对平衡，这是区域协调发展的辩证法。

（3）以绿色发展塑造可持续的社会发展。绿色发展是中国经济走向可持续健康发展的必然之路。总书记高度重视生态文明，将绿色发展放在五大发展理念的第三位，宣示了区域发展理念由重视数量增长向注重绿色发展的重大转变。

一方面，经济发展要保护生态环境。习近平指出：推动长江经济带绿色发展，关键是要处理好“绿水青山和金山银山”的关系。推进东北振兴，要贯彻“绿水青山就是金山银山”“冰天雪地也是金山银山”的理念，加快统筹山水林田湖草治理，使东北地区天更蓝、山更绿、水更清。推动京津冀协同发展，要坚持“绿水青山就是金山银山”的理念，增加清洁能源供应，调整能源消费结构，持之以恒推进京津冀地区生态建设。推动中部地区崛起，要坚持绿色发展，开展生态保护和修复，强化环境建设和治理，推动资源节约集约利用，建设绿色发展的美丽中部。

另一方面，要全面构筑现代绿色产业发展新体系。我国经济已由高速增长阶段转向高质量发展阶段。做好生态环境保护促进了产业结构升级，推动了经济高质量发展；另外，利好的生态环境将促进社会更加和谐稳定，最终实现环境效益、经济效益和社会效益的共赢。

（4）以开放为区域发展提供加速引擎。对外开放是推动我国区域不断发展的重要引擎，在新形势下，以习近平同志为总书记的党中央在对外开放中坚持以开放促改革、以开放促开发，并以这一理念为核心，推进我国建立开放型区域发展格局，从而使区域发展不断获得强劲的推动力。习总书记强调：“我们要坚定不移发展开放型世界经济，在开放中分享机会和利益、实现互利共赢”，“要下大气力发展全球互联互通，让世界各国实现联动增长，走向共同繁荣”。为此，要加快建设全面开放格局，一是要积极参与“一带一路”建设，提升扩大对外开放的载体和平台；二是要加快自贸区建设；三是要加快建设延边开放开发区，构建沿边高质量开放型经济体系。

（5）以共享让人民充分享受发展成果。在区域发展中要始终坚持以人民为中心的发展思想，统筹抓好脱贫攻坚和城乡协调发展，推动城乡要素资源自由流动、互联互通。一方面要积极推进基本公共服务均等化、全覆盖；另一方面要加大公共服务领域开放力度，积极发展市场化、社会化公共服务，提升公共领域服务水平，更好地实现社会效益和经济效益相统一。

专栏 44－1

习近平总书记在深圳经济特区建立 40 周年庆祝大会上的讲话（摘要）

习近平总书记在深圳经济特区建立40周年庆祝大会上发表重要讲话，回顾了40年来深圳经济特区实现的五大历史性跨越，总结了经济特区40年改革开放、创新发展积累的十条宝贵经验，对新时代深圳经济特区建设提出六项明确要求，对经济特区党的建设和精神文明建设作出部署。

一、五大历史性跨越

实现了由一座落后的边陲小镇到具有全球影响力的国际化大都市的历史性跨越。实现了由经济体制改革到全面深化改革的历史性跨越。实现了由进出口贸易为主到全方位高水平对外开放的历史性跨越。实现了由经济开发到统筹社会主义物质文明、政治文明、精神文明、社会文明、生态文明发展的历史性跨越。率先完成全面建成小康社会的目标，实现了由解决温饱到高质量全面小康的历史性跨越。

二、十条宝贵经验

一是必须坚持党对经济特区建设的领导，始终保持经济特区建设正确方向。二是必须坚持和完善中国特色社会主义制度，通过改革实践推动中国特色社会主义制度更加成熟、更加定型。三是必须坚持发展是硬道理，坚持敢闯敢试、敢为人先，以思想破冰引领改革突围。四是必须坚持全方位对外开放，不断提高“引进来”的吸引力和“走出去”的竞争力。五是必须坚持创新是第一动力，在全球科技革命和产业变革中赢得主动权。六是必须坚持以人民为中心的发展思想，让改革发展成果更多、更公平地惠及人民群众。七是必须坚持科学立法、严格执法、公正司法、全民守法，使法治成为经济特区发展的重要保障。八是必须践行“绿水青山就是金山银山”的理念，实现经济社会和生态环境全面协调可持续发展。九是必须全面准确贯彻“一国两制”基本方针，促进内地与香港、澳门融合发展、相互促进。十是必须坚持在全国一盘棋中更好发挥经济特区辐射带动作用，为全国发展做出贡献。

三、六项明确要求

第一，坚定不移贯彻新发展理念。第二，与时俱进全面深化改革。党中央经过深入研究，一揽子推出27条改革举措和40条首批授权事项。第三，锐意开拓、全面扩大开放。第四，创新思路，推动城市治理体系和治理能力现代化。第五，真抓实干“践行以人民为中心的发展思想”。第六，积极作为深入推进粤港澳大湾区建设。

资料来源：《习近平：在深圳经济特区建立40周年庆祝大会上的讲话（现场实录）》，新华网，2020年10月14日。

四、政策措施

1. *以创新驱动引领释放区域发展新动能*

把握“创新是引领发展的第一动力”，继续实施创新驱动发展战略、加快建设创新型国家是我国今后较长一段时间的重要任务和主攻方向。区域创新是创新型国家的重要组成部分，加快建设创新型国家，必须加快构建区域创新体系，为区域经济发展和竞争力提升提供支撑和保障。

党的十九大报告提出要“深化供给侧结构性改革”，并将其列为“建设现代化经济体系”的首要任务，要求“以供给侧结构性改革为主线，推动经济发展质量变革、效率变革、动力变革，提高全要素生产率”，这是区域经济发展的根本方向，有利于蓄积区域发展新动能。

党的十九大报告还提出要“加快生态文明体制改革，建设美丽中国”。当前，全球环境治理进入新阶段，全球经济正面临绿色转型的战略机遇期，我国的绿色转型也正进入“快车道”。人民群众对美好生态环境的需求越来越强烈，构建绿色、循环、低碳发展的产业体系以及有利于绿色消费的行为模式和制度体系不仅“迫在眉睫”，而且“势在必行”，这就要求各地区将优美的生态环境质量作为发展的目标，提供更多“优质生态产品”，满足人民日益增长的优美生态环境需要。生态文明建设的新要求必将孕育区域绿色发展的新动能、新优势。

党的十九大报告提出要“推动形成全面开放新格局”，强调“优化区域开放布局，加大西部开放力度”。十九大后我国的对外开放将进入全面开放、深度开放、高水平开放的新阶段，形成陆海内外联动、东西双向互济的开放格局，各地区将更加积极主动地扩大对外开放，提升区域开放型经济水平，在开放中培育和打造区域发展新动能。

2. 聚焦核心任务深入实施区域发展总体战略

深入实施区域发展总体战略的核心是要实行分类指导，优化调整东、中、西、东北四大板块发展战略的重点任务。贯彻十九大报告提出的要“强化举措推进西部大开发形成新格局，深化改革加快东北等老工业基地振兴，发挥优势推动中部地区崛起，创新引领率先实现东部地区优化发展”。

（1）雄安新区——世界级的创新中心。打造贯彻落实新发展理念的创新发展示范区，成为新时代高质量发展的全国样板。建设绿色生态宜居新城区、创新驱动发展引领区、协调发展示范区、开放发展先行区，努力打造贯彻落实新发展理念的创新发展示范区。坚持把创新作为高质量发展的第一动力，实施创新驱动发展战略，推进以科技创新为核心的全面创新，积极吸纳和集聚京津及国内外创新要素资源，发展高端高新产业，推动产学研深度融合，建设创新发展引领区和综合改革试验区，布局一批国家级创新平台，打造体制机制新高地和京津冀协同创新重要平台，建设现代化经济体系。坚持把协调作为高质量发展的内生特点，通过集中承接北京非首都功能疏解，有效缓解北京“大城市病”，发挥对河北省乃至京津冀地区的辐射带动作用，推动城乡、区域、经济社会和资源环境协调发展，提升区域公共服务整体水平，打造要素有序自由流动、主体功能约束有效、基本公共服务均等、资源环境可承载的区域协调发展示范区，为建设京津冀世界级城市群提供支撑。

打造雄安新区高端高新产业发展核心区。构建促进创新创业的体制机制，积极吸纳国际国内创新资源，建设一批国家级研发机构。坚持高端引领，瞄准当前处于国际前沿领域，具有战略性、前瞻性的产业，优先布局人工智能、大数据、云计算、物联网、移动互联网等新一代信息技术产业，生物药研发、基因工程、高端医疗设备研发等生命科学和生物医药产业，先进电子材料、北斗卫星通信导航、信息安全、智能机器人、高端新材料等军民融合产业，工业设计、科技服务、智慧物流等高端服务业。

（2）长三角——对外开放、产业升级“龙头”。长三角是我国经济发展最活跃、开放程度最高、创新能力最强的区域之一，在全国经济中具有举足轻重的地位，是集世界级的贸易、科技、金融、航运、先进制造业为一体的世界级城市群，应将长江三角洲建成长江流域经济带的“龙头”。深入推进重点领域一体化建设，强化创新驱动，建设现代化经济体系，提升产业链水平。

（3）粤港澳大湾区——“一带一路”建设的重要支撑。2019 年 2 月 18 日，中共中央、国务院印发《粤港澳大湾区发展规划纲要》，明确提出粤港澳大湾区五大战略定位：充满活力的世界级城市群；具有全球影响力的国际科技创新中心；“一带一路”建设的重要支撑；内地与港澳深度合作示范区；宜居、宜业、宜游的优质生活圈。

粤港澳大湾区的未来发展，要响应国家“一带一路”倡议，落实国家区域发展格局优化要求，以“南联西进”为主方向，构筑对内对外“双向”开放的发展格局。对外以“21 世纪海上丝绸之路”为纽带，依托大湾区发达的港口航运基础和国际贸易网络，进一步加强与南太平洋、印度洋沿岸国家的商贸与文化交流，努力成为我国面向南方国际市场的主枢纽与重要门户。对内以珠江—西江经济带、粤桂黔高铁经济带、武广高铁经济带、京九铁路及赣深高铁经济为纽带，主动联合“泛珠三角”共同融入“丝绸之路经济带”，对接亚欧板块新兴市场，依托基础设施建设与跨区域合作，拓展“泛珠三角”内陆腹地，提升区域一体化水平。推进佛山粤桂黔高铁经济带合作试验区（广东园）建设，培育强化江门、肇庆等城市的门户功能，将珠江西岸地区打造成为支撑“丝绸之路经济带”的现代装备制造业基地和新型城镇化的示范地区。

（4）长江经济带——绿色发展创新发展的示范。深入贯彻党中央、国务院关于长江经济带发展的战略部署，按照习近平总书记提出的“共抓大保护，不搞大开发”的要求，坚持生态优先、绿色发展，全面实施《中国制造 2025》，扎实推进《工业绿色发展规划》，紧紧围绕改善区域生态环境质量要求，以企业为主体，落实地方政府责任，加强工业布局优化和结构调整，执行最严格环保、水耗、能耗、安全、质量等标准，强化技术创新和政策支持，加快传统制造业绿色化改造升级，不断提高资源能源利用效率和清洁生产水平，引领长江经济带工业绿色发展。

（5）黄河流域生态保护和高质量发展，要坚持“绿水青山就是金山银山”的理念，坚持生态优先、绿色发展，以水而定、量水而行，因地制宜、分类施策，上下游、干支流、左右岸统筹谋划，共同抓好大保护，协同推进大治理，着力加强生态保护治理、保障黄河长治久安、促进全流域高质量发展、改善人民群众生活、保护传承弘扬黄河文化，让黄河成为造福人民的幸福河。

3. 以新基建为抓手补全产业链

新基建已经成为时代发展新动能，坚决贯彻党中央决策部署，围绕产业链发展部署全产业链，围绕产业链重点发展高端产业。把握新一轮信息技术变革和数字化发展趋势，大力发展新基建、新技术、新材料、新装备、新产品、新业态，推动高质量发展打造强劲新引擎。要着力推动产业数字化、园区新型化、企业智能化、项目智慧化，上马一批有带动力的重大项目，发展一批重点企业，建设一批战略性新兴产业重大基地和园区，打造一批稳定性强、竞争力强的重点产业，布局一批有影响力的国家级重大创新平台，构建形成创新型现代产业体系。

特别是东南沿海地区，要坚决打好“产业基础高级化、产业链现代化”的攻坚战，加快培育壮大产业生态主导企业，培育一大批主营业务突出、竞争力强的中小微企业，打造一批专注于细分市场、致力于产业链上关键产品的精专企业，为高技术全产业链自主化贡献力量。

4. 加速“一带一路”和区域发展的深度对接

继续发挥“一带一路”的重要作用，逐步扩大对外经济技术合作领域和国家，以国家重大战略为支撑，促进“一带一路”和区域发展、区域重大战略对接，在对外承包工程、劳务合作、设计咨询、援外、受援、利用外国政府贷款、优质企业跨国并购、战略性新兴产业国际化发展等领域深化对外合作。通过对外经济合作促进区域对外开放的进一步发展，实现优化资源配置和合理调整产业结构，带动设备、技术、劳务和产品出口，缓解就业压力，促进经济增长。要充分发挥自由贸易试验区和自由贸易港建设，加快促进国际经贸合作规则对接，着力打造优质高效的国际化营商环境。

东部地区应该以上海自贸区为基础，向沿线辐射，在东部地区推广并发展港口经济，力争建成有国际标准的自由贸易区，面向全球展开业务，积极进行国际领域上的经济合作。

中部地区要依托我国的长江经济带和连云港到阿拉山口陆路交通优势，构建完整的路桥经济带；成为连接东西部地区、提高对外合作的效率的战略枢纽，同时带动自身的对外开放，完善自由贸易区，加大对陆上交通、航空口岸的建设力度，提高物流服务的能力。

西部地区与中亚和东南亚的许多国家都有领土接壤，应大力促进向西、东南方向的对外开放，加大与国外地区的合作力度，并使这些城市群在合作的过程中获得较快的发展。位于“一带一路”上的关中城市群、成渝城市群、环北部湾城市群要充分利用国家的利好政策，吸引更多的投资、人口、产业向其集聚，推动资源在全国范围内的再配置。

构建东北亚区域合作中心。东北地区要积极构建“东北亚海上丝绸之路”，扩大对外开放的深度和广度，积极与周边国家进行深入的合作，建设跨境经济合作区。完成产业结构的调整和升级，在保有重工业的同时积极进行科技创新，发展新型工业。

5. 科创产业深度融合共创区域创新共同体

加快创新资源共享和创新及成果转化平台共建，构建区域创新共同体。我国的长江三角洲城市群、大湾区城市群、京津冀、东北城市群、长江中游城市群、成渝城市群、中原城市群、关中城市群都是集高等院校、科研院所、高技术产业、园区等多位一体的聚集区，高技术产业各具特色，今后要加速地方政府、科研机构和企业开展区域内多层次全方位对接，充分挖掘创新要素和潜力，解决单一科研机构、企业所不能解决的创新难题，将每个区域的特色产业凝成一体，建立多个符合区域特色的中国“硅谷”，提升我国的产业竞争力和主导力。

专栏 44－2

深圳综合改革试点方案出炉

中共中央办公厅、国务院办公厅 11 日对外发布《深圳建设中国特色社会主义先行示范区综合改革试点实施方案（2020－2025 年）》，赋予深圳在重点领域和关键环节改革上更多自主权，支持深圳在更高起点、更高层次、更高目标上推进改革开放。

方案指出，党中央作出兴办经济特区重大战略部署 40 年来，深圳敢闯敢试、敢为人先、埋头苦干，创造了发展史上的奇迹，成为全国改革开放的一面旗帜。以设立经济特区 40 周年为契机，在中央改革顶层设计和战略部署下，支持深圳实施综合授权改革试点是新时代推动深圳改革开放再出发的又一重大举措，是建设中国特色社会主义先行示范区的关键一招，也是创新改革方式方法的全新探索。

2019 年 8 月，中央作出支持深圳建设中国特色社会主义先行示范区的重大决策，深圳改革开放开启新篇章。

方案明确，2020 年，在要素市场化配置、营商环境优化、城市空间统筹利用等重要领域推出一批重大改革措施，制定实施首批综合授权事项清单，推动试点开好局、起好步。

2022 年，各方面制度建设取得重要进展，形成一批可复制可推广的重大制度成果，试点取得阶段性成效。2025 年，重要领域和关键环节改革取得标志性成果，基本完成试点改革任务，为全国制度建设作出重要示范。

方案按照“实施方案＋授权清单”形式制定，包括八部分、27 项目标任务要求，围绕完善要素市场化配置体制机制、打造市场化法治化国际化营商环境、完善科技创新环境制度、完善高水平开放型经济体制、完善民生服务供给体制、完善生态环境和城市空间治理体制提出一系列重大改革举措。

方案强调，全面加强党的领导。创新工作机制，国家发展改革委会同有关方面分批次研究制定授权事项清单，按照批量授权方式，按程序报批后推进实施。落实地方责任，强化法治保障，营造改革氛围，健全改革的正向激励机制。

资料来源：《更多改革自主权！深圳综合改革试点方案出炉》，新华网，2020 年 10 月 14 日。

参考文献

［1］陈思：《工业经济大跨越　中部崛起新湖南——新中国成立 70 周年湖南经济社会发展成就系列报告之五》，湖南省统计局，2019 年 9 月 5 日。

［2］刘建民、吴娱：《科技创新强省建设研究》，广东统计信息网，2020 年 4 月 21 日。

［3］习近平：《推动形成优势互补高质量发展的区域经济布局》，《求是》2019 年第 24 期。

［4］姚鹏、张其仔：《东部新经济指数发展现状及区域差异》，《东岳论丛》2019 年第 9 期。

［5］张显华：《广东高技术制造业发展现状研究》，广东统计信息网，2020 年 4 月 23 日。

［6］《科技日新月异　创新驱动发展——新中国成立 70 周年四川经济社会发展成就系列之十》，四川省统计局，2019 年 8 月 26 日。

［7］中共中央文献研究室编：《习近平关于社会主义经济建设论述摘编》，中央文献出版社 2017 年版。

第四十五章　京津冀产业协同发展

提　　要

京津冀协同发展战略实施以来，在区域产业协同发展方面取得了令人瞩目的成就，如京津冀产业转移协作进展显著、产业结构不断优化、产业分工逐渐明确、产业协同程度稳步提升。尽管京津冀产业协同发展取得显著成效，但区域产业发展不平衡不充分问题突出，如高端产业定位同构加剧区域资源要素竞争、京津冀产业发展梯度差距制约产业承接能力、区域产业辐射带动能力不足、区域内创新链和产业链对接融合不充分。为了更好地促进“十四五”时期京津冀产业协同发展，要完善京津冀区域产业创新生态系统、构建跨区域利益共享机制、创新体制机制提升区域要素配置效率、持续强化区域产业配套能力等。

*　　　　*　　　　*

推动产业协同发展是深入落实京津冀协同发展战略的重要举措之一，随着《京津冀协同发展规划纲要》《“十三五”时期京津冀国民经济和社会发展规划》等区域整体统筹规划的印发，加强了京津冀三地对接协作，促使区域产业协同发展取得阶段性成效。然而，当前京津冀产业协同发展步入深入推进阶段后，也面临着许多困难和一些亟待解决的问题，因此，做好“十四五”时期京津冀产业协同发展思路，对深入落实京津冀协同发展战略和进一步提升区域整体发展水平有重要意义。

一、京津冀产业协同发展取得的成效

随着京津冀产业协同的不断推进，在产业转移协作、产业结构优化、产业分工、产业协同创新动能以及跨区域产业园区合作共建等产业协同方面取得了显著的成绩。

1. 京津冀产业转移协作有序推进

（1）京津冀产业疏解转移进展显著。北京有序引导产业疏解且成效显著。为加快构建高精尖经济结构，北京市制定了《北京市工业污染行业生产工艺调整退出及设备淘汰目录》和《北京市新增产业的禁止和限制目录》（2014 年版，2015 年版，2018 年版）等系列产业政策，开展疏解整治促提升专项行动。截至 2019 年底，北京市不予办理工商登记业务累计达 2.28 万件；累计退出一般制造业企业 3000 余家。北京通过对外疏解部分不符合城市定位的产业，可以有效对大都市进行减负，其腾退土地能够为“高精尖”产业提供发展空间。

津冀两地积极承接疏解产业转移。京津冀发布了《京津冀产业转移指南》，制定了《关于加强京津冀产业转移承接重点平台建设的意见》，明确了“2 + 4 + 46”个产业承接平台①。其中，天津积极打造“1 + 16”承接平台，为全面推动工业园区综合治理和整合提升，印发了《天津市工业园区（集聚区）围城问题治理工作实施方案》，将分步治理“砍掉”265个工业园区，进一步合理优化工业布局，为承接北京疏解转移的产业及打造高水平区域产业链创造良好条件。河北为推动精准承接平台建设，出台了《关于加快开发区改革发展的意见》《关于进一步做好京津产业转移承接平台建设工作的指导意见》，与京津分别签署了《关于进一步加强非首都功能疏解和重点承接平台建设合作协议》《关于进一步深化津冀协同发展战略合作协议》。津冀两地积极承接北京疏解转移的产业，通过外部增量推进津冀两地产业提质增效。2014年以来，天津累计引进北京项目4000余项，投资到位额7000多亿元；河北累计引进北京转入的基本单位7000余个。

（2）京津冀产业融合效果明显。京津冀区域内不断完善产业协作机制，促使区域内跨省市设立的产业活动单位快速增长，其中北京对津冀两地溢出效应逐渐显现。2018年末，京津冀区域内跨省市的产业活动单位占区域内产业活动单位总量的5.5%，比2013年末增长180.2%。其中，北京法人单位在津冀两地的产业活动单位数量增长225.9%，较津冀两地分别提高108.9个和170.6个百分点。

京津冀持续改善营商环境，积极推动北京企业与津冀两地产业对接协作，促使京津冀区域内异地投资不断增长。2015～2018年，北京在津冀两地的投资认缴出资额累计超过7000亿元。以产业转移、设立分支机构或分公司等不同形式，推动京津冀产业快速融合。例如，北京医药企业集体向沧州转移，保健品企业向滦南转移，钢铁深加工、石油化工等企业向曹妃甸转移；中关村企业在津冀设立分支机构累计超过8000家；中铁、中铝、中船、神华、北车等企业在天津滨海新区设立分部等。

2. 京津冀产业结构不断优化

（1）京津冀产业结构效益稳步提升。京津冀产业结构调整不断加大，结构效益稳步提升。从产业结构偏离度看②，京津冀产业结构总偏离度由2011年的42.55%下降到2018年的36.76%，下降了5.79个百分点（见图45－1）。这表明尽管京津冀产业结构和就业结构在发展上仍存在偏离，但总体呈下降趋势，产业结构不断优化，产业结构效率越来越高。

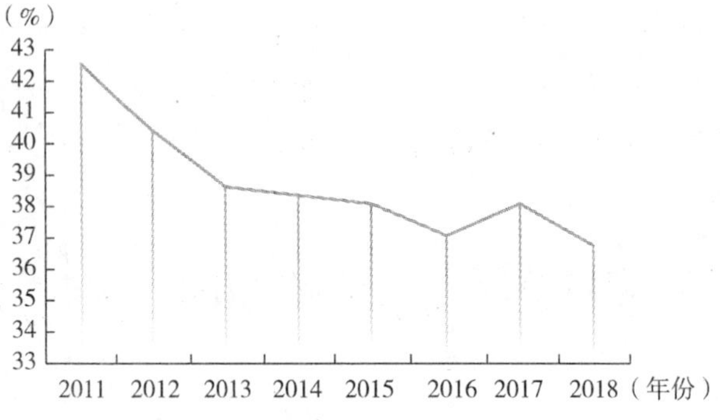

图45－1 京津冀产业结构偏离度

资料来源：根据历年《北京统计年鉴》《天津统计年鉴》和《河北经济年鉴》整理计算。

京津冀产业发展提质增效。工业战略性新兴产业和高技术产业增速提高，高端化发展步伐加快。2019年，京津冀三地规模以上工业中战略性新兴产业增加值分别增长5.5%、3.8%、10.3%，较规模以上工业增加值增速分别提高2.4个、0.4个、4.7个百分点。北京市规模以上

① 京津冀“2 + 4 + 46”个平台包括北京城市副中心和河北雄安新区两个集中承载地，曹妃甸协同发展示范区、北京新机场临空经济区、天津滨海新区、张承生态功能区四大战略合作功能区，以及协同创新平台、现代制造业平台、服务业平台、现代农业合作平台等46个专业化、特色化承接平台。

② 产业结构偏离度计算公式：$P = \sum |(L_i - Y_i)|$，其中，L_i 代表第 i 产业从业人员比重，Y_i 代表第 i 产业增加值比重。

工业中高技术产业增加值占地区生产总值的比重为24.4%，比2018年提高0.2个百分点；津冀两地规模以上工业中高技术产业增加值占规模以上工业增加值的比重分别为14.0%和19.5%。

（2）京津冀现代服务业集聚效应增强。现代服务业成为京津冀区域经济增长的新动能，在优化传统工业企业过程中，不断夯实现代服务业的产业基础，尤其是高技术服务业在京津冀区域的集聚效应不断增强。2018年末，京津冀高技术服务业法人单位数占全国的比重为16.8%，其中，科学研究和技术服务业，信息传输、软件和信息技术服务业法人单位占第二、第三产业法人单位比重分别为9.5%和5.5%（见图45－2），分别比全国同行业提高3.6个和1.3个百分点。分省市看，现代服务业已成为北京经济发展的支柱产业和重要增长点，2018年现代服务业增加值为18601.3亿元，占GDP的比重达到61.3%。具体地，北京产业高端化趋势较为明显，而且传统产业比重有所下降。其中，科学研究和技术服务业，信息传输、软件和信息技术服务业占北京第二、第三产业法人单位比重分别为15.6%、7.8%，分别比2013年末提升4.3个、0.2个百分点；而批发和零售业、租赁和商务服务业法人单位占第二、第三产业的比重分别为27.7%和18.7%，比2013年末分别降低2.7个和2.8个百分点。天津高技术服务业稳步增长，其中，科学研究和技术服务业，信息传输、软件和信息技术服务业企业法人单位数比2013年分别增长89.7%和129.1%。与京津两地相比，尽管河北高技术服务业占比较低，但增速最为明显，科学研究和技术服务业，信息传输、软件和信息技术服务业企业法人单位数比2013年分别增长426.0%和847.7%。

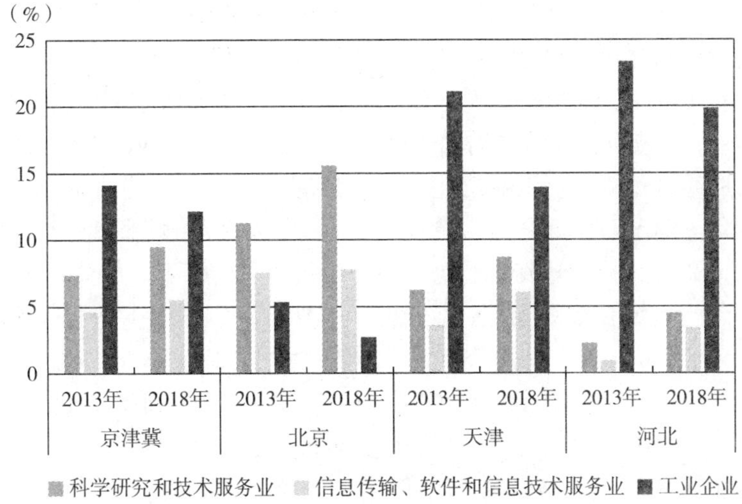

图45－2　京津冀相关行业企业法人单位数占第二、第三产业的比重

（3）京津冀产业协同创新动能逐渐释放。创新是促进区域产业高质量发展的基础和新动能，以科技创新为支撑驱动京津冀产业协同创新，积极培育创新型独角兽企业，引导、支持战略性新兴产业发展。京津冀三地积极组织产业创新对接活动，三地高校先后组建了9个创新发展联盟，合力打造高水平协同创新平台和专业化产业合作平台，加速工业产业创新转型升级。

京津冀三地强化跨区域创新资源共享互认，例如，河北省出台《河北省高新技术企业跨区域整体搬迁资质认定实施细则》，京津冀三地共同签署《京津冀科技创新券合作协议》，以及推动大型科研仪器开放共享服务平台建设。京津冀三地积极举办科技成果转化创新资源对接活动，促进创新成果在京津冀区域转化应用。2019年1～11月，首都科技条件平台合作站和北京技术市场服务平台服务合同额超24.5亿元，服务企业近7000家次；北京流向津冀技术合同成交额超210亿元，累计超990亿元。

3. 京津冀产业分工逐渐明确

（1）京津冀产业统筹性明显增强。围绕京津冀三地定位，即北京“四个中心”、天津“一基地三区”、河北“三区一基地”[①]，加强顶层设计和三地错位发展，初步形成了“北京研发服务、天津成果转化、河北应用制造”的协作发展模式，发挥京津冀区域创新优势，并将科技成果转化为生产力，进一步推动了三地产业发展深度融合。在京津冀产业发展布局上，北京集中力量做大做强战略性新兴产业，加快新一代信息技术、生物、新材料、航空航天、高端装备制造以及现代服务业等“高精尖”产业发展；天津建成研发制造能力强大的全国先进制造研发基地，进一步夯实化工、冶金、电子、汽车、航天航空等支柱产业；河北依托钢铁、石化、装备等传统产业优势，大力发展钢铁、节能环保、高端装备制造、石油化工、生物医药等制造业，以及现代物流、休闲旅游等现代服务业。

（2）京津冀产业专业化程度不断提升。从京津冀三地重点工业行业看，2019 年，北京电力热力生产和供应业、汽车制造业、医药制造业、计算机通信和其他电子设备制造业增加值占规模以上工业的比重分别为 21.1%、17.4%、11.0%、9.0%。天津装备制造业快速发展，且支撑作用明显，装备制造业增加值占规模以上工业的比重为 33.5%，较 2018 年提高 0.7 个百分点，拉动全市工业增加值增长 2.2 个百分点。其中，电气机械和器材制造业、黑色金属冶炼和压延加工业增加值分别增长 10.9% 和 18.6%。河北装备制造业全面增长，其中，高端技术装备制造领域增加值占高新技术产业的比重达到 45.0%[②]。

从京津冀规模以上工业行业区位商看[③]，京津冀三地产业专业化分工日益明确。北京专业化程度较高的行业包括金属制品、机械和设备修理业，计算机、通信和其他电子设备制造业，电力、热力生产和供应业，仪器仪表制造业，医药制造业，汽车制造业，水的生产和供应业，燃气生产和供应业，印刷和记录媒介复制业；天津专业化程度较高的行业包括其他制造业，有色金属冶炼和压延加工业，造纸和纸制品业，化学原料和化学制品制造业，铁路、船舶、航空航天和其他运输设备制造业，橡胶和塑料制品业，通用设备制造业；河北专业化程度较高的行业包括皮革、毛皮、羽毛及其制品和制鞋业，化学纤维制造业，木材加工和木、竹、藤、棕、草制品业，黑色金属冶炼和压延加工业，纺织服装、服饰业，金属制品业，废弃资源综合利用业，纺织业，非金属矿物制品业，农副食品加工业（见图 45－3）。

4. 京津冀产业共建共享稳步推进

（1）京津冀产业园区合作共建势头良好。园区是推动区域产业发展的重要载体，也是承接产业转移的载体，在推动京津冀协同发展进程中，搭建专业化产业合作平台，大力推进京津冀园区合作共建，共同筹建产业协作的“园中园”“共建园”，带动区间产业要素有序流动。以中关村“一区多园”为代表的合作共建园区，是推进京津冀产业合作的重要方式，在促进京津冀园区合作共建及带动区域创新协同中发挥着重要作用，如依托滨海新区先进制造业基础建立的天津滨海—中关村科技园，通过集聚创新要素构建“类中关村”的保定·中关村创新中心，由秦皇岛经济技术开发区与中关村科技园区海淀园合作共建的中关村海淀园秦皇岛分园等。

由京津冀三地产业园区跨区域合作共建的产业园区，例如，以高端装备和重化工产业为主导的北京（曹妃甸）现代产业发展试验区、以大健康产业为主导的滦南（北京）大健康国际产业园、以生物医药产业为主导的北京·沧州渤海新区生物医药产业园和天津·沧州渤海新区生物医药产业园、以数据中心建设为主导的北京·张北云计算产业园、以高新技术和高端装备研发制造产业

① 北京市定位为“四个中心”，即政治、文化、科技创新、国际交往中心；天津市定位为“一基地三区”，即全国先进制造研发基地、国际航运核心区、金融创新示范区、改革开放先行区；河北省定位为“三区一基地”，即产业转型升级试验区、新型城镇化与城乡统筹示范区、京津冀生态环境支撑区、全国现代商贸物流重要基地。

② 为 2019 年 1～10 月统计数据。

③ 区位商计算公式：$LQ_{ij}=\dfrac{x_{ij}/\sum_{i}x_{ij}}{\sum_{i}x_{ij}/\sum_{i}\sum_{j}x_{ij}}$，其中，$LQ_{ij}$表示 i 地区 j 行业的营业收入在本地的份额与京津冀 j 行业占京津冀总营业收入之比。

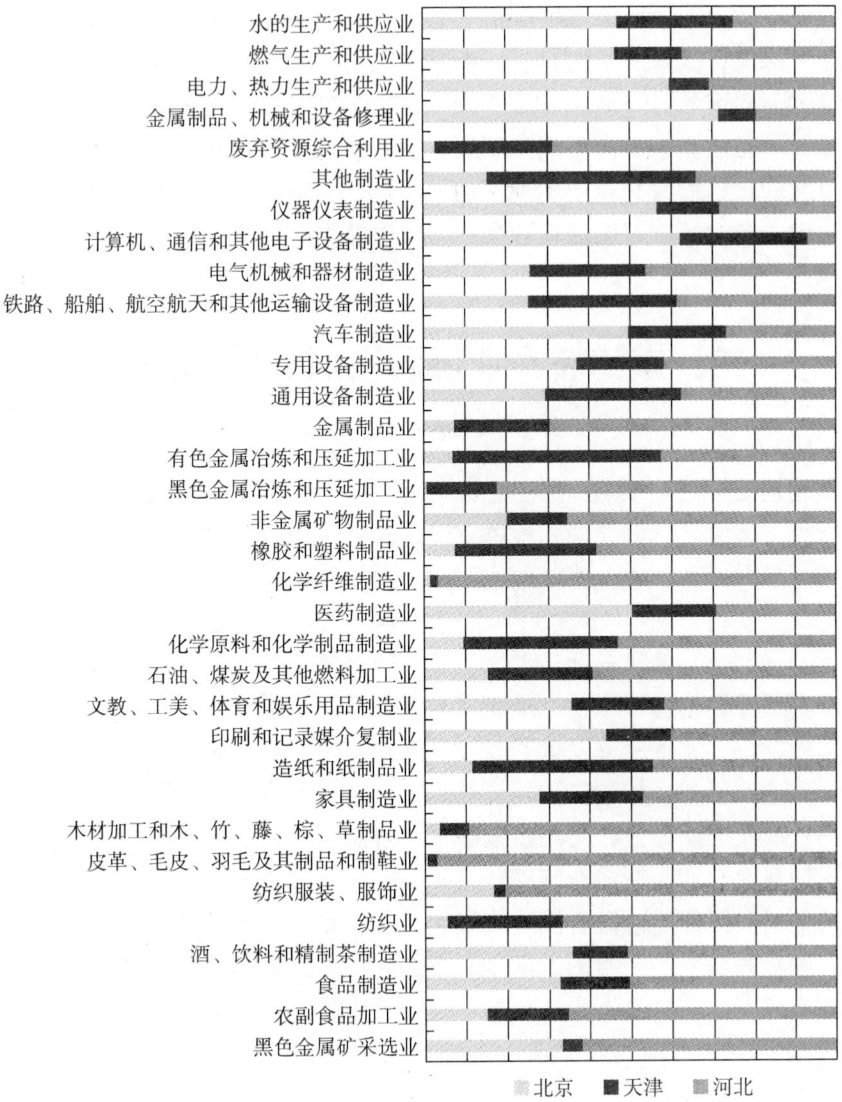

图 45－3　京津冀规模以上工业行业区位商

为主导的亦庄众联·保定创新园等。此外，京冀两地的区县采取“结对子”方式推动园区合作共建，如邢台开发区·通州产业园、威县·顺义产业园、沙河·房山产业园、广宗·良乡产业园、巨鹿·昌平产业园等。

（2）京津冀产业共享体制机制逐步完善。积极探索京津冀创新资源跨区域共享平台建设，有助于加强京津冀区域创新链与产业链融合发展。为促进京津冀区域协同创新出台了一系列政策，如为探索利益分配和责任分担机制，出台了《京津冀协同发展产业转移对接企业税收收入分享办法》。为发挥中关村在京津冀协同创新共同体建设中的引领支撑和辐射带动作用，印发了《中关村国家自主创新示范区京津冀协同创新共同体建设行动计划（2016－2018年）》，主要探索构建跨京津冀科技创新园区链。

在推动京津冀园区合作共建的过程中，三地积极探索推动跨区域产业协作发展的体制机制，目前初步形成了税收分成模式、托管或异地监管模式、“飞地”模式、产学研合作模式及依托产业链的全产业链合作模式等。例如，中关村海淀园秦皇岛分园形成了 4∶4∶2 的利益分配模式①，目前吸引百余项项目落地；保定·中关村创新中心实行整体托管模式，园区累计入驻企业 250 余家，研发投入超过 1 亿元；北京·沧州渤海新区生物医药产业园对北京转移的医药企业实现了由北京延伸监管的异地监管模式，对园区企业实施京冀两地证照互认；芦台经济技术开发区是唐山采用“飞地”模式在天津宁河区设立的产业园区；北京亦庄·永清高新技术产业区鼓励企业在北京设立总部或研发中心、在永清设立生产基地，实现“北京研发、永清转化”的全产业链合作模式。

二、京津冀产业协同发展面临的问题

2014 年京津冀协同发展战略实施以来，京津冀产业协同发展取得显著成效，但在深入推进京津冀产业协同发展过程中仍面临着一些新的主要问题和制约因素。

1. 高端产业定位同构加剧区域资源要素竞争

在京津冀产业转型升级的过程中，三地均有发展高端高新产业的定位，北京充分发挥创新优势发展“高精尖”产业，天津发挥港口区位优势和良好制造业基础发展先进制造业，河北依托腹地优势发展高技术制造业、夯实制造业基础。京津冀三地的产业定位将会促使各地纷纷快速集聚高端生产要素，这种对高端生产要素的需求，尤其是面对区域高素质技术人才供给不足，会显著加剧地区间同构竞争，增加高端生产要素成本。相比京津两地，由于河北高端高新产业发展起步较晚、产业基础相对较弱，且高等教育和科研资源稀缺，致使对高端人才的吸引力不足。如果不能更好地规划利用区域内资源要素分配，有可能会使现有差距越来越大。此外，尽管京津冀三地在产业协同方面成效显著，但当前京津冀高端产业结构更多的是局限在三地内部自我循环，真正打破边界的跨区域循环产业相对较少。

2. 京津冀产业发展梯度差距制约产业承接能力

当前京津冀产业发展存在显著差距，三地分别处于不同的产业发展阶段，分别为后工业化阶段、工业化阶段后期和工业化阶段中期。区域产业配套水平是产业转移考虑的主要因素之一，受京津冀产业梯度落差较大和配套产业基础薄弱等因素影响，津冀两地产业配套水平与北京转移企业的发展需求不够匹配，尤其是河北的经济实力不及京津两地，产业发展配套能力较低，与北京转移企业的发展需求相差较大，这种落差严重制约区域的产业承接能力，尤其对长产业链企业的制约较为明显，且难以实现对北京转移企业的逆向吸引。例如，区域内人才、技术等资源单向流入京津地区，致使区域内资源分配不均匀、不匹配，同时这种单向流动在一定程度上也影响了河北地区高端产业发展，加剧了京津冀产业协同发展的平衡性。当前在承接北京转移企业方面，河北承接的北京企业还存在一定比例的低层次产业，如批发市场、物流、蔬菜食品等企业，以及一些技术含量低、耗能高的制造业产业。

3. 区域产业辐射带动能力不足

京津冀全产业链协同发展中缺乏优势主导产业，跨区域产业链协作关系完整性不足，因为未能发挥优势区域或产业对外辐射带动作用。例如，相比长三角和珠三角等区域，尽管中关村科技园的产业创新水平在京津冀区域乃至全国范围内领先，但由于其市场化程度不高、体制机制缺乏灵活性，在一定程度上制约了对津冀两地的产业辐射带动作用。其中，区域内部实体经济不强是制约产业协同发展的关键因素之一，严重影响了区域增长极“外溢效应”的发挥。同时，京津冀在大力发展数字经济、现代化服务业等产业的过程中，也要避免

① 对于入驻中关村海淀园秦皇岛分园的企业所产生的税收，两地政府均获得 40% 的税收，其余 20% 将作为扶持资金支持企业发展。

出现“产业空心化”现象。当前京津冀第二产业比重下降过快，2019年京津冀第二产业占GDP的比重为28.71%，较2014年下降12.34个百分点，与长三角和珠三角的占比相比，分别相差11.95个、14.07个百分点（见图45-4）。

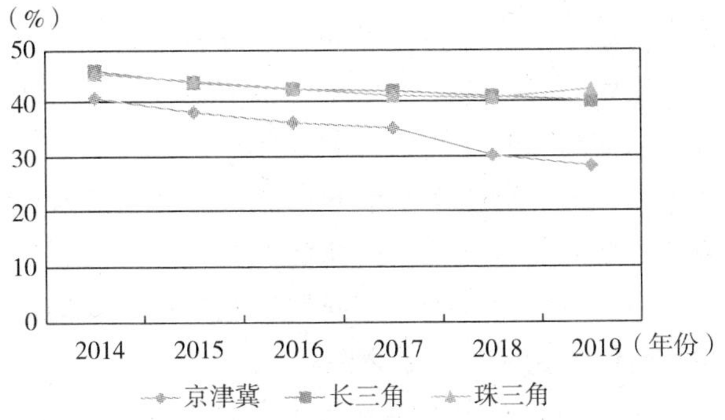

图45-4 京津冀、长三角、珠三角第二产业增加值占GDP的比重

4. 区域内创新链和产业链对接融合不充分

京津冀科技创新能力不低，但区域内缺少企业支撑，尽管京津冀创新链和产业链均有不同程度的提升，但两个链条缺乏深入的对接融合，大部分产业链条的融合状态仍处于初级层面，甚至对发展需求要求较高的产业仍存在分离的状态。当前尽管北京产生了大量的科技创新成果，如2019年每万人发明专利拥有量达到132件，位居全国第一，约为全国平均水平的10倍，但这些创新成果在津冀两地的转化率并不高，科技创新资源与天津先进制造业和河北高技术制造业对接不够紧密，两地也并未充分发挥其地缘优势，尤其是与中关村科学城、怀柔科学城和未来科技城这三大科学城的对接工作仍有待加强，需要进一步完善京津冀产业园区与这三大科学城的科技项目对接、成果产业化机制。

三、“十四五”时期京津冀产业协同发展的基本思路及政策建议

总体来说，尽管京津冀协同发展取得一定进展，但在全国的经济比重反而有所下降，2019年京津冀地区生产总值占全国的比重为8.54%，较2014年下降了1.95个百分点。因此，“十四五”时期作为我国开启全面建设社会主义现代化国家新征程的第一个五年，当今世界正经历百年未有之大变局，内外部发展环境复杂多变，京津冀作为我国三大城市群之一，谋划好“十四五”时期京津冀产业协同发展思路至关重要，也是深入落实京津冀协同发展战略的重要举措。

1. 基本思路

（1）以创新驱动京津冀产业高质量发展。发挥北京作为科技创新中心的优势，探索跨区域多主体开放式协同创新体系，构建京津冀高质量发展动力系统，以北京“三城一区”为集群载体，积极推动产业创新资源向京津冀全域辐射，充分发挥区域产学研协同创新外溢效应，运用高新技术深挖京津冀传统产业优势，大力培育新兴产业，夯实实体经济基础，推动产业结构转型升级，促进区域产业整体实力提升。

（2）以协同发展实现区域产业优势互补。坚持问题导向，寻找发展瓶颈和短板，积极运用市场和政府双重作用，以协调互动打通区域间体制机制壁垒，探索建立市场长效机制，推进供给侧结构性改革，引导产业要素跨区域有序流动，促进区域要素整合和产业转移，依托区域优势产业着力构筑高效产业集群，发挥规模效应形成新竞争优势，带动京津冀区域产业发展实现优势互补、错位发展。

（3）以全产业链布局引导京津冀区域合理分工。深谋细研，加强顶层设计，立足整体编制京津冀产业协同发展规划，选取区域优势主导产业制定区域重点产业协同发展路线图，借此进一步细化京津冀三地产业定位和产业协同发展路径，延伸全产业链在更大范围的区域内布局，推动京津冀产业整合形成合力。围绕新一代信息技术、智能制造和新材料、节能环保及新能源、现代交通等产业链条，共筑京津冀区域“高精尖”产业主阵地。

2. 政策建议

（1）完善京津冀区域产业创新生态系统。积极营造更为开放、公平的创新创业环境，建立更为多元的科技创新体制机制，推动京津冀开放式协同创新平台建设，打造助推产业协同发展的良好生态系统。强化科技创新对新兴产业的催化功能，发挥京津冀区域国家重点实验室、国家超级计算中心、高等院校和科研院所等创新优势，围绕高端制造产业链条，聚焦产业链关键环节，引育一批国际领先的科研团队和核心企业，加强京津冀共性技术研发平台建设，为高端产业发展和集聚营造更为良好的生态环境。鼓励企业专注于从事研发活动，加大对"高精尖"企业税收优惠力度，如对"高精尖"企业研发支出予以更大力度的额外税收扣减。

（2）构建京津冀跨区域利益共享机制。依托京津冀产业园区等载体，细化跨区域合作和利益共享机制，探索适应三地产业园区不同需求的合作模式及利益分配机制，进一步探索财税分成方案，针对不同合作形式选取更符合其参与者的利益分配方式，如按比例分成、按股份分成以及在此基础上提取产业基金等，调动多方参与主体的积极性。建立健全跨区域园区长效合作机制，处理好分工与分享，坚持以需求和优势分类对接、引导产业转移，加快探索建立跨区域资质互认，打通跨区企业认证标准瓶颈，切实推进跨区域产业协同发展。

（3）创新体制机制提升京津冀要素配置效率。立足跨区域产业协作分工体系，依托京津冀区域资源要素，围绕创新链和产业链布局三地产业创新链条，构建完善的京津冀产业链群发展体系，促进科技创新与产业发展互动、有效衔接，推进区域全产业链融合发展。充分发挥市场机制导向作用，调动各类市场配置资源能力，建立更为灵活、高效的资源要素配置体系，提高京津冀人才、技术等资源要素的利用率，全面梳理制约要素流动的瓶颈障碍，构建更为开放、包容、有活力的区域营商环境，降低要素流动成本，推进要素向优势地区和产业集聚。

（4）持续强化京津冀产业配套能力。围绕区域主导产业及相关产业链上下游配套，大力鼓励京津冀科技服务中介机构和组织发展，促进工业和服务业联动发展，加快区域科技服务体系建设，集中力量优先配套重点产业，加强生产性服务业配套，尤其是快速提升河北地区产业配套能力，改善地区产业发展环境，切实缩小河北与京津两地产业服务差距。立足全局细化京津冀产业选择，建立重点区域、重点产业项目库，探索建立市场化招商引资激励机制，积极搭建产业转移和项目落地平台，形成差异化的产业协同发展局面。

专栏 45－1

京津冀生物医药产业协同发展

——以北京·沧州渤海新区生物医药产业园建设为例

2015 年 1 月，北京市经信委和河北省工信厅共同签订京冀医药产业协同发展框架合作协议，共建北京·沧州渤海新区生物医药产业园，承接北京企业集体转移，突出发展高端原料药、医药制剂、现代中药、医药关联产业，旨在打造生物医药产业聚集示范区。

随着医药企业落户建立了渤海新区生物医药协会，且与北京医药行业协会沧州分会共同制定了《制药企业环保规范条例（试行）》，该条例的规定高于国家环保标准，反映出医药企业提高环保处理水平的意识和主动性不断加强。

为给到沧州发展的北京药企提供便利，经沧州与北京有关部门沟通协调，决定在生物医药产业园探索实行医药产业转移异地监管方式，即集中转移至生物医药产业园的京籍药企，仍由北京市食药监局对其生产情况进行延伸监管。入园京企的批准文号不变，既解决了新药品落地转化和规模化生产难题，又能继续享有北京的资源优势，保留"北京药"的品牌效应和首都市场。

2017 年 10 月，沧州渤海新区管理委员会与天津市医药集团有限公司签订共同筹建天津·沧州渤海新区生物医药产业园项目合作意向书以来，生物医药产业园产业生态链不断丰富，园区产业集群效应不断增强，成为河北省重点生物医药产业承接基地。截至 2019 年，北京和天津生物医药产业园 48 家药企开工建设，有 20 家竣工投产，已初现中国北方医药和大健康产业基地雏形。

资料来源：根据《2020 年沧州市政府工作报告》；《医药产业转移异地监管全国开先河　河北产出首批“北京药”》，《河北日报》，2016 年 10 月 27 日；《137 家京津冀药企缘何“扎堆”落户沧州——北京·沧州渤海新区生物医药产业园探微》，《沧州日报》，2018 年 10 月 9 日；《盐碱地上崛起千亿元产业集群》，《北京日报》，2019 年 6 月 21 日整理。

参考文献

［1］李国平、闫磊：《京津冀协同发展战略视角下的京张冬奥产业带建设研究》，《经济与管理》2020 年第 1 期。

［2］刘戒骄：《京津冀产业协同发展的动力来源与激励机制》，《区域经济评论》2018 年第 6 期。

［3］沈映春、李艾洁：《基于低碳经济视角的京津冀产业结构优化研究》，《北京航空航天大学学报（社会科学版）》2019 年第 3 期。

［4］孙久文、夏添：《新时代京津冀协同发展的重点任务初探》，《北京行政学院学报》2018 年第 5 期。

［5］张炜熙、杜元元、沈浩鹏：《基于产业结构升级的京津冀协同发展研究》，《经济研究导刊》2019 年第 2 期。

［6］赵立新、董阳：《服务国家区域发展战略　全面创新改革试验服务　助力区域协同创新发展》，《中国经贸导刊》2020 年第 6 期。

［7］《区域协同扎实推进重点领域成效明显》，http://tjj.beijing.gov.cn/tjsj_31433/sjjd_31444/202003/t20200313_1700554.html，2020 年 3 月 13 日。

［8］国家统计局第四次全国经济普查系列报告。

［9］北京市第四次全国经济普查主要数据公报。

［10］《本市累计退出 3047 家企业》，《北京青年报》，2019 年 12 月 30 日。

第四十六章　长三角工业高质量发展

提　要

2018年，长江三角洲（以下简称“长三角”）区域一体化发展上升为国家战略，预示着长三角区域发展进入了新的阶段。长三角区域一体化发展包括产业、交通、市场等方面，其中，产业的一体化发展是重要基础。从区域内看，上海、浙江是长三角地区内部制造业总体转出地，江苏、安徽是长三角地区内部制造业总体转入地。上海在自贸区的依托之下，进出口在全国份额高达12%；科教与创新资源丰富，拥有国家工程研究中心和工程实验室等创新平台近300家。在“十三五”时期，长三角地区产业结构与分工格局出现明显变化，上海市金融中心功能提升，江苏、安徽省工业地位增强，浙江省信息产业快速发展，长三角产业结构整体更趋均衡。从长三角产业分工格局看，高技术密集度制造业的集聚程度趋于下降，低技术密集度制造业的集聚程度有所提升。分工格局调整导致后发地区、同构性行业的经济效益下降。未来，要对标全球产业前沿认识长三角产业体系的短板与不足，明确长三角产业发展的主攻方向与重点任务；以长三角规划协同带动产业协同发展和产业分工格局优化；坚决破除地区间利益藩篱和政策壁垒，加快产业整合集中，进一步提升区域产业能级；加大对后发地区的产业扶持力度，更好发挥区域新增长极的产业支撑作用。

*　　*　　*

长三角区域占地面积21.17万平方公里，占全国国土面积的2.2%，但人口与GDP产值占比却高达11.0%与20.0%。考虑到三省一市（上海、江苏、浙江、安徽）合计的人口与GDP占比分别为16.1%与23.6%，长三角经济水平明显居于全国前列，人均GDP达108225元，远超59660元的全国平均水平；城镇分布密度达到每万平方公里80多个，是全国平均水平的4倍左右；国际化程度高，进出口水平在全国占比32%，而上海更是在自贸区的依托之下，进出口在全国份额高达12%；科教与创新资源丰富，拥有国家工程研究中心和工程实验室等创新平台近300家。在“十三五”时期，长三角地区产业结构与分工格局出现明显变化，上海市金融中心功能提升，江苏、安徽工业地位增强，浙江信息产业快速发展，长三角产业结构整体更趋均衡。从长三角产业分工格局看，高技术密集度制造业的集聚程度趋于下降，低技术密集制造业的集聚程度有所提升。分工格局调整导致后发地区、同构性行业的经济效益下降。未来，要对标全球产业前沿认识长三角产业体系的短板与不足，明确长三角产业发展的主攻方向与重点任务；以长三角规划协同带动产业协同发展和产业分工格局优化；坚决破除地区间利益藩篱和政策壁垒，加快产业整合集中，进一步提升区域产业能级；加大对后发地区的产业扶持力度，更好发挥区域新增长极的产业支撑作用。

一、长三角“十三五”时期工业发展成就

2018年11月5日，习近平主席在首届中国国际进口博览会开幕式的讲话中指出，“将支持长江三角洲区域一体化发展并上升为国家战略，同‘一带一路’建设、京津冀协同发展、长江经济带发展、粤港澳大湾区建设相互配合，完善中国改革开放空间布局”。长江三角洲（以下简称“长三角”）区域一体化发展上升为国家战略，预示着长三角区域的发展进入了新的阶段。长三角区域一体化发展包括产业、交通、市场等方面，其中，产业的一体化发展是重要基础。

1. 我国重要的工业发展基地

长三角区域是我国重要的工业发展基地，也是众多产业的集聚地。目前，长三角拥有国家级开发区146家，其中经济技术开发区65家、高新技术产业开发区32家、海关特殊监管区43家，其他类型开发区6家。从国家级开发区的分布情况来看，苏州拥有的国家级开发区的数量为21家，其中，有6家国家级经济技术开发区、3家高新技术产业园区，这三项指标均位列41个城市之首。上海国家级开发区的总数为20家，其中，海关特殊监管区10家，是所有城市中最多的。宁波、杭州、无锡、南通国家级开发区的数量分别为9家、8家、7家、6家。值得一提的是，除台州、淮北、黄山、阜阳、宿州、亳州6座城市尚没有国家级开发区之外，其余城市均拥有1~5家国家级开发区，这众多产业集聚区使长三角成为我国重要的生物医药、汽车制造、高端装备制造、新材料、新能源及环保产业的产业基地，产业规模大，优势明显。此外，作为我国战略性新兴产业最为集聚的地区之一，长三角战略性新兴产业规模领先，发展也十分迅速，在工业中的地位不断提升，在“十三五”时期得到充足发展。2018年，上海战略性新兴产业增加值3746.02亿元，比上年增长4.5%，增速有所下滑，但仍远高于工业增加值的增长速度，而且占上海市生产总值的比重从14.7%提高到15%，而节能环保、新一代信息技术、生物医药、高端装备、新能源、新材料和新能源汽车等战略性新兴产业工业总产值增幅大幅下降，从5.5%的增速逆转为降低1.1%。江苏省战略性新兴产业销售收入4.5万亿元，增速连续呈下降趋势，进一步降为10.4%，占规模以上工业总产值的比重达29.4%，比上年提高0.7个百分点。浙江2018年战略性新兴产业增加值为3075亿元，比上年增长8.6%，增速比上年提高0.4个百分点，比规模以上工业平均水平高1.7个百分点。2018年，安徽战略性新兴产业产值达8921.5亿元，增长17.6%，较上年22.5%的速率大幅下降，但仍高出规模以上工业平均水平11.5个百分点，产值占全部规模以上工业产值的比重为22.4%，同比提高2.2个百分点，对全省工业产值增长的贡献率为58%，拉动全省工业产值增长3.5个百分点。可见，长三角（除浙江外）战略性新兴产业在“十三五”时期大致表现出产业规模不断扩大、在工业中的比重不断提升但增速有所放缓的趋势。

2. 长三角整体产业结构更趋均衡

从增加值结构变化看，上海金融中心功能进一步提升，江苏、安徽工业地位有所增强，浙江信息产业快速增长，长三角整体产业结构更趋均衡。上海市产业能级相对弱化，金融中心功能进一步增强。2018年，上海市地区生产总值3.1万亿元，占全国GDP比重为3.7%，比2008年下降了0.7个百分点。其中，工业增加值8393亿元，占全国工业增加值比重为3%，比2008年下降了1.2个百分点；第三产业增加值达到2.1万亿元，占全国服务业比重达到5%，比2008年下降0.8个百分点。服务业当中，金融业2017年增加值达到5331亿元，占地区生产总值比重达17.4%，比2008年提高7.3个百分点；占全国金融业增加值比重达8.2%，比2008年提高0.5个百分点。江苏省在全国工业增加值中所占比重进一步上升，服务业短板缩小，产业结构更趋平衡。2017年，江苏省地区生产总值8.6万亿元，占全国

GDP 比重为 10.5%，比 2008 年提高 0.8 个百分点。其中，工业增加值 3.4 万亿元，占全国工业增加值为 12.2%，比 2008 年提高 0.6 个百分点；服务业增加值 4.3 万亿元，占全国服务业增加值为 10.1%，比 2008 年提高 1.4 个百分点。服务业当中金融业增加值比重上升最为显著，2017 年全省金融业增加值 6784 亿元，占全国金融业增加值为 10.4%，比 2008 年提高 3.3 个百分点。浙江省在全国工业增加值中所占比重下降，服务业内部结构出现明显变化，信息产业比重上升、金融业比重下降。2018 年，浙江省地区生产总值 5.2 万亿元，占全国 GDP 比重为 6.3%，比 2008 年下降 0.4 个百分点。其中，工业增加值 1.9 万亿元，占全国工业增加值为 7.0%，比 2008 年下降 0.8 个百分点；服务业增加值 2.8 万亿元，占全国服务业增加值为 6.5%，与 2008 年相比没有变化。服务业当中，信息传输、软件和信息技术服务业增加值 2915 亿元，占全省地区生产总值的 5.6%，比 2008 年提高了 3.1 个百分点，比 2017 年全国信息产业比重提高 2.2 个百分点；金融业增加值 3533 亿元，占全省地区生产总值的 6.8%，比 2008 年下降了 0.9 个百分点。

安徽省以工业为主要带动，在全国经济总量中所占比重明显上升。2018 年，安徽省地区生产总值 2.7 万亿元，占全国 GDP 比重为 3.3%，比 2008 年上升 0.5 个百分点。其中，工业增加值 1.1 万亿元，占全国工业增加值为 3.9%，比 2008 年提高 1.3 个百分点；服务业增加值 1.2 万亿元，占全国服务业增加值为 2.7%，比 2008 年提高 0.4 个百分点。

从长三角地区整体来看，2008 ~ 2018 年三次产业增加值比重由 6.3∶51.5∶42.2 变为 4.4∶42.5∶53.0，工业增加值占全国工业增加值比重下降 0.1 个百分点，达到 26.2%，服务业增加值占全国比重上升 1.1 个百分点，达到 24.3%。在继续保持工业基础地位的同时，服务业发展相对不足的问题明显改观，产业结构更加平衡（见表 46 -1）。

表 46 -1 全国与长三角一市三省 2008 ~ 2018 年产业结构变化

产业	2008 年分行业增加值比重（%）					2018 年分行业增加值比重（%）				
	全国	上海	江苏	浙江	安徽	全国	上海	江苏	浙江	安徽
第一产业	10.2	0.8	6.8	5.1	16.0	7.6	0.4	4.7	3.7	9.6
第二产业	47.0	43.3	54.8	53.9	47.4	40.5	30.5	45.0	42.9	47.5
第三产业	42.9	56.0	38.4	41.0	36.5	51.9	69.2	50.3	53.3	42.9
交运仓储	5.1	5.1	4.3	3.9	5.0	4.5	4.4	3.6	3.7	3.2
批发零售	8.2	13.7	10.1	8.8	6.9	9.5	14.3	9.4	12.0	7.1
住宿餐饮	2.1	1.7	1.9	1.8	1.6	1.8	1.3	1.6	2.4	1.9
金融业	5.7	10.1	4.2	7.7	3.5	8.0	17.4	7.9	6.8	6.2
房地产业	4.6	6.7	5.2	4.9	4.9	6.6	6.1	5.8	6.2	5.1
其他行业	16.6	18.7	12.6	13.8	14.6	21.1	25.5	21.6	21.9	18.9

资料来源：根据国家统计局网站提供的数据计算。

3. *产业层次提升*

上海市企业规模进一步提升，优于全国平均水平；江苏省企业规模有所增强，略低于全国平均水平；浙江省企业规模没有明显变化，明显低于全国平均水平；安徽省企业规模变化显著，以中小企业为主。2018 年，上海市大中型工业企业主营业务收入 2.8 万亿元，占全市规模以上工业企业收入比重为 74.6%，比 2008 年提高 4.5 个百分点，比全国大中型工业企业收入比重提高 10.9 个百分点；江苏省大中型工业企业主营业务收入 9.3 万亿元，占全市规模以上工业企业收入比重为 62.2%，比 2008 年提高 2.7 个百分点，比全国大中型工业企业收入比重低 1.5 个百分点；浙江省大中型工业企业主营业务收入 3.7 万亿元，占全市规模以上工业企业收入比重为 55.8%，比 2008 年提高 0.2 个百分点，比全国大中型工业企业收入比重低7.9个百分点；安徽省大中型工业企业主营业务收入2.2万亿元，占全市规模以上工业企业收入比重为51.7%，比2008年下降14.7个百分点，比全国大中型工业企业收入比重低12个百分点（见表46-2）。

表46-2　全国与长三角一市三省产业规模结构、所有制结构变化

企业类型	时期	全国	上海	江苏	浙江	安徽
大中型企业收入占比（%）	2008年	63.8	70.1	59.5	55.6	66.3
	2018年	63.7	74.6	62.2	55.8	51.7
	十年变化	-0.1	4.5	2.7	0.2	-14.7
国有控股企业收入占比（%）	2008年	29.5	37.4	11.7	13.5	46.1
	2018年	23.4	40.8	11.1	15.6	25.3
	十年变化	-6.1	3.3	-0.7	2.1	-20.7
私营企业收入占比（%）	2008年	26.3	11.3	31.7	40.7	24.8
	2018年	33.6	11.4	40.3	39.3	42.6
	十年变化	7.3	0.1	8.5	-1.5	17.8
外商及港澳台商投资企业收入占比（%）	2008年	29.3	59.8	41.3	27.1	12.2
	2018年	21.9	60.6	32.9	22.8	11.4
	十年变化	-7.5	0.8	-8.4	-4.3	-0.8

资料来源：根据国家统计局与一市三省统计局网站提供的数据计算。

4. 区域间产业合作形成有序分工

从区域看，上海、浙江是长三角地区内部制造业总体转出地，江苏、安徽是长三角地区内部制造业总体转入地。2018年，上海、浙江规模以上制造业营业收入占长三角地区规模以上制造业总收入的比重分别为13.0%、21.6%，比2011年分别下降了1.3个、2.1个百分点，制造业份额有所降低；江苏、安徽占长三角地区规模以上制造业总收入比重分别达到51.3%、14.1%，比2011年分别提高了0.5个、3.0个百分点。分制造业大类行业来看，2011~2018年，31个行业中，上海、浙江占长三角区域营收比重上升的行业都只有4个，江苏占长三角区域营收比重上升的行业有22个，安徽占长三角区域营收比重上升的行业高达26个。江苏在长三角地区的制造业支柱性地位进一步巩固，安徽成为长三角地区新的制造业增长极（见表46-3）。

表46-3　2011~2018年长三角地区制造业营收区域结构变化

行业	2018年各地区行业收入占长三角区域行业收入比重（%）				2018年长三角区域行业收入比重相比2011年变化（%）			
	上海	江苏	浙江	安徽	上海	江苏	浙江	安徽
制造业	13.0	51.3	21.6	14.1	-1.3	0.5	-2.1	3.0
农副食品加工业	4.8	51.5	11.0	32.6	-0.4	3.3	-2.9	0.1
食品制造业	23.3	35.6	16.6	24.5	-7.5	7.4	-5.8	6.0
酒、饮料和精制茶制造业	5.8	51.2	18.2	24.8	-0.3	6.8	-6.4	-0.2
烟草制品业	39.8	25.0	21.3	13.9	-1.6	1.1	2.5	-1.9
纺织业	1.7	52.3	38.3	7.7	-0.4	3.6	-5.0	1.7
纺织服装、服饰业	5.1	49.0	31.2	14.8	-3.3	-2.2	-0.7	6.3

续表

行业	2018 年各地区行业收入占长三角区域行业收入比重（%）				2018 年长三角区域行业收入比重相比 2011 年变化（%）			
	上海	江苏	浙江	安徽	上海	江苏	浙江	安徽
皮革、毛皮、羽毛及其制品和制鞋业	7.2	33.7	40.8	18.2	0.9	5.7	-13.8	7.2
木材加工和木、竹、藤、棕、草制品业	1.8	65.2	13.3	19.7	-1.3	2.8	-3.3	1.8
家具制造业	16.1	18.2	46.4	19.4	-4.6	0.8	-3.1	6.9
造纸和纸制品业	7.9	42.0	39.0	11.0	-2.7	-0.7	1.1	2.3
印刷和记录媒介复制业	10.7	43.8	23.8	21.7	-5.5	2.8	-1.8	4.5
文教、工美、体育和娱乐用品制造业	12.5	48.1	28.1	11.2	-4.7	6.8	-5.9	3.8
石油加工、炼焦和核燃料加工业	21.5	39.0	29.7	9.8	-7.1	3.3	-0.1	3.8
化学原料和化学制品制造业	11.8	57.7	21.9	8.7	-0.1	-1.1	-0.4	1.5
医药制造业	10.8	57.5	18.0	13.7	-1.6	3.1	-4.4	2.8
化学纤维制造业	0.7	54.7	42.7	1.9	0.0	5.8	-6.2	0.5
橡胶和塑料制品业	11.5	40.1	29.4	19.0	-1.8	6.7	-9.3	4.4
非金属矿物制品业	6.2	47.7	19.6	26.5	-1.3	-0.9	-2.9	5.1
黑色金属冶炼和压延加工业	11.9	63.2	11.6	13.2	-0.5	3.9	-3.2	-0.2
有色金属冶炼和压延加工业	4.5	41.1	22.8	31.6	-1.6	-2.1	-3.7	7.5
金属制品业	8.4	54.5	22.8	14.3	-2.9	1.4	-2.4	3.9
通用设备制造业	15.3	48.6	24.3	11.8	-2.6	2.4	-2.1	2.2
专用设备制造业	11.9	61.0	14.6	12.4	-2.3	4.8	-2.7	0.3
汽车制造业	35.0	31.8	21.0	12.2	-2.5	0.3	1.1	1.1
铁路、船舶、航空航天和其他运输设备制造业	13.9	66.8	15.3	4.0	0.6	3.0	-3.2	-0.5
电气机械和器材制造业	7.5	54.2	21.3	16.9	-1.9	0.1	-1.4	3.1
计算机、通信和其他电子设备制造业	19.3	60.3	12.0	8.4	-4.1	-4.4	3.3	5.3
仪器仪表制造业	8.5	71.7	15.8	3.9	-0.2	2.0	-2.3	0.6
其他制造业	8.0	34.9	40.4	16.6	0.0	-1.0	-5.6	6.7
废弃资源综合利用业	4.2	25.0	30.1	40.7	0.7	-5.7	-2.7	7.7
金属制品、机械和设备修理业	62.0	5.0	20.7	12.2	19.4	-10.6	-5.3	-3.6

资料来源：根据国家统计局与一市三省统计局网站提供的数据计算。

5. 行业集聚度变化明显

采用衡量区域产业集聚程度常用的赫芬达尔指数（HHI），来分行业、在区域两两之间测算2011~2018年长三角制造业集聚程度的变化情况（见表46-4）。通过测算发现，研发投入强度大于1%的13个制造业行业中，长三角区域集聚度出现整体下降的有仪器仪表制造业、计算机通信和其他电子设备制造业、通用设备制造业、汽车制造业、化学原料和化学制品制造业、橡胶和塑料制品业6个行业，这6个行业收入占区域制造业总收入比重为40.5%。研发投入强度小于1%的18个制造业行业中，区域集聚度出现整体下降的仅有家具制造业、文教工美体育和娱乐用品制造业、皮革毛皮羽毛及其制品和制鞋业、石油加工炼焦和核燃料加工业4个行业，4个行业收入占区域制造业总收入比重仅为5.2%（见表46-4）。不同行业的区域分工格局变化走向不同，高技术密集度制造业区域集聚程度趋于下降，低技术密集度制造业区域集聚程度有所提升。

表 46－4　2011～2018 年长三角制造业分行业区域集中度变化

制造业行业	2018 年行业研发投入强度（%）	2011～2018 年制造业集中度指数变化（上升表示集聚，下降代表分散，完全集中时指数为 100）					
		沪苏	沪浙	苏浙	苏皖	浙皖	沪皖
铁路、船舶、航空航天和其他运输设备制造业	2.53	0.0	-1.2	4.5	1.6	-1.5	2.9
仪器仪表制造业	2.11	0.8	-1.6	3.2	-1.0	-5.4	-3.0
医药制造业	1.97	3.6	-1.0	5.0	-3.2	-5.0	0.5
计算机、通信和其他电子设备制造业	1.88	2.2	-7.7	-6.7	-12.7	-9.7	-21.5
专用设备制造业	1.78	4.9	0.0	4.8	1.0	-1.3	-0.3
电气机械和器材制造业	1.73	3.8	2.8	1.1	-3.8	-2.3	5.5
通用设备制造业	1.53	3.8	0.7	1.8	-2.9	-4.9	-3.8
汽车制造业	1.38	-0.3	-1.6	-0.4	-1.5	-0.5	-3.0
金属制品、机械和设备修理业	1.35	25.3	9.6	15.3	8.7	0.3	12.0
化学纤维制造业	1.34	0.4	-0.3	0.8	-1.0	-2.7	5.3
其他制造业	1.31	-0.5	-2.3	-0.5	-9.9	-12.2	5.5
化学原料和化学制品制造业	1.11	-0.2	-0.2	0.0	-3.4	-3.9	-1.9
橡胶和塑料制品业	1.01	6.1	-2.3	0.9	-1.3	-7.9	2.9
黑色金属冶炼和压延加工业	0.99	2.0	-0.4	5.7	1.5	0.1	0.1
造纸和纸制品业	0.97	5.2	6.2	-0.1	-4.9	-4.0	0.8
金属制品业	0.95	5.8	3.4	2.0	-5.5	-6.0	3.3
有色金属冶炼和压延加工业	0.85	4.0	3.0	1.2	-3.2	1.2	10.5
印刷和记录媒介复制业	0.69	9.1	4.8	1.7	-2.7	-1.8	5.8
食品制造业	0.67	2.1	0.2	6.0	-0.4	1.3	-3.1
纺织业	0.64	1.7	0.5	1.0	-2.8	-6.4	8.4
家具制造业	0.63	-0.2	3.3	-2.0	-1.3	-9.5	-2.6
文教、工美、体育和娱乐用品制造业	0.63	8.8	2.0	3.0	-4.9	-11.4	-7.7
非金属矿物制品业	0.61	2.7	0.9	2.0	-3.5	1.1	7.6
酒、饮料和精制茶制造业	0.58	2.9	-4.9	7.2	2.1	1.2	0.8
纺织服装、服饰业	0.53	7.1	8.9	-0.2	-11.2	-10.4	11.8
木材加工和木、竹、藤、棕、草制品业	0.47	3.8	5.4	5.1	-1.0	1.8	9.8
农副食品加工业	0.46	2.1	-2.6	5.8	0.6	4.3	1.5
皮革、毛皮、羽毛及其制品和制鞋业	0.46	0.9	-7.0	-4.7	-5.1	-14.8	5.6
废弃资源综合利用业	0.42	-6.2	-4.0	0.4	2.8	1.1	0.4
石油加工、炼焦和核燃料加工业	0.36	3.6	1.3	0.5	-7.5	-9.5	-14.4
烟草制品业	0.22	-1.0	-2.4	-0.4	1.9	1.8	1.6

注：根据国家统计局与一市三省统计局网站提供的数据计算，制造业行业按照研发投入强度由高到低排列。

6. 产业效益差异化显现

长三角产业效益一直是我国最好的地区之一，但区域间产业效益差异也比较明显。从经济效益看，2011～2018 年区域制造业格局调整后，上海、浙江制造业效益提升，江苏制造业效益没有改观，安徽制造业效益明显恶化；分行业看，医药制造、交通运输装备、电子设备等行业效益下降明显。2018 年，上海、江苏、浙江、安徽制造业利润率分别为 9.6%、7.2%、7.1%、5.8%，分别高出全国制造业平均利润率 2.6 个、

0.1 个、0.0 个、-1.2 个百分点，制造业利润率分别比 2011 年变化了 2.1 个、0.2 个、0.9 个、-1.6 个百分点。31 个制造业行业中，安徽有 22 个行业的利润率出现了下降。分行业看，医药制造业、铁路船舶航空航天和其他运输设备制造业、计算机通信和其他电子设备制造业、黑色金属冶炼和压延加工业、酒饮料和精制茶制造业、纺织服装服饰业等的区域利润率出现了明显下降（见表 46-5）。

表 46-5 2011~2018 年长三角制造业分行业区域集中度变化

行业	超额利润率变化（单位：百分点）			
	上海	江苏	浙江	安徽
制造业	2.1	0.2	0.9	-1.6
农副食品加工业	-0.2	-0.3	0.7	-0.6
食品制造业	3.2	3.1	-1.8	-1.9
酒、饮料和精制茶制造业	2.0	-2.7	-2.6	1.9
烟草制品业	—	-33.7	7.9	1.0
纺织业	0.7	0.5	1.2	-1.1
纺织服装、服饰业	-5.4	0.2	-0.2	-1.0
皮革、毛皮、羽毛及其制品和制鞋业	2.0	1.1	-0.4	-2.5
木材加工和木竹藤棕草制品业	-0.2	-0.7	2.4	1.0
家具制造业	0.7	1.9	0.6	-2.5
造纸和纸制品业	-1.8	1.5	1.4	0.1
印刷和记录媒介复制业	-0.7	2.8	1.0	-3.1
文教、工美、体育和娱乐用品制造业	1.8	0.6	-0.4	-2.0
石油加工、炼焦和核燃料加工业	9.4	-1.0	4.0	2.4
化学原料和化学制品制造业	8.4	0.5	1.2	-2.4
医药制造业	2.2	-1.2	1.7	-4.0
化学纤维制造业	0.7	-0.5	0.7	0.0
橡胶和塑料制品业	3.1	1.2	0.3	-0.5
非金属矿物制品业	3.0	1.0	1.3	1.9
黑色金属冶炼和压延加工业	-5.0	-0.3	-0.8	0.4
有色金属冶炼和压延加工业	2.4	0.3	0.7	0.0
金属制品业	-0.3	0.3	0.0	-0.1
通用设备制造业	0.5	1.5	1.0	-2.9
专用设备制造业	3.4	0.4	0.9	-2.0
汽车制造业	-0.9	-0.1	4.8	-0.8
铁路、船舶、航空航天和其他运输设备制造业	-3.4	-0.7	-1.4	-0.2
电气机械和器材制造业	2.6	-0.5	0.8	-2.3
计算机、通信和其他电子设备制造业	0.6	-0.2	-1.3	-4.3
仪器仪表制造业	3.6	1.1	3.1	-5.7
其他制造业	-0.5	-1.1	-0.3	-3.0
废弃资源综合利用业	12.8	3.9	2.3	-0.9
金属制品、机械和设备修理业	0.9	3.5	0.1	-0.3

资料来源：根据国家统计局与一市三省统计局网站提供的数据计算。

二、发展存在的问题

由于经济发展基础与条件相似，以及改革开放以来面临的国内外发展环境与机遇也相似，长三角区域各城市产业发展的重点有相似之处，这具有合理的一面。但是不可否认的是，长三角区域的产业规划缺乏有效的对接机制，各个城市的产业规划很容易“以我为主”“各自为政”，大多立足于本地经济发展的需要，忽视自身在整个长三角区域的功能布局，没有从更高的层次、更大的空间范围规划本地的产业发展方向。产业规划大而全，每个城市重点发展产业、优先发展产业、培育发展产业存在较为严重的趋同现象。例如，长三角区域 41 个城市中有 36 个城市在其“十三五”规划中将金融业作为优先发展的产业，实际上很多城市并不具备发展现代金融业的基础和条件；再如，各个城市的“十三五”规划中基本都提出“发展壮大战略性新兴产业”“加快发展现代服务业”“加快发展现代农业”，而没有突出产业的地方特色和差异化。在较多领域的合作依然没有形成有效的合作机制，如缺乏地区间的规划协调机制，各省、各市在制定经济社会发展规划时，并没有形成有效的对接机制，各地的规划往往“以我为主”，忽视了单个省份、单个城市在整个长三角区域的功能布局。此外，区域竞争缺乏底线约束，缺乏统一的市场标准体系和能够促进要素自由流动的市场环境。

1. 优势领域相对狭窄

长三角区域发展的定位是世界级城市群，长三角产业发展的定位就应当是世界级产业基地。2018 年长三角地区生产总值占全球经济总量的 3.6%，如果将长三角视为一个经济体，其经济体量可以排在世界第五位，从规模来看长三角的产业已经达到了“世界级”。但是从产业国际竞争力和质量效益来看，长三角产业体系与“世界级”的差距是巨大的，突出表现在产业集中度不高、企业实力不强、创新投入不足。例如，在信息技术领域，美国的亚马逊公司 2018 年研发支出达到 226 亿美元，而同年我国互联网前 100 强企业研发投入合计达到 1060 亿元，按年均汇率折算为 157 亿美元；在生物医药行业，美国的罗氏制药 2018 年研发投入达到 108 亿美元，同年我国医药制造全行业研发支出仅有 79 亿美元。这种巨大的差距广泛存在于各类产业，但以先进制造业和信息产业最为明显（见表 46－6）。未来长三角产业发展的主攻方向就是先进制造业和信息产业，重点任务就是紧紧围绕制高点行业提升产业集中度、壮大企业主体、增强创新能力。

表 46－6　2018 年主要行业中外代表性企业研发投入对比

行业	全球第一大研发投入企业		中国第一大研发投入企业		中国全行业研发投入（亿美元）
	企业名称	研发投入（亿美元）	企业名称	研发投入（亿美元）	
信息技术	亚马逊	226	阿里巴巴	36	157
电子通信	三星	153	华为	133	297
生物医药	罗氏制药	108	恒瑞	3	79
汽车	大众	158	上汽	17	172
电气器材	西门子	61	美的	13	184
机械装备	空中客车	34	中国中车	16	64
化工	巴斯夫	23	万华化学	2	135

资料来源：企业研发数据根据普华永道公司网站（www.pwc.com）提供的“2018 年全球创新企业 1000 强”数据整理，中国行业研发投入数据根据国家统计局公布的《2018 年全国科技经费投入统计公报》提供的数据按人民币兑美元年均汇率折算。

2. 后发区域发展潜力还未激发

安徽作为长三角的后发区域，目前增长势头最好、未来增长空间最大。但受制于后发劣势，产业总体质量和效益不高，区域新增长极的作用尚未充分发挥。从各方面基础来看，安徽具备承接和发展现代化产业的有利条件。长三角一体化过程中，在着力发展先发地区的同时要切实加大对后发地区的扶持力度，这对于夯实长三角产业基础、维护区域和国家产业链安全、稳定区域就业都有重要的积极作用。

3. 区域产业同质化现象突出

长三角地区产业发展存在的问题很大程度上在于产业规划体系的不足。长三角地区41个城市在“十三五”规划的重点产业中，重复最多的前三个产业是物流业（39个城市列为重点）、金融业（36个城市列为重点）、高端装备制造业（34个城市列为重点）。这反映出地方产业规划一是方向不准，对真正的制高点产业重视不够；二是缺乏协调，在真正需要发力的制高点产业分工不够、合力不足。长三角一体化推进过程中，应加强区域产业规划的协调，通过规划协同推动区域产业协同，使区域产业分工格局更加优化。

4. 产业创新能力有待提升

部分产业特别是部分技术密集型制造业趋向分散、经济效益下降，是长三角地区产业面临的突出问题，也对产业创新投入能力、竞争力提升形成了根本制约。大国产业发展过程中需要一定的地方竞争，但不能放任地方低效恶性竞争。长三角一体化要实现具有示范意义的新突破，必须坚决破除地区间的利益藩篱和政策壁垒，有效提高产业集中度，以此推动区域产业能级进一步提升。

三、面临新的挑战与机遇

1. 国际产业链条的重构对长三角产业的冲击

随着中美贸易战不断升级，核心技术受制于人的形势更加严峻，企业之间正常的兼并重组、转移聚集会受国外的严格审查，技术引进与自主创新受到一定影响。未来，长三角应结合国家发展战略，鼓励引导骨干企业瞄准世界科技前沿，不断推动科技成果转化现实生产力，推动园区经济率先迈向全球价值链中高端。同时，应鼓励本土企业对外企的技术加快消化吸收，实现再创新。同时对外企的管理经验凝练总结，结合本土文化，推广应用，提高管理水平。

2. 国际贸易环境的恶化

作为全国经济发展的领头雁，长三角地区三省一市对外开放程度高，以“外资代工模式”进行的加工贸易是带动经济发展的主要动力之一，通过国际代工模式，吸引了大量跨国公司的直接投资、产业转移和外包订单，使那些劳动密集的、附加值较低的、加工贸易为主的制造业获得了飞速的发展。但是，如果长三角仍旧保持原有的代工模式，当本地经营成本提高、资源优势丧失，从而导致长三角地区产业发展成本上升时，这些外资很快就会发生迁移，从而使当地经济面临产业空心化的威胁。

3. 新产业革命与新的技术革命形成的产业发展环境的不确定性

应紧跟新一轮产业革命与科技革命发展和高精尖产业结构的任务部署，前瞻布局研究，在基础研究、原始创新等领域的示范应用方面，做好承接与服务，全面支撑长三角发展战略的实施。世界进入创新全球化时代，新一轮科技和产业革命正孕育兴起，人才、技术、资本等创新要素在全球范围内加速流动配置，以新一代信息技术、新能源、智能制造、生物技术为代表的新技术广泛应用于各产业领域，互联网在生产要素配置中的优化和集成作用不断增强，“互联网+”理念全面渗透到产业发展过程，推动产业模式产生根本性变革。党的十八大后，我国创新驱动发展战略实施进入加速期，“大众创业、万众创新”成为推动经济社会发展的新引擎。党的十八届五中全会明确提出“创新、协调、绿色、开放、共享”的发展理念，科技创新成为引领发展的第一动力。“十四五”时期，长三角应紧抓创新全球化和创新驱动发展战略带来的新机遇，进一步探索科技创新支撑区域发展的可行路径，推动重点产业高端发展，构筑经济社会发展新动能。

4. 发展环境约束的增强对产业协作分工方式的挑战与机遇

当前，中国经济步入“新常态”，经济增长进入了可控、相对平衡的运行区间。在外需疲软、内需回落、房地产调整及深层次结构变动的力量综合作用下，经济下行压力有所加剧。“新常态”下的经济增长将从要素驱动、投资驱动转向创新驱动，迫切地要求转变经济发展方式，长三角在产业结构调整和转型升级、经济发展动力转换、适应经济发展的体制机制等方面既面临严峻的挑战，也面临前所未有的发展机遇，应积极融入认识新常态、适应新常态、引领新常态的实践中去。

5. 高质量的对外开放水平的挑战与机遇

“十四五”时期是加快推进经济发展方式转变、构建高精尖产业结构的重要时期。长三角地区在已形成的以商务服务、金融、高新技术等产业为主导的基础上，必须抢抓服务业开放等重大机遇，充分挖掘商务、金融发展优势，大力推动科技创新、文化创新、模式创新、服务创新发展，积极融入新一轮“引进来”与“走出去”的发展格局，进一步强化国际窗口效应，提升国际化发展水平

四、“十四五”时期工业发展思路与措施

长三角区域产业一体化发展应始终坚持“政府引导、市场主导”的原则，这是长三角区域一体化发展的重要经验，也是必须长期坚持的重要原则。需要进一步完善市场体制机制，切实发挥市场在资源配置中的决定性作用，发挥政府在体制机制设计、功能平台共建、公共服务共享等方面的引导作用，消除市场分割、地方保护等各种妨碍公平竞争的行政壁垒。此外，要通过建立统一的市场标准体系，促进商品以及要素的跨区域自由流动，营造统一开放、有序竞争的市场环境。

1. 共同培育战略性新兴产业

战略性新兴产业是下一轮区域间争夺的重点，长三角要形成统一的战略性新兴产业规划。要积极推进互联网与各领域的融合发展，抓住“互联网+”的机遇，承接并转化原始创新重大科技成果，培育新技术、新产品、新业态和新模式，构筑区域经济社会发展新优势和新动能。重点在新一代信息技术产业、新生物医药产业、新能源技术和节能环保产业以及科技服务业上有所突破，形成新的区域竞争优势。

新一代信息技术产业。推动新一代移动通信、下一代互联网核心设备和智能终端的研发及产业化，加快推进三网融合，促进物联网、大数据、云计算等的研发和示范应用；强化电子信息产业高端制造，打造具有自主知识产权的国际化品牌；着力提升软件服务、网络增值服务等信息服务能力，加快重要基础设施智能化改造；鼓励技术创新与商业模式创新融合，推进数据平台共享，培育新兴信息产业业态。

新能源技术和节能环保产业。重点跟踪先进储能、建筑节能等技术，鼓励发展服务比重高、产业链条长、关联效应大的跨国智能电网企业研发与销售部分。重点培育和引进“服务型”“新模式”的新能源汽车企业，新能源与节能环保领域的企业总部、研发中心及为其提供配套服务的技术服务企业。以能源清洁利用、环境污染控制等领域为重点，促进节能环保产业向高端化发展。

新生物医药产业。围绕新一代互联网与生物医学工程融合技术、诊疗一体化设备等相关技术，新生物材料、纳米材料等医疗技术，鼓励发展生物医药的研发与销售环节；重点培育和引入生物医药创新型企业，国际生物医药研发企业，研发外包服务企业，基于互联网、大数据、云计算的医疗服务“互联网+”企业，医疗器械“互联网+”企业，医药销售“互联网+”企业；推进依托于大数据、云计算、移动互联网等新一代

信息技术同生物医药、健康医疗的相互融合发展，促进基于互联网的智能操作、远程会诊、可穿戴高端医疗设备等领域实现重大产品突破。

科技服务业。重点发展研发、工程技术、科技金融、文化创意、设计、技术转移、知识产权、科技咨询等服务业；吸引国际性智库，国际标准、认证服务机构，国际金融、评估、法律、会计、咨询、国际科技中介等高端商务机构及技术研发、工业设计等国际科技服务业企业；培育支撑行业转型升级的综合科技服务业，鼓励各类新型科技服务业态发展；促进科技服务业向专业化、网络化、规模化、国际化方向发展，推动科技服务业在园区集聚发展。

2. 坚持产业集聚化发展与区域营商环境建设并举

党的十九大报告提出，要“促进我国产业迈向全球价值链中高端，培育若干世界级先进制造业集群”。在此过程中，网络化的产业集群组织能够更好地协调各方的利益，加快要素流动、优化资源配置、避免重复建设、维护竞争秩序、优化产业结构，推动产业的一体化发展，助力培育世界级产业集群，长三角地区要勇于建设世界级产业集群，成为参与国际竞争的重要增长极。一是积极推动产业集群化发展，促进专业化分工合作，提升要素配置能力。构建高端产业集群，聚焦区内重点发展的商务服务、金融、文化创意、高新技术等优势产业，加快制定促进产业集群发展的政策，引进规模大、辐射能力强的龙头企业，积极培育和吸引上下游企业，加强产业集群内外部的竞争与合作，加强产业间信息交流、人员交流，开展合作研究，全面提升产业集群发展能级。二是要构建创新集群，提升产业集群能级。进一步优化包括创新创业、科技服务、创新资本、科技中介等在内的创新生态体系，促进高端创新资源集聚，全面推动创新集群发展。围绕研发设计、技术转移、知识产权、成果孵化、科技信息服务等领域，加快构建“产业技术基础研究+产业工程技术开发+产业化应用创新”的结构化的产业创新平台体系。三是打通服务集群，为长三角工业高质量发展保驾护航。以商业转化为目的，加快完善服务体系，重点扶持、吸引一批平台型服务企业，提升区域产业发展活力。重点发挥市场机制作用，加快打造集科技金融、创新投资等于一体的资本服务集群；搭建商务服务发展公共平台，大力发展审计、法律服务、咨询服务、广告会展等高端商务服务业，加快构建规模化、系统化、国际化的商务服务集群。

3. 打造高效衔接、功能互补的产业链条

随着国家支持企业兼并重组政策的出台，各行业的市场集中度将进一步提升，平台型领军企业对区域产业发展的带动作用将更加明显。加快发展平台型领军企业，依托总部型企业集聚发展的优势，大力支持本土有综合实力、有发展潜能的平台型企业跨地区、跨行业、跨所有制整合资源，鼓励总部型服务业企业平台化发展，从而带动长三角产业链条的高效衔接。重点引进具有行业带动力和国际影响力的平台型龙头企业，加速对产业上下游环节的整合，有效拓宽经济发展空间。支持领军企业运营模式创新，促进领军企业商业模式、技术模式和金融模式创新。支持领军企业针对细分市场，充分利用大数据和移动互联网，形成独特商业模式，不断改善用户体验，提升核心竞争力。

4. 推动跨国技术整合，凸显国际创新的协同

立足自身发展定位，以打造面向全球的技术整合、创新转化中心为目标，加快推动区域内创新主体开展国际技术竞争合作，加快国际高端创新要素的引进聚集，打造一批高品质的创新孵化工场，全面增强技术转化载体支撑能力。

（1）加强国际技术竞争合作。构建面向全球的技术跟踪引进机制，在长三角三省一市内形成技术创新分工机制，以技术分工梯队对接国际技术创新。以打造面向全球的创新转化中心为目标，加强与国际科技园区、外国驻华使馆、外国商会和协会及驻外使馆交流与合作，加强对智能制造、新一代信息技术、生物医药等重点领域前端技术、工艺生产技术创新的实时跟踪发现，加快构建面向全球的技术监控网络。主动加强与国际孵化器、大型技术中介的交流与合作，加大对国际技术转移机构、国际技术推广机构、国际大型技术集团、国内技术转移中心、专业技术开发公司等跨国技术中介企业与公共研发机构的引进力度，全面提升区域的技术转化能力。

鼓励企业开展对外技术交流合作，鼓励企业开

展跨国技术投资，支持企业在科技发达国家和地区，通过自建、并购、合资、参股、租赁等方式建立海外研发中心、实验室，开展关键核心技术研发和产业化应用研究。鼓励企业实施国际化专利战略，积极申请国际专利，加强知识产权保护与应用，加快形成专利高地，支持企业在海外设立创新服务机构。支持长三角内企业、孵化服务机构、中介机构布局海外孵化器，鼓励企业以技术专利获取为目标，收购具有核心技术的中小科技企业。

（2）提升国际创新要素支撑。着力吸引研发机构聚集。引进世界500强和跨国公司中的科技型企业以及具有较强研发能力的大型装备企业的研发总部、设计中心等核心部门，强化科技创新发展优势。探索通过研发补贴等方式，支持大型跨国公司在长三角重要节点城市设立研发机构，带动区内企业整体研发能力的提升，拓展企业层面的国际技术交往空间。支持企业、科研机构与世界500强企业围绕重点前沿技术领域开展协同创新。加快培育具有国际竞争能力的科技型中小企业、科技小巨人企业、行业旗舰式创新型领军企业，提升企业主体市场竞争力。

推进行业平台组织发展。组建技术联盟、产业联盟、标准联盟，探索简化专业性国际组织相关落户审批程序，吸引国内外产业联盟、协会、商会入驻。鼓励区内企业联合工程技术中心、实验室、产业研究院组建协同创新中心，带动新技术、新工艺等科技成果转化应用。

加快创新型人才集聚。落实国家重大人才工程，重点引进长三角地区急需的下一代互联网通信、新能源、生命科学、生物医药等战略性新兴产业方面的专业人才，全面增强技术研发与创新能力。以加快科技创新成果转化为目标，积极引进国际一流创业团队以及优秀的科技创新型企业管理人员，打造懂经营、会管理、善钻研、技术精的国际专业管理人才队伍。鼓励区内人力资源服务机构与国外人力资源服务机构开展合作，在境外设立分支机构，积极吸引海外优秀人才。

专栏46－1

长三角九城抱团发展机器人产业

长三角一体化上升为国家战略后，浙沪苏皖进一步加深合作。2019年12月，G60科创走廊机器人产业联盟在安徽芜湖成立。这意味着，浙江的杭州、金华、湖州、嘉兴，安徽的芜湖、宣城、合肥，以及江苏苏州和上海松江，这九大城市将以产业联盟的方式抱团发展，做大做强机器人产业万亿市场。

各地都在发展机器人产业，企业各干各的，产业之间往往竞争多于合作。成立产业联盟之后，关键技术的研发、检查设备的共享、政策资源的互通、产业标准化的规范等都可能实现。全球机器人产业正处于快速发展阶段，长三角地区以产业集群的方式参与全球化竞争，比各地单打独斗的赢面要大得多。

三省一市的产业优势各不相同，上海有资本优势，江苏有产业研发优势，安徽有产业集群优势，而浙江机器人市场推动力度和能力相对较强，借助产业联盟的力量能实现优势互补。此外，技术领域的合作也是一大焦点。机器人产业研发力量不足一直是短板，各家各自攻坚，一定程度上也造成了研发方向的重叠和研发力量的浪费，产业联盟的形成将助推科研领域的合作，有助于提升机器人产业的国产率，这对整个行业都有着积极的意义。

九城联动、资源共享、深化融合、集群发展，这是G60科创走廊机器人产业联盟成立的初衷。该联盟旨在打造G60科创走廊机器人产业一体化发展平台，促进机器人产业链上下游的资源整合、机器人产业与人工智能的深度融合、产业与智力资本的有效对接。

为了让产业融合更为紧密，在机器人产业联盟成立仪式上，九城市共同发布了《G60 科创走廊机器人产业合作芜湖宣言》，将着重围绕促进产业一体化发展、促进产业协同创新、打造行业重点自主品牌、促进产业与相关资源高效对接、形成整体发展优势 5 个方面深度支持机器人产业发展布局。产业联盟首批成员单位包含浙沪苏皖的 138 家机器人企业。

机器人产业联盟是继金华的新材料产业技术创新联盟之后的第二个 G60 科创走廊产业联盟。未来，G60 科创走廊还将陆续成立生物医药、新能源汽车等产业联盟，切实打造先进制造新高地，有力助推长三角一体化发展国家战略。

资料来源：根据 https：//www. sohu. com/a/284029802_ 114967 整理。

参考文献

[1] 张学良、李培鑫、李丽霞：《政府合作、市场整合与城市群经济绩效———基于长三角城市经济协调会的实证检验》，《经济学（季刊）》2017 年第 4 期。

[2] 陈勇江：《长江三角洲区域产业结构趋同及其治理建议》，《中国发展》2010 年第 2 期。

第四十七章　长江经济带产业转移协作

提　　要

作为我国重大国家区域发展战略，长江经济带建设在近年来依托卓有成效的新旧动能转换与恰合时宜的产业分工保持良好的经济发展态势。在这之中，产业转移协作扮演了至关重要的角色，不仅规划统筹与衔接机制日臻完善，梯度化、跨区域转移协作格局日趋优化，产业转移协作的绿色化转型趋势也逐渐明显，但仍面临产业同质化问题突出、生态环境保护形势严峻、区域发展不平衡不协调等关键问题。"十四五"时期，面对全球经济发展的持续不确定性与新一轮科技革命带来的产业大颠覆、大变革，面对加快构建双循环新发展格局的宏观调控路径调整，面对"共抓大保护，不搞大开发"的发展导向，本章认为应进一步推进长江经济带产业转移协作高质量发展，并针对性地提出：强化布局，以产业链、供应链构建为核心，协同提升区域经济韧性；统筹管控，聚焦产业转移协作全过程，构建"一张图"式协调治理机制；园区引领，平台经济、飞地经济与逆向飞地经济联动；提质增效，优化产业用地配置，提升产业、经济与环境准入门槛四条政策建议。

*　　　　*　　　　*

"十四五"时期，随着创新驱动发展、生态文明建设、新型城镇化与深化工业化进程的并行，建立更加有效的区域协调发展新机制已经成为中国经济高质量发展的核心环节。长江经济带，作为承东启西、接南济北的重大国家区域发展战略，也是中国经济高质量发展与国土空间开发保护的战略支撑轴线，将在其中起到中流砥柱的作用。长江经济带衔接东、中、西三大经济板块，涵盖上海、江苏、浙江、安徽、江西、湖北、湖南、重庆、四川、云南、贵州 11 个省市，总面积约 205.2 万平方千米，占全国国土面积的 21.4%，人口与经济总量占全国比重双双突破 40%。党的十八大以来，以习近平同志为核心的党中央高度重视长江经济带发展，从 2014 年《政府工作报告》明确提出"依托长江水道，建设长江经济带"，到 2016 年《长江经济带发展纲要》正式印发，再到 2018 年中共中央、国务院出台的《关于建立更加有效的区域协调发展新机制的意见》中将长江经济带正式列为国家重大区域发展战略，长江经济带的发展已被视为一件国家大事。可以预见，在加快构建双循环新发展格局的大背景下，长江经济带将会承担越发重要的历史使命。

长江经济带是我国产业经济体系最为完备的区域，近年来依托卓有成效的新旧动能转换与恰合时宜的产业分工保持良好的经济发展态势，区域发展的不平衡、不充分问题也得到一定遏制。2014～2018 年，长江经济带 11 个省市的地区生产总值占全国比重由 41.6%逐年增至 44.1%；工业增加值占全国比重由 40.8%逐年增至 43.8%，不仅上海、浙江、江苏等下游省市引领中国经济发展与全球化竞争，贵州、云南、湖南、江西、安徽等中、上游省市的各项指标增速也均位居全国前列。在这之中，上、中、下游不同省市间的梯度化产业转移与跨区域产业协作扮演了至关重要的角色。基于此，本章将聚焦长江经济带产业转移协作议题，对其发展历程、关键问题展开回溯，并在梳理“十四五”时期面临的发展机遇与挑战基础上，提出针对性发展对策建议。

一、长江经济带产业转移协作进展

1. 规划统筹与衔接机制日臻完善

自“建设长江经济带”提出伊始，推进产业转移协作便被视为长江经济带高质量发展的核心内容，且重要性不断提升，这在各级规划文件中得以体现。通过对中央与地方政府出台的与长江经济带发展相关的规划文件进行梳理，本章认为长江经济带产业转移协作的规划统筹与衔接机制日臻完善，并初步形成“三级三类”（三级：中央级、城市群级、地方级；三类：产业发展、国土空间开发保护、体制机制建设）的规划引导体系。

在国家层面，中央出台的多份长江经济带发展纲领性文件循序渐进地明确了产业转移协作的总体导向与发展思路。如2014年出台的《关于依托黄金水道推动长江经济带发展的指导意见》指出，长江经济带要以沿江综合运输大通道为支撑，促进上下游要素合理流动，引导产业有序转移与分工协作。2016年出台的《长江经济带发展规划》进一步对产业转移协作的基本原则进行细化，包括：明确上、中、下游产业转移导向与承接路径；以国家级承接产业转移示范区等产业转移平台为主体推动产业转移协作；探索“飞地经济”等产业转移合作模式等。2017年出台的《长江经济带产业转移指南》提出，产业转移协作应以打造电子信息、高端装备、汽车、家电、纺织服装等世界级制造业集群为目标，并对各地区承接五大产业集群转移的主要载体与优先承接方向进行梳理。

在城市群层面，“十三五”时期出台的多个城市群发展规划均按照自身资源禀赋与产业发展方向部署产业转移协作工作。如《长江三角洲区域一体化发展规划纲要》重点聚焦创新协作，强调长三角城市群应着力构建协同创新共同体，并强化与之对应的产业协同政策支撑。《成渝城市群发展规划》提出成渝城市群应着力围绕培育优势产业集群、有序承接产业转移与整合发展产业园区做文章，包括：优化沿江地区特色优势产业发展布局，建设沿海加工贸易转移的重要承载地，支持川渝间和各城市间共建产业园区，与东部沿海地区合作共建产业园区等。《长江中游城市群发展规划》则在鼓励协同共建优势产业集群与积极承接沿海地区转移的基础上，提出产业双向转移、实施“回归工程”、协同开展产业技术创新等多项举措。

在地方层面，各省市将上级规划与地方发展充分结合，将产业转移协作融入各项发展规划与政策文件之中。如诸多地区纷纷围绕《长江经济带发展规划》《长江经济带产业转移指南》等上级规划出台贯彻实施规划，并因地制宜设计产业转移指导目录，提出更具针对性、更具体的实施路径。同时，产业转移协作也已成为地市合作与协同创新的重要着力点。如武汉、长沙、合肥与南昌在2017年共同签署的《长江中游城市群省会城市合作行动计划（2017－2020）》中提出通过组建跨区域产业创新联盟、新兴产业共创工程、组团招商、“红、黑名单”互认等方式推动四城产业转移协作工作。上海、嘉兴、杭州等九市在2018年共同发布的《G60科创走廊松江宣言》则明确提出加快推动长三角区域产业链、创新链、价值链布局一体化，推动科技创新、制度创新、资源配置一体化等一系列协作举措。

2. 梯度化、跨区域转移协作格局日趋优化

长江经济带上、中、下游地区的社会经济发展存在明显梯度势差，既包含中国经济体量最大、以世界级城市群为发展目标的长三角城市

群，享有中国“第四极”美誉的成渝都市圈，又包含一定数量的革命老区、民族地区、边远山区与贫困地区，各地的发展目标、经济结构、城镇化与工业化阶段截然不同。随着中国由高速增长阶段转向高质量发展阶段，充分发挥政府、市场等各方优势，建立发达地区与欠发达地区有效合作机制，促进要素有序自主流动，推动长江经济带协同共生，互利共赢迫在眉睫。产业转移协作作为中央与地方政府推动构建更加有效的区域协调发展新机制的重要工具，在这之中既是关键“抓手”，也是必然举措。通过统计分析、实地调研与查阅相关资料等多种途径可知，长江经济带的产业转移协作工作进展较为顺利，以梯度化、跨区域为特征的，上、中、下游因势利导的转移协作格局日趋优化。

在长江上游，四川、重庆、云南与贵州的地区生产总值占长江经济带总量之比由 2014 年的 22.78%逐年增至 2018 年的 23.25%，“跑赢”中上游地区。四省市不仅在轨道交通、电子信息等新兴产业取得路径突破，在传统制造业提质增效方面的进展也较为顺利，承接沿海区际产业转移与推动各省市内部产业协作称得上其中关键环节。如重庆在 2014～2017 年引入的 2152 亿元以上工业投资项目中，有近 50% 源于长江经济带其他省市，且多集中在笔记本电脑、手机、汽车制造等技术密集程度较高的产业。贵州不仅通过与沿海地区的产业转移协作推动大数据、电子信息等新兴产业“孔雀西南飞”，也通过有序承接部分劳动密集型产业有效填充了持续扩大的城镇化与工业化空间。以打火机产业为例，该产业在短时间内由从湖南承接而来的“新生力量”蜕变为省内“出口巨人”，2015～2018 年，贵州出口打火机货值由 1306 万美元跃迁至 7983 万美元，增幅超过 500%。与此同时，产业转移协作带来的产业、技术与资金支持也在很大程度上加速了四省市贫困地区脱贫摘帽的步伐。以贵州为例，2017～2018 年，贵州各地市与沿海地区帮扶省市共建 33 个产业园区，引入企业投资项目 677 个，实际投资额超过 500 亿元，有效带动了 34.84 万人脱贫。

在长江中游，湖南、湖北、安徽、江西作为中部崛起战略的核心构成部分，充分利用毗邻长三角城市群的“中心—外围”空间优势，以国家级产业转移示范区、自贸区、开发区等核心产业平台为引领，将产业转移协作视为经济发展与自主创新能力提升的引擎。在湖北，2017 年由国务院印发的《中国（湖北）自由贸易试验区总体方案》明确提出“承接产业转移”是湖北自贸区的主要建设任务之一，并强调应承接高新技术产业梯度转移，特别是光电子产业、生物医药、新材料等战略性新兴产业。在安徽，2018 年出台的《安徽省产业转移指导目录》中共布局 17 类优先承接产业，其中详细列举了电子信息、生物医药、轨道交通、船舶及海洋工程装备、航空航天、智能制造装备等新兴产业的承接路径，并明确依托产业转移协作打造全国重要先进制造业中心的目标。与此同时，相比长江上游地区，中游四省承接产业转移的规模更大，整体成效也更为显著。举例来说：2016～2018 年，江西 10 个国家级经开区通过承接产业转移引进内资项目资金达到 3606.5 亿元，年均涨幅达到 20%。衡阳作为湘南湘西承接产业转移示范区的重要组成部分，在 2017～2019 年成功落地承接产业转移企业超过 700 家，新增企业主营业务收入近 200 亿元。安徽则在 2019 年共吸引上海、江苏与浙江投资亿元以上项目 2979 个，实际到位资金突破 6000 亿元，同比增长超过 10%。

在长江下游，上海、江苏与浙江作为沿海发达地区，也是中国经济体制改革制度设计的前沿，在积极推动部分资源加工型、劳动密集型产业向中上游地区有序转移，并与诸多中下游省市构建产业协作与对口帮扶机制的同时，还展开了“南北挂钩”“山海协作”“逆向飞地”等具备一定制度创新性的区域内产业转移协作工作。具体来说：首先，作为缝合江苏省内区域经济分异的针线，“南北挂钩”政策旨在通过在苏北、苏中地区在本地省级以上开发区中设立“园中园”的模式，与苏南地区和上海各级政府、开发区和企业合作共建园区，推动南北产业合作。截至 2017 年末，江苏“南北挂钩”共建园区达到 45 家，累计入园企业超过 1000 家，吸纳就业人口近 60 万人，地均产出与投资强度平均值均要高于所在园区平均值。其次，作为浙江“八八战略”的中坚工程，“山海协作”旨在以产业园区为主体，搭建浙东沿海地区与浙西南 26 个加快发展地区的合作桥梁。现阶段，浙江共搭建“山海协作”产业平台32个，覆盖上述全部26个地区，且成效显著。如衢江—鄞州山海协作产业园在2019年引进10亿元以上的项目3个，培育规模以上工业企业10家，单年完成项目投资近20亿元。“逆向飞地”则源于“山海协作”政策，主要指相对落后地区为了集聚更好的研发与创新资源，逆向进入发达地区设立飞地。2016年投入使用的全国首块“逆向飞地”为位于杭州未来科技城的衢州海创园，其秉承“总部研发在杭州，生产制造在衢州”的原则，围绕衢州主导产业，充分借力杭州资源构建跨行政区产业链条，截至2018年末，衢州海创园引入海内外高层次人才超过50人，高质量创新创业团队12个，完成招商引资项目175个。

3. *产业转移协作呈现绿色化发展特征*

“共抓大保护，不搞大开发”是习近平总书记赋予长江经济带高质量发展的战略导向，绿色也在近年来逐步成为长江经济带产业转移协作的底色。2017年，工信部、国家发改委、科技部、财政部与环保部联合印发《关于加强长江经济带工业绿色发展的指导意见》，提出实施长江经济带产业发展市场准入负面清单；明确新建重化工项目到长江岸线的安全防护距离；鼓励沿江省市创新工作方法，强化生态环境约束，建立跨区域的产业转移协调机制；严控造纸、焦化、氮肥、有色金属、印染、化学原料药制造、制革、农药、电镀等产业的跨区域转移等多项顶层设计举措。2019年出台的《长江经济带发展负面清单指南（试行）》（简称《指南》）则进一步明确了不同地区、城市进行产业转移协作的生态环境与国土空间开发保护硬约束，各省市也结合《指南》要求，相继出台与之对应的省级长江经济带发展负面清单指南实施细则，倒逼产业转移协作迈入绿色化进程轨道，以生态环境共治夯实长江经济带绿色本底。湘南湘西承接产业转移示范区、江西赣南承接产业转移示范区等六个长江经济带上的国家级承接产业转移示范区则纷纷将“生态优先、绿色发展”列为发展“铭牌”，并明确提出依据区域生态保护红线、环境质量底线、资源利用上线和生态环境准入清单；坚决防止高耗能、高排放等落后生产能力转入；加快传统产业改造升级，建立健全绿色低碳循环发展的经济体系等目标任务。

二、长江经济带产业转移协作面临的关键问题

1. *产业同质化问题较为突出*

2018年6月，习近平总书记在《在深入推动长江经济带发展座谈会上的讲话》中明确指出：“长江经济带发展无序低效竞争、产业同构等问题仍然非常突出，一些地方在实际工作中出现圈地盘、抢资源、条块分割、无序竞争的情况，还存在抢占发展资源、缺乏协作精神、破坏产业链条的连接和延伸等问题。”中国人民大学长江经济带研究院编著的《长江经济带高质量发展面临的挑战及应对》则指出长江经济带11个省市的制造业结构相似系数超过0.7，产业趋同与重复招商现象普遍。显然，如果将长江经济带视为多方利益共同体，产业同质化是其产业转移协作面临的关键问题之一。

一是产业定位存在同质化问题。通过梳理各省市“十三五”规划中的产业发展定位可知，9个省市将电子信息产业列为主导产业，6个省市将汽车制造、装备制造列为主导产业，而在长三角城市群的16个核心城市中，11个地市将汽车制造列为主导产业。考虑到产业发展是一个上令下达的过程，各地往往会按照上级定位制定相应的产业发展路径，而我国地方政府又具备典型的发展型政府特征，在经济增长、产业转型与政治晋升的多重“压力”下，模仿型策略互动与抢占发展资源现象极易出现。二是园区发展存在同质化倾向，特别是省级开发区。如根据《中国开发区审核公告目录（2018年版）》统计可知，在长江中游，湖北、湖南与江西的271个省级开发区中，70个开发区将电子信息相关产业列为主导产业，58个开发区将生物医药相关产业列为主导产业。

作为县域经济的载体，上述省级开发区的内生动力与培育新兴产业的能力普遍较弱，若要发展好电子信息、生物医药产业，必然需要依托与发达地区的产业转移协作，但在如此同质化的产业发展期望下，产业发展与转移协作的资源“内耗”与无序竞争可能会较为严重，部分失势开发区的前景也不容乐观。三是承接产业转移类型存在同质化危机，特别是一些技术密集型程度较高的产业。以贵州省2018年出台的《产业转移指导目录》为例，在优先承接发展的产业中，无论电子信息、汽车还是航空航天，每一个细分行业均对应多个承接城市（见表47－1），不同城市的资源禀赋、技术创新能力与产业基础各异。在承接产业转移过程中，不同地市是否能够通过有序、有效、良性竞争来获取高质量转移资源，后发地市能否有能力承接高质量转移资源，这难以预料。

表47－1　电子信息产业部分细分行业承接地市

优先承接发展产业（电子信息）细分行业	承接地市
大数据采集、存储、加工及分析、交换交易、运营服务	贵阳市、贵安新区、六盘水市、安顺市、黔西南州
工业领域的大数据服务及解决方案、行业大数据系统安全可靠软件	贵阳市、贵安新区、六盘水市、黔西南州
基于大数据的智能制造、智慧物流、智慧健康、智慧农业等	贵阳市、贵安新区、遵义市、六盘水市、黔西南州
人工智能软件、系统、平台，智能可穿戴、虚拟现实设备，智能无人飞行器等产品	贵阳市、贵安新区、遵义市、安顺市
计算机整机及零部件、计算机外围设备、工控计算机及系统、信息安全产品	贵阳市、贵安新区、遵义市、安顺市

资料来源：2018年贵州省《产业转移指导目录》。

2. 生态环境保护形势依然严峻

近年来，长江经济带生态环境保护工作持续加大力度，2019年“关改搬转”化工企业近千家，优良水质同比增长超过3个百分点，生态环境呈现明显好转趋势。然而，既往“欠账”过多、生态功能退化严重、沿江产业路径依赖、产业转移协作污染外溢等问题依旧普遍，“十四五”时期面临的生态环境保护形势仍较为严峻。

现阶段，长江经济带的水污染问题严重。11个省市在2013～2017年的废水排放量由3010946万吨增至3103783万吨，占全国废水排放总量比重由43.3%增至44.4%。化学含氧量、氨氮、总氮、总磷等主要污染物排放量则出现大幅上涨，占全国排放总量比重分别由36.5%、43.2%、32.4%与32.8%增至48.4%、47.7%、46.9%与49.6%（见表47－2），绝大多数长江沿线湖泊存在严重富营养化现象，洞庭湖水质则在2017年恶化为劣五类，且直至今日也尚未好转。显然，沿江产业废水排放难辞其咎，长江经济带内30%的环境风险企业位于饮用水源地5千米范围内。部分地区甚至有超过半数的重化工产能沿江布局，化工环江、化工围城等现象亟待解决（见图47－1）。蒋洪强等发现长江经济带环境退化成本在2004～2017年呈明显上升趋势，年均增速超过10%，且仍处于与经济增长同步上升阶段，环境治理压力较大，特别是对于正处于快速城镇化与工业化进程的长江中上游地区而言。与此同时，产业转移协作中的生态环境问题同样较为严重，污染产业向长江中上游转移风险隐患正在加剧。部分中、上游地市在承接劳动密集型、资源加工型产业转移时，为了片面追求经济增长，仍偏好走以环境污染为代价的“老路”。

表47－2　2013～2017年长江经济带废水排放量及主要污染物排放量占全国总量比重　单位：%

年份	废水排放量	化学需氧量	氨氮	总氮	总磷
2013	43.3	36.5	43.2	32.4	32.8
2014	43.0	36.5	43.3	30.7	30.7
2015	43.4	36.5	43.4	29.8	29.6
2016	44.2	48.6	47.3	48.2	48.6
2017	44.4	48.4	47.7	46.9	49.6

资料来源：《中国统计年鉴（2014～2018）》。

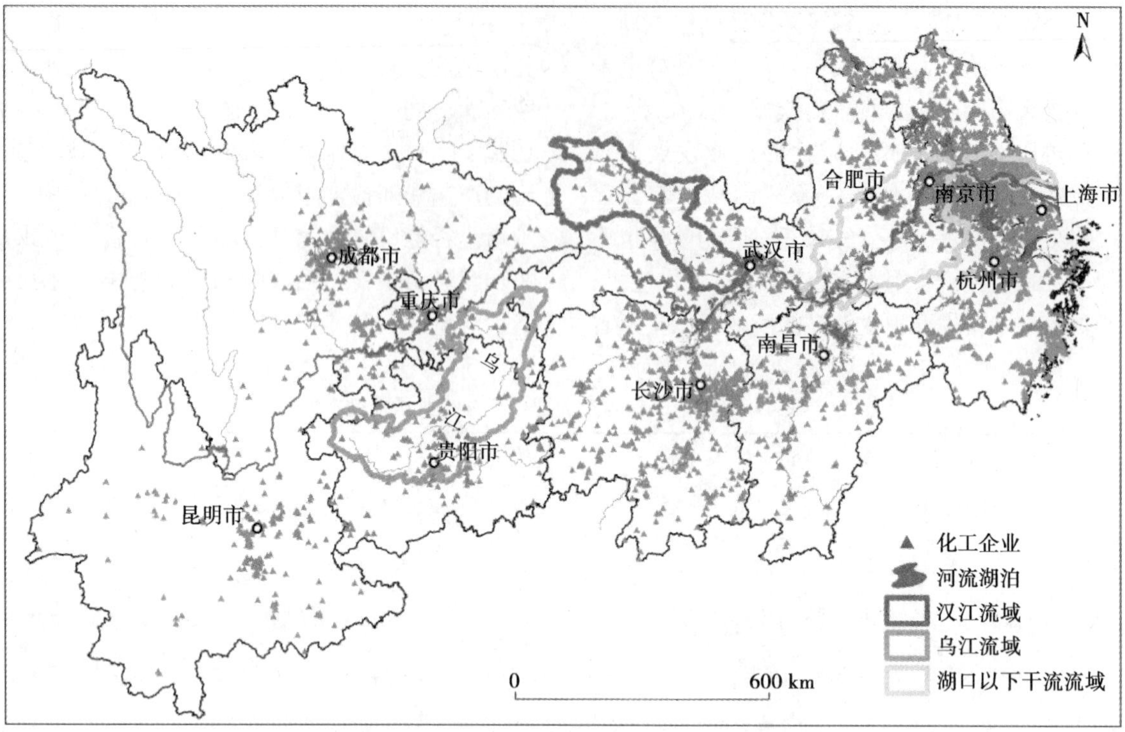

图47－1 长江经济带化工企业空间分布情况

资料来源：赵玉婷、李亚飞、董林艳、姚懿函、李小敏、孙启宏：《长江经济带典型流域重化产业环境风险及对策》，《环境科学研究》2020年第5期。

3. 区域发展不平衡不协调的问题依然明显

2018年4月，习近平总书记在深入推动长江经济带发展座谈会上明确指出，长江经济带横跨我国东中西部，地区发展条件差异大，基础设施、公共服务和人民生活水平的差异较大，区域合作虚多实少，城市群缺乏协同，带动力不足。诚然，长江经济带的协同发展与产业转移协作在近年来取得显著成绩。然而不可否认，在长江经济带这样一个复杂的巨系统中，空间、经济与行政壁垒带来的条块分割以及长江上、中、下游的发展阶段差距使得长江经济带仍面临较为严峻的区域发展不平衡不协调问题。举例来说：2015～2018年，上海、江苏、浙江与安徽等长江下游四省份的国内生产总值占比一直稳定在52%上下，长江中、上游占比则均仅在22%～24%。就人均居民可支配收入而言，上海、江苏、浙江等下游相对发达省市的优势在日益扩大。2015年，上述三地均值为3.83万元，高于其他省市2.05万元；2018年，三地均值已增至4.94万元，高于其他省市2.61万元（见表47－3）。显然，这一系列客观存在的社会经济发展分异并不利于产业转移协作的有效进行，特别是对于一些技术含量相对较高的行业而言。

与此同时，考虑到成都、重庆、武汉、长沙等中西部中心城市切实存在的虹吸效应，这种区域发展不平衡不协调还广泛存在于长江上、中游地区的内部。以笔者在参与2017年《长江中游城市群发展规划》与2020年《德阳工业发展"十四五"规划》过程中的实地调研可知，在荆州、岳阳、衡阳、德阳等地，不同类型工业企业普遍面临人才难引进、易流失，特别是向上述中心城市流失的困境，而地方政府在引进企业，特别是一些具备一定研发实力的企业时，也受到较强的中心城市虹吸效应影响。

表47－3 2015年、2018年长江经济带各省（市）国内生产总值与人均居民可支配收入

省（市）	国内生产总值（万元）		人均居民可支配收入（元）	
	2015年	2018年	2015年	2018年
上海	25123.45	32679.87	49867.2	64182.6

续表

省（市）	国内生产总值（万元）		人均居民可支配收入（元）	
	2015 年	2018 年	2015 年	2018 年
江苏	70116.38	92595.40	29538.9	38095.8
浙江	42886.49	56197.15	35537.1	45839.8
安徽	22005.63	30006.82	18362.6	23983.6
江西	16723.78	21984.78	18437.1	24079.7
湖北	29550.19	39366.55	20025.6	25814.5
湖南	28902.21	36425.78	19317.5	25240.7

续表

省（市）	国内生产总值（万元）		人均居民可支配收入（元）	
	2015 年	2018 年	2015 年	2018 年
重庆	15717.27	20363.19	20110.1	26385.8
四川	30053.1	40678.13	17221.0	22460.6
贵州	10502.56	14806.45	13696.6	18430.2
云南	13619.17	17881.12	15222.6	20084.2

资料来源：《中国统计年鉴》（2015，2018）。

三、“十四五”时期推动长江经济带高质量产业转移协作的政策建议

“十四五”时期，推进长江经济带高质量产业转移协作面临新的挑战与机遇。面对复杂的国内外形势，在深刻认识长江经济带在国家经济社会发展的地位与作用的前提下，如何借力借势全球经济发展的持续不确定性与新一轮科技革命带来的产业大颠覆、大变革，发挥国内超大规模市场优势，构建更为稳健的“共同体”式区域产业发展体系，有效提升国家区域经济韧性；如何在加快构建双循环新发展格局的路径调整下，以产业转移协作为契机，有效促进长江经济带区域良性循环、要素良性循环与生产力良性循环；如何在产业同质化与生态环境保护形势严峻的既有问题基础上，处理好大保护与有序开发的关系，有效推动产业经济与国土空间集约节约高效发展；如何以一体化的思路和举措打破行政壁垒、提高政策协同，让要素在更大范围畅通流动，有利于发挥各地区比较优势，实现更合理分工，凝聚更强大的合力，这关乎长江经济带的未来，更关乎“十四五”时期中国经济稳增长与高质量发展进程。在此基础上，提出如下四项针对性政策建议。

1. 强化布局，以产业链、供应链构建为核心，协同提升区域经济韧性

2020 年新冠肺炎疫情给中国经济与全球经济带来的严重冲击让社会各界意识到产业链、供应链与区域经济韧性对于国家发展与稳定的关键作用。长江经济带作为中国经济的大动脉，也是工业经济体系最为完备的区域，“十四五”时期，如何强化产业转移协作过程中的产业链、供应链分工，通过区域协同，有效提升区域经济韧性至关重要。

基于此，本章认为应充分发挥城市群、都市圈在长江经济带产业转移协作中的战略地位。聚焦长三角、长江中游、成渝、黔中与滇中五大城市群与以上海、杭州、南京、武汉、长沙、南昌、成都、重庆、贵阳、昆明等中心城市为核心的现代化都市圈，优化长江经济带产业转移协作格局，并在现阶段以城市、园区为主体的产业转移协作指导目录的基础上，细化不同城市群、都市圈的转移协作分工，构建以“城市群、都市圈、城市、园区”等空间维度与“电子信息、高端装备、汽车、家电、纺织服装”等重点发展产业为核心的“四维五类”产业转移协作体系。在城市群维度，形成重点发展产业的产业链、供应链闭环，增强重点发展产业应对突发事件、抵御市场风险与保障国家经济安全的能力。在都市圈维度，聚焦前瞻产业与新兴产业，锁定产业链的“卡脖子”环节，加大科技攻关力度，依托以研发、创新为中心的产业转移协作提升原始创新能力，引领重点发展产业向全球价值链上游跃迁。在城市、园区维度，全面实施“强链”“精链”工程：“强链”，即将自身发展置身于所在城市群、都市圈的产业大生态中，以提升区域产业链、供应链发展水平为目标开展产业转移协作，

而非单打独斗；“精链”，即有的放矢，围绕重点发展产业与自身产业链、供应链分工，精细有序承接产业转移，促进产业协作，而非贪大贪全。

2. 统筹管控，聚焦产业转移协作全过程，构建“一张图”式协调治理机制

“十四五”时期，如何统筹规划、实施产业转移协作的各个流程，构建兼具整体观与系统观的协调管理机制，是提升长江经济带产业转移协作水平的关键环节。

本章认为应充分利用信息化、智能化时代赋予的大数据与地理信息红利，以空间数据科学为驱动力，以提升产业转移协作治理能力与治理体系现代化为目标，构建涵盖规划、匹配、实施、监督、预警与模拟仿真等重点环节的“一张图”式产业转移协作治理平台，对产业转移协作的海量信息进行统一接入、集中管理、信息公开与数据实时分析，有效提升产业转移协作的效率与科学性。具体来说：在规划环节做到底图统一、产业链合一、信息唯一，全盘调控不同区域的产业转移协作格局，解决各级各类规划自成体系、产业同质与缺乏衔接等问题。在匹配环节，通过构建精细化转移协作双边匹配平台，为供需双方寻求最佳匹配提供智能化支撑。在实施环节，以产业园区为基本单元，通过绘制产业转移协作地图，对每一项成体量、成规模的产业转移协作项目进行空间落点与进度监测，动态掌控产业转移协作进展。在监督环节，构建政府、企业与公众三条信息化监督通道，依托各方力量对项目进度，产业链“强链”“精链”情况，土地利用效率及环境污染等情况进行公开化、平台化监督。在预警环节，对匹配、实施、监督等环节识别的转移协作风险（如环境污染、土地闲置等）进行及时预警。在模拟仿真环节，通过 AI 计算方法，精准测度不同产业转移协作路径带来的社会、经济与环境效益。

3. 园区引领，平台经济、飞地经济与逆向飞地经济联动

从自贸区到国家自主创新示范区，从承接产业转移示范区到国家级、省级开发区，各级各类园区正在成为长江经济带产业转移的主战场。“十四五”时期，如何进一步发挥园区引领作用，综合运用政府与市场两只手的力量，构建平台经济、飞地经济与逆向飞地经济体系联动的产业转移协作体系，推动要素在区域内与区域间有序循环流动，充分释放园区经济潜能，关乎长江经济带产业经济的未来。

在平台经济方面，一是充分发挥长江经济带上、中、下游自贸区与国家自主创新示范区的引领作用，在汇聚区域优势资源，攻坚重大原始创新的同时，促进科技创新要素有序扩散，引导科技创新成果在有条件的地区异地转化。二是充分发挥重庆沿江、四川广安、湖北荆州、湘南湘西与赣南承接转移示范区的先导作用，以政府引导与市场配置资源相结合为前提，明确承接产业转移主攻方向，优化营商环境，深化“放管服”改革，支持产业转移新政策先行先试，创新招商模式，引领长江经济带构建高质量承接发展格局。三是充分发挥国家级、省级开发区的基石作用，聚焦开发区所在城市群、都市圈的产业大生态，分区域构建以产业链为核心的产业转移协作“园区共同体”，推动产业链梯次布局与内循环形成。在飞地经济与逆向飞地经济方面，积极探索共建“园中园”模式，特别是要加大对欠发达地区飞地经济的财税支持与要素保障力度。同时，系统总结衢州海创园的逆向飞地经济经验，全力推动这一新的转移协作模式由长江下游“飞向”中、上游，在四个承接转移示范区先行先试，并支持欠发达地区的大型企业带头在经济发达地区建设反向飞地园区。

4. 提质增效，优化产业用地配置，提升产业、经济与环境准入门槛

产业用地作为每一宗产业转移协作项目的空间载体，其合理、高效配置与产业转移协作的提质增效密切相关。然而根据自然资源部发布的 2019 年国家级开发区土地集约利用情况可知，531 个国家级开发区的综合容积率仅为 0.96，工业用地综合容积率仅为 0.91，建筑密度仅为 32.30%，且平均工业用地固定资产投入强度与地均税收均呈现下降趋势。刘守英等发现，超过 30% 的中西部国家级开发区存在亏损。“国家队”已然如此，对于超过 2000 家省级开发区以及各类产业园区而言，产业用地配置存在的问题可能更为严峻。2020 年 3 月 30 日，中共中央、国务院出台的《关于构建更加完善的要素市场化配置体

制机制的意见》明确提出应推进土地要素市场化配置，并着重强调应深化产业用地市场化配置改革。因此，在“十四五”时期，应着力提升长江经济带产业转移协作进程中的土地配置效率。

秉承长江经济带高质量发展与“共抓大保护，不搞大开发”的目标导向，本章认为土地集约节约高效使用与生态环境保护并重是产业转移协作过程中的产业用地配置原则。首先，应在长江经济带上、中、下游全面推行“标准地”制度，推进产业转移协作项目的配置模式由“事前定标准”向“事后严监管”转型，并实施、强化定期体检机制，从产业用地配置层面对产业转移项目的开发、运营与产出提出更高的要求。在此基础上，构建长江经济带产业转移协作项目库，对产业转移协作项目进行涵盖项目准入、绩效评估、定期体检、退出管理与到期续约等各项流程的数字化全生命周期管理。其次，应推动各级各类产业园区加快构建“土地—产业—环境”准入负面清单，明确每一块产业用地的产业与环境门槛，在产业用地配置伊始遏制土地资源浪费、产业资源错配与环境污染。最后，应以城市与产业园区为基本空间单元，定期发布长江经济带产业转移协作土地集约节约利用情况，以城市与产业园区为单位，将产业转移协作项目的容积率、建筑密度、地均税收、废水排放量等经济、环境关键指标向社会各界公开，并将产业用地配置水平与下一年土地指标挂钩。

专栏 47－1

湘南湘西承接产业转移示范区发展规划六项重大工程

一、飞地经济示范工程

支持各地依托现有园区共建示范园，完善产业链条；支持各地与省外合作共建示范园，承接产业转移；支持各地与境外合作共建国别产业合作示范园，开展国际产能合作。重点围绕权责划分机制和运营管理模式开展试点示范，鼓励在财政收入分成、统计指标的分享和归属、事务的权责划分等方面形成先进经验，鼓励探索设立具有独立法人资格的飞地运营主体等创新运营模式。

二、强链补链引链工程

强链工程。装备制造：以整机制造企业为招商重点，承接引进关联度高的零部件制造、检验检测、系统集成等环节，引导产业链横向和纵向集聚。新材料：以高性能材料为突破口，打造共性技术、成果转化、科技金融三大服务平台，强化产业链条。电子信息：做大代工生产规模，同步推动研发升级，加强研究院所与应用企业的紧密对接，建设全国重点电子信息产业制造基地。

补链工程。生物医药：巩固原料种植、提取合成等环节的优势，补齐研发、检验检测、临床等环节不足。轻工纺织：依托优势品类，引进知名代工企业，打造知名品牌的生产基地。

引链工程。现代服务业：吸引沿海服务龙头企业在示范区设站布点，利用现代化信息技术同步共享沿海地区服务能力，重点提升示范区金融、物流、电子商务、研发设计辅助、检验检测以及中介和咨询等专业服务水平。健康养老：拓展“养老＋医疗、康复、智慧、旅游、休闲、社区”全产业链模式。文化旅游：挖掘度假休闲、生态康养、民族风情、名人缅怀等多样业态。

三、承接要素对接工程

将人才、技术、资金等要素对接纳入招商引资工作重点，完善激励机制。加强人才要素对接，全面放开落户门槛，与发达地区共建人才市场、人才供需库。加强技术要素对接，建立技术需求库和动态要素需求目录，推动港澳院士专家工作站、港澳青年科创孵化基地在示范区落户，推动广深港澳科创走廊向示范区延伸。加强资金要素对接，积极培育供应链金融等金融创新产品和服务。

四、营商环境对标工程

建立示范区营商环境评价机制。对标粤港澳大湾区、北京、上海等先进地区，以世界银行营商环境评价体系为参照，结合示范区实际，制定营商环境评价指标体系。开展营商环境行动计划专项督查，定期邀请示范区企业家、外地湘籍企业家、商会等相关代表对示范区营商环境进行点评，梳理一批突出问题，形成清单，逐一解决。

五、"135 工程"升级版

在示范区内全面落实"135 工程"升级版。按照优势特色显著的要求，在6市选择30家以上重点园区作为"135 工程"升级版的主要载体，建设1000万平方米标准厂房。按照化解政府隐性债务风险的要求，围绕产业定位、行业特点及环保管理要求，支持社会资本投资标准厂房建设。按照示范区产业引导目录，引进1500家以上创新创业型企业，打造园区经济升级版。

六、扶贫车间建设工程

创新扶贫车间模式，主要包括利用乡镇、村集体闲置土地、房屋创办的厂房模式，分散加工手工产品的居家模式，依托农村"三变改革"的合作社模式，依托电商的"互联网＋"模式，农民工返乡创业的双创模式等。编制扶贫车间建设指南，规范车间申报、审核、认定等程序，制定车间选址、运营管理、资金筹措、用工来源等方案。明晰产权界定，根据车间产权性质规范产权公证、资产转移、利益分配等细则。探索扶贫车间可持续发展的长效机制。

资料来源：根据湖南省人民政府关于印发《湘南湘西承接产业转移示范区发展规划》的通知（文号：湘政发〔2020〕4号）整理。

参考文献

［1］吴陆牧：《重庆高水平承接产业转移》，《经济日报》，2018年2月27日。

［2］海关总署：《贵阳海关助推贵州省今年出口打火机货值突破1亿美元》，http：//wuhan. customs. gov. cn/customs/xwfb34/302425/sygdtp/2659607/index. html。

［3］中国新闻网：《东西协作助推贵州产业扶贫成效显著》，http：//www. chinanews. com/cj/2019/09 - 06/8949802. shtml。

［4］江西省人民政府：《中部地区积极承接产业转移》，http：//www. jiangxi. gov. cn/art/2019/5/21/art_393_693244. html。

［5］李昂：《衡阳雁归有留意》，《人民日报》，2020年1月8日。

［6］第一财经：《长江经济带 GDP 占全国 46. 2%　7省增速位居全国前十》，https：//www. yicai. com/news/100578999. html。

［7］中国人民大学长江经济带研究院：《长江经济带高质量发展面临的挑战及应对》，中国财富出版社2020年版。

［8］蒋洪强、马国霞、吴文俊、张静、王金南、高月明、杨勇：《长江经济带环境经济核算研究》，《环境科学研究》2020年第5期。

［9］赵玉婷、李亚飞、董林艳、姚懿函、李小敏、孙启宏：《长江经济带典型流域重化产业环境风险及对策》，《环境科学研究》2020年第5期。

［10］刘守英、王志锋、张维凡、熊雪锋：《"以地谋发展"模式的衰竭——基于门槛回归模型的实证研究》，《管理世界》2020年第6期。

第四十八章　粤港澳大湾区工业高质量发展

提　要

粤港澳大湾区是我国综合实力最强、开放程度最高、经济活力最旺盛的区域之一，工业是粤港澳大湾区经济社会发展的重要支撑，工业的高质量发展是粤港澳打造世界一流湾区的核心竞争力所在。粤港澳大湾区正处于从工业经济向服务经济、创新经济转型的过程中，工业规模和活力持续提升、新兴产业集聚优势明显，但工业发展在结构转型升级、区域空间布局、与服务业协同合作等方面仍显现出一些突出问题。针对大湾区工业大而不强、不平衡问题突出等特征，提出“十四五”时期粤港澳大湾区工业发展的基本思路是要从世界加工厂转为具有全球竞争优势的先进制造业中心，成为工业国内大循环的中心节点、国内国际双循环的战略链接点，并从加快工业结构调整、强化产业协同集聚、优化工业布局、促进创新引领、创新合作体制机制等方面提出推动粤港澳大湾区工业高质量发展的政策建议。

*　　　　*　　　　*

粤港澳大湾区包括香港特别行政区、澳门特别行政区和广东省广州市、深圳市、珠海市、佛山市、惠州市、东莞市、中山市、江门市、肇庆市（即珠三角九市）。“十三五”以来，粤港澳大湾区的概念正式明确提出，到2019年2月18日，中共中央、国务院印发《粤港澳大湾区发展规划纲要》，粤港澳大湾区正式成为国家战略，工业发展也迎来了前所未有的发展机遇。随着高质量发展的不断深化、新技术引领的新经济快速发展、国内国际双循环总体要求的提升，粤港澳大湾区作为我国对外开放的前沿机遇与挑战并存，进一步推动粤港澳工业高质量发展意义重大。本章分析“十三五”以来粤港澳大湾区工业发展取得的成效和存在的问题，在此基础上提出“十四五”时期粤港澳大湾区工业发展的政策建议。

一、“十三五”时期粤港澳大湾区工业发展的成效

粤港澳大湾区是我国综合实力最强、开放程度最高、经济活力最旺盛的区域之一（刘毅等，2020），粤港澳大湾区正处于从工业经济向服务经济、创新经济转型的过程中，区域工业集聚程度较高，工业规模和活力不断提升、新兴产业集聚优势明显，在全国具有举足轻重的地位。在创新驱动发展战略下，粤港澳大湾区工业转型升级效果显著。

1. 工业集聚程度较高，规模优势明显

粤港澳大湾区工业集聚程度较高，在全国具有举足轻重的地位，以占全国0.58%的土地面积（5.59万平方公里）、全国5.10%的人口（2018年末7115.98万人），集聚了占全国10%左右的工业增加值。“十三五”以来，粤港澳大湾区工业增加值逐年增长，到2018年，工业增加值达到2.83万亿元，较2015年增长了16.84%（见表48－1）。2015年、2016年工业占全国（含港澳）的比重分别为10.29%、10.48%，2017年以来，工业占全国的比重有所下降，2018年粤港澳大湾区工业增加值占全国的9.38%。

大湾区的工业主要分布在珠三角九市，工业增加值占粤港澳大湾区的比重超过97.70%。香港、澳门绝大部分是服务业，产业结构中工业的比例非常小，2018年工业增加值仅占粤港澳大湾区工业的2.12%、0.14%（见表48－1）。珠三角九市是我国工业的重要增长极，以占全国0.57%的土地面积、4.53%的人口，产生的工业增加值占全国的比重一直在10%左右。2018年，珠三角九市工业增加值占GDP比重为34.14%，高于工业在全国（33.44%）和广东省（33.58%）GDP中的比重。因此，对粤港澳大湾区工业发展的分析将以珠三角九市为主。

表48－1 “十三五”以来粤港澳大湾区工业发展情况

地区	2015年		2016年		2017年		2018年	
	工业增加值（亿元）	占比（%）	工业增加值（亿元）	占比（%）	工业增加值（亿元）	占比（%）	工业增加值（亿元）	占比（%）
珠三角九市	23680.10	97.73	25229.60	97.87	25768.21	97.78	27669.29	97.74
香港	510.48	2.11	510.39	1.98	538.83	2.04	600.57	2.12
澳门	38.53	0.16	38.55	0.15	46.66	0.18	40.03	0.14
粤港澳大湾区	24229.11	100.00	25778.53	100.00	26353.70	100.00	28309.89	100.00

资料来源：《广东统计年鉴》、香港政府统计处、澳门统计暨普查局。

珠三角九市整体工业经济实力不断提升，2018年实现工业增加值2.77万亿元，占广东省工业增加值的比重由2015年的80.42%增加到2018年的84.70%。其中，广州市工业增加值占GDP的比重最低，为19.47%，除广州之外的8个城市工业依然是其主要发展动能所在。东莞、佛山和惠州的工业增加值占GDP的比重分别达到47.16%、46.20%和42.20%，远高于全国和广东省的平均水平。深圳、珠海、江门的工业增加值比重在37%左右，中山、肇庆的工业增加值比重相对较低，分别为30.10%、28.17%。除广州、中山、肇庆之外，其他6个城市的工业增加值比重均高于广东省整体水平。绝对规模上，深圳市的工业规模最高，2018年实现规模以上工业增加值9109.5亿元，在珠三角九市工业增加值中占比为32.18%。深圳是全国唯一工业增加值突破9000亿元的城市，这一规模高于大部分西部地区和东北三省（见图48－1）。

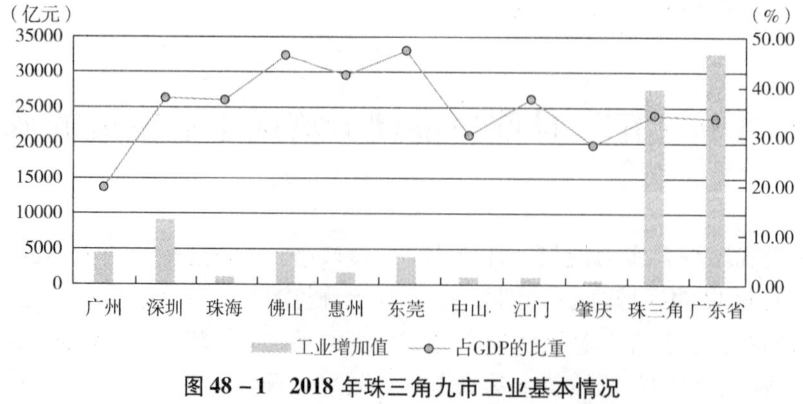

图48－1 2018年珠三角九市工业基本情况

资料来源：《广东统计年鉴》（2019）。

2. 工业转型升级和结构调整态势良好

珠三角九市工业转型升级和结构调整态势良好，具备较高附加值和技术含量的先进制造业保持较快发展，正从过去的“三来一补”模式向自主创新驱动的现代制造业引领者转型（丁俊等，2017），已形成高端制造业主导的工业发展格局，成为推动我国制造业高质量发展的重要区域。

从粤港澳大湾区工业的行业结构看，制造业占主体地位，2018 年珠三角九市制造业在工业增加值的占比为 92.7%。其中先进制造业增加值 16430.01 亿元，占规模以上工业的比重达 59.4%，该比重一直高于广东省的平均水平。其中，深圳、惠州两市先进制造业比重超过 70%。如图 48－2 所示，根据九市规模以上分行业工业增加值及占广东省的比重排序可以看出，工业的主导产业是计算机、通信和其他电子设备制造业，电气机械和器材制造业，汽车制造业等先进制造业，三个行业占工业的比重分别为 30.74%、10.12%、6.54%，广东省这三个行业超过 95% 都集聚在此。通用设备制造业、专用设备制造业也有较大的规模和专业化优势，占广东省该行业的比重分别为 95.57%、92.75%。规模排名前列的还有电力、热力生产和供应业，金属制品业，化学原料和化学用品制造业，石油加工业等相关产业。可见粤港澳大湾区工业转型升级效果显著，已形成以电子、电气、汽车、通用设备制造业等优势产业为代表的高端制造业主导的工业发展格局。

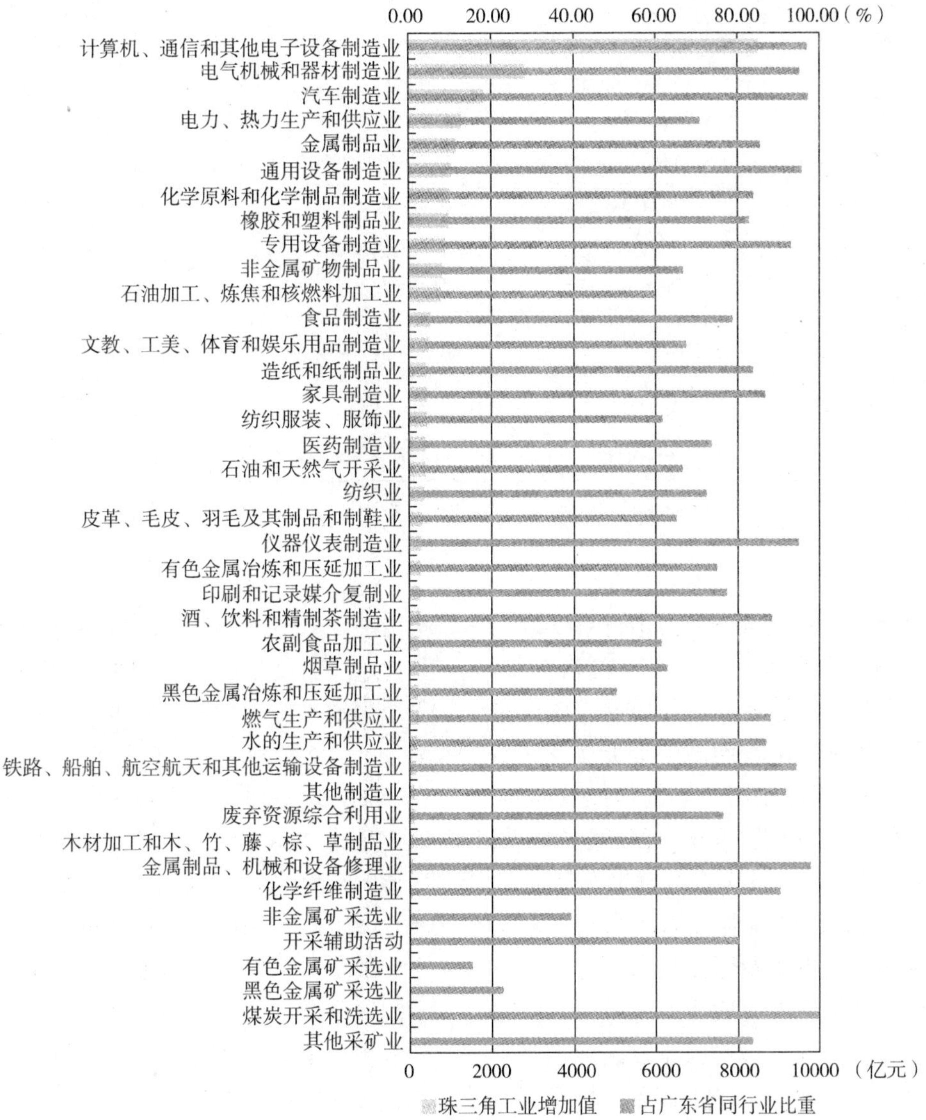

图 48－2　2018 年珠三角九市规模以上工业分行业情况

资料来源：《广东统计年鉴》（2019）。

从优势行业的变动情况来看，粤港澳大湾区在保持传统产业优势的同时，工业转型升级加快。如表48－2所示，排名前3位的一直是计算机、通信和其他电子设备制造业，电气机械和器材制造业，汽车制造业，且三大行业占整个珠三角工业的比重均在提升，产业集聚能力不断增强。以计算机、通信和其他电子设备制造业为例，工业增加值由2015年的6236.27亿元增长到2018年的8504.31亿元，三年增幅达36.37%，占珠三角工业整体的比重提升了4.4个百分点。金属制品业、通用设备制造业、专用设备制造业、食品制造业等行业的增加值规模和排名有较大的提升，而化学原料和化学制品制造业、橡胶和塑料制品业、非金属矿物制品业，纺织服装、服饰业等传统行业规模和排名有所下降。可见，粤港澳大湾区以计算机、通信和其他电子设备制造业为代表的高端制造业蓬勃发展，工业产业结构逐渐向高端化、智能化方向发展。

表48－2 2015年、2018年珠三角九市优势行业发展情况对比

2018年优势行业	工业增加值（亿元）	占比（%）	2015年优势行业	工业增加值（亿元）	占比（%）
计算机、通信和其他电子设备制造业	8504.31	30.74	计算机、通信和其他电子设备制造业	6236.27	26.34
电气机械和器材制造业	2799.32	10.12	电气机械和器材制造业	2507.72	10.59
汽车制造业	1808.56	6.54	汽车制造业	1414.58	5.97
电力、热力生产和供应业	1284.58	4.64	电力、热力生产和供应业	1333.38	5.63
金属制品业↑	1163.48	4.20	化学原料和化学制品制造业↓	1262.73	5.33
通用设备制造业↑	1024.34	3.70	金属制品业	1036.79	4.38
化学原料和化学制品制造业	998.09	3.61	橡胶和塑料制品业↓	881.10	3.72
橡胶和塑料制品业	967.49	3.50	通用设备制造业	754.06	3.18
专用设备制造业↑	883.40	3.19	非金属矿物制品业↓	742.33	3.13
非金属矿物制品业	805.93	2.91	纺织服装、服饰业↓	638.56	2.70
石油加工、炼焦和核燃料加工业↑	756.09	2.73	专用设备制造业	621.99	2.63
食品制造业↑	513.93	1.86	文教、工美、体育和娱乐用品制造业↓	533.34	2.25

注：↑表示2018年较2015年规模和排名提升的行业，↓表示2018年较2015年规模和排名下降的行业。

资料来源：《广东统计年鉴》（2016～2019）。

3. 创新驱动工业转型升级能力不断增强

粤港澳大湾区内高校林立、科研机构众多、高新技术企业集聚，再加上港澳作为对接国际前沿的重要节点，创新资源在此高度集聚（赵晓斌等，2018）。在国际科技创新中心的建设目标下，大湾区城市对科技创新愈加重视，创新驱动发展战略下粤港澳大湾区工业转型升级效果显著。

“十三五”以来，粤港澳大湾区高技术制造业产值不断增加，以电子及通信设备制造业、计算机及办公设备制造业等为代表的新动能产业蓬勃发展。2018年珠三角九市高技术制造业增加值为9908.6亿元，占广东省的96.29%，广东省几乎全部的高技术制造业都集聚在此。如图48－3所示，高技术制造业增加值占规模以上工业的比重由2015年的30.1%提高到2018年的35.8%，该比重一直高于广东省的平均水平，更是远远高于全国的平均水平。2018年，全国高技术制造业增加值占规模以上工业增加值的比重仅为13.9%。珠三角九市高技术制造业增加值占全国的比重为23.67%，远高于规模以上工业占全国比重的9.19%。从珠三角九市的高技术制造业发展状况来看，深圳市一直把创新作为重要的发展主导战略，坚持走市场化创新之路，2018年高技术制造业增加值6130.7亿元，占规模以上工业增加值的比重高达67.3%，是全国平均水平的4.84倍。深圳市高技术制造业增加值占到粤港澳大湾区的61.87%，占全国的比重也达到14.65%。其次为东莞和惠州，两市高技术制造业增加值占比分别为 38.9% 和 40.4%，也远高于全国平均　　水平。

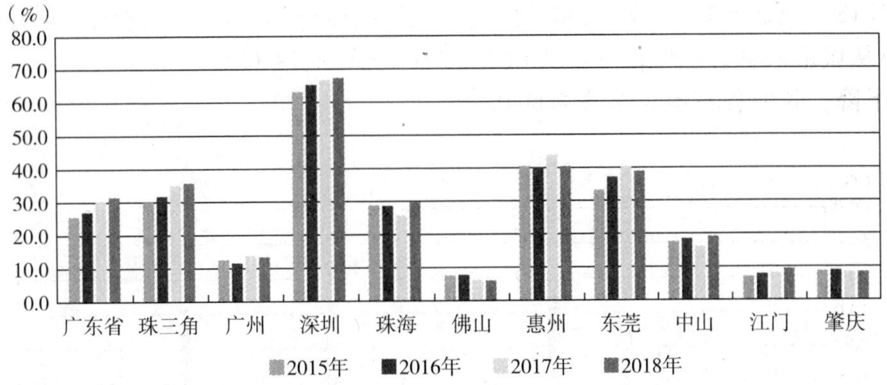

图 48－3　“十三五”以来高技术制造业增加值占规模以上工业比重

资料来源：《广东统计年鉴》（2016～2019）。

从工业企业 R&D 经费和人员数来看，粤港澳大湾区是我国最具创新活力的地区之一，也是高新技术企业、创新型企业和创新人才重要的集聚地。如表 48－3 所示，珠三角九市集聚了广东省九成以上的工业企业研发资源，R&D 活动人员数、R&D 经费内部支出占广东省的比重分别为 93.06%、95.02%。从研发投入看，2018 年，珠三角九市规模以上工业企业 R&D 经费支出为 2002.18 亿元，占规模以上工业增加值的比重为 7.62%，高于全省 1.17 个百分点；从研发人员情况看，珠三角九市规模以上工业企业 R&D 活动人员 75.05 万人，占规模以上企业全部就业人数的比重为 6.90%，高于全省 0.62 个百分点。深圳市创新驱动能力最强，R&D 活动人员数、R&D 经费内部支出占全省工业 R&D 人员、经费支出的比重分别为 35.89%、45.88%。广州、佛山、东莞的 R&D 人员、经费支出的比重也在 10% 左右，逐步形成了以深圳为创新龙头的工业协同创新发展格局。

表 48－3　2018 年粤港澳大湾区工业企业 R&D 情况

地区	R&D 活动人员		R&D 经费内部支出	
	人员数（万人）	占全省比重（%）	支出额（亿元）	占全省比重（%）
广州	9.56	11.85	267.27	12.68
深圳	28.94	35.89	966.75	45.88

续表

地区	R&D 活动人员		R&D 经费内部支出	
	人员数（万人）	占全省比重（%）	支出额（亿元）	占全省比重（%）
珠海	3.08	3.82	82.77	3.93
佛山	9.33	11.56	235.17	11.16
惠州	5.02	6.22	89.32	4.24
东莞	11.20	13.88	221.24	10.50
中山	3.66	4.54	59.28	2.81
江门	3.01	3.74	58.35	2.77
肇庆	1.25	1.55	22.03	1.05
珠三角九市合计	75.05	93.06	2002.18	95.02
广东省	80.64	100	2107.20	100

资料来源：《广东统计年鉴》（2016～2019）。

从研发人员及研发投入的增长速度来看，粤港澳大湾区不断加大研发活动的资金与人力投入，创新驱动工业发展能力不断增强。如图 48－4 所示，“十三五”以来，R&D 活动人员数年增速均超过 15%，2018 年较 2015 年增长幅度达到 52.11%。从珠三角九个城市分别来看，除中山市研发人员数 2018 年有较大的负增长外，其他八市均保持较好的增长态势。其中，惠州、珠海 R&D 活动人员增长速度最快，年均增速分别为 27.22%、23.82%，东莞、深圳研发人员规模大，同时也都保持了较快的增长速度，R&D 活动人员年均增速分别达到 23.48%、18.27%。如图 48－5 所示，“十三五”以来，R&D 经费内部支出年均增速为 11.74%，2018 年较 2015 年增长幅度为 39.52%。具体从城市来看，也只有中山市 R&D 经费支出有所下降，其他各市增长态势均良好。其中，珠海、东莞表现最为突出，年均增速分别为 24.01%、20.39%，深圳、惠州、江门也保持了较快的增长速度，年均增速分别达到 12.85%、14.36%、14.63%。

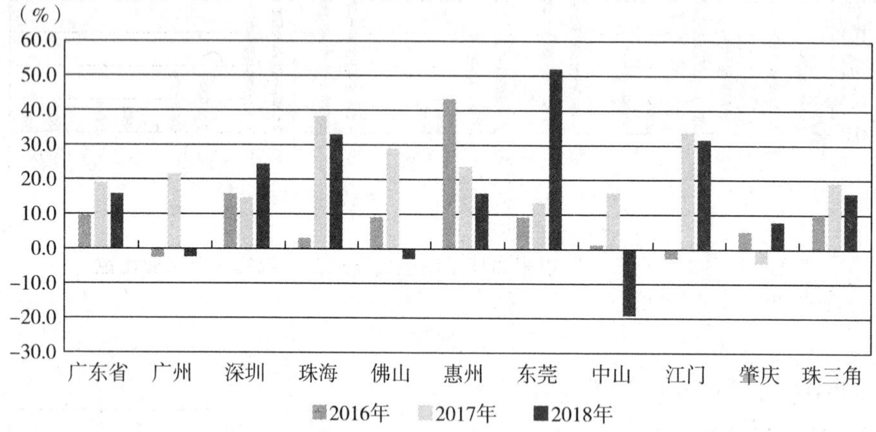

图 48－4 规模以上工业企业 R&D 活动人员增速情况

资料来源：《广东统计年鉴》（2016～2019）。

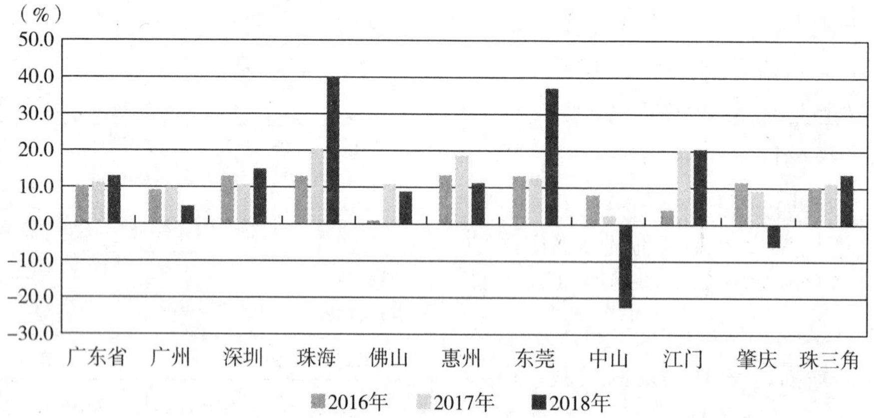

图 48－5 规模以上工业企业 R&D 经费内部支出增速情况

资料来源：《广东统计年鉴》（2016～2019）。

4. 工业经济外向度和产业合作不断加深

粤港澳大湾区总体上经济外向度水平较高。2018 年粤港澳大湾区进出口总额为 21845.88 亿美元，是大湾区地区生产总值的 1.33 倍，占全国（含港澳）进出口总额的 43.45%，在全国进出口贸易中占有重要地位。2018 年全国货物进出口总额占 GDP 的比重为 38.88%，大湾区 9＋2 个城市中，除肇庆和澳门外，其他城市进出口总额占 GDP 的比重均高于全国平均值。香港作为高度繁荣的自由港和国际大都市，经济外向度非常高，2018 年进出口总额 11327.74 亿美元，是本地生产总值的 3 倍多。东莞的经济外向度也很高，进出口总额为 2033.48 亿美元，为 GDP 的 1.63 倍。深圳、珠海的进出口总额也超过了 GDP 总额。珠三角九市 2018 年进出口总额为 10391.83 亿美元①，占珠三角 GDP 总额的 84.85%，占中国大陆货物进出口总额的 22.49%。另外，在国际贸易形势影响下，2015～2018 年，粤港澳大湾区进出口总额仍然保持上升趋势，除 2016 年有所下降外，2017 年、2018 年均以 7%左右的速度增长。

根据珠三角各市按经济类型划分的工业企业资产数据，分析工业利用外资的情况。如图 48－6 所示，"十三五"以来，珠三角九市外商投资工业金额基本保持稳定，2018 年珠三角九市外商投资工业资产为 17465.34 亿元，较 2015 年增长了 5.81%。其中，广州和深圳的外商投资工业最多，比重分别为珠三角九市的 27.18%、21.54%。惠州、珠海、江门三市外商投资工业有较快的增长，2018 年较 2015 年增幅分别为 36.31%、34.48%、22.02%。广州、东莞外商投资工业也稳步增长。

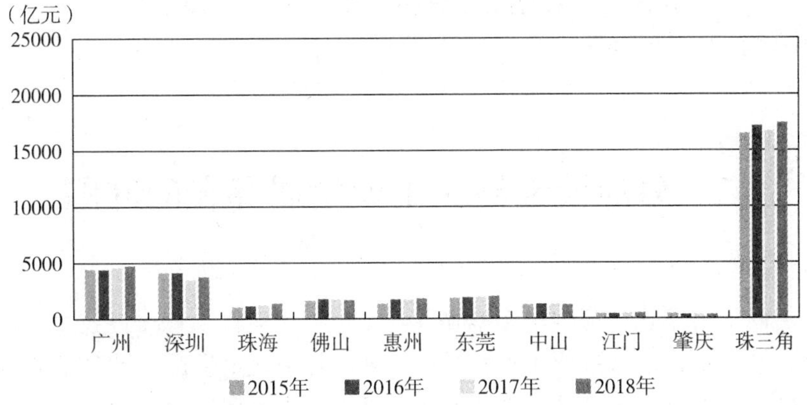

图 48－6　珠三角九市外商投资工业金额

资料来源：《广东统计年鉴》（2016～2019）。

"十三五"以来，广东与港澳之间的合作与分工不断加深。以澳门企业与大湾区城市的联系为例，来自大湾区城市的在澳直接投资累计总额中香港占主体地位，2018 年香港投资占 94.99%。但 2015 年以来香港投资部分的占比正在降低，珠三角城市在澳门的投资占比正在提升（见表 48－4），说明珠三角九市正积极开展与澳门的产业投资和合作。澳门企业在大湾区城市的直接投资主要分布在香港和珠海，其中，在珠海的投资增长非常快，2015 年澳门在珠海投资的占比为 19.78%，到 2018 年在珠海投资的占比达到 43.70%，与澳门在香港的投资占比相当。与上文相似，总体来看，2015 年以来澳门在珠三角城市的投资占比正在提升（见图 48－7）。

表 48－4　来自大湾区城市的在澳直接投资累计总额　　单位：千澳元

年份	广州	深圳	珠海	佛山	东莞	江门	香港	香港占比（%）	珠三角占比（%）
2015	646948	475478	87023	9039	23194	3482	59432089	97.95	2.05
2016	677565	1068721	186557	39132	21828	5657	68633099	97.17	2.83
2017	956726	2619829	1140561	17509	22730	5222	78606401	94.29	5.71
2018	768401	2421770	1230831	3667	5603	—	84033463	94.99	5.01

资料来源：澳门统计暨普查局。惠州、中山、肇庆数值缺失。

① 说明：根据广东省按产品类型划分的进出口额，进出口项目中 95%以上为机电产品、高技术产品等工业制品，2018 年农产品占出口总额的比重仅为 1.59%、占进口额的比重仅为 4.95%。因此，广东省各地市的进出口总额情况基本能反映工业产品的进出口情况，进而表征工业经济的外向度。

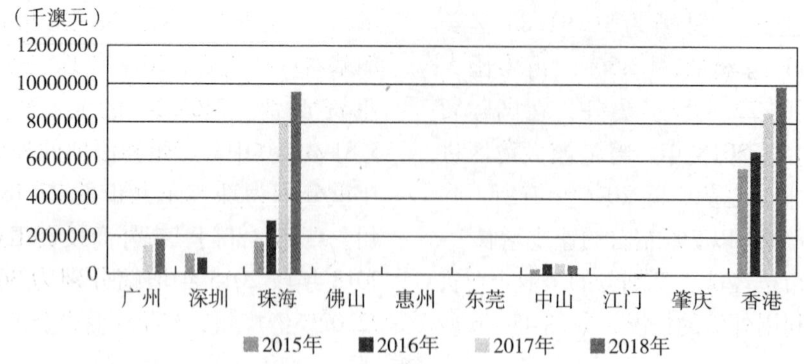

图 48-7 澳门企业在大湾区城市的直接投资累计总额

资料来源：澳门统计暨普查局。佛山、惠州、东莞、肇庆四市数值缺失。

二、粤港澳大湾区工业发展存在的问题

随着高质量发展的不断深化，国内国际双循环总体要求的提升，进一步推动粤港澳工业高质量发展意义重大。但是，粤港澳大湾区工业在结构转型升级、区域空间布局、与服务业协同合作等方面仍显现出一些突出的问题。

1. *工业发展差距较大，地区间的协同性有待提升*

粤港澳大湾区工业集聚程度较高，规模化优势明显，与巨大工业体量形成鲜明对比的是，区域内工业发展差距较大，极化效应突出、核心城市辐射带动作用不足，地区间工业产业发展的协同性有待提升。

（1）工业产业发展“极化效应”突出。深圳、广州、佛山三市一直是工业发展的核心地区，加上近年来工业发展较快的东莞，四市工业的集聚效应进一步显现。但是核心城市对周边城市辐射带动效应不明显。如表 48-5 所示，从工业增速看，2015~2018 年，深圳、东莞年均增速分别达到 12.33%、14.34%，远高于全国平均水平，而中山、肇庆甚至表现为负增长。从高技术制造业占工业增加值比重看，2015~2018 年，深圳、东莞分别提升 4.19 个、5.62 个百分点，而肇庆、佛山高技术制造业占比不升反降；从先进制造业占工业增加值的比重看，佛山、江门、肇庆高技术制造业比重远低于全国的平均水平，佛山市“十三五”以来高技术制造业占规模以上工业增加值比重呈逐年下降的趋势，江门市高技术制造业也表现出较小程度的负增长，需警惕制造业新动能不足的问题。制造业城市分化态势明显，呈现出强者更强、弱者更弱的态势，尤其要警惕部分城市工业增长动能不足、转型升级任务艰巨的风险。从创新驱动能力来看，粤港澳大湾区的创新资源和创新成果主要集中在深圳、广州等区域中心城市，创新的“马太效应”突出，地区差距可能会进一步拉大。例如，广东省 1/3 以上的高新技术企业都在深圳，2019 年深圳 PCT 国际专利申请量占到广东全省总量的 70.6%。

表 48-5 2015~2018 年以来珠三角各市工业经济指标情况 单位：%

地区	工业增加值年均增速	工业增加值占广东省份额	先进制造业增加值占工业比重变化（百分点）	高技术制造业增加值占工业比重变化（百分点）
广州	-0.62	13.62	3.15	0.86
深圳	12.33	27.88	-1.28	4.19
珠海	5.73	3.32	9.73	0.86
佛山	1.70	14.05	15.75	-1.52
惠州	2.30	5.30	8.40	-0.09
东莞	14.34	11.95	6.03	5.62
中山	-5.14	3.35	7.81	1.50

续表

地区	工业增加值年均增速	工业增加值占广东省份额	先进制造业增加值占工业比重变化（百分点）	高技术制造业增加值占工业比重变化（百分点）
江门	3.97	3.32	-2.79	2.29
肇庆	-13.59	1.90	-3.74	-0.19
珠三角九市合计	5.33	84.70	6.33	5.76
广东省	3.52	100.00	8.51	5.90

资料来源：《广东统计年鉴》（2016～2019）。

（2）地区间工业产业发展的协同性有待提升。产业结构的差异反映了经济发展阶段和发展模式的差异。粤港澳大湾区内港澳与珠三角九市的产业有较明确的优势和分工，区域内形成了相对错位的产业集群。香港和澳门以金融服务、旅游、贸易等服务业为主，而珠三角九市以制造业为主，香港、澳门与珠三角九市的绝大多数城市产业互补能力较强。然而，珠三角九市之间总体上并未形成良好的产业分工合作格局，除广州、深圳、佛山三市已经形成了相对良好的产业分工外，珠海、江门、中山、东莞四市之间产业同构水平较高。珠三角城市之间产业发展的统筹协调机制尚未建立，还未形成良好的分工体系，珠江两岸制造业带的分工合作关系需要进一步统筹协调（邵立国等，2019）。

2. 结构尚存优化空间，工业转型升级压力较大

依托珠三角地区完整的产业链条和强大的制造能力，目前粤港澳大湾区已形成规模较为庞大、结构较为完整的工业体系，以电子信息、电气、汽车产业等为主导产业。但是，与世界一流湾区相比，粤港澳大湾区工业内部产业结构的合理化和高级化还有待提升，部分城市工业转型升级压力较大。

通过计算2015年和2018年粤港澳大湾区主要城市的主要行业区位商，分析区域内主要行业门类发展优势与分工情况。以产值规模排名前五和区位商大于1.2作为定义优势行业的两个标准，筛选出珠三角九市的优势工业行业。如表48－6所示，湾区内大部分城市已经形成了明确的产业优势，如深圳的计算机、通信和其他电子设备制造业，广州的汽车制造业，佛山的电气机械和器材制造业。此外，惠州市计算机、通信和其他电子设备制造业也有一定的发展优势。其他城市并未形成明显的优势产业，低端产能比重依然较大，仍以加工贸易为主，产品附加值低，处于全球价值链中低端，国际竞争力不强。例如，东莞市工业具有一定的规模，但主要是橡胶和塑料制品业，金属制品业，造纸和纸制品业，文教、工美、体育和娱乐用品制造业，皮革、毛皮、羽毛及其制品业等传统的相对低端的产业。江门主导产业是金属制品业、食品制造业、化学原料和化学制品制造业，肇庆主导产业是有色金属冶炼和压延加工业、废弃资源综合利用业、木材加工业。两市工业偏重，仍然以矿物原材料加工生产以及配套的能源生产行业为主，资源依赖型产业占绝对主导地位，低端产能比重大，产业升级面临较大压力。总体而言，大湾区除广州、深圳、佛山外，其余六个城市先进制造业发展缓慢，工业转型升级的压力较大，企业创新能力还有待提升，也制约着工业创新能力的提升和向智能化、高端化的转型升级。

表48－6　2018年珠三角各市优势工业行业

	规模（亿元）	LQ	份额（%）		规模（亿元）	LQ	份额（%）
广州				佛山			
汽车制造业	1194.74	4.66	64.24	电气机械和器材制造业	1044.51	2.50	35.49
通用设备制造业	293.66	1.99	27.40	金属制品业	403.55	2.08	29.62
化学原料和化学制品制造业	242.64	1.48	20.39	非金属矿物制品业	310.80	1.80	25.64
食品制造业	230.59	2.57	35.38	通用设备制造业	278.92	1.83	26.02
烟草制品业	155.59	3.39	46.67	纺织业	185.23	2.61	37.03
酒、饮料和精制茶制造业	88.77	2.28	31.34	有色金属冶炼和压延加工业	168.14	3.29	46.77
燃气生产和供应业	67.53	2.23	30.71	家具制造业	133.64	1.86	26.48

续表

	规模（亿元）	LQ	份额（%）		规模（亿元）	LQ	份额（%）
广州				佛山			
仪器仪表制造业	58.56	1.38	18.99	黑色金属冶炼和压延加工业	96.26	1.77	25.11
金属制品、机械和设备修理业	35.50	4.03	55.52	废弃资源综合利用业	88.97	4.17	59.25
优势产业合计	2367.58			优势产业合计	2710.02		
深圳				东莞			
计算机、通信和其他电子设备制造业	5585.81	2.26	63.72	橡胶和塑料制品业	247.88	1.76	21.22
专用设备制造业	395.56	1.47	41.53	金属制品业	239.44	1.45	17.57
石油和天然气开采业	273.81	1.67	47.11	造纸和纸制品业	210.50	3.30	39.85
仪器仪表制造业	118.60	1.36	38.47	文教、工美、体育和娱乐用品制造业	122.95	1.45	17.52
水的生产和供应业	67.87	1.20	32.51	皮革、毛皮、羽毛及其制品业	113.16	1.98	23.92
其他制造业	47.89	1.34	37.91	家具制造业	86.77	1.42	17.20
开采辅助活动	9.30	2.69	75.86	其他制造业	52.66	3.45	41.68
优势产业合计	6498.84			优势产业合计	1073.36		
惠州				中山			
计算机、通信和其他电子设备制造业	639.00	1.36	7.29	电气机械和器材制造业	201.76	2.03	6.86
石油加工、炼焦和核燃料加工业	252.38	3.73	20.00	通用设备制造业	73.98	2.04	6.90
化学原料和化学制品制造业	213.20	3.34	17.92	化学原料和化学制品制造业	63.80	1.58	5.36
家具制造业	34.01	1.26	6.74	纺织服装、服饰业	45.23	1.99	6.73
优势产业合计	1138.59			文教、工美、体育和娱乐用品制造业	39.17	1.65	5.58
珠海				家具制造业	31.49	1.84	6.24
电气机械和器材制造业	211.09	2.14	7.17	医药制造业	28.84	1.61	5.45
石油和天然气开采业	74.65	3.83	12.84	酒、饮料和精制茶制造业	15.37	1.60	5.43
医药制造业	52.48	2.95	9.91	其他制造业	9.60	2.24	7.60
仪器仪表制造业	25.55	2.47	8.29	金属制品、机械和设备修理业	5.81	2.68	9.09
燃气生产和供应业	17.90	2.43	8.14	优势产业合计	515.05		
化学纤维制造业	12.41	9.48	31.79				
金属制品、机械和设备修理业	12.19	5.68	19.06				
优势产业合计	406.27			江门			
肇庆				金属制品业	122.49	2.68	8.99
有色金属冶炼和压延加工业	27.83	4.03	7.74	食品制造业	117.65	5.37	18.05
废弃资源综合利用业	16.00	5.55	10.65	化学原料和化学制品制造业	83.00	2.08	6.98
木材加工和木、竹、藤、棕、草制品业	15.52	6.84	13.12	印刷和记录媒介复制业	45.93	4.24	14.24
非金属矿采选业	10.72	8.93	17.15	铁路、船舶、航空航天和其他运输设备制造业	43.65	7.88	26.46
黑色金属矿采选业	1.80	11.74	22.53	非金属矿采选业	5.88	2.80	9.41
煤炭开采和洗选业	1.29	52.09	100.00	化学纤维制造业	3.64	2.78	9.32
其他采矿业	0.22	23.39	44.90	其他采矿业	0.18	10.94	36.73
优势产业合计	73.38			优势产业合计	422.42		

资料来源：《广东统计年鉴》（2019）。

3. 生产性服务业发展滞后，对工业升级支撑不足

制造业与服务业存在较为紧密的产业关联，生产性服务业的集聚和发展对工业竞争力的提升有较为显著的促进作用（张志彬，2019）。根据世界湾区发展的经验，东京、纽约、旧金山等湾区的发展也都经历了从工业聚集向服务业以及创新资源聚集发展的过程。然而，粤港澳大湾区尤其是珠三角九市生产性服务业发展相对滞后，服务业比重远低于世界四大湾区（刘毅等，2020），高端服务业发展相对滞后，对工业转型升级支撑不足。从区域产业结构变化趋势来看，与2015年相比，粤港澳大湾区九市的服务业比重上升了2.49个百分点。除东莞外，其他城市的服务业都得到了显著提升。然而，珠三角九市第三产业增加值占全省第三产业的比重不断降低，从2015年的92.26%下降到2019年的83.01%，下降了9.25个百分点。也就是说，广东省其他地区服务业的发展还快于粤港澳大湾区的珠三角九市。粤港澳大湾区部分城市服务业的差距不仅表现在生产性服务业供给的总量不足，而且服务业发展的质量也不高，佛山、中山、江门、肇庆四市生产性服务业占GDP比重均低于全国10多个百分点。分行业来看，服务业还以批发零售等为主，金融及信息服务等高端生产性服务业的比例较低，生产性服务业发展缓慢是制约粤港澳大湾区工业转型升级的瓶颈。高端的教育、医疗、文化娱乐等生活性服务业，与世界其他湾区也有十分明显的差距。总体而言，粤港澳大湾区服务业和制造业发展的供需结构性矛盾还较为突出。

三、“十四五”时期粤港澳大湾区工业高质量发展的总体思路

粤港澳大湾区作为国家参与全球竞争、建设世界级城市群的重要载体，有“一国两制三关税”的特殊区域体制背景，拥有丰富活跃的新经济与科技创新发展环境，以及粤港澳三地多方合作的诉求，孕育形成了大湾区独特的工业发展优势。大湾区内部工业链条较为完整，先进制造业日益崛起强大，在先进制造、创新与知识经济等多个方面具有发展优势，在新经济与贸易竞争背景下的竞争优势潜力正逐步形成。总的来看，粤港澳大湾区已经具备世界级大湾区的总量和规模，但工业在结构转型升级、产业空间布局、与服务业协同发展等方面仍显现出一些突出问题，发展方式还相对粗放，发展质量与世界级大湾区还有差距。

“十四五”时期是我国经济迈向高质量发展的关键阶段。在经济全球化与信息技术革命的新经济背景下，尤其在中美贸易竞争和疫情冲击全球经济的宏观环境下，我国着力推进形成国内经济循环为主、国内国际经济循环相互促进的新发展格局，推动我国开放型经济向更高质量发展。粤港澳大湾区作为我国对外开放的前沿，深受国际国内发展形势的影响，开放和外源性优势将面临越来越复杂的情况和制约，工业发展步入了专业化与差异化共存的关键时期。

“十四五”时期，粤港澳大湾区工业高质量发展的总体思路是：抓住新一轮科技革命和产业革命的机遇，持续推进工业供给侧结构性改革，通过技术创新和制度创新提高工业供给质量，从世界加工厂转为具有全球竞争优势的制造中心，持续推进高水平对外开放，成为中国工业高质量发展的样板区域，成为工业国内大循环的中心节点、国内国际双循环的战略链接点。一是发挥制造业全产业链优势，立足先进制造业发展，掌握核心技术产品和关键元器件，实现自我创新的产业升级，成为全球生产网络的重要节点。二是推进创新驱动新经济发展，进一步提升科技创新对工业转型升级的促进能力，壮大数字经济、智能经济。三是加强制造业与出口贸易深化协作，培育发展形成一定体量的新产业、新业态、新模式，成为全球新兴产业的重要策源地，以高水平开放助推国内国际双循环。四是优化跨区域合作创新发展模式，促进区域间分工协作，重点产业（先进制造、电子信息等）形成具有国际竞争力的产业集群。

四、促进粤港澳大湾区工业高质量发展的对策建议

1. 加快工业结构调整，深化工业供给侧结构性改革

粤港澳大湾区已形成了以电子信息、电气、汽车产业等为主导的、结构较完整的工业体系，但是工业内部产业结构的合理化和高级化还有待提升。需紧紧抓住互联网、大数据、人工智能和实体经济深度融合的机遇，基于粤港澳大湾区工业发展基础和发展需求，在稳固好现有的良好工业基础上，加快工业结构调整，培育壮大战略性新兴产业，形成具有国际竞争力的先进制造业体系。一是要充分利用好“湾区”经济，助推工业供给侧改革，创新实践降成本、补短板的路径。通过减少行政审批降低企业制度性交易成本，通过改革财税、金融体制减轻税费负担，通过湾区城市之间的产业分工协作推进制造业转型升级，借助“湾区”优势进一步补齐对外开放的短板。二是要围绕重大装备、智能芯片、精密机械等进行重点攻关，掌握核心技术和关键元器件，促进产业迈向全球价值链的中高端。大力发展智能制造、精密制造，发展具有自主知识产权的高端智能制造装备。使先进制造业成为粤港澳大湾区的核心竞争力，成为世界级先进制造业集群和全球生产网络的重要节点。三是要积极推动互联网、大数据、人工智能等与实体经济深度融合，促进产业链延伸和高级化。推动装备制造、汽车、石化等传统优势产业优化发展、做精做强，以新基建推动传统产业数字化，积极发展工业互联网。推动制造业在提升加工生产环节的基础上，不断向研发、设计、营销以及再制造等环节的延伸。

2. 强化产业协同集聚，推动工业与服务业融合发展

生产性服务业与制造业是现代经济发展的两轮，解决与服务业协同集聚融合发展不足的“短板”问题，才能避免粤港澳大湾区工业处于全球价值链的低端，成为低水平的“世界工厂”。产业分工协作是粤港澳大湾区建设的核心理念，大湾区内部珠三角九市制造业发达、专业化程度较高，具备良好的高新技术产业与先进制造业基础和优势，港澳则具备金融、贸易等现代服务业的优势，“十四五”时期粤港澳大湾区应着力促进两岸三地制造业与生产性服务业协同集聚，根据湾区内各地区的资源禀赋与区位特点，引导产业资源优化配置，促进湾区内产业高效协同。一是提升服务业水平，促进生产性服务业向专业化发展。聚焦粤港澳大湾区服务业的发展短板和工业配套所需的重点领域，促进金融、信息、流通服务等生产性服务业的合作，促进珠三角地区服务业向专业化发展并向价值链的高端延伸，提升服务业对工业发展的支撑能力。二是充分利用粤港澳大湾区较为完整的工业链条和制造业基础，积极推动产业向服务型、创新型转变。大湾区内部制造业的良好基础可以为研发设计、科技转化、信息技术、物流贸易、金融保险、法律服务等生产性服务业提供较为广阔的发展空间，为粤港澳服务业的发展提供动力。三是充分挖掘香港聚集高端科技人才和先进服务业的优势，以及珠三角强大的生产制造与科技创新及转化能力，通过人才、技术、贸易等的交流融合，促进先进制造业与现代服务业融合发展，以科技创新合作推动工业产业高端化发展。

3. 优化区域工业布局，形成协调有序的工业体系

促进粤港澳各城市之间形成合理的产业分工格局，是增强粤港澳大湾区竞争力的重要途径。粤港澳大湾区内部工业发展的统筹协调机制尚未建立，城市之间的分工合作关系需要进一步统筹协调（刘心怡，2020）。“十四五”时期应发挥香港、广州、深圳等核心城市研发创新能力以及珠三角城市工业产业链齐全的优势，加强粤港澳产业对接，统筹区域分工合作，优化要素合理流动，形成优势互补、错位竞争、有序协调的工业网络体系。一是增强核心城市的集聚效应与辐射带动作用。加快新的工业产业、业态和模式在香港、澳门、广州、深圳等地集聚和发展，作为区

域发展的核心引擎。以香港—深圳、广州—佛山、澳门—珠海为战略关联节点，加强核心城市与周边区域城市的深度合作，带动周边城市的工业发展。二是明确产业分工和定位，协调好粤港澳多地之间的产业分工合作关系。以广州、深圳为核心，充分发挥港澳的服务业发达和珠三角九市产业链配套完备的优势，推动关键零部件、高速高精加工装备等先进制造业的发展，打造具有竞争力的特色产业集群。三是推动传统制造业的转型和升级改造。积极推动东莞、中山等市传统制造业的转型升级，支持佛山积极开展制造业转型升级综合改革试点，培育江门、肇庆等城市增强工业综合实力，形成自己的优势产业，支持香港在优势领域探索“再工业化”。针对城市自身的定位和比较优势，避免产业低效同质化发展，利用现有的经济基础、地理优势、要素禀赋发展先进制造业和高技术制造业。

4. 促进区域创新体系建设，以创新支撑引领工业升级

创新驱动工业发展是实现粤港澳大湾区发展动力转换、全面提升粤港澳大湾区工业全球创新竞争力的关键所在。“十四五”时期粤港澳大湾区应继续深入实施创新驱动发展战略，深化粤港澳多地间的创新合作，集聚国内外优质创新资源，继续优化创新制度和政策环境，不断提升科技成果落地转化的能力。通过集聚科创高端要素，培育本土创新土壤，以创新驱动工业向高端化发展，推动工业向产业链上游延伸，支撑引领和带动工业转型升级。一是站在全球视野，构建基于数字技术的新型区域创新体系。新型区域创新体系是一种更加开放、边界更加模糊的知识交互网络。要充分发挥粤港澳对外开放桥头堡的作用，面向全国乃至全球建立创新孵化基地；做强做优深圳大数据中心，畅通科技和创新资源的内外流动，有效链接国内外高端资源。二是加强区域内资源合理配置和功能互补，强化区域内创新联结。加强区域内各主要创新节点之间的优势互补和互动，能够大大提升区域创新效能。例如，香港较强的科研力量能有效弥补珠三角一流科研机构不足的问题，同时，珠三角所具备的工业基础也为香港科研成果的转化提供了广阔的合作空间，有助于弥补香港“工业空心化”的缺陷。激活各类创新主体的活力和潜力，加强产学研深度融合。三是加快构建世界一流创新平台体系，推进关键核心技术突破。整合大湾区内高校和科研院所资源，引导企业联合科研院所、高校等各类创新主体，以重点领域前沿技术和共性关键技术的研发供给、转移扩散和首次商业化为重点，打造高水平制造业创新载体和平台，培育一批在全国有竞争力的制造业技术创新中心、制造业创业中心和企业技术中心。鼓励企业和高校联合建设创新实验室，围绕重点制造领域的关键环节和技术瓶颈，大力推进各领域关键核心技术攻关，实现“卡脖子”技术的国内替代，发展成为具有国际竞争力的制造业科技创新中心和科技成果转化高地。

5. 创新合作体制机制，提升工业发展的支撑能力

“一国两制”是粤港澳大湾区的独特优势，粤港澳三地拥有丰富活跃的新经济与科技创新发展环境，也有强烈的多方合作诉求，应积极探索制度创新、科技创新以及合作模式的创新，促进人流、物流的畅通，支撑产业合作和转型升级。一是进一步创新粤港澳大湾区合作体制机制，通过制度创新、便捷通关模式，促进粤港澳三地互联互通，实现“人畅其行、货畅其流”。应加快建立完善对接合作机制，推进市场规则、商事制度等方面的改革，以深圳前海、广州南沙、珠海横琴等重大粤港澳合作平台开发建设为抓手，充分发挥其试验示范和引领带动作用，深化产业合作，充分释放改革红利。二是重视提升教育、医疗、文化、体育等生活基础设施体系的质量。湾区内人才的自由流动，不仅依赖完善基础设施所带来的便利交通，更依赖跨区域社保、教育、医疗的一体化。以公共服务基础设施的优化，推动公共服务供给质量的提升，将粤港澳大湾区建设成为宜居、宜业的优质生活圈，为集聚和吸引国内外人才提供基础保障。三是继续加强基础设施建设，打造现代交通体系，提升湾区内外互联互通水平，推动形成功能更加完善、运作更加高效的基础设施网络体系。交通网络、信息网络等基础设施是工业发展的基础，也是区域直接合作的基础条件。基础设施的便利性决定了区域资源重组、要素流动和信息沟通等的效率，粤港澳大湾

区进一步加强港口、交通、通信等基础设施建设，建设发达的内外部基础设施体系，支撑大湾区工业高质量发展。在湾区内部降低交通、物流等交易成本，对外建立便捷高效的国际市场联系，为粤港澳大湾区产业协同发展提供有力支撑。

专栏 48－1

深圳工业和信息化 40 年成就

深圳经济特区建立40周年以来，一直把工业作为经济增长的龙头，实现了从小而散到门类齐全、从传统产业为主到先进制造业为主、从贴牌加工到拥有一批国内外知名品牌的历史性崛起，规模以上工业增加值由 1979 年的 0.23 亿元增长至 2019 年的 9587.9 亿元，大约翻了 15.3 番。

深圳在“三来一补”蓬勃发展时，主动放弃路径依赖，坚持创新驱动发展战略，走上高质量跨越式发展之路。目前，深圳工业增加值连续多年位居全国大中城市前列；电子信息业整体营收规模约占全国的 1/6；先进制造业占全市规模以上工业增加值比重超过 7 成；涌现出华为、中兴、比亚迪等龙头企业，以及华星光电、优必选、贝特瑞等一批细分领域领军企业。

同时，深圳也是我国数字经济龙头引领城市，2019 年数字经济产业规模达到 2.78 万亿元，位居全国大中城市首位；大数据和云计算已形成完善的产业链，产业规模达 1400 亿元；深圳工业互联网 10 个项目入选国家创新发展工程专项，2019 年成为国家人工智能创新应用先导区；已建成 5G 基站逾 4.6 万个，实现 5G 独立网组全覆盖，率先进入 5G 时代。

资料来源：http：//www. sz. gov. cn/cn/xxgk/zfxxgj/zwdt/content/post_ 8076920. html。

参考文献

［1］丁俊、王开泳：《转型期珠三角工业生产空间与工业产业结构的变化及其耦合特征》，《中国科学院大学学报》2017 年第 5 期。

［2］刘心怡：《粤港澳大湾区城市创新网络结构与分工研究》，《地理科学》2020 年第 6 期。

［3］刘毅、王云、李宏：《世界级湾区产业发展对粤港澳大湾区建设的启示》，《中国科学院院刊》2020 年第 3 期。

［4］邵立国、乔标、张舰：《正视粤港澳大湾区工业发展突出问题》，《中国工业和信息化》2019 年第 6 期。

［5］张志彬：《生产性服务业集聚对工业竞争力提升的影响研究——基于珠三角城市群面板数据的分析》，《财经理论与实践》2019 年第 5 期。

［6］赵晓斌、强卫、黄伟豪、线实：《粤港澳大湾区发展的理论框架与发展战略探究》，《地理科学进展》2018 年第 12 期。

第四十九章　黄河流域工业高质量发展

提　　要

黄河流域生态保护和高质量发展上升为国家战略，为黄河流域工业高质量发展提供了新的历史机遇。长期以来，由于资源条件和历史积累，黄河流域的工业结构明显偏重，主要以重化工业为主，对资源的依赖性较强。近年来，黄河流域大多数省区工业增长较快，但工业实力的区域差距较大。随着我国经济由高增长阶段转向高质量发展阶段，黄河流域各省区积极推动产业结构调整升级，着力培育壮大新兴产业，新旧动能转换明显加快。但同时，由于黄河流域生态本底脆弱，资源环境承载力有限，特别是水资源的刚性约束较大，人地关系矛盾突出，生产力布局和生态环境保护不平衡，对外开放水平较低，洪水和生态系统退化等风险长期存在，推进高质量发展仍面临着巨大的困难和挑战。新时期，推动黄河流域工业高质量发展，要以新发展理念为指导，以供给侧结构性改革为主线，以体制机制创新为动力，加快构建现代化产业体系，实现高质量发展和生态高水平保护协同推进，为黄河流域走出一条富有地域特色的高质量发展道路提供重要支撑。

*　　　　*　　　　*

黄河是中国的第二条大河，发源于青藏高原，流经青海、四川、甘肃、宁夏、内蒙古、陕西、山西、河南、山东 9 个省（区），全长 5464 千米，流域面积约 79.5 万平方千米。黄河流域省份 2018 年底总人口 4.2 亿，占全国人口的 30.3%；地区生产总值 23.9 万亿元，占全国 GDP 的 26.5%。黄河流域不仅是中华文明的发源地，同时是我国重要的生态屏障和经济地带，对我国经济社会发展和生态安全至关重要。

2019 年 9 月，习近平总书记在郑州主持召开黄河流域生态保护和高质量发展座谈会，做出了加强黄河治理保护、推动黄河流域高质量发展的重大部署。由此，黄河流域生态保护和高质量发展，成为继京津冀协同发展、长江经济带发展、粤港澳大湾区建设、长三角一体化发展后又一重大国家战略。这一战略的提出具有深刻的时代内涵和重大的战略意义，不仅有利于促进我国区域协调发展，形成优势互补高质量发展的区域经济格局，而且也为黄河流域工业高质量发展提供了新的历史机遇。

一、黄河流域工业发展的现状特征

黄河流域人口多、地域广、资源丰富、开发历史悠久，特别随着改革开放的不断深入，经济实力显著提高，是我国未来发展的重点支撑区域之一。但由于自然条件和历史原因，黄河流域经济发展相对滞后，大部分地区基本处于工业化的中后期阶段，工业发展的区域特征较为明显。总体来说，黄河流域的工业发展主要有以下几个方面的特点：

1. 工业结构偏重，对资源的依赖性较强

黄河流域不仅是我国重要的生态走廊，而且资源富集程度高，组合条件好，是我国重要的能源、化工、原材料和基础工业基地。黄河流域上游地区的水能资源、中游地区的煤炭资源、下游地区的石油和天然气资源，在全国占有极其重要的地位，被誉为我国的“能源流域”。黄河流域的能源矿产资源十分丰富。在全国已探明的45种首要矿产中，黄河流域有37种，其中煤炭基础储量约1881亿吨，占全国煤炭基础储量的75.47%，已探明石油、天然气基础储量分别达到12.01亿吨和3.34万亿立方米，占全国总基础储量的比重分别达到34.32%和61.34%。国家规划建设的山西、鄂尔多斯盆地、蒙东、西南、新疆五大国家综合能源基地有三个都位于黄河流域。同时，黄河流域也是我国农业经济开发的重点地区。上游青藏高原和内蒙古高原是我国主要的畜牧业基地；上游河套灌区、中游汾渭平原、下游黄淮海平原是我国农产品主产区。2019年，河南和山东的粮食总产量分别达到了6695万吨和5537万吨，位居全国第2位和第3位。同时，山东和河南也是我国最大的蔬菜水果供应地。较好的农业基础和资源禀赋为黄河流域的工业发展，特别是能源、有色、冶金、化工等产业的发展提供了有利条件。

资源条件和历史积累使得黄河流域的工业呈现出明显的重化工业特征。黄河流域专业化部门主要集中于煤炭开采和洗选业、石油和天然气开采业、有色金属冶炼和压延加工业等资源能源产业和重化工业。黄河流域资源开采及其加工业的比重高达36.34%，高于全国平均水平9.17个百分点。以陕西、甘肃、宁夏等省区为例，陕西省能源资源丰富，煤油气资源保有储量均居全国前列，能源产业对全省工业发展起着决定性的作用。2015年以前，陕西省能源产业增加值占规模以上工业增加值的比重在50%以上，随着经济转型，结构优化调整，能源产业增加值占比下降。2018年，陕西能源工业增加值占规模以上工业的比重为48%，较2011年降低10个百分点，但仍然占据近半壁江山。甘肃省支柱产业长期以煤炭、电力、冶金、有色、石化等为主，2019年这五大行业增加值占全省规模以上工业增加值的比重达到71.5%。2019年宁夏煤化工产业增加值对规模以上工业增加值贡献率达到32.1%。黄河流域以重化工业为主的工业结构，不仅加大了产业转型升级的压力，而且导致了产能过剩、资源环境压力等一系列问题。

2. 工业增长较快，但区域分化较明显

“十三五”以来，黄河流域9个省区的工业经济保持较快发展，大多数省区工业增速都高于全国平均水平。近年来，由于“三期叠加”影响持续深化，经济下行压力加大，我国工业增加值增速持续放缓。2019年全年全国规模以上工业增加值比上年增长5.7%，而黄河流域[①]9省区，除山东省以外，其他地区工业增加值增速均大于或接近全国平均水平。特别是中西部省区，工业一直保持较快的增长，四川、河南、青海、宁夏等省区的工业增长速度远远大于全国平均水平（见表49－1）。

表49－1 2016～2019年黄河流域9省区工业增加值的增速 单位：%

年份	全国	青海	四川	甘肃	宁夏	内蒙古	陕西	山西	河南	山东
2016	6.0	7.4	7.6	6.4	7.3	7.0	6.8	1.1	7.5	6.6
2017	6.4	6.8	8.3	－1.5	8.4	3.6	8.1	7.0	7.4	6.6
2018	6.1	8.6	8.1	4.3	8.3	6.9	9.0	4.1	7.2	5.4
2019	5.7	7.0	8.0	5.2	7.6	6.1	5.2	5.3	7.8	1.2

资料来源：2016～2019年全国及黄河流域9省区国民经济和社会发展统计公报。

① 为了统计方便，文中将黄河流经的9省区以省级行政区为单位整体纳入黄河流域范围。

从工业增加值占 GDP 的比重来看，“十三五”以来，受结构调整、新旧动能转换等因素的影响，各地区的工业增加值占比均有不同程度的下降，但黄河流域大多数省份的比重仍然较高，明显高于全国平均水平（见表49－2），工业仍然是拉动黄河流域经济发展的主导力量。

表49－2　2016年和2019年黄河流域9省区工业增加值占GDP的比重　单位：%

年份	全国	青海	四川	甘肃	宁夏	内蒙古	陕西	山西	河南	山东
2016	33.3	35.1	35.4	24.2	33.1	41.6	39.1	31.2	41.9	39.8
2019	32.0	27.6	28.7	26.6	33.9	39.1	37.3	38.5	40.1	32.3

资料来源：根据2016年和2019年全国及黄河流域9省区国民经济和社会发展统计公报计算。

由于黄河流域跨越我国东、中、西三大地带，上、中、下游区域特征差异明显。黄河流域各地自然资源禀赋、经济发展条件各不相同，工业经济区域分化较明显。从黄河流域9省区的工业数据来看，“十三五”以来，山东、河南两省的工业总产值一直处于全国的前五位，而青海、宁夏、甘肃等西部省区，尽管工业总产值占全国的比重在逐年上升，但一直排在全国的后五位，工业经济实力的区域差距较大。通过对比2018年9省区规模以上工业企业主营业务收入和利润总额以及在全国排名情况（见表49－3），基本上可以看出黄河流域上、中、下游地区工业发展存在明显的层次差异。

表49－3　2018年黄河流域9省区规模以上工业企业主营业务收入和利润总额　单位：亿元

省区	规模以上工业企业主营业务收入	全国排名	规模以上工业企业利润总额	全国排名
青海	2177.9	29	62.7	30
四川	404646.7	8	2717.9	9
甘肃	8888.9	27	270.4	27
宁夏	4305.6	28	174.2	28
内蒙古	14023.1	21	1409.4	17
陕西	23060.4	15	2436.3	11
山西	19252.1	18	1355.9	18
河南	46627.6	6	3053.4	7
山东	92703.6	3	4872.2	3

资料来源：国家统计局。

3. 新旧动能加快转换，产业结构调整持续推进

随着我国经济由高增长阶段转向高质量发展阶段，黄河流域各省区积极推动产业结构调整升级，着力培育壮大新兴产业，新旧动能转换明显加快。

山东省从2015年开始推进工业转型升级行动计划，加快淘汰轻工、纺织、机械、化工、冶金、建材六大领域的低效落后产能，对造纸、食品、纺织、服装、家电、家具、汽车、工程机械、船舶、农机、建筑陶瓷、水泥、玻璃、有色金属、钢铁、轮胎、石化、煤化工18个传统优势产业进行改造提升，积极培植发展高端装备制造、现代医药、新一代信息技术、新材料4大新兴产业。2019年，山东省高新技术产业产值占规模以上工业的比重为40.1%，比上年提高3.2个百分点。十强产业中，新一代信息技术制造业、新能源新材料制造业、高端装备制造业增加值分别增长5.5%、5.7%和9.3%，分别高于规模以上工业增加值4.3个、4.5个和8.1个百分点。光伏电池、智能电视、服务器和光电子器件等新兴工业产品产量分别增长32.3%、25.5%、16.6%和13.4%。

内蒙古自治区则着力做好现代能源经济，全力推动现代装备制造、新材料、生物医药、电子信息、节能环保、军民融合等新兴产业向规模化、高端化、绿色化、集群化发展。2019年内蒙古自治区新动能持续发展壮大。全年规模以上工业中，非煤产业增加值比上年增长6.6%，快于煤炭产业增加值1.5个百分点。规模以上工业战略性新兴产业增加值比上年增长2.3%，高技术制造业增加值增长3.8%。规模以上新能源发电量增长5.3%，占规模以上工业发电量的比重为13.7%，新能源发电增加值占电力生产行业比重

为24.5%。

河南省确立了装备制造、食品制造、新型材料制造、电子制造、汽车制造五大主导产业，2019年五大主导产业增加值占规模以上工业增加值比重达45.5%。其他各省区也积极出台制定规划、出台政策推进战略性新兴产业和高新技术产业发展，加快产业结构调整升级，不断增强发展后劲。

二、黄河流域工业高质量发展面临的主要问题和制约因素

长期以来，受生产力水平和社会制度的制约，黄河流域的经济发展相对滞后，人地关系矛盾突出，水资源制约严重，生产力布局和生态环境保护不平衡，对外开放水平较低，洪水和生态系统退化等风险长期存在，推进高质量发展面临着巨大的困难和挑战。特别是，当前面临的国内外环境正在发生深刻变化，一些制约工业高质量发展的问题也更加突出。具体来说，这些问题和制约因素表现在以下几个方面：

1. 生态环境承载能力有限，水资源保障形势严峻

黄河流域构成我国重要的生态屏障，是连接青藏高原、黄土高原、华北平原的生态廊道，承担着防风固沙、生态环境保护和绿色发展的重要职能。但黄河流域生态环境本底脆弱，关键性水土资源匹配条件差。尤其是中上游地区多处于干旱半干旱地带，荒漠和沙化土地面积占全国该类土地面积的38%。黄河流域也是我国水土流失面积最大、强度最高的地区，上游高原冰川湿地草甸、中游黄土高原和下游黄河三角洲极易因受到破坏而出现生态退化，恢复难度极大且恢复过程缓慢。由于过去一段时期过分强调经济发展，黄河流域存在着过度开发、生态破坏、污染严重、水资源短缺等一系列问题，高质量发展面临着严峻挑战。

目前，黄河流域生态环境问题十分突出，特别是水资源非常短缺，资源环境的约束力强。黄河上游局部地区生态系统退化、水源涵养功能降低；中游水土流失严重，汾河等支流污染问题突出；下游生态流量偏低，一些地方河口湿地萎缩。黄河流域的工业、城镇生活和农业面源三方面污染，加之尾矿库污染，使得2018年黄河137个水质断面中，劣V类水占比达12.4%，明显高于全国6.7%的平均水平。水资源保障形势严峻。黄河水资源总量不到长江的7%，人均占有量仅为全国平均水平的27%。水资源利用较为粗放，农业用水效率不高，水资源开发利用率高达80%，远超一般流域40%生态警戒线。

在建设美丽中国的时代背景下，针对黄河流域面临的严峻生态问题，推进工业高质量发展，必须树立和践行“绿水青山就是金山银山”的理念，更加强调生态优先，绿色发展，坚持节约资源和保护环境的基本国策，统筹山水林田湖草系统治理，形成绿色发展方式和生活方式，坚定走生产发展、生活富裕、生态良好的文明发展道路，“让黄河成为造福人民的幸福河”。

2. 工业结构单一且层次较低，产业转型升级难度大

黄河流域多以传统资源密集型产业为主，产业链条较短。近年来黄河流域部分地区的快速发展对矿产资源的依赖度较高，污染治理与产业转型升级的压力很大。黄河所经区域是1949年以来中国一次能源（煤炭）与二次能源（电力）最主要的生产基地与供应基地，直到今天，其煤炭产量仍然占全国煤炭总产量的70%，大约占我国一次能源生产量的40%。以山西、内蒙古、陕西为代表的相关地区，工业发展严重依赖能源资源，工业结构偏重且单一、传统产业产能过剩等问题突出。一些地区依托资源优势实现了经济快速增长，但部分地区当前已经出现了资源枯竭或衰退、经济发展速度滞缓的挑战。从单位GDP能耗指标来看，目前除四川、陕西等个别省份外，黄河流域大多数地区普遍高于全国平均水平。随着我国重化工业阶段临近结束，黄河流域重化工业也将迎来发展拐点，产业发展断层风险加剧。

虽然近年来我国产业结构调整的步伐加快，

但黄河流域高技术和战略性新兴产业的发展仍然较滞后，产业发展质量不高。以高科技产业发展较好的省份为例，2018 年，河南、陕西、山东三省高技术制造业增加值占规模以上工业增加值的比重分别为 10%、9.7% 和 9.5%，分别低于全国平均水平 3.9 个、4.2 个和 4.4 个百分点。黄河流域装备制造业也不发达，不仅规模较小，而且发展层次低。所有省区装备制造业在地区工业主营业务收入中的占比皆小于国家平均水平，即使是相对发达的陕西、山东、河南三省，装备制造业的比重也不足 25%。山西、内蒙古、青海、甘肃和宁夏五省区不仅装备制造业比重和规模较低，且结构单一化严重，在某些省区甚至集中到单体企业。如山西省的装备制造业高度集中在计算机、通信和其他电子设备制造业，占到装备制造业主营业务收入的 50%，且主要以富士康为核心；青海省 80% 的装备制造业主营业务收入来自电气机械和器材制造业，主要在数控机床。这种过度依赖单体企业的装备制造业发展模式不仅没有形成良好的技术外溢，而且没有与当地的相关产业形成良好的产业协作与配套，产业安全风险系数较高。

同时，黄河流域产业结构层次较低导致地区产业同质化竞争、重复建设等问题。不同于长江流域，黄河流域上中下游之间经济联系较弱，产业分工协作较差，产业同构现象严重。以黄河流域的资源富集区陕甘宁蒙为例，整体来看，2000～2017 年三次产业结构相似系数均值达到 0.97911。陕甘宁蒙能源富集区工业主要产出在采矿业，占比 50.51%，采矿业中的煤炭开采和洗选业在产值中所占比重最大。制造业中也是初级能源加工转化类行业占主导地位，一些新兴产业和现代制造业的比重甚至不足 1%。陕甘宁蒙能源富集区 3 大工业门类相似系数为 0.93249，32 个具体工业行业的相似系数为 0.80377。产业的同构化趋势严重地影响了地区间的分工合作与资源配置，使得产业转型升级的难度加大。

3. 创新活力不足，关键要素短板突出

黄河流域整体创新资源不足。特别是与长江流域相比差距较大。截至 2018 年底，长江经济带沿线 11 个省市的研发总投入占全国的 56.8%，专利授权量占全国的 62%；国家在长江沿线先后部署了上海张江、江苏苏南、武汉东湖、长株潭、重庆、成都等 7 个国家自主创新示范区。而黄河流域沿线 9 个省区的研发总投入只占全国的 23.7%，研发强度均低于全国平均水平，专利授权量仅占全国的 24%；只有甘肃兰白、河南郑洛新、山东半岛这 3 个国家自主创新示范区。从全国各省区的情况来看，根据中国科技发展战略研究小组发布的《中国区域创新能力评价报告 2019》，黄河流域仅山东省区域创新能力进入全国前 10，位居第 6 位，且与排名第 5 位的浙江省相比，无论是综合创新能力，还是知识创造、创新环境、创新绩效等单项指标差距均在拉大，宁夏、青海、甘肃、山西、内蒙古等黄河流域省区排名均在后 10 位，内蒙古更是居倒数第 2 位。

科技创新能力不强、科技成果转化率较低已成为制约黄河流域工业高质量发展的最大障碍。与沿海发达省份相比，黄河流域许多产业发展滞后，导致难以有效吸收科技成果；科技体制改革滞后、成果转化机制不活、政策创新不够，导致了科技创新成果在本地产业化程度不高的问题更加严重。以科技资源密集的西安市为例，2017 年全市研发与试验投入强度居全国地市第 2 位，科研院所和大专院校众多，综合科技实力排名处于全国前列，每年科技成果总量丰硕，但科技成果本地转化率仅 30% 左右。在体现创新活力和科技成果产业化成就的独角兽公司方面，黄河流域也大幅落后。在黄河流域，长期存在人才、金融等影响产业发展的关键要素短板问题。一是高层次人才大量流失与贫困低素质人口存量大并存。自 20 世纪 80 年代以来，黄河流域西部省份的人才流出量是流入量的两倍以上，特别是中青年骨干人才大量外流。二是科技金融发展滞后，企业融资渠道单一，难以匹配很多新兴产业前期研发投入大、周期长、风险高的特点。

4. 开放程度较低，中心城市的辐射带动作用弱

开放程度较低也是制约黄河流域工业高质量发展的重要因素。由于黄河流域大多数地区地处内陆腹地，对内对外交通运输通道不畅，因此长期以来开放程度一直较低。在对外开放方面，除西安和郑州等少数城市外，多数城市的对外开放度不高。2018 年，整个黄河流域进出口总额、实

际利用外资金额占全国的比重分别为10.32%、9.32%，仅相当于长江流域的23.70%、22.48%，比GDP占全国的比重分别低11.66个和12.48个百分点。

与长江流域相比，黄河流域缺乏具有引领带动作用的城市群、中心城市和产业园区。整个黄河流域只有西安和郑州两个国家中心城市。2018年郑州的生产总值超亿元，但与其他国家级中心城市相比，总体实力和影响力都偏弱，许多重要指标还处于落后状态。省会城市的首位度总体偏低，西宁、兰州、银川等首位度相对较高的城市由于经济实力较弱，辐射带动能力有限。对产业转型升级和绿色发展具有领军作用的龙头企业较少，各类产业园区的数量和实力也落后于长江经济带。根据商务部发布的2018年国家级经济技术开发区综合发展水平考核评价结果，黄河流域仅有西安经济技术开发区进入全国前30，排名第17位，长江经济带有17个经济技术开发区进入全国前30，其中苏州工业园区居首位。同时，黄河流域的国家级高新区的数量也远远低于长江经济带。

三、黄河流域工业高质量发展的实现路径

新时期，推动黄河流域工业高质量发展，要以新发展理念为指导，从各省区的实际出发，按照“宜水则水、宜山则山、宜粮则粮、宜农则农、宜工则工、宜商则商”的方针，以供给侧结构性改革为主线，以体制机制创新为动力，加快构建现代化产业体系，实现高质量发展和生态高水平保护协同推进，为黄河流域走出一条富有地域特色的高质量发展道路提供重要支撑。

1. 坚持生态优先，绿色发展

推进黄河流域工业高质量发展，必须全面落实“绿水青山就是金山银山”的理念，正确处理开发与保护的关系，坚持以生态优先，绿色发展为导向的高质量发展路子。将生态优先作为经济高质量发展不可逾越的红线，建立健全以产业生态化和生态产业化为主体的生态经济体系。以高质量发展促进生态高水平保护，以生态高水平保护实现高质量发展。

目前，黄河流域资源环境承载能力有限，特别是水资源已成为最大的刚性约束，要坚持以水定地、以水定产，倒逼产业结构调整，建设现代产业体系。要巩固提升能源化工等优势行业环境保护水平，推动高耗水、高污染、高风险产业结构与布局的优化，培育壮大战略性新兴产业，积极推进以绿色循环为核心的新型工业化，实现产业发展与流域资源环境承载能力相适应。同时，以主体功能区划为依据，加快构建高效生态产业体系，推动生态经济发展。全面推行清洁生产，努力构建环境友好的生态企业、生态工业园区、生态型城镇和生态型产业体系。大力倡导绿色消费，推进绿色发展。

2. 坚持深化改革，创新发展

创新是黄河流域工业高质量发展的根本动力。一方面，以科技创新引领现代产业体系建设。要把增强自主创新能力作为调整产业结构、转变增长方式的中心环节，要依靠科技创新，不断提升区域核心竞争力和结构转换能力，推动经济增长从资源依赖型向创新驱动型转变，目前，黄河流域产业发展仍然以资源型产业为主，工业结构明显偏重，传统产业产能过剩等问题突出。因此，必须依靠创新驱动引领产业转型升级，实现新旧动能顺利转换。另一方面，要全面深化改革，加快制度创新。按照社会主义市场经济体制的要求，进一步解放思想、拓宽视野，不断深化重点领域和关键环节的各项改革，加快破除制约地方经济社会发展的制度性障碍，努力探索和构建黄河流域高质量发展的体制机制和政策环境。

针对目前黄河流域科技创新资源不足的问题，一方面，要加大研发投入，加快构建黄河流域区域创新体系；另一方面，可以在黄河流域适当布局若干国家技术创新中心，培育壮大一批具

有核心创新能力的一流企业，催生若干以技术创新为引领、经济附加值高、带动作用强的重要产业，形成若干具有广泛辐射带动作用的区域创新高地，为构建现代化产业体系、实现工业高质量发展提供强有力的支撑。

3. 坚持统筹推进，协调发展

黄河流域自然和经济特征差异明显，推动黄河流域工业高质量发展必须要加强统筹规划，有序推进。从国家层面来看，应着力提升区域发展战略的联动性和全局性，增强区域发展的协同性和整体性。通过加强流域内不同区域之间的合作互动，优化配置要素资源，促进产业合理分工。要科学处理中心城市与外围地区的协作关系，深化上下游、干支流、左右岸地区之间在环境协同治理和产业分工方面的合作。一方面要因地制宜，根据不同地区的实际情况，积极探索符合地域特色的产业发展道路；另一方面要建立和完善区域协调发展机制。通过建立产业协同发展机制和培育产业协同发展载体，促进产业优化布局和产业联动发展。要根据各地的产业发展定位，按照优势互补的原则构建合理的产业分工体系。制定区域产业准入目录，实行市场准入负面清单管理。建立科学合理的跨省市投资、产业转移、园区共建、科技成果落地等项目收益分配机制。加快培育产业协同发展载体，一是加快培育跨区域产业集群，进一步发挥产业集群在促进地区间新型分工合作关系形成中的重要作用，将促进传统产业集群的转型升级与培育地区的新兴产业集群作为区域间产业协同转型升级的重要手段。二是鼓励跨区域间企业联盟。鼓励跨地区企业间的兼并重组和整合，通过推动产业重组和建立跨区域联盟，带动跨地区的产业发展。三是促进合作共建产业园，完善合作机制。

4. 坚持合作共赢，开放发展

以开放促改革、促发展是改革开放以来我国区域发展的重要经验，也是新时代实现区域高质量发展的重要路径。推动黄河流域工业高质量发展，就必须坚持开放互动与合作共赢相结合，把对内对外开放作为重要动力，努力拓展对内对外开放的广度和深度，不断提高对内对外开放水平。目前黄河流域经济发展落后，开放程度较低。通过对接“一带一路”建设和其他重大国家区域发展战略，主动融入“陆海内外联动、东西双向互济”的国家开放格局。今后，一是要提高利用外资水平和质量，统筹对外开放与国内发展，逐步形成以双向开放促进高质量发展的新格局。设立产业、技术、资源和环境标准，有选择地吸收外资，引导外资发展高新技术产业、先进制造业、现代农业和现代服务业，加强吸收外资研发、设计、营销、技术服务等环节，鼓励外资流向科技、教育、文化、卫生等公共服务领域，实现由注重外资数量向注重质量和水平转变。二是鼓励企业积极引进国外先进技术、设备和管理方法，加强对引进技术的消化、吸收和创新，着力增强企业自主创新能力。三是鼓励高新技术产品和高附加值产品出口，限制资源消耗高、污染环境的资源型产品出口，不断提升出口产品的档次和水平，转变外贸增长方式。四是实施“走出去”战略，鼓励在海外建立资源和生产基地，开辟境外经济合作区，实现由劳务输出向境外投资资源开发转变。坚持高水平“引进来”与高质量“走出去”相结合，在更大范围、更宽领域、更高层次提高开放水平，赢得新的发展机遇。

5. 坚持以人为本，共享发展

黄河流域生态保护和高质量发展的最终目的是要“让黄河成为造福人民的幸福河”。因此，在推进工业高质量发展的过程中，必须坚持以人为本，坚持共享发展，解决人民群众最关心最直接最现实的利益问题，不断增强民众对美好生活的获得感、幸福感。黄河流域是我国贫困人口较为集中的区域，贫困人口占到全国的1/3，是我国打赢脱贫攻坚战的主战场。对于贫困地区，要继续坚持扶贫同扶志、扶智相结合，以推进基本公共服务均等化、提高基础设施通达程度和人民生活水平为方向，继续在经济政策、资金投入和产业发展等方面加大支持，针对不同地区的发展实际情况，给予特殊政策支持，以提升自我发展能力。坚定不移地走共同富裕的道路，使广大民众能够共享高质量发展带来的成果。

专栏 49 – 1

我国将加强黄河流域水资源监管

2020 年我国将加强黄河流域水资源监管，把以水而定、量水而行的要求落实到黄河流域水资源监管过程中。水利部部长鄂竞平在 2020 年全国水利工作会议上提出，要明确各地区可用水量，尽快确定黄河干流及重要支流生态水量，加快推进跨行政区河流水量分配，确定地下水水位、水量管控指标，明确黄河流域各地市可开采利用的地表水量、地下水量和非常规水利用量。确定务实管用的用水定额，黄河流域各省区要尽快修订完善地方用水定额，建立覆盖主要农作物、工业产品和生活服务业的务实管用的用水定额体系。健全水资源监测体系，以黄河干支流重要断面、重点取退水口、地下水水位作为主要监测对象，优化监测站网和设施布局，提升动态监测能力，尽快实现流域内重要断面、规模以上地表取退水口和地下水取水全覆盖。严格取用水监督管理，在黄河流域尽快开展取水工程核查登记，摸清取水工程家底，推进整改提升，促进规范取用水行为。对纳入取水许可管理的存量用水，通过抽查、暗访等方式进行监督检查，督促问题整改。对增量用水，严格水资源论证和取水许可审批，根据可用水量指标严格约束，坚决抑制不合理用水需求。此外，在水土保持监管方面，还要以黄河流域为重点，开展生产建设项目水土保持专项整治。

2020 年，水利部门还将按照"两不愁三保障"目标，紧盯剩余未解决饮水安全问题的建档立卡贫困人口，建立台账，重点督战，确保 6 月底前贫困人口饮水安全问题全部解决。继续推进大江大河大湖防洪治理，加快大江大河堤防达标建设和河道整治，完善流域防洪体系，继续推进病险水库除险加固、中小河流治理、山洪灾害防御。坚持水源保护和水质处理并重，大力推进城乡供水一体化和农村供水工程规模化建设，基本完成饮水型氟超标改水任务，使农村集中供水率达到 87%，自来水普及率达到 83%，完成 6000 万农村人口供水保障目标任务。

据了解，2019 年，我国水利扶贫攻坚扎实推进，解决了 101.6 万建档立卡贫困人口的饮水安全问题。重大水利工程建设进度超预期，农村水利建设全面提速，巩固提升 5480 万农村人口供水保障水平，解决 615 万氟超标人口饮水问题。水生态治理修复初见成效，实现黄河连续 20 年不断流，东居延海连续 15 年不干涸。全力开展河湖"清四乱"专项行动，全国共清理整治河湖"四乱"问题 13.4 万个，长江岸线、黄河生态、大运河岸线、南水北调中线交叉河道等方面的突出问题得到清理整治，河湖面貌明显改善。

资料来源：《光明日报》，2020 年 1 月 10 日。

参考文献

[1] 习近平：《在黄河流域生态保护和高质量发展座谈会上的讲话》，《求是》2019 年第 20 期。

[2] 习近平：《推动形成优势互补高质量发展的区域经济格局》，《求是》2019 年第 24 期。

[3] 王夏晖：《让黄河成为造福人民的幸福河》，《光明日报》2019 年 11 月 16 日。

[4] 郭晗：《黄河流域高质量发展中的可持续发展与生态环境保护》，《人文杂志》2020 年第 1 期。

[5] 李小建、文玉钊、李元征、杨慧敏：《黄河流域高质量发展：人地协调与空间协调》，《经济地理》2020 年第 4 期。

[6] 陆大道、孙东琪：《黄河流域的综合治理与可持续发展》，《地理学报》2019 年第 12 期。

[7] 连煜：《坚持黄河高质量生态保护，推进流域高质量绿色发展》，《环境保护》2020 年第 Z1 期。

[8] 王金南：《黄河流域生态保护和高质量发展战略思考》，《环境保护》2020 年第 Z1 期。

[9] 苗长虹、赵建吉：《强化黄河流域高质量发展的

产业和城市支撑》，《河南日报》2020 年 1 月 15 日。

[10] 金凤君、马丽、许堞：《黄河流域产业发展对生态环境的胁迫诊断与优化路径识别》，《资源科学》2020 年第 1 期。

[11] 姜长云、盛朝迅、张义博：《黄河流域产业转型升级与绿色发展研究》，《学术界》2019 年第 11 期。

[12] 陕西省统计局：《践行绿色发展理念，推动绿色可持续发展》，http：//tjj. shaanxi. gov. cn/site/1/html/126/131/138/20427. htm，2019 年 12 月 16 日。

[13] 《2019 年甘肃省国民经济和社会发展统计公报》。

[14]《2019 年宁夏回族自治区国民经济和社会发展统计公报》。

[15]《山东省人民政府办公厅关于印发山东省推进工业转型升级行动计划（2015 ~ 2020 年）的通知》（鲁政办发〔2015〕13 号），山东省人民政府网站，http：//www. shandong. gov. cn/art/2015/10/27/art_100139_8858553. html。

[16] 《2019 年山东省国民经济和社会发展统计公报》。

[17]《2019 年内蒙古自治区国民经济和社会发展统计公报》。

[18] 《2019 年河南省国民经济和社会发展统计公报》。

[19] 王银：《陕甘宁蒙资源富集区产业同构评价及优化机制研究》，宁夏大学，硕士学位论文，2018 年。

[20]《生态保护与协同创新，助推黄河流域高质量发展》，《河南日报》2019 年 10 月 29 日。

第五十章　西部工业高质量发展

提　要

“十三五”以来，西部地区工业发展呈较好走势，推动了西部经济社会持续发展。西部工业发展具有以下特征：工业增速相对较快、主要省市工业稳定增长、新兴产业的引领作用不断增强、创新型区域助力工业速度提升。推动西部工业增长的动力来自：党中央、国务院持续推动西部大开发的政策支持，基础设施建设带来营商环境改善，科技创新能力得到一定程度释放，积极推动对外开放，主动承接国内外产业转移，充分发挥省会城市的核心引领作用等。但是，西部工业发展也存在突出问题：个别省区工业出现严重滑坡；一些省区产业转型升级缓慢；一些省区固定资产投资稳定性较差；规模以上工业企业创新动力不强；等等。这些都对西部工业高质量发展构成实质性约束。深入实施西部大开发战略，需要在“十四五”时期积极寻求四大定位，实施“3533”发展战略，充分利用五大发展优势，采取一系列积极举措：创造有利于西部工业发展的政策环境，毫不动摇地推动西部改革开放，积极实施创新驱动发展战略，实施积极地投资促进政策，采取有力措施深化西部大中型企业体制机制改革，创造有利于产业发展的生态环境，重视发展围绕工业的配套服务，切实做好统计工作。

*　　　　*　　　　*

2020年5月，在国家刚刚稳定渡过新冠肺炎疫情防控危机，西部大开发重大战略实施20周年，全国走向“十四五”发展新阶段前夕，《中共中央国务院关于新时代推进西部大开发形成新格局的指导意见》正式向国内外发布。这一政策文件，揭开了“十四五”时期继续深入实施西部大开发战略的序幕，标志着党中央、国务院进一步推动西部经济社会发展的信心与决心。在“十四五”时期推动西部大开发，需要深入贯彻新发展理念，进一步夯实西部地区工业化基础。要把政策优势与资源优势转化为工业发展优势，同时重视做大规模与提升质量，双向促进特色产业与军工产业，把对内开放与对外开放结合起来，把创新发展与结构优化结合起来，积极促进西部工业高质量发展。

一、“十三五”以来西部工业增长新格局

“十三五”以来，在以习近平为核心的党中央坚强领导下，西部地区工业保持了一定的增长，出现了一些具有西部特点的变化，工业对西部地区的经济增长起到了积极的推动作用。

1. 大部分省区工业保持了适度增长

在全国经济进入新常态以后，国家工业增长出现了逐步下行的走势。“十二五”末期的2015年，全国工业增速达到6.1%，但是到2019年，全国工业增速已经降低到5.7%。经济政策的操作重点也由防过热转向保稳防滑，这与21世纪前十年全国工业增速动辄10%以上的格局形成鲜明对照。

在全国整体工业下行走势中，从增长速度指标看，西部12个省份工业增长基本保持稳定。进入“十三五”以来，西部地区的工业增长速度整体上快于全国增长速度，成为区域板块中变化的亮点。相对来说，西南地区工业增长稳定性更好。2016~2019年，四川、贵州、云南各年度增长速度都稳定快于全国平均水平（见表50－1）。从统计指标看，西北地区工业规模较小的青海、宁夏两省区，各年度增长速度也稳定超过全国平均水平。在2016~2019年的四年中，西藏自治区有三年工业增长速度超过10%，一度成为全国工业增长新星。2020年第一季度，受新冠肺炎传播扩散的影响，全国各地采取停工停产措施，出现工业大幅度负增长的普遍情况。但西藏地区基本未受新冠肺炎疫情影响，贯彻党中央、国务院指示精神，及早推动复工复产，成为第一季度全国唯一一个实现经济正增长的省区，对鼓舞全国士气起到积极作用。

表50－1　“十三五”时期西部各省区工业增长速度　单位：%

地区＼年份	2016	2017	2018	2019
全国	5.7	6.2	6.1	5.7
内蒙古	7.0	3.6	6.9	6.0
广西	7.3	6.8	4.7	4.3
重庆	10.2	9.4	1.1	6.4
四川	7.6	8.3	8.1	7.9
贵州	9.9	9.5	9.0	9.6
云南	6.5	10.3	11.6	8.1
西藏	12.2	10.4	12.0	5.1
陕西	6.8	8.1	9.0	5.1
甘肃	6.4	1.5	4.3	4.9
青海	7.4	6.8	8.6	6.9
宁夏	7.3	8.4	8.1	7.4
新疆	6.9	6.1	3.9	4.5

资料来源：国家统计局网站、各省市统计公报。

2020年上半年，全国工业遭受新冠肺炎的严重影响，规模以上工业增加值增速只有－1.3%，但整个西部地区工业增长表现相对良好。除了内蒙古、广西、云南三省区工业增长为负值外，其余省份工业都保持正增长，新疆、甘肃、宁夏西北三省区工业增长速度达到全国前三（见图50－1）。

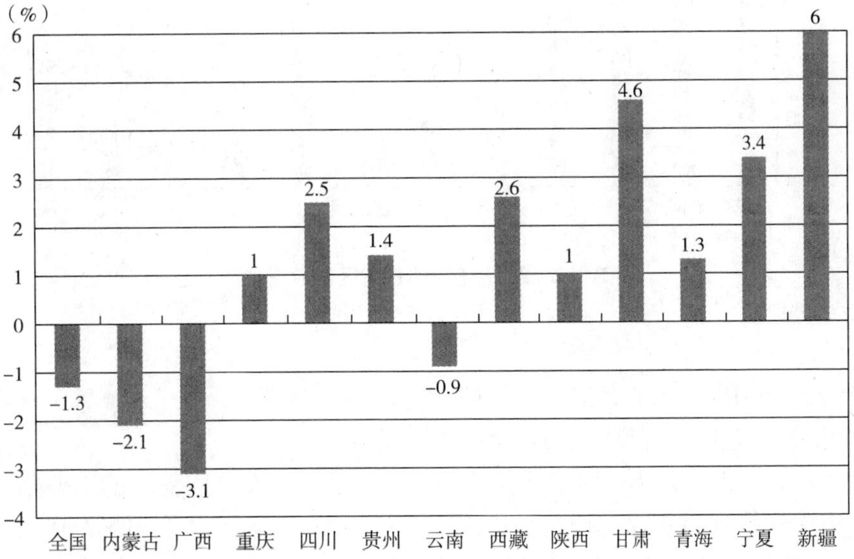

图50－1　2020年上半年西部各省区规模以上工业增长速度

资料来源：国家和各省统计部门发布。

2. 重点省市在西部工业增长中的中流砥柱作用比较突出

近年来，西部地区经济增长平衡性不足，增长的轮动性比较明显。进入21世纪，内蒙古工业增长十分活跃，煤炭、电力、奶业多点开花，轻重工业并举，形成强劲增长的内蒙古模式。进入21世纪后的第二个10年，贵州以大数据为代表的信息产业异军突起，带动了贵州新兴产业领域的经济增长，形成独特的贵州现象。近几年，工业基础薄弱的西藏工业快速增长，让人眼前一亮，有了后发制人的意味。不过，值得注意的是，四川、陕西、重庆等规模较大的省市，对推动西部工业稳增长意义尤其重大。

西部各省区资源禀赋差距较大，发展基础不同，工业基础、工业结构、企业创新等能力各不相同，对整个西部工业贡献与影响不同。2017年，西部工业“前三强”四川、陕西、重庆工业增加值之和达到26855亿元（见图50－2），占当年西部工业增加值（53130亿元）的比重达到50.55%。可见，四川、陕西、重庆三地工业的稳定增长，对夯实西部工业增长基础的意义重大。2020年上半年，在全国工业增长为负值的情况下，重庆、四川、陕西工业都保持了正增长，提升了西部工业在全国的影响力。

四川、陕西、重庆位于我国偏东的位置，在历史上就是国家重要的经济区，进入“十三五”以后，工业、科技、贸易等资源丰富的优势得到进一步释放，工业保持稳定增长。从2019年看，四川省工业增加值增长率达8%，超过全国工业增速2.3个百分点。在四川省的41个工业行业大类中，有37个行业增加值实现正增长。重庆、陕西工业也都保持了稳定增长趋势，各自形成独特的增长点。比如，重庆九大支柱产业八增一降，结构整体优化。汽车工业虽有下降，但是降幅在后期有所收窄。

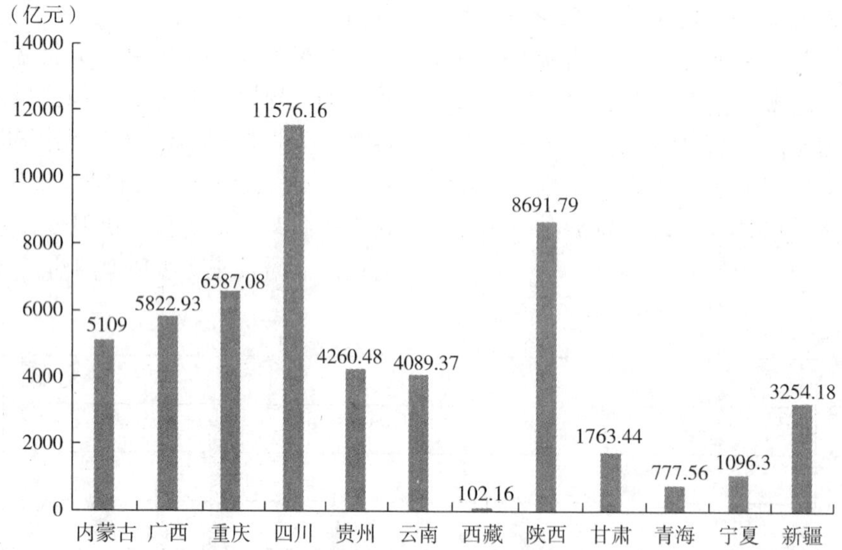

图50－2 2017年西部各省区工业增加值

资料来源：国家统计局网站。

2020年前半年，在国内外工业普遍走势不好时，西部部分省市走势抢眼，引起舆论界关注。重庆市超越一线城市广州，跻身全国城市第四位，在4个直辖市中经济唯一实现正增长；陕西省会西安市的经济增速，位居全国副省级城市榜首。

3. 新兴产业在西部地区工业增量增长中贡献明显

近年来在全国层面的工业增长中，新兴产业表现亮眼。2019年全国规模以上工业增长中，战略性新兴产业增加值比上年增长8.4%，高技术制造业增加值比上年增长8.8%，成为拉动工业增长的重要力量。西部地区各省也有同样表现。比如，2019 年，重庆市高技术制造业增加值和战略性新兴制造业增加值分别增长 12.6%、11.6%，占全市规模以上工业增加值的比重分别达到 19.2% 和 25%；2019 年，四川省工业增长中计算机、通信和其他电子设备制造业增长 12.1%，铁路、船舶、航空航天和其他运输设备制造业增长 11.9%，高技术制造业增长 11.7%。新兴产业在另一个工业重省陕西的增长贡献也大同小异。根据陕西省统计局提供的信息，2019 年陕西战略性新兴产业增加值增长 8.1%，占 GDP 的比重为 10.7%，高于 GDP 增速 2.1 个百分点；高技术产业增加值较上年增长 11.1%，高于规模以上工业增加值增长率 5.9 个百分点，占规模以上工业增加值的比重达到 10.8%，较上年提高 1.1 个百分点。

新兴产业对工业增长的驱动与贡献，在西部一些高新技术产业开发区表现得尤其明显。2020 年 1 ~ 6 月，新冠肺炎对全国各地工业造成巨大的冲击。在发展不确定、不稳定性因素增大的情况下，西安高新区逆势而上，积极推动优势产业增长，抵御了其他产业下滑的影响。统计显示，2020 年 1 ~ 6 月，西安高新区规模以上工业增加值增速高达 23.3%，分别高于全省、全市 22.3 个和 17.1 个百分点。在西安高新区快速增长的产业中，战略性新兴产业产值增长 23%，高新技术产业产值增长 35%，半导体制造业产值增长 76.5%，新能源制造业产值增长 46.5%。

4. 新兴增长区域带动工业发展的引擎作用十分突出

工业化的推动依托于新兴产业增长，而新兴产业发展要求密集型的人力资本、创新要素和政策的投入。高新技术产业开发区作为集聚资本、技术、知识、政策的承载区域，对于加快技术成果转化推动新兴产业发展起到重要作用。在西部地区，国家级高新技术产业开发区虽然总量不多，少于中部地区；西部地区高新区营业收入、工业总产值、净利润等指标也低于中部地区，经济规模与中部地区存在一定差距。但在 2018 年，上缴税费、出口总额、资产规模等指标已经超过中部地区（见表 50－2），显示出西部地区高新区对工业增长的贡献并不弱于中部地区。

表 50－2　2018 年全国四大板块高新区发展主要指标　单位：个，亿元

	全国	沿海地区	中部地区	西部地区	东北地区
国家高新区数量	169	70	44	39	16
高新技术企业数	62792	43123	9969	7649	2051
营业收入	346213.88	213538.61	61294.18	54030.57	17350.51
工业总产值	222525.51	125660.67	46717.08	37206.32	12941.44
净利润	23918.10	15077.45	4046.95	3472.13	1321.57
上缴税费	18650.50	10836.95	3026.46	3313.79	1473.31
出口总额	37263.77	26822.26	4319.53	5238.51	883.47
年末资产	527817.47	344617.57	78340.27	84397.72	20461.92
年末负债	301431.87	195064.64	44587.51	50075.16	11704.56

资料来源：科学技术部火炬高技术产业开发中心：《2019 中国火炬统计年鉴》，中国统计出版社 2019 年版。

推动创新型产业集群建设，近年来成为中央与地方政府推进工业增长的重要抓手。西部地区也不遑多让，积极以创新型产业集群建设提高本地产业竞争力。根据科技部提供的统计数据，2018 年，西部地区的创新型产业集群数量少于中部，进入创新型产业集群的高新技术企业数量略高于中部地区，但是除了净利润一项西部地区低于中部地区外，从营业收入、出口总额、上缴税费等指标看，西部地区的创新型产业集群都明显好于中部地区（见表 50－3），显示西部地区在创新型产业集群建设上卓有成效。

表 50-3 2018 年全国四大板块创新型产业集群建设状况 单位：个，亿元

	全国	沿海地区	中部地区	西部地区	东北地区
入统集群数	109	59	21	19	10
高新技术企业数	9065	4924	1539	1591	1011
营业收入	55413. 42	36135. 71	7346. 77	8530. 53	3400. 40
出口总额	9124. 81	5313. 36	1136. 43	2340. 24	334. 77
净利润	4568. 35	3290. 19	583. 65	539. 17	155. 33
上缴税费	3262. 33	2153. 85	369. 88	467. 81	270. 79

资料来源：科学技术部火炬高技术产业开发中心：《2019 中国火炬统计年鉴》，中国统计出版社 2019 年版。

二、西部工业开发的基本经验

西部工业的发展之所以能够取得进展，并且在经济下行的压力下保持较快增长，归因于一系列内外因素的支持。

1. 党中央、国务院坚定不移地实施西部大开发战略

自 2000 年实施西部大开发战略以来，党中央采取了一系列重大积极的政策支持西部开发和发展事业。江泽民、胡锦涛、习近平同志都多次前往西部地区考察，发表诸多关于促进西部大开发的重要讲话、指示和批示，在延续和稳定西部大开发政策同时，不断完善和优化西部大开发思路。20 年来，党中央、国务院出台了诸多关于西部大开发指导意见、发展规划、政策思路，推动西部经济社会发展。《中共中央国务院关于新时代推进西部大开发形成新格局的指导意见》，标志着西部大开发政策实施的新阶段。

21 世纪前 10 年的西部大开发，党中央倡导支持特色优势产业发展，增强西部产业竞争优势。《西部大开发“十三五”规划》提出，“培育现代产业体系”具体包括四个方面内容：增强产业发展的要素支撑；推动传统产业转型升级；推动战略性新兴产业突破发展；引导现代服务业有序发展。2020 年，《中共中央国务院关于新时代推进西部大开发形成新格局的指导意见》专列段落申论“推动形成现代化产业体系”，明确提出“推动发展现代制造业和战略性新兴产业”。

2. 实施了大规模基础设施建设

2000 年以来，中央政府一直重视西部地区的机场、铁路、高速公路、港口、桥梁、隧道等建设，不断增进西部地区的可进入性，推动西部工业品通过越来越便利的物流设施走向全球。根据国家发展和改革委员会发布的《2018 年全国固定资产投资发展趋势监测报告及 2019 年投资形势展望》表明，2018 年，西部地区拟建项目同比增长 26.3%，其中基础设施拟建项目同比增长 17.6%，增速在四大板块中位居第一。国家发展和改革委员会相关负责人指出，“十三五”时期，中央政府高度重视的十大高速铁路通道建设，都与联通西部息息相关。其中包括：贯通乌鲁木齐至连云港、昆明至上海、昆明至广州的 3 条高速铁路通道；建设呼和浩特至南宁、昆明至北京、包头银川至海口、银川至青岛、兰州西宁至广州、兰州至北京、重庆至厦门 7 条高速铁路通道。2020 年，在《中共中央国务院关于新时代推进西部大开发形成新格局的指导意见》中，进一步提出重视西部基础设施建设，明确提出加快川藏铁路、沿江高铁、渝昆高铁、西（宁）成（都）铁路等重大工程规划建设。

随着国内高水平基础设施建设向西部的延伸，以及中国与“一带一路”沿线国家的互联互通从西部沿边地区突破，西部地区基础设施的通达性、等级性、均衡性都得到极大提高，西部地区的可进入性进一步提高，西部地区营商硬环境

相应得到很大改变，基础设施匹配和支持西部工业发展的能力进一步增强。

3. 重视推动西部地区的技术创新

近年来，西部地区充分重视发挥创新驱动发展作用，重视把创新优势转化为产业优势。创新发展居五大发展理念之首，在推动工业高质量发展中具有重要意义。在西部大开发中，各地政府和企业日益认识到，引进新设备、应用新技术、采用新工艺、选拔新人才、生产新产品，可以带来西部工业的巨大变革。2013～2018 年，在全国研发经费投入中，沿海地区曾在短期内大幅度增长，但前后变动不大；中部地区与西部地区稳定增长，在全国占比明显上升；东北地区在全国占比下降明显（见表 50－4）。

表 50－4　2013 年以来全国四大板块 R&D 经费投入占比　　单位：%

年份 / 地区	2013	2014	2015	2016	2017	2018
沿海地区	66.89	67.23	67.95	68.19	67.5	67.03
中部地区	14.95	15.2	15.15	15.17	16.02	16.71
西部地区	11.99	11.99	12.22	12.4	12.48	12.66
东北地区	6.17	5.59	4.68	4.24	4	3.61

资料来源：《中国工业发展报告》（2019）、《中国科技统计年鉴》（2019）。

就中部地区与西部地区相比较，中部地区资源要素配置和发展条件好于西部。中部地区邻接沿海，在大量生产要素从沿海就近流入中部地区的情况下，中部地区经济总量指标高于西部地区。2019 年，中部地区与西部地区生产总值占全国的比重分别为 22.2% 和 20.8%。但西部地区省份多，空间大，各地资源要素差异性大，技术需求数量巨大。从 2018 年统计数据看，西部地区技术交易成交状况要远远好于中部，无论是输出技术成交额还是吸纳技术成交额，都高出中部地区 20% 以上（见表 50－5）。

表 50－5　2018 年中部地区、西部地区和东北地区技术市场成交状况　　单位：亿元

	输出技术成交额	吸纳技术成交额
中部地区	2222.9	2243.9
西部地区	2928.5	3537
东北地区	982.4	865.8

资料来源：科学技术部火炬高技术产业开发中心：《2019 中国火炬统计年鉴》，中国统计出版社 2019 年版。

尤其是陕西、四川作为高等院校与科研院所密集的省份，创新成果在国内外具有一定地位，近年来，更是积极推动科技创新成果市场化改革，进一步强化产学研按市场化模式进行合作，技术创新能力得到充分释放。2018 年，陕西和四川两省都成为输出技术成交额的千亿大省，技术输出规模明显大于吸纳技术规模，两省的技术创新成果对西部乃至全国都有一定贡献。相比之下，西部唯一的直辖市重庆的技术创新释放能力略弱，输出技术规模与甘肃省差异不大，吸纳技术成交额与陕西、四川、贵州并列为 500 亿元规模“四强”，吸纳技术成交额明显高于输出技术成交额（见图 50－3）

4. 积极促进西部地区对外开放

“一带一路”尤其是丝绸之路经济带的建设，把西部地区从开放的后方推到开放前沿，西部地区因响应这一重大倡议，深入推动沿边开放、重点省区开放和内陆开放试验区建设，建立西部地区与全球化的新连接。

在新的历史时期参与全球化中，西部利用优越的地理区位，参与“一带一路”地区进出口贸易。对外出口不仅把西部地区的产品推向“一带一路”，也为西部工业发展乃至就业和税收增加创造了机遇，出口引领工业发展的作用进一步显现。2016～2019 年，西部 12 个省区市中，9 个省区市对外出口出现了大小不等的增长，沿边地区内蒙古、新疆、西藏、云南、广西五省区全部呈正增长。尤其是，短短 4 年中，广西、重庆、四川三省区市出现了千亿元以上的出口增长，四川省的出口增幅甚至高达 2000 亿元以上（见表 50－6）。

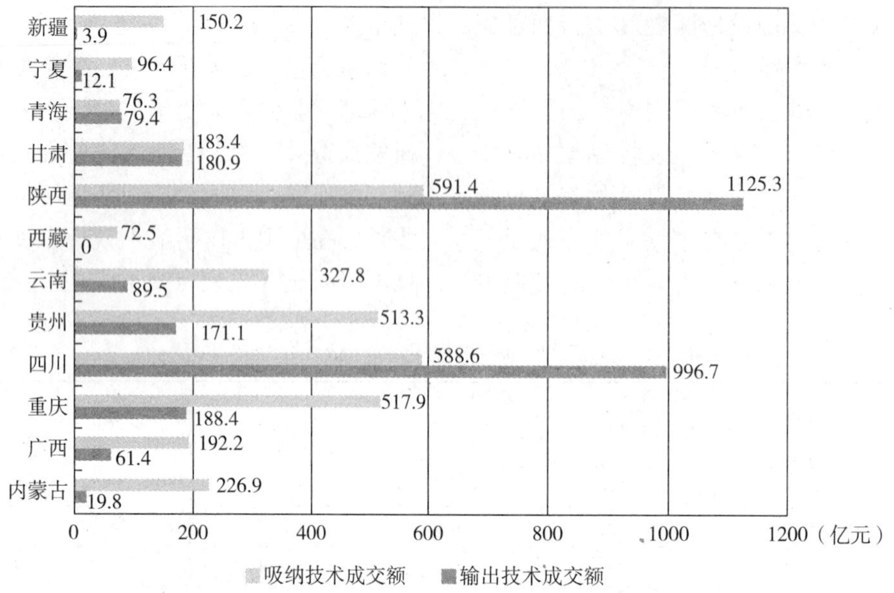

图 50－3 2018 年西部各省区输出技术与吸纳技术成交额

表 50－6 2016 年、2019 年西部各省区对外出口额

单位：亿元

省区	2016 年	2019 年
内蒙古	295.3	376.8
广西	1523.83	2597.15
重庆	2677.96	3712.92
四川	1856.4	3892.3
贵州	314.00	327.14
云南	115.82	150.22
西藏	31.24	37.45
陕西	1044.61	1873.27
甘肃	268.2	131.4
青海	90.29	20.2
宁夏	165.45	148.92
新疆	1186.9	1263.08

注：四川、新疆 2016 年、2019 年的出口数据按当年汇率做了换算。

资料来源：2016 年、2019 年各省区统计公报。

对外出口还反映出工业的结构变化与产业升级状况。2019 年，重庆市在 3712.92 亿元的对外出口中，机电产品出口达到 3337.44 亿元。而在机电产品出口中，高新技术产品出口高达 2690.87 亿元，笔记本电脑的出口高达 1486.16 亿元。

5. 主动承接国内外产业转移

进入 2010 年以后，贵州从无到有地发展起大数据产业，给外界留下深刻印象。信息产业不因贵州经济落后，只因政府营造了良好的投资环境而扎堆发展，改变了人们对落后地区不能发展技术密集型产业的固有印象。近年来，在贵州落户的世界知名企业已经达到 150 多家，推动了贵州战略性新兴产业发展。苹果公司将 iCloud 服务转由云上贵州大数据产业发展有限公司负责运营；华为、腾讯、阿里巴巴以及三大电信运营商纷纷在贵州建立数据中心。在大数据产业引领下，其他产业也纷纷转向贵州。比如，湖南的打火机产业转移到贵州；原在沿海的吉他生产基地转移到贵州正安县。

把沿海地区的对口援助、产业转移与西部地区低成本的劳动力和丰富的自然资源等结合起来，可以实现互助基础上的双赢。众所周知，全国整体脱贫的重点和难点在西部地区。在推动西部地区与全国同步脱贫中，除了中央政府对西部地区反贫困政策支持外，来自沿海地区的对口援助、对口支援、合作共建等模式起到了积极作用。习近平同志在福州和福建省担任领导时，曾经积极推动闽宁合作项目，加强对宁夏贫困地区的对口支援，这些援助项目发挥了较好的增长与就业带动效果，成为推动宁夏南部地区经济社会发展的重要动力。数据显示，2018 年，在宁夏注册的福建企业多达 5600 多家，提供就业岗位近 5 万个。2018 年，宁夏与福建企业签订合作协议 44

个，计划投资171.1亿元，当年到位资金60.7亿元，帮助宁夏实现19.3万人脱贫。在推动下一步合作上，福建省经济和信息化委员会承诺，将继续帮助引进装备制造业、电子信息产业、轻工、中药深加工、特色农产品、纺织服装、食品加工等领域产业转移类企业到宁夏南部山区投资建厂。

在2020年7月“中国区域经济五十人论坛”中，曾担任过浙江省发改委主任的刘亭教授指出，浙江曾经援助了新疆、四川汶川、青海等地的建设项目，支持西部地区的工业发展，浙江的企业也在对口支援西部中获得了发展机会。

6. 注重发挥省会城市核心引领作用

陕西、四川、内蒙古、广西等省区都注重发挥省会或者首府城市在院校众多、创新能力强等方面的优势，进一步增强省会或者首府城市在区域经济中的影响力。比如，2019年11月，广西壮族自治区召开强首府战略会议，明确提出实施工业强市战略，积极打造区域性高技术产业和先进制造业基地，把更多政策资源匹配给南宁市，积极支持工业要素向南宁集聚，进一步提高南宁市在广西工业中的引领作用。

四川省不仅发挥成都市在工业创新发展中的核心作用，还注重优化成都市内部布局。成都市利用四川省全面深化改革试验区建设和国家自主创新示范区建设的机遇，积极推动成都市以电子信息产业为主的战略性新兴产业的发展。近年来，成都市积极构建由高新区西区、郫都区和电子科技大学共同组成的核心功能区，并在高新区南区和双流区等打造多个产业协同发展区。其中，主导功能区重点打造集成电路、新型显示、智能终端和网络通信四个产业生态圈；成都高新区还与电子科技大学合建协同创新平台，构建集生产、生活、生态于一体的“三生融合”的电子信息产业功能区。

三、西部地区工业增长面临的突出问题

应该说，西部地区的工业发展现状距离高质量发展还有较大距离，甚至一些省区维持低质量发展也有问题。具体表现在：

1. 部分省份工业表现为事实上的负增长

根据《青海统计年鉴》（2018）相关数据，2016年青海省全部工业增加值达到901.68亿元。但根据2019年《青海省国民经济和社会发展统计公报》，2019年青海全部工业增加值为817.49亿元。这意味着，在2016~2019年，青海省工业出现严重滑坡（见图50-4）。但此类工业发展走势变坏的情况，没有引起人们的足够重视。需要指出的是，“十三五”时期工业滑坡现象在西部地区并非只有青海一例，在其他省区也存在明显的工业滑坡现象。根据各省区年鉴和统计公报数据，近年来，广西（见图50-4）、内蒙古等省区工业增加值也都出现了一定程度的滑坡。但令人匪夷所思的是，在相关省区每年的统计公报或者年报数字中，都有工业增长速度为正的记载，甚至在工业增加值绝对值下降的省份如青海中，各年度统计公报反映的增长速度并不低。这从一个侧面显示，一些省区统计数字已经存在难以解释的乱象。还要指出的是，以往各省区在工业增长形势较好，年度统计公报公布时，工业绝对值指标与增长率指标会同时出现。近年来一些省区在公布统计公报数据时，工业数据发布越来越带有选择性，换句话说，更多地采用工业增长速度指标，而在工业绝对值指标上留下空白。另外，不少省区数值不能正常按时发布出来，这除了数值核算本身因素外，不少省区存在日益频繁的工业数据不支撑政绩问题。

2. 部分省区工业行业结构乃至企业结构都有待优化

工业发展中的二元结构不仅在各个省区都存在，在不少省份中传统产业所占比重较大，产业转型升级慢，影响到省区工业增长，进而对西部地区的结构变化产生负面影响。以甘肃省来说，直到2019年，石化、食品、电力工业三大类产业占整个工业的比重高达60%，但是，机械、电子、医药三类带有一定新兴特征的产业增加值之和占甘肃工业的比重还不到6%，甚至低于食品工业这一

单一产业（见图 50 -5）。经济进入新常态后，在各地工业越来越多地依赖于战略性新兴产业和高技术制造业支撑的背景下，新产业、新产品、新市场的拓展成为振兴区域工业的重点。在这一背景下，甘肃传统工业规模较大、新兴产业发展不足的格局，不利于甘肃工业的快速增长。

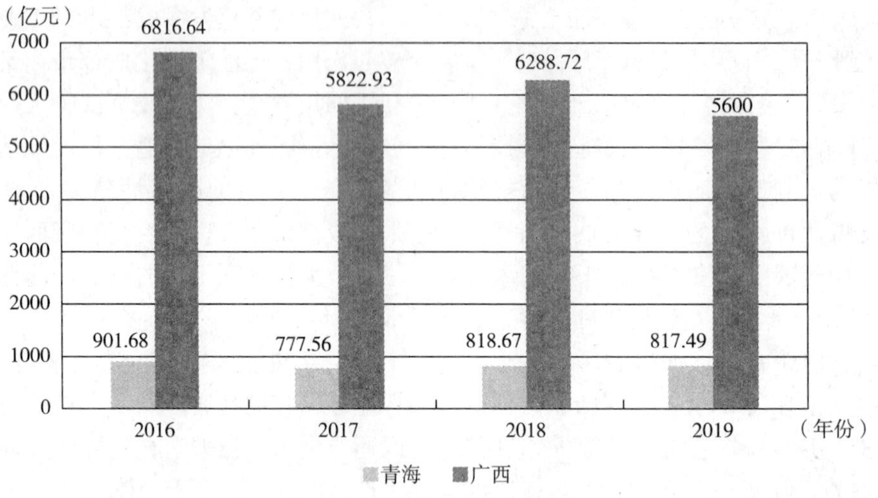

图 50 -4 2016 ~ 2019 年青海与广西工业增加值变化

注：广西 2019 年工业增加值是根据 2018 年工业占第二产业增加值比例，结合 2019 年第二产业增加值的推算数；青海 2019 年工业数值为统计公报数值。

资料来源：《广西统计年鉴》（2019）《青海统计年鉴》（2019）。

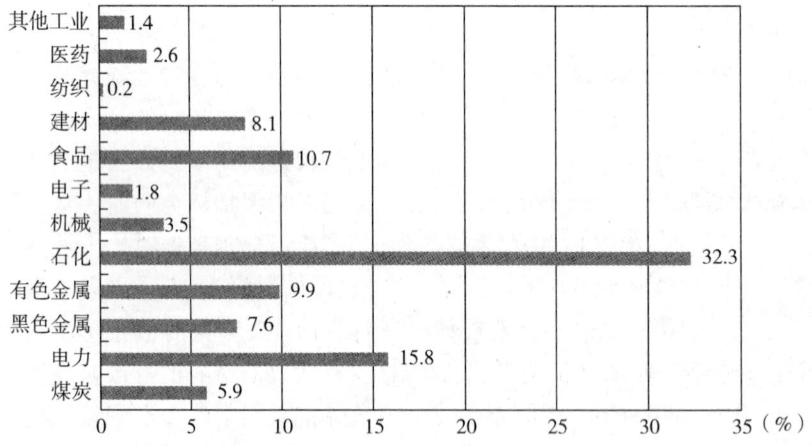

图 50 -5 2019 年甘肃省各类工业占规模以上工业增加值比重

资料来源：《2019 年甘肃省国民经济和社会发展统计公报》。

但与此同时，也要看到，有一些省份新兴产业增长不稳定，大起大落现象明显。比如，2019 年在青海工业发展中，专用设备制造业、电气机械和器材制造业快速增长，但电子计算机、通信和其他电子设备制造业出现负增长。关键在于，像青海这样的西部省区，工业中大多数行业经济规模小，单个企业市场影响较大。一旦个别企业因为市场开拓或者经营管理遭遇困难，生产经营状况快速转好或者转坏，就会直接影响到整个行业的增长，出现局部变化带动整体变化的结构转型。

3. 诸多省区固定资产投资增长不稳定

工业增长对固定资产投资的依赖性较大，有投资与有增长通常相互关联。当一个省区固定资产投资下降甚至出现负增长时，必然会影响到下一阶段的工业增长。从“十三五”数据看，西部有较多的省区固定资产投资下降比较明显，甚至不少省区出现负增长。西藏自治区 2017 年、2018 年固定资产投资增长速度都高达 20% 以上，但是到 2019 年已经倒转为负增长。从表 50－7 可见，内蒙古、甘肃、新疆等省区“十三五”以来多次出现固定资产投资增速为负的现象。这表明，下一个阶段上述省区工业增长情况不是很乐观。

表 50－7　“十三五”以来西部各省区固定资产投资增速　单位：%

省区＼年份	2016	2017	2018	2019
全国	8.1	7.2	5.9	5.4
内蒙古	10.1	－7.2	－28.3	6.7
广西	12.8	12.8	10.7	9.6
重庆	12.1	9.5	7.0	5.6
四川	13.1	10.6	10.2	8.6
贵州	21.1	20.1	15.8	8.9
云南	19.8	18.0	11.6	8.5
西藏	23.2	23.8	9.9	－2.2
陕西	12.3	14.6	10.4	2.5
甘肃	10.5	－40.3	－3.9	6.6
青海	9.9	10.5	7.3	5.0
宁夏	8.2	3.0	－18.2	－10.3
新疆	－5.1	20.0	－25.2	2.5

资料来源：国家统计局：《2020 中国统计摘要》。

4. 西部地区规模以上工业企业技术创新活动开展不够

创新是工业企业赢得竞争的重要手段，也是在微观层面形成西部大开发新动力的重要内容。规模以上工业企业在区域经济中影响较大，这一类企业创新活动开展状况如何，与工业经济活跃程度存在较大相关性。但是，统计数据显示，在各地规模以上工业企业中，对于有研发机构的企业数、有 R&D 活动的企业数、R&D 人员、R&D 人员全时当量、R&D 经费内部支出、R&D 经费外部支出等指标衡量，西部地区规模以上工业在各类指标数上不仅远远落后于沿海地区，也一定程度上落后于中部地区（见表 50－8）。

表 50－8　2018 年全国四大板块规模以上工业企业研发投入基本情况

地区	有研发机构的企业数	有 R&D 活动的企业数	R&D 人员	R&D 人员全时当量（人年）	R&D 经费内部支出（万元）	R&D 经费外部支出（万元）
全国	72607	104820	4261170	2981234	129548264	8699801
沿海地区	56479	71522	2885473	2088018	86976795	6244875
中部地区	11450	21606	810597	537260	24674934	1326767
西部地区	3959	9550	442002	278588	13709826	748651
东北地区	719	2142	123098	77368	4186709	379508

资料来源：《2019 中国科技统计年鉴》，中国统计出版社 2019 年版。

另外，根据国家权威统计，在规模以上工业企业创新活动开展方面，从开展创新活动的企业比例、实现创新的企业在开展创新活动企业中占比、同时实现四类创新的企业占比三类指标看，西部不仅落后于沿海，落后于中部，还落后于全国平均水平（见表 50－9）。

表 50－9　2018 年全国四大板块规模以上工业企业开展创新活动占比　单位：%

地区	开展创新活动的企业比例	其中：实现创新的企业占比	其中：同时实现四类创新的企业占比
全国	40.8	38.2	8.1
沿海地区	43.1	40.6	8.7
中部地区	40.1	36.2	8.4
西部地区	36.4	34.7	6.3
东北地区	26.9	25.4	4.6

资料来源：《2019 中国科技统计年鉴》，中国统计出版社 2019 年版。

创新水平与创新能力的衡量，要从创新产业方面加以体现。从规模以上工业企业创新活动的产出指标如新产品销售收入、专利申请数、发明专利数、有效发明专利数四项指标看，西部地区规模以上工业企业的相关数值，明显低于沿海地区，甚至较大幅度低于中部地区（见表 50－10）。

表 50 - 10 2018 年全国四大板块规模以上工业企业创新产出状况

地区	新产品销售收入（万元）	专利申请数（件）	发明专利数（件）	有效发明专利数（件）
全国	1970940694	957298	371569	1094200
沿海地区	1347798469	681754	262802	794185
中部地区	401528906	170267	67095	166028
西部地区	156957023	86695	33703	103578
东北地区	64656296	18582	7971	30409

资料来源：《2019 中国科技统计年鉴》，中国统计出版社 2019 年版。

5. 部分省区原材料工业增长较快，加剧能源与环境压力

原材料产业部门是重要的工业部门，对维护工业整个产业链、价值链稳定安全，推动基础设施建设都具有重要作用。但是，原材料产业在国内存在着一定过剩，同时原材料工业区域性发展也会加重能源消耗与环境压力。近年来材料产业在西部一些省区增长较快。比如，重庆、四川、贵州、云南等省市非金属矿物制品制造业、黑色金属冶炼和压延加工业、有色金属冶炼和与压延加工业都增长较快，对稳定工业增速起到重要作用。但是，原材料工业的增长，也带来资源消耗增加和密集型的能源投入，带来资源快速消耗，加剧环境污染治理难度。2019 年，西部地区水泥产量达到 79670.4 万吨，占全国水泥产量的 33.9%，农用化肥产量 2817.8 万吨，占全国农用化肥产量的 49.17%。

四、“十四五”时期西部工业高质量发展五大优势

从目前的走向看，“十四五”时期西部工业增长趋势会继续保持。推动西部地区工业发展，有诸多有利条件可以利用，有许多优势可以发挥。在推动西部工业发展方面，应该寻求四大定位，实施“3533”发展战略，充分利用五大发展优势，更好优化西部的资源配置。

西部地区应该乘国家新一轮大开发政策出台的东风，主动作为，积极进取，把政策优势与创新优势结合起来，把资源优势与开放优势结合起来，在西部地区打造四类工业发展区：全国工业增长的增量支撑区、有效集成资源要素实现工业跨界合作的融合发展区、创新驱动工业发展重要转型区、开放引领工业发展的前沿区。在推动建设制造强国、实现中华民族伟大复兴中，西部应作出更大贡献。

为推动西部工业发展，需要采用“3533”的发展战略，这就是“三强聚合、五边联通、三高引领、三创突破”。所谓“三强聚合”，就是要进一步发挥四川、陕西、重庆二省一市在西部地区工业中的核心作用，从全球范围、全国各地聚集优质生产要素向三地集中，进一步增强二省一市的工业发展能力，进一步提升二省一市工业在西部地区的影响力；“五边联通”，就是推动西部五个沿边省区内蒙古、新疆、西藏、云南、广西与国内外交通基础设施的进一步互联互通，为建设“一带一路”增强“政策沟通、设施联通、贸易畅通、资金融通和民心相通”创造条件，把沿边五省区从过去的工业封闭发展区变成工业开放发展区；“三高引领”，就是大力发展高新技术产业、高技术制造业和高水平军工产业，在促进战略性新兴产业发展、先进制造业发展方面不断突破，在优化结构中不断提升新兴产业对西部工业的贡献度；“三创突破”，就是积极推动体制机制创新、开放创新和技术创新。西部地区传统产业占比较大，受传统体制影响较大，应该进一步推动体制机制改革。西部地区的对外开放优势，因为“一带一路”建设得以突出，要把开放优势转化为对国内外合作优势，为此，必须坚定推进开放创新。在看到西部整体落后现状的同时，也要看到局部地区创新资源富集但创新成果利用效率不高的情况，必须在理顺创新成果产业化的体制机制上下功夫，把技术创新变成西部工业发展的重要驱动力。

为进一步促进西部工业发展，需要注重利用西部地区的五种发展优势。

1. 西部地区的特色优势资源有助于工业的进一步发展

西部地区占全国国土面积的70%，地大物博是西部地区的典型特征。各类矿产资源、光电资源、风力水力资源、农副产品资源、动植物资源都比较丰富，具有加工延伸转化为工业品的巨大潜力。西部这一优势十分明显，非全国其他板块可以比拟。西部地区资源优势的存在，对布局工业具有一定吸引力。比如，新疆光照充足，雪山融化的地表径流丰富，有利于发展棉花产业。2019年，新疆的棉花产量达到500.2万吨，占全国当年产量的84.94%。依托资源建设下游加工工业，在新疆建立纺织、服装等产业，面向中亚、中东甚至北欧出口纺织服装产品，具有较大的发展想象空间。但是，目前新疆的布产量只有4亿米，不足全国产量的1%，这显示出新疆的轻纺工业产品具有较大的资源转化潜力。

2. 西部重点省市的创新优势

创新推动工业发展的潜力将得到持续挖掘。通过多年的改革开放，西部地区的科研院所、大专院校在装备制造、电子信息、新材料、生物医药等领域的创新成果不断涌现。在研发机构、研发人员投入等方面，西部地区比中部地区有明显优势（见表50－11）；在研发机构科技产出方面，西部地区也明显好于中部地区（见表50－12）。

表50－11　全国四大板块研发机构与R&D人员

地区	机构数	从业人员	R&D人员	R&D人员全时当量（人年）
全国	3306	783032	464292	412998
沿海地区	1369	405266	255168	225886
中部地区	708	122280	61036	53617
西部地区	949	212930	117615	107011
东北地区	280	42556	30473	26484

资料来源：《2019中国科技统计年鉴》，中国统计出版社2019年版。

表50－12　全国四大板块研究与开发机构科技产出

地区	国外发表论文数（篇）	出版科技著作数（篇）	发明专利申请数（件）	有效发明专利数（件）	专利所有权转让及许可数（件）	专利所有权转让及许可收入（万元）	形成国家或行业标准数（项）
全国	58840	5722	47740	151327	1958	98567	4299
沿海地区	42648	4009	29527	100235	1538	84325	3069
中部地区	4393	537	6132	17580	127	1530	509
西部地区	7383	1015	8137	23875	227	5762	542
东北地区	4016	161	3947	9637	67	6950	179

资料来源：《2019中国科技统计年鉴》，中国统计出版社2019年版。

但是，我们也要看到，西部地区的科技创新资源，主要集中于四川、陕西、重庆二省一市。陕西拥有西安交通大学、西北工业大学、西安电子科技大学、西北大学等著名学府和中国科学院、工信部的一些研究机构；四川拥有电子科技大学、四川大学等高校和中国科学院等一些研究机构的分支，重庆拥有重庆大学等知名学府。数据显示，2018年二省一市诸多科研投入与产出指标在西部地区所占比重超过60%（见图50－6），是西部科技创新的主力军。

3. 承接国内外产业转移的空间优势与成本优势

西部地区空间大、资源禀赋差异大，具有发展各类工业的巨大潜力，也具有承载产业转移的空间优势。从国家层面到省市政府层面，都支持建立承接产业转移示范区等平台，支持向西部地区的产业转移；西部地区的土地、水电、劳动力等成本相对较低，对来自沿海地区乃至国外的投资有巨大吸引力；全国各地对西部的对口支援政策、结对子政策、共建共享政策、飞地建设政策等，都可以应用于西部地区的承接产业转移政策实践中。

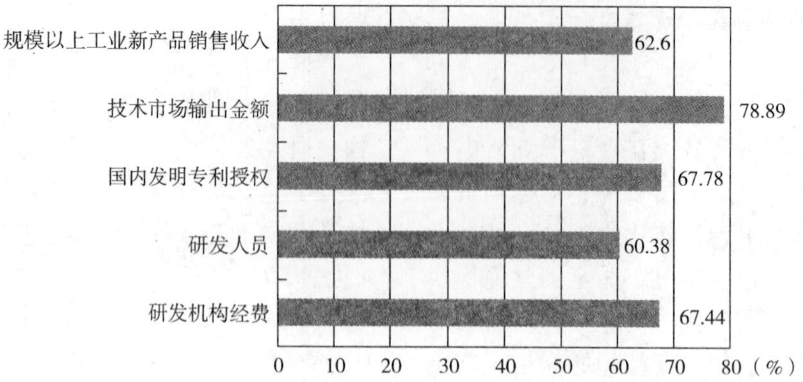

图 50 - 6 2018 年四川、陕西、重庆科研实力占西部地区比重

4. 军工产业进一步发展的潜力优势

通过多年的建设，陕西、四川等西部省份在军工领域形成一定竞争优势，两地军品生产对国家贡献巨大。随着国防订货增加以及军民融合体制机制改革的推进，军工产业对区域工业化的支持作用将进一步增强。近年来，陕西在航空、航天、兵器等产业领域发展迅速，在大型飞机、载人航天、探月工程、北斗导航等领域攻克多项关键技术，不断打破国外技术垄断，为国家做出独特贡献。四川在核工业、航空、航天、兵器、军工电子领域具有重要优势，川军军工在国防建设上创造了许多骄人业绩。

如表 50 - 13 所示，2012 ~ 2018 年，西部地区国防专利授权数占全国的比重由 22.09% 提高到 21.84%，依然保持全国第二的位置。西部国防研发大省陕西的国防专利授权数占全国的比重由 12.60% 提高到 15.14%。2012 ~ 2018 年，西部地区国防有效专利数占全国的比重由 25.39% 下降到 20.45%，但是仍然维持在 20% 以上的水平。西部在国防科研方面的能力仅次于沿海地区，远远高于中部地区；陕西在国防专利产出上的数量多年来一直保持在全国第二位，仅次于北京。推动国防领域技术创新成果产业化，做大做强国防工业和军民融合发展产业，可以把创新优势有效转化为产业化优势。

表 50 - 13 2012 ~ 2018 年全国四大板块国防专利产出状况

类别	年份 地区	2012	2013	2014	2015	2016	2017	2018
国防专利授权数	全国	4142	6027	10108	10786	6830	7243	5848
	沿海地区	2233	3486	5534	6186	3784	3904	2873
	中部地区	733	1032	1752	1610	1029	1076	481
	西部地区	915	1254	2365	2471	1681	1871	1277
	东北地区	261	255	457	519	336	392	348
国防有效专利数	全国	10340	15126	24336	34575	40812	40964	43646
	沿海地区	5135	7971	13133	19094	22585	22914	22993
	中部地区	1898	2715	4373	5871	6811	6794	3297
	西部地区	2625	3638	5656	7962	9466	9628	8921
	东北地区	682	802	1174	1648	1950	1628	2436

资料来源：《2019 中国科技统计年鉴》，中国统计出版社 2019 年版。

5. 政府官员重视工业的工作优势

经过多年改革开放实践，西部与沿海地区官员在政绩意识上的绝对差距依然存在，但相对差距已经大大缩小。所以在西部地区，我们可以看到诸如内蒙古加快资源转化的奇迹，看到诸如无中生有的贵阳大数据产业横空出世的奇迹，看到贵港招商引资带来先进制造业突飞猛进的奇迹。尤其是“双贵”模式（贵阳模式与贵港模式）的出现，说明西部官员借助外力促进本地产业提升发展的积极努力。西部许多城市已经明确了工业强市的政策管理方向与资源配置重点，把促进工业规模扩大、产业结构提升作为政府工作的重点，这都有利于“十四五”时期西部的工业发展。

五、促进“十四五”时期西部工业发展的若干建议

根据国内外工业发展的形势与趋势，结合西部工业发展的优势、问题与内外环境变化，形成促进“十四五”时期西部工业发展的政策建议。

1. 创造有利于西部工业发展的政策环境

推动西部工业高质量发展，需要更好地从中央推动区域协调发展的高度，认识西部工业化在西部大开发中的意义与作用，做好西部大开发“十四五”规划，尤其是重视加强西部工业发展专项规划的制定，为西部工业发展描绘发展方向，同时提出解决西部工业发展的若干突出问题。在全国经济布局中，可以根据西部的资源要素禀赋，把一些重大工业平台项目、工业创新基础设施项目、工业重大工程化项目放在西部，为推动西部工业化提供助力。同时，中央政府要与地方政府合作，不断优化西部地区的投资环境和营商环境，创造有利于西部工业发展的良好条件。

还要强调指出的是，工业是一个利润率相对微薄、竞争性更加激烈的行业，创造有利于西部实体经济尤其是工业经济发展的环境，还需要注重抑制各类社会成本的不正常上升。从宏观层面解决多年来一直存在的不平衡、不协调和不可持续性问题，从小处看有利于推进西部工业发展方略的实施，从长远看有利于中国改革开放强国利民的政策进行下去。

2. 毫不动摇地推动西部改革开放

在中国推动改革开放进程中，不乏西部地区改革成功的范例。最初的深化农业改革，推动的重要省份之一就是四川。党的十八大以来，中央采取了一系列全面深化改革的措施，不少改革政策从沿海延伸到西部，对于推动西部地区工业发展效率提升具有积极意义。与此同时，中央政府也重视在“一带一路”建设中推动西部地区对外开放。在《中共中央国务院关于新时代推进西部大开发形成新格局的指导意见》中，用了较多篇幅谈及积极参与和融入“一带一路”建设、强化开放通道建设、构建内陆多层次开放平台、加快沿边地区开放发展、发展高水平开放型经济、拓展区际互动合作等诸多内容。建立西部工业与国家层面推进西部改革开放政策实施的连接线，有助于把改革开放优势转化为西部工业发展优势。与此同时，西部工业也需要深化自身的改革开放，以适应整个西部改革开放的需要。

西部工业要在充分理解改革开放新形势新任务的基础上，把改革开放的优势转化为产业化发展优势。比如，更好地建设军民融合发展示范区，是重要的改革内容，有助于推动产业融合发展；建设好产业转移示范区，是一项重要的开放内容，有助于深化沿海与西部的区际互动合作，推动产业跨地区发展。

3. 积极实施创新驱动发展战略

推动西部地区的创新发展，要做好创新延伸发展、创新连接发展、创新应用发展的工作，使创新成为发展的一个环节，而不是成为发展末端。创新成果产业化转化，才能形成推动持续创新良性循环。为此，要从政策上和改革举措上重视西部工业的创新发展。

首先，可以考虑在西部增设国家级高新区。中部地区 6 个省份，44 个国家级高新区，平均每个省份在 7 个以上；西部地区 12 个省份，39 个高新区，平均每个省份只有 3.5 个。西部地区平

均每个省份拥有的高新技术产业开发区数量，不仅与沿海地区，甚至与中部地区相比都存在巨大差异。建议在新增国家级高新区的政策管理中，适度对西部地区国家级高新区进行数量扩容。像西安、成都、重庆这些技术创新能力很强的西部城市，都可以考虑设置第二国家级高新区，进一步释放城市的创新能力、创新活力与创新竞争力，推动城市科技创新成果工业化转化。

其次，要重视重点区域的创新突破。四川、重庆、陕西等地科技资源丰富，创新成果众多，具有承接国家重大科技创新项目的优势。要用好新型举国体制，支持西部在军工、高精尖产业方面的技术创新，在国家推动补短板、强化新兴产业上游瓶颈创新突破过程中，把一些重大科研攻关项目通过招投标等方式，交由创新专业化能力突出的西部研究团队承担。要深化重点地区科研院所体制机制改革，使科技创新成果转化的收益更多地向主要发明人转移，充分调动科技人员的创新积极性。

再次，要积极推动产业创新。尤其要重视在一些传统产业比重较大的省区，推动产业与技术的嫁接，以先进技术改造传统产业，使传统产业通过创新改造，衍生出新产品、新质量、新标准，推广到新市场。传统产业经过转型脱胎换骨，成为推动西部工业发展的重要支撑。

最后，要积极发育技术市场。鼓励西部地区对创新成果的需求进入市场得到反馈；使西部地区生产的创新成果，更多地在国内外市场得到转化和实现价值增值。要在市场化中注意保护知识产权，维护创新成果拥有者的合法权益。

4. 实施积极的投资促进政策

要在西部各地实施积极的投资促进政策，各地政府要在“十四五”时期制定适合于本地发展的产业目录，引导产业投资方向；要积极深化投资体制改革，加快从核准制向备案制的方向转变；可积极利用专业化、社会化的中介机构，加强招商引资工作；要动员鼓励企业扩大生产规模、进行技术改造和引进新的生产设备，促进重大工业投资项目尽快落地；要重视降低企业投资门槛，实施一站式办事模式；政府对投资环境实行承诺制，高效率解决企业在证照办理、税费减免等方面的问题。

5. 采取有力措施深化西部大中型企业体制机制改革

切实增强西部大中型企业的技术创新与创新转化能力。深化大中型企业体制机制改革，促使企业更加积极面对市场竞争，逐渐实现从要素驱动发展向创新驱动发展的方向转变。要加强对企业技术创新的考核力度，促使企业重视技术创新；鼓励企业对标国内外标杆企业，完善企业技术追赶路线，并在政策上加以支持；选拔素质过硬的优秀人才担任主管技术创新的企业高管，寻求多样化的技术创新突破；深化企业与研发机构、大专院校的战略性合作，鼓励采用先进适用技术与前沿技术，推动企业的技术创新与产业化；鼓励企业增加对创新活动的投入，围绕企业未来发展优化创新资源配置；加强对技术创新产业化的奖励，形成在创新突破上见贤思齐的氛围；坚决实施任期目标制，对那些作为不够、推动乏力、绩效较差的企业高管，实施能上能下的机制，坚决予以调整。

6. 创造有利于产业发展的生态环境

西部大开发的一个重要方向，就是创造有利于西部长期发展的良好生态环境。多年来，西部地区在退耕还林、退牧还草、停止陡坡开垦等方面取得积极进展，毛乌素沙漠、库布齐沙漠治理取得积极进展，沙进人退模式已经逆转。但是，由于西北缺水，构建有利于西北大开发的生态基础的任务依然繁重。最近几年，“南水北调”西线工程、“红旗河”项目一再被人提起，屡屡引起舆论界关注。

笔者认为，解决西北的缺水问题，不能通过“南水北调”西线项目来解决。坚决不同意西线项目或者所谓“红旗河”项目的理由在于，调水经过青藏高原乃至周边地质破碎带，地震、滑坡、泥石流等次生地质灾害较多，对工程影响较大；经过一定高程阶梯式提水，资源能源消耗较大；西北地区自然条件与其他地区不同，远距离调水中蒸发、渗透等损失较大。

但西北地区的工业农业发展，还是要有必要的水资源加以保障。笔者在 2003 年提出的方案是，“把黄河留在西北、让长江双管齐下，不上‘南水北调’西线项目”。换句话说，西北地区的水资源补给，可在一定程度由黄河上游的水资源加以解决；黄河下游的水资源补给，可由长江中游下游调水加以解决。黄河水60%以上来自兰州以上河段。把黄河上游的大部分水资源放在西北，是以西部之水解西部之难，是一种水资源近距离结构性调整，调水、用水成本都较低；调水距离短、高差小，调水中水资源与能源耗损较少，可以更好地服务于上游产业发展需要。尤其是，“南水北调”中下游引水工程多年运转以来，效果很好。其突出特点是，提调高差小，全程相当部分可以自流，调引水资源的能源消耗少；沿途经济社会较为发达，用水机构众多，可以把解决黄河下游补水与沿线用水结合起来；长江水清、黄河水浊，引长江水于黄河水道，替代黄河下泄，可以适度冲淤，防止黄河河底抬高，逐步解决悬河问题。

2020年7月，中国科学院陆大道院士在“中国区域经济五十人论坛”上也明确表示，不支持所谓藏水入疆项目。

7. 进一步发展围绕工业的配套服务

切实做好区域性工业发展规划，加强地方规划与西部大开发规划和西部工业发展规划之间的衔接，进一步明确各省区与西部地区工业发展之间的关系；深化省市内部产业、科技规划，优化区域生产力布局，确定产业发展与园区发展的重点区域、主要方向和建设措施；加强围绕园区发展的零部件基地、物流基地，配合支持工业园区发展；加强人才队伍建设。除了要建设能够推动前沿技术取得突破的科学家队伍外，也要加强技术工人队伍建设，打造服务于西部工业发展的现代工匠人才群。

8. 切实做好统计工作

统计是国民经济与社会发展的一项基础性工作，必须保持真实性与一致性。西部地区出现的产值绝对值指标与增长率指标背离现象，说明加强统计的规范化管理很有必要。应该严肃统计法实施，对统计造假现象加大打击力度。增长率为负，仅仅反映行业表现不好或者政绩不好；把增长率为负改成增长率为正，不仅会暴露出经济领域行业政绩不好，也反映出统计领域行业政绩不好。必须以真实性作为统计的生命线，绝不容许弄虚作假。同时，要保持统计数据的一致性。比如，在大多数西部地区的统计公报中，进出口值都采取人民币计算数值，但是也还是有少数省区进出口数据采用美元计算，不利于统计指标的比较。建议有关部门对那些依然采取美元统计进出口数据的省区，加强统计督查。

专栏50－1

国家发展和改革委员会解读新时代推进西部大开发：有五个“有利于”

2020年5月21日，国家发展和改革委员会有关负责人解读中共中央国务院近日印发的《关于新时代推进西部大开发形成新格局的指导意见》表示，新时代推进西部大开发形成新格局，其重要意义主要体现在五个“有利于”：

一是有利于促进区域协调发展，破解西部地区发展不平衡、不充分的问题。新时代中国社会的主要矛盾已经转化为人民日益增长的美好生活需要和不平衡、不充分的发展之间的矛盾。西部地区集中了全国大多数老少边穷地区，经济社会发展水平与沿海地区相比还有不小差距，是实现“两个一百年”奋斗目标的重点和难点。同时，近年来西部地区内部分化开始显现，内部差距有所扩大。新时代推进西部大开发形成新格局，就是要破解区域发展不平衡不充分问题，使西部地区比较优势得到有效发挥，区域间经济发展和人均收入水平差距保持在合理区间，基本公共服务、基础设施通达程度、人民生活水平等方面达到大致均衡。

二是有利于巩固国家生态安全屏障，促进西部地区可持续发展。西部地区是中国重要的生态安全屏障，拥有草原、湿地、森林等重要生态资源，但生态环境也十分脆弱，保护和修复任务艰巨。新时代推进西部大开发形成新格局，就是要筑牢国家生态安全屏障，实现中华民族可持续发展。党的十九大报告明确提出，建立市场化、多元化生态补偿机制，这为破解西部地区生态环境保护与经济社会发展之间的矛盾提供了指引。新时代推进西部大开发形成新格局，就是要构建良好生态资源保护者与受益者之间的桥梁和纽带，将西部地区生态红利转化为经济社会发展红利。

三是有利于促进陆海内外联动和东西双向互济，提升西部地区开放水平。当前，西部地区对外贸易和投资在全国的比重还比较低，与东中部地区对外开放的互动性、协同性也有待增强。新时代推进西部大开发形成新格局，就是要把加大西部开放力度置于突出位置，使西部地区进一步融入共建“一带一路”和国家重大区域战略，加快形成全国统一大市场，并发展更高层次的外向型经济；就是要从思想观念、基础设施、规则标准、营商环境等着手，积极参与产业链、供应链、价值链分工，深度融入全球经济体系。

四是有利于增强内生增长动力，推动西部地区高质量发展。西部地区在科技研发和产业发展方面有一定基础，但自主创新能力还不够强，生产方式比较粗放，传统产业、重化工业占比偏高，现代服务业发展相对滞后。过去那种粗放型、外延式的经济增长方式已不可持续，必须向以全要素生产率和劳动生产率提升为特征的集约型、内涵式经济发展方式转变。新时代推进西部大开发形成新格局，就是要在充分发挥西部地区特色资源优势的基础上，更加强调科技创新在经济发展中的重要作用，加快培育战略性新兴产业和先进制造业，推动传统产业转型升级，加快发展现代服务业，推动西部地区经济发展方式实现根本性变革。

五是有利于保障和改善民生，实现西部地区民族团结和边疆稳定。当前，西部地区在住房、教育、医疗、就业等民生领域还有不少短板。西部地区也是中国民族地区和边疆地区最集中的区域，巩固民族团结和边疆稳定的任务十分繁重。新时代推进西部大开发形成新格局，就是要改善西部城乡基础设施条件，有效提供优质教育、医疗等公共服务资源，提高就业、养老等公共服务水平，逐步缩小城乡发展差距；就是要巩固和发展平等团结互助和谐的社会主义民族关系，促进各民族团结奋斗和共同发展。

资料来源：澎拜新闻，2020 年 5 月 21 日，http：//www. news. cnwest. com/tianxia/a/2020/05/21/18770203. html。

参考文献

[1]《中共中央国务院关于新时代推进西部大开发形成新格局的指导意见》，《中国政府网》2020 年 5 月 17 日。

[2] 习近平：《推动形成优势互补高质量发展的区域经济布局》，《求是》2019 年 12 月 15 日。

[3] 李克强：《2020 年政府工作报告》，新华网 2020 年 3 月 5 日。

[4] 周民良：《深入实施西部大开发战略》，《新华文摘》2010 年第 16 期。

[5] 周民良：《重建西北发展的生态基础》，陕西人民出版社 2003 年版。

[6] 周民良主编：《贵港制造业发展模式：经验回望与走向前瞻》，经济管理出版社 2020 年版。

[7]《西部大开发要形成新格局，加快基础设施建设仍是重点》，《第一财经》2019 年 3 月 20 日。

第五十一章　东北地区工业振兴发展

提　要

"十三五"时期东北地区工业发展取得了一些进步，新旧动能转换加快，民营经济企稳回升，国资国企改革取得阶段成效，区域协作开创局面，营商环境明显改善。但同时，东北地区当前工业振兴发展依然面临着经济下行压力持续加大、工业经济大范围衰退、工业转型升级受阻、重点行业优势减弱、特殊问题地区转型艰难、人口流失日趋明显等问题。"十四五"时期东北地区工业振兴发展面临"三大机遇、三大挑战"。在机遇方面，扩大内需战略将带来疫后经济快速恢复，新一轮科技革命与产业变革带来的机遇和中央继续深入推进东北等老工业基地全面振兴的重大机遇；在挑战方面，地区竞争更加激烈，国际环境带来的变数增多和中央机构外迁转移的风险增大。"十四五"时期东北地区工业振兴发展的基本思路是体制创新先导，科技创新强基，央地融合带动，要素集聚强化和营商环境支撑。为了扎实推进东北地区工业振兴发展，提出以下建议：建立制造业升级振兴的专项基金，设立南北合作园区，支持驻地的中央机构下属单位科技成果就地转化，深入推进产业严重衰退城市和资源枯竭型城市"再工业化"行动，实施东北振兴的专项"人才计划"，出台力度更大的对外开放政策和继续优化营商环境。

*　　　*　　　*

促进东北老工业基地全面振兴发展是我国实现区域协调发展的重要任务。"十三五"时期，习近平总书记多次深入东北三省多地考察，并就东北地区振兴发展提出了具体的要求。近年来，在东北地区经济增速持续下滑的背景下，中央果断采取了一系列有力的援助性区域政策和重大改革举措，使得东北三省营商环境明显改善，工业经济发展有所复苏，新旧动能转换加快，区域产业协作亮点纷呈，改革和创新创业激发了发展活力，为"十四五"时期高质量发展奠定了坚实的基础。

一、"十三五"时期东北地区工业发展的主要成就

第一，新旧动能转换加快。近年来，在传统动能作用大幅下降的情形下，东北三省工业经济下行压力持续加大，但新动能发展有所加快。辽宁省大力发展工业互联网，鼓励企业上云，推出了一批工业高质量发展项目，借助工业"互联网＋"改造提升传统制造业，取得了较好的成效。吉林省在工业大面积下滑的不利条件下大力发展新一代高速列车、卫星等高复杂产品，亮起了一张张

创新的名片。黑龙江省重点围绕工业机器人、数控机床、新材料等具有优势的领域蓄势发力，支持哈尔滨工业大学等高校和科研机构开展各种形式产学研合作，加速科研成果转化，使得新兴产业发展具有更多的动力源。

第二，民营经济企稳回升。近年来，东北地区民营经济经历了从快速下滑到企稳回升的过程，2018 年规模以上私营企业数量达到 7904 家，比上年增长了 0.78%（见图 51 -1），这是“十三五”以来的首次增长，得益于近年来东北三省对民营经济的重视。辽宁省积极营造适合民营经济发展的环境，在“大众创业，万众创新”中大力促进民营企业成长。2019 年规模以上工业企业中，民营企业一枝独秀，增加值增长了 23.7%，明显高于国有企业（2.2%）、外资企业（4.5%），这是辽宁省“挤水分”以来的反弹表现。吉林省大力实施支持民营经济高质量发展 30 条等一系列惠企重大措施，通过减税降费、清偿拖欠民营企业账款等专项行动极大地解决了长期制约民营企业发展的难题，使更多的民营企业减轻负担，专心从事经营活动。黑龙江省委省政府出台了《关于进一步支持民营经济高质量发展的意见》，该文件以问题为导向，着力解决准入受限、履约难，企业创新发展能力不足，企业人力资源短缺，企业经营成本高，企业融资难、融资贵，政商关系难题，损害企业合法权益七类问题，让企业生产经营减少不必要的顾虑。

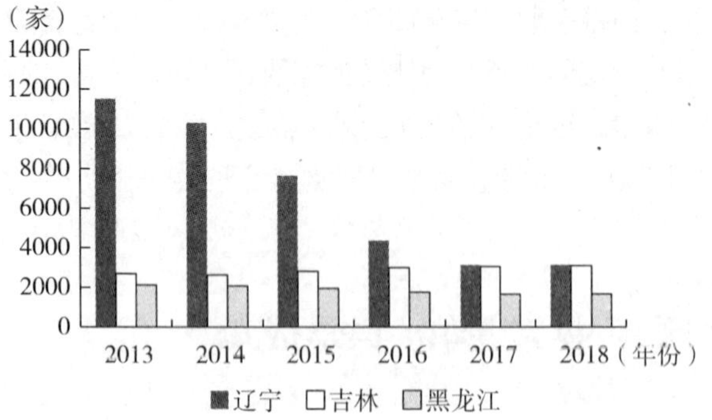

图 51 -1 东北三省规模以上私营工业企业数

资料来源：国家统计局。

第三，国资国企改革取得阶段成效。辽宁省经过多年的努力已经解决了全省国有企业厂办集体的老大难问题，同时也组建了辽宁控股（集团）有限公司，并作为国有资本运营公司开启深化新一轮国有企业改革的探索。吉林省通过引入战略投资者进行市场化重组，对昊融集团等经营困难的国有企业进行重整，使困难企业焕发新的活力。黑龙江省深入实施“三项制度”（劳动、人事、分配）改革，把深入推进混合所有制改革作为国有企业改革的重点，着力解决影响企业活力的症结。从统计数据看，东北三省国有控股工业企业资产负债率近年来明显下降（见图 51 -2），初步看出东北新一轮国有企业改革效果显现，“僵尸企业”出清明显改善了国有企业整体结构。

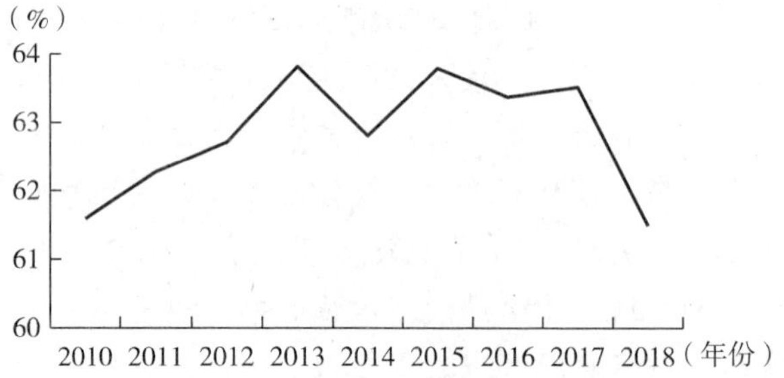

图 51 -2 国有控股工业企业资产负债率

资料来源：国家统计局。

第四，区域协作开创局面。根据中央部署，辽宁、吉林和黑龙江充分抓住对口支援机会，加大对京津冀协同发展、长三角区域一体化发展、粤港澳大湾区建设等重大区域战略的对接，深入推进产业转移、园区共建、干部交流等重点工作，取得较好的效果。深圳（哈尔滨）产业园区开工建设，这是由深圳市对口支援的合作项目，园区地处自贸区范围内，规划面积 26 平方千米，将借鉴深圳的园区管理模式和服务理念，重点引进深圳市乃至珠三角的先进制造业转移，特别是新一代信息技术、新材料和智能制造等产业。

第五，营商环境明显改善。近年来，在党中央国务院的支持下，东北三省大刀阔斧地深入推进营商环境建设，出台了优化营商环境条例，在涉企惠民等领域实施“最多跑一次”改革，极大压缩了各类行政审批的时间，明显降低制度性交易成本。具体而言，辽宁省出台了《诚信政府建设决定》《推进“最多跑一次”规定》等文件，推广使用了“辽事通”App，为重点企业配备了项目管家，给企业节省了大量时间和成本。吉林省创新融资机制，为小微企业开辟了线上融资渠道，明显降低小微企业融资成本。黑龙江省在省、市、县建立了营商环境建设监督机构，搭建了全省一体化的政务服务平台，实现各类行政审批事务网上办理。

二、“十三五”时期东北地区工业发展存在的问题和困难

第一，经济下行压力持续加大。2016～2019年，东北三省经济增长持续低迷，国内外经济形势恶化又加大了经济下行压力。如图51－3所示，2019年辽宁省、吉林省和黑龙江省经济增速分别为5.5%、3%、4.2%，分别比全国增速降低了0.6个百分点、3.1个百分点和1.9个百分点，其中吉林省和黑龙江省经济增速仍然处于下降的状态。如果从地方政府的经济增长目标管理来看，东北三省2016～2020年省级政府工作报告关于经济增长目标的设定和措辞都表现得非常的谨慎，更倾向于使用“左右”或增长区间来表示（见表51－1）。从目标的完成情况看，辽宁、吉林和黑龙江没有完成经济增长目标的年份分别为2016～2019年连续四年，2017～2019年连续三年和2018～2019年连续两年。

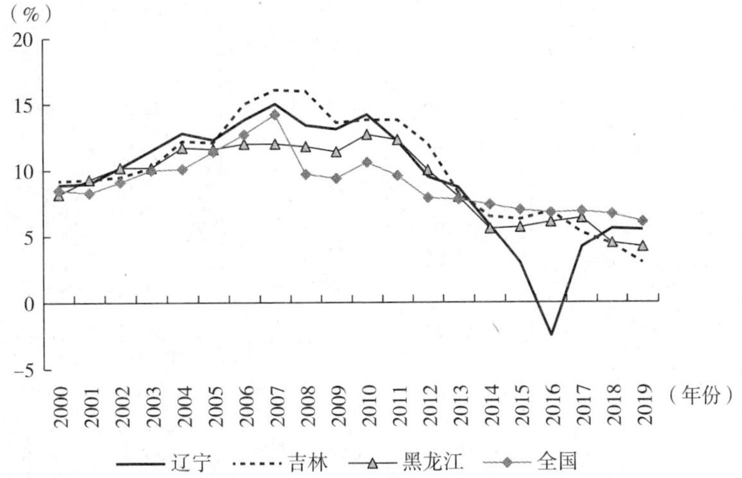

图51－3　2000～2019年东北三省经济增速与全国的比较

资料来源：国家统计局。

表51－1　2016～2020年东北三省政府工作报告中地区增加值增速目标　单位：%

	2016年		2017年		2018年		2019年		2020年	
	目标	措辞	目标	措辞	目标	措辞	目标	措辞	目标	措辞
辽宁省	6 (－2.5)	左右	6.5 (4.2)	左右	6.5 (5.6)	左右	6～6.5 (5.5)	与全国同步	5.8	左右
吉林省	6.5～7 (6.9)	—	7 (5.3)	左右	未报告 (4.4)	—	5～6 (3)	—	5～6	
黑龙江省	6～6.5 (6.1)	—	6～6.5 (6.4)	—	6 (4.5)	以上	5 (4.2)	以上	5	左右

注：括号内的数据为实际经济增速。

资料来源：辽宁省、吉林省和黑龙江省相关年份的政府工作报告和统计公报。

第二，工业经济大范围衰退。根据2013年和2018年两次全国经济普查报告的数据，2018年东北地区制造业从业人员比2013年下降了306.08万人，降幅为45.19%，成为我国“去工业化”最为严重的地区。同时，鞍山、齐齐哈尔、四平等多个城市过早或过快“去工业化”，并变成了收缩型城市，如果不尽快解决，今后可能转化为非常棘手的社会问题。从2013年和2018年全国经济普查数据看，2018年辽宁、吉林和黑龙江制造业法人单位的从业人员数分别比2013年下降了46.57%、39.39%和48.78%（见表50－2），即使从制造业二位数行业看，几乎所有制造业行业都出现就业净减少，从业人员大幅减少的背后反映了东北三省制造业全面、深度、快速衰退。

表51－2 2013～2018年东北三省制造业分行业的从业人员变化

行业	辽宁省			吉林省			黑龙江省		
	2013年（万人）	2018年（万人）	2013～2018年年增长（%）	2013年（万人）	2018年（万人）	2013～201年8年增长（%）	2013年（万人）	2018年（万人）	2013～2018年年增长（%）
制造业	438.46	234.28	－46.57	155.82	94.45	－39.39	83.07	42.55	－48.78
农副食品加工业	36.02	16.06	－55.42	18.48	8.82	－52.24	14.18	6.80	－52.05
食品制造业	9.02	4.61	－48.95	3.93	2.92	－25.59	4.39	2.62	－40.32
酒、饮料和精制茶制造业	4.93	2.38	－51.70	5.26	2.73	－48.05	3.41	1.68	－50.73
烟草制品业	0.23	0.17	－27.68	0.47	0.44	－6.78	0.59	0.43	－27.12
纺织业	7.78	2.90	－62.68	3.24	0.59	－81.78	3.19	0.67	－79.00
纺织服装、服饰业	21.58	15.55	－27.94	2.21	5.58	152.28	0.30	0.12	－60.00
皮革、毛皮、羽毛及其制品和制鞋业	2.62	1.17	－55.60	0.55	0.24	－57.06	0.19	0.21	10.53
木材加工和木、竹、藤、棕、草制品业	8.64	3.01	－65.09	9.78	3.36	－65.62	4.01	0.62	－84.54
家具制造业	5.58	2.68	－51.97	1.44	0.72	－50.19	1.70	0.78	－54.12
造纸和纸制品业	5.51	2.27	－58.72	1.97	0.91	－53.83	1.16	0.57	－50.86
印刷和记录媒介复制业	3.61	1.73	－52.24	1.74	0.87	－50.07	0.48	0.28	－41.67
文教、工美、体育和娱乐用品制造业	3.03	1.37	－54.64	0.64	0.47	－26.06	0.73	0.14	－80.82
石油、煤炭及其他燃料加工业	10.92	9.78	－10.43	0.98	0.66	－32.27	5.52	4.18	－24.28
化学原料和化学制品制造业	21.54	11.27	－47.70	10.49	6.76	－35.51	4.15	2.70	－34.94
医药制造业	6.20	4.40	－29.06	14.62	7.01	－52.06	5.41	3.73	－31.05
化学纤维制造业	0.89	0.39	－56.27	0.89	0.87	－2.61	0.07	0.02	－71.43
橡胶和塑料制品业	20.34	8.08	－60.27	3.50	2.16	－38.23	1.96	0.87	－55.61
非金属矿物制品业	36.74	15.79	－57.03	13.53	5.44	－59.83	5.42	2.34	－56.83
黑色金属冶炼和压延加工业	43.81	18.11	－58.65	5.14	2.47	－51.92	3.27	1.44	－55.96
有色金属冶炼和压延加工业	7.95	5.76	－27.52	1.35	0.77	－42.67	0.84	0.41	－51.19
金属制品业	26.22	17.25	－34.20	3.71	2.06	－44.62	2.38	0.81	－65.97
通用设备制造业	56.47	25.87	－54.19	4.82	2.98	－38.17	5.16	2.93	－43.22
专用设备制造业	26.03	11.58	－55.49	5.70	2.82	－50.59	4.82	2.53	－47.51
汽车制造业	16.56	15.78	－4.74	32.66	26.51	－18.84	2.05	1.42	－30.73
铁路、船舶、航空航天和其他运输设备制造业	14.16	12.64	－10.76	2.66	2.64	－0.44	3.08	1.43	－53.57
电气机械和器材制造业	20.58	10.01	－51.37	2.83	1.29	－54.37	2.83	1.79	－36.75

续表

行业	辽宁省			吉林省			黑龙江省		
	2013 年（万人）	2018 年（万人）	2013～2018 年增长（%）	2013 年（万人）	2018 年（万人）	2013～201 年 8 年增长（%）	2013 年（万人）	2018 年（万人）	2013～2018 年年增长（%）
计算机、通信和其他电子设备制造业	9.53	6.39	-32.97	1.31	1.12	-14.78	0.40	0.34	-15.00
仪器仪表制造业	4.26	2.82	-33.84	0.74	0.53	-27.89	0.60	0.56	-6.67
其他制造业	1.50	0.62	-58.44	0.55	0.18	-68.26	0.62	0.03	-95.16
废弃资源综合利用业	1.15	0.57	-50.74	0.39	0.20	-49.63	0.04	0.07	75.00
金属制品、机械和设备修理业	5.05	3.27	-35.20	0.28	0.35	26.45	0.12	0.03	-75.00

资料来源：辽宁省和吉林省数据来自辽宁省统计局和吉林省统计局分别公布的《第四次全国经济普查公报》，黑龙江省的数据来自《中国经济普查年鉴（2018）》和《中国经济普查年鉴（2013）》。

第三，工业转型升级受阻。东北地区制造业基础较好，拥有一批训练有素、技术精湛的技术工人，但因投入不足，导致生产设备或技术工艺严重老化，得不到及时升级，从而错过了转型升级的“窗口期”。从技术改造投入看，2013～2018 年辽宁、吉林和黑龙江分别下降了 6.24%、48.34% 和 40.85%。并且，由于国有企业改革不彻底，企业治理机制不完善，一些具有技术优势的工业企业经营效益不高甚至连续多年处于亏损状态，在保生存的状态下很难在新产品研发、新技术攻关等方面有投入。2013～2018 年辽宁、吉林和黑龙江新产品研发强度分别下降了 18.14%、24.02% 和 29.36%（见表 51-3）。

表 51-3　东北三省工业创新的投入情况

	辽宁省			吉林省			黑龙江省		
	2013 年	2018 年	2013～2018 年年变化（%）	2013 年	2018 年	2013～2018 年年变化（%）	2013 年	2018 年	2013～2018 年年变化（%）
技术改造经费支出（万元）	157.3	147.45	-6.24	49.13	25.38	-48.34	52.44	31.02	-40.85
新产品研发强度（%）	8.21	6.72	-18.14	10.54	8.01	-24.02	13.44	9.49	-29.36

资料来源：《中国经济普查年鉴（2018）》和《中国经济普查年鉴（2013）》。

第四，重点行业优势减弱。近年来，随着地区竞争日益激烈，东北三省在汽车制造、专用设备、通用设备等领域的传统优势地位已经弱化。从主要工业品的产量看，2013～2018 年东北地区电站涡轮、发动机、发电机组实际产量都出现了明显下滑，并且占全国的比重也分别下降了 13.66 个百分点、6.06 个百分点、1.24 个百分点。专用设备制造业、通用设备制造业、电气机械和器材设备制造业等优势产业无论是营业收入还是利润总额、从业人员数占比都出现了明显下降，并且降幅比较大（见表 51-4）。相应地，部分行业优势企业的技术能力可能减弱，市场地位也会随之下降。

表 51-4　2013～2018 年东北地区优势行业占全国的比重　单位:%

	营业收入/主营收入		利润总额		从业人员平均人数	
	2013 年	2018 年	2013 年	2018 年	2013 年	2018 年
专用设备制造业	9.87	2.75	8.08	1.14	7.65	3.24
通用设备制造业	11.70	3.58	10.65	1.75	10.19	4.62
电气机械和器材设备制造业	4.46	1.37	3.85	0.58	3.26	1.70

资料来源：《中国经济普查年鉴（2018）》和《中国经济普查年鉴（2013）》。

第五，特殊问题地区转型艰难。国际经验表明，老工业基地转型一个比较大的障碍就是资源枯竭型城市和产业严重退化城市长期陷入“产业衰退—人口流失—投资下降—经济增长速度放缓”的恶性循环。要想打破这个恶性循环，需要付出巨大的投入和实施具有远见的发展战略，才能集聚相关的要素和产业。然而，目前东北三省有阜新、辽源、抚顺等7个城市先后被国家列为资源枯竭型城市，本溪、齐齐哈尔等城市成为产业严重退化的城市。并且，随着产业衰退，这些城市都成为了人口收缩型城市，其中，2017年白山、白城、抚顺、本溪、齐齐哈尔、牡丹江、佳木斯、鸡西、伊春等城市人口比2007年下降了5%以上。根据国际经验，人口收缩型城市容易产生一些严重的社会矛盾，必须引起高度重视。

第六，人口流失日趋明显。一方面，人口减少现在已经出现了一些苗头，2014~2019年东北三省人口年均减少36.4万人，累计减少了184万人（见图51-4）。另一方面，从高校毕业生的就业去向看，东北地区高校留在本地区就业学生占比持续下降，越来越多的高校学生选择到北京、上海、广州、深圳等一线城市就业，东北对高校毕业生吸引力持续下降。例如，吉林大学本科毕业生留在东北三省就业人数占比从2016年的36.39%下降至2019年的30.44%。毕业生就业去向的变化在某种程度上侧面反映了高校所在地的地方经济发展颓势显现。

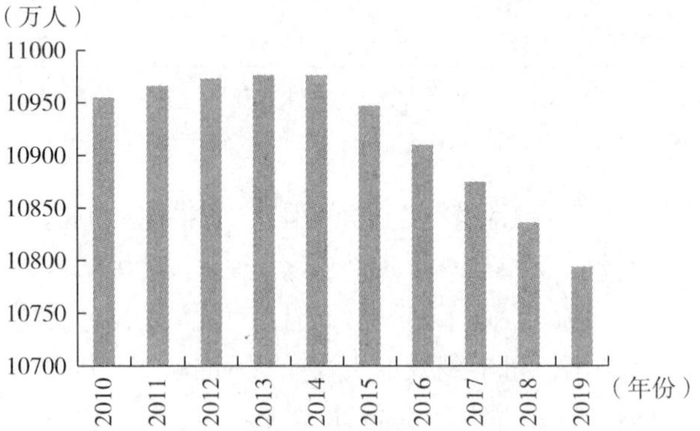

图51-4 2010~2019年东北地区常住人口规模

资料来源：国家统计局。

三、“十四五”时期东北地区工业发展面临的机遇和挑战

“十四五”是东北地区工业转型升级的攻坚阶段，必须要解决传统优势产业改造升级和新兴产业培育发展问题，必须要把制造业复兴作为全面振兴发展的重要任务，在危机中寻找转机、良机，特别是要充分把握以下重大机遇：

第一，扩大内需战略将带来疫后经济快速恢复。为了适应国内外发展形势变化，中央已经决定实施扩大内需战略，加快推动形成以国内大循环为主体、国际国内双循环相互促进的发展新格局。重大战略转变的背后意味着我国中长期经济增长动力主要依靠内需拉动和依靠自主可控的产业链供应链来支撑。即使当前经济下行压力很大，但东北地区装备制造的基础较好，优势仍然比较明显，将在双循环中更加凸显出举足轻重的地位。特别是随着中美经贸摩擦加剧，我国从国外引进先进装备和技术工艺的难度不断增大，同时在复杂装备制造领域存在一些“卡脖子”技术。在这样的情形下，东北三省在重型机床、数控机床、工业机器人、发电装备等领域具有雄厚的技术积累和制造优势，必将在今后产业链供应链体系中发挥重要的作用。另外，东北地区城镇化水平较高，城镇体系相对成熟，但城市基础设施老化比较严重，如果能够抓住扩大内需的机遇，加大“两重一新”建设力度特别是大规模建设新型基础设施，以城市更新带动产业发展作为切入点，就有望在需求侧率先打开场景应用的突破口，进而释放出更大的需求拉动效应。

第二，新一轮科技革命与产业变革带来的机遇。随着5G、人工智能等新兴技术的大规模商业化应用，制造能力越强、市场化场景应用越多的地区将具有更大的竞争优势。东北地区工业门类较多，制造优势明显，如果能够与这些新兴技术更好地结合，那么就有机会生产出一批“硬科技”产品，进而打破市场对东北三省“老、大、粗”的旧有认识。

第三，中央继续深入推进东北等老工业基地全面振兴的重大机遇。党的十八大以来，习近平总书记多次到东北三省考察指导工作，这说明了党中央高度重视东北等老工业基地全面振兴发展，也充分认识到了东北转型困难所在。“十四五”将开启建设社会主义现代化国家的征程，中央将继续制定《东北振兴“十四五”规划》，势必加大对东北等老工业基地支持力度，特别是在产业结构调整、生态文明建设、对外开放、体制机制创新等方面将得到更多的重视。同时，中央也会将东北地区农业主产区、林区、资源枯竭型地区、产业衰退地区、生态严重退化地区等问题区域列入“十四五”特殊类型地区规划，予以特殊政策支持和专项资助。

在看到机遇的同时，东北工业振兴发展面临的一些重大挑战，不仅将影响到“十四五”区域的经济发展，同时也影响到东北未来的发展。

第一，地区竞争更加激烈。一方面，随着宏观经济增速的放缓，发达地区已基本完成了传统产业改造升级的任务，在现有体制下都在抢抓机遇布局一批未来产业。相比之下，东北三省传统产业占比较大，改造升级任务远没有完成，国有企业改革不彻底，历史欠账较多，社会包袱较重。在这样的背景下，东北三省即使优势产业具有技术积累，但很难轻装上阵去培育发展新兴产业，所以，与东部沿海企业进行市场竞争很可能处于下风。另一方面，中央已经实施了京津冀协同发展、长江经济带发展、粤港澳大湾区建设、长三角区域一体化发展、黄河流域生态环境保护和高质量发展等重大区域发展战略，东北三省面临来自外部的竞争压力持续增大，同时也面临着日益加剧的人才、资本、科技成果等优质要素外流的风险。

第二，国际环境带来的变数增多。当前及未来一段时间，逆全球化势头上升，贸易保护主义兴起，各种形式的贸易摩擦将增多，持续加剧的中美经贸摩擦是东北地区“十四五”时期工业发展面临的比较不利的外部环境，将对地区外贸、科技创新、人才交流等方面产生重大的影响。同时，全球新冠肺炎疫情仍处于蔓延之中，疫情反弹风险较大，将威胁到全球产业链、供应链的稳定。这些国际环境变化将对东北振兴发展产生不小的挑战，将影响到东北三省外贸产业发展、高技术人才引进、科技交流等方面。与此同时，中美关系不稳定将严重影响到东北亚地区安全稳定。东北三省与韩国、日本、朝鲜、俄罗斯联系紧密，具有重要的地缘政治地位。而中美关系滑入低谷则意味着东北的开放环境也将随之受到冲击，特别是日本和韩国企业到东北投资的意愿可能受此影响而下降。所以，“十四五”时期东北地区扩大利用外资和对外贸易的难度将变得非常大。

第三，中央机构外迁转移的风险增大。虽然布局在东北地区的中央机构数量较多，技术能力较强，对当地经济影响较大，但因隶属关系不属于地方，其决策服务于总部，外迁倾向明显。并且，长期以来形成的深层次体制性和结构性矛盾积压较多，区域发展环境改善缓慢，高寒气候环境不利于组织开展大规模的生产生活，东北地区对驻地的中央企业、高校和科研机构的吸引力持续下降，越来越多的中央机构逐步把业务重心转移到发达地区。“十四五”时期，全国其他地区将会出台更加优惠政策加大力度引进央企、高校和国家级科研机构，势必带动一些中央机构将产学研联系紧密的环节率先转移到发达地区发展，同时也将导致一批专业技术人才外流。

四、“十四五”时期东北地区工业振兴发展的基本思路和政策建议

“十四五”是承上启下、继往开来和攻坚克难的关键时期，东北地区工业振兴发展要在新旧动能转换中实现突破，在大面积衰退中寻找生机，在营商环境改善中提升竞争力。为了有效应

对上述的困难挑战，尽快摆脱持续低迷的状态。“十四五”时期东北地区工业发展应着力理顺发展思路，强化政策保障。

1. 基本思路

第一，体制创新先导。东北全面振兴涉及了多个方面的改革，必须紧紧围绕体制机制创新，特别是要把国有企业改革和科技创新体制改革作为突破口，扩大国有企业混合所有制改革试点，探索高校和科研院所科技成果本地转化的“直通车”机制，着力解决国有企业治理不合理、社会包袱重等历史遗留问题，同时又要解决高校和科研院所孤岛式发展，与地方经济融合不紧密的问题。并且，各级政府要坚持问题导向，把民营经济体制机制障碍作为改革的重点，清除一些歧视民营经济的政策、管理和法规，落实中央关于支持民营企业发展的有关规定，确保不同所有制的市场主体公平竞争。

第二，科技创新强基。为了增强发展新动能，东北三省要充分利用本地科技创新资源，把高校和科研院所的学科优势转化为科研优势、产业优势，围绕智能制造、航空航天、新材料等重点行业支持企业与高校、科研院所共同建设新型研发组织，通过共建共享机制引导创新资源与产业资源更好整合，建立高校、科研院所的基础研究与企业的应用研究良性互动。各级政府要把培养和引进专业技术人才作为科技创新的基础工作，实施有竞争力的高层次专业技术人才待遇政策，吸引更多专业人才留在东北发展。

第三，央地融合带动。东北三省要加强对接中央机构，把中央机构的重点项目列入本地发展蓝图，吸引中央机构将新业务布局在东北，鼓励中央机构在哈尔滨、长春、沈阳和大连设立财富管理中心、研发中心等功能性业务平台，有效集聚更多的高端要素。同时，针对中央机构业务转移趋势，东北三省地方政府要加强沟通，与这些机构特别是中央企业共同规划发展一些有竞争优势的产业集群，推出产业投资基金等金融工具加大产业链的布局，摆脱国有体制束缚，并将中央机构的一些新增长点留在东北。

第四，要素集聚强化。当前经济下行压力持续加大，东北三省工业经济仍处于低位运行状态，对人才、资金等要素的吸引力减弱。为了扭转这种状况，东北三省要完善要素配置的体制环境，清除影响要素流动的体制机制障碍，同时也要创造政策条件，积极为各类优质要素集聚和流动降低成本。在硬件的环境建设方面，东北三省要提升城市品质，特别是特大城市和大城市宜居环境，提高城市舒适度，培育发展生活新元素，提升城市吸引力。

第五，营商环境支撑。东北三省工业振兴发展的关键在于补强营商环境的短板，以“放管服”改革为契机，建立高标准的公共服务体系，推进“互联网＋公共服务”平台升级，成立营商环境巡查工作机构，加强营商环境专项督察，完善日常监督体系，解决基层“微腐败”、懒政怠政等问题。同时，加强舆论宣传引导，加大对营商环境领域的社会事件的查处整治力度，举一反三，彻底改变“投资不出山海关”的业界口碑。

2. 政策建议

第一，建立制造业升级振兴的专项基金。中央财政要继续加大对东北地区制造业升级的支持，设立产业援助专项基金，但要改变长期“输血”的做法，以专项基金为基础，吸引各级政府产业基金和社会资本共同参与，按照市场化运作原则，采用股权投资等方式重点支持一批科技型企业发展，在项目进入收益期后选择逐步退出，并实现基金相对稳定的持续性运作。除此之外，针对东北民营经济长期发展较慢的问题，中央设立的产业援助专项基金也可以与地方商业银行、工商联等机构合作，设立一些专门针对中小微企业的子基金，与一些创业投资基金合作，开展项目跟投，发挥子基金的“一举两得”作用。

第二，设立南北合作园区。东北三省要充分利用接受对口支援的机会，加大对接京津冀、长三角和珠三角地区特别是区域性中心城市，将本地的一批国家级或省级经济开发区、高新区作为产业合作平台，设立南北合作园区，因地制宜地采取我建你管、共建共管、你建你管等合作形式，探索共同规划、共同开发、共同建设、共同招商、共同受益的新模式。同时，为了更好促进双方务实合作，东北三省应从区位条件较好、配套相对完善、发展潜力较大的园区中遴选出若干个园区作为南北合作园区试点，这些试点园区在双方协商一致的情况下采取“理事会＋园区公司＋公共服务中心”治理模式，引入市场化园区运作机制，改变高度依赖政府的园区发展模式。

第三，支持驻地的中央机构下属单位科技成果就地转化。为了将更多创新资源留在东北发展，中央有关部门应研究在哈尔滨—长春—沈阳—大连规划横跨三省的“哈大科技创新走廊”，比照国家自主创新试验区的政策予以支持，最大力度调动各类创新主体扎根东北发展的积极性。同时，在国家重大科技基础设施建设方面，中央有关机构应考虑在东北设立综合性国家大科学中心和国家实验室，吸引驻地中央研究机构、高校和中央企业共同参与建设，进一步促进基础研究与应用研究有效结合。

第四，深入推进产业严重衰退城市和资源枯竭型城市“再工业化”行动。借鉴国内外先进经验做法，中央有关部门应出台产业严重衰退城市和资源枯竭型城市“再工业化”试点指导意见，对这两类城市进行精准识别，并指导有关城市根据本地情况制定实施方案和确定“国际标杆城市”，支持这些城市开展因地制宜、循序渐进、对标发展的探索。在扩大内需战略中，这两类特殊类型地区应率先开展城市更新试点，把“再工业化”行动作为城市更新的重点。

第五，实施东北振兴的专项“人才计划”。鉴于近年来东北地区“孔雀往南飞”的现象，中央有关部门应研究遏制大规模人才从东北向全国其他地区流动的问题。短期，应制定东北振兴的专项“人才计划”，吸引东北地区高校、科研机构毕业生留在当地就业和东北三省籍贯生源回乡就业创业，根据毕业生学历和就业岗位予以不同标准的人才补贴直接奖励给个人，并按照连续工作时限实施递增补贴机制。为了吸引高层次专业技术人才到东北发展，除了国家有关人才计划之外，还应安排特殊的专项“人才计划”，支持有关机构建立柔性人才引进机制，对符合条件的人才予以必要的资助。

第六，出台力度更大的对外开放政策。在“一带一路”的战略框架中，东北三省应充分利用自贸区的政策平台，开辟重点面向东北亚开放的发展空间，在国际产业合作园区的基础上，引进一批跟本地产业链比较紧密的重大项目落地，同时也要针对当地产业结构特点，继续举办大连国际工业博览会等高水平的国际展会，提高“中国东北制造”的国际知名度。支持大连市利用夏季达沃斯年会的品牌，创立东北亚门户城市，主办东北亚创新博览会。

第七，继续优化营商环境。东北三省要把优化营商环境视为振兴发展的生产力，作为补短板、强弱项的一项重点工作来做，全面实施“一网打尽、一掌搞定”改革，每个省涉企业和居民的公共服务项目原则上全部能够实现网上办理或App上办理，最大限度减少“跑腿”。为了防止官员陋习、不正之风反弹，各级纪检监察委要坚持零容忍的态度，把营商环境领域作为纪检监察重点，加大违纪线索的排查力度，对问题比较多的地方要加大问责力度。各级党委政府要加大优化营商环境的考评，每年发布营商环境城市排名和县级单位排名，引入社会监督机制，表彰宣传先进，惩罚排名落后单位。

专栏51－1

东北三省工业发展的新思路

辽宁：加快辽宁实验室建设，坚持改革创新，推动创新链与产业链融合，聚焦先进材料、智能制造、精细化工与催化等领域，集中力量攻克一批“卡脖子”关键技术。打好产业基础高级化、产业链现代化攻坚战，实施产业基础能力提升工程，推进10个首台套重大技术装备、100个智能制造重点项目。大力发展工业互联网，实施智能制造工程和制造业数字化转型行动，培育壮大新一代信息技术、高端装备、生物医药、节能环保、新能源、新材料、新能源汽车等新兴产业集群。大力发展数字经济，稳步推进5G通信网络建设，推动人工智能、物联网、大数据、区块链等技术创新与产业应用。

吉林：发挥“长春现代化都市圈”辐射带动作用，实施好964亿元以上重大产业项目，开工建设长春交通大环线，搭建好37个重要平台，打造领跑全省新引擎。打造中国红旗国际汽车城，支持长春市全产业链发展汽车产业，聚焦技术创新、产业配套、出行服务、人才培养，形成完备的汽车产业集群。创建长春国家自主创新示范区，加快华为研究院及联合创新中心、科大讯飞东北亚研究院等项目建设。聚焦生物制药、化学制药、生物细胞、中药、医疗器械，布局企业和项目，推动重组类药物等品种加快发展，释放生长激素、胰岛素等大品种产能；完善大健康全产业链，打通医、养、药链条，做好做大做精。

黑龙江：发展机器人及智能装备、汽车及零部件、石墨及深加工、有色金属、钢铁、生物医药、玉米加工、乳制品等优势产业，着力打造万亿级产业集群。以数字龙江建设为引领，推进制造业数字化网络化智能化转型，力争年底实现市地5G网络覆盖，加快大数据、移动互联网应用和企业上云，加快发展工业互联网。支持成熟军工技术溢出，促进“军转民”“民参军”，重点发展航空航天装备及配套、船舶及海洋工程配套，应用小卫星、卫星遥感及北斗导航系统应用，军民两用材料及制品等产业。

资料来源：辽宁、吉林和黑龙江2020年《政府工作报告》摘编。

参考文献

[1]［美］爱德华·格莱泽：《城市的胜利》，上海社会科学院出版社2012年版。

[2]［美］阿西莫格鲁、罗宾逊：《国家为什么失败》，湖南科学技术出版社2015年版。

[3] 余泳泽：《中国经济高速增长与服务业结构升级滞后并存之谜》，《经济研究》2019年第3期。

[4] 吴敬琏：《当代中国经济改革教程》，上海人民出版社2016年版。

[5] 张可云：《区域经济政策》，商务印书馆2005年版。

[6]《2019年辽宁省国民经济和社会发展统计公报》。

[7]《2020年吉林省政府工作报告》。

第五十二章　中国海外合作园区建设成就与发展趋势

提　要

“一带一路”倡议提出六年来，基于产能合作和基础设施开发的海外产业园区建设运营方面成绩显著。我国海外合作产业园区建设取得巨大成功的同时也面临着国际经济形势变化带来的新机遇与挑战，尤其是此次新冠疫情暴发将对我国海外园区建设运营带来长期的负面影响。随着“一带一路”倡议的持续推进，海外合作园区作为承载投资国与东道国经济空间拓展的作用将会进一步凸显，中国在“一带一路”沿线国家和地区的合作产业园区建设分布也必将趋向于更科学、更合理、更全面。未来，中国企业在进一步推进境外产业园区发展时，应充分考虑地缘政治环境和东道国生产要素和发展环境，科学规划选址，合理布局沿线海外合作园区；明确产业园区发展定位和主导产业，建设集群式产业园区，逐步形成优势互补的海外产业链体系；拓宽园区建设运营融资渠道，完善双边和多边投资保护机制，降低海外合作园区投资运营国际化风险。

*　　　*　　　*

国际产业合作园区是全球经济一体化的重要产物，也是国家间相互主动对接发展战略和加强国际交流与合作的重要平台。“一带一路”倡议提出六年来，中国海外园区数量和质量不断提升，取得了阶段性成就。“一带一路”沿线海外合作园区建设为中国企业海外投资提供了坚实的载体。中国企业应抓住海外合作园区的发展机遇，依托海外园区平台，实现中国制造全球价值链拓展和升级。

一、中国海外合作园区建设发展成就

“一带一路”倡议提出六年来，基于产能合作和基础设施开发的海外产业园区建设运营方面成绩显著。在“六廊六路多国多港”[①] 骨架框架下的产业园区合作共建逐渐成为“一带一路”倡议背景下开展国际产能合作的重要载体和平台，成为向全世界展示“中国模式”的重要窗口。

① “六廊六路多国多港”，是中国按照共建“一带一路”的合作重点和空间布局提出的合作框架。“六廊”指六大国际经济合作走廊，包括新亚欧大陆桥、中蒙俄、中国—中亚—西亚、中国—中南半岛、中巴和孟中印缅经济走廊；“六路”指铁路、公路、航运、航空、管道和空间综合信息网络，是基础设施互联互通的主要内容；“多国”是指一批先期合作国家；“多港”是指若干保障海上运输大通道安全畅通的合作港口。

1. 合作园区遍布六大经济走廊且呈“大分散、小集中”的空间分布特征

从产业园区选址布局看，中国海外产业园区，特别是发展较好的中国境外经贸合作区，大多数位于“一带一路”沿线上，而且具有“大分散、小集中”的空间分布特征。中国的海外产业合作园区遍布于“一带一路”沿线六大经济走廊所覆盖的亚、欧、非地区，主要集中分布在亚洲的东南亚、南亚和欧洲的东欧地区。沿线中国海外合作产业园区趋向于设立在交通区位相对较好，邻近国际港口、机场、铁路站场等重要交通枢纽或节点，同时产业发展基础相对较好、基础设施条件相对便捷完善的地区。总之，海外合作园区选址整体上更趋向于设立在所在国家的首都或经济发展水平与人口集聚较高、基础设施完善、社会安全稳定且具有一定产业发展基础的成熟城市。

2. 合作园区已经构建起“基础设施 + 产业园区 + 产能合作”的发展模式

伴随着“一带一路”倡议的推进，中国各类企业遵循市场化与法治化原则，自主赴沿线国家共建合作园区。中国海外合作园区初步形成以基础设施为保障，以合作共建产业园区为载体，以产能合作为目的，构建起“基础设施 + 产业园区 + 产能合作”“三位一体”的发展模式（见图52－1）。同时，中国产业园区建设在推进层次、空间格局与合作形式三方面实现了由1.0版向3.0版的提升与跨越（见表52－1）。

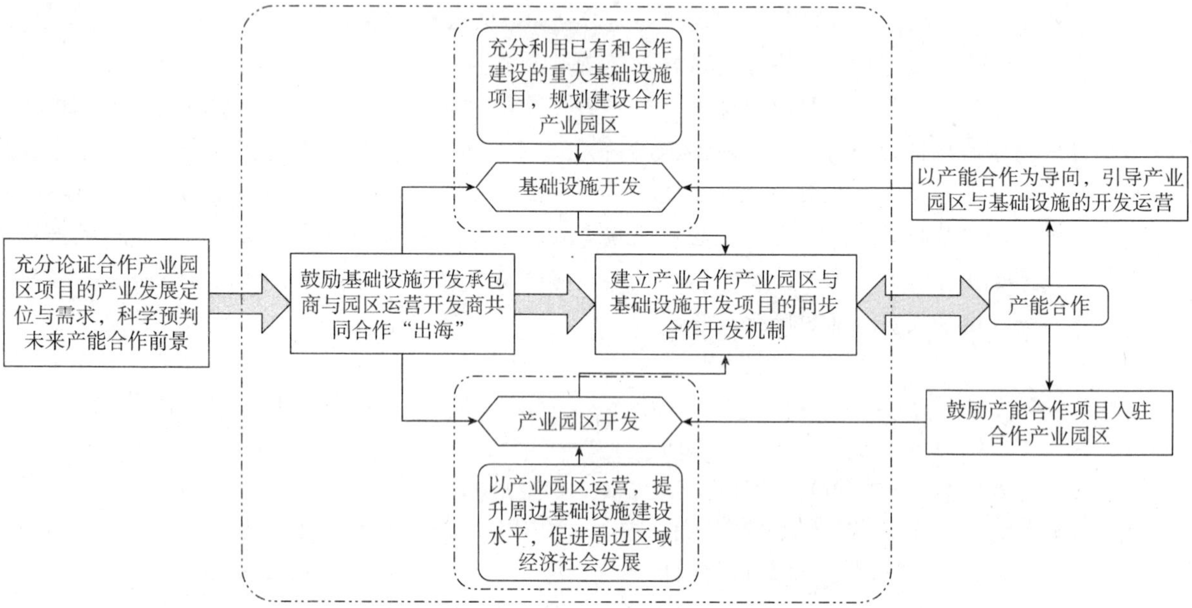

图52－1 海外合作产业园区“三位一体”模式

表52－1 “一带一路”海外合作园区发展演进

	1.0版	2.0版	3.0版
推进层次	理念愿景	顶层设计	基于各类项目合作的实际行动
空间格局	点	线、面	覆盖所有重要节点同时辐射带动腹地发展
合作形式	中方倡议	双边合作	双边与多边合作共举

六年来，中国与沿线国家依托合作产业园区平台推进市场化、全方位的产能合作，促进沿线国家实现产业结构升级、产业发展层次提升。中国海外园区建设开发有助于欠发达国家融入并提升在全球产业链、价值链和供应链中的地位，促进这些国家实现可持续的工业化，为经济长期发

展提供动力，解决发展赤字问题。中国海外产业合作园区在规划建设阶段，中方协助东道国充分发掘东道国的自然资源、人力资源、国内和周边市场等优势，为园区提供规划、方案、建设启动资金、建造技术、施工经验、人力资源等方面支持；在合作产业园区的运营阶段，中方提供相对先进的生产技术、人力资源、发展理念、管理体制等方面支持。中国海外合作园区建设与发展的成功，用实践证明了可以通过中国制造促进国际产能合作，依托中国海外合作产业园区平台形成双边战略合作，利用中国经验助推东道国区域振兴，以中国产业园区形象名片增进双方互信互利，创新了国家间合作与国际治理新模式。中国海外合作园区已成为各方积极促进“一带一路”国际合作，实现政策沟通、设施联通、贸易畅通、资金融通、民心相通的重要国际合作平台。

3. 合作园区已成为中国制造国际产能合作的重要载体

从园区产业选择角度看，中国在“一带一路”倡议沿线国家地区建立的海外产业合作园区主导产业选择主要集中在制造业、能矿资源和农产品加工等领域。同时，正在向商贸物流园区、科技合作园等功能多元化方向发展。早期的海外合作园区建设基本上集中在单一或特定的某一产业领域，如依托东道国良好的工业基础和产业配套建立的制造业海外合作园区，依托劳动力资源丰富优势建立的劳动密集型加工园区，依托口岸交通区位优势和能源矿产资源富集区建立的能源资源加工产业合作园区，依托自然条件和农业基础优势建立的农业产业合作区和依托陆上铁路大通道建设的商贸物流海外园区。这些园区的典型代表，如白俄罗斯明斯克中—白工业园和明斯克商贸物流产业园、印度（浦那）—中国三一重工工业园、巴基斯坦中国成衣工业区和瓜达尔能源化工园区、哈萨克斯坦中—哈阿克套能源资源深加工园区和阿拉木图中国商贸物流产业园、华信中—俄现代农业产业合作区、波兰（罗兹）中欧国际物流产业合作园。同时，中国还分别与哈萨克斯坦、老挝、捷克建立了中哈霍尔果斯国际边境合作中心、中老磨憨—磨丁经济合作区等跨境经济合作区、“一带一路”捷克站物流园项目。

4. 合作园区已成为用“中国经验”助推东道国振兴的重要平台和窗口

2013～2019 年 6 年来，中国和 24 个国家建立了 82 个经贸合作区和工业园区，总投资超过 280 亿美元，呈现数量和质量全方位提升的态势。中国海外合作园区已成为“中国模式”发展的成功示范，推动参与合作国家借鉴中国改革开放以来通过各类开发区、产业园区实现经济快速增长的经验和做法，促进当地经济发展，为沿线国家创造了新的税收源和就业渠道。中国海外合作园区的成功落地在实现中国和东道国产能合作的同时，对提升当地经济发展水平、维护社会稳定也发挥了积极作用。据商务部统计数据，六年来，有来自世界各地近 4000 家企业进驻，为当地创造了 244000 个就业岗位。截至 2017 年底，经中国商务部认定的 21 个国家级境外经贸合作区入区企业 1522 家，总产值 702.8 亿美元，累计投资 241.9 亿美元，上缴东道国税费 26.70 亿美元，对促进东道国工业化和双边经贸关系发挥了积极作用。中国海外合作园区建设为加快当地产业发展、扩大就业机会、改善民生福祉做出了积极的贡献。表 52－2 显示了中国主要海外区情况。

表 52－2　中国主要海外园区情况梳理

园区名称	成立年份	所在国	主要产业	备注
中埃泰达苏伊士经济合作区	1990	埃及	新型建材，纺织服装，高低压电器	商务部认定
华夏幸福印尼卡拉旺产业园	1998	印度尼西亚	汽配建材，五金机械装备	
中俄海滨边疆区农业产业合作区	2004	俄罗斯	种植养殖，农产品加工	商务部认定
中俄现代农业产业合作园区	2004	俄罗斯	仓储养殖	商务部认定
泰国泰中罗勇工业园	2005	泰国	汽配，机械，家电	商务部认定
俄罗斯阿拉布加经济特区	2005	俄罗斯	汽车制造，汽配，石油化学	

续表

园区名称	成立年份	所在国	主要产业	备注
柬埔寨西哈努克港经济特区	2006	柬埔寨	纺织服装，五金机械，轻工家电	商务部认定
俄罗斯乌苏里克经贸合作区	2006	俄罗斯	轻工，机电，木业	商务部认定
巴基斯坦海尔鲁巴经济区	2006	巴基斯坦	家电，汽车，纺织，建材，化工	商务部认定
莱基自由贸易区	2006	尼日利亚	制造业，仓储物流，城市基础设施服务，房地产开发	商务部认定
中国印尼聚龙农业产业合作区	2006	印度尼西亚	油棕种植开发，精深加工，仓储物流	商务部认定
赞比亚中国经济贸易合作区	2007	赞比亚	有色金属矿冶炼，现代物流，商贸服务，加工制造	商务部认定
越南龙江工业园	2007	越南	电子信息，纺织，轻工机械，建材，化工	商务部认定
中国印尼经贸合作区	2007	印度尼西亚	汽配，机械制造，家用电器	商务部认定
越美尼日利亚纺织工业园	2008	尼日利亚	纺织服装	
中俄托木斯克木材工贸合作区	2008	俄罗斯	森林抚育采伐，木材深加工，商贸物流	商务部认定
埃塞俄比亚东方工业园	2008	埃塞俄比亚	纺织皮革，农产品加工，冶金建材机电	商务部认定
乌兹别克斯坦鹏盛工业园	2009	乌兹别克斯坦	建材真皮制品，灯具五金，电机电器，农业机械	商务部认定
印度浦那中国三一重工产业园	2010	印度	工程机械研发	
万象赛色塔综合开发区	2010	老挝	能源化工，农畜产品加工	商务部认定
匈牙利中欧商贸园	2011	匈牙利	商品展示，运输仓储集散配送	商务部认定
吉尔吉斯斯坦亚洲之星农业产业合作区	2011	吉尔吉斯斯坦	种植养殖，屠宰加工	商务部认定
中匈宝思德经贸合作区	2011	匈牙利	化工，生物化工	商务部认定
白俄罗斯中白工业园	2012	白俄罗斯	机械制造，电子信息，精细化工，生物医药，新材料，仓储物流	
马来西亚马中关丹产业园	2013	马来西亚	钢铁，建材	
巴基斯坦旁遮普中国成衣工业区	2013	巴基斯坦	纺织成衣	
俄罗斯龙跃林经贸合作区	2013	俄罗斯	林木采伐粗加工和深加工，森林培育	商务部认定
中国印尼综合产业园区青山园区	2013	印度尼西亚	不锈钢	商务部认定
巴基斯坦瓜达尔能源化工园	2013	巴基斯坦	能源化工	
圣彼得堡信息技术园区	2014	俄罗斯	信息技术	
中国比利时科技园	2014	比利时	生命科学，信息通信	
塞尔维亚商贸物流园	2015	塞尔维亚	保税仓储，物流配送，线下体验，商品展示	
中哈阿克套能源资源深加工园区	2015	哈萨克斯坦	能源深加工	
孟加拉达卡服饰和家电产业园区	2016	孟加拉	服装，家电	
特变电工印度绿色能源产业园	2016	印度	能源装备产业，可再生能源，现代物流商贸，电子电力	
中国越南深圳海防经贸合作区	2016	越南	轻工制造	
中国阿曼杜库姆产业园	2017	阿曼	海水淡化，发电石化，光伏组件	
中哈霍尔果斯边境合作中心	2017	哈萨克斯坦	物流展会	
吉布提国际自贸区	2017	吉布提	物流商贸，加工制造	
塞尔维亚中国工业园	2017	塞尔维亚	来料加工	
巴基斯坦开普省拉沙卡伊特别经济区	2017	巴基斯坦	人才培训，技术转让金融中心	
埃塞俄比亚湖南工业园	2018	埃塞俄比亚	装备制造，轻工纺织，家具家电	

资料来源：笔者根据相关信息整理。

2020年，新冠肺炎疫情席卷全球，对全球经济造成重大打击，世界银行预测2020年全球经济将收缩5.2%。疫情对世界经济的巨大冲击仍然存在，外部风险挑战明显增多，全球部分产业链供应链面临中断危机，国内经济恢复仍面临压力。但2020年1~5月，中国企业在“一带一路”国家新增非金融类直接投资逆势增长16%，预示着“一带一路”在中国企业国际化的道路上将扮演愈发重要的角色。突发的疫情凸显了沿线各国在医疗、卫生健康和通信等基础设施领域的缺口，这将助推沿线各国大力推进“健康丝绸之路”和“数字丝绸之路”建设，为本土经济发展创造更多新增长点，为全球经济复苏注入更多新动力，同时还能为国际国内双循环的建立打开突破口。

二、中国海外园区建设发展面临的机遇与挑战

通过六年的实践摸索，海外产业园区已成为我国经济对外合作发展的主要载体和核心引擎，海外产业园区以沿线国家中心城市为据点，整合政策与资源，对产业链上下游企业形成聚集效应，为中资企业“走出去”提供新的发展机遇。然而，目前大多数园区仍处于建设发展的初级阶段，面临着外部环境不稳定、合作模式缺乏保障机制及缺乏系统性统筹规划等挑战。因此海外产业园区的长期发展还需要中国和东道国政府及企业齐发力，实现多方互利共赢。

（一）带来的机遇

（1）“一带一路”倡议的推进升级将继续为海外园区建设提供动力。“一带一路”的构想是国际层面众多类似举措的延续，逐渐成为本区域与域外国家合作的共识。“一带一路”沿线的发展中国家处于不同的发展后进阶段，面临基础设施条件差、资源开发能力弱、体制运行效率低、熟练技工和人才短缺等发展瓶颈。在“五通”的基础上，“一带一路”将带来以基础设施和能源贸易为抓手的国际产能合作新机遇，以实现沿线软硬件基础设施的对接，前瞻地建设满足经济发展需要的铁路、公路、航线、港口、油气管道网和信息通信网。“一带一路”建设还将促进产业转型啮合，根据沿线国家处于不同工业化阶段的特性，通过利用各国生产要素的禀赋进行产业转移，推动新兴国家充分利用“后发优势”促进本国产业的升级。此外，“一带一路”建设还为区域创新带来新机遇，作为一个国际性区域经济的范畴，“一带一路”倡议的推进升级，将引发不同国家在区域发展模式、区域产业战略选择、区域经济技术路径等领域的创新，使沿线国家内部释放新的活力。

（2）疫情助推中国海外园区深度参与构建全球供应链体系。作为世界上重要的制造业基地，中国已拥有全球最齐全的制造产业链集群，中国制造业已经深入到全球价值链体系。随着我国产品在全球产业链的各环节渗透，区域间的经贸合作和相互依存关系不断加深，形成了复杂的全球商品制造和交易网络。从全球产业链来看，我国在垂直专业化分工的全球产业链中处于中间环节，位于全球生产分工体系中上游的关键位置。

受此次疫情影响，跨国企业巨头或许将纷纷调整从品牌、中间品分包到产品销售渠道的全球组织结构和供应链布局，这可能使以中间品生产和加工方式嵌入全球生产链的中国制造业陷入困境。疫情的影响将沿着国内生产分工体系向国际分工体系和全球生产链扩散，美国、印度、日本、韩国等全球生产联系网络中的重要国家将受到较大冲击。由于近年来我国企业已经将部分产能和供应链生产基地转移到海外，企业在防范和化解疫情引发的局部经济波动的同时，应顺应全球供应链调整适时改变投资战略，优化全球范围内要素资源配置格局。这对我国外经企业进一步融入全球价值链，改变关键产业在全球分工体系下处于被动依附地位，既是风险，也是机遇。

2. 面临的挑战

一是东道国宏观政治经济不稳定，营商环境有待改善。“一带一路”沿线多以发展中国家或地区为主，在政治经济稳定性、营商环境、产业配套等方面仍不成熟，投资海外产业园区经常会

遇到项目搁置、政府不批准、政权不稳、市场消纳能力不足等问题。

二是海外产业园区发展缺乏系统性统筹规划，合作模式缺乏保障机制。虽然海外产业园区常由政府牵头，但最终运营往往要落到具体的投资实施企业，而现实中许多投资企业受限于自身规模和海外投资经验，导致海外产业园区的主导产业频繁变动、专业化配套服务长期匮乏，致使园区招商困难，部分园区甚至出现过再次选址、企业入园后再撤资等现象。同时，由于中国与东道国在文化背景、工作习惯、法律法规等方面存在差异，在园区长期发展运营过程中往往会出现许多需要解决的分歧。海外产业园区的投资企业在与东道国政府开展政策谈判时通常处于劣势地位，如在园区运营模式、利益分配等重大问题上的相关诉求较难实现。而东道国政府机构之间也存在业务重叠、缺乏协同合作等情况。

三是新冠疫情暴发对我国海外产业园区建设将带来长期负面影响。短期内，各国限制性和封锁政策呈逐步收紧趋势，同时，各国政策措施对项目的直接影响可能相对隐蔽。目前疫情已波及全球，各国政府、公共部门和私人部门可能出于对公共安全的担忧，通过检验检疫、停工排查、限制中国企业参与特定项目等隐性手段干预或征收中国企业投资项目。企业应密切关注东道国颁布的相应法律、条例和行政措施等相关政策法规。

从长期来看，本次疫情冲击可能促使当前单边主义和“去全球化”政策支持者借机发挥，形成长远的负面影响。中美贸易谈判第一阶段协议的达成和英国“软脱欧”的初步实现，使得2020年初暂时呈现全球化一片向好的态势。然而，疫情的发生已经对这种正面作用大幅抵消。全球已经有127个国家对中国实施了出入境管制措施，主要涉及航班调整或取消、口岸及港口管理、签证服务暂停等。政策导致的人员交流减少代表着以服务贸易驱动的高水平全球化模式受到影响。疫情带来的东道国政策压力将使中国海外园区融入当地社会经济发展和营造良好营商环境的努力受到弱化，如果外国投资者形成对疫情等流行病的经常性预期，将提高项目建设和运营期风险成本，挑战中国海外企业应对政策变动和运营策略调整的能力（见表52－3）。若海外园区投资项目面临长期政策不确定风险和供给冲击，可能反过来减缓中国企业在全球产业链布局的进度，不利于中国企业的全球化进程。

表52－3 疫情对海外产业园区运营的影响

主要影响	详细说明
园区收缴租金的压力增大	由于入驻企业的生产经营活动不能正常开展，收入下降、现金流紧张，将明显影响到海外园区的租金收缴率、主营业务收入
园区管理的压力增大	随着未来园区企业的陆续复工，大量员工开始陆续返回园区，给海外园区带来了疫情传播的隐患，园区管理和疫情防控的压力骤然增大
园区服务体系受到影响	由于各国及园区内部的严格进出管控、部分物资无法及时采购、部分员工无法按时到岗，导致园区的部分物业管理、运营服务等功能不能正常开展，园区的服务体系受到影响
新客户的招商工作停滞	受潜在客户无法到部分国家园区现场考察交流、招商人员无法按时到岗、客户的选址计划受到疫情的影响发生变化、招商活动无法按时召开等诸多因素的影响，园区的招商工作也将陷入停滞，对于新建园区的影响更大
新项目建设进度滞后	许多海外园区的新建载体（含园区自持的载体、已签约入驻企业自建的载体）由于施工许可、施工人员、设备材料等无法按计划到位，使得原定的开工时间延后，导致园区的整体建设进度滞后，进而影响年度指标完成
园区经营压力加大，资金链紧张	由于租金收缴压力，再加上政策性要求的租金减免、新项目开工滞后等一系列因素，园区的主营业务收入上半年将出现明显下滑，而各项成本却相对“刚性”，这必然导致园区的利润降低，甚至出现阶段性亏损、现金流“断裂”的可能性
园区未来发展的不确定性增加	一是越来越多的企业会选择“云办公”等工作方式，以及更多地使用机器人和“智能制造”，可能大幅减少对园区“物理空间”的需求。二是部分入驻企业因为疫情可能“一蹶不振”，导致园区的“空置率”增加，需要园区“腾笼换鸟”，进行产业升级。三是入驻企业对园区服务（免疫、安全、智能化管理等）的要求会进一步提高，给园区带来新的挑战

3. 面临的问题

一是前期投入量较大，投资和收益不成正比。我国海外工业园区大多设立于非洲、东南亚等欠发达国家和地区，这些区域的基础设施滞后，因此加大了我国在当地建设工业园区的工程量，包括供水、供电、道路、港口等。且投资金额数以亿计，存在前期投入量较大问题。中国商务部数据显示，泰中罗勇工业园、赞比亚中国经贸合作区、中俄托木斯克木材工贸合作区与埃及苏伊士经贸合作区等园区，初期投资额分别为1.96亿美元、1.69亿美元、1.77亿美元和5752万美元。

二是我国海外工业园区建设经验不足，融资系统不完善。我国海外产业园区建设起步较晚，仍处于探索阶段，因此园区建设经验较为缺乏，造成国家级大型园区建设进程极为缓慢。当前，我国海外工业园区建设大多以民营企业为主，有集聚效应的大型央企和国企数量较少，因此工业园区建设缺乏科学合理的整体规划与管理。由于民营企业对海外园区的规划与管理经验不足，难以为我国商务部计划建设的“国家级境外经贸合作区”提供参考与借鉴。此外，海外工业园区存在融资系统不完善，尤其是园区内中小企业由于借款主体实力偏弱、投融资能力有限，普遍存在融资难问题。以埃塞俄比亚东方工业园区为例，园区内中小企业85%以上的融资主要来源于向金融机构借款，银行以预留利息名义扣除部分本金后，中小企业实际只拿到本金的70%。可见，目前我国海外工业园区建设的经验仍然不足，造成园区内企业融资较为困难。

三是园区传统产业占主导地位，产业覆盖面较窄。目前，我国海外工业园区传统产业占主导地位，主要集中于劳动密集型、资源密集型产业，产业覆盖面整体较窄。例如，泰中罗勇工业园虽已建立10年之久，然而其产业覆盖面仍然较窄，主要涉及汽车摩托车配件、五金、机械、电子等传统产业，工业园仍未涉及服务业、技术密集型产业等。海外工业园区均重视发展劳动、资源密集型产业。相较而言，新加坡海外工业园区注重引进资本、技术密集型产业，且覆盖范围广，既涉及制造业，运输、保险、金融等生产性服务业，也包含商店、餐厅等生活服务业，以及高科技产业等。以新加坡在我国建设的中新苏州工业园项目为例，新加坡将资本密集、技术密集、旗舰型、基地型作为重点招商项目，形成云计算、生物医药和纳米技术三大新型产业。综上所述，我国海外工业园区整体产业覆盖面较窄，入区企业主要从事劳动密集型、资源密集型产业，缺乏资本、技术密集型产业和金融保险等服务业。

三、中国海外合作园区发展趋势分析

未来，“一带一路”倡议沿线国家和地区依然是中国海外合作园区建设发展的重要空间承载体。作为探索全球治理与共赢的手段，中国的海外合作园区正在以全新的速度和全新的姿态推动着“一带一路”覆盖的六大经济走廊沿线国家和地区的交流与合作，已经成为中国“一带一路”倡议的重要组成部分。随着“一带一路”倡议的持续推进，海外合作园区作为承载投资国与东道国经济空间拓展的作用将会进一步凸显，中国在“一带一路”沿线国家和地区建设的合作产业园区也必将趋向于更科学、更合理、更全面的发展。

1. 整体定位方面，中国海外园区从强调“中国”向强调“海外”转变

中国在国内外产业园区开发运营方面积累了丰富经验。海外合作园区开发不仅是简单的项目建设，还包括规划设计、建设运营、招商融资、产业组织与选择、技术和人才培养等综合服务要求，并致力于适宜的产业在园区落地，推动相关科技与人才的本地化，对推动当地产业结构优化升级发挥了重要作用。在此背景下，中国海外园区的发展理念由“中国—海外园区”向“海外—中国园区”转变，坚持包容性发展、共享式发展，立足长远扎根当地，树立企业社会责任。

"国之交在于民相亲"，海外合作产业园区要践行"共商、共建、共享"的合作共赢理念，充分尊重和主动融入当地社会，充分考虑当地利益。

2. 园区功能方面，中国海外园区的发展从单一制造、贸易物流园区向科技园及创新区域、海外研发中心型数字智慧园区转变

中国的优势产业"走出去"应以大力推进高新技术产业发展为核心出发点，依托中国海外合作园区建设，努力实现园区产业的高端化和集群化。未来海外合作产业园区功能导向将充分把握在"一带一路"倡议框架下国际化全方位合作的需求和发展方向，充分考虑各方开发主体的边界与利益诉求，鼓励国内优势产能企业进一步开展跨境合作。其中，中国与以色列合作的创新中心已经在国内外落地。未来中国海外合作产业园区将与各方加强在人工智能、纳米技术、量子计算机等前沿领域合作，推动大数据、云计算、智慧城市建设，合作产业园区的发展从单一制造、贸易物流园区向科技园及创新区域、海外研发中心型数字智慧园区转变，成为21世纪的"数字丝绸之路"建设的重要支撑。

3. 空间结构方面，中国海外园区发展从工业主导型园区向产城融合型园区转变

近年来，中国海外园区的建设发展更注重与当地城市规划与城市建设发展功能需求相融合，按照新型城市的要求进行园区建设，这将使中国海外合作产业园区从单纯的工业园区、制造型园区向具有产业支撑的城市发展形态转变。对海外合作产业园区的功能定位安排和项目配置要充分与当地市政基础设施对接，统一规划、布局和建设，避免资源浪费和开发成本负担过大，实现园区服务外部性提升和发展成果共享。在此背景下，中国海外园区的发展理念应当由"工业主导型"向"产城融合型"园区转变，重点突出产业城内未来道路发展主轴的骨干作用，依托主要道路、铁路站点等战略通道和设施进行综合开发，并在发展主轴上形成弹性生长的轴带式开发骨架。

4. 资本注入方面，中国海外园区的发展从重资产投入向轻资产投入转变

随着中国制造业的提升以及中国产业地位在世界范围内的提升，中国园区在海外的布局也逐渐增多，并且趋于常态化，建设发展模式多是与海外的科技园区或创新区域合作，实现先进技术的对接，即使是单独建园，多是以直接购买办公楼宇或对旧园区进行改造，通过轻资产的建设运行模式实现中国海外合作园区的建设与发展。实践表明，轻资产的海外合作园区建设模式更为高效，投入的资本相对较少，能够减少投资的风险，也提高了资本的回报率，实现轻资产撬动大产业的良好发展态势。在此背景下，中国海外合作园区的发展理念应当由"重资产"投入转向"轻资产"投入园区建设运行转变，尽量避免重资产投入，也可避免因政治原因使得资本运作徒增变数。同时，做好园区产品类型结构、物业功能分区、分类组团关联等细节，与当地和周边国家市场需求精准对接，实现资本注入阶段化投入、批量化回报。

四、促进中国海外合作园区建设的政策建议

作为中国"一带一路"倡议的重要内容，海外产业园区正成为中国企业参与"一带一路"建设不可或缺的平台，海外园区建设在重塑国家间产业发展的合作模式的同时，也带动国内外企业向合作园区集中，带动全方位的合作，成为促进当地经济社会发展的强大动力。未来，中国企业在进一步推进境外产业园区发展时，应主动结合国家发展战略，促进产业园区发展与"一带一路"倡议相融合。

1. 充分考虑地缘政治环境与东道国生产要素和发展环境，科学规划选址，合理布局沿线合作园区

在园区的选址布局上，要在充分分析东道国

政体、政党、政治稳定性和地缘政治关系的基础上，全面考察东道国的劳动力资源、环保要求、土地供给、资本流动等方面的法律法规，科学研判国内外及周边的生产组织和园区开发模式能否适应当地的法律环境，尽可能降低政治、社会、文化、法律、金融、营商等风险。优先选择在政治经济稳定、政府信誉度高、社会安定和谐、双边关系融洽、周边地缘环境安全的国家或地区推进合作园区开发和建设。同时，国家发展和改革委员会、外交部和商务部会同各部门做好统筹协调和规划布局，按照战略对接、规划对接、平台对接、项目对接的工作思路，充分考察园区所在东道国和周边地区的自身条件及各类要素市场信息，从参与国家顶层设计角度设计好跨国产业园区合作开发的框架，为园区的建设开发营造稳定环境。

2. 明确产业园区发展定位和主导产业，建设集群式产业园区，逐步形成优势互补的海外产业链体系

在园区重点合作产业领域选择上，要充分考虑东道国的要素禀赋和产业发展基础，选择东道国具有比较优势、区位优势和市场优势的行业切入。要认真分析相关国家的基本国情、发展规划与战略目标、产业发展与区域布局，并基于此确定产业园区的主导产业类型和空间功能结构布局，使产业园区发展充分依托东道国和周边国家各类要素集聚和产业集聚优势，并顺利服务于东道国和周边国家的工业化与城市化进程。中国海外合作园区开发建设应立足于集群式产业园区开发，逐步形成海外产业链发展优势，逐步完善功能配套，将海外合作园区发展成为中国与东道国经济文化充分融合的新城。

3. 拓宽园区建设运营融资渠道，完善双边和多边投资保护机制，降低海外合作园区投资运营国际化风险

完善海外合作园区金融扶持体系，推动园区投资主体多元化；完善股权投资链，在丝路基金、亚投行和商业银行内搭建企业海外园区建设投资基金，鼓励民间资本参与园区海外拓展，拓宽民营企业海外园区建设运营融资渠道，推进民营企业依托海外合作园区建设更好地“走出去、走进去、走上去”，形成国有企业和民营企业相互补充、共同发展的格局。同时，强化风险评估、预警和管控，建立风险预警机制，成立投资保险公司，完善双边和多边投资保护机制，帮助企业分担园区投资运营的国际化风险。

专栏 52－1

境外经贸合作区成为区域经济新的增长点

作为落实“一带一路”倡议的重要抓手，境外经贸合作区体现出来的聚集带动效应得到了越来越多国家的认可。共建经贸合作区，带动了一批重大产业项目落地，助推了贸易、投资、金融等领域深度融合，加快了当地工业化进程，增加了就业和税收。一些经贸合作区已发展成所在国重要的产业基地和批发采购中心，成为区域经济新的增长极。中国农业农村部部长韩长赋指出，中国在塔吉克斯坦、莫桑比克、坦桑尼亚等国认定建设 10 个农业合作示范区，在“一带一路”国家农业投资达到 80.5 亿美元，带动了当地粮食、棉花、畜牧、农产品加工等产业发展。中国从沿线国家进口了大量的水果、油料、棉花、天然橡胶咖啡等产品，2018 年与“一带一路”国家的农产品贸易额达到了 770 亿美元。未来 3 年，中国还将派出 500 名高级农业专家帮助发展中国家提高农业生产能力。

在“一带一路”合作框架指引下，中埃双边合作将帮助埃塞俄比亚在 2025 年提升为中等收入国家。根据这个愿景，埃塞俄比亚落实了很多项目，包括大型的基建项目，一些省际的高速公路、铁路、轻轨、内陆港、内陆集装箱码头以及经济特区和产业园区建设。埃塞俄比亚通过简化外资企业设立手续，营造高水平的国际化营商环境，以实现全球化竞争力提升。

中匈宝思德经贸合作区目前有8大功能区，从办公到物流再到制造。在中资企业收购前3年，合作区亏损3.9亿欧元，收购完成之后，先后投资15亿欧元进行改造，从2015年开始盈利。2017年工业园盈利4亿欧元，2018年实现净利润4.5亿欧元，当年对当地的贡献超过了1.2亿欧元。目前已有60多家企业入驻，预计未来3年要新建占地大约1平方千米的项目，总投资在未来3年将达到3.7亿欧元。

资料来源：郭艳：《境外经贸合作区，一带一路经贸合作典范》，《中国对外贸易》2019年第5期。

参考文献

［1］《2017年“一带一路”建设成果丰硕：贸易投资稳步提升　重大项目陆续落地》，http：//www. sohu. com/a/214279449_ 100018774。

［2］“一带一路”国际合作高峰论坛咨询委员会：《共建“一带一路”：建设更美好的世界——“一带一路”国际合作高峰论坛咨询委员会研究成果和建议报告》，https：//www. yidaiyilu. gov. cn/xwzx/bwdt/87023. htm。

［3］刘青建：《中非合作发展的先导作用与“一带一路”倡议》，http：//world. people. com. cn/n1/2018/0620/c1002 - 30068691. html。

［4］罗雨泽：《“一带一路”经济走廊：畅通与繁荣》，《中国经济时报》2019年2月18日。

［5］礼森智库观点：《“一带一路”背景下中国海外园区发展的趋势》，https：//www. sohu. com/a/255975034_ 99949011。

［6］张腾飞、胡浩：《“一带一路”背景下中国海外园区发展趋势》，http：//www. china - esc. org. cn/c/2018 - 07 - 18/2115718. shtml。

［7］赵胜波、王兴平、胡雪峰等：《“一带一路”沿线中国国际合作园区发展研究——现状、影响与趋势》，《城市规划》2018年第42卷第9期。

［8］中商产业研究院：《“一带一路”引领海外园区发展：中国海外园区发展有哪些痛点》，http：//www. sohu. com/a/288258008_ 350221。

［9］推进“一带一路”建设工作领导小组办公室：《共建“一带一路”倡议：进展、贡献与展望》，https：//www. yidaiyilu. gov. cn/zchj/qwfb/86697. htm。

［10］刘佳骏、汪川：《“一带一路”沿线中国海外合作园区建设与发展趋势》，《清华金融评论》2019年第9期。

［11］刘佳骏：《“一带一路”沿线中国海外园区开放发展趋势与政策建议》，《发展研究》2019年第8期。

［12］刘佳骏：《发挥中国优势共建数字丝绸之路》，《中国城乡金融报》2019年4月26日。

［13］《全球经济展望》，世界银行，2020年6月8日。

企 业 篇

第五十三章　中国企业发展战略转型

提　　要

"十三五"时期，中国企业在规模水平上进一步提升，在技术、品牌和效率方面表现的核心竞争力不断增强，整体上初步进入从"量的扩张"向"质的提升"转型阶段。"十四五"时期，企业发展将面临一些新的机遇。从需求侧看，"新消费群体"的快速崛起将是企业未来5～10年发展不可忽视的战略机遇；从供给侧看，数字技术的加速应用，数字化的基础设施正在加速形成，这些新机遇都将对企业未来战略选择产生重要影响。同时，中国企业发展还面临"双周期"变化、创新能力再提升和供应链战略性调整带来的新挑战。面对机遇和挑战，数字化战略将是"十四五"时期中国企业发展重要的战略选择。中国企业的数字化战略转型具体涉及四个方面：一是从产业内竞争走向跨产业竞争；二是从既有价值创造走向预测价值创造；三是从获取硬件收入走向获取生态收入；四是从自上而下走向自下而上的组织过程。

*　　　*　　　*

"十三五"时期，中国企业发展战略正处在从"由量到质"转型的起步阶段，企业在规模水平上进一步提升，在技术、品牌和效率方面表现的核心竞争力不断增强。"十四五"时期，中国企业发展将面临哪些新机遇和新挑战？未来关键的战略选择是什么？都是接下来需要我们重点讨论的内容。

一、"十三五"时期中国企业初步进入"由量到质"的转型阶段

"十三五"时期，中国企业在规模水平上进一步提升，在技术、品牌和效率方面表现的核心竞争力不断增强，整体上初步进入从"量的扩张"向"质的提升"转型阶段。

1. 企业规模水平进一步提升

"十三五"时期中国企业在世界500强中的数量持续提升。2010年，中国上榜企业54家（含港澳台地区12家）；2015年，中国上榜企业106家（含港澳台地区12家）；2019年，中国上榜企业129家（含港澳台地区17家），如图53－1所示。"十二五"时期，中国企业进入世界500强的数量增加了52家。"十三五"时期，截至2019年，中国企业进入世界500强的数量增加了23家。从增加数量上看，"十三五"时期慢于

“十二五”时期。从一定程度上讲，中国企业规模水平进一步提升，但是提升的速度慢于“十二五”时期。

从2019年世界500强企业的国家和地区分布情况看，基本处于中国、美国和欧盟“三分天下”的格局。中美欧上榜企业一共379家，占全部上榜企业75.8%，其中，中国129家、美国121家、欧盟129家。

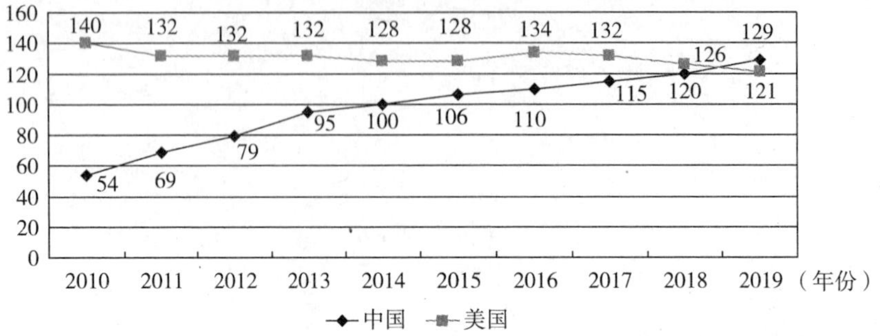

图53－1 “十二五”“十三五”世界500强中国与美国上榜企业数量

资料来源：笔者根据历年《财富》（中文版）整理。

从行业分布情况来看，2019年，上榜企业主要集中在制造业。上榜企业分布在9个大类行业中，其中，制造业46家，金融业23家，采矿业17家，批发和零售业12家，信息传输、软件和信息技术服务业8家，建筑业8家，电力、热力、燃气及水生产和供应业6家，房地产业5家，交通运输、仓储和邮政业4家。

就中国企业500强的情况而言，近年来在营业收入上继续保持增长态势，2019年合计实现营业收入79.10万亿元，比上年500强在营业收入上增加了11.14%，500强的入围门槛已经提升至323.25亿元。此外，从资产规模看，中国企业500强中超千亿的企业数量持续增加，2019年为194家。

2. 企业核心竞争力不断增强

“十三五”时期，中国企业在技术和品牌方面的竞争力不断增强。其中，尤其是研发投入和品牌价值的提升速度方面，远高于全球平均水平甚至发达国家的水平。

从企业的研发情况看，“十三五”以来企业的研发投入和研发强度不断增强。根据中国企业联合会数据显示，2019年，中国制造业企业500强研发费用总规模达到7110.87亿元，较上一年增长8.63%。研发强度为2.14%，较上年提高0.06%，实现了2016年以来研发强度的“三连涨”。分行业看，通信设备制造业在研发强度、人均研发费用、企均研发费用的行业排名都高居首位。

另外，在欧盟委员会发布的《2019年欧盟工业研发投资排名》报告中，主要对全球46个国家和地区2500家上市企业的2018年会计年度研发投入进行了调查，结果显示，2500家公司研发投资总额为8234亿欧元，较2017年增长了8.9%。美国公司的研发投入占全球研发投入的38%，欧盟占25.3%，日本占13.3%，中国占11.7%，韩国占3.8%，瑞士占3.5%。过去几年中，中国在全球研发中所占份额不断上升。从上榜企业情况看，美国769家、欧盟551家、日本318家、中国507家。其中，研发投入前100名的企业中有9家中国企业，华为研发投入为127.6亿欧元，在中国排名第一位，世界排名第五位。从分行业投入分布情况看，欧盟的研发投入中，信息通信技术领域占20%，汽车领域占31%，健康领域占21.6%；美国的研发投入中，信息通信技术占52.8%，健康占26.7%，汽车占7.6%；日本的研发投入中，信息通信技术占24.9%，汽车占31%，健康占12.1%；中国的研发投入中，信息通信技术占47.1%，汽车占11.5%，健康占4.8%。总体来看，中国和美国企业研发投入都主要集中在信息通信技术领域，而欧盟和日本主要集中在汽车领域。

从企业的品牌竞争力情况看，“十三五”以来企业品牌价值持续提升。根据BrandZ全球最具价值品牌100强排名情况，2010年中国企业有7家上榜；2015年中国企业有14家上榜；2020年上榜企业数量为17家，如表53－1所示。2020年，全球品牌百强总价值依然实现5.9%的增长，同时中国上榜品牌总价值增长16%，约是全球增速的3倍。整体上，“十三五”时期中国上榜企业的数量和品牌总价值持续增加，但是上榜企业数量增加速度慢于“十二五”时期。

表53－1 2020年全球最具价值品牌100强中国上榜企业情况

2020年排名	2019年排名	品牌	类别	2020年品牌价值（亿美元）	品牌价值同比变化（%）
6	7	阿里巴巴	零售	1525.25	16
7	8	茅台	酒	1509.78	15
31	29	中国工商银行	区域性银行	381.49	－1
36	27	中国移动	电信服务	345.83	－12
38	40	平安	保险	338.1	15
45	47	华为	科技	294.12	9
52	66	京东	零售	254.94	24
54	78	美团	生活方式	239.11	27
58	59	中国建设银行	区域性银行	210.89	－7
64	71	滴滴出行	交通出行	200.41	0
68	89	海尔	物联网生态	187.13	15
69	82	中国农业银行	区域性银行	186.39	2
79	新上榜	抖音	娱乐	168.78	新上榜
81	74	小米	科技	166.44	－16
91	63	百度	科技	148.4	－29
97	新上榜	中国银行	区域性银行	136.86	新上榜

资料来源：笔者根据2020年BrandZ排名整理。

3. 从“量的扩张”到“质的提升”将是一个长期的过程

“十三五”时期，中国企业发展战略正在从“量的扩张”向“质的提升”转型。在这一转变过程中，企业发展开始逐步从重点关注企业资产规模和产能的扩张，转向技术、品牌和效率等方面的提升。“量的扩张”通常可以通过对现有资本、技术和人力的投入而快速实现，需要花费的时间相对较短。而“质的提升”涉及人力和技术的长期持续积累，以及资本、技术和人力的高效率组合。这个过程不是一个对现有生产要素直接获得的过程，而是一个不断提升生产要素贡献、创新生产要素组合的过程，这个过程需要不断探索、试错和积累。因此，可能需要花费比“量的扩张”更长的时间来实现。

二、“十四五”时期中国企业发展的新机遇

“十四五”时期，企业发展将面临一些新的机遇。我们重点从需求侧和供给侧两个方面进行分析。从需求侧看，“新一代消费群体”的快速崛起将是企业未来5～10年发展不可忽视的战略机遇。同时，从供给侧看，数字技术正在加速应用，数字化的基础设施正在加速形成，这些新机遇都将对企业未来战略选择产生重要影响。

1. “新一代消费群体”快速崛起

“新一代消费群体”的崛起主要是指“Z一代”。“Z一代”是相对于“X一代”和“Y一代”做出区分的一个群体。通常而言，“X一代”主要是1965～1980年出生的一代人，这一代人是主要婴儿潮的下一代；“Y一代”主要是1981～1996年出生的一代人，又称为“千禧一代”；“Z一代”是1997～2012年出生的一代人，就是我们常说的95后和00后，又称为“网络一代”，他们是数字世界的原住民，他们伴随互联网、即时通信、MP3、智能手机和平板电脑等新产品而成长。根据IBM与美国零售联合会（NRF）共同发表的调研报告表明，到2020年，全球“Z一代”消费者总数将达到26亿人，约占全球人口的1/3。“Z一代”不仅未来在人口数量中占有较高比重，而且还是劳动时间最长和消费需求最旺盛的一代。因此，“Z一代”的快速崛起已经意

味着他们是未来消费群体的主要力量，为企业未来发展创造了巨大的市场机会。

“Z一代”具有鲜明的消费特征。他们高度重视体验和个性化需求满足，对数字技术和产品发展变化具有更好的适应能力和更好的接受度，对工作的边界更加模糊，他们的消费意见对父母的消费决策具有直接的影响力。因此，“Z一代”的消费特征决定了企业未来发展战略选择的方向和重点。

2. 数字技术加速应用

大数据、人工智能、移动互联、云计算、5G和物联网等数字新技术加速应用，不仅改变了人们的生产和生活，而且也在改变社会。2020年4月1日，习近平总书记在浙江考察时再次强调，要善于化危为机，抓住产业数字化、数字产业化赋予的机遇，抓紧布局数字经济。在“抗疫”过程中数字技术在数字医疗、智能图像识别、复工复产、数字教育等方面都发挥了重要作用。同时，数字商业也得到了快速增长，线上办公、线上购物、数字娱乐、线上问诊等商业模式都得到超预期的增长。

“十四五”时期正处于数字技术指数化增长的下半程。埃森哲在《技术展望2020》报告的主题是“新数字时代的人与技术”，报告的核心观点是尽管人们比以往任何时候都更多地将技术融入到生活中，但企业满足人们需求的努力仍有可能落空。在一个数字技术无处不在的世界中，需要新的思维方式和方法。报告还进一步分析指出，企业可以使用前所未有的破坏性技术，例如分布式账本、人工智能、扩展现实和量子计算。但是，76%的高管认为，创新的风险从未像现在这样高。要想“正确”实现创新将需要与生态系统合作伙伴和第三方组织合作，采取新的创新方式。从中我们可以发现，一方面数字技术呈现指数化的增长，常常会超越惯常“线性思维”的预期；另一方面企业只有加速改变战略思维，才能真正抓住“技术机会”，分享到“技术红利”。

3. 数字基础设施加速形成

数字基础设施是新型基础设施的重要组成部分。2020年4月20日，国家发展改革委首次明确了新型基础设施的范围，具体包括信息基础设施、融合基础设施和创新基础设施。4月28日，国务院常务会议进一步强调加快推进信息网络等新型基础设施建设。新型基础设施是以信息网络为基础，综合集成新一代信息技术，为社会生产、生活提供数字能力，对各行各业进行数字化、网络化和智能化赋能的新一代基础设施。从基本架构看，新型基础设施包括网络层、数据中心层和新一代信息通用技术层。大数据、人工智能和云计算等新一代信息通信技术通过数据中心和网络（包括5G核心网、光纤网络和无线网络）为各行各业赋能，提供服务。

“十四五”时期，5G网络、数据中心、云计算平台、工业基础软件、工业互联网的加速建设，会不断赋能智能交通、智慧物流、智能制造、智能家居、远程办公、在线教育等新产业、新模式和新业态，形成数据驱动、人机融合、跨界融合、共创共享的智能经济发展的新趋势。根据全球市场研究机构MarketsandMarkets的报告显示，2020~2025年，全球智能制造市场规模复合年均增长率为12.4%，2025年将达到3848亿美元。期间随着3D打印、模拟分析、工业物联网等技术在制造业的渗透，汽车、航空航天、国防工业在智能制造领域已实现领先增长，能源和装备制造等行业将保持较高增速。

近期，华为、阿里、百度、腾讯一批企业都在根据自身的能力特点，积极投入到新型基础设施布局中。见表53-2。可以预见，对于大量工业企业的发展而言，“十三五”时期还是在“工业化+信息化”的二维空间中发展，“十四五”时期，将需要思考在数字基础设施加速形成的背景下，如何在“工业化+信息化+智能化”的三维空间中创造商业价值，提升自身的竞争力。

表53-2 BATH在“新基建”中的布局

公司	核心领域	核心品牌
百度	人工智能	百度大脑、飞桨、昆仑芯片、智能云、Appllo智能交通
阿里	云计算	阿里云、达摩院、平头哥芯片、城市大脑
腾讯	社交链接	腾讯云、腾讯会议、企业微信
华为	5G网络	5G标准、华为云、鲲鹏、昇腾、Welink

资料来源：中国发展基金会、百度，2020年。

三、“十四五”时期中国企业发展的新挑战

“十四五”时期，中国企业发展需要面对经济周期和技术创新周期的快速变化，需要持续提升自身的创新能力，需要主动应对全球供应链的战略性调整。

1. 企业发展将面对“双周期”变化

“十四五”时期，企业发展将处于经济周期和技术周期快速变化的环境之中，即中国经济从高速增长向高质量增长的转型周期，与新工业革命加速涌现的技术创新周期。在双周期的共同作用下，一方面从需求侧看，中国经济增长进入中高增长平台，投资、消费和出口的拉动力比“十三五”时期会有所减弱，企业发展“规模型”“复制型”扩张机会大大减少，以增速替代效率的可能性越来越低。另一方面从供给侧看，全球正处在新一代信息网络技术创新周期，大数据、人工智能、云计算等新技术加速涌现的背后也意味着更强的技术不确定性。技术创新的新周期中新技术对旧技术的替代和升级在加速，但这个过程中从技术创新的实现，到进入产业和商业层面的大规模应用往往还需较长一段时间，其中存在着大量的不确定性。这对企业而言，既需要加大在技术创新上的投入，进行不确定性的探索，也需承担技术创新失败的风险。

整体上讲，在“双周期”的共同作用下，“十四五”时期企业发展战略面临着重新定位，需要在需求侧和供给侧重新思考来自两方面的变化。在“十三五”时期，这两方面的变化仅仅是开始，如果说很多企业做了战略上的调整，那么更多的还是在“起步”阶段，在“局部尝试”层面开展。在未来的5~10年这两方面的变化将是企业发展面对的“新常态”，企业在战略上需要从“起步”走向“深入”，从“局部尝试”走向“全局推进”。

2. 企业创新能力再提升

“十四五”时期，本土创新能力提升是中国企业的一项重要任务。虽然中国企业在技术创新方面已经拥有了一定实力和全球竞争力，但还存在研发强度低、科技龙头企业数量少和核心技术亟须突破的问题。

（1）研发强度需要再提升。2020年，进入《2019欧盟工业研发投资记分牌》榜单的中国工业企业研发投入强度为2.7%，瑞士为7.2%、美国为6.8%、德国为4.5%、荷兰为4.1%、日本为3.5%，如图53-2所示。整体来说，中国企业在研发强度上同发达国家相比仍有较大的差距。主要原因是中国企业在制药行业规模较小，在ICT领域规模巨大的投入未能弥补规模巨大的低技术产业。这说明，一方面在ICT领域的企业在研发方面积极投入，研发强度快速提升；另一方面就中国企业整体而言，在低技术领域的企业数量占有较高比重。

（2）科技龙头企业数量较少，创新带动作用不能充分发挥。中国只有极少数企业进入到全球工业企业创新第一方阵，缺乏创新的龙头企业。根据《2019欧盟工业研发投资记分牌》报告显示，记分牌中前50位上榜企业，美国有22家、欧盟有17家、日本有6家、中国有2家（为华为和阿里巴巴）；前100位上榜企业，美国有36家、欧盟有29家、日本有15家、中国有9家。科技龙头企业是产业技术创新生态的核心节点，是应用基础研究的重要承担者，具有重要的龙头带动作用。

核心技术需要进一步突破。中国很多企业都采用“反向创新”的路径，即“产品创新—工艺创新—基础研究”，在“产品创新”层面快速实现了“量的扩张”。但是，在一些基础材料、关键工艺、核心元器件、高端装备等方面还需要进一步实现突破。比如，我们在晶圆材料、芯片制造装备、芯片设计软件等诸多领域，还对外部技术来源具有较大的依赖。再如，在高端机床、火箭、大飞机、发动机等尖端领域，虽然部分零件实现了国产，但生产零件的设备却受制于技术。从“反向创新”走向“正向创新”将是“十四五”以及未来更长一段时期，中国企业不可回避

的一个挑战。这个挑战集中体现在两个方面：一是“正向创新”在创新活动的时间维度上，往往短期内见不到具体成果，需要持续的积累；二是在创新活动空间范围维度上，需要企业的创新活动能够同国家创新体系进行有效衔接，形成基础研究和应用基础研究的有机结合。

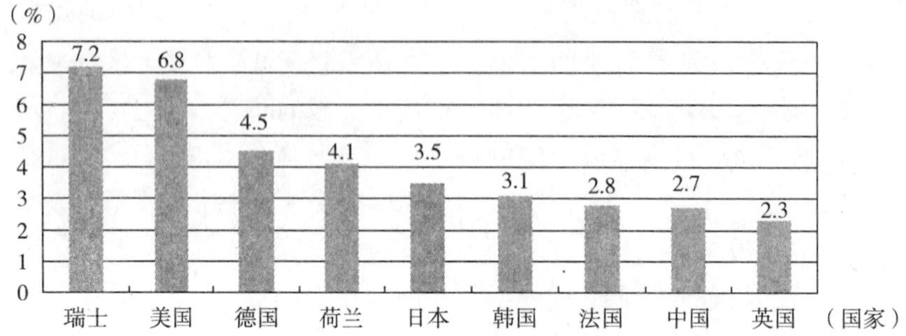

图 53－2 研发强度排名

资料来源：《2019 欧盟工业研发投资记分牌》。

3. 全球供应链的战略性调整

突如其来的新冠肺炎疫情对全球经济产生了严重的冲击，对生产者和消费者的信心带来了巨大的影响，贸易保护主义甚嚣尘上，世界各国企业都在思索供应链布局的战略性调整，可以预见，“十四五”将是全球供应链战略性调整的关键时期。这一战略性调整将会在分散化和本土化两个维度上展开：

一是供应链的分散化布局。疫情发生后，很多跨国公司都已经深刻感受到供应链集中化布局所带来的风险，期望能够通过有步骤的分散化布局降低风险。贴近本地化市场往往成为分散化布局的一个重要考虑因素。比如，美国推动制造业向墨西哥、巴西等拉美国家转移，德、法、英等欧洲国家推动制造业向东欧和土耳其等国家转移的“周边化生产”，将成为未来美欧推动全球供应链调整的战略重点（贺俊，2020）。此外，这种分散化还将呈现为区域性集中的趋势，即根据区域性自由贸易协定而布局。

二是核心技术供应链的本土化布局。跨国公司是面向全球市场的，但是公司核心管控系统是有国别的。因此，将以核心技术为基础的供应链控制在本国范围之内，就成为题中应有之义。

跨国公司全球供应链的战略性调整不是一个在短期就快速完成的行动，它将是一个长期性、全局性和动态性的行动，将会伴随着新产品的发布、地区产业配套能力提升等多方面因素的具备而逐步展开。对于中国企业而言，需要跟进全球供应链战略性调整的趋势，主动面对挑战，做出相应布局，提升自身在研发、制造和营销环节创造价值的能力。

四、“十四五”时期中国企业的数字化战略转型

“十四五”时期，从“量的扩张”走向“质的提升”是中国企业战略总体演进趋势。面对“数字原住民”群体的成长、数字化技术的加速应用和数字化商业基础设施的加速形成带来的新机遇，以及“双周期”、创新能力再提升和供应链战略性调整带来的新挑战，数字化战略转型将是顺应这一战略演进趋势的关键战略选择。

1. 跨产业边界竞争成为“新常态”

信息物理系统（CPS）是企业发展环境的最突出特征，这也就要求我们要超越现有产业边界来认知竞争。因为，产业的边界变得模糊，竞争对手往往来自现有产业之外，重塑产业规范和边

界成为企业的能力要求，而非仅提高既定的产业进入壁垒——“护城河”。未来的竞争对手可能直接就从空中发起攻击，而非我们设想的地面进攻。因为，在CPS情景下，竞争维度变成了“物理+数字”维度，“护城河”的概念随之也就发生了变化，除了“深挖”之外，更需考虑“连接”。如果还仅停留在物理空间识别竞争对手，那就远远不够了。

数字化战略转型要求企业必须进行价值链或价值网络重构，要求我们跳出现有产品、产业，甚至现有用户的边界去思考为用户提供的产品和服务。比如，谷歌公司基于对海量数据的掌握，率先发布“无人驾驶”汽车，迎接“智能交通”时代的到来，这为最不愿意变革的汽车业巨头敲响了警钟。特斯拉按照硅谷的思路重新定义了新能源汽车，使特斯拉看起来就是一个数字化产品，而非传统意义上对汽车的理解。

2. 预测性价值是企业未来竞争优势的来源

传统制造企业更多聚焦原材料、工艺、设备、检测和维护这些有形要素上，而在数字化的情境下、在这些传统有形要素之上，还需关注数据采集、网络连接、制造机理模型等这些无形要素。不同的要素认识和要素条件，决定了“新价值”创造以及新竞争优势获得的可能性。事实上，对于新价值的创造我们不能仅认为是新要素创造新价值，而是这些无形要素和有形要素有机融合创造新价值。因为数字化情景给我们呈现的是一个原子和比特、数字和物理、有形和无形融合的世界，新价值需要在“新商业世界观”下来认识，而非站在物理世界看数字世界，或者站在数字世界看物理世界。在“新商业世界观”下，只有这些有形和无形要素的融合才能创造出新的价值（王钦，2019）。

对于传统制造企业而言，在有形要素条件下，价值创造过程更多的是既有价值的创造和传递过程，就是企业先创造出产品或服务然后传递给用户，这种价值我们将其称为既有价值。通俗讲，就是在找到用户之前已经生产出产品或服务，然后通过渠道提供给用户，更多是M2C的过程。自然大规模制造、大规模分销的模式最适合这种价值创造。

数字技术的加速应用，比如工业互联网的应用，不仅拉近了企业与用户、企业与企业之间的距离，还缩短了企业内部研发、制造和市场之间的距离，从而使企业为用户提供预测价值成为可能。其中，有很多的服务就是在同用户实时交互过程中提供的。在具体实践中，这种价值创造方式表现为服务化延伸（比如机器即服务、制造即服务）、个性化定制、网络化协同（比如协同设计、协同制造、供应链协同）等多种实现模式。根据中国信通院的统计，目前工业互联网应用场景项目分布中占比最高的是性能监控诊断类项目，占比为24%；其次是设备预测性维护项目，占比为12%。预测性价值创造的背后更多体现的是C2M的过程，体现了网络对时间和空间约束的突破，体现了以拉动模式来创造价值。

3. 生态收入是企业的新盈利模式

传统制造业盈利模式主要采用硬件收入模式，企业在整体产品生命周期过程中主要通过出售硬件设备和产品来获取收入，同时伴随着使用，设备和产品会逐步老化，并出现一定的故障，这时企业可以通过后服务再获取一定的收入。一直到这些产品和设备不能够使用，再形成新的硬件和产品收入。也就是说，硬件收入与后服务收入构成了传统制造业企业主要的盈利模式。其中，从收入结构上看，硬件收入较后服务收入占有较高的比重。

数字技术的应用中经常会涉及数据创造价值，那么数据是如何创造价值的？我们用这样一条线索来表述，即“数据—信息—知识”，通过设备端和产品端数据的采集将会使企业积累大量数据，数据经过分析之后转化为信息，信息经过专属领域的经验处理转化为知识，这些知识结合特定的场景创造价值。数据创造价值既包括企业自身数据创造的价值，也包括不同企业间数据聚合共同创造的价值。事实上，从未来的新价值创造看，不同企业间数据聚合的价值空间更大，我们也将其称为生态收入。数据创造价值背后带来企业盈利模式的变化，除了获取传统制造企业的硬件收入外，企业还可以获取软件升级和数据聚合创造的生态收入，即：企业盈利模式=硬件收入+生态收入（软件升级收入+数据聚合收入）。

现实中，如何处理传统硬件收入和生态收入

之间的关系是企业数字化转型实施面临的难题，即既不能够让硬件收入部分下降，又要让生态收入部分快速增长，并超越硬件收入部分，而企业的资源总是有限的，资源配置决策的优先选择权给硬件部分还是生态收入部分，两者如何平衡，这是转型之路上必须面对的。近期，GE 公司 Predix 业务的分立，就是一次两者关系的再平衡。这次调整也充分表明 GE 公司在战略上优先选择“独善其身”，即聚焦自身已有的核心业务提升，然后再“兼济天下”，即发展跨行业的工业操作系统。国内企业也在进行这方面的探索，比如，海尔集团就将生态收入纳入到自己的损益表中，并将其作为重要的绩效考核指标。

4. IT 和 OT 融合承载战略落地

数字化战略转型是一场新技术对组织的挑战，其中最为突出的就是 IT 和 OT 的融合。就企业的 IT 实施而言，ERP、APS、MES、SCADA 等系统的应用通常都是采取自上而下的方式进行部署，因为这些系统的部署往往不涉及太多的跨部门协作。显然，采取自上而下的方式具有一定的效率。但是，数字技术的应用更多地要解决的问题，不仅在于 IT 层面，更在于 OT 层面。从两者的关系上讲，OT 是 IT 实施的根基，没有 OT 层面问题的真正解决，IT 的效率是无法释放的。这也就是为什么很多企业上了 IT 系统，但是根本无法发挥作用的症结所在。其中，OT 问题的解决更多的是一个自下而上的过程，是一个不断出现问题、发现问题和寻找问题解决方法的过程，而且这些问题既发生在现场，又有极大的差异性。通俗地讲，有很多 OT 问题的解决是一个“种地”的过程，是离不开物理实现这个过程的，只能靠一点一点的探索和经验积累来解决，有很多问题根本是没有现成答案的。

现实是 IT 和 OT 分属于不同的部门，IT 人员又不懂 OT 领域的知识，而且一个是自上而下的实施方式，另外一个又具有自下而上的特点。这种部门上的割裂和组织方式上的差异，以及企业组织天生的“自上而下”惯性，就会造成很多在资源组织上的冲突和矛盾。因此，要很好地解决 IT 和 OT 融合的问题，就必然涉及组织结构和运行机制的调整——自下而上的过程和机制。

实际上，要建立自下而上的组织过程和机制，有三个关键点：第一，明确数字技术应用的目标是什么。只有在目标不断清晰的前提下，才能够激发各个主体的主动性和努力的方向，并明确资源配置的原则。比如，海尔在数字化战略转型中，以人单合一为方法论，始终强调以用户价值（单）为中心，激发员工（人）的自主性，构建一个员工、用户与利益相关者之间利益共创共享（合一）的生态圈。在整个公司层面的目标就是要创造全流程的用户最佳体验，在制造环节就是要建立能够实现个性化定制的工厂。在实施过程中，工厂一步一步走过了标准化、精益化、模块化和自动化这些阶段，正是在此基础上向个性化定制迈进，成为零散制造行业的一个典型案例。

第二，构建以用户为中心的并联流程。数字化战略转型涉及企业内部研发、制造和市场资源的再组合，传统制造业企业中这些环节之间更多的是一个串联的关系，是段到段的关系，并不是端对端的对用户负责，自然就会影响到相互之间的协同和资源的灵活组合使用，这就需要构建以用户为中心的研发、制造、供应链和市场并联关系。在具体实践中，企业的制造环节本身被再定义，制造环节不仅涉及产品流、物流，而且成为信息流最为集中的环节。

第三，建立以用户评价驱动的资源配置机制。传统企业组织采用的是自上而下资源配置机制，这种机制一方面具有资源集中使用的优势，但另一方面又有同市场距离较远，不能够对市场变化做出快速反应的劣势。企业数字化战略转型具有演化而非计划的特点，在演化过程中需要不断地输入外部信息，并对输入信息做出快速反应和迭代。而外部信息中最为关键的就是用户评价信息。因此，需要建立用户评价驱动的资源配置机制。

企业的数字化战略转型将是从产业内竞争走向跨产业竞争，从既有价值走向预测价值，从硬件收入走向生态收入，从自上而下走向自下而上。转型之难在于“破”与“立”的转换过程，在这一过程中，如何把握好上述转换的平衡极具挑战。

专栏 53-1

八大举措支持数字经济发展

根据《关于2019年国民经济和社会发展计划执行情况与2020年国民经济和社会发展计划草案的报告》，我国今年将从建立健全政策体系、实体经济数字化融合、促进数据要素流通、推进数字政府建设、发展新型基础设施等八个方面支持数字经济发展，着力培育壮大新动能。

建立健全政策体系	编制《数字经济创新引领发展规划》，研究构建数字经济协同治理政策体系
实体经济数字化融合	加快传统产业数字化转型，布局一批国家数字化转型促进中心，鼓励发展数字化转型共性支撑平台和行业“数据大脑”，推进前沿信息技术集成创新和融合应用
持续壮大数字产业	以数字核心技术突破为出发点，推进自主创新产品应用。鼓励平台经济、共享经济、“互联网+”等新模式新业态发展
促进数据要素流通	实施数据要素市场培育行动，探索数据流通规则，深入推进政务数据共享开放，开展公共数据资源开发利用试点，建立政府和社会互动的大数据采集形成和共享融通机制
推进数字政府建设	深化政务信息系统集约建设和整合共享，深入推进全国一体化政务服务平台和国家数据共享交换平台建设
持续深化国际合作	深化数字丝绸之路、“丝路电商”建设合作，在智慧城市、电子商务、数据跨境等方面推动国际对话和务实合作
统筹推进试点示范	推进国家数字经济创新发展试验区建设，组织开展国家大数据综合试验区成效评估，加强经验复制推广
发展新型基础设施	制定加快新型基础设施建设和发展的意见，实施全国一体化大数据中心建设重大工程，布局10个左右区域级数据中心集群和智能计算中心。推进身份认证和电子证照、电子发票等应用基础设施建设

资料来源：国家和发展改革委员会。

参考文献

[1] 王钦：《数字时代的“高韧性”组织：人单合一》，《清华管理评论》2020年第6期。

[2] 王钦：《工业互联网加速发展背后的三大“管理变革”》，《清华管理评论》2019年第4期。

[3] 贺俊：《从效率到安全：疫情冲击下的全球供应链调整及应对》，《学习与探索》2020年第4期。

[4] 中国发展基金会、百度：《新基建，新机遇：中国智能经济发展白皮书》（精华版），2020年6月版。

[5] 欧盟委员会：《2019欧盟工业研发投资记分牌》，2019年版。

第五十四章　企业营商环境

提　　要

“十三五”时期，在党中央的坚强领导和国务院的重点部署之下，各级政府及部门将优化营商环境作为进一步深化改革和完善市场经济体制的重要工作来抓，通过强化顶层设计、注重改革推进、重视方法创新、实施以评促建等措施，中国营商环境在全球排名迅速上升，市场活力得到了有效释放，企业经营成本显著下降。为推动“十四五”时期中国营商环境的进一步优化，针对中国营商环境当前存在的一些问题和“短板”，进一步补足在重点领域、区域差异、产权保护、思想认知、数据互联互通、信用监管等方面的“短板”，强化在顶层设计和国家政务服务平台的“长板”，真正通过服务提升民众的获得感和满意度。为保证“十四五”时期营商环境重点工作的推进，支撑高质量发展目标的实现，需要进一步深化市场经济机制、行政体制机制、垄断行业改革和完善市场信用体系建设，为进一步优化营商环境创造条件。

*　　　*　　　*

营商环境建设是新时代建设现代化经济体系的重要构成，是进一步深化我国市场经济体制改革的重要内容，也是推动高质量发展的重要驱动力。“十三五”以来，在党中央的坚强领导和国务院的重点部署下，各部门、各地政府发挥合力，以“放管服”改革为抓手，推动资源配置和企业行为的市场化，强化事中事后监管，不断提升政务服务能力和服务水平，推动营商环境持续改善，成为主要经济体中营商环境改善最快的国家。中国的制度性交易成本明显下降，市场活力和社会创造力得以有效激发，高质量发展的内生动力不断增强。总的来看，“十三五”时期中国营商环境快速改善，但同样也存在一些亟待进一步深化改革的相关领域和问题，例如行政垄断、自然垄断、市场歧视依然存在，企业成本尤其是税负成本依然较高，区域差距突出，民众的满意度、获得感依然不高等。为此，全面总结“十三五”时期中国营商环境建设的主要成就和主要经验，探寻其中存在的问题，并着眼于“十四五”时期经济社会更高质量发展的要求，进一步推动营商环境优化，具有重要的现实意义。

一、“十三五”时期营商环境建设的主要做法

通过强化顶层设计、深化商事制度改革、方式方法创新和多方多维评价，促进了“十三五”时期中国营商环境的显著改善，这是中国推进营商环境改革的主要经验，为“十四五”时期进一

步优化营商环境提供了参考，也为世界各国优化营商环境提供了经验借鉴。

1. 强化顶层制度设计，形成优化营商环境的整体环境

营商环境的改善是嵌入到中国市场经济体制建设过程中的，而真正意义上的营商环境改革则始于党的十八大以来“放管服”改革的推进。从2013年开始，围绕简政放权目标，国务院开始了一系列行政审批事项的取消和下放工作，至2015年共取消和下放管理层级的行政审批项目共计378项，各职能部门也按照简政放权的要求大量取消和下放管理层级的行政审批项目，市场主体进入门槛被大大降低，市场的制度性交易成本显著降低，这为“十三五”时期营商环境优化打下了良好的基础。

作为市场经济体制建设的重要内容，营商环境工作得到党中央的高度重视。中央全面深化改革领导小组（委员会）作为进一步深化市场经济体制改革的领导机构，充分发挥了党中央的领导作用，2016～2020年5月共审议了57项有关营商环境的相关政策意见。与此同时，党中央和国务院将优化营商环境作为进一步深化市场经济体制改革的重要抓手，出台了一系列相关决议、条例和相关办法，形成了党和政府优化营商环境的顶层制度设计体系。2015年，中共十八届五中全会提出了完善“法治化、国际化、便利化”的营商环境；2017年，党的十九大报告提出全面实施市场准入负面清单管理，深化商事制度改革，完善市场监管体制；2019年10月8日通过并于2020年1月1日施行的《优化营商环境条例》，这是中国营商环境建设的标志性事件，它从市场主体保护、市场环境、政务服务、监管执法、法治保障5大方面共72条提出了明确具体的要求；2019年，中共十九届四中全会要求进一步深化“放管服”改革，尤其是深化行政审批制度改革；2019年年底中共中央、国务院下发的《关于营造更好发展环境支持民营企业改革发展的意见》进一步提出了营造“市场化、法治化、国际化”的营商环境；2020年，中共中央、国务院下发了《关于新时代加快完善社会主义市场经济体制的意见》，更是旗帜鲜明地提出“以一流营商环境建设为牵引持续优化政府服务”，对新时代优化营商环境提出了明确要求（见表54－1）。

表54－1　“十三五”时期中共中央和国务院下发的优化营商环境的主要文件

时间	文件	主要内容
2015年10月	《中国共产党第十八届中央委员会第五次全体会议公报》	形成对外开放新体制，完善法治化、国际化、便利化的营商环境，健全服务贸易促进体系，全面实行准入前国民待遇加负面清单管理制度，有序扩大服务业对外开放
2017年10月	《决胜全面建成小康社会，夺取新时代中国特色社会主义伟大胜利》	全面实施市场准入负面清单制度……深化商事制度改革，打破行政性垄断，防止市场垄断，加快要素价格市场化改革，放宽服务业准入限制，完善市场监管体制
2019年10月	《优化营商环境条例》	从市场主体保护、市场环境、政务服务、监管执法、法治保障5大方面共72条对优化营商环境提出了明确具体的要求
2019年10月	《中共中央关于坚持和完善中国特色社会主义制度，推进国家治理体系和治理能力现代化若干重大问题的决定》	深入推进简政放权、放管结合、优化服务，深化行政审批制度改革，改善营商环境，激发各类市场主体活力
2019年12月	《中共中央、国务院关于营造更好发展环境支持民营企业改革发展的意见》	提出要“营造市场化、法治化、国际化营商环境”
2020年5月	《中共中央、国务院关于新时代加快完善社会主义市场经济体制的意见》	提出“以一流营商环境建设为牵引持续优化政府服务”，对新时代优化营商环境提出了明确要求

资料来源：笔者整理。

另外，2016～2019年仅国务院办公厅下发的与营商环境相关的政策文件就多达53项①，涉及登记注册、不动产登记、行政审批、简政便民、纳税便利化、市场监管、放管服、事中事后监管、信用建设、市场改革、贸易便利化、产权保护、对外开放、创新创业、减税降费、降成本、社会投资、政务服务等营商环境的各个方面，为"十三五"时期营商环境各个领域的改革提供了有效的指引。

2. *推进商事制度改革，以"放管服"改革驱动营商环境有序改善*

在顶层设计的指引之下，营商环境的改善更多地来源于一系列的改革措施。其中，以"放管服"为核心的商事制度改革，通过简政放权、放管结合、优化服务，使各类市场主体在市场经济活动中的交易成本显著下降，市场活力得以有效释放，其中的主要改革工作如下：

一是实施简政放权，为市场主体自主经营创造条件。进入新时代以来，中国市场经济体制改革进一步深化，充分发挥市场在资源配置中的决定性作用是未来改革的总体方向，进一步减少政府对市场资源的直接配置和对微观经济活动的直接干预，削弱政府对市场的干预权力、促进政府权力下放，减少行政事务流程和环节，是促进市场主体发挥自主性、能动性，进而提高获得感的重要来源。具体来看，通过进一步推动垄断领域改革，取消和下放大量审批事项，实施市场准入负面清单管理，清理内外资、国有民营企业不公平的相关政策，为不同类型市场主体平等进入市场创造条件；从2015年推行"三证合一"制度开始，通过"证照分离""多证合一""先照后证"，精简许可事项并实施分类管理，极大地解决了因为行政许可限制企业注册登记；推进便利化注册，取消了注册资本、经营场所等注册门槛限制，进一步降低了市场主体登记注册的门槛。

二是创新监管模式，以信用监管和治理思维来提升监管能效。"十三五"时期是中国市场监管体制的重大变革，实现了从行政监管向依法监管、信用监管和事中事后监管的重大转变，推动了从管理逻辑向治理逻辑的转变。通过积极推动监管规则和监管标准建设，引入多方主体共同监管，为监管主体设定了行为准则和操作指引，推动了政府监管向多部门、多主体共同治理的模式转变。转变了监管理念，以信用监管为基本的监管原则，极大地减少了对微观市场主体的干预。强化信用体系建设，通过国家企业信用信息公示系统、信用中国等整合企业信用信息，通过市场监管部门、法院、金融等多部门协同整合，真正推动信用监管和多方治理的落地。采取"双随机、一公开"的随机抽查式监管与重点监管相结合，实现监管方式与内容的有效匹配，既有利于提高市场活力，也有利于保障对重点领域的有效监管。对新技术、新产业、新业态、新模式等实行包容审慎监管，创新监管方式，尤其是运用现代信息技术和网络技术推行的新监管工具得以有效运用。

三是优化服务能力，推动服务型政府的建设。"十三五"时期，在强化简政放权和信用监管的同时，大力推进政府服务意识的转变、能力的建设和水平的提升，为实现服务型政府的建设目标打下了良好的基础。不断推进服务便利化建设，通过服务标准化建设，简化了企业登记注册、获取水电气网、办理税务、注销破产等的手续、流程和周期，在操作上推进通过"互联网＋"政务服务和政务服务大厅建设，实现"一网""一门""一窗"服务改革，实现"一次不跑""只跑一次"的服务目标，提升了民众的获得感。不断创新服务方式，尤其是针对建筑许可、税务、融资、知识产权保护等"短板"领域，创新工作机制，以服务提升监管水平、以服务帮助企业解决现实中面临的问题，推动服务型政府建设。

3. *注重方法方式创新，以线下集中和线上整合协同推进行政服务效率提升*

在自上而下推动营商环境优化的实践中，通过对其他业务场景方法的移植以及工具的创新，为优化营商环境提供了有效的支持。一是把握数字时代机遇，推动营商环境的网络化、平台化、数据化、智能化建设。利用"互联网＋"

① 笔者根据中国政府网"营商环境政策库"整理。

的机遇，国家推动电子政务的线上化。从 2015 年国务院办公厅下发《关于运用大数据加强对市场主体服务和监管的若干意见》开始，服务于市场监管、政府服务的经济主体唯一识别码（“三证合一”）、政务服务平台、信用信息共享交换平台开始加速推进，2016 年全面启动“互联网 + 政务服务”。2019 年 11 月，国家政务服务平台整体上线试运行，联通 43 个国务院部门和 32 个地区（含新疆生产建设兵团），对外提供国务院部门 1142 项和地方政府 359 万项在线服务。通过建设全国一体化在线政务服务平台，推动政务服务事项在全国范围内实现“一网通办”。31 个省区市及相关部门均接入国家政务服务平台，并通过省级政务服平台进一步实现与各地市服务平台的链接，实现了各级各部门政务服务平台的互联互通、数据共享与业务协同。截至 2019 年 12 月，32 个省级网上政务服务平台（含新疆生产建设兵团）的个人用户注册数量达到 2. 39 亿，实名注册个人用户达 2. 21 亿。此外，为适应移动互联时代用户使用习惯，各级政府及相关部门结合民众办事的实际需要，通过手机 App、线下终端机等推广智慧服务。通过网络化、平台化、信息化和智慧化建设，推动了政务服务的线上申请和线上办理，既提升了服务效率，也降低了服务成本，还提高了服务的满意度。二是鼓励底层创新，提升基层政务服务质量。在国家整合行政资源的背景下，大力推进政务服务大厅（综合服务中心）建设，以“一窗”“一门”“一次”等政务服务改革，按照减环节、减材料、减时限的要求，实现线下企业各项业务（注册登记、办理许可、缴纳税收、登记财产等）一窗受理、后台流转、并行办理、限时办结、一窗交付的集成服务。通过政务服务的集中化、一窗化、并行化、服务时限承诺等改革，提高了政务服务事项便利度，减少了群众办事过程中需要多次上门、重复提交资料、多窗口咨询办理的问题。通过线下集中服务和线上整合服务的结合，有力地提升了各项行政业务的办理效率和水平，基本实现了“只跑一下”“一次不跑”的目标。除了政务服务的整合化之外，各地围绕园区企业集聚性特征，涌现出一些特色化的服务方式，例如为入园企业提供“保姆式”“管家式”“店小二式”“一对一”等多种形式的服务，及时甚至超前地为企业提供服务，真正让企业感受到营商环境的改善。另外，2020 年初暴发的新冠肺炎疫情进一步推动了政务服务的网络化和线上化，从国务院政务平台到地方政务平台，基本上实现了企业注册登记、办理税收、申办贷款、申请补助等相关事项的网上办理，不仅有效地缓解了新冠肺炎疫情对企业经营的影响，也为进一步改进服务方法和提高服务能力提供了有效的示范场景。

4. 以评促改以评促建，以竞争激发各地改革创新

从“十三五”时期中国营商环境显著改善的进程中可以看出，在竞争的压力下，通过各种类型的营商环境评价，为各地对标营商环境最佳实践、补齐营商环境“短板”提供了有效的参照，通过评价促进各地营商环境改善。其中，以世界银行为代表的国际组织，从全球的视角，对各国营商环境、竞争力等方面进行了持续的研究，发布了《全球营商环境报告》《全球竞争力报告》等一系列出版物，成为中国审视自身营商环境短板，对标国际领先者的重要参考。为推动国内营商环境的普遍改善，2018 年，按照国务院部署，国家发改委构建中国营商环境评价指标体系，在 22 个城市（包括 4 个直辖市、3 个计划单列市、9 个省会城市、5 个地级市、1 个县级市）开展了试评价。2019 年 10 月 22 日发布的《优化营商环境条例》更是要求实现营商环境评价的常态化，2020 年 5 月 11 日，中共中央、国务院下发的《关于新时代加快完善社会主义市场经济体制的意见》进一步要求“完善营商环境评价体系，适时在全国范围开展营商环境评价”。此外，相关研究机构、媒体等，作为外部的专业机构，也积极开展营商环境的评价工作，从研究和舆论上助推营商环境的改善。

二、“十三五”时期营商环境建设取得的主要成就

“十三五”时期是中国营商环境建设取得突出成效的阶段，营商环境全球排名快速进步，社会创业热情被有效激发，企业成本也得以显著下降，有效地支撑了中国经济的高质量发展。

1. 营商环境快速改善，向世界展示了中国改革的成功实例

自2007年开始，世界银行连续开展了营商环境的全球调查和评价工作，中国营商环境全球排名的进步表现卓越。2019年，在世界银行发布的《营商环境报告2020》中显示，中国营商环境在全球整体排名第31位，较上一年提高了15位，较2015年提高59位，成为主要经济体中营商环境改善最快的国家。其中，执行合同、获得电力、开办企业、财产登记等指标表现卓越，尤其是合同履行排名进入第5位。

2. 社会创业热情高涨，凸显了营商环境改善的积极促动效应

“十三五”时期，随着“放管服”改革的不断推进，商事制度改革取得突出成效，在“双创”等大好政策支持下，制度红利有效释放，创业活力被有效地激发起来，市场主体数量保持超高速增长。截至2019年底，中国市场主体规模达到12339.50万户，新增登记市场主体2377.40万户，较2016年底增长41.75%，日均增加市场主体6.51万户（见表54－2）。大量新增的市场主体成为解决就业、促进增长、维护稳定、实施创新的重要载体。

表54－2 2016～2020年中国市场主体数量及变化情况

	2016年	2017年	2018年	2019年
期末实有（万户）	8705.4	9814.8	11020.0	12339.50
新登记（万户）	1651.3	1924.9	2149.6	2377.40
日均新增（万户）	4.52	5.27	5.89	6.51

注：日均新增数据为每年新登记数据除以365天计算得出。
资料来源：国家市场监督管理总局。

3. 企业成本显著下降，有力助推高质量发展

“十三五”时期，为优化营商环境，在国务院的推动下，以减税降费、降低水电气网价格和融资成本为重点的“降成本”工作有序推进，企业成本显著降低，对于进一步促进企业发展，提升企业发展质量提供了有力的支持。

一是减税降费取得突出成效。在税制改革方面，2016年5月1日起全面推行营改增试点，增值税改革有序推进，有效地降低了企业的纳税负担。在税收征管方面，2018年国税地税合并直接减少了企业的纳税时间和纳税流程；税收申报和缴纳的网络化、线上化办理，有效减少了报税时间和成本。在税收优惠方面，进一步降低小微企业纳税比例，推行个人所得税专项扣除，推行综合与分类相结合的计税方法，提高研发费用加计扣除比例、固定资产加速折旧、创投基金个人所得税政策等，有效地减轻了市场主体的相关税费压力，2016～2019年共为企业减轻负担超过7万亿元①，有效地缓解了企业尤其是小微企业的经营压力。

二是企业经营成本显著降低，尤其是电气网降费明显。①2015年启动的新一轮电力体制改革推动电力市场化，其直接的经济后果就是电费价格明显下降。2016年每度电平均降低电价约7.23分，为用户节约电费超过573亿元；2018年一般工商业电价降低10%任务目标超额完成，全国平均每千瓦时降低8分钱以上，降幅超过10%；2019年一般工商业电价比2019年初下降了10%，降低社会用电成本530亿元。另据解百臣等（2020）研究发现，随着电力体制改革的推进，我国电价与美国电价的差距不断缩小，2012～2019年，广东省的电价从是得克萨斯州和佛罗里达州的2.1倍和1.5倍分别下降到1.4倍和1.1倍，浙江也呈现出类似的变化趋势。②2015年开始，天然气价格的市场化有

① 2017～2020年《政府工作报告》显示，2019年减税减费2.36万亿元、2018年1.3万亿元、2017年3万多亿元、2016年5700多亿元。

序推进，其中的直接后果是非居民用气价格多次下调，并逐步实现非居民用气和居民用气价格并轨，企业用气价格明显下降。③根据国资委统计的“提速降费”成果，仅2018年三大运营商就实现全年累计让利超1200亿元。

三是中小微企业融资问题得到显著改善。2020年第一季度末，中国银行业金融机构小微企业贷款余额达到38.90万亿元，较2016年第一季度末增长60.11%，其中，商业银行普惠性小微企业贷款余额达到12.55万亿元（见图54－1）。商业银行在解决中小企业融资问题方面取得了巨大进步。2019年6月13日，科创板在上海证券交易所下正式开板，为创业创新企业公开融资提供了新的渠道。

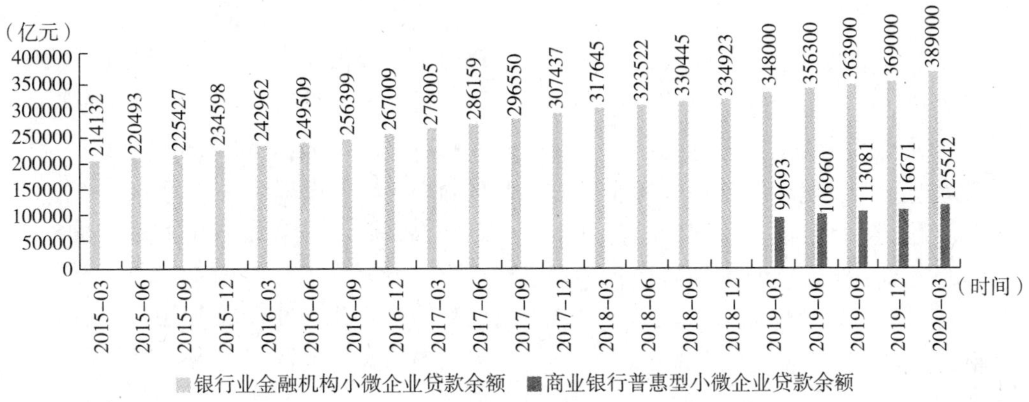

图54－1　2015～2020年分季度中国小微企业贷款余额

资料来源：Wind数据库。

三、营商环境目前存在的主要问题

总体来看，“十三五”时期我国营商环境建设成果斐然，但在各个具体的维度上依然与前沿指标有一定的差距，区域间和区域内差距依然明显，民众获得感和部分政府工作人员认识有待进一步提升，进一步优化中国营商环境变得十分迫切。

1. 部分领域改革不到位，影响营商环境的整体改善

在营造“市场化、法治化、国际化”营商环境的目标指引下，进一步推动相关领域的市场化改革，按照法制化总体要求，对标国际营商环境的前沿标杆，是进一步优化营商环境的必然要求。但从中国营商环境的目前现实来看，部分领域改革尚不彻底，不仅影响营商环境的整体改善，也成为掣肘中国新时代完善社会主义市场经济体制的重要原因。具体来看表现在以下几个方面：

一是垄断行业的市场化改革有待进一步深化。通过国企国资改革、行业改革和经济体制改革，水电气网铁这些自然垄断行业的行政性垄断色彩逐步下降，但却逐步转变为强大的市场垄断力量，成为影响营商环境进一步优化的重要阻力。金融行业的市场化改革稳步推进，但分业制、跨区域经营、强调经营业绩考核等都会指引银行偏好于向国有企业、大企业提供资金，政府干预银行向中小微企业提供贷款会进一步加剧银行的“逆向选择”问题，中小微的“融资难、融资贵”问题未能从根本上得到改观。

二是市场歧视问题依然突出，非公经济和中小微企业在要素获取、准入许可、经营运行、政府采购和招投标等的不公正问题依然存在。例如，在2011年底财政部和工信部联合下发的《政府采购促进中小企业发展暂行办法》中就明确要求各级政府“预留本部门年度政府采购项目预算总额的30%以上，专门面向中小企业采购，

其中，预留给小型和微型企业的比例不低于60%”，但现实中各地政府未能够真正落实这一要求；在地方政府采购、招投标尤其是重大项目运营时，往往偏好于地方国有企业，社会资本面临较高的“隐形门槛”。

三是行政效率偏低和行政成本较高的问题尚需要进一步重视。工程建设项目审批、破产注销等手续繁杂、办理周期长是长期困扰企业发展的重要问题。2018 年国务院办公厅出台《关于开展工程建设项目审批制度改革试点的通知》，要求将工程项目审批时间压减至 120 个工作日，但在实际运作中，程序化、制度化、规范化和常态化的工作机制有待进一步强化。从各地办理企业破产的现实来看，由于对企业破产认识的不足和法律规定的自由度较高，导致企业进入破产程序后往往已经是陷入“塌陷”的局面，最终导致破产程序复杂、手续繁多、周期超长成为常态。

四是企业经营成本尤其是税收负担依然较高。根据世界银行 2020 年《营商环境报告》测算的数据，中国税率高达 64%，是美国的 1.46 倍，在 190 个经济体中位列第 173 位（见表 54 -3）。较高的税率对企业的生存和发展造成较大的压力，也影响中国企业全球竞争优势的发挥。另外，现有的流转税制度要求企业按照名义收入和利润预缴税收，且在每月与工资薪金一道缴纳社会保险费用，也进一步提高了企业的资金压力，加剧了企业的资金紧张问题。

表 54 -3　中国与主要经济体在纳税指标上的比较

经济体	纳税（次）	时间（小时）	总税率和社会缴纳费率（占利润百分比）	纳税后流程指数
英国	8	105	30.0	71.00
韩国	12	188	33.1	93.93
美国	11	175	43.8	94.04
俄罗斯	9	168	46.3	75.79
日本	19	129	46.7	95.15
德国	9	218	49.0	97.67
印度	12	275	52.1	49.31
法国	9	139	60.4	92.40
中国	7	142	64.0	50.00

资料来源：世界银行。

2. 区域间差异较大，进一步加剧了中国区域发展的不平衡

中国营商环境在不同区域尤其是不同规模的城市和城乡之间的差异突出，营商环境改革的下沉度不够，大城市综合营商环境优于中小城市，城市营商环境优于农村，经济相对发达地区显著优于欠发达地区。这种差异不仅具有当期的分化效应，也进一步加剧了中国区域发展的未来差异。从 2018 年国家发改委开展的 22 个城市营商环境试点评价来看，东中西部地区存在较大的差距。另外，从目前东中西部地区的产业政策和地方政府招商情况来看，中西部地区往往需要付出更高的代价，例如土地以更低价格出让、更加优惠的税收返还政策等，也反映了中西部地区在企业吸引力方面的巨大差异。除了区域差异以外，城乡的营商环境也表现出显著的差异，尤其是相对贫困的农村地区，市场发育滞后，农村市场开放度、基础设施条件、交通物流成本、资源供给能力、产业链完整性等差距明显，这不仅是农村经济落后的表现，也是农村经济落后的重要原因。与此同时，中西部地区企业税赋压力相对较大，尤其是社会保险费用更高，社会保险负担的区域性差异进一步加剧了区域差距。

3. 民众获得感有待提升，提升制度供给与现实需要的匹配度

营商环境的差距不仅体现在不同地区对企业的吸引力，同样也体现在不同地区对企业和民众需求的认知和反应能力。“十三五”时期中国营商环境是以自上而下推动为主、自下而上创新为辅的改革思路。围绕优化营商环境出台了数量众多的政策措施，但政策在制订、执行和评估过程中存在与现实企业和民众需求不一致的地方，导致民众的获得感难以得到有效改善。一是制度供给的精准性不足，例如奖励性政策相对较多，对于服务类和监管类政策供给不足（赵海怡，2020）；对于企业普遍关心的且短期可实现、可考核的问题关注度较高，但对于具体如何做往往阐释不具体、不明确。二是制度的供给方式与民众的获取方式不匹配，例如政策文件往往强调以“红头文件”形式下发，企业作为政府文件的使用者往往只能借助于互联网、“两微一端”等非正式的方式获取，且获取时间相对滞后；尽管政

策也在小微企业名录、各部门网站、地方政务网等有所呈现，但政策的展示依然分散，政策信息的碎片化问题依然突出，政策的归集、链接等未能有效地推进，这不仅提高了政策的获取成本，也不利于企业和民众对政策的使用。三是政策执行难和执行成本高，很多政策在执行中异化成为“以文件执行文件”，地方对政策的理解存在偏差，缺乏独立的市场主体来统一协调和落实政策的实施，导致很多政策最终“留在案头、留在纸面、留在形式”上。四是政策的实施效果往往缺乏后期的评估措施，民众对政策的满意度、政策的收益—成本、实施瓶颈等方面的工作基本未开展，导致政策的边际效用不断衰减甚至产生负效应。另外，一些地方政府官员法制意识淡薄，在征地拆迁、环境生态保护中屡次出现一些对企业和个人权利损害的行为如对企业承诺不兑现等，极大地影响了地方招商和本地企业再投资的意愿。

4. 部分人员重视度不够，各级各部门协同有待进一步加强

营商环境不仅事关中国在全球制度优势的发挥，也事关中国市场的交易成本尤其是地方竞争优势的发挥。从中央深改组对营商环境的高度重视，到党中央和国务院出台数量众多的相关政策和配套文件，体现了国家层面上对优化营商环境的高度重视。但是，从各地对营商环境工作的开展情况来看，一些地方对于营商环境的工作重视度不够，未能从根本上意识到营商环境是提升地方投资吸引力、实现地方长期可持续发展的根本，未能意识到优化营商环境是持续优化政府服务的重要牵引力，对优化营商环境的系统性、复杂性、协同性认识不足，进而导致对推进营商工作的重视度不够，将营商环境建设工作作为发改部门等某个或者几个部门的工作，各部门在推进营商环境优化方面的协同合作力度不够。其中的一个突出表现是各级政府及部门的信息数据分割，业务系统多、平台多，各类业务的数据标准不统一，数据共享不完善、不及时，PC 端和移动端内容和功能分割，业务审批协同不足，这不仅给企业和民众办事带来大量的重复工作，也影响各部门效率的提升。

四、“十四五”时期进一步优化营商环境的着力点

“十四五”时期，要围绕当前营商环境存在的突出问题，以新时代高质量发展为目标指引，强化在重点领域的进一步突破，实现营商环境的进一步改善。

1. 补齐营商环境“短板”，提高营商环境的整体均衡性

在“十三五”时期营商环境工作取得成效的基础上，“十四五”时期需要补齐中国营商环境存在的“短板”，实现营商环境的整体性改善。一是对标国际前沿指标，深化相关领域改革，补齐在纳税、信贷、跨境贸易、办理破产、办理施工许可等领域的“短板”，实现在营商环境各个领域的普遍性改善；二是推动营商环境改革向中小城镇和乡村下沉，促进东北及中西部地区营商环境的显著改善，补齐城乡差异和区域差异的“短板”；三是进一步强化对民营企业和个人的产权保护，提升政府信用建设，切实避免对企业和民众产权的侵害，改善政策的制订方式和实施工具，补齐民众获得感的“短板”；四是进一步深化各级政府官员的认识“短板”，将优化营商作为持续优化政府服务的牵引力，将营商环境作为促进当地经济社会持续改善的重要驱动力；五是补齐部门和地域隔离的“短板”，加速推进公共数据的有序开放，促进行业数据、区域数据、部门数据的互联互通，加强数据安全防范管理；六是强化信用体系建设，完善“双随机、一公开”监管模式，补足“放管服”改革后的监管“短板”。

2. 强化营商环境“长板”，为营商环境持续优化提供保障

要继续发挥好中国优化营商环境方面的优势，做深做细相关工作，为保障营商环境的持续改善提供支撑。一是进一步发挥顶层设计的制度优势，形成对营商环境持续改善的有效统领。继续将营商环境优化作为中央深改组的重要工作内

容，在《优化营商环境条例》的框架内，强化对市场主体各项权利的保护，营造公平、诚信、自由的市场环境，为市场主体提供规范、便利和高效的政务服务，落实信用监管、事中事后监管、包容审慎监管的新兴监管模式，加快推进营商环境相关法规的废改立释，形成对“十四五”时期优化营商环境的有效保障。二是进一步加速“互联网+”政务服务落地，真正实现企业和个人业务的一网通办。破除地区和部门的数据隔离，逐步削减各个部门专用系统和平台，推动各类平台与国家政务服务平台的互联互通，进一步完善国家政务服务平台和各省市政务服务平台功能，形成国家—省—市—县四级互通的业务办理平台。进一步优化人机交互界面，尤其是利用好大数据、人工智能等，便利用户的在线检索、身份认证、材料递交、流程可视化等，提升用户体验。注重移动端和PC端、线下行政服务中心的一网化建设，降低用户的转换成本。三是做实营商环境评价工作，以第三方主体评价、自评和上级评价相结合来推动营商环境的逐步改善。

3. 做好营商环境服务，提升民众的获得感和满意度

“十四五”时期要重点提升政府及相关部门的管理和服务能力，创新管理和服务方式方法，真正以更优的营商环境支撑市场主体竞争力的提升。一是培育“顾客导向”的服务理念。政府转变视角，从行政管理机构向服务机构、服务型政府（陈伟伟和张琦，2019）转型，要推动公务人员认知的转型，要从服务的视角来审视自身职能和行为，从顾客视角来审视民众，将为顾客提供高品质的服务作为工作的首要目标。二是进一步提升政务服务中心的服务水平，改善民众现场体验。进一步充实政务服务中心的业务功能，确保企业和个人业务可以“一站式”办理；进一步优化和缩短审批流程，真正实现“一门受理、一窗联审、一次缴费、一网办结、只跑一次”；重视服务中心的导引功能，尤其是通过细致化的咨询、引导和服务窗口，为民众指明事项办理的流程、规范、时限等相关工作；做好现场辅助服务的配套，例如自助服务设备、公共电脑的可获得性，以及便利度；关注特殊用户，为不能或者不方便使用网络设施的民众提供志愿服务，为老年人、残疾人等特殊用户提供志愿者服务；提升工作人员服务意识和服务态度，为其做好做优相关服务创造条件；完善相关投诉和评价功能，形成用户对政务服务工作的有效监督和促进。三是注重提供个性化服务，帮助解决市场主体面临的突发问题。除了政府服务中心的标准化服务外，各地要结合本地的发展目标、产业特色等，在依法行政的基本框架下，强化底层创新，为市场主体提供一些特色化、个性化的服务。同时，发挥市场力量，引入第三方服务主体，以市场力量驱动营商环境改善和商业生态系统升级。四是切实解决民众的“痛点”和“热点”问题。进一步降低企业税收负担，加大对企业设备投资和技术创新的优惠力度，在支持土地和房产作为进项进行抵扣，大型设备可以作为销项税予以抵扣的同时，探索将员工工资薪金纳入抵扣范畴，进一步减轻企业税收负担。

五、“十四五”时期进一步优化营商环境的政策建议

为保证“十四五”时期营商环境重点工作的推进，支撑高质量发展目标的实现，需要进一步深化市场经济机制、行政体制机制、垄断行业改革，完善市场信用体系建设，为进一步优化营商环境创造条件。

1. 深化市场经济体制改革，保障市场公平竞争

社会主义市场经济体制作为我国基本经济制度的重要构成，对于保证我国经济长期可持续发展意义重大。需要按照建设高标准市场体系的要求，全面完善产权、市场准入、公平竞争等制度，为保证营商环境的进一步优化奠定体制基础。一是进一步完善产权保护制度，尤其是强化民营经济产权保护和知识产权保护。基于公平的基本原则，全面依法平等保护民营企业和个人产

权，依法严肃查处各类侵害民营企业和个人合法权益的行为，杜绝任何形式的产权侵害行为。加快完善和细化知识产权相关制度建设，加强企业商业秘密保护，完善新领域新业态的知识产权保护制度。二是全面实施市场准入负面清单制度，真正落实“非禁即入”。推行“全国一张清单”并广泛公开化，建立市场准入负面清单动态调整机制和第三方评估机制，为社会主体公平参与竞争创造条件（刘志彪，2019），将清单事项与行政审批体系进行有效链接，定期评估、排查、清理各类显性和隐性壁垒，破除玻璃门、弹簧门，推动“非禁即入”尤其是在新经济、新基建领域的普遍落实。三是全面落实公平竞争审查制度。完善竞争政策框架，建立健全竞争政策实施机制，强化竞争政策基础地位。加强和改进反垄断和反不正当竞争执法，加大执法力度，提高违法成本。进一步强调审查制度，对于制定与市场主体生产经营活动密切相关的行政法规、规章、行政规范性文件，应当按照国务院的规定进行公平竞争审查。对于制定涉及市场主体权利义务的行政规范性文件，应当按照国务院的规定进行合法性审核。

2. 深化行政体制机制改革，切实提升民众满意度

行政管理工作直接关乎市场主体和民众的满意度，要进一步深化行政体制机制改革，切实提升民众的获得感和满意度。一是进一步简政放权，缩减政府对市场的干预力度，打造小政府大市场，让市场真正发挥资源配置的主导作用。在“证照分离”“先照后证”的基础上，进一步通过简政放权推进“照后减证”；梳理审批事项，扩大审批事项的备案制，加速推进工程建设项目审批制度改革；推进注销便利化改革，促进市场主体自由流动。二是激发各级政府创新动力，以“自下而上”创新来提升营商环境的有效性、精准性，并以此提升民众的获得感。进一步完善和落实改革激励机制，强化敢于担当、攻坚克难的用人导向，注重在改革一线和服务一线考察识别干部，把那些具有改革创新意识、勇于改革、善谋改革、勇于行动的干部用起来。建立健全改革容错纠错机制，切实保护干部干事创业的积极性。加强对改革典型案例、改革成效的总结推广和宣传报道，按规定给予表彰激励，为改革营造良好舆论环境和社会氛围。三是防范改革行为短期化、竞技化，要从长远、全局的思维来正视营商环境建设。在保证基本政策稳定性的基础上，要推动配套体制机制的灵活性，以推进国家治理体系和治理能力现代化为指导思想，以《营商环境条例》为具体目标，在国家营商环境制度体系的框架之下，各地结合自身的实际情况不断创新，形成有效支撑各地经济社会高质量发展。四是要关注政府工作人员的“倦怠感”（刘邦凡等，2019），进一步强化流程性操作的智能化、自动化办理能力，可参考银行业务办理的相关技术革新方式，探索组建集中式的共享服务中心。同时，也要防范“唯技术论”，遵循工具性、合法性和情境性原则（宋林霖和张培敏，2020），进一步以技术创新驱动制度创新，技术与制度的有效适配问题需要予以高度关注，对于技术技能匮乏人员的服务需要予以关注。

3. 深化垄断行业改革开放，降低企业经营成本

按照《中共中央、国务院关于新时代加快完善社会主义市场经济体制的意见》要求，进一步深化垄断行业改革。一是稳步推进自然垄断行业改革，构建有效竞争的电力市场，推进油气管网对市场主体公平开放，促进铁路运输业务市场主体多元化和适度竞争，以竞争性促进市场价格机制的实现。剥离垄断企业的相关审批、验收、定价等相关权力，实现政企分开、政监分开，取消燃气、水务、电力公司的设计、审核、验收权利，培育第三方专业中介机构负责相关审核事务，且防范与垄断企业的共谋；要推动市场化改革，通过产业链分析，将自然垄断行业中的一些可竞争性业务市场化，相关设计、施工等业务市场化，允许相关资质企业参与。随着市场化的进一步推进，将相关的审批和验收工作取消，真正实现通过市场竞争来推动相关风险的有效控制和服务的有效改善。同时，按照服务质量和成本核算的要求，加强对公用企事业单位运营的价格监管和质量监管。二是加快推进金融行业市场化，降低金融市场进入标准，真正吸引信用良好、资本实力雄厚、运营能力强的投资者进入银行业市场，增强金融市场的供给能力；逐步取消 IPO 配额政策，强化对上市企业的事中事后监管力量，

尤其是注重发挥注册会计师、注册税务师、律师的专业能力，降低企业公开融资门槛的同时保证投资者风险可控，加大上市公司退市力度，完善经营人员违法追偿机制；修订《商业银行法》并出台《银行法》，对大型商业银行、股份制银行、政策性银行、农村商业银行、城市商业银行、社区银行、村镇银行等不同金融机构的角色重新定位，允许社区银行、村镇银行等混业经营，限定大型商业银行、股份制银行的经营范围，并对不同类型银行采取不同的考核模式和监管重点，形成不同银行机构有序竞争且有所区分的市场状态。同时，要逐步清理政府直接干预银行甚至为企业买单的行为，真正形成银行独立运营、银企有效合作联动的机制体制。健全破产制度，改革完善企业破产法律制度，推动个人破产立法，建立健全金融机构市场化退出法规，实现市场主体有序退出。

4. 完善市场信用体系建设，降低社会交易成本

"十四五"时期以及未来更长一段时期，要重点推进市场信用体系建设，以良好的信用体系降低社会交易成本。一是完善社会信用信息网络。进一步强化信用体系建设，将企业、个人的资产、财产、收入等各项信息互联互通，形成企业法人和个人信用信息的紧密闭环。加强社会信用体系建设，持续推进政务诚信、商务诚信、社会诚信和司法公信建设，提高全社会诚信意识和信用水平，维护信用信息安全，严格保护商业秘密和个人隐私。二是利用好信用资源，积极发展信用经济。要完善诚信建设长效机制，推进信用信息共享，建立政府部门信用信息向市场主体有序开放机制，探索政府与市场主体共享信用信息的机制和模式，形成对全市场主体全覆盖的信用信息网络，加速信用信息经济价值的实现。健全覆盖全社会的征信体系，以市场化培育具有全球话语权的征信机构和信用评级机构，打破信用评级业务的国外垄断。加快实施"信易+"工程，实现信用与市场活动的有效链接。三是构建适应高质量发展要求的社会信用体系和新型监管机制。以"双随机、一公开"监管为基本手段；以重点监管为补充；以信用监管为基础的新型监管机制。以食品安全、药品安全、疫苗安全为重点，严格市场监管、质量监管、安全监管，加强违法惩戒。强化包容审慎监管，推动新经济发展。

参考文献

[1] 李先军、罗仲伟：《新时代中国营商环境优化："十三五"回顾与"十四五"展望》，《改革》2020年第8期。

[2] 陈伟伟、张琦：《系统优化我国区域营商环境的逻辑框架和思路》，《改革》2019年第5期。

[3] 解百臣、徐骏、迈克尔·波特：《中国2015年以来电力市场化改革对电价有什么影响？广东和浙江的证据》，《EPRG Working Paper 2010，Cambridge Working Paper in Economics 2043》，2020年。

[4] 刘邦凡、王海平、栗俊杰：《提升窗口服务能力着力优化基层营商环境》，《中国行政管理》2019年第4期。

[5] 刘志彪：《平等竞争：中国民营企业营商环境优化之本》，《社会科学战线》2019年第4期。

[6] 宋林霖、张培敏：《以放管服改革推进营商环境优化的路径选择——印度的经验、教训与启示》，《学术界》2020年第5期。

[7] 赵海怡：《企业视角下地方营商制度环境实证研究——以地方制度供给与企业需求差距为主线》，《南京大学学报（哲学·人文科学·社会科学）》2020年第57卷第2期。

[8] 中央机构编制网，http：//www. scopsr. gov. cn/zlzx/sgzhy/。

[9] 中共中央网络安全和信息化委员会办公室、中华人民共和国国家互联网信息办公室、中国互联网信息中心：《第45次中国互联网络发展状况统计报告》，2020年4月。

[10] 2017~2020年《政府工作报告》。

[11] 陈昊冰、宁涛《三大运营商2018年"成绩单"出炉：累计让利1200亿元》，央视财经，https：//tech. sina. com. cn/t/2019-01-17/doc-ihqhqcis6937812. shtml，2019年1月17日。

第五十五章　国有经济布局的战略性调整

提　　要

国有经济是中国国民经济的支柱，在国民经济中起主导作用。发展和壮大国有经济，对发挥我国社会主义优越性，增强我国经济实力、国防实力和民族凝聚力，提高国际竞争力等方面，具有举足轻重的作用。“十三五”时期中国国有经济取得长足发展，国有经济规模稳步提高、布局进一步优化、走出去步伐加快、自主创新能力不断增强。目前，中国经济已进入高质量发展新阶段，对国有经济提出了高质量发展新要求，但国有经济在实际发展中依然存在“不优不强”、“脱实向虚”、功能未能充分有效发挥、区域布局不均衡等问题。十九届四中全会提出推进国有经济布局优化和结构调整，发展混合所有制经济，增强国有经济竞争力、创新力、控制力、影响力、抗风险能力，做强做优做大国有资本，为“十四五”时期国有经济发展指明了方向。“十四五”时期，必须进一步明确国有经济调整的目标和方向，要在改革中切实提高国有经济调整的系统性和协同性，要深化推进垄断行业改革，充分发挥国有资本投资运营公司作用，并完善国有经济退出机制，进而更好地推动国有经济布局优化和结构调整。

*　　　　*　　　　*

国有经济在物质存在方式上主要体现为国有企业，在价值形态上表现为国有资本，国有资本的流动性可以使其实现高效配置，国有资本和国有企业都是国有经济的关键组成要素。调整优化国有经济布局，是培育市场主体，优化资源配置，增强国有企业实力和市场竞争力，促进国有企业在经济社会建设中发挥更大作用的重要手段，对建立完善国有资产监管体系，促进国有资本保值增值，增强国有经济控制力、影响力和带动力具有重要意义。

一、“十三五”时期国有经济布局调整取得的成效

“十三五”时期，国有经济保持高速增长，规模稳步提高；国有资产向第三产业集中，布局进一步优化；“走出去”步伐加快，特别是中央企业对中国企业“走出去”担负着排头兵重任；国有企业已经成为建设创新型国家的骨干力量，自主创新能力不断增强。

1. 国有经济规模稳步提高

国有经济保持高速增长，国有资产规模稳步提高。从资产总量来看，中国国有企业资产总量已由2013年的104.1万亿元增加至2017年的183.5万

亿元，年均增长15.2%[①]；从净资产总额来看，国有企业净资产总额由2013年37万亿元增加至2017年的65.1万亿元，年均增长15.2%；从资本总量来看，国有资本总量由2013年的29.3万元亿元增加至2017年的50.6万亿元，年均增长14.6%；从企业数量来看，国有企业数量由2013年的15.5万户增加至2017年18.7万户，年均增长4.8%；从单户企业资产规模来看，单户国有企业资产已由2013年的6.7亿元，逐年增加至2017年的9.8亿元，年均增长9.9%（见表55－1）。

表55－1 主要年份国有经济规模 单位：万户，亿元

年份	2008	2013	2014	2015	2016	2017
汇编户数	11.0	15.5	16.1	16.7	17.4	18.7
资产总额	416219.2	1040947.3	1184715.0	1406831.5	1549141.5	1835207.2
净资产总额	166210.8	369972.8	418759.1	482414.4	533926.6	650596.1
国有资本总量	134365.5	293339.1	336947.8	378101.7	415753.7	506209.4

资料来源：《中国财政年鉴》（2018）。

2. 国有经济布局进一步优化

从国有企业资产在三次产业中的分布来看，第二、第三产业资产占比已经由2013年的43.4%、55.8%转变为2017年的34.5%、64.9%，国有企业资产进一步向第三产业集中。2017年，第三产业中国有企业资产总额为176.1万亿元，是2013年的2倍，年均增长19.2%；第三产业的资产占比由2013年的55.8%，上升至2017年的64.9%，增加了近10%。2017年，第二产业中国有企业资产总额为93.6万亿元，是2013年的1.4倍，年均增长8.4%；第二产业的资产占比由2013年的43.4%，下降至2017年的34.5%（见表55－2）。

表55－2 主要年份国有企业三次产业资产分布

单位：%

年份	2008	2013	2014	2015	2016	2017
第一产业	0.68	0.78	0.80	0.76	0.73	0.70
第二产业	48.83	43.44	41.50	37.13	35.60	34.45
第三产业	50.50	55.78	57.70	62.11	63.67	64.85

资料来源：依据《中国财政年鉴》（2018）数据计算。

从细分行业看，国有企业资产呈现出向社会服务业和机关社团及其他聚集的态势，其资产占全部国有资产的比重分别从2013年的13.4%和8.1%，提高至2017年的18.5%和11.8%（见表55－3），占比分别增加5.1%和3.7%。同时，国有资产在电力工业、石油和化工业、冶金工业、煤炭工业等行业的分布趋于减少；2017年，电力工业、石油和化工业、冶金工业、煤炭工业等行业国有资产占全部国有资产比重分别为6.6%、4.0%、3.1%和2.7%，较2013年分别降低1.8%、3.0%、1.8%和1.1%（见表55－4）。

表55－3 主要年份国有企业第三产业细分行业资产分布

单位：%

年份	2008	2013	2014	2015	2016	2017
社会服务业	8.03	13.44	14.44	15.99	17.26	18.45
交通运输仓储业	13.86	14.08	13.74	13.81	14.30	13.62
机关社团及其他	5.93	8.14	8.81	12.17	11.60	11.83
房地产业	5.16	8.21	8.84	9.14	9.78	10.60
批发和零售、餐饮业	5.84	5.99	6.19	5.67	5.52	5.45
邮电通信业	10.05	3.75	3.46	3.13	2.91	2.59
科学研究和技术服务业	0.55	0.94	0.94	0.89	0.86	0.88
地质勘查及水利业	0.28	0.42	0.44	0.45	0.52	0.60
教育文化广播业	0.50	0.52	0.53	0.51	0.50	0.44
信息技术服务业	0.28	0.17	0.18	0.22	0.25	0.26
卫生体育福利业	0.03	0.10	0.12	0.11	0.16	0.12
第三产业	50.50	55.78	57.70	62.11	63.67	64.85

资料来源：依据《中国财政年鉴》（2018）数据计算。

① 国有企业，不包括国有金融企业；总量分析使用的是国有企业合并数（含合并抵消），而进行结构分析时数据基于单户企业报表数据汇总是合计数（不含合并抵消），导致合计数大于合并数，故文中分析时主要使用的是占比数据。

表 55-4　主要年份国有企业工业行业资产分布

单位:%

年份	2008	2013	2014	2015	2016	2017
电力工业	11.07	8.41	8.15	7.56	7.25	6.64
石油和化工工业	8.36	6.99	6.65	4.76	4.12	4.02
冶金工业	6.42	4.89	4.42	3.70	3.48	3.09
机械工业	4.35	3.82	3.68	3.33	3.34	3.00
煤炭工业	3.43	3.71	3.66	3.11	2.86	2.65
其他工业	2.98	2.40	2.26	1.94	1.76	1.67
化学工业	1.92	1.74	1.62	1.58	1.44	1.37
市政公用工业	0.96	1.46	1.45	1.40	1.34	1.34
电子工业	0.84	0.73	0.78	0.77	0.76	0.78
建材工业	0.77	0.92	0.87	0.77	0.78	0.73
烟草工业	1.51	0.96	0.59	0.56	0.51	0.44
医药工业	0.37	0.32	0.31	0.30	0.29	0.25
食品工业	0.30	0.30	0.26	0.26	0.24	0.21
纺织工业	0.24	0.09	0.08	0.08	0.07	0.06
森林工业	0.02	0.01	0.01	0.01	0.01	0.01
工业	43.53	36.75	34.80	30.11	28.27	26.27

资料来源：依据《中国财政年鉴》（2018）数据计算。

3. “走出去”步伐加快

近年来，国有企业“走出去”步伐加快，特别是中央企业对中国企业“走出去”担负着排头兵重任。企业的“走出去”在推动自身发展的同时也带动了当地经济的发展，促进了当地社会就业，为推动中国与项目所在国的互利共赢、融合发展、共同繁荣做出了积极贡献。截至 2018 年，中央企业境外单位为 11028 户，分布在 185 个国家和地区，境外资产总额为 7.6 万亿元，实现营业收入 5.4 万亿元，实现利润总额 1318.9 亿元。国有企业在“一带一路”沿线国家和地区承担了 3428 个重大工程项目，在基础设施建设、能源资源开发、国际产能合作等领域，承担了一大批具有示范性和带动性的重大项目和标志性工程。2019 年，中国企业 500 强中有 164 家国有企业实现了国际化经营，其海外资产达到了 18.6 万亿元，较 2018 年增加 1.7 万亿元；实现海外营业收入 5.9 万亿元，较 2018 年增加 0.8 万亿元；海外员工占比 5.5%，较 2018 年增加了 0.7%。但是中国企业“走出去”的时间还不长，与国际大型跨国公司相比，中国企业的国际化经营还有差距，需要进一步提高。

4. 国有经济自主创新能力不断增强

国有企业已经成为建设创新型国家的骨干力量，在广纳科技研发人才、加大科技研发投入、提高科技成果质量、重点攻关大国重器上取得显著成效。从中央企业来看，2018 年，中央企业研究与试验发展（R&D）经费支出近 5000 亿元，同比增长 13.4%。截至 2018 年，中央企业拥有国家级研发平台 669 个，累计有效专利近 66 万项；中央企业拥有科技活动人员 158 万人，两院院士 227 名，其中中央企业拥有工程院院士 183 人，占全国的 21.2%。2018 年，中央企业获得国家科技奖励 98 项，占全部奖项的 40.8%。2014～2018 年，中央企业累计获国家技术发明奖、国家科技进步奖共计 442 项，约占同类奖项总数的 1/3，其中获得全部 13 项国家科技进步特等奖中的 11 项。从中国企业 500 强来看，2019 年，225 家入选国有企业平均研发强度达到了 1.3%，企业平均研发支出为 24.4 亿元。其中，中央企业平均研发强度达到 1.4%，企业平均研发支出为 61.3 亿元。

二、“十三五”时期国有经济布局调整存在的问题

国有经济在取得积极成效的同时，仍然存在行业分布过宽过散、资源配置效率不高；区域分布不均衡，密集分布在垄断性、资源性和传统性行业和领域；盈利能力和竞争力不足等问题。

1. 国有经济“不优不强”

国有经济存在行业分布过宽过散、资源配置效率不高等问题，这在一定程度上导致国有企业盈利能力下降，阻碍了国有经济竞争力提升。

2013～2017年，国有企业资产报酬率呈现递减趋势，由2013年的3.8%逐年下降至2017年的2.7%。虽然2013～2017年，国有企业亏损面较为恒定，维持在36%上下；但亏损额快速增长，2017年国有亏损企业亏损额接近1.5万亿元，是2013年亏损额的1.7倍，年均增速高达13.9%（见图55－1）。国有企业中大量存在着丧失自我发展能力（盈利能力）、基本停产（甚至已吊销营业执照）、半停产、连年亏损、债务负担较重（甚至已资不抵债）、靠政府补贴不断“输血”或银行续贷维持经营的企业。这些企业大多分布于贸易类领域（无人员、无资产、无场地的“三无”企业较多）、产能过剩和环保欠账类行业。2015年12月9日召开的国务院常务会议决定，对不符合国家能耗、环保、质量、安全等标准和长期亏损的产能过剩行业企业实行关停并转或剥离重组，对持续亏损三年以上且不符合结构调整方向的企业采取资产重组、产权转让、关闭破产等方式予以“出清”，清理处置“僵尸企业”，到2017年末实现经营性亏损企业亏损额显著下降。但从2016年和2017年两年国有企业亏损情况来看，大力推进“僵尸企业”处置和亏损企业治理依旧任重道远。

世界钢动态公司（WSD）就钢铁企业在生产规模、产能扩张、国内市场议价能力、高附加值产品生产、技术创新能力、削减成本能力、盈利能力、资产负债平衡、市场结盟及下游业务开拓等23个方面，对全球重点钢铁企业进行评分，并以此作为综合竞争力的排名依据。WSD公司发布的“2018年世界级钢铁企业竞争力排名”中，全球有35家钢铁企业入选，其中韩国浦项钢铁位居榜首。浦项钢铁自2010年开始，连续9年稳居第一。中国钢铁企业无缘前十，宝钢、鞍钢和马钢位次分别为17位、29位和31位，特别是宝钢排名较2017年有较大幅度下降，跌出了全球前十名。

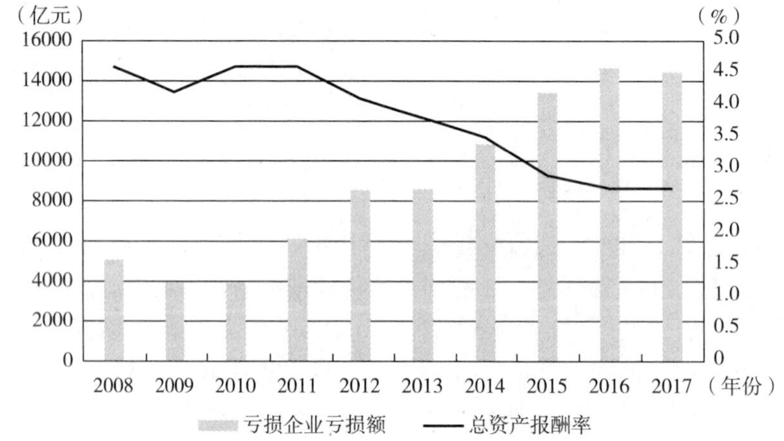

图55－1 2008～2017年国有企业亏损额与总资产报酬率

资料来源：《中国财政年鉴》（2018）。

2. 国有经济“脱实向虚”

国有经济在向社会服务业和机关社团及其他领域集聚的同时，还呈现出“脱实向虚”特征。具体表现为，国有企业资产在房地产业快速扩张。国有企业中房地产行业资产规模由2013年的12.8万亿元，增加至2017年的28.8万亿元，年均增速22.4%，远远高于国有企业资产年均增速15.2%的水平。国有企业房地产行业资产占全部国有资产比重已由2013年的8.2%提升至2017年的10.6%，增加了2.4%。制造业、金融业和房地产业获利的巨大差异的重要原因是国有资产向金融和房地产业聚集。2013～2019年，制造业销售净利润率平均值为5.4%，而金融业销售净利润率平均值高达27.5%，金融业获利能力是制造业的5倍；尽管近年来国家加大了对房地产行业调控，但即便是在严格调控的情况下，房地产业的销售净利润平均值仍保持在13%的水平，也是制造业的2.4倍（见图55－2）。

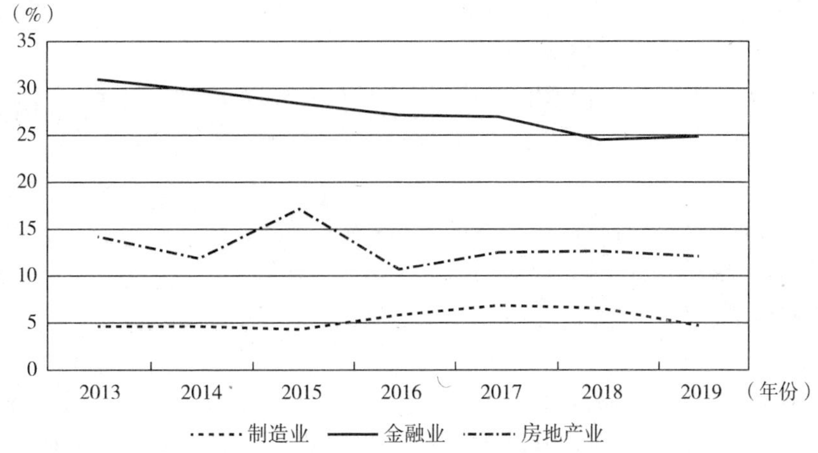

图 55-2　2013～2019 年制造业、金融业和房地产业上市公司销售净利润率

资料来源：Wind 数据库。

3. 国有企业功能未能充分发挥

受中国基本经济制度和历史原因等因素影响，中国国有企业分布的领域和行业非常广，国有企业分布在国民经济中的绝大多数领域和行业。就工业而言，国有企业资产集中分布在电力工业、石油化工业、煤炭工业等行业中。电力工业、石油化工业、煤炭工业资产占全部工业资产的比重达到50%。其中，电力工业资产规模进一步集中。2017 年，电力工业国有企业资产规模达到了 18 万亿元，是 2013 年的 1.4 倍，5 年平均增速为 8.2%；2017 年电力工业资产占比为 25.3%，较 2013 年资产占比提高了 2.4%。2017 年，石油化工业资产占比虽然较 2013 年减少 3.7%，但占比接近 1/6。就服务业而言，国有企业资产较多地集中在房地产业、交通运输仓储业、批发和零售业、餐饮业等传统服务业。2017 年，国有企业房地产业、交通运输仓储业、批发和零售业、餐饮业资产合计达到 80.6 万亿元，占服务业资产比重合计达到 45.8%，接近服务业资产总额的 1/2；而信息技术服务业、科学研究和技术服务业的资产合计占比，自 2013 年以来呈现逐年下降态势，2013 年最高为 2.0%，至 2017 年减少至 1.8%，表明国有经济在高端服务业态投入不足。总体来看，中国国有企业资产密集分布在垄断性、资源性和传统性行业和领域。

4. 区域分布不均衡

国有经济高度集中在东部地区。从企业数量占比来看，尽管自 2013～2017 年东部地区国有企业数量占比呈现逐年减少的态势，但是仍有半数以上国有企业集中在东部地区。2017 年，东部地区国有企业数量占比为 53.65%，较 2013 年减少 1.4%。从资产占比来看，2011～2017 年，东部地区资产占比呈现先增后降态势，由 2013 年的 63.17% 微增至 2015 年的 63.63%，2016 年、2017 年则连续两年下降至 62.12%。东部地区国有资产占比虽然略有下降，但是占比仍超过 60%，国有经济高度集中在东部地区。究其原因，一是历史形成，由于东部地区发展基础较好，除了三项建设期间东部地区固定资产投资低于中西部外，其余年份均高于中西部地区，特别是改革开放前二十年，东部地区固定资产投资占全国固定资产投资的比重一度高达 66.7%。1994 年，仅上海、江苏、浙江、山东、广东五个省市固定资产投资占比就达到全国的 41.2%。二是东部地区营商环境较好，国有企业整体效益好，使企业"招得来＋留得住"。

表 55-5　主要年份国有经济区域分布

单位:%

年份	企业数量占比			资产占比		
	东部	中部	西部	东部	中部	西部
2013	55.05	20.89	24.07	63.17	15.90	20.94
2014	55.82	20.94	23.24	63.52	16.33	20.15
2015	55.31	20.22	24.47	63.63	16.00	20.37
2016	54.45	20.83	24.72	63.46	16.35	20.20
2017	53.65	21.33	25.02	62.12	16.48	21.40

资料来源：《国有资产监督年鉴》（2020）。

三、"十四五"时期国有经济布局调整的目标和取向

中国经济已经从高速增长转向高质量发展阶段，"十四五"时期乃至未来更长时间内的国有经济布局优化和结构调整，既要服务于企业自身高质量发展，更要服务于整个经济的高质量发展；"十四五"时期国有经济布局优化和结构调整，将更加看重促进国有资本更好实现其功能定位和使命要求的"做优目标"（黄群慧，2020）。

1. 调整目标

自20世纪90年代以来，伴随着国有经济布局优化、结构调整、战略性重组的推进，我国国有经济布局和结构处于不断调整变化中。从体量上看，国有经济的资产规模稳步提高，国有资本总量持续增长。国有资产总额已经由2008年的416219.2亿元，增加至2017年的1835207.2亿元，年均增长17.9%；国有资本总量由2008年134365.5亿元，增加至2017年的506209.4亿元，年均增长15.9%；2017年，国有企业户均资产为9.8亿元，是2008年的2.6倍。但是，国有企业盈利能力不足。2017年国有企业净资产利润率为4.9%，较2008年下降了3.1%；总资产报酬率为2.7%，较2008年下降了1.9%。同时，国有经济规模扩张带来了债务高企的风险。2017年，国有企业的资产负债率为64.5%，较2008年提高了3%。其中，中央企业资产负债率为66.2%，较2008年提高了8%；房地产领域国有企业资产负债率平均达到70%。国有企业庞大的债务如果演变为商业银行的不良贷款，容易引发系统性金融风险。总体而言，国有经济调整较好地实现了"做大"目标，但还没有很好地实现"做优"目标。因此，"十四五"时期，国有经济首要目标是增强国有经济竞争力、创新力、控制力、影响力、抗风险能力，做强做优做大国有资本。

2. 调整方向

从产业结构来看，国有经济应更多向关键领域和公益行业集中。当前，中国国有经济分布领域宽，几乎所有的门类均有涉及；国有经济又过于集中在资源型产业、重化工产业、交通运输仓储业等传统产业。"十四五"时期国有经济要更好服务于国家战略与服务于民生目标，在创新型国家建设、制造强国战略等国家重大战略中发挥关键作用。就国有经济产业结构调整而言，国有经济需要从产能过剩的重化工领域、传统服务行业转向先进制造业、战略性新兴产业与完善中心城市服务功能相关的产业等领域中，向提供公共服务、前瞻性战略性产业、保护生态环境、支持科技进步、保障国家安全等关系到国家安全、国民经济命脉的关键领域以及公益性行业集中。一是国有经济需要更好地发挥创新型国家战略引导功能。国有经济要在技术创新方面发挥前瞻性、战略性的引导作用。国有企业要将更多的创新资源集中于重大自主创新生态系统的构建，通过整合创新资源引导创新方向，形成创新辐射源，在核心技术、工业"四基"的关键技术领域、战略性新兴产业的先导技术进行重点突破，从而有效发挥国有经济在制造业高质量发展和产业转型升级中的引领作用。二是国有经济需要更好地发挥公共民生保障功能。对国家战略和公共民生服务意义不突出的产业，原则上国有经济调整方向是逐步收缩。由于中央企业和地方国有企业功效不同，中央企业国有资产布局重点体现为实现国家战略意图和全国性公共服务建设，而地方国有企业资产布局重点应该主要体现为地方城市公共服务、城市基础设施建设等领域。

从区域结构来看，国有经济要更好服务于"一带一路"倡议与区域经济发展战略。"十四五"时期国有经济区域结构布局，需要更好服务于国家战略与民生目标，在"一带一路"倡议和区域协调发展战略落地实施中发挥积极作用。一是国有资本要服务于"一带一路"倡议。"一带一路"倡议对国有资本海外布局调整提出了要求，国有企业"走出去"战略的重点应向"一带一路"沿线国家倾斜，应针对"一带一路"沿线国家情况开展技术合作、产能合作、资源合作等。二是国有经济要服务于区域经济发展战略。国有经济要发挥科技创新的引领作用，推动京津

冀、长三角和粤港澳大湾区产业升级、打造全国高质量发展的动力源。加快绿色发展、培育一批先进的制造业集群，推进长江经济带和黄河流域生态保护和高质量发展。加大西部开放力度，推进西部大开发形成新格局；加强传统制造业技术改造，推动东北全面振兴；提升自主创新水平，加快“中部制造”向“中部智造”转变，推动中部地区崛起；积极发展海洋经济，支持东部率先发展。三是推进央地合作。中央企业作为国家经济的中坚力量，在资金、技术、管理、人才、经营理念及信用等方面具有很强的比较优势。央地合作，通过资金对接、产业对接、技术对接、智力对接，双方可以扬优势、补短板、强弱项，从而带动一个地区的经济发展和产业繁荣。“十四五”时期，国有经济央地合作要提升对接项目的精准性，采用合适的央地合作模式，进一步提高央地合作的效率和效果。同时各地也需要加大协同发展力度。例如，上海、江苏、浙江、安徽建立了一体化联合工作机制，共同打造重大问题协调与重大项目对接等平台，探索国有经济跨区域合作。

从产业链结构来看，国有经济需要加快向产业链中高端跃进。“十四五”时期，国有经济要加快实现关键技术与核心技术突破，实现技术自主、自立，并以技术进步推动产品升级换代，夯实产业发展基础，推动向全球产业链中高端的跃升。一是引导国有资本加快从部分低端传统产业领域退出，转而投向先进技术领域，以整体提升国有企业的产业链技术水平，增强国有企业对产业链发展的影响力与控制力，更好筑牢国有企业迈向全球产业链中高端的产业基础。二是引导国有企业继续去产能与优化资源配置，做好过剩产能与落后产能的淘汰工作，特别是对国有企业中的“僵尸企业”，以及历史遗留下来的国有企业办社会职能业务，必须加快采取措施予以剥离。三是借助技术创新来实现产品的升级换代，借助管理创新来强化效率优势，借助商业模式创新来创造新体验、新价值，使那些具备强大竞争优势仍处于传统产业领域的国有企业能够在全球产业链上占据领先地位。四是鼓励国有经济向先进制造业和现代服务业迈进，实现全球产业链中高端的跃升。先进制造业和现代服务业是当代产业演进与升级的根本方向，也是体现一国产业竞争力的关键领域。

从所有制结构来看，应继续推动混合所有制改革，实现国有产权结构的优化和布局结构调整。戚聿东和张航燕（2013）指出在多种产权形式之间，国有企业的综合绩效最低，在不同产权结构形态之间，独资企业的综合绩效最低。国有独资公司恰恰是两种最无效率的产权形式的组合叠加。鉴于中央企业集团层面和垄断行业中的企业多数为国有独资公司，因此有必要重塑国有企业的产权模式，继续深化稳妥推进国有企业混合所有制改革。在电力、石化、通信、煤炭、钢铁等国有企业占比较高的行业，鼓励非国有经济投资主体通过出资入股、收购股权、认购可转债、股权置换等多种方式，参与国有经济改制重组，进而优化国有企业的股权结构和资本结构。在人力资本和技术要素贡献占比较高的信息技术服务业、科学研究和技术服务业的科技型国有企业开展员工持股，支持对企业经营业绩和持续发展有直接或较大影响的科研人员、经营管理人员等骨干员工持股。对充分竞争领域的国家出资企业和国有资本运营公司出资企业，探索将部分国有股权转化为优先股，强化国有资本收益功能。此外，在积极稳妥推进混合所有制改革的基础上，着力完善混合所有制企业的公司治理结构和监管制度，运用好内外部的各种激励约束机制。

四、推动国有经济布局优化和结构调整的政策建议

1. 提高国有经济布局优化和结构调整的系统性和协同性

“十四五”时期国有经济布局优化和结构调整一方面需要加强国资国企改革的顶层设计，需要更加注重国资国企内部改革系统性和配套性。一是国有经济战略性调整需要结合国有企业的功能定位，推动国有企业分类改革，进而优化国有经济战略布局。按照国有企业使命和承担目标责

任性质的不同，国有企业大致可以分为公益保障类、特定功能类、商业竞争类，并在此基础上推进国有企业分类治理和改革。对商业竞争类国有企业，通过并购重组和资源整合，如股权合作、资产置换、无偿划转、战略联盟等方式促进资源优化集中，提高产业集中度，以科技创新和管理创新推动企业转型升级，培育具有国际竞争力的世界一流企业，着重体现国有经济的竞争力；对特定功能类国有企业，发挥国有资本投资运营公司的平台作用，发展壮大战略性产业，培育前瞻性新兴产业，着重体现国有经济的主导力；对公益保障类国有企业，需要加大投入，突出主业，优化资源配置，提高公共服务的质量和效率，提供更多的公共产品和服务，着重体现国有经济的控制力（彭建国，2015）。通过分类改革，逐渐削减商业竞争类国有企业的数量和比重，控制特定功能类国有企业的数量和比重，进一步向公共保障类国有企业集中。在追求国有经济的高质量和可持续性发展上体现国有经济的控制力和影响力，进而实现国有经济动态优化与平衡。二是以编制“十四五”全国国有资本布局与结构调整规划为契机，强调国有资本布局与结构调整全国一盘棋，突出国有经济调整的上下联动，一贯到底。当前，国务院国资委正牵头编制“十四五”全国国有资本布局与结构调整规划，组织编制央企总体规划和央企自身规划，并首次将地方国资规划和地方国企自身规划纳入体系。而各地国资委需要结合自身资源禀赋，加强与全国国资规划的对接，可以有效打破区域与行业壁垒，在更大范围、更深层次推动国有资本合理流动、优化配置，充分发挥国有经济整体功能。另外，国有经济布局优化和结构调整，需要更加注重与整个经济体制改革的协同性。需要协同考虑有利于建设市场公平竞争环境，需要协同考虑有利于解决自然垄断性行业的垄断问题，需要协同考虑有利于形成兼有规模经济和竞争效率的市场结构、需要协同考虑有利于化解产能过剩问题等各方面的要求（黄群慧，2020）。

2. 深化推进垄断行业改革

以往国有经济战略性调整使得国有经济向资源性和垄断性行业集中，但这些垄断行业的国有企业整体表现出低效性，影响了国有企业整体效益的改善。例如，2017 年，电力、热力生产和供应业国有控股工业企业亏损面为 26.9%，分别高于私营工业企业和外商及港澳台商投资工业企业 7.3% 和 11.4%。“十四五”时期应加快推动垄断行业改革，包括通过国有经济战略性调整将国有资本向自然垄断性环节集中，通过企业重组、可竞争性业务的分拆和强化产业管制等政策手段，推动可竞争性市场结构形成和公平竞争环境建设，使垄断性行业国有经济成为社会主义市场经济体制更具活力的组成部分。深化以政企分开、政资分开、特许经营、政府监管为主要内容的垄断行业改革，提高自然垄断行业基础设施供给质量。在具有自然垄断性的领域，区分自然垄断的网络环节和可竞争的非网络环节性质，切实打破行政性垄断，防止市场垄断，严格监管自然垄断的网络环节，分拆可竞争性业务，实现竞争性环节市场化。构建有效竞争的电力市场，有序放开发用电计划和竞争性环节电价，提高电力交易市场化程度。推进油气管网对市场主体公平开放，适时放开天然气气源和销售价格，健全竞争性油气流通市场。深化铁路行业改革，促进铁路运输业务市场主体多元化和适度竞争。实现邮政普遍服务业务与竞争性业务分业经营。完善烟草专卖专营体制，构建适度竞争新机制。完善支持非公有制经济进入电力、油气等领域的实施细则和具体办法，大幅放宽服务业领域市场准入，向社会资本释放更大发展空间。

3. 发挥国有资本投资运营公司作用

中共十八届三中全会做出了完善国有资产管理体制，以管资本为主，改革国有资本授权经营体制的战略部署，首次提出组建若干国有资本投资、运营公司，并明确国有资本投资运营要服务于国家战略目标，更多向关系国家安全、国民经济命脉的重要行业和关键领域集中。服务国有经济布局结构调整是国有资本投资、运营公司的根本职责使命之一。中共十九届四中全会提出了有效发挥国有资本投资、运营公司功能作用的明确要求。国有资本投资运营公司的核心功能是通过重组整合、盘活运作、改制、创新交易产品等方式，提升资产流动性，优化存量资源配置；通过有序进退、发展混合所有制经济、基金运作，扩大优质增量供给，使全社会资本向关系国家安全、国民经济命脉的重点行业和关键领域集中。国有资本投资公司重点推进主业处于关系国家安全、国民经济命脉的重要行业和关键领域、主要承担重大专项任务的商业类国有企业的重组整合，提高优势产业集中度，保持国有控股；国有资本运营公司，重点推进主业处于充分竞争行业和领域的商业类国有企业的重组整合，帮助国有企业精干主业、剥离辅业资产，并按照宜混则混的原则，可绝对控股、相对控股或参股；同时，积极推进公益类国有企业投资主体的多元化。实现国有企业产权层面的自由流动和结构优化，并通过有序进退，实现布局结构调整。

4. 完善国有经济退出机制

加大力度妥善处理"僵尸企业"。以供给侧结构性改革为契机，充分运用市场、法律和行政手段，使市场在资源配置中起决定性作用，妥善处理"僵尸企业"，盘活大量沉淀资源。不搞"一刀切"，区分不同情况分类推进"僵尸企业"处理。对仍有发展前景的困难企业，通过兼并重组、改制、股权转让、发行债券、债转股等方法，使其重焕生机。对虽然丧失清偿能力，甚至已资不抵债，但仍能适应市场需要、有一定发展潜力和营运价值的"僵尸企业"，优化社会资源配置，综合运用破产重整、债务重组、和解制度等手段实现企业再生。对长期停工停产、连年亏损、资不抵债，没有生存能力和发展潜力、扭亏无望、已不具备市场竞争力和营运价值的"僵尸企业"，实施自主清算注销、强制清算注销和破产清算退出。此外，破产机制是处置"僵尸企业"过程中极为重要的金融和法律途径，是一种彻底的退出机制，可以彻底解决围绕"僵尸企业"形成的各类债务链条，从根本上化解系统性金融风险，这有助于社会资源的配置优化、市场效率的改善、社会诚信观念的建设和市场秩序的维护。

5. 提升关键核心技术自主创新能力

改革开放前，国家将有限的人力、物力投入到重大战略领域，解决重大科技问题，形成科技创新的举国体制，取得了如"两弹一星"等一系列成果。现阶段，我国虽然是制造大国，但是制造业大而不优、大而不强、大而不稳问题依然存在，究其原因在于关键核心技术供给不足。数据显示我国高档数控系统、高档液压件和密封件存在明显短板，其中一些产品还被发达国家列入限制对中国出口的清单。关键核心技术创新领域实现根本性突破对构建中国真正自主可控的创新体系意义重大，也意味着从根本上保障国家经济安全，掌握国家间博弈的主动权。采用举国体制攻克核心关键技术难题是世界科技强国的普遍做法。如美国的曼哈顿计划和登月计划，欧盟大飞机成功研发，韩国半导体产业强势崛起。新时代建立健全新型举国体制，助力关键核心技术攻关显得尤为重要。新型举国体制是在中国特色社会主义市场经济条件下对传统举国体制的突破、迭代与发展。从短期来看，构建关键核心技术攻关新型举国体制重在补短板和强弱项，为产业链供应链稳定运行提供保障；从中长期来看，构建关键核心技术攻关新型举国体制重在科学统筹、协同攻关，强化国家战略科技力量，抢占科技创新竞争的制高点。关键核心技术攻关新型举国体制中，国有企业充分发挥在技术创新中的主体作用责无旁贷。

参考文献

[1] 黄群慧：《国有经济布局优化和结构调整的三个原则》，《经济研究》2020 年第 1 期。

[2] 黄群慧：《"十三五"时期新一轮国有经济战略性调整研究》，《北京交通大学学报（社会科学版）》2016 年第 2 期。

[3] 戚聿东、张航燕：《所有制、产权程度及其财务绩效——兼论国有企业产权改革的方向》，《经济与管理研究》2013 年第 12 期。

[4] 剧宁、戚聿东：《国有经济若干理论问题研究》，《天津社会科学》2020 年第 2 期。

[5] 戚聿东、肖旭：《新中国 70 年国有企业制度建设的历史进程、基本经验与未竟使命》，《经济与管理研究》2019 年第 10 期。

[6] 彭建国：《通过国企分类改革调整国有经济布局结构》，《中国企业报》，2015 年 11 月 17 日。

[7] 徐传谌、翟绪权、张行：《中国国有经济结构性调整研究》，《经济体制改革》2020 年第 2 期。

[8] 程覃思、陆江源、周乐：《"新时代"国有经济布局优化研究》，《企业经济》2018 年第 2 期。

[9] 樊继达：《以新型举国体制优势提升关键核心技术自主创新能力》，《中国党政干部论坛》2020 年第 9 期。

[10] 国务院国有资产监督管理委员会：《三方面发力推动国有企业更好地"走出去"》，《经济参考报》，2019 年 12 月 4 日。

[11]《中央企业高质量发展报告》。

第五十六章　民营企业和中小企业

提　要

“十三五”时期，我国民营企业和中小企业保持中高速增长态势，但部分经济指标表现欠佳；企业固定资产投资积极性下降，创新驱动发展受到重视；民营企业成为第一大外贸主体，对外投资较快增长，已占据半壁江山；一大批民营企业勇于承担社会责任，积极参与“三大攻坚战”“一带一路”建设等重大任务。当前，民营中小企业发展存在的主要问题是：部分企业生存困难，营商环境欠佳，融资难融资贵，以及企业自身素质和能力问题。“十四五”时期，民营企业和中小企业要抓住机遇、迎接挑战，向“专精特新”、新产业新业态新模式、绿色发展和外向型发展等更有利于持续发展的方向转型升级。“十四五”时期，我国应从进一步优化营商环境，完善基础性制度和服务体系，完善金融服务供给，提升企业创新发展能力，完善“走出去”政策体系，提高企业素质等方面促进民营企业和中小企业高质量发展。

*　　　　*　　　　*

民营企业和中小企业是我国社会主义市场经济最具活力的部分，民营企业和中小企业具有“五六七八九”的特征，即贡献了50%以上的税收，60%以上的国内生产总值，70%以上的技术创新成果，80%以上的城镇劳动就业，90%以上的企业数量。民营企业是从企业所有制角度来说的，而中小企业是从企业规模方面而言的，两者范围事实上具有高度的重合性，重合度在95%以上。由于数据的可获得性，本章主要基于民营企业数据，适当兼顾中小企业数据，回顾分析了“十三五”时期民营企业和中小企业发展状况与问题，对“十四五”时期民营企业和中小企业发展方向进行了展望，最后提出促进其高质量发展的对策建议。

一、“十三五”时期民营企业和中小企业发展回顾

“十三五”时期，在“放管服”改革和“大众创业、万众创新”政策作用下，民营企业和中小企业总体呈现“稳中有进”“进中有优”的发展态势。并且，在全球经济发展不确定性增大、全国经济逐步下行的大背景下，“十三五”时期民营企业和中小企业仍能保持中高速增长，实在难得。

1. 保持中高速增长态势，但部分经济指标表现欠佳

私营企业是民营经济的主体，民营企业是我

国制造业主力军，因此，私营工业企业发展指标很大程度上可以表征民营企业和中小企业发展情况。图56－1显示，2015～2019年，规模以上私营工业企业保持较为平稳的增长速度，分别为8.6%、7.5%、5.9%、6.2%和7.7%，除2017年略低于全国规模以上工业企业增速外，其余年份均高于全国规模以上工业企业增速，多数年份领跑其他类型工业企业增速。在全国经济下行大背景下，私营工业企业仍保持中高速增长态势，难能可贵。2020年受新冠疫情的影响，我国工业企业生产受到严重影响。国家统计局数据显示，2020年1～4月规模以上工业增加值同比下降4.9%。疫情得到控制后，我国工业企业陆续复工复产，私营企业表现出了较强的活力和韧性。据统计，2020年1～2月私营企业工业增加值下降20.2%，3月下降0.5%，但到2020年4月，私营企业增长7.0%。

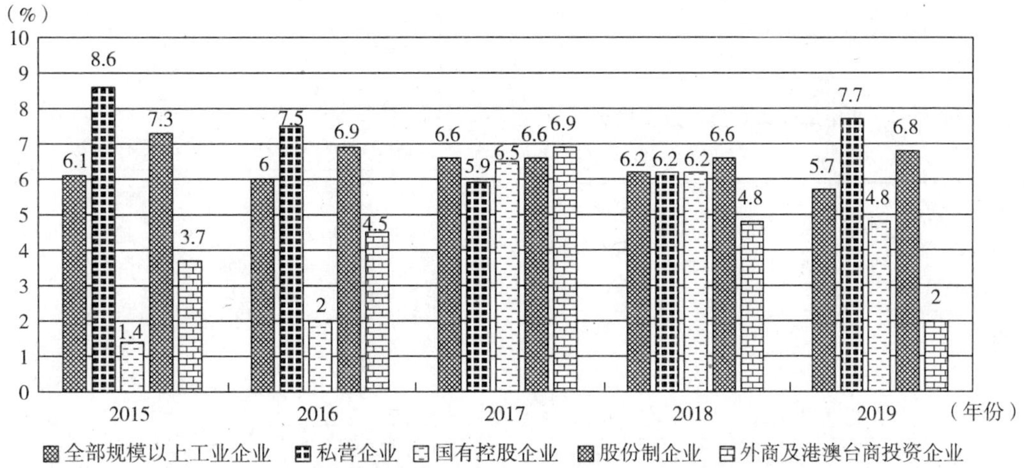

图56－1　2015～2019年我国部分类型企业工业增加值增长情况

资料来源：根据历年《国民经济和社会发展统计公报》整理。

表56－1显示，与“十二五”末期的2015年相比，2018年规模以上私营工业企业数和资产额略有增加，企业数量增加了4122家，增长1.9%，资产总计增加了10283亿元，增长4.5%；但营业收入和利润总额均出现下降，与2015年相比，2018年规模以上私营工业企业营业收入减少74425亿元，下降19.3%，利润总额减少7113亿元，下降29.3%。与全部规模以上工业企业相比，私营工业企业数量占比有所上升，上升了1.8个百分点，而资产总计、营业收入和利润总额占比均出现了下降，分别下降了1.3个百分点、5.1个百分点和10.8个百分点。与此同时，规模以上私营工业企业资产负债率有所上升，2015年是51.8%，2018年上升到56.4%，上升了4.6个百分点，与全部规模以上工业企业相比，原来私营工业企业资产负债率显著地低于全部工业企业平均数，2018年基本持平，两者差距已经缩小到0.2个百分点。综合上述信息，可以认为，截至2018年底，私营工业企业生产经营状况有所恶化。

表56－1　规模以上私营工业企业主要指标

年份	企业数（家）	占比（%）	资产总计（亿元）	占比（%）	营业收入（亿元）	占比（%）	利润总额（亿元）	占比（%）	资产负债率（%）	差值（%）
2015	216506	56.5	229006	22.4	386395	34.8	24250	36.6	51.8	－4.8
2016	214309	56.6	239543	22.1	410188	35.4	25495	35.4	50.7	－5.2
2017	215138	57.7	242637	21.6	381034	33.6	23043	30.8	52.6	－3.4
2018	220628	58.3	239289	21.1	311970	29.7	17137	25.8	56.4	－0.2

注：占比是指规模以上私营工业企业占全国规模以上工业企业的比重，差值是指规模以上私营工业企业与全国规模以上工业企业平均数的比重。

资料来源：《中国统计年鉴（2019）》，中国统计出版社2019年版。

2. 企业固定投资积极性下降，创新驱动发展受到重视

据统计，2016～2019年，民间固定资产投资增速分别为3.2%、6.0%、8.7%和4.7%，这个速度显著低于“十二五”时期的平均增速（准确地说不到一半）。“十三五”时期，多数年份民间固定资产投资增速低于同期全社会固定资产投资（不含农户）增速，并因此导致民间固定资产投资占比呈下降趋势，2016年这一比例为61.2%，2019年降到56.4%（见表56-2）。

表56-2　2015～2019年民间固定资产投资情况

单位：亿元,%

年份	全社会固定资产投资（不含农户）	同比增速	民间固定资产投资	同比增速	民间固定资产投资占比
2015	551590	10.0	354007	10.1	64.2
2016	596501	8.1	365219	3.2	61.2
2017	631684	7.2	381510	6.0	60.4
2018	635636	5.9	394051	8.7	62.0
2019	551478	5.4	311159	4.7	56.4

注：民间固定资产投资是指具有集体、私营、个人性质的内资企事业单位以及由其控股（包括绝对控股和相对控股）的企业单位建造或购置固定资产的投资。增速为扣除价格因素后的增速，本表增速数据直接来源于统计公报。

资料来源：根据历年《国民经济和社会发展统计公报》整理。

在民营企业固定投资积极性下降的同时，创新驱动发展却受到高度重视。“十三五”时期，民营企业科技投入不断增多，科技产出相应大幅度增长。据统计，2015年规模以上民营工业企业R&D人员全时当量为194.2万人年、R&D经费支出为7390亿元，2018年分别达到230.6万人年和10189亿元，分别增长了18.7%和37.9%，占全国规模以上工业企业比重由2015年的分别为73.6%和73.8%上升到2018年的77.3%和78.6%，分别上升了3.7个百分点和4.8个百分点（见表56-3）。另据计算，“十三五”时期民营企业研发强度（研发支出占主营业务收入比重）不断增加，由2015年的0.9%增加至2018年的1.4%。据统计，2015年规模以上民营工业企业专利申请数、发明专利申请数和有效发明专利数分别为49.4万件、18.7万件和43.8万件，2018年增加至81.0万件、31.7万件和89.6万件，上升幅度分别为63.7%、69.3%和104.5%。2015年，规模以上民营工业企业专利申请数、发明专利申请数和有效发明专利数占全国规模以上工业企业比重分别为77.4%、76.2%和76.3%，2018年分别上升到84.6%、85.3%和81.8%，分别上升了7.2个百分点、9.1个百分点和5.5个百分点。

表56-3　民营工业企业研究与试验发展（R&D）活动及专利情况

		R&D人员全时当量（人年）	R&D经费（万元）	专利申请数（件）	发明专利申请数（件）	有效发明专利数（件）
2015年	绝对数	1942175	73900604	494502	187278	437941
	比重（%）	73.6	73.8	77.4	76.2	76.3
2016年	绝对数	2011932	82414534.9	566895	225810	599140
	比重（%）	74.4	75.3	79.2	78.7	77.8
2017年	绝对数	2063959	92095724.8	671171	265708	751292
	比重（%）	75.4	76.7	82.1	82.9	80.4
2018年	绝对数	2305609	101886093.7	809571	317102	895597
	比重（%）	77.3	78.6	84.6	85.3	81.8

“十三五”时期，民营企业创新驱动发展成效更加明显。根据胡润研究院《2019胡润全球独角兽榜》，在全球494家独角兽企业中，中国企业数量已超过美国，达到206家（美国是203家），其中，蚂蚁金服、字节跳动、滴滴出行等中国民营企业排在前列，榜单中独角兽企业的标准是创办不超过10年、估值在10亿美元以上、获得过私募投资且未上市的科技初创企业。根据《财富》世界500强榜单，我国民营企业上榜数量从2015年的6家上升至2019年的22家，华为、京东、腾讯、阿里巴巴、小米等榜上有名，充分显示我国民营企业创新驱动发展的成效，并已开始产生全球影响力。

3. 民营企业成为第一大外贸主体，对外投资占据半壁江山

与"十二五"时期我国进出口贸易增长表现为"前高后低"不同，"十三五"时期我国进出口贸易基本上呈现"前低后高"特点，不过受疫情影响，从2020年1~6月表现来看，又出现了负增长，但民营企业仍表现为正增长，在外贸稳增长中的作用更加突出。表56-4显示，2016年至2020年1~6月，私营企业出口增速分别为0、12.7%、10.7%、13.8%和3.9%，均显著高于全国出口总额增速，同期全国出口总额增速分别为-1.9%、10.8%、7.1%、5.0%和-3.0%；与此同时，私营企业进口增速分别为8.2%、22.8%、18.7%、8.9%和9.3%，均显著高于同期全国进口总额增速，同期全国进口总额增速分别为0.6%、18.7%、12.9%、1.6%和-3.3%。总体而言，"十三五"时期，相对于其他类型企业，无论是出口还是进口，私营企业表现都是最好的（2017年和2018年私营企业进口增速略低于国有企业除外），即使在2020年1~6月其他类型的企业出口出现负增长，私营企业仍保持着3.9%的正增长，成为一道亮丽的"风景线"。2019年私营企业进出口商品贸易总额已经超过外资企业，成为第一大外贸主体，如果单从出口角度看，2017年私营出口额就已经超过外资企业。2019年，私营企业出口额、进口额、进出口总额占全国比重分别为49.7%、30.7%和41.1%，分别比"十二五"末期的2015年上升6.9个百分点、6.2个百分点和6.0个百分点。

与此同时，民营企业进出口区域结构更加优化。2019年，中部、西部地区民营企业进出口增速分别为28.3%和22.4%，比东部地区分别提高19.5个百分点和13.6个百分点。2019年，民营企业对各个主要市场出口均呈现增长态势，在保持传统市场优势的同时，对东盟、拉美、非洲等新兴市场出口分别增长了25.6%、11.4%、15.6%，这些都高于全国对上述这三个市场的出口增速。

表56-4　按企业性质分进出口商品贸易状况

		出口（万亿元）					进口（万亿元）				
		合计	国有企业	外资企业	私营企业	其他	合计	国有企业	外资企业	私营企业	其他
2015年	金额	14.1	1.5	6.2	6.0	0.3	10.4	2.5	5.2	2.6	0.2
	增速（%）	-1.8	-4.6	-5.5	3.2	-4.1	-13.2	-16.1	-7.7	-6.9	-70.4
2016年	金额	13.8	1.4	6.1	6.0	0.3	10.5	2.4	5.1	2.8	0.2
	增速（%）	-1.9	-5.5	-3	0	-0.9	0.6	-5.6	-1.1	8.2	22.3
2017年	金额	15.3	1.6	6.6	6.8	0.3	12.5	3.0	5.8	3.4	0.3
	增速（%）	10.8	10.4	9.4	12.7	1.6	18.7	24.1	14.5	22.8	8.6
2018年	金额	16.4	1.7	6.8	7.5	0.4	14.1	3.6	6.2	4.0	0.3
	增速（%）	7.1	7.8	3.4	10.7	3.5	12.9	21.5	5.4	18.7	6.2
2019年	金额	17.2	1.6	6.7	8.6	0.4	14.3	3.7	5.9	4.4	0.3
	增速（%）	5	-4.1	-2.6	13.8	9.2	1.6	2.5	-3.8	8.9	5.3
2020年1~6月	金额	7.7	0.7	2.9	4.0	0.2	6.5	1.5	2.7	2.2	0.1
	增速（%）	-3	-9.8	-9.1	3.9	-16	-3.3	-15.8	-3	9.3	-27.8

资料来源：根据中华人民共和国海关总署网站统计月报（www.customs.gov.cn/customs/302249/302274/302277/index.html）整理。

"十三五"时期，民营企业对外投资呈现较快增长态势，占中国企业对外投资（非金融类）的比重2016年为45.7%，2017年为50.9%，2018年为52%，已经超过了国有企业对外投资的比重。总体而言，"十三五"时期，在对外投资方面，民营企业与国有企业旗鼓相当，各占半壁江山。

4. 勇于承担社会责任，积极参与国家重大建设任务

党的十九大报告提出，要坚决打好防范重大

风险、精准脱贫、污染防治的攻坚战，使全面建成小康社会得到人民认可、经得起历史检验。“十三五”时期，广大民营企业家响应党的号召，积极投身到包括“三大攻坚战”在内的国家重大建设任务之中，为建设全面小康社会积极贡献自己的力量。据全国工商联发布的《2019 中国民营企业 500 强调研分析报告》，2018 年，共有 470 家企业参与防范化解重大风险攻坚战，355 家企业参与精准脱贫攻坚战，382 家企业参与污染防治攻坚战。在参与国家重大战略实施方面，民营企业有 466 家 500 强企业参与各类国家重大战略，占比 93.20%；其中，277 家参与乡村振兴战略，98 家参与东北振兴战略，183 家参与混合所有制改革。“十三五”时期，民营企业 500 强参与“一带一路”建设的热情高涨。《2019 中国民营企业 500 强调研分析报告》显示，2018 年民营企业 500 强中分别有 179 家企业参与了“一带一路”建设，与 2015 年相比增幅分别为 42.1% 和 94.2%，投资方向仍以基础设施建设、钢铁、有色、化工及建筑施工等行业为主。未来，随着民营资本活力和创新性的不断激发，民营企业将在国家重大建设任务中表现出更大的活性，为国家经济高质量发展贡献更多力量。

2016 年 1 月 18 日全国工商联、国务院扶贫办、中国光彩事业促进会发布《关于推进“万企帮万村”精准扶贫行动的实施意见》，力争用 3 ~ 5 年，动员全国 1 万家以上民营企业参与，帮助 1 万个以上贫困村加快脱贫进程，既促进非公有制经济健康发展和非公有制经济人士健康成长（“两个健康”），又助力打好扶贫攻坚战，为全面建成小康社会贡献力量。截至 2019 年 12 月，通过“万企帮万村”行动，9.99 万家民营企业精准帮扶 11.66 万个村，1434.42 万建档立卡贫困人口，产业扶贫 819.57 亿元，公益投入 149.22 亿元。

二、当前民营企业和中小企业发展存在的主要问题

当前制约民营企业和中小企业发展的问题既有外部环境因素，也有企业自身问题，概括起来主要有以下四个方面：

1. 部分企业生存困难

当前面临疫情冲击，民营中小企业正处于“最困难的时候”。民营中小企业总体盈利水平下降，部分企业生存困难，部分行业如旅游、餐饮、交通运输、教育培训、实体店销售等行业甚至全行业亏损，企业投资意愿大幅度下降，因此，“保市场主体”成为现实而紧迫的问题。据计算，“十三五”时期以来，民营企业资产利润率逐年下降，已有“十二五”时期平均高于 10% 的水平，下降到不足目前的 7%。国家统计局数据显示，2020 年 1 ~ 5 月，全国规模以上中小工业企业的营业收入、利润总额同比分别下降 7.3%、9.5%。在营业收入下降的同时，中小企业回款周期进一步延长，回款困难，加剧其资金周转困难。工信部调查显示，5 月末，中小工业企业逾期应收账款占全部应收账款的 29.5%，比上年同期提高了 3.3 个百分点。

2. 营商环境欠佳

随着“放管服”改革工作的进行，民营企业的营商环境有了较大改善，但仍然有一些影响甚至阻碍民营企业发展的问题存在。

市场准入的“暗规则”。当前，法律法规规章中歧视民营企业的“明规则”已基本清理，但在实践中，新法、旧法并存，旧法向新法过渡过程中，“非禁即入”式市场准入负面清单制度难以执行到位，依旧存在“暗规则”，形成审批许可“最后一公里”问题，产生新的阻滞或混乱，阻碍民营企业准入的“玻璃门”“弹簧门”“旋转门”等问题依然存在。在近期全国工商联座谈会上，有民营企业家反映参与“两新一重”（即新型基础设施建设，新型城镇化建设，交通、水利等重大工程建设）投资时，面临准入门槛高、招标遭遇不公、资质受限只能做分包项目等问题。

要素分配上的“所有制歧视”和“规模歧视”。民营企业在融资、用工、用地等方面存在一定的困难。据调查，在用地方面，民营中小企业由于资金实力相对薄弱，企业项目也多为中小

项目，与国有企业和外资企业相比，在用地申请获批上面临更大的困难。有些已投产多年的民营企业仍然拿不到土地证，办不下来房产证，造成企业无法以土地或房产进行抵押融资。

民营企业及中小企业服务体系不够健全。经过多年的发展，虽然国家和各地民营企业及中小企业服务体系已经建成，公共服务平台的数量也在逐渐增多，但现有服务体系在运行的过程中，在服务类别和服务水平上都存在明显的不足。现有部分公共服务平台多侧重于为小微企业创新创业提供硬件设施，如创业空间、标准厂房等，缺乏对中小企业法律、金融支持等方面的软技术服务。另外，虽然部分地区搭建了公共技术服务平台，但由于平台共享标准不完善、技术私有性较强等导致公共技术服务平台功能性较差，仅依靠共性技术服务无法维持服务平台运行和为企业维持服务。

3. 融资难、融资贵问题

融资难、融资贵始终是民营企业尤其是民营中小企业面临的一个主要问题。造成融资难融资贵的原因是多方面的，既有民营企业先天性信用缺乏、可担保的抵押物少等企业内部原因，也有我国金融制度不健全、银行体系不合理、银行竞争不充分等外部原因。而我国以民营中小企业为服务对象的信用担保机构发展并不充分，一般实力较弱、抵御风险能力有限，且服务意识和能力有待提高，对解决民营企业融资难融资贵问题作用有限。

长期以来，我们的金融服务以间接融资为主，在间接融资中又以国有大中型银行为主体，这种金融制度安排很容易对民营中小企业形成所有制和规模上的“双重歧视”。另外，在防范金融风险战役中，非标融资和“影子银行”空间被极大压缩，使得民营企业融资难度进一步加大。在直接融资方面，我国科创板、中小板、主板市场，场外股权交易市场，债券市场等都偏向于大中型企业，而绝大多数民营企业由于融资门槛高、条件限制而难以获得直接融资支持。据统计，2016～2018 年 A 股上市公司中的国有企业平均融资额从 7.9 亿元上升到 11.1 亿元，而民营企业则从 1.7 亿元下降到 0.96 亿元；公司债和企业债方面，2018 年民营企业发债规模不到 20%，相对于国有企业的债券融资利差，则从 2016 年的 82 个基点扩大到 2018 年的 148 个基点。

4. 企业自身素质和能力不足问题

主要有：一是家族制管理问题。据历次全国私营企业调查数据，我国七成以上的私营企业为广义的家族企业（家族或个人控股比例超过 50%），六成以上的私营企业是狭义上的家族企业（家族成员参与管理）。家族制企业主要基于血缘关系而非基于能力原则组建，企业治理不够规范、相对封闭，择人用人范围有限，部分实行家族制管理的企业，甚至存在企业和私人账务不分的现象。

二是基础管理水平较低，企业诚信有待提高。根据第十三次中国私营企业调查数据，在产品与服务、安全生产、劳工关系、环境保护、税收、消防等领域民营企业均存在基础管理工作不到位、诚信经营不足的问题，并因此导致被追责和罚款。

三是人才缺乏问题。人力资源尤其是人才问题是影响民营企业持续发展的一个重要问题。根据全国私营企业调查数据，对“找到需要的熟练工人”表示“非常满意”或“满意”的比例 2016 年为 42.13%，2018 年进一步下降到 30.95%，其中，涉及制造业的民营企业对“找到需要的熟练工人”表示“非常满意”或“满意”的比例的仅为 25.13%。在 2405 家私营企业有效样本中，高达 1140 家企业认为人才队伍是其竞争薄弱环节，排在价格、市场规模、风险管控、政府支持之前，居第一位；同时，在提升目标上，1662 家企业认为最需要提升的要素是人才队伍，明显超出核心技术、品牌、核心团队、政府支持等其他要素。

四是创新能力较低。虽说民营企业创造了 70% 以上的科技成果，但半数左右的民营企业在科技研发和创新上无所作为，另有 1/4 左右的民营企业保持在一个低水平层次上。根据第十三次中国私营企业调查数据，2017 年受访私营企业中研发费用在 10 万元以下的占 60.47%，10 万～100 万元的为 14.04%；54.41% 的私营企业研发强度在 1% 以下，1%～5% 的占 25.89%；48.43% 的私营企业未拥有任何知识产权，27.61% 的私营企业拥有的知识产权数在 10 项以下；52.64%的私营企业无专职开发人员，30.13%的私营企业拥有10人以下（含10人）的专职开发人员；49.9%的私营企业表示没有任何研发平台（含企业自设平台、合作共享平台）。

三、“十四五”时期民营企业和中小企业的机遇挑战与发展方向

“十四五”时期，民营企业面临的国内外环境更加复杂，机遇和挑战并存。而在日益不确定的发展环境下，民营中小企业需要找准未来的发展方向。

1. *存在的机遇*

（1）经济体制改革向纵深推进将为民营企业和中小企业构建更加友好的营商环境。2019年以来发布的重要相关文件主要有：2019年2月14日，中办、国办印发《关于加强金融服务民营企业的若干意见》，提出通过综合施策，实现各类所有制企业在融资方面得到平等待遇，融资效率提高、融资成本下降，民营企业特别是小微企业融资难融资贵问题得到有效缓解。针对中小企业生产成本上升、融资难融资贵、创新发展能力不足等问题日益突出，中办、国办2019年4月7日发布《关于促进中小企业健康发展的指导意见》，提升中小企业发展质量。2019年12月22日，《中共中央国务院关于营造更好发展环境支持民营企业改革发展的意见》发布，从优化政策环境、市场环境、法治环境、鼓励引导改革创新、促进规范发展、构建亲清政商关系等方面促进民营企业高质量发展。2020年7月24日，工信部、国家发改委等十七部门发布《关于健全支持中小企业发展制度的若干意见》，针对一些基础性制度性问题，提出支持中小企业发展的常态化、长效化机制，促进中小企业高质量发展。此外，2020年3月30日，《中共中央国务院关于构建更加完善的要素市场化配置体制机制的意见》发布，2020年5月11日，《中共中央国务院关于新时代加快完善社会主义市场经济体制的意见》发布，这些文件的发布将经济体制改革向纵深推进，营造更加公平的市场竞争环境，有利于民营中小企业成长和发展。

（2）新一轮科技革命和产业变革为民营中小企业创新创业和发展新经济提供了助力。新一轮科技革命和产业变革对民营企业发展提供了更多机遇，牢牢抓住新科技革命和产业变革的“机会窗口”，借助“互联网+”、“智能+”、工业互联网、智能制造、云计算等可以推动民营企业的数字化和智能化转型，催生民营企业和中小企业更好开展“双创”，促进新产业、新业态和新模式的发展。

（3）“一带一路”建设高质量发展为民营中小企业拓展了国际发展空间。目前，“一带一路”建设已进入高质量发展阶段。借助国家“一带一路”建设和促进企业“走出去”的政策和措施，民营企业和中小企业可以采取“追随”策略，加强国际产能合作，更好嵌入全球产业链之中，拓展企业国际发展空间，实现企业持续发展。

2. *面临的挑战*

（1）全球新冠肺炎疫情的不确定性，给民营企业和中小企业生产经营造成巨大冲击。国际上普遍预计可能需要2~3年才能控制住疫情（或者疫苗，或者药物），对全球经济造成显著的负面影响，全球产业链也受到很大影响，部分产业链国内循环和国际循环受阻，一些国际产业链甚至被迫“回撤”，对民营企业和中小企业发展产生巨大冲击。

（2）部分发达国家“逆全球化”举措，对民营企业发展产生不利影响。例如，美国总统特朗普推行“美国优先”政策，采取单边主义和贸易保护主义，在全球国际组织不断“退群”，对贸易伙伴动辄加征关税施压，冲击全球经贸秩序。特别是美国对中国采取大幅加税、限制高科技输出、压制中国高技术产业发展等政策，对包括民营企业和中小企业在内的中国企业造成比较大的冲击。

3. *未来发展方向*

“十四五”时期，民营企业和中小企业要抓住机遇、迎接挑战，向更有利于持续发展的方向转型升级。未来发展方向主要是：

——“专精特新”。中小企业是我国最大的经营主体，全国规模以上企业中97%以上都是中小企业。但是，目前我国中小企业面临着生产成本上升、融资难融资贵、创新发展能力不足等问题。为进一步推动民营经济和中小企业高质量发展，提高企业专业化能力和水平，从2013年7月《关于促进中小企业“专精特新”发展的指导意见》（工信部企业〔2013〕264号），到《工业强基工程实施指南（2016～2020年）》和《促进中小企业发展规划（2016～2020年）》（工信部规〔2016〕223号），再到2019年4月中共中央办公厅、国务院办公厅印发了《关于促进中小企业健康发展的指导意见》，提出“培育一批主营业务突出、竞争力强、成长性好的专精特新‘小巨人’企业”的决策部署，基本确定了“专精特新”是我国中小企业未来转型升级的方向。做专才能做精、做精才能做强、做强才能做久，这是中小企业可持续发展之道。中小企业应该牢牢把握国家培育和支持“专精特新”中小企业优惠政策，增强核心竞争力，实现企业转型升级。

——新产业、新业态、新模式。党的十八大以来，各部委在催生“新产业、新业态、新模式”发展、培育壮大新动能领域出台了一系列公共政策，“三新”经济呈现出鲜明特点。“十四五”时期恰逢国际产业链和供应链重构，新冠疫情催生数字经济新一轮爆发，加之国家政策支持，大力发展新业态、新产业、新模式，努力培育壮大新增长点、增长极，仍将是各地发展经济的重要途径。“新产业、新业态、新模式”的核心在于创新驱动，“十四五”时期中小企业应紧抓发展机遇，发挥创新灵活性特点，借助政策优势，积极研发新技术，催生新产业、新业态、新模式，不断提升综合实力和竞争力，推动企业转型升级。

——绿色发展。党的十九大报告指出，“建设生态文明是中华民族永续发展的千年大计”，并强调坚持节约资源和保护环境的基本国策。我国经济已由高速增长阶段转向高质量发展阶段，随着绿色发展理念的落实，生态文明和经济协调发展成为新时代下中国经济实现更高质量发展的重要标尺和鲜明符号，也是“十四五”时期制造业发展的引领方向。民营企业为实现可持续发展，需不断适应社会需求，将环保和绿色元素融入企业生产经营活动中，抓住“绿色发展”的机遇，实现其产业从低附加值向高附加值升级，从高能耗高污染向低能耗低污染升级，从粗放型向集约型升级。

——外向型发展。长期以来，国家始终鼓励民营企业“走出去”，积极参与国际产能合作。“十四五”时期，我国将继续推进改革开放各项新举措、发展实体经济、扩大利用外资、积极拓展国际合作，部署好落实好“一带一路”、对外贸易、利用外资、对外投资、加强国际经贸合作、积极参与全球治理等方面的重点任务，努力拓展外向型经济发展新局面。民营企业面对国内部分行业产能过剩、人口红利逐渐消失、要素成本上升等多重压力，未来凭借其特有的经营机制，在国家政策的引导下，提升“走出去”能力，积极探索外向型发展，在国际产能合作开拓更多的发展机会。“十四五”时期，“一带一路”沿线国家仍将是我国民营企业产业转移和投资的重点国家。随着“一带一路”倡议的推进和实施，带来了很多沿线国家的行业需求、投资机会等，借助国家“一带一路”和促进企业“走出去”的政策和措施，民营企业可以积极探索“一带一路”沿线国家投资机会，将自身优势与“一带一路”沿线国家的成本优势、行业需求等充分结合，通过开放合作同“一带一路”沿线国家一起参与到全球价值链中，在不断交流融合中实现长期可持续发展。

四、“十四五”时期促进民营企业和中小企业高质量发展的措施

“十四五”时期，要把习近平总书记在民营企业家座谈会上的讲话（2018年11月1日）、在企业家座谈会上的讲话（2020年7月21日）等精神落到实处，使《中共中央国务院关于营造更

好发展环境支持民营企业改革发展的意见》《中共中央办公厅国务院办公厅关于促进中小企业健康发展的指导意见》等文件涉及的惠及民营企业和中小企业发展的政策尽快落地，推动其高质量发展。

1. 进一步优化营商环境，促进各类企业公平竞争

坚持和完善社会主义基本经济制度，坚持“两个毫不动摇”，激发各类市场主体活力。要实施好民法典和相关法律法规，依法平等保护国有、民营、外资等各种所有制企业产权和自主经营权，完善各类市场主体公平竞争的法制环境，打造市场化、法治化、国际化营商环境。营造各种所有制主体依法平等使用资源要素、公开公平公正参与竞争、同等受到法律保护的市场环境，健全支持中小企业发展制度，对国有和民营经济一视同仁，对大中小企业平等对待，在加强产权和知识产权保护、健全完善金融体系、平等放开市场准入等方面深化改革，推动政策落准、落细、落实。推动所有制改革，减少针对民企不必要的市场准入限制，对外开放更要对内开放，特别是对民营企业开放，提升民营企业获得感。清理市场准入负面清单之外违规设立的准入许可和隐性门槛；破除招投标隐性壁垒，避免对具备相应资质条件的企业设置与业务能力无关的企业规模门槛和明显超过招投标项目要求的业绩门槛等，彻底打破各种“卷帘门”“玻璃门”“弹簧门”“旋转门”，实现各种所有制经济和大中小企业在市场竞争中权利平等、机会平等、规则平等。

进一步提高政务服务的标准化、透明化，鼓励各级政府编制政务服务事项清单并向社会公布，让服务办事有据可依。建立政务服务“好差评”制度，建立健全考核服务满意度评价制度，对政府依法行政将形成有效监督和制约，进一步提高政府服务的质量和水平。建立监督评价机制，有关部门依法开展中小企业发展环境评估和营商环境评价时，要将及时支付中小企业款项的工作情况纳入评估和评价内容。

2. 完善基础性制度和服务体系，支持民营企业和中小企业持续发展

以《中小企业促进法》为基础，加快构建具有中国特色、支持中小企业发展、保护中小企业合法权益的法律法规体系。健全中小企业统计监测制度，定期发布中小企业统计数据。建立中小企业融资状况调查统计制度，编制中小微企业金融条件指数。

构建保护民营企业及企业家合法财产权制度。依法惩治侵犯民营企业投资者、管理者和从业人员合法权益的违法犯罪行为。严格按照法定程序采取查封、扣押、冻结等措施，依法严格区分违法所得、其他涉案财产与合法财产，严格区分企业法人财产与股东个人财产，严格区分涉案人员个人财产与家庭成员财产。

健全政府公共服务、市场化服务、社会化公益服务相结合的中小企业服务体系，完善服务机构良性发展机制和公共服务平台梯度培育、协同服务和评价激励机制。依托全国信用信息共享平台，整合共享各类涉企公共服务数据，建立健全中小企业信用信息归集、共享、查询机制。依托国家数据共享交换平台体系，抓紧构建完善金融、税务、市场监管、社保、海关、司法等大数据服务平台，实现跨层级跨部门跨地域互联互通。建设中小企业海外服务体系，夯实中小企业国际化发展服务机制，在国际商务法务咨询、知识产权保护、技术性贸易措施、质量认证等方面为中小企业提供帮助。

完善指标管理与考核制度。强化政府采购支持中小企业政策机制，今后政府采购向中小企业预留采购份额应占本部门年度政府采购项目预算总额的30%以上；其中，预留给小微企业的比例不低于60%。建立“敢贷、愿贷、能贷”长效机制，商业银行完善内部绩效考核机制，制定民营中小企业服务年度目标，加大正向激励力度；对服务民营企业的分支机构和相关人员，重点对其服务企业数量、信贷质量进行综合考核；金融监管部门按法人机构实施差异化考核，形成贷款户数和金额并重的考核机制。大幅提高中小企业承担研发任务比例，“十四五”时期可以考虑至少将比例翻番，作为一项约束性指标列出，加大对中小企业研发活动的直接支持。

3. 深化金融供给侧结构性改革，解决民营中小企业融资难融资贵问题

“十四五”时期，要使金融能够更好服务实

体经济，尤其要更好服务民营中小企业，需要深化金融供给侧结构性改革，发展普惠金融。主要包括两个层次的内容：一方面要构建多层次、广覆盖、有差异的银行体系，积极开发个性化、差异化、定制化金融产品，增加中小金融机构数量和业务比重，改进非公有制经济和小微企业金融服务；另一方面要建设规范、透明、开放、有活力、有韧性的资本市场，构建风险投资、银行信贷、债券市场、股票市场等全方位、多层次金融支持服务体系，保障非公有制经济的融资需求。

针对当前突出问题，应采取积极措施，如筹资组建民营企业政策性纾困救助基金，市场化推动解决上市民营企业和重点民营企业的流动性问题，化解上市公司股权质押平仓风险，避免发生企业所有权恶性转移。大力发展融资担保机构，为民营企业融资提供第三方担保。建议各个省份组建各级国有控股融资性担保机构，充分利用财政资金、国有企业资本和民间资本，打造省级大型融资性担保机构和县（市、区）级小型融资性担保机构，大小融资性担保机构之间形成密切分工合作的格局。创新金融服务技术手段，借助互联网等构建有效信息交流平台；以大数据、云计算等现代信息技术为支撑，完善民营企业信用等级评价体系，多样化企业信用担保形式，降低企业信贷难度。以地级市范围为主组建“转贷”基金，帮助民营企业低成本完成转贷、续贷工作。政府各部门统一协调，建立工商、税务、金融、民营企业长效联络机制、信息共享机制，打破制度歧视，创新政银、政银保等合作模式。探索建立为民营企业增信的新机制。推进依托供应链的票据、订单等动产质押融资，鼓励第三方机构建立供应链综合服务平台。发展民营企业债券融资支持工具，以市场化方式增信支持民营企业融资。

4. 提升创新发展能力，引导民营中小企业“专精特新”发展

完善创新创业环境，提升民营中小企业创新发展能力。各级政府组织实施科技创新、技术转化等项目时，要平等对待不同所有制企业。加强中央财政对中小企业技术创新的支持，大幅度提高中小企业承担研发任务的比例。加快向民营企业开放国家重大科研基础设施和大型科研仪器。鼓励大型企业向中小企业开放共享资源，围绕创新链、产业链打造大中小企业协同发展的创新网络。推动专业化众创空间提升服务能力，实现对创新创业的精准支持。系统清理与企业性质挂钩的职称评定、奖项申报、福利保障等规定，畅通科技创新人才向民营企业流动渠道。健全知识产权侵权惩罚性赔偿制度，完善诉讼证据规则、证据披露以及证据妨碍排除规则，切实保护企业知识产权。组织实施中小企业知识产权战略推进工程，推广知识产权辅导、预警、代理、托管等服务，助推中小企业技术研发布局。

引导民营中小企业“专精特新”发展，成为行业的“隐形冠军”。政府应建立健全“专精特新”中小企业、制造业单项冠军企业梯度培育体系、标准体系和评价机制，引导中小企业走“专精特新”之路。以“专精特新”中小企业为基础，在核心基础零部件（元器件）、关键基础材料、先进基础工艺和产业技术基础等领域，培育一批主营业务突出、竞争力强、成长性好的“专精特新”“小巨人”企业。在新形势下，民营企业要把做强而不是做大作为首要目标，要沿着“专精特新”道路往前走，争取成为世界级的“隐形冠军”。

5. 完善“走出去”政策体系，拓展民营中小企业国际发展空间

创造良好的政策环境，鼓励民营企业“走出去”。加强对外投资规划引导，引导民营企业有序“走出去”，降低企业投资风险。进一步推动对外投资管理体制改革，简化民营企业对外投资审批手续，降低民营企业对外投资交易成本。提高境外经贸合作区建设水平，为民营企业“走出去”搭建更多平台，如建立海外应急资金周转平台。丰富对外投资合作公共服务信息提供，帮助民营企业尽快适应国外市场。加强民营企业培训，增强民营企业风险防控意识。创新境外经贸合作区等对外投资合作方式，充分发挥行业龙头企业的作用，通过集群式投资建立海外生产基地及全球生产体系，推动产业集群式“走出去”，形成大企业带动小企业投资、上下游联动“走出去”的规模效应。

完善顶层制度设计，助力民营企业“一带一路”建设。高度重视双边投资协定（BIT）、避免

双重征税的签署与升级。推动中国同更多国家商签高标准自由贸易协定，加强海关、税收、审计监管等领域合作，建立共建“一带一路”税收征管合作机制，加快推广“经认证的经营者”国际互认合作，促进国际产能合作。

6. 弘扬企业家精神，提高民营中小企业素质

弘扬企业家精神。民营中小企业是企业家精神的发源地，民营企业家要在爱国、创新、诚信、社会责任和国际视野等方面不断提升自己。市场经济也是信用经济、法治经济，民营企业家要做诚信守法的表率。民营企业家要做创新发展的探索者、组织者、引领者，努力把企业打造成为强大的创新主体。民营企业要抢抓新一轮科技革命和产业变革机遇，通过科技创新不断增强企业的核心竞争力，逐步迈向产业链中高端环节。民营企业家要勇于在国际市场上锻炼成长，利用国际国内两个市场、两种资源的能力不断提升，带动企业在更高水平的对外开放中实现更好发展。

建立现代企业制度，完善企业治理机制。发展到一定阶段、具有一定规模的民营企业将从家族制管理向现代企业制度转变不仅具有必要性，而且具有必然性。民营企业从家族制管理到现代企业制度转变，更有利于民营企业代际传承后的持续发展，对构建亲清政商关系也有助益。民营企业要敢于自我革命、善于自我突破，通过建立现代企业制度、完善企业治理机制，运用“制度”的力量而非“人治”的力量，实现持续发展，争做“百年老店”。

强化民营企业内部管理。借鉴成熟的管理经验和模式并在实践中不断完善使之适合企业自身实际，如实行精益生产，提高生产效率；推行6σ管理，提高产品质量；推行卓越绩效管理，更好激励约束企业员工等。充分利用现代信息技术手段，推进企业管理创新，不断提高产品质量、生产效率、服务水平和管理能力。大力推进ISO9000质量管理体系认证、ISO14000环境管理体系认证、OHSMS18000职业安全健康管理体系认证，利用体系认证规范企业管理，促进其品质发展、绿色发展、安全健康发展。

树立国际化经营理念，准备实施“全球化2.0”战略。针对当前贸易保护主义、单边主义等逆全球化思潮抬头，民营企业要积极做好应对逆全球化的准备，在国内国际“双循环”新发展格局下，调整全球化发展战略，制定自己的“全球化2.0战略”，就是从出口产品转型为全球产业布局，从“世界工厂”变为在全世界建立工厂，布局更完善的全球产业链和供应链。

专栏56－1

解决中小微融资问题是急中之急

“融资难融资贵是经济下行下的老问题，也是疫情防控常态下的新问题，新老问题叠加，更加凸显解决中小微实体企业融资问题的重中之重、急中之急”。在今年全国两会期间，全国政协委员、安徽省工商联副主席刘明平在提案中建议，在当前形势下，需要针对突出问题，精准施策，运用我国制度优势，发挥国有金融机构强心输血的主导作用。

刘明平建议，首先，要确保源头有资金活水。在积极财政政策更加积极、稳健货币政策灵活有度的前提下，适度增加货币投放量，为此要降准、降息、降率（存款准备金率），降低或不准上浮基准利率。

其次，要加快资金的流通速度。一是国有（控股）金融机构要提高认识、调整定位，疫情防控常态下，更要把中小微企业特别是民营企业看作是需要大拉一把的小兄弟、衣食服务的好对象。二是在国有（控股）银行和保险机构，特别是国有商业银行内部自上而下的考核机制中，需要较大幅度地增加公益性考核权重，减少商业性考核权重。三是充分下放贷款权限，将较多的贷款决定权限下放到县级，打通基层银行通向中小微企业的最后100米。

最后，要确保资金的精准流向。以实体企业为中心，以中小微企业为主体，以制造业、信息产业和公共安全产业等为重点，量化资金流向中小微实体企业的指标和比例，将资金流向虚拟经济和房地产作为追责重点，用制度调控资金源头、资金流速和资金流向，保障国家能够向中小微实体企业多输血、常供氧、广覆盖，为稳住经济基本盘、完成今年经济社会发展目标打下坚实基础。

资料来源：刘明平：《解决中小微融资问题是急中之急》，《中华工商时报》，2020 年 5 月 27 日。（记者童芬芬报道）

参考文献

［1］程子桐：《打赢脱贫攻坚战　接力奋斗谱新篇》，《中华工商时报》，2020 年 7 月 14 日。

［2］韩鑫：《根除拖欠中小企业账款的症结——上半年累计清偿拖欠民营和中小企业款项 956 亿元》，《人民日报》，2020 年 7 月 18 日。

［3］郭朝先、李成禅：《新中国成立 70 年来我国民营企业发展成就及未来高质量发展策略》，《企业经济》2019 年第 9 期。

［4］巴曙松：《竞争中性原则的形成及其在中国的实施》，《当代金融研究》2019 年第 4 期。

［5］邢隽清、胡安宁：《家族主义、法治环境与职业经理人——基于全国私营企业调查的实证研究》，《社会发展研究》2018 年第 3 期。

［6］朱妍：《民营企业营商环境的现状特征、变迁趋势与影响因素——基于第十三次中国私营企业调查数据》，《统一战线学研究》2019 年第 2 期。

［7］何晓斌：《私营企业创新与转型升级报告——基于第十三次中国私营企业调查数据》，《统一战线学研究》2019 年第 2 期。

［8］《习近平在企业家座谈会上的讲话》，《人民日报》，2020 年 7 月 22 日。

［9］刘鹤：《坚持和完善社会主义基本经济制度》，《人民日报》，2019 年 11 月 22 日。

［10］中国社会科学院经济研究所课题组：《“十四五”时期我国所有制结构的变化趋势及优化政策研究》，《经济学动态》2020 年第 3 期。

［11］郭朝先、石博涵：《内外兼修：新时代民营企业高质量发展策略》，《统一战线学研究》2020 年第 2 期。

［12］胡润百富：《2019 胡润全球独角兽榜解读》，https：//www. maigoo. com/news/530355. html，2019 年 10 月 22 日。

［13］邹志武、黄国华：《海关总署 2019 年全年进出口情况新闻发布会》，http：//fangtan. customs. gov. cn/tabid/970/Default. aspx，2020 年 1 月 4 日。

［14］中华人民共和国商务部：《中国对外投资发展报告（2019）》，http：//images. mofcom. gov. cn/fec/202005/20200507111104426. pdf，2020 年 5 月 7 日。

［15］全国工商联经济部：《2019 中国民营企业 500 强调研分析报告》，http：//www. acfic. org. cn/zzjg_ 327/nsjg/jjb/jjbgzhdzt/2019my5bq/2019my5bq _ bgbd/201908/W020190822526082182247. pdf，2019 年 8 月 1 日。

［16］《高云龙主持召开民营企业参与“两新一重”投资状况座谈会》，http：//www. acfic. org. cn/yw/qlyw/202007/t20200714_ 240592. html，2020 年 7 月 14 日。

［17］霍建国：《“十四五”外向型经济发展：形势和任务》，《开放导报》2020 年第 2 期。

第五十七章　在华跨国公司发展

提　　要

在经济全球化的背景下，我国的改革开放吸引了为数众多的跨国公司在华投资，为我国经济增长和社会发展提供了重要的支持与保障。一方面，跨国公司带来了大量的资本、技术等要素在我国市场的积聚；另一方面，我国市场经济体系日趋规范与繁荣，又进一步为在华跨国公司提供了更加富有吸引力的商业机会，这两方面因素的良性互动，使在华跨国公司克服了2008年以来国际金融危机对全球贸易活动的不利冲击，总体上保持了比较稳健的增长态势。2018年中美贸易战和2020年的全球疫情，给在华跨国公司发展带来了一定的不确定性影响。展望“十四五”时期，如果我国政府政策应对得当，为跨国公司提供更加开放与更加公平的市场环境，引导跨国公司更好发挥其先进技术优势与企业社会责任管理经验的贡献，在华跨国公司仍将释放巨大的发展潜力。

*　　　　*　　　　*

改革开放以来，我国从计划经济转向市场经济，这也是一个逐步融入国际生产分工体系的过程。加入WTO后，中国既奉行进口替代策略，又奉行出口导向策略，通过积极融入跨国公司主导的国际生产网络体系，大规模承担其中相对中低端的加工制造环节而发展成为了“世界工厂”。同时，作为全球化受益者，我国全面支撑和促进跨国公司掌控的全球价值链持续扩张，使在华跨国公司得到了快速发展，为助推全球化和全球贸易增长贡献了重要和积极的力量。直至2018年的中美贸易战，给我国加快融入全球化的进程以及在华跨国公司的发展带来了挑战与不确定性。

一、发展概况

我国在对外开放和吸引跨国公司来华发展方面，取得了显著的成绩。“十三五”时期，在国际环境中充斥种种不利因素的情况下，我国依然充分体现出吸引跨国公司在华稳定发展的大国优势，跨国公司在华发展的总体状况良好。

1. 历程与现状

我国自改革开放后，逐步开始融入国际生产分工体系。加入WTO，使我国参与国际生产分工体系的广度与深度明显得到提升。在这个过程中，跨国公司在中国的发展，大体上可以划分为四个阶段，如图57－1所示。

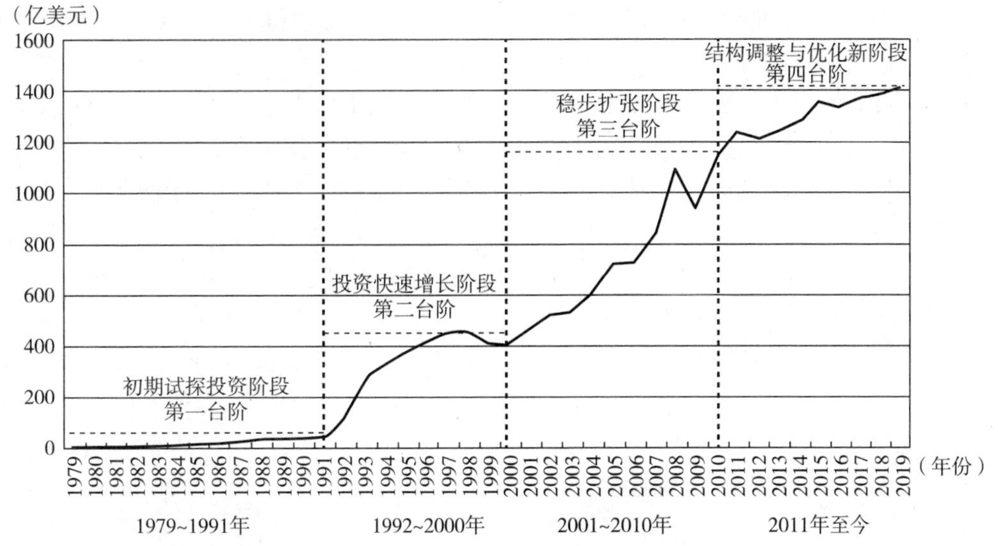

图 57－1　跨国公司在华发展阶段划分

资料来源：笔者根据 UNCTAD stat 有关数据计算绘制，曲线为各年度外商对华直接投资额（含港澳台资数据）。

一是 20 世纪 90 年代之前，这是跨国公司在中国发展的初期试探投资阶段，具有参与中国市场的跨国公司数量少、投资规模小的特点。

二是 20 世纪 90 年代到 20 世纪初，是跨国公司在中国发展的投资快速增长阶段，在这一时期，全球化加速使跨国公司普遍加大了拓展海外市场的力度，中国也受益于此。

三是 20 世纪初前十年，随着我国加入 WTO 后，对外开放程度进一步提高，跨国公司在中国进入了稳步扩张阶段。2008 年，我国吸收的外商对华直接投资（含港澳台资）在规模上突破了千亿美元的数量级（见图 57－1）；如果剔除掉港澳台资，则接近于 500 亿美元的峰值水平（见图 57－2）。在国际金融危机爆发后，跨国公司在全球的发展都出现了明显的下滑与收缩，到 2010 年，才有企稳与恢复的迹象。

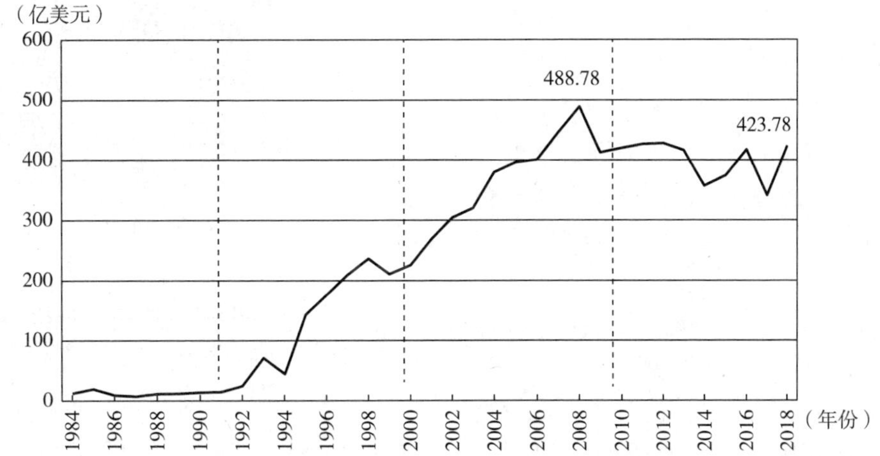

图 57－2　1984～2018 年外商对华直接投资金额

资料来源：笔者根据历年《中国统计年鉴》中“外商直接投资额”数据计算绘制，不含港澳台资数据。

四是 2011 年以来，跨国公司在中国的发展步入了结构调整与优化的新阶段。这一时期，跨国公司对制造业的投资比重有所下降，但对服务业尤其是生产性服务业或商务服务业的投资比重有所上升；在制造业领域，劳动密集型的投资比例有所减少，投资于技术密集型、资金密集型、环境友好型和高端制造业的比重有所上升（王晓红、沈家文，2015）。从总量上看，这一时期，中国吸收的外商对华直接投资（含港澳台资）从2010年重新迈上千亿美元的台阶后，一直在1000亿美元至1400亿美元的水平间小幅增长（见图57－1）；剔除掉港澳台资，则从2008年的峰值回落到了400亿美元的水平上下波动（见图57－2）。

"十二五"和"十三五"时期，跨国公司对华直接投资金额，计入港澳台资，则保持在1200亿美元以上的水平。2019年，超过1400亿美元，接近全球对外直接投资的1/10的水平，是连续三年成为了排在美国之后的全球第二大外商投资目的国（UNCTAD，2020，第12页）。如果剔除港澳台资，则保持在300～400亿美元的水平，其中，2013年、2014年和2017年出现了较大幅度的负增长（见图57－3）。

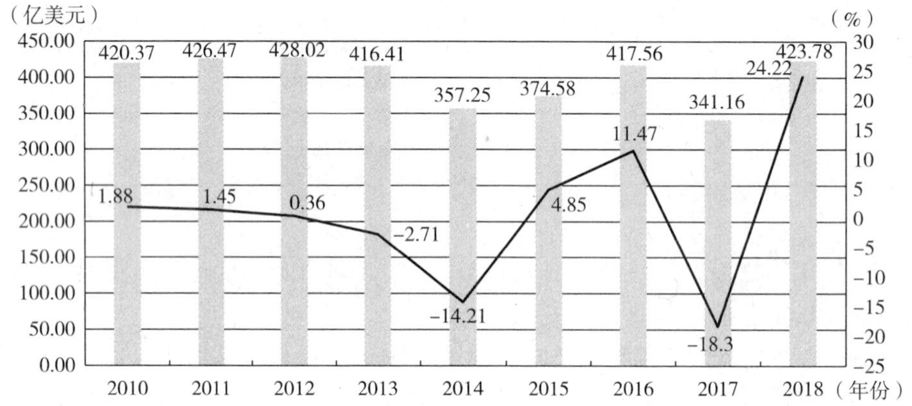

图57－3 2010～2018年外商对华直接投资金额与增长速度

资料来源：笔者据Wind数据库有关数据绘制，不含港澳台商对华直接投资数据。

2. 在华跨国公司来源构成与变化态势

在华跨国公司的国别来源高度多元化，来自100多个国家与地区，遍及世界各地。从外商对华直接投资金额的构成情况看，各大洲对华投资占比差异较大，前三位的来源地集中为亚洲、欧洲与拉丁美洲。图57－4列示了各大洲占比的具体构成情况，亚洲占比35%；欧洲占比27%；拉丁美洲占比22%；北美洲占比13%；非洲与大洋洲（澳大利亚、新西兰）各占1%。

从各国[①]的情况，按照实际投入外资金额进行排序，新加坡、韩国、日本、德国、美国、英国、荷兰、法国这8个国家是外商对华直接投资居前8位的投资来源国（见图57－5）。

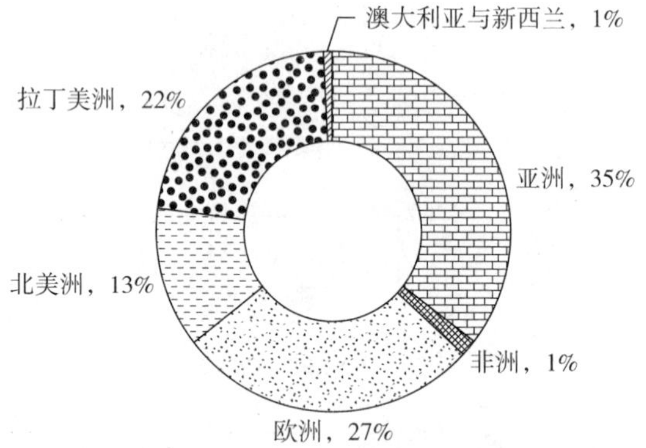

图57－4 2018年外商对华直接投资来源地分布

资料来源：Wind数据库。不含港澳台商对华直接投资数据。

在五大洲中，对华直接投资金额排第一位的是亚洲。在亚洲，对华直接投资规模最大的分别

① 在外商对华直接投资中排名居前的地区，除港澳台地区外，还有英属维尔京群岛、开曼群岛、百慕大和萨摩亚。因为这些地区的资金来源实际情况比较复杂，故不在本报告考虑范围之内。

是新加坡、韩国和日本三国。“十三五”时期，这些国家对华直接投资金额各自呈现为趋势分化的波动状态。首先，在不计入港澳台资的情况下，新加坡是对华直接投资规模最大的国家。在2015～2017年，新加坡的对华直接投资呈现出下降趋势，但在2018年中美贸易战发生后，新加坡对华直接投资不降反升。2019年，新加坡以76亿美元排在对华直接投资国的首位，同比增长45.87%。其次，是韩国。“十三五”时期，除2017年有所下降外，其他年度，韩国对华直接投资规模都呈同比上升之势。2019年，韩国对华直接投资金额为55亿美元，同比上升17.85%。最后，是日本。在经历了“十二五”时期因为外交关系因素而发生的对华直接投资的大幅度下降之后，“十三五”时期，日本对中国的对外直接投资在30多亿美元的水平小幅波动，2018年有明显的上升，2019年为37亿美元，同比下降2.58%。

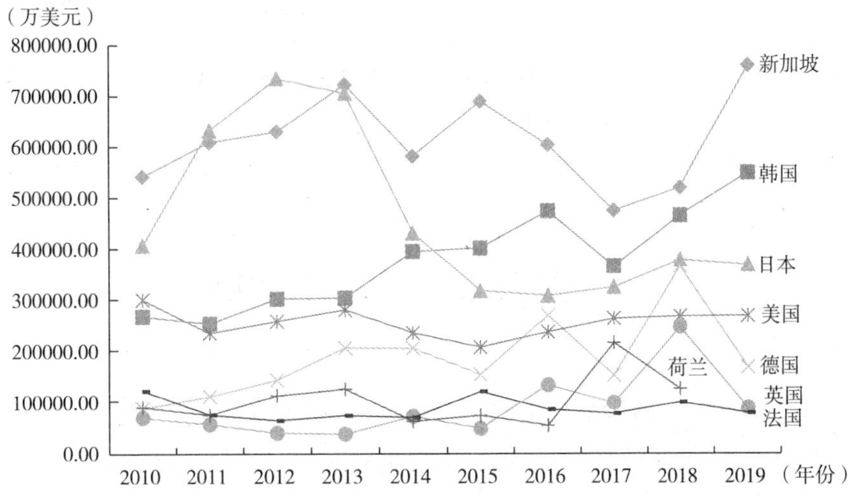

图57－5　2015～2019年外商对华直接投资主要来源经济体分布（按实际投入外资金额排序）

资料来源：Wind数据库。

从欧美国家看：美国作为世界第一大经济体，对华直接投资金额处于排在亚洲的新加坡、韩国与日本三国之后的水平。“十三五”之初的2016年，美国对华直接投资出现了显著增长，增幅达到了14.22%；之后，除2020年受疫情冲击及中美博弈影响外，美国的对外直接投资呈现出逐年上升趋势，2019年美国对华直接投资金额达到27亿美元，同比增长0.4%。“十三五”时期，德国和英国对华直接投资变化趋势相一致，先是2016年的显著增长，再是2017年的显著下降，然后是2018年的显著增长及2019年的显著下降，经过这几年的波动发展，基本又回到了进入“十三五”初期的水平。法国的对华直接投资在进入“十三五”时期之初，即呈现出下滑态势，2018年出现小幅增长，目前，处于和英国相接近的、不足10亿美元的水平，而在2015年，法国的对华直接投资为英国的接近两倍的水平。

概括以上情况，在“十三五”全球对外直接投资持续下滑、相对低迷的情况下，除2017年，各国对我国直接投资规模明显有较大幅度的下降外，欧美日跨国公司对我国的直接投资规模总体保持了平稳发展，新加坡和韩国这两个亚洲国家跨国公司更是克服了“十三五”初期全球经济运行中的不利因素及中后期中美贸易冲突的负面影响，在2018年以后全球经贸投资活动恢复增长，表现出了对华直接投资的大幅积极增长，这是难能可贵的。从跨国公司的户均资产规模看，如图57－6所示，2019年，这一指标值为5.68亿元，是20年前的五倍多。过去十年间，这一指标一直保持良好增长态势，“十三五”时期的增长势头甚至优于“十二五”时期，这表明，截至“十三五”时期，跨国公司在华投资的总体增长趋势是比较稳固的，克服了短期因素的冲击。

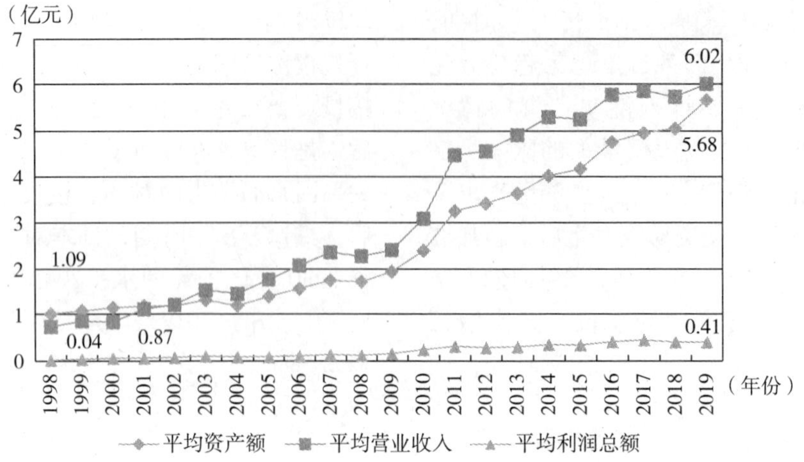

图 57-6　1998~2018 年外商投资企业平均规模

资料来源：Wind 数据库。不含港澳台商投资企业数据。

二、需要关注的三个问题

“十三五”时期，随着国际国内环境因素的变化，我国对在华跨国公司的规制明显增强。2019 年，通过了《中华人民共和国外商投资法》。[①] 2020 年，发布了《不可靠实体清单规定》。这些法律法规趋于完善，有利于保障跨国公司在华的长远可持续发展。从近期看，制度环境的不确定性变化，加之受国内外市场环境因素中出现的不确定性因素的冲击，给在华跨国公司发展带来了三个需要关注的问题。

1. 跨国公司撤资现象

改革开放以来，我国各地方政府一贯通过种种政策优惠来增加对跨国公司投资的吸引力。这种为跨国公司提供超国民待遇和成本节约的机会的政策取向，在“十三五”时期，发生了根本性的转变。由于越来越缺少来自地方政府的优惠政策的吸引，加之国内市场竞争程度的不断提高，跨国公司撤资现象有所增加。撤资现象分为两种类型：

一类是被动性撤资，这种情况下，导致跨国公司撤资的主因是跨国公司自身经营亏损或经营不利而被迫撤资。统计显示，“十三五”时期，跨国公司的盈利能力出现了波动，其在我国市场的盈利水平长期稳定增长的局面发生了改变。这些年，我国人力成本与综合营商成本上升较快，加之本土企业竞争能力提升较快，跨国公司的利润水平受到一定的挤压。根据中国美国商会的最新调查，2019 年，其会员企业的盈利能力是其过去 18 年来调查中反映出来的最低水平，只有 61%的会员企业表示，其财务表现为“盈利”，而之前盈利会员企业占比最低水平为 64%，分别出现于 2005 年和 2015 年。受此影响，那些人力资本密集型行业和有业务衰退迹象的跨国公司有明显的撤资活动。例如，2017 年，麦当劳向中信集团出售其内地及香港地区业务；2018 年，英国玛莎百货退出；2019 年，三星手机业务撤出。

另一类是主动性撤资，这种情况下，跨国公司撤资行为是适应国际国内市场环境与制度因素

---

① 过去，在外资企业法中，外资包括港澳台投资。新通过的外商投资法，没有明确表明港澳台商投资企业是否适用于外商投资法。对此，有两种意见：一种认为应该沿袭惯例，适用此法规定；另一种意见认为，外商投资法是涉外法，不适用于港澳台资企业，可考虑视作特殊内资，另行规范。

变化而做出的战略调整安排。在两类撤资现象中，主动性撤资更需要我们从政策层面予以关注。尤其是有的跨国公司在我国在相应的产品市场以及全球价值链与供应链体系中尚拥有较为显著的要素成本优势与产业集聚配套便利的情况下，仍然坚持主动性地收缩投资规模和移出生产能力。对这类看起来违背经济运行规律的企业行为的背后成因，应该予以重点研究。除宏观层面的政治不确定性因素的影响外，在微观层面，中央及地方政府出台缺乏透明度、一致性和可预测性的政策，也会导致对企业的冲击。中国欧盟商会对其跨国公司的调查反映出来了一系列政策干预扰乱企业经济运行的实际问题，有的经济政策在实施过程中为追求实现单一目标而不计经济后果，这类政策对企业利益造成了损害，打击了它们的投资信心。

2. 跨国公司的技术贡献趋弱

有关跨国公司对我国产业技术升级的贡献大小，在理论研究中，是存有争议的。积极的观点认为，我国改革开放过程中的“市场换技术”的策略总体是成功的，跨国公司将技术、管理、人力资源注入中国，在促进我国企业加快融入全球价值链的过程中，也通过技术溢出效应同步促进了我国产业技术升级。与之相反的观点则认为，跨国公司看重市场机会，在必须培育和选择供应商的情况下，也会有意识地控制融入其全球价值链体系的企业的技术积累与技术赶超的节奏。因此，不宜高估跨国公司对我国的工业技术进步的贡献。

从现实情况看，一方面，20 世纪末，跨国公司确实助力于我国经济实现了从不开放到面向全球开放的起步发展；另一方面，进入 21 世纪，也确实出现了跨国公司对我国技术升级贡献趋弱的情况，有的跨国公司出于自身战略利益考虑而对我国企业潜在的技术赶超做出防范与限制。上述两方面共同作用的结果是，在与国外差距大的领域，跨国公司参与往往能够起到拉动我国产业技术发展的作用，但在那些与国外差距逐渐缩小的领域，跨国公司参与所产生的技术贡献日趋弱化。近年来，随着我国大多数产业技术升级到一定水平后，跨国公司对我国产业技术升级贡献趋弱的问题，正表现得越来越突出。

2018 年中美贸易战的实质是，中国企业日渐逼近以美国为代表的发达国家所能容忍的技术经济进步极限的水平，于是，美国决意从战略上，阻断中国企业在开放条件下充分调动外向性资源向新技术和复杂技术领域升级的成功发展路径，将中国企业封锁在全球价值链的中低端环节。借助 2020 年新冠肺炎疫情，美国加快推行对中国“脱钩”方针，以高技术领域和保障供应安全要求强烈的领域为突破口，以各种政策手段来干预全球价值链的调整，以期全面降低全球价值链对中国企业的依赖。未来一段时期，迫于美国对华政策调整的政治压力，跨国公司在全球部署先进技术资源时，必然会相应地抑制在中国的投资布局水平。

3. 跨国公司社会责任的部分缺失

国际经验表明，跨国公司在给东道国带去投资与就业机会、先进技术与管理经验的同时，也会带去供应链管理、环境保护、员工权益保护、消费者权益保护、社区关系等方方面面的企业社会责任实践问题。来自西方发达国家的跨国公司，在像我国这样的发展中国家执行的企业社会责任标准，很有可能会低于其在母国的水平。在跨国公司社会责任履行方面，反映得比较集中的问题包括：

一是向我国转移在其母国受限制的、低环保与低安全标准的产业技术与管理标准。迫于欧美国家的绿色标准的压力，这类问题不一定在跨国公司自身表现出来，但会比较突出地表现在跨国公司的供应商或代工企业中。

二是利用国内外产品标准差异，对同一产品，在我国市场，实行与母国差异化的和更低水准的质量与服务标准。跨国公司对其产品与服务执行“双重标准”，这类现象并不罕见。例如，苹果公司在全球联保和售后维修等政策上，长期有针对中国市场的例外安排，保留了该公司自行确定服务限制条款的权利。再如，耐克“气垫门”，该公司限量售卖科比复刻版鞋并宣称后跟有其拥有专利的 zoom air 气垫，但实际上没有。经 2017 年“315”晚会曝光后，才予以赔付。还有，宜家经国家质检总局约谈后，才最终决定在中国市场召回 1999 ~ 2016 年销售的马尔姆等系列抽屉柜，这个系列抽屉柜有因倾倒而致儿童死亡的风险。而在此之前，宜家已经在美国和加拿大陆续召回了上千万个抽屉柜，却继续在中国市场销售。在汽车行业跨国公司，像丰田的“踏板门”、大众汽车变速箱等区别对待的召回事件，更是不胜枚举。

三是各国政府对跨国公司的各种行政罚款事项。例如，跨国公司的商业贿赂问题，以知名医药跨国公司葛兰素史克的在华贿赂案为代表。过去几年，欧美国家对跨国公司避税问题关注较多。2016 年，欧盟要求向苹果公司追缴由爱尔兰政府非法减免的 130 亿欧元（合 146 亿美元）税款。2020 年 7 月，欧盟法院推翻了对苹果公司的非法逃税指控以及补税要求。随后的 9 月，欧盟决定向欧盟最高法院“欧洲法院”就苹果公司案提起上诉。作为美国对欧盟的报复行动，2016～2018 年，美国政府因各类涉诉事件，要求德意志银行累计支付罚金超过了 84 亿美元。在我国，2015 年，我国发改委对美国高通公司在华的垄断行为开出了 60.88 亿元的罚单。

三、“十四五”时期跨国公司发展面临的挑战与机遇

展望“十四五”，全球政治经济运行面临巨大的不确定性。跨国公司在华发展，既面临不小的挑战，也面临新机遇。一方面，我国要素成本的持续攀升、美国对华的“脱钩”预期、全球新冠肺炎疫情防控长期化、各国民族主义情绪蔓延，会给跨国公司在华投资意愿带来更多的不确定性影响；另一方面，我国也有疫情后经济贸易恢复增长势头相对强劲、营商环境持续改进、双循环政策力度加大等经济体制机制优势，仍有较大可能为跨国公司提供富有吸引力的未来市场增长机会。可以预见，在“十四五”时期，那些能够适应国际市场环境变化，特别是能够抓住我国市场变革中的新机遇的跨国企业，将有更大可能收获增长红利。

1. 全球疫情延续，将影响跨国公司的全球投资规模与布局结构

2020 年的全球新冠肺炎疫情，对全球贸易和外商直接投资活动造成了显著的冲击。跨国公司对发达市场和新兴市场的投资信心普遍不足。根据联合国贸易与发展会议（UNCTAD）在 2020 年 3 月 27 日发布的《投资趋势监测报告》（*Investment Trends Monitor*）预测，受新冠肺炎疫情的影响，2020～2021 年全球对外直接投资将下降 30%～40%。UNCTAD 对全球 5000 家跨国公司的调研还显示，这些企业预期 2020 年平均盈利水平将较上年缩水 30%，其中能源和基础材料行业、航空业、汽车及零部件产业受疫情影响将最为严重。该报告指出，发达国家企业盈利预期降幅较发展中国家更大。2020 年，发达国家跨国企业的盈利预计将比上年减少 35%，发展中国家则将减少 20%。受能源行业盈利前景黯淡拖累，美国跨国公司 2020 年总盈利预计将仅为 2019 年的一半。

盈利缩减，大概率导致跨国公司的全球投资规模的缩减，且新增投资将进一步向那些相对有增长保障的区域市场集中。这一变化，对“十四五”时期跨国公司在华发展的影响，可谓喜忧参半。一方面，在国外疫情形势不稳的情况下，在短期内，我国依然会是跨国公司最放心的投资目的地之一。另一方面，受全球经济低迷和跨境投资活动缩减的影响，跨国公司在华投资规模出现总量上或结构化的缩减，是有可能发生的。

2. 保障供应稳定，日益成为跨国公司管控全球价值链的关键因素

在全球疫情蔓延与防控的整个过程中，由跨国公司主导的全球产业链和供应链合作体系受到了巨大的冲击。全球疫情初期，我国因为疫情严重而中断了相当一部分面向全球市场的生产供应能力，引发了需求端的跨国公司对稳定供应的担忧。而后，我国因为疫情管控得力而率先实现了企业复工复产，但此时仍然受制于其他国家的企业没有复工复产或不能满负荷复产，或在一定程度上遇到了海外市场需求被抑制的难题。在疫情

的大背景下，全球供应链受到各国种种非经济因素的牵制与影响，失去了其原本的低成本和高效率运营的效能优势。供应困境，激发了跨国公司对自身主导的全球价值链进行调整以及在区域市场内建立和发展相对自给自足和保障稳定供应的生产能力的战略需求。

进入21世纪后，我国已经成为了世界制造工厂，在很多中低端产业，拥有全球性的竞争优势。近年来，受到综合要素成本上升的影响，已经有一些跨国公司在加快将相当一部分的劳动密集型中低端业务向印度、越南等亚洲的低成本国家转移。在疫情后布局调整中，有的跨国公司很有可能会比因经济成本决定而移出中国的行为更进一步，直接以降低对我国制造能力的依赖为调整目标，有意识地主动发展其他国家对我国企业制造与供应能力的替代。同时，受中美在高技术领域的较量的影响，有的跨国公司可能会考虑将技术含量相对较高的生产环节回流本国或周边区域。上述种种对我国经济发展的不利影响，很有可能会在“十四五”时期发生叠加共振，对我国部分产业企业存量生产能力造成较大的冲击，使之陷入在全球价值链调整中的相对被动地位。要克服这些方面的不利影响，我国必须化危为机，通过有力的政策措施，为那些从未来的全球价值链调整中被解析出的劳动力、土地、资本等生产要素，提供可容纳它们发展的新的市场空间。只有做到这一点，我国才能成为跨国公司稳定供应链的战略布局调整中的优先选择的投资地域。

3. 各国规制竞争，始终是影响跨国公司全球布局调整的重要因素

跨国公司全球布局调整，是各国规制竞争综合作用的结果。2008年国际金融危机爆发后，欧美发达经济体推行鼓励制造企业回流的政策，这些政策产生了一定的政治影响，从微观经济层面观察，仅从规模上看，政策效果并不明显。但我们可以观察到，在各国规制政策调整的相互博弈之下，受我国与主要贸易对象国、外商对华直接投资来源国之间经贸摩擦反复冲击，在华跨国公司全球布局显现出不同以往的结构性的变化倾向。在中美贸易战中，美国将进出口贸易和高技术作为打压中国的重点领域，出台了一系列针对中国企业的限制性政策，这些政策直接或间接影响着跨国公司的全球战略布局，特别是技术资源上的布局。在华跨国公司的来源国都属于发达国家，我国与这些主要发达国家之间的政治经济关系，将决定未来一段时期我国对在华跨国公司规制的政策方向。

可以预见，“十四五”时期，在华跨国公司会综合考虑我国的经济增长态势、市场需求规模、生产制造与产业链上下游配套成本等经济因素和营商环境等规制因素，做出符合自身利益的决策。具体到每个跨国公司，各有产业技术与市场特点，在具体的战略权衡上，将会有不同节奏的安排。原则上讲，短期内，各种相对不经济的规制因素的负面影响，如果能够足以被中长期的经济利益所对冲，那么，跨国公司将坚持在华的投资布局增长；反之，如果经济因素不足以保障中长期相对稳定的利益增长，或者说，短期内的规制因素的负面影响过于强大，那么，跨国公司将缩减在华的投资布局。回顾过去一段时期美国跨国公司对华投资的波动性变化，可以证实上述规律。“十二五”末期，美国对华直接投资在2014年和2015年分别出现了－15.92%和－11.90%的同比负增长。进入“十三五”时期，2016年和2017年，美国对华直接投资又连续两年出现了较高水平的增长，即使是中美贸易摩擦愈演愈烈的2018～2019年，美国对华直接投资金额也在增长，仍然是中国的外商直接投资的主要来源国之一，只是增长率大幅减缓（见图57－7）。根据中国美国商会在2020年3月发布的《2020年中国商务环境调查报告》，尽管经济增长停滞不前以及中美关系持续不明朗导致越来越多的跨国公司对其所在行业市场的增长预期和在华投资计划持悲观态度，但只要中美两国仍然鼓励在华跨国公司发展，那么，中国仍将是跨国公司的重点市场。

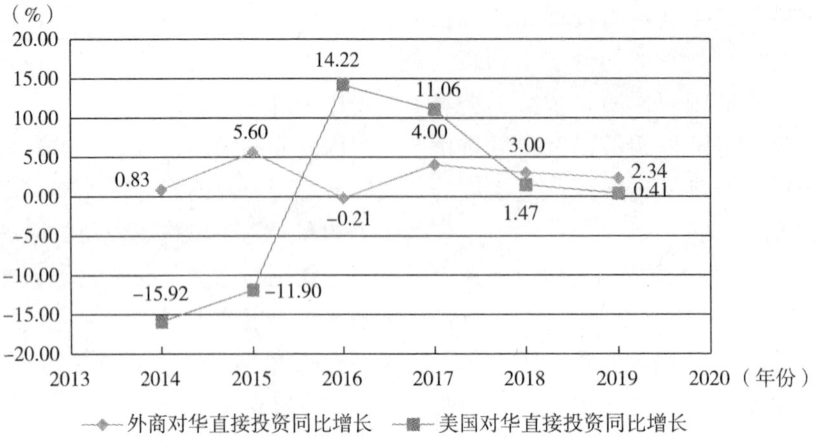

图 57－7　2014～2019 年外商对华直接投资与美国对华直接投资增长率

资料来源：笔者根据 Wind 数据库有关数据计算绘制。

四、政策建议

“十四五”时期，伴随全球经济运行的持续低迷，跨国公司从经济因素中获得增长驱动的难度将越来越大，而政治因素将大概率成为影响跨国公司全球布局的越来越重要因素。未来一段时期，各国政府政策波动，随时可能从各个方面打击跨国公司的商业投资信心。在各国的规制竞争之中，我国应该努力克服重重阻力，坚定地为跨国公司提供更加开放与更加公平的市场环境，使跨国公司的先进技术等生产要素资源和良好的企业社会责任管理经验，能够更充分地服务于我国经济社会可持续发展的需要，进而为全球性的和平与繁荣做出应有的贡献。

1. 促进发展对外开放与公平竞争的市场环境

当下，我国所处的工业现代化的发展阶段决定了国内大市场仍有巨大的持续增长潜力，仍对跨国公司具有吸引力。2020 年的全球疫情之下，我国是疫情防控最得力，也是经济恢复最快且增长相对最为强劲有力的国家，在面临巨大不确定性的条件下，我国经济社会发展保持稳定，这有助于增进跨国公司的信心。“十四五”时期，需要坚持对内改革和对外开放的方针，促进发展对外开放与公平竞争的市场环境，将我国的市场吸引力转化为实实在在的经济稳定增长的优势。在这个过程中，一是按照自由公平贸易的原则，积极有序地放开市场准入限制。二是进一步优化营商环境，落实好对各类所有制企业一视同仁的原则，创新监管方式方法，促进行政管理程序的公开透明，及时纠正和废止排除限制竞争和妨碍公平竞争的各种规章制度与做法。三是加快构建统一开放、竞争有序的政府采购市场体系。

2. 发挥跨国企业对产业技术升级的带动作用

“十四五”时期，需要加强政策研究工作，进一步稳定和提高跨国公司对华技术转移的意愿，为其积极参与我国产业技术升级活动提供更有针对性的激励政策。我国对跨国公司的现行政策较侧重于其投资规模，但对发展实质性的技术创新活动缺乏有针对性的引导。应该结合新形势下我国产业技术升级的实际需求，给予那些有较强的技术合作愿意的跨国公司更多和更灵活的政策支持。此外，新冠疫情后，数字技术经济发展明显提速。在以 5G、人工智能、新能源、智能制造为代表的高技术前沿领域，还需要加快探索如何在确保数字技术安全的前提下，更好地发挥我国大市场优势，加大对那些具有超强技术能力储备的跨国公司的吸引与开放，全面突破美国对华技术规制封锁政策，更大可能地去发掘全球性的业界领导企业运用其专业技术知识服务于我国产业技术升级的贡献潜力。

3. 提升跨国公司的社会声誉与社会责任表现

全球政治经济不稳定的环境，将加大跨国公司维持全球运营的难度。一些国家民族主义情绪的抬头，会降低其民众对跨国公司的全球经营活动的认同感。我国作为一个积极推动经济全球化进程的重要国家，一方面，应该致力于为有良好声誉的跨国公司提供友好的市场环境与舆论氛围，坚决避免对长期合法合规经营的跨国公司的正当商业利益造成不恰当的损害，以巩固它们在华投资信心和增强其对生产经营活动的供应保障的安全感；另一方面，也要通过完善监管制度，针对跨国公司社会责任履责行为不到位的弊病，有的放矢地进行规范与引导，倒逼跨国公司改进经营行为，保障好我国国家利益、经济社会安全与秩序。

专栏 57－1

在华跨国公司布局新动向

百事公司是全球食品和饮料行业的领导者，也是最早进入中国的跨国企业之一。据百事公司亚太区首席执行官柯睿楠讲，百事公司过去 10 多年在华投资已超过 530 亿元，2020 年 2 月以 49.53 亿元收购好想你旗下杭州郝姆斯食品有限公司。

贝莱德是全球最大的资产管理集团，资产管理规模达到 7.32 万亿美元。之前，贝莱德主要通过 QFII、RQFII 沪/深股通、债券通、境内银行间债券市场投资中国。2017 年 9 月，贝莱德在中国成立投资公司，并于 12 月获批私募牌照，是较早进入中国市场的国际资管巨头。2020 年 4 月 1 日，基金管理公司正式放开外资股比限制，贝莱德也于当天递交公募基金设立申请。2020 年 8 月 21 日，贝莱德基金管理有限公司获准设立，由贝莱德金融管理公司 100% 控股，成为我国首家外资全资公募基金管理公司。

达能是世界著名的食品集团，在全球拥有超过 10 万名员工，业务遍及全世界 120 多个市场。达能于 20 世纪 80 年代末进入中国市场。中国现已成为达能全球第二大市场。2020 年 6 月，达能集团全资收购迈高乳业（青岛）有限公司。7 月 16 日，位于中国上海的达能开放科研中心正式揭幕，该集团表示，将在中国投资 1 亿欧元用于开发婴儿奶粉等专业营养品。

大众汽车集团是欧洲最大的汽车公司，从 1984 年在中国成立第一家合资企业开始，大众已经在上海、长春、大连等多地设厂。截至 2019 年底，包括合资企业在内，大众汽车集团（中国）拥有员工超过 10 万人。2020 年 5 月，大众汽车先后宣布将投资约 11 亿欧元获得国轩高科 26.47% 的股份并成为其大股东，与国轩高科在电动汽车电池电芯领域开展战略合作；投资 10 亿欧元获得安徽江淮汽车集团控股有限公司 50% 的股份，并增持电动汽车合资企业江淮大众股份至 75%，获得合资公司管理权。

戴姆勒股份公司是全球最大的商用车制造商以及豪华车生产商之一。继 2018 年投资 11 亿元人民币在北京建立中国技术研发中心后，2019 年，戴姆勒和吉利控股创建了合资公司，注册资金 54 亿元人民币，双方各持股 50%，目标为开发新一代 Smart 汽车。在汽车行业“后合资时代”，Smart 合资公司将采用“全产业链合作＋服务全球用户”的新模式，双方在全球范围内联合运营和推动 Smart 品牌，助力其在高端电动智能汽车领域的发展。2020 年 7 月，戴姆勒大中华区投资 9.045 亿元持有孚能科技约 3% 股份，旨在保障梅赛德斯—奔驰在电动化战略进程中的动力电池电芯供应，促进孚能科技计划内的产能建设。

丰田汽车公司是国际知名的汽车制造公司。2020 年 6 月，一汽丰田新能源工厂建设项目正式在天津启动，规划产能 20 万辆，总投资额 84.95 亿元。除了新建能源工厂，一汽丰田还于 5 月成立了天津一汽丰田汽车有限公司新能源公司分公司。同月，丰田公司与中国五家企业签署合同，联合成立商用车燃料电池系统研发公司，丰田公司将出资2亿元，占比65%。此前，丰田还同比亚迪就成立合资公司签订合资协议，双方各出资50%，公司在2020年4月正式成立。

资料来源：2020年9月8日，北京商务局与全球化智库（CCG）于国家会议中心联合主办2020服贸会“服务业扩大开放暨企业全球化论坛”。CCG在该论坛上发布“2020外商在华投资企业推荐”，以上资料从25家在华投资方面有着突出表现的跨国公司的发布信息中节选。参阅 https：//www. sohu. com/a/417338000_ 828358。

参考文献

［1］王晓红、沈家文：《我国利用外商直接投资的现状与趋势展望》，《国际贸易》2015年第2期。

［2］UNCTAD：World Investment Report 2020，https：//unctad. org/webflyer/world - investment - report - 2020.

［3］UNCTAD：Investment Trends Monitor：Impact of the COVID - 19 Pandemic on Globe FDI and GVCs（Updated Analysis），https：//unctad. org/en/PublicationsLibrary/diaeiainf2020d3_ en. pdf.

［4］中国美国商会：《2020年中国商务环境调查报告》，https：//www. amchamchina. org/policy - advocacy/business - climate - survey/，2020年。

［5］中国欧盟商会：《欧盟企业在中国建议书2020/2021》，https：//www. europeanchamber. com. cn/en/publications - position - paper#download - table - 354，2020年。

第五十八章　中国企业对外直接投资

提　　要

对外直接投资（ODI）是全球化时代下资本、技术、劳动力和信息等经济要素跨国流动的一种重要表现形式，跨国企业在一国对外直接投资中扮演着核心角色。对于中国企业而言，面临从“十三五”时期向“十四五”时期过渡的重要关口，面对国内国际各领域更为复杂的经贸态势，其对外直接投资在下一阶段的发展方向、前景以及实现高质量发展的有效对策均是当前亟须考虑的关键问题。本章首先从多角度详细考察了中国企业对外直接投资的主要特点及现存问题。分析表明，“十三五”时期中国企业对外直接投资规模经历了先上升后下降的过程，主要投资区域和涉及行业则相对集中，且存在经营合规性不足、品牌认知度较差等微观层面的不利因素。基于以上情况，本章结合部分发达国家和国内外成功企业的投资发展经验，对中国企业对外直接投资的未来发展趋势进行尝试性探索，并针对企业投资过程中的潜在问题提出对策，为中国企业实现对外直接投资的高质量发展和中国向世界投资强国持续稳步迈进提供参考性建议。

*　　　　*　　　　*

良好的国际投资环境与积极的国内支持政策是中国企业进行对外投资的两大重要推手。就中国企业当前对外直接投资的实际情况来看，对外寻求资源、技术、追求更高效率以降低企业生产成本和满足企业战略需求等仍是其追求海外投资的主要动机。近几年来，虽然国际政治经济形势较为紧张，但在这些投资动机的驱动下，中国对外直接投资总量稳中有进，投资质量和结构持续优化。据统计，截至2018年底，中国2.7万家境内投资者在国（境）外共设立对外直接投资企业4.3万家，对外直接投资存量达到了19822.7亿美元。但从长远发展角度来看，在当前乃至面向“十四五”时期的中国企业对外直接投资过程中仍有部分潜在问题，影响着下一阶段中国企业的海外高质量发展进程。

一、中国企业对外直接投资现状有待改善

发展中国家跨国企业的日益活跃被视为当前跨国企业发展的趋势之一，这也与发展中经济体对外直接投资的快速增长现状相适应。所有制是划分企业类型的重要标准之一，就中国而言，国有企业在关系国家安全和国民经济命脉的关键领域占据支配地位，并作为国民经济的重要支柱服

务于国家战略目标。而随着中国对外直接投资诸多便利化措施的推出，中国民营企业的对外直接投资活力也得以逐步激发。在2006年的非金融类对外直接投资中，国有企业的投资占比为81%，而到2018年末，这一数据已下降至48%，显示出中国民营企业在对外发展过程中的强劲动力。而对于中国当前依然占据主导地位的国有企业与日益活跃的民营企业两者的海外投资特点加以考察，无疑是全面深入了解中国对外直接投资的切入点。因此，本章从投资规模、投资区域和投资行业等方面对中国国有企业和民营企业的对外直接投资的主要特点进行分别论述。

1. 投资规模近年有所下降

国有企业作为国民经济的重要支柱，在中国对外直接投资中发挥了重要作用。如表58－1所示，2005～2016年，参与对外直接投资的国有企业数量呈现增长态势。而近两年来，受全球经济低迷大环境的影响，为防范企业面临的不确定性风险并规范企业对外投资行为，中国政府加强了企业对外投资的监管政策，并限制了对房地产、娱乐和体育等行业的投资，使2017～2018年国有企业对外直接投资的数量也相应下降。

表58－1 2005～2018年国有企业对外直接投资规模

单位：家，亿美元

年份	对外直接投资国有企业的数量	对外直接投资流量
2005	10	102.4
2006	15	199.3
2007	13	220.8
2008	27	551.2
2009	30	549.4
2010	42	592.9
2011	44	582.9
2012	58	677.6
2013	34	535.4
2014	64	683.2
2015	71	870.9
2016	82	1144.0
2017	64	1174.5
2018	66	609.7

资料来源：China Global Investment Tracker.

从对外直接投资的流量而言，如图58－1所示，国有企业2005～2018年对外直接投资的年均增速为22.86%，其中，2006年和2008年同比增长速度最快，分别为94.63%和149.64%。而近三年来，全球对外投资总量持续萎缩，中国国有企业也未能独善其身，2018年国有企业对外直接投资609.7亿美元，同比下降48.09%，结束了多年来的快速增长态势。

由表58－2、图58－2可知，中国民营企业的对外投资发展相对曲折。2005～2009年，民营企业对外投资的企业数量仅为个位数。2008年全球金融危机之后，国内的整体环境迫使企业进行产业升级。2010年起，国内相关企业开始将投资目光转向国外，民营企业对外投资额自此逐步上升。2012年以来，政府出台相关政策加大扶持力度、改善投资环境，使国内民营企业得以飞速发展，对外投资上升速度明显加快。此后，民营企业对外直接投资的数量持续显著增加，其中2013年同比增速高达145.79%，实现了翻番增长。直至2018年，受全球经济低迷的大环境影响，民营企业的对外投资流量出现了负增长。

表58－2 2005～2018年民营企业对外直接投资规模

单位：家，亿美元

年份	对外直接投资民营企业的数量	对外直接投资流量额
2005	1	1.0
2006	3	3.2
2007	3	29.7
2008	6	11.7
2009	5	12.0
2010	16	67.1
2011	26	120.2
2012	23	107.0
2013	41	263.0
2014	50	339.4
2015	59	308.2
2016	80	438.1
2017	67	581.9
2018	73	542.0

资料来源：China Global Investment Tracker.

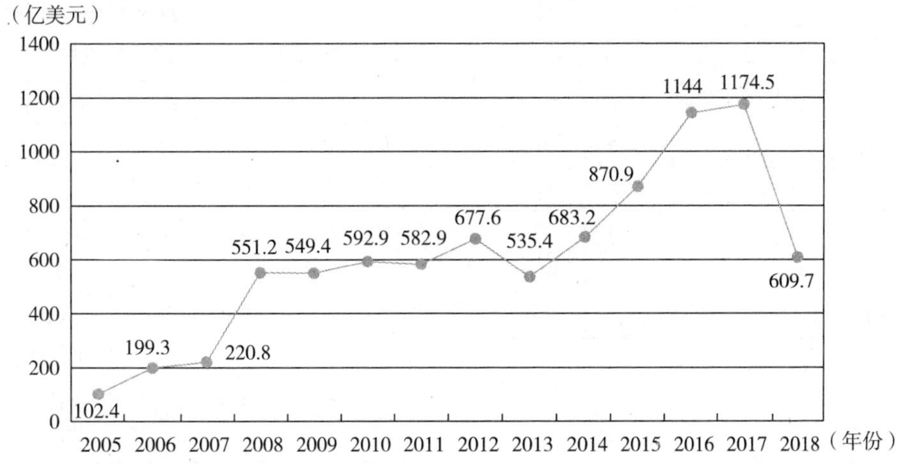

图 58－1　2005～2018 年中国国有企业对外直接投资流量

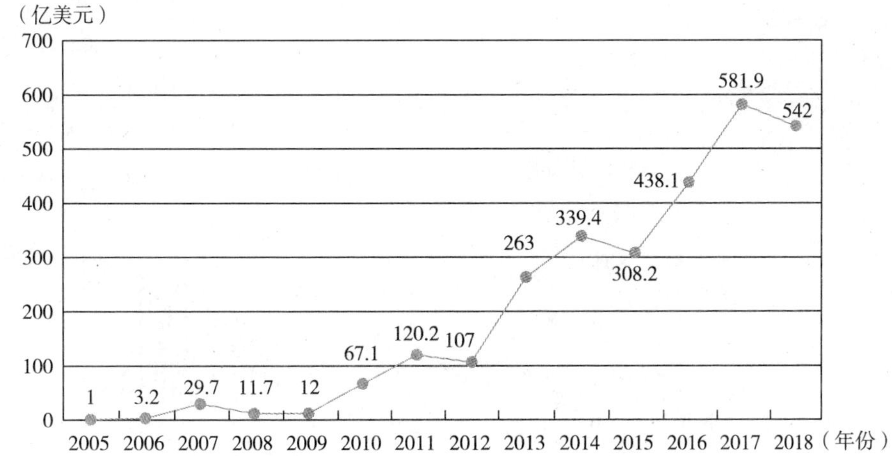

图 58－2　2005～2018 年民营企业对外直接投资流量

2. 投资区域相对集中

结合表 58－3、图 58－3 可知，中国国有企业的对外直接投资区域主要集中在亚欧大陆板块，但近几年面向以上地区的投资额有所下降，2016 年流向亚洲的投资额为 124.3 亿美元，同比下降 63.19%，2018 年流向欧洲的投资额为 169.2 亿美元，同比下降 75.74%；此外，受到贸易保护主义政策的影响，近年对北美洲和拉丁美洲投资也大大减少；而由于中国企业与“一带一路”沿线国家的良好合作关系，国有企业对非洲的投资于近年来快速上升，2013 年和 2018 年流向非洲的投资额同比分别增长了 67.28% 和 220.69%。从数量来看，2005～2018 年所有对外直接投资的国企中，在亚洲投资的国企数量占 26.6%；在欧洲投资的国企数量占 22.8%；在北美洲投资的国企数量占 19.1%；在非洲、大洋洲和拉丁美洲投资的国企数量分别占 12.05%、9.7% 和 9.4%。

表 58－3　2005～2018 年国有企业对外直接投资各区域流量　　单位：亿美元

年份	亚洲	欧洲	北美洲	非洲	大洋洲	拉丁美洲
2005	67.4	0.0	37.1	2.9	3.2	19.7
2006	73.2	12.8	0.0	64.9	29.2	4.3
2007	48.8	31.8	51.0	72.5	4.3	12.4
2008	88.9	133.4	50.2	102.9	154.2	21.6
2009	112.9	101.6	119.5	105.2	91.3	18.9
2010	54.9	27.7	154.4	59.5	32.0	264.4
2011	98.4	115.2	66.7	100.4	92.8	109.4
2012	112.8	116.5	267.2	75.8	72.5	32.8

续表

年份	亚洲	欧洲	北美洲	非洲	大洋洲	拉丁美洲
2013	147.7	60.2	44.0	126.8	82.4	74.3
2014	120.4	226.1	78.6	73.6	74.2	110.3
2015	337.7	309.9	83.4	37.7	68	34.2
2016	124.3	375	409.8	50.6	39.5	144.8
2017	144.2	697.7	164	40.6	30.1	97.9
2018	132.8	169.2	75	130.2	23.5	79

资料来源：China Global Investment Tracker.

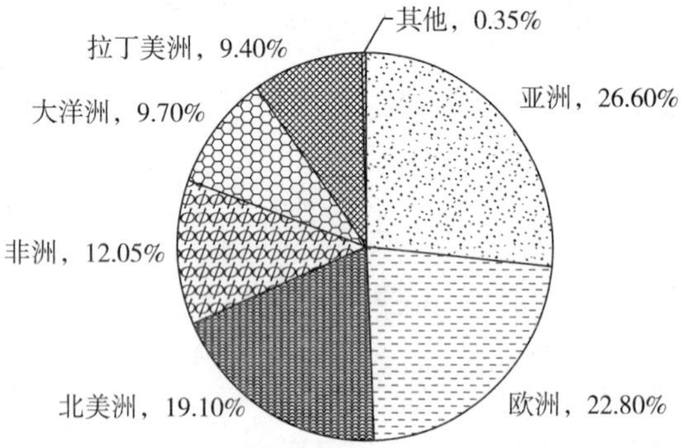

图 58－3 2005～2018 年国有企业对外直接投资企业数量区域分布

结合表 58－4、图 58－4 可知，中国民营企业对外直接投资的区域主要集中在亚洲、欧洲、北美洲和大洋洲。其中，从对外直接投资的区域流量来看，2005～2018 年，亚洲是中国民营企业的主要投资流向，但近年来投资额有所下降；2013 年以来，由于“一带一路”倡议的持续深入推进，民营企业逐渐趋向于在欧洲和非洲地区开展投资活动；受贸易保护主义政策的影响，近期对北美洲的投资额显著下降，2017 年和 2018 年分别同比减少 36.04% 和 43.27%；而拉丁美洲是著名的避税天堂，2018 年流向拉丁美洲的投资额快速增长，表明部分中国民营企业对外投资的实际目的是为避税，这在一定程度上掩盖了对外投资区位分布的真实情况。

从数量来看，2005～2018 年所有对外直接投资的民营企业中，在北美洲投资的国企数量占 27.2%；在欧洲投资的民营企业的数量占 26.7%；在亚洲投资的民营企业数量占 25.4%；在大洋洲、非洲和南美洲投资的民营企业数量分别占 9.4%、7.3% 和 3.7%。

表 58－4 2005～2018 年民营企业对外直接投资的区域流量 单位：亿美元

年份	亚洲	欧洲	北美洲	非洲	大洋洲	拉丁美洲
2005	0.0	1.0	0.0	0.0	0.0	0.0
2006	1.1	1.0	1.1	0.0	0.0	0.0
2007	0.0	27.0	2.7	0.0	0.0	0.0
2008	5.1	1.4	1.6	0.0	3.6	0.0
2009	6.7	0.0	1.5	2.8	0.0	1.0
2010	23.7	32.6	6.0	1.4	1.4	2.0
2011	45.1	36.1	17.8	16.4	1.8	3.0
2012	8.4	28.9	41.3	5.6	18.3	4.5
2013	51.1	37.5	121.9	49.1	3.4	0.0
2014	80.6	74.7	145.4	8.5	26.2	4.0
2015	82.6	60.5	96.5	30.8	36.8	1.0
2016	59.0	148.1	172.0	22.3	26.8	9.9
2017	194.7	239.8	110.0	13.6	20.3	3.5
2018	103.5	255.3	62.4	30.6	17.1	73.1

资料来源：China Global Investment Tracker.

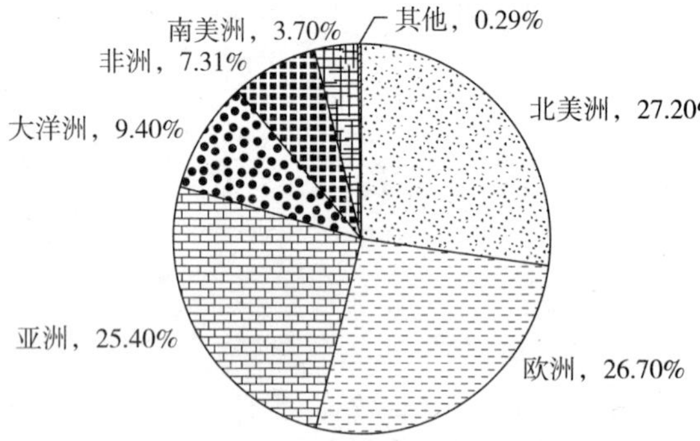

图 58－4 2005～2018 年民营企业对外直接投资企业数量区域分布

3. 投资行业偏重第二产业

如表 58－5 所示，2005～2018 年，中国国有企业对外直接投资的主要行业为能源及制造业，其近 5 年投资流量均超过百亿美元；此外，对房地产业、娱乐与健康业和租赁与商务服务业等行业的流量总体也呈现稳步增长态势，但近期由于受到政府收紧企业对以上行业投资政策的影响而出现了投资流量下降的情况。其中，房地产业和租赁与商务服务业在 2018 年同比分别下降 88.92% 和 76.04%，娱乐行业 2017 年同比下降 90.7%，2018 年有小幅上升。

如图 58 -5 所示，2005 ~ 2018 年参与对外直接投资的所有国企中，在能源行业投资的国企数量占比 33. 10%；在制造行业投资的国企数量占比 26. 3%；在房地产行业投资的国企数量占比 14. 5%；而金融、农业、高新技术、娱乐与健康、旅游及租赁与商务服务行业的投资国企数量占比分别为 6. 90%、4. 50%、3. 50%、2. 50%、2. 40%和 3. 50%。

表 58 -5　2005 ~ 2018 年国有企业对外直接投资的行业流量　单位：亿美元

行业	能源	制造	房地产	金融	农业	高新技术	娱乐与健康	旅游	租赁与商务服务
2005	63. 6	18. 6	0. 0	0. 0	0. 0	17. 4	0. 0	0. 0	0. 0
2006	98. 6	81. 7	13. 0	0. 0	4. 8	0. 0	0. 0	0. 0	1. 2
2007	23. 1	59. 8	0. 0	136. 4	0. 0	0. 0	0. 0	0. 0	1. 5
2008	218. 5	278. 3	2. 5	46. 5	3. 4	0. 0	2. 0	0. 0	0. 0
2009	344. 8	107. 6	42. 8	31. 0	3. 7	15. 0	0. 0	1. 0	3. 5
2010	360. 3	139. 7	30. 6	30. 3	15. 8	0. 0	3. 7	0. 0	12. 5
2011	369. 5	133. 2	9. 7	22. 8	28. 3	5. 0	0. 0	0. 0	14. 4
2012	403. 5	138. 9	46. 2	28. 0	23. 8	4. 9	11. 4	1. 3	19. 6
2013	356. 6	49. 6	66. 1	9. 2	25. 4	1. 1	0. 0	19. 8	7. 6
2014	228. 2	207. 0	114. 3	27. 5	70. 3	23. 4	2. 0	5. 0	5. 5
2015	292. 2	226. 4	121. 3	105. 0	3. 2	44. 5	7. 8	12. 7	57. 8
2016	283. 5	159. 4	129. 0	21. 2	41. 1	146. 4	105. 4	181. 6	76. 4
2017	182. 4	198. 4	116. 4	35. 3	443. 4	7. 4	9. 8	23. 6	157. 8
2018	244. 9	196. 8	12. 9	16. 4	16. 1	60. 0	24. 8	0. 0	37. 8

资料来源：China Global Investment Tracker.

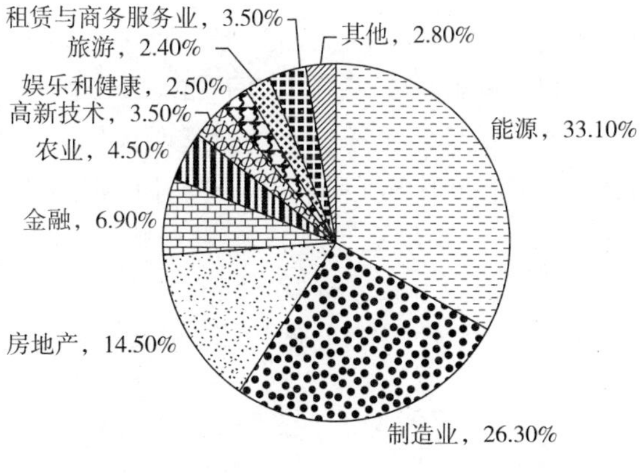

图 58 -5　2005 ~ 2018 年国有企业对外直接投资行业分布

如表 58 -6、图 58 -6 所示，中国民营企业对外直接投资的主要行业为制造业及租赁与商务服务业。其中，2018 年对制造业的投资流量额为 260. 1 亿美元，同比增长 160. 62%；对租赁与商务服务业的投资流量总体保持稳步增长，但在 2018 年出现小幅下降。此外，相比于国有企业，民营企业在高新技术行业的投资占比更高，2005 ~ 2018 年，投资于高新技术行业的民营企业占比为 8%。

从数量来看，2005 ~ 2018 年参与对外直接投资的民营企业中，投资于制造业的民营企业数量占比 21. 9%；投资于租赁与商务服务业的民营企业数量占比 15. 2%；与国有企业很少在娱乐与健康领域投资相比，投资于该行业的民营企业数量占比高达 15%，在所有行业中位列第三；投资于房地产行业的民营企业数量占比 14. 7%；投资于能源、高新技术、旅游、金融、农业的民营企业数量占比分别为 10. 10%、8%、5. 70%、4. 80%和 3. 90%。

表 58-6 2005~2018 年民营企业对外直接投资的行业流量 单位：亿美元

行业	能源	制造	房地产	金融	农业	高新技术	娱乐与健康	旅游	租赁与商务服务
2005	0.0	1.0	0.0	0.0	0.0	0.0	0.0	0.0	0.0
2006	1.1	1.1	0.0	1.0	0.0	0.0	0.0	0.0	0.0
2007	0.0	0.0	1.5	27.0	0.0	0.0	0.0	0.0	1.2
2008	2.5	5.1	1.4	0.0	0.0	0.0	1.6	1.1	0.0
2009	0.0	4.5	6.0	0.0	0.0	0.0	0.0	1.5	0.0
2010	4.8	35.3	20.0	0.0	0.0	3.0	0.0	0.0	4.0
2011	0.0	70.8	27.5	0.0	0.0	11.8	4.0	0.0	6.1
2012	13.9	19.6	4.8	1.0	13.7	16.5	30.5	0.0	7.0
2013	13.1	71.3	70.6	1.0	71.0	2.0	13.3	15.5	6.1
2014	63.7	29.3	41.4	36.4	58.5	0.0	25.0	61.1	24.0
2015	28.9	71.4	41.5	28.6	7.7	36.1	53.7	27.2	13.1
2016	47.2	55.5	31.3	9.6	15.0	81.0	99.1	43.3	56.1
2017	22.5	99.8	36.0	124.6	15.3	25.3	116.0	4.5	137.9
2018	20.2	260.1	25.0	27.6	8.3	25.5	63.2	5.6	106.5

资料来源：China Global Investment Tracker.

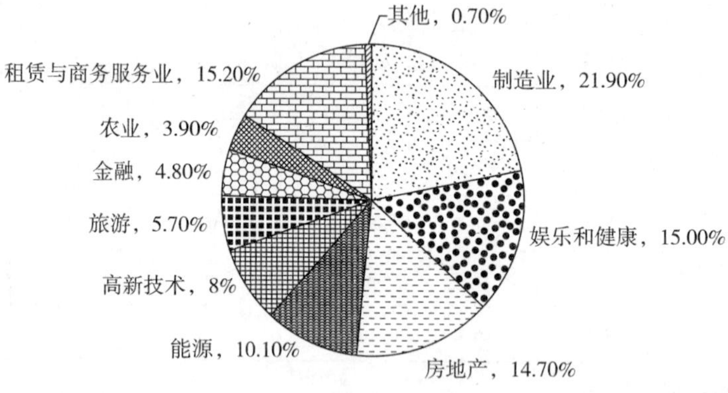

图 58-6 2005~2018 年民营企业对外直接投资行业分布

总体来看，在过去的“十三五”时期，面对新常态下国内经济的相对疲软，以及国际贸易摩擦冲突加剧的复杂环境，中国企业的对外直接投资规模经历了先上升后下降的过程，其中，民营企业投资规模占总体比重逐年上升，显现出强劲的增长动力。在投资区域及行业特点方面，中国国有企业和民营企业则呈现出相对一致的投资趋势，即在“一带一路”倡议的重大机遇影响下投资主要集中于亚洲、欧洲和非洲，而在全球化垂直分工带来的价值链攀升压力下相关投资则主要向第三产业集聚。在考察上述投资现状与特点的同时可以看出，中国企业在积极向外扩张的进程中也面临着一些潜在问题，如投资规模相对较小、投资区域过于集中以及投资行业层次结构尚不完善等，在下一部分本章将对此进行详细探讨。

二、中国企业对外直接投资发展仍面临诸多挑战

党的十八大以来，中国经济表现稳中向好、内生动力不断增强，对世界经济增长的贡献率稳居世界第一。通过构建“一带一路”倡议等区域合作平台以及诸多双边、多边经济合作的

框架性协议，中国政府不断扎实推进经济整体高质量发展，鼓励国内企业积极融入全球产业链、价值链和创新链，以实现对外开放的内外联动；而中国企业自身则通过不断加强合规建设等方式，致力于打造中国投资品牌、树立中国投资形象。

而在同一时期，随着国际、地区多领域冲突和矛盾的增加，民粹主义和逆全球化思潮有所抬头，单边主义和保护主义对世界经济的负面影响逐步显现，导致世界经济增长动能放缓，不确定性显著上升，进一步推动中国企业对外直接投资全面发展进入深水区和攻坚期。在此背景下，本章尝试通过深刻考察并认清目前中国企业对外直接投资面临的主要问题，以探索中国企业有效调配资源、转变投资模式的可行性，为中国企业对外投资合作事业向高质量发展方向稳步迈进提供理论参考。

1. 企业对外投资规模偏小，投资水平偏低

在新常态背景下，我国企业对外直接投资的流量和存量虽保持较快增速，但总体规模依然偏小，与我国作为全球第二大经济体的地位并不匹配，且与主要发达国家存在一定差距。如图 58 -7 所示，“十三五”时期中国企业的对外直接投资表现为负增长。其中，在流量方面，2017 年中国对外投资流量仅为 1582. 9 亿美元，而美国的同期数据为 3422. 7 亿美元，两者差距较为明显；2018 年中国对外投资流量较上年进一步收缩，总体仅为 1430. 4 亿美元，同比下降 9. 6% 。在存量方面，中国虽在 2018 年末排名全球第三，但从绝对数值来看仅相当于美国的 30. 6% ，反映出中国企业当前的对外直接投资能力依然有限，国际竞争力相对较弱。2019 年，中国境内企业对全球共 166 个国家和地区的 5791 家境外企业累计实现投资 987. 8 亿美元，同比下降 5. 5% 。2020 年 1 ~5 月受新冠肺炎疫情影响，中国企业的全行业对外直接投资为 448. 5 亿美元，同比下降 4. 9% 。

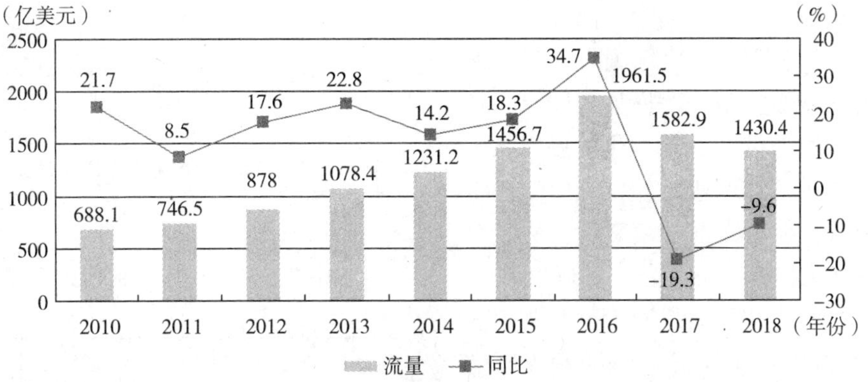

图 58 -7　2010 ~2018 年中国对外直接投资流量

资料来源：《2018 年中国对外直接投资统计公报》。

此外，为更直观地反映对外直接投资的所有权优势和区位优势，国际上常用对外直接投资绩效指数（OND）来衡量一国的对外直接投资水平，其具体公式为：

$$OND_i = \frac{FDI_i/FDI_w}{GDP_i/GDP_w} \tag{58-1}$$

该指数以 1 为标准，指数等于 1 表明该国对外直接投资绩效恰好位于世界平均水平；指数大于 1 表明该国投资绩效高于世界平均水平；指数小于 1 则表明该国对外投资绩效低于世界平均水平。近年来中国 OND 指数总体虽表现为上升趋势，但历年数值均小于 1，从而进一步反映出我国对外直接投资水平相对世界主要发达国家仍有一定差距。

2. 投资产业结构层次较低，行业国际竞争力较弱

分析“十三五”时期中国企业对外直接投资的产业结构可知，第二产业比重呈现下降趋势，

而第三产业比重则持续上升，总体投资结构逐步升级。但就目前来看，中国企业对外直接投资产业结构的层次依然较低，行业竞争力较弱（许晓芹等，2020）。

从投资流量看，2018 年中国企业对外直接投资的最主要方向依然是第三产业。商务部调查数据表明，2018 年中国对外直接投资的三次产业流向占比为 1%∶22.1%∶77%。从投资存量看，截至 2018 年末，中国对外直接投资存量的 78% 集中在第三产业，显示出中国企业对外投资结构升级的强劲动力和进一步优化的广阔空间。

从投资行业看，中国企业面向第三产业的对外投资主要集中在批发与零售以及租赁与商务服务等传统服务行业，存在整体经营形式单一、规模相对较小、国际化水平偏低、市场竞争力不足以及技术与资本密集型服务业占比较低等问题，与发达国家的投资现状相比仍存在较大差距（刘凤等，2019）。而在面向第二产业的对外投资中，作为资本密集型行业的采矿业现有投资存量占比最大，其对外投资主体是具有广泛政策和资金优势的大中型国有企业。但与此同时，部分国家以国家安全和环境保护为由，对中国国有企业在海外的采矿业投资并购多方阻挠、横加干涉，一定程度上阻碍了中国对外投资的正常化发展。除采矿业以外，制造业在第二产业对外投资中的比重虽于近期有所上升，但就当前规模来看依然不符合中国作为制造业大国的国际地位。2017 年中国制造业对外投资企业共 8056 家，投资存量却仅为 1403 亿美元，占当年对外投资总存量的 7.8%。其中又以装备制造业投资为主，占比高达 45.8%，表明中国企业面向技术密集型和高附加值制造业行业的投资较少，且总体仍处于全球价值链的中低端，缺乏市场影响力和竞争力。2018 年中国企业的对外投资流向则主要包括采矿业、制造业、批发与零售业以及租赁与商务服务业，而体育与娱乐业、房地产业及其他行业的对外投资新增项目较少，且涉及范围过于集中，不利于下一阶段对外投资产业结构的持续良性发展。

3. 企业对外投资区域分布较为集中，不利于分散风险和产业升级

由上文分析及图 58－8 可知，虽然近期中国企业面向亚洲的直接投资流量有所下降，但目前该地区依然是吸收中国对外投资的最主要区域。2018 年，中国流向亚洲的投资流量为 1055.1 亿美元，同比下降 4.1%，占当年中国对外直接投资总量的 73.8%，整体下滑态势趋缓。如表 58－7 所示，截至当年年底，中国境内投资者已在全球共 188 个国家（地区）设立了 4.3 万家境外企业，其中在亚洲设立的境外企业数量目前超过 2.4 万家，在中国香港地区设立的境外企业近 1.4 万家，分别占投资境外企业总数的 57% 和 33%。此外，受新常态时期亚洲投资存量占比下降的影响，中国企业对拉美地区的投资占比相对上升，且其中 90% 左右集中在开曼群岛和英属维尔京群岛两大主要避税地。

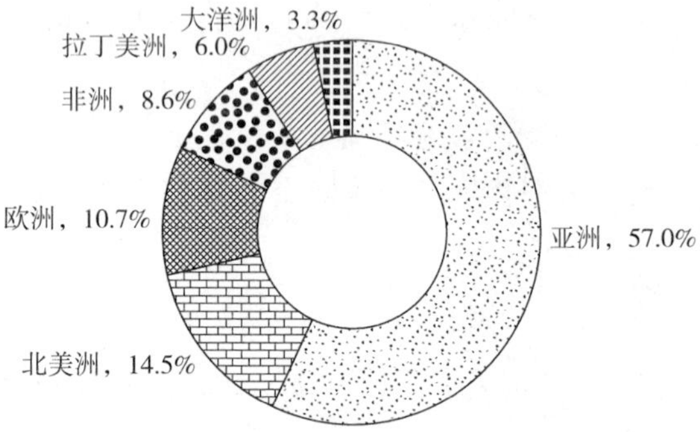

图 58－8　截至 2018 年末中国境外企业在各大洲构成

资料来源：《2018 年中国对外直接投资统计公报》。

表 58－7　2018 年中资企业投资项目的主要国家分布

单位：个

新设项目所在国家（地区）	数量	增资项目所在国家（地区）	数量	减资项目所在国家（地区）	数量
中国香港	771	中国香港	2361	中国香港	602
美国	394	美国	985	美国	166
德国	106	新加坡	242	澳大利亚	78
越南	87	德国	227	新加坡	57
新加坡	83	澳大利亚	196	英属维尔京群岛	50
日本	76	俄罗斯联邦	188	德国	47
澳大利亚	60	印度尼西亚	148	俄罗斯联邦	47
印度尼西亚	55	日本	141	印度尼西亚	46
马来西亚	53	加拿大	129	马来西亚	43
英属维尔京群岛	50	英属维尔京群岛	126	日本	37

资料来源：China Global Investment Tracker.

以上情况表明，中国企业的当前对外直接投资存在区域过于集中的问题，这既不利于投资风险的分散，也不利于国家对外投资产业的全面协调发展。具体来看，中国企业选择对外投资的不同动因导致了对不同经济体行业投资的异质性。例如，出于避税动机，企业对外投资集中流向中国香港和开曼群岛等避税天堂；出于能源、资源驱动因素，采矿业投资主要集中在亚洲和澳大利亚；出于技术和市场驱动因素，制造业投资主要面向发达国家如德国和美国。虽然中国企业的对外直接投资经过多年引导强化，已逐步形成了多元化驱动力并存的新格局，但目前仍存在对发达国家和高科技领域投资比重较低等问题，从而影响着中国企业对外直接投资的长远发展（太平等，2019）。

4. 全球经济下行风险尚存，中国企业面临更为严苛的投资审查

近年来，许多国家均对外国投资采取了更为严苛的立场。虽然各国政府已普遍认识到外资的重要性，但由于近年来国家安全日益成为外资监管的重要内容，一些国家对涉及核心技术、前沿技术和重大资源领域的投资，均实施了更为严格且形式更加多样的限制措施（刘一展等，2019）。例如，2017 年，美日英等发达国家以环境保护、国家安全审查和反垄断审查等名义对中国企业的跨国投资进行了诸多限制和严格监管；2018 年 8 月，美国总统特朗普签署《外国投资风险评估现代化法案》（FIRRMA），进一步扩张美国外国投资委员会的权限，通过扩大其审查交易范围以阻止外国投资者获得美国的知识产权和关键技术；2020 年 3 月，FIRRMA 全面执行，该法案包含的诸多审核程序、出口管制和制裁制度等要求为中国企业进一步实施“走出去”战略带来了极大挑战，更使中国在高科技领域的海外并购频频受阻，并导致了中国相关企业时间和金钱上的重大损失。

与此同时，随着金融危机以来全球经济的缓慢复苏，国际贸易和投资保护主义重新抬头。对于中国而言，近两年部分发达国家政府有意制造贸易摩擦，并对中国企业的海外投资活动进行限制的行为，使中国企业对外直接投资的增长势头受到较大影响。中国当前所处的经济发展阶段决定了中国企业的对外投资以资源获取型和技术寻求型为主（高鹏飞等，2019）。其中，资源行业通常是东道国要保护的支柱产业，而高新技术行业则由于东道国欲极力保持自身的技术领先优势而往往严格限制外国直接投资的进入。与此同时，面对中国经济实力和企业国际竞争力的不断提升，“技术窃取论”“资源掠夺论”等论调愈加成为发达国家限制中国对外直接投资的借口和恶意推测与抹黑中国的工具。

传统的地缘政治冲突和反华舆论增加等种种因素不仅恶化了中国企业的对外经营环境，降低了经营收益预期，也对企业的投资决策产生了负面影响，使得中国企业的对外直接投资过程面临诸多严峻挑战。

5. 中国企业海外发展的合规性亟须加强

随着近年来对外投资热情的高涨，中国企业在海外的“违规”情况也屡见不鲜。2018 年 4 月，美国商务部发布公告称，美国将在未来 7 年内禁止中兴通讯向美国企业购买敏感产品。尽管此次“违规”问题更多地表现为一种美国的“出师之名”，但也从另一方面反映出在全球化发展过程中企业合法合规经营的重要性。此外，2018 年初，中国阿里巴巴和腾讯两大科技集团因违反跨境外汇交易法规而被中国外汇局处以罚款各 60 万元，以及吉利集团在跨境收购戴姆勒公司 10% 股份过程中被德国监管局以“吉利未提前公布持股信息”为由罚款 1000 万欧元等案例均表明，中国企业在对外投资过程中的合规性问题亟须得到重视。

目前，我国对海外法律法规的不熟悉或利益驱动下的不重视，使得企业在自认为合规的商业行为中屡次遭遇法律纠纷甚至面临巨额罚款，是中国企业“走出去”过程中面对的主要风险。此外，中国企业由于缺乏适应海外业务活动的综合合规机制而难以应对海外监管制度，也是阻碍企业对外投资合规性提升的重要原因之一。

6. 中国企业品牌的国际影响力远逊于发达国家

一方面，传统中国企业往往以“酒香不怕巷子深”为经营观念，认为只要产品自身质量过硬自然会有顾客，但随着时代的发展，除高性价比和卓越的产品质量外，丰富的营销手段也逐渐对人们选择产品的标准产生重要影响。中国部分企

业恪守传统商业思维，对品牌推广力度不够，导致人们对品牌的认知度不高。同时，中国企业缺乏对商品流通环节的系统认识，从而误以为只要接到代工生产订单即为成功进入海外市场，而不认为只有被海外消费者熟知才是品牌真正成功的象征。另一方面，部分中国企业其品牌只流于“宣传”，却忽视了如何真正做到以顾客为中心提高产品质量、服务能力和管理能力，造成品牌的生命周期偏短、国际市场份额偏小，流星式品牌层出不穷。

中国目前正处于由“世界工厂”向“世界品牌”转型、从“产品走出去”向“品牌走出去”转变的重要时期，能否成功转型决定着中国企业在下一阶段驾驭全球化发展大趋势的能力，更决定着中国经济在世界经济转型的大背景下能否立于不败之地。已有统计数据表明，当前90%以上的世界知名品牌依然来自发达国家，其产量在同类产品中仅占3%左右，但销售份额却占到50%以上。尽管中国企业坚持长达数十年的“走出去”战略，已使中国品牌在国际市场上产生了一定的竞争力，但与欧美、日韩等传统发达经济体企业相比，在国际市场上的认可和信任度仍然较低，“制造大国、品牌弱国”的发展不对称局面亟待转变。

综上所述，本部分着重探讨了中国企业在海外发展过程中乃至“十三五”时期暴露出的诸多现有问题，分析表明，中国企业在对外直接投资领域存在投资规模相对较小、投资区域过于集中、投资行业层次较低、风险抵御能力较弱、投资经营合规性欠缺，以及品牌海外认知度较差等宏观和微观层面不足。针对以上问题，中国企业应抓住下一阶段对外直接投资的发展趋势并积极做出反应，以期在即将到来的“十四五”时期推动中国企业的海外投资进程取得长足进步。

三、中国企业对外直接投资即将迎来发展新趋势

自2000年中国将“走出去”确定为国家重大战略，同时鼓励国内企业充分利用好国际市场与资源参与经济全球化起至今，中国企业的大规模海外投资历程已走过第二十个年头。期间，中国企业的先行者们筚路蓝缕，克服了国内国际各领域的艰巨挑战，取得了令世人瞩目的丰硕成果。而在国际形势纷繁变幻、国内经济亟待转型的今天，中国即将迎来“十四五”时期的开局之年。面对新形势、新机遇、新挑战，中国企业将迎难而上、直面问题，在政府和社会各界的全力支持下打造对外直接投资发展新趋势。

1. 在投资速度方面，由追求投资数量转向追求投资质量

此前中国企业对外投资面临的问题之一在于过多关注对外投资的数量，而对于对外投资的质量则缺乏足够重视。例如，2014年中国的海外净资产约1.7万亿美元，但净收益却为负值；而同期美国的海外净负债为4.5万亿美元，却产生了超过2200亿美元的正收益。对此，2017年8月，商务部等四部委联合出台了《关于进一步引导和规范境外投资方向的指导意见》要求对企业非理性对外投资加以引导，成为中国企业对外投资区域及行业调整的关键环节。可以预见，今后中国企业将在保证投资数量稳定的基础上将目光更多地转向投资质量提升。

2. 在投资主体方面，由以国有企业为主导转向以民营企业为主导

相对国有企业的对外直接投资而言，中国民营企业具有数量众多（约占对外投资企业总数的60%）、体制相对灵活以及不易受到国外限制等优势。但目前来看，国有企业在中国对外投资中的占比仍然较高。自2006年至今，国有企业对外投资占中国对外投资总额的比例已由81%下降到48%。而在下一阶段，随着国内外投资机制的完善和民营企业的总体实力进一步提升，其对外直接投资占比将继续呈现快速增长趋势。

3. 在投资组织结构方面，由跨国公司转向全球公司

跨国指数是衡量跨国公司国际化水平的重要指标，其计算公式为：

企业跨国指数 =（国外资产/总资产 + 国外销售额/总销售额 + 国外雇员数/总雇员数）/3 × 100% （58 - 2）

全球公司是跨国公司的一种高级形态，其跨国指数一般超过 50%。2012 年，世界最大的百家跨国公司平均跨国指数已达到 67.1%，而 2019 年中国最大的百家跨国公司平均跨国指数仅为 15.96%。因此，打造更高形态的全球公司以推动中国企业国际竞争力的提高，将是中国企业今后进行对外直接投资的努力目标。

4. 在投资深度方面，由“走出去”转向“走进去”

在此前的发展历程中，中国企业往往以“成功打入海外市场”为企业扩张的最重要节点和对外投资的最终目标，而对于企业“走出去”之后的长远发展成效则缺乏有效关注。因而无论是企业海外经营的合规性漏洞，还是中国品牌的海外推广和认知度不足，均部分源于企业后续营销与经营理念的缺失。有西方媒体认为，中国企业中能在国外本土市场上与国外大型跨国公司进行正面竞争的仅有华为一家公司。这种说法虽有失偏颇，但也从侧面表明中国企业从“走出去”向“走进去”甚至“走上去”的转变依然任重道远。因此，中国企业在注重对外投资项目本身和经济红利的同时，关注并推动与东道国进行文化、民俗等方面的深度融合无疑将成为下一阶段的重点发展方向。

四、以多方举措推动中国企业对外投资高质量发展

综合上述中国企业对外直接投资的主要特点、现存问题及未来发展趋势，本章进一步结合当前国内国际投资发展现状及国内外成功企业的相关经验，尝试从宏观和微观层面为促进中国企业对外直接投资的高质量发展提供政策参考。

1. 扩大企业对外直接投资规模

就国际局势来看，受贸易保护主义政策影响，以美国为首的发达国家以国家安全为由对中国企业的对外投资活动进行日益严格的审查和监管，使得中国对美投资连续三年下降。同时，一些发展中国家出于环境保护等目的，也陆续出台了限制中国对外投资的措施，导致中国总体对外投资流量逐年下滑。就国内情况来看，中国在“十三五”时期进入了经济结构调整的关键期，经济下行压力依然存在，且资管新规的实施导致许多企业融资困难增加，进而对企业特别是民营企业的对外投资形成严峻挑战。

面对国内外投资环境的恶化，中国应进一步采取措施，顶住压力扩大对外直接投资的规模。首先，应继续坚持全球化立场，积极参与国际投资新规的谈判和修订，保障国内对外投资企业的合法权益，通过促进贸易投资便利化推动与他国的投资合作。其次，有关政府部门仍需完善“走出去”战略的顶层设计，通过制定《境外投资法》指导企业对外直接投资活动、简化投资流程、放宽投资限制、整合各类资源以及完善各项服务等措施，构建对外直接投资政策的综合服务体系。再次，应大力支持民营企业“走出去”。目前，中国已经拥有华为、三一重工等一批兼具技术和资金实力的优秀民营企业，相关部门应在金融与政策保障等方面加大扶持力度，使其能在国际市场的各个领域更好地与西方跨国公司进行竞争。最后，应继续加大对“一带一路”地区的基础设施投资，以推动我国通信、轨道交通和装备制造等行业的企业“走出去”，使“一带一路”沿线区域成为中国企业扩大对外投资规模的重要支撑。

2. 优化对外直接投资产业结构，提升企业国际竞争力

在经济新常态背景下，中国下一阶段的对外直接投资应优先选择有助于国内产业结构升级的方向。其一，应着力推动国内有技术优势的制造业，如高铁、通信设备和航天航空等领域企业加快“走出去”，向全球推广中国自主品牌和技术标准。其二，针对国内的钢铁、电解铝、水泥和玻璃等产能过剩行业，应有效利用发展中国家劳

动力、资源和土地等要素的低成本优势，并通过绿地投资及技术合作等方式向东盟、非洲和其他“一带一路”沿线国家进行产业转移。其三，应大力发展面向金融保险、研发设计和信息技术等新型服务业的对外投资，为商贸与制造行业的相关企业提供系统服务，加速形成中国企业的全球研发创新体系和供应链体系。最后，还应加快推动经济增长方式转变，从以环境为代价的粗放型经济增长转向绿色可持续发展模式，从以投资拉动增长转向以消费带动增长，同时加大对旅游业、服务业和基础建设领域的投资力度，以增强企业和产品的国际竞争力。

3. 进一步完善对外直接投资的区域配置

针对当前中国企业对外直接投资区域过于集中的问题，中国在下一阶段对外投资区域的选择上，应重点考虑与本国保持良好外交关系、有较强的经济合作意愿、市场环境相对完善、制度障碍较少，且与中国存在经济互补性的国家和地区。首先，应继续深化对欧美等发达经济体的技术性直接投资。由于以上国家均为世界科技创新高地，拥有大批高素质科研人才，且具有较强的技术研究和开发能力，以及优越的技术配套环境和丰富的信息资源，进而有利于中国企业进入当地市场后共享世界技术前沿理论并增强企业的自主创新能力，最终促进本国高技术产品的市场化和产业化。其次，应加快对“一带一路”沿线国家的投资。“一带一路”沿线地区具有资源丰富、劳动力密集等发展优势，但工业基础相对落后。因此，加大对该区域投资不仅有助于本国的产能输出，更有利于中国以“一带一路”沿线丰富的低成本要素优势推动轨道交通、通信与装备合作等行业的快速增长。最后，应进一步扩大对非洲地区的投资。当前多数非洲国家均与中国保持着良好的外交关系，且当地能源矿产丰富，投资环境也逐渐好转；而中国自身的能源矿产储量有限，无法满足经济增长对能源的消费需求，因而扩大对非洲的采矿业投资有利于缓解我国能源需求的紧张局面，并维护国家经济安全。

4. 积极参与国际规则制定，开拓新兴市场

在当前全球化程度不断拓展加深的大背景下，国际规则在企业的对外投资活动中承担着越发重要的角色。而在国际投资规则的重构进程中，中国作为世界第二大经济体的作用和话语权也日益凸显。首先，应积极参与并推动多边投资协议的制定。时至今日，传统的 WTO 投资协议已无法满足国际投资快速发展的需要。中国应在继续维护现有全球多边规则的基础上，积极推进 WTO 协议升级以保障中国企业对外直接投资的利益。此外，相关部门应扎实推进“一带一路”倡议、APEC、上海合作组织等区域一体化机制的完善与深化，并高度重视双边投资协定（BIT）的签署与升级，主动构建更大范围、更高水平、更深层次的区域合作网络。其次，中国应保持定力继续推进体制机制改革，加快投资贸易便利化进程，推动形成全面开放新格局。

对于投资企业而言，面对当前贸易保护主义势力重新抬头的现状，中国企业应抓住上述多边、双边以及区域性合作协议带来的重大机遇，积极开拓新兴市场。从而在为自身国际化发展探索更广阔空间的同时，尊重各国发展目标，推动更具活力、更加包容、更可持续的经济全球化，在复杂的国际形势下为全球经济的和平稳定发展提供可行方案。

5. 完善中国企业合规管理体制机制建设

针对中国企业海外经营的合规性问题，一方面，企业应积极开展管理者海外合规经营培训，将海外合规管理理念深度融入企业文化中；同时搭建培训交流平台，开展政策研究，为强化“走出去”企业合规经营能力建设、使其更加有力有效地参与海外投资建设提供支持。另一方面，企业应在其自身内部构建系统的合规管理体系，通过成立企业社会责任（CSR）部门等措施明确合规管理的范畴。

2017 年 5 月，中央综合深化改革领导小组第 35 次会议审议通过了《关于规范企业海外业务行为的若干意见》。同年 12 月，《合规管理体系指南》国家标准正式发布，对中国企业降低不合规经营风险以实现可持续发展起到了重要作用。而在“十四五”时期，相关部门应继续加强中国企业合规管理立法，完善国内企业合规法律的空白，通过制约企业海外商业行为进而从最大程度上降低企业的违规行为发生率，以净化国内市场环境，培育全社会遵循企业合规经营的清风正气，更好地服务对外开放大局。

6. 提升企业品牌认知度，扩大国际竞争力

中国企业当前的海外品牌认知度仍有极大的发展空间。对此，企业首先应保持不断研发创新产品，推动“中国制造”向“中国创造”转型。中国许多具有国际影响力的民族品牌，如联想、海尔、华为等，均长期专注于自身产品的开发与创新，并在海外投资过程中以引进先进技术为主，并利用国际渠道加速产品的研发与推广，从而奠定了品牌海外发展的基础。其他现代企业应参考以上企业的发展经验，注重自身品质与技术的升级，并不断研发创新产品，紧跟时代发展。其次，应大力发扬中华传统文化。中华传统文化是当代中国文化的宝库，更是中国企业品牌“走出去”的文化“武器”。早在数年前，海外企业已发现了中国传统文化的重要价值并率先进行了商业开发，如美国迪士尼拍摄的《功夫熊猫》《花木兰》等以中国文化为主元素的电影作品，均使得企业在获得巨额利润的同时，宣传了自身的商业品牌。中国企业则更应充分利用自身丰富的民族文化资源，将中华传统文化元素与企业产品相结合，将中国企业品牌推向更广阔的国际舞台。最后，海外经营企业还应加强本土化管理。中国企业的“走出去”不能只是自说自话，而是要真正满足人们对不同地域、不同国家特色内容的探索欲望和猎奇心理，并将自身文化内涵与当地的经营传统和消费习惯加以巧妙结合，在有效运用东道国的资金、技术和人力资源等要素降低综合经营成本的同时，也充分考虑消费者的消费习惯和适应度，通过在当地寻找经营伙伴等方式进入国际市场，进而以中国企业的贴心管理与人性化服务在当地打开局面，使海外消费者对中国品牌产生良好印象。

在疫情的冲击下，国际经贸合作的风险和不确定性再次上升，中国企业的海外投资之路也将面临更多未知的挑战。但相信在“十四五”时期，中国企业将依然以“走出去”战略为导向，遵循市场原则和国际协定，在更大范围、更深程度上参与国际投资合作，积极改善现有问题以促进对外投资健康可持续发展、对外投资结构进一步优化、经济效益持续向好，推动中国的对外投资事业整体进入公平开放、竞争有序的新阶段，助力中国向世界投资强国稳步迈进。

专栏 58－1

《外国投资风险评估现代化法案》于 2020 年 3 月起施行

2018 年，美国颁布了旨在扩大美国外商投资委员会（CFIUS）权力的新投资法案（《外国投资风险评估现代化法案》（FIRRMA））。该项投资法案是近年来法律赋予 CFIUS 权力的重大改革。2020 年 3 月 5 日起，FIRRMA 法案全面执行，该项新投资法案的颁布，赋予了美国外商投资委员会更广泛的审查权力，并增加了针对中国投资者的内容，对中美两国对外投资的顺利进行将产生一定阻碍。

FIRRMA 不仅赋予 CFIUS 对外商投资更广泛的审查权，而且具有明显的国家和领域针对性，其中对中国的外商交易做了专门的条款规定，并将对中国申报最多的制造业、金融业和高新技术产业的外资交易进行更严格的审查。该审查将必然为中资企业赴美投资带来新的困难和挑战，也将对中美经济关系的顺利发展产生不利影响。

FIRRMA 至少将在以下方面产生重要影响：①对中资企业在美投资行业分布的影响。根据 FIRRMA，CFIUS 将对中国高新技术产业和房地产交易领域的投资进行重点审查和限制，虽然这两个产业在中国对外投资产业中并未占据主要份额，但投资限制仍将对相关领域的投资产生影响，进而影响中国企业海外投资行业的整体分布。②对中国企业海外并购的影响。投资法案的推出将导致中国企业收购美国公司（尤其是技术类公司）的难度大大增加，同时也将增加中国企业

跨境并购交易的成本。③对自由贸易准则下中美两国实现利益最大化的影响。FIRRMA 对各国开展海外投资和收购的自然扩展状态造成了极大限制，不利于世界各国之间的资本合作、产业互补以及技术资源的共同发展，未来必然会造成中美两国利益的同时受损，乃至全球贸易链利益的损失。④对新兴科技产业发展进步的影响。FIRRMA 的主要提出者约翰·科宁曾表示，该法案主要面向人工智能、自动驾驶汽车和互联网领域等新兴行业，且均为近期中国对美大幅投资的行业领域。由此可见，该法案的提出存在一定的产业保护和阻碍他国相关产业发展的动机。在全球一体化的今天，新兴行业发展利益的实现，需要依靠全球产业链、资金链和人才技术的优势互补和共同进步。美国投资法案对这些新兴行业投融资的限制，将不利于新兴行业的技术利用、优势扩张和全要素生产率的提升，不仅会对行业发展造成阻隔，还会造成整体资源的浪费和福利损失。

针对 FIRRMA 可能产生的诸多不利影响，从事外资交易的相关中国投资者需要对未来商业战略进行更详细的部署，积极调整状态以应对国际形势的转变。

资料来源：根据中豪研究《美国〈外国投资风险评估现代化法案（FIRRMA）〉解读》（搜狐网）摘编。

参考文献

[1] 高鹏飞、胡瑞法、熊艳：《中国对外直接投资 70 年：历史逻辑、当前问题与未来展望》，《亚太经济》2019 年第 5 期。

[2] 刘凤、聂清华：《新常态下中国对外直接投资特征、问题及对策》，《西南金融》2019 年第 6 期。

[3] 刘一展、张海燕：《欧盟外商直接投资审查条例改革对中国的影响及对策》，《区域经济评论》2019 年第 5 期。

[4] 太平、李姣：《中国对外直接投资：经验总结、问题审视与推进路径》，《国际贸易》2019 年第 12 期。

[5] 许晓芹、周雪松：《经济全球化下对外投资促进我国商贸流通发展问题探讨》，《商业经济研究》2020 年第 1 期。

第五十九章　平台型企业

提　要

“十三五”时期，平台型企业作为平台经济与共享经济的重要组织载体，其价值创造体现为经济价值、社会和环境价值以及共享价值等多个层面，并在制度建设、社会治理和企业成长方面取得重要进展。但是，平台企业的发展仍然面临诸多问题，包括传统法律法规的不适应性、传统政府监管治理体系的不适应性、平台型企业社会责任缺失与异化问题、平台型企业创新的可持续性挑战等，成为影响平台型企业可持续发展的现实难题。展望“十四五”，应从宏观制度供给、中观社会生态与微观企业治理三大层面入手，推进平台型企业合规化标准化制度体系建设、构建支撑平台企业发展的社会生态圈，并在微观层面逐步向共益型平台组织转型，最终基于合规合法的正式制度体系、合理合效的社会认知与社会期望、合情合意的组织范式推动平台型企业与社会环境的共生融合发展。

*　　　　*　　　　*

共享经济与平台经济的关键组织支撑是形形色色的创新性平台型企业（肖红军、李平，2019）。平台型企业是利用实体或虚拟平台，将两个或更多参与者聚合于同一平台场域，从而产生链接价值的企业。平台型企业的独特性在于向双边用户提供具有相互依赖性和互补性的产品或服务，通过数据与信息资源的挖掘、聚合和优化，降低双边用户在平台进行交易的交易成本，并从节约的交易成本中获得自身的分成收益（阳镇、许英杰，2018）。随着新一代信息技术的快速发展，基于互联网的平台型企业成为新经济的重要载体，表现出越来越强的活力。尤其是在中国，数字经济、共享经济、平台经济的迅猛发展催生了各种形态的平台型企业，引发了企业组织的巨大变革，也相应地带来了制度层面与社会层面的显著变化。

一、“十三五”时期平台型企业发展取得的进展

“十三五”时期是我国全面建成小康社会的决胜阶段，依托于共享经济的平台型企业发展处在大有可为的战略机遇期，为我国经济新常态注入新动力。“十三五”时期，我国平台企业的宏观制度环境更加完善，支撑平台企业发展的数字化人才、技术、资本等要素配置持续优化，平台消费需求升级加快，投资需求旺盛，国际化拓展加速，市场空间日益广阔。我国平台型企业的发

展在宏观、中观和微观层面上均取得了重要进展。

1. 平台型企业发展的制度供给持续优化

“十三五”时期共享经济发展环境得以持续优化，平台型企业建设得到中央政府和地方政府更进一步的制度供给的同时也被赋予更高责任与要求。从立法层面看，2018 年 8 月，《中华人民共和国电子商务法》（以下简称《电子商务法》）由中华人民共和国第十三届全国人民代表大会常务委员会第五次会议通过。《电子商务法》规定了平台型企业经营准入制度，要求平台型企业在主体注册、行政许可、税收管理上依法操作；对平台内提供商品或服务进行约束，要求商品和服务信息报备上保证完整性、保密性、可用性，要求平台型企业公平公正经营，履行在制定平台服务协议和交易规则、明确进入和退出平台、商品和服务质量保障、消费者权益保护、个人信息保护等方面的权利和义务。在平台型企业责任边界上，《电子商务法》要求平台经营者应建立健全信用评价制度，公示信用评价规则，为消费者提供对平台内销售的商品或者提供的服务进行评价的途径，如平台经营者已知平台内提供的商品或服务侵害消费者合法权益而未采取必要措施则依法承担连带责任。

从中央顶层制度设计与规划看，党的十八届五中全会首提共享经济并列入国家战略以来，中央政府落实五大发展理念，为共享经济和平台型企业的发展提供制度合法性。2016 年《政府工作报告》提出支持共享经济发展，提高资源利用效率，自此共享经济连续四年进入政府工作报告；2017 年国家发展改革委印发《关于促进分享经济发展的指导性意见》，强调要营造公平规范的市场环境，促进分享经济更好更快发展；2017 年，党的十九大报告提出在共享经济等领域培育新增长点、形成新动能，成为发展共享经济的总体原则；此后，国家对共享经济与平台经济下的平台企业运营发展的制度建设逐步加快，2019 年下发了《国务院办公厅关于促进平台经济规范健康发展的指导意见》。另外，中央政府聚焦于共享经济与平台经济在发展中面临的突出问题，加大政策引导、支持和保障力度，推动平台经济监管机制建设，解决平台型企业发展过程中产生的恶性竞争、双边用户社会责任行为异化等问题，打造平台经济发展的公平竞争环境与合意的社会责任治理制度环境。国家发展改革委、中央网信办、工业和信息化部、市场监管总局、公安部等相关部门及各地区按职责分别负责依法依规夯实监管责任，优化机构监管，强化行为监管，及时预警风险隐患，发现和纠正违法违规行为，实现包容、审慎、公正监管。

2. 支撑平台型企业良性发展的社会生态加快形成

在中观社会层面，“十三五”时期社会各界相关行业协会、商会、各类研究院等通过举办研讨会、论坛等方式，为平台型企业营造良好的社会生态环境，进而促进共享经济市场健康发展。在社会认知层面，社会组织不断加强社会各界对于平台企业发展的互动对话机制建设，搭建平台型企业运营发展的交流平台。2016 年 5 月，互联网生态研究院、经济观察报社联合主办“新经济 · 新动能——共享交通专题研讨会”，行业专家学者、前政府官员、网约车企业代表以平台型企业中以共享交通为主要商业模式的网约车平台企业为切入点探讨平台企业的合法性与规范性。2018 年 6 月，由中国互联网协会主办，中国互联网协会共享经济工作委员会承办的“促进共享经济市场健康发展”研讨会共同探讨如何构建有助于共享经济建设与发展的生态环境，推动共享经济高质量发展。另外，“十三五”时期中国企业可持续发展大会发布《中国企业可持续发展倡议》后，发展促进协会、共享经济研究院、高校及研究机构、非政府组织等在可持续发展理念的引领下，敦促中国平台型企业要坚持底线思维，增强安全意识，科学合理界定平台企业、资源提供者和消费者的权利、责任及义务，明确追责标准和履责范围，促进新经济下互联网平台型企业规范化、健康化、可持续发展。

在共享经济与平台型企业发展状况评价与标准制定上，行业协会、非政府组织、非营利组织等多方社会组织承担不同角色，继续发挥对平台型企业发展的评价作用。“十三五”时期，中国互联网协会分享经济工作委员会与国家信息中心分享经济研究中心等政府组织合作，共同发布《中国共享经济发展年度报告》，对我国共享经济下平台企业的发展状况、发展问题、发展趋势做出评价和披露；国际参与上，我国成为国际标准化组织共享经济委员会的19个积极成员国之一，成为ISO/TC 324/AHC 1特别任务组联合召集人之一，并在ISO/TC 324第二次全体会议上通过我国提出的《共享经济平台入驻审核》提案。平台型企业履行社会责任评价与治理上，“十三五”时期以来，公民社会在推动中国平台型企业社会责任建设与发展方面承担起多元化的角色，为我国平台经济治理和平台型企业良性生态的构建提供助力。具体体现为，社会组织对平台型企业履行社会责任的呼吁、互联网平台行业社会责任标准出台、社会责任专业评价及研究机构对中国平台型企业履行社会责任的观察与监督等。2016年7月，中国互联网协会发布《互联网企业履行社会责任倡议书》，2016年8月，SJ/T 16000－2016《电子信息行业社会责任指南》发布，2019年，中国互联网协会发布《互联网企业社会责任报告》，在标准化战略的引导下助力中国互联网创新、协调、绿色、开放、共享发展，凝聚引导互联网相关领域的社会力量，以公开透明、协商一致的原则，驱动技术创新、推动行业健康有序发展。

3. 平台型企业发展迅速并逐渐迈向理性

“十三五”时期，我国平台型企业在强监管模式下继续扩大市场规模，走在平台型企业发展的世界前列。我国平台型企业面向各个共享经济领域如交通出行、共享住宿、知识技能、生活服务、共享医疗、共享办公、生产能力共享等。从我国平台型企业发展总体情况看，“十三五”时期，我国平台型企业在用工规模方面增长迅速，经济价值创造在创新发展驱动下连年提升，成为我国经济最活跃的新动能。截至2019年底，我国平台经济参与者约8亿人，平台型企业共有员工约716万人，每年新增平台型企业就业人口约占城镇年新增就业人口的10%，平台型企业灵活用工、弹性用工，在稳定就业方面发挥作用。同时，由于平台型企业工作岗位灵活性高，包容性强，因此有残疾人和农村贫困人口获得知识性和劳动性共享平台企业岗位，平台型企业也积极探索就业扶贫新范式，包括对残疾人及农村贫困人口展开职业培训等。经济价值方面，“十三五”时期，我国平台型企业交易规模逐年增长，其中2016～2018年为平台经济高速增长时期，尤其以知识技能平台、共享办公平台、生产能力共享平台增长最为迅速，而2018～2019年受宏观经济下行压力、互联网领域投资和市场信心不足、行业内部调整等原因影响，增长率较2018～2019年有明显下降，平台经济增长趋于稳定。如表59－1所示。

表59－1　“十三五”时期我国平台型企业交易规模与增长幅度　单位：亿元

	2016～2017年	2017～2018年	2018～2019年
交通出行平台	2010（18.79%）	2478（23.3%）	2700（9%）
共享住宿平台	120（62.9%）	165（37.5%）	225（36.4%）
知识技能平台	1382（122.9%）	2353（70.3%）	3063（30.2%）
生活服务平台	12924	15894（23%）	17300（8.8%）
共享医疗平台	56	88（57.1%）	108（22.7%）
共享办公平台	110	206（87.3%）	227（10.2%）
生产能力共享平台	4170	8236（97.5%）	9205（11.8%）
总计	20772	29420	32828

资料来源：历年《中国共享经济发展年度报告》整理。

融资规模方面，“十三五”时期，我国平台型企业直接融资规模经历先上升后下降的发展趋势，2018～2019年平台型企业直接融资规模下降尤为显著，表明平台经济发展模式开始由快速增长时期向深度调整时期转变。历年来，生活服务平台型企业、交通出行平台型企业、知识技能平台型企业均占据融资规模前三名，且头部平台企业获得融资规模占比不断提升，同时意味着初创平台型企业和中小型平台企业融资难度加大。如表59－2所示。

表59－2　“十三五”时期我国平台型企业融资规模及增长率　单位：亿元，%

	2016～2017年	2017～2018年	2018～2019年
融资规模	2160	1490	714
融资规模增长率	5.7	－23.2	52.1

资料来源：历年《中国共享经济发展年度报告》整理。

从新经济下我国平台型企业总体发展特点

看，"十三五"时期，我国平台经济和平台型企业存在各领域发展不平衡性加大，同领域内"独角兽"平台型企业成长与初创平台型企业中小型平台企业差距拉大，平台型企业发展理念和经营行为更加理性，平台型企业体系建设走向标准化、生态化、规范化，智能化应用进程加速等。"十三五"时期，生活服务、生产能力共享等领域在平台经济中规模领先明显，截至2019年末，生活服务平台交易规模达17300亿元，生产能力平台交易规模达9205亿元。相比之下，共享医疗平台、共享办公平台等虽增长可观但整体体量仍较小，交易规模在200亿元左右。领域内平台型企业如滴滴出行、美团点评、今日头条等成为估值超过100亿美元的"超级独角兽"企业，市场份额进一步扩大，意味着留给同领域内初创平台型企业和中小型平台企业的发展空间被压缩。"十三五"时期，我国平台型企业发展模式更多程度上从规模扩张转向运营和盈利能力的提升，越来越多平台型企业不再一味追求规模和速度的粗放式增长，而是更加注重质量和效率的集约模式，我国平台经济的发展结构日趋完善，平台型企业的经营更加理性。

二、"十三五"时期平台型企业发展的问题与成因

"十三五"时期，我国平台经济在共享经济浪潮下持续繁荣，平台型企业发展迅速，进步有目共睹。然而与此同时，平台型企业发展过程中存在的问题同样明显且亟须解决：我国平台经济起步较晚但迅速进入繁荣期，平台型产品爆发，平台型企业层出不穷，快速发展所带来的是相关法律法规、平台型企业治理、平台型企业社会责任管理等各方面的问题。

1. 现有法律法规对平台型企业的适用性不强

从现有平台型企业相关法律法规适应性角度来看，存在现有法律法规适应性不强、落实有难度等问题。共享经济列入国家战略以来，我国平台经济发展迅猛，而依托于互联网的平台型企业发展需要相关法律法规给予规则约束和规范保障。现有的相关法律《电子商务法》实施以来，在平台型企业经营准入制度、平台内提供商品或服务约束、平台型企业公平公正经营、明确进入和退出平台、商品和服务质量保障、消费者权益保护及个人信息保护、平台型企业责任边界等各方面对平台型企业进行了法律约束。然而《电子商务法》的具体实施仍然存在适应性不足，对平台型企业依法经营过程中相关流程和内容管理缺乏明确规定，法律法规落实有难度，要求过于原则性而缺乏具体规定等问题。

具体看来，《电子商务法》适应性不强的原因：一方面，《电子商务法》整体与部分之间关系协调不畅，《电子商务法》与现有其他法律协调不畅。由于《电子商务法》立法较晚，电子合同规则、电子支付规则、电子提单规则、网络广告规则等热点问题已有实施的单行法规，各单行法规之间易产生矛盾和冲突，缺乏宏观性、全局性、一体性和稳定性，导致《电子商务法》的适应性不足。另一方面，《电子商务法》配套的实施细则欠缺。由于欠缺配套的实施细则，平台型企业在经营过程中履行相关责任和义务缺乏明确标准，相关责任认定界限模糊，平台自身和平台内双边用户权益无法得到充分保障。同时，配套实施细则的欠缺使得各地、各部门对平台型企业进行依法管理时出现标准模糊问题，各地、各部门按照不同标准依据对平台型企业进行依法管理，地方自由裁量权过大，导致平台型企业依法经营过程中需应对相关部门管理重复、审核标准不明确、信息交流受阻等问题，增加平台型企业经营成本的同时也使得相关部门对平台型企业的管理缺乏公正性与客观性，不利于平台型企业规范化、标准化发展，不利于平台经济良好生态的形成与发展。另外，随着共享经济的蓬勃发展，平台型企业覆盖领域逐渐多元，平台型企业商业模式逐步超越了传统电子商务法中的运营范围，社交平台、直播平台、共享平台等新平台经济与共享经济下的新的商业模式也符合基于互联网信息技术手段实现服务或者产品生产，符合电子商

务的本质特征，应纳入电子商务法的调整范围。从《电子商务法》具体规范领域来看，《电子商务法》在对平台双边用户个人信息保护上缺乏精细化的管理条例，对于平台“大数据杀熟”“平台垄断性定价”、平台间的串谋、平台用户信息泄露等类型化案件和行为缺乏有效约束。

2. 平台型企业治理的效果不佳

“十三五”时期，我国在平台经济及平台型企业治理方面进行的探索和创新使得我国平台型企业治理框架初步建立，对平台经济的强监管一定程度上保障了双边用户权益，从管理约束角度促进了平台生态的良性发展。但总体来看，平台型企业的治理仍存在“不平衡、不充分、不适应、不协调”的“四不”问题，在治理过程中暴露出治理主体模糊、治理对象嵌套、治理模式合意性不足、治理机制不健全等具体问题。

对平台型企业的治理，首先体现出治理主体模糊性问题。由于平台经济的特殊性，平台型企业在利用数据和信息系统匹配供给与需求，联结双边用户并创造价值的过程中需要负责维护平台交易秩序、制定交易规则，充当交易平台拥有者、提供者与运营者的角色，在平台商业生态圈中处于主导地位。平台型企业的治理，一方面表现为政府作为治理主体，适当联合双边用户等关键利益相关方和公民社会组织对平台企业的监督；另一方面表现为平台企业自身作为治理主体，对平台内双边用户的治理（王勇、冯骅，2017）。同时，平台企业自身作为治理主体，联合政府部门和公民社会组织对平台生态圈内成员表现出弱联结的网络化治理。因此，平台型企业治理存在治理主体的模糊性，即到底由谁治理平台，由谁治理平台内用户的问题呈现出复杂性与不确定性。

平台生态圈内主体的多元性使得平台型企业治理体现出治理对象嵌套性问题。平台型企业作为平台生态内的主导者，双边用户的交易理念与行为嵌套在平台的治理模式中，而平台行为和意志同样被平台内用户嵌套其中。平台内卖方用户出现不公平竞争行为或侵犯消费者权益行为，一方面体现该卖方用户自身存在治理问题，另一方面体现出平台对卖方用户的治理模式存在问题，平台内双边用户与平台自身作为平台生态圈内的多元主体混合嵌套，互相影响，使得平台及平台内双边用户不正当竞争、损害消费者权益等社会责任缺失行为源起于双方的治理失责，从而使得平台型企业治理对象模糊，现有的平台型企业治理机制无法解决对嵌套对象的治理问题。合意的规则与程序是平台商业生态圈得以健康、有序运转的重要基础，也是平台型企业治理双边用户的关键环节。“十三五”时期，我国平台型企业暴露出过度追求自身商业利润而摒弃共享经济增进消费者福利、实现价值共创与共享的内涵，容易诱发平台双边用户在规则边界触碰道德风险、出现集体性的机会主义倾向，导致双边用户失责的发生。

另外，平台型企业的治理缺乏平台经济新业态下的长效化协同监管机制的建设。具体来看，体现为部门间监管不协同，不同属地监管不协同，企业与政府监管不协同。一方面，平台型企业监管的相关法律配套实施细则欠缺，现有法律针对性不足，缺乏精细化法律法规且单行法规与总体法律之间协调不畅，导致不同部门的执法力度不统一，存在“部门主义执法”的情况。另一方面，不同级别和不同类型的政府部门如省级、地市级和登记注册、行政审批、行业主管等之间缺乏通畅的信息交流与沟通机制及联动响应机制，进而导致承担不同监管程序的政府部门无法在监管业务上相互衔接，无法形成监管合力。平台经济中“政府—平台—企业”的监管结构是一种双重监管体系，但当下平台型企业的双重监管体系构建不完善，政府部门的公共监管和平台型企业私人监管之间无法有效协同。目前，我国对平台型企业的监管存在一定程度上的监管过度和监管缺位问题。一方面，平台型企业的监管过度的产生具体来说有监管事权落实不到位、准入许可难度过大、违规行为判定标准不清晰、事前事中事后监管内容重复等原因，阻碍平台型企业发展；另一方面，平台型企业监管缺位问题屡见不鲜，引发平台型企业的类型化违规和违法事件。一个新的挑战是，对互联网平台型企业大数据应用权限的监管。由于数据处理的技术复杂性，监管平台企业相关算法以保障用户数据不被滥用和泄露、保障用户使用平台过程中对自身数据信息上传与否的知情权和自主选择权，成为目前对平台型企业监管的难点。

3. 平台型企业存在较多的社会责任缺失与异化现象

从平台型企业社会责任实践情况的现状来看，“十三五”时期，我国平台型企业社会责任实践水平仍然较低，与企业体量和服务规模相比，我国平台型企业社会责任实践水平滞后明显，平台型企业社会责任缺失与社会责任寻租等异化行为屡见不鲜（肖红军，2020；肖红军、阳镇，2020）。平台经济具有开放性、双边性、外部性等多重属性。平台型企业社会参与性广，平台生态圈内主体多元化，具有较鲜明的准公共品属性，因此在社会责任实践上应该敢于承担，以使平台经济真正发挥调动全社会资源来为全社会提供服务的价值。从产生主体来看，平台型企业社会责任异化行为主要存在于平台型企业个体、平台与平台之间、平台与卖方用户、卖方与买方用户的经营行为之中，表现为社会责任缺失与伪社会责任及社会责任寻租，其中前者具体包括侵犯用户权益、破坏市场交易秩序等，后者具体包括流量交易及信用交易等。如表 59 - 3 所示。

表 59 - 3 “十三五”时期平台型企业社会责任异化行为及其具体表现

主体划分	异化行为类型	具体表现	典型案例
平台型企业个体	社会责任缺失与伪社会责任	侵犯用户/劳工权益资质审查不到位、投诉处理怠慢、售后服务缺失	饿了么平台无证餐厅、网易暴力裁员
平台与平台之间	社会责任缺失与伪社会责任	联合虚假宣传、价格同盟	腾讯京东联合送会员服务不到账
	社会责任寻租	信用交易、流量交易	新浪微博“5亿用户数据库泄露倒卖”
平台与卖方用户	社会责任缺失	卖方信息伪造、虚假卖方、破坏市场交易秩序	电商平台虚假卖方骗取消费者资料后“跑路”
	社会责任寻租	信用交易、流量交易	电商平台假货门事件
卖方与买方用户	社会责任缺失	传播不良内容	老虎直播涉黄案
	社会责任寻租	信用交易、流量交易	电商平台虚假好评

资料来源：笔者整理。

从社会责任治理看，我国平台型企业的社会责任治理体系并不成熟完善，导致平台企业社会责任缺失与异化行为难以有效治理。从平台型企业社会责任“自治”层面看，企业社会责任治理的实质是构建企业履责的自组织网络，网络中双边用户在规模大小和资源存量上各有不同，不同平台内双边用户间及与平台间紧密程度也不同，使得现有治理体系运行混乱化、主体与对象模糊化、治理资源与工具碎片化，影响企业社会责任的自治效果，因此，在治理内容上和治理模式上应实现对不同类别的平台及双边用户的区别治理，亟须以治理共同体思维推进平台企业社会责任治理体系的重塑。从平台型企业社会责任政府治理层面看，政府目前没有充分考虑到不同类别平台企业由性质不同带来的社会责任异化行为相对危害程度不同，没有建立面向不同类别平台及平台内双边用户的法律制度供给，使得法律惩戒和政府监管对平台型企业社会责任的管理力度不大，影响企业社会责任的政府治理效果。社会责任评价作为企业社会责任绩效监测及评审手段，同时也是推进企业社会责任履行的重要手段，“十三五”时期，我国平台型企业的社会责任评价尚未建立完整有效的体系。在社会责任评价指标选择上系统性与科学性不足，没有一套适用于评价平台型企业独特商业模式与独特社会责任实践体系的具体绩效指标，无法反映平台型企业的真实社会责任绩效。在社会责任评价主体上缺乏对评价主体的制度性约束，使得大量评价组织寻租发布社会责任排行榜，影响平台型企业社会责任评价的客观性和公正性。

4. 平台型企业的可持续创新面临挑战

平台型企业的独特商业模式创新在于有效链接市场中的双边用户进而搭建双边市场，形成“用户—平台—用户”的新型价值共创范式。同时，也正是在平台企业全新的商业模式与平台战略创新导向下，基于平台用户的创新成为数字经济与服务经济时代主导的创新范式，突破了传统的企业内的研发部门主导的封闭式创新，或者基于企业与利益相关方的开放式创新，用户创新成为一种自下而上的全新创新范式，引领着平台企业不断优化自身的技术体系、服务体系与管理体系。但是，在新一轮工业革命带来技术与商业模式全方位变革的过程中，基于技术主导的平台商业模式创新与用户创新体系产生了大量的社会问题，由此对平台企业的可持续性创新带来巨大挑战。体现为平台型企业在经济价值空前膨胀的市场逻辑导向下，平台个体之间基于“赢者通吃”的商业竞争逻辑引发的基于技术手段对用户进行锁定，增大平台用户的跨平台转换成本导致消费者福利损失，甚至一些平台企业在逐利本位的价值逻辑下产生了大量的垄断定价、合谋与恶性竞争，深刻影响了平台企业商业模式创新与平台技术创新的可持续性。

基于人工智能技术驱动的数字化平台企业产生了全新的创新危机，主要体现为算法技术在深度赋能传统产业生产效率、塑造全新的经济形态、商业模式与应用场景与社会治理效率的过程中，算法驱动的数字平台企业产生了一系列由于缺乏可持续创新理念或者责任型创新理念的社会问题。突出表现在，算法不仅是一种数字化技术下的技术逻辑，更是具备了相应社会逻辑下的社会权力，算法权力成为一种区别于人类政治权力、社会权力与经济权力的新型权力，基于算法权力可能带来算法霸权与算法垄断等负面社会问题。更为关键的是，由于算法开发设计的前提与运算推理过程中都嵌入了少数人的价值导向与利益目标，算法实质上很容易陷入伦理泥潭之中，衍生出一系列算法偏见、算法歧视问题。特别是，算法实质上是人工智能企业与数字化平台企业的核心技术之一，具有高度的知识产权属性与商业机密性，即使是在人工智能企业内部，算法的设计与开发也仅仅是少数研发团队所掌握相应的技术参数，算法的高度复杂性使得算法的相应可能影响后果即使是研发团队也未必完全掌握，算法的源代码的理解具有高度的“黑箱”属性，算法解释具有高度复杂不确定性，其他利益相关方主体难以清晰观察人工智能企业或者应用算法的企业所嵌入的算法涵盖的特定价值取向与企业利益因素，因此导致基于企业社会责任导向下的算法披露处于“悖论”之中，算法治理成为可持续创新理念下平台创新治理的重要议题。

三、“十四五”时期平台型企业发展趋势与对策建议

“十四五”时期，我国将继续落实“创新、协调、绿色、开放、共享”高质量发展的新发展理念，而平台型经济在“十四五”时期理念创新、技术创新、模式创新和制度创新的共同作用下也将呈现新的发展趋势。科学把握这种发展趋势，破解“十三五”时期平台型企业发展存在的问题，对于推动“十四五”时期平台型企业持续快速健康发展具有重要意义。

1. “十四五”时期平台型企业发展的演变趋势

（1）平台型企业运营管理的发展趋势。企业经营发展趋势上，在“十三五”时期，我国平台型企业从爆发式增长走向稳定性增长，而“十四五”时期，我国平台型企业自身将在企业生命周期上呈现出从初创期向成长期转型的发展趋势，这也符合全球范围内共享经济浪潮下平台型企业的发展趋势。进入“十四五”时期后，我国平台型企业的发展将向成长期转型。体现为：从平台型企业“十四五”时期市场需求看，我国平台型企业消费市场增长率将继续保持在高水平，市场需求高速增长。平台经济为我国经济注入新动能，深刻改变了消费者的消费理念和消费方式，越来越多消费者从更习惯购买产品和服务转向更倾向于暂时获得产品或服务或与他人共享产品或

服务。在平台企业的整体行业新业态发展方面，“十四五”时期，我国经济社会将从按需经济向共享经济进一步发展，平台竞争加剧，新技术助力行业进步。从行业竞争角度看，“十四五”时期，平台经济领域内行业特点、行业竞争状况及用户特点都将呈现更明朗的趋势，新的平台企业进入壁垒提高，产品品种及竞争者数量增多，平台型企业将面临更加激烈的市场竞争。从平台嵌入的数字化底层技术发展趋势上看，平台型企业将进一步利用人工智能、大数据等新信息技术增进消费者福利，5G、区块链等前沿技术也将成为平台型企业未来发展新的驱动力和强大支撑，但新兴技术的应用与用户权益保护（如用户隐私权和用户信息收集知情权）之间的边界需要有更健全的监管机制予以监督。

从平台型企业“十四五”时期经营覆盖范围看，平台型企业将实现地域范围和领域范围的双重经营范围扩张。地域范围上，“十四五”时期，平台型企业服务范围将实现从以一二线大城市为主向三线以下城市及村镇的全地域覆盖。目前我国平台型企业主要集中在北上广深等一线城市和东部沿海发达省份，基于经济发达程度、人口红利等带来的优势，平台型企业的地域分布特点与互联网全行业的地域分布较一致。企业分布特点决定平台型企业服务范围虽面向全国但受经营成本和市场条件限制仍以较发达地区城市居民为主。“十四五”时期，互联网普及率将继续提升，国家经济进一步发展，三线以下城市和村镇市场需求扩大，平台型企业的地域分布将向全国范围内扩散，平台型企业服务范围将向三线以下城市及村镇实现全地域辐射性覆盖以满足城乡居民需求，实现全地域范围内的优质资源再配置。行业实践上，“十四五”时期，平台型企业将向更多传统行业扩张，农业、教育、医疗、养老等尚未有成熟商业模式但市场需求大的民生相关领域有望成为平台型企业发展的创新热点。

（2）平台型企业对经济社会贡献的发展趋势。“十三五”时期，平台型企业为我国经济注入新的活力，在促进消费市场、激发创新创业活力和拓展扩大就业空间方面起到良好作用。“十四五”时期，平台型企业将继续在改善民生和促进经济层面做出贡献。在改善民生层面，平台型企业“十四五”时期稳定并扩大就业作用将更加明显。正如前文所述，平台型企业为市场提供更多就业岗位的同时更改原有就业方式，使得灵活就业人员、残疾人等以自雇型劳动者的身份参与平台经济。“十四五”时期，平台型企业将提供更多就业岗位，就业方式将更加灵活，稳定就业的社会价值进一步体现。另外，农业、教育、医疗、养老等与民生息息相关的领域将成为平台创新热点方向，平台型企业将助力于乡村振兴建设，帮助解决优质教育资源及医疗资源需求不断增长但供给不足的矛盾，帮助满足人口老龄化进一步明显后日益扩大的养老需求。在促进经济层面，“十四五”时期，平台型企业将继续促进消费市场发展，推进产业结构调整升级。体现为平台经济进入更多领域，平台型企业促进地区产业结构升级与地区消费市场交易成本优化的作用将更加明显。在帮助我国产业结构调整上，平台型企业将通过产能共享助力传统制造业转型升级以实现产业结构升级，为我国传统产业数字化赋能。根据2019年工业和信息化部印发的《关于加快培育共享制造新模式新业态促进制造业高质量发展的指导意见》，“十四五”时期，我国将继续引导并支持产能共享以促进制造业的数字化、网络化、智能化建设，深化“互联网＋先进制造业”发展。产能共享平台将致力于提升资源利用效率、重构供需结构和产业组织，推进我国产业结构升级。

2. “十四五”时期促进平台型企业发展的对策建议

（1）加强平台型企业宏观制度供给，推进平台型企业合规化标准化制度体系建设。健全完善的法律法规带来平台型企业法治的科学合理性，依靠国家法律强有力的约束最大限度地减少行业内问题纠纷等的出现，可以有效解决平台型企业的合法性和渗透性问题。经济新常态下，“十四五”时期政府部门应继续将崇尚创新、注重协调、倡导绿色、厚植开放、推进共享作为我国经济发展新方向，深化政府向服务型组织的转变，加强中央政府和地方政府更进一步的制度供给。平台型企业相关法律法规和制度的优化要求对以《电子商务法》为主的现有相关法律施以详细可行的配套细则，实现法律原则性与实践性的平衡；出台针对平台型企业的专门化法律法规，对平台型企业依法经营过程中相关流程和内容管理进行明确规定，促进对平台型企业的法制实现更加精确化的有法可依，改善平台型企业经营中责任认定界限模糊带来的侵犯双边用户权益问题，并避免相关部门对平台型企业进行依法管理时出现标准模糊从而影响法律执行的公正性与客观性；推进相关法律系统化改进，实现法律法规整体与部分之间的协调匹配，避免单行法规冲突问题，提高法律执行的宏观性、全局性、一体性和稳定性，平衡地方自由裁量权以增强《电子商务法》的适应性。

在行业制度规范方面，平台型企业作为实质上的服务型企业需要进行标准化体系建设也即平台服务行业标准的建设。与传统线下企业不同，线上平台用户覆盖更广，平台型企业作为交易平台的拥有者、提供者与运营者，在平台商业生态圈中处于主导地位，因此传统的线下服务标准并不适用于平台型企业，"十四五"时期，相关部门应借鉴线下成熟业态的标准并吸取头部平台型企业的运营经验来制定新的平台型企业行业服务标准，以适应平台经济新业态。从具体领域看，行业标准应涵盖交通出行平台、共享住宿平台、知识技能平台、共享医疗平台、共享办公平台和生产能力共享平台等并在各领域内制定细化准则。在标准制定原则上，首先，需要符合国家法律法规和相关要求，积极采用国际标准；其次，需要从平台经济发展的大局出发，具有全局意识并结合实际情况制定标准；最后，制定标准应注意与现有标准适应协调。行业制度规范构建时也要考虑到针对人工智能、区块链、云计算等新兴信息技术的前瞻性制度设计，在制度规范上使得对新兴信息技术的应用及时且合法合规合理，以制度合法性驱动数字化平台的责任型创新。

（2）社会多方主体参与平台企业治理，构建支撑平台型企业发展的社会生态圈。从企业与社会关系视角看，平台型企业的可持续发展依赖于平台企业与社会之间形成共生共融关系，推进平台型企业基于"平台—社会"与"平台—商业生态圈—社会"的双元嵌入社会的路径共生融合。构建支撑平台企业发展的良好社会生态，首先，需要改善社会组织、社会公众对平台型企业的社会认知欠缺问题，对社会组织和公众进行关于平台型企业独特商业模式及平台社会责任特殊性的认知宣贯，形成一致性的公共社会认知以发挥社会组织和公众在平台型企业治理上的积极作用，支持平台企业的运营与发展，推动平台企业履行社会责任与可持续创新。

其次，平台生态构建的重点是社会激励与社会信任体系的建设，面向平台型企业需要重新制定社会信任体系，尤其是针对平台与用户之间的信任体系的建设，应设置守信行为激励和失信行为惩戒的双重机制，推进政府—平台企业—社会用户的征信体系，设立平台型企业信用名单并在政府相关部门及行业间共享，将政策奖罚与企业信用水平联结。平台型企业发生不正当竞争、恶性垄断等不利于平台企业良好生态构建的行为将体现在信任体系中，并及时向公众披露。实现融通发展以促进良好生态形成。同时，需要进行社会激励机制的建设，对于具有良好社会责任表现与平台创新绩效的企业应重点激励，给予相应的社会融资支持，更好地为平台企业的可持续发展赋能，助力构建良好的平台生态。

最后，面向平台型企业的治理体系的社会生态支撑体系同样需要重塑。相关社会组织应加大对平台型企业与人工智能平台型企业的关注力度，具体体现在加强媒体报道宣传，行业协会、商会、各类研究院等举办研讨会、论坛等，引导平台型企业进一步走入社会公众视线，发挥社会组织和社会公众在平台型企业治理中的积极作用。在平台型企业社会责任评价上，社会组织与研究机构应参与重塑"政府⇔平台用户"的平台企业社会责任双向评价体系，加强社会责任评价指标选择上的系统性与科学性，构建适用于平台型企业独特商业模式，并真正有利于社会发展的具体绩效指标，以反映平台型企业的真实社会责任绩效，推进平台型企业做出符合社会价值导向的战略决策与技术创新成果，更好地为社会做出贡献。

（3）加强平台自身治理体系建设，发展共益型平台组织。我国平台型企业治理体系的缺陷在微观层面上受限于平台型企业的自身特质，需要建设平台型企业社会责任实践与管理体系，需要企业自身和政府、社会利益相关方等利益主体共同实现“平台企业自治——平台生态圈核心主体生态化共治”型的双层治理体系。在平台型企业自治层面上，平台型企业个体内的责任管理与实践体系建设，首先需要实现从传统的商业领导向责任型领导的转变，形成平台责任型领导的全新领导力，将社会责任融入平台型企业内的治理体系，最终打造基于双重使命驱动、双元制度逻辑共生均衡以及双元价值创造的共益型组织（肖红军、阳镇，2018）。

针对平台型企业在商业生态圈中的角色的特殊性，需要从商业生态圈不同生态位的视角推进平台型企业建议基于商业生态圈核心主体的平台生态化共治体系。具体来看，平台型企业作为商业生态圈的核心主体应积极撬动、整合与优化配置商业生态圈的资源，一方面，通过搭建平台场域的社会责任治理体系，治理商业生态圈内多元社会主体的社会责任缺失与异化行为。具体来说，平台型企业通过采取价格调控对平台内双边用户交易的供需关系进行调整以规范双边用户交易，避免柠檬问题等市场失灵现象的产生；然后利用平台信息的高效传递发挥声誉机制的作用。另一方面，要实现企业与政府部门的协同治理，厘清政府监管与平台型企业治理的分工，解决平台型企业目前存在的治理主体模糊和治理对象嵌套问题，提高政府与平台的协同治理的合意性。同时，平台型企业需要基于平台撬动式、平台嫁接式、平台新创式等多元平台企业社会责任实践范式去推动商业生态圈更好地嵌入社会，有效撬动与整合平台商业生态圈内多元社会主体的履责意愿，挖掘与整合生态圈内的爱心资源、社会资源与经济资源，以生态圈的力量去解决相应的公共社会问题，打造可持续性的平台商业生态圈，甚至最终转向平台社会责任生态圈。

专栏 59 -1

国家确立对平台型企业的包容审慎监管原则

国家针对平台经济、平台型企业明确了“创新监管理念和方式，实行包容审慎监管”的要求，并在2019年印发的《国务院办公厅关于促进平台经济规范健康发展的指导意见》中提出了具体的要求，包括：

一是探索适应新业态特点、有利于公平竞争的公正监管办法。本着鼓励创新的原则，分领域制定监管规则和标准，在严守安全底线的前提下为新业态发展留足空间。对看得准、已经形成较好发展势头的，分类量身定制适当的监管模式，避免用老办法管理新业态；对一时看不准的，设置一定的“观察期”，防止一上来就管死；对潜在风险大、可能造成严重不良后果的，严格监管；对非法经营的，坚决依法予以取缔。各有关部门要依法依规夯实监管责任，优化机构监管，强化行为监管，及时预警风险隐患，发现和纠正违法违规行为。

二是科学合理界定平台责任。明确平台在经营者信息核验、产品和服务质量、平台（含App）索权、消费者权益保护、网络安全、数据安全、劳动者权益保护等方面的相应责任，强化政府部门监督执法职责，不得将本该由政府承担的监管责任转嫁给平台。尊重消费者选择权，确保跨平台互联互通和互操作。允许平台在合规经营前提下探索不同经营模式，明确平台与平台内经营者的责任，加快研究出台平台尽职免责的具体办法，依法合理确定平台承担的责任。鼓励平台通过购买保险产品分散风险，更好保障各方权益。

三是维护公平竞争市场秩序。制定出台网络交易监督管理有关规定，依法查处互联网领域滥用市场支配地位限制交易、不正当竞争等违法行为，严禁平台单边签订排他性服务提供合同，保障平台经济相关市场主体公平参与市场竞争。维护市场价格秩序，针对互联网领域价格违法行为特点制定监管措施，规范平台和平台内经营者价格标示、价格促销等行为，引导企业合法合规经营。

四是建立健全协同监管机制。适应新业态跨行业、跨区域的特点，加强监管部门协同、区域协同和央地协同，充分发挥“互联网 +”行动、网络市场监管、消费者权益保护、交通运输新业态协同监管等部际联席会议机制作用，提高监管效能（发展改革委、市场监管总局、交通运输部等相关部门按职责分别负责）。加大对跨区域网络案件查办协调力度，加强信息互换、执法互助，形成监管合力。鼓励行业协会商会等社会组织出台行业服务规范和自律公约，开展纠纷处理和信用评价，构建多元共治的监管格局。

五是积极推进“互联网 + 监管”。依托国家“互联网 + 监管”等系统，推动监管平台与企业平台联通，加强交易、支付、物流、出行等第三方数据分析比对，开展信息监测、在线证据保全、在线识别、源头追溯，增强对行业风险和违法违规线索的发现识别能力，实现以网管网、线上线下一体化监管（国务院办公厅、市场监管总局等相关部门按职责分别负责）。根据平台信用等级和风险类型，实施差异化监管，对风险较低、信用较好的适当减少检查频次，对风险较高、信用较差的加大检查频次和力度。

资料来源：《国务院办公厅关于促进平台经济规范健康发展的指导意见》（国办发〔2019〕38 号）。

参考文献

［1］肖红军、李平：《平台型企业社会责任的生态化治理》，《管理世界》2019 年第 4 期。

［2］阳镇、许英杰：《平台经济背景下企业社会责任的治理》，《企业经济》2018 年 5 期。

［3］王勇、冯骅：《平台经济的双重监管：私人监管与公共监管》，《经济学家》2017 年第 11 期。

［4］肖红军：《责任型平台领导：平台价值共毁的结构性治理》，《中国工业经济》2020 年第 7 期。

［5］肖红军、阳镇：《平台型企业社会责任治理——理论分野与研究展望》，《西安交通大学学报（社会科学版）》2020 年第 1 期。

［6］肖红军、阳镇：《共益企业：社会责任实践的合意性组织范式》，《中国工业经济》2018 年第 7 期。

第六十章　中国企业创新发展

提　要

"十三五"时期，中国企业创新投入和产出快速增长，创新型企业集群式发展、创新链上中下游融合发展的趋势越来越清晰。制造业企业创新实力显著增强，中高技术和高技术制造业企业在对外技术追赶和中美大国博弈中起到了关键作用。与此同时，中国企业创新发展仍然面临着基础研究与原始创新能力不足、产学研用一体化有待加强、知识产权保护发展滞后、创新要素配置导向存在偏差等障碍。"十四五"时期，在百年未有之大变局下，要持续促进企业创新，政府有必要多方发力，推动产业政策从结构性政策向创新导向政策转变，制定有利于企业创新的竞争政策，改进产业创新体系与服务体系，通过结构性改革完善企业创新生态，从而破除企业在争取创新资源、获取创新收益上的体制机制障碍，帮助企业进一步提升创新能力和动力、攀升国际创新链条、提高国际科技合作话语权。

*　　*　　*

"十三五"时期，中国企业创新能力明显提升，成为促进经济发展模式从投资拉动向创新驱动转型的关键动力。"十四五"时期，随着全球科技竞争进一步加剧，加之反全球化思潮和中美科技脱钩冲击现有国际科技合作格局，创新要素的跨境流动将面临极大不确定性。在百年未有之大变局下，中国企业创新发展需要直面历史性变化，以应对基础研究和原始创新能力不足、全球科技合作网络重塑带来的诸多挑战。加快推动产业政策从结构性政策向创新导向政策转变，建设有利于企业创新的竞争政策体系、创新服务体系和创新生态体系，是支持创新型企业夯实能力基础、为企业创新发展提供制度保障的必要举措。

一、中国企业创新发展现状

"十三五"时期，以高新技术企业为代表的创新型企业对国民经济的带动作用非常显著。除2019 年外，高技术产业增加值年均增速均在 10%以上①，超过同期规模以上工业企业增加值增速和 GDP 增速三个百分点以上。即使在 2020 年上半年新冠肺炎疫情防控期间，高技术产业也率先

① 国家统计联网直报门户发布的历年《中国高技术产业运行报告》。

回升，很快实现了逆势增长，2020 年 3 月增加值即增长了 8.9%。整体来看，“十三五”时期中国企业创新发展表现出以下三方面的突出特点。

1. 企业创新投入和产出快速增长

企业部门的研发投入在“十三五”时期明显提升，高技术产业的企业研发投入已经在全社会研发投入中占据了稳定而重要的位置。在企业群体层次，根据国家统计局数据，2016 ~ 2018 年，高技术产业的研发投入从 2437.61 亿元增至 2912.53 亿元，占全社会研发投入的比重保持在 18% 左右（见图 60 - 1）。随着内部研发投入的增长和内部研发规模的扩大，中国企业与美国企业的总体研发投入差距快速缩小。根据 OECD 的最新数据，从 2007 年到 2017 年，中国企业研发投入与美国企业研发投入的相对比例已经从 53% 提高到 81%。

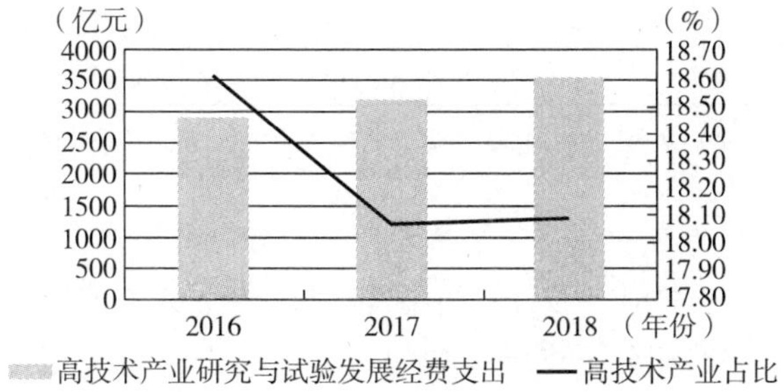

图 60 - 1　高技术产业研发经费投入（2016 ~ 2018 年）

资料来源：国家统计局。

在企业个体层次，一批具有国际竞争力的创新领军企业脱颖而出，提升了我国相关领域在全球创新链上的话语权和影响力。欧盟每年发布的“全球研发投入最高的 2500 家企业榜单”是显示各国高技术企业活跃度的重要指标。2008 年金融危机以来，上榜的中国企业数量稳步增加，且研发投入增速远高于全球平均增速（见图 60 - 2）。2008 年，中国只有 15 家企业上榜，仅为美国的 2.8%；2018 年，中国上榜企业达到 507 家，为美国的 66%（见图 60 - 3）。尽管中国上榜企业研发投入的总金额仍然与美国上榜企业差距巨大（2018 年仅占后者的 32%），但少数中国创新型企业巨头研发投入极高，已占据领先位置。2018 年，华为和阿里巴巴在该榜单分列第 5 位和第 28 位，中兴、百度等中国企业也进入了研发投入的前列。

研发投入增长推动了中国企业创新产出数量与质量的双重提升，其中最令人可喜的是发明专利质量的改善。这突出表现在中国企业海外专利授权总量与结构的变化上。根据美国专利服务机构“美国商业专利数据库”IFI 的连续报告，2006 ~ 2019 年，中国企业各年度获得的美国专利数量从 1066 项增至 16900 项（见图 60 - 4），占美国年度专利授权总量的比例也从 1.2% 增至 5.1%。2019 年，美国专利商标局共授权专利 33 万余件，数量创历史新高；同年，中国企业获得

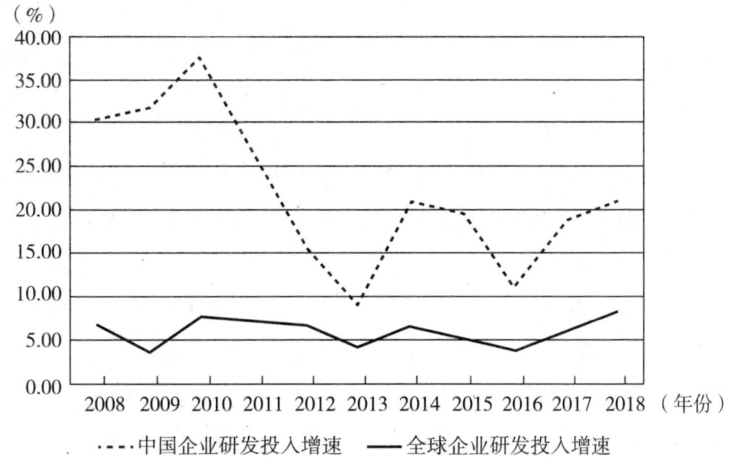

图 60 - 2　“全球研发投入最高的 2500 家企业榜单”中国上榜企业研发投入增速与上榜企业平均增速比较

资料来源：The EU Industrial R&D Investment Scoreboard.

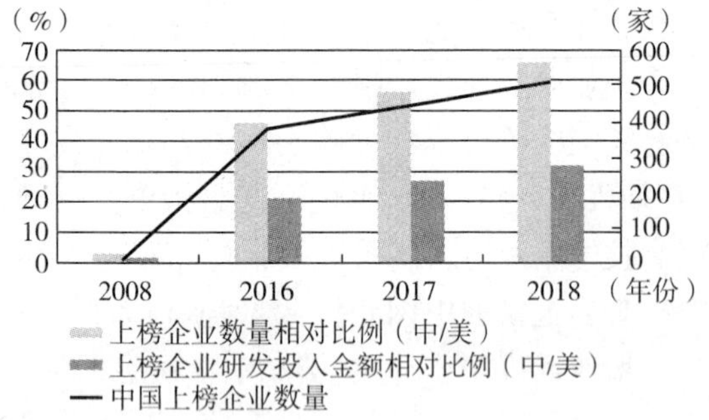

图 60－3 "全球研发投入最高的 2500 家企业榜单"中美两国上榜企业比较

注：2008 年统计对象是全球研发投入最高的 1350 家企业。

资料来源：The EU Industrial R&D Investment Scoreboard.

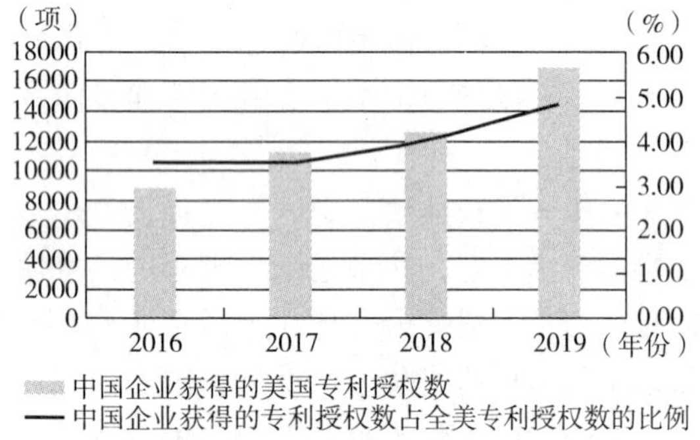

图 60－4 中国企业在美国专利授权情况（2016～2019 年）

资料来源：IFI Claims Patent Services.

的美国专利数量首次超过德国，仅次于美国、日本和韩国企业。从单个企业获批的美国专利数量排名看，华为在受到美国政府严厉限制的不利条件下，仍从第 16 位升至第 10 位，同比增长 44%；京东方从第 17 位升至第 13 位，同比增长 33%。

2. 区域集聚和行业集聚趋势明显

"十三五"时期，创新型企业集群式发展、创新链上中下游融合发展的趋势越来越清晰。在空间意义上，创新型企业围绕国家级和区域级创新中心城市形成了创新集群，且各级中心城市的创新集群之间已拉开较大差距。从高科技企业的地理分布看，北京属于创新型企业集聚的第一梯队，深圳、广州、上海位居第二梯队，成都、杭州、武汉、青岛位居第三梯队。如表 60－1 所示，截至 2019 年年中，北京共有高科技企业 25000 多家；第二梯队城市的高科技企业数量在 1 万家左右，其中深圳最多（14400 家），上海最少（9260 家）。第三梯队城市的高科技企业数量都在 4000 家以下，与前两个梯队相去甚远。在高科技企业密度上，北京仍然遥遥领先，深圳、广州分列第二、第三位，上海则仅与第三梯队的杭州相当。

表 60－1 高科技企业集群化发展情况（2019 年）

	高科技企业数量（家）	GDP（万亿元）	高科技企业密度（家/亿元 GDP）
第一梯队			
北京	25000	3	0.83
第二梯队			
深圳	14400	2.5	0.58
广州	11000	2.3	0.48
上海	9260	3.3	0.28
第三梯队			
杭州	3919	1.4	0.28
武汉	3527	1.53	0.23
青岛	3112	1.2	0.26
成都	>3000	1.5	0.20

资料来源：德勤中国：《2019 中国高科技高成长 50 强暨明日之星年度报告》。

在产业意义上，中国企业抓住全球价值链重构和产业分工格局重塑的机遇，向全球价值链中高端攀升，在战略性新兴产业和传统产业中均有所突破，创新型企业和高科技企业的行业分布越来越均衡。不过，全球影响力最大的创新领军企业集中于互联网、ICT 等产业，以华为、中兴、百度、阿里巴巴、腾讯、京东等为代表的 ICT 和互联网企业成长迅速。"十三五"时期，产业转型与升级伴随着国内互联网和通信技术的发展，以及互联网和通信技术对众多产业的融合与改造。2016 年后，国内互联网公司创业热潮有所回落，但从初创企业成长速度和规模看，互联网相关行业仍然是企业创新集聚高地。

中国创新型创业企业的产业集聚格局与在位的创新领军企业类似，同样集聚 ICT 和互联网等产业部门。就独角兽初创企业而言，近几年来，中国初创企业在大数据、人工智能、机器人、新能源汽车等领域吸引了全球投资人的瞩目。2019 年，中国 50% 以上的独角兽企业属于电子商务、人工智能、汽车和交通运输、教育科技、移动通信领域（见

图 60－5）。德勤历年发布的《中国高科技高成长 50 强》年度报告显示，2019 年，中国成长最快的高科技 50 强企业有 38% 集中在智能硬件、智能制造、金融科技三个二级行业内（见图 60－6）。

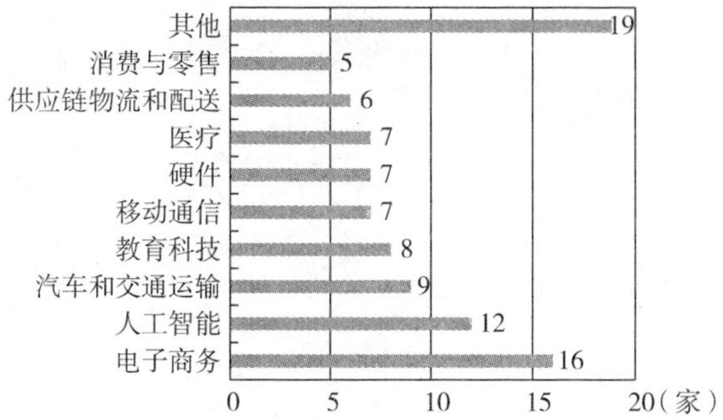

图 60－5　中国独角兽企业行业分布（2019 年）

资料来源：CBINSIGHTS 数据库。

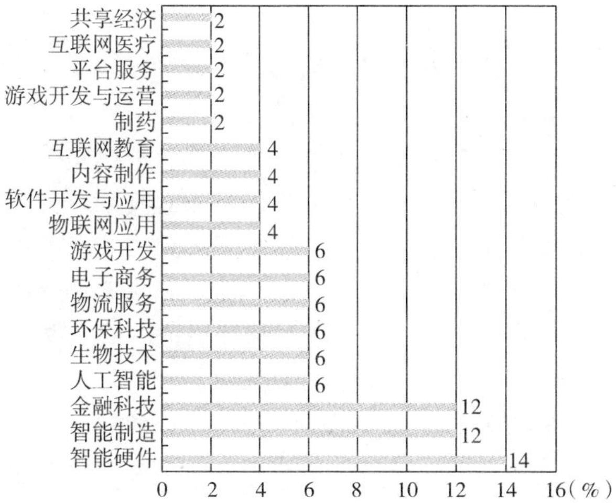

图 60－6　中国高科技高成长 50 强企业行业分布（2019 年）

资料来源：德勤中国：《2019 中国高科技高成长 50 强暨明日之星年度报告》。

3. 制造业企业创新实力显著增强

高技术制造业是“十三五”时期及未来较长时间内中国预防产业空心化、应对中美大国博弈的关键领域。2016 年以来，中高技术和高技术制造业企业成为中国企业技术追赶的主力。根据美国国家科学委员在《科技指标》报告①披露的最新数据，2006 年，在汽车、电子设备、化学制品（不含医药）等中高技术制造业部门，中国企业创造的增加值约为美国企业的 50%；2016 年，这一比例已经反超到 169%。在半导体、计算机、医药等高技术制造业部门，中国企业对美追赶速度较慢，但其创造的增加值与美国企业的相对比例也从 2006 年的约 30% 增长到 2016 年的 77%。即使是在技术密度最高的半导体部门和医药部门中，中国企业增加值与美国企业的相对比例也分别从 51% 和 30% 增长到了 145% 和 93%。

“十三五”时期，智能制造成为制造业企业创新的重要主题。尽管智能制造的商业化应用仍处于探索阶段，但相关创新的涌现已经为制造业企业绩效改进做出了重要贡献。根据《德勤智能制造企业调研 2018》的调查结果（见表 60－2），随着智能制造部署经验和部署能力走向成熟，从 2013 年到 2017 年，认为智能制造对企业利润贡献率在 50% 以上的受调查企业比例从 14% 提高到 33%。2013 年，多数（55%）受调查企业否认智能制造价值（认为贡献率不足 10%）；2017 年，多数受调查企业均认可智能制造的价值。

表 60－2　受调查企业智能制造的利润贡献率分布（2013～2017 年）　单位：%

智能制造的贡献率	2013 年	2017 年
0～10	55	11
11～30	14	41
31～50	9	14
51～80	9	19
81～100	5	14

资料来源：《德勤智能制造企业调研 2018》。

先进制造技术对中国制造业企业的渗透深度快速提高，指向自动化、数字化、智能化的技术改造成为促进制造业企业创新发展的主要力量。“十三五”时期，国内工业机器人的应用与生产情况清晰地体现了这一趋势。在应用方面，自 2013 年开始，中国制造业自动化升级速度明显加快，连续成为全球最大的工业机器人市场。2018 年，中国工业机器人密度达到 137，增速远超同

① 该报告每两年发布一次，最新的 2018 年报告数据仅覆盖到 2016 年及之前的数据。

期全球平均水平。受汽车产业下滑和电子产业乏力影响，2018 年工业机器人的国内销量曾一度下降（见图 60－7）。经过一年多调整后，工业机器人产业在 2019 年即有所复兴。在生产方面，《中国机器人产业发展报告 2019》显示，2018 年，中国生产 14.8 万台（套）机器人，占全球产量的 38%，就三大核心零部件而言，自主品牌国产控制器产品在软件的响应速度、易用性、稳定性上仍稍有欠缺，但硬件平台的处理性能和长时间稳定性已与国外产品相当，部分伺服产品速度波动率指标低于 0.1%，国内外技术差距缩小。

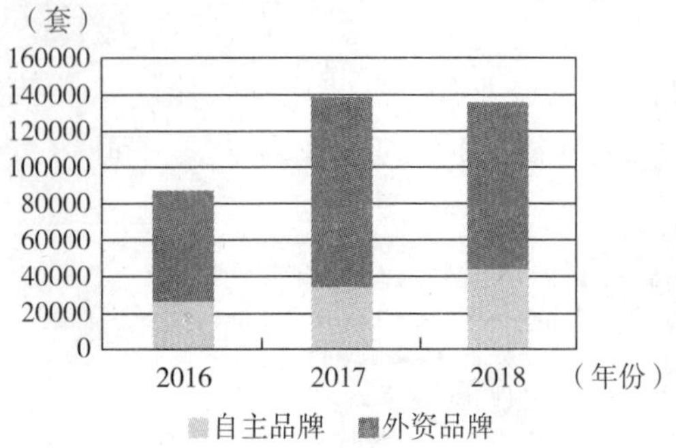

图 60－7 中国工业机器人销量（2016～2018 年）

资料来源：国际机器人联盟，中国机器人产业联盟。

二、中国企业创新发展面临的主要障碍

“十四五”时期，随着中国企业技术水平在部分领域逐渐逼近世界科技前沿，加快提升自身原始创新能力、提高国际科技合作话语权将成为企业创新发展的主要发力方向。但是，在新兴技术和业态带来创新治理新问题、政治因素干扰国际科技创新合作的大背景下，当前中国企业在争取创新资源、获取创新收益上却仍然面临着不少体制机制障碍，对其进一步提升创新能力和动力、攀升国际创新链条造成了不利影响。

1. *企业原始创新能力亟待提高*

“十四五”时期，中国企业需要改变以技术改造和专用技术开发为主的研发方向，更多参与到基础研究和应用基础研究之中。一方面，国内领先企业已逼近全球技术前沿，相对于发达国家领先企业的技术定位正在从“模仿”和“追赶”转向“引领”和“超越”；另一方面，中美科技战和逆全球化一旦引发科技封锁，卡脖子问题将层出不穷，威胁高技术企业的持续经营。在这种情况下，无论是 ICT、互联网等部门中的龙头企业，还是其他部门中的隐形冠军，或是以创新立足的初创企业，都接近了提高原始创新能力的关键阶段。然而，在基础研究和应用基础研究领域，企业却普遍面临着资金、人才供给不足的资源问题，以及公共基础研究机构功能错位、产学研合作机制不畅等制度问题。

第一，企业自身基础研究经费投入较少，也难以获得公共部门的基础研究资金支持。首先，作为典型的市场失灵领域，各国企业都不是基础研究的主要投入主体，但我国企业对基础研究的投入尤其不足。2019 年，企业投入仅占我国基础研究经费的 3%，远低于美、欧、日等国 10% 以上的比例。其次，除华为、阿里巴巴等极少数龙头企业外，有意于基础研究的企业仍然需要公共资金支持。美、法、英等国高校执行的基础研究经费占全社会基础研究经费的 50%～65%，其余基础研究经费则流向了企业。日本和韩国企业执行的基础研究经费占全社会基础研究经费的比例更是分别超过 40% 和 55%。横向对比，我国企业在各类国家基础研究和应用基础研究计划中的参与度过低，相关计划多局限于高校和科研院所。

第二，产学研机构之间存在人才流动的机制性障碍，使企业难以建立稳定的基础研究人才队伍。2019 年，国务院发展研究中心对北京、江苏、广东三地的调研显示，即使是建有国家实验室、已经嵌入在国家基础研究体系之中的企业，也普遍缺乏基础研究人才。首先，基础研究人才集中在高校、科研院所等公共科研机构。编制、人事关系、职称评定等制度限制，使得这些高端人才一旦向体制外流动，则很难回归体制内发展通道。其次，公共科研机构培养、引进基础研究人才以学术成就为评价标准，与企业的科研人才需要存在差距。向体制外流动的基础研究人才在进入企业后，可能不符合企业实际需要。最后，由于企业缺少引进高端人才资质认定、优秀科研人员职称评定的自主权，加之高端人才的全球流动日益频繁，人才竞争已拓展到全球领地，企业难以有效稳定其基础研究队伍。

第三，公共基础研究机构的功能错位使得企业的应用基础研究和相关成果转化面临着"无源之水、无本之木"的潜在困境。除极少数龙头企业外，多数企业在基础研究中的定位始终是"提出需求、增加投入、实现转化"，而不是直接开展基础研究或应用基础研究。因此，企业基础研究成果转化的数量和质量高度依赖于创新链上游的公共基础研究机构。经过多年鼓励，我国公共科研机构的科技成果转移转化活力得以增强。但是，过分关注科技成果转移转化的短期结果，也分散了科研人员对成果产出较慢的基础研究的关注，造成公共基础研究机构功能错位，基础研究长期积累不足。当下游企业需要在全球前沿领域获得尖端基础研究支持之时，往往面临着国内高质量基础研究成果供给不足的严峻问题。

专栏 60 -1

产学研用一体化仍有待加强

近年来，我国产学研用一体化发展取得长足进步，但与世界一些发达国家相比仍有不小的差距，还存在体制机制不完善、信息需求不对称、成果转化不顺畅等一系列问题。这些问题在河北省也不同程度存在。其中"用"的缺位是产生这些问题的一个重要原因。市场要素、需求信息缺失，造成产出的科技成果与市场、用户需求脱节，没有在产学研用之间实现高度耦合和良性互动。解决"用"缺位的关键在于完善市场导向机制，充分发挥市场对技术研发方向、路线选择、各类创新要素配置的导向作用。因此，推进产学研用一体化必须建立以"用"为导向的创新要素融合新机制，进一步明确产学研用合作的工作重点和着力方向，拓展新技术、新产品市场应用空间，充分发挥市场在配置科技创新资源中的决定性作用。

推动技术创新，仅靠个人、团队、院校等单打独斗，是难以取得突出效果的。正确的方式应是在开放的市场中推进企业、高校、科研院所和不同区域之间的协同创新，以产学研用各方的全面合作，使人力资本、知识技术、资金设备、市场客户等各类科技资源在加速流动中增加结合的机会，实现富有效率的协同创新。产学研用各方作为技术创新的协作主体，从差异矛盾共处走向优势兼容共生，需要外部环境的催化和内在要素间良性互动所形成自组织动力机制的适应性调节，这种自组织调节的实质是产学研用共同体内部协作机制的优化，其中，利益协调机制是基础和关键。

以利益协调机制的优化推动产学研用相关主体深度合作，关键是用好市场机制。创新驱动的实质是先进技术应用基础上的市场驱动。技术创新有一系列的环节和过程，其中并不仅仅是单纯的科学活动和技术活动，不少环节体现出经济活动的特点。在协同创新中通过市场调节产学研用各方的投入及收益，是必须遵从的基本原则，也是协同创新共同体得以组成、延续和成长的基础和前提。在协同创新共同体中，作为经济主导方的企业，应在资金方面加大投入。作为技术主导方的高校、科研院所，应在知识创新和技术开发方面持续着力。另外需要注意的是，科技创新也不是完全意义上的经济活动。知识的价值、技术的功效、人才的潜力等，单纯以市场机制无法得到准确衡量，这需要企业在对项目前期投入、对科技人员的支持等方面具有更宽广的视野和更长远的考虑，在协同行动中对高校、科研院所给予更加充分的支持，对科技人员的研发活动予以更多的关注和尊重。

资料来源：《加快推动产学研用一体化发展》，《河北日报》，2019 年 4 月 3 日。

2. 知识产权保护制度发展滞后

随着知识产权成为创新型企业竞争焦点，加之企业出海渐成气候，无论是在国内市场，还是在国际市场，中国企业都进入了知识产权摩擦高峰期。同时，新技术、新业态、新商业模式等新的知识产权保护客体快速涌现，要求知识产权保护制度响应其保护需求。在这种情况下，知识产权保护制度的改善速度决定了企业能否从高水平创新中获取持续收益，决定了企业能否保持甚至提高对原始创新的抱负。然而，当前我国知识产权制度变革和知识产权保护实践滞后于多方位的改进需求，在新兴技术领域和商业模式保护、跨领域融合创新成果的知识产权保护、知识产权协同治理机制等方面都存在比较明显的欠缺。

第一，对新技术、新业态、新商业模式的知识产权保护迫在眉睫，但现有知识产权保护制度未能跟上其更新速度。知识产权保护的客体范围随着技术创新和商业模式创新而不断扩大，但某些新兴技术、业态和商业模式的可专利性与可保护性存在争议。例如，人工智能与各行各业的融合发展是企业创新的重要方向，但人工智能创造物是否应受著作权保护很不明朗。联合国教科文组织和世界知识产权组织并没有以公约形式对这一新问题做出统一规定，而将此问题交由各国自行立法处理。日本在《知识财产推进计划 2016》中提出，要给予具有市场价值的人工智能创造物以知识产权保护。我国人工智能技术已经进入世界前列，加快发展人工智能事关我国能否抓住新一轮科技革命和产业变革机遇，但我国至今未在立法和政策层面上对人工智能创造物的版权问题做出回应。

第二，跨学科、跨部门创新合作以及平台经济的快速发展，要求加强对融合创新产生的多维度知识成果的保护，但我国当前的知识产权战略并没有响应这一需要。随着制造业与服务业融合，工业化与信息化融合，跨界知识创造将成为支撑企业创新的重要活动。由于涉及不同产业、不同类型的参与主体，跨界知识创造在专利保护、数据权属、相关商业模式创新等方面都需要跨部门的系统性战略安排。此外，平台经济的发展使得依托平台生产或传播的数据、知识等创造物的知识产权归属关系日益复杂。例如，在工业领域，智能设备或工业互联网平台产生或收集现场数据具有重要价值，但设备生产厂家、平台供应商、设备和平台应用企业对数据整理与再加工，以及如何分配数据再加工产生的收益问题较难达成一致。如何在协同创新主体之间合理分配知识产权收益，促进知识溢出，同时预防市场垄断，是我国知识产权制度在新的产业竞争范式下面临的重大挑战。

第三，激烈的国际科技竞争迫切需要针对重点领域，甚至是跨领域的系统性知识产权战略与规划，但分散的知识产权管理体制阻碍了相关部门协同发力。在较长一段历史时期内，我国知识产权管理工作分散于知识产权、工商、版权、农业（林业）、文化、海关、公安等多个部门。国务院机构改革后，除版权外，专利、商标等知识产权的管理职能都归于国家知识产权局。但是，新技术、新业态下涌现的知识产权新内容要求产业、技术、贸易等管理职能结合的系统性知识产权治理，而在现有的知识产权治理体制下，国内难以形成针对重点领域的、系统性的知识产权战略。只有加强知识产权创造部门、管理部门和保护部门间的协同，才能综合国际竞争、产业结构、社会发展等多个视角，针对人工智能、能源互联网等新兴战略领域，制定系统性的领域知识产权战略规划。

3. 创新要素配置导向存在偏差

构建更加完善的要素市场化配置体制机制是“十四五”时期坚持和完善社会主义基本经济制度的重要内容。技术创新中普遍存在市场失灵，创新政策是在一定程度上规避市场失灵、引导创新要素合理化配置、缓解市场失灵问题的必要手段。然而，在我国既有的选择性产业政策框架下，政策思路往往注重产业项目集聚，而忽视创新要素集聚；注重产业规模和数量的扩张，而忽视产业附加值和产出效率的提高。从现有的产业政策和创新政策（特别是地方政策）来看，现有政策在引导创新要素合理配置的导向上存在一定偏差。

第一，部分城市过早“去工业化”，导致工业发展空间萎缩，存在制造业生产链与创新链脱节的危险。近十年来，我国经济服务化趋势明显，部分地区出现了“去工业化”的现象。2008～2018 年，工业增加值占比从 41.2% 下降到

33.9%，批发和零售业、金融业、房地产业和其他服务业增加值占比则分别上升了1.2个百分点、2.2个百分点、1.9个百分点和4.5个百分点。工业增加值占比下降虽是产业结构调整正常的表现，但过快下降势头却是一些地方政府片面追求服务业增加值高占比带来的不正常结果。一些大城市有意推动“腾笼换鸟”，压缩工业用地面积，限制制造业新增项目落地，先进制造业项目因为用地问题而被搁置或外迁，致使具有本地优势的创新链缺少产业化支撑。

第二，工业投资整体质量不高，尖端研究领域投入不足，真正体现综合国力和国际竞争力的高精尖产品和装备供给不足。尽管政府在不同时期多次出台引导政策，但低水平重复建设和周期性产能过剩问题仍然比较突出。不可否认，周期性产能过剩既有市场经济变化的原因，又有我国自身的体制机制原因。产业政策执行“一刀切”、产业准入条件不科学、国家新兴产业规划强化导向作用、地方政绩追求GDP的考核机制、要素价格市场化形成机制改革滞后等多方面因素共同作用，致使“十三五”时期光伏、工业机器人等新兴产业出现过热现象，反而影响了工业投资在不同创新领域的合理配置。以新能源汽车动力电池为例，虽然我国企业数量众多，但大部分规模很小，具备资金实力、研发能力、可持续发展能力的大企业很少，大部分产品的技术含量不高，低端产能过剩、高端产能不足的问题严重。

第三，创新政策制定与实施的精准度、协同性、灵活性不足，造成政策资源投入未能按照预期进入创新型企业。首先，部分政策在具体的执行落实层面和企业需求脱节，很多中小型创新企业难以全面享受到资金扶持、税收减免、融资支持等优惠政策。例如，不少地方政府设立了各类产业发展基金，但这些产业基金为追求收益、防范风险，对投资项目设立了过高门槛，操作过程烦琐，没有发挥政府资金引导作用。其次，政策措施之间协调性较弱。很多规划、政策密集出台，但后续的配套资金、扶持政策跟进速度不够，而且各部门、各地区发布的制造业相关政策之间存在交叉，政出多门的现象时有发生。最后，地区政策灵活性不够。部分省市的创新政策和产业政策与本地实际结合不够，盲目跟风，在重点领域出现布局雷同的现象。例如，短短几年间，全国已建成或在建的机器人产业园就超过40个，很多地区没有核心技术和关键零部件生产能力，仅停留在组装、仿制阶段。

三、促进企业创新发展的政策措施

1. 推动结构性政策转向创新政策

随着国内企业技术水平接近全球技术前沿，传统的选择主导产业的政策制定难度将越来越大。政策思路应从传统的结构性政策思维转换到创新导向政策思维上来，即通过创新内生地推动产业结构优化，而不是通过选择主导产业来人为构建所谓的现代产业体系。

第一，政策资源配置的指向应由特定产业转向技术创新。对于优先发展的战略性产业，政府的作用更多是倡导和协调，而不是过多动用财政补贴、税收优惠等货币政策直接干预资源配置。政策资源配置的标准指向新“技术”而不是新“产业”，将财政补贴、税收优惠等货币政策资源导向通用技术和共性技术，引导企业向创新性领域投资。同时，促进传统的产业增长政策让位于产业创新政策，以创新政策统领产业政策体系。

第二，产业政策的基本取向应适时从过去以促进制造业做大规模转向切实提升制造业的创新能力，特别是原始创新能力。在服务业比重逐步提高而制造业比重不断下降的背景下，应当认识到，制造业的独特性和重要性主要体现在其相对于第一产业和第三产业的活动及产品的复杂性方面。对于制造业和三次产业结构变动的理解，应当超越第二产业、第三产业孰重孰轻之争，以推进制造业创新发展为根本目标，加快制造业企业由大到强的转变。

第三，构建更加科学、灵活的产业政策和创新政策工具组合。根据不同政策措施的优缺点进行灵活组合，而不是过度依赖财政补贴或税收优惠等少数政策工具，是完善产业政策工具体系、提高政策科学性和有效性的重要内容。税收优惠可以降低政府对企业创新活动的信息要求，但税收优惠通常与企业的研发支出挂钩，所以，税收优惠会激励企业更多地把资源投向可测度的研发支出方面，扭曲企业的研发投资结构。财政补贴直接针对企业的创新价值，可以缓解税收优惠的激励扭曲问题，但被补贴的企业存在把补贴资金挪作他用的风险，而评审专家也可能出现寻租行为。产业基金可以提高资金的使用效率，但其市场化运营意味着投资回报要求，难以有效促进投资周期长、投资风险大的通用技术和共性技术发展。

第四，提升金融要素对企业创新的支持供给，引导金融要素向创新源头汇聚。应急性政策与基础性制度并举，支持创新型企业直接融资。一是从打破刚性兑付入手，引导资金和中介价格向市场合理水平收敛，推动金融产品和中介服务实现风险定价和风险收益合理化。二是改造票据贴现模式流程，有效满足创新型企业特别是创新型初创企业的流动资金需求。调研发现，政策性担保公司与行业协会、商会等合作，以“投行+投资+信用增进”的业务思路，对票据贴现模式流程进行再造，可有效提高中小企业对银行的议价能力，降低贴现成本。三是多措并举完善创业投资退出机制，进一步拓展公开上市之外的创业投资退出渠道，加强创业投资的流动性。四是夯实金融基础设施，大力建设信用体系和风险分担补偿机制。在中央政府逐步完善全国性企业信用体系的同时，各地政府可以因地制宜，采取多种手段改善本地的企业经营信用环境。加快完善和实施政策性融资担保体系，健全政府风险分担和补偿机制，推动融资风险收益合理化，提高创新型企业直接融资的担保服务获得率。

2. 制定有利于企业创新的竞争政策

能够支撑创新型企业持续成长的竞争政策内容包括两方面：一是严格的消费者权益保护；二是有效的知识产权保护。

首先，消费者权益保护有助于加强我国居民收入水平提升对创新型企业发展的拉动作用。消费升级是企业创新需求的重要来源，但中国快速提升的消费水平并没有完全转化为本土企业的创新动力。消费者对国内创新产品的品质和品牌缺乏信任是导致高端消费能力外流的重要原因。加强消费者权益保护，通过探索产品质量问题厂商举证、食品安全强制性举报责任等制度，降低消费者的维权成本。重建消费者对中国本土品牌的信心，解决消费者与产品之间特别是高端消费与企业创新产品之间的信息不对称问题。

其次，强有力的知识产权保护是提高企业创新导向的最有力制度工具。与研发投入挂钩的各种补贴和税收优惠政策，其直接的经济效果是刺激研发投入而不是创新。此外，这些政策都需要政府对谁是潜在的创新者做出预判。这些结构性政策固有的缺陷决定了，补贴和优惠不应当也不可能成为形成创新者赚钱效应的主要工具。相比之下，知识产权保护是对创新实现者（而不是创新投入者）的事后奖励，不需要任何机构对创新者进行预判。更重要的是，对知识产权的界定使得知识可以在不同的创新者之间交易。由于始终缺少保护有力的知识产权市场，我国企业为了实现创新收益就必须完成从基础研究、产品开发到工程化和商业化的整个创新过程。而从国外的经验看，在ICT和生物医药等高新技术产业领域，在技术市场将知识产权授权或转让给商业化能力更强的大企业以实现创新收益，是大量高新技术中小企业和创业企业的主导盈利模式。因此，有力的知识产权保护是激发企业进行创新、有效选择创新者、形成分工合作的创新生态的最重要的制度条件。

3. 改进产业创新体系与服务体系

针对“十四五”时期全球科技竞争态势不容乐观、我国产业共性技术供给不足的问题，我国产业创新体系建设应在以下两方面发力。

首先，高水平建设中国工业技术研究院。建议依托海外高层次人才而不是依托既有的科研院所，全新设立中国工业技术研究院，作为中国制造业共性技术供给的重要机构。借鉴国际成熟共性技术研究机构的普遍规则，中国工业技术研究院采取“公私合作”的运营模式，运营经费大约1/3来自于国家财政，1/3来自于各级政府的竞争性采购，1/3 来自于市场。在治理机制方面，由技术专家、政府官员、企业家代表和学者共同组成专业委员会作为最高决策机构，研究院最高管理者（主席）采取全球公开招聘的方式，通过专业委员会和管理社会化减少政府的行政干预。同时，保证研究院的高效运营和专业管理。研究院每年向社会发布翔实的年度运营报告，用于披露研究院的财务收支和业务活动，形成社会监督的机制。研究院研究人员收入宜以具有竞争力的固定报酬为主，项目收入仅作为研究人员的报酬补充，从而避免研究内容和项目设置的过度商业化；研究院的机构设置按照产业发展需求，而不是学科体系设置，研究人员的考评以社会贡献，而不是纯粹的学术成果为主，以此保证工研院研究成果的应用服务功能。国家可以考虑设立配套的引导资金，引导研究院为技术领先企业、科技型中小企业和落后地区制造业等具有较强社会外部性的领域投入。

其次，选取重点行业重建有利于共性技术研发和扩散的公共创新载体平台体系。下定决心解决阻碍公共创新载体平台体系发挥作用的体制机制问题，在容错制度、知识产权转移转化制度等方面寻求突破，为各个载体和平台发挥主动性、探索实施更加符合自身定位的运营模式“松绑”，从根本上提高参与主体的积极性和整个公共创新载体平台体系的市场活力。针对不同类型公共创新载体平台面临的制度障碍分类施策，避免“一刀切”的制度或固化落后的制度影响公共创新载体平台的制度创新。积极吸收国内外创新中心涌现的先进体制机制，一方面加强事后监督与评估考核，倒逼公共创新载体平台提高质量，另一方面为各级决策者和管理者“松绑放权”，为制度创新打造良好的创新环境。在吸收借鉴国内外创新中心建设发展经验之时，应特别注意“分类施策、适用适当”，预防“一刀切”地套用与模仿造成公共创新载体平台的制度错配。例如，上海于 2018 年 1 月 16 日发布《关于本市推进研发与转化功能型平台建设的实施意见》，明确研发与转化功能型平台建设不再采用申报制，而是由市政府委办局自上而下、充分调研后做出建设决策，避免传统的申报制下各单位为获得政府补贴而争办平台、造成供需错位、公共服务意识不足的问题。平台建成后，各委办局也将采用“分类管理、一台一策”的办法，为各平台提供个性化的政策和资源配置服务。

4. 结构性改革完善企业创新生态

一是修补制造业创新链，提高科技成果转化率。美国构造国家制造创新网络（NNMI）时，将制造技术基础研究到商业化生产之间划分为制造基础研究、概念验证研究、实验室试制、原型制造、生产条件能力培育、生产效率提升六个环节，认为政府投入主要集中在制造基础研究和概念验证研究这两个环节，企业研发投入主要集中在生产条件能力培育和生产效率提升；因此，实验室试制、原型制造能力这两个环节往往受重视不够，国家制造创新网络（NNMI）旨在填补这两个环节的缺失。相比之下，由于受到科研事业单位体制机制约束，我国科研项目往往以课题结项而非转为现实生产力为目标，这两个环节的问题更为突出。要深化供给侧结构性改革，打破科研事业单位体制机制约束，围绕行业需求整合现有创新载体和资源，构建新型制造业创新平台，开展行业前沿和竞争前共性关键技术、先进制造基础工艺等方面研发和产业化推进等方面工作，弥补技术研发与产业化之间的创新链缺失，对于提高科技成果转化率、强化制造业技术创新基础能力至关重要。

二是在双循环新发展格局下，构建以企业为主体的开放性创新体系。对内，协同开放是建设有效创新生态系统的基本要求，但受体制机制约束，我国各类创新组织之间，包括政府、企业、高等院校、科研机构以及中介机构和社区组织，在创新信息分享、科技人才使用以及创新资本流动等方面的开放协同都远远不够。应当按照市场化原则，强化政府、企业、科研院所、高校等各方面创新主体充分互动，促进信息、人才和资金在各类组织之间有效流动，形成开放合作的创新网络和形式多样的创新共同体。对外，在中美科技竞争可能长期持续的大背景下，有效吸收、利用全球创新资源。中国应积极加速企业对外直接投资，中国企业主动走出去，顺应全球产业链、供应链区域化、本地化的诉求，确保中国企业能够继续嵌入全球创新网络，在“卡脖子”技术领域创造合作创新的空间。随着美欧企业在中国直接投资节奏放缓，中国企业在本土开展技术吸收和学习的难度不断加大。中国企业应以直接投资的方式进入美欧市场，通过占领高端市场或领先市场继续深度嵌入美欧主导的全球创新网络，确保继续深度嵌入全球创新网络。

三是改善中小企业创新的“生态位”，提高中小企业制造创新能力。发达国家的经验表明，中小企业在制造创新生态系统中具有重要的地位，是科研成果转化的主力。大多数颠覆性技术创新都是中小企业实现的。在制造业信息化成为制造业技术创新的主导趋势下，中小企业创新作用更为突出。但是，我国中小企业创新“生态位”的位势比较低，无论是创新资金获取，还是科技成果来源，以及政府的产业政策倾斜，都比大型企业处于劣势地位。因此，推进供给侧结构性改革时要深化行政体制和科研体制改革，进一步完善“大众创业、万众创新”的环境，从而为中小企业创新能力提升创造更好的条件。

参考文献

［1］白旭云、王砚羽、苏欣：《研发补贴还是税收激励——政府干预对企业创新绩效和创新质量的影响》，《科研管理》2019 年第 6 期。

［2］戴维：《牛津创新手册》，知识产权出版社 2008 年版。

［3］德勤中国：《2019 中国高科技高成长 50 强暨明日之星年度报告》。

［4］贺德方、唐玉立、周华东：《科技创新政策体系构建及实践》，《科学学研究》2019 年第 1 期。

［5］尼古拉斯·沃诺塔斯：《创新政策》，社会科学文献出版社 2016 年版。

［6］苏竣：《公共科技政策导论》，科学出版社 2014 年版。

［7］周华东、王海燕、郝君超：《推进科学政策的决策科学化——解读美国科学政策学建设工作》，《科学学研究》2012 年第 11 期。

［8］Malerba, F. , “Sectoral Systems of Innovation and Production”, *Research Policy*, Vol. , 31, No. 2, 2002.

［9］OECD Statistics. Gross Domestic Expenditure on R&D by Sector of Performance and Type of R&D, https: //stats. oecd. org/.

［10］吕薇、王明辉：《鼓励企业多渠道参与基础研究》，《经济日报》，2019 年 8 月 19 日。

第六十一章　中国企业家精神培育

提　要

企业家能在经济发展中发挥重要作用，而企业家精神则是实现企业家功能的关键所在。本章对企业家精神进行测度后发现：从全国层面来看，2011～2018年，我国企业家精神指标值呈现先降后升的变化趋势，即在经过2012年短暂上升后，很快呈现下降趋势，但自2015年开始，又呈现稳步上升趋势；从地区层面来看，2011～2018年，我国企业家精神指标值排名前列的地区均在东部，包括北京、上海、江苏、浙江、广东等，而排名靠后的地区主要在西部，包括甘肃、内蒙古、新疆、西藏。当前，培育我国企业家精神面临的突出问题包括经济下行压力增大降低企业家再投资信心、产业结构调整阵痛加剧企业家行为的分化、用工成本持续上升导致企业传统优势衰弱、外部制度环境短板造成企业家精神的扭曲、逆全球化浪潮涌起冲击企业家整体创造力五个方面。未来要凝聚共识以引导企业家主动履行社会责任、纾难解困以增强企业家再投资动力与活力、营造环境以提高企业家的获得感与安全感、着眼未来以厚植企业家精神代代传承根基。

*　　　　*　　　　*

改革开放后，我国企业家精神在农村改革、私营经济改革过程中萌发，在20世纪90年代的工业化进程中发展，并在进入21世纪后壮大（余菁，2018）。近年来，在政府部门密集出台“双创政策”以及以人工智能、大数据、物联网、云计算等为代表的新一代信息技术浪潮影响下，我国企业家精神又呈现新的时代性特征。首先，本章构建企业家精神指标体系，并利用主成分分析法对企业家精神、企业家创业精神、企业家创新精神、企业家冒险精神进行量化测度，并对原因进行分析。其次，以此为基础，对当前我国发挥企业家精神面临的突出问题进行讨论。最后，从凝聚共识、纾难解困、营造环境、着眼未来四个角度提出相应的政策建议。

一、近年来我国企业家精神变化的特征

企业家能在经济发展中发挥重要作用，而企业家精神则是实现企业家功能的关键所在。在经济学或管理学研究范式中，多数研究者从企业家功能的角度进行解构分析。如Wennekers和Thurik（1999）总结认为，企业家功能包括与不确定性相关的风险识别者、金融资本提供者、创新

者、决策者、产业领导者、管理者、经济资源的组织者与协调者、企业所有者、生产要素雇佣者、契约制定者、套利者、多种用途资源分配者、新公司创业者十三个方面的内容。这些功能又可以追溯到源三类学派。如德国古典学派认为，企业家是不稳定状态的创造者或创造性破坏者；奥地利学派认为，在外生冲击发生后，企业家是获利机会的识别者、填补者；新古典学派认为，企业家是通过企业家活动推动市场走向均衡的引领者。

从实证角度来看，多数研究者遵循 Hebert 和 Link（1989）的划分，将企业家精神指标划分为企业家创业精神与企业家创新精神子指标，并使用自我雇佣比率、个体与私营企业就业人数比率、新增民营企业数量、企业进入率与退出率等具体指标来衡量企业家创业精神，使用专利申请量、专利授权量、研发经费内部支出等具体指标来衡量企业家创新精神。近年来，企业家冒险精神越来越受到研究者们的关注。如李小平和李小克（2017）认为，除了创业意识和创新意识以外，冒险意识也是企业家精神的重要组成部分。汪前进（2000）、韩震（2002）、刘兴国和张航燕（2020）等认为，冒险与创新看上去较为相似，但前者在很大程度上是后者的前提，即创新需要冒险，只有冒险进入未知领域，创新才有可能。由此，本章将企业家精神划分为企业家创业精神、企业家创新精神、企业家冒险精神，在构建包含23个变量的指标体系的基础上，运用省级层面数据和主成分分析法，测度近年来我国企业家精神变化趋势。

1. 企业家精神指标值：先降后升，地区差距明显

图 61 - 1 是 2011 ~2018 年我国企业家精神指标值变化情况。从中可见，我国企业家精神指标值在 2011 年为 71.87%，经过 2012 年短暂上升后，很快呈现下降趋势，到 2014 年，降至 71.07%。自 2015 年开始，指标值呈现稳步上升趋势，到 2018 年，提高至 73.88%。

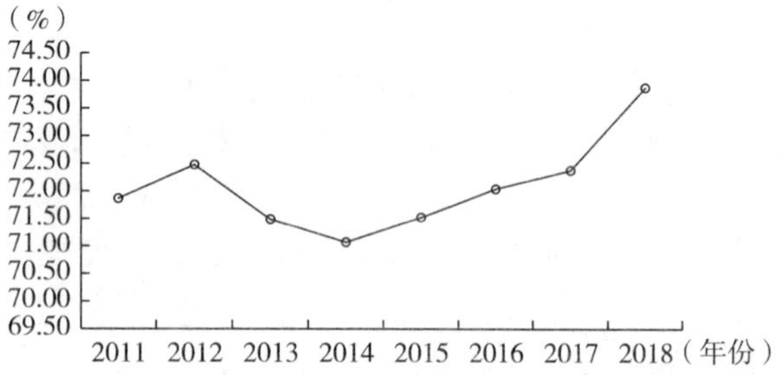

图 61 -1 2011 ~2018 年我国企业家精神指标值变化情况

资料来源：笔者计算得到。

表 61 -1 是 2011 ~2018 年企业家精神指标值的地区排名情况。从中可见，由于标准差较大，企业家精神指标值的地区差异也较为明显。例如，企业家精神指标值排名前列的地区均在东部，且排名前五位的地区名单在 2011 ~2018 年并

表 61 -1 2011 ~2018 年企业家精神指标值的地区排名情况

分类	排名	2011 年	2012 年	2013 年	2014 年	2015 年	2016 年	2017 年	2018 年
正数	1	北京	北京	北京	北京	北京	北京	北京	北京
	2	上海	上海	上海	上海	上海	上海	广东	广东
	3	江苏	江苏	江苏	江苏	浙江	浙江	上海	上海
	4	浙江	浙江	浙江	浙江	江苏	江苏	江苏	江苏
	5	广东	广东	广东	广东	广东	广东	浙江	浙江
倒数	-5	内蒙古	内蒙古	河北	云南	云南	甘肃	甘肃	甘肃
	-4	山西	新疆	内蒙古	河南	青海	西藏	西藏	内蒙古
	-3	甘肃	西藏	新疆	甘肃	西藏	云南	云南	黑龙江
	-2	青海	甘肃	甘肃	新疆	河南	新疆	广西	西藏
	-1	西藏	青海	青海	青海	甘肃	河南	新疆	新疆
标准差		9.12	9.41	9.06	8.79	9.01	8.65	8.66	8.88

资料来源：笔者计算得到。

未发生变化，具体包括北京、上海、江苏、浙江、广东。相对而言，企业家精神指标值排名靠后的地区主要在西部，包括甘肃、内蒙古、新疆、西藏。

2. 企业家创业精神指标值：波动上升，地区差距较大

图 61－2 是 2011～2018 年我国企业家创业精神指标值变化情况。从中可见，我国企业家创业精神指标值在 2011 年为 76.21%，经过 2012 年小幅上升后，2013 年大幅提高至 83.35%。2014 年开始连续两年下降，2015 年降低至 80.86%。2016 年开始连续两年上升，2017 年提高至 82.96%。2018 年又降至 82%。

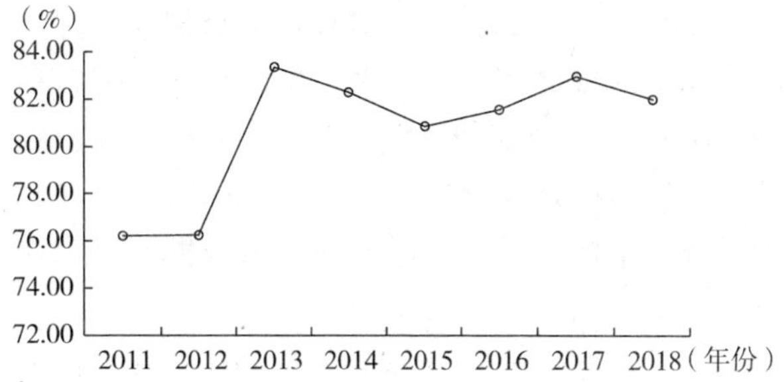

图 61－2　2011～2018 年我国企业家创业精神指标值变化情况

资料来源：笔者计算得到。

表 61－2 是 2011～2018 年企业家创业精神指标值的地区排名情况。从中可见，企业家创业精神指标值的标准差比企业家精神指标值的标准差还大，因此，地区差异也较大。例如，企业家创业精神指标值排名前列的地区主要为东部的上海、江苏、浙江和西部的重庆、宁夏。相对而言，企业家创业精神指标值排名靠后的地区主要为西部的甘肃、西藏，中部的黑龙江、河南，以及东部的海南。

表 61－2　2011～2018 年企业家创业精神指标值的地区排名情况

分类	排名	2011 年	2012 年	2013 年	2014 年	2015 年	2016 年	2017 年	2018 年
正数	1	上海	上海	浙江	浙江	浙江	浙江	浙江	江苏
	2	北京	北京	江苏	江苏	江苏	江苏	江苏	浙江
	3	江苏	江苏	宁夏	重庆	重庆	陕西	上海	上海
	4	浙江	浙江	重庆	宁夏	宁夏	宁夏	重庆	北京
	5	辽宁	宁夏	安徽	山东	上海	重庆	宁夏	重庆
倒数	－5	青海	青海	黑龙江	河南	甘肃	黑龙江	四川	黑龙江
	－4	陕西	安徽	陕西	黑龙江	河南	甘肃	河南	海南
	－3	甘肃	贵州	甘肃	甘肃	黑龙江	河南	甘肃	甘肃
	－2	贵州	甘肃	西藏	西藏	西藏	西藏	海南	河南
	－1	西藏	西藏	海南	海南	海南	海南	西藏	西藏
标准差		10.64	10.14	8.8	8.94	9.25	9.18	10.25	11.05

资料来源：笔者计算得到。

3. 企业家创新精神指标值：稳步上升，地区差距突出

图 61－3 是 2011～2018 年我国企业家创新精神指标值变化情况。从中可见，我国企业家创新精神指标值在 2011 年为 66.92%，经过两年小幅上升后，到 2014 年降至 66.89%。自 2015 年开始，我国企业家创新精神指标值呈现稳步上升趋势，到 2018 年提高至 68.14%。

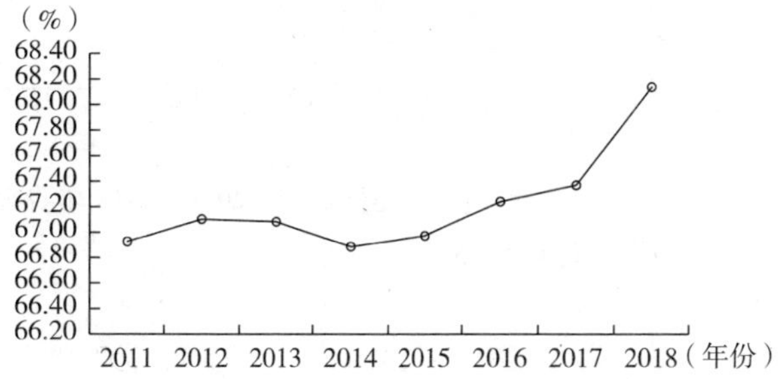

图 61－3　2011～2018 年我国企业家创新精神指标值变化情况

资料来源：笔者计算得到。

表61－3是2011～2018年企业家创新精神指标值的地区排名情况。从中可见，企业家创新精神指标值的标准差相对于其他结果并不大，因此，尽管地区差异仍较为突出，但程度并不如其他结果。举例而言，企业家创新精神指标值排名前列的地区均在东部，且排名前五位的地区名单在2011～2017年并未发生变化，而在2018年，广东超越江苏，排名第五位。相比之下，企业家创新精神指标值排名靠后的地区主要为西部的贵州、广西、新疆、西藏和东部的海南。

表61－3 2011～2018年企业家创新精神指标值的地区排名情况

分类	排名	2011年	2012年	2013年	2014年	2015年	2016年	2017年	2018年
正数	1	北京	北京	北京	北京	北京	北京	北京	北京
	2	上海	上海	上海	上海	上海	上海	上海	上海
	3	天津	天津	天津	天津	天津	天津	天津	天津
	4	江苏	江苏	江苏	浙江	浙江	浙江	浙江	浙江
	5	浙江	浙江	浙江	江苏	江苏	江苏	江苏	广东
倒数	－5	云南	广西	广西	内蒙古	广西	广西	贵州	广西
	－4	新疆	新疆	新疆	贵州	新疆	新疆	内蒙古	内蒙古
	－3	贵州	贵州	贵州	新疆	贵州	贵州	新疆	海南
	－2	海南	海南	海南	海南	海南	海南	海南	新疆
	－1	西藏	西藏	西藏	西藏	西藏	西藏	西藏	西藏
标准差		7.97	7.94	7.92	7.81	7.81	7.77	7.71	7.88

资料来源：笔者计算得到。

4. 企业家冒险精神指标值：平稳波动，地区差距显著

图61－4是2011～2018年我国企业家冒险精神指标值变化情况。从中可见，我国企业家冒险精神指标值在2011年为76.9%，经过两年波动式上升，到2014年提高至78.41%。自2015年开始，我国企业家冒险精神指标值呈现波动式下降趋势，到2018年降至77.9%。

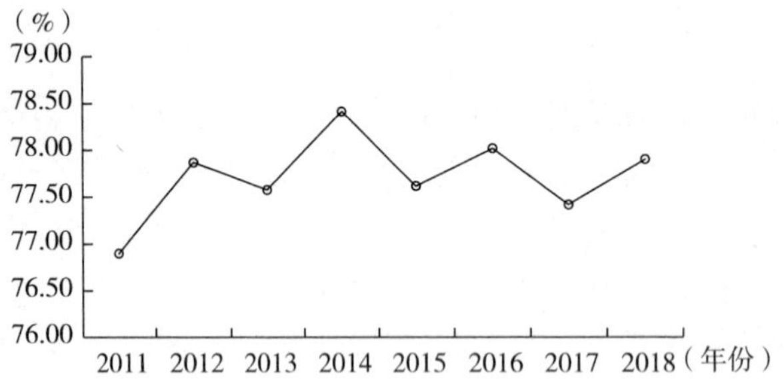

图61－4 2011～2018年我国企业家冒险精神指标值变化情况

资料来源：笔者计算得到。

表61－4是2011～2018年企业家冒险精神指标值的地区排名情况。从中可见，由于标准差较大，企业家冒险精神指标值的地区差异仍较为显著。例如，企业家冒险精神指标值排名前列的地区主要为东部的广东、北京、海南和西部的四川、陕西。相对而言，企业家冒险精神指标值排名靠后的地区主要在西部，包括内蒙古、新疆、甘肃、青海、广西等。

表 61-4 2011～2018 年企业家冒险精神指标值的地区排名情况

分类	排名	2011 年	2012 年	2013 年	2014 年	2015 年	2016 年	2017 年	2018 年
正数	1	广东	广东	广东	广东	广东	广东	广东	广东
	2	北京	海南	北京	北京	北京	海南	北京	北京
	3	海南	北京	西藏	西藏	海南	北京	四川	海南
	4	西藏	贵州	海南	海南	陕西	陕西	陕西	四川
	5	四川	四川	四川	贵州	贵州	四川	海南	陕西
倒数	-5	甘肃	甘肃	山西	甘肃	广西	河北	河北	云南
	-4	山西	宁夏	甘肃	宁夏	甘肃	广西	云南	河北
	-3	新疆	青海	青海	青海	内蒙古	云南	广西	广西
	-2	青海	内蒙古	内蒙古	内蒙古	新疆	内蒙古	内蒙古	内蒙古
	-1	内蒙古	新疆	新疆	新疆	山西	新疆	新疆	新疆
标准差		9.81	9.49	9.69	9.79	9.56	9.02	9.72	9.4

资料来源：笔者计算得到。

二、影响我国企业家精神变化的原因

新常态背景下经济发展的阶段性演变特征、政府部门在不同阶段出台指出创业的政策、政府部门实施创新驱动发展战略的进程、我国企业以出口为导向的贸易发展模式以及资源禀赋、区位优势与地方政府的战略选择等影响我国企业家精神变化的主要原因。

1. 新常态背景下经济发展的阶段性演变特征

新常态背景下经济发展的阶段性演变特征是影响我国企业家精神指标值在时间趋势上发生变化的主要原因。如从 2012 年开始，我国经济进入结构调整的阵痛期，部分产业出现严重的产能过剩现象，GDP 增速从年均 10% 降至 7%，使企业家信心受到了较大影响。在此背景下，民间投资增速快速下滑，从 2012 年的 24.84% 下降至 2014 年的 18.1%，也从侧面反映我国企业家信心遭受了较大冲击。2014 年，习近平总书记提出并系统阐述新常态，认为我国经济正从高速增长转为中高速增长，经济结构正不断优化升级，推动经济发展的核心动能正从要素驱动、投资驱动向创新驱动转变。同年，中央经济工作会议提出“认识新常态、适应新常态、引领新常态”的要求，并将“努力保持经济稳定增长”和“积极发现培育新增长点”放在来年经济工作主要任务的突出位置。由此，才使企业家信心的下降趋势逐渐得到扭转。自 2015 年以来，随着供给侧结构性改革目标被明确，政府部门以“三去一降一补”为抓手，在放管服改革、营商环境优化以及财政、税收、金融等领域持续出台了一系列支持性政策，有效激发了各类市场主体活力，使企业家信心呈现蓬勃发展趋势。

2. 政府部门在不同阶段出台支持创业的政策

政府部门在不同阶段出台支持创业的政策是影响我国企业家创业精神指标值在时间趋势上发生变化的主要原因。如 2012 年，面临经济增速下滑和就业压力增大的复杂形势，政府部门制定出台了《促进就业规划（2011～2015 年）》，明确指出要通过促进创业带动就业的任务，并在税收优惠、担保贷款、财政补贴、审批手续简化、创业孵化基地建设、创业服务体系构建等方面制定了具体举措，有效地激发了各类市场主体的创业热情。2013～2014 年，在产能过剩现象日益严重的背景下，我国就业的结构性矛盾突出，影响了企业家的创业热情。在此背景下，李克强总理提出“大众创业、万众创新”的口号，并在 2015

年政府工作报告中对其做出了进一步阐述。同年，政府部门连续印发《关于发展众创空间推进大众创新创业的指导意见》《国务院关于进一步做好新形势下就业创业工作的意见》《关于大力推进大众创业万众创新若干政策措施的意见》文件，并在创新体制机制、优化财税政策、搞活金融市场、扩大创业投资、发展创业服务方面制定了众多举措，掀起了新一轮创业高潮。2016 年，我国新登记注册企业数量增长了 24.5%、平均每天新增 1.5 万户，分别比 2015 年提高 2.9 个百分点、25 个百分点。然而，2018 年美国发起针对我国部分商品和部分企业的贸易战、科技战，对我国相关产业的发展造成了较大的负面影响，不仅使国内经济面临更大的下行压力，也在一定程度上打击了企业家的创业热情。

3. 政府部门实施创新驱动发展战略的进程

政府部门实施创新驱动发展战略的进程是影响我国企业家创新精神指标值在时间趋势上发生变化的主要原因。如 2012 年，党的十八大明确提出，我国要实施创新驱动发展战略。在世界经济深度调整和国内经济低速增长的环境下，我国研发经费支出在 GDP 中的比重、专利申请量、专利授权量在经过 2013 年的上涨后，又出现短暂的下降。2014 年，三者分别下降 0.05 个百分点、0.67 个百分点、0.79 个百分点。2015 年，针对我国创新体系效能不高、创新活力动力不足、管理体制机制不全等问题，中共中央、国务院出台了《关于深化体制机制改革加快实施创新驱动战略的若干意见》，在营造公平竞争环境、建立市场导向机制、强化金融创新功能、加大成果转化激励、构建高效科研体系等方面制定了 30 条政策措施，有效激发了社会整体创造力。2015 ~ 2018 年，我国研发经费支出在 GDP 中的比重、专利申请量、专利授权量分别提高了 0.12 个百分点、54.48 个百分点、42.44 个百分点，科技进步贡献率上升到 58.5%，显著增强了我国自主创新能力，不仅使包括载人航天、探月工程、量子通信等在内的一系列重大创新成果不断涌现，还使我国高铁网络、移动支付、共享经济、电子商务等领域的科技创新逐渐从跟跑向领跑转变。

4. 以出口为导向的贸易发展模式

以出口为导向的贸易发展模式是影响我国企业家冒险精神指标值在时间趋势上发生变化的主要原因。实际上，在贸易发展模式方面，企业家冒险精神突出表现在通过贸易活动开拓海外新市场上。然而，随着世界经济低迷、海外需求下降以及国内劳动力成本不断上升，我国企业依靠低成本的传统竞争优势逐渐弱化，部分产业加速向周边国家或地区转移，使国内企业家的冒险活动锐减。这一变化在 2015 年尤为显著。具体而言，自 2012 年开始，全球范围内商品贸易额在 GDP 中的比重进入下降通道，增幅连续五年为负，与此同时，国内最低工资标准却在不断提升，加上美国等国家频繁对我国部分出口商品发起贸易救济调查，由于各方面因素共同作用，导致我国进出口贸易额增速出现断崖式下跌。2012 ~ 2014 年，虽然我国进出口贸易额增速为正，分别为 6.19%、7.55%、3.43%，但与 2002 ~ 2011 年年均增速 22.62% 相比，降幅十分明显。到 2015 年，我国贸易形势进一步恶化，当年进出口贸易额增速降为 -8.1%，使相关产业内企业家的冒险活动面临更大的压力。在此背景下，政府部门连续印发《关于加快培育外贸竞争新优势的若干意见》《关于促进进出口稳定增长的若干意见》《关于促进加工贸易创新发展的若干意见》《关于促进外贸回稳向好的若干意见》等文件，并在推动外贸结构调整、提升国际竞争力、深化与“一带一路”沿线国家合作、优化营商环境等方面制定了一系列政策措施，有效助力了企业家的冒险活动。到 2018 年，尽管中美贸易摩擦愈演愈烈，但我国不断扩大对外开放水平，持续加强与周边国家、“一带一路”沿线国家的产能合作等，构建出互利共赢的国际合作新格局，使企业家的冒险活动再次增多起来。

5. 资源禀赋、区位优势、战略选择等因素

资源禀赋、区位优势以及地方政府的战略选择等是影响我国企业家精神指标值地区差异的重要因素。但在企业家精神指标体系的测度结果中，不同因素的作用强度也不一样。

在企业家精神指标值和企业家创新精神指标值的地区排名中，资源禀赋、区位优势等因素的作用可能较强。如北京是我国的政治中心、文化中心、国际交往中心和科技创新中心，上海是我国国际经济中心、金融中心、贸易中心、航运中心和科技创新中心，可能更能培育优秀的企业家精神；广东、浙江、江苏处于我国沿海地区，对外开放程度高，人力资本、物质资本供给充足，经济较发达，可能更具有培育优秀企业家精神的厚实基础。相对而言，西部地区在基础设施、制度体系、市场化程度、人力资本、技术能力、对外开放水平等方面与东部沿海地区有较大差距，在很大程度上并不利于培育优秀的企业家精神。

在企业家创业精神指标值和企业家冒险精神指标值的地区排名中，除了资源禀赋、区位优势等因素之外，地方政府的战略选择作用还可能较强。以企业家创业精神指标值的地区排名结果为例，就重庆而言，其不仅是我国第四个直辖市，也在制度改革、政策试验等方面先行先试，还是我国西南地区综合交通枢纽，能够在西部大开发中发挥支撑作用。尤其是近年来，通过加快基础设施建设、加大招商引资力度、加强政策创新深度，不仅巩固其在“一带一路”、长江经济带中的区位优势，还形成规模化的产业集群优势，有效激发了企业家的创业热情。对宁夏而言，具有独特的资源优势、区位优势和历史优势，能够成为丝绸之路经济带的战略支点和中阿国际合作“桥头堡”。尤其自2012年9月国务院批复同意设立内陆开放型经济试验区以来，宁夏立足我国内陆地区首个覆盖全域的试验区优势，在政策创新、空间规划、产业发展、对外开放等方面都进行了积极探索，使越来越多的企业家来此创业。对黑龙江而言，市场化程度较低、营商环境不佳、产业结构单一、人口老龄化危机等问题使其经济增速遭遇连续滑落；对河南而言，尽管具有较好的区位优势，但在将其转化为产业优势的过程中，仍过于倚重以富士康为核心的智能终端制造业，实际上，这与装备制造、食品加工、物流货运等其他产业一样，都属于劳动密集型产业，市场结构较为稳定；对海南而言，尽管具有优越的地理位置和购物退免税的政策优势，但也面临经济基础较弱、基础设施不全、人才供给不足等问题。这些因素都会在很大程度上降低企业家的创业热情。

三、当前培育我国企业家精神面临的突出问题

经济下行压力增大、产业结构调整阵痛、用工成本持续上升、外部制度环境短板、逆全球化浪潮涌起等因素是当前培育我国企业家精神面临的突出问题。

1. 经济下行压力增大降低企业家再投资信心

企业家精神是推动经济发展的重要因素，而经济发展也会在很大程度上反作用于企业家精神。当一国或地区经济增速持续下降时，意味着该国或地区居民整体消费水平提升速度会降低。在产品或服务市场需求前景不旺甚至可能会出现低迷的情况下，企业家将会显著减少相应的投资再生产行为，转而将资本储存于商业银行、信用社等银行类金融机构或投资于证券公司、基金管理公司等非银行类金融机构。这显然不利于企业家精神的发挥。从数据情况来看（见图61－5），2012～2019年，我国经济下行压力增大，GDP增速从7.9%降至6.1%，对企业家再投资信心造成了较大影响。如在城镇固定资产投资完成额中，民间投资增速从24.84%降至4.7%，占比则在经过三年连续上升后呈现下降趋势，从2015年的64.2%降至2019年的56.42%；而相反，在金融机构各项存款余额中，企业存款余额占比在经过三年连续下降后呈现上升趋势，从2015年的30.28%升至2019年的30.43%。进入2020年，受“新冠肺炎”疫情影响，我国经济遭受较大冲击，下行压力进一步加大。如2020年第一季度，我国GDP增速为－6.8%。其中，第二产业中的制造业、建筑业增加值增速分别为－10.2%、－17.5%，第三产业中的住宿和餐饮业、批发和零售业、交通运输与仓储及邮政业增加值增速分别为－35.3%、－17.8%、－14%。受此影响，我国私营企业经营绩效出现大幅下滑，企业家信心受到严重冲击，民间投资额下降明显。如2020年第一季度，我国私营工业企业亏损单位数比

例、亏损额分别同比上升 11.28 个百分点、19.6 个百分点，营业收入、利润总额分别下降 16.1 个百分点、29.5 个百分点；同期，我国民间固定资产投资完成额增速和占比分别降至 -18.8%、56.34%；而企业家信心指数则降至历史最低点，为 90.86%，甚至低于 2008 年的 94.6%。

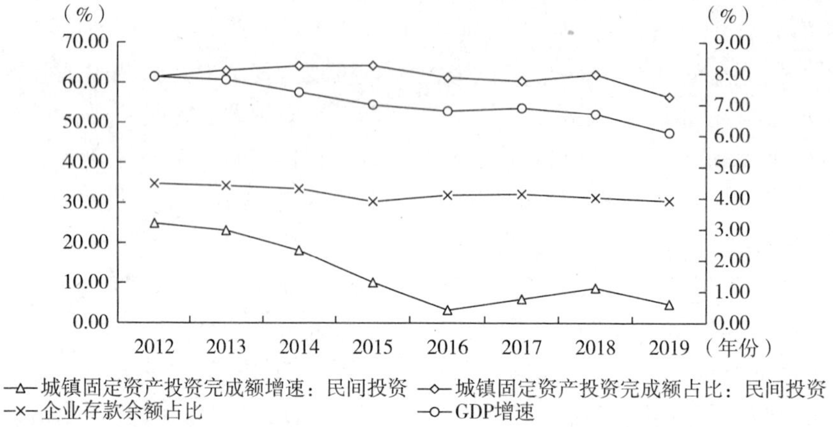

图 61-5 2012~2019 年我国 GDP 增速与民间固定资产投资完成额增速变化情况

注：数据为不变价。

资料来源：国家统计局。

2. 产业结构调整阵痛加剧企业家行为的分化

过去四十几年，我国产业结构调整的总体方向是第一产业和第二产业增加值比重下降，而第三产业增加值比重上升（见图 61-6）。如 1978 年，我国三次产业增加值比重分别为 27.69%、47.71%、24.6%；到 1985 年，第三产业增加值比重超过第一产业，分别为 29.35%、27.93%；到 2012 年，第三产业增加值比重超过第二产业，分别为 45.46%、45.42%；到 2019 年，我国三次产业增加值比重分别变为 7.11%、38.97%、53.92%。这样的调整过程符合产业结构理论。然而，在我国产业结构调整的现实过程中，也出现了一系列问题。如当某一产业成为经济结构调整的重点方向时，各地区往往会蜂拥而上，大搞项目的重复建设，使部分产业在全国范围内出现严重的产能过剩现象。又如，当云计算、大数据、人工智能、5G 等新技术所支撑的新业态逐渐兴起时，相关领域的创业故事在短时间内呈现加速潮涌和急速潮退的“双城记”。企业家行为在这种阵痛中也呈现分化态势。如有的企业家坚守在固有的产业领域内，却在转型升级过程中逐渐被淘汰；有的企业家坚信生产制作的传统工艺，却在现代工业和市场经济中没落；有的企业家利用技术优势、资源优势、平台优势扎根互联网，在短时间内将企业迅速做大做强，成为细分领域的龙头企业；有的企业家言必谈数据化、信息化、智能化，却在“烧光”投资者所投资金后黯然离场。

3. 用工成本持续上升导致企业传统优势衰弱

企业家的创业、创新、冒险等活动会受到众多因素的影响，而用工成本是其中最重要的因素之一。当用工成本低廉时，在劳动生产率一致的前提下，企业家的创业、创新、冒险等活动会比较顺利地开展；当用工成本高昂时，在相同前提下，企业家的创业、创新、冒险等活动会面临更多挑战。以创业活动为例，假设两家企业的初始资本相同，且运营成本都仅为单一的用工成本。此时，如果一家企业的用工成本是另一家企业的两倍，而劳动生产率却较低，那么，该企业在市场竞争中显然会处于弱势地位。对我国而言，丰富且低廉的劳动力成本形成了企业在国际市场中的竞争优势，但随着劳动力成本不断上升，这种传统优势正在逐渐衰弱。如在 2008~2019 年，剔除物价上涨因素，我国全员劳动生产率增长 103.42 个百分点；但在相同时间段内，我国多数地区最低工资涨幅却超过劳动生产率涨幅。在图 61-7 中，29 个地区最低一档小时最低工资涨幅均值为 120.72%，高于全员劳动生产率增幅 7.3

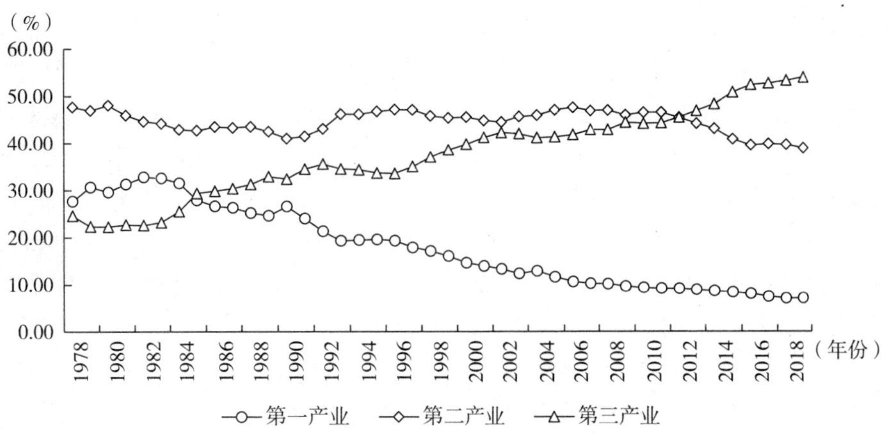

图 61－6　1978～2019 年我国三次产业增加值比重变化情况

资料来源：国家统计局。

个百分点。其中，宁夏最低一档小时最低工资涨幅最小，为 81.64%，广西最低一档小时最低工资涨幅最高，为 178.71%。此外，仅有宁夏、湖北、浙江、青海、山西、山东、湖南等 9 个地区最低一档小时最低工资涨幅低于我国全员劳动生产率增幅，而其余 20 个地区最低一档小时最低工资涨幅超过我国全员劳动生产率增幅。

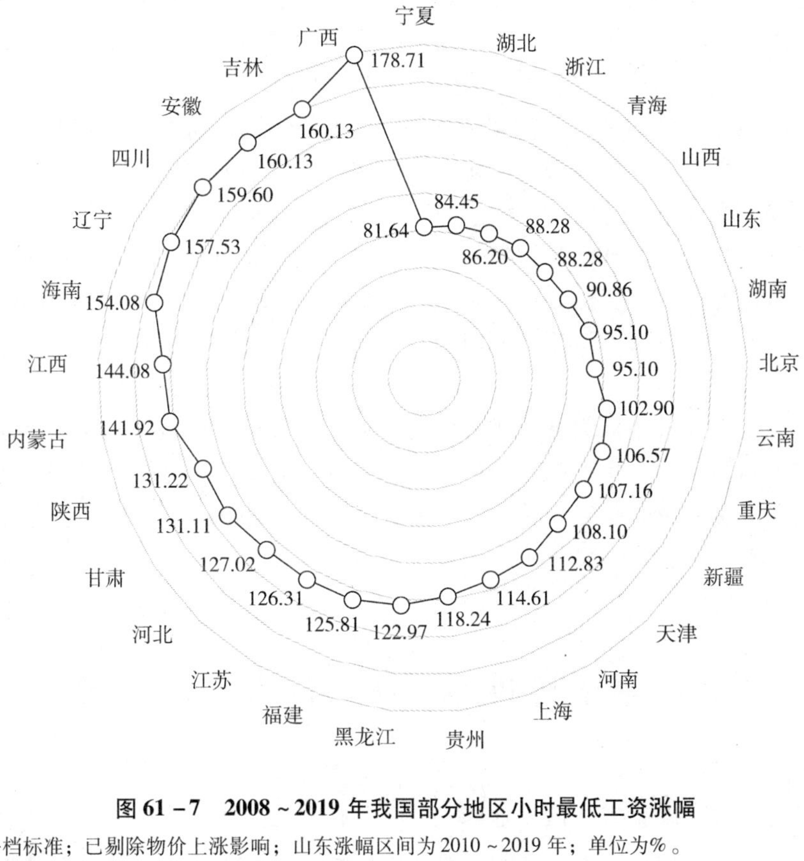

图 61－7　2008～2019 年我国部分地区小时最低工资涨幅

注：数据为最低一档标准；已剔除物价上涨影响；山东涨幅区间为 2010～2019 年；单位为%。

资料来源：国家统计局。

4. 外部制度环境短板造成企业家精神的扭曲

企业家精神可分为生产性和非生产性。当制度环境有利于企业家健康成长时，企业家精神会更多地被配置到与企业生产经营相关的业务活动中，如生产、研发、销售等；而当制度环境不利于企业家健康成长时，企业家精神会更多地被配置到与企业生产经营不相关的业务活动中，如交际、应酬、寻租等。显然，这是对企业家精神的误配和扭曲。对我国企业家精神而言，外部制度环境短板突出表现在法治环境和市场环境两个方面。在法治环境方面，对企业家创新成果的知识产权保护问题尤为突出。如在电商平台，充斥着对原创商标、设计、版权的盗用和仿造，而现有的“通知—删除机制”也面临被竞争对手恶意投诉的难题。企业家不得不将时间配置到耗时长、成本大的诉讼或应诉中。如何进一步完善电子商务法，使其在促进电商产业发展的同时保护企业家精神，已成为政府部门亟须解决的难题。在市场环境方面，市场准入、公平竞争、公正监管等问题较为突出。如在市场准入制度上，民营企业很难深度参与到铁路、石油、天然气、电力等产业的相关业务中；在公平竞争制度上，民营企业也很难在土地供应、信贷资金、产业政策、政府采购、污染物排放指标等方面与国有企业竞争；在公正监管制度上，民营企业常常面临被摊派各种费用、被要求参与各类达标评比活动以及被选择性抽查与执法等问题。企业家不得不花费时间去跑关系、送材料、陪检查。

5. 逆全球化浪潮涌起冲击企业家整体创造力

全球化进程难以逆转，但并不意味着会一直前进。从过去的经验事实来看，尽管全球经济一体化是主旋律，但在发生如国际金融危机等特定事件后，也会在世界范围内出现以提高壁垒、增加关税、加强审查为代表的贸易保护主义和单边主义行为，从而使全球化进程出现短暂的倒退。近年来，在全球经济增速低迷、民粹主义极化演进、地缘政治环境恶化等因素广泛汇聚作用下，世界范围内的贸易保护主义和单边主义行为再起。随着频率不断增加、范围骤然扩张、强度逐渐加大，已然成为逆全球化浪潮，将会对全球经济发展造成深远影响和较大冲击。对我国而言，在2008年国际金融危机后，以美国为首的发达国家就开始推进本国制造业回流和再工业化战略，引起了与外资撤离中国潮相关的大讨论。2017年底，美国在《国家安全战略报告》中将我国列为“战略竞争对手”。次年，在“美国优先”策略主导下，美国又发起对我国的贸易战，并开始在外交、科技、文化、教育等众多领域对我国实施遏制和敌对政策。2020年，在“新冠肺炎”疫情对全球经济造成巨大冲击以及我国积极加强与国际社会合作开展疫情防控工作之际，部分发达国家和我国周边国家出现令人难以置信的一致性“反华”情绪，包括美国、欧盟、墨西哥、阿根廷、巴西等国家也纷纷启动对我国部分产品的337调查、反倾销调查、反补贴调查、保障措施调查等。这些都已经对我国企业家整体创造力造成了较大冲击。由于缺乏核心技术和关键零部件的供应，部分企业家的创新活动不得不暂缓甚至终止；又由于面临海外订单取消风险和越来越严格的产品审查标准，部分企业家的创业活动不得不计提更多坏账准备并增加更多成本；还由于受到签证、入境管制等方面的限制，因此，部分企业家奔赴海外开拓市场的冒险活动不得不延迟甚至取消。

四、未来培育我国企业家精神的政策建议

党中央、国务院历来高度重视我国企业家精神培育，尤其自党的十八大以来，习近平总书记在多次重要讲话中强调要激发和保护企业家精神。“企业家”“企业家精神”也多次被写入政府工作报告。2017年9月，中共中央、国务院印发《关于营造企业家健康成长环境弘扬优秀企业家精神更好发挥企业家作用的意见》，首次以专门文件明确企业家精神的地位和价值，为新形势下

培育企业家精神提供了依据和指引。2020 年 7 月 21 日，习近平总书记主持召开企业家座谈会，在科学分析当前国内疫情防控和经济恢复形势、充分肯定各类市场主体作用和贡献的基础上，提出了四方面要求和五点希望，为未来培育企业家精神指明了方向。面向“十四五”，在培育我国企业家精神以进一步推动经济高质量发展的过程中，不仅要凝聚共识、纾难解困，更要营造环境、着眼未来。

1. 凝聚共识，引导企业家主动履行社会责任

一是要引导企业家正确认识当前国内外复杂环境与多变形势，坚定我国经济发展长期向好的基本面并未改变这一事实与信心。二是要引导企业家树立崇高的使命感与责任感，把个人理想、企业未来与国家发展、民族复兴紧密融合起来。三是要立足当前我国面临的重大现实问题，支持企业家在防控疫情、复工复产、促进就业、节约资源、精准扶贫、净化风气、防范风险等方面发挥更加重要的作用。四是要建立优秀企业家的“红榜”制度，在发挥其示范带动作用的同时，加大对切实履行社会责任的企业家的宣传与表彰力度，并在政府采购、融资担保、工程招投标等方面对相关企业予以加分甚至优先考虑。

2. 纾难解困，增强企业家再投资动力与活力

一是要解决流动性资金的暂时性断裂问题。一方面，要依托区域性银行机构，创新绩效考核机制和金融服务平台，通过设立低息专项贷款项目、拓宽抵押物与质押物范围、延长贷款期限等方式，提高对相关企业的直接融资比重；另一方面，要设立区域性纾困基金，帮助相关企业纾解股权质押风险，同时，灵活运用政策性担保和再担保机制，为相关企业的融资增信，并对其他担保机构开展业务进行风险补偿、保费补贴。

二是要解决原材料供应受限和招工难问题。一方面，要对辖区内相关企业进行广泛调研，在摸清需求规模、结构的基础上，由政府部门牵头建立暂时性分流机制，保证生产线不停工；另一方面，由政府部门组织相关企业到原材料生产地区进行集中采购、到劳动力丰富地区进行广泛宣传，并通过包车、包机、包船等方式，协助将企业恢复生产所需原材料运回、将生产线所需员工聘归。

三是要解决订单骤降和产品销路阻滞问题。一方面，要加大出口产品转内销力度，依托大中型国有企事业单位和“两新一重”建设工程，集中征集、发布相关需求条件，优先将订单发包给符合资质但受疫情影响较重的企业；另一方面，要创新产品销售方式，组织开发一系列具有地方特色并符合国内消费者需求的产品，循序与各大电商平台合作建立销售专区，通过线上展示、直播带货、购物优惠等方式，培育有效的消费热点。

3. 营造环境，提高企业家的获得感与安全感

一是要继续落实普惠性和结构性减税降费政策，综合利用降率、减免、扣除、递延、结转、抵税、退税等方式，进一步降低劳动密集型企业、外贸企业、提供公共服务的企业、西部企业、中小微企业、私营企业、个体工商户、参与公益捐赠的企业和个人在增值税、所得税、社保费、用电费、用水费等方面的负担。

二是要持续推进以“证照分离”“多证合一”“马上办”“网上办”等为核心的商事制度改革，建立健全市场准入负面清单制度，保障各类市场主体“非禁即入”“非禁即准”，充分发挥市场在资源配置中的决定性作用，畅通土地、劳动力、资本、技术、数据等要素流动渠道，建立有违市场准入、公平竞争、公正监管等问题的多层次投诉举报机制。

三是要加快推进各部门规章、规范性文件的及时清理和动态调整工作，尽快完善在财产权保护、知识产权保护、行政诉讼等方面的立法工作，大力整治各类强制或变相强制企业参加评比、考核、达标等非生产性活动以及借机向企业收费或摊派事项等行为，严厉打击黑恶势力向企业收取“保护费”、公职人员向企业索贿以及其他侵犯企业家财产权、人身权的违法犯罪行为。

4. 着眼未来，厚植企业家精神代代传承根基

一是要强化对企业家精神的理论研究，通过组织高等学校、科研院所等研究力量，综合运用多种研究方法，从中国经济发展实践中总结本土优秀企业家的典型案例，探索优秀企业家成长的可能规律。二是要关爱企业家成长，将企业家队伍建设规划与国家重大战略规划有效融合，通过搭建创客学院、研修班、辅导班等各类交流平

台，加大对年青一代企业家在政策、管理、法规等方面的培训力度。三是要构建“亲”“清”新型政商关系，通过健全政府部门履约守诺制度、落实与企业家常态化沟通制度、推行为企业家服务的工作台账制度、建立合理容错制度等方式，发挥企业家参政议政、民主监督的功能。

专栏61－1

企业家精神测度指标体系与方法①

本章在企业家精神的创业精神子指标中，构建私营个体就业人数、私营个体户数、私人控股法人单位数、私营企业法人单位数、规模以上工企私营单位数五个具体指标；在企业家精神的创新精神子指标中，构建研发人员、研发经费、科技论文、技术输出合同数、技术输出合同额、专利申请量、专利授权量七个具体指标；在企业家精神的冒险精神子指标中，构建高技术进出口、高技术企业数、高技术利润总额、高技术研发项目、高技术研发经费、高技术研发人员、高技术新产品开发项目、高技术新产品开发经费、高技术新产品销售收入、高技术专利申请量、高技术有效发明专利量十一个具体指标。

本章采用主成分分析法对2011～2018年我国企业家精神、企业家创业精神、企业家创新精神、企业家冒险精神进行量化测度，主要步骤为：首先，按照近邻均值化原则对西藏、宁夏、黑龙江、青海的部分缺失值进行填充，并对所有指标数据进行标准化处理；其次，进行主成分分析，按照累计方差贡献率大于80%、特征根值大于1的标准确定公共因子，根据方差贡献率分别求出省级地区企业家精神、企业家创业精神、企业家创新精神、企业家冒险精神综合得分，并利用功效系数法将综合得分转化成百分制；最后，将省级地区生产总值占比作为权重，分别求出全国层面的企业家精神、企业家创业精神、企业家创新精神、企业家冒险精神。

专栏61－2

企业家精神与中国经济发展

中国之所以能在改革开放40年来取得如此巨大的成就，可从多个维度解读，包括政策、人口红利、资本的积累以及农村改革等，但还有一个最重要的要素，就是出现了“企业家经济”。企业家经济的产生对应着一个全新人群的出现，他们在中国过去40年经济发展中起着举足轻重的作用，这个人群叫作企业家。

企业家精神既不是一个“自然的”事物，也不是“创造性的”事物，而是一种踏踏实实的工作。总的来说，它包括以下五大内涵：

一是实践的创新。企业家精神的本质是创新，我们很多时候会谈观念创新和理念创新，但如果从企业家精神角度来看创新，首先要强调的是实践的创新。

二是一种基本的工作形态。你不能陷在经验里，也不能满足已取得的成就，它所有的工作都必须源于对创新的回答。

三是行动与结果的关系。有一句话叫“空谈误国”。教导我们不是只去想，不是只去谈，还必须去做、去落到实地，这一定是整个行动和结果之间的关系。

---

① 量化测度结果及原因分析主要由赵静怡博士完成，感谢赵静怡博士的帮助。

四是它必须有一个专注和投入的过程。聚焦于把一个行业打穿，把一个产品做成行业，把一个行业做到行业第一，之后才去拓展它所在的整个领域，恰恰能印证专注和投入就是创新要做的事情。

五是使命感与责任感。我们都很清楚今天所拥有的使命和责任到底是什么，但当你不具备企业家精神的时候，是无法真正体现出责任感和使命感的。

经过40年的风雨历练，中国企业和中国企业家来到了一个新的时代机遇点。之前40年，我们主要是跟随，在跟随过程中没有太多优势，没有足够人才积累和资本积累，没有办法同西方一流企业竞争。但如今我们来到了一个全新的又很特殊的时间点，因为互联网技术的飞速发展，使我们今天的数据协同、人工智能等所有的生产力要素面临重新组合的机会，全球的整个商业系统都面临一个重构的机会。

机会来了，不是谁都能把握住，即便你是很有成就的企业家，未来机会也未必属于你，关键看能不能发挥企业家精神。

资料来源：青青：《陈春花：企业家精神与中国经济发展》，《检察风云》2018年第13期。

参考文献

[1] Hebert, R., F. and Link, A., N. "In Search of the Meaning of Entrepreneurship", *Small Business Economics*, No. 1, 1989.

[2] Wennekers, S. and Thurik, R., "Linking Entrepreneurship and Economic Growth", *Small Business Economics*, No. 13, 1999.

[3] 韩震：《冒险的价值——我读怀特海》，《学术研究》2002年第9期。

[4] 李小平、李小克：《企业家精神与地区出口比较优势》，《经济管理》2017年第9期。

[5] 刘兴国、张航燕：《创新精神、冒险精神与企业成长——基于上市公司数据的企业家精神影响作用实证检验》，《中国经济报告》2020年第3期。

[6] 汪前进：《冒险精神、急功近利与创新意识》，《科学新闻》2000年第23期。

[7] 余菁：《企业家精神的涌现：40年的中国实践历程回顾与未来展望》，《经济体制改革》2019年第4期。

第六十二章　企业知识产权管理

提　要

“十四五”时期，是我国由全面建设小康社会向基本实现社会主义现代化迈进的关键时期，2020 年我国已经正式迈入创新型国家的行列。在“十四五”时期，研究如何发挥企业知识产权管理的作用，全面提升我国创新能力，具有重要的理论与实践意义。“十三五”时期，全国各地各行业企业在落实国家知识产权战略等各类政策过程中，不断加强顶层设计，在知识产权管理机制体制方面不断优化与时俱进，在具体知识产权管理工作落实中举措有力、点面到位，积极推动企业知识产权管理的发展，基本实现了“十三五”时期的阶段性目标。“十四五”时期，数字时代的经济高质量发展与日益增多的国际交流合作，都给企业知识产权管理带来了复杂和专业的新要求。为了更好地推动“十四五”时期企业知识产权管理的发展，从政策法律视角、企业视角分别提出了企业知识产权管理的路径优化建议，希望对我国“十四五”时期企业知识产权管理提供有益参考。

*　　　　*　　　　*

习近平总书记指出，“当前中国处于近代以来最好的发展时期，世界处于百年未有之大变局，两者同步交织、相互激荡”。2020 年，我国已经正式迈入创新型国家的行列，“十四五”时期，不仅是我国由全面建设小康社会向基本实现社会主义现代化迈进的关键时期，也是“两个一百年”奋斗目标的历史交汇期，更是全面开启社会主义现代化强国建设新征程的重要机遇期。2008 年，《国家知识产权战略纲要》出台，计划到 2020 年“把我国建设成为知识产权创造、运用、保护和管理水平较高的国家”，现在这一目标已基本实现。习近平总书记在党的十九大报告中指出，要“倡导创新文化，强化知识产权创造、保护、运用”。2020 年 5 月《中共中央　国务院关于新时代加快完善社会主义市场经济体制的意见》指出，要“完善和细化知识产权创造、运用、交易、保护制度规则”。2020 年 3 月《中共中央　国务院关于构建更加完善的要素市场化配置体制机制的意见》中明确提出“强化知识产权保护和运用，支持重大技术装备、重点新材料等领域的自主知识产权市场化运营”。同时“鼓励商业银行采用知识产权质押、预期收益质押等融资方式，为促进技术转移转化提供更多金融产品服务”。2020 年政府工作报告中明确要“提高科技创新支撑能力”，其中，将知识产权保护作为创新支撑能力体系的重要组成部分。《2020 年深入实施国家知识产权战略加快建设知识产权强国推进计划》提出了“五大重点工作，100 项具体措施”。2015 年 9 月中央发布《关于在部分区域系统推进全面创新改革试验的总体方案》。该方案分总体要求、主要任务、试验布局、组织实施四个部分。主要任务是探索发挥市场和政府作用的有效机制；探索促进科技与经济深度融合的有效途径；探索激发创新者动力和活力的有效举措；探索深化开放创新的有效模式。这些都与企业知识产权管理息息相关，充分说明了企业知识产权管理的重要性，因此，在“十四五”时期，发挥企业知识产权管理的作用，全面提升我国创新能力，具有重要的理论与实践意义。

一、企业知识产权管理概况

知识产权是知识经济时代最重要的生产要素和财富资源，知识产权的创造、应用、管理和保护共同构成了企业知识产权管理。2020 年 11 月，中共中央政治局就加强我国知识产权工作举行第二十五次集体学习，习近平总书记在主持学习时发表了讲话。他指出，创新是引领发展的第一动力，保护知识产权就是保护创新。高度重视企业知识产权的创造、应用、管理和保护既是企业现代化程度的体现，也是当今世界的潮流。

创新驱动与知识产权制度的有效运行密不可分，知识产权对创新成果的保护可以激励创新、持续提供创新的原动力。“十四五”时期，随着经济全球化、区域一体化进程不断加快，知识产权管理与保护的国际化发展趋势更加凸显，知识产权在保护创新成果、扩大产品和服务的市场份额、提升区域竞争力方面的作用和地位日益突出，知识产权已成为当今生产力的核心要素。

同时，企业知识产权建设是现代企业战略规划的一项重要内容，是提升企业竞争力的有效手段，“十三五”时期，我国已经进入创新型国家的行列，“十四五”时期，更应把知识产权上升到企业发展战略的高度，充分利用知识产权管理的手段，提升企业竞争力，以知识产权纲要作为战略指导思想，将知识产权的管理保护纳入到研发、产品、服务的全过程，以产生和形成企业自我创新优势。

企业知识产权可以提升企业竞争力主要体现在以下四个方面：

一是良好的企业知识产权管理可以使得企业有效控制市场。企业通过申请专利获得专利权后，就可以利用专利权的独占性开拓、控制和占领市场。二是良好的知识产权管理可以树立企业形象。知识产权是产品技术含量和产品生产工艺先进性的重要体现，企业通过制造和销售拥有知识产权的产品可以帮助企业在消费者心目中树立良好的市场形象。同样，作为知识产权的商标也是塑造企业形象和品牌的重要内容，通过对商标的有效运营可以帮助企业建立商誉，带来潜在的巨大收益。三是良好的知识产权管理可以带来现金收益。知识产权的许可（包括专利、商标等）能够为企业带来直接的现金收入。四是良好的知识产权管理可以提升企业谈判自信。随着企业对于知识产权的不断重视，专利丛林现象日益明显，后发企业想要进入一些技术含量较高的行业变得越来越困难，一些老牌企业凭借大量的专利技术在其所在行业中形成隐藏着的事实垄断。企业解决这一困境的一个有效途径就是通过采取一定的知识产权策略来增加与“市场在位者”的谈判能力，进而获取进入市场的资格。

二、企业知识产权管理的进展

1. “十三五”时期企业知识产权管理的进展

“十三五”时期，全国各地各行业企业在落实国家知识产权战略等各类政策过程中，不断加强顶层设计，在知识产权管理机制体制方面不断优化与时俱进，在具体知识产权管理工作落实中举措有力、点面到位，积极推动企业知识产权管理的发展，基本实现了“十三五”时期的阶段性目标。

从全国的整体情况来看，“十三五”时期我国知识产权的质量和效率稳步提升（见图 62－1），2016～2019 年，我国发明专利授权量由 29.5 万件上升到35.4万件，商标注册申请量从211.9万件提升至602.8万件，著作权登记从200.7万件上升至418.6万件。发明专利的平均维持年限与2016年相比也提升了11%（由平均维持5.9年上升至6.6年）。不同主体，尤其是企业知识产权发展态势良好（见表62－1）。

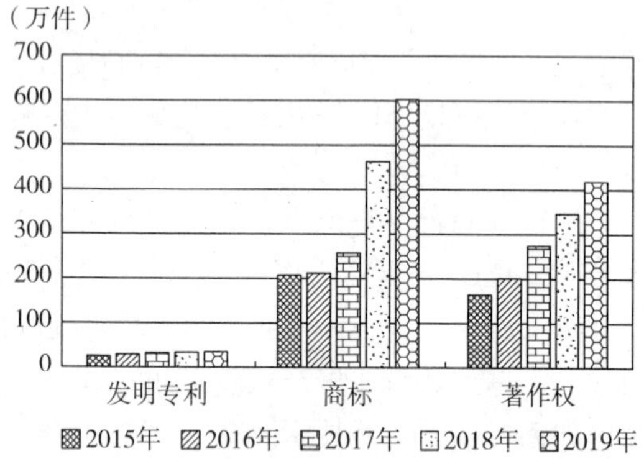

图62－1 “十三五”时期中国知识产权发展状况

表62－1 各研发主体职务发明专利申请数及科技论文发表数

年份	专利申请数			
	大专院校	科研单位	企业	机关团体
2015	235162	64476	1565751	37685
2016	314514	78274	2004337	47498
2017	336185	76580	2261767	57697
2018	407328	83025	2744955	69716

资料来源：国家知识产权局和《全国科技经费投入统计公报》。

2015年以来，全国知识产权综合发展指数稳步上升（见图62－2），2018年达到257.4，提升效果明显。“十三五”时期，我国企业知识产权运用创造的经济效益十分显著，呈现稳中有进的良好趋势，与经济新常态相匹配。2018年，我国专利密集型产业的增加值达到了10.7万亿元人民币，已经成为经济高质量发展的重要组成部分。

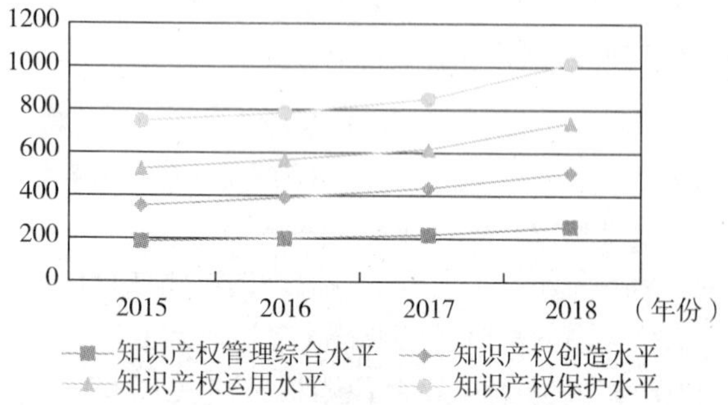

图62－2 中国知识产权管理水平

资料来源：《2018中国知识产权发展状况评价报告》。

根据全国技术市场统计，2019年全国共签订技术合同41.2万项，成交金额为1.8万亿元，同比增长巨大；软件业务出口额541亿美元，同比增长8.3%；我国知识产权使用费贸易总额为333亿美元，同比增长32.6%。我国企业知识产权管理发展的水平呈现一定程度的区域不均衡，呈阶梯性分布（见表62－2）。

表62－2 2018年我国知识产权综合发展情况

梯队分类	省份
第一梯队（综合发展指数高于80）	广东、江苏、北京、上海、山东、浙江
第二梯队（综合发展指数70～80）	安徽、湖北、四川、辽宁、福建、陕西、天津
第三梯队（综合发展指数60～70）	湖南、重庆、河南、云南、吉林、河北、黑龙江、江西、广西、贵州
第四梯队（综合发展指数50～60）	甘肃、内蒙古、新疆、山西、宁夏、海南、青海
第五梯队（综合发展指数低于50）	西藏

从国际比较视角来看，“十三五”时期我国整体的知识产权管理保护水平得到了大幅度提升，根据中国知识产权局的数据，在各类指数中，美国、日本两国均处于世界前列，2018年我国的知识产权发展水平得到67分（见表62－3），处于世界第八位，虽然与日本和美国存在一定的差距，但比2017年上升了一位，且与美国、日本的差距逐步缩小，取得了十足的进步。

表62－3 世界知识产权发展情况指数

	2018年（得分/排名）	2017年（得分/排名）
知识产权发展水平	67/8	63/9
知识产权能力指数	80/5	76/5
知识产权绩效指数	56/3	51/3
知识产权环境指数	58/23	56/24

从企业视角来看，“十三五”阶段，企业的知识产权发展取得了辉煌成果。2018年，规模以

上工业企业专利申请量达到了95万件，发明专利37万件，规模以上工业企业的有效专利持有量达到100万件，比2016年“十三五”初期增加了近3成。同时，不同行业企业知识产权管理都展现向好的趋势，咨询公司胡润百富构建了中国企业知识产权竞争力排名（中国企业知识产权竞争力报告），按照国民经济行业97个大类分类，百强企业分布于其中的35个行业，其中，最多的为汽车制造业9家，计算机、通信、其他电子设备制造业7家。

2. “十三五”时期企业知识产权管理的法律政策环境变化

知识产权制度被赋予促进科技进步、推动国家创新驱动发展的功能和使命。在国家创新政策体系中，知识产权管理为实现创新驱动发展战略目标提供了重要的制度支撑和法律保障。“十三五”及之前的时期，党和国家采取各类有效措施促进知识产权的发展。“十三五”时期，知识产权主管部门发生了变化，根据中央2018年印发的《深化党和国家机构改革方案》的要求，对知识产权的主管部门进行了调整，重组国家知识产权局，将商标与地理标识的管理整合进知识产权局，同时由国家市场监督管理局对知识产权局进行管理，这是我国知识产权管理体制机制的重大突破与进步。

（1）在法律层面。法律法规作为一种强制性的社会规范，是经济、科学技术发展的保障，与知识产权管理相关的法律主要包括《专利法》《著作权法》《促进科技成果转化法》《科技进步法》《合同法》（其中部分法律依据2020年5月28日，十三届全国人大三次会议表决通过的《中华人民共和国民法典》，将于2021年1月1日起废止）等。“十三五”时期，与知识产权及知识产权管理相关的法律开启了修订窗口，“十四五”时期这些法律的修订也将进一步落实。2013年开始，对我国《专利法》开启了第四次修改工作，2018年，国务院常务会议通过专利法修正案（草案），2020年10月17日，第十三届全国人民代表大会常务委员会第二十二次会议通过修改《中华人民共和国专利法》的决定，修订后的《专利法》将自2021年6月1日起施行。2020年，第十三届全国人大常委会第十七次会议对《中华人民共和国著作权法（修正案草案）》进行了审议，2020年11月11日，中华人民共和国第十三届全国人民代表大会常务委员会第二十三次会议通过《全国人民代表大会常务委员会关于修改〈中华人民共和国著作权法〉的决定》，修订后的《著作权法》将自2021年6月1日起施行。

（2）在国家政策层面。2008年，国家出台了知识产权战略，实施国家知识产权战略，大力提升知识产权创造、运用、保护和管理能力，有利于增强我国自主创新能力，建设创新型国家；有利于完善社会主义市场经济体制，规范市场秩序和建立诚信社会；有利于增强我国企业市场竞争力和提高国家核心竞争力。在我国《国家知识产权战略纲要》的背景下，2014年，李克强总理在会见世界知识产权组织总干事高锐一行时指出，“我国‘努力建设知识产权强国’”。建设知识产权强国，也可以说是我国知识产权战略升级版。2014年底由我国20多个部门共同制定的《深入实施国家知识产权战略行动计划（2014～2020年）》（国办发〔2014〕64号）明确提出要建设知识产权强国。关于知识产权的保护，“十三五”时期国家也出台了一系列措施，2018年中办与国办印发了《关于加强知识产权审判领域改革创新若干问题的意见》，全面提升我国知识产权司法审判的科学性与高效性。

作为“十三五”时期我国实施创新驱动发展战略和深化科技体制改革的关键领域，国务院通过一系列国家规划和国家领域规划持续推动知识产权管理。自2013年起，国家知识产权局对企业有“贯标企业”“优势企业”和“示范企业”的升序分类。按照国家知识产权局2015年5月发布的《国家知识产权示范企业知识产权评价指标体系（试行）（B表）》的要求①，示范企业应该在“知识产权战略管理能力”“知识产权创造能力”“知识产权运营能力”和“知识产权维权保护能力”四个维度的17个方面取得较好的成绩。《“十三五”国家科技创新规划》（国发〔2016〕43号）提到要“深入实施知识产权战略，实施中

① 《关于组织申报国家知识产权优势企业和国家知识产权示范企业的通知》（国知办发管字〔2015〕10号）。

央财政科技计划（专项、基金等）的全流程知识产权管理，建立知识产权目标评估制度”。2017年1月，国务院印发《“十三五”国家知识产权保护和运用规划》。其中，在“加快知识产权强企”部分中，将“推行企业知识产权管理规范。建立政策引导、咨询服务和第三方认证体系。培养企业知识产权管理专业化人才队伍”视为重点工作之一。同时，国务院相继发布《国务院办公厅关于推广支持创新相关改革举措的通知》（国办发〔2017〕80号）《国务院办公厅关于进一步激发民间有效投资活力促进经济持续健康发展的指导意见》（国办发〔2017〕79号）、《国务院关于强化实施创新驱动发展战略进一步推进大众创业万众创新深入发展的意见》（国发〔2017〕37号）、《国务院办公厅关于创新管理优化服务培育壮大经济发展新动能加快新旧动能接续转换的意见》（国办发〔2017〕4号）、《国务院关于深化“互联网+先进制造业”发展工业互联网的指导意见》等重要政策文件，从不同方面推动和促进企业的知识产权管理工作。

（3）在行业政策方面。“十三五”时期，各行业出台了促进知识产权管理相关的政策文件，《全国农业现代化规划（2016—2020年）》（国发〔2016〕58号）、《“十三五”生态环境保护规划》（国发〔2016〕65号）、《“十三五”国家战略性新兴产业发展规划》（国发〔2016〕67号）、《“十三五”国家信息化规划》（国发〔2016〕73号）、《“十三五”深化医药卫生体制改革规划》（国发〔2016〕78号）、《国家教育事业发展“十三五”规划》（国发〔2017〕4号）、《新一代人工智能发展规划》（国发〔2017〕35号）等也相应地对知识产权管理等问题做出了规定。

（4）在财税政策方面。“十三五”时期，科技部、发改委、财政部、国家税务总局、人力资源部和国家知识产权局等部门也按照国务院的战略部署和工作安排，制定实施了一系列与知识产权管理相关的政策举措。包括《国有科技型企业股权和分红激励暂行办法》《关于修订印发〈高新技术企业认定管理办法〉的通知》《国家科技成果转化引导基金贷款风险补偿管理暂行办法》《财政部关于进一步规范和加强行政事业单位国有资产管理的指导意见》《国家税务总局公告2015年第80号——关于股权奖励和转增股本个人所得税征管问题的公告》等。

三、“十四五”时期企业知识产权管理面临的挑战

1. 知识产权管理应与经济高质量发展相适应

早在2012年，我国就已经成为第一专利申请大国，2020年我国已经进入了创新型国家的行列，“十三五”及之前的阶段，对企业知识产权管理的考核更多的是考虑数量优先，诚然，数量是发展知识产权的基础，但是2017年，党的十九大提出“中国经济由高速增长阶段转向高质量发展阶段”，“十四五”时期，知识产权的开发应该实现从数量到质量的观念转变，各类知识产权的数量已经不是我国企业知识产权管理中心首要考虑的问题。2013年，党的十八届三中全会之后，国家知识产权局出台《关于进一步提升专利申请质量的若干意见》，2016年国家知识产权局制定《专利质量提升工程实施方案》，2020年，教育部、国家知识产权局、科技部联合印发《关于提升高等学校专利质量促进转化运用的若干意见》。目前我国企业知识产权的质量和效益有待进一步提升，知识产权“大而不强、多而不优”的问题仍然存在，因此，尤其是以国有企业为首的大规模成熟企业，更应该转变导向，不追求数量的高速增长，而以质量为导向，如何实现这一质的变化对“十四五”时期企业知识产权管理是巨大挑战。

2. 知识产权管理面临复杂化和专业化的要求

随着科技的进步与发展，“十四五”时期的知识产权管理远远不再是申请专利这么简单的问题，一是如大数据、新模式等可能带来的新型知识产权及其管理问题；二是利用新技术进行知识产权的开发、运用与保护问题。这些复杂化专业化的问题对“十四五”时期企业知识产权管理带

来了新的要求与挑战。

（1）需要用系统观来部署知识产权管理。“十三五”以来，党和国家以及各部门及地方政府出台了一系列政策措施扶持企业知识产权，旨在推动企业实行知识产权管理。在利用知识产权政策促进企业知识产权发展和提升企业竞争力方面做出了很多努力和尝试，包括知识产权试点示范企业、《企业知识产权管理规范》贯标、专利分析评议等方面，都取得了一定成果。“十四五”时期复杂专业的知识产权管理问题，就导致其不是一个单环节问题，需要自上而下的系统协调，从政府层面到企业层面、从战略层面到具体执行层面，从领导者到普通参与者，各司其职，只有将复杂专业的知识产权管理问题通过系统的方法进行分解，才能取得良好的成效。

（2）需要专业化的知识产权人才供给。知识产权管理是一个跨学科问题，单纯的技术人才和管理人才都很难胜任，需要综合专业的人才。“十三五”时期，我国诸如同济大学等高等院校开始开展知识产权管理的学历教育，但是还相对较小，目前的知识产权专业人才供给能否满足我国科技企业的大规模增长对知识产权管理人才的需求是“十四五”时期需要重点考虑的问题。

3. 知识产权管理国际化程度亟待提升

“十四五”时期，全球力量格局面临重大调整，美国的单边主义招致世界各国所不齿，我国建立世界级科技创新中心的“机会窗口”已经打开。

（1）科技浪潮更需要强化知识产权管理。目前，全球正处于第六次科技革命之中，科技迅速发展，以数字技术为代表的各类新兴技术涌现。知识产权是实现创新驱动的核心要素和关键环节，迫切需要发挥知识产权管理的支撑作用。这就要求在“十四五”时期，我国必须大力强化发展企业的知识产权管理，同时也对知识产权管理的水平提出了更高的要求。

（2）国际化要求我国需要参与更多的知识产权管理规则制定。从国际背景来看，世界经济突飞猛进的发展，知识产权贸易成为国际贸易中的一种主要形式和竞争手段。由于现代交通技术、通信技术和网络技术的快速发展，全球国际化分工和产业转移的速度不断加快，经济全球化必然导致对稀缺资源——知识资源的追求和垄断。目前世界范围内很多双边或多边自由贸易协定都处于协商阶段或者已经获得通过，而知识产权规则已经成为自由贸易协定的重要部分，在各国博弈中发挥重要作用。但是，“十三五”及之前的阶段，世界主流的知识产权管理体系和法律规则仍由西方国家制定，虽然我们国家已经参与了一些国际知识产权标准的制定，但还相对较少。“十四五”时期，如何更深入地进行国际知识产权管理规则制定，深度参与国际知识产权管理业务，如何让我们国家的企业更好地利用知识产权管理参与国际竞争，都是面临的重要挑战。

4. 数字经济时代的新型知识产权管理

“十四五”时期数字化是我国经济与科技发展的重要特征，数字经济、区块链与人工智能等先进技术都对“十四五”时期企业知识产权管理带来了新的要求与挑战。

（1）数字经济与知识产权管理。2019 年 5 月，国家网信办发布《数字中国建设发展报告（2018 年）》，报告显示，2018 年中国数字经济规模达 31.3 万亿元，占 GDP 的比重达到 34.8%。但是，知识产权管理与数字经济时代的价值理念事实上是存在冲突的。主要表现在以下两个方面：一是知识产权是对权利人的创造、创新活动的保护价值，而互联网、数字经济追求的是分享价值；二是数字经济时代科技的广泛性与传播性导致对知识产权的管理有了更高的难度。同时，我国网络环境下表面表现出来的知识产权管理问题，在国际上尚处于无人区，如果解决得好，就有条件将中国的方案转化为国际通行的规则，既可以提升我国互联网领域的治理水平，也可能抓住机遇，抢占互联网时代国际制高点，因此，对“十四五”提升数字经济时代的知识产权管理能力提出了新的要求。

（2）区块链与知识产权管理。在 2020 年“两会”上，政协委员张云勇提出建议“将区块链产业纳入国家‘十四五’规划”。2008 年兴起的区块链技术是分布式数据存储、点对点传输、共识机制、加密算法等技术的集成应用，分布式存储技术、共识机制、智能合约、时间戳以及不可篡改性耦合互补，应对信息不对称、管理垄断性等新兴产业知识产权管理问题（张路蓬等，

2018），可以作为“十四五”时期企业知识产权管理的很好工具进行应用。

（3）人工智能与知识产权管理。近年来，人工智能（Artificial Intelligence，AI）相关技术稳步发展，人工智能与文化的深度融合产生了人工智能创作物，与其相关的知识产权保护问题引发了广泛的关注与思考，给传统的知识产权管理体系带来了新的挑战。AI 是让机器像人类一样进行思考的技术，AI 目前已经在判断、决策、创造性活动等领域中实施大量替代人类的工作。以人工智能为基础的新技术革命则能够在一定程度上替代人的脑力劳动，从而实现人类更全面的解放。当前各国的知识产权制度仍主要以非数字经济时代的国际知识产权条约为主，面对人工智能技术的快速发展和广泛应用，目前的知识产权管理制度面临着新的挑战。

四、优化企业知识产权管理的对策建议

1. 政府视角的企业知识产权管理路径优化

（1）完善知识产权司法体系。

第一，重构知识产权侵权赔偿额度的计算方式。从司法角度上，制定灵活、细化的赔偿额计算体系，在实证调研的基础上，对各行业法定赔偿做出限定，并逐步减少专利诉讼案件中法定赔偿的适用比例，逐步提高专利侵权法定赔偿额，使赔偿额与时俱进，与我国经济、科技的高速发展相适应。

第二，完善管辖权，适当提高诉讼成本，避免低质量知识产权的滥用。一是司法领域的“地方保护主义”问题时有发生，特别是针对知识产权这类与经济发展息息相关的司法案件。因此，在北京、上海与广州知识产权法院设立的背景下，知识产权侵权案件管辖权的设置，成为约束和规范专利权及其诉讼权利行使的重要措施。二是高质量的经济发展要求高质量的知识产权，要防止低质量知识产权滥用诉讼导致的创新主体积极性的缺失。要完善知识产权诉讼的规则体系，实现诉讼主体权利与义务的对等，适当提高知识产权诉讼的成本，保护创新且避免滥诉。

第三，增强我国知识产权司法体系的国际影响力。知识产权司法不仅在知识产权保护中发挥着主导作用，同时也是增强我国贸易和竞争规则话语权重要渠道。知识产权法院的设立和发展，要坚持国际视野，尊重国际规则，不断加强国际交流，扩大国际影响，增强国际话语权。

（2）积极提供知识产权援助与保护。在激烈的市场竞争中，知识产权不仅成为企业构建竞争优势的手段，也是企业打击竞争对手的工具，所以每年都会发生大量的知识产权诉讼，应对各种诉讼和法律风险不仅占用企业自身的资源，同时也是对社会整体资源的消耗。因此，需要在促进企业开发运用管理知识产权的同时施以知识产权法律援助，可以从三个方面着手，一是借助各类平台，充分调动各类资源为企业提供咨询和问题解决方案；二是利用目前我国建立的知识产权法院，为企业，尤其是中小企业的知识产权诉讼提供快速解决通道，探索建立替代性纠纷解决机制，例如，充分发挥调解制度的作用，尝试建立由行政主管机关引导下的“诉前调解”制度；三是可以设立专门基金对企业在海外遭遇的知识产权诉讼提供资助，帮助企业应对来自国际市场的冲击。

（3）优化专利审查，提升知识产权质量。知识产权衡量企业科技水平的客观指标，“十四五”时期是经济高质量发展的时期，不仅要追求知识产权数量的增长，也应追求质量的提升。因此，应当特别注意加强知识产权审查力度，防止低质量创新“钻空子”行为。例如，信息、制药等新兴技术领域，这些领域由于技术发展迅猛，导致部分专利存在保护范围相对模糊、权利要求解释方式相对复杂等。又如，实用新型和外观设计专利，由于其成本低、申请较为容易（不进行实质性审查）等特点。应当对这两类专利特别关注，制定审查业务指导制度，完善《专利审查指南》的相关内容，进一步统一审查标准。还应当提高审查人员的素质，加强审查人员的培训，引入专家鉴定意见，完善异议机制，提升知识产权的整体质量。

（4）树立政府服务型知识产权管理的理念。

政府要主动适应“十四五”时期对政府在营商环境中的新定位，树立现代行政理念、创新服务和管理模式。转变角色定位，变管理为服务，坚持政府引导和市场主导相结合，实现由控制者、管理者向组织者和服务者的身份转变，政府定位为制度和规则的制定者以及市场环境的维护者，尽快构建和完善能够适应和激励“十四五”时期新技术、新产业、新业态和新模式。优化服务平台和服务流程，必须坚持有限干预，更好发挥社会力量在管理社会事务中的作用，弱化对微观经济活动干涉原则，充分发挥市场在资源配置中的决定性作用。

（5）完善知识产权管理政策的内部系统性与外部协调性。

第一，充分整合和落实“十三五”阶段已有的政策，重视知识产权管理政策的绩效评估。“十三五”以来，国家以及各部门出台了大量政策促进企业知识产权管理，应当组织力量对“十三五”时期出台的政策进行后续跟踪、效果评估，应当将现有政策进行系统梳理，根据实际情况进行继续实施或者适当调整，同时根据现有政策执行情况，系统性出台“十四五”时期的新政策，发挥政策的最大效用。

第二，应该强化各部门的政策系统性。“十四五”时期，依据机构改革的情况，完善与企业发展相关的知识产权管理政策的外部协同性，这样可以有效解决单项政策分散和力度不足的问题，实现政策效果的“规模效应”。各部门在出台政策之前应当建立统一的知识产权管理政策布局，将各项分散的政策进行有效串联，进而实现相互支撑的作用。同时，知识产权本身的内容与科技创新、商贸流通和文学艺术创作密切相关，而知识产权的运用则涉及产业发展、经济合作、技术合作、产品进出口等多方面。这就决定了知识产权管理必然与科技部、商务部、工信部、海关总署、农业农村部、自然资源部等部门密切相关。为了更好地利用知识产权和知识产权制度，“十四五”时期一定要更加注重政策制定过程中的跨部门协同。

第三，注意国际协同合作。国际合作是提升我国企业知识产权管理能力，掌握国际话语权的重要措施。“十三五”时期，我国“一带一路”、亚洲基础设施投资银行（AIIB）建设都取得了巨大成就，从长远视角谋求区域之间尤其是邻近区域之间的合作，充分发挥知识产权管理的作用，让知识产权能够推动“十四五”时期我国工业经济的进一步发展。

（6）提供多元化的知识产权管理保障。

第一，建立分层分类的知识产权管理促进政策体系。尽管“十三五”时期我国企业知识产权发展迅速，但仍存在发展不均衡的问题。因此，“十四五”时期要继续提升、补足短板、因地制宜，建立分层分类的促进企业知识产权发展的政策。一是按照企业知识产权管理的优劣程度进行划分，对落后地区企业、中小微企业等可以通过制定和实施专项活动或者专项举措予以强化。“十四五”时期可以在《企业知识产权管理规范》的基础上，通过研究制定《中小企业知识产权管理规范》来为中小企业提供指导，以提升其知识产权管理能力。同时，还可以建立知识产权领域的企业联系制度，以了解企业需要解决的知识产权问题。二是按照行业类别进行划分，不同行业的知识产权管理需求有很大的区别。科技类企业更希望获取专利方面的支持，而“十四五”时期出现的“新业态”企业，可能会有不同的知识产权需求，非常有必要针对不同产业和不同企业制定相应的知识产权政策，以更好地根据企业情况提升企业知识产权管理能力。

第二，培育专业化和复合型人才。企业知识产权管理是一项复杂的系统性工程，而且企业知识产权能力和知识产权管理水平的提升与企业内部的管理人员存在密切联系，并且在一定情况下还要借助专业的外部知识产权人才力量。在人才培养方面应采取两项措施，一是知识产权管理部门可以单独举办针对企业管理层人员的知识产权管理培训，可以联合科技部、商务部、工信部等对相应产业领域内的企业给予针对性培训。二是应当着力开展专业的知识产权管理人才培养，联合教育部门，从学历教育、继续教育等多方面入手，综合地进行知识产权人才培育。

第三，提供知识产权管理专项资金扶持。延续“十三五”时期关于专利/商标申请费用减免、PCT申请资助、侵权调查资助、无形资产评估资助等支持，“十四五”时期可以借鉴专利盒子、知识产权保险等政策，提供进一步的知识产权开发、运用、保护的专项资金资助。

第四，继续深入实施知识产权强企行动。“十三五”时期，北京等城市采取知识产权领军企业培育计划：“推动企业知识产权管理运用能力和相关服务体系建设，打造一批‘知识产权数量大、知识产权质量硬、知识产权管理规范、知识产权运用科学’的知识产权管理领军企业”。“十四五”时期，未开展类似计划的各省市应当出台类似计划，推动“十四五”时期企业知识产权管理工作，已开展的地区应继续保持这类合理的计划，同时开展进一步地促进企业知识产权管理的政策供给。

2. 企业视角的企业知识产权管理路径优化

（1）加强顶层设计。

第一，企业知识产权管理应该在集中部署、统一领导下进行。应当深入贯彻落实国家“十四五”规划，并将知识产权管理的相关工作制定进企业的“十四五”规划当中。同时，必须坚持党组织对企业的正确战略引导。落实“党政同责，一岗双责”，加强基层党组织和党员队伍建设。在知识产权管理中落实党风廉政建设主体责任和监督责任，为企业健康发展提供坚实的纪律保证。

第二，加强企业核心管理层对知识产权管理工作的领导。企业高层是知识产权管理的关键，管理层应以成立领导小组等方式全面负责企业知识产权管理。“十四五”时期，企业高层领导要明确知识产权在企业发展和价值创造中所能够起到的作用，从而推动企业形成自上而下知识产权文化。同时，企业领导的重视并不等于集权，在知识产权管理中更应当充分发扬民主，贯彻党的群众路线，创新群众工作体制机制和方式方法，激发员工主人翁意识。

第三，全面提升知识产权意识。可以通过有针对性的宣传活动提升知识产权意识。“十三五”时期，尽管我国企业知识产权管理呈现较强的非均衡性，在发达的省份和城市、在规模较大较成熟的企业，知识产权管理通常得到较高的重视，但在科技水平相对落后的省份和城市，企业的知识产权意识还较低。“十四五”时期，企业应积极开展全员知识产权宣传工作。深入宣传知识产权的重要性，动员广大干部职工广泛参与，提高员工的知识产权意识，让更多的员工参与到知识产权管理的实施和监督中。还可以通过对技术部门负责人和技术工作人员开展知识产权培训，提高其知识产权管理保护意识，确保全体员工对知识产权方针和目标的理解。

（2）完善知识产权开发体系。

第一，保质保量地强化专利的开发。知识产权的数量是企业知识产权管理运行的基础，“十三五”时期我国依旧是专利申请量最多的国家，要有效地进行知识产权运营管理，必须以知识产权数量和质量为前置条件，以系统构建和制度配套为知识产权运营铺平道路。“十四五”时期，企业应继续以数量为基础，以质量为保证进行知识产权开发。一是设立知识产权考核指标。知识产权主管部门应当结合其他部门、各下属单位实际情况，设置不同的知识产权申请目标，并将完成率作为考核绩效的重要指标；同时在R&D经费的使用过程中设立专利产出的目标需求。二是充分运用知识产权布局，提升知识产权质量。对企业的技术和产品进行全球范围内的知识产权技术的检索和分析，了解技术发展状况和竞争对手的知识产权情报，确定自己的技术和产品在该领域所处的客观位置。通过比对现有技术，检验和评估各项创新成果和已授权专利的价值，在增加企业专利数量的同时保证专利的质量。

第二，实施品牌战略。国际影响力、品牌影响力是“十四五”时期企业应该关注的重点，目前中国在科技领域还缺少百年品牌。知识产权的开发并非只有专利，品牌（商标）也是知识产权的重要组成部分。打造宣传企业的品牌，设计有利于消费者辨识的商标，建立公众信任度，以打造百年/千年品牌为目标。

第三，发挥技术诀窍（KNOW－HOW）在知识产权开发中的作用。人才依旧是“十四五”时期需要重点依赖的创新资源，知识或技术诀窍这种存在于人才脑海中的隐性知识，反而会比显性知识发挥更大的作用。一是鼓励支持员工进行知识分享与知识记录，可以积极组织培训会、分享会等形式的活动，通过建立学习型组织的方式发挥知识的作用。二是可以对企业员工发表的各类文章的著作权进行关注，同时要对企业研发的各类软件类产品进行软件著作权的登记，实现软件著作权的科学申请、科学使用、创造价值。

（3）拓展知识产权应用手段。

第一，“十四五”时期，企业应继续充分发挥专利等高质量知识产权的创造价值。一是尽可能自行应用知识产权，尽可能充分地将研发成果体现在最终产品中。二是利用知识产权的转移创造价值。任何企业都不可能开发所有的技术，也不能保证所有开发的技术都能够获得知识产权，除非将成果应用到企业自身产品之中，才可以通过许可实施获取额外利润，通过交叉许可引入外部技术。研究和评估专利进行技术交易的可行性，对优势技术进行许可、对一般技术进行转让等。

第二，进行品牌的开发运营，创造品牌价值。一是可以挖掘品牌的附加价值，例如，可以充分利用品牌的认知度进行多元化服务与经营。二是包括国有企业在内的各类企业，可以在法律与政策框架允许的情况下，将商标进行授权，让其他行业的企业不仅可以进行使用，也可以授权部分员工使用企业的商标进行创新创业活动。

第三，充分利用数字经济创造价值。“十四五”时期是发挥数字经济作用的时期，像各类互联网大数据虽然并不是专利，但也是数字知识产权的一种，可以积极合理利用大数据资源，推进企业信息化建设。一是可以对数据直接进行商业化运作，在法律法规的约束下进行转移和转让，从而形成直接收益。二是可以广泛应用云计算、大数据、物联网和移动互联技术等“十四五”时期的数字科技，全面提升企业的业务水平。

（4）推动知识产权标准化管理。目前，我国已经在国家标准、行业标准和地方标准层面制定了企业知识产权管理标准及规范。“十四五”时期，企业应当继续推进实施企业知识产权管理标准，进一步帮助企业全面有效提高知识产权管理运营能力、落实符合自身发展的知识产权战略、积极应对知识产权市场竞争态势。

企业需要根据自身情况设计相应的管理制度和规章，确保知识产权管理达到企业的每个层次。对于具备一定实力的企业，应当设立专门从事知识产权工作的部门并配备专门的工作人员，对包括专利在内的企业知识产权进行全面系统的管理；对于实力比较弱的企业，也应当配备兼职的知识产权工作人员，并聘请第三方机构对企业的知识产权进行系统化管理。在知识产权的维持管理方面，知识产权的维护是需要成本的，并不是全部的知识产权都要进行维护，企业分析知识产权的具体情况，从而决定是否进行维持。

（5）建立全面的知识产权保护机制。

第一，“十四五”时期，企业应从内外部两方面建立起严格的知识产权风险保护体系。一是建立保护商业秘密的有效管理体制。建立内部保密机制。同时，建立监察机构、鼓励举报。二是强化人员管理。强化商业秘密的保护意识，特别是技术类型的商业秘密，杜绝员工无意识地泄露企业商业秘密的不良现象。通过劳动合同、劳务合同等方式对员工进行管理，约定知识产权权属、保密条款；明确发明创造人员享有的权利和负有的义务；必要时应约定竞业限制和补偿条款①。三是强化物的管理。针对企业涉密的信息，可以根据自己的情况，划分有关商业秘密的等级。另外，还要建立保密文件管理的责任制。

第二，“十四五”时期，企业应建立知识产权保护监测机制。一是监测自我侵权情况。除了被侵权的防范之外，企业还应当采取措施，避免或降低办公设备及软件侵犯他人知识产权的风险。二是建立长效保护评估机制。要想知识产权保护形成长期的良性循环少不了评估机制的建立。在内部建立评估机制，与知识产权规划保持一致，内容包括定期对知识产权的投入、产出、潜在产出进行评估，以及发现问题如何进行改进；同时广泛听取外部意见和需求。

第三，“十四五”时期，企业应合理利用司法途径保护知识产权。一是面临知识产权侵权时，应当毫不犹豫地采取包括司法诉讼在内的各类途径维护自身的合法权益，避免出现畏于诉讼的情况，给知识产权侵权者以可乘之机。二是在法律的权利范围内行使知识产权保护，耻于将知识产权诉讼作为商业行为进行利用，避免知识产权滥用造成的司法资源的浪费，同时这样的行为也不利于社会公共利益。

① 《企业知识产权管理规范》（国标 GB/T 29490－2013）。马维野、雷筱云、马鸿雅、刘海波等为主要起草人。

专栏 62-1

英国知识产权纠纷的快速解决机制

英国早在2011年推出《2011年专利地区法院指令》，该法令向企业提供一条较为便利的保护发明专利与外观设计专利的新的司法途径。该规定要求“向地区专利法院提出的损害赔偿金上限为50万英镑”。赔偿额度的提升使发生知识产权纠纷时，企业不必向更高层次法院提起诉讼，因为高等法院的诉讼成本会显著提高。但这一指令并未剥夺中小企业向高等法院提起诉讼的权利，而是增加了包括高科技企业在内的中小企业在面对潜在诉讼时可供选择的诉讼策略。

同时，英国积极推出知识产权纠纷的替代性解决方案，在地区法院针对涉案金额低、案情较简单的知识产权纠纷案件引入小额索赔通道，以磋商、调解等现代化方式进行知识产权纠纷的解决。

专栏 62-2

韩国知识产权援助机制

1997年韩国知识产权局在国际合作科设立旨在海外保护韩国企业的产业财产权的“海外知识产权保护中心”，其主要业务包括通过电话、网络或者直接来访接待有关海外知识产权保护及维权方面的咨询，并根据需要提供无偿法律咨询服务；根据《诉讼费补贴规定》具体负责向中小企业或者个人提供海外知识产权审判及诉讼费援助业务等。

韩国专利局对韩国企业海外主要市场加大知识产权保护力度，成立包括公益性组织和社会团体在内的多层次的中小企业援助机构，自2006年开始为中小企业提供由专利申请费、审查费的减免到海外维权的“一站式”支援服务（IPDESK），向出口企业及参加海外展会的企业提供专利纠纷风险事前调查，侵权调查，法律援助和信息支持，将纠纷发生率降到最低。

韩国特许厅为了鼓励中小企业在海外发生知识产权侵权纠纷时，积极主动地进行维权，保护本国知识产权在海外免遭侵犯，于2006年1月26日公布《关于为了保护海外产业财产权提供审判与诉讼费用补贴的规定》。这一项目的主要援助对象是有出口业务的国内中小企业或者个人、在海外投资的中小企业与个人。

资料来源：邵彦铭、孙秀艳：《美日韩中小企业知识产权推进政策及新动向》，《中国商贸》2013年第5期。张亚峰、刘海波：《支持中小企业发展的知识产权政策对比与借鉴》，《中国软科学》2015年第9期。

专栏 62-3

日本关注中小企业的知识产权管理

中小企业是日本经济的中坚力量，有代表性的300家中小企业的平均寿命是46年。

第一，信息及咨询服务。日本特许厅为了方便中小企业查寻专利信息，在全国建立了50余个知识产权信息中心，每个中心都与日本特许厅有专线连接，专为中小企业提供知识产权信息和如何使用信息的指导。

第二，知识产权金融。为了推动中小科技型企业创新，从1995年开始日本开发银行对年销售收入在20亿~30亿日元、从业人员为100人左右的小企业和技术型企业提供知识产权质押贷款。2014年起日本特许厅试验性地启动"知识产权商业评估书"项目，专门用以评估日本中小企业所拥有的知识产权的经济价值，并免费向国内的金融机构提供评估信息。

第三，降低中小企业相关知识产权费用。日本为减小中小企业的负担，于2008年确定了《专利法》《实用新型法》《外观设计法》修改草案。修改草案引进了新费用体系，并下调专利年费，重点下调第10年以后的年费，下调幅度平均达12%。此外，2011年，日本"The Partial Amendment of the Patent Act"公布，该法案明确规定，将减少中小企业及其他企业专利费用的期限由3年延长至10年。

资料来源：陈友俊：《解析日本知识产权新政》，《日本学刊》2016年第1期。陈刚：《发达国家小专利立法的经验及启示》，《经济纵横》2008年第8期。

专栏62-4

Google多样化的知识产权应用

第一，利用专利买卖构建优势。谷歌2005年收购Android（安卓）移动操作系统后，目前的智能移动终端系统形成了iOS与Android之间的军备竞赛。2011年8月15日谷歌宣布将以每股40美元现金收购摩托罗拉移动，总额约125亿美元，收购的主要目的就是获得专利，借助于摩托罗拉庞大的移动专利技术提高其竞争力，增强整个Android生态系统，更好地应对来自微软、苹果和其他公司的威胁。2012年1月，谷歌证实其向IBM加购专利217项，加上2011年其从IBM购买的专利，谷歌从IBM购买的专利已经超过了2000项，跨越包括电脑软硬件和移动通信等在内的多个领域。2013年6月，谷歌收购导航软件公司Waze，交易金额为11亿美元，以此很好地维护了在智能手机地图服务的领先地位。2013年10月，谷歌收购了手势识别技术创业公司Flutter，收购价格为4000万美元，谷歌眼镜、Android设备及其他产品可能会使用到相应的手势识别技术。至2018年，谷歌陆续收购多家与智能机器人有关的技术公司。

第二，利用专利提升企业形象。谷歌积极树立正面的公众形象，免费给一些开源项目提供了数十项专利供其使用，并发誓不会就此提出专利诉讼，"除非首先遭到攻击"。2013年，谷歌宣布启动Open PatentNon-Assertion（OPN）Pledge，承诺不会因部分专利起诉开发人员、经销商或者开源软件的使用者，除非谷歌自己先受到起诉。谷歌认为，OPN Pledge极具透明度，专利所有者会明确表示哪些专利可用；适用范围广，包括任何以前、现在和未来的开源软件；提供保护，除非有人起诉谷歌或者因此获利，专利适用才会停止；持久性，只要专利本身有效，就可以一直提供免费使用，即使所有权被转让。谷歌呼吁其他专利所有者也可以一同参与，将OPN Pledge作为业内的一种范例。

资料来源：网易数码新闻：《苹果被打脸　谷歌大方推出专利共享计划》，2013年3月29日。

专栏62-5

华为的知识产权系统化管理

知识产权已经成为了华为的核心能力之一，华为知识产权工作聚焦于公司的商业成功，并敢于投资获取具有国际竞争力的知识产权。研发成果和知识产权给华为带来不断增强的市场竞争力和丰厚的经济效益回报。华为拥有着系统的知识产权管理体系：

第一，华为拥有健全的知识产权管理体制。华为公司知识产权部成立于1995年，经过多年不断改革发展与完善，公司迄今已建立了较为健全、规范的知识产权组织结构，以提供精湛专业的知识产权服务，为公司知识产权的保护、核心竞争力的提高做出了巨大的贡献。

第二，规范的机构设置及职责范围。华为公司内部知识产权工作实行业务与行政交叉的矩阵管理模式，研发的各个产品线（业务部）分别与相应的专利分部紧密联系。同时，在研发各个业务部，都有专门的知识产权的分部门和相应的知识产权管理人员，负责本部门专利的申报等与专利有关的各种工作。此外，各研究开发部和各产品线分别成立标准专利部，直接组织专利开发和项目的立项审查。华为公司的知识产权部隶属于研发体系，对公司全球的知识产权事务进行管理。

第三，完善的规章制度。华为制定了各种规范的知识产权规章制度、操作流程与操作指导，为公司的知识产权工作提供标准参考，保证知识产权部的专利申请和专利文档等知识产权管理工作能够有条不紊地进行。《专利工作流程与规范》和《专利工作要点》等主要用于规范知识产权部员工的工作。《专利创新鼓励办法》《国内专利申请流程》《国外专利申请流程》《专利国外申请指导》《专利分析流程》《专利申请交底书撰写指导与实例》等规范性文件为研发人员申请专利提供各种指导与模板，这些文件规定了将公司的知识产权分为专利、商标和版权三大板块，并对不同的技术采取不同的保护措施。

资料来源：张海志：《华为：开放式创新缔造中国明星》，《中国知识产权报》，2013年6月5日。

参考文献

[1] 刘海波、张亚峰：《知识产权提高企业竞争力研究》，北京，2016年。

[2] 国家知识产权局知识产权发展研究中心：《2019年中国知识产权发展状况评价报告》，北京，2020年。

[3] 邵素军：《浅析知识产权保护与数字经济发展关系》，《人民论坛》2019年第24期。

[4] 张莉：《数字经济时代如何进行知识产权保护》，《中国对外贸易》2019年第7期。

[5] 张路蓬、周源、薛澜：《基于区块链技术的战略性新兴产业知识产权管理及政策研究》，《中国科技论坛》2018年第12期。

[6] 许可、肖冰、肖尤丹：《创新驱动背景下我国专利主张实体扩张防范策略研究——美国与日本的经验借鉴》，《科技进步与对策》2018年第14期。

[7] 曲顺兰：《知识产权推动新旧动能转换的路径与对策》，《山东师范大学学报》2020年第4期。

[8] 中国科学院科技战略咨询研究院课题组：《（丽水市企业知识产权管理规范）起草报告》，浙江丽水，2014年。

[9] 何春晖：《专利布局三重门：保护·进攻·储备》，《经济日报》，2014年8月2日。

[10] 肖尤丹：《北京市科技计划项目〈现有促进科技成果转化重点政策制度性评估〉研究报告》，北京，2019年。

[11] 陈家宏：《论企业知识产权能力的建设》，《政法论丛》2011年第4期。

[12] 中国科学院科技战略咨询研究院课题组：《首都知识产权战略实施评估报告（2008－2017）》，北京，2017年。

第六十三章　制造业企业成本

提　　要

根据上市企业公布的数据，在“十二五”时期我国制造业企业的成本结构有所恶化，融资成本、税负成本、人工成本占收入的比例的上升幅度均超过了一个百分点。“十三五”时期，随着供给侧结构性改革战略的执行，党和国家出台一系列“降成本”的政策措施，使成本结构获得了显著改善。制造业企业成本结构获得改善，人工成本、其他成本上升势头得到遏制，税负成本、融资成本出现下降，中间消耗成本持续下降，企业单位收入创造的附加价值持续增加，企业经济效益得到改善。“十四五”时期要继续支持企业降低中间消耗成本、税负成本、融资成本和其他成本，为制造业企业向高附加值生产转型提供政策支持。

*　　　　*　　　　*

自2016年开始，国家和地方政府陆续出台一系列“降成本”的政策举措，扎扎实实开展了“降成本”工作。从制造业上市企业的数据来看，这一系列政策措施的执行，确实使我国制造业企业融资成本、人工成本、其他成本增长势头得到有效遏制，使税负成本出现了明显下降，使国家、企业、职工和银行之间的分配关系得到了明显的改善，相对提高了企业经济效益。“十四五”时期，要在“十三五”工作成绩的基础上，继续开展“降成本”“调结构”“促发展”工作，进一步优化成本结构，促进企业经济效益提升，促进我国经济高质量发展。

一、“十三五”时期我国“降成本”政策措施

2015年11月中央财经领导小组会议提出要推进“供给侧结构性改革”，并将“降成本”作为四个关键点之一。同年12月，中央经济工作会议提出抓好“去产能、去库存、去杠杆、降成本、补短板”五大任务。各地政府出台了一系列降低实体经济企业成本的行动方案。例如，浙江省政府2016年12月12日出台《浙江省供给侧结构性改革降成本行动方案》，提出“充分发挥政府引导、市场主导、企业主体、中介协作的合力作用，打好降低企业成本、减轻企业负担组合拳，切实降低企业税费负担和用工、用能、融资、用地、物流、外贸、管理以及制度性交易等成本”，行动方案从九个方面提出了36条行动指南。云南省于2016年2月4日印发了《云南省人

民政府关于稳增长开好局若干政策措施的意见》提出推进重大项目建设、降低企业用电、物流成本、稳定房地产市场、缓解实体经济企业融资难、帮助企业加速资金周转等22条政策措施。江苏省于2016年2月26日印发《关于降低实体经济企业成本的意见》，从用工、物流成本，用能、用地成本，融资成本，税费负担，制度性交易成本五个方面，在省级职权范围内给予企业相应政策优惠。

2016年3月十二届全国人大四次会议通过《中华人民共和国国民经济和社会发展第十三个五年规划纲要》，要求“开展降低实体经济企业成本行动”，明确要求从七个方面降低企业成本：一是降低制度性交易成本；二是降低企业税费负担；三是降低企业人工成本；四是降低企业财务成本；五是降低企业能源成本；六是降低企业物流成本；七是鼓励和引导企业创新、改进、节约。一些地方政府从这几个方面细化了降低成本的实施意见。例如，2016年4月5日浙江省人民政府办公厅出台《关于进一步降低企业成本优化发展环境的若干意见》，从税费负担、用工成本、用能成本、融资成本、用地成本、物流成本、外贸成本和制度性交易成本等13个方面进一步明确了降成本的具体执行标准。2016年4月29日，上海市出台《关于推进供给侧结构性改革促进工业稳增长调结构促转型的实施意见》，提出“着力降低企业成本，增强工业发展活力”的5条措施和“着力深化制度改革，激发工业发展动力”的7条措施。2016年5月18日湖北省政府出台了《湖北省降低企业成本专项行动方案》，提出了25条可执行的政策措施。

2016年8月国务院在总结各地探索经验的基础上提出《降低实体经济企业成本工作方案》，对未来三年降成本工作提出明确要求：经过1~2年努力，降低实体经济企业成本工作取得初步成效，3年时间使实体经济企业综合成本合理下降，盈利能力较为明显增强。具体目标：一是税费负担合理降低，二是融资成本有效降低，三是制度性交易成本明显降低，四是人工成本上涨得到合理控制，五是能源成本进一步降低，六是物流成本较大幅度降低。此后，各地在探索“降成本”相关方案执行过程中，先后又出台了进一步的意见。如2016年11月29日，江苏省出台《关于进一步降低实体经济企业成本的意见》，重点聚焦企业经营中的制度性交易成本种类多弹性大、融资渠道较少成本较高、行业税负存在一定差异的具体现实，更大力度地释放降本减负政策红利。2016年12月6日浙江省人民政府办公厅出台《关于进一步减轻企业负担降低企业成本的若干意见》，对前期降成本政策进一步深化和细化，提出降低制度性交易成本、降低企业税费负担、降低企业用工成本、降低企业融资成本、降低企业用能成本、降低企业物流成本、降低企业用地成本的具体意见。湖北省政府办公厅2017年4月11日印发《关于进一步降低企业成本振兴实体经济的意见》，共32条，进一步降低企业资源要素成本、物流成本、融资成本、涉企税费水平等。

2017年6月16日，国家发展改革委、工业和信息化部、财政部、中国人民银行联合颁布《关于做好2017年降成本重点工作的通知》（发改运行〔2017〕1139号）；2017年6月22日，国务院办公厅印发《全国深化简政放权放管结合优化服务改革电视电话会议重点任务分工方案》（国办发〔2017〕57号）；2017年7月10日，国家发展改革委公布《关于进一步推进物流降本增效促进实体经济发展的意见（公开征求意见稿）》。通过一年多持续不断努力，国家层面降成本政策体系基本形成。总体来看，“十三五”时期国家和地方政府出台的一系列“降成本”的政策措施，扎扎实实推进“降成本”工作，这些工作的绩效值得评估。

二、制造业“降成本”的主要成就

为了评价这些政策措施的效果，我们计算了我国制造业上市企业的成本结构，计算办法是基于制造业企业每年公布的现金流量表数据，将制造业企业的成本分为五大类：第一类是中间消耗，取现金流量表中“购买商品和劳务所支付的现金”数据；第二类是人工成本，取现金流量表中“支付给职工以及为职工支付的薪酬”数据；第三类是融资成本，用现金流量表中“分配股利、偿付利息所支付的现金”；第四类是税负成本，用现金流量表中“支付给国家的各项税款”数据；第五类是其他成本，用现金流量表中“支付的其他与经营活动相关的现金”数据。企业的收入取现金流量表中“销售商品、提供劳务所收到的现金”。企业的经营利润，是企业的收入减去以上五项成本之后的余额。制造业细分行业按照证监会 2019 年前的分类标准分为 29 个行业。上市企业原始数据主要来自 Wind 数据库，各个指标的计算数据主要来自于 Fasoft 数据分析平台。从我国制造业上市企业披露的报表数据来看，“十三五”时期经过各级政府部门的降成本政策措施，有效遏制了企业人工成本、资本成本和其他成本上涨的势头，并使企业税负成本、融资成本占比下降，在中间消耗成本进一步降低的作用下，企业的成本结构得到了优化，企业的经济效益得到了进一步提升，各项成本占现金收入的比例变化如表 63 - 1 所示。

表 63 - 1　制造业上市企业成本结构
（占现金收入的比例）　单位：%

年份	直接消耗	人工成本	税负成本	融资成本	其他成本	现金利润
2010	77.67	5.73	5.04	1.10	5.95	4.51
2011	78.33	6.08	5.32	1.34	5.93	3.02
2012	75.46	6.67	5.31	1.53	6.26	4.77
2013	74.69	6.97	5.22	1.49	6.74	4.89
2014	73.18	7.56	5.22	1.62	6.95	5.48
2015	71.27	8.28	5.36	1.52	7.28	6.28
2016	70.62	8.43	5.42	1.36	7.39	6.77
2017	71.62	8.41	5.39	1.30	7.74	5.55
2018	70.46	8.44	5.24	1.37	7.64	6.85
2019	69.17	8.69	4.94	1.38	7.55	8.26

注：①表中各项百分比数据均是占企业现金收入的比例；②企业的现金利润中，没有扣除企业的折旧摊销等资本成本（非付现成本），但扣除了支付利息、分配股利所支付的现金；③融资成本并不是负债融资利率。

资料来源：根据上市企业公布的报表数据整理，原始数据来自 Wind 数据库。

1. 税负成本占比明显下降

在“十二五”时期制造业上市企业平均税负成本占比上升了 0.32%，从 2010 年的占比 5.04% 上升到占比 5.36%（见图 63 - 1）。但在“十三五”时期税负成本占收入的比例从 2015 年的 5.36% 下降到 2019 年的 4.94%，下降了 0.42 个百分点，下降幅度为 7.84%，说明税负成本上涨的趋势得到了逆转，企业的税负压力减轻。这与各级政府采取的一系列税收优惠和降低税率政策有很大关系。首先，在增值税方面，从 2014 年开始扩大“营改增”试点，实现增值税全面替代营业税；在 2016 年将增值税征税档次由四档缩减为三档，并确保各行业税负只减不增；在“十三五”时期，实行普惠性减费政策，将增值税税率先后降低 1 ~ 4 个百分点。其次，清除省级行政事业性收费，实现省定收费清零。最后，在所得税方面，推出小微企业所得税减免优惠政策，推广研发费用加计扣除、加速折旧优惠政策，同时也加大了出口退税力度。这些措施的执行，使企业税负水平明显下降，税费压力减轻。

从制造业各细分行业税负水平的变化情况来看，在 29 个被分析行业中有 25 个细分行业的税负水平出现了下降，其中有 8 个行业的税负水平下降幅度超过了 2 个百分点，它们是纺织业（-2.91%，为 2019 年税负成本占比与 2015 年税负成本占比之差，下同）、文教工美体育和娱乐用品制造业（-2.78%）、纺织服装服饰业（-2.74%）、石油加工炼焦和核燃料加工业（-2.46%）、印刷和记录媒介复制业（-2.44%）、仪器仪表制造业（-2.17%）、医药制造业（-2.11%）、通用设备制造业（-2.08%）。下降幅度在 1% ~ 2% 的产业有 5 个。只有 4 个制造业细分行业的税负成本占收入的比例上升，它们是酒饮料和精制茶制造业（4.22%）、化学纤维制造业（1.06%）、黑色金属冶炼和压延加工业（1.04%）、非金属矿物制品业（0.08%），这四个行业税负水平上升之后到 2019 年，它们的税负成本占收入的比例分别为 27.07%、2.71%、3.82%、9.39%。

2. 负债融资成本占比有所下降

“十三五”时期制造业企业的融资成本出现了

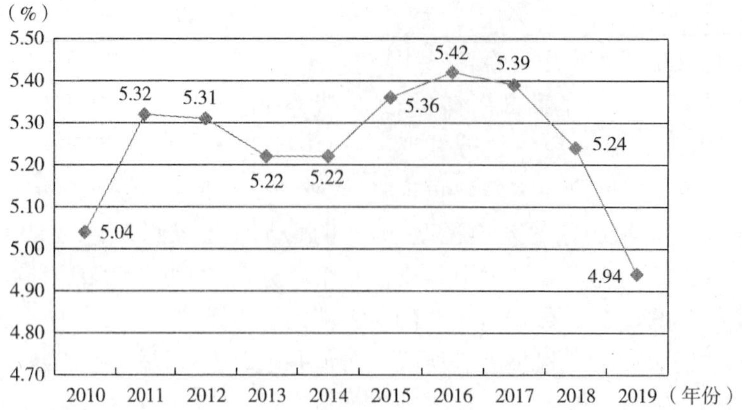

图63－1 “十二五”和“十三五”时期制造业平均税负成本占收入的比例变化

明显下降，占比从2015年的1.52%下降到2019年的1.38%，下降了0.14个百分点（这一比值在“十二五”时期上升0.42个百分点），降幅为9.2%。为了降低企业融资成本，国家出台了五项政策措施：①清理规范金融机构收费项目，严格落实“七不准”（不得以贷转存、不得存贷挂钩、不得以贷收费、不得浮利分费、不得借贷搭售、不得一浮到顶、不得转嫁成本）、“四公开”（收费项目公开、服务质价公开、效用功能公开、优惠政策公开）、“两禁两限”（不得对小微企业贷款收取承诺费、资金管理费，严格限制对小微企业及其增信机构收取财务顾问费、咨询费等费用）。②推出“税易贷”（按纳税额贷款）、“科转贷”（科技成果转化风险补偿专项资金贷款）、“担保贷”（以财政风险补偿基金为主要担保方式的小微贷款）、“财政出口增信贷”、“财政调度资金委托贷”等，搭建小微企业融资服务平台，简化贷款审批流程，快速向小微企业放贷。③运用地方政府置换债券等方式，减轻企业负债。通过发行地方政府债券，降低公共基础设施项目负债的融资成本，拉长债务清偿期限，减轻企业负债压力。④使用政策性产业发展基金、扶持中小微企业发展基金，带动社会资本投资相关扶持产业，缓解小微企业融资难问题。⑤建立政府金融风险补偿资金池，完善各级地方政府应急转贷基金管理体系，帮助银行降低融资风险，引导金融机构对市场预期发展好、暂时周转困难的诚信企业不断贷、不抽贷。

从“利息支出”与“有息负债”之比这一指标来看（见图63－2），企业负债融资的实际成本（简称实际利率水平）在“十三五”时期波动较大，在2015～2019年分别是5.15%、4.79%、4.78%、5.08%、5.21%，说明在2016年、2017年负债融资成本有明显下降，但在2018年、2019年又有所上升。如果用2015年之后的5年的平均值和2015年之前的5年的平均实际利率水平比较，则“十二五”时期制造业上市企业实际利率水平的平均值是5.09%，在“十三五”时期下降到5.00%，只下降了2%。这一下降幅度远低于商业银行贷款利率。因为在“十三五”时期，我国商业银行的六个月贷款基准利率下降了1个百分点，从2015年3月1日的5.35%下降到2015年10月24日的4.35%，之后一直维持到2019年底，下降幅度为28.69%。这说明在银行降息28.69%，而企业的负债融资成本则只降低了2%。

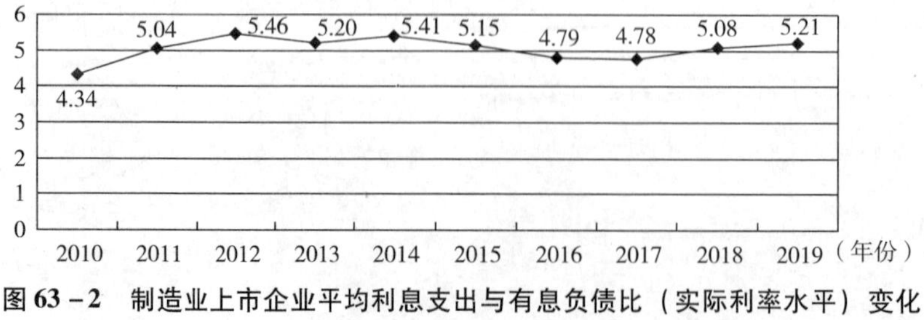

图63－2 制造业上市企业平均利息支出与有息负债比（实际利率水平）变化

不过从细分行业的负债融资成本情况来看，实际利率水平下降的行业明显多于上升的行业，有22个制造业细分行业的实际利率水平下降，有7个制造业细分行业的实际利率水平上升。在22个下降行业中，下降幅度超过1个百分点的有木材加工和木竹藤棕草制品业（-1.33%）、酒饮料和精制茶制造业（-1.13%）、铁路船舶航空航天和其他运输设备制造业（-1.08%）、汽车制造业（-1.04%），这些行业在2019年的实际利率水平为6.66%、4.27%、3.90%、4.61%。上升幅度超过1个百分点的只有废弃资源综合利用业，实际利率水平上升了1.16个百分点，上升之后2019年的实际利率水平为5.62%。

3. 人工成本上升的势头得到遏制

随着我国人口结构的变化，制造业人工成本上升趋势明显，从上市企业的数据来看，人工成本从2010年的占比5.72%上升到2015年的占比8.28%，上升了2.56个百分点。但“十三五”时期，人工成本占收入的比例只上升了0.41个百分点，从2015年的占收入的8.28%上升到2019年的8.69%。说明人工成本快速上涨的趋势得到了有效遏制。这主要得益于国家出台的五项政策措施：①降低社会保险费率，下调养老保险缴费率、失业保险费率、工伤保险费率、生育保险费率，允许部分合规企业暂缓缴纳社会保险费；②实施企业稳岗补贴政策，加大职工培训补贴，对引进人才、吸纳就业给予补助，放缓最低工资标准调整频率，合理调整企业最低工资标准，原则上最低工资的上涨幅度不应超过当地同时期城镇就业人员平均薪酬涨幅；③建立健全薪酬支付保证金制度，实行工资保证金差异化管理，对阶段时间未拖欠工资企业实行缓缴政策，对拖欠工资企业增加保证金征收比例，引入第三方机构和担保机构管理工资保证金；④推动分类分行业“机器换人”项目的落实，鼓励企业投资智能制造行业，扶持“机器换人”重点项目，开展推广活动，减少危险、高负荷劳动行业人工使用；⑤改善公共就业服务环境，通过开展专场招聘会、搭建有效服务平台等方式促进批量就业，降低企招聘成本；通过行业信息监测建立和行业用工成本信息公开制度，建立培训补贴制度和校企合作平台，对相关高校和企业采取鼓励性补贴措施。

但是，从制造业各个细分行业企业的人均工资薪酬（按照企业人工成本与企业职工人数之比计算）情况来看，“十三五”时期人工成本上升的势头仍在持续（见图63-3）。2015年制造业企业平均人均月薪酬为8426元，到2019年上升到11846元，上升了40.59%。值得庆幸的是相对于企业现金收入的增长速度来讲，人工成本占收入的比的增幅与“十二五”相比明显下降，“十二五”时期人工成本占比上升了2.56个百分点，“十三五”时期只上升了0.41个百分点。这主要是企业的现金收入增速快于企业人工成本增速的贡献，企业的现金收入在“十三五”时期增长了63.53%，快于企业人均工资的增幅。“十三五”时期，企业现金利润占收入的比例增长了1.98个百分点，明显快于人工成本占收入的比例增幅。“十三五”时期人工成本、企业人均薪酬的增长与企业经济效益的提升同步，说明我国制造业向高附加价值领域转型获得了成功。

从制造业细分行业来看，人工成本占收入比上升的有16个行业，下降的有13个行业。人工成本占比上升幅度超过1个百分点的行业有纺织业（3.2%）、汽车制造业（2.69%）、仪器仪表制造业（2.30%）、皮革毛皮羽毛及其制品和制鞋业（1.88%）、印刷和记录媒介复制业（1.76%）、铁路船舶航空航天和其他运输设备制造业（1.22%）6个。人工成本占比下降幅度超过1个百分点的行业有5个，分别是文教工美体育和娱乐用品制造业（-4.91%）、非金属矿物制品业（-2.12%）、黑色金属冶炼和压延加工业（-1.29%）、废弃资源综合利用业（-1.28%）、酒饮料和精制茶制造业（-1.18%）。总体来看，人工成本上升的行业仍然多于下降的行业。人工成本占比的上升，一方面说明企业劳动者获得的收入份额的增加，劳动者从企业发展中获得了实惠；另一方面说明企业的人工成本负担增加、企业经营获得成功的难度提高。企业取得同样收入需要支付的人工成本的门槛提高。

4. 其他成本上升的势头得到了明显遏制

“十二五”时期，其他成本占比上升了1.33个百分点，从2010年的5.95%上升到2015年的7.28%。其他成本主要是指企业支付的燃料动力、

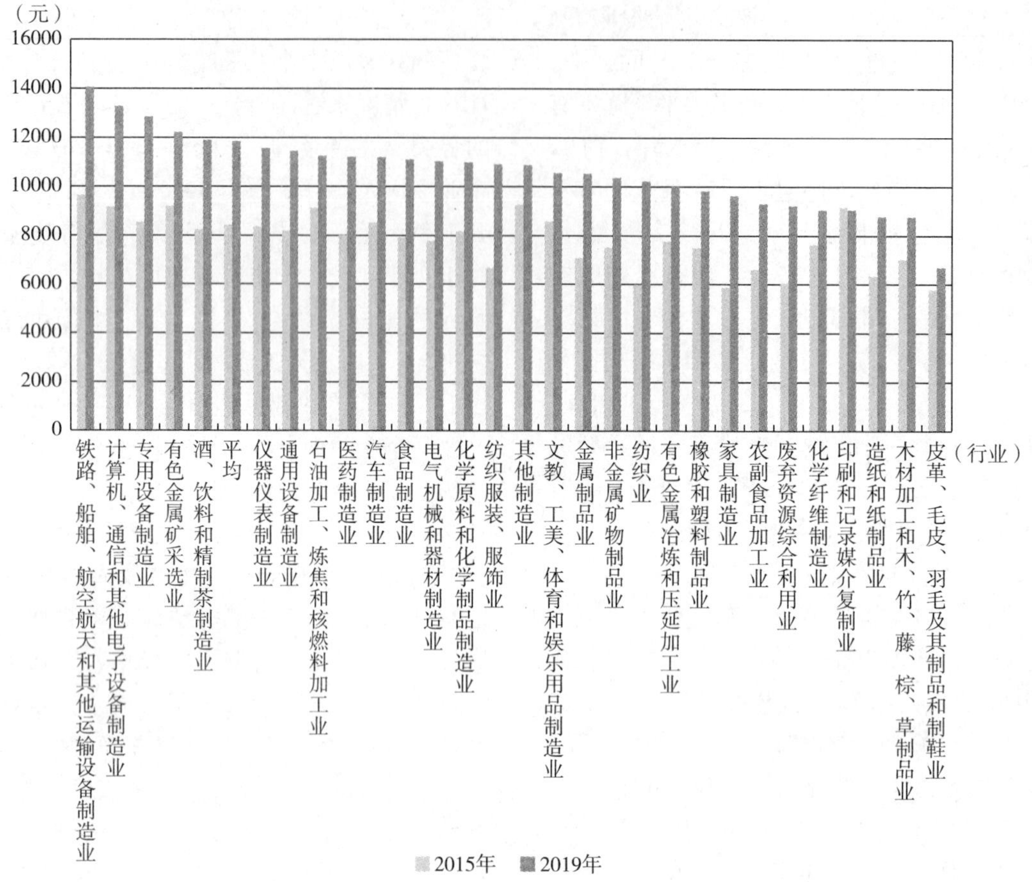

图 63－3 “十三五”时期制造业细分行业人均月薪酬

交通运输、房屋租金和各项非税收费（如排污费、资源占用费等）。“十三五”时期，其他成本占比上升的势头也得到了有效遏制，其占收入的比例从 2015 年的 7.28% 上升到 2019 年的 7.55%，仅上升了 0.27 个百分点。其他成本上涨过快的趋势得到有效遏制，与国家出台的降低交易性成本、物流成本和制度性成本的一系列政策措施有关。这些政策措施主要有：

（1）降低水电气使用成本。下调工商业企业用水价格，下调一般工商业用电价格，下调大工业用电价格，推动天然气价格市场化，引导天然气企业直接对口大用户，降低天然气终端销售价格。

（2）改革土地供应，降低用地成本，在不改变土地用途的前提下鼓励通过合理改造提高土地利用率，不增收土地价格，合理确定物流土地容积率，通过多种方式供应工业用地，包括长期租赁、先租后让、租让结合、弹性出让等；鼓励企业提高土地利用效率；鼓励创新和新兴产业用地，实施差别化低价政策，推行工业用地分期缴纳土地出让款项政策，运用企业分类政策降低部分土地使用税率，对符合条件的，不征收土地出让金和基础设施配套费；合理制定弹性价格和市场监管奖惩机制，淘汰落后产能用地。

（3）降低外贸成本。清理外贸涉企收费，减少企业进出口环节的经营性服务收费项目；推行“三通两直”口岸通关一体化服务改革的建设，完善各进出口相关单位信息共享、互换的信息大平台；鼓励企业按照 WTO 协定享进出口关税减免，实行互联网退税创新试点。

（4）规范物流收费，降低物料周转成本。落实“绿色通道”相关政策，规范港口、铁路、机场收费，取消船舶港务费、船舶临时登记费、特种船舶和水上水下工程护航费、船舶烟囱标志或公司旗注册费、船舶更名或船籍港变更费、船舶国籍证书费、废钢船登记费等收费项目。清理合理收费。对查验没有问题的，免除企业吊装、移位、仓储等费用。严格执行取消船舶过闸费、车辆过渡费、货物港务费等涉企行政事业性收费项目的政策，不得以任何形式变相收费。

（5）降低公路运输成本，推进政府还贷高速公路实行统一管理、统一还贷的运营机制，取消各类不符合法律和规定的公路行政服务收费项目，适度降低部分政府还贷高速公路收费标准。

（6）降低铁路运输成本。全面落实中国铁路总公司扩大铁路局运价调整自主权政策，铁路运输价格在最大下浮权限内由承运方与托运方协商确定，对批量零散货物快运实行一口价管理、门到门运输。支持铁路开行货物快运班列，降低企业货物周转成本。

（7）降低农村物流成本。加强交通运输、商贸、农业、供销、邮政等部门的协调配合，建立农村物流服务网络和设施的共享机制，推动多站合一、资源共享。完善农产品冷链物流体系。鼓励邮政、快递企业等各类市场主体建设和改造县、乡、村三级物流配送节点基础设施。积极推广农村货运专线、农村客运班车利用货舱承接小件快运等服务模式。

从细分行业情况来看，在“十三五”时期，有16个行业其他成本占收入的比例下降，有14个行业上升。其他成本占收入的比例2019年比2015年下降幅度超过1个百分点的行业有5个，它们是造纸和纸制品业（-18.21%）、化学纤维制造业（-11.79%）、废弃资源综合利用业（-9.14%）、专用设备制造业（-1.37%）、金属制品业（-1.02%）。上升幅度超过1个百分点的行业也有5个，它们是医药制造业（5.51%）、纺织服装服饰业（3.03%）、皮革毛皮羽毛及其制品和制鞋业（2.23%）、通用设备制造业（1.61%）、家具制造业（1.45%）。

5. 中间消耗成本继续保持了下降势头

在“十二五”时期中间消耗占比出现了较大幅度的下降（见图63-4），从2010年的占比77.67%下降到2015年的占比71.29%，下降了6.38个百分点。从国家统计局公布的生产者购进价格指数来看，“十二五”时期工业生产者购进价格指数下降了3.58%（国家统计局未公布制造业生产者购进价格指数），说明有3.58个百分点的中间消耗下降来自于其价格的下降，剩余的2.8个百分点的下降应当是“十二五”时期企业生产技术水平提高、生产效率改善的贡献。“十三五”时期，中间消耗占收入的比例继续下降，从2015年占收入比例的71.29%下降到2019年占收入比例的69.19%，下降了2.10个百分点。从细分行业的情况来看，中间消耗成本占比上升的产业有18个，下降的有11个，上升幅度超过4%的有文教工美体育和娱乐用品制造业（7.37%）、化学纤维制造业（7.07%）、木材加工和木竹藤棕草制品业（6.76%）、其他制造业（5.21%）、石油加工炼焦和核燃料加工业（4.10%）、纺织业（4.08%）6个。中间消耗占比下降幅度超过4%的行业有酒饮料和精制茶制造业（-8.58%）、专用设备制造业（-7.71%）、铁路船舶航空航天和其他运输设备制造业（-5.20%）、汽车制造业（-5.02%）、非金属矿物制品业（-4.30%）五个。在2019年，中间消耗占比最低的五个行业是酒饮料和精制茶制造业（27.87%）、医药制造业（43.38%）、印刷和记录媒介复制业（48.35%）、仪器仪表制造业（49.22%）、家具制造业（54.57%），中间消耗占收入比最高的五个行业是其他制造业（92.67%）、有色金属冶炼和压延加工业（86.82%）、化学纤维制造业（83.16%）、农副食品加工业（80.49%）、黑色金属冶炼和压延加工业（79.51%）。还有五个行业的中间消耗占收入的超过70%，它们是废弃资源综合利用业（78.86%）、石油加工炼焦和核燃料加工业（76.50%）、金属制品业（73.16%）、计算机通信和其他电子设备制造业（72.49%）、汽车制造业（71.48%）。

中间消耗成本占比的下降，也为企业经营利润占比的上升创造了条件。“十二五”时期，企业经营利润占收入的比例从2010年占收入的5.61%上升到2015年的7.79%，上升了2.18个百分点。在“十三五”时期中间消耗成本进一步下降，使制造业上市企业的经营利润占收入的比例进一步提高，从2015年占收入的比例7.79%提高到2019年占收入的比例9.68%，提高了1.89个百分点。从细分产业来看，上升幅度超过4个百分点的行业有六个，分别是造纸和纸制品业、专用设备制造业、废弃资源综合利用业、非金属矿物制品业、酒饮料和精制茶制造业、化学纤维制造业，上升幅度分别为19.14%、9.45%、

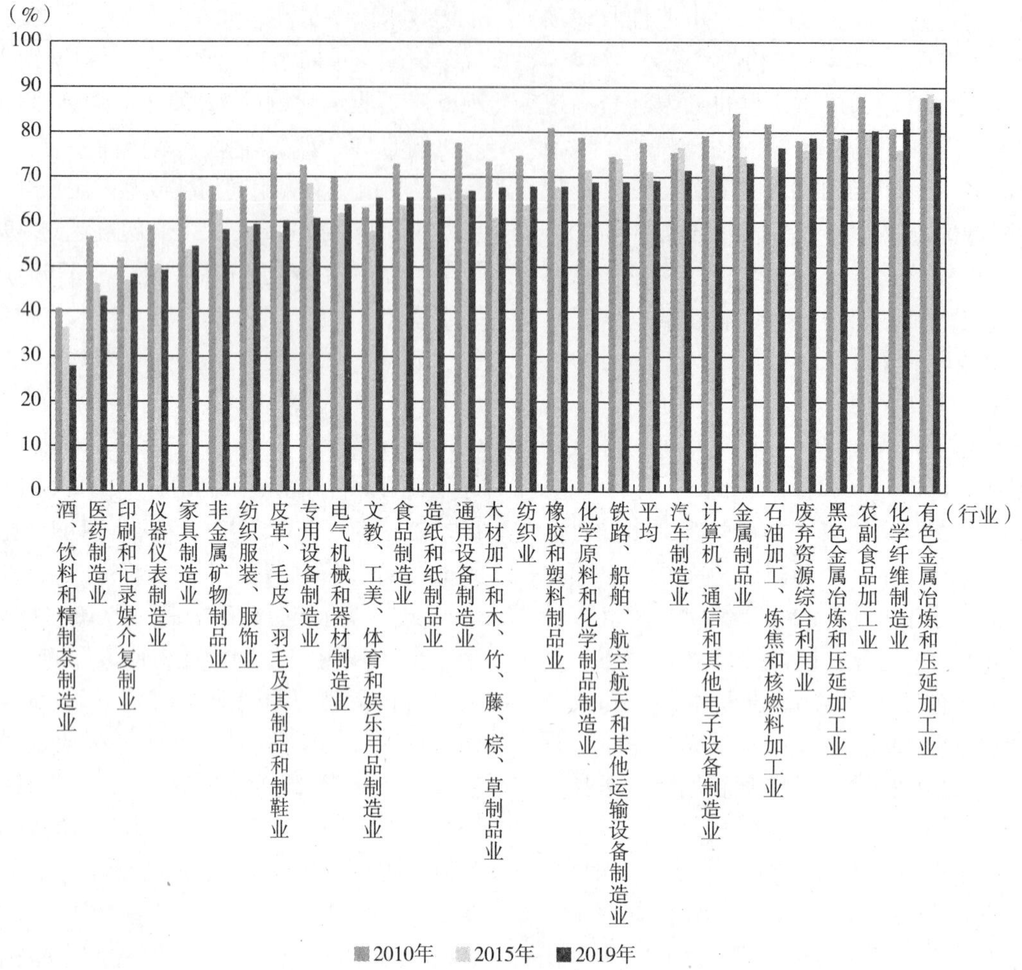

图 63-4 制造业各细分行业中间消耗占收入的比例对比

7.64%、7.29%、6.50%、4.46%。上升幅度超过制造业平均增幅 1.89 个百分点的行业还有铁路、船舶、航空航天和其他运输设备制造业，金属制品业，化学原料和化学制品制造业，汽车制造业四个行业。当然，也有一些行业的成本结构恶化、经济效益下降，这些行业是木材加工和木竹藤棕草制品业、皮革毛皮羽毛及其制品和制鞋业、电气机械和器材制造业。

6. “降成本”效果总体评估

总体来看，在“十三五”时期，有 16 个行业的成本结构有所改善，企业的现金利润占比提高。其中有 11 个行业成本结构获得了明显改善，使其现金利润占收入的比例提高幅度超过了 1 个百分点。在这其中，2015 年亏损的造纸和纸制品业、废弃资源综合利用业、专用设备制造业三个行业在 2019 年均实现了扭亏为盈，2015 年亏损占现金收入的比例分别是 -8.21%、-3.4% 和 -0.69%，到 2019 年分别盈利并且盈利占现金收入的比例分别为 12.77%、4.53% 和 9.68%。现金利润占现金收入的比例提高幅度超过 3 个百分点的行业有非金属矿物制品业（7.93%），酒饮料和精制茶制造业（6.74%），铁路、船舶、航空航天和其他运输设备制造业（4.37%），化学纤维制造业（3.86%），化学原料和化学制品制造业（3.78%），金属制品业（3.08%）。这其中，造纸和纸制品业、化学纤维制造业、废弃资源综合利用业三个行业的盈利改善主要得益于其他成本的大幅度下降，其他成本占比下降幅度均在 10 个百分点左右。专用设备制造业，非金属矿物制品业，酒、饮料和精制茶制造业，铁路、船舶、航空航天和其他运输设备制造业成本结构的改善，主要是中间消耗成本占比下降的贡献。化学原料和化学制品制造业、金属制品业两个行业的成本结构改善是中间消耗成本、人力成本、税负成本、融资成本、其他成本下降综合作用导致。

在“十三五”时期，有五个制造业细分行业的成本结构出现恶化，分别是其他制造业、皮革毛皮羽毛及其制品和制鞋业，木材加工和木、竹、藤、棕、草制品业，纺织业，电气机械和器材制造业。其中，其他制造业，木材加工和木、竹、藤、棕、草制品业的成本结构恶化主要是中间消耗成本上升幅度较大导致。纺织业的成本结构恶化主要是人力成本上升幅度较大导致。皮革、毛皮、羽毛及其制品和制鞋业的成本结构恶化主要是其他成本上升幅度较大导致。电气机械和器材制造业的成本结构恶化是中间消耗成本、人力成本、税负成本、融资成本、其他成本上升综合作用导致。这五个行业成本结构的恶化，使行业内企业的平均现金利润下降了 2 个百分点以上。

三、“十四五”时期成本结构改进建议

从我国制造业上市企业的成本结构来看，在 2010 年的成本结构是中间消耗占收入的 77.67%，人工成本占收入的 5.72%，税负成本占收入的 5.04%，融资成本占收入的 2.50%，其他成本占收入的 5.95%，归企业的经营利润占收入的比例为 5.61%。可以看出，排第一位的是中间消耗，约占 3/4；排第二位的是其他成本，约占 6%；排第三位的是人工成本，占 5.72%，排第四位的是税负成本，占 5.04%，融资成本最低。企业经营利润占比低于其他成本和人工成本，高于税负成本和融资成本。经过五年的发展，到“十二五”末的 2015 年，成本结构变为中间消耗占 71.29%，人工成本占 8.23%，其他成本占 7.28%，税负成本占 5.36%，融资成本占 3.62%，企业的经营利润占 7.79%。说明人工成本上升较快，融资成本也有较大幅度的上升，其他成本占比也上升较大。但企业的经营利润占比并没有下降，这主要是中间消耗成本占比下降幅度较大的贡献。经过“十三五”时期的努力，制造业上市企业的成本结构变为：中间消耗占 69.1%，人工成本占 8.65%，其他成本占 7.58%，税负成本占 4.96%，融资成本占 3.77%，归企业的经营利润占 9.68%。经营利润占比超过了人工成本，说明人工成本快速上升的趋势得到了有效遏制。尽管人工成本、其他成本、融资成本仍然存在上涨趋势，但上涨幅度均小于 0.5 个百分点。税负成本有所下降，说明国家“减税降费”政策取得了实质性进展，企业的成本结构得到了一定程度的改善，使企业经营利润的增幅超过了其他各项成本。“十四五”时期，制造业上市企业成本结构将会获得如下变化：

1. 进一步降低中间消耗水平

“十二五”时期制造业上市企业的中间消耗总体水平下降了 6.4 个百分点，说明企业向低消耗、高附加值发展迈出了坚实步伐，“十三五”时期中间消耗总体水平进一步下降了 2.1 个百分点，说明下降势头有所减弱。“十四五”时期，应当进一步在产业结构调整升级方面做出努力，进一步降低直接材料消耗，提高企业创造新增附加价值的能力，为企业员工、国家税收的增长创造出空间。一方面要进一步淘汰“落后产能”、退出“资源消耗”产业和“环境污染”产业、促使劳动力消耗较大产业转型升级；另一方面要加大科技投入、提高人均创造价值，降低资本消耗，促使企业向轻资产、高附加值产业转型。

2. 进一步降低企业税负水平

“减税降费”、提高税收优惠支持和鼓励制造业发展应当作为我国获得国际竞争优势、创造国民收入、改善人民生活的一种长期的、基本的国策加以坚持。这是因为制造业企业相对于服务业企业转型较为困难，面对国际环境复杂多变、原材料价格大幅度波动的市场环境，制造业企业的经营难度进一步加大，企业收入和利润的波动更加频繁。而国家的法定税种、税率又常常难以根据外部环境变化及时做出适应性调整，在这种情况下，努力创造一种宽松的、企业容易生存的纳税环境就变成一件比较重要的事情。但现实情况是，当前中小企业纳税现在非常痛苦。中小企业

收入不太稳定，特别是服务大型企业的中小企业，在市场竞争中常常处于弱势地位，常常是先开销售发票才能取得客户付款，并且大企业从开票到付款的周期一般是1~3个月。这时中小企业在现金收入没有到账的情况下还需要按照发票金额纳税，常常是企业老板“借款纳税”，使取得收入、缴纳税款变成了一件比较痛苦的事情。因此，要持续进行税制改革，持续降低增值税税率，要让企业纳税不再感到痛苦。要使企业和个人纳税变成一件相对来讲比较光荣的事情，就需要基于企业的利润和个人的财产征税，让企业有盈利、个人有财产性收入之后再纳税，一能确保企业不因纳税而亏损、个人不因纳税而影响正常消费，二能降低企业在市场竞争中的刚性成本、提高企业竞争能力。

3. 进一步降低企业融资成本

自2008年美国金融危机之后，国际金融市场资金利率持续走低，在一些国家还出现了“负利率”现象。在这一大背景下，企业融资成本应当继续降低。李克强总理最近要求商业银行向企业让利1.5万元，可以从商业银行进一步降低企业借款利率，降低企业负债融资成本开始。从“十三五”时期商业银行借款利率下降而商业银行的利润不降反升的事实可以看出，银行贷款降低利率、向企业让利，并不必然导致银行利润减少，相反在企业经济效益提升之后商业银行的坏账就会下降，商业银行的利润反而增加。因此，在“十四五”时期，要进一步坚持银行降息、降低实体企业的融资成本，让金融成为扶持实体企业发展的主要力量。

4. 进一步改善营商环境

从制造业上市企业过去十多年的数据来看，其他成本占比一直持续上升，从2010年占现金收入比例5.95%上升到2019年的7.55%，已经成为排在中间消耗、人工成本之后的企业第三大成本费用支出项目。其他成本持续上升不利于企业发展，需要在“十四五”时期采取措施重点加以控制。首先，国家控制房地产价格上涨的政策要坚持不变，并要择机出台促使房地产价格和房屋租金下降的政策。其次，进一步改善国家交通基础设施、互联网基础设施、政府办公平台，为企业物流成本、管理成本和制度性成本下降创造条件。最后，进一步加强国家治理能力现代化建设，让不敢腐、不能腐、不想腐的营商环境成为一种常态，进一步降低企业的商务成本和交易成本。可以预料，在“十四五”时期，只要政策发力，其他成本将会下降，企业的盈利水平将会提高。

专栏63-1

2019年我国制造业上市企业的成本结构的行业差异

根据我国A股制造业上市企业披露的财务报表数据计算，在2019年税负成本最高的五个行业是酒饮料和精制茶制造业（27.07%）、石油加工炼焦和核燃料加工业（10.09%）、非金属矿物制品业（9.39%）、医药制造业（8.32%）、印刷和记录媒介复制业（8.13%），税负成本最低的五个制造业行业是有色金属冶炼和压延加工业（2.24%）、农副食品加工业（2.32%）、其他制造业（2.62%）、化学纤维制造业（2.71%）、计算机通信和其他电子设备制造业（2.97%）。

在2019年，人工成本占收入比例最高的五个行业是仪器仪表制造业（17.94%）、皮革毛皮羽毛及其制品和制鞋业（16.80%）、纺织业（16.63%）、家具制造业（15.20%）、铁路船舶航空航天和其他运输设备制造业（12.97%），还有八个行业人工成本占收入的比例超过了10%，它们是专用设备制造业（12.95%）、印刷和记录媒介复制业（12.63%）、纺织服装服饰业（11.25%）、医药制造业（11.07%）、橡胶和塑料制品业（10.53%）、计算机通信和其他电子设备制造业（10.49%）、通用设备制造业（10.15%）、食品制造业（10%）。人工成本占收入的比例最低的七个行业是化学纤维制造业（2.93%）、有色金属冶炼和压延加工业（3.63%）、其他制造业（3.69%）、石油加工炼焦和核燃料加工业（4.04%）、黑色金属冶炼和压延加工业（5.03%）。

在2019年，实际利率（利息支出与有息负债之比）水平最高的七个行业为石油和天然气开采业（7.83%）、其他制造业（6.89%）、木材加工和木竹藤棕草制品业（6.66%）、印刷和记录媒介复制业（6.53%）、非金属矿物制品业（6.0%）、造纸和纸制品业（5.67%）、废弃资源综合利用业（5.62%），最低的五个行业为化学纤维制造业（3.86%）、铁路船舶航空航天和其他运输设备制造业（3.9%）、酒饮料和精制茶制造业（4.27%）、仪器仪表制造业（4.57%）、汽车制造业（4.61%）。

在2019年，其他成本占收入比例最高的五个行业是医药制造业（26.03%）、纺织服装服饰业（13.62%）、家具制造业（12.90%）、仪器仪表制造业（11.99%）、皮革毛皮羽毛及其制品和制鞋业（11.72%），占比最低的五个行业是废弃资源综合利用业（1.83%）、有色金属冶炼和压延加工业（2.30%）其他制造业（2.98%）、石油加工炼焦和核燃料加工业（3.05%）、黑色金属冶炼和压延加工业（3.59%）。

在2019年，中间消耗占收入比例最高的五个行业是其他制造业（92.67%）、有色金属冶炼和压延加工业（86.82%）、化学纤维制造业（83.16%）、农副食品加工业（80.49%）、黑色金属冶炼和压延加工业（79.51%）。中间消耗占收入比例最低的五个行业是酒、饮料和精制茶制造业（27.87%），医药制造业（43.38%），印刷和记录媒介复制业（48.35%），仪器仪表制造业（49.22%），家具制造业（54.57%）。

资料来源：笔者计算。

参考文献

［1］《习近平主持召开中央财经领导小组第十一次会议》，http：//www.xinhuanet.com//politics/2015－11/10/c_1117099915.htm，2015－11－10。

［2］刘尚希、王志刚、程瑜、韩晓明、施文泼：《降成本：2019年的调查与分析》，《财政研究》2019年第11期。

［3］中国财政科学研究院课题组：《“三去一降一补”之降成本：政策效果及实体经济成本现状》，《经济研究参考》2017年第43期。

［4］刘尚希、王志刚、程瑜、许文：《降成本：2018年的调查与分析》，《财政研究》2018年第10期。

［5］傅志华、赵福昌、石英华、李成威、李铭、黄燕飞、田远：《西部降低实体企业成本政策评估报告》，《经济研究参考》2017年第43期。

［6］唐雯：《湖北省降成本政策实施效果评估》，华中师范大学硕士学位论文，2018年。

［7］黄橙：《供给侧改革下降成本政策研究》，南京大学硕士学位论文，2018年。

第六十四章　企业人力资源管理

提　　要

人力资源管理在企业管理中发挥着重要作用。“十三五”时期，我国企业人力资源管理处在快速转型变革中，主要表现为企业人力资源管理体制改革深入推进、新一代信息技术推动企业人力资源管理数据化和智能化、国际化对企业人力资源管理的影响不断增大。同时，我国企业人力资源管理也面临以人为本的人力资源管理理念没有得到有效落实、国有企业人力资源管理体制改革仍然不够彻底以及尚未建立规范的新业态下人力资源管理体系的问题。“十四五”时期，我国企业人力资源管理需要围绕以下六个方面不断深化：大力推进以人为本的绿色人力资源管理、进一步推动国有企业人力资源管理体制改革、积极顺应数字经济时代企业人力资源管理变革趋势、更大力度地激发知识型员工的创造潜力、加快构建跨文化人力资源整合机制、提升企业人力资源管理应对重大突发公共卫生事件的能力。

*　　　*　　　*

“十三五”时期，随着我国经济由高速增长阶段转向高质量发展阶段以及国有企业改革的不断深入，我国企业人力资源管理的理念、模式、内容以及在企业中的战略地位和作用等都发生了巨大的变化，呈现管理视角全面化、资源配置市场化、管理活动规范化、管理理念国际化等特点。随着外部环境的不断变化，尤其是数字经济时代的到来，企业人力资源管理面临新的挑战。因此，需要顺应时代发展的新要求，积极推动企业人力资源管理转型变革。

一、“十三五”时期我国企业人力资源管理发展现状

1. 企业人力资源管理体制改革深入推进

“十三五”时期，我国不同所有制企业的人力资源管理制度不断完善，逐步构建起适合企业发展的现代人力资源管理体系。其中，外资企业和民营企业出台了大量措施来推动人力资源管理市场化制度建设，如制定人力资源发展规划、建立薪酬管理系统等，并取得显著成效。与此同时，随着“1 + N”的国有企业改革政策体系逐步形成，国有企业人力资源管理体制改革的目标和任务进一步得到明确，即实现人力资源管理体制的市场化改革，建立高管能上能下、员工能进能出、收入能增能减的机制。具体而言，在高级管理者层面，严格按照岗位要求和业绩标准对高管进行考核，根据考核结果进行职务升降和岗位调

整，实现高管能上能下的动态柔性机制。同时积极探索职业经理人制度，合理增加市场化选聘比例，逐步形成国有企业高管队伍的职业化和多源化，例如，新兴际华、宝钢、中国节能、国药集团等多家中央企业已经完成部分高管的市场化选聘工作。在员工层面，按照《劳动合同法》建立以合同管理为核心、以岗位管理为基础的市场化用工制度，畅通退出渠道，构建正常流动机制，打破国有企业员工就业的“终身制”。同时，全面推行公开招聘制度，通过信息的披露确保员工招聘的公平、公开、公正，杜绝量身定制的“萝卜招聘”（戚聿东和张任之，2019）。在收入层面，积极推行市场化薪酬模式，强化薪酬与企业效益、任职者绩效的关联力度，建立“能多能少”的薪酬决定机制。同时出台了《中央管理企业负责人薪酬制度改革方案》《关于合理确定并严格规范中央企业负责人履职待遇、业务支出的意见》等多项政策措施推动国有企业高管薪酬制度改革，对不合理的偏高、过高的收入进行调整，完善健全国有企业高管薪酬分配的激励和约束机制，规范企业高管与员工之间的收入分配秩序。

2. 新一代信息技术推动企业人力资源管理数据化和智能化

大数据、人工智能等新一代信息技术正不断渗透到企业人力资源管理的各个领域，助推人力资源管理的不断变革，使人力资源管理更加数据化、智能化。《中国人力资源市场分析报告 2019》调查数据显示，目前我国企业在人力资源招聘、培训、人才测评、绩效考核等环节应用新一代信息技术的占比超过 20%，且呈现不断上升的趋势。具体表现在三个方面：一是人力资源管理理念，企业管理者的人力资源决策从“经验 + 感觉”向“事实 + 数据”的思维模式转变，通过运用大数据、人工智能等技术不断汇集、整理和分析各项人力资源数据，帮助企业高层更加快速科学地制定人力资源战略规划，提高企业人力资源开发利用效率。二是人力资源管理内容，新一代信息技术推动人才招聘、员工培训、绩效管理、劳动关系管理等人力资源管理内容模块发生深刻变化。①人才招聘，传统的企业人才招聘模式存在招聘双方信息不对称、筛选匹配信息不准确等诸多问题，基于大数据和人工智能技术的招聘模式可以在信息对接、简历收集筛选、员工甄选等方面发挥巨大作用，极大提升招聘的效率和效能，优化企业人才配置；②员工培训，大数据背景下，企业人力资源管理部门可以根据不同员工的发展需求，为员工量身定制个性化培训方案，大大提高了培训的效率，为企业输送高质量的人才；③绩效管理，传统的绩效管理存在数据分析方式陈旧、烦琐等弊端，难以实现准确客观地考核员工绩效，借助大数据技术，企业可以构建以数据为驱动的动态绩效管理工具，更加敏捷高效地进行绩效数据分析，充分调动员工积极性，持续提升组织绩效；④劳动关系管理，稳定的高素质人才队伍是提升企业核心竞争力的关键，以往人力资源部门普遍是在员工提出离职时才进行人才挽留的干预，但这种效果往往不佳，运用大数据和人工智能技术，能够通过对员工过往的工作任期和离职行为进行分析，建立离职预测模型，提前识别员工的离职意向，进而提高企业人才留任效率，稳定企业人才队伍。三是人力资源管理模式，传统的人力资源管理工作具有明显的结构特点，容易形成一个个人力资源信息孤岛，造成大部分工作陷入具体的、重复的烦琐性事务中，应用新一代信息技术可以将组织中每一个岗位连接成一个有序高效的整体，同时可以整合企业内外人力资源的信息和资源，实现企业人力资源与财务、物流、供应链、客户关系管理系统的关联和一体化，有效缓解人力资源信息孤岛现象，创新人力资源管理模式和流程，使人力资源管理真正成为企业的战略性工作。

3. 国际化对企业人力资源管理的影响不断增大

在经济全球化的背景下，以及随着我国“一带一路”建设的深入推进，越来越多的中国企业开始“走出去”，促使我国企业建立与国际化运营相匹配的人力资源管理体系。具体的措施主要体现在三个方面：一是人员配置，通常跨国企业的人力资源配置有两种模式：母国化模式和本地化模式，母国化模式是指海外子公司的管理人员由母国选派，这种模式虽然能更好地控制和管理子公司，但用人成本却相对较高，并且极易引发文化冲突和各种人力资源管理风险，因此，我国越来越多的企业在海外选择本地化模式，即选拔和培养熟悉当地政治体制、经济文化和价值观念的管理人员，保障与子公司员工进行良好的沟通，增强企业内部的凝聚力。二是培训与开发，对于母公司的外派员工而言，企业的培训不仅要考虑子公司的需求，还要重视对当地文化、心理素质等方面的培训，避免外派员工出现“文化休克”的现象（赵曙明等，2019）。此外，我国企业逐渐开始为外派员工的长期职业发展考虑，例如，员工回国后是否还有相应的位置以及升迁的渠道，让员工形成明确的预期。三是绩效评价与薪酬福利，跨国企业需要综合考虑母国公司与子公司的评价标准与报酬体系，充分体现海外子公司对企业整体的实际贡献。对于海外子公司的员工评价标准，除了经营绩效之外，还应将员工对海外子公司所在地的文化理解能力、环境适应能力、语言能力纳入其中，更加全面地体现员工的胜任素质能力。又如，对于欧洲等国家的海外员工，我国企业非常注重长期的福利与保障，如工作轮换、弹性办公、个人职业发展规划等。

二、我国企业人力资源管理存在的问题

“十三五”时期，我国企业不断吸收国外先进的管理理念和方法，同时，积极改进落后的管理方式，人力资源管理取得了长足的发展。然而，由于受到多种内外部因素的影响，企业人力资源管理仍然存在一些问题，主要体现在以下三个方面：

1. 以人为本的人力资源管理理念没有得到有效落实

（1）重视短期效益，忽视长期效益。对于员工的使用，通常包含两个层面的含义：一是合理使用和管理员工的现有技能；二是培训和开发员工的工作潜能、提升员工应对未来工作需要的胜任力。它们分别代表企业人力资源管理的短期效益和长期效益。在当今快速变化的外部经济环境下，通过向员工提供培训和开发，充分发挥员工的长期效益，不仅能够提升员工的满意度和忠诚度，而且有助于建立优秀的企业文化和形象，形成企业的竞争优势。美国的相关研究表明，培训的投资回报率在33%左右，大型制造业企业从培训中获得的回报率为20%～30%。但传统劳动人事管理的理念是将员工视为成本因素，尽可能地节约各项人事管理开支，并且员工培训开发具有周期长、投入大、风险高、效果较难衡量等特征。因此，很多企业出于自身眼前利益的考虑，往往采取减少培训开发支出的措施来降低企业经营成本，达到员工利用价值最大化的目的，导致在员工使用上普遍存在重视短期效益、忽视长期效益的问题，即榨干员工在某个时间段的使用价值，降低长期的培训开发支出。这种“杀鸡取卵”式的员工管理模式虽然能够为企业带来短期经济效益，但却不利于企业人力资源的长期供给和员工的可持续发展。在企业管理实践中，主要表现为以下两种形式：

第一，企业给员工设置严格的考核标准，包括在一定时间内完成的工作量、技术创新成果的数量、内部绩效的排名等，并且考核的结果与员工的薪酬、职务升迁密切相关。这种不科学的考核制度虽然在短期可以起到激励员工的作用，但从长期来看，会使员工处于工作时间过长、脑力劳动强度过大、工作压力过高的超负荷工作状态，严重损害员工的心理和生理健康，进而给员工的工作绩效、工作安全和工作态度带来不良影响。《中国休闲发展年度报告（2017—2018）》指出，虽然《劳动法》规定“每日工作时间不超过八小时、每周平均工作时间不超过四十四小时”，但事实上加班情况较为普遍。部分企业盛行“996”工作制，每周工作时间长达72小时。在竞争激烈的互联网、金融行业等，这种现象表现得更为明显。易观数据的调查显示，互联网从业人员平均每天至少加班四小时，基础工作人员的加班时间更长，九成以上的互联网从业人员一周休息时间少于一天。这种“拼时间”“拼速度”“拼业绩”的工作模式，其实是在“拼生命”，当超过员工的承受极限之后，容易引发过劳猝死的

风险，其结果导致近年来职场发生的过劳死案例数量在直线上升，并且呈现年轻化的趋势。例如，2015年3月，深圳36岁的IT男张某被发现猝死在酒店马桶上，据悉为赶项目，他常常加班到早上五六点，又接着上班。2016年6月，天涯社区副主编金某在北京地铁站台上突发脑溢血不幸去世。据同事反映，他这几年常常加班熬夜，表面看似强壮，实际已积劳成疾。又如，2018年5月，网信证券上海投资银行部的陈某在公司加班期间猝然离世，年仅45岁。速途研究院发布的数据显示，IT行业出现过劳死的平均年龄最低，只有37.9岁。此外，一些高科技企业为了赶在竞争对手之前推出更多的创新产品，常常规定员工需要在特定时间内取得相应技术创新成果。由于高科技企业的员工工作具有创新性特点，并不是简单的机械劳动，工作上的创新与突破往往需要花费大量的时间去钻研学习，这种在短期内给员工设置目标的管理模式无疑破坏了科技研发活动的客观规律，不仅会降低企业技术创新成果的质量，也容易导致员工创造力的枯竭，影响员工的长期发展。

第二，员工的培训开发是企业获取长期效益的重要来源，然而目前我国企业在员工培训投入和培训模式设计两方面仍然存在很多问题。一是我国企业目前的员工培训投入严重不足，不仅不能为员工提供发展机会以达到激励和留住员工的目的，而且连为适应市场发展和产业升级调整所必需的基本的员工业务培训也很难满足。一般而言，员工培训的投入应该占工资总额的5%左右，但我国大部分企业的这一比例不足1.5%，尚未达到2009年8月发布的《职业技能培训和鉴定条例（征求意见稿）》规定的1.5%～2.5%。这一现象在国有企业表现得更为明显，对部分国有企业抽样调查的结果显示，仅有5%的国有企业每年会增加对员工培训的投资，30%的国有企业每年只是象征性地拨付一点培训经费（周文斌等，2016）。二是尽管许多企业意识到培训很重要，并且也投入了大量的经费用于培训，但由于对培训内容、培训形式、培训方法以及培训机构等方面缺乏系统性的规划和设计，使一些培训流于形式，成为每年的固定动作，培训并没有取得预期效果。

（2）重视组织目标，忽视员工个体目标。员工作为企业最为宝贵的财富，是能够给企业带来巨大价值的独特资源。员工作用发挥得好坏，在某种程度上是决定一家企业能否获得持续竞争优势的关键性因素。这在客观上要求企业的人力资源管理要真正落实“以人为本”的理念，将组织的战略发展目标内化到员工个人的职业发展路径中，充分调动和发挥员工的积极性和创造性，提升员工的工作满意度和组织忠诚度，实现员工个人目标与组织战略目标的和谐统一。然而，由于受到传统劳动人事管理以“事”为核心的指导思想的影响，企业往往强调组织利益至上，将员工视为组织运行过程中的投入要素，着重关注其对于组织目标的贡献价值，忽略了员工作为最具能动性和创造性的生产要素及其自身目标的实现问题。从具体实践来看，我国企业对员工的职业生涯管理尚属于起步探索阶段，取得的效果相对有限，具体表现为：一是在实施职业生涯管理时，更多是从组织的角度出发，其目的在于引导员工为组织努力工作，较少考虑员工个人的发展需求；二是组织的职业开发手段较为落后，与国外企业采用工作匹配系统、评价中心等先进的职业开发手段相比，我国企业主要以绩效评价、咨询、职业指导等技术含量相对较低的方法为主，对员工个体特征的了解和把握程度较弱，制约了组织对员工职业发展的支持。大量的实践表明，一旦企业对员工缺少个人目标的管理，极易诱致员工达不到所期望的心理契约，不仅容易造成员工过早地遭遇职业瓶颈，也很有可能会加剧员工离职或消极怠工的倾向，增加企业的人力资源重置成本，导致企业的正常生产运营受到严重影响。尤其是在当前知识型员工和新生代员工成为企业员工主体的背景下，这种人力资源管理模式所带来的负面效应会更加显著。这主要是因为随着数字经济时代的到来，员工的职业生涯面临越来越多的不确定性和挑战，他们更渴望组织能通过有效的职业管理，包括职业发展路径的规划、职业能力的获得等，提供有利于自身职业发展的平台，进而逐渐积累职业经历，以此来提升职场竞争力，实现职业成功，而不仅仅是为了获取高额薪酬。

（3）重视经济效应，忽视社会效应。从社会角度来看，员工不仅能够为企业创造经济价值，同样兼具社会属性。对组织内的员工而言，工作和家庭是其人生的两大支撑点，而家庭是生活的基点、精神归宿的核心、工作的原始动力。和谐的工作—家庭关系能够形成相互促进的正向溢出效应，激发员工内在的主动性和积极性，实现组织绩效的提升。然而，从我国企业人力资源管理实践来看，其潜在的假设前提是中国员工没有家庭责任等社会属性，组织唯一需要考虑的是如何更好地激励员工将所有时间投入到工作中。这种员工管理方式实质上是将企业与员工看作一种经济上的利益交换关系，仅仅强调员工为企业创造更多的利润，以实现经济效应的最大化，而完全忽视员工的社会效应。随着劳动力市场结构和工作价值观的改变，来自工作和家庭两个领域的角色压力越来越大，两者之间的冲突越来越明显。前程无忧网的调查显示，半数的被调查者认为自己很难做到有效平衡工作与家庭的关系，并且这种失衡状况会随着职位的提升愈加明显。造成这一现象的一个重要原因在于，随着市场竞争的加剧，企业正在经历着巨大的变化，对客户服务的关注以及科技的发展加深了人与人之间的连接，员工可以随时随地开展工作，例如，员工可以在下班时间查阅电子邮件、进行工作交流等，工作需求的增加使工作与家庭的边界逐渐模糊，员工已经难以在工作和家庭生活之间划出明确的物理和心理边界。对大多数员工而言，工作和家庭是花费时间和精力最多的两个领域，投入工作的时间越多，意味着员工承担家庭角色的时间越少。尤其是当前我国学龄前教育和老年人长期护理体系尚不健全，很多员工需要照顾老人和儿童，在资源有限的情况下，导致来自工作和家庭的期望和要求无法同时满足，进而引发工作—家庭冲突。工作—家庭冲突作为潜在的压力来源，将会在组织层面和个人层面产生一系列不良影响。从组织层面来看，工作—家庭冲突会直接影响员工对工作的满意度，降低员工对工作的投入程度，加剧员工的工作倦怠，最终导致员工离职意愿增强。对于个体而言，工作—家庭冲突可能会对员工的生理健康和心理健康产生损害，降低个体的主观幸福感，并进一步延伸至个人家庭层面，影响婚姻的质量和稳定性。

2. 国有企业人力资源管理体制改革仍然不够彻底

我国国有企业经过多年的改革，已经建立了相对完善的现代企业制度。但与其他所有制类型的企业相比，国有企业的人力资源管理体制相对较为僵化，行政化特征比较明显。首先，国有企业选人用人的权力过于集中，尽管企业实行了公开竞聘等方式，但仍然缺乏公开民主的机制，人员的选用在很大程度上停留在非公开、封闭式的状态。国有企业员工的选聘和提拔主要是依靠领导的伯乐机制，而不是企业的制度环境，这种权力高度集中的用人体制往往难以客观、准确、全面地评价并使用人才，容易造成企业大量人才被闲置和浪费。其次，高层管理者的市场化选聘程度较低，长期以来我国国有企业的“董监高”队伍来源单一，特别是企业“一把手”的产生只有行政任命这一条路径，这就导致国有企业高管很可能会把行政晋升而非企业发展作为自己的追求，在一定程度上减弱了高管人员专注企业经营发展的动力，难以像民营企业家一样具有敏锐的商业洞察力和创新精神，不利于企业的长期发展（刘湘丽，2019）。最后，国有企业的绩效考核主观性较高，目前，大部分国有企业绩效考核主要是依赖企业领导者的主观评价，考核的科学化程度较低。在绩效考核过程中，国有企业部门主管往往根据员工与自身关系的亲疏来进行判断，不仅可能导致对员工绩效的误判，也会使员工将更多的精力用于和领导的关系维护上。在考核方法上，目前国有企业偏重于个别谈话、查看资料等静态考核方法，缺乏实地的、实时跟踪的动态考核，考核方法相对简单。

3. 尚未建立规范的新业态下人力资源管理体系

数字经济的快速发展催生出大量新的就业形态，依托互联网平台创造出了外卖小哥、网络主播、直播卖货、主播经纪人、场景包装师等新的职业，为创新创业提供了广阔的市场空间，吸纳和带动了大量的就业人口，极大地缓解了整体就业形势压力。国家信息中心《中国共享经济发展报告（2020）》显示，2019 年共享经济领域就业保持了较快增长，平台员工数量 623 万，比上年增长 4.2%，是我国新增就业人数的重要来源；

共享经济参与者人数约8亿人，其中，提供服务者人数约7800万人，同比增长4%。面对新就业形态的迅猛发展态势，企业人力资源管理仍然处于不断完善和发展的过程中，缺乏一个规范而又科学的体系。主要表现在以下三个方面：一是在员工招聘方面，不同于传统企业，新就业形态的招聘模式较为简单，缺乏统一的招聘标准以及规范化的招聘流程，例如，滴滴司机、美团骑手只需要在手机上完成相关信息验证即可，对于平台上人员的胜任力、道德水平等方面却并没有进行深入的考察，这也是导致近年来网约车安全等事件频繁发生的重要原因。二是员工的培训与开发，目前，大部分互联网平台型企业只是在线上对员工进行简单的操作、规则、流程等基本工作技能培训，对于企业的管理理念、责任意识以及价值观等企业文化培养的重视程度相对较低，不利于员工和企业的长期发展。三是员工薪酬福利，大多数新型职业面临的健康安全风险较大，能得到的安全保障也严重不足。由于新就业群体在现实中往往都没有与互联网平台企业签订正式的劳动合同，用工企业并没有法定的社会保险缴纳义务，新就业群体个人可以按照国家规定缴纳医疗保险、养老保险，但法律并没有规定其工伤保险的缴纳问题。不仅用工企业没有法定缴纳义务，而且其本人也没有缴纳途径，这就成为大部分新就业群体无法参加工伤保险的制度障碍，进一步加剧了工作风险。

三、“十四五”时期我国企业人力资源管理展望

1. 大力推进以人为本的绿色人力资源管理

党的十八届五中全会提出包含“绿色发展”在内的五大发展理念，明确要求坚持绿色发展和可持续发展，加快建设资源节约型、环境友好型社会，形成人与自然和谐发展现代化建设新格局。“十三五”规划纲要明确指出，绿色是永续发展的必要条件和人民对美好生活追求的重要体现。党的十九大报告将“坚持人与自然和谐共生”“形成绿色发展方式和生活方式”作为新时代坚持和发展中国特色社会主义基本方略的重要组成部分。绿色发展理念既传承了中华民族“天人合一”的传统文化，又借鉴了世界发达国家的发展经验，是当代中国经济社会发展的必然选择。它一方面能够从源头上解决资源约束趋紧、环境污染严重、生态系统退化等问题，另一方面又有助于推进高质量发展，促进经济由粗放增长向低碳集约式增长转型升级。绿色人力资源管理则将绿色发展理念的内涵从自然生态性延伸到社会性，增加了“人本、尊重、责任、和谐”等要素，更加关注员工个体以及员工与组织的关系等内容，通过为员工提供安全、健康、和谐、富有竞争力的工作环境，使员工的个人目标与企业战略目标保持一致，激发员工内在的工作主动性和积极性，实现员工、企业和社会三者的和谐发展（唐贵瑶等，2015）。以人为本的绿色人力资源管理包括个体和组织两个层面的内容：个体层面是指对员工身体健康和精神健康的管理，主要体现为保护员工的安全健康、预防职业病、降低工作压力、塑造健康的员工心理等；组织层面是指为员工创造一个充分发挥积极性和主动性的工作环境，包括维持和谐积极的组织氛围、加大员工培训力度、关注员工长期发展、帮助员工制定实施职业生涯规划等。具体可以通过以下三种路径实现企业绿色人力资源管理：

（1）自觉遵守相关法律法规，规范企业人力资源管理。自觉遵守《劳动合同法》等相关法律法规是实现绿色人力资源管理的重要前提条件。作为协调企业与员工关系的法律法规，《劳动合同法》《劳动法》等要求企业只有真正贯彻落实“以人为本”的人力资源管理理念，将员工的利益放在首位，构建员工与企业和谐双赢的劳动关系，才能够在市场竞争中保持持续竞争优势。企业可以按照相关法律法规的要求，从以下三个方面入手规范企业人力资源管理：一是严格遵守《劳动法》中对于员工“每日工作时间不超过八小时、每周平均工作时间不超过四十四小时”的

规定。即使企业因特殊原因需要延长工作时间，也应在保障员工身体健康的前提下进行，并且延长工作时间每日不超过3小时，且每月不超过36小时。二是根据《劳动合同法》的规定，必须改变劳动合同短期化的规定。企业应培养劳动合同长期化的理念，可以通过合理规划员工职业生涯等方式，提升员工的职业满意度和组织忠诚度，进而大大提高员工的职业安全感。三是适应《劳动合同法》对员工离职约束力的弱化，企业应该以柔性人力资源管理理念留住员工，改变传统以合同留人的做法。具体措施包括：一是为员工提供富有挑战性的工作，拓宽职业发展通道，满足自我实现需求；二是增强员工对企业文化的认同感，培养员工的成就感和责任感，逐步将员工个人发展嵌入到企业的战略目标中；三是采用弹性工作时间和工作地点，激发员工的积极性和创造性；四是针对员工的个人特点设计富有竞争力的薪酬，保持对员工的长期激励性。

（2）坚持以人为本理念，构建科学合理的绩效考核机制。长期以来，企业为了追求财务业绩的提升，会通过设置各种量化评价体系对员工进行绩效考核，大量的考核指标、内部排名在无形之中给员工施加了巨大的压力。诚然，适当的竞争压力对于员工能力的保持、提升和潜力的挖掘是必要的，但过于频繁、过于激烈的竞争不仅使激励效果大打折扣，而且容易导致员工产生情绪焦虑、缺乏职业安全感、过度劳累、身心健康受损等一系列不良后果。因此，企业应当坚持以人为本的理念，以促进员工的可持续发展为目标，从传统的评估型绩效考核向发展型绩效考核转变，适当减少以财务绩效为标准的硬指标，相应增加一些反映员工职业素质和职业能力的软指标，为员工的职业发展创造一种良性的竞争环境。这种良性竞争环境体现的是员工在职业成长过程中自身对职业的认可与投入，是一种绿色的、可持续发展的理念。

（3）加强培训开发与职业生涯管理，促进员工个人与组织价值的双向提升。培训是指组织向员工提供工作所必需的知识和技能的过程，开发则是指组织依据员工需求与组织发展要求，对员工的潜能开发与职业发展进行系统设计与规划的过程。企业为了实现员工个人价值与组织价值的双向提升，需要注重员工利用和开发的同步管理，坚持对员工的知识、技能和职业能力进行持续投资，满足其终身职业发展的需要。在这个过程中，企业应该树立员工可持续发展的理念，以员工的潜能和职业能力开发为核心，从个人和组织两个层面来有效开展员工的培训开发活动：一是根据企业的战略发展需求以及可利用的组织资源为内部员工提供相关培训，保证其在相应岗位上充分创造价值；二是针对不同员工的特征分别制定个性化的培训开发计划，提升员工的职业素质和能力，使他们能够更好地适应未来市场环境的变化。

2. 进一步推动国有企业人力资源管理体制改革

针对当前国有企业人力资源管理存在的弊病，需要进一步将国有企业改革方案中的市场化内容真正落实到国有企业人事制度中。具体可从以下三个方面着手：一是逐步取消国有企业高管的行政级别，完善高管人员选拔管理制度，加强董事会对高管人员选拔任用及绩效考核等事项的决定性作用，逐步替代行政化的人事管理方式，使董事会成为公司与党政部门的有效“隔离带”，让国有企业高管人员能够更好地专注企业发展。二是健全职业经理人制度，进一步扩大国有企业高管人员市场化选聘范围，在总结企业高管副职公开招聘经验的基础上，可以进一步实行企业高管一把手公开招聘，特别注意招聘外资企业和民营企业的优秀高管，畅通企业高管与不同职业经理人身份转换通道。三是建立科学合理的绩效考核体系，根据具体工作岗位价值大小以及员工的绩效来设计市场化的薪酬模式，实现员工的薪酬水平和市场接轨。

3. 积极顺应数字经济时代企业人力资源管理变革趋势

随着数字经济的快速发展，员工所拥有的信息、能力、知识变得更加强大，员工个体价值逐渐崛起并开始超越企业界线，改变了员工与组织之间的力量对比，引起员工与企业的关系发生变化。过去员工需要依赖企业才可以创造价值，而现在企业需要依赖员工的知识和能力才可以创造价值。员工与企业之间不再是简单的依附和绝对服从的关系，而是互利互惠的“合作共生型”关系。这种改变将对企业人力资源管理产生巨大影响。然而，传统的刚性人力资源管理方式是以提高生产率为组织目标，基于外部环境相对稳定的前提，依靠等级森严的组织结构、严格的规章制度以及固化的工作流程对员工进行管理，不仅会抑制员工创造力的发挥，还会引发员工与企业之间的矛盾，诱发员工离职、经营动荡等一系列管理问题（李海舰和朱芳芳，2017）。面对这一变革趋势，企业应该采取更加柔性化的管理方式，将企业与员工视为紧密的共享共生的协同关系，在尊重员工个体价值的基础上给予组织支持，通过激发员工的主动性、创造性和灵活性更好地与企业进行匹配，进而实现企业持续创新发展（陈春花，2015）。具体而言，在柔性化人力资源管理模式下，员工的工作内容、工作设计、团队成员配置等都是结合员工个人特点、工作目标量身定制的，较少有强加的成分，更加注重员工和组织的共同发展。从管理实践来看，柔性化管理模式主要体现在柔性组织结构和柔性激励机制两个方面。柔性组织结构是通过分工合作、共担风险，将权力向基层员工下沉，通过激发每个成员的内在动力，增强员工的主人翁责任感，把企业的意志转变为个人的自觉行动，以适应高度不确定的外部竞争环境。柔性组织结构的模式主要有虚拟组织、无边界组织、项目小组、自我管理小组等。柔性激励机制则从员工的需求出发，以员工的持续成长为重点内容进行激励，在物质激励的基础上更加注重精神激励，包括制定职业发展规划、关注工作与生活的平衡等，增强员工的组织归属感，实现员工与企业价值观的匹配。

4. 更大力度地激发知识型员工的创造潜力

随着中美贸易战的爆发，美国等发达国家通过采取限制高技术中间投入品出口、对高科技领域的投资设置障碍、禁止前沿技术领域合作交流等手段遏制我国在前沿技术和战略性新兴产业的发展，使我国引进国外先进产品和技术的难度增加。虽然在短期内会制约我国产业的转型升级，但同时也倒逼我国加大自主创新的力度，对一些关键核心技术开展“进口替代”，实现我国技术创新能力的突破。对于高技术企业而言，知识型员工是技术创新的主体，其利用自身知识资源所创造的价值将决定企业的竞争优势。作为追求自主性、个性化、多样化和创新精神的群体，知识型员工喜欢在一个民主、自由、充满人情味的环境中工作，并渴望得到他人的理解、关心和尊重，表现出强烈的成就导向和自我导向，更加看重自我情感的满足、精神激励、工作家庭关系的平衡以及个人职业生涯的长期发展（李燕萍和侯烜方，2012）。因此，如何根据知识型员工的特点，设计科学合理的管理模式来开发、利用和发展知识型员工的创造力与潜能，将是未来企业人力资源管理关注的一个重点问题。一是在绩效考核方面，由于技术研发类型的工作通常需要经历较长的时间才能取得创新成果，以短期内量化指标的方式进行考核不仅难以保证创新成果的质量，而且容易引起员工创造力枯竭、工作效率降低，不利于员工的长期知识积累，甚至会给企业的人力资本带来不可逆的损害。因此，高技术企业应该遵从科技研发活动的内在规律，淡化量化指标的考核制度，根据员工的研究领域、研究层次等特征分别设置不同的考核指标，尽可能地为知识型员工营造独立、自由的组织环境，帮助其在整个职业生涯过程中获得持续成长。二是在职业发展方面，应该为知识型员工建立顺畅的职业生涯发展通道和上升路径，帮助员工实现职业生涯目标，例如，在一些大型互联网公司中，为技术性人员和管理人员设置了不同的职业发展通道。企业只有为知识型员工提供满足职业成长期待的组织资源，才能让知识型员工主动地去开发工作潜能，实现个人目标与组织目标的统一。在平衡工作—家庭关系方面，由于大部分知识型员工处在中青年阶段，往往需要花费较多的时间和精力来处理家庭的事务，导致工作与家庭之间存在着竞争和冲突的关系。如果企业无法帮助知识型员工平衡工作和家庭的关系，不仅会影响知识型员工的积极性和主动性，而且也不利于企业绩效的提升。因此，企业不仅需要关注工作本身，而且要为知识型员工的家庭生活角色提供一定的支持，以应对因知识型员工工作和家庭生活领域相互渗透、彼此影响而引起的冲突。结合知识型员工管理的需求，企业可以从弹性策略和支持计划两个方面来缓解这一冲突。弹性策略是指企业为平衡员工工作与家庭的关系而采取的一种增加员工工作自主性和灵活性的激励性政策，包括弹性工作时间、弹性工作操作和弹性边界。支持计划则是指企业为了帮助知识型员工克服工作—家庭冲突带来的压力，顺利完成家庭生活职责而采取的一系列措施，主要包括信息提供计划、托管福利计划和培训咨询服务计划。

5. 加快构建跨文化人力资源整合机制

近年来，以美国为代表的发达国家为了保持本国产业的国际竞争力，采取了更多的贸易和投资保护措施，世界范围“逆全球化”暗流涌动。“逆全球化”对我国企业国际化发展带来的影响，主要表现为：一是企业海外并购与经营遭遇更为严格的审查，二是发达国家大力推动制造业回流，积极吸纳国内就业，对企业经营形成挤压态势。从长期来看，虽然全球化趋势是不可逆转的，但在短期内“逆全球化”会使我国企业海外运营面临严峻的挑战。从企业人力资源管理的角度来看，可以采取两项措施有效应对“逆全球化”：一是加强不同文化背景的人力资源整合，由于不同文化会对员工形成一种内在的约束和引导，而这些文化差距在逆全球化的背景下会被不断放大，进一步加剧企业海外经营的风险，因此，人力资源管理者在对东道国文化和制度背景深入掌握的基础上，可以通过建立科学的人力资源评价机制、加强跨文化培训等人力资源整合措施提升员工的组织归属感，建立和谐的组织—员工关系。二是合理推进人力资源本地化策略，通过雇用更多的本地高层管理人员和员工，能够较好地改善和保持与政府、客户、非政府组织等利益相关方的关系，使当地消费者更容易接受企业的产品和服务，缓解外部环境变化给企业经营带来的不利影响。

6. 提升企业人力资源管理应对重大突发公共卫生事件的能力

新冠肺炎疫情的暴发，使企业人力资源管理出现许多新的情况，如员工的工作方式发生一定程度的改变、企业的用工模式更加多元化、劳动关系不稳定性增加等。面对这一重大突发公共卫生事件，如何科学、有效地进行人力资源管理，是未来企业人力资源管理需要重点关注的问题之一。具体可以从以下三个方面入手：一是适当改变员工的工作方式，对于不依赖设备、场所的员工，应积极推广线上网络办公模式，可以采用视频连线的方式进行各种会议、讨论、评审等活动，在提高工作效率的同时避免不必要的接触。二是鼓励多元化的用工模式，疫情期间出现的“员工共享”等用工模式通过让员工在企业之间临时流动，极大地缓解了人力资源短缺的问题，未来应大力提倡灵活用工模式，借助数字技术手段实现用工双方快速、精准匹配，提高人力资源配置效率。三是加强员工关系管理，疫情期间，由于员工的身体健康、人身安全等受到了威胁，特别是担心企业因经营状况不佳而采取一些不利于自身利益和发展的措施，例如，降薪、裁员等，员工的心理可能会处于一种紧张的精神状态，对企业的组织归属感和安全感会相应降低，因此，企业需要及时调整员工的心态，使员工处于一种身心健康的状态，促进员工有效开展工作，提高工作效率，推动企业长期发展。

专栏 64－1

996 工作制现状

1. 加班已然成为常态，汽车、地产行业加班强度最大

大数据分析结果显示，对于八成的白领来说，加班已成常态，不加班的白领仅占 18.05%。其中，每周加班 3 小时以内的白领最多，占比 26.43%，每周加班 10 小时及以上的超 20%。显然，加班已成为白领的一种普遍现象。其中，汽车生产和房地产是加班强度最大的两个行业，有近三成的白领每周加班 10 小时以上，比例高于其他行业。可见，不仅互联网行业被 996 工作制戳痛，就连传统行业也不能避免。

2. 北上广成为 996 工作制讨论最热烈地区

通过大数据分析发现：北京、上海、广东、浙江是讨论 996 最热烈的区域。这主要是由于这些地方互联网企业发达，生活成本高、节奏快，加班已成为常态。但对于996工作制，网民的态度不尽相同：有不少网民反对“996工作制”，有相当数量的网民认为要视具体情况而定。

3. 超七成白领对996工作制没好感

大数据显示，超七成白领不支持强制加班，其中，44.56%的白领认为，加班制度会让工作和生活严重失衡。并且从岗位上来看，法务、研发、市场岗对996的反对呼声较高。一方面是因为这部分人法律意识较强，另一方面则与工作挑战大、压力大有关。

资料来源：摘编自《996工作制现状如何？大数据帮你分析答案》，https：//www.1data.info/content－685.html，2019年7月11日。

参考文献

［1］陈春花：《激活个体》，机械工业出版社2015年版。

［2］李海舰、朱芳芳：《重新定义员工——从员工1.0到员工4.0的演进》，《中国工业经济》2017年第10期。

［3］李燕萍、侯烜方：《新生代员工工作价值观结构及其对工作行为的影响机理》，《经济管理》2012年第5期。

［4］刘湘丽：《竞争中性视角下国有企业三项制度改革的症结与对策》，《经济体制改革》2019年第5期。

［5］戚聿东、张任之：《新时代国有企业改革如何再出发？——基于整体设计与路径协调的视角》，《管理世界》2019年第3期。

［6］唐贵瑶、孙玮、贾进、陈扬：《绿色人力资源管理研究述评与展望》，《外国经济与管理》2015年第10期。

［7］赵曙明、张敏、赵宜萱：《人力资源管理百年：演变与发展》，《外国经济与管理》2019年第12期。

［8］周文斌等：《转型期中国企业人力资源管理变革问题研究》，中国社会科学出版社2016年版。

［9］《数据显示IT业位居高危行业第二：从业者频频猝死》，https：//www.sohu.com/a/9655833_114814，2015年4月7日。

［10］《调查称半数职场人认为工作家庭两不误难做到》，https：//world.huanqiu.com/article/9CaKrnJxUfg，2012年11月26日。

第六十五章　公司治理

提　　要

公司治理是一组规范各利益相关者的、有关权责利关系的制度安排，是现代企业最核心的制度框架。进入“十三五”以来，我国公司治理制度环境日益完善，混合所有制改革加速推进，国有企业现代企业制度建设不断深化，民营企业公司治理模式更加规范，上市公司治理水平显著提升。2015 年发布的《G20/OECD 公司治理准则》（以下简称《准则》）是国际上权威的公司治理制度，作为 G20 成员国，中国已承诺接受该《准则》的相关要求，这意味着我国的公司治理将与全球高标准接轨。当前与发达国家相比，我国公司治理仍然存在多个方面的问题与障碍，例如，配套制度建设不够完善、混改的治理效应未能充分发挥、利益相关方参与机制尚未健全、创新发展战略和企业国际化发展提出新挑战等。“十四五”时期，我国企业的公司治理将进入加速转型阶段，转型方向围绕治理现代化、股权多元化、价值平衡化、创新常态化和经营国际化，转型路径包括加快推进制度创新、优化股权治理结构、探索灵活激励机制、提升跨国治理能力、促进外部利益相关方参与以及践行绿色治理等。

*　　　　*　　　　*

公司治理是保障企业健康可持续发展的重要制度体系。近年来，随着国内外市场环境和制度环境变迁以及企业内部战略、组织变革和管理创新，公司治理也呈现一些新方向和新趋势。展望“十四五”，中国企业必须与时俱进地推动公司治理转型，从而获取制度合法性，提升内部治理效率，塑造核心竞争力。

一、“十三五”时期公司治理改革的进展与成效

进入“十三五”以来，我国公司治理制度环境日益完善，公司治理制度体系逐步健全。其中，混合所有制改革加速推进，国有企业治理难题“一股独大”现象有效缓解，国有企业现代企业制度建设不断深化，民营企业公司治理模式更加规范，上市公司治理水平显著提升。

1. 规范性制度环境逐步健全

公司治理不仅是一系列制度的集合，也会受到外部制度环境的影响。“十三五”时期，国资体制改革稳步推进，公司治理制度体系日臻完善，上市公司自律监管体系逐步健全。制度环境的不断健全和优化，推动公司治理更加规范、

高效。

（1）国资体制改革稳步推进。长期以来，政企关系的调整与优化，一直是国资国企改革的核心内容。厘清政府和企业的功能定位，建立规范的政企关系，也是现代企业制度建设的基础条件。从国务院国资委的成立，到“管资本”为主国资管理体制的构建，再到国有资本授权经营体制改革，我国国资管理体制改革持续推进并不断深化。近年来，我国积极发展国有资本投资公司和运营公司两类平台，“三层级”的国资管理体制日益完善，企业作为独立市场主体参与竞争，微观层面的治理结构更加规范化，治理机制更加市场化。

（2）正式制度建设日趋完善。自进入“十三五”以来，我国出台一系列制度规范，修订了《公司法》和《上市公司治理准则》，对公司治理提出了更高的要求，加强了外部的监管。尤其是针对上市公司群体，证监会、上交所和深交所等监管部门出台了多项政策指引和制度文件，对于加强公司信息披露、规范公司行为、完善激励机制、保护中小投资者、改革退市制度等方面，起到了非常重要的引导和监督作用。公司治理制度体系的构建与完善，有利于更有效地引导和规制企业行为，我国公司治理也逐步从事件治理向制度引领的模式转变。

（3）自律监管体系逐步健全。在正式制度不断完善的同时，公司自律自治格局开始形成。一方面，行业协会、企业联合会等各类社团组织，在公司治理改善过程中发挥了应有的作用，通过第三方指导、监督和评价等多种方式，促进公司治理社会监督体系的完善；另一方面，作为公司治理水平领先的上市公司群体，自律组织与自律制度建设也取得了新进展。2012 年全国上市公司自律组织——中国上市公司协会在京正式成立，随后各地方上市公司协会先后成立，在促进上市公司完善公司治理方面开展了一系列的探索和实践，对于上市公司的规范运作和治理水平提升发挥了积极作用。

2. *产权制度改革取得新进展*

长期以来，产权制度改革是我国全面深化改革的关键领域，改革路径逐渐从早期的产权多元化转向混合所有制。混合所有制改革，能够发挥不同所有制资本的制度优势和互补效应，从而激发企业发展活力，提升企业运营效率，优化公司治理结构。近年来，随着混合所有制改革加速推进，我国国有企业的产权结构不断优化，公司治理明显改善。

（1）在制度层面，混合所有制改革成为重点任务，配套制度体系不断完善。2013 年党的十八届三中全会发布的《中共中央关于全面深化改革若干重大问题的决定》提出“积极发展混合所有制经济”“允许更多国有经济和其他所有制经济发展成为混合所有制经济。国有资本投资项目允许非国有资本参股。允许混合所有制经济实行企业员工持股，形成资本所有者和劳动者利益共同体”。2015 年国务院发布了《国务院关于国有企业发展混合所有制经济的意见》，明确提出实施混改的四项基本原则以及分类、分层推进混改的方向和路径，成为指导国有企业混改的纲领性文件。2019 年党的十九届四中全会发布的《中共中央关于坚持和完善中国特色社会主义制度推进国家治理体系和治理能力现代化若干重大问题的决定》再次强调，“探索公有制多种实现形式，推进国有经济布局优化和结构调整，发展混合所有制经济，增强国有经济竞争力、创新力、控制力、影响力、抗风险能力，做强做优做大国有资本”。同时，国资委印发《中央企业混合所有制改革操作指引》，对混改提出更加具体的要求，中央企业所属各级子企业通过产权转让、增资扩股、首发上市（IPO）、上市公司资产重组等方式，引入非公有资本、集体资本实施混合所有制改革，均有了操作层面的指引。

（2）在实践层面，“十三五”时期，我国混合所有制改革有序推进，并取得了显著成效。在竞争性领域探索取得成效并积累经验的基础上，自然垄断行业的混合所有制改革也开启了“破冰”之旅。2016 年在七大重点领域，先后选择 3 批共 50 家国有企业进行混合所有制改革试点，主要集中在通信、军工、油气、铁路等垄断行业以及钢铁、煤炭等产能过剩行业。目前，我国混合所有制改革在七大重点领域迈出实质性步伐。在实施混改的企业中，“一股独大”问题明显改善，企业股权结构逐步优化，促使国有控股公司治理水平明显提升，这也印证了混合所有制改革有利于促进公司治理改善。国有企业在混改过程中选取了多种路径和模式，包括积极引入民营资本、外资、战略投资者及员工持股计划等，促使国有企业股权结构更加合理，治理机制更加有效。与此同时，引入的各种非公资本能够为国有企业带来领先的技术、先进的管理模式、前沿的市场经营理念等，提高了国有企业的创新发展能力，实现了国有企业的良性可持续发展。

3. 国企现代企业制度加速完善

我国改革开放40多年来，建设与完善现代企业制度，健全公司法人治理结构，始终是国有企业改革的重要环节。"十三五"时期，我国国有企业持续推进现代企业制度建设，建立起由股东大会、董事会、监事会、经理层构成的规范治理结构，党组织参与公司治理并发挥领导作用，国有企业公司制改革深入推进，现代企业制度加速完善。

（1）党组织在公司治理中发挥领导作用。党组织参与公司治理，是我国结合实际做出的公司治理制度创新。2015年，《关于在深化国有企业改革中坚持党的领导加强党的建设的若干意见》明确要求，"明确党组织在企业决策、执行、监督各环节的权责和工作方式以及与其他治理主体的关系，使党组织成为公司治理结构的有机组成部分"。2017年，绝大多数国企已建立"讨论前置"机制，把加强党的领导与完善公司治理统一起来，并在章程中体现党组织对于公司治理的参与。通过对国有企业公司治理和绩效的考察发现，党组织参与公司治理有利于提升内部控制有效性（吴秋生、王少华，2018），抑制国有企业高管腐败（严若森、吏林山，2019），从而改善公司治理水平，提升企业经营绩效。

（2）国有企业公司制改革全面深入推进。经过漫长的改革历程，我国国有企业公司制改制面已经超过90%，有效推动国有企业实现了政企分开，法人治理结构日益完善，经营管理水平显著提升。2017年国务院办公厅印发《中央企业公司制改制工作实施方案》，明确提出新一轮公司制改革的目标：国务院国资委监管的中央企业全部改制为有限责任公司或股份有限公司，加快形成有效制衡的公司法人治理结构和灵活高效的市场化经营机制。在此背景下，新一轮国有企业公司制改制全面提速，中央企业已经全面完成公司制改制，各地方国有企业也基本完成改制目标，这将进一步促进我国国有企业实现公司治理现代化。

4. 民企规范治理模式日益成熟

治理结构不规范、治理水平较低等问题，制约着民营企业健康可持续发展。2018年11月习近平总书记主持召开民营企业座谈会，随后各级政府密集出台了一系列鼓励、支持民营经济发展的政策措施，民营企业的发展环境得到明显优化。在外部环境推动和自身发展需求的双重驱动下，民营企业的治理结构和治理机制也不断完善。

（1）家族制民营企业治理结构逐步走向规范。长期以来，家族制企业代际传承和公司治理问题比较突出。近年来，创业型家族企业控制人年轻化趋势明显，家族企业治理理念开始发生转变，治理结构和治理机制也日益规范和高效。通过对典型家族企业的剖析可以发现，与早一代家族企业持有的传统观念和企业文化相比，新一代家族企业的传承者表现出高度的包容性、合意性、平等性以及关注家族精神文化等特征（杜宽旗等，2017）。同时，家族企业治理会受到外部制度环境和市场环境的影响。企业所在地区的投资者保护越完善，经理人市场越发达，创始人家族越倾向将控制权让渡给职业经理人（徐细雄、淦未宇，2018）。因此，应进一步完善投资者保护制度，促进职业经理人市场发展，为家族制民营企业更好地推行职业经理人制度提供有效支撑。

（2）科技型民营企业治理机制创新成效显著。民营企业具有机制灵活的比较优势，尤其在实施股权激励和员工持股、建立健全长效激励约束机制方面，取得了较为明显的成效。伴随我国"大众创业、万众创新"的双创热潮，一大批科技型民营企业迅速成长起来，并涌现出许多发展潜力大、创新能力强的独角兽企业。这类企业具有知识和技术密集度高的特征，且大多分布于信息技术、高端制造、新能源等战略性新兴产业，非常适宜推广股权激励和员工持股制度。在上市公司群体中，民营控股公司也是实施股权激励和员工持股的主力军。从海内外引进的高端技术人才不仅充实了公司的智力资本，也带来了先进的经营理念，技术骨干持有公司股份并参与决策制定，为民营企业参与国际竞争、实现高质量发展护航。

5. 上市公司治理水平有所提升

随着我国多层次资本市场的发展与完善，上市公司群体规模不断壮大，成为引领我国经济高质量发展的先锋军，其公司治理水平也普遍高于非上市公司。“十三五”以来，在各项改革不断深化、制度建设逐步完善、公司质量持续提升的背景下，我国上市公司整体公司治理水平呈现逐步提升态势。南开大学中国公司治理研究院发布的“中国上市公司治理指数”显示，2015～2019 年中国上市公司治理水平实现稳步提升，从 2015 年的 62.07 提高至 2019 年的 63.19（见图 65－1）。其中，从分项指数评价结果来看，股东治理、董事会治理、监事会治理、经理层治理、信息披露和利益相关者治理六大维度中，股东治理和监事会治理两项指数提高幅度最为显著；从控股股东性质比较来看，民营控股上市公司治理指数整体高于国有控股上市公司；从不同行业横向比较来看，信息传输、软件和信息技术服务业等新兴产业上市公司的公司治理指数排名靠前。同时，世界银行发布的《全球营商环境报告 2020》中，中国营商环境全球排名升至第 31 位，其中，保护中小投资者指标全球排名从 2017 年的第 119 位升至第 28 位。

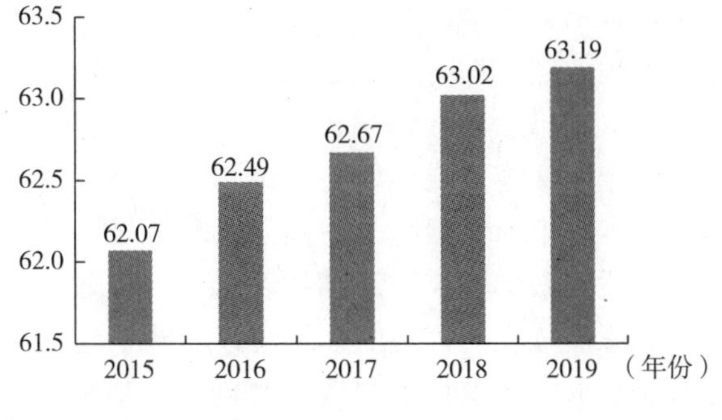

图 65－1　2015～2019 年中国上市公司治理指数

资料来源：南开大学中国公司治理研究院历年发布的中国上市公司治理指数。

激励机制是公司治理制度设计中的核心内容。“十三五”时期，我国企业通过实施股权激励和推行员工持股，对公司高管以及核心员工的激励效果有所改善，长期激励机制逐步建立并发挥实效。以上市公司为代表，2017 年以来，我国 A 股上市公司积极实施股权激励，掀起了一个激励机制变革的小高潮（见表 65－1）。从激励标的物来看，上市公司采用期权作为股权激励的比重逐年提升，2019 年期权激励方式占比超过了总数的 1/3。由此可以看出，上市公司股权激励的长期导向更加凸显。与此同时，上市公司还通过推行员工持股方案，将激励对象覆盖到更大范围的员工，尤其是核心骨干员工。2015 年以来，上市公司员工持股方案中员工认购比例平均在 70% 左右（见表 65－2）。同时，伴随员工持股制度的不断完善，上市公司推行员工持股的行为也更加理性，方案设计也更加科学，在股权结构的动态调整中追求最佳激励效果。

表 65－1　A 股上市公司实施股权激励情况

类别＼年份	2015	2016	2017	2018	2019
总次数	185	252	413	429	379
股票	141	195	326	295	242
期权	41	54	85	132	134
股票增值权	3	3	2	2	3

资料来源：Wind 数据库。

表 65－2　A 股上市公司实施员工持股情况

类别＼年份	2015	2016	2017	2018	2019
实施公告次数	293	154	190	138	115
实施完成次数	197	224	195	145	112
平均员工认购比例（%）	72.09	69.47	73.52	68.31	72.93

资料来源：Wind 数据库。

二、当前企业面临的公司治理问题与挑战

尽管我国公司治理制度建设与改革实践均取得了明显进展，但与发达国家公司治理水平相比，仍然存在多个方面的问题与障碍，突出表现在以下四个方面：一是配套制度建设还不够完善，二是混改后企业治理效应未能充分发挥，三是创新发展战略；四是企业国际化发展亟待治理转型，多元利益相关方参与的长效治理机制存在欠缺。

1. 相关制度建设有待进一步完善

公司治理并不是一个孤立的制度体系，而是深深内嵌于更加宏观的制度环境当中。外部环境因素会对公司治理产生深刻的影响，突出的短板包括市场法治化程度不高以及国资管理体制改革有待深化。

（1）法治化市场环境有待健全。外部环境的法制化和市场化程度对公司治理影响重大。即使国有企业实施了混合所有制改革，改变了“一股独大”的股权结构，如果缺乏外部制度环境的支撑和保障，也难以真正实现国有股东和非国有股东的股权制衡。在法制化和市场化成熟的环境中，混合所有制有助于改善公司治理，实现较好的治理均衡，不同主体的国有股东如果能互相制衡，也同样能实现公司治理均衡；反之，如果这个前提不具备，即使引入民营股东实行混合所有制，也很难发挥民营股东的制衡作用（沈昊、杨梅英，2019）。为此，必须加快构建公平公正的市场环境和法制环境，进一步完善产权制度等相关配套制度体系，为公司治理制度完善提供基础性支撑。

（2）国资管理体制改革有待深化。尽管我国已经初步构建“三层次”的国资管理体制，开展了国有资本投资公司和运营公司改革试点，但以“管资本”为主的国资管理体制还有待进一步深化。为充分发挥两类平台公司的作用，需要制定更加合理的监管清单和责任清单、国有资本投资运营公司授权放权清单来清晰界定各个层级之间的边界，确保处于中间层级的国有资本投资运营公司真正发挥应有的作用，防止三级架构模式流于形式。同时，国有企业核心管理人员的身份转换仍然是个难题，以“管人”为主的国资管理观念和传统根深蒂固。再加之我国职业经理人市场尚不成熟，职业经理人制度就无法落到实处，都不能很好地激发国有企业家的创新精神。

2. 混合所有制改革治理效应有限

混合所有制改革是改善股权治理结构的重要途径，但仅仅是股权层面的“混合”，并不一定能够实现公司治理改善，甚至还有可能会引致各种风险。从企业实践来看，“重混轻改”的现象仍然存在，这制约了混改的股权治理效应。

（1）混改后股权治理结构并未得到优化。许多企业混合所有制改革之后，出于观念落后、持股比例悬殊、路径依赖等多重原因，导致混改仅仅停留在股权结构的变化，而并未触及公司治理深层次的改革。混改后的企业通常面临几大难题：国有大股东的控股地位是否改变？其他股东的进入能否对其形成有效制衡？董事会中代表非国有资本的董事是否有话语权？公司高管团队是否从市场上选聘并按市场化机制考核？如果混改后企业依然保持“一言堂”的治理模式，只是实现了形式上的股权结构变化，无法撼动原始的治理结构，那么就难以真正转变经营机制，发挥混改的治理效应，就不能算是一次成功的混改。

（2）混改后长效治理机制并未及时建立。虽然一些企业实施了混合所有制改革，也引入了异质性资本，市场化招聘了中高层管理人才，并尝试运用股权激励等长期激励约束机制，但效果却并不理想。分析其背后的原因可以发现，这些企业只是在形式上进行了治理机制创新，却未能从本质上将长效治理机制运用到位。例如，在市场化招聘职业经理人时，尽管招聘范围覆盖全国甚至全球，但最终聘用的人员往往来自于集团公司或关联公司。在对职业经理人进行绩效考核与评价时，未能按照市场化原则建立考核评价与薪酬制度体系，导致职业经理人制度流于形式。又

如，在实施股权激励和员工持股制度时，有些企业未做到公平公正公开，或者没有考虑到为将来引进人才预留股份，对于退休人员或离职人员没有明确的股权退出机制，各种原因导致激励效果未达预期，甚至产生了负面影响。

3. 多元参与的长效治理机制欠缺

企业外部的多元利益相关方参与公司治理是全球公司治理变革的新趋势。除政府和商业合作伙伴之外，机构投资者、社会组织、媒体、社区等都是企业的利益相关方，这些主体参与公司治理的长效机制还不够健全，有效的外部治理模式尚未成熟。

（1）外部利益相关方参与治理受到限制。首先，运营透明度不高限制外部主体参与治理。较高的透明度是外部主体监督和治理的必要条件，然而我国企业运营透明度普遍不高，尤其是非上市公司信息披露不足，这为外部利益相关方参与治理形成了障碍。其次，参与机制不健全限制外部主体参与治理。外部治理模式与传统的内部公司治理架构存在较大差异，当前在我国公司治理体系中仍处于探索和发展初期，还未能建立相对成熟有效的参与机制，外部利益相关方的参与积极性也比较低。最后，外部治理的参与程度比较难以把握。尽管外部治理成为公司治理的一种新趋势，但过度的外部主体参与公司治理会导致一些不良影响，实践中需要从企业特征、行业性质、参与主体等多方面考虑，探索出一种适度且有效的外部治理模式。

（2）新媒体时代外部治理难以保持客观性。随着网络技术的日新月异和互联网经济的迅猛发展，网络新媒体既为企业信息披露提供了新平台和新途径，也成为社会各界发布和获取信息的主要渠道。作为一种非正式的信息披露和外部治理机制，网络新媒体已经对公司治理产生了重要影响。与传统媒体相比，新媒体不仅具有信息传播速度快、覆盖范围广等特征，同时也暴露出信息真实性和客观性不足等弊端，甚至可能会受到一些特殊利益集团的操纵。当前专门针对新媒体的治理制度和规范体系尚不健全，其治理作用的发挥受到公众偏好、媒体寻租行为等多重因素的影响，亟待对这类外部治理模式加以规制和正确引导。在新媒体时代，应充分发挥其作为信息披露和监督平台的作用，促使企业坚持透明运营并主动履行社会责任。同时，要加快推进网络新媒体的监督、审核以及信用评价体系建设，努力规避新媒体参与外部治理带来的负面效应。

4. 创新驱动亟须相应的治理转型

创新发展位列我国倡导的五大发展理念之首，建设创新型国家仍是未来一段时期的重点任务。在数字经济引领的新经济时代，创新成为推动企业发展最主要的驱动力，这就需要与之相匹配的公司治理转型。同时，智力资本在支撑企业创新发展中的作用日益凸显，也需要加快推进公司治理制度变革。

（1）创新驱动发展战略需要公司治理转型。积极实施创新战略，加大创新投入，是当今企业赢得竞争优势的关键。而企业创新战略的科学决策与顺利实施，需要相匹配的治理结构和治理机制。从决策层面来看，企业家的创新意识至关重要，董事会成员的知识结构、从业经验等特征也会对决策产生很大影响。因此，在战略投资者的选择、董事的选聘、决策机制的设计等方面，都需要做出相应的调整与优化。从执行层面来看，在所有权与经营权相分离的现代企业制度下，经理层往往倾向于规避高风险、高不确定性、收益期长的技术创新投入，如果没有建立有效的长期激励机制，就难以调动经理层执行创新战略的执行力。从制度层面来看，由于创新活动失败的概率非常高，对公司的风险控制能力提出了更高的挑战，需要构建主动的风险识别与防御机制，许多企业在这方面均存在短板。

（2）智力资本日益重要需要公司治理转型。在知识经济时代，智力资本的重要性已经逐渐超越土地、资金等其他要素。不同于传统企业的公司治理结构，创新型企业的控股股东大多是掌握核心技术的高端人才。还有一些创新型企业通过实施员工持股，引入公司技术骨干持有公司股份并参与公司治理。在这种新型公司治理结构中，如何通过有效的管理方式变革和治理机制创新，最大限度地激发智力资本的创造力，就成为公司治理转型首当其冲需要思考的问题。实证研究表明，专用性人力资本与企业创新投入、企业创新产出之间均存在着显著的正相关关系，专用性人力资本持股的方式可以激励其创新效能的发挥，相反传统治理模式下的监督机制不能很好地发挥治理功效（于茂荐，2016）。因此，为适应创新型企业特征，必须加快推进激励机制和监督机制变革。

5. 企业国际化带来新的治理挑战

在对外开放政策和“一带一路”倡议的推动下，越来越多的中国企业实施国际化发展战略，海外资产规模大幅增长，跨国指数逐步提升。根据中国企业联合会、中国企业家协会发布的《中国100大跨国公司分析报告》，2019年中国100大跨国公司的平均跨国指数为15.96%，比2015年提高0.37个百分点，比2011年提高3.72个百分点。在2020年《财富》世界500强企业中，中国和港台地区共有133家公司上榜，超过了美国的121家，中国世界级企业阵容不断扩大。然而，在企业融入全球竞争的同时，对公司治理也提出了新的挑战。

（1）必须适应国际公司治理规则要求。不可否认的是，目前中国公司治理水平与发达国家相比仍然存在一定的差距，中国企业参与国际市场竞争势必要适应国际公司治理规则，否则将难以获得在海外市场经营的制度合法性。在经济全球化的大背景下，公司治理制度也呈现全球化和趋同化的特征。2015年最新修订了《G20/OECD公司治理准则》，中国也是这一准则的倡导国和支持国，也要求中国“走出去”的企业遵循国际公司治理准则。从实践来看，由于制度距离和文化距离的客观存在，许多企业在跨国经营过程中都遇到了一些现实难题。如何尽快适应国际规则，并逐渐参与国际规则制定，使中国跨国公司赢得国际社会的尊重和认可，是中国公司治理面临的一个挑战。

（2）必须适应内部公司治理结构变化。在企业实施国际化发展战略的同时，内部组织架构和治理结构也相应发生变化。尤其是在经济全球化和知识经济时代，各级政府纷纷出台优惠政策引进海外人才，许多企业也吸引外籍人才担任董事或高管，董事会国际化以及高管团队国际化，已经逐渐成为公司治理发展的一个新趋势。学者的研究结果表明，尽管外籍董事比例的提高能够促进公司的研发投资（李卿云等，2018），从而提升公司的创新绩效（丁潇君等，2020）。但由于外籍董事或外籍高管与其他成员之间存在文化距离，如果选择的外籍董事或外籍高管不适合，也会对公司治理和公司绩效造成负面影响。此外，跨国公司海外子公司的治理结构也更加复杂，除了要处理一般性的内部股东与董事会的关系之外，还要处理与东道国各类利益相关者的关系，克服因制度、文化等因素带来的外来者劣势问题。随着中国对外开放格局的不断深化，中国跨国公司必须探索出有效且动态优化的跨国治理模式。

三、“十四五”时期公司治理转型的方向与路径

展望“十四五”，在外部环境变迁和内部治理要求的共同驱动下，我国企业的公司治理将进入加速转型阶段。公司治理转型主要聚焦于治理现代化、股权多元化、经营国际化、创新常态化和价值平衡化五个方向，转型的路径包括加快推进制度创新、优化股权治理结构、探索灵活激励机制、提升跨国治理能力、促进外部利益相关方参与以及践行绿色治理等。

1. 加快推进制度创新，促进治理现代化

实现公司治理现代化，是推进国家治理体系和治理能力现代化的应有之义。公司治理现代化需要顶层制度设计层面的改进与创新。具体到我国公司治理制度体系与实践情况，需要重点突破的领域包括加强与完善法治化环境建设、落实国有资本授权经营体制改革。

（1）持续完善适宜企业发展的营商环境，重点是提升法治化程度。近年来，我国营商环境改革取得了显著成效，在世界银行发布的《全球营商环境报告》中的排名大幅前进。但法治化程度偏低仍然是我国营商环境建设的一个短板。在公

司治理制度体系中，《公司法》是最核心的正式制度之一。今后一段时期，还要进一步推动《公司法》及相关法律体系的现代化，形成符合中国情境、具有中国特色的公司治理顶层制度安排。在操作层面的制度设计中，应当结合五大发展理念和新经济等新的环境特征，与时俱进地将网络治理、平台治理、绿色治理等新理念、新模式纳入到制度体系中，探索构建适用于新型组织形态和商业模式的公司治理制度，跳出制度建设滞后于企业实践的矛盾与困境。

（2）加快推进国有资本授权经营体制改革，完善授权放权机制。2018 年 7 月国务院发布《关于推进国有资本投资、运营公司改革试点的实施意见》，明确提出国有资本投资、运营公司两类公司的功能定位，均为在国家授权范围内履行国有资本出资人职责的国有独资公司，是国有资本市场化运作的专业平台。在授权机制方面，按照国有资产监管机构授予出资人职责和政府直接授予出资人职责两种模式开展国有资本投资、运营公司试点。2019 年 4 月，为彻底解决政企不分、政资不分的问题，进一步提高国有资本运行效率，国务院发布《改革国有资本授权经营体制方案》，要求出资人代表机构作为授权主体，依法科学界定职责定位，加快转变履职方式，依据股权关系对国家出资企业开展授权放权，旨在加快推进国有资本授权经营体制改革，进一步完善国有资产管理体制，推动国有经济布局结构调整，打造充满生机活力的现代国有企业。目前这一领域的改革仍处于探索阶段，还未能完全落实到位，将成为“十四五”国资国企改革的重点环节。

2. 优化股权治理结构，发挥股东制衡效应

实施混合所有制改革，对于优化企业股权结构，提高公司治理水平，改善企业经营绩效都有十分重要的意义。混合所有制改革能否真正发挥实效，关键就在于是否彻底改变了内部治理结构和运营机制，进而从治理层面和制度层面引导和规范企业行为。在下一阶段的改革中，应着重形成多个大股东之间的有效制衡机制，充分发挥混改之后的股权治理效应，避免“重混轻改”“混而不改”等现象。

（1）保持适度集中的股权结构。适度集中的股权结构有利于公司绩效的提升，过于集中或过于分散的股权结构都会对公司绩效产生负面影响。具体到中国国有企业而言，还需要遵循分类改革思路，进一步区分企业的业务类型，分类确定合理的股权结构。具体而言，对处于充分竞争领域的商业一类国有企业，应当充分发挥市场配置资源的作用，进行国有资本相对控股或参股形式的混改；对承担特定功能或处于重要领域的商业二类国有企业，宜在一定时期内继续保持国有资本的控股地位，采取分步骤、渐进式的混改路径；对具有多元业务结构的混合业务型国有企业，应加快推进“主辅分离”“主多分离”，在混改中根据不同的业务单元性质调整持股比例。

（2）形成有效的股权制衡关系。股权制衡度反映的是多个大股东之间的相互制约关系。当一家公司存在多个大股东共享控制权时，彼此之间就会形成一种监督和约束，产生一种相互制衡效应，能够有效避免公司决策陷入“一言堂”的困境。当参与混改的多个市场主体规模、实力差异悬殊时，很难改变已有的治理结构和运行机制，国有企业混改中需要引入具有较强实力的战略投资者，由此可形成对第一大股东的监督与制衡，从而提升公司绩效。换言之，如果混改的力度和深度不够，其他大股东无法对第一大股东产生制衡作用，就难以打破“一股独大”的格局，改革效果就会大打折扣。

（3）发挥异质股东的互补效应。股权异质性反映的是不同所有制性质的股东之间的关系。异质性股东之间的混合所有制，比同质性股东之间的股权多元化，更有利于公司绩效的改善。当前推进混合所有制改革的根本目的，就是促进国有资本与非国有资本相互融合，激发各类市场主体活力，实现优势互补与协同发展。进一步推进混合所有制改革，应当更加注重不同所有制企业之间的并购重组，“混合所有”的股权结构，更有助于打破国有企业理念和行为的固有模式，真正将市场化机制深深植根于企业运营当中。即使在保持国有控股地位不变的情况下，异质性股东之间的制衡作用也能够发挥更强的混改效应。

3. 健全外部治理机制，实现多元价值平衡

展望未来，在共享发展与绿色发展理念引领下，公司治理将更加注重利益相关方参与，进一

步发挥外部治理主体的作用，建立健全信息披露等外部治理机制，践行环境保护和绿色治理理念，形成多元化主体“共建、共治、共享”的治理格局，确保经济价值、社会价值和环境价值的平衡。

（1）实现经济价值与社会价值的平衡。共享经济时代的来临以及共享发展理念的深化，促使我国企业加速从经济价值导向转向综合价值导向，公司治理中更加注重多元主体的参与和多元利益的平衡。信息披露制度不仅是促使经济、社会价值平衡的有效治理机制，也是推动企业实现透明运营的关键制度要件。尽管企业对财务信息披露和社会责任信息披露日益重视，但仍然存在披露不及时、信息不全面、立场不客观等各种问题。在信息传播十分迅速的互联网经济时代，信息披露不足、运营透明度不高，往往成为企业与社会公众之间利益冲突和矛盾爆发的导火索。在企业的外部利益相关方中，媒体作为重要的外部监督力量，成为公司治理参与的重要主体。周开国等（2016）实证研究结果表明，媒体监督能够显著降低公司违规的频率，并且对频繁违规的公司监督效果更明显，证明媒体监督确实可以起到外部治理的作用。田高良等（2016）基于资本市场的考察发现，媒体监督主要存在传统监督、声誉机制和市场压力三种机制。目前，在我国公司治理制度环境下，这三种机制能够发挥的作用仍比较有限。今后，应重点加强媒体等第三方机构的外部监督，并采取有效机制避免媒体监督的负面效应，从而促使企业真正将社会价值融入发展战略与公司治理。

（2）实现经济价值与环境价值的平衡。随着自然生态环境的持续恶化，越来越多的国家开始重视经济与环境的平衡。近年来，践行绿色发展理念，已经成为世界各国指导经济社会发展的新方向和新模式，同时也是我国大力倡导的五大发展理念之一。从实践来看，企业在日常运营中更加注重资源集约利用和生态环境保护，许多企业将环境绩效作为社会责任信息披露的重要内容。但企业作为绿色治理的主体之一，还未能实现绿色治理理念与公司治理体系的有机融合。李维安等（2019）系统构建了绿色治理评价指标体系，发现我国上市公司绿色治理指数整体偏低，普遍存在重绩效轻治理、重行动轻制度的问题。“十四五”时期，绿色治理不仅将成为公司治理转型的主导方向之一，也是提升国家治理能力现代化的重要体现。我国政府在进一步强化企业环境影响审查与动态监督管理的基础上，还应积极引导企业参与到公共环境绿色治理行动当中，完善绿色治理和绿色绩效信息披露机制，建立绿色治理成本的社会分担机制，引导专业机构、媒体、社区等构建社会监督网络，形成政府、企业、社会组织等共建、共享、共治格局。

4. 建立灵活激励机制，适应创新发展要求

在新一轮科技革命的推动下，人才作为企业最重要的智力资本，已经成为企业核心竞争力的关键要素。公司治理作为一项重要的制度安排，对于吸引人才、激励人才和留住人才至关重要。因此，在创新创业日益活跃的知识经济社会，公司治理结构和机制最大化向智力资本方向倾斜，已经成为全球公司治理制度演进的客观要求和必然趋势。

（1）赋予智力资本相配套的控制权。在传统的公司治理范式下，物质资本占据着绝对的控制权，人力资本的重要性未能得到充分认可与肯定。在当今的知识经济社会，公司治理向智力资本倾斜，已经成为制度演进的必然趋势。发达国家经验表明，智力资本股东在公司治理中的地位日益提升，并逐渐掌握一部分公司控股权和决策权，是有益于公司健康可持续发展的制度创新。考察我国企业实践发现，许多企业在实施混合所有制改革过程中，同步实施了掌握关键技术和知识的骨干员工持股制度。但是，大部分实施员工持股的公司，更倾向于将其视为一种激励手段，而很少使其发挥应有的治理效应。即便是公司的核心技术人员，如果不是公司创始团队成员，通常持有的股份比例很低，很难通过持有股份来参与公司治理。同时，智力资本参与治理还面临一个难题，公司的骨干员工往往潜心于技术研发，而缺乏对市场形势和管理规律的了解，在参与公司重大决策过程中，可能无法平衡技术与管理、创新与效益之间的关系。

（2）健全有效的动态股权激励机制。在初步探索员工持股制度的基础上，进一步优化制度设计和实施方案，促使员工树立与企业共同发展的

长期价值创造理念。针对当前阶段员工持股实践中存在的典型问题，应当重点从两个方面加以改进和完善。一方面，根据企业生命周期不同阶段的实际需求，动态调整股权激励的对象和比例，建立健全员工持股的有序退出机制。另一方面，为持股员工代表参与公司治理提供畅通渠道，使其真正体会到“利益共同体”的身份转变，增强员工的积极性和获得感。以南通四建集团有限公司为例，在改制过程中积极探索股东有序进退和股权流转机制，并写入公司章程。这一创新制度安排，打破了传统企业普遍存在的股权世袭制，让股权始终掌握在公司在职在岗的骨干人员手中，创造了公平竞争的组织生态环境，调动了在职骨干员工的积极性，激发了企业持续发展的活力，奠定了基业长青的制度基础。同时，还需加快完善配套保障体系和相关政策措施，例如，持股分红的税收优惠制度、资本市场转让与退出机制以及统一规范的会计核算细则等。

5. 提升跨国治理能力，培育世界一流企业

随着中国企业国际化进程的加快，越来越多的中国跨国公司成长起来，公司治理结构也亟须向国际化转型。中国跨国公司必须加快培育自身的跨国治理能力，才能在面临中国与东道国存在制度、文化等差异时，最大限度地避免由于投资战略失误而导致的跨国经营风险。

（1）加强信息披露，提高企业运营透明度。国际公司治理准则中的一个基本要求就是透明运营。与发达国家的跨国公司相比，中国企业在信息披露方面仍然存在较大差距，尤其是非上市的国有控股公司运营透明度相对较低。中国企业要参与全球竞争，就必须坚持透明运营的基本要求，在信息披露方面变被动为主动，避免信息披露不充分不全面问题，只有自觉接受利益相关方和社会监督，进一步提升运营透明度，才能成为一家广受尊重的企业。在信息披露的内容上，必须向公众披露客观、全面的信息，不得仅披露对公司有利的片面信息，或者歪曲真相的虚假信息。在信息披露的时效上，必须做到及时回应、主动响应，除去常规性的定期信息披露以外，特别要注重突发事件的临时信息披露，否则将会失去主动权。

（2）建立国际化公司治理结构和治理机制。治理结构和治理机制的国际化转型，以及跨国治理能力的构建与提升，并不是一蹴而就的过程。首先，企业跨国治理能力构建必须具备一个前提，清晰的股权结构和有效的激励机制。其次，企业跨国治理能力构建常常是一个动态演化过程，需要不断调整、优化治理机构和治理机制，使其与外部环境和企业战略实现高度匹配。最后，企业应当着力构建国际化的董事会和高管团队，只有形成良好的跨国治理机制，才能不断改善国际化治理能力和经营绩效（周常宝等，2019）。在企业跨国经营过程的不同阶段，逐步构建跨国治理结构，形成跨国治理机制，培育跨国治理能力，最终提升企业国际竞争力，加快创建世界一流企业。

专栏 65－1

中国公司治理制度向全球高标准接轨

2015 年，《G20/OECD 公司治理准则》正式发布，作为国际上权威的公司治理制度，成为指导中国等 G20 成员国完善公司治理的重要制度文件。中国已承诺接受该《准则》的相关要求，这意味着我国的公司治理将与全球高标准接轨。2018 年，我国完成对 2002 年老版《上市公司治理准则》的修订，正式发布最新版的准则，旨在进一步推动上市公司规范运作，提升公司治理水平，保护投资者合法权益。对标国际公司治理规范，新版《准则》重点对三个方面进行了修订。

首先，紧扣新时代的新情境和新要求，要求在公司治理中贯彻落实“创新、协调、绿色、开放、共享”的发展理念，增加了上市公司党建融入公司治理要求，强化了董事会审计委员会的治理作用。

其次，借鉴公司治理的先进国际经验，要求在公司治理中密切关注环境和社会因素，强化了上市公司在环境保护、社会责任等方面的引领作用，确立了环境、社会责任和公司治理（ESG）信息披露的基本框架。

最后，加强中小投资者合法权益保护，积极推动机构投资者参与公司治理，进一步加强对控股股东、实际控制人及其关联方的约束，更加注重对中小投资者的保护，要求上市公司明确利润分配办法，尤其是现金分红政策。

未来一段时期，新版《上市公司治理准则》将成为引领公司治理转型的纲领性制度。在实际执行过程中，还需要建立配套的长效监督和约束机制，使其真正发挥对上市公司高质量发展的指导作用，并对非上市公司产生良好的示范效应。

资料来源：笔者根据相关资料整理。

参考文献

［1］丁潇君、杨秀智、徐磊：《国际化董事会、研发操纵与创新绩效》，《财经论丛》2020 年第 5 期。

［2］杜宽旗、张虎文、徐莎莎：《创业型家族企业传承前后治理理念的演变》，《河南社会科学》2017 年第 2 期。

［3］李卿云、王行、吴晓晖：《董事会国际化、地区廉洁程度与研发投资》，《管理科学》2018 年第 5 期。

［4］李维安、张耀伟、郑敏娜、李晓琳、崔光耀、李惠：《中国上市公司绿色治理及其评价研究》，《管理世界》2019 年第 5 期。

［5］沈昊、杨梅英：《国有企业混合所有制改革模式和公司治理——基于招商局集团的案例分析》，《管理世界》2019 年第 4 期。

［6］田高良、封华、于忠泊：《资本市场中媒体的公司治理角色研究》，《会计研究》2016 年第 6 期。

［7］吴秋生、王少华：《党组织治理参与程度对内部控制有效性的影响——基于国有企业的实证分析》，《中南财经政法大学学报》2018 年第 5 期。

［8］徐细雄、淦未宇：《制度环境与技术能力对家族企业治理转型的影响研究》，《科研管理》2018 年第 12 期。

［9］严若森、吏林山：《党组织参与公司治理对国企高管隐性腐败的影响》，《南开学报（哲学社会科学版）》2019 年第 1 期。

［10］于茂荐：《专用性人力资本、治理机制与企业创新——基于制造业上市公司的经验证据》，《武汉理工大学学报（社会科学版）》2016 年第 6 期。

［11］周常宝、李康宏、林润辉、冯志红：《新兴经济体国家企业跨国治理能力的构建与演化机制——基于联想跨国经营的案例研究》，《管理案例研究与评论》2019 年第 1 期。

［12］周开国、应千伟、钟畅：《媒体监督能够起到外部治理的作用吗？——来自中国上市公司违规的证据》，《金融研究》2016 年第 6 期。

第六十六章　生产经营类事业单位公司制改革[①]

提　要

事业单位改革是我国体制机制改革中的一个重要命题，具有显著的时代意义和现实价值，属于一项复杂的体系化工作，其中存在多方面的问题，涉及的相关部门也较多，导致改革工作一直举步维艰。随着深化改革的持续推进，生产经营类事业单位进行公司制改革开始被纳入改革议题中。这既是全面深化国有企业改革的重要组成部分，也是一场组织体系的重塑变革与再造，涉及面广、政策性强，属于一项系统工程。虽然在国家层面已经启动公司制改革进程，并在“十三五”时期通过“分步推进、分类实施、分层落实”来加以实施，但由于存在缺乏业务协调机制，政策体系不够完善，人员安置分流困难，成本分摊机制单一和生产经营难以持续等现实问题，使改革工作陷入停滞。为此，亟须结合国家政策，积极探索企业实践，周密制定工作方案，只有针对改革进程中存在的难点问题采取切实有效的针对性解决措施，才能保障后续改革工作的有序开展。

*　　*　　*

事业单位是由国家机关设立或其他组织利用国有资产设立的，从事教育、科技、文化、卫生等活动的社会服务组织。作为具有中国特色的法人组织，事业单位既是履行公共服务职能的重要机构，也是社会主义现代化建设的重要力量，在社会经济活动中一直发挥着重要作用。随着社会主义市场经济体制的确立与完善，事业单位的一些弊端也在开始逐渐显现，例如，政事不分、事企不分等，导致公共服务提供和市场经营职能存在混淆，不能充分发挥其作用，改革势在必行。自从1993年国家启动事业单位改革以来，已经取得了一些初步成绩，例如，文化领域事业单位通过改企转制，面向市场寻求发展机会，进一步激发员工动力和企业活力，获得了良好的社会效益和经济效益。根据《中共中央　国务院关于分类推进事业单位改革的指导意见》中提出的事业单位改革目标和时间路线图的要求，到2020年，从事生产经营活动的事业单位（以下简称“生产经营类事业单位”）需要全部转制为企业，改革工作进入最后的攻坚期。生产经营类事业单位改企转制作为事业单位改革的重要内容，由于涉及的范围广、程度深、人员多、结构性复杂等问题，得到了全社会的高度重视。加上这些改企转制的单位分布在众多不同的领域，组织层面较多，内在机制复杂，导致相关改革工作一直面临困局，甚至出现一些试点单位的改革陷入停滞

① 本章发表于《中国劳动》2020年第2期，部分内容略有删减。

状态。为此，需要进一步明晰生产经营类事业单位公司制改革的当前进展、现存问题以及未来方向，才能保障后续深化改革的有序进行和按时完成。

一、改革历程

事业单位属于我国体制机制的特色产物，事业单位公司制改革是深化改革的核心内容之一，对推动经济发展、社会进步和改善民生具有十分重要的现实意义（范恒山，2005）。然而改革工作没有以往的经验可以借鉴，很多都是通过试错的方式来进行，属于“摸着石头过河”，一直是改革中的重点和难点。长期以来，为了推动事业单位公司制改革，国家层面采取了积极的态度，先后制定和出台了一系列的政策文件来推动该项工作的稳步开展。

1. *启动改革*（1978~1992 年）

自从国家启动改革开放以后，首要工作是针对前期经济管理活动中存在的一些现实问题，进行拨乱反正，恢复社会事业，加快经济发展，随后开始适当下放各类事业单位的管理权，服务社会经济体制机制改革各项工作的开展。此时的大多数事业单位实行的是行政首长负责制，即行政首长对本单位有经营管理权、机构设置权、用人自主权和分配决定权。为推动事业单位体制机制改革工作，从1985 年开始，国家层面先后下发《关于科学技术体制改革的决定》《关于卫生工作改革若干政策问题的报告》《关于教育体制改革的决定》以及《关于艺术表演团体改革的意见》等一系列的政策文件，明确提出在科研、卫生、教育、文艺等行业和领域加快推进事业单位改革，进一步提升发展活力，由此开始了事业单位向市场化改革的步伐，并确定在一些重要的特定领域加以实施。

2. *改革探索*（1993~2002 年）

从 1993 年开始，事业单位改革工作进入探索阶段。为了保证该项工作的有序开展，国家层面制定并实施了一系列的制度文件来提供支持和保障，包括《关于党政机构改革的方案》《关于党政机构改革方案的实施意见》《中央机构编制委员会关于事业单位机构改革若干问题的意见》《关于调整撤并部门所属学校管理体制的决定》《关于国家经贸委管理的 10 个国家局所属科研机构管理体制改革的意见》《地质勘查队伍管理体制改革方案》《关于深化新闻出版广播影视业改革的若干意见》等。通过这些政策文件的出台和实施，进一步明确了事业单位改革的方向是“实行政事分开，推进社会化”，同时也提出改企转制是事业单位改革的一项重要内容，即从事生产经营活动的事业单位，原则上改为企业；一些已经实行企业化管理的事业单位，可以由市场引导资源配置并入企业或改为企业。

3. *试点推进*（2003~2012 年）

2008 年，中共中央、国务院印发《关于深化行政管理体制改革的意见》明确提出，要按照“政事分开、事企分开和管办分离”的原则，对事业单位进行分类改革。其中，主要从事生产经营活动的，逐步转为企业。随后，选择了若干省市和一些业务领域来开展改革综合试点工作。从试点区域来看，选择以山西、上海、浙江、广东和重庆为试点进行事业单位改革；从业务领域来看，选择以文化、卫生领域的事业单位为改革试点领域。例如，文化领域事业单位改革提出“两分法”——公益性和经营性：前者以增加投入、转换机制、增强活力、改善服务为核心，后者以创新体制、转换机制、面向市场、壮大实力为重点。卫生类事业单位改革则提出要坚持公共医疗卫生的公益性质，实行“政事分开、管办分开、医药分开、营利性和非营利性分开”的改革措施。通过试点工作的开展，进一步明确了生产经营类事业单位需要市场化转型，成为具有企业属性的经济组织。

4. *深化改革*（2013 年至今）

根据前期改革工作的开展情况，结合相关试点地方和重点领域的经验，最终确定了深化事业单位改革的总体方案和配套措施，即在已取得成效的基础上，确保改革继续扩大范围并深入下去。党的十八大报告进一步提出，“深入推进政企分开、政资分开、政事分开、政社分开，建设职能科学、结构优化、廉洁高效、人民满意的服务型政府，推进事业单位分类改革”。2016 年，国务院印发的《关于从事生产经营活动事业单位改革的指导意见》明确指出，生产经营类事业单位逐步转制为企业，依法赋予转制企业法人财产权和经营自主权，充分激发活力和创造力。在后续的改革实践中，也是从小范围区域试点向大范围全面铺开，不断归纳总结经验教训和创新改革模式，改革工作取得初步成效。但随着改革的不断深入，生产经营类事业单位公司制改革也面临着一些新的难题，需要结合当前的时代特点和具体情境来实施和推进。

二、改革进展

“十三五”以来，虽然国家层面已经开始积极推动生产经营类事业单位的改企转制来加快现有体制机制改革的进度，但是不可忽视的是，在该项改革工作中涉及的内容较为复杂，不可能“一蹴而就”。为了保证改革的稳定开展，生产经营类事业单位的改企转制采取了“分步推进、分类实施、分层落实”的基本策略。

1. 分步推进

分步推进是强调以政策性文件为指导，以特定领域或对象为试点，在取得经验后逐步向其他领域延伸，从而降低改革的风险和成本，保证社会经济的稳定发展。我国生产经营类事业单位集中了绝大多数的专业科技人才，是社会经济发展活动提供公益服务的主要载体，在促进经济发展、推动社会进步和改善群众生活等方面发挥着重要作用。在 2016 年印发的《关于从事生产经营活动事业单位改革的指导意见》中也明确提出改企转制的“时间表”：经济效益较好的经营类事业单位，要加大改革力度支持做强做大；经济效益一般，稳妥推进改企转制，于 2018 年底前基本完成；人员、资产规模较小或无固定资产、转制后难以正常运转的，要逐步予以撤销，并做好人员安置工作，于 2020 年底前基本完成；长期亏损、资不抵债、债权债务不清晰、历史遗留问题多的，稳妥退出事业单位序列，于 2020 年底前基本完成。同时，对生产经营类事业单位的转制方式、国有资产处置管理、转企后的制度建设、人员编制与安置问题等进行了规定。在国家层面的统筹安排和政策支持下，文化领域和军工领域的生产经营类事业单位已经出台了指导性的改企转制指引文件，不仅确定了改革的方向和重点，还提出了具体的实施方案及相应的配套政策，而且就如何转制、转制后所享有的优惠政策，以及改革实施的进度安排等进行了详细说明。

2. 分类实施

分类实施是依据不同事业单位的特质对其进行归类，再以不同类别的事业单位为改革对象，有针对性地出台较为具体的改革政策和实施举措。之所以采取分类实施，主要是强调需要根据事业单位的职能来充分发挥其作用，避免出现“一刀切”的方式给事业单位后续发展可能带来的风险，导致“定位不明，职能不分”的情况。同时，结合不同类型事业单位的特点来有序推进体制改革（见表 66－1）。结合生产经营类事业单位改革实施来看，主要还是完全强调按照市场机制来实行公司化改制，并实现从“输血”到“造血”的完全转变，最终实现独立经营。

表 66－1　行政类、经营类和公益类事业单位体制改革要点

类别	改革要点
行政类	（1）依据行政管理体制改革和政府机构改革推进行政类事业单位改革； （2）机构编制调整，不得突破政府机构限额和编制总额； （3）对于部分或完全承担行政职能的事业单位区分对待

续表

类别	改革要点
经营类	(1) 推进改企转制，按照有关规定进行资产清查、财务审计、资产评估，核实债权债务，界定和核实资产； (2) 改企转制后，逐步与原行政主管部门脱钩，其国有资产除国家另有规定外，由履行国有资产出资人职责的机构负责； (3) 为平稳推进转制工作，在5年过渡期内，对转制单位给予适当保留原有税收等优惠政策，原有正常事业费继续拨付
公益类	(1) 实行政事分开，理顺政府与事业单位的关系； (2) 建立健全法人治理结构； (3) 建立权责清晰、分类科学、机制灵活、监管有力的事业单位人事管理制度； (4) 深化收入分配制度改革，完善事业单位工资正常调整机制； (5) 推进社会保险制度改革，完善事业单位及其工作人员参加基本养老、基本医疗、失业、工伤等社会保险政策； (6) 加强对事业单位的监督，建立事业单位绩效考评制度

3. 分层落实

分层落实是强调生产经营类事业单位的改企转制具有系统性，在改革进程中需要分别从宏观、中观和微观层面来加以落实，从而达到逐层细分和落实具体责任主体的目的。在宏观层面，通过建立和实行事业单位机构编制宏观管理制度，研究制定全国事业单位机构编制宏观管理规划和实行总量控制的目标、任务及配套实施办法；加强事业单位机构编制法制建设，出台事业单位登记管理条例，拟定事业单位管理方面的其他法规，规范事业单位机构编制管理行为。与此同时，各省、自治区、直辖市机构编制管理部门也在拟定符合本地实际的事业单位机构编制管理规章或办法，按规定程序审批和实施，加快事业单位机构编制标准的制定工作，规范事业单位的设立行为，优化事业单位组织结构，控制事业单位机构编制总量等。在中观层面，先后在全国9个地区和35个单位进行文化体制改革试点工作；制定了《关于事业单位分类及相关改革的试点方案》(征求意见稿)，提出事业单位分类及分类改革意见，并拟选择浙江、山西、重庆开展改革试点工作；在山西、上海、浙江、广东、重庆五个省市开展事业单位养老保险制度改革试点，与事业单位分类改革试点配套进行。在微观层面，通过出台大量的专项配套政策来加以落实，除了在事业单位改革文件内说明实施改革中人员安置、养老保险的配套政策之外，还制定如《关于机关事业单位工作人员养老保险制度改革的决定》等，使养老保险“双轨制”实现并轨。

结合实践来看，生产经营类事业单位的改革工作是从中央到地方全面展开，首先在国家层面统筹布局、地方积极配合落实，并选择部分省、市作为试点，将改革工作向专业化内容逐步深化，并针对专项领域实施重点突破。然而需要注意的是，分步推进、分类实施与分层落实并不是孤立的过程，三者间互有交叉和融合。从改革进程来看，国家根据具体的对象设定了时间表，例如，已经实行企业化管理的，加大改革力度，优先推进转制为企业，于2017年底前基本完成。从领域推进来看，文化领域的事业单位的市场属性最强，已作为试点来推进，教育、科技、军工等领域的事业单位也在逐步推进。从具体内容来看，较之于收入分配制度、养老保险制度和财政政策，人事制度改革是启动最早、进展最快领域。

三、改革难点

随着国家规定的生产经营类事业单位公司制改革的时间节点日益临近，已面临“时间紧、任务重”的局面。然而由于存在政策制定和落实不衔接，改革单位自身动力不足，改革方案设计不完善，以及历史遗留问题等，部分领域的生产经营类事业单位的改企转制陷入停滞，面临困局。为了在短时间内完成改革高质量任务，必须要精准认识当前的难点问题和主要症结，才能在随后采取有针对性的具体措施，为事业单位改企转制的有序实施提供保障和支撑。

1. 缺乏业务协调机制

从生产经营类事业单位的分布来看，行业特点比较突出，广泛存在于卫生、教育、文化、地质、军工等不同的业务领域，且每个单位的上级主管部门（或业务主管部门）都有所不同。在具体的改革实施中，由于内容繁杂，涉及多个部门，单纯依靠上级主管部门和事业单位自身的力量，难以解决改企转制过程中出现的普遍性问题和特殊性问题。例如，在人员编制方面需要由编办来主导推进；社保衔接问题需要人社部门来加以配合；工商注册需要市场监督管理部门来完成调整；改革资金支持需要财政部门来提供基本保障；降税减负需要税务部门来具体执行等。由于缺乏专门的部门和机构来牵头组织相关的改企转制工作，经常出现责任主体缺位的现象，导致部门间协调难度较大，因此这些都是造成改革工作进展缓慢的主要原因。

2. 政策体系不够完善

为了推动生产经营类事业单位改企转制工作，国家层面已经出台了一些较为具体的政策文件来提供指导。例如，军工领域事业单位是由国防科工局牵头其他七个部门发布《关于军工科研院所转制为企业的实施意见》，并启动了首批41家军工科研院所转制工作，但在具体执行中依然存在一些政策落实问题，难以打通“最后一公里”。其中，最为典型的问题是人员编制超标以及社保衔接等问题的解决缺乏相应的依据，导致后续改革陷入停顿。同样，从政策衔接来看，在事业单位分类改革方案中将事业单位分为三类：一是提出生产经营类事业单位必须转为市场运营企业；二是在国有企业功能界定与分类的改革方案中强调公益性属性和商业性属性分类；三是在中央企业公司制改制工作实施方案中强调国务院国资委监管的中央企业（不含中央金融、文化企业），全部改制为有限责任公司或股份有限公司，形成有效制衡的公司法人治理结构和灵活高效的市场化经营机制。可以看到，关于事业单位公司制改革虽然出台了一系列指导性政策，但现有的制度设计缺乏有效衔接，尤其是部分中央企业内部还存在一些科研类基础技术型事业单位，具有公益性功能属性，这些事业单位如何做到准确定位来实施后续改革，现在的政策体系中也很少涉及。

3. 人员安置分流困难

“人往哪里去”一直是生产经营类事业单位改企转制的难点问题。如果不能做好人员安置和分流，必然会引起一些不稳定状况。为了保证人员稳定，以往的改革都是本着职工个人自愿与组织安排相结合的原则，实行“老人、中人和新人”差异化对待，并设计了两种人员安置分流改革方案。一种是“一刀切”方案，所有人员全部完成身份转换进入企业，重新签订劳动合同，实现市场化薪酬待遇机制，但由于缺乏弹性，在执行中推行较难，容易引起员工抵制，同时也导致优秀人才流失，给后期发展造成严重障碍。另一种是“过渡期”方案，通过部门调整和机构重组，部分人员继续保留在事业单位，部分人员进入企业，并为人员分流设定“缓冲期”，例如，进入企业三年后可以再次选择回归事业单位。虽然此种改革方案充分考虑了员工利益，能得到很好的认可和支持，但也导致了一些后续遗留问题，相当一部分企业人员选择“回流”事业单位，使改革工作依然进行得不够彻底。

4. 成本分摊机制单一

“钱从哪里来”也是限制生产经营类事业单位改企转制工作中的瓶颈问题。大部分单位在以往主要是依靠国家财政拨款来维持生存和发展，生产经营活动的收益占比并不是很大，这也导致一些单位并没有留够资本金。在改企转制过程中，仅养老保险清算补缴、人员安置、土地变更这三项改革成本就是不能承受之重。当前的国家政策是改革成本一次性从经营性资产中扣除，但大部分单位难以完全依靠自身承担改革成本。在前期的改革试点中，一些生产经营类事业单位试图引入社会资本，以混合所有制的形式来分担改革成本，然而在资产评估、产权设置等方面又遇到一些现实壁垒，如果不慎，极容易造成国有资本流失。从实际情况来看，改企转制的成本需要由国家财政部门、地方政府、上级主管单位和事业单位本身来统筹处理，具体的成本分担机制却并不完善，使如何建立合理的改革成本分担机制成为影响生产经营类事业单位公司制改革的关键所在。

5. 生产经营难以持续

生产经营类事业单位在完成转企改制后，需要独立面向市场来开展经营管理活动，如果不能尽快适应市场运作机制，则会加大转制后企业的经营成本和风险。在以往，很多生产经营类事业单位主要是依靠“公立”性质获得的社会声誉和形象来支撑发展，在运营活动中具有天然的“合法性”和“公信力”，但在完全进入市场化运作后，这些光环会很快丧失。和民营企业相比，这些转制后企业的运行效率和效益相对不高，市场竞争力不足，难以获得市场认可。例如，一些军工科研领域的生产经营类事业单位在完成改企转制后，需要采用企业会计制度，事业单位费停拨、固定资产折旧成本提高、税收负担增加会导致转制军工科研院所资产、负债和利润等财务指标出现较大程度的变化，面临运营成本增加的情况，甚至会亏损。同样，一些单位在完成改革后，需要从国家专项项目支持转向市场项目竞标。这种内在的运营管理机制的转变让很多单位难以适应，导致在改革后陷入“两头受阻”的困境。

四、实施路径

随着国有企业深化改革的开启，生产经营类事业单位如何加快推进改企转制就成为一项亟待开展的重要任务。尤其是隶属于国资委体系内的生产经营类事业单位，更是面临较大的发展压力。虽然生产经营类事业单位在当前的改革中面临种种困难，但依然需要打开突破口，确定公司制改革的实施路径。总体来看，改企转制工作很难实现“一步到位”，不可能直接转变成为以公司制为内核的具有现代企业制度的企业，而是一个逐步推进和完善的过程，不仅需要做到“摘帽子、换身份”，更重要的是“强机制、提质量”，如此才能保证改革工作的稳定有序进行。

1. 做好顶层制度设计

生产经营类事业单位的改企转制是一项“牵一发而动全身”的系统工程，需要有一个整体的顶层制度设计来提供指导和支撑，才能保障相关工作的稳步推进。例如，在军工科研领域事业单位在改企转制启动时，成立了国防科工局牵头，中央编办、财政部、人力资源和社会保障部、国资委、科技部、税务总局和工商总局为成员单位的军工科研院所转制工作协调小组，统筹制定具体业务领域的总体政策。同样，文化领域事业单位的改革工作也是由中宣部会同中央网信办、发展改革委等部门来共同推动。基于以往的改革经验，其他相关业务领域的生产经营类事业单位的改企转制也需要在整体方针的引导下，建立国家层面的“部级联席会议”或“工作协调小组”的组织构架，确定具体的牵头单位来明晰改革的思路、内容和进程，营造有利于公司制改革的政策环境；在落地执行上，对改革过程中涉及的重大问题进行协调，推动制订和完善相关政策法规、规划计划和措施，统筹解决共性问题，针对解决个性问题。相关成员单位按照整体部署，各自职责，加强协调，积极制定配套支持的政策措施，认真贯彻落实各项政策措施，及时出台适合改革现实的相关短期政策或具体的政策解释。

2. 明确企业功能定位

自事业单位成立以来就是一种具有特殊性质的法人组织，既需要按照公共利益的要求提供一些特定的非盈利性公共服务，同时也需要按照市场经济的要求开展日常生产、经营和管理活动，属于肩负“公益”和“盈利”双重使命的复合型组织。在前期改革中，虽然引入市场机制来推动生产经营类事业单位的改革工作，但其并不是完全为了追求利润最大化，而是为了提升效率来实现经济目标和社会目标。例如，将国家经济发展、产业转型升级需求与企业经营实践相结合，承担经营性服务提供，创造更多的社会就业等。在后续的公司制改革进程中，不可避免地会存在公益属性和商业属性的定位问题，特别是由于需要遵从的管理制度等不同，容易陷入既不能完全成为服务国家公共事业的非营利性组织，也不能完全成为面向市场的企业主体的“两难境地”。为此，需要结合实践并根据企业功能定位来确定改革思路和具体举措，这是确保改革顺利推进的基础与前提。在具体实施中，可以考虑生产经营类事业单位在集团层面整体转制为公司制市场主体，充分发挥市场配置资源的决定性作用，将具有商业属性的事业单位完全推向市场，建立现代企业制度并赋予独立经营自主权。同时，对下属单位中承担国家战略使命、保障国家经济安全等关键职能，确实具有公益性的基础技术或科研领域的事业单位采取继续保留，可以通过剥离和重组等措施来成为服务国家和社会的独立业务单元，强化其公益属性。

3. 改革转制同步实施

生产经营类事业单位改企转制涉及的业务范围较广，情况比较复杂，需要做到精准施策。从公司制改革的整体性来看，既需要制定统一的指导性政策，也需要根据具体领域来制定和实施不同的改革方案，做到“一企一策，因企施策”。在改企转制过程中，既需要遵循事业单位改制和国有企业改革的原则和目标，又要结合实际情况来制定方案，包括改企后的组织形式选择、单位债权债务处理、职工安置、保险处理等，只有充分考虑到单位职工的根本利益，才能有利于新企业的健康发展。改革工作需要根据经营状况和客观条件来选取适当方式，合理把握进度，重点任务是合理制定人员分流安置政策，确保不发生群体性事件；做好职工社会保险衔接，保障职工合法权益；做好两种税收体制承接转换；做好资质承继和经营主体转换，保障改企转制后的经营活动稳定。其中，对于已经开展改革的单位，可加快进度，先行完成；尚未开展的，可先行试点，稳步推进。同时，做好预案，加强政策解读，及时化解改革中出现的矛盾和问题。与此同时，在生产经营类事业单位内部也需要加快转制工作，落实到改革的整体方案制订和实施过程中，重点任务是按照现代企业制度要求，结合实际制定切实可行的改制方案，明确转制方式、产权结构设置、债权债务处理、公司治理安排、劳动人事分配制度改革等事项，并按照有关规定起草或修订公司章程；做到出资人所有权和企业法人财产权的分离，赋予企业独立的法人财产权，促使企业真正成为依法自主经营、自负盈亏、自担风险、自我约束、自我发展的独立市场主体；进一步激发企业内生活力，打造更加面向市场的经营管理机制，实现社会经济更好、更快发展。为此，需要在整体上结合国有企业改革的推进节奏，利用自身优势来运用各种生产要素，成为向市场提供产品或服务的经济组织。例如，可以结合《中央企业公司制改制工作实施方案》的相关内容和要求来推动相关事业单位改制工作的开展。

五、政策建议

在全面深化改革的背景下，随着国有企业改革进入新阶段，生产经营类事业单位改革毫无例外地成为当前改革的重点，需要纳入到国家整体体制机制改革的议程中。随着国家“十四五”时期的到来，为了最大限度地确保改革工作的顺利实施，不仅需要总结和借鉴以往相关行业和领域改革试点的经验，还要精准应对在改革过程中面临的各种共性和个性问题，出台完整的政策指导意见来提供支持。

1. 构建部际协调机制

随着事业单位改革进入“深水区”，生产经营类事业单位公司制改革成为一个新的命题。然而改革工作存在内在的复杂性，很难单独由某一个部门来推动完成。在前期的改革中，之所以出现停顿、上下政策衔接问题等不利局面，究其根本，还是缺乏顶层设计。要破解这一问题，必须能够形成有效的布局协调机制来理顺和确定改革的总体思路，强化不同部门对改企转制工作的支持，包括统筹各项改革转制工作，出台操作性指引手册，指导完成现代企业制度建立，完善公司法人治理结构和管控方式，深化三项制度改革等，审核事业单位改企转制实施方案，协调解决在改革中遇到的各项问题，确保改革工作能够“按时、保质、保量”顺利完成。

2. 结合实际制定方案

生产经营类事业单位的公司制改革具有中国

特色，需要遵循事业单位改制和国有企业改革的基本原则和目标任务，同时结合具体单位的实际情况来制定实施方案。实施方案要有可操作性，对已有的政策要加强解读，不明确的政策则由上级单位给予明确解答，政策不足的方面需要向上级单位反映，确保改革平稳有序推进。同时，统筹遗留问题，厘清现实问题，准确认识资产、机构编制、实有人员等方面的现状，确保改企转制程序和相关工作的合法合规。此外，还要充分考虑各方的利益诉求，例如，对职工安置补偿等事项应当经职工代表大会讨论通过之后，按照内部决策程序进行审议并形成书面决议，报上级主管部门和国有资产监管部门审批。在完成改革后，需要尽快制定发展战略规划，积极寻求业务增长点，实现业务拓展或延伸，完成从“输血”到“造血”的转换，成为独立的市场经营主体。

3. 做到产权结构清晰

产权结构清晰是生产经营类事业单位改企转制的重要前提。事业单位改企转制的方向是建立现代企业制度，重点在于国有资产的管理和运营，其中，既要保持国家对资产的所有权，又要使国有资产的运营充满活力。在事业单位产权制度改革中，需要准确把握依法履行出资人职责的定位，科学界定国有资产出资人监管的边界，建立监管权力清单和责任清单，做好转制后企业改制上市、产权转让、资产重组等重大事项的监管工作。出资人机构未明确的，可以由原主管部门所属事业单位履行股东（或投资人）职责，按照现行管理体制，遵循“事企分开”的原则，与转制后企业建立以资本为纽带的产权关系，加强和规范对转制后企业的监管，确保国有资产保值增值。在改企转制过程中，可以根据实际情况来选择整体或部分改制为有限责任公司或者股份有限公司，同时依据国家政策文件，推进具备条件的改制后单位实施混合所有制改革，充分发挥各种所有制经济的优势，实现多种所有制经济共赢，从而提升国有企业的效率和效益。

4. 重构组织结构体系

在生产经营类事业单位的改企转制中，如何精准处理好承担公益性职能业务单元与承担经营性职能业务单元之间的关系一直是改革中的难点。在改革实施中，需要结合具体单位的业务开展情况，重新构建合适的组织结构体系来进行协调处理。对不承担公益性职能的单位，可以实行整体转制为公司制企业，成为自主经营、自负盈亏的法人实体和市场主体。对承担部分公益性职能的单位，可以根据业务性质和基础性科研的特性，通过专业化重组，选择成为改制后集团公司内部嵌入的独立事业单位或进入其他企业，由上级集团公司代管。在业务运行上，可以实施收支两条线，继续提供公益性产品或基础科研技术服务，相关经营主体按照市场价格购买，避免出现政府直接补贴国有企业的弊端，达到回归公益属性的目的。

5. 推动管理制度创新

国有企业作为生产经营类事业单位公司制改革的未来方向，是公有制与市场经济的有机结合，最重要的任务是形成市场化的国有企业管理体制和经营机制。虽然很多生产经营类事业单位已经嵌入市场体系中，但在管理机制上还要进一步改革，即按照现代企业管理制度要求，引入市场竞争机制，建立严格有效的管理制度体系。另外，推进公司治理的建立与完善，进一步规范内部治理机构运行，完善内部治理机制，充分发挥董事会的决策作用、监事会的监督作用、经理层的经营管理作用。另外，加快建立权责对等、运转协调、有效制衡的决策执行监督机制，实现规范化流程，创新集团管控方式，深化三项制度改革、灵活用好多种激励约束机制，探索职业经理人制度等激发内生发展动力，焕发自我发展活力，提高改制后企业的竞争力、创新力、控制力、影响力和抗风险能力。

专栏 66－1

地质勘探事业单位改企转制实践探索

地质勘探是国民经济和社会发展的重要基础，可以为其他产业提供重要的原材料前端资源供给，属于最前端和先行性的基础行业之一。我国地质勘探类事业单位是在计划经济体制下建立起来的，具有鲜明的中国国情和特色。国家国资委2019年调查数据显示，地质勘探中央企业事业单位共有210户，全部为生产经营类事业单位，主要位于中国煤炭地质总局和中国冶金地质总局中。具体为煤炭地质94户、冶金地质66户、建材地质31户、核工业地质18户、盐业地质1户。其中，只有中国煤炭地质总局和中国冶金地质总局在单位性质上属于事业法人，在管理类别上属于国资委管理的中央企业。其他地勘类事业单位属于隶属于不同中央企业（行业协会）的事业单位。

在推进国有地质勘探单位改革方面，全国各地普遍加快了实行公司化改革的速度，做好与国家事业单位分类改革的衔接，在内部经营机制转换、搞活二级单位、建立有效的激励和约束机制等方面进行了积极探索，取得了新的成效。在地质勘探事业单位改革进程中，除江苏、吉林和内蒙古三个省（自治区）之外，全国属地化管理地质勘探单位改革的分类工作已经基本完成。其中，辽宁、陕西等地勘单位采用“一刀切”的方法，或是把地勘单位（公益一类事业单位、公益二类事业单位、生产经营类事业单位）“一刀切”全部按“生产经营类事业单位”对待，或是按“生产经营类事业单位”的改制标准，收回事业编制。

在湖南省地勘单位改革方案中，将湖南省地质矿产勘查开发局、省核工业地质局、省有色地质勘查局、省煤田地质局（以下简称四家地勘局）合并为省地质院，根据地调、地勘、地灾、地环等公益性职能，在省地质院下设若干研究所（中心）；根据地勘职能和市州现有情况，设若干地质大队（中心）；将所有院所队（中心）的辅业全部剥离，组建一个企业（或企业集团），暂由省地质院代管，条件成熟时再依法明确管理关系。改革工作由省地勘单位改革联席会议办公室会同相关部门拟订改革总体方案，经省地勘单位改革联席会议审议通过，并报请省委深改委审定。设立改革过渡期，给予相关政策支持。在财政投入上，基本支出按照事业在职在编人数和预算定额标准予以保障，项目支出根据事业发展需要优先保障；在人员安置上，对院所队科学核定编制，实行总量控制，对富余人员逐年自然消化。按照自愿原则，鼓励现有职工去企业，实行“老人老办法”；在遗留问题处理上，如地勘单位退休人员补贴地区差问题，纳入本次改革统筹研究解决；在土地、矿权、税收、资产处置等方面，依法依规给予支持和优惠。

资料来源：《湖南省地勘单位改革总体方案》（湘政办函〔2019〕64号）。

参考文献

［1］朱光明、刘宏韬：《事业单位分类改革：成效、问题与对策》，《北京行政学院学报》2016年第1期。

［2］刘小康：《论新一轮事业单位改革“社会化”取向》，《北京行政学院学报》2016年第4期。

［3］董立人、冯东方、李先广：《科学优化事业机构编制资源》，《行政管理改革》2017年第8期。

［4］李兆辰、杨梦俊、郑世林：《国有企业改革与中国地区经济发展》，《中国经济史研究》，2018年第2期。

［5］许智迅：《推进中央管理地质队伍改革的路径》，《学习时报》，2018年3月9日。

［6］金志峰、刘永林：《新时代事业单位法人治理结构：模式、问题与优化路径——基于当前试点改革实践的视角》，《中国行政管理》2018年第9期。

［7］徐双敏、蒋祖存：《从事业单位到事业法人：“管办分离”改革的难点研究》，《中国行政管理》2019年第4期。

［8］姜成才：《地勘类事业单位分类改革的策略分析》，《中外企业家》2019年第5期。

［9］邓荣霖：《论公司》，中国人民大学出版社2019年版。

附录　中国工业大事记

一、2020 年中国工业十件大事（按照时间排序）

1. “中国天眼”通过国家验收正式开放使用。1 月 12 日，被誉为“中国天眼”的国家重大科技基础设施 500 米口径球面射电望远镜（FAST）顺利通过国家验收，正式开放运行。FAST 自试运行以来，设施运行稳定可靠，其灵敏度为全球第二大单口径射电望远镜的 2.5 倍以上。这是中国建造的射电望远镜第一次在主要性能指标上占据制高点。未来 3～5 年，FAST 的高灵敏度将有可能在低频引力波探测、快速射电暴起源、星际分子等前沿方向催生突破。

2. 北斗三号最后一颗全球组卫星成果发射。6 月 24 日，我国在西昌卫星发射中心用长征三号乙运载火箭，成功发射北斗系统第五十五颗导航卫星，暨北斗三号最后一颗全球组网卫星，至此北斗三号全球卫星导航系统星座部署比原计划提前半年全面完成。此次发射的卫星属地球静止轨道卫星，经过一系列在轨测试入网后，我国将进行北斗全系统联调联试，在确保系统运行稳定可靠、性能指标优异的基础上，择机面向用户提供全天时、全天候、高精度全球定位导航授时服务，以及星基增强、短报文通信、精密单点定位等特色服务。

3. 水陆两栖飞机“鲲龙”AG600 成功实现海上首飞。7 月 26 日，航空工业研制的大型灭火/水上救援水陆两栖飞机“鲲龙”AG600 在山东青岛团岛附近海域成功实现海上首飞，这是继 2017 年陆上首飞、2018 年水上首飞成功之后，项目研制取得的又一重大突破。AG600 飞机是为满足我国森林灭火和水上救援的迫切需要，首次按照中国民航适航规章要求研制的大型特种用途飞机，是国家应急救援体系建设急需的重大航空装备。

4. ARJ21 飞机完成最大起落高度扩展试验飞行。7 月 31 日，ARJ21 飞机 103 架机在全球海拔最高民用机场——稻城亚丁机场完成最大起降高度扩展试验，试飞返回上海。高原机场空气稀薄、地形复杂、气象多变，对飞机性能和运行支持保障能力提出了更高要求。此次试飞进一步扩展了最大起降高度，验证了 ARJ21 飞机的可靠性和高原性能，为未来开辟高原航线奠定了坚实基础。

5. “华龙一号”首炉装载正式开始。9 月 5 日，“华龙一号”全球首堆中核集团福清核电 5 号机组首炉燃料装载正式开始。随着第一组燃料组件顺利入堆，该机组进入主系统带核调试阶段，向建成投产迈出了重要一步。作为我国具有完全自主知识产权的三代核电技术，“华龙一号”创新采用 177 堆芯设计，降低了堆芯功率密度，提高了设计安全水平。

6. 中国共产党第十九届中央委员会第五次全体会议举行。10 月 26～29 日，中国共产党第十九届中央委员会第五次全体会议举行。全会提出，要加快发展现代产业体系，坚持把发展经济着力点放在实体经济上，坚定不移建设制造强国、质量强国、网络强国、数字中国，推进产业基础高级化、产业链现代化，提高经济质量效益和核心竞争力；要坚持创新在我国现代化建设全局中的核心地位，把科技自立自强作为国家发展的战略支撑。

7. “奋斗者”成功下潜突破1万米，创造中国载人深潜新纪录。10月27日，中国载人潜水器“奋斗者”号，在西太平洋马里亚纳海沟成功下潜突破1万米，达到10058米，创造了中国载人深潜的新纪录。11月28日，中共中央总书记、国家主席、中央军委主席习近平发来贺信，贺信指出，“奋斗者”号研制及海试的成功，标志着我国具有了进入世界海洋最深处开展科学探索和研究的能力，体现了我国在海洋高技术领域的综合实力。

8. 东盟十国、中国、日本、韩国、澳大利亚和新西兰等15个成员国正式签署《区域全面经济伙伴关系协定》。11月15日，包括东盟十国、中国、日本、韩国、澳大利亚和新西兰在内的15个成员国在经历八年的艰难谈判后，正式签署了《区域全面经济伙伴关系协定》（RCEP），标志着当前世界上人口最多、经贸规模最大、最具发展潜力的自由贸易区正式启航。RCEP除了货物贸易、服务贸易、投资准入等自贸协定基本内容外，还涵盖了电子商务、知识产权、竞争政策、政府采购等新兴贸易议题的规则内容。RCEP的签署，对于中国加快构建以国内大循环为主体、国内国际双循环相互促进的新发展格局具有极其重大的意义。

9. 嫦娥五号月球探测器成功完成发射、着陆和采样工作，成功返回地球。11月24日，长征五号遥五运载火箭搭载嫦娥五号月球探测器在文昌航天发射场成功发射；12月1日嫦娥五号在月球正面预选着陆区成功着陆；12月2日完成月球钻取采样及封装；12月4日在月球表面展开五星红旗；12月6日轨道器和返回器组合体与上升器成功分离，进入环月等待阶段；12月12～13日，成功实施了两次月地转移入射；12月14日和16日，分别顺利完成第一次和第二次月地转移轨道修正；12月17日，嫦娥五号返回器携带月球样品在内蒙古四子王旗预定区域安全着陆，探月工程嫦娥五号任务取得圆满成功。嫦娥五号是中国探月工程三期发射的月球探测器，也是中国首个实施无人月面取样返回的月球探测器。

10. 量子计算原型机“九章”实现“高斯玻色取样”任务的快速求解。12月3日，中国科学技术大学与中科院上海微系统所、国家并行计算机工程技术研究中心合作成功构建76个光子100个模式的量子计算原型机“九章”，实现了具有实用前景的“高斯玻色取样”任务的快速求解。该量子计算系统处理高斯玻色取样的速度比目前最快的超级计算机快100万亿倍，比2019年谷歌发布的53个超导比特量子计算原型机“悬铃木”快100亿倍。这一成果使我国成功达到了量子计算研究的第一个里程碑——量子计算优越性。

二、2020年中国工业大事记

1. 1月3日，世界上首座突破千米级的公铁两用斜拉桥——常（州）泰（州）长江大桥5号墩钢沉井顺利到达指定位置，随后将进行下沉施工。两个主塔墩（5号、6号）钢沉井基础体积大，平面尺寸相当于13个篮球场大小，高度达72米，均为当前世界上最大的水中沉井。此前，6号墩钢沉井已完成定位。

2. 1月6日，我国研制的发射重量最重、技术含量最高的高轨卫星——实践二十号卫星成功定点。该卫星是由中国航天科技集团有限公司五院抓总研制的东方红五号卫星公用平台首飞试验星，将对我国自主研发的新一代大型地球同步轨道卫星平台——东方红五号卫星公用平台进行全面在轨验证。目前卫星已完成转移轨道变轨工作，对东五平台的主要关键技术进行了验证，东五平台首飞取得成功，后续将继续开展在轨试验与验证工作。

3. 1月12日，被誉为“中国天眼”的国家重大科技基础设施500米口径球面射电望远镜（FAST）顺利通过国家验收，正式开放运行。FAST自试运行以来，设施运行稳定可靠，其灵敏度为全球第二大单口径射电望远镜的2.5倍以上。这是中国建造的射电望远镜第一次在主要性能指标上占据制高点。未来3～5年，FAST的高灵敏度将有可能在低频引力波探测、快速射电暴起源、星际分子等前沿方向催生突破。

4. 1月16日，“沪渝直达快线”合作备忘录暨国际贸易“单一窗口”合作备忘录在上海签署。此次签约标志着“沪渝直达快线”的正式开通，有利于进一步释放长江“黄金水道”发展动能，深化长江经济带东西双向互济、海陆统筹联动的对外开放新格局，优化提升沪渝两地跨境贸易营商环境；有利于增强上海和重庆口岸对长江流域腹地的集聚和服务能力，吸引更多长江上游地区货源汇集到上海，助力两地口岸经济集成化发展；有利于增强长三角高质量一体化发展区域辐射效应，助力沪渝两地向智慧绿色口岸转型。

5. 1月16日，“人民一号”卫星在太原卫星发射中心搭载长征二号丁运载火箭成功发射，卫星顺利进入预定轨道。任务获得圆满成功，标志着人民数据管理有限公司正式进军卫星大数据领域。“人民一号”卫星可通过推进剂进行轨道和姿态调整，共搭载了两台光学载荷，主载荷为一台多光谱相机，地面分辨率为1米；同时搭载一台高光谱相机，地面分辨率为30米，具有专业级图像质量、高敏捷的机动性能、丰富的成像模式和高集成的电子系统等技术特点。

6. 1月17日，我国在酒泉卫星发射中心用快舟一号甲运载火箭，成功将我国首颗通信能力达10Gbps的低轨宽带通信卫星——银河航天首发星发射升空。卫星顺利进入预定轨道，任务获得圆满成功。该卫星采用Q/V和Ka等通信频段，具备10Gbps速率的透明转发通信能力，可通过卫星终端为用户提供宽带通信服务。

7. 1月22日，云贵川三省交界处，横亘在峡谷中、用时三年半建设的鸡鸣三省大桥正式建成通车。鸡鸣三省大桥横跨于赤水河上游支流倒流河之上，连接四川省叙永县水潦彝族乡岔河村和云南省镇雄县坡头镇德隆村。大桥建成后，两地居民往来，开车仅需一分钟、步行仅300米，节约通行时间两个半小时，告别过去耗时长、危险系数高的出行方式。大桥不仅便捷了当地居民往来，也促进了当地旅游业的发展，助力脱贫攻坚。

8. 2月27日，山西首个煤层气高端钻机项目在晋城开工，这标志着山西省正式发力高端煤层气装备制造基地建设。此次开工建设的项目由山西燃气集团携手北京天和众邦勘探技术股份有限公司共同打造。钻机生产项目一期厂房计划总投资1亿元，占地面积5万平方米。据介绍，山西燃气集团在煤与煤层气综合开发技术方面具有国际领先优势，天和众邦勘探技术公司在勘探装备研发方面优势明显。双方联合，将有力保障煤层气开发利用所需的关键设备，对加快打造战略性新兴产业具有重要意义。

9. 3月12日，我国在西昌卫星发射中心用长征三号乙运载火箭，成功发射北斗系统第五十四颗导航卫星。卫星顺利进入预定轨道，后续将进行变轨、在轨测试，试验评估，适时入网提供服务。此次发射的北斗导航卫星和配套运载火箭分别由中国航天科技集团有限公司所属的中国空间技术研究院和中国运载火箭技术研究院抓总研制。这是长征系列运载火箭的第327次飞行。

10. 4月9日，216辆由武汉本地企业生产的小汽车在武汉大花岭火车站陆续装车启运，将从新疆霍尔果斯车站出境发往乌兹别克斯坦。这是武汉首次开行中亚国际联运汽车班列，也是铁路部门助力武汉汽车生产企业整车出口，服务“一带一路”建设开辟的国际物流新通道。

11. 5月2日，中国移动联合华为成功完成全球海拔最高5G基站的建设及开通工作，实现珠峰峰顶5G覆盖。同时，F5G千兆光纤网络也实现了6500米的同步开通。本次“5G上珠峰”活动在海拔5300米珠峰大本营、5800米过渡营地、6500米前进营地进行基站建设。不仅可通过5G高清视频、5G+VR直播珠峰美景，还将为登山、科考、测绘、环保提供极致的网络体验与保障。

12. 5月6日，中国载人航天工程办公室发出消息：我国载人空间站工程研制的长征五号B运载火箭，搭载新一代载人飞船试验船和柔性充气式货物返回舱试验舱，在我国文昌航天发射场点火升空，约488秒后，载荷组合体与火箭成功分离，进入预定轨道，首飞任务取得圆满成功，实现空间站阶段飞行任务首战告捷，拉开了我国载人航天工程“第三步”任务的序幕。

13. 5月13日，我国在酒泉卫星发射中心用快舟一号甲运载火箭，以“一箭双星”方式，成功将行云二号01/02星发射升空，卫星进入预定轨道，发射取得圆满成功。此次发射的行云二号01/02星由航天行云科技有限公司研制，将在轨开展天基物联网通信技术、星间激光通信技术以及低成本商业卫星平台技术的验证，并初步开展物联网示范应用。

14. 5月31日，我国在西昌卫星发射中心用长征十一号运载火箭，采取“一箭双星”方式，成功将新技术试验卫星G星、H星发射升空，卫星顺利进入预定轨道，任务获得圆满成功。新技术试验卫星G星、H星主要用于在轨开展新型对地观测技术试验。这次任务是长征系列运载火箭的第332次飞行。

15. 6月5日，海南自由贸易港首艘船舶登记发证仪式在洋浦经济开发区举行，洋浦经济开发区工委管委会向“中远海运兴旺”号轮颁发“中国洋浦港”船舶国籍证书，这标志着海南自贸港有关船舶登记政策正式启动，也是《海南自由贸易港建设总体方案》出台以来的首项政策落地实施。

16. 6月8日，由中国科学院沈阳自动化研究所主持研制的“海斗一号”全海深自主遥控潜水器载誉归来。日前其在马里亚纳海沟成功完成其首次万米海试与试验性应用任务，取得多项重大突破，填补了我国万米级作业型无人潜水器的空白。“海斗一号”在马里亚纳海沟实现4次万米下潜，最大下潜深度10907米，刷新了我国潜水器最大下潜深度纪录，创造了我国潜水器领域多项第一。

17. 6月8日，满载着家居建材等货物的班列从江苏连云港中哈物流基地鸣笛发出，开往蒙古国乌兰巴托市，标志着“日本—中国（连云港）—蒙古国”整列中铁箱铁海快线班列顺利首发。这条铁海快线班列的主要运作方式是，由国内沿海港口将铁路箱调运至日本集中，装载完货物后，从日本大阪港口发往连云港，上岸后经由铁路运输，过境二连浩特，最终运抵蒙古国乌兰巴托市。

18. 6月18日，历经34小时连续作业，世界首例双向八车道钢壳沉管隧道——深中通道首节沉管成功沉放海底，与西人工岛顺利对接。首节沉管长123.5米、宽46米、高10.6米，重约6万吨，相当于一艘中型航空母舰。沉管对接采用了全球首创的自航式沉管运输安装一体船作业方式，为世界跨海通道施工带来重要技术创新。

19. 6月22日，由中车四方股份公司承担研制的时速600公里的高速磁浮试验样车，在上海同济大学磁浮试验线上成功试跑。这标志着我国高速磁浮研发取得重要新突破。作为一种新兴高速交通模式，高速磁浮具有高速快捷、安全可靠、运输力强、绿色环保、维护成本低等优点。

20. 6月24日，我国在西昌卫星发射中心用长征三号乙运载火箭，成功发射北斗系统第五十五颗导航卫星，暨北斗三号最后一颗全球组网卫星，至此北斗三号全球卫星导航系统星座部署比原计划提前半年全面完成。此次发射的卫星属地球静止轨道卫星，经过一系列在轨测试入网后，我国将进行北斗全系统联调联试，在确保系统运行稳定可靠、性能指标优异基础上，择机面向用户提供全天时、全天候、高精度全球定位导航授时服务，以及星基增强、短报文通信、精密单点定位等特色服务。

21. 7月2日，沪苏通铁路正式通车运行，由中国中铁设计承建的世界首座跨度超千米的公铁两用斜拉桥——沪苏通长江公铁大桥投入使用。得益于这座大桥，南通至上海铁路出行时间压缩到1小时6分钟，而1092米的主跨更让世界公铁两用斜拉桥主跨迈入“千米级”时代。

22. 7月8日，国内首架高速卫星互联网飞机——青岛航空QW9771航班完成首航。本次首航的高通量卫星资源由中国航天科技集团有限公司所属中国卫通集团股份有限公司提供。当天16时46分，青岛航空QW9771航班由青岛流亭国际机场起飞，19时21分降落在成都双流国际机场。与使用传统Ku频段卫星的互联网飞机不同，本次航班适配的高速互联系统基于国内首颗且唯一一颗Ka频段高通量卫星——中星16号。飞机在万米空中可以实现百兆以上的高速率联网，为乘客带来与地面上网一样的网络冲浪体验。

23. 7月12日，国内首台10兆瓦海上风电机组在三峡集团福建福清兴化湾二期海上风电场成功并网发电。这是目前我国自主研发的单机容量亚太地区最大、全球第二大的海上风电机组，刷新了我国海上风电单机容量新纪录，标志着我国具备10兆瓦大容量海上风机自主设计、研发、制造、安装、调试、运行能力，是实现海上风电重大装备国产化的重要成果。

24. 我国新冠疫苗研发取得重要突破。7月22日，我国正式启动新冠疫苗紧急使用。新华财经11月25日消息，中国医药集团有限公司副总经理石晟怡表示，国药集团已向国家药监局提交了新冠疫苗上市申请。11月17日，中国医药集团有限公司董事长刘敬桢表示，国药集团研制的新冠肺炎疫苗已经在阿联酋、巴林、埃及、约旦、秘鲁、阿根廷等10个国家开展国际临床三期实验，现在入组的人员已接近6万人，其中4万多人已经完成两针免疫后14天的采血。

25. 7月22日，在新疆与青海交界处的格库铁路建设工地，格库铁路新疆段最后一节轨排铺设到位，与青海段成功接轨，宣告格库铁路全线铺轨贯通。格库铁路起自青海省格尔木市，经新疆维吾尔自治区若羌县、尉犁县，到达库尔勒市，全长1213.7公里。格库铁路全线开通后，格尔木到库尔勒的时间将由原先的26小时缩短至12小时左右，对于推动青海、新疆两省份经济社会发展具有重要意义。

26. 7月24日，我国在中国文昌航天发射场，用长征五号遥四运载火箭成功发射首次火星探测任务“天问一号”探测器，火箭飞行2000多秒后，成功将探测器送入预定轨道，迈出了我国自主开展行星探测的第一步。“天问一号”探测器将在地火转移轨道飞行约7个月后，到达火星附近，通过“刹车”完成火星捕获，进入环火轨道，并择机开展着陆、巡视等任务，进行火星科学探测。

27. 7月26日，由我国自主研制的大型灭火/水上救援水陆两栖飞机“鲲龙”AG600在山东青岛团岛附近海域成功实现海上首飞。这是AG600飞机继2017年陆上首飞、2018年水上首飞之后的第三次首飞。“鲲龙”AG600飞机是为满足我国森林灭火和水上救援需要，首次按照中国民航适航规章要求研制的大型特种用途飞机，具有速度快、搜索范围广、安全性好、装载量大等特点。本次海上首飞，为测试飞机海上抗浪性、操控特性、结构与系统的工作特性奠定了基础。

28. 7月31日，ARJ21飞机103架机在全球海拔最高民用机场——稻城亚丁机场完成最大起降高度扩展试验，试飞返回上海。高原机场空气稀薄、地形复杂、气象多变，对飞机性能和运行支持保障能力提出了更高要求。此次试飞进一步扩展了最大起降高度，验证了ARJ21飞机的可靠性和高原性能，为未来开辟高原航线奠定了坚实基础。

29. 8月1日，北斗三号全球卫星导航系统建成暨开通仪式在北京举行。中共中央总书记、国家主席、中央军委主席习近平出席仪式，宣布北斗三号全球卫星导航系统正式开通，并参观北斗系统建设发展成果展览展示。北斗三号全球卫星导航系统的建成开通，充分体现了我国社会主义制度集中力量办大事的政治优势，对提升我国综合国力，对推动疫情防控常态化条件下我国经济发展和民生改善，对推动当前国际经济形势下我国对外开放，对进一步增强民族自信心、努力实现“两个一百年”奋斗目标，具有十分重要的意义。

30. 8月5日，由南方电网公司投资建设的国家西电东送重点工程——乌东德电站送电广东广西特高压多端直流示范工程提前实现阶段性投产。此次投产的系云南至广东柔性直流双极低端，较计划提前了30天。工程起于云南昆北换流站，分别送电到广西柳北换流站和广东龙门换流站，横跨云南、贵州、广西、广东四省区，将丰沛的水电源源不断送抵粤港澳大湾区电力负荷中心。

31. 8月7日，我国在酒泉卫星发射中心用长征二号丁运载火箭，成功将高分九号04星送入预定轨道，发射获得圆满成功。此次任务还搭载发射了清华科学卫星。高分九号04星是一颗光学遥感卫星，地面像元分辨率最高可达亚米级，主要用于国土普查、城市规划、土地确权、路网设计、农作物估产和防灾减灾等领域，可为“一带一路”建设等提供信息保障。

32. 8月21日，我国自主研制的首艘插销式自升自航抢险打捞工程船“华祥龙”号在广州交付。该船具有固桩站立、恶劣海况下无须撤场避风、打捞窗口长、作业效率高等特点，投入使用后可增强海上抢险打捞能力，有力保障水上交通安全。

33. 8 月 22 日，第三届全球智能汽车前沿峰会暨广州汽车产业万亿战略发布会在广州举行。峰会由中国电动汽车百人会、智能汽车与智慧城市协同发展联盟主办。会上，广州市人民政府与中国电动汽车百人会签署了战略合作框架协议，将在新能源与智能汽车领域全面开展研发创新、成果转化、招商引资和项目推进等方面合作，助推广州新能源与智能汽车产业发展。

34. 8 月 24 日，我国在酒泉卫星发射中心用长征二号丁运载火箭，成功将高分九号 05 星送入预定轨道，发射获得圆满成功。此次任务还搭载发射了多功能试验卫星、天拓五号卫星。高分九号 05 星是一颗光学遥感卫星，地面像元分辨率最高可达亚米级，主要用于国土普查、城市规划、土地确权、路网设计、农作物估产和防灾减灾等领域，可为“一带一路”建设等提供信息保障。

35. 8 月 27 日，由中国航空工业集团自主研制的“领雁”AG50 轻型运动飞机在湖北荆门成功首飞，国产 AG 系列通用飞机家族又添新成员。AG50 飞机由航空工业通飞所属特飞所自主研制，是针对航空俱乐部、通航公司、飞行学校以及私人飞行的市场需求打造的一款轻型运动飞机，具有高安全、高舒适、低成本的特性。

36. 9 月 1 日，厦门市电子信息产业发展大会在当地召开，来自全国各地的电子信息产业企业家代表和嘉宾齐聚一堂，携手推动厦门市电子信息产业发展。会上签约项目 78 个，总金额超过 800 亿元。近年来，厦门市通过大力发展和引进“三高”企业，实施千亿产业链培育工程，电子信息产业的发展要素不断集聚，创新能力持续加强，基本形成了以平板显示、计算机与通信设备、半导体和集成电路、软件和信息服务业为特色的产业体系。

37. 9 月 5 日，“华龙一号”全球首堆中核集团福清核电 5 号机组首炉燃料装载正式开始。随着第一组燃料组件顺利入堆，该机组进入主系统带核调试阶段，向建成投产迈出了重要一步。作为我国具有完全自主知识产权的三代核电技术，“华龙一号”创新采用 177 堆芯设计，降低了堆芯功率密度，提高了设计安全水平。

38. 9 月 9 日，全国抗击新冠肺炎疫情表彰大会在北京人民大会堂隆重举行。中共中央总书记、国家主席、中央军委主席习近平向国家勋章和国家荣誉称号获得者颁授勋章奖章并发表重要讲话。习近平强调，抗击新冠肺炎疫情斗争取得重大战略成果，充分展现了中国共产党领导和我国社会主义制度的显著优势，充分展现了中国人民和中华民族的伟大力量，充分展现了中华文明的深厚底蕴，充分展现了中国负责任大国的自觉担当，极大增强了全党全国各族人民的自信心和自豪感、凝聚力和向心力，必将激励我们在新时代新征程上披荆斩棘、奋勇前进。

39. 9 月 10 日，由陕鼓自主研制、全球最大工业用 AV140 轴流压缩机在该公司西安临潼生产基地厂内试车成功。该机多项性能指标居于全球工业压缩机领域新高度，达到国际先进水平。据悉，此次在陕鼓试车成功的 AV140 超大型轴流压缩机将应用于我国航空发动机高空试验台位的抽气系统领域。

40. 9 月 11 日，由全国工商联主办的 2020 中国民营企业 500 强峰会在北京举办。峰会揭晓了“2020 中国民营企业 500 强”系列榜单，发布了关于中国民营企业 500 强的调研分析报告。分析报告显示，此次中国民营企业 500 强入围门槛达 202.04 亿元。我国民营经济发展呈现出产业结构持续优化、发展新动能不断增强等亮点。

41. 9 月 15 日，由中国科学院和昆山市政府合作共建的安全可控信息技术产业化基地——中科可控产业化基地的首台安全可靠服务器日前在昆山下线，标志着中科可控智能化服务器产线正式建成投产。中国科学院与昆山市政府宣布联合共建中科院安全可控信息技术产业化基地，目前中科可控智能化生产线设备自动化率已达 95%，自动数据采集率 100%、在线检测率 100%。该产线的投产将进一步赋能江苏省高端计算产业链的集聚和高质量发展。

42. 9 月 16 日，我国在黄海海域用长征十一号海射运载火箭，采取“一箭九星”方式将“吉林一号”高分 03—1 组卫星送入预定轨道，发射获得圆满成功。这是长征十一号火箭执行的第二次海上发射任务，也是我国第一次海上商业化应用发射，标志着我国已经具备稳定高效的海上发射能力。

43. 9 月 18 日，吉林省双（辽）洮（南）高速公路提前 9 个月完工并正式开通运营。至此，双辽至洮南的行车时间从原来的近 4 小时缩短到 2 小时以内。双辽至洮南高速公路途经双辽市、长岭县、通榆县、洮南市 4 个县市 10 个乡镇，项目的建成，对于加快国家高速公路网、东北区域骨架公路网和吉林省高速公路网主框架的形成，起到了重要的推动作用。

44. 10 月 1 日，国家主席习近平在联合国生物多样性峰会上通过视频发表重要讲话，习近平强调，在联合国成立 75 周年之际，在各国致力于抗击新冠肺炎疫情、推动经济高质量复苏这一特殊时刻，联合国举办生物多样性峰会，大家共同探讨保护生物多样性、促进可持续发展的重大课题，具有现实而深远的意义。习近平指出，生物多样性是人类赖以生存和发展的重要基础。生态兴则文明兴，要站在对人类文明负责的高度，尊重自然、顺应自然、保护自然，探索人与自然和谐共生之路，促进经济发展与生态保护协调统一，共建繁荣、清洁、美丽的世界。

45. 10 月 12 日，第二十二届大连国际工业博览会在大连星海会展中心和大连世界博览广场开幕。本届博览会以"开放、专业、智能"为主题，吸引了来自日本、德国、英国、法国、意大利等 30 多个国家和地区的约 400 家企业参展，涵盖机床及工模具、机器人及工厂智能化、电子工业、环保等各领域。

46. 10 月 13 日，第三届数字中国建设峰会在福建省福州市开幕。本届峰会以"创新驱动数字化转型，智能引领高质量发展"为主题，涵盖开幕式、主论坛、分论坛、成果展览会、创新大赛。257 家数字化实践领先单位和数字科技先锋企业参展，全面展示了我国经济社会各领域数字化、网络化、智能化发展成果。本届峰会设立"云上峰会"平台，线上线下同步，通过云计算、VR、人工智能等方式，充分展示数字中国建设的最新成果。本届峰会由国家互联网信息办公室、国家发展和改革委员会、工业和信息化部、福建省人民政府共同主办。

47. 10 月 14 日，随着最后一段重达 640 吨的钢桁梁吊装到位，丽江至香格里拉铁路金沙江特大桥实现合龙，为丽香铁路如期通车打下了坚实基础。该桥是世界上首座大跨度钢桁梁铁路悬索桥。丽香铁路建成通车后，云南省迪庆藏族自治州将结束不通铁路的历史，从昆明到香格里拉有望 4 小时抵达。

48. 10 月 15 日，深圳经济特区建立 40 周年庆祝大会在广东省深圳市隆重举行。中共中央总书记、国家主席、中央军委主席习近平在会上发表重要讲话，强调要高举中国特色社会主义伟大旗帜，统筹推进"五位一体"总体布局，协调推进"四个全面"战略布局，从我国进入新发展阶段大局出发，落实新发展理念，紧扣推动高质量发展、构建新发展格局，以一往无前的奋斗姿态、风雨无阻的精神状态，改革不停顿，开放不止步，在更高起点上推进改革开放，推动经济特区工作开创新局面，为全面建设社会主义现代化国家、实现第二个百年奋斗目标作出新的更大的贡献。

49. 10 月 15 日，由山东省烟台市人民政府、山东省能源局、中国能源报社共同主办的"2020 中国（烟台）核能安全暨核电产业链高峰论坛"在烟台国际博览中心开幕，2020 中国国际核电工业及装备展览会同期启幕。本次论坛的主题为"安全新高度，产业新发展"。国内核电各领域的院士专家，以及科研院所、三大核电集团、三大动力集团及核电产业链上下游企业代表近 300 人汇聚烟台，围绕核能综合利用、高端装备制造、储能产业发展、产业金融服务、核应急与公众沟通、核技术应用与后处理等话题展开研讨。

50. 10 月 19 日报道，由中铁十八局集团沙特公司承建的吉赞阿美石油应急响应中心，日前顺利通过沙特皇家委员会和沙特国家石油公司验收检测，标志着该项目正式投入使用。中国驻沙特大使陈伟庆介绍，从中国石化和沙特阿美公司合资的延布炼厂，到中国铁建承建的麦加轻轨，再到中企参与建设的吉赞经济城，中资企业为沙特工业产业本地化、促进就业、惠及民生、带动沙特各领域发展作出了积极贡献。

51. 10 月 19 日，一列载着 50 个集装箱钢管等工业产品的中欧班列从衡阳南站发出，一路向俄罗斯比克良市驶去。这是湖南衡阳开行的首趟中欧班列，衡阳由此成为全国第七十二个开行中欧班列的城市。以中欧班列模式将货物发往欧洲国家和中亚国家，将大幅度提升物流时效性和资金周转率。出口企业可以在本地报关，出口退税也更加便利。据悉，衡阳中欧班列的开通，每年可以为湖南增加90列左右的往返发送量，外贸货值达15亿~20亿美元。

52. 10月21日，华能石岛湾核电高温气冷堆示范工程首台反应堆冷态功能试验一次成功，标志着我国具有完全自主知识产权的国家科技重大专项高温气冷堆核电站示范工程，通过了针对反应堆性能的首次全面考验，取得了全面进入调试阶段以来重大节点的首战胜利。

53. 10月26~29日，中国共产党第十九届中央委员会第五次全体会议举行。全会提出，要加快发展现代产业体系，坚持把发展经济着力点放在实体经济上，坚定不移建设制造强国、质量强国、网络强国、数字中国，推进产业基础高级化、产业链现代化，提高经济质量效益和核心竞争力；要坚持创新在我国现代化建设全局中的核心地位，把科技自立自强作为国家发展的战略支撑。

54. 10月27日，中国载人潜水器“奋斗者”号，在西太平洋马里亚纳海沟成功下潜突破1万米，达到10058米，创造了中国载人深潜的新纪录。11月28日，中共中央总书记、国家主席、中央军委主席习近平发来贺信，贺信指出，“奋斗者”号研制及海试的成功，标志着我国具有了进入世界海洋最深处开展科学探索和研究的能力，体现了我国在海洋高技术领域的综合实力。

55. 11月2日，随着北京CBD国际人才一站式服务中心揭牌，中国（北京）自由贸易试验区CBD国际人才港在北京市朝阳区正式启动。CBD国际人才港将通过打造人才集聚平台、综合服务平台、发展培育平台和交流互动平台，形成全链条人才服务体系，为北京自贸区建设提供有力支撑。

56. 11月4日，2020世界计算机大会在长沙举行。大会以“计算万物·湘约未来——计算产业新动能”为主题，邀请国内外院士专家、典型企业代表围绕“创新创造与生态构建”“计算芯片与平台能力”“网络安全与可信计算”“工业互联与制造生态”“5G视界与应用生态”等主题，分享行业最新创新成果与产业前沿洞察。在开幕式暨主论坛上，2020中国先进计算百强榜总榜单发布。华为、浪潮、联想等5家企业名列榜单第一阵营。

57. 11月7日，我国在太原卫星发射中心用长征六号运载火箭成功将NewSat9—18卫星送入预定轨道，发射获得圆满成功。此次任务还搭载发射了电子科技大学号卫星、北航空事卫星一号和八一03星。NewSat9—18卫星是阿根廷Satellogic公司研制的10颗遥感小卫星，10颗卫星技术状态一致，均搭载多光谱载荷、高光谱载荷，单星重约41千克，设计寿命3年，发射入轨后与其他7颗在轨的NewSat卫星组网运行，主要用于提供商业遥感服务。

58. 11月15日，包括东盟十国、中国、日本、韩国、澳大利亚和新西兰在内的15个成员国在经历八年的艰难谈判后，正式签署了《区域全面经济伙伴关系协定》（RCEP），标志着当前世界上人口最多、经贸规模最大、最具发展潜力的自由贸易区正式启航。RCEP除了货物贸易、服务贸易、投资准入等自贸协定基本内容外，还涵盖了电子商务、知识产权、竞争政策、政府采购等新兴贸易议题的规则内容。RCEP的签署，对于中国加快构建以国内大循环为主体、国内国际双循环相互促进的新发展格局具有极其重大的意义。

59. 11月24日，长征五号遥五运载火箭搭载嫦娥五号月球探测器在文昌航天发射场成功发射。12月1日嫦娥五号在月球正面预选着陆区成功着陆，12月2日完成月球钻取采样及封装，12月4日在月球表面展开五星红旗，12月6日轨道器和返回器组合体与上升器成功分离，进入环月等待阶段，准备择机返回地球。嫦娥五号是中国探月工程三期发射的月球探测器，也将是中国首个实施无人月面取样返回的月球探测器。

60. 12月3日，中国科学技术大学与中科院上海微系统所、国家并行计算机工程技术研究中心合作成功构建76个光子100个模式的量子计算原型机“九章”，实现了具有实用前景的“高斯玻色取样”任务的快速求解。该量子计算系统处理高斯玻色取样的速度比目前最快的超级计算机快100万亿倍，比2019年谷歌发布的53个超导比特量子计算原型机“悬铃木”快100亿倍。这一成果使我国成功达到了量子计算研究的第一个里程碑——量子计算优越性。

China's Industrial Development Report 2020

—China's Industrial Sectors Towards the 14th FYP Period

Overview Study on China's Manufacturing Development in the 14th FYP Period

In the 14th Five - Year Plan (FYP) period (2021 - 2025), China's manufacturing industry will embrace new trends, requirements, and challenges. Green, intelligent, service - based and customized manufacturing will reshape the global manufacturing layout and competitiveness. Disruptions to the global value chain as a result of trade protectionism have undermined China's competitive advantage andrestricted China's access to frontier technologies. Meanwhile, emerging industrialized countries compete with China in labor - intensive manufacturing sectors at the low end. After achieving moderate prosperity by 2020, China will experience a shift in domestic demand with profound implications for the manufacturing outlook. Growing consumer demand, technology investment, new consumer goods and emerging external markets will create conditions for China's manufacturing development.

In the 14th FYP period, China must identify new objectives, foster new strengths, and take new initiatives for the manufacturing industry amid a changing environment. Following the traditional theories of industrialization, we may conclude that China has entered into a mid - and late stage of industrialization. Yet this conclusion will mislead us into believing in the inevitability and rationality of manufacturing's decline, misguide policy - making, precipitate a premature industrial structure, and disorient China's manufacturing development. According to the new theories of industrialization, however, both China and developed countries are at the starting point of a new round of industrialization in some respects. In emerging industrial sectors, China is not way behind developed countries. With a large domestic market, China should strive to gain a high ground in the new round of industrial revolution and take the lead in fostering emerging manufacturing industries with respect to industrial integration, digitalization, intelligent functions, and environmental performance.

China's manufacturing development is blessed with such favorable conditions as a low - cost advantage, a complete industrial chain, strengths in innovation, a sophisticated digital economy, and significant economies of scale. In the 14th FYP period, China's manufacturing growth will continue to be outpaced by service sector growth. Yet the role of manufacturing in the economy is irreplaceable. No industry may replace manufacturing in supporting international trade and investment, applying new technologies and innovation modes, and driving economic growth in less developed regions.

The industry should shift from quantitative expansion to the application of innovative technologies and focus industrial upgradeson the creation of a modern industrial system. Structural adjustment should prioritize integrated industry development. We should improve the manufacturing layout by extending our domestic supply chain into a global value chain. We should promote technology - driven strategic emerging industries, apply digital technologies in smart manufacturing, develop green manufacturing under the vision of ecological civilization, and develop labor - intensive industries to create jobs and new consumer goods industries to meet people's needs for a better life. We should foster China's new manufacturing strengths by building fundamental industrial capacity, improving industrial ecosystems, developing critical technologies to wean offdependence on unstable foreign supplies, establish indigenous brands, enhance human resources, foster digital – driven value chains, and optimize global manufacturing layout.

Chapter 1 China's Medium and Long – Term Socio – Economic Outlook

In the 13th Five – Year Plan (FYP) Period (2016 – 2020), China achieved tremendous progress in socio – economic development. The 14th FYP period is China's first five – year plan period after building a moderately prosperous society in all respects as the first centennial goal and setting out on a new journey of building a modern socialist country in all respects as the second centennial goal. The 13th FYP period is of great significance to the achievement of national development goals and targets in the 14th FYP period and beyond. This chapter offers an overall assessment of the implementation of China's 13th FYP, draws key lessons, forecasts China's growth potentials and structural changes, and finally puts forth key targets for national socio – economic development and suggestions on the development targets for the 14th FYP period.

Chapter 2 Directions and Priorities of Industrial Restructuring

In the 13th FYP period, China's industrial structure kept improving, as manifested in a rising share of high – technology and high – value industries and the country's stronger position in the international division of labor. Meanwhile, China's industrial restructuring also faced growing pressures in dealing with excess capacity, acquiring critical technologies for the high – tech sector, promoting ICT – industry integration, and managing rising costs amid falling revenue. The 14th FYP period will unveil a new stage of development as China completes industrialization. Digitalization, artificial intelligence, quality – oriented industrial development, major – power competition, and the COVID – 19 crisis will profoundly influence China's industrial structure evolution. While the industrial economy keeps growing, changing factor and demand structures will induce industrial restructuring in the 14th FYP period. Innovation is the fundamental impetus of structural improvement. Comprehensive deepening of reforms will provide an institutional assurance for structural adjustment. All – round openness will create a favorable external environment. The 14th FYP period is a critical stage for China to avoid the middle – income trap. After completing industrialization at a basic level, China needs to reprioritize industrial restructuring to maintain industrial growth momentum. In the 14th FYP period, China must strive to foster high – quality industrial growth, create a modern industrial system, promote industrial integration, and enhance global industrial operations.

Chapter 3 Evolving Trends of Global Manufacturing Layout

The world today is experiencing profound changes unseen in a century. Great transformations are taking place in the global manufacturing layout. Since 2005, middle – income countries, East Asia and the Asia – Pacific countries have emerged as global manufacturing hubs. Since 2015, however, the global value chain has started to shrink due to the industrial strengths and market growth of middle – income countriesand a backlash against globalization. The evolution of manufacturing layout is influenced chiefly by changing resource endowment, international political and economic relations, technology progress, external shocks, among others.

In the foreseeable future, the global layout of labor – intensive industries will continue to evolve. Competition among leading manufacturing nations over strategic emerging industries will escalate. Digital technology is likely to compensate for the cost disadvantage of leading manufacturing nationsand trigger a "premature de – industrialization" in low – income countries. Anti – globalization sentiments and COVID – 19 have led to a stagnation in the globalization of manufacturing, giving rise to localization, regionalization, and supply chain diversification.

Challenges and opportunities coexist in China's manufacturing development. With a sizeable domestic market and booming digital economy, China's economy is increasingly innovative and resilient, making it well – positioned to cope with the new challenges. As a major component of the global manufacturing value chain, China will find an even better position amid the adjustment of the global manufacturing layout. Going forward, China's manufacturing should increase openness, independence, and supply chain integrity. Meanwhile, China should prepare to gain a high ground in the global industrial arena, invest more in R&D, plan for future industrial growth, negotiate free trade agreements, expedite the digital transition, and increase supply – chain resiliency.

Chapter 4 Resiliency of Industrial Economy

The resiliency of an economy can be measured by its risk resiliency, recoverability, structural adjustability, and the capacity fortransition and upgrade. Over a rather long period, China's industrial growth had been free from intense volatility. During major external shocks, deep adjustments had occurred but lasted for a short time. The risk resiliency and quick recovery of China's industrial economy have been made possible by a great diversity of industrial sectors and market entities and strengths in economic systems. However, structural weaknesses still exist in China's industrial economy. For instance, China's industrial chain development is uneven; processing trade is vulnerable to external risks; and the lack of innovation stands in the way of structural adjustment and upgrade. Such structural weaknesses have exposed China's industrial economy to security risks under US technology bullying. In the 14th FYP period, China should increase the resiliency of its industrial economy by fostering homegrown innovations and industrial adaptability.

Chapter 5 Creating a Complete and Efficient Manufacturing Innovation System

As China edges closer to the international manufacturing technology frontiers, the lack of fundamental research and generic technologies has become a key bottleneck to China's manufacturing innovations and high – quality development. We must address such weaknesses by turning fundamental research outcomes into manufacturing productivity and improving the R&D system for generic technologies. We should eliminate institutional barriers to the commercialization of R&D results in partnership with universities; develop a market for academic patents; encourage R&D institutions to establish appropriate governance systems for generic technologies and forecast the deployment of generic technologies. These initiatives are vital to China's manufacturing innovation and quality – oriented development.

Chapter 6 Opening up at a Higher Level

In the 13th FYP period, China steadily improved the structure of import and export trade, advanced international cooperation under the Belt and Road Initiative (BRI), made remarkable progress in institutional openness, and continuously enhanced global governance capacity. Under the overlapped effects of the new industrial revolution, China – US trade frictions and the Covid – 19 pandemic, the CPC Central Committee has made a strategic assessment that the world today is undergoing great changes unseen in a century. In this context, China should address deep – seated contradictions and problems and face up to the challenges from anti – globalization sentiments and changing international relations. As a responsible stakeholder, China should take it upon itself to launch a new round of globalization by opening up wider to the outside world. Openness is of great importance to the transformation of the global governance system and the creation of a community of shared future for humankind. In the face of complex and volatile international situations, China should embrace a more proactive opening – up strategy, strive to open up wider and more broadlyinnew areas, create new opening – up gateways, and establish new opening – up platforms, new modelsfor win – win cooperation, new mechanisms for security early warning, and a new pattern of domestic and international circulations. With a more open, inclusive and secure economic system, China will be better positioned to develop into a leading modern country.

Chapter 7 Enhancing the Fundamental Role of Competition Policy

Under the new normal since the start of the 13th FYP period, China urgently needs to spur innovation through fair market competition, raise business efficiency, improve product quality, develop new products, explore frontier technologies, new directions for industrial development and new economic growth drivers, and transition towards high – quality economic growth. In the 13th FYP period, the Chinese government established the fundamental status of competition policy, created a fair competition review system, and straightened out policies to ensure fair competition. Anti – trust authorities have refined relevant laws and regulations to make them more targeted and operational. Yet some problems still exist: first, some industrial policies still restrict or distort competition and contradict with the competition policy; second, administrative monopoly still exists; third, the fair competition review system remains imperfect. Meanwhile, the digital economy, platform economy and changing international trade rules present challenges to China's competition and industrial policies. In the 14th FYP period, China needs to enhance the fundamental role of competition policy, bring about synergy between industrial policy and competition policy, improve fair competition review, and adjust and evolve its anti – trust policy according to the characteristics and trends of the digital economy and platform economy.

Chapter 8 Reforms of Government Functions: Effects, Problems and Outlook

Since the founding of the People's Republic of China in 1949, China's policymakers have been striving to make government institutions work more effectively and efficiently. With the socialist market economytaking shape after reform and opening up, we have evolved government functions to bring about a more conducive regulatory environment, high – quality public services, and social fairness and justice. However, the transformation of government functions is far from complete. Economic functions still outweigh public functions, administrative functions over governance functions, and power functions over service functions. Such imbalances have become more prominent asreforms deepened. Since the 18th CPC National Congress, China has reformed government functions to step up deregulation and improve administration and services under a holistic approach. Reforms of regulatory review and approval and business registration and supervision have raised efficiency and improved public servicesand business climate. Going forward, we should establish a clearer government boundary under the socialist market economic system, streamline government and devolve administrative powers, maintain order in market competition, and create an e – government based on lessonsfrom the COVID – 19 crisis.

Chapter 9 Adjustment of Industrial Investment and Key Tasks

Under the leadership of the CPC Central Committee, China has maintained stable economic growth and explored a clear path of high - quality development since the start of the 13th FYP period. With steady growth and improving structure, industrial investment increasingly supports China's economic transition and upgrade. In the 14th FYP period, China's industrial investment will be faced with a host of new shocks and challenges, including: world economic recession and rising uncertainties of globalization under the COVID - 19 pandemic; more considerations of ultra - large - market advantage in formulating industrial strategies; new momentum from innovation and industrial transition; grave resource and environmental constraints and broad potentials for green development; as well asfurther reform and opening up initiatives. As for the basic approach and priorities of industrial investment, we should strengthen the real economy, adjust investment structure, facilitate the transition, invest more in advanced manufacturing and strategic emerging industries, enhance technology upgrade for traditional industries, encourage firms to invest in innovations and critical technologies, and strive to create a stable and modern supply chain based on domestic and international circulations. With respect to policy orientation, we should deepen reforms as the fundamental impetus, improve the investment environment and factor supply, ramp up financial and technology supports, unleash the dynamism and potentials of industrial investment, especially in the private sector, and attract investments to key sectors and weak areas. The efficient and effective investment will breathe life into China's industrial competitiveness and dynamism.

Chapter 10 Enhancing Industrial Goods Consumption

Since the 13th Five - Year Plan (FYP) period, China's consumption of industrial goods has steadily decreased. In response, the Chinese government has given priority to stabilizing jobs, finance, trade, foreign capital, investment and economic expectations, and safeguarding jobs, livelihoods, market entities, food and energy security, industrial chain stability, and grassroots governance. These efforts have led to steady progress in China's economy and a recovery in the consumption of key industrial goods. In the 14th FYP period, the synergy between domestic and international circulations is expected to bring about a new leap in the consumption of industrial goods, the internal and external pressures will generate new challenges, and the "mass innovation and mass entrepreneurship" campaign is expected to inspire new strengths. In the 14th FYP period, we should strive to create a complete domestic consumption system, bring into play a new pattern of domestic and international circulations, push forward supply - side structural reforms, promote the integrated development of digital economy and the real economy to upgrade industrial consumption, expedite the digital transition underpinned by new infrastructure, foster city clusters with coordinated and interconnected regional chain networks, and connect domestic industrial chain with the international innovation network. These measures are vital for China to grow its industrial clout, increase the consumption of industrial goods, strengthen industrial and supply chains, and foster new advantages for international industrial cooperation and competition in the new era.

Chapter 11 Industrial Integration and In - Depth Industrialization

In recent years, China's virtual economy has advanced at the expense of the real economy, giving rise to a "de - industrialization" trend. China's industrial system must reverse this adverse tendency. As opposed to "light industrialization", which measures the level of industrialization by industrial value - added as a share of GDP, the concept of "in - depth industrialization" breaks away from the traditional approach of measuring the levels of industrialization and economic development by manufacturing and service sector shares. The boundary between manufacturing and services becomes blurred as the two become integrated and mutually reinforcing. In this sense, in-depth industrialization shares similar connotations with industrial integration. China is in the midst of great changes in consumer demand and habits. An IT revolution is underway. China's industrial chain is under dual pressures from developed countries and low-cost countries. The real economy is giving way to the virtual economy, stokingde-industrialization. In this context, integrated industrial development is an important pathway for China to escape its industrial dilemmas and breathe new life into industrial development. For this reason, the strategy of integrated industrial development has received great attention from the Chinese government.

ICT applications have ushered in a new era of digital and smart manufacturing and rapid development of the internet-based platform economy. Compared with other countries, China's industrial integration has yet to address the following problems: (i) the level of two-way integration remains low; (ii) producer service investments slowed in the 13th FYP period; (iii) the service sector is yet to extend more support to advanced manufacturing; (iv) fundamental research in the manufacturing sector is insufficient, and the industrial ecosystem has yet to take shape; (v) manufacturing service platforms rely on foreign sources for critical components and technologies. To promote integrated industrial development, China should improve ICT infrastructure, develop smart industries, promote collaborative innovation and international cooperation, integrate diverse entities, improve industrial policy and business environment, and create industry integration demonstration areas.

Chapter 12 Smart Manufacturing

Among various competition paradigms of industrial internet, smart manufacturing and industrial internet, smart manufacturing is the most inclusive. As an infrastructure, industrial internet supports smart manufacturing development. In the 14th FYP period, we should integrate new-generation information technologies with the manufacturing industry, transform manufacturing products, processes, equipment and business modes, and unveil a new stage of smart manufacturing. As a trend in the 14th FYP period, smart manufacturing is an important vehicle of ICT-manufacturing integration. The key to such integration lies in the application of new-generation information technologies in all manufacturing stages and lifecycles to propel digital, network-based, smart, and synchronous manufacturing. In the 14th FYP period, China should explore the general-purpose attribute of new-generation information technologies, create a new-generation smart manufacturing mode, and develop leading applications as early as possible by leveraging domestic market advantages.

Chapter 13 Industrial Internet

As an important technology for empowering high-quality manufacturing development, the industrial internet broadly connects users to participate in all manufacturing processes from design to manufacturing in various forms and help businesses address user demand. Based on data logic, the internet of things (IoT) helps enhance control over equipment and processes and raise factor productivity. Platform and communication technologies have allowed information to integrate and flow in the industrial chain, promote inter-firm specialization, and form a value network. Big data, smart manufacturing and other emerging technologies have forgednew business models, including cross-industry business models. In the 13th FYP period, China has made great progress concerning the industrial internet but hasyet to control core technologies and adopt consistent standards. In the 14th FYP period and beyond, China should help small and medium-sized businesses apply ICTs; foster all types of industrial internet platforms to meet diverse needs; raise the level of intelligent operations; and enhance network and security systems. To achieve these goals, the government should step up policy guidance and support by establishing a special government guidance fund for the industrial internet, enhancing intellectual property rights protection and services, and creating effective mechanisms for commercializing R&D results from universities and research institutions.

Chapter 14 Industrial Digitalization Transition

Rapid development of big data, cloud computing and artificial intelligence (AI) has ushered in new opportunities for the digital economy. Digital technology applications and business mode innovations in the consumer sector are steering a digital transition in the production sector. In the 13th FYP period, China's industrial digitalization made some progress, as manifested in the industrial digital transition and a rising level of industrial digitalization. Priorities for digital transition pathways vary across sectors. The level of digitalization demonstrates a gradient distribution across regions. Digital infrastructure steadily improved. China's industrial digitalization process, however, is also faced with challenges in further increasing the level of internet - based and intelligent industries, addressing the shortage of digitalization and cross - industry professionals, and enhancing data security. As the COVID - 19 pandemic rages and the international geopolitical landscape becomes more complex, China's industrial digitalization should start with manufacturing digitalization and aim to foster new usage scenarios and new sectors through the development of industrial internet platforms in the 14th FYP period. We suggest that the government improve incentive policies to facilitate breakthroughs in digital core technologies, improve information security protection mechanisms, train versatile professionals, plan for new infrastructure construction, propel industrial digitalization transition, and promote the digital economy's quality - oriented development.

Chapter 15 Expediting Digital Infrastructure Development

With breakthroughs in information and communication network development, China has steadily enhanced industrial internet capacity, constructed computing infrastructure, and broadened the industrial applications of block chain, artificial intelligence and other digital technologies. These achievements have vigorously supported the digital transformation of China's economy and society. Underthe "Digital China" campaign in the 14th FYP period, China must enhance the top - down design of digital infrastructure, enhance innovation, develop a complete ecosystem of applications, and beef up data security. In the new stage, we should offer differentiated guidance for various sectors, ramp up capacity, explore innovative investment mechanisms, enhance ecosystems, protect data security, prevent overcapacity, and more effectively bring into play infrastructure's role in fostering new momentum, leading new trends, and contributing to China's development into a manufacturing powerhouse and implementation of the "Digital China" campaign.

Chapter 16 Traditional Manufacturing Upgrade

In the 13th FYP period, China has greatly upgraded its traditional manufacturing sectors. Specifically, progress has been made in energy efficiency and environmental performance; phasing out backward capacities and developing high - end products; investing in R&D and inventing new products; and developing smart manufacturing. However, traditional manufacturing is confronted with such problems as weak innovation capacity, imperfect innovation environment, and diminishing low - cost advantage. In the context of anti - globalization risks, domestic industrial chain security has come under threat. In the 14th FYP period, we must adhere to indigenous innovations, seize the opportunities from the new development pattern featuring domestic and international dual circulations, apply new – generation information technologies in the manufacturing industry, upgrade traditional manufacturing under the Belt and Road Initiative (BRI), and expedite the low – carbon and clean development of traditional manufacturing. To do so, we must invest more in R&D, unleash the dynamism of innovation, raise product standards, and propel quality – oriented manufacturing development.

Chapter 17 Raising Industrial Energy Efficiency and Reducing Emissions

The 13th FYP period is crucial to implementing China's strategy to build a manufacturing powerhouse and achieve green industrial development. In this stage, China has made great progressin raising industrial energy efficiency, but energy consumption rebounded; industrial carbon emissions intensity kept on the decline, but the total volume of carbon emissions increased; industrial emissions decreased sharply, but certain pollutants were under poor management; environmental monitoring and supervision continued to improve. Going forward, China will face numerous problems and challenges regarding industrial energy efficiency and emission reduction, which often conflict with the goal of economic growth stability; China's energy efficiency still lags behind internationally advanced levels; industrial energy efficiency and emission reduction technologies are inadequate. To cope with these problems and challenges, China must seize the strategic opportunities of a new round of technology, industrial and energy revolutions in the 14th FYP period, and deploygreen and low – carbon technologies; seek clean and low – carbon energy sources to bring about an energy mix transition; deepen supply – side structural reforms for industrial transition and upgrade; fully leverage market mechanisms to establish a sound system of carbon emissions and energy usage rights trading system; step up all – round international cooperation on green and inclusive industrial development.

Chapter 18 Foreign Capital Flows to Industrial Sectors

The amount and quality of foreign capital inflows to industrial sectors largely determine China's status as the factory floor of the world. Foreign capital is also of great importance to the formation of "a new development pattern featuring domestic and international circulations reinforcing each other". Today's world is experiencing great changes unseen in a century. China – US trade frictions and anti – globalization sentiments have curbed foreign capital inflows to China's industrial sectors. In the 13th FYP period, foreign capital inflows to China's industrial sectors slowly increased despite adverse conditions, but the utilization of foreign capital in industrial sectors and its share in total foreign capital utilization in all sectors decreased. Given China's diminishing traditional cost advantage, China will come under pressure when attracting foreign capital to its industrial sectors. In the 14th FYP period, we should carefully assess the impacts of China – US trade frictions and the COVID – 19 pandemic, broaden foreign capital sources, and attract a steady stream of foreign capital to China's industrial sectors by increasing foreign capital' spreference and stickiness to invest in China. We should adjust the direction of foreign capital attraction, give full play to the role of foreign – funded enterprises in facilitating the domestic and international "dual circulations", and improve the quality of foreign capital utilization in industrial sectors.

Chapter 19 Industrial Employment Situation and Human Resources Development

In the 13th FYP period, industrial employment decreased apace. Sector – wise, consumer goods, and raw materials sectors accounted for a smaller share of employment, and the equipment manufacturing sector accounted for a rising share. There has been an increase in the level of education and age of the manufacturing workforce. We have identified six trends for China's human resources demand and supply in the 14th FYP period, including: (i) industrial labor demand is expected to shrink further under the impact of domestic and international economic contractions; (ii) global industrial chain and supply chain restructuring will transform the distribution of manufacturing employment; (iii) supply-side structural reforms will cause sectors with excess capacity to further reduce their workforce; (iv) new-generation information technologies will cause some jobs to disappear and others to emerge; (v) workforce competence will upgrade in all respects driven by new-generation information technologies; (vi) there will be an increase in the age and education level of the employed workforce under the effects of an aging society and increased access to education. Human resources development is blessed with increased jobs from a new round of infrastructure construction programs and new-generation information technologies to address the shortage of low-skilled workers. Meanwhile, we also face such challenges as an under-supply of qualified human resources, a shortage of workforce skills, as well as the contradiction between automation-enabled efficiency improvement and rising unemployment. In response, we should develop innovative vocational education to address the shortage of professionals, promote automation to address the shortage of low-skilled workers, and help workers develop new skills to catch up with technology development, enhance job security, and prevent poverty risks from joblosses.

Chapter 20 Labor Market Development in the New Era

With a low fertility rate and aging population, China's total population and working-age population are projected to grow slowly or negatively during the 14th FYP period, giving rise to a heavier workforce burden and diminishing demographic dividends. Currently, China's labor market demonstrates the following characteristics: (i) inter-industry labor distribution is highly uneven, i. e., while there is an excess labor supply in agriculture, fewer jobs are created in the industrial sector, and the service sector cannot create sufficient jobs; (ii) employment elasticity is negative - a sign of insufficient jobs; (iii) workforce competence steadily improved; (iv) rural migrant workers moved back to central and western regions, preferring jobs in the service sector, and their average age is increasing. In the 14th FYP period, China's labor market will be faced with a host of challenges, including a labor shortage, a rising cost of labor, restrictions to labor migration, and insufficient jobs under macroeconomic shocks. These problems prevent China's industrial structure from upgrading and harm China's economic health in the long run. In response, we must continue to remove various institutional barriers to labor migration and facilitate the reasonable allocation of labor resources. We must also invest more in human capital for an upgrading industrial structure and raise labor productivity. Given the current domestic and international macroeconomic situations, we suggest that the government create more jobs from the demand side and enhance public services to protect the job security of key target groups.

Chapter 21 Poverty Reduction through Industrial Development

Poverty reduction through industrial development is a key initiative to lift China's poor populations out of poverty, raise their incomes, and achieve moderate prosperity in poor regions. As China completes building a moderately prosperous society in all respects, poverty reduction through industrial development has received a great deal of attention from academia and society at large. This paper first reviews the achievements of poverty reduction through industrial development in the 13th FYP period concerning industrial restructuring in poor regions, the employment of poor populations, infrastructure improvement in poor regions, development of enterprises involved in poverty reduction, and ecological improvement in poor regions. In the 13th FYP period, some poor households could not access the supply chain, compromising the effect of poverty reduction through industrial development; various stakeholders did not have sufficient capacity to help the poor escape poverty; shared interests were not sufficient enough to ensure long – term poverty reduction through industrial development. In light of these problems, we have analyzed the opportunities from the implementation of the countryside revitalization policy, regional coordination policy, the trend towards integrated urban and rural development, and a changing consumer environment in the 14th FYP period, as well as challenges from existing and emerging problems. Based on the above research, this paper puts forth policy recommendations on further reducing poverty through industrial development.

Chapter 22 Robotics Industry

The robotics industry is a major vehicle of advanced manufacturing and a key pillar of quality – oriented manufacturing development. Since the 13th FYP period, China's robotics industry has grown from strength to strength under national strategic guidance and policy support and emerged as a major force in the global robotics industry. Breakthroughs have been made in key components and technologies, undergirding basic industrial capabilities. The industry has seen a continuous improvement in product structure and broader and more extensive robotic technology applications. The Yangtze River Delta and the Pearl River Delta regions have become centers for the robotics industry, where leading robotics firms have taken steps to internationalize. As China's demographic dividends start to diminish in the 14th FYP period, there will be a rising demand for automated and intelligent manufacturing. Amid a new round of technology revolution, breakthroughs in information technology and new materials have led to better performance and quality of robots, unleashing great potentials from China's industrial robotics market. Yet uncertainties still exist. Internationally, China – US trade frictions will dent the demand for industrial robots. Domestically, repetitive development in low – end areas, dependence on unstable foreign sources for critical components, and the lack of industry standards continue to present prominent issues. In the 14th FYP period, we should further enhance top – down design on the robotics industry's sustained and sound development, support the robotics industry to grow from strength to strength; conduct collaborative innovations to break through technological bottlenecks and enhance control over the industrial chain; foster internationally competitive leading enterprises, and create an ecosystem for the robotics industry; formulate unified industry standards; implement a talent development plan, and explore new talent training mechanisms.

Chapter 23 Integrated Circuit Industry

As a strategic, fundamental and leading industry, the integrated circuit (IC) industry has become a major arena for global competition. Despite pressures from the US technology blockade in the 13th FYP period, China's IC industry grew rapidly and more competitive and achieved breakthroughs in some sectors of the industrial chain. These achievements are attributable to China's huge market demand and favorable industry policies. In the 14th FYP period, China's IC industry will continue to grow as it did in the 13th FYP period despite the external pressures. In certain sectors, domestic replacement components will be developed to increase technology independence, and industry concentration will further increase. We should step up policy support to the IC industry, especially to fundamental education, research, basic materials, and manufacturing process, and develop multiple solutions focusing on critical areas, and prevent the risk of the de - pegging from the global market.

Chapter 24 Blockchain Industry

In recent years, countries have been vying to develop the blockchain industry, prompting its rapid growth globally. With the blockchain industry taking shape, China has seen rapid development in blockchain innovations and the emergence of industrial clusters. Despite "revolutionary" technology breakthroughs, blockchain technology still has to address certain problems concerning the supervision of virtual currency transactions, the dissemination of harmful information, illegal activities, inefficient blockchain data calibration and processing, and the high costs of industrial applications. In the 14th FYP period, China should apply blockchain technology in developing producer service innovations, supporting the real economy in exploring innovative access to finance, promoting the digital transition and green development of the real economy, and raising infrastructure efficiency. We should enhance top - down design and coordination, deploy blockchain technology ahead of others, crackdown upon illegal blockchain applications, establish blockchain standards, and bring into play the role of blockchain technology in supporting the real economy towards quality - oriented development.

Chapter 25 Communication Industry

In the 13th FYP period, China's communication industry developed by leaps and bounds. Specifically, China constructed a communication infrastructure system consisted of a space - earth integration and fixed mobile convergence network; further upgraded traditional telecom services to provide internet and IOT services; evolved from a follower to a leader in 5G technology; and integrated communication technology with emerging technologies like artificial intelligence, blockchain, big data and cloud computing to propel the country's digital, network - based and intelligent socio - economic transitions. In the 14th FYP period, China's communication industry will face a sobering environment, both domestically and internationally. On one hand, 5G and F5G vertical applications developed slowly, the key links of the industrial chain are under security threat, and the country's leadership in communication technology is difficult to be converted into leadership inthe digital economy as a whole. On the other hand, China - US trade frictions and US technology blockade have created barriers for China to catch up and overtake leading nations. Given the adverse conditions, we should enhance the top - down institutional design, adhere to the strategy of strengthening the country through communication technology applications, integrate communication, information and operation technologies, and apply such technologies in end - user consumption, industrial manufacturing and social management; improve the communication industry chain's security management; foster an open and collaborative innovation platform and a sophisticated digital economy ecosystem.

Chapter 26 Hydrogen Industry

In the 13th FYP period, China's hydrogen industry made laudable achievements under the support of the state and local governments. With the world's largest hydrogen production capacity, China has formed a hydrogen energy industry chain, and local governments have enacted hydrogen energy policies. China relies on coal and other fossil fuels as feedstocks of hydrogen generation. Despite great technological progress, this method of hydrogen generation still has a long way to go from commercial operations due to a lack of cost - effectiveness. Compared with internationally advanced levels, China lags far behind the United States, Japan and South Korea, and depends on imported critical components such as fuel cells. In the 14th FYP period, China's hydrogen energy industry will continue to face barriers to sound development. For instance, China hasyet to define a clear strategic position of hydrogen energy, formulate technical standards on the use of hydrogen energy, and coordinate the industry's development at the local level. In the 14th FYP period, China should define a clear position of the hydrogen energy industry, improve technical standards and supporting policies, identify priorities for the industry's development in the context of energy transition and carbon emissions reduction, and develop practical scenarios for the use of hydrogen energy.

Chapter 27 Pharmaceutical Industry

The pharmaceutical industry is a key component of China's economy and a priority of national industrial transition. It is an important industry concerning people's livelihoods and offers a key assurance for implementing the "Healthy China" strategy. The 13th FYP period is the victory lap for China to achieve the goal of building a moderately prosperous society in all respects and a vital stage for China's pharmaceutical industry to move up to a new level. From 2016 to 2019, China's pharmaceutical industry recorded an annual average growth of revenue from the primary business at 10.68%, overshooting the 10% target, and accounted for a significantly higher share of the industrial economy. The industry has benefited from the effects of innovation, an increase in newly launched products, an accelerating internationalization process with high standards, additional dynamism released from a shift of old and new development drivers, and the initial results of industrial layout adjustment. However, problems remain. For instance, the industry has yet to invest more in R&D, train more professionals, acquire more patents, increase industry concentration, and standardize traditional Chinese medicines (TCM). In 2020, China's pharmaceutical industry faced the opportunities and challenges of the COVID-19 pandemic, China-US trade war, and the full implementation of the "Healthy China 2030" strategy. Supported by innovation, digitalization, big health and Internet +, the industry has enhanced R&D capabilities, smart pharmaceutical manufacturing, and industrial transition. The future priority for the industry is to speed up the transition and upgrade.

Chapter 28 Equipment Manufacturing Industry

Since the 13th FYP period, China's equipment manufacturing industry has taken on the traits of a new normal. Rapid growth slowed to medium-high growth, the industrial structure continued to improve and upgrade, and a new pattern of domestic and international "dual circulations" took shape. The industry is faced with both positive and negative factors. Among them, positive factors include: technology and business model innovations, marketing capabilities, and favorable macroeconomic and industrial policies. Negative factors include: tepid growth in market demand at home and abroad, sluggish demand-driven industry growth, and rising uncertainties over supply chain stability. The COVID-19 pandemic and challenging international trade situations will present unprecedented risks and challenges to China's industrial development in the 14th FYP period. Nevertheless, China's economy has already established a solid foundation with significant domestic demand. Meanwhile, new technologies, new strategies, and further opening up at a higher level will create opportunities for China's equipment manufacturing industry to reach and exceed internationally advanced levels. In the 14th FYP period, China's equipment manufacturing industry should continue to transform low-cost advantage into quality and efficiency advantages.

Chapter 29 Automotive Industry

In the 13th FYP period, China's automotive industry accelerated structural adjustment and upgrade, and enhanced top-down design concerning key technology innovations, green and smart manufacturing and new energy vehicles. The industry maintained significant manufacturing and sales volumes, improved quality and efficiency, and enhanced brand competitiveness. Yet compared with developed countries, significant gaps remain. In particular, China still depends on foreign sources of new energy and energy efficiency technologies. Without a doubt, a higher level of industry openness will create significant competitive pressures to domestic enterprises. Under the new development pattern of domestic and international dual circulations, China's automotive industry is blessed with great opportunities. In the post – industrialization era, ICT applications will help foster a smart new engine for the automotive industry. In the 14th Five – Year Plan period, we should seize the opportunities from smart networks and new energy to propel the green and smart transition of China's automotive industry. In the new development context, we should proactively foster new drivers of automobile consumption and improve the industry's business environment.

Chapter 30 High – Speed Railway Industry

China's high – speed railway industry has made remarkable achievements, leading the world in terms of performance, manufacturing capacity, and international market share. We have identified indigenous innovation, localization of key components and institutional reforms as the three experiences for the success of China's high – speed railway industry. Going forward, the industry is confronted with many challenges. For instance, imperfections remain in China's R&D systems, and the R&D platforms for generic technologies are ill – defined; in its overseas operations, China's high – speed railway industry must face numerous competitors in complex geopolitical environments, in which organizational coordination is challenging. This paper suggests improving China's R&D organizational systems and creating a multitiered technology supply system; improving high – speed railway standards and increasing their international adoptions; broadening financing channels, and implementing a talent development strategy.

Chapter 31 Shipbuilding Industry

In the 13th FYP period, China's shipbuilding industry has coped with grave challenges such as slowing world economic growth, sluggish global shipbuilding market, escalating China – US trade frictions, and turbulence in the international financial market. Overall, the shipbuilding industry has made steady progress. As a major shipbuilding country, China boasts great international competitiveness. The industry has reached a new level of modern shipbuilding technology, further improved industrial organization, and enhanced shipbuilders' business performance by cutting costs and boosting efficiency. In the 14th FYP period, China's shipbuilding industry will embrace important opportunities: the industrial internet offers great opportunities for the industry's digital transition; the gravity of world shipbuilding is shifting towards Asia, which provides historic opportunities for China's shipbuilding industry to grow stronger and more competitive; robust domestic demand means market opportunities for China's supply – side structural reforms in the shipbuilding industry. In the 14th FYP period, China's shipbuilding industry will face a host of challenges, including (i) various difficulties in the industry supply chain; (ii) the industry's external environment is increasingly unstable, uncertain, and beyond control. Our policy recommendations for China's shipbuilding industry to develop with high quality in the 14th FYP period: (i) expand the industry's domestic market and ensure secure and reliable access to the supply chain; (ii) rely on technology innovation as the primary driving force for the industry's quality – oriented development; (iii) develop advanced and efficient modes of manufacturing to facilitate the industry's transition and upgrade; (iv) enhance all – round risk management and strengthen the shipbuilding industry system and product quality.

Chapter 32 Iron and Steel Industry

In the 13th FYP period, China's iron and steel industry has made great headway under the effects of deepening reforms in all respects and conducive industrial policies. The iron and steel industry maintained steady growth and better economic performance; increased industry concentration due to numerous corporate M&As and reorganizations; made positive progress in energy efficiency, emission abatement, and green development; and quickened its pace of "going global" with new achievements in international operations. Guided by new development concepts, China's iron and steel industry has stepped up supply - side structural reforms and improved industry policies and market environment, thus making these achievements possible. In the 14th FYP period, China's iron and steel industry will be faced with opportunities from the new technology revolution, deepening industrial development, new infrastructure construction, and the Belt and Road Initiative (BRI). At the same time, anti - globalization sentiments and rising trade protectionism also pose grave challenges. Both the opportunities and challenges will be unprecedented. Overall, opportunities will outweigh challenges. Going forward, the industry should: (i) invest more in R&D and enhance technology support to structural upgrade; (ii) pursue intelligent transition; (iii) promote green and low - carbon transition; (iv) facilitate industrial integration and develop service - based iron and steel manufacturing.

Chapter 33 Chemical Industry

The 13th FYP period saw brilliant achievements in China's chemical industry. The industry has curtailed capacity for traditional chemical products, ramped up supply of new chemical materials, enhanced R&D for high - end chemical products, accelerated the development of chemical industrial parks, and improved safety and environmental performance. Yet problems remain. The industry is beleaguered with a rising share of loss - making enterprises and has yet to increase the low ratio of patent commercialization, develop large multinational chemical companies, meet dual challenges from developed and developing countries in the international market, and achieve self - sufficiency of critical new chemical materials. As the 14th FYP unfoldsa new journey towards socialist modernization, China's chemical industry must embark upon a path of quality - oriented development. Specifically, we should develop high - end finished downstream chemical products, increase the commercialization of chemical R&D results, foster internationally competitive large chemical enterprises, break through the bottleneck in the supply of new chemical materials, safeguard green and safe chemical manufacturing, and strive to build a modern chemical industry system.

Chapter 34 Building Materials Industry

Since the 13th FYP period, China's building materials industry has further reduced excess capacity, enhanced economic performance, improved industrial structure, and maintained stable economic operation. Meanwhile, the industry is still faced with a host of problems and challenges such as excess capacity in traditional sectors, sluggish development of emerging sectors, and insufficient investments in fundamental research and R&D for critical technologies. The industry has yet to develop more high - tech applications and products, boost energy efficiency and slash carbon emissions, avoid homogeneous competition, deepen self - regulation, apply information technology and intelligent operations, and adopt innovative modes of development. In the 14th FYP period, the industry will face more uncertainties ahead, vastly improve energy and environmental performance under the goal of ecological civilization, and optimize industrial structure. It is also blessed with opportunities from technology innovations, which will support the shift from old to new growth engines and quality and efficiency improvement, as well as emerging market demands, and broad potentials for green building materials. We suggest expediting the domestic circulation, ramping up the research of frontier technologies, optimizing industrial structure with great efforts, and further deepening ecological civilization.

Chapter 35 Mining Industry

The mining industry plays an important role in the economy. In the 13th FYP period, the industry stepped up geological explorations and increased China's mineral reserves. The rational development and use of mineral resources have contributed to China's socio-economic development and job growth. The 13th FYP period, China's mining industry faced such problems as a supply-demand imbalance of key mineral resources, a lack of downstream competitiveness, restricted access to the global mining value chain, inadequate development and utilization of mineral resources, and rampant pollution. In the 14th FYP period, China's mining industry will face myriad challenges. Risks to the secure supply of mineral resources will increase. As major countries tighten management over mining practices, the industry urgently needs to adopt clean and efficient practices and pursue international cooperation at a higher level. In the 14th FYP period, we should promote the sound development of China's mining industry, focusing on resource utilization, industry chain integration, digitalization, and green transition.

Chapter 36 Coal Industry

In the 13th FYP period, China's coal industry has scored great achievements concerning supply-side structural reforms and industrial structure; institutional reforms and market environment; production factor upgrade and efficiency; and international cooperation and influence. The industry has yet to address problems regarding industrial structure, institutional systems, and factor upgrade. With excess capacity still an issue, the industry has yet to increase the share of superior, clean, and low-carbon capacities and address regional supply-demand structural imbalances. Institutional systems should be reformed to relax industry access and price control, establish a clear boundary of regulatory responsibilities, and adjust the fiscal system. Poor factor quality and institutional barriers to market-based factor allocation still exist, giving rise to a resource mismatch and undermining total factor productivity (TFP). With the progress made in the 13th FYP period, China's coal industry will embrace new opportunities in the 14th FYP period: economies of scale from the use of coal as a feedstock; green development made possible by clean coal technology; and the digitalization of the coal industry. Meanwhile, we must address challenges concerning tighter environmental regulation that curbs the industry's development space; other forms of energy will dent the market share of coal; technology restrictions will impede the coal revolution. In the 14th FYP period, the industry should prioritize systematic capacity optimization, green development, and clean and efficient coal across the industry chain. With these priorities, policymakers should systematically optimize coal capacity and industry structure; deepen industry reforms for the market to play a decisive role; achieve market-based factor allocation and promote the industry's sound development; and encourage green and low-carbon transition.

Chapter 37 Electric Power Industry

The 14th FYP period is a critical stage for the supply-side structural reforms of China's electric power industry. In the 13th FYP period, China has formed a clean, low-carbon, secure, and efficient modern electric power industry system with great progress in the following areas: electrification advancing to the medium level; electric power supply capacity and structure; the spatial layout of electric power industry; electric power system efficiency and modulating capacity; electric power reform, innovation, and international cooperation. However, the industry has yet to address challenges in various areas: the role of coal power and electric power mix; electric power equilibrium and industry layout; operational problems for coal power projects and enterprises; electric power technology innovations and development; electric power administrative systems; and international electric power cooperation. In the 14th FYP period, we should give play to the positive role of coal power in the electric power industry's transition and development, improve the industry's geographical distribution, further bring down electric power cost, apply innovations for the industry's sound development, and steadily advance market-oriented electric power reforms.

Chapter 38 Petroleum Industry

In the 13th FYP period, China beefed up domestic petroleum supply capacity, depended heavily on external oil supply, opened the entire industry chain to competition, and made important progress in overseas cooperation. Despite these achievements, China's petroleum industry still has to address a swathe of problems. Under a market-led institutional framework, the industry must: (i) prevent monopolistic enterprises from extending their market dominance to upstream and downstream links in a way that impedes competition; (ii) speed up oil price reform to keep up with industry reform; (iii) reduce the exorbitant operational cost for energy security; (iv) form a rational multi-stakeholder interest distribution mechanism. In the new era and especially since 2020, the global oil market has undergone unprecedented volatility due to the COVID-19 pandemic and geopolitical tussles. In the 14th FYP period, China's petroleum industry should invest more on various fronts, bolster domestic resource security, and increase the resiliency of the petroleum security mechanism. With the domestic market-based petroleum system framework taking shape, we should lose no time in improving and designing supporting assurances and creating an institutionalized regulatory system, which is vital to the petroleum system's transition.

Chapter 39 Natural Gas Industry

In the 13th FYP period, China enacted a slew of important policies for the natural gas industry. With these reform initiatives, China's natural gas industry has experienced slowing growth in demand and improving consumption structure; increased verified geological reserves to a record high and formed a backbone network; eased the supply-demand contradiction despite a high level of external dependence; steadily moved forward "coal for gas" renovations with great environmental benefits, and fostered a rising number of market entities with the increasingly fierce downstream competition. Problems facing the natural gas industry include insufficient gas supply and uneven and inadequate development; gaps in the construction of pipeline network and gas storage facilities and a vague demarcation of interests for pipeline entities at various levels; entry barriers in the industry's upstream links and incomplete price reform; weak import price signal and the absence of import management. In the 14th FYP period, new challenges and opportunities coexist for China's natural gas industry. Specifically, challenges include the COVID-19 pandemic, the risk of falling industry efficiency, and pressures from zero-carbon alternative energy sources. Yet opportunities also abound, including the market-based price reform, improving market system, diversifying importers, the emergence of new markets and modes of transaction, and the rise of smart fuel gas. According to the spirit of the Fifth Plenum of the 19th CPC Central Committee, we suggest that the government improve natural gas policies and regulations, reform the industry's upstream and downstream sectors, create regional natural gas transaction centers, and deepen international cooperation in the 14th FYP period.

Chapter 40 Renewable Energy

As the world's largest renewable energy consumer and producer, China has benefited from a sharp decrease in the cost of renewable energy power generation. Yet some problems in China's renewable energy sector have become prominent. Wind and photovoltaic power have been subject to high curtailment ratios. The electric power system is inflexible with a limited capacity to accommodate intermittent wind and photovoltaic power. Policy and institutional barriers have caused exorbitant "non – technical costs" for wind and photovoltaic power. Biomass energy potentials have been subdued due to policy restrictions. The reasons for these problems are twofold. First, misguided policies have discouraged the application of specific renewable energy technologies such as biomass heating. Second, the conflict of interests between renewable energy and fossil fuel enterprises has yet to be addressed through institutional reforms. In the 14th FYP period, we must adjust relevant policies and expedite relevant institutional reforms to propel China's renewable energy development and energy transition.

Chapter 41 Light Industry

The light industry is of great relevance to China's market prosperity, exports, jobs and agriculture, the countryside, and farmers. In the 13th FYP period, China's light industry has stepped up structural adjustments and transition and achieved stable and rapid industry – wide growth. Currently, China's light industry has formed a complete industrial chain with a full range of production sectors and made great progress in exports, R&D, indigenous innovation, energy efficiency, and environmental protection. However, the industry has yet to become more competitive, strengthen its technology foundation, acquire in – depth research and development capabilities, and wean off dependence on foreign countries for core technologies. Meanwhile, the light industry will face huge challenges arising from an increasingly complex international trade environment, diminishing low – cost advantage, growing resource and environmental constraints, and pressures for innovation capacity to keep up with the requirements of market competition and a changing consumption structure. After all, fundamental transformations have occurred in the internal and external environments in which low – cost and standardized mass manufacturing has operated for decades. To help the light industry become more competitive, we must make up for the weaknesses of industry development and bring about a new situation in which companies are willing and capable to innovate and acquire critical technologies. To this end, the government must guide and assist the development of generic and critical technologies, and launch complete demonstration projects for digital and customized product manufacturing technologies, processes and equipment to be piloted in sectors with favorable conditions before rolling out more broadly.

Chapter 42 Home Appliances Industry

In the 13th FYP period, China's home appliances industry has transitioned from rapid to quality – oriented development. China's domestic and overseas market growth slowed. Consumer demand turned sluggish. Online consumption accounting for a rising share. Anti – globalization tendencies started to spread. Major world economies recorded tepid growth. All these adverse conditions have aggravated export pressures for China's home appliances industry. Facing these challenges, the industry has upgraded product lines and integrated sales channels. Home appliances companies have invested more in R&D and launched products and technologies with independent intellectual property rights. Intelligent and digitalized features have supported the industry's sound development, and service – based consumption has emerged as a key driver of the home appliances market. In the 14th FYP period, opportunities and challenges coexist for China's home appliances industry. The industry will develop more intelligent, convenient and integrated features by applying 5G, the internet of things (IoT), artificial intelligence (AI), and cloud computing technologies. Broad potentials will arise from the high – end market. Young consumers and rational consumer behaviors will influence the development of China's home appliances market in the 14th FYP period. Meanwhile, China's home appliances market should respond to consumers' preferences for new technologies, offer more user – friendly premium products, and excel in more uncertain export markets. To cope with the challenges, the industry should stay more innovative, deepen supply – side structural reforms, leverage the opportunities from new infrastructure construction projects, provide quality – oriented services and apply information, AI and cloud technologies for industry's sound development.

Chapter 43 New – Generation IT Industry

Breakthroughs in information technology (IT) have swept across economic sectors. The new – generation IT industry has evolved from microelectronics, communication, computer network and software industries. The industry encompasses such sectors as a next – generation communication network, the internet of things (IoT), the integration of telecom, radio and TV networks, new – type panel display, high – performance integrated circuit (IC), and high – end software represented by cloud computing. These sectors have become hotly contested arenas among leading nations.

Chapter 44 New Regional Industrial Layout

In the 13th FYP period, China has scored great achievements in regional development and transformed its regional economic development strategy. Since the 18th CPC National Congress, the implementation of Xi Jinping thought has unveiled a new chapter of vigorous and innovative regional development. Currently, China's regional economy remains uneven between central and western regions with widening growth gaps between southern and northern parts of China and regional investment imbalances. In the 14th FYP period, regional development opportunities coexist with challenges. Guided by Xi Jinping thought, we must implement the strategy of coordinated regional development with high quality, and pursue innovative, balanced, green, open and shared development. At the regional level, we should build a whole – process innovation chain characterized by the free flow of factors, equal access to basic services, and resource and environmental sustainability. These efforts will support the new pattern of domestic and international "dual circulations". To achieve this goal, we should expedite innovation – driven regional development, unleash new impetus for regional development, implement regional development strategies, and create a community of regional innovations by perfecting the industry chain, combiningthe Belt and Road Initiative (BRI) with regional development, and integrating tech industries.

Chapter 45 Coordinated Industrial Development in the Beijing – Tianjin – Hebei Region

The implementation of the Beijing – Tianjin – Hebei integration strategy has led to remarkable achievements in the coordinated development of regional industries. Great progress has been made in collaborative industrial relocation in the Beijing – Tianjin –

Hebei region, resulting in an improving industry structure, a clear industrial division of labor, and an increase in industrial coordination. For all these achievements, regional industrial development remains unbalanced and insufficient. For instance, homogeneous high – end industries have intensified regional competition for resource factors; uneven industrial development in the Beijing – Tianjin – Hebei region have a limited local capacity for receiving relocated industries; regional industrial influence is insufficient, and intra – original innovation and industrial chains are not fully integrated. In the 14th FYP period, we should improve the industrial innovation ecosystem for the Beijing – Tianjin – Hebei region, create an inter – regional interest sharing mechanism, adopt innovative institutions and mechanisms to raise regional factor allocation efficiency, and continue to enhance supporting capabilities for regional industries.

Chapter 46 Study on Industrial Development in the Yangtze River Delta Region

In 2018, the integrated regional development of the Yangtze River Delta (YRD) became elevated into a national strategy, which marks a new stage for the YRD's development. The YRD's integrated development includes such aspects as industrial, transportation and market integration. Among them, industrial integration comes first and foremost. Within the region, Shanghai and Zhejiang are the sources for manufacturing relocation in the YRD region, and Jiangsu and Anhui serveas the destinations of manufacturing relocation in the YRD region. With China's largest free – trade area, Shanghai accounts for 12% of China's total imports and exports. The city boasts diverse scientific research, education and innovation resources, and is home to nearly 300 national engineering research centers, laboratories and other innovation platforms. In the 13th FYP period, the YRD region experienced significant changes in its industrial structure and division of labor. Shanghai enhanced its status as a financial center. Jiangsu and Anhui provinces strengthened their manufacturing prowess. Zhejiang Province saw rapid development in its IT industry. The industrial structure in the YRD region became more balanced. Judging by the industrial division of labor in the YRD region, there has been a decrease in the concentration of technology – intensive manufacturing and an increase in the concentration of low – technology manufacturing. Change in the division of labor has led to the declining economic performance of late – moving regions and sectors with homogeneous competition. Going forward, we should identify the weaknesses of the YRD's industrial system benchmarking global industrial frontiers, and establish the direction and priorities for the YRD's industrial development. With the YRD's regional planning, we should promote coordinated industrial development and improve industrial division of labor; steadfastly remove regional conflicts of interests and policy barriers, speed up industrial consolidation, and further elevate regional industrial level. We should step up industrial support to late – moving regions and give play to the supportive role of regional new growth engines.

Chapter 47 Industrial Relocation in the Yangtze River Delta Region

As China's key regional development hub, the Yangtze River Delta (YRD) region has maintained a sound economic momentum by fostering new growth drivers and adjusting the industrial division of labor. In this process, collaboration for industrial relocation is played a vital role. With proper planning and coordination, the YRD region has seen a tendency towards cross – regional industrial relocation, collaboration and green transition. Yet homogeneous industries, environmental protection and uneven regional development still present challenges. The 14th FYP period will witness rising uncertainties in the global economy and disruptions from a new round of technology revolution. As China embracesa new development pattern of domestic and international "dual circulations" and prioritizes ecological protection over mass development, this chapter suggests that greater efforts be made to support industrial relocation and collaboration in the YRD region, enhance regional planning, create industrial and supply chains, and increase regional economic resiliency; create a "one – chart" coordinated governance mechanism for the whole process of industrial relocation and collaboration; increase coordination among platform economy, enclave economy and reverse enclave economy through the vehicle of industrial zones; and optimize industrial land allocations by raising industrial, economic and environmental access thresholds.

Chapter 48 Quality – oriented Industrial Development in the Guangdong – Hong Kong – Macau Greater Bay Area

The Guangdong – Hong Kong – Macau Greater Bay Area (GHM Greater Bay Area) is among the most prosperous, open and vibrant regions in China. To join the rank of world – class bay areas, the GHM Greater Bay Area must pursue quality – oriented industrial development, which is vital to its socio – economic progress. The GHM Greater Bay Area is experiencing a transition from an industrial economy to a service and innovation – based economy. The region has seen a rise in industrial scale and vibrancy and strengths in emerging industries. Yet industrial development in the region has also experienced some prominent issues concerning structural transition, regional spatial layout and service sector collaboration. Overall, the GHM Greater Bay Area is yet to enhance industrial strengths and competitiveness. In the 14th FYP period, the basic approach is to promote the transition of the GHM Greater Bay Area from an internationally competitive advanced manufacturing hub into a central node of domestic industrial circulation and a strategic link in domestic and international dual circulations. Also, this chapter proposes policy advice regarding industrial restructuring, collaboration, industrial layout, and innovation for quality – oriented industrial development in the GHM Greater Bay Area.

Chapter 49 Quality – Oriented Industrial Development in the Yellow River Basin

The Chinese government has identified ecological protection and quality – oriented development in the Yellow River Basin as a national strategy. Due to resource endowments and historic reasons, resource – intensive heavy and chemical industries have dominated in the Yellow River Basin. In recent years, most provinces in the Yellow River Basin have enjoyed robust industrial growth, but their industrial strengths vary greatly. As China's economy transitions from rapid growth to quality – oriented development, the Yellow River Basin has been actively preparing for industrial restructuring, fostering emerging industries, and shifting to new growth engines. However, the Yellow River Basin is faced with scarce water and land, uneven productivity layout and ecological protection, a low level of external openness, and natural risks from flood and ecosystem degradation. In the new era, we should update our development concepts, implement supply – side structural reforms, derive impetus from institutional innovations, create a modern industrial system, make balanced progress in quality – oriented development and ecological protection, and explore a path of quality – oriented development for the Yellow River Basin.

Chapter 50 Industrial Development in the Western Region

Since the 13th Five – Year Plan period, China's western region has maintained steady industrial and socio – economic development. Major provinces and cities have recorded stable industrial growth spearheaded by emerging industries and innovations. The CPC Central Committee and the State Council have enacted policies to support industrial growth in the western region. Infrastructure construction has helped improve the business climate. Technology innovation potentials have been unleashed. The western region has steadily increased economic openness, attracted domestic and international industrial relocations, and giving play to the leading role of provincial capitals. The western region also grappled with some prominent issues in its industrial development: some provinces and regions have experienced serious industrial declines, slow industrial transition and upgrade, unstable fixed – asset investments, and inadequate innovation of large industrial enterprises. In the 14th FYP period, China should fully leverage its five development advantages and take a host of initiatives to create a conducive policy environment for industrial development in the western region, unswervingly push forward reform and opening up in the western region, adopt an innovation – driven development strategy, implement a proactive investment promotion policy, take vigorous measures to deepen institutional reforms for large and medium – sized enterprises in the western region, create a conducive ecological environment for industrial development, attach importance to supporting industrial services, and conduct statistical accounting properly.

Chapter 51 Industrial Revitalization in the Northeast Region

In the 13th FYP period, China's northeast region made some progress in its industrial development, replaced old growth engines with new ones, boosted the private economy, achieved progress in the reform of state – owned enterprises (SOEs), unveiled a new chapter of regional coordination, and improved business climate markedly. Meanwhile, the northeast still grapples with such challenges as increasing downward economic pressures, the extensive recession of the industrial economy, barriers to industrial transition and upgrade, diminishing advantages in key sectors, struggling rust belts, and a population drain. In the 14th FYP period, the northeast will face "three opportunities and three challenges". Booming domestic consumption has led to a swift economic recovery after the COVID – 19 pandemic. A new round of technology revolution and industrial change presents great opportunities. The central government has vowed to revitalize old industrial bases in the northeast. The region is also faced with challenges from the fierce regional competition, uncertainties in the international environment, and growing risks of enterprises relocating elsewhere. In the 14th FYP period, the northeast region should seek institutional and technology innovations, central – local cooperation, factor agglomeration, and business climate improvement. Finally, we have identified the following priorities for revitalizing industrial growth in the northeast: the central government should create a special fund for manufacturing upgrade and revitalization, establish industrial cooperation zones for China's northern and southern regions, support the commercialization of R&D results from government – affiliated institutions, support re – industrialization in cities with declining industries and depleted natural resources, implement special talent programs for the revitalization of the northeast, adopt more vigorous opening – up policies, and continue to improve the business environment.

Chapter 52 Achievements and Trends of China's Overseas Cooperation Zones in BRI Countries

Over the past six years, China has achieved great results in the development and operation of overseas industrial parks for industrial capacity cooperation and infrastructure development under the Belt and Road Initiative (BRI). With the changing international economic landscapes, new opportunities and challenges lie ahead, not least the long – term impacts of the Covid – 19 pandemic. The BRI's implementation will highlight the importance of overseas cooperation parks to the economic cooperation between investing and host countries. China will continue to rationalize the layout of such industrial parks. When investing in the overseas industrial parks, Chinese enterprises should take geopolitical environment and host country production factors and business climate into full account and carefully choose overseas sites; identify the position of industrial parks and dominant industries, create industrial park clusters, and forge overseas supply chains with complementary advantages; broaden financing channels for industrial park development and operation, improve bilateral and multilateral investment protection mechanisms, and mitigate internationalization risks for the investments and operation of overseas cooperation parks.

Chapter 53 Strategic Transition of Chinese Enterprises

In the 13th FYP period, Chinese enterprises grew bigger and more competitive in technology, branding and efficiency. In the 14th FYP period, new opportunities lie ahead. From the demand side, the rise of a new consumer group will bring about strategic opportunities for enterprises in the coming five to ten years. From the supply side, digital technology applications and infrastructures are taking shape. In making strategic decisions, enterprises will take such opportunities into account. Meanwhile, new challenges will arise from China's economic transition and technology innovation, increasing innovation capacity, and strategic supply chain adjustment. In the face of these opportunities and challenges, Chinese enterprises will embrace digitalization strategy in the 14th FYP period. Digitalization will help Chinese companies transition from intra-industry competition to cross-industry competition, from the creation of existing value to the creation of forecasted values, from acquiring hardware income to acquiring ecosystem income, and from bottom-up to top-down form of organization.

Chapter 54 Business Climate

In the 13th FYP period, the Chinese government at all levels gave great priority to deepening the reforms and improving market economic systems under the leadership of the CPC Central Committee and the arrangements of the State Council. With a top-down design, reforms, innovative methods and competitive evaluations, China has swiftly increased its global ranking of the business climate, unleashing market dynamism and slashing business cost. In the 14th FYP period, we should further improve its business climate by addressing various problems and weaknesses, focusing on key areas, regional disparities, property rights, awareness, data interconnections and credit regulation. Also, we should enhance our strengths in top-down design and national government service platforms and increase people's sense of gain and satisfaction with better government services. Progress in business climate priorities in the 14th FYP period requires further deepening reforms of market economic and administrative systems and monopolistic sectors and improving market credibility system to create conditions for improving the business environment.

Chapter 55 Strategic Adjustment in the Layout of the State-Owned Economy

As a dominant sector of China's economy, the state sector is vital to the strengths of China's socialist system, national economy and defense, national cohesion, and international competitiveness. The 13th FYP period saw steady growth in the size of the state sector with a more rational distribution in the economy. The state sector increased its global footprint and innovation capacity. In a new stage of quality-oriented development, the state sector has yet to enhance competitiveness, prioritize the real economy over the virtual economy, live up to its mandate, and address regional imbalances. The Fourth Plenum of the 19th

CPC Central Committee has called for optimizing the layout and structure of the state sector of the economy, developing a mixed – ownership economy, increasing the competitiveness, innovation, dominance, influence and risk resiliency of the state sector, and enhancing state capital. These requirements have identified the directions for the state sector's development in the 14th FYP period. In the 14th FYP period, we must establish clear goals and directions for the systematic and coordinated adjustment of the state sector, reform monopolistic sectors, give play to the role of state – invested enterprises, and improve the exit mechanism for the state economy to optimize and structurally adjust the state sector.

Chapter 56 Private Enterprises and SMEs

In the 13th FYP period, China's private enterprises and SMEs have maintained medium – high growth but underperformed for some economic indicators. Enterprises became less motivated to invest in fixed – asset investments but attached more importance to innovation. Private enterprises have become the biggest trade participants, accounting for half of China's total foreign investment. Many private enterprises have actively assumed social responsibilities, contributed to national efforts in warding off major risks, reducing poverty and fighting pollution, and participated in the Belt and Road Initiative (BRI). Currently, some private SMEs are struggling to survive. The business climate is less than desirable. Access to finance is difficult and costly. In – house competencies are often inadequate. In the 14th FYP period, private enterprises and SMEs must embrace opportunities and challenges, specialize in their niche markets and explore new business modes, sustainable development, and international operations. In the 14th FYP period, the government should further improve the business environment and fundamental systems and services, enhance financial services, and business innovations, and create a complete policy system to support enterprises to go global and enhance business competencies.

Chapter 57 Multinational Companies in China

In the context of economic globalization, China's reform and the opening up initiative has attracted numerous multinational companies to invest in China, contributing to the nation's socio – economic development. Multinational companies have brought capital, technology and expertise to the Chinese market and benefited from lucrative business opportunities from China's increasingly standardized and prosperous market economy. With these favorable conditions, multinational companies in China have overcome the adverse effects of the 2008 global financial crisis and maintained robust growth. The China – US trade war in 2018 and the global pandemic of 2020 have wrought some uncertainties to multinational companies operating in China. With an appropriate policy response, the Chinese government will provide multinational companies with a more open and fairer market environment. With technological prowess and corporate social responsibility (CSR) commitments, multinational companies will continue to enjoy great potentials in the Chinese market over the 14th FYP period.

Chapter 58 Outbound Direct Investments by Chinese Enterprises

Outbound direct investment (ODI) is an important manifestation of the cross – border flow of such economic factors as capital, technology, labor and information, in which multinational companies have always held sway. Upon the transition from the 13th FYP period to the 14th FYP period, policymakers should consider the direction, prospect and effective countermeasures to achieve quality – oriented development of ODI as domestic and international economic and trade situations become more complex in the next stage. This paper first offers a multifaceted analysis of the characteristics and problems of ODI from Chinese enterprises. In the 13th FYP period, ODI from Chinese enterprises initially increased and then decreased, focusing on a few regions and sectors. At the microscopic level, adverse factors include a lack of operational compliance and brand recognition. Based on these conditions, this paper attempts to explore the future trends of China's ODI, puts forth countermeasures on the potential problems encountered by enterprises investing abroad, and proposes policy recommendations on sustainable ODI practices.

Chapter 59 Platform Enterprises

As an important vehicle of the platform economy and the sharing economy, platform enterprises have created economic, social, environmental and shared value in the 13th FYP period and made important progress in institutional development, social management and business growth. Yet some platform enterprises have found themselves incompatible with traditional regulatory systems and fell short in corporate social responsibility (CSR) performance. Platform enterprises also face challenges concerning innovation on a sustainable basis. In the 14th FYP period, we should assist platform enterprises in establishing standardized compliance systems at the levels of institutional supply, social environment and corporate governance. In a sound regulatory environment, platform enterprises should contribute to the public interest.

Chapter 60 Corporate Innovation

In the 13th FYP period, Chinese enterprises have invested heavily and benefited greatly from innovation. Innovative companies have formed clusters encompassing upstream, midstream and downstream links. Manufacturing enterprises have beefed up innovation strengths, playing a pivotal role in China's technology catch-up and competition with the US. Nevertheless, Chinese enterprises have yet to bolster fundamental research, pursue original innovation, collaborate with universities and research institutions to commercialize research results, step up intellectual property rights protection, and address bias in innovation factor allocation. In the 14th FYP period, we should encourage business innovation, transform industrial policy from structure policy to innovation-oriented policy, formulate pro-innovation competition policies, improve industrial innovation system and service system, improve corporate innovation ecosystem through structural reform to break through institutional barriers, and assist enterprises in bolstering innovation, climbing up the international innovation chain, and increasing their influence in international technology cooperation.

Chapter 61 Chinese Entrepreneurship

Entrepreneurship is of great importance to the economy. Based on a measurement of entrepreneurship in 2011-2018, this paper finds that at the national level, China's entrepreneurship index increased briefly in 2012 but then started to decline and steadily increase since 2015. In 2011-2018, most regions that ranked high for the entrepreneurship index were located in eastern China, including Beijing, Shanghai, Jiangsu, Zhejiang and Guangdong, and most low-ranking regions were in western China, including Gansu, Inner Mongolia, Xinjiang and Tibet. Current challenges to entrepreneurship in China include: downward economic pressures have dented confidence to invest; the throes of industrial restructuring have led to divergent responses from entrepreneurs; the rising cost of labor has diminished the traditional advantage of enterprises; weaknesses in the external institutional environment have distorted entrepreneurship; a rising tide of anti-globalization sentiments has dampened entrepreneurial creativity. We should build consensus to nudge entrepreneurs to proactively perform their social responsibilities, address their hardships to motivate reinvestment, nurture a pro-business environment to increase their sense of gain and security, and carry forward entrepreneurial spirit from generation to generation.

Chapter 62 Corporate Intellectual Property Rights Management

The 14th FYP period marks a critical transition from China's all – round development from a moderately prosperous society to the basic achievement of socialist modernization. By 2020, China has officially joined the rank of innovative countries. In the 14th FYP period, an important topic of research is the role of intellectual property rights (IPRs) in China's innovation capacity. In the 13th five – year plan period, Chinese enterprises in various localities and sectors have followed national IPR strategies and policies, enhanced IPR management, and achieved the goal under the 13th Five – Year Plan. In the 14th FYP period, the digital economy and increasing international exchanges and cooperation have put forth complex and professional new requirements forIPR management. From policy, legal and corporate perspectives, this paper proposes recommendations for companies to optimize IPR management pathways in the 14th FYP period.

Chapter 63 Manufacturing Cost in China

According to data released by listed companies, China's manufacturing enterprises have recorded a worsening cost structure in the 12th FYP period with the costs of financing, tax and labor as a share of total revenue up by more than one percentage point. With the implementation of supply – side structural reforms in the 13th FYP period, the Party and government have enacted a string of cost reduction policies. As a result, manufacturing enterprises have benefited from an improving cost structure. Labor and other cost hikes slowed. Tax burden and financing cost decreased, and so did intermediate consumption cost. Enterprises created higher value – added per unit of income and enjoyed improving economic performance. In the 14th FYP period, we should continue to support enterprises to reduce the costs of intermediate consumption, tax, financing and others and provide policy support for manufacturing enterprises to transition towards high – value manufacturing.

Chapter 64 Enterprise Human Resources Management

Human resources (HR) management is a key aspect of enterprise management. In the 13th FYP period, China's enterprise human resources management has been transformed as businesses reformed HR systems, applied new – generation information technology and adopted international HR practices. Regretfully, Chinese enterprises have yet to put people first in real earnest in their HR practices. State – owned enterprises (SOEs) have yet to thoroughly reform and standardize their HR systems in light of new business modes. In the 14th FYP period, China's enterprise HR management should focus on the six priorities: promote green HR management that puts people first, further reform the HR system of SOEs, follow the trends of enterprise HR management in the digital economy era, unleash the creative potentials of knowledge employees, integrate cross – cultural human resources, and enhance enterprise HR capacity to cope with public health emergencies.

Chapter 65 Corporate Governance

Corporate governance is a set of institutional arrangements on the rights and responsibilities of relevant stakeholders, which constitute the core institutional framework for modern enterprises. In the 13th FYP period, China has improved the regulatory environment for corporate governance, expedited mixed – ownership reform, and deepened the development of a modern enterprise system for SOEs. Private enterprises have increasingly adopted standardized governance modes, and listed companies have improved their governance. Published in 2015, the *G20/OECD*

Principles of Corporate Governance has established an internationally recognized corporate governance system. As a G20 member country, China has committed to accepting the *Principles*, bringing corporate governance in line with global high standards. Compared with developed countries, China still lags in supporting corporate governance systems, the governance effects of mixed - ownership reform, the stakeholder participation mechanism, and innovation - driven development and internationalization. The 14th FYP period will unveil the rapid transition of corporate governance in China towards modern governance, diverse equities, shared value, innovation, and international operations. This transition can be achieved by expediting institutional innovation, optimizing equity governance structure, exploring flexible incentives, enhancing cross - border governance capabilities, encouraging external stakeholder participation, and practicing green governance.

Chapter 66 Corporatization Reform of Public Institutions

The reform of public institutions is a key aspect of China's institutional reforms. It is a complex and systematic task involving various problems and departments. Given its complexities, however, the reform has regretfully stalled. As the Chinese government vowed to deepen reforms on all fronts, the corporatization reform of operating public institutions has been put on the agenda. Such reform is a key component of SOE reforms to reshape the organizational system. At the national level, the corporatization reform has already been initiated and implemented in a step - by - step manner in the 13th FYP period. However, incomplete policy system and coordination have presented real problems concerning personnel reassignment, cost sharing and business sustainability, causing reforms to stall. Based on national policies, we should proactively explore business practices, effectively address the challenges in the reform process, and ensure the orderly implementation of subsequent reforms.

后 记

《中国工业发展报告（2020）》的主题为“面向‘十四五’的中国工业”。全书的策划、编写和审定由史丹、李雪松、张其仔主持，蒙娃负责日常的组织、协调和编务工作。本书从2020年1月开始策划、设计、确定主题、制定写作计划。2020年8月1日完成初稿，10月8日完成修改稿，12月10日定稿。

本书的作者有：总论：史丹、李晓华、李鹏飞、邓洲、渠慎宁。综合篇：第一章：李雪松、陆旸、娄峰、汪红驹、冯明、张彬斌、李双双；第二章：邓洲、于畅；第三章：李晓华；第四章：张其仔；第五章：贺俊；第六章：杨丹辉；第七章：江飞涛；第八章：王德华、刘戒骄；第九章：刘勇；第十章：陈晓东；第十一章：曹建海、孙亚红；第十二章：赵剑波；第十三章：吕铁、李载驰；第十四章：张艳芳；第十五章：李鹏飞；第十六章：梁泳梅；第十七章：陈素梅；第十八章：刘建丽；第十九章：刘湘丽；第二十章：黄娅娜；第二十一章：李钢、李景。产业篇：第二十二章：方晓霞；第二十三章：李先军、刘建丽；第二十四章：渠慎宁；第二十五章：李伟；第二十六章：朱彤、袁惊柱；第二十七章：杨世伟；第二十八章：王燕梅；第二十九章：覃毅；第三十章：王秀丽；第三十一章：胡文龙；第三十二章：周维富；第三十三章：孙天阳；第三十四章：丁毅；第三十五章：许明；第三十六章：袁惊柱；第三十七章：白玫；第三十八章：王蕾；第三十九章：李鹏；第四十章：朱彤；第四十一章：彭绍仲；第四十二章：秦宇；第四十三章：葛健。区域篇：第四十四章：刘楷；第四十五章：崔志新；第四十六章：孙承平；第四十七章：周麟；第四十八章：闫梅；第四十九章：石碧华；第五十章：周民良；第五十一章：叶振宇；第五十二章：刘佳骏。企业篇：第五十三章：王钦；第五十四章：李先军；第五十五章：张航燕；第五十六章：郭朝先、杨晓琰；第五十七章：余菁、胡叶琳；第五十八章：邵婧婷；第五十九章：肖红军；第六十章：江鸿；第六十一章：王海兵；第六十二章：许可；第六十三章：张金昌、潘艺；第六十四章：张任之、唐华茂；第六十五章：王欣；第六十六章：王涛。

全书书稿完成后，由史丹、李雪松、张其仔等进行了初审。一些章节由作者根据初审意见进行了修改和增补。之后，由史丹、李雪松、张其仔、吕铁、郭朝先、刘勇、杨丹辉、朱彤、李晓华、肖红军、余菁、贺俊、张金昌、王燕梅、刘建丽、李钢、邓洲、江飞涛、李鹏飞、白玫、叶振宇、刘戒骄、周民良、杨世伟等组成的编审组集中进行了复审、修改、增删和定稿。

“2020年中国工业大事记”资料由王磊、陈凤娟提供，中国社会科学院工业经济研究所的研究人员选定。

本书出版得到了经济管理出版社的大力支持，在此表示感谢。

编 者

2020年12月10日

《中国工业发展报告（2020）》审读分工

《中国工业发展报告（2020）》审稿任务重、质量要求高、编辑时间紧，社领导和编辑均承担了本书的审读工作，具体任务分工如下：

本书一审由编辑承担。张巧梅承担第一至第三章，郭飞承担第四至第八章，张莉琼承担第九、第十章，张广花承担第十一至第十三章，丁惠敏承担第十四至第十六章，许艳承担第十七、第十八章，李红贤承担第十九至第二十一章，魏晨红承担第二十二至第二十四章，梁植睿承担第二十五、第三十一、第三十二章，赵亚荣承担第二十六章、第二十七章，高娅承担第二十八至第三十章，范美琴承担第三十三至第三十五章，王格格承担第三十六至第三十八章，郭丽娟承担第三十九、第四十章，张馨予承担第四十一章，张鹤溶承担第四十二章，张昕承担第四十三、第四十四章，杨雪承担第四十九至第五十二章，赵天宇承担第五十三至第五十五章，王洋承担第五十六至第五十八章，杨国强承担第五十九、第六十章，任爱清承担第六十一至第六十六章，胡茜承担序、总论、第四十五至第四十八章、附录、英文提要、后记。

本书二审由勇生承担。

本书三审由杨世伟承担。

本书的整个编辑、出版事宜由勇生、陈力、胡茜全面负责。